DIREITO DAS OBRIGAÇÕES

O GEN | Grupo Editorial Nacional – maior plataforma editorial brasileira no segmento científico, técnico e profissional – publica conteúdos nas áreas de concursos, ciências jurídicas, humanas, exatas, da saúde e sociais aplicadas, além de prover serviços direcionados à educação continuada.

As editoras que integram o GEN, das mais respeitadas no mercado editorial, construíram catálogos inigualáveis, com obras decisivas para a formação acadêmica e o aperfeiçoamento de várias gerações de profissionais e estudantes, tendo se tornado sinônimo de qualidade e seriedade.

A missão do GEN e dos núcleos de conteúdo que o compõem é prover a melhor informação científica e distribuí-la de maneira flexível e conveniente, a preços justos, gerando benefícios e servindo a autores, docentes, livreiros, funcionários, colaboradores e acionistas.

Nosso comportamento ético incondicional e nossa responsabilidade social e ambiental são reforçados pela natureza educacional de nossa atividade e dão sustentabilidade ao crescimento contínuo e à rentabilidade do grupo.

ARNALDO RIZZARDO

DIREITO DAS OBRIGAÇÕES

10ª edição, revista, atualizada e reformulada

■ O autor deste livro e a editora empenharam seus melhores esforços para assegurar que as informações e os procedimentos apresentados no texto estejam em acordo com os padrões aceitos à época da publicação, e todos os dados foram atualizados pelo autor até a data de fechamento do livro. Entretanto, tendo em conta a evolução das ciências, as atualizações legislativas, as mudanças regulamentares governamentais e o constante fluxo de novas informações sobre os temas que constam do livro, recomendamos enfaticamente que os leitores consultem sempre outras fontes fidedignas, de modo a se certificarem de que as informações contidas no texto estão corretas e de que não houve alterações nas recomendações ou na legislação regulamentadora.

■ Fechamento desta edição: 10.12.2024

■ O Autor e a editora se empenharam para citar adequadamente e dar o devido crédito a todos os detentores de direitos autorais de qualquer material utilizado neste livro, dispondo-se a possíveis acertos posteriores caso, inadvertida e involuntariamente, a identificação de algum deles tenha sido omitida.

■ **Atendimento ao cliente: (11) 5080-0751 | faleconosco@grupogen.com.br**

■ Direitos exclusivos para a língua portuguesa
Copyright © 2025 by
Editora Forense Ltda.
Uma editora integrante do GEN | Grupo Editorial Nacional
Travessa do Ouvidor, 11 – Térreo e 6º andar
Rio de Janeiro – RJ – 20040-040
www.grupogen.com.br

■ Reservados todos os direitos. É proibida a duplicação ou reprodução deste volume, no todo ou em parte, em quaisquer formas ou por quaisquer meios (eletrônico, mecânico, gravação, fotocópia, distribuição pela Internet ou outros), sem permissão, por escrito, da Editora Forense Ltda.

■ 1ª edição – 1999 / 1ª edição – 2000 – 2ª tiragem / 2ª edição – 2004 / 2ª edição – 2004 – 2ª tiragem / 2ª edição – 2006 – 3ª tiragem / 3ª edição – 2007 / 4ª edição – 2008 / 5ª edição – 2009 / 6ª edição – 2011 / 7ª edição – 2013 / 8ª edição – 2015 / 9ª edição – 2018 / 10ª edição – 2025

■ Capa: Danilo Oliveira

■ **CIP-BRASIL. CATALOGAÇÃO NA PUBLICAÇÃO**
SINDICATO NACIONAL DOS EDITORES DE LIVROS, RJ

R533d
10. ed.

Rizzardo, Arnaldo, 1942-
Direito das obrigações / Arnaldo Rizzardo. - 10. ed., rev., atual. e reform. - Rio de Janeiro : Forense, 2025.
632 p. ; 24 cm.

Inclui bibliografia
ISBN 978-85-3099-571-3

1. Direito civil - Brasil. 2. Obrigações (Direito) - Brasil. I. Título.

24-94829 CDU: 347.41(81)

Meri Gleice Rodrigues de Souza - Bibliotecária - CRB-7/6439

Com o amor de sempre, agora mais real, dedico este trabalho à minha esposa Maria Helena e aos filhos Verusca, Carine, Arnaldo e Maria Luíza.

Sobre o Autor

Atuou, durante longos anos, na magistratura do Rio Grande do Sul, ocupando, inclusive, o cargo de desembargador do Tribunal de Justiça. Exerceu o magistério na Escola Superior da Magistratura e, atualmente, é advogado. Faz parte da Academia Brasileira de Direito Civil e do Instituto dos Advogados do Brasil – seção do Rio Grande do Sul. Ministra palestras em eventos jurídicos em todo o País.

Em concursos de monografias patrocinados pela Associação dos Magistrados Brasileiros e pela Associação dos Juízes do Rio Grande do Sul, três de suas obras obtiveram o primeiro lugar.

É autor de diversos livros no campo do direito privado e administrativo.

Obras do Autor

Prescrição e Decadência. 3. ed. Rio de Janeiro: Forense, 2018. Em coautoria com Arnaldo Rizzardo Filho e Carine Ardissone Rizzardo.

Contratos – Lei nº 10.406, de 10.01.2002. 21. ed. Rio de Janeiro: GEN Forense, 2022.

Direito do Agronegócio. 9. ed. Rio de Janeiro: Gen Forense, 2024.

Direito das Coisas – Lei nº 10.406, de 10.01.2002. 9. ed. Rio de Janeiro: GEN Forense, 2021.

Introdução ao direito e parte geral do Código Civil – Lei nº 10.406, de 10.01.2002. 8. ed. Rio de Janeiro: Forense, 2016.

Condomínio edilício e incorporação imobiliária. 9. ed. Rio de Janeiro: GEN Forense, 2021.

Direito das obrigações – Lei nº 10.406, de 10.01.2002. 10. ed. Rio de Janeiro: GEN Forense, 2025.

Direito das sucessões – Lei nº 10.406, de 10.01.2002. 11. ed. Rio de Janeiro: GEN Forense, 2019.

Responsabilidade civil – Lei nº 10.406, de 10.01.2002. 8. ed. Rio de Janeiro: GEN Forense, 2019.

Títulos de crédito – Lei nº 10.406, de 10.01.2002. 6. ed. Rio de Janeiro: Forense, 2021.

Acidentes de Trânsito: Reparação e Responsabilidade. 14. Ed. Rio de Janeiro, GEN Forense, 2022.

Ação civil pública e ação de improbidade administrativa. 5. ed. Curitiba, Juruá Editora, 2022.

Direito de empresa – Lei nº 10.406, de 10.01.2002. 7. ed. Rio de Janeiro: GEN Forense, 2019.

Direito de Família – Lei nº 10.406, de 10.01.2002. 10. ed. Rio de Janeiro: GEN Forense, 2019.

Promessa de compra e venda e parcelamento do solo urbano – Lei nº 6.766/79. 11. ed. Curitiba: Editora Juruá, 2020.

Servidões. 2. ed. Rio de Janeiro: GEN Forense, 2014.

Comentários ao Código de Trânsito Brasileiro. 11. ed. São Paulo: Revista dos Tribunais, 2023.

Contratos de crédito bancário. 12. ed. Curitiba: Editora Juruá, 2020.

O "leasing". 9. ed. Curitiba: Editora Juruá, 2020.

Limitações do trânsito em julgado e desconstituição da sentença. Rio de Janeiro: Forense, 2009.

Factoring. 3. ed. São Paulo: Revista dos Tribunais, 2004.

Planos de assistência e seguros de saúde (em coautoria com Eduardo Heitor Porto, Sérgio B. Turra e Tiago B. Turra). Porto Alegre: Livraria do Advogado Editora, 1999.

Casamento e concubinato – Efeitos patrimoniais. 2. ed. Rio de Janeiro: Aide Editora, 1987.

O uso da terra no direito agrário (loteamentos, desmembramentos, acesso às terras rurais, usucapião especial – Lei nº 6.969). 3. ed. Rio de Janeiro: Aide Editora, 1986.

Reajuste das prestações do Banco Nacional da habitação. Porto Alegre: Sérgio Antônio Fabris Editor, 1984.

Da ineficácia dos atos jurídicos e da lesão no direito. Rio de Janeiro: Forense, 1983.

Abreviaturas e Siglas Usadas

ADIn	Ação Direta de Inconstitucionalidade
Apel.	Apelação
art.	artigo
Câm.	Câmara
CC	Código Civil
CCB	Código Civil Brasileiro
CDC	Código de Defesa do Consumidor
CIC	Cadastro de Identificação do Contribuinte
Cív.	Cível
Cofins	Contribuição para Financiamento da Seguridade Social
CPC	Código de Processo Civil
CPF	Cadastro de Pessoas Físicas
CTN	Código Tributário Nacional
ICMS	Imposto sobre Operações de Circulação de Mercadorias e Serviços
IPI	Imposto sobre Produtos Industrializados
JTJ	Julgados do Tribunal de Justiça
Liv.	Livraria
Min.	Ministro
MP	Ministério Público
MS	Mandado de Segurança
ob. cit.	obra citada
OEA	Organização dos Estados Americanos
p./pp.	página/páginas
p. ex.	por exemplo
RDA	Revista de Direito Administrativo
Rel.	Relator
REsp	Recurso Especial
RSTJ	Revista do Superior Tribunal de Justiça
RT	Revista dos Tribunais
RTJ	Revista do Tribunal de Jurisprudência
SFH	Sistema Financeiro de Habitação

STF	Supremo Tribunal Federal
STJ	Superior Tribunal de Justiça
t.	tomo
T.	Turma
TA	Tribunal de Alçada
TA-PR	Tribunal de Alçada do Paraná
TA-RS	Tribunal de Alçada do Rio Grande do Sul
TJ	Tribunal de Justiça
TJ-SP	Tribunal de Justiça de São Paulo
TRF	Tribunal Regional Federal
unân.	unânime
v.g.	*verbi gratia*
vol.	volume

Nota do Autor

Na sequência dos estudos desenvolvidos sobre as diversas matérias do Código Civil de 2002, tratadas sistematicamente, com referência comparativa, quando necessário, ao Código de 1916, é publicada nova edição de *Direito das Obrigações*, com as imprescindíveis atualizações, com destaque quanto ao índice dos juros, abordando considerável parcela da matéria que está no Livro Primeiro da Parte Especial.

O Direito das Obrigações compreende dez títulos, sendo objeto do presente livro os Títulos I (Das modalidades das obrigações), II (Da transmissão das obrigações), III (Do adimplemento e extinção das obrigações), IV (Do inadimplemento das obrigações), VII (Dos atos unilaterais) e X (Das preferências e privilégios creditórios).

Dada a extensão dos outros assuntos disciplinados nos Títulos V, VI, VIII e IX (contratos em geral, espécies de contratos, títulos de crédito e responsabilidade civil), o estudo mereceu o tratamento em obras específicas.

Sem dúvida, as obrigações se alastram e repercutem em outros ramos do Direito, não se circunscrevendo a setores específicos, a exemplo do que se dá com o Direito de Família ou o Direito das Coisas. Realmente, embora sem pretender infundir a ideia de ver em seus conteúdos maior importância que nos outros campos, o direito obrigacional se encontra na base de tudo, presente desde o primeiro artigo até quase o último do Código Civil. Está disseminado nos demais direitos, passando pelo constitucional, pelo tributário, pelo comercial, pelo processual, pelo penal, e assim nas mais variadas áreas, porquanto impossível desvincular as normas dos direitos e deveres. Veja-se, a título de exemplo, a Parte Geral do Código Civil, que se detém na pessoa humana, abrangendo os direitos da personalidade, e assim o direito à vida, à liberdade, ao decoro, ao nome. Na Constituição Federal, quase em seu começo, o art. 5º elenca extensa relação de direitos e deveres individuais e coletivos, ficando proibida a sua abolição inclusive por emendas constitucionais. Em suma, inexiste diploma legal em que não estejam presentes as obrigações, o que leva a encontrar coerência na expressão latina *jus et obligatio sunt correlata*.

Impossível, pois, passar por alto da significação do direito obrigacional, sem o qual não subsistiriam o homem, as culturas, as civilizações e a própria sociedade. Não teriam efeito prático as leis. Nem se concebe uma ordem se não destacadas as exigências de condutas, os limites, as imposições e as garantias. Alguns sistemas tornaram este ramo um direito autônomo, e assim pretendeu-se introduzir, em época passada, no Brasil, justamente em vista de sua magnitude e do envolvimento com os institutos jurídicos que regulamentam áreas especificadas dos comportamentos humanos. No Código Civil de 2002, manteve-se como integrante do Código Civil, mas colocado no Livro Primeiro da Parte Especial, imprimindo-se uma maior coerência na sistemática do estudo das matérias, eis que as demais pressupõem o conhecimento das obrigações.

Justifica-se a permanência como parte integrante do Código Civil, mas respeitado o entendimento contrário, fundado, sobretudo, no fato de disciplinar não apenas as relações de direito civil, e sim também as de outros setores, como o do direito empresarial. Acontece que as diferentes espécies de obrigações, dirigidas para os mais diversos institutos ou campos jurídicos, sempre terminam ou desembocam nos mesmos efeitos. A história se repete: criam-se obrigações, sendo depois cumpridas (extinguindo-se), ou ficando inadimplidas. As regras revelam-se idênticas para cada setor do direito, seja no civil, no comercial ou até no constitucional: analisa-se a formação, o cumprimento e a extinção. Não importa tanto qual o campo da vivência ou da relação humana. Em termos gerais, a disciplina que dita os efeitos do inadimplemento é igual para todos os ramos, apesar de diferentes as fontes. Sempre, porém, sobressaindo a preponderância do direito civil, que tem maior abrangência e gama de situações. Justo, pois, que integre o direito no qual domina a incidência, e que historicamente sempre predominou.

Procurou-se imprimir uma visão atual no desenvolvimento dos assuntos, dentro da dinâmica e direção do Código vindo com a Lei nº 10.406, de 10.01.2002, que se afastou da ótica individualista que marcou o Código Civil de 1916. Foi realçada a pessoa humana, dando-se, *v.g.*, maior maleabilidade ao sentido do cumprimento, sem sacrifício de sua dignidade e do respeito que merece. Para tanto, acompanhando a evolução do direito dentro do vigente Código e da dinâmica da Carta de 1988, não apenas o "caso fortuito" ou a "força maior" constituem fatores de exoneração. Há novas figuras, algumas já antigas, mas vivificadas, sendo exemplo a teoria da base objetiva do negócio, ou incorporadas no novo texto, como a onerosidade excessiva da prestação.

Finalmente, deu-se ênfase ao tratamento objetivo das matérias, apreciadas sob o enfoque dos tempos e das problemáticas atuais, passando não raramente por alto das longas teorias dos autores clássicos do passado que, inobstante o esforço em atingir a essência do direito, não trazem, pelo menos na época que corre, utilidade prática. Em vista de novos valores que vão aparecendo, da plena vivência dos direitos individuais e coletivos, do ideal último de toda criação que é o ser humano, tornou-se uma exigência jurídica a dimensão inspirada em princípios ditados por institutos que vieram nos últimos tempos, como o Código de Defesa do Consumidor, pela equidade, pela boa-fé, pela justiça social, especialmente em questões de juros, de cláusulas penais, de mora e de cumprimento dos contratos.

O Código vigente manteve a maior parte das matérias que constava no Código anterior, merecendo destaque as inovações que envolvem os juros, o inadimplemento das obrigações, e as que introduziram novas figuras, embora já praticadas no direito, como o enriquecimento sem causa, ou que foram deslocadas do campo dos contratos para o das obrigações em geral, e, assim, as arras ou sinal e a gestão de negócios. De outro lado, dada a preponderância da relação bilateral, passou para os contratos as espécies transação e compromisso, as quais vinham incluídas nos efeitos das obrigações.

É dada uma visão jurisprudencial de várias matérias, enfrentadas especialmente pelo Superior Tribunal de Justiça.

Consistindo um dos campos do Código Civil que dá as bases para as relações interpessoais, mantém maior estabilidade, não sofrendo tanto as interferências das mudanças dos tempos nem afetando significativamente nas várias reformas que estão sendo prenunciadas.

Índice Sistemático

Capítulo I – Obrigações 1

    1.1. Caracterização 1
    1.2. Sentido vernacular de obrigação 2
    1.3. Sentido jurídico de obrigação 4
    1.4. Obrigação e dever jurídico 5
    1.5. O Direito das Obrigações no Código Civil 6
    1.6. Natureza jurídica 7
    1.7. Realce histórico das obrigações 8
    1.8. Fontes das obrigações 10
        1.8.1. No direito romano 11
        1.8.2. No direito moderno 14
        1.8.3. Na doutrina 15
        1.8.4. No direito brasileiro 17
    1.9. Obrigação e atos unilaterais de vontade 19
    1.10. Obrigação e contrato 20
    1.11. Fato jurídico, contrato e obrigação 21
    1.12. Causa das obrigações 21
    1.13. Relações do direito das obrigações com outros ramos do direito 24
    1.14. Obrigações e moral 26
    1.15. Direito das obrigações como um direito autônomo 27

Capítulo II – Elementos Constitutivos das Obrigações 29

    2.1. A relação obrigacional 29
    2.2. O sujeito ativo 30
    2.3. O sujeito passivo 32
    2.4. Conteúdo ou objeto 34
    2.5. O vínculo obrigacional 37

Capítulo III – Classificação das Obrigações 39

    3.1. Classificação e sistematização 39
    3.2. No direito antigo 39

3.3.	No direito moderno	40
3.4.	No direito brasileiro	48

Capítulo IV – Obrigações Naturais **51**

4.1.	Conceito	51
4.2.	Concepção no direito romano	52
4.3.	Estrutura da obrigação natural	53
4.4.	Natureza da obrigação natural	54
4.5.	Direito natural e obrigação natural	55
4.6.	Obrigação natural no direito brasileiro	56
4.7.	Efeitos civis	59

Capítulo V – Obrigações Reais **63**

5.1.	Conceituação	63
5.2.	Distinção entre obrigações reais e pessoais	65
5.3.	Sujeito passivo na obrigação real	66
5.4.	Características	67
5.5.	Ações judiciais na exigibilidade das obrigações reais	67

Capítulo VI – Obrigações de Dar ou Entregar Coisa Certa **69**

6.1.	Caracterização	69
6.2.	A definição de coisa certa	70
6.3.	A tradição	70
6.4.	Estrutura da obrigação de dar	72
6.5.	Relações com outros tipos de obrigações	75
6.6.	Perda da coisa na obrigação de dar ou entregar	76
6.7.	Deteriorações na obrigação de dar	79
6.8.	Melhoramentos e acrescidos da coisa na obrigação de dar	80
6.9.	Obrigação de restituir	82
6.10.	Obrigação de restituir e deteriorações da coisa	83
6.11.	Melhoramentos e acrescidos das coisas verificados quando da restituição	84
6.12.	Execução da obrigação de dar coisa certa	88
6.13.	Tutela específica na obrigação de dar ou entregar	96

Capítulo VII – Obrigações de Dar ou Entregar Coisa Incerta **99**

7.1.	Coisa incerta	99
7.2.	Distinções	101
7.3.	Indicação da coisa incerta	102
7.4.	Direito à escolha pelo devedor	103
7.5.	Aplicação das normas relativas à entrega de coisa certa, uma vez feita a escolha	104

7.6.		Perda ou deterioração da coisa incerta..	106
7.7.		Execução da obrigação de dar coisa incerta...	106

Capítulo VIII – Obrigações de Fazer 111

8.1.		"Fazer" em direito das obrigações..	111
8.2.		O conteúdo da obrigação de fazer..	113
8.3.		Caráter de infungibilidade da obrigação de fazer....................................	114
8.4.		Impossibilidade da prestação...	116
8.5.		Negativa em cumprir a obrigação..	118
8.6.		Execução do ato por terceiro à custa do devedor e indenização.............	119
8.7.		Lugar, tempo e modo na obrigação de fazer...	120
8.8.		Execução da obrigação de fazer...	121
	8.8.1.	Fixação do prazo para o cumprimento......................................	122
	8.8.2.	Conteúdo da inicial	124
	8.8.3.	Cumprimento total ou parcial da obrigação pelo devedor	124
	8.8.4.	Omissão do devedor em cumprir a obrigação..........................	125
	8.8.5.	Execução por terceiro..	127
	8.8.6.	Execução da obra pelo exequente ou credor.............................	131
	8.8.7.	Liquidação das perdas e danos e cumprimento de sentença ou execução...	132
	8.8.8.	Execução de obrigação infungível...	132
	8.8.9.	Execução da obrigação de emitir ato de vontade	134
8.9.		A multa e a tutela específica nas obrigações de fazer e não fazer...........	135
	8.9.1.	Multa em execução de título extrajudicial................................	136
	8.9.2.	A tutela específica em processos de ações relativas às prestações de fazer e não fazer..	136
	8.9.3.	A tutela específica no cumprimento de sentença de obrigação de fazer e não fazer	138

Capítulo IX – Obrigações de Não Fazer 147

9.1.	O dever de se abster	147
9.2.	A obrigação de não fazer no direito positivo...	147
9.3.	Obrigação de não fazer nos contratos..	149
9.4.	Impossibilidade do cumprimento da obrigação de não fazer	149
9.5.	Desfazimento do ato e perdas e danos...	150
9.6.	Execução da obrigação de não fazer..	151

Capítulo X – A Defesa na Execução de Entregar ou Dar Coisa Certa ou Incerta e de Fazer e Não Fazer 155

10.1.	Visão geral da defesa por meio de embargos...	155
10.2.	Embargos especificamente na execução de entregar ou dar coisa certa e coisa incerta...	161
10.3.	Embargos especificamente na execução de obrigação de fazer e não fazer...	162

Capítulo XI – Obrigações Alternativas **163**

11.1. Conceito 163
11.2. Distinções 164
11.3. A escolha na obrigação alternativa 165
11.4. Impossibilidade ou inexequibilidade de uma ou mais prestações 169
11.5. Ilicitude de uma das prestações 170
11.6. Prestação alternativa prevista na lei 170
11.7. Perecimento de uma das prestações 171
11.8. Impraticabilidade de todas as prestações 172

Capítulo XII – Obrigações Divisíveis e Indivisíveis **175**

12.1. Cumprimento parcial ou total da obrigação 175
12.2. Definições 177
12.3. Espécies de indivisibilidade 179
12.4. Divisibilidade e indivisibilidade nas obrigações de dar, fazer, não fazer e restituir 180
12.5. A divisibilidade e a indivisibilidade no Código Civil 181
12.6. A indivisibilidade e a solidariedade 185
12.7. Perda ou cessação da indivisibilidade 187

Capítulo XIII   Obrigações Facultativas, Condicionais, a Termo, Modais, Genéricas e Específicas **189**

13.1. Conceito de obrigações facultativas 189
    13.1.1. Distinções relativamente à obrigação alternativa 190
    13.1.2. O exercício da escolha 191
    13.1.3. A impossibilidade ou inexequibilidade na prestação facultativa ... 192
    13.1.4. Cláusula penal, obrigação facultativa e dação em pagamento .. 193
    13.1.5. Constituição em mora na obrigação facultativa 194
13.2. Obrigações condicionais 194
13.3. Obrigações a termo 195
13.4. Obrigações modais 196
13.5. Obrigações genéricas e específicas 197

Capítulo XIV – Obrigações Solidárias **199**

14.1. A solidariedade obrigacional 199
14.2. Conceito e distinções 200
14.3. Formalização da solidariedade 201
14.4. Unidade e pluralidade das obrigações 203
14.5. Natureza jurídica 204
14.6. Importância da solidariedade 205
14.7. Características da solidariedade 207

14.8.	Relações na solidariedade...	208
14.9.	Modalidades..	208

Capítulo XV – Solidariedade Ativa.. **211**

15.1.	Solidariedade ativa. Caracterização e conceito.............................	211
15.2.	A natureza da solidariedade ativa	212
15.3.	Efeitos...	213
15.4.	Extinção da obrigação..	214
15.5.	Falecimento do credor solidário...	215
15.6.	Conversão da prestação solidária em perdas e danos.................	216
15.7.	Responsabilidade do credor que recebeu o pagamento ou remiu a dívida ...	217
15.8.	Exceções pessoais do devedor..	217

Capítulo XVI – Solidariedade Passiva **219**

16.1.	Caracterização e fundamentos..	219
16.2.	Relações externas e internas na solidariedade passiva	221
16.3.	Natureza da solidariedade passiva	222
16.4.	Elementos da solidariedade passiva...	224
16.5.	Solidariedade e fiança	225
16.6.	Solidariedade e litisconsórcio	229
16.7.	A solidariedade e a morte de um dos devedores solidários.......	230
16.8.	O pagamento parcial ou remissão da dívida.................................	231
16.9.	Alteração das obrigações solidárias	233
16.10.	Impossibilidade da prestação por culpa de um dos devedores	234
16.11.	Juros de mora	235
16.12.	Extensão da defesa do devedor solidário	236
16.13.	Renúncia da solidariedade em favor de um ou mais dos devedores	237
16.14.	Rateio e direito de regresso dos que pagaram..............................	238
16.15.	Interesse exclusivo da dívida a um dos devedores	241

Capítulo XVII – Cessão de Créditos **243**

17.1.	Conceituação...	243
17.2.	Requisitos para a cessão...	244
17.3.	Objeto da cessão e titularidade no exercício do direito..............	246
17.4.	Espécies de cessão	250
17.5.	Semelhança com institutos afins	251
17.6.	Os acessórios na cessão de crédito	252
17.7.	A cessão relativamente a terceiros..	253
17.8.	Necessidade de notificação do devedor..	255
17.9.	Multiplicidade de cessões..	256

17.10.	Atos conservatórios pelo cessionário e a defesa reservada ao devedor....	256
17.11.	Responsabilidade do cedente pela existência do crédito.........................	258
17.12.	Insolvência do devedor	259
17.13.	Cessão de crédito penhorado..	260
17.14.	Cessão de direitos hereditários e o registro imobiliário......................	261
17.15.	Cessão de direitos societários..	262
17.16.	Dação em pagamento através da cessão de um crédito...................	263
17.17.	Cessão do contrato..	264

Capítulo XVIII – Assunção de Dívida 267

18.1.	Conceito...	267
18.2.	Espécies...	268
18.3.	Concordância do credor...	269
18.4.	A presença da assunção no direito positivo...................................	270
18.5.	Garantias e privilégios da dívida na assunção e na sua anulação......	271
18.6.	Exceções pessoais do devedor primitivo e impugnação da dívida	272

Capítulo XIX – Efeitos das Obrigações 273

19.1.	Efeitos ou execução	273
19.2.	Efeitos entre as partes e seus herdeiros..	275
19.3.	Cumprimento das obrigações por terceiros...................................	276
19.4.	Incumprimento mínimo da obrigação	278

Capítulo XX – Pagamento 281

20.1.	Conceito e acepções	281
20.2.	Pressupostos...	282
20.3.	Natureza...	283
20.4.	Requisitos...	284
20.5.	Pagamento e extinção da obrigação...	286
20.6.	Quem deve pagar...	287
20.7.	A quem se deve pagar	290
20.8.	Prova do pagamento	294
20.9.	Despesas da cobrança	298
20.10.	Forma de pagamento e atualização em moeda corrente	299
20.11.	Aumento ou redução desproporcional da prestação no pagamento	302
20.12.	Aumento progressivo das prestações...	303
20.13.	Modos e objeto do pagamento..	304
20.14.	Lugar do pagamento	306
20.15.	Tempo do pagamento	308

Capítulo XXI – Pagamento em Consignação.. **313**

21.1.	O direito de pagar..	313
21.2.	Noção	314
21.3.	Natureza da consignação e efeitos..	315
21.4.	Hipóteses de consignação..	316
21.5.	Requisitos da consignação...	321
21.6.	O âmbito do debate na ação consignatória	325
21.7.	O oferecimento	326
21.8.	Dúvida sobre quem deve receber	330
21.9.	Consignação de prestação indeterminada e de coisa certa....	332
21.10.	Prestações continuadas ou periódicas	334
21.11.	O depósito e encargos...	335
21.12.	Complementação do depósito	336
21.13.	Consignação de obrigação litigiosa......................................	338
21.14.	Procedimento da ação...	339

Capítulo XXII – Pagamento com Sub-rogação.. **343**

22.1.	O pagamento feito por terceiro	343
22.2.	Conceito..	344
22.3.	Espécies básicas de sub-rogação...	345
22.4.	Natureza..	346
22.5.	Sub-rogação legal...	347
22.6.	Sub-rogação convencional	350
22.7.	Efeitos da sub-rogação	352
22.8.	A sub-rogação decorrente da denunciação.........................	354

Capítulo XXIII – Imputação do Pagamento... **357**

23.1.	O pagamento na pluralidade de débitos..............................	357
23.2.	Conceito e espécies..	358
23.3.	Elementos para configurar a imputação feita pelo devedor	359
23.4.	Elementos para configurar a imputação feita pelo credor	360
23.5.	Elementos para configurar a imputação decorrente de lei.....	361
23.6.	Imputação nas dívidas de capital e juros.............................	362

Capítulo XXIV – Dação em Pagamento... **363**

24.1.	Conteúdo jurídico de dação em pagamento.......................	363
24.2.	Natureza jurídica..	365
24.3.	Requisitos	365
24.4.	Efeitos...	367
24.5.	Aplicação das regras da compra e venda e da cessão de crédito	367

Capítulo XXV – Novação ... 371
- 25.1. A criação de nova obrigação ... 371
- 25.2. Natureza e espécies ... 372
- 25.3. Requisitos ... 374
- 25.4. Novação e dívida natural ... 376
- 25.5. Efeitos da novação ... 378
- 25.6. Novação e renegociação de dívida ... 380

Capítulo XXVI – Compensação ... 383
- 26.1. Definição e utilidade da compensação ... 383
- 26.2. Elementos históricos ... 384
- 26.3. Natureza jurídica ... 385
- 26.4. Espécies ... 386
- 26.5. Requisitos ... 387
- 26.6. Obrigações incompensáveis ... 389
- 26.7. Compensação e cessão de créditos ... 396
- 26.8. Compensação em dívidas solidárias ... 396
- 26.9. Compensação pelo fiador com o crédito do afiançado ... 397
- 26.10. Efeitos da compensação ... 398
- 26.11. Compensação na falência ... 399
- 26.12. Prazo de favor para a solução da dívida e compensação ... 400
- 26.13. Despesas decorrentes da compensação ... 400
- 26.14. Existência de várias dívidas e compensação ... 401
- 26.15. Momento de se operar a compensação ... 401

Capítulo XXVII – Confusão ... 403
- 27.1. O significado de "confusão" no direito obrigacional ... 403
- 27.2. Espécies ... 404
- 27.3. Causas ou fontes da confusão ... 405
- 27.4. Confusão e solidariedade ... 405
- 27.5. Confusão e garantias acessórias ... 406
- 27.6. Restabelecimento da obrigação ... 406

Capítulo XXVIII – Remissão das Dívidas ... 409
- 28.1. Sentido de remissão ... 409
- 28.2. Natureza jurídica ... 410
- 28.3. Espécies de remissão ... 411
- 28.4. Requisitos para a validade ... 411
- 28.5. Remissão em obrigações com garantias reais ... 413
- 28.6. Remissão em obrigações solidárias ... 413

Capítulo XXIX – Inadimplemento das Obrigações **415**

- 29.1. A imputabilidade no inadimplemento 415
- 29.2. A conduta do devedor no inadimplemento 417
- 29.3. O inadimplemento culposo 418
- 29.4. Inadimplemento nos contratos benéficos e onerosos 420
- 29.5. Incumprimento por caso fortuito e força maior 422
  - 29.5.1. Conceito 423
  - 29.5.2. Ausência de culpa 424
  - 29.5.3. Inevitabilidade do fato e impossibilidade da obrigação 425
  - 29.5.4. Hipóteses de não reconhecimento do caso fortuito ou força maior 426
- 29.6. Situações especiais que impedem o cumprimento do contrato 427
  - 29.6.1. Teoria da imprevisão 428
  - 29.6.2. Teoria da base objetiva do negócio 429
  - 29.6.3. Do estado de perigo, da lesão no direito, da onerosidade excessiva e do lucro permitido nos negócios 431

Capítulo XXX – Resolução da Relação Obrigacional **437**

- 30.1. Justificações 437
- 30.2. Resolução e figuras afins 438
- 30.3. Resolução por incumprimento da obrigação 439
- 30.4. Espécies de incumprimento 440
- 30.5. Resolução de obrigações contemplada em lei 443
- 30.6. Caminhos oferecidos ao credor frente ao inadimplemento 444
- 30.7. Cumprimento imperfeito e a resolução 445
- 30.8. Defesas do inadimplente 447
- 30.9. Efeitos da resolução 449
- 30.10. Resolução bilateral e unilateral 450
- 30.11. Cláusula resolutiva expressa 451
- 30.12. Cláusula de decaimento 454
- 30.13. Modos de resolução 455

Capítulo XXXI – Mora no Cumprimento das Obrigações **457**

- 31.1. Conceito e espécies 457
- 31.2. Mora do devedor. Caracterização e efeitos 457
- 31.3. Mora do credor. Caracterização e efeitos 461
- 31.4. Modalidades da mora do devedor 464
- 31.5. Purgação da mora 466

Capítulo XXXII – Perdas e Danos **469**

- 32.1. Decorrências do inadimplemento 469

32.2.	Conceito		470
32.3.	Espécies		471
	32.3.1.	Perdas e danos patrimoniais	471
	32.3.2.	Perdas e danos morais	473
	32.3.3.	Dano direto e indireto	477
	32.3.4.	Danos contratuais e extracontratuais	481
32.4.	Perdas e danos decorrentes do pagamento com atraso		482
32.5.	Perdas e danos nas obrigações em dinheiro		483
32.6.	Perdas e danos e culpa		484
32.7.	Interesses positivos e interesses negativos		486

Capítulo XXXIII – Juros Legais **489**

33.1.	Conceito de juros	489
33.2.	Espécies de juros	490
33.3.	Juros de mora e juros compensatórios ou remuneratórios	491
33.4.	A taxa incidente se não convencionada	493
33.5.	O limite da taxa convencionada	494
33.6.	Cumulação de juros moratórios e juros compensatórios ou remuneratórios	495
33.7.	Limitação da taxa de juros pelas regras do Código de Defesa do Consumidor	497
33.8.	Início da fluência dos juros de mora	499
33.9.	Juros legais não moratórios	501
33.10.	Juros convencionais ou remuneratórios em relação às instituições financeiras	502
33.11.	Capitalização de juros	505
33.12.	Juros de mora e prejuízo	508
33.13.	Incidência dos juros de mora quando não postulados ou omissa a sentença	509

Capítulo XXXIV – Cláusula Penal **511**

34.1.	Importância e conceituação	511
34.2.	Finalidades	512
34.3.	Natureza	514
34.4.	Cláusula penal e institutos afins	516
34.5.	Espécies	522
34.6.	O valor ou montante permitido na cláusula penal	523
34.7.	Cláusula penal e honorários advocatícios	526
34.8.	Limites da cláusula penal	526
34.9.	Cláusulas de arrependimento, de resolução expressa e de decaimento	528
34.10.	A culpa no inadimplemento da obrigação e a constituição em mora	531

34.11.	Nulidade e resolução da obrigação principal...	533
34.12.	Redução da multa ou da cláusula penal	535
34.13.	A cláusula penal na obrigação indivisível e divisível	537
34.14.	Cláusula penal e prejuízo do credor..	539

Capítulo XXXV – Arras ou Sinal **541**

35.1.	Conceito...	541
35.2.	Natureza jurídica	542
35.3.	Espécies...	542
35.4.	Arras e indenização por perdas e danos...	544
35.5.	Arras e cláusula penal	546

Capítulo XXXVI – Promessa de Recompensa **547**

36.1.	Conceituação..	547
36.2.	Natureza jurídica	548
36.3.	Direito no recebimento da recompensa	548
36.4.	Revogação da promessa..	549
36.5.	Pluralidade de pessoas na realização de tarefa ou condição.....................	550
36.6.	Promessa de recompensa em concursos	551

Capítulo XXXVII – Gestão de Negócios **553**

37.1.	Conceito...	553
37.2.	Características..	555
37.3.	Obrigações e responsabilidades do gestor...	556
37.4.	Obrigações e responsabilidades do dono do negócio................................	557
37.5.	Ratificação da gestão pelo dono do negócio..	558
37.6.	Desaprovação da gestão..	558
37.7.	Negócios comuns do gestor e do dono	559

Capítulo XXXVIII – Pagamento Indevido **561**

38.1.	Caracterização..	561
38.2.	Espécies...	562
38.3.	Pressupostos...	563
38.4.	Requisitos	563
38.5.	Situações excluídas da repetição...	565
38.6.	Duplo pagamento de uma obrigação	567
38.7.	O erro no pagamento	567
38.8.	A restituição	569

Capítulo XXXIX – Enriquecimento sem Causa **571**

39.1.	A introdução da matéria pelo vigente Código Civil	571

39.2.	Conceito	573
39.3.	Correspondência entre o enriquecimento e o empobrecimento	575
39.4.	Cabimento da restituição ou da indenização	576
39.5.	O Código de Defesa do Consumidor e o enriquecimento sem causa	577
39.6.	Situações jurisprudenciais mais comuns de enriquecimento sem causa	578

Capítulo XL – Preferências e Privilégios Creditórios — 583

40.1.	Declaração de insolvência	583
40.2.	Âmbito da discussão entre os credores	585
40.3.	Os títulos de preferência e sua prioridade	585
40.4.	A ordem na preferência	587
40.5.	Concorrência de créditos na mesma classe ou hierarquia	593
40.6.	Linhas procedimentais da insolvência	594

Bibliografia — 599

I
Obrigações

1.1. CARACTERIZAÇÃO

O homem é um ser eminentemente social. Ninguém vive isolado. A realização humana é atingida progressivamente pela expansão do relacionamento social. Ou o sucesso da pessoa depende da capacidade de se inter-relacionar. Pessoa alguma suporta a vida isolada. Basicamente, passa-se a vida em função dos outros. Consegue-se a plenitude humana, ou o sentimento de afirmação, em proporção à aceitação do indivíduo no meio social. Já nas elaborações filosóficas da sociedade, afirmava-se que a mesma é necessária para o homem atingir a felicidade. O homem isolado não pode satisfazer as exigências mais elementares da vida. A plena atuação da pessoa é atingida na vida social.[1]

O relacionamento desenvolve-se em vários campos, como o familiar, o social, o cultural, o religioso, o recreativo, o profissional e o econômico.

Em todos os campos, há um regramento que os disciplina, estabelecendo os limites, as responsabilidades, os caminhos permitidos, os direitos e os deveres.

Na medida em que se aperfeiçoaram ou se aculturaram as civilizações, mais se desenvolveram as regras de condutas sociais. Evoluem as liberdades na atuação do ser humano na proporção da capacidade de convivência social, que se concretiza, evidentemente, pelo grau de respeito aos direitos e deveres entre os cidadãos. Um estágio elevado de garantia dos direitos depende de um alto grau de respeito aos deveres ou obrigações.

Chega-se, então, para viabilizar a convivência social, à necessidade de uma correspondência entre os direitos e deveres ou obrigações. Não se pode prescindir da ideia do direito a ideia da obrigação. Esta a antítese normal dos direitos: a decorrência de obrigações, tanto no campo pessoal como no social. Do direito reconhecido em favor de uma pessoa advém uma obrigação de também reconhecer o direito de outra pessoa. O direito à propriedade exige o dever de seu exercício segundo as limitações naturais e legais existentes. *Jus et obligatio sunt correlata*, diziam os romanos, princípio que foi levado às codificações de todas as nações civilizadas, as quais encerram, como de suma importância, considerável regulamentação dos direitos e obrigações de ordem privada concernentes às pessoas, aos bens e às suas relações.

Ninguém fica excluído do âmbito de sua abrangência, em consonância com os termos do art. 1º do Código Civil atual, vigorando por força da Lei nº 10.406, de 10 de janeiro de

---

[1] *Compêndio de História da Filosofia*, por F. J. Thonnard, trad. da 5ª ed. francesa por Valente Pombo, edição da Sociedade de São João Evangelista, Porto, Portugal, 1953, p. 9.

2002, abrangência que já constava no art. 2º do Código Civil anterior, aprovado pela Lei nº 3.071, de 1º de janeiro de 1916, vazado nos seguintes termos: "Toda pessoa é capaz de direitos e deveres na ordem civil".

Pondera, em sentido parecido, Sílvio Rodrigues: "A troca, depois a compra e venda, depois outros contratos, vieram possibilitar ao ser humano obter um número cada vez maior de utilidades. Tais convenções estabelecem um vínculo entre as partes, através do qual estas limitam sua natural liberdade, obrigando-se a fornecer uma prestação. Assim, por exemplo, por livre manifestação de seu querer, o vendedor se obriga a fornecer a coisa e o comprador o preço".[2]

No plano das convivências, pois, caminham lado a lado os direitos e obrigações, o que torna possível o equilíbrio social e um nível razoável de paz e segurança. Do contrário, não coexistiriam os fracos com os mais fortes, nem um mínimo de ordem seria respeitado.

Mas, na hierarquia dos valores e da importância dos bens, há as relações que são mais indispensáveis ou necessárias, e as de menor relevância. A regulamentação adotada diz com aquelas que vinculam as pessoas em setores, sobretudo de cunho pessoal, com base em valor patrimonial. Ou seja, aparece um disciplinamento de relações interindividuais, isto é, de relações jurídicas de ordem pessoal, ou de crédito, entre dois ou mais sujeitos, com respeito a bens ou valores econômicos, de modo a evitarem-se conflitos e a quebra da paz social. As relações mais de convivência ou de conduta pessoal ou moral estão fora da abrangência da lei. Restringe-se o direito a reger prestações mensuráveis economicamente.

Constitui o estudo um dos mais importantes no direito privado, com forte repercussão nos comportamentos. Em todos os diplomas vêm discriminadas obrigações, sendo de lembrar que constituem o setor básico das regulamentações. O Código Civil de 2002, como o fazia o Código de 1916, trata unicamente de alguns aspectos, centrando figuras consideradas mais usuais e abrangentes, consolidadas até determinado momento histórico, porquanto não pode prever as formas de condutas que advêm com o evoluir da história, e que restarão reguladas por campos especiais do direito, como outrora ocorreu com o direito econômico, o direito trabalhista, o direito cambiário, dentre outros inúmeros setores.

As declarações de vontade, num primeiro momento, devem obedecer a princípios gerais e universais, seguindo cânones não específicos ou particularizados. Apenas quando partem para setores específicos ou individualizados de bens ou valores ficam centradas em uma contratação, quando há a delimitação do objeto de acerto das vontades, como na aquisição de bens, locação de imóvel, fornecimento de empréstimo, prestação de serviços etc.

1.2. SENTIDO VERNACULAR DE OBRIGAÇÃO

A palavra "obrigação" decorre do verbo latino *obligare*, composto de *ligare*, dando o significado de "ligar", "atar", "amarrar". O substantivo *obligatus* corresponde a "obrigado", ou "aquele que se obriga". Acrescenta Caio Mário da Silva Pereira: "O recurso à etimologia é bom subsídio: obrigação, do latim *ob* + *ligatio*, contém uma ideia de vinculação, de liame, de cerceamento da liberdade de ação, em benefício de pessoa determinada ou determinável".[3]

---

[2] *Direito Civil – Parte Geral das Obrigações*, 3ª ed., São Paulo, Max Limonad Editor, vol. II, p. 13.
[3] *Instituições de Direito Civil*, 2ª ed., Rio de Janeiro, Forense, vol. II, p. 9.

Basta abrir qualquer dicionário para constatar um sentido comum expresso nas várias palavras que traduzem "obrigação": dever, compromisso, exigência, encargo, tarefa, dívida ou débito, vínculo, prestação, enfim tudo o que demanda um cumprimento ou atendimento.

Há obrigações de ordem moral, familiar, social, trabalhista, pessoal, religiosa, cultural, civil, filial, paternal – que se desdobram segundo a posição e o meio em que se vive, em constante exigibilidade de condutas determinadas e apropriadas ao momento e ao local em que alguém se encontra. Realça Antônio Chaves o conceito amplo, como "as obrigações que a própria consciência nos impõe, como as de ser justo, praticar o bem, obrigações de natureza religiosa, deveres que dizem respeito ao trato social, imposições outras de conteúdo meramente moral".[4] Segue o argentino Alfredo Colmo: "Hay obligaciones que son impuestas por la amistad, el respeto, la cortesía, la sociedad, la moral, el estado, etc. Y no puede afirmarse que en cualquiera de tales supuestos medie una obligación en el sentido que aquí corresponde. La mayoría de ellas no son exigibles ante la ley. Las que lo son (como las ciudadanas, las impositivas, etc.) obedecen a principios de un derecho que no es el civil".[5]

Na medida em que maior o convívio humano, e mais complexa a vida, crescem as exigibilidades de encargos, compromissos, condutas especiais, atenções, restrições, obediências, respeito e sujeições aos que nos cercam, às leis, aos regulamentos, como nos centros urbanos, em que todos são obrigados a acatar às leis de trânsito, às ordens de atendimento nas repartições públicas, ao comportamento exigido em centros comerciais, hospitalares, educacionais etc. Em verdade, numa proporção equivalente, na medida em que mais crescem as obrigações mais cerceia-se a liberdade ou a espontaneidade de agir do ser humano, diferentemente do que se reclama e acontece quando o indivíduo encontra-se isolado ou distante dos aglomerados urbanos.

De modo que a relação obrigacional tem muito a ver com postura padronizada ou comportamento estereotipado e amoldado às exigências sociais e civis reclamadas para tornar possível a convivência e a sociedade em si. Válida a colocação de Mário Júlio de Almeida Costa: "Na linguagem comum, utiliza-se a palavra *obrigação* para designar de modo indiscriminado todos os deveres e ônus de natureza jurídica ou extrajurídica. O termo engloba, pois, indiferentemente, em face do direito e de outros complexos normativos (moral, religião, cortesia, usos sociais etc.), as situações que se caracterizam pelo facto de uma ou mais pessoas se encontrarem adstritas a certa conduta. Assim, tanto se declara que o comprador é obrigado ao pagamento do preço da coisa adquirida, que todos se encontram obrigados a respeitar a propriedade alheia ou que alguém está obrigado a uma servidão de passagem, como se diz que os homens são obrigados à prática do bem, que existe para os crentes a obrigação de seguir os preceitos das suas religiões ou para os jovens a obrigação de ceder lugares sentados às senhoras e aos mais idosos".[6]

Não será tal o campo das obrigações que trata o direito, ou vem regulado por diplomas legais, embora, em última instância, sempre se encontre um fundo lastreado em normatizações positivas para impor qualquer tipo de comportamento.

---

[4] *Tratado de Direito Civil – Direito das Obrigações*, São Paulo, Revista dos Tribunais, 1984, t. I, vol. II, p. 2.
[5] *De las Obligaciones en General*, 3ª ed., Buenos Aires, Editorial Abeledo-Perrot, 1961, p. 4.
[6] *Direito das Obrigações*, 3ª ed., Coimbra, Liv. Almedina, 1979, p. 43.

1.3. SENTIDO JURÍDICO DE OBRIGAÇÃO

Envolve este assunto o sentido que vem tratado pelo direito e que pode ser exigido ou reclamado. E aí se concebe a obrigação como um vínculo de direito que liga uma pessoa a outra, ou uma relação de caráter patrimonial, que permite exigir de alguém uma prestação. Henri, Léon e Jean Mazeaud exprimem tal ideia: "La obligación es un vínculo de derecho que nos fuerza a una prestación para con otro".[7] Há um credor e um devedor, ligados por um vínculo, ou uma prestação que um deve prestar ao outro. No direito romano, já vigorava tal concepção: *Obligatio est vinculum iuris quae necessitate adstringimur alicuius solvendae rei, secundum nostrae civitatis iuris*. Uma pessoa tem um vínculo com outra, consistente o mesmo no dever de entregar uma prestação a outrem. Antônio Chaves sintetiza esta ideia: "Será, pois, obrigação o vínculo que sujeita o devedor a uma determinada prestação em favor do credor, que tanto pode ser de dar, como de fazer ou de não fazer alguma coisa".[8] Por outras palavras, conceitua-se como o vínculo jurídico que força alguém a dar, fazer ou não fazer alguma coisa, sempre de apreciação econômica, em favor de outrem.

Numa visão mais simples, tem-se a obrigação como uma relação pela qual alguém deve cumprir determinada prestação em favor de outrem. Ou se sujeita o devedor a uma determinada prestação em prol do credor. No conceituar de Jefferson Daibert, "obrigação é a relação jurídica, de caráter transitório, estabelecida entre devedor e credor e cujo objeto consiste numa prestação pessoal econômica, positiva ou negativa, devida pelo primeiro ao segundo, garantindo-lhe o adimplemento através de seu patrimônio".[9]

Mais especificamente, no dizer de Nelson Nery Junior e Rosa Maria de Andrade Nery, as obrigações formam o direito das obrigações, que "se caracteriza pela possibilidade de o credor poder submeter o devedor à execução forçada de seu patrimônio, por ter ficado adstrito para com o credor à execução forçada de seu patrimônio, por ter ficado adstrito para com o credor à realização de uma prestação, que pode ter sido derivada, tanto da vontade livre dirigida para esse fim, como por decorrência de uma situação jurídica de que lhe resultou responsabilidade civil".[10]

Há entre o credor e o devedor o vínculo, que é o nexo, ou *nexum*, proveniente do verbo *nectare*, traduzindo-se por atar, unir ou vincular. Daí nascer a sujeição no sentido de compromisso, e não propriamente de submissão, ao cumprimento de uma obrigação.

Mais formas de manifestar a mesma ideia surgem, como a observada por Carlos Alberto Bittar: "A palavra corresponde, ainda, ao dever e, sob o prisma do obrigado, indica a relação de débito (no alemão *Schuldverhaltnisse*), enquanto, sob o do credor, constitui direito de crédito (*Fordeungsrechte*). A primeira importa em dever jurídico de solver e a segunda no direito de exigir, dada a bilateralidade da obrigação (que, portanto, é espécie do gênero 'dever')".[11] Há, pois, uma relação de débito e crédito entre o devedor e o credor, evidentemente de caráter patrimonial. Assim, ocorre o enlace que obriga o vendedor a entregar uma coisa, ou um bem, e a este a pagar o preço para aquele.

---

[7] *Lecciones de Derecho Civil*, Buenos Aires, Ediciones Jurídicas Europa-América, 1960, vol. I, trad. de Luis Alcalá-Zamora y Castillo, p. 8.
[8] Ob. cit., vol. II, t. I, p. 2.
[9] *Das Obrigações*, 2ª ed., Rio de Janeiro, Forense, 1979, p. 9.
[10] *Manual de Direito Civil – Obrigações*. São Paulo: Thonsom Reuters Revista dos Tribunais, 2013, p. 25.
[11] *Curso de Direito Civil*, Rio de Janeiro, Forense Universitária, 1994, vol. I, p. 308.

Neste sentido, desdobra-se a obrigação no envolvimento de débito e crédito. Quem está obrigado encontra-se numa situação de "débito", e a pessoa com o direito de receber possui um "crédito", abrangendo também valores pecuniários.

E indo adiante, envolve a obrigação o significado de "fazer": uma pessoa compromete-se a fazer um ato, ou uma obra, ou uma coisa em favor de outra. Igualmente, o significado de "não fazer", ou de abster-se de um fato ou ato.

Daí compreender-se a obrigação como a relação que obriga a dar ou entregar bens, em satisfazer um crédito, em fazer ou não fazer alguma coisa. Vê-se, pois, a amplitude de relações possíveis de se estabelecer entre os indivíduos. Simplificando, diz-se que a obrigação tem como objeto *dar*, *fazer*, ou *não fazer* alguma coisa, esta evidentemente de caráter econômico. Constitui, repetindo Orosimbo Nonato, que, por sua vez, se inspira em Polacco, "o laço jurídico entre o credor e o devedor e cujo objeto consiste em uma prestação econômica ou, pelo menos, avaliável em dinheiro, deste àquele".[12]

Cumpre fazer uma delimitação da obrigação aqui tratada.

De modo geral, em todos os campos do direito dissemina-se a obrigação. Assim, por exemplo, no direito das coisas, no direito de família, onde há mais o dever perene, que se prolonga enquanto mantém-se a relação patrimonial ou familiar, impondo-se perante toda a coletividade. No caso específico das obrigações pessoais, a sua extensão atinge somente as partes envolvidas, havendo um caráter restrito e temporário. Alguém é obrigado a dar, ou a fazer, ou a não fazer uma coisa restritamente a outra pessoa, desaparecendo o vínculo tão prontamente se verifique o cumprimento.

1.4. OBRIGAÇÃO E DEVER JURÍDICO

Está aí outro aspecto importante, a fim de bem situarmos o campo das obrigações. Restou entendido que todos os diplomas legais inserem obrigações, mas no sentido de dever jurídico. Neste âmbito, vão as obrigações além de dar, fazer ou não fazer. Ou seja, o dever jurídico seria o gênero, e é mais amplo que a obrigação, vindo assim definido por João de Matos Antunes Varela: "O dever jurídico é toda a necessidade, imposta ou sancionada pelo direito (objetivo), de pessoas a observarem determinada conduta. É o dever de não matar, não injuriar, não furtar, de não danificar coisa alheia, de pagar o que se deve".[13]

Encontra-se a exigência de coordenar as condutas daqueles a quem são dirigidas as leis. Ao mesmo tempo em que surgem garantias e direitos, nascem deveres jurídicos de respeitar tais garantias e direitos. Aí não em virtude de um liame contratual, mas sim de um comando legal. Apenas para exemplificar, há o art. 1.634, inc. IX do Código Civil, pelo qual são os filhos obrigados a prestar obediência, respeito e os serviços próprios de sua idade e condição aos pais. Já o art. 1.400 ordena que o usufrutuário deve inventariar os bens que receber, determinando o estado em que se acham, e dará caução, fidejussória ou real, se for exigida, de velar pela conservação e de garantir a devolução, uma vez findo o usufruto. O art. 1.568 exige dos cônjuges a obrigação de sustentarem-se e a própria família, enquanto o art. 1.696 disciplina o mútuo dever de prestarem-se os parentes alimentos.

E assim há um infindável número de artigos e de leis que discrimina condutas exigidas, ou deveres.

---

[12] *Curso de Direito das Obrigações*, Rio de Janeiro, Forense, 1959, vol. I, p. 76.
[13] *Direito das Obrigações*, Rio de Janeiro, Forense, 1977, vol. I, p. 54.

Embora tais condutas erijam-se como obrigações, pois determinantes de atitudes a serem observadas ou realizadas, não se incluem dentre as obrigações no sentido técnico, com um fundo patrimonial, mas vêm expressadas como deveres jurídicos. É que a obrigação impõe uma prestação em geral de cunho econômico, enquanto o dever restringe-se a uma simples postura. Não pode o sujeito ativo do direito reclamar um ato positivo do sujeito passivo, aqui compreendendo a generalidade dos indivíduos. Unicamente impõe-se uma atitude de respeito e não ofensa ao direito. Mais especificamente, a conduta é de omissão de prática de atos lesivos frente ao bem garantido pela lei a alguém.

Em outros termos, o titular do direito posiciona-se como titular da faculdade de exigir que a sociedade observe uma conduta frente ao bem ou valor que possui em virtude de conquista por méritos próprios ou por lei.

1.5. O DIREITO DAS OBRIGAÇÕES NO CÓDIGO CIVIL

Integra o Direito das Obrigações a Parte Especial do Código Civil, juntamente com o Direito de Empresa, o Direito das Coisas, o Direito de Família, e o Direito das Sucessões.

Mas as obrigações reguladas por estes quatro últimos ramos constam estabelecidas especificamente para cada matéria tratada, sem uma acepção técnica. Aquelas disciplinadas com a assunção de encargos ou compromissos e deveres constam desenvolvidas no Livro I da Parte Especial do Código Civil, iniciando no art. 233, e concluindo no art. 965, num total de 732 dispositivos, com inúmeros títulos, capítulos e seções. Evidentemente, estão incluídas as partes dos contratos, dos títulos de crédito, os atos unilaterais de vontade, os títulos de crédito, a responsabilidade civil, e as preferências e privilégios creditórios. Mais precisamente, são dez os títulos que abrangem o direito das obrigações, na seguinte ordem: as modalidades das obrigações, a transmissão das obrigações, o adimplemento e extinção das obrigações, o inadimplemento das obrigações, os contratos em geral, as várias espécies de contratos, os atos unilaterais, os títulos de crédito, a responsabilidade civil e as preferências e privilégios creditórios.

Quanto à posição que ocupa no Código em vigor, Arnoldo Wald criticava o sistema anterior, aconselhando uma colocação que coincide com a do vigente diploma civil, isto é, defendendo a sequência logo após a parte geral, a exemplo das legislações de outros países: "Em outras legislações, todavia, como a alemã, as obrigações são objeto de regulamentação logo após a parte geral, pois o conhecimento e o manejo de sua técnica são essenciais e imprescindíveis para a compreensão do direito das coisas, como do direito sucessório e do direito de família.

É atendendo, pois, ao critério da complexidade e especialização crescente que os mestres brasileiros de direito civil, desde 1931, abandonaram a ordem das matérias do Código, para se dedicarem ao estudo das obrigações imediatamente após terminarem a análise da parte geral".[14]

Não se resume, porém, na série de dispositivos discriminada ao longo do Direito das Obrigações o campo deste ramo do direito. Uma quantidade elevada de outros artigos há no Código Civil atual, como constava no Código revogado, mormente na Lei de Introdução às Normas do Direito Brasileiro, na Parte Geral, e ao longo de assuntos

---

[14] *Curso de Direito Civil Brasileiro – Obrigações e Contratos*, 5ª ed., São Paulo, Revista dos Tribunais, 1979, p. 9.

específicos. O Código Comercial, a própria Constituição Federal, e infindável número de leis esparsas complementares contêm normas sobre o assunto, nos mais diversos setores da atividade humana e na própria ordem política do País.

No Código Civil em vigência, o disciplinamento estende-se à estrutura e às mais diversas modalidades das obrigações, aos conceitos e aos efeitos decorrentes da declaração de vontade, ingressando na especificidade dos contratos que compreendem uma razoável gama de situações fáticas. Segue no disciplinamento dos títulos de crédito, passando, em seguida, a tratar da responsabilidade civil, e concluindo com a abordagem das preferências e privilégios creditórios.

No estudo da presente obra, desenvolve-se a análise das obrigações em geral, compreendendo os atos unilaterais e as preferências e privilégios creditórios. Não se incluem os contratos, as suas várias espécies, os títulos de crédito e a responsabilidade civil.

As obrigações provêm de condutas das pessoas, com repercussão de ordem pessoal, moral e patrimonial. Restringem-se, evidentemente, a casos resultantes de situações extracontratuais. Na visualização de Carlos Alberto Bittar, "o Direito das Obrigações rege: as modalidades (classificação das obrigações), a transmissão (de crédito e de dívida), o adimplemento (ou cumprimento, direto e indireto), o inadimplemento (ou não cumprimento) das obrigações e as respectivas consequências".[15]

Resta lembrar que o estatuto processual civil traz mecanismos para sanar o descumprimento das obrigações, ou para impor a exigibilidade do cumprimento, prevendo o processo de conhecimento, o processo cautelar para situações prementes, e a execução daquelas cuja obrigatoriedade se encontra afirmada, no que se destacam a execução para a entrega de coisa certa ou de coisa incerta, a de fazer ou de não fazer, dentre outros casos.

1.6. NATUREZA JURÍDICA

Pela obrigação, uma pessoa é colocada na contingência jurídica de seguir ou atender uma certa prestação relativamente a outra pessoa. Por óbvio que não se absorve aí o seu conteúdo ou extensão. Mas, há a predominância de um vínculo impondo ao devedor o cumprimento de uma conduta em favor do credor.

Uma das grandes discussões centra-se na natureza desse vínculo, sendo várias as correntes que gravitam em torno do assunto.

Num sentido mais tradicional, que remonta às origens da civilização, firma-se, de um lado, um dever de prestar, e de outro, o direito de receber ou exigir. É como demonstra Antunes Varela: "A doutrina clássica considera a obrigação como uma relação jurídica composta de um direito subjetivo à prestação e do correspondente dever especial de prestar. De um lado, o poder de exigir determinando comportamento, atribuído ao credor; do outro, o dever correlativo de prestar, imposto ao devedor".[16] Tal o substrato ou a essência vigorante em todos os sistemas que buscam conceituar a obrigação, a qual se materializa na imposição de comportamentos de parte da pessoa do sujeito passivo, que fica constrangida a satisfazer os compromissos nascidos das exigências contratuais, estes exigidos para se lograr, na convivência humana, um determinado grau de respeito e honestidade. Teríamos, aí, uma postura, ou um liame espiritual, ligando os sujeitos ou

---

[15] Ob. cit., vol. 1, p. 304.
[16] *Direito das Obrigações*, ob. cit., 1978, vol. II, p. 403.

congraçando-os numa união ou fraternidade que frutifica na formação de uma sociedade pacífica e harmoniosa.

Para lograr este estado social, traz a lei ou o direito positivo mecanismos que permitem ou possibilitam ao credor, caso não atendido seu crédito, promover o seu cumprimento, ou executá-lo através de recursos judiciais, que se materializam por meio da imposição ou omissão de condutas, e mesmo da entrega de coisas. Quando não logrado este resultado prático, liquida-se a conduta mediante a apuração em um valor monetário, que poderá vir a ser conseguido pela execução de bens ou do patrimônio do devedor, através de penhora e praça.

Vemos, pois, que a natureza da obrigação assenta-se numa relação de débito e crédito. Relação que pode concentrar-se numa só pessoa, ou em duas e até mais. No primeiro caso, ao mesmo tempo em que alguém se reveste de um direito, coloca-se na posição de satisfazer um encargo, ou de fazer algo. Já no segundo, tem-se um crédito, um direito, e outros devem portar-se de determinada maneira, respeitando o crédito ou o direito reconhecido em favor de uma pessoa. Assim o direito de propriedade, fundado em um contrato, impondo que terceiros não se oponham a tal direito.

O descumprimento no respeito ao direito, ou em não atendendo o dever de respeitar, conduz à responsabilidade, ou a indenizar. O débito, pois, dos terceiros pode resultar em responsabilidade. E aí também transparece a natureza das obrigações, assentada na relação de débito e crédito, que pode converter-se em responsabilidade.

Em suma, a relação de débito e crédito resume-se numa carga, num liame que leva a exigir condutas próprias. Há um direito reconhecido em favor do credor, e há um ônus atribuído ao devedor, ônus que se converte em dívida e que pode resultar em responsabilidade.

1.7. REALCE HISTÓRICO DAS OBRIGAÇÕES

Difícil procurar descrever, através dos tempos, a posição do direito das obrigações. Nunca o ser humano esteve desacompanhado de direitos e obrigações. Se bem que, num estágio primitivo, não havia relações contratuais. Os seres humanos possuíam comportamentos mais levados por impulsos, à maneira dos irracionais. A única conduta exigida era a da subsistência, ou sobrevivência, sem qualquer liame com a sorte do próximo. Simplesmente, agia-se, seguindo o indivíduo os ímpetos naturais, desvinculado do que hoje se conhece por exigências de condutas sociais.

Todavia, à medida que se formaram os grupos, e foi se delineando a convivência em alguns setores, ou se unindo as pessoas para fazer frente a certos perigos, ou necessidades, surgiu a exigência de especificar as condutas, ou de se impor os afazeres ou atitudes dos componentes do grupo. Isto na própria convivência grupal, assentando-se ou distribuindo-se compromissos ou encargos. Caso não cumpridos, advinha a aplicação de penas ou castigos, da competência de alguém do grupo, que figurava como o líder. Manoel Ignácio Carvalho de Mendonça recorda: "Uma vez surgida, a sociabilidade inspira espontaneamente uma série de deveres negativos de evitar a prática de atos nocivos à comunhão, assim como a inclinação natural de produzir utilidades para ela".[17]

---

[17] *Doutrina e Prática das Obrigações*, 3ª ed., Rio de Janeiro, Freitas Bastos, 1938, t. I, p. 92.

Nota-se, pois, que a obrigação seguiu os povos na gênese humana, a partir de um estágio em que se iniciou a formação de grupos.

No aspecto cultural, como norma, apareceu a obrigação ao tempo dos egípcios, e depois dos babilônios, quando as pessoas respondiam com a própria liberdade, e até com a vida, pela honra dos deveres assumidos.

No direito grego, porém, num grau bem mais elevado, no dizer de Washington de Barros Monteiro, "as obrigações nasciam do contrato, do delito ou de outro fato jurídico, por direta disposição da lei".[18]

No sentido jurídico de imposição de atos ou condutas, encontra-se no direito romano o maior desenvolvimento, precedido, no entanto, pelo *ius in re*, conforme lembra Miguel Maria Serpa Lopes.[19] As obrigações constituíam um dos ramos do direito, os quais se dividiam em três campos: os direitos pessoais, os direitos reais e os direitos obrigacionais.

Os últimos correspondiam à relação entre as pessoas e os bens – relação que se desdobrava em um *dare*, ou um *facere*, ou um *non facere*.

A pessoa do devedor era submetida à vontade do credor. Submetia-se ela à chamada *manus injectio*. Ou seja, perdia a liberdade, porquanto podia transformar-se em escravo do credor. Isto por um tempo, que se avaliava de acordo com o peso da obrigação. Os que deviam, pois, tornavam-se escravos do credor, passando a prestar serviços para adimplir o débito. Arnoldo Wald bem historia essa fase: "A *obligatio* surgia em virtude de um contrato especial, o *nexum*, que submetia a pessoa do devedor ao credor, no caso de não ser feito o pagamento na forma estipulada. Havia, assim, uma sujeição pessoal, penhorando-se a liberdade do devedor a fim de garantir o seu débito".[20]

Mais tarde, a obrigação passou a ter realce sobretudo patrimonial. A execução foi encontrar a satisfação dos créditos no patrimônio do devedor. A garantia do crédito deslocou-se nos bens do inadimplente. A responsabilidade efetuava-se sobre o patrimônio. Ou seja, a execução deixou de ser pessoal, passando para patrimonial, o que exigiu um longo tempo para atingir plenamente a mudança.

Já nesta época pode-se encontrar nas fontes que toda obrigação tinha duas causas: ou nascia do contrato, ou do delito – *omnis vero obligatio vel ex contractu nascitur vel ex delicto*. Posteriormente, outras causas foram incluídas, nelas admitida a simples ocorrência de prejuízo, ou de um mal: *obligationes aut ex contractu nascuntur aut ex maleficio aut proprio quodam jure ex variis causarum figuris*.

Numa sequência da evolução, chegou-se a admitir a indenização de todo e qualquer prejuízo, sem uma atenção especial à causa. Lembram os Mazeaud que: "El principio de la restitución del enriquecimiento injusto se afirmó desde los tiempos de Quinto Mucio Escévola: *Jure naturae aequum est, neminem cum alterius detrimento et injuria fieri locupletiorem* (es equitativo, por derecho natural, que nadie se haga más rico con perjuicio y daño de otro)".[21]

Mais adiante, já com Justiniano, a obrigação nascia do contrato, do quase contrato, do delito e do quase delito. Ao se incluírem nas causas o quase contrato e o quase delito, vê-se uma tangência, no ensejar da obrigação, no fato em si, ou na responsabilidade ob-

---

[18] *Curso de Direito Civil – Direito das Obrigações*, 2ª ed., São Paulo, Saraiva, 1962, 1ª parte, p. 35.
[19] *Curso de Direito Civil*, 4ª ed., Rio de Janeiro, Freitas Bastos, 1966, vol. II, p. 35.
[20] *Curso de Direito Civil Brasileiro – Obrigações e Contratos*, ob. cit., p. 3.
[21] *Lecciones de Derecho Civil*, vol. I, 2ª parte, ob. cit., p. 37.

jetiva. Mas sobressaindo sempre a origem no contrato ou na *conventio*, palavra esta com um amplo significado, indo além das convenções bilaterais e reconhecidas ou disciplinadas pela *lex*, pois abrangia os meros pactos ou qualquer disposição formalizada por duas vontades sobre assuntos ou acertos não regulados pelo incipiente direito então existente.

Com a expansão do império romano, e depois com as conquistas dos chamados povos bárbaros, desenvolveram-se as relações comerciais, aprimorando-se os negócios, com um crescer especificado das obrigações, a ponto de, ao tempo das grandes navegações comerciais e descobertas de novos continentes, acentuar-se o direito na exigência de garantias e segurança, tudo em função dos compromissos assumidos pelas partes em uma escala cada vez mais ascendente.

No curso da Idade Média, historia Caio Mário da Silva Pereira: "O Direito Medieval, conservando embora a concepção obrigacional da época clássica, introduziu-lhe maior teor de espiritualidade, confundindo na ideia mesma de *peccatum* a falta de execução da obrigação, que era equiparada à mantida, e condenada toda quebra da fé jurada. E, pelo amor à palavra empenhada, instituíram os teólogos e canonistas o respeito aos compromissos (*pacta sunt servanda*), que lhe instilaram maior conteúdo de moralidade com a investigação da causa".[22]

Já ao tempo da Revolução Francesa, houve um princípio de intervenção do Estado, buscando coibir os abusos nas negociações, mas que não conseguiu suplantar os princípios inovadores que se firmaram com a Revolução Industrial.

Nos tempos contemporâneos, assistiu-se a diversificação das obrigações, especificando-se no direito comercial, no direito trabalhista, no direito econômico e, em ramos mais retalhados, como no direito de autor, no direito agrário, no direito do consumidor, e até no direito tributário.

Presentemente, assistem-se regulamentações impostas pela realidade cada vez mais conturbada e complexa da sociedade, com um acentuado rigorismo formalista e uma generalização dos deveres, disseminados em contratos padrões ou de adesão, sem muita oportunidade de discussão ou contestação de parte dos consumidores, que buscam mercadorias e serviços oferecidos coletivamente. Mas, ao mesmo tempo, o direito do final do século XX e com o Código Civil de 2002 manifesta-se repleto de um forte sentido social, especialmente no que se refere à responsabilidade civil e à exigibilidade das obrigações, verificando-se uma socialização dos riscos e um freio na liberdade de impor as estipulações. Há diplomas de profundo alcance do justo, como se encontra na Lei nº 8.078, de 1990, que introduziu o Código de Defesa do Consumidor.

1.8. FONTES DAS OBRIGAÇÕES

Procura-se encontrar mais as causas das obrigações, isto é, o ato ou fato que faz nascer as mesmas. Ou busca-se visualizar o elemento gerador das obrigações; no dizer de Serpa Lopes, pesquisam-se "os fatos determinantes da obrigação".[23] Bem expõe Orosimbo Nonato: "Todo o direito nasce de um fato: *ex facto ius oritur*. As obrigações derivam de certos atos, que são suas causas ou fontes...".[24] Por outras palavras, pesquisam-se os atos

---

[22] *Instituições de Direito Civil*, ob. cit., 2ª ed., vol. II, p. 16.
[23] *Curso de Direito Civil*, ob. cit., vol. II, p. 28.
[24] *Curso de Obrigações*, ob. cit., vol. I, p. 177.

ou fatos que se afiguram como a fonte criadora de tudo quanto alguém está obrigado a dar, ou a fazer, ou a omitir-se de determinada ação.

Daí o conceito dado por Sílvio Rodrigues: "As fontes das obrigações são aqueles atos ou fatos nos quais estas encontram nascedouro".[25] Já dizia Pothier: "*Es de esencia en las obligaciones*: 1º, *que exista una causa de onde nazca la obligación*; 2º, *personas entre las cuales se haya contratado*; 3º, *que alguna cosa haya sido objeto de la misma*".[26] Justamente nas causas estão as fontes.

Assim, como há as fontes do direito, que são os meios pelos quais se formam as normas jurídicas, no caso as leis, o costume, a doutrina e a jurisprudência, existem fenômenos, fatos, acontecimentos, relações ou estipulações que ensejam a formação das obrigações. Mas estão, sobretudo, na lei e na manifestação da vontade as fontes, sem se esgotarem nestes fatores.

Para aceitar-se uma obrigação, devem preexistir determinados fatos, como o contrato, do qual surgem relações concretas, definidas, determinadas e particulares. A própria lei constitui-se em uma das mais importantes fontes. É o caso do dever de adimplir os compromissos, ou de efetuar o pagamento de dívidas, ou de usar um bem para a finalidade prevista por um diploma.

Pode-se, pois, numa primeira dimensão, ver as fontes em dois campos: no primeiro, estão as voluntárias, nascendo diretamente por ação dos interessados, quando estabelecem um negócio, ou um compromisso, elencando os direitos e deveres, e sendo onde mais extenso revela-se o rol de obrigações, pois infindáveis e incontáveis os negócios celebrados constantemente; no segundo, têm-se as leis, ou os ditames de ordem pública, independendo da vontade humana, como no caso do dever de indenizar diante da prática de um ato ilícito, de um abuso, ou da ofensa a uma norma.

Evidentemente que há outras, como as declarações unilaterais da vontade. Neste tipo, sobressaem os títulos ao portador e a promessa de recompensa.

Isto apenas para se esboçar uma ideia da matéria em exame.

Cumpre, no entanto, que se faça uma sistematização do estudo, com a classificação no direito através dos tempos.

1.8.1. No direito romano

Não que em outros direitos antigos a matéria não tenha merecido o tratamento. Assim, os gregos já assentavam que os contratos e os delitos estabeleciam exigências, tanto no seu cumprimento, quando estabelecidos os primeiros; quanto na indenização, quando uma ação trouxesse lesões a alguém, na ocorrência dos segundos. E mesmo na lei via-se, como é natural, fundamento para exigir determinadas condutas.

Mas foi no direito romano que se desenvolveram até teorias e catalogações das fontes de obrigações. Num primeiro momento, vigia o princípio de que *omnis vero obligatio vel ex contractu nascitur vel ex delicto*, inserido nas Institutas, III, nº 88. Assim, ou decorriam dos contratos, ou dos delitos as obrigações, como recorda Orosimbo Nonato:

---
[25] *Direito Civil – Parte Geral das Obrigações*, ob. cit., vol. II, p. 19.
[26] Robert Joseph Pothier, *Tratado de las Obligaciones*, Buenos Aires, Editorial Heliasta S. R. L., 1978, p. 11.

"... Os primeiros juristas romanos distinguiam entre as obrigações nascidas do contrato e as emergentes do delito".[27]

Mesmo nessa época, num texto do Digesto aparecia que as *obligationes* nasciam também *ex variis causarum figuris*, ou seja, tinham origem em outras causas. Mas, nas próprias Institutas, além das causas *ex contractu* e *ex delicto*, contemplavam-se as que se originavam do quase contrato e do quase delito, isto é, *quasi ex contractu* e *quasi ex delicto*. Embora os diferentes textos, o autor seria o jurisconsulto Gaio.

Assim, nestas duas últimas fontes, consideravam-se que as obrigações podiam nascer de meros acordos, ou simples pactos, e de incumprimentos de leis, ou de fatos que, não capitulados como crimes, evidenciavam um comportamento descuidado ou desidioso.

Esses dois últimos fatos geradores serviram de cenário para o surgimento de inúmeras obrigações, máxime quanto às indenizações.

A síntese dessa visão romana das quatro fontes é bem colocada por Carlos Alberto Bittar: "Nesse sentido, a obrigação nascia do contrato (*ex contractu*), ou seja, de acordo de vontades entre as partes, para a criação, a modificação, ou a extinção de relação jurídica patrimonial; do delito (*ex delicto*), ou seja, do ato contrário à ordem jurídica e lesivo a direitos de outrem (ato ilícito); do quase contrato, ou seja, de situações jurídicas semelhantes a ajustes de vontade (na gestão de negócios: realização de atos tendentes à preservação de negócios alheios, sem prévia autorização ou acordo; na indivisão: prática de atos de defesa no interesse dos comunheiros; e no pagamento indevido, ou seja, sem título jurídico; obrigações nascidas da tutela, da curatela, de relações de vizinhança e em casos em que houvesse a *conditio indebiti*) e do quase delito (modalidades de ações que se aproximavam de coisas lançadas ou caídas de edifício; *positum et suspensum*: de coisas colocadas na parte externa do prédio; e *iudex litem suam fecerit*, ou sentenças judiciais erradas ou injustas, e na fraude contra credores)".[28] Coloca Colmo, explicitando a diferenciação de cada espécie, que "una persona puede en tales virtudes, resultar acreedora o deudora porque lo ha convenido o contratado, o porque ello dimana de un acto que se parece a un contrato (que es casi-contrato, como la gestión de negocios), o porque ha cometido un delito (criminal o meramente civil) o un cuasidelito que obliga a la consiguiente reparación, o porque así lo dispone la ley (por ejemplo, en las obligaciones de los representados – padres, tutores, curadores, mandatarios comunes, albaceas, etc., para con sus representados, ya en la administración de los respectivos patrimonios, ya en las ulteriores rendiciones de cuentas; en las de las partes ligadas por un contrato: comprador, locatario, etc.; en las de evicción y redhibición; en las del enriquecimiento sin causa, etc.)".[29]

Teve grande repercussão tal delineamento de fontes, embora as profundas discussões que se estabeleceram especialmente na Idade Média, quando, segundo alguns, submergiu tal classificação quadripartida. Aduz Mário Júlio de Almeida Costa: "Esta classificação quadripartida resultou de uma evolução que lança raízes na época clássica do direito romano e encontra-se nitidamente nos textos justinianeus".[30]

Pelo contrato, ou *conventio*, que era a fonte mais fecunda, havia o acordo expresso das vontades sobre determinado objeto, como compra e venda, ou empréstimo. O sentido envolvia tanto aquelas figuras reconhecidas pela lei de então, como os meros acordos, ou

---

[27] *Curso de Obrigações*, ob. cit., vol. I, p. 179.
[28] Ob. cit., vol. 1, p. 313.
[29] *De las Obligaciones en General*, ob. cit., p. 30.
[30] *Direito das Obrigações*, ob. cit., p. 163.

os pactos, que estavam fora da previsão legal. As primeiras tinham a proteção do direito, revestiam-se de obrigatoriedade, e eram tuteladas judicialmente. As últimas, por falta de conceituação na lei, não tinham força cogente, e nem era prevista a procura de amparo junto aos pretores. Posteriormente, no entanto, foram merecendo o acatamento, sendo que num primeiro passo pelos pretores, seguindo-se, depois, a proteção pelas leis imperiais. A própria boa-fé, quando reconhecida, passou a reconhecer a validade dos *pacta*.

Distinguiam-se os contratos em quatro modalidades, de acordo com os textos da época:

- Os consensuais, sem qualquer sinal externo ou representativo da avença, e assim classificavam-se a venda, a sociedade, a locação, dentre outros.
- Os reais, quando se fazia a entrega de uma coisa para caracterizá-los, como o depósito, o comodato, o mútuo, o penhor e a fidúcia.
- Os verbais, em que se exigia uma forma sacramental e solene para se consumarem. No ato da celebração, proferiam-se determinadas palavras, em geral assinaladas nos instrumentos, numa simbiose com os contratos literais. Nesta categoria, conhecem-se a promessa de dote; a promessa de prestar serviços feita pelo liberto; e a estipulação, pela qual uma pessoa, interpelada por outra, prometia atender ou cumprir o que lhe era indagado ou solicitado.
- Os literais, materializados por escrito, ou palavras, como o dote e o mútuo.

Quanto ao delito como fonte, uma vez verificado, importava na reparação. O agente que o praticava violava frontalmente a lei, ou cometia um malefício, e, assim, sujeitava-se às penas então cominadas. Mas, se da ação delituosa advinha um prejuízo para a vítima, aí nascia a obrigação de indenizar. No quadro de delitos com tal decorrência, incluíam-se os crimes de guerra, o furto, o roubo, o dano e a injúria.

Já os quase contratos definiam-se como as relações decorrentes de certas condutas que alguém assumia, ou que aceitava espontaneamente. Não há uma conceituação que explique claramente a sua tipicidade, tendo os autores dificuldade em encontrar a diferenciação com o contrato. Para aclarar a espécie, salienta-se que o obrigado agia em nome de outrem em um interesse tanto pessoal como econômico, sem o prévio consentimento ou o acerto com a outra parte. Nesta ordem, estava a gestão de negócio alheio, em que alguém vai administrando um interesse econômico de uma pessoa. Na mesma classe estão a tutela, o pagamento indevido, as relações de vizinhança, a curatela e até o mandato tácito. Acrescenta-se o enriquecimento indevido, justificando Marcelo Planiol e Jorge Ripert: "Hay que agregar el enriquecimiento sin causa, del cual el cobro de lo indebido no es más que un caso particular y que la jurisprudencia moderna sanciona a título general".[31] Em todas estas espécies, não preexiste o prévio acordo de vontades, ou o mútuo consenso entre duas ou mais pessoas. Todavia, há uma forma de agir e proceder em nome de outrem, respeitando os seus direitos, ou protegendo os bens e interesses. Do descumprimento da relação que se formou, nasce a obrigação de reparar os danos advindos.

Por último, têm-se os quase delitos, não bem entendidos sequer conceitualmente, tendo os autores se perdido em críticas e explicações, mas que o próprio exame literal das palavras leva a uma percepção do significado: se aproximavam dos delitos, não se confundindo neles em face da ausência de propósito no desencadear do ato. Acontece

---

[31] *Tratado Práctico de Derecho Civil Francés*, Havana, Cultural S.A., 1945, t. VII, 2ª parte, trad. de Mario Diaz Cruz, p. 8.

este em razão de uma falta de previsão, ou de uma imprudência, ou de uma imperícia, como, naqueles tempos do direito romano, pobre de ocorrências, na colocação de coisas suspensas e no parapeito dos edifícios, ou no arremesso de objeto do interior da casa, resultando dano em alguém. Aumentaram as hipóteses com o desenvolver do direito, incluindo-se até a fraude contra os credores, as desídias na execução de atividades, e os descuidos na condução de animais.

Na verdade, tais constatações não passam de uma pálida visão do que nos restou e se conseguiu apanhar do direito antigo. Pelo que se conhece da natureza humana, pode-se inferir que até a simples conduta, alheia ao menor elemento volitivo, ensejava o dever de ressarcir.

Todavia, sempre predominando dois fatores básicos de desencadeamento, que se mantêm até hoje: os contratos e os delitos. Sem esquecer talvez a maior das causas, que é a lei, mas criação, sobretudo, do direito moderno.

A divisão do direito romano não se impôs por muitos séculos. Na Idade Média, já não existia aquela divisão de fontes. Seguiram-se as vicissitudes ou mudanças de teorias, ora ressaltando os contratos e os delitos, ora introduzindo outras, e especialmente a lei.

1.8.2. No direito moderno

Com Pothier, ao vir a lume sua obra, reapareceu a divisão quadripartida, mas com o acréscimo de mais duas, a lei e a equidade, com grande força nas relações que passaram a surgir.

Quanto ao contrato, subjacentemente nasce de um acordo de vontades. Esta fonte parte, pois, da combinação de duas ou mais vontades, ou de um ato bilateral. E, realmente, pressupõe-se sempre a combinação prévia de vontades para nascer o contrato, do qual promanam as obrigações.

Já o quase contrato, o delito e o quase delito encontram sua origem numa declaração unilateral de vontade. Se o ato unilateral for lícito, há o quase contrato, em que alguém assume a realização de uma atividade para outrem, sem o seu consentimento expresso, como na gestão de negócios, na tutela e na curatela. Dizia Pothier: "Se llama cuasi-contrato el hecho de una persona, permitido por la ley, que le obliga para con otra u obliga otra persona para con ella, sin que entre ambas intervenga convención alguna".[32] Dá Antunes Varela exemplos: "Na categoria dos quase contratos incluíram os autores, como figuras residuais, algumas situações heterogêneas, entre as quais a gestão de negócios e o pagamento do indevido, que dificilmente se deixam reconduzir a um conceito unitário comum".[33] Se ilícito, deve-se distinguir: ou parte do propósito livre e espontâneo de causar um mal, ou um prejuízo, e aí está o delito; ou parte da falta da intenção explícita e dirigida ao evento danoso, como na ausência de precauções no realizar um trabalho, ou no dirigir um veículo, ou na colocação de coisas em lugares impróprios, tendo-se, então, o quase delito.

Como se percebe, procurou-se especificar mais as fontes.

A lei, como uma nova categoria, não foi bem aceita, pois se tinha o entendimento de que o contrato, o quase contrato, o delito e o quase delito, para resultarem em obriga-

---

[32] *Tratado de las Obligaciones*, ob. cit., p. 71.
[33] *Direito das Obrigações*, ob. cit., vol. I, pp. 114 e 115.

ções, devem ter apoio em lei. Assim, a força jurídica dessas fontes encontra-se na lei. O contrato, *v.g.*, obriga, porque existe uma lei que o protege, ou lhe dá coerção. Por sua vez, as obrigações oriundas das declarações unilaterais da vontade tornam-se exigíveis porque derivam da lei. Da mesma forma quanto às obrigações que derivam dos atos ilícitos, há um sistema legislativo que leva o culpado a ressarcir o dano. Sem este amparo ou fundamento, a obrigação não passa de natural. E com razão, posto que dificilmente se pode obrigar alguém a cumprir determinado ato se não consta a previsão no direito positivo. Dizer que a força que impõe o cumprimento está no fato, ou na moral, ou no direito natural, equivale a afirmar a exigibilidade sem um amparo em ordenamento jurídico, levando a criar imposições arbitrárias e volúveis, aquilatadas em critérios pessoais ou particulares.

Todavia, as críticas não foram suficientes para afastar a lei como fonte. Sustentava-se a existência de obrigações cujo respaldo era unicamente a lei. Não estava no contrato, ou no delito, ou em formas intermediárias destes. Assim, a obrigação de sustentar os filhos menores, ou de respeitar os limites entre prédios, ou de transmitir a herança.

Daí ter prevalecido a classificação de Pothier, adotada pelo Código Napoleão, cujo art. 1.370 inseria como fontes os contratos; os fatos que não são contratos, neles compreendendo a lei; o delito; o quase delito; e o quase contrato.

Classificação adotada também no Código Civil italiano de 1865, mas com dois substratos: de um lado, a vontade, na qual repousa o contrato; e de outro, mais propriamente a lei, da qual dependem as obrigações, como as que advêm da prática de delitos. Sistema que vigorou até entrar em vigor o Código de 1942, quando se colocou no direito italiano, como única fonte, o ordenamento jurídico, ou a ordem jurídica vigente. Estabeleceu-se que as obrigações em geral, os contratos em geral, os contratos particulares, a promessa unilateral, os títulos de crédito, a gestão de negócios, o pagamento indevido, o enriquecimento sem causa e os fatos ilícitos possuem como fonte única o ordenamento jurídico.

Além da nova categoria consistente na lei, existe a equidade, que Pothier a reputa importante, visto que determina exigências a serem cumpridas pelas partes. Justamente por mostrar-se deveras injusta uma situação, há o dever de impor certa conduta, ao mesmo tempo em que, nos julgamentos, o juiz deverá ter em vista também a equidade – princípio adotado nas legislações das codificações (*v.g.*, o parágrafo único do art. 140 do CPC/2015).

Nas legislações de vários países, em geral predominam duas fontes: as declarações de vontade, e os fatos ou atos que a lei impõe o cumprimento. Tal acontece no direito da Polônia. No direito alemão, lembra Caio Mário da Silva Pereira: "Na doutrina alemã predomina a menção de duas fontes obrigacionais, e assim o BGB as considerou: o negócio jurídico, operador de todas as obrigações voluntárias; e a lei, criadora daquelas derivadas de fenômenos jurídicos não contratuais, entre as quais as que provêm do ilícito".[34]

1.8.3. Na doutrina

As discussões doutrinárias que grassam a respeito da matéria são, em geral, repletas de minúcias, mas, no fundo, chegam a pontos comuns. Nem sempre compensa o estudo particularizado, posto que as diversas teses defendidas aportam para as mesmas ou parecidas conclusões.

---

[34] *Instituições de Direito Civil*, ob. cit., 2ª ed., vol. II, p. 38.

Assim, Orosimbo Nonato, após exame do pensamento de autores franceses, conclui que as fontes reduzem-se à vontade e à lei, ao mesmo tempo em que repudia a divisão que se reporta ao direito romano e mesmo a Pothier.[35]

Antônio Chaves, depois de criticar os vários sistemas, assinala que as classificações podem se reduzir a obrigações contratuais e obrigações extracontratuais, e, destarte, ou nascem da convenção, ou da lei. No caso da convenção, salienta: "A primeira fonte reside na convenção. Usando de sua liberdade natural, os homens podem limitar esta liberdade em seu interesse recíproco e estabelecer entre eles relações obrigatórias. A convenção cria obrigações: é a sua fonte mais habitual.

Considerada como fonte de obrigações, a convenção toma mais especialmente, de acordo com a tradição, o nome de contrato.

É visível a relação entre a convenção e a obrigação. A obrigação é uma relação jurídica entre duas pessoas; a convenção resulta do acordo das vontades, é uma das fontes de onde esta relação pode sair. Existe, entre as duas noções, uma relação de causa e efeito".[36]

Também aparecem autores que assentam na vontade e no ordenamento jurídico as fontes. Nesta linha está Carlos Alberto Bittar: "De qualquer sorte, tem-se que, ou da vontade, ou do ordenamento jurídico, decorrem as obrigações, vistas sob a respectiva gênese; daí, a divisão que adotamos, quanto às fontes, que entendemos como voluntárias ou normativas (expressão que preferimos às legais, que apresenta sentido estrito). Por outras palavras, o fato constitutivo, a que alguns autores chamam de causa eficiente, da obrigação é ou manifestação (expressão formal de vontade) ou exteriorização de situação prevista no comando normativo (concretização de fato gerador capitulado, ou ínsito, no sistema)".[37]

Washington de Barros Monteiro preferiu se reportar à divisão do direito romano, vendo as fontes no contrato, no delito e em outras várias causas: "Temos de reconhecer assim que, além dos contratos, das declarações unilaterais da vontade e dos atos ilícitos, outros fatos ainda existem de que resultam obrigações. Enfeixá-los numa fórmula única, sintética, precisa, por amor à simetria e harmonia, parece impossível. Se a generalidade das obrigações se filia aos contratos e aos atos ilícitos, outras existem que se mostram deploravelmente rebeldes a qualquer catalogação sistemática. Preferível, por isso, que o legislador pátrio houvesse retornado à classificação tripartida do direito romano *ex contractu, ex delictu* e *ex variis causarum figuris*, ou então, ainda mais simplesmente, à classificação das obrigações em voluntárias e legais".[38]

Na doutrina estrangeira, variam as classificações. Karl Larenz aponta quatro fontes das obrigações: "Las obligaciones pueden nacer: de los negocios jurídicos, de la conducta social típica, de hechos legalmente reglamentados y, finalmente, y por excepción, de un acto de soberanía estatal con efectos constitutivos en materia de derecho privado".[39]

Entende-se que, no sentido estrito, as fontes das obrigações, em qualquer sistema, resumem-se ao ordenamento jurídico. Os contratos são obedecidos em vista de um comando legal que obriga ao cumprimento. As indenizações, por atos ilícitos, se impõem em vista de lei que assim ordena (*v.g.*, o art. 186 do Código Civil). E mesmo os danos

---

[35] *Curso de Direito das Obrigações*, ob. cit., vol. I, pp. 184 e segs.
[36] Ob. cit., vol. II, t. I, pp. 12 e 13.
[37] Ob. cit., vol. 1, pp. 313 e 314.
[38] Ob. cit., *Direito das Obrigações*, 1ª parte, pp. 45 e 46.
[39] *Derecho de Obligaciones*, Madrid, Editorial Revista de Derecho Privado, 1958, trad. ao espanhol por Jaime Santos Briz, t. I, p. 55.

que nascem do fato da vida, ou da mera conduta da pessoa, ou de seu simples acontecer, determinam a reparação, segundo a teoria da responsabilidade objetiva, uma vez que há uma previsão legal.

Em suma, embora a especificação em várias fontes pela doutrina, em última instância tudo se reduz ao ordenamento jurídico vigente.

1.8.4. No direito brasileiro

Por mais que se procure especificar as fontes, nunca se abarca a sua totalidade. Sempre existe uma categoria ou um tipo que não se enquadra numa ordem, ou numa determinada classificação. Exemplificando, para aqueles que procedem a divisão em contratos e atos ilícitos, onde incluiriam as obrigações que nascem da transmissão por causa da morte, ou as que advêm do testamento?

No direito brasileiro, seguiu-se a tendência de especificação. Já no Esboço de Teixeira de Freitas, eram previstas cinco fontes: os contratos, os atos ilícitos que não se definam como contratos, atos involuntários, fatos que não são atos, e atos ilícitos. Nota-se a possibilidade de confusão nos conteúdos, como no caso dos atos ilícitos que não se definam como contratos. Se revelam ilicitude os atos, obviamente não podem ensejar a formação de contratos. Ou poderá haver contrato válido envolvendo ilicitude? Ainda, quanto aos fatos que não são atos, ou seja, adviriam obrigações de fatos, como fatos da natureza ou mesmo das coisas, as quais, por terem um titular, determinam a responsabilidade se trouxerem prejuízos. De qualquer forma, sempre existirá uma dependência de tais fatos ao homem, isto é, possível confundirem-se com os atos.

Já do Código Civil se colhem cinco principais fontes: os contratos, regulados desde o art. 421 até o art. 853; os atos unilaterais da vontade, conforme previsão do art. 854 ao art. 886; os títulos de crédito – art. 887 ao art. 926, lembrando-se que o Código anterior trazia algumas regras sobre os títulos ao portador, conforme se vê em seus arts. 1.505 a art. 1.511; a responsabilidade civil, disciplinada nos arts. 927 a 954; e as preferências e privilégios creditórios previstos nos arts. 955 a 965.

Dentro da ordem acima, o Código Civil vigente incluiu como atos unilaterais, a par da promessa de recompensa, que já vinha no Código de 1916, a gestão de negócios, o pagamento indevido e o enriquecimento sem causa. Não mais considerou no rol os títulos ao portador, que passou a integrar o Título VIII, destinado aos títulos de crédito.

Toda enumeração de causas ou fontes corre o risco de não esgotar a matéria. É o que aconteceu com o Código Civil de 1916, que recebeu críticas, por deixar de fora várias fontes. O mesmo pode ser aplicado ao atual. Está evidente que não se revela possível esgotar o assunto, eis que, com o decorrer dos tempos e das mudanças sociais, novas fontes aparecem. Assim ocorreu quanto ao risco profissional, cuja estruturação jurídica é relativamente recente, expandido para vários campos, como o direito do trabalho, ou as atividades técnicas, e até a propriedade de coisas, sendo exemplo os veículos, onde se sobressai a responsabilidade objetiva. Num outro exemplo, relativamente aos direitos do consumidor, há incontáveis obrigações que advêm do mero fornecimento de bens e serviços.

Ainda no tocante ao Código Civil, encontramos obrigações que não aparecem incluídas naqueles itens. Nelas estão as obrigações provenientes do ato de última vontade. O dever de prestar alimentos, e mais uma série de encargos decorrentes do casamento, sem dúvida envolvem um dos maiores campos das obrigações. Mesmo que nasça a obrigação de índole familiar do próprio direito natural, ou em princípios de ordem moral e social, existe a regulamentação legislativa, com um elenco extenso de cominações em caso de não cumprimento.

Outro infindável rol de obrigações surge fora do direito civil e daquelas causas vistas, que procura ajustar as relações humanas, como o direito tributário, onde o fato gerador do imposto comina deveres no sentido do adimplemento e das consequências, quando verificada a falta de cumprimento. Da mesma forma no direito falimentar, em que se discriminam os caminhos indispensáveis a serem seguidos em caso de impossibilidade de adimplemento das dívidas.

Daí partir-se para uma constatação de suma importância. Na medida em que se torna mais complexa a vida, ou as exigências de subsistência digna aumentam, maior a necessidade de regulamentação. De tal sorte que, enquanto em épocas passadas fluía mais naturalmente a vida, sem necessidade de uma normatização profunda e específica, presentemente percebe-se a exigência de regras e leis em todos os sentidos e setores. Por isso a diversificação do direito, com o surgimento de inúmeros novos campos, como de marcas e patentes, de direito de autor, de profissões liberais e técnicas, de propriedade industrial, de loteamentos e promessas de compra e venda, de proteção ambiental, de uso de serviços públicos, de concorrência para a prestação de atividades ao Estado, e assim por diante, havendo leis que regulamentam as obrigações que surgem em cada setor. Para desempenhar a maioria das profissões, requer-se a autorização competente. De igual modo, quando do desenvolvimento de obras ou serviços, ou do desempenho de atividade política. Encontra-se à frente uma grande quantidade de regulamentações, estatuindo obrigações ou deveres.

Nota-se, pois, que a vida nos anos que correm tende a se projetar em níveis mais programados e disciplinados, de tal sorte que nada é permitido fazer senão mediante uma autorização, respaldada esta em lei.

Conclui-se que assume importância a existência do ordenamento jurídico. Se há contratos que desencadeiam obrigações, ou certos delitos que exigem a reparação, ou fatos que levam à exigibilidade de condutas determinadas, tudo ocorre em vista do sistema legal que impera em um País. Por mais que se procure vislumbrar a origem dos encargos ou obrigações, sempre se encontra o apoio em um ordenamento. Ninguém é obrigado a fazer ou não fazer alguma coisa senão em virtude de lei. Assina-se um contrato bancário com uma gama especial de cláusulas porque está assegurado o direito à liberdade. Pagam-se juros em vista de vários diplomas legais, como o Decreto nº 22.626, de 1933, e o próprio Código Civil, nos arts. 406 e 591. Respeitam-se os direitos autorais em razão da Lei nº 9.610, de 19.02.1998. Não há, na hipótese, a obediência a um contrato, e nem se pratica um delito, ou é proferida uma declaração unilateral de vontade.

Impossível resumir tudo a determinada fórmula ou mesmo a uma gama de fontes, porque estaríamos desconsiderando o próprio fato social e a mutação ou transformação constante da civilização humana. No máximo, admite-se citar algumas fontes mais a título de exemplo, como no caso do contrato, ou do delito. Mas, subjacentemente, está o ordenamento jurídico, adotado pelo Código Civil italiano de 1942, que dividiu a matéria em várias partes, como a teoria geral das obrigações, os contratos em geral e em espécie, a promessa unilateral, o pagamento indevido, o enriquecimento sem causa, os fatos ilícitos e os títulos de crédito. A lei, porém, é mais que fonte, é a suprema *ratio*, ou, nas palavras de Orosimbo Nonato, "a suprema indicadora e definidora das fontes".[40]

---

[40] *Curso de Obrigações*, ob. cit., vol. I, p. 182.

Se da vontade emergem inúmeras obrigações, presentemente há de se dizer que impõe a mesma o cumprimento do avençado se existe um apoio legal onde ela se escuda. A exteriorização de uma situação contemplada num ditame legal é o que acontece na prática, não esquecendo que mesmo a lei, em certas ocasiões, cede lugar à justiça, ou ao direito.

1.9. OBRIGAÇÃO E ATOS UNILATERAIS DE VONTADE

Embora tenha o assunto íntima relação com as fontes das obrigações, algumas considerações se fazem necessárias quanto aos atos unilaterais de vontade, os quais, no Código de 1916, vinham denominados como "obrigações por declaração unilateral de vontade". Desempenham, portanto, importante papel na origem das obrigações.

As relações dos indivíduos, visando constituir direitos e obrigações, traduzem-se em contratos, verificados quando há a convergência de duas ou mais vontades sobre determinado interesse, que é o objeto, e na determinação daquilo que cada uma delas deve fazer, acatar, respeitar, abster-se, e nos resultados positivos ou vantagens que daí decorrem. Todavia, embora havendo conjunção de vontades, ou o mesmo desiderato em torno de uma finalidade objetivada, é possível que unicamente a uma das partes sejam criadas obrigações, enquanto à outra decorram direitos. Constitui-se um ato de vontade que resulta obrigações a um dos envolvidos, sem exigir do outro obrigações propriamente ditas. Mais especificamente, uma única vontade assume as obrigações. Não que somente uma vontade se manifeste. Resta óbvia a necessidade da presença de duas vontades, sendo uma daquele que assume as obrigações, e a outra do que é favorecido. É que não prescinde o indivíduo que se obriga de alguém para o qual efetua o ato. Do contrário, seu ato não terá sentido, ou debruça-se sobre ele próprio, sem sair para o mundo exterior, ou não tendo relevância em uma relação. Pode repercutir quanto à ordem legal existente, e importar em efeitos junto ao Poder Público, ou à sociedade em si, mas por motivo de afrontar sua conduta o bem comum, ou a paz e o equilíbrio social.

Por outros termos, não há propriamente um contrato, ou relações bilaterais, em que ambas as partes assumem direitos e obrigações. Através, *v.g.*, de um anúncio, há uma exteriorização de um propósito prometendo um prêmio ou a entrega de um bem à pessoa que atender a uma gama de condições. Diferentemente do contrato, onde acontece a conjugação das declarações no sentido de criar, garantir ou modificar relações jurídicas, nas declarações unilaterais o interessado expõe um propósito de cumprir um ato sem nada exigir em troca, respeitadas, por evidente, as vedações de cunho legal.

Nessas declarações unilaterais de vontade, criam-se obrigações. Tanto na gestão de negócio como na promessa unilateral de recompensa, ou de entrega de prêmio, nascem compromissos, que podem ser exigidos pela parte atingida, ou pelo que acreditou na promessa e se habilitou a receber o prêmio. Clóvis Beviláqua mostrou-se um ardoroso defensor ao sustentar que constituem, "sem dúvida, genetriz fecunda de obrigações, mas da qual só ultimamente se vão apercebendo os escritores. Encontrará este assunto sua natural explanação num capítulo especial; porém, para justificar a inclusão desta nova classe de causas geradoras de obrigações, faz-se necessário dizer, desde já, alguma coisa, e nada poderia imaginar de melhor, penso eu, do que transcrever as seguintes palavras de G. Tarde, nas quais vem, lucidamente, assinalado o valor jurídico da vontade unilateral. Diz ele: 'Em casos que se vão multiplicando, somos obrigados, por mais romanistas que sejamos, a conceder força jurídica a promessas ainda não escritas. Dia a dia, se multiplicam as obrigações em relação a pessoas indeterminadas que, bem se compreende, não poderiam aceitar o que ignoram; dia a dia se multiplicam os títulos ao portador, os seguros de vida, os reclamos, os prospectos. Todas estas inovações, suscitadas por ideias geniais, próprias deste século ou dos séculos anteriores, tendem, manifestamente, a relegar, para um segundo plano, o contrato, que, na época romana clássica, se achava incontestavelmente no primeiro'".[41]

Justamente porque os atos unilaterais produzem efeitos enquadram-se como fontes das obrigações.

Esses atos unilaterais aparecem, na formulação do vigente Código Civil, disciplinados no Título VII do Livro I da Parte Especial, constituindo-se de quatro espécies: a promessa de recompensa, a gestão de negócios, o pagamento indevido e o enriquecimento sem causa. Virão elas estudadas adiante, em capítulos próprios.

No Código de 1916, havia duas espécies de declarações unilaterais de vontade, vindo a regulamentação no Título VI do Livro III, sendo: os títulos ao portador, que no vigente Código passaram a integrar o Título VIII (Títulos de Crédito), e a promessa de recompensa.

Não se pode olvidar, entrementes, que mais formas existem de alguém se comprometer sem retribuição ou contraprestação, como no compromisso de prestar um serviço, de efetuar uma doação, de dar assistência econômica, de prestar socorro na doença, de visitar, de acompanhar, de dar alimentos a pessoas para as quais não há determinação da lei, de conseguir emprego, e assim por diante. No entanto, não exsurgem efeitos jurídicos, porquanto há obrigação decorrente de lei na realização do ato. Exclusivamente as modalidades constantes no Código importam em efeitos de caráter jurídico, oferecendo o Código Civil o devido caminho para a realização dos direitos que encerram as figuras.

1.10. OBRIGAÇÃO E CONTRATO

Algumas especificações devem ser desenvolvidas a respeito da relação entre obrigação e contrato, dado o relevante papel que ocupa o último no pertinente à primeira. Pela importância das relações bilaterais, ou dos acordos de vontades, que se exteriorizam na conjugação das declarações num determinado sentido, com objetivo patrimonial, pode-se dizer que as obrigações nascem como efeito do contrato. Conforme Antunes Varela, é o contrato a primeira fonte de obrigações regulada pelo Código Civil, e a mais importante na vida de todos.[42] O ato bilateral (negócio) é a gênese da obrigação. Tal ato é sempre jurídico, isto é, obedece a padrões legais, o que enseja a proteção.

Muitos distinguem, através de sutilezas, o objeto da obrigação do objeto do contrato. No caso daquele, há a referência a algo concreto, como entregar uma coisa, efetuar um pagamento, executar um serviço, reconstituir uma obra, dar algo, atender um compromisso, transportar um objeto. No segundo, atende-se a uma exigência genérica, situada dentro de um círculo jurídico, ou de uma dimensão delimitada pelo acordo de vontades, que pode se caracterizar em tantos exemplos quantas são as espécies de contratos, e, assim, v.g., na concessão do uso de um bem alheio, na aquisição de bens, na locação, na compra e venda, no empréstimo, na empreitada e na prestação de serviços. Dir-se-ia que em cada contrato há o desdobramento de várias obrigações. Na compra e venda,

---

[41] *Direito das Obrigações*, 6ª ed., Rio de Janeiro, Livraria Francisco Alves, 1945, p. 18.
[42] *Direito das Obrigações*, ob. cit., vol. I, p. 119.

por exemplo, obrigam-se os envolvidos na entrega do bem, no pagamento, no respeito ao uso em favor do adquirente.

A distinção, no entanto, fica mais na esfera teórica, já que a obrigação advém do contrato. Quem se compromete em atender algo, ou a entregar uma coisa, antes se envolveu numa relação contratual, ou combinou previamente com a outra parte em entregar. Sem dúvida, a obrigação decorre do que ficou estabelecido no contrato.

1.11. FATO JURÍDICO, CONTRATO E OBRIGAÇÃO

Tem-se, aí, mais um aspecto relevante, que é estabelecer as diferenças entre as três formas acima.

Há, primeiramente, os fatos da vida, como os acontecimentos indeterminados e as realizações pelo homem. Os primeiros são os naturais, independentes do homem: as chuvas, as quedas de coisas, a morte, as intempéries, a estiagem etc. Os segundos são os fatos humanos, ou voluntários, e assim o trabalho, o transporte, a condução de veículos, e uma infinidade de contratos.

Normalmente, ninguém pode interferir quanto aos fatos da natureza. Como evitar uma grande inundação, ou as doenças, ou a falta de emprego?

As realizações do homem, que advêm da vontade humana, e que desencadeiam obrigações, ou são conformes com os ordenamentos jurídicos, ou são desconformes. No primeiro caso, dizem-se legais, e constituem os atos ou negócios jurídicos propriamente ditos. Têm-se, aí, os contratos, exigindo o seu cumprimento. No segundo caso, não se revestem de licitude, ou constituem-se em atos ilícitos, causando prejuízos, e exigindo o devido ressarcimento.

Apenas os fatos realizados pela vontade humana, e que aparecem revestidos de juridicidade, denominam-se atos ou negócios jurídicos. Aqueles que também advêm da vontade, mas que infringem a lei, entram na categoria de delitos.

No entanto, as obrigações decorrem de uma e de outra categoria. Na hipótese dos atos revestidos de juridicidade, onde transparece o contrato, nasce o dever de cumprir a obrigação assumida. Já na ofensa ao ordenamento jurídico, ou no prejuízo advindo do não cumprimento de um ditame legal, a decorrência é a obrigação de reparar, pois se está diante de um ato ilícito.

Por conseguinte, a obrigação tem sua causa primeira na exigibilidade do cumprimento dos contratos, ou no procedimento contrário ao ordenamento legal. Sem esquecer, porém, que se alguém é condenado pelo não cumprimento do contrato, ou para reparar um dano, assim acontece porque a lei ordena o cumprimento.

1.12. CAUSA DAS OBRIGAÇÕES

Está aí um assunto de extrema dificuldade, buscando-se situar o elemento determinante da obrigação. Ou o motivo (mas em sentido lato), a razão, o móvel antecedente de certo evento. Os fatos acontecem em vista de um fator primeiro. É próprio do ser humano buscar aquilo que provocou um acontecimento, ou a origem das coisas, ou o princípio motivador daquilo que ocorre.

As obrigações possuem uma razão intrínseca de sua existência. Não aparecem desprovidas de motivações. São necessárias porque algo as impõe. No entanto, não se confunde a causa com a fonte, que é o fato ou ato que leva à exigência da obrigação, como os contratos, ou a lei. Na causa, procura-se encontrar o que determinou a realização de um ato, como na compra e venda, onde o adquirente é impulsionado pela vontade de conseguir um bem.

A causa corresponde ao elemento interno que leva alguém a cumprir a obrigação. Por outras palavras, significa o fim que fez a pessoa pagar o preço de uma locação. Efetuado um contrato, o intento de conservá-lo conduz a cumprir suas cláusulas, com o que se assegura a manutenção de seu objeto. Nas reparações dos atos ilícitos, a imposição assenta-se no sentimento ou dever de justiça, ou de evitar a injustiça. No dever de seguir o ordenamento legal, a imposição da ordem pública exige que todos sigam a lei.

Assim, nota-se perfeitamente que a causa está no fim visado pelo obrigado, ou no *animus* que conduz a pessoa a atender as obrigações. Para alguns, não é a mesma coisa que o motivo, sendo este mais particular e variável de pessoa a pessoa, como na doação, onde alguém é motivado a praticar a liberalidade com a finalidade de beneficiar um amigo, enquanto a causa está no impulso inato que todos possuem em praticar o bem.

Mas, esta distinção é perigosa e até subjetiva, porquanto se visado o benefício do agraciado, este o móvel último que ensejou a ação de benemerência. Mesmo que subjetivo, íntimo ou pessoal o objetivo conduzente do ato, que se qualificaria como motivo, não deixa de ser causa, porquanto constituiu-se no móvel desencadeante da ação. Estabelecer contornos entre uma e outra espécie corre-se o perigo de se estabelecer um quadro de dúvidas e ambiguidades, já que muito tênue a diferença.

Nesta visão da causa, conclui-se que não existe uma obrigação sem causa. O ato humano reveste-se de racionalidade, de infindáveis motivações e razões que o justificam. Beudant já lembrava: "Ou a causa consistirá no serviço prestado por uma das partes e pelo qual a outra parte está obrigada... Ou, na ausência de um interesse tangível, o devedor terá-se obrigado na medida de 'um dever moral'".[43]

Encontra-se, todavia, uma corrente doutrinária que é anticausalista, ou não aceita a existência de causa, confundindo-a com a própria obrigação. Se alguém está obrigado a praticar determinado ato, é porque à pessoa em favor de quem se praticou o ato também incumbe uma obrigação. Num empréstimo, o dever de entregar o bem para uso acarreta, em contrapartida, o compromisso de o outro contratante efetuar o pagamento. Já no comodato, a permissão para o uso gratuito impõe o encargo de cuidar do bem. Existiria, pois, uma confusão entre causa e obrigação, com o que não se justifica defender a existência de causa.

Todavia, embora no plano teórico a discussão, nada do que se faz ou se assume deixa de ter um fundo motivador. O ato de vontade sempre age impulsionado por motivações, o que é próprio do gênero humano, não se fazendo necessário que os Códigos tragam alguma referência a respeito. É evidente que a causa não pode ser colocada como requisito para a validade dos atos jurídicos, pois corresponde mais ao conteúdo moral ou psíquico das obrigações.

Mesmo assim, existem alguns dispositivos de leis que, embora indireta ou subjacentemente, contêm de modo mais explícito uma causa ou razão última que os determinaram.

---

[43] "Ou bien la cause consistera dans la prestation effectuée par une partie et en considération de laquelle l'autre partie s'obblige... Ou bien, à défaut d'un intérêt tangible, le débiteur se sera obligé à raison d'un devoir mora" (Ch. Beudant, *Cours de Droit Civil Français*, Paris, Librairie Arthur Rousseau – Rousseau & Cie. Éditeurs, t. VIII, 1936, p. 144).

Nesta ordem, o art. 876 do Código Civil, com esta redação: "Todo aquele que recebeu o que lhe não era devido fica obrigado a restituir; obrigação que incumbe àquele que recebe dívida condicional antes de cumprida a condição". Se incumbe a exigência de restituir, é porque requer o Código uma justa causa para o enriquecimento. O art. 368, também do Código Civil, em mais uma situação: "Se duas pessoas forem ao mesmo tempo credor e devedor uma da outra, as duas obrigações extinguem-se, até onde se compensarem". A causa da compensação assenta-se na injustiça em se ordenar que alguém pague uma dívida se também é credor.

De certo modo, se analisados a fundo todos os cânones legais, e as obrigações que nascem de sua aplicação, sempre se vislumbra alguma motivação concreta, embora remota. Exemplificativamente, considera-se o art. 1.902, mesmo que não incluído em algum setor específico das obrigações: "A disposição geral em favor dos pobres, dos estabelecimentos particulares de caridade, ou dos de assistência pública, entender-se-á relativa aos pobres do lugar do domicílio do testador ao tempo de sua morte, ou dos estabelecimentos aí sitos, salvo se manifestamente constar que tinha em mente beneficiar os de outra localidade". É que, em geral, os sentimentos de benemerência e caridade dirigem-se às pessoas que são mais próximas, o que é próprio dos seres humanos. A obrigação, no cumprimento do testamento, levará em conta tal razão.

Na série de dispositivos que trata do loteamento e da promessa de compra e venda (Lei nº 6.766, de 1979), apesar da falta de conotação específica com as obrigações, encontra-se a razão fundamental do parcelamento do solo e da venda de unidades a prestações na necessidade de socialização dos bens e na facilitação do acesso à propriedade.

Na efetivação dos negócios, não se tem em vista a causa mediata, ou remota, mas o escopo imediato. Nesta ordem, celebrando-se um mútuo, tornam-se exigíveis os juros porque foi a vantagem que, para o mutuante, determinou o empréstimo; quanto ao mutuário, o escopo objetivado reside na obtenção de capital. Mas, em última instância, as obrigações de entregar o dinheiro e de pagar os juros assentam-se na necessidade de circulação das riquezas e na repulsa do enriquecimento sem causa.

Há situações onde o estudo da causa é determinante para a validade ou não dos negócios. Num contrato de locação, o objeto imediato é a entrega do imóvel para o uso lícito por outrem, mediante remuneração. Mas se a causa subjacente motivadora da locação foi o emprego do bem para uma finalidade ilícita, como a exploração do lenocínio, ou o comércio de tóxicos, não subsistirá o contrato.

De igual modo, no tocante à emissão de títulos cambiais. Embora os princípios da formalidade, da literalidade e da abstratividade, não se indagando da origem, vindo a se apurar que representam as cártulas dívidas de jogo, ou se contêm juros onzenários, ou obrigações de outra natureza ilícita, perdem a validade.

Numa execução fundada em nota promissória, a obrigação nasce da emissão do título e de seu não pagamento. Pode, no entanto, ser afastada a exigibilidade caso demonstrar-se que o valor contido não espelha a contratação de um empréstimo, e sim a negociação de dívida que não era exigível no *quantum* contido. Haveria, aí, falta de causa na emissão.

Desenvolvem o assunto os franceses Mazeaud: "Es posible que la causa de la obligación, aunque esté separada de los móviles, sea ilícita. Así, en el contrato sinalagmático, la causa de la obligación de una de las partes es ilícita cuando el objeto de la obligación de la otra – la prestación prometida – esté prohibida por la ley; por ejemplo, la causa de la obligación de abonar una suma de dinero a una persona para que ésta cometa un crimen, es ilícita; y el objeto de otra obligación: cometer un crimen, es también ilícito. Pero, por general, la causa de la obligación, por razón de su carácter abstracto, no puede ser ilícita".[44]

A falta de causa, pois, ou a causa ilícita, torna inexigível a obrigação. E isto mesmo quanto a terceiros, apesar das divergências que gravitam a respeito. Um título que encerra uma dívida, cuja causa é criminosa, ou falsa, pode ser contestado pelo endossatário, ou terceiro. A mera transmissão não pode livrar os títulos dos vícios de origem, ou da falta de causa, sob pena de redundar em graves injustiças.

1.13. RELAÇÕES DO DIREITO DAS OBRIGAÇÕES COM OUTROS RAMOS DO DIREITO

As obrigações, como transparece dos assuntos já abordados, disseminam-se em todos os ramos do direito. Não há leis que não contenham alguma obrigação. O só fato de ordenar determinada conduta importa em irradiar obrigações, de molde a realizar-se o comando da lei. E ao mesmo tempo em que vêm assegurados direitos, nascem obrigações, eis que aqueles dependem das últimas para prevalecerem, enquanto estas nascem em razão dos direitos.

Daí, pois, afirmar-se que as obrigações se relacionam com todos os ramos do direito.

Na Parte Geral do Código Civil, especialmente quando trata do direito da personalidade e das pessoas, bem extenso desdobra-se o campo das obrigações, acentuando-se nos assuntos que versam sobre os bens dos menores e dos demais incapazes, dos atos jurídicos e das pessoas jurídicas. Há regras comuns que se estendem a quaisquer campos disciplinados pelas leis, como quanto ao regime de propriedade dos bens.

Com o direito de empresa, vastas são as relações, afinando-se quando discrimina o Código os deveres do empresário e dos sócios, nas várias sociedades caracterizadas e reguladas, sendo exemplos as obrigações elencadas nos arts. 1.001 a 1.009.

Quanto aos direitos reais, sabe-se que eles se exercem sobre a coisa. Há um direito real direto sobre coisas corpóreas e determinadas. Já os direitos obrigacionais têm por objeto uma ação humana, isto é, uma conduta ou um ato do devedor, de caráter transitório. Tão prontamente ocorrido o cumprimento, cessa a obrigação. Em vista da transitoriedade, extingue-se com o uso. No aluguel de um prédio, com o decorrer do uso extingue-se o direito.

Já o direito real alonga-se através do tempo, ou existe enquanto a coisa existe, pois se incrusta nesta. Sua ligação é com a coisa. Desta forma, mantém-se continuadamente o direito de reivindicação.

Salienta a diferença Clóvis Beviláqua: "O direito obrigacional é transitório por essência, tende a extinguir-se com o uso. Alugo uma casa; passam-se os dias e o direito do proprietário mantém-se inalterável, enquanto o meu, limitado ao uso da casa, por um tempo determinado, se vai pouco a pouco estancando. Alguém me deve uma quantia; enquanto não chega o momento de recebê-la, meu direito conserva-se inativo em minhas mãos, ou na de qualquer pessoa, a quem eu o transfira. Chegado esse momento, meu direito se faz valer, para que me seja embolsada a quantia devida, espontânea ou coercitivamente. Só nesse momento se pôs em atividade, mas para extinguir-se logo após.

---

[44] *Lecciones de Derecho Civil*, ob. cit., vol. I, 2ª parte, p. 312.

Os direitos reais consistem, propriamente, em gozos de coisas, pelo que as acompanham, criando, em favor de seus titulares, o consectário jurídico da sequela, ao qual se prende o direito de reivindicação. Os direitos obrigacionais consistem, exclusivamente, em prestações, atos positivos ou negativos, pelo que se fixam apenas no ato, ou fato, a ser executado, e somente podem ferir a pessoa que se acha vinculada pela obrigação, no momento de ser cumprida".[45]

Em suma, os direitos reais são duradouros e absolutos. Prevalecem *erga omnes*, ou se impõem contra todos aqueles que procuram se opor à relação que se formou entre a coisa e o titular, contrariamente às obrigações, que asseguram a exigência do cumprimento do que se estabeleceu unicamente quanto à pessoa do devedor.

Sabe-se, ainda, que os direitos das obrigações nascem, *v.g.*, do simples contrato, diferentemente dos direitos reais, que exigem uma forma cartorária sacramental, a fim de preservar o bem contra terceiros. Nesta ordem, se duas pessoas pactuam uma compra e venda, não há outra alternativa que cumprir o contrato. O comprador tem o direito de lhe ser entregue a coisa, segundo a ótica do art. 481 do Código Civil, o qual encerra que um dos contratantes se obriga a transferir o domínio de certa coisa. Todavia, não é suficiente o contrato, ou o consentimento para a efetiva e real transferência da propriedade. Indispensável a tradição, na ordem do art. 1.267, a qual exige o registro cartorário. Além do contrato, ou do título, que, no caso, consiste na escritura pública, há o requisito da tradição. Certo que a matéria é controvertida, havendo quem defende que a tradição se realiza com a formalização do título. Mas, para que os efeitos alcancem terceiros, e se plenifique o domínio, de rigor é exigir-se o registro imobiliário.

Finalmente, ainda quanto à distinção, salienta-se que o direito real se exerce através de um poder direto e imediato sobre um bem, não relativamente a apenas uma pessoa, e sim a todos os indivíduos, ou à universalidade do gênero humano. Quando verificada a transgressão ao direito sobre a coisa, como no apossamento indevido de um bem, o direito se individualiza frente ao infrator, ou esbulhador, contra quem autoriza a lei reclamar a restituição ou entrega. No geral, porém, o direito do proprietário é *erga omnes*. No tocante às obrigações, o destino é a pessoa com quem se contratou, ou aquele a quem se refere a lei, ou aquele que praticou um ato ilícito e nocivo ao próximo. Os sujeitos obrigados são determinados, e o credor não dispõe de um poder direto sobre as coisas.

No fundo, porém, direitos reais e obrigacionais redundam na ofensa ao patrimônio, eis que as obrigações possuem até latentemente a natureza patrimonial. Há obrigações que decorrem de direitos reais, e assim as relativas a hipotecas, ou penhor, ou enfiteuse, como no que diz com o dever de conservar a coisa. Especificamente quanto aos direitos reais sobre coisa alheia, originam-se inúmeras obrigações, sobressaindo as que restringem o uso da propriedade, como no pertinente às servidões. Mais quanto ao usufruto, em que assomam os encargos que advêm desta espécie de direito real sobre coisa alheia, consistentes, sobretudo, em assegurar a posse, o uso e outros direitos do usufrutuário.

Com o direito de família, segundo já observado, extensas as relações, eis que é o ramo em que as obrigações são inúmeras, especialmente no pertinente aos encargos que advêm do casamento. Do parentesco sanguíneo e até civil também há múltiplas discriminações de deveres, mormente no que se relaciona aos alimentos.

---

[45] *Código Civil dos Estados Unidos do Brasil Comentado – Direito das Obrigações*, 8ª ed., Rio de Janeiro, Liv. Francisco Alves, 1954, p. 22.

E assim pode-se ir além, atingindo o direito das sucessões, onde as obrigações dizem com a transmissão da herança, os encargos da herança, a conservação do patrimônio, o pagamento das dívidas, as incumbências que cabem aos legatários.

Na verdade, em cada dispositivo que se observa de uma lei sempre há uma obrigação, de onde, no sentido genérico, poder afirmar que se divisam obrigações em todos os ordenamentos legais, inclusive no direito internacional, como já divisionava Manoel Ignácio Carvalho de Mendonça, pelos seguintes motivos: "Pela capacidade do estrangeiro para contratar e, em geral, por todas as questões relativas ao estatuto pessoal; pelo valor das obrigações de contrato celebrado num país para ter execução em outro; por todas as questões atinentes ao estatuto real".[46]

1.14. OBRIGAÇÕES E MORAL

Há uma grande proximidade entre a moral e a obrigação, eis que aquela está no começo de tudo. Com a própria natureza humana nasce a moral. No cerne ou fundamento primeiro daquilo que alguém se obriga a fazer ou a omitir-se, está a consciência, ou a ideia do bem e do mal, que motiva e até determina os atos humanos. E justamente naquele vasto mundo das obrigações pessoais é que desponta a moral, pois intrínseca à natureza humana, com repercussões no comércio econômico e em toda gama de relações jurídicas que diariamente acontece. Propalava Clóvis Beviláqua o entrelaçamento de moral e obrigações: "Os ditames da moral presidem ao seu nascimento e as acompanham em sua ação social, prestando apoio às injunções jurídicas, às quais, algumas vezes, se antepõem". Em seguida: "O direito coincide com a moral, reprovando, por motivos semelhantes ou idênticos, um determinado ato... O direito ordena o que ordena a moral".[47]

Há conotações morais subjacentes à obrigação de indenizar. No contexto determinante da prestação ingressam componentes de fundo moral. Ao lado dos pressupostos de cunho econômico, necessários para impor a reparação, sempre existe um substrato moral ou mesmo ético, motivador da obrigação. A ponto isto de afirmar Colmo que a moral vem a ser a lei, "ya que está prohibido por ésta todo cuanto atenta contra ella".[48] Por outras palavras, a ideia de obrigação não prescinde de caracteres morais, o que forma a base ética do direito, nascida do recôndito das consciências. Surge, porém, a indenização com apoio na moral principalmente quando advêm consequências aferíveis economicamente, ou se as violações dos deveres e até dos contratos, que atentam à moral, repercutem economicamente. Nesta classe, o protesto indevido de um título cambial, por culpa ou para simplesmente trazer um prejuízo. Há exceções, isto é, nem sempre precisam trazer efeitos econômicos as violações ou as ofensas à moral. Às vezes, podem simplesmente atentar contra o íntimo da pessoa, ou contra a sua honra, a dignidade, o prestígio, e impor a obrigação de reparar. Exemplificando, na hipótese de meras ofensas, de palavras que humilham, mas que não chegam a constituir crimes contra a honra, de lesões sem a menor influência na capacidade laborativa – atos que não transgridem um mandamento legal, mas não recomendados pela consciência ou sentimento do justo, do que é correto e respeitoso. Para estabelecer a reparação, procura-se uma equivalência a um padrão econômico, suficiente para neutralizar ou contrabalançar, pelo menos em parte,

---

[46] *Doutrina e Prática das Obrigações*, Curitiba, 1908, Typ. Lth. a vapor Imp. Paranaense, p. 16.
[47] *Direito das Obrigações*, p. 24.
[48] *De las Obligaciones en General*, ob. cit., p. 12.

a depreciação experimentada pela pessoa. Há efeitos na órbita jurídica, aptos a trazerem uma satisfação pessoal, afetiva ou sentimental, ou uma compensação pela dor, pelo sofrimento, pela humilhação.

É que, no fundo de tudo, há o dever de respeitar o próximo, de prezar a sua liberdade, e de proceder dignamente no meio social.

O dever moral em si, porém, não obriga, bem escrevendo a respeito Maria Helena Diniz: "A obrigação moral constitui mero dever de consciência, cumprido apenas por questão de princípios; logo, sua execução e, sob o prisma jurídico, mera liberalidade. É o caso, p. ex., da obrigação de cumprir determinação de última vontade que não tenha sido expressa em testamento, bem como o da obrigação de socorrer pessoas necessitadas". Mas, adverte, logo adiante: "O dever moral, embora não constitua um vínculo jurídico, não deve permanecer totalmente alheio ao direito no momento de seu espontâneo cumprimento, pois a ordem jurídica o tornará irrevogável, conferindo a *solutio retentio* ao que recebeu a prestação a título de liberalidade, de modo que quem a cumpriu não terá direito de reclamar restituição, alegando que não estava obrigado ao seu adimplemento".[49]

Nelson Nery Junior e Rosa Maria de Andrade Nery realçam a distinção pontual: "a) O dever moral revela um esforço que a pessoa faz sobre si; uma autodeterminação que distingue apenas uma pessoa; b) a obrigação jurídica dá ensejo ao poder de coerção do credor sobre o devedor, para vê-lo cumprir, ainda que contra a sua vontade, aquilo a que se obrigou".[50]

1.15. DIREITO DAS OBRIGAÇÕES COMO UM DIREITO AUTÔNOMO

O direito obrigacional não se limita a um setor do direito, mas dissemina-se em todos os seus ramos ou diversificações, e, assim, no direito civil em geral, no direito comercial, no direito público e em campos particularizados, como no direito de autor, no direito do consumidor, no direito industrial, no direito cambiário, dentre outros inúmeros âmbitos das relações interpessoais. Afirma Serpa Lopes, com acerto, apoiado em Planiol, que "todas as relações existentes entre os homens, pelo menos as regidas pelas leis, se encontram ligadas à ideia de obrigação: nenhuma questão de ordem jurídica é concebível fora desta ideia; onde não existe obrigação, não há função para o direito; ao jurista só resta silenciar; fora daí, trata-se de uma questão de arte, de moral ou de economia política, mas nunca de uma questão de direito".[51]

Decorre, por isso, uma certa dificuldade na regulamentação unicamente das obrigações civis, desvinculando-as, *v.g.*, das comerciais. Ao serem estabelecidas regras obrigacionais, firmam-se elas de modo geral para o direito em si, em qualquer de suas extensões ou regulamentações.

O disciplinamento do Código Civil dirige-se para as relações tratadas pelo mesmo Código. Verdade, porém, a sua aplicação ao direito comercial e a outros campos. A dação em pagamento, a novação, a sub-rogação, o pagamento, e assim a maioria das figuras reguladas, aparecem constantemente no direito tributário, nos contratos mercantis e até

---

[49] *Curso de Direito Civil Brasileiro – Teoria Geral das Obrigações*, 10ª ed., São Paulo, Ed. Saraiva, 1996, p. 62.
[50] *Manual de Direito Civil – Obrigações*. São Paulo, Thomson Reuters Revista dos Tribunais, 2013, p. 25.
[51] *Curso de Direito Civil*, ob. cit., vol. II, p. 7.

no direito administrativo. Em suma, o direito das obrigações ultrapassa a mera esfera do Código onde está disciplinado.

Daí o pensamento e as várias tentativas realizadas para formar-se um direito obrigacional autônomo, com uma codificação própria, não restrita ao direito privado civil e comercial. Não faria parte do Código Civil, ou de alguma outra divisão. Formular-se-ia uma nova codificação, com tipicidade autônoma, para chegar-se à unificação do direito das obrigações, a exemplo do que aconteceu na Suíça, na Polônia, no Líbano, e se tenta em outros países, como na França. Os autores, desde tempos antigos, divergem a respeito. Era a favor da dualidade, isto é, do sistema vigente, dentre outros, Clóvis Beviláqua, enquanto Lacerda de Almeida, Carlos de Carvalho, Coelho Rodrigues se bateram pela unificação. Antunes Varela revela: "De acordo com os planos de sistematização aceites nas modernas codificações e com os programas de ensino adotados nas escolas jurídicas, o Direito das obrigações constitui um capítulo autônomo do direito civil".[52]

Houve projetos do Código das Obrigações, como o de 1965. No projeto que redundou no vigente Código, em discussão no Congresso Nacional, manteve-se a ideia da unificação, tanto que atinge substancialmente o direito comercial, ficando embutida a regulamentação no próprio Código Civil. É, aliás, o que revela Miguel Reale, na sua exposição quando do encaminhamento do anteprojeto ao Ministro da Justiça: "Na realidade, o que se realizou, no âmbito do Código Civil, foi a unidade do Direito das Obrigações, de conformidade com a linha de pensamento prevalecente na Ciência Jurídica pátria, desde Teixeira de Freitas e Inglez de Sousa até os já referidos anteprojetos de Código das Obrigações de 1941 e 1964".

Mais adiante: "Observo, outrossim, que, em mais de um passo, o Projeto final integra em seu contexto algumas proposições normativas constantes dos Anteprojetos de Código das Obrigações, de 1941 e 1965, às vezes sem lhes alterar a redação, assim como adota outras soluções inspiradas nas mais recentes codificações ou reformas legislativas estrangeiras aplicáveis às nossas circunstâncias".

Não possui a matéria a importância que muitos procuram dar. A verdade é que, na sua grande parte, os ramos do direito se interligam. Não constituem campos de regulamentações estanques, e sem envolvimento com outras disciplinas. O direito das coisas tem pertinência com o direito de família, citando-se como exemplo as implicações com o usufruto. O direito de personalidade também aparece no direito de família, porquanto não prescinde de relações concernentes a alimentos e à vida. Constitucionalmente, as regras básicas de organização do Estado, as que se referem ao processo legislativo, as que tratam dos direitos fundamentais têm a ver com qualquer ramo especificado das demais leis ou codificações.

Por conseguinte, não trará maiores consequências tratar das obrigações em um diploma específico e autônomo. Mesmo porque, na sua maior parte, a pertinência é com o direito civil propriamente dito.

---

[52] *Direito das Obrigações*, ob. cit., vol. I, p. 9.

II
Elementos Constitutivos das Obrigações

2.1. A RELAÇÃO OBRIGACIONAL

A obrigação envolve sempre uma relação entre várias pessoas. Anotava Pothier: "No puede existir obligación sin la existencia de dos personas: una que sea la que contrate la obligación, y otra en favor de quien se haya contratado. Aquel en favor de quien se ha contratado la obligación se llama acreedor, el que la ha contratado se llama dudor".[1]

Desenvolve mais amplamente a matéria Mário Júlio de Almeida Costa: "O vínculo obrigacional estabelece-se entre pessoas em sentido jurídico: o sujeito activo ou credor e o sujeito passivo ou devedor. O primeiro é a pessoa em proveito de quem se deve efectuar a prestação e que pode exigir ou pretender o seu cumprimento; o segundo é a pessoa sobre quem recai o dever de realizá-la".[2] Não se impede, no entanto, que alguém se obrigue consigo próprio, ou se comprometa a obrigações pessoais, exclusivamente em vista de sua pessoa. Não interessam, porém, ao mundo jurídico tais compromissos, ou promessas envolvendo uma só pessoa – sendo ela sujeita de obrigações e direitos ao mesmo tempo. Cada ser humano é livre quanto à sua pessoa, podendo dispor dos bens e dos valores que lhe são inerentes. Talvez apenas na esfera penal o direito intervém, em raras ocasiões, como quando há o consumo de tóxicos, ou quando alguém vive em vadiagem. O Estado, nesta parte, se preocupa com a própria segurança ou incolumidade do ser humano.

No Código Civil, pode-se vislumbrar uma situação em que a lei tolhe a plena disponibilidade ou o livre arbítrio: no caso dos pródigos, como no art. 1.782, quando há limitações em atos de emprestar, transigir, dar quitação, alienar, hipotecar, demandar ou ser demandado, e praticar atos que excedam a mera administração.

De sorte que se existe o direito para disciplinar as relações sociais e econômicas, o mesmo deve-se assentar relativamente às obrigações.

Sem olvidar, no entanto, que a matéria pode abranger os contratos unilaterais, em que apenas uma das partes se obriga em face da outra. Há, aqui, a declaração de vontade de uma só pessoa, originando obrigação apenas de parte dela, sendo uma outra credora, ou beneficiária. O peso do contrato está todo em um lado, ou os efeitos são unicamente passivos de um lado, e somente ativos de outro, na expressão de Orlando Gomes,[3] bem colocando esta relação Karl Larenz: "Puede ocurrir que en una relación de obligación

---

[1] *Tratado de las Obligaciones*, ob. cit., p. 75.
[2] *Direito das Obrigações*, ob. cit., p. 114.
[3] *Contratos*, 10ª ed., Rio de Janeiro, Forense, 1984, pp. 76 e 77.

sólo una de las partes esté obligada a hacer una prestación a la otra, que sólo adquiere derechos (relaciones obligatorias unilaterales, por ej., promesa de donación, mútuo)".[4]

Mercê desta avença, um dos credores é exclusivamente credor, enquanto o outro é exclusivamente devedor. Assim encontram-se figuras como a procuração, a remissão de dívida, o testamento, o depósito, o comodato, a denúncia, a renúncia etc.

Mesmo neste tipo há obrigações, que consistem no livre reconhecimento e cumprimento do direito, em verdade, há no mínimo dois sujeitos: um credor e outro devedor. No entanto, mais surgem as obrigações nas relações bilaterais, ou aquelas em que, ainda na lição de Karl Larenz, "cada una de las partes deba algo a la otra y sea entonces deudor respecto a la prestación que le incumbe hacer y acreedor en cuanto a la que le corresponde exigir (obligaciones bilaterales, p. ej., mandato). A las obligaciones bilaterales corresponden en particular los contratos sinalagmáticos que se caracterizan por el hecho de que cada una de las partes promete hacer una prestación a la otra para obtener de ella una contraprestación (ejemplos: compraventa, permuta, arrendamiento de uso y arrendamiento de uso y disfrute, arrendamiento de servicios y arrendamiento de obra".[5]

Além desses elementos constitutivos, torna-se indispensável a atividade que é cumprida, ou o objeto, ou o conteúdo: qualquer atividade humana, desde que não proibida por lei, e dimensionada em fazer, não fazer, dar, entregar ou não entregar alguma coisa. Trata-se da prestação que tem o devedor de fornecer ao credor, e a este assiste exigir o cumprimento.

Em termos mais técnicos, corresponde ao direito de exigir a coisa ou o crédito, e à atividade de prestar a coisa ou o crédito.

Por último, há o vínculo, constituindo-se no poder que a lei outorga ao credor em reclamar o cumprimento da obrigação.

Passa-se a examinar cada elemento constitutivo.

2.2. O SUJEITO ATIVO

Como se trata do sujeito e do devedor de obrigações, diz-se dos elementos subjetivos da obrigação. Aqui, está-se diante do credor da obrigação, ou da pessoa que pode exigir a obrigação, ou que tem o direito de exigi-la. Por outras palavras, trata-se do beneficiário da prestação obrigacional. No direito romano, tinha-se o *creditor*, ou o credor, originado o substantivo do verbo *credere*, com o significado de "crer", "confiar", "debitar confiança" em alguém, mas traduzindo o sentido de titular ou dono do direito. Pela origem da palavra, é alguém *credor* porque acreditou na pessoa que lhe prometeu algo, ou em vista de ter depositado credibilidade e confiança na capacidade de cumprimento. Confia-se que a pessoa vá atender o prometido. Para Karl Larenz, "aquella persona a quien corresponde exigir la prestación la llamamos 'acreedor', porque si se trata de una relación de obligación de carácter contractual, 'cree' en la persona del obligado, en su voluntad y capacidad de cumplir la prestación".[6]

Não se é, porém, credor em vista apenas de tal confiabilidade. Mais que isto, e especialmente dada a complexidade das relações dominantes nos tempos modernos, é a

---

[4] *Derecho de Obligaciones*, ob. cit., t. I, p. 18.
[5] *Idem*, pp. 18 e 19.
[6] *Derecho de Obligaciones*, ob. cit., t. I, p. 18.

pessoa credora porque se mune de capacidade e meios para exigir o cumprimento, tanto que pode ir para a esfera judicial, sendo-lhe assegurados instrumentos coercitivos pela ordem jurídica vigente.

Neste conteúdo dado à palavra 'credor', não se restringindo apenas àquele que concedeu um empréstimo e aguarda o respectivo pagamento, abrange toda obrigação que deve ser cumprida no futuro, ou qualquer coisa e ato que alguém tem de fazer, não fazer, ou dar. Da mesma forma, o termo 'dívida' não se restringe a um conteúdo de valores monetários, representados em geral por títulos, que pende de pagamento; compreende um sentido mais amplo, alcançando a mais variada gama de prestações de que é titular o credor.

Toda pessoa tem capacidade para figurar na posição de sujeito ativo, isto é, de ser credora de direitos. Não importa se é maior ou menor, doente mental, tutelada ou curatelada. A qualidade para receber ou exigir o cumprimento das obrigações prescinde da capacidade jurídica do ser humano.

Entretanto, ressaltam algumas ressalvas. Existem créditos que não convêm, ou cujos encargos anulam qualquer vantagem ou benefício do seu recebimento. Nesta exceção, há certos legados com encargos, ou direitos sucessórios onerados por dívidas, em que mais vantajosa é a renúncia pura, ou a desistência. Em condições tais, ao menor ou incapaz cumpre se dê a representação ou assistência do responsável, para aquilatar a conveniência em exigir o cumprimento do crédito.

Tanto a pessoa física, como a pessoa jurídica, e esta de direito público ou privado, ou de natureza civil ou comercial, habilitam-se a figurar como sujeitos ativos. Não há por que colocar algum óbice. No entanto, quanto às sociedades de fato, ou não regularmente constituídas, algumas dificuldades opõem-se. Normalmente, se alguma dúvida se apresenta no tocante à regularidade de sua existência, não é conveniente se admitir que os pretensos representantes venham a executar os créditos em nome dos componentes da sociedade. Assim quando nem figuram nos atos constitutivos quais os integrantes; igualmente, se faltam nos estatutos poderes outorgados para agir em nome da sociedade.

Aí, figurarão como sujeitos ativos para qualquer exigibilidade todos os membros ou componentes.

Envolvendo, entrementes, a obrigação um direito social e difuso, como de respeito ao meio ambiente, as associações e as entidades com alguma ligação ao setor atingido ingressam no direito à titularidade para reclamar o cumprimento da obrigação, como consta no art. 5º, inciso V, da Lei nº 7.347, de 1985, com as alterações das Leis nºs 11.448/2007 e 13.004/2014. Ou seja, para que as associações civis se habilitem a promover a ação civil, insta que se inclua em suas finalidades institucionais "a proteção ao meio ambiente, ao consumidor, ao patrimônio artístico, estético, histórico, turístico e paisagístico, ou a qualquer outro interesse difuso ou coletivo".

Num outro aspecto, sabe-se que há obrigações individuais e obrigações coletivas, isto é, obrigações devidas para apenas um indivíduo ou para vários. Neste sentido, no primeiro caso, sujeito ativo é apenas o titular do direito; no segundo, todos os titulares habilitam-se para postular o cumprimento. Naquela situação, apenas aquele a quem se reconhece, *v.g.*, o direito de propriedade, ingressará com a medida cabível; no segundo, promoverão a ação os indivíduos aos quais se reconheceu o direito ao pagamento, por causa da prática de um ato ilícito pelo sujeito passivo. Mas, nada impede, nestas últimas obrigações, que a pretensão seja procurada por apenas um sujeito ativo.

Nas obrigações personalíssimas, somente àquele a quem ficaram estabelecidas se permite figurar como sujeito ativo – obrigação de prestar alimentos, obrigações decorrentes da prestação de serviços, do mandato, da ingratidão do donatário. Nas transmissíveis, aos sucessores do titular do direito, como os herdeiros de um titular de crédito, cabe promover a exigibilidade do valor representado no crédito.

A pessoas ou entidades futuras autoriza-se reconhecer a qualidade de titular de direitos, para posterior capacidade de promover a execução. Instituem-se benefícios para nascituros, como nos testamentos, ou para sociedades que venham a se constituir, no caso de legados para entidades filantrópicas que no futuro se formarem.

Embora normalmente sempre se individue o credor, não se impede a possibilidade de sua determinação posterior. Entrega-se uma nota promissória em branco, não quanto ao valor, mas ao credor, com o que se está implicitamente autorizando a transmissão. Da mesma forma quanto ao cheque ao portador, em que não se exige que se efetue o pagamento à pessoa a quem é passado. E assim em uma infinidade de títulos ou documentos reveladores de créditos, no caso as ações ao portador, as passagens para transporte, os tickets, os bilhetes de loterias e de entrada em espetáculos, os vales-refeição etc. Há incerteza no tocante à pessoa do credor, mas determinável pela mera apresentação do título.

Especial realce aparece nas promessas de recompensa, nos anúncios de vendas, nas ofertas de brindes, nos concursos públicos, sendo exigível o cumprimento pela simples apresentação de quem preenche os requisitos programados e divulgados.

A determinação do sujeito ativo dá-se quando da apresentação do título, ou do preenchimento das exigências propaladas. Tais situações já chamaram a atenção de Manoel Ignácio Carvalho de Mendonça, que se referia à indeterminação do sujeito: "A indeterminação pode se dar posteriormente ao momento em que a obrigação surge entre pessoas determinadas, como nas letras endossadas em branco e nos títulos ao portador. Pode-se dar também desde o início, quando a natureza do objeto é de ordem a compreender pessoas que depois se determinam. São exemplos deste último caso: as promessas unilaterais em anúncios e cartazes; as arrematações e arrendamentos por propostas a quem mais vantagens oferecer; as vendas em leilão e arrematações em hasta pública; as ações de companhias sob a forma ao portador, enquanto pertencem ao subscritor; os títulos nominativos da dívida pública".[7]

2.3. O SUJEITO PASSIVO

Sujeito passivo da obrigação é aquele que assumiu o encargo de cumprir determinado ato, ou que se encontra numa posição de obrigatoriedade perante a lei, ou que praticou um ato nocivo e prejudicial a outrem. É ele devedor da obrigação, ou *debitor*, porque sobre ele pesa o encargo, ou a dívida, ou o liame, ou a sujeição da obrigação. Por termos diferentes, está na coação de prestar, por ação do credor, que pode se valer do juiz, através de ações próprias, a satisfazer determinado interesse, e sujeitando-se seu patrimônio a garantir o cumprimento. Efetivamente, não atendendo voluntariamente àquilo que se comprometeu, a pessoa é constrangida, pelos meios legais, a cumprir a prestação prometida ou imposta.

Várias situações especiais se apresentam, como acontece com o credor.

---

[7] *Doutrina e Prática das Obrigações,* ob. cit., pp. 20 e 21.

Primeiramente, indispensável que saiba o devedor a quem deve cumprir a obrigação, assim como se mostra necessário que o credor fique ciente de quem pode exigir o cumprimento da obrigação. Inadmissível que haja aleatoriedade, ou indefinição do credor, pois tal ensejaria a inexigibilidade, com a consequente possibilidade de se impor novamente a satisfação, sob o princípio de que quem mal paga deve pagar duas vezes. Com o que se impõe a perfeita individuação das pessoas envolvidas na relação, indicando-se caracteres ou elementos identificadores, ou seja, o nome correto, a profissão, a filiação, a residência, o estado civil, a data de nascimento, os números de registro perante o cadastro geral das pessoas (cédula de identidade) e à Receita Federal (CPF ou CIC).

Não se exige sempre em todos os casos a identificação. Há obrigações que decorrem da coisa, ou são provocados por bens materiais. Num acidente de trânsito, nem sempre é identificável o proprietário. Posteriormente se chega ao titular do veículo. Afirma-se, então, que a coisa provoca o dever de indenizar. Não se impõe que se acione o motorista. Sujeita-se a indenizar o proprietário, eis que o determinante da responsabilidade é o bem causador.

A relação, na hipótese, é de direito real. Junge-se o vínculo a uma relação real, ou decorre da propriedade, da posse, do uso, da habitação.

Em tal linha, alterando-se a titularidade de domínio, muda o sujeito passivo. A responsabilidade em pagar, ou em satisfazer uma indenização, ou em indenizar prende-se a um direito real. Quem está revestido do direito real, ou da titularidade do domínio, passa a responder pela obrigação. No condomínio, por força art. 1.336, inc. I, do Código Civil e do art. 12 da Lei nº 4.591, de 1964, a responsabilidade pelas despesas é do condômino, não importando as alienações de frações ou quotas. Sempre acompanha os titulares que vão se sucedendo. No direito de vizinhança, o mau uso da propriedade importa em responsabilização do proprietário ou inquilino, sendo despiciendo quem ocupe tal situação no momento do dano. De igual modo, na queda de paredes, ou de coisas dos prédios, recai a obrigação para qualquer reparação no titular quando de sua exigibilidade. Nas servidões, junto ao titular do prédio serviente é que se reclamará contra a limitação ao uso, já que estabelecido o direito no prédio, sendo indiferente quem seja o titular no momento de se impor o restabelecimento da utilidade.

Normalmente, a indenização por benfeitorias poderá ser procurada junto ao atual proprietário, e não ao titular quando da sua construção. Se bem que, em se cuidando de locação, tal princípio não vinha sendo aceito desde a jurisprudência mais antiga: "O adquirente do prédio locado não responde pelas benfeitorias realizadas pelo locatário, salvo se existir estipulação contratual em contrário averbada no registro imobiliário. Aplicação da Súmula nº 158 do egrégio STF. Não tendo a locatária, no caso concreto, direito de indenização contra a autora da ação de despejo, incabível a realização de perícia para a apuração de benfeitorias".[8]

Vemos, então, que, em princípio, subsiste a responsabilidade enquanto há a titularidade na coisa. Ocorrida a transmissão, a transferência de sujeito passivo nem sempre é facultativa. Nas servidões, o cerceamento no proveito pelo proprietário anterior deve ser resolvido junto ao novo titular, pois a servidão adere à coisa. Já quanto às indenizações, *v.g.*, por danos provocados pelas coisas, assiste a opção de voltar-se o prejudicado contra a pessoa que era proprietária quando da ocorrência.

---

[8] *Agravo de Instrumento* 184058733, da 2ª Câm. Cível do Tribunal de Alçada do Rio Grande do Sul, de 27.11.1984, em Julgados do Tribunal de Alçada do Rio Grande do Sul, 53/354.

Sendo solidária a obrigação, vários os sujeitos que se colocam no polo passivo. Na prática de um ato ilícito por duas ou mais pessoas, contra todas elas, ou apenas a uma, pode dirigir-se a ação do lesado. Não há obrigatoriedade de se exigir de todas a reparação. E quanto às pessoas jurídicas, não se estende a obrigação aos respectivos componentes, ou dirigentes, a não ser em raras ocasiões, como quando verificado o excesso de mandato, ou o descumprimento da lei, ou a dissolução irregular. Exemplo desta solidariedade, e inclusive de substituição de responsabilidade, está na obrigação tributária, onde ao Poder Público titular do crédito habilitado autoriza-se a agir contra os diretores ou administradores, conforme o art. 135 do Código Tributário Nacional (Lei nº 5.172, de 1966).

Pode ser transmitida a obrigação, mas em situações especialíssimas, como na sucessão. Não cumprida pelo obrigado, e com a sua morte, passa para os herdeiros, mas respondendo eles até as forças da herança. Nas obrigações personalíssimas, desde que não tenha havido a contraprestação, não é possível a sucessão, ou exigir o cumprimento dos herdeiros do obrigado. No máximo, se imputada alguma responsabilidade ao sujeito passivo, quando em vida, autoriza-se unicamente o ressarcimento pelos danos decorrentes.

Quanto às sociedades irregulares, ou de fato, a exigibilidade abrange qualquer de seus integrantes, desde que assumida pessoalmente, ou como membro do grupo. Não se o compromisso só foi assinado apenas pelos administradores.

2.4. CONTEÚDO OU OBJETO

O conteúdo resume-se no crédito, que se denomina, em direito espanhol, "el derecho mirado con relación al acreedor".[9] Em princípio, não existem cerceamentos ou limitações quanto às obrigações que podem ser estabelecidas e exigidas, desde que contratadas e decorrentes do ordenamento jurídico.

Na mesma linha, toda atividade ou quaisquer prestações podem ser objeto da obrigação. Desde que, no entanto, possíveis, anotando Orlando Gomes: "A regra *ad impossibilia nemo tenetur* esclarece suficientemente o requisito da possibilidade. Se o comportamento do devedor é impossível, falta objeto à obrigação. Priva-se de um dos seus elementos estruturais".[10]

Considera-se objeto, aqui, a prestação, ou aquilo que deve ser feito, prestado ou omitido. Por outras palavras, é o fato que o devedor ou obrigado deve prestar, e, assim, qualquer atividade humana determinada, desde que prevista em lei ou determinada no contrato. Na síntese dos Mazeaud, "el objeto de la obligación es la prestación debida por el deudor".[11] Mais amplamente, e seguindo a lição de Washington de Barros Monteiro, revela-se como o elemento objetivo da obrigação, a sua substância, ou o conteúdo, consistindo num dar, fazer ou não fazer: "*Dare, facere, praestare* são palavras sacramentais que, nas fontes e nos textos, indicam e abrangem, em sua generalidade e complexidade, o objeto que as obrigações podem ter".[12]

Basicamente, porém, o objeto da obrigação constitui-se da própria obrigação. Em um contrato, se consiste a obrigação em entregar um bem, o seu objeto confunde-se com

---

[9] Alfredo Colmo, *De las Obligaciones en General*, ob. cit., p. 6.
[10] *Obrigações*, 2ª ed., Rio de Janeiro, Forense, 1968, p. 47.
[11] *Lecciones de Derecho Civil*, ob. cit., vol. I, 2ª parte, p. 9.
[12] *Direito das Obrigações*, ob. cit., 1ª parte, p. 19.

aquela, eis que será a entrega do dito bem. Também no caso de fazer uma obra, como um edifício, o objeto da obrigação é tal obra que deverá ser erguida.

Sempre está presente uma ação ou omissão, depreendendo-se a imprescindibilidade da força humana, ou da expansão da vontade num esforço. Não se confunde o objeto com a própria coisa, ou com o prédio, ou qualquer bem. Nos direitos patrimoniais, o objeto é a coisa em si, como a propriedade, o imóvel, a patente de um invento. Postulam-se ou reivindicam-se tais bens. Na obrigação, verifica-se um fato positivo ou negativo, algo a se fazer, ou a prestar, ou a não fazer, em benefício do credor, como guardar a coisa, emprestar um valor, transportar uma mercadoria, construir uma casa, redigir uma obra literária, renovar uma dívida, conceder um prazo, omitir-se de passar por um caminho. Procura-se uma atitude, uma conduta, um comportamento, ou uma omissão, uma abstenção do devedor. Inclusive na prestação de dar, eis que esta se materializa na entrega, que exige o ato de entregar. Tem-se, primeiramente, a obrigação, como a de transferir o domínio de uma coisa, ou a de construir uma obra. O objeto da obrigação revela-se na entrega ou na construção, que é a prestação. Já a coisa e a obra constituem os objetos da prestação. No pagamento de uma dívida, o seu cumprimento se revela na obrigação de dar. Quanto ao objeto da obrigação, ou prestação, localiza-se no ato de pagar. A dívida compõe o objeto da prestação.

O objeto da obrigação deve ser lícito, possível e de valor econômico ou moral.

Quanto à licitude, impende o amparo legal do que se exige, conformando-se não apenas com a lei, mas com o próprio direito em si, com a moral, os bons costumes, a ordem pública. Nada se permite exigir se ausente a proteção da lei. Deve-se fundamentar o conteúdo da obrigação em um preceito, ou em princípios que integram o direito positivo. Nesta ótica, impossível alguém reclamar o pagamento pela venda de coisa cujo comércio é proibido. Mesmo que advenham vantagens a uma das partes, não lhe socorre a lei na eventualidade de inexistir o cumprimento. Na venda de objetos contrabandeados, ou furtados, não terá o alienante a ação para exigir o pagamento. Se alguém exerce uma atividade vedada em lei, como a prestação de serviços médicos sem a competente habilitação, inadmissível a pretensão ao pagamento de honorários. Na combinação de juros onzenários, não se prestará, o Poder Judiciário, para a satisfação do valor correspondente. Estabelecida multa superior a dez por cento do valor devido, torna-se nulo o excedente (art. 52, § 1º, da Lei nº 8.078, de 1990, com a alteração operada pela Lei nº 9.298/1996). Numa promessa de compra e venda de terreno loteado, a estipulação da perda pura e simples das prestações pagas fica sem efeito, se não ressalvada a hipótese de satisfação em um montante superior a um terço do preço (art. 35 da Lei nº 6.766, de 1979, na redação da Lei nº 13.786/2018).

Se o objeto revelar imoralidade, embora não contrariando especificamente uma lei, também não se torna exigível. Não prevalece aqui, em toda a sua amplitude, o princípio de que ninguém será obrigado a fazer ou deixar de fazer alguma coisa senão em virtude de lei (art. 5º, inciso II, da Constituição Federal). A pretensão do pagamento em razão única de uma pessoa ter se entregue à lascívia de outrem não prevalece, e nem por relações sexuais em determinado período. Igualmente, não será conforme a moral amparar o pedido de indenização feito pelos pais, pelo fato de terem acolhido o filho durante certo período de tempo.

De acordo com os bons costumes também se requer que venha o ato exteriorizado, o que praticamente se confunde com a moral, havendo uma tênue distinção mais no tocante à intensidade de conteúdo negativo na última. É contrário aos bons costumes estabelecer a obrigação de apresentar-se ao trabalho com trajes que revelem ou deixem salientes as partes íntimas do corpo, ou exigir de empregados atitudes servis. Já no tocante à ordem pública, atenderá o ato aos princípios de civismo e soberania nacional, não podendo ser exigido de alguém que abdique de seus direitos, como renúncia à nacionalidade, ou a benefícios previdenciários, ou ao próprio pagamento de horas extras.

Relativamente à possibilidade, diz respeito à viabilidade de alguém prestar determinado fato. As obrigações devem situar-se dentro dos limites da capacidade humana, da permissão legal, e da comercialidade dos bens. Não se afigura como razoável uma obrigação envolvendo a venda de todo o patrimônio. Nem que se dê em garantia a própria unidade residencial para cobrir uma dívida qualquer, dada a lei da impenhorabilidade (Lei nº 8.009, de 1990, art. 1º). Ou que, para fornecer produtos ao comércio por atacado, se imponha a recusa da venda a determinada classe de possíveis interessados (Lei nº 12.529/2011, art. 36, § 3º, inciso XI).

Obviamente, não há como convalidar negócios que estabeleçam a venda de bens públicos, ou de terceiros, ou a transmissão de direitos hereditários de pessoa que ainda está viva. Neste quadro também a compra e venda da meação do cônjuge pelo outro, em casamento sob o regime de comunhão universal ou parcial.

Não se requer a presença de uma lei que expressamente vede tal negócio, ou que especifique quais os bens fora de comércio. Há inúmeras situações em que a impossibilidade decorre da aplicação de vários princípios ou institutos de direito. Assim no caso de lesão enorme a uma das partes, decorrendo uma vantagem excessivamente exagerada à outra, absorvendo a prestação a totalidade dos ganhos. Existirá aí a impossibilidade do cumprimento, eis que decorre dos princípios gerais do direito e do próprio bom senso que parte dos rendimentos deve ser reservada ao próprio sustento. Por isso, as prestações de financiamentos na aquisição de bens devem se coadunar à capacidade econômica do contratante. Nesta linha, a garantia instituída sobre todo o produto financiado na atividade rural importa ser inexigível a medida estabelecida para inviabilizar a venda de parte da mesma produção.

O terceiro elemento consiste na apreciação econômica do objeto da obrigação. Efetivamente, não há interesse em se obrigarem as pessoas se ausente uma finalidade econômica. As ações humanas são impulsionadas por interesses, sendo na maior parte deles avaliados economicamente. Não se encontra motivo ou impulso moral para se exigir uma obrigação se de seu cumprimento não advier resultado apreciável em expressão monetária. Como, por exemplo, ingressar com uma ação para impor que um associado participe das reuniões de uma entidade social, ou filantrópica, se nenhuma cominação se pode impor pelo descumprimento? Ainda, nem revela sentido ajuizar uma demanda para impedir que o cônjuge mantenha relacionamento sexual com outra pessoa, ou para conseguir um comando no sentido de manter-se no lar durante a noite. Se descumpridos os deveres conjugais, o caminho será a separação, ou exigir a prestação da devida assistência.

Há casos, no entanto, em que o descumprimento ou o ato ilícito não redunda em prejuízos materiais, mas em ofensa à honra, ou à personalidade, ou traz somente danos morais. Tal ocorre nas injúrias, calúnias, na morte de ente familiar. A reparação visa apenas uma compensação pelo sofrimento moral, pela tristeza, pela dor, pelo sentimento de humilhação ou estado interior de depreciação experimentado.

Em outras situações, o objeto da obrigação, embora não inserindo um conteúdo econômico, revela dimensões de outra ordem, também de cunho imaterial, como o direito ao meio ambiente sadio, ao silêncio durante o horário noturno, à observância de posturas municipais de higiene e conduta compatível com convivência social em um aglomerado de habitações. O objeto será a abstenção da derrubada de árvores, ou de depositar resíduos e lixo numa área imprópria, em promover algazarras ou ruídos exagerados, em estacionar veículos nos locais inconvenientes, em trafegar nos interiores de pátios ou espaços reservados para diversões.

Em suma, o bem protegido, além do econômico, pode ter outras dimensões: moral, humana, social, artística, ambiental, histórica e urbana.

2.5. O VÍNCULO OBRIGACIONAL

Trata-se de mais um elemento componente da obrigação. Por este vínculo, na doutrina de Guilherme Alves Moreira, "constitui-se o devedor na necessidade de efetuar uma prestação, a que pode ser compelido coativamente".[13] Sobre o assunto, formaram-se várias teorias, desde a que assentava o vínculo no dever de prestar, pelo lado do devedor, e no direito de exigir, já quanto ao credor. Ultimamente, houve uma corrente que entrava na responsabilidade, fazendo-a decorrente do débito, enquanto outra distinguia dois elementos no vínculo: o espiritual e o material, este reconhecido quando o devedor é acionado para satisfazer a obrigação. Todavia, nas atuais manifestações sobre o vínculo, nem mais se ingressa em tais discussões, posto que de pouca ou nenhuma significação prática.

Define-se como a relação jurídica que liga o sujeito passivo ao sujeito ativo, acompanhada de sanção. "Estar ligado es tanto como estar obligado", resumem os Mazeaud.[14] É o elemento que cria uma ou diversas obrigações, no dizer de Arnoldo Wald.[15] Por tal vínculo jurídico ou relação, o devedor sujeita-se a atender aquilo que vem inserido no contrato, enquanto o credor encontra o fulcro para exigir ou impor a obrigação. Atende-se o estabelecido no contrato, em virtude do combinado ou do liame que nasceu na relação bilateral. Há um direito de exigir e um dever a cumprir, encontrando a força para o cumprimento na sanção. Karl Larenz demonstra com clareza: "El deber prestar del deudor, su deber jurídico, y el derecho del acreedor constituyan un mismo vínculo jurídico contemplado desde dos distintos puntos de vista".[16] Aí está o substrato da obrigação. Forma-se, assim, um enlace entre os dois sujeitos da relação bilateral, pelo qual se conferem ao credor poderes de reclamar o cumprimento do estabelecido, e determinam-se deveres ao sujeito passivo de atender o compromisso. Tal enlace é de cunho espiritual, que se materializa no recebimento da dívida, no lado do credor, e no cumprimento da obrigação, de parte do devedor. Portanto, opera-se a concretização do vínculo espiritual quando se dá a realização, ou a materialização, do crédito e do débito. Honra-se o compromisso, com o que fica satisfeito o titular do direito e se desonera o titular do débito. Se não se expandir de modo natural ou espontâneo o enlace, vem em socorro a lei, que oferece à parte lesada ou com crédito os meios para forçar o cumprimento, às vezes mediante uma prévia declaração sentencial, e, após, pela execução; em certas situações, diretamente e apenas por meio da execução. Com a execução, que será sempre judicial, converte-se a prestação que era de fazer, ou não fazer, ou de dar e entregar, em perdas e danos, ou indenização, atingível pela via da expropriação e praça de bens. O cumpri-

---

[13] *Instituições do Direito Civil Português – Das Obrigações*, Coimbra, Typographia F. França Amado, Coimbra, 1911, vol. II, p. 18.
[14] *Lecciones de Derecho Civil*, ob. cit., vol. I, 2ª parte, p. 11.
[15] *Curso de Direito Civil Brasileiro – Obrigações e Contratos*, ob. cit., p. 4.
[16] *Derecho de Obligaciones*, ob. cit., t. I, p. 23.

mento, no caso de rebeldia no atendimento pacífico, atinge-se compulsoriamente, mas sempre em obediência aos instrumentos regulares, e não pela própria força, com o que se preservam a ordem e a paz social. Antes, porém, de dar-se a execução compulsória, e havendo necessidade de afirmação no pertinente à existência, à titularidade ou ao objeto da obrigação, e no pertinente ao não-cumprimento pelo devedor, ingressa-se previamente no juízo de conhecimento, com a competente prestação jurisdicional.

Esta a linha que traça Sílvio Rodrigues, ao afirmar: "Vínculo jurídico. Este vínculo se diz jurídico porque, sendo disciplinado pela lei, vem acompanhado da sanção. Com efeito, se o devedor que legalmente se obrigou, deixar de efetuar o pagamento, a lei abre as portas dos pretórios ao credor, para que este, através da execução patrimonial do inadimplente, obtenha a satisfação do seu crédito".[17]

Em regra, não há o constrangimento físico para levar ao cumprimento das obrigações, diferentemente do que ocorria no direito romano e de alguns outros povos. Mas, em raras ocasiões, assegura a lei a coação física para forçar o adimplemento, como acontece na prisão por dívida de alimentos e depositário infiel (art. 5º, inciso LXVII, da CF).

Em suma, sintetizando, pode-se assentar o vínculo ou liame na própria combinação de vontades, ou naquilo que se contratou. Decorre, daí, que se dimensionam um crédito e um débito. Alguém pode exigir e alguém deve cumprir, mas ambos lastreados no objeto da contratação ou da imposição legal. Caio Mário da Silva Pereira bem coloca a matéria: "A obrigação impõe ao devedor uma prestação, e concede ao credor o poder de exigi-la. Se este poder fosse despido de sanção, a obrigação seria incompatível com a exigibilidade que é efetiva, precisamente em razão do credor sentir a garantia sobre o patrimônio do devedor, e tanto assim é que não tem faltado quem explique a obrigação natural como um 'débito sem responsabilidade' (Pacchioni)".[18]

O mais que se colocar não passa de adorno ou até fantasia.

---

[17] *Direito Civil – Parte Geral das Obrigações*, ob. cit., vol. II, p. 14.
[18] *Instituições de Direito Civil*, ob. cit., 2ª ed., vol. II, p. 30.

III
Classificação das Obrigações

3.1. CLASSIFICAÇÃO E SISTEMATIZAÇÃO

Classificar as obrigações significa separá-las, conseguindo-se uma melhor compreensão das mesmas, distinguindo-as e valorando-as segundo a importância dos fatos que as geram. A classificação mostra-se necessária para facilitar o próprio estudo programatizado ou a compreensão de qualquer ciência, levando à aplicação prática no ponto que se procura entender e utilizar. Quaisquer ciências apresentam a classificação, com o que se destaca a parte que se revela útil a um assunto ou problema, não sendo possível estender todo um ramo do conhecimento a aspectos particularizados ou concretos. Já dizia Serpa Lopes que "a classificação é um movimento básico para toda e qualquer ciência, inclusive o direito, e as suas consequências práticas são de valor evidente. Em lógica, a divisão é a necessária ordenadora das coisas".[1]

Não se pode estabelecer um critério definitivo para a classificação, diante da constante mutação ou evolução do direito. Na medida em que novas situações de vida surgem, variam os compromissos, e isto sobretudo em se tratando de obrigações. Sobretudo as relações comerciais se alteram, se inovam, se aprimoram e se especificam não apenas em vista dos mecanismos que constantemente se introduzem nas atividades, mas especialmente porque a ciência avança para campos antes inexistentes, exigindo o respeito e o cumprimento de direitos antes não questionados, como no caso da informática, que impõe a reserva dos direitos de programas aos inventores ou criadores. Diferentemente, este panorama ocorre no direito das coisas, onde se delimitam e se especificam as obrigações, porquanto é difícil a introdução de novos direitos reais.

O estudo da classificação das obrigações é teórico, variando as modalidades ou espécies em consonância com os sistemas que os autores adotam. Daí a dificuldade em se escolher um esquema lógico e prático, que leva à facilidade na aplicação das normas jurídicas.

Para se formar uma visão geral da matéria em si, não se pode prescindir das especificações clássicas, lembradas pela maioria dos doutrinadores.

3.2. NO DIREITO ANTIGO

Primitivamente, as obrigações nasceram da sociabilidade, o que as tornavam coletivas, como rememora Manoel Ignácio Carvalho de Mendonça: "A confusão primitiva da proprie-

---
[1] *Curso de Direito Civil*, ob. cit., vol. II, p. 31.

dade não excluía, entretanto, uma certa noção de obrigações coletivas, pois que elas não são estranhas mesmo a certos animais dotados de um grau apreciável de sociabilidade. Uma vez surgida, a sociedade inspira espontaneamente uma série de deveres negativos de evitar a prática de atos nocivos à comunhão, assim como a inclinação natural de produzir utilidades para elas.

Antes mesmo da definitiva constituição da família, o homem devia assumir o cuidado da nutrição, pegando a presa e deixando à mulher o cuidado da prole, a domesticação dos animais e a aclimatação dos vegetais úteis".[2]

Dentro de uma sistematização comum, a divisão consolidada surgiu no direito romano, onde preponderava a concepção dos tipos em função do objeto, tripartindo-se nas modalidades de *dare, facere* e *praestare*, nelas abrangidas quaisquer ações capazes de criar obrigações. Estes verbos desencadeantes de tipos de ações expressam, ainda hoje, a maioria dos atos a que se é obrigado a atender, desde que haja ligação com a pessoa por vínculo contratual ou legal. Representam as situações mais comuns daquilo a que se é obrigado a atender.

No conteúdo de dar, compreendiam-se todas as ações dirigidas à entrega de coisas, ou a transmitir a propriedade dos bens, e mesmo direitos, ações e valores. Para concretizar o *dare*, fazia-se necessária a tradição, ou a passagem do bem das mãos e do poder do transmitente para o adquirente, o que era representado pela escritura pública no caso de imóveis, ou da simples entrega manual quando móveis os bens. As modalidades mais comuns desta obrigação abrangiam a compra e venda, a dação em pagamento, a permuta e a doação.

Já quanto ao *facere*, importava fazer algum serviço, trabalho, obra, favor. Era a prestação de uma atividade, ou a execução de serviço, sendo inerente ao seu aperfeiçoamento a ação. Nesta categoria incluíam-se a locação de serviços, o mandato, a empreitada, a parceria. O *non facere*, ou a abstenção de uma conduta, integrava tal modalidade de obrigações, como a de não ingressar na propriedade alheia, de evitar ofensas aos vizinhos, de não passar em determinado local.

Relativamente ao *praestare*, o sujeito passivo da obrigação comprometia-se a dar e fazer alguma coisa ao mesmo tempo, como na garantia que era oferecida em favor de uma pessoa, no tocante a uma dívida de alguém. Ao mesmo tempo em que se responsabilizava em pagar a dívida no caso de inadimplemento do contraente, isto é, de dar o valor devido, impunha-se a conduta de manter-se em condições de atender a dívida. Não era fácil identificar este tipo de obrigações, visto que geralmente se confundia com as duas anteriores. Servia mais para caracterizar o dever de indenizar, ou de se responsabilizar por um evento, mas sem poder, no entanto, localizar onde estavam situados o dar e o dever.

Daí as críticas e a inaceitação da divisão romana, tendo desaparecido a categoria de prestar, já que envolvendo o mesmo matiz e até conteúdo de fazer.

3.3. NO DIREITO MODERNO

Já a começar pelo direito francês, partiu-se para a divisão em "convencionais", quando provindas de contratos as obrigações; e "não convencionais", se emanadas de atos unilaterais da vontade, isto é, dos então admitidos quase delitos e quase contratos, lembrando-se

---

[2] *Doutrina e Prática das Obrigações*, ob. cit., p. 25.

que aqueles se revelavam numa forma culposa das condutas, como na falta de cuidado para que as coisas não caíssem dos prédios, ou para que os animais não fugissem de seus redutos; enquanto os últimos promanavam de meros acordos, de simples ajustes, e, assim, tinha-se a gestão de negócios, em que se realizavam atos de preservação de bens de uma pessoa, sem uma combinação prévia entre o que geria os negócios e o seu respectivo titular ou senhor.

A classificação acima melhor se visualiza na divisão em obrigações "contratuais" e "não contratuais". Realmente, as primeiras são as que nascem da combinação ou do ajuste expresso das vontades; as segundas compreendem o vasto campo de todas as obrigações oriundas de delitos, de condutas culposas, de simples compromissos unilaterais, e especialmente daquelas decorrentes de lei ou do ordenamento jurídico que domina num país.

Tal distinção se coaduna mais com a realidade, e mais facilmente faz perceber o tipo de obrigação. Mas, considera-se exageradamente ampla, com o que, na prática, não traz utilidade.

Dentre as várias outras classificações que apareceram, sobressaíram as "positivas" e as "negativas". Quem está vinculado ao dever de dar e fazer – dar um bem ou fazer um trabalho –, coloca-se diante de uma obrigação positiva, ao passo que se se incumbe a alguém a abstenção de um ato – omitir-se de cobrar juros acima de certo patamar –, caracteriza-se aí como negativa a obrigação. Francisco de Paula Lacerda de Almeida acrescenta: "As prestações positivas, como a palavra o indica, consistem em um fato do devedor, as negativas em uma omissão. As primeiras compreendem as obrigações de dar e de fazer, constituem a regra geral a que as negativas fazem a exceção".[3]

Também sem muita utilidade esta especificação, pois não resulta em alguma vantagem mais concreta, dada a amplitude na abrangência de obrigações de um ou outro tipo.

Há uma subdivisão quanto às obrigações positivas, que se apresentam em "pessoais" e "materiais". As primeiras abrangem o cumprimento de atos advindos da disposição física ou intelectual do devedor, como no respeito dos contratos, cumprindo suas cláusulas; as segundas se viabilizam mediante a entrega ou transferência de um bem, e assim no contrato de locação, na venda de uma área de terras.

Já em uma nova classificação, que parte do conteúdo, elaborada por Demogue, têm-se as obrigações "de meio", "de resultado" e as "de garantia", conforme se efetuam atos que podem desencadear um outro evento, ou se pratica o ato em si, que é o fim objetivado, ou se objetiva maior segurança. Mais explicitamente, as de meio não visam conseguir um resultado específico, mas a realização ou o desempenho de atos ou de uma atividade. René Demogue exemplifica com a profissão do médico: "O médico contrai uma obrigação de meios e não de resultados. Ele, portanto, não é responsável se seu cliente não se recuperar. Ele apenas promete atendimento atencioso e o cliente deve comprovar a culpa do médico".[4] Já quanto às de resultado, a finalidade objetivada é um determinado escopo. Serpa Lopes esclarece o significado de ambas, através de exemplos: "Assim, uma pessoa que recebeu um mandato para realizar um ato unilateral, ou transportar uma determinada coisa, toma a si uma obrigação de resultado. Ao contrário, em lugar de prometer

---

[3] *Obrigações*, 2ª ed., Rio de Janeiro, Typographia Revista dos Tribunais, 1916, pp. 84 e 85.
[4] "Le médicin contracte une obligation de moyen, non de résultat. Il n'est donc pas responsable si son client ne guérit pas. Il promet seulement des soins attentifs et le client doit prouver la faute du médicin" (*Traité des Obligations en Général*, Paris, Librairie Arthur Rousseau, 1931, vol. II, t. VI, p. 184).

um resultado, pode-se ser obrigado, legal ou convencionalmente, a tomar certas medidas, empregar certos meios, embora possivelmente tendentes normalmente e por natureza a produzir um resultado, e aí temos obrigações de meios. Assim, o médico não promete a cura do doente, mas tão somente empregar os meios necessários à consecução dela".[5]

Realmente, quanto às de meio, na medicina a finalidade do tratamento é a cura, e neste sentido se impõe que se realizem atos tendentes a alcançar o fim último visado. Entretanto, nem sempre se encontra o resultado almejado, o qual não pode ser garantido, conduzindo a estabelecer que a obrigação se situe na prática de medidas medicinais, ou de atos de atendimento médico. De igual teor o contrato de prestação de serviços advocatícios, quando não se coaduna com a realidade estabelecer a obrigação de vencer uma causa. Firma-se unicamente a prestação de serviços em uma qualidade tal que possibilite atingir o desiderato final, que é a vitória da causa. Por isso, a responsabilidade repousa na culpa, ou na falta de diligência, na imprudência e imperícia. Inculca-se a possível ação indenizatória na conduta do obrigado, que não seguiu a técnica ou o conhecimento exigido. Explicam melhor os autores Mazeaud: "Si la obligación que pesa sobre el deudor es tan sólo la de conducirse con prudencia y diligencia, se torna necesario un examen de la conducta del deudor; en efecto, cuando el resultado previsto no se ha obtenido, el acreedor, para demostrar que la obligación no se ha cumplido, debe probar que el deudor no se comportado con la prudencia y la diligencia a las que estaba obligado; la prueba de una imprudencia o negligencia del deudor está a cargo del acreedor. Por ejemplo, el enfermo debe establecer la imprudencia o la negligencia del médico".[6]

Como de meio deve enquadrar-se a cirurgia plástica estética. Em excelente estudo, o advogado rio-grandense, Nestor José Forster, pondera que tal cirurgia ocorre "no mesmo ambiente biológico do corpo humano, mesma área onde se processam os demais atos médicos. Ora, a biologia é eminentemente dinâmica, instável, frequentemente imprevisível. Assim, como não é certo o resultado numa cirurgia gástrica, também não é certo o resultado numa cirurgia estética... Em tal contexto, não se vê por que definir como de resultado a obrigação do médico, se ele lida com o mesmo imponderável biológico de sempre. Estivesse ele em procedimento reparador, e estaria promovendo a cura do corpo ao lado da cura da alma. A cirurgia estética não refoge dessa perspectiva. Quando o cirurgião plástico opera alguém para melhorar-lhe a aparência, está tratando fundamentalmente da psique da pessoa e, alterando-lhe aspectos corporais, contribui decisivamente para aliviar ou mesmo curar eventuais sofrimentos psíquicos e morais, decorrentes da insatisfação daquela pessoa com o seu corpo". Transcreve doutrina do Min. do STJ Ruy Rosado de Aguiar Júnior: "'Embora se diga que os cirurgiões plásticos prometem corrigir, sem o que ninguém se submeteria, sendo são, a uma intervenção cirúrgica, pelo que assumiriam eles a obrigação de alcançar o resultado prometido, a verdade é que a álea está presente em toda intervenção cirúrgica, e imprevisíveis as reações de cada organismo à agressão do ato cirúrgico. Pode acontecer que algum cirurgião plástico, ou muitos deles, assegurem a obtenção de um certo resultado, mas isso não define a natureza, não altera a sua categoria jurídica, que continua sendo sempre a obrigação de prestar um serviço que traz consigo o risco. É bem verdade que se pode examinar com maior rigor o elemento culpa, pois mais facilmente se constata a imprudência na conduta do cirurgião que se aventura à prática da cirurgia estética, que tinha chances reais, tanto que ocorrente, de fracasso. A falta de uma informação precisa sobre o risco e a não obtenção de consentimento

---

[5] *Curso de Direito Civil*, ob. cit., vol. II, p. 33.
[6] *Lecciones de Derecho Civil*, ob. cit., vol. I, 2ª parte, p. 21.

plenamente esclarecido conduzirão, eventualmente, à responsabilidade do cirurgião, mas por descumprimento culposo da obrigação de meios' ('Responsabilidade Civil do Médico', RT, 718/33, p. 40)".[7]

O assunto tem trazido grandes discussões. Uma das decorrências da cirurgia plástica é o queloide, que ocorre em algumas pessoas, e não em outras, não sabendo explicar a ciência os fatores determinantes de seu aparecimento. O que significa o queloide? É a calosidade cicatricial, que se forma no local da cicatriz. "É uma cicatriz grossa, alta e avermelhada que em geral coça e dói. Trata-se de uma reação exagerada do organismo em relação ao tamanho do corte ou da lesão. Difere da cicatriz hipertrófica, que é alta, mas não ultrapassa o tamanho original da incisão. 'Geralmente, o queloide aparece cerca de três meses após a cirurgia e ocorre com maior frequência em jovens. Surge principalmente no tórax, nas costas e nos braços', explica a dermatologista Shirlei Borelli, de São Paulo...".[8] Ou seja, não há como evitar ou prevenir o surgimento do queloide. Possível, porém, o tratamento ou cura posterior. Por conseguinte, e, aqui, cita-se apenas um exemplo, os efeitos parecem inevitáveis.

Já naquelas obrigações que têm em vista o resultado, dirigidas para um determinado fim, para ensejar a contraprestação requer-se o alcance do objetivo contratado, como na confecção de uma roupa, na elaboração de um trabalho técnico, no talhamento de uma estátua, no transporte de uma mercadoria.

As de garantia visam dar maior segurança ao credor, afastando os riscos, ou prevenindo-os. Trazem tranquilidade ao negócio, posto que, se não adimplido um compromisso, assumem elas a satisfação do crédito. Tornam-se mais importantes na medida em que maiores os riscos, os contratempos, as inadimplências em uma época, por fatores de crises, de recessão, de mudanças da economia. Assim encontram-se os contratos de seguro, as fianças, a responsabilidade por evicção e por vícios redibitórios, por casos fortuitos ou de força maior, sem falar em garantias reais, e aí a hipoteca, o penhor. Em geral, na maior parte dos contratos há cláusulas e até outro contrato de garantia.

No tocante à origem, diz-se que são "voluntárias", emanam-se de um ato de vontade, ou aparecem criadas pelas relações contratuais, como as advindas da locação, ou do mútuo; ou "normativas", quando decorrem de normas ou leis, e têm-se aí a indenização por ato ilícito, a restituição de pagamento indevido, a explicitação do preço nas vendas de produtos.

De outro lado, existem as "obrigações protegidas pelas leis", ou pela ordem jurídica, e nesta classe são chamadas civis, citando-se, como exemplo, o compromisso de pagamento ou o adimplemento de uma dívida no prazo estabelecido; e há aquelas "naturais", não categorizadas em leis, mas que o bom senso, a convivência pacífica, as normas de bom tratamento aconselham que sejam seguidas. Se pode o lesado reclamar perante o Judiciário contra o desrespeito ao sossego noturno, eis que disciplinadas as atividades desenvolvidas durante um período delimitado do dia, tal não acontece no tocante às naturais, onde não se estabeleceu algum vínculo, e muito menos se legislou alguma coisa sobre a matéria. Não há lei que obrigue os vizinhos a se cumprimentarem, e nem que imponham o socorro em momentos cruciais da vida.

---

[7] Cirurgia Plástica Estética: Obrigação de Resultado ou Obrigação de Meios?. *AJURIS – Revista da Associação dos Juízes do Rio Grande do Sul*, nº 69, Porto Alegre, pp. 409, 411 e 413, mar. 1997.
[8] Guia de Cirurgia Plástica, reportagem da revista *CLÁUDIA*, São Paulo, Ed. Abril, nº 5, p. 112, maio 1998.

Num campo mais especificado que as naturais, há as obrigações morais, que são aquelas que encontram seu principal fundamento nas normas morais, as quais, por sua vez, residem na consciência de cada indivíduo, podendo este cumpri-las ou não, sem sofrer nenhum tipo de sanção objetiva em caso de descumprimento. As obrigações naturais decorrem de outros reclamos, como de posturas sociais ou de boa convivência. São as obrigações morais inexigíveis, por carecerem da proteção que as normas jurídicas conferem à obrigação civil. Não existe a norma jurídica que as protege, a qual concede ao lesado, ante a violação, a permissão para procurar a prestação jurisdicional, através de uma ação própria, a fim de ter seu direito respeitado ou de obter o devido ressarcimento. Dessa forma, o "devedor" de uma obrigação moral não pode, em nenhuma hipótese, ser compelido a cumpri-la, estando vinculado apenas aos valores e princípios de sua consciência. Assim, o cumprimento espontâneo de um preceito moral será visto sempre como uma liberalidade, e não como um pagamento.

É bastante conhecida a divisão em "obrigações de crédito" e "de débito". Parece um contrassenso falar em obrigações de crédito, ou de receber, mas existem, como no caso de se coagir o credor a procurar a sua herança, ou a se manifestar se a aceita, e, de igual modo, a receber uma dívida, porquanto o devedor não está obrigado a permanecer indefinidamente em mora. Já as de débito, diz com os deveres, ou quaisquer dívidas, como na prestação de serviços, no pagamento, na entrega de bens.

No pertinente ao sujeito, "múltiplas" denominam-se as obrigações se vários os credores ou devedores. Na indenização, não raras vezes, vários os titulares de um crédito, e também vários os responsáveis chamados para reparar, como quando, por morte de um progenitor, os filhos acionam o causador do evento, ou é dirigida a lide contra o condutor do veículo e o proprietário. "Únicas", por outro lado, consideram-se as obrigações se existe apenas um titular do crédito ou um único sujeito passivo. Pode-se apresentar, nesta divisão, mais uma classe, que é a "disjuntiva" ou "alternativa", oportunizando-se ao obrigado a escolha de uma solução das várias oferecidas: ou paga, o devedor, a quantia que está em atraso, ou retira-se do imóvel num prazo delimitado.

Igualmente com referência ao sujeito, e relativamente às obrigações múltiplas, subdividem-se em "conjuntas" ou "cumulativas" nas hipóteses de, sendo vários os credores, a cada um se facultar o recebimento de sua parte do crédito, ou uma determinada quota. Também chamadas de concorrentes, se caracterizam quando há vários credores ou devedores, dividindo-se a prestação, seja única ou múltipla, em partes iguais ou desiguais. Tal acontece se os condôminos reclamam a participação individuada no imóvel, bem como a individuação de sua unidade definida em contrato. "Solidárias" afiguram-se, como a palavra indica, se admitida a exigibilidade junto a todos e a qualquer um dos devedores, restando, ao que satisfaz, o direito de reembolsar-se perante os demais na parte proporcional ao que pagou além do quanto que lhe cabia. Subdividem-se em "solidárias ativas" e "solidárias passivas", conforme aparecem vários sujeitos ou titulares de direitos, ou sujeitos de obrigações. Nesta mesma classe encontram-se as "mistas", nas quais se encontram em ambos os polos contratuais credores e devedores. Exemplificativamente, há vários credores de aluguéis, sendo que alguns são devedores junto aos inquilinos de obrigações em entregar quantia relativa a reformas que os últimos efetuaram. O Código Civil não trata da espécie. A disciplina é a mesma que cuida da solidariedade ativa e passiva.

Comum, no tocante ao objeto, a apresentação de obrigações em "divisíveis" e "indivisíveis", sendo facilmente perceptível a caracterização: as primeiras, de trato sucessivo, aparecem na satisfação parcelada – no caso de dívidas pagas em prestações, sendo comum na locação; as segundas, em que a prestação se torna viável em uma única vez – como na entrega de um bem, ou um imóvel na compra e venda. Algunos autores as nominam de "periódicas" ou "instantâneas", mas que apresentam o mesmo conteúdo da nomenclatura acima, posto que as primeiras se cumprem em trato periódico, sucedendo-se as prestações, e as instantâneas se completam em uma só prestação.

Ainda quanto ao objeto, podem se configurar como "simples", se compreendem um único ato, o que se dá, à semelhança das indivisíveis, na construção de um muro, ou na entrega de uma casa; e é possível que sejam "conjuntas" (diferentemente, aqui, das conjuntivas relativamente ao sujeito da obrigação), se abrangem vários bens ou compromissos, verificando-se hipóteses nos consórcios de veículos, quando a empresa é obrigada a entregar o bem e a organizar o financiamento mútuo; e nas incorporações imobiliárias, sendo que o empreendedor deve construir as unidades e financiá-las.

Uma distinção importante é a que separa as obrigações, enquanto reciprocamente consideradas, em "principais" e "acessórias", cuja utilidade leva a decidir quando o contrato pode ser rescindido. As principais, ou essenciais, equivalem aos elementos do contrato, e, nesta ordem, na compra e venda, constituem um de seus componentes, como o preço, ou a entrega do bem. Quem não entregar, *v.g.*, o preço, inviabiliza o próprio contrato. Já as acessórias arrostam encargos ou garantias que ensejam o cumprimento, sob pena de indenização, ou de repor o preço recebido, e até de desconstituir a avença. No mesmo exemplo da compra e venda, há de se assegurar o comprador dos vícios redibitórios ou da evicção. Não se consideram essenciais porque não têm o condão de constituir o contrato, mas pela razão de completarem ou garantirem a obrigação principal. Em uma dívida, pactua-se a garantia da fiança, que não existe sem aquela. E, no contrato de transporte, estabelece-se a garantia do seguro, sem que este seja essencial àquele. Uma das principais decorrências do vínculo que as liga é que é a regra *accessorium sequitur principale*. Por outros termos, extinta a obrigação principal, fica igualmente extinta a acessória. E verificada a nulidade daquela, advém automaticamente a imprestabilidade da segunda, mas a nulidade desta não influi na nulidade da principal, com exceção quanto à fiança, a teor do art. 824 do Código Civil, que estabelece: "As obrigações nulas não são suscetíveis de fiança, exceto se a nulidade resultar apenas de incapacidade pessoal do devedor". Ou seja, embora nula a obrigação principal pela incapacidade pessoal do devedor, mantém válida a fiança.

Relativamente, ainda, à matéria, se prescrita a obrigação principal, também o será a acessória, na forma da seguinte ementa: "O gravame da hipoteca é acessório da obrigação principal, ou seja, do débito que garante, e a possibilidade de buscar este em juízo prescreve em vinte anos". Na fundamentação do voto, depois de apontar os posicionamentos mais antigos, enfatiza-se a doutrina moderna, na exegese da prescrição: "Autores modernos, Orlando Gomes: 'Obviamente, porém, o devedor não pode invocar a prescrição contra o credor, se não estiver prescrito o crédito, pela razão intuitiva de que não pode prescrever contra seu título, mas o terceiro que adquiriu o imóvel hipotecado pode invocá-la' (*Direitos Reais*, 4ª ed., 323, p. 439). Caio Mário da Silva Pereira: 'Mas não ocorre pela simples omissão do credor, porém no caso de se criar contra ele uma situação incompatível com o seu direito real' (*Instituições de Direito Civil*, 1ª ed., vol. IV, pp. 292, 362, 7)".[9]

---

[9] *Apel. Cível* 195.157.300, da 6ª Câm. Cível do Tribunal de Alçada do Rio Grande do Sul, de 16.11.1995, em *Revista dos Tribunais*, 730/347.

Dentre alguns tipos de maior importância de obrigações acessórias, destacam-se os juros, que pressupõem o mútuo, ou uma outra obrigação, e instituídos para fins remuneratórios ou moratórios; as garantias que, ao lado da fiança e do aval, aparecem a hipoteca, o penhor e a anticrese dão segurança aos financiamentos ou concessão de créditos reais; as cláusulas de irretratabilidade, de irrevogabilidade, que acompanham os contratos, geralmente aqueles que envolvem compromisso de compra e venda especialmente de imóveis; a evicção e os vícios redibitórios, para a garantia da compra e venda contra as vicissitudes do negócio, como vendas outras, defeitos ocultos; a cláusula penal, embutida para dar força ao cumprimento ou prevenir possível inadimplência. Resta claro que perduram as obrigações enquanto se mantém a obrigação principal.

As acessórias assemelham-se às "facultativas", pois próximo o sentido, com a diferença de representar um menor grau de essencialidade aos contratos, e permitir a substituição por outra. Comparativamente à evicção, que é obrigação acessória, não pode ser considerada facultativa, eis que de rigor resguardar o adquirente de seus riscos; já na obrigação facultativa, dá-se ao contratante a liberdade em escolher, dentre algumas exigências, aquela que lhe convém, como, exemplificativamente, numa doação modal, entre dar assistência ao doador ou realizar obras de benemerência social.

Nesta ordem de classificação das obrigações vistas em relação à sua importância, há as "primitivas", isto é, aquelas que decorrem de um contrato firmado no começo, como um empréstimo. Posteriormente, diante do não pagamento, há uma aproximação das partes, que resolvem fazer uma novação da dívida, ou uma prorrogação. Nesta mesma classe, seguir um ditame da lei coloca-se como primitivo o dever; se infringido o mandamento, advém a obrigação secundária de indenizar.

Uma antiga classificação existe, dividindo as obrigações em "puras", "condicionais", "modais" e "a termo".

As primeiras, semelhantemente às simples, não dependem de qualquer condição. O sujeito passivo deve cumprir o compromisso, não ficando na dependência de acontecer determinado evento, como se verificada ou não uma excelente safra. A compra e venda se consuma com o contrato, não se condicionando ao exame da mercadoria a ser remetida.

Já as condicionais ficam na dependência de um acontecimento futuro e incerto. Nesta linha, está a compra e venda com reserva de domínio, pois se consumará a transmissão se completados todos os pagamentos; o próprio arrendamento mercantil, porquanto a transferência definitiva fica no aguardo do pagamento de todas as prestações e do exercício do direito de opção, ao final do prazo; a alienação fiduciária, eis que a obrigação de transferir igualmente se sujeita ao pagamento de todas as prestações; a doação feita em contemplação de casamento futuro com certa e determinada pessoa, exemplo muito a gosto dos antigos autores, por consumar-se caso verificado o casamento nas condições ordenadas. Destaca Manoel Ignácio Carvalho de Mendonça a condição a tempo fixo, relativamente a outras: "Quando se contrata sob a condição de um evento se realizar num tempo fixo, a condição julga-se decaída quando expirar o tempo sem que se dê o evento. Se não há tempo fixo, a condição pode sempre ser cumprida e só se julga extinta quando se faz certo que o acontecimento não se verificará. O contrário quando a condição é que um evento não se realize num tempo fixo".[10]

---

[10] *Doutrina e Prática das Obrigações*, ob. cit., 1938, t. I, p. 216.

As obrigações modais envolvem um ônus ou encargo. O beneficiário de uma doação fica no dever de dar assistência material ao doador, ou de cumprir outra incumbência – art. 553 do Código Civil, em geral pelo resto de sua vida.

A termo, definem-se as obrigações quando cumpríveis num prazo determinado. Nesta espécie citam-se os pagamentos de prestações em datas combinadas, a satisfação do preço somente depois do recebimento do bem, ou a entrega de um produto quando o interessado apresentar a qualificação exigida. Em suma, coloca-se uma data ou uma época para o atendimento. Importantes características as acompanham, bem lembradas por Manoel Ignácio Carvalho de Mendonça: "I – Que antes do prazo não corre a prescrição; II – que a dívida a termo não é compensável com outra já vencida, pois que a exigibilidade é o requisito essencial da compensação; III – que a novação de uma obrigação a termo por outra pura e simples produz todos os seus efeitos desde logo, enquanto que a novação de uma obrigação condicional por outra pura e simples se presume efetuada para o caso em que a condição se realize".[11]

Pode-se ir bem mais além na classificação, eis que a quantidade de espécies ou tipos pode se estender de conformidade com a inspiração e poder de criação dos doutrinadores, lembrando, *v.g.*, a antiga divisão das obrigações em "líquidas" (quando certas e determinadas, sem necessidade de delimitá-las) e "ilíquidas" (dependentes de apuração ou delimitação); "civis" (tidas em relação a todos); "comerciais" (por decorrerem de relações comerciais); e "naturais" (não amparadas no direito positivo, como a de ser solidário com o sofrimento alheio), objeto de estudo em capítulo à parte.

Destacam-se dentre elas as líquidas e ilíquidas, com regulamentação em vários dispositivos, como o do art. 397, estabelecendo que "o inadimplemento da obrigação, positiva e líquida, no seu termo, constitui de pleno direito em mora o devedor". Não significa que incidem os juros unicamente após o cálculo de liquidação. Uma vez determinada a obrigação, em sentença ilíquida, desde a citação correm os ônus da mora, porquanto não mais se duvida da existência, da certeza, da materialidade da obrigação. É o que importa para admitir a mora. Apenas a exigibilidade é relegada para momento posterior. O art. 407 leva a tal conclusão: "Ainda que se não alegue prejuízo, é obrigado o devedor aos juros da mora que se contarão assim às dívidas em dinheiro, como às prestações de outra natureza, uma vez que lhes esteja fixado o valor pecuniário por sentença judicial, arbitramento, ou acordo entre as partes". Ou seja, se contarão a partir da fixação em liquidação, ou acordo, mas com repercussão no passado desde o momento em que se operou a mora pela citação ou outro ato. Esta a exegese ditada pelo art. 406 da lei civil, pelo qual se contarão os juros de mora desde a citação inicial, não importando se aparecem como líquidas ou ilíquidas as obrigações, sendo de se observar que o art. 1.536, § 2º, do Código anterior fazia referência expressa às obrigações ilíquidas.

Lembra-se, outrossim, a possibilidade de compensação somente em relação às dívidas líquidas, vencidas e de coisas fungíveis, como reza o art. 369. No caso de imputação do pagamento, na ordem do art. 352, quem se obrigou por dois ou mais débitos a um único credor, pode indicar qualquer deles para o pagamento desde que todos se encontrem líquidos e vencidos. Na lei processual civil, a execução de título judicial ou extrajudicial se faz sempre de título líquido, certo e exigível. Na consignação em pagamento, para o devedor oferecer o que deve, impõe-se que tenha a obrigação em um valor líquido e certo, sendo inviável consignar sem saber o montante.

---

[11] *Doutrina e Prática das Obrigações*, ob. cit., 1938, t. I, p. 251.

3.4. NO DIREITO BRASILEIRO

Apresentar-se-á uma abordagem geral do sistema adotado pelo Código Civil brasileiro na classificação das obrigações. Não se estudará, neste momento, o conteúdo de cada tipo de obrigações, como as de dar, ou de fazer, ou de não fazer. O propósito é delinear o sistema ou o critério seguido pelo direito brasileiro. E, para tanto, basta examinar alguns dispositivos do Código Civil para perceber que a inspiração é no direito romano, como se vislumbra nos arts. 313, 233 e seguintes do Código Civil, iniciando-se o disciplinamento pela obrigação de dar.

Pelo sistema brasileiro, desde o Código Civil de 1916, consideradas as obrigações, pois, quanto ao objeto, encontram-se três grandes grupos, discriminados na seguinte ordem: as obrigações de dar, as de fazer e as de não fazer. No tocante a esta última categoria houve inovação, eis que substituiu as de prestar, vigentes no direito romano, e que não chegaram a se definir especificamente, posto que se confundiam com as outras espécies, nunca se formando uma ideia exata do significado.

Embora os opositores desta espécie de classificação, a tripartição tem importância prática, sendo a mais conhecida e utilizada na aplicação do direito. Foi implantada e consolidada em nosso direito, revelando, pela semântica das palavras, o próprio significado. Nunca conseguiram as outras e mais novas nomenclaturas se impor, como a que pretende estabelecer em dois grandes ramos as obrigações, ou seja, em positivas as de dar e fazer, e negativas as de não fazer. Muito menos ficou aceita a bipartição em "dar" e "fazer".

É verdade que os conteúdos se misturam em alguns resquícios ou pontos. No significado de "fazer" sempre há algo que se dá. Na empreitada mista, exemplificativamente, não ingressa apenas a construção da obra, mas inclui-se o fornecimento de materiais, diferentemente daquela de simples mão de obra ou de lavor. Na parceria, o contrato envolve o plantio e a entrega de parte da produção. Já no arrendamento, a característica dominante é dar.

Há contratos onde o "dar" se faz acompanhar do "fazer". Exemplo típico está na compra e venda, visto que inerentes à figura a entrega da coisa e a imposição de responder pela evicção e pelos vícios redibitórios. Também na promessa de compra e venda, além de se comprometer o promitente vendedor a entregar um bem, fica obrigado a fazer a escritura definitiva. O próprio "não fazer" se compõe, às vezes, do "dar". É o que se verifica na faturização, onde o pagamento do valor do título, pelo faturizador, exige, em contrapartida, além da transferência do título, a abstenção de cobrá-lo perante o devedor. A alienação fiduciária reclama a efetivação dos pagamentos e a omissão em transferir a posse do bem.

O "fazer" e o "não fazer" podem compor uma idêntica avença, como na prestação de serviços, ou no contrato de trabalho. Assinando alguém o compromisso de fazer uma obra – construção de uma casa –, normalmente assenta-se a abstenção de, durante a execução, desempenhar o construtor outra atividade. Mais claramente nota-se este misto de obrigações no contrato de obra literária, porquanto fica acertado que não se permitirá a entrega da mesma obra a outro editor.

Em toda avença, porém, sempre domina uma das três obrigações acima. Destaca-se aquela que é básica, não havendo razões sobejamente fortes para inventar outras classificações.

Em qualquer ato ou fato de que alguém é devedor, induvidosamente sempre assume relevância um daqueles tipos. Foi o que expressou Washington de Barros Monteiro: "Todas as obrigações que se constituam, ou que se venham a constituir na vida jurídica, na sua infinita variedade, compreenderão sempre algum desses fatos, que resumem o inevitável objeto da prestação: dar, fazer ou não fazer. Nenhum vínculo obrigacional logrará subtrair-se a essa classificação, embora a prestação possa apresentar-se algumas vezes sob facetas complexas. Assim, como se mencionou, na de dar pode aparecer a de entregar e a de restituir; na de fazer, ou de não fazer, a de sofrer ou a de tolerar. Mas seu objeto constituirá sempre, indeclinavelmente, um ato do devedor, que fica adstrito a dar alguma coisa, a fazer determinado serviço ou a abster-se de certa atitude, que podia praticar, antes de se obrigar".[12]

Convém esclarecer, quanto à obrigação de não fazer, que não se confunde com o dever imposto a todos, ou à coletividade, de não praticar atos contrários aos direitos de outrem, adstrito aos direitos reais ou das coisas. O dever de abstenção geral da coletividade está ínsito aos direitos reais, como o de todos respeitarem a propriedade e a posse alheias. É uma obrigação abstrata, decorrente do *ius erga omnes*. No caso das obrigações propriamente ditas, a omissão ou o não fazer se restringe às pessoas envolvidas ou ligadas no contrato.

Quando, pois, alguém assume o compromisso de não explorar determinada atividade numa praça especificada, por ter vendido seu fundo de comércio, a relação obrigacional restringe-se unicamente à pessoa com a qual negociou. Já no tocante ao invento, uma vez patenteado, ninguém mais, durante certo período de tempo, poderá utilizá-lo ou explorá-lo. Assim quanto às marcas e patentes, em que o registro traz a propriedade individuada de tais valores, acarreta a toda a comunidade o dever de respeitar o direito alheio.

Este tipo costuma ser chamado de "obrigação negativa", sendo de caráter geral, não podendo ser desconhecida pela coletividade em geral.

A classificação tríplice das obrigações se insinuou em todo o direito brasileiro, a ponto de se formarem instrumentos para o seu cumprimento e execução, como se verifica no Código de Processo Civil, que disciplina a execução de dar ou entregar coisas certas e incertas, a execução de fazer e a obrigação de não fazer (Livro II, Título II, e Parte Especial, Livro II, Título II, do CPC, Lei nº 13.105, de 16.03.2015).

Mas o sistema brasileiro traz outras detalhações, tratando das obrigações alternativas, as quais se apresentam com uma pluralidade de prestações, assegurando ao devedor a escolha de uma delas. Desenvolve, também, as divisíveis e indivisíveis, onde existem vários titulares, com a possibilidade do cumprimento parcial, ou de parte delas. Na sequência, existe o disciplinamento das solidárias, aparecendo vários titulares de direitos e de obrigações, facultando-se o exercício por todos os sujeitos ativos ou por um apenas, e o cumprimento perante um dos obrigados ou perante a totalidade, ressalvado ao *solvens* ou àquele que cumpre o direito de regresso contra os demais, na parte proporcional resultante da divisão do encargo pelo número de responsáveis.

Todavia, não é demais esclarecer que substratamente a qualquer tipo que se apresentar sempre se encontra o elemento do qual partem todas as exigências possíveis: ou o dar, ou o fazer, ou o não fazer. Assim, pode-se dizer que as espécies "alternativas" ou "solidárias" e outras tantas já vistas contêm o ser ôntico de um daqueles componentes ou elementos.

Dentro do ordenamento civil do Código de 1916, existiam também as obrigações decorrentes de atos ilícitos, naturalmente extracontratuais, tão ou mais importantes que as contratuais, e resultantes, obviamente, de condutas extracontratuais ou extralegais. Havia,

---

[12] *Direito das Obrigações*, ob. cit., 1ª parte, pp. 54 e 55.

ainda, as decorrentes dos chamados atos unilaterais da vontade, como da gestão de negócio, do enriquecimento indevido, da promessa de recompensa, dentre outras hipóteses.

Já no Código Civil em vigor, a divisão envolve as obrigações provindas, em parte como ao do regime anterior, de acordos de vontade (contratos), dos atos unilaterais (promessa de recompensa, gestão de negócio, pagamento indevido, enriquecimento sem causa, títulos de crédito), e de atos ilícitos (responsabilidade civil e indenizações por acidentes ou qualquer tipo de delito).

O Código Civil disciplina especificadamente cada obrigação decorrente, dentre outras causas, dos contratos, dos atos unilaterais, e mais genericamente quanto dos atos ilícitos.

Já quanto ao Código de Processo Civil, oferece meios para o cumprimento das obrigações, ao prever ordenamentos visando a execução de entrega de coisa certa e de coisa incerta, a execução de obrigação de fazer e de não fazer, e a execução por quantia certa contra devedor solvente e contra devedor insolvente, sendo que, no CPC/2015, na forma de seu art. 1.052, até a edição de lei específica, as execuções contra devedor insolvente, em curso ou que venham a ser propostas, permanecem reguladas pelo CPC da Lei nº 5.869/1973 (Livro II, Título IV).

IV
Obrigações Naturais

4.1. CONCEITO

Parece pacífico que um dos assuntos mais discutidos, especialmente pelas correntes espiritualistas dos doutrinadores, refere-se às obrigações naturais.

Podem envolver, as obrigações em geral, um conteúdo de cunho material (entrega de um valor apreciável economicamente) ou de cunho mais espiritual (omitir-se de praticar uma conduta), mas sempre estando presente uma intensidade de vínculo amparado na legislação. Somente através do sistema legal protegendo o direito tornarse-á efetiva a prestação do devedor. Sem um apoio legal nada sustenta a pretensão de uma pessoa contra a outra. Tratando um contrato de um objeto ou conteúdo sem qualquer enlace jurídico, ou fora da lei, embora não vedado, como no caso de alguém simplesmente se comprometer a dar assistência econômica a um pobre, a possível exigibilidade da conduta encontra entrave na ausência de um ditame legal. Terá a parte de alegar algum amparo jurídico para exigir o cumprimento. Se não o encontrar, diz-se que a obrigação é natural.

Com isto, vê-se que a pessoa, para exigir, só pode trilhar pelo mundo jurídico, isto é, as obrigações devem enquadrar-se num tipo ou figura que veio da criação jurídica. Por outras palavras, descortinam-se exigíveis as condutas com lastro em disposições legais, ou que se enquadrem no direito positivo vigente. Não tendo este suporte, falta a possibilidade da imposição coercitiva.

Há uma grande quantidade de obrigações que são exigíveis pelo fato da vida, ou pela convivência social. Nesta ordem, o dever de cumprimentar os conhecidos, de mostrar-se atencioso, de se dirigir cordialmente aos que o cercam, de reparar uma injustiça que não chegou ao conhecimento dos tribunais, de falar educadamente, de conduzir-se civilizadamente, além de infindáveis outros tipos. Advêm estas exigências de impulsos morais, ditados pela consciência. Conceituam-se como exigibilidades de condutas ou comportamentos sem responsabilidade, eis que nada se permite, em princípio, exigir caso não cumpridas. Formam as obrigações insuscetíveis de serem reclamadas em juízo, mesmo que legitimamente admissíveis. Colocam-se no mesmo patamar dos deveres sociais e morais, a quem a lei não concede proteção por via de ação judicial. Não encerram, em geral, conteúdo patrimonial, nem comportam a exigibilidade judicial. Uma vez satisfeitas tais obrigações, porém, podem avolumar o patrimônio. Explica Carlos Alberto Bittar: "São, em verdade, deveres morais ou sociais, ou outros a que a lei não concede ação, excluindo, no entanto, a repetição, quando pagos espontaneamente – na fórmula do Código Civil italiano – oriundos de negócios nulos por defeitos de forma, ou de obrigações de que o devedor, por erro judicial, ou por ausência de prova, se viu desvinculado em juízo, ao lado das figuras mais comuns das dívidas de jogo, das prescritas e das não convencionadas. Entendem-se, pois, como deveres providos de conteúdo patrimonial, não suscetíveis de exigência judicial, mas de legítimo ingresso no patrimônio do credor quando saldados (como os deveres de remunerar serviços inestimáveis; o de dar gorjetas, o de solver indenização não cobrável judicialmente)".[1]

Daí se afirmar que a obrigação natural vem a ser a exigência de ordem social e moral, não regulada por lei, ou o comportamento imposto diante das conveniências de conduta pacífica entre os cidadãos, a fim de tornar mais fácil a convivência. Pode-se definir também como o conjunto de normas praticadas pela sociedade, que a dirige, mas não originadas as normas do Estado, e, assim, não constituindo leis, mas ditadas pela moral, pelo costume, pelo uso e por imposições para possibilitar a convivência. "Es una obligación desprovista de sanción", sintetizam Ambrosio Colin e H. Capitant, em que "el acreedor no puede perseguir el cumplimiento contra el deudor", concluem.[2] Nesta ordem, restringe-se a um dever de consciência, não podendo ser exigido o seu cumprimento. Se bem que os deveres impostos por lei também são deveres de consciência. A diferença está em que as obrigações naturais se restringem à esfera da consciência, sem qualquer sustentação numa ordem legal. Resta mais entendida a obrigação natural com a explicação de Serpa Lopes: "Conceito de *naturalis* indica todo aquele complexo de normas existentes na sociedade e que a governam, criadas, porém, não pelo Estado nem por ele reconhecidas, senão pela moral, pela honra, pelo costume e conveniências sociais".[3] Sérgio Carlos Covello, especialista na matéria, traz uma definição que resume as observações acima: "Consequentemente, a obrigação natural constitui, tanto quanto a obrigação civil, relação pré-constituída de crédito e débito que, por alguma razão de ordem legislativa, não se elevou ao nível das obrigações civis, ou, então, tendo sido obrigação civil, perdeu, por força de lei, sua exigibilidade".[4]

Como se verá mais adiante, apesar da omissão de qualquer disposição expressa a respeito, tanto no Código Civil anterior como no atual, as obrigações naturais são consideradas válidas desde que cumpridas, não podendo demandar, aquele que as satisfez, a restituição do que pagou.

4.2. CONCEPÇÃO NO DIREITO ROMANO

Desde o começo da história do homem sempre existiram as obrigações. O só fato da convivência ou da sociedade trouxe imposições ou restrições a que deviam se submeter os primitivos seres humanos. Tinham-se, nos tempos primevos, unicamente as obrigações naturais. As legislações apareceram quando se tornaram mais complexas as relações.

No direito romano é que foi sistematizada a distinção, embora não claramente, aparecendo o que se denominava *obligatio tantum naturalis*, ou a obrigação só natural. Impunha-se esta espécie perante as gentes, formando o *jus gentium*, o direito das gentes, ou dos *peregrini*, daqueles que vinham de fora, das terras conquistadas. Tal direito era aceito pelo direito civil, mas que dele se distinguia. Ocupava uma posição própria, tanto que as pessoas de fora, ou que não eram cidadãs romanas, e até os filhos e os escravos, não podiam assumir obrigações civis, mas unicamente as naturais, com o que se restringia

---

[1] *Curso de Direito Civil*, ob. cit., vol. 1, p. 327.
[2] *Curso Elemental de Derecho Civil*, 3ª ed., Madrid, Instituto Editorial Reus, 1951, t. 3, p. 112.
[3] *Curso de Direito Civil*, ob. cit., p. 41.
[4] *A Obrigação Natural*, São Paulo, Liv. e Ed. Universitária de Direito Ltda. – LEUD, 1996, pp. 76 e 77.

o próprio direito do credor, que não tinha a proteção de todas as ações para reivindicar os seus direitos. Mas, uma vez paga uma pessoa em decorrência de uma obrigação natural, podia ela reter o valor recebido, através do oferecimento da exceção de que não agira com dolo.

O *jus civile* abrangia o direito dos cidadãos, isto é, dos *cives* ou os nascidos em Roma. Transparece, aí, a *capitis diminutio* do *jus naturalis*, que era sobretudo o *jus gentium*.

Mesmo, porém, no período clássico, foi, em algumas situações, tomando feição de direito civil a obrigação natural, assegurando-se ao credor a ação correspondente para exigir o cumprimento. Isto em vários casos, nos quais era garantida a ação para obrigar o devedor, com o que nasciam efeitos jurídicos semelhantemente às obrigações previstas em leis, como as destacadas nas Institutas. Incluíam-se entre estas espécies as obrigações dos escravos para com os patrões, ou de uns para outros; as decorrentes do vínculo de pátrio poder, ou aquelas que uniam o pai e o filho, e os próprios filhos entre si; as que envolviam as relações do adotado e do adotante; as que nasciam dos atos praticados pelo tutelado sem a assistência ou a própria representação do tutor; os compromissos contraídos pelo filho, quando ainda dependente do *pater*, além de outras situações. Colocavam-se dúvidas quanto ao cumprimento em certos casos, mormente nas imposições emanadas de uma sentença injusta, ou contrária à prova, ou quando já prescritas e assim ordenadas. Pelo direito natural, não se impunha o cumprimento.

E todas as obrigações admitidas pelo bom senso, ou pelo dever de consciência, que não encontravam suporte para a exigibilidade através de uma ação, eram denominadas *debita*, ou *debita natura*. Constituíam as obrigações *naturales tantum*, sem vínculo jurídico, e fundadas na *pietas* ou na *fides*.

Com o passar do tempo, a tendência foi equiparar a obrigação natural à civil, especialmente quando se fez sentir a influência do cristianismo, assegurando-se ações para o devido cumprimento daquela. Este movimento perdurou por algum tempo, perdendo força com o surgimento do Império Romano do Oriente. A partir de então se acentuou a separação entre uma e outra espécie, influindo nas legislações que foram surgindo e perdurando até os tempos atuais.

4.3. ESTRUTURA DA OBRIGAÇÃO NATURAL

Como se compõe ou se desenvolve a obrigação natural?

Há três fases no seu desencadeamento.

A primeira delas está na sua mentalização, ou na consciência daquilo que se pretende cumprir. Sente-se que se deve fazer algo porque tal acusa a moral e impele a consciência. É a ideia do certo e do errado.

Na segunda fase, opta a pessoa por cumprir aquilo que entende deva fazer. Realiza-se a obrigação natural, sabendo quem a cumpre que não o faz tanto por um impositivo legal, mas porque assim ordena a ideia do dever. Todavia, o ordenamento jurídico reconhece a validade do cumprimento voluntário, com o que não ampara a pretensão de se devolver ou o que se deu ou se fez.

Finalmente, pode a lei oferecer meios para garantir o cumprimento, ou assegurar ao credor manter o crédito ou o bem recebido. Uma vez satisfeita a obrigação, opera-se a tutela legal para dar garantia e manter o contemplado com o bem objeto da obrigação. Não se pode, em princípio, demandar a restituição daquilo que foi entregue ou dado.

4.4. NATUREZA DA OBRIGAÇÃO NATURAL

Para Caio Mário da Silva Pereira, "a obrigação natural é um *tertium genus*, entidade intermediária entre o mero dever de consciência e a obrigação juridicamente exigível, e por isso mesmo plantam-na alguns (Planiol, Ripert e Boulanger) a meio caminho entre a moral e o direito. É mais do que um dever moral, e menos do que uma obrigação civil. Ostenta elementos externos subjetivos e objetivos desta, e tem, às vezes, uma aparência do *iuris vinculum*. Pode revestir, até, a materialidade formal de um título ou instrumento. Mas falta-lhe o conteúdo, o elemento intrínseco; faltalhe o poder de exigibilidade, o que lhe esmaece o vínculo, desvirtuando-o de sua qualidade essencial, que é o poder de garantia".[5]

A meta é encontrar a natureza deste tipo de obrigação.

Parece uma redundância falar em *natureza* da obrigação *natural*, porquanto esta última palavra deriva da primeira, com o significado daquilo que brota espontaneamente, do próprio ser das coisas, sem uma culturização ou um dado acrescido pela cultura humana.

Mas há de se encontrar a razão de ser, o *substractum*, a sua essência.

Existem aqueles que fundamentam a natureza em um simples exigir moral, e mesmo daí emergindo um direito da coletividade ou de alguém em reclamar determinado padrão de conduta dos outros, ou de uns para com os outros. Entrementes, este direito está desacompanhado da ação para a tutela judicial, com a qual se conseguiria impor a conduta recomendada. Não se cria nesta exigência, portanto, uma relação jurídica, eis que ausente a exigibilidade através de coerção. Em face da falta de tal elemento, embora possa insinuar-se a presença de um débito de todos os indivíduos para adotarem posturas convenientes, faltando a ação para a exigibilidade, jamais poderá nascer a responsabilidade da rebeldia em adotar as condutas reclamadas. Estaria esta concepção mais próxima ou dentro da teoria clássica, a que se sobrepôs nas preferências dentre tantas que procuram entrar no âmago da obrigação natural, desta maneira sintetizada por Sérgio Carlos Covello, em sua memorável monografia sobre o assunto: "... a obrigação natural é obrigação civil desprovida de ação judicial". Transcreve o pensamento de Laurent: "Se a obrigação natural difere por sua essência do dever moral, é, pelo contrário, idêntica no fundo à obrigação civil, só se distinguindo desta por não possuir a ação. Isto resulta da própria norma legislativa que dispõe sobre as obrigações naturais e do nome que a lei dispensa às obrigações naturais".

Mais adiante, conclui: "Na obrigação natural há direito e, consequentemente, dever, mas não há a faculdade de exigir o adimplemento..., nem, também, perdas e danos pelo não cumprimento. Há débitos e não se manifesta a responsabilidade ou garantia.

O credor civil (titular de direito mais pretensão) pode receber o que lhe é devido e reclamar a prestação, caso esta esteja realizada, valendo-se não só da ação como de outros meios coativos, enquanto o credor natural (titular de direito desprovido de pretensão) pode, apenas, esperar e receber validamente o pagamento. Sua expectativa é válida e jurídica; válido e jurídico é o pagamento que ele receba, por isso que irretratável".[6]

Realmente, a obrigação natural não pode ser mencionada como obrigação civil (ainda que incompleta), pois não está fundada em um vínculo jurídico. Não se trata de verdadeira relação jurídica, pois tal relação, como sabemos, só é jurídica porque se encontra protegida pelo direito, ou seja, é vislumbrada pela lei, que disciplina sua formação, seu

---

[5] *Instituições de Direito Civil*, ob. cit., 2ª ed., vol. II, p. 32.
[6] *A Obrigação Natural*, ob. cit., pp. 80, 107 e 108.

desenvolvimento e seus efeitos. A obrigação natural não se encaixa na juridicidade das relações de direito, pois carece de garantia jurídica, ou seja, está submetida ao livre arbítrio do devedor, que pode cumpri-la ou não. O credor nada tem a fazer, senão esperar pelo cumprimento espontâneo da prestação, para, assim, retê-la a título de pagamento. A garantia jurídica chega "tarde demais", depois que a obrigação já está extinta, ou seja, após seu cumprimento. Assim, a *soluti retentio*, por si só, não dá fundamento para que se considere a obrigação natural como obrigação civil incompleta, sendo apenas uma forma de se conferir uma garantia mínima ao cumprimento de uma prestação que é considerada como verdadeiro débito, ainda que inexigível.

Chega-se a uma única solução: encontrar a essência da exigibilidade na moral, ou na consciência social, e, assim, mais remotamente, chega-se aos princípios que vingavam no direito romano, isto é, embasa-se a obrigação na *fides*, ou na *pietas*, e até na *caritas*, tudo situado em zonas limítrofes ou próximas ao direito. Uma vez realizada, no entanto, é válida e produz efeitos. Inclusive, nessa linha, as obrigações contraídas por liberalidade, como externa J. Nascimento Franco: "Portanto, nem a outorga de uma escritura pela qual o outorgante assume a obrigação de doar, ou de pagar, como se dívida fosse, determinada quantia a título de liberalidade, é suficiente para descaracterizar essa obrigação natural, transformando-a em obrigação civil, esta sim aparelhada, pelo direito positivo, de ação que assegura ao credor a obtenção do proveito pelas vias judiciárias".[7]

Na medida em que se aperfeiçoam os sistemas jurídicos, e mais se aprimoram o respeito e a crença no ser humano, vão sendo adotadas normas que em outros regimes jazem ainda no campo de meras obrigações da consciência ou da moral.

Nesta percepção da realidade humana, não resta dúvida quanto à importância da obrigação natural, que vai predominando na medida em que evoluem os comportamentos, de modo a se cumprir certas obrigações unicamente porque ofendem os reclamos da consciência, podendo levar alguém a simplesmente cumprir obrigações não impostas pela lei, como no caso de uma injusta absolvição em processo judicial.

4.5. DIREITO NATURAL E OBRIGAÇÃO NATURAL

Ambos se fundam na moral e na consciência das pessoas, não se oferecendo ao contemplado com um crédito qualquer remédio judicial para conseguir a sua execução ou cobrança.

O direito natural é que faz exsurgir a obrigação natural. Assim, o direito ao respeito leva a exigir dos vizinhos um tratamento comedido e educado. Mas trata-se de um direito que não pode resultar no constrangimento de outrem para alcançar-se a sua realização. Quem o respeita e porta-se de maneira a atendê-lo, o faz por mera cortesia, ou por dever moral. Em outro sentido, residindo um estrangeiro no Brasil, e aqui procurando invocar um direito no sistema jurídico de seu país admitido, como o de, em certo horário do expediente de trabalho, interromper a atividade e oferecer preces à sua divindade, não pode exigir que o empregador aceite impunemente tal lapso laboral, porquanto não previsto o direito em nossa legislação. Unicamente por mera questão de consciência, ou simples tolerância o superior permitirá o exercício daquele direito.

---

[7] *Inexigibilidade das Obrigações Naturais*. Em "Doutrinas Essenciais – Obrigações e Contratos". São Paulo: Thomson Reuters Revista dos Tribunais. Vol. I, 2ª tiragem, 2011, p. 833.

Igualmente quanto às obrigações militares ou eleitorais, embora a crença religiosa impeça a prática, falece o direito de sobrepor-se à legislação vigente.

Colocam-se tais direitos na esfera natural, e a obrigação decorrente para a sua satisfação também é natural. Jamais muda a obrigação de categoria, passando para civil.

Existindo, no entanto, controvérsias jurídicas sobre a interpretação do direito ou incidência de leis, não há que procurar a escusa no cumprimento de uma obrigação sob o argumento de que a mesma é natural. Nesta ordem, a questão dos juros livres relativamente às instituições que integram o Sistema Financeiro Nacional. Segundo muitos, quanto a estas instituições, não se disciplinavam os juros pela Lei da Usura (Decreto nº 22.626, de 1933) e não se disciplinam atualmente pelo Código Civil. Aos que defendem tal corrente, não se autorizava, sob a égide do Código anterior, invocar o argumento de que a limitação ao dobro da taxa legal, por não atingir aquelas instituições, ficaria na órbita do direito natural, e, assim, não integrando o direito positivo.

Na verdade, há muitas exigências ainda não reguladas pelo direito positivo, e, assim, estariam fora da órbita da proteção do Estado. No entanto, transparecendo que são justas e indispensáveis ao equilíbrio social do homem, impõem-se. Acontece que o direito natural precedeu o direito estabelecido em leis, e é subjacente a qualquer ordem que venha a se implantar. Nesta linha, tem força coativa, no dizer de Ilves José Miranda Guimarães: "Como constitui o direito natural uma exigência da razão, o mesmo também é obrigatório, quer sob o aspecto de constituir princípios teóricos disciplinadores do agir humano, como também deve praticamente ser obedecido por todos os homens em sua conduta".[8] Trata-se da primeira das leis, na pregação da Encíclica *Libertas Prestatissimum*, de Leão XIII: "Tal é a lei natural, primeira entre todas, a qual está escrita e gravada na mente de cada um dos homens, por ser a mesma razão humana mandando fazer o bem e vedando pecar. Mas estes mandatos da razão humana não podem ter a força de lei senão por ser a voz e intérprete de outra razão mais alta a que devem estar submetidos nosso entendimento e nossa liberdade". Em outro documento da Igreja Católica, já do Papa Pio XI, extraído da Encíclica *Mit Brennender Sorge*, de 1937, dirigida aos alemães para advertir contra o Nacional Socialismo que se expandia, advertia-se: "O direito natural é o mesmo que o direito da natureza, e como a natureza humana é a mesma em todos os homens, também o direito, derivado dela, é a única a todos os homens... As leis humanas que estão em oposição insolúvel com o direito natural padecem de vício original, que não se sana nem com opressões e nem com o aparato da força externa".

Do que decorrem imposições justamente em vista daqueles princípios que nascem com a natureza humana, e representam a não propriamente culturas, mas uma expansão ôntica da pessoa.

4.6. OBRIGAÇÃO NATURAL NO DIREITO BRASILEIRO

Há sistemas que regulam as obrigações naturais, como o do Uruguai e o da Argentina. Já em outros países, a legislação não as admite, e assim acontece na Espanha e em Portugal.

No direito brasileiro, em princípio a regulamentação é omissa. Considerando que se tipificam como obrigações aquelas que vêm acompanhadas de uma sanção efetiva, ou

---

[8] *Direito Natural – Visão Metafísica e Antropológica*, Rio de Janeiro, Forense Universitária, 1991, p. 212.

as que podem ser exigidas judicialmente, não há regulamentação sistematizada quanto àquelas cujo cumprimento fica na exclusiva vontade do devedor. Por mais que se procure encontrar uma regulamentação definida no Código Civil, nada há de efetivamente concreto e explícito.

Encontram-se alguns dispositivos que fazem referência aos efeitos da obrigação natural, mesmo que não mencionada como natural, mas assim se caracterizando pelo sentido. Nesta ordem, o art. 882, que expressa: "Não se pode repetir o que se pagou para solver dívida prescrita, ou cumprir obrigação juridicamente inexigível". Vê-se, aí, uma mera consequência de quem pagou por uma obrigação que não era mais exigível por lei. A pessoa satisfez por livre vontade uma obrigação passada, que não mais existia, segundo o dispositivo acima. Não se define, entrementes, o conteúdo da obrigação natural. Apenas se estabelecem efeitos, o que será matéria a ser examinada adiante.

Assim, o pagamento de obrigação natural é pagamento verdadeiro e o credor pode retê-lo. Então, se alguém paga dívida prescrita e depois se arrepende, não pode pedir o dinheiro de volta, pois o credor tem direito à retenção do pagamento. É que a obrigação natural não se afirma senão quando morre, ou seja, é com o pagamento e sua extinção que a obrigação natural vai existir para o direito, ensejando ao credor a *soluti retentio*.

O Código Civil de 1916, introduzido pela Lei nº 3.071, contemplava outra referência à obrigação natural, que vinha em seu art. 1.263, onde aparecia um pagamento a que não estava a parte obrigada: "O mutuário, que pagar juros não estipulados, não os poderá reaver, nem imputar no capital". Presumia-se que a pessoa pagou voluntariamente, ou porque assim quis. A matéria, porém, não se apresentava tão simples. Efetivamente, em todas as operações com instituições financeiras, os juros eram e continuam a ser fixados acima da taxa legal, dentro dos parâmetros delineados pelos arts. 591 e 406 do Código Civil. Existindo contratos padrões, sem a possibilidade de qualquer discussão para alterar os seus termos, não é possível ver em suas cláusulas a existência de voluntariedade ou liberdade na pactuação. No caso de serem normais, não se repetem, valendo a justificativa de Sérgio Carlos Covello: "Mas qual a fonte dessa obrigação natural, se os juros não foram contratados e o Código diz que não se presumem? A fonte só pode ser o dano: quem toma dinheiro emprestado a título gratuito causa um dano ao mutuante, máxime numa economia inflacionária. Destarte, o pagamento espontâneo dos interesses constitui indenização pelo uso do capital, conforme comenta Beviláqua: 'Ninguém é obrigado a pagar juros, se os não estipulou: mas se os pagar, entende-se que concordou em dar essa indenização ao mutuante pelo uso do seu capital'".[9]

Já no art. 814, relativamente a dívidas de jogo ou apostas, assinala-se: "As dívidas do jogo ou aposta não obrigam a pagamento; mas não se pode recobrar a quantia, que voluntariamente se pagou, salvo se foi ganha por dolo, ou se o perdente é menor ou interdito". Nota-se claramente que as dívidas de jogo e apostas não determinam o respectivo pagamento. De modo que não existe uma ação para o ganhador impor o pagamento do que ganhou. Entrementes, uma vez paga a dívida ou a aposta espontaneamente, não se autoriza a ação de repetição, ou ajuizada para que seja restituído o valor entregue.

O STJ foi mais longe. Considerando feito o pagamento pela entrega de cheque, no REsp. nº 822.922/SP, da Terceira Turma, j. em 06.03.2008, *DJe* de 1º.08.2008, assegurou a viabilidade de sua cobrança: "Dívidas de jogo ou de aposta constituem obrigações naturais. Embora sejam incabíveis, é lícito ao devedor pagá-las. Se o pagamento é realizado por

---

[9] *A Obrigação Natural*, ob. cit., p. 124.

meio de cheques sem provisão de fundos, admite-se o manejo de ação de locupletamento para cobrá-los, sem que se esbarre na proibição de cobrança de dívida de jogo". O fundamento, um tanto simples, levou em conta que não se tratava de uma cobrança de dívida de jogo, e sim de um cheque.

Por outro lado, o art. 564, inc. III, também do Código Civil, quanto às doações, mais explicitamente dando validade à obrigação natural, encerra: "Não se revogam por ingratidão: ... III – as que se fizerem em cumprimento de obrigação natural". Nesta previsão, havendo uma doação para compensar o atendimento desprendido e generoso concedido ao doador, não cabe, posteriormente, a revogação.

Encontra-se, no art. 191, mais uma regra que envolve a obrigação natural, e concernente à renúncia da prescrição: "A renúncia da prescrição pode ser expressa ou tácita, e só valerá, sendo feita, sem prejuízo de terceiro, depois que a prescrição se consumar; tácita é a renúncia quando se presume de fatos do interessado, incompatíveis com a prescrição". Porque entende que deve, prefere o obrigado a renúncia da prescrição, embora inexista lei que a tanto obrigue. Uma vez manifestada a renúncia, não se permite invocar a prescrição, no caso de ser exigido o pagamento de uma dívida.

No pertinente à compensação, sabe-se que, na dicção do art. 369, "efetua-se entre dívidas líquidas, vencidas e de coisas fungíveis". Mas, se, por um reclamo de consciência, o credor permite compensar uma dívida ainda não vencida, de modo algum se tolera, posteriormente, qualquer postulação judicial invalidando o acerto efetuado. Impor a compensação, todavia, impossível, conforme justificava Manoel Ignácio Carvalho de Mendonça: "Sendo a compensação um pagamento forçado, difícil é admitir que tenha ação para exigi-lo quem não a tem para tornar efetiva a prestação".[10]

Veja-se quanto à remissão de dívida – art. 386 –, verificada quando há a devolução voluntária do título da obrigação ao devedor, acarretando a desoneração deste último. Se tal aconteceu por mera liberalidade, ou por um impulso moral, é irrelevante ao direito, perfectibilizando-se o ato.

Como se observa dos dispositivos acima, o cumprimento e a transação deram-se por vontade exclusiva do devedor ou por condescendência do credor. Todavia, não permite a lei que, depois de efetuado o pagamento ou de renúncia do direito, possa haver repetição ou cobrança. Daí a perfeita conclusão de Washington de Barros Monteiro, perfeitamente aplicável ao direito atual, até porque mantido o sistema do Código de 1916: "A obrigação natural não constitui relação de direito, mas relação de fato. Todavia, é uma relação de fato *sui generis*, porque, mediante certas condições, como o pagamento espontâneo por parte do devedor, vem a ser atraída para a órbita jurídica, porém, para um único efeito, a *soluti retentio*. Em termos mais singelos, de acordo com o conceito de Andrea Torrente (*Manuale di Diritto Privato*, p. 298), obrigação natural é relação não jurídica, que adquire eficácia jurídica através do seu adimplemento".[11]

É que a obrigação natural tem seu fulcro no próprio ser humano, alçando-se em motivos superiores aos que determinaram o direito vigente em determinada época – motivos estes ditados por valores ou princípios que emanam da consciência. Uma vez satisfeita, no entanto, a lei reconhece a validade, ou a reveste de juridicidade, não autorizando o retorno ao estado anterior.

---

[10] *Doutrina e Prática das Obrigações*, ob. cit., 1938, t. I, p. 143.
[11] *Direito das Obrigações*, ob. cit., 1ª parte, p. 244.

Vale transcrever as razões desta concepção, escritas por Serpa Lopes: "A obrigação natural, tenha ela uma causa lícita ou ilícita, baseia-se nas exigências da regra moral. Apesar do direito positivo ter legitimado uma determinada situação jurídica em benefício do devedor, este pode, a despeito disso, encontrar-se em conflito com a sua própria consciência, e nada obsta a que, desprezando a mercê recebida da lei, realize a prestação a que se sente moralmente obrigado. Assim acontece, *v.g.*, se o indivíduo é liberado do débito pela prescrição do respectivo título creditório, ou se é beneficiado com a fulminação de nulidade do negócio jurídico de que seria devedor, se válido fosse. Além disso, a realização de uma obrigação natural constitui um ato intimamente ligado à vontade do devedor. É movimento partido do seu próprio 'eu', livre manifestação de sua consciência, embora exigindo igualmente a vontade menos necessária do *accipiens*.

Por ser um impulso eminentemente moral e de consciência, não podia ser ele indiferente ao direito positivo, que o ampara pela forma negativa com a recusa da *repetitio indebiti*. Também é ainda a regra moral a que influi naqueles casos em que a causa da obrigação é ilícita, como no jogo proibido. Há mesmo entre os criminosos um certo código de honra, que timbram em obedecer. Mas, quando assim não aconteça, a própria moral repele a possibilidade de se discutir *repetitio indebiti*, pelo princípio *nemo propriam turpitudinem auditur*".[12]

4.7. EFEITOS CIVIS

De tudo o que foi visto, se depreende que o Código Civil em vigor, e assim ocorreu com o anterior, não ignorou de todo a obrigação natural, já que reconheceu, quando satisfeita, os efeitos jurídicos.

Como princípio básico que se pode, pois, extrair, afirma-se que os pagamentos efetuados, embora não obrigada a parte pela lei vigente, são válidos e irão perdurar, não cabendo a restituição, a menos que algum vício de vontade tenha determinado a satisfação. Desde que presente a espontaneidade, ou a voluntariedade do ato, não se autoriza questionar a respeito de assuntos como o empobrecimento ou o enriquecimento, especialmente porque, em última instância, o que se pagou ou se cumpriu o foi para evitar uma vantagem moralmente considerada indevida. Certo que existia um motivo legal para justificar a abstenção em pagar, mas preferiu, o devedor, livremente atender um reclamo de sua consciência, nascido da noção de dever moral ou ético.

Dos mesmos primados acima decorre que as concessões feitas por um dos contratantes, como de admitir a compensação que, a rigor, seria incabível, ou de remissão de dívidas, consideram-se válidas, tornando-se irrenunciáveis. Não pode o direito ignorar o livre querer da pessoa, que transige em seus direitos, e prefere expandir sua generosidade em atos concretos. Nesta ótica, para infundir segurança às relações que se desenvolvem, impõe a lógica que se garantam os atos efetuados no passado, impedindo a posterior desconstituição, que pode ser pretendida justamente em vista da falibilidade dos propósitos dos seres humanos.

Indo-se além, em campos não regulamentados expressamente, assinala-se que em inúmeros contratos não autorizados por lei, ou celebrados à sua margem, mas verificados e cumpridos, perduram os efeitos produzidos. Não é incomum o pagamento de prestação

---

[12] *Curso de Direito Civil*, ob. cit., vol. II, p. 46.

de serviços realizados por pessoa não habilitada profissionalmente, como na intermediação ou corretagem, ou na consulta médica dada por alguém, sem que possua a habilitação legal. Haveria o exercício ilegal de uma profissão. Todavia, se alcançou a pessoa interessada um resultado favorável, e se estava ciente da incapacidade legal para a atividade prestada, não cabe procurar a devolução de eventual pagamento feito. Presume-se que preferiu moralmente retribuir o benefício recebido. Em outro caso, vivendo alguém de aplicações de dinheiro, e auferindo lucros, embora atendo-se aos juros permitidos pela lei, em até doze por cento ao ano (Decreto nº 22.626, de 1933, quando da vigência do Código de 1916, e art. 591 do Código Civil de 2002, a partir de sua entrada em vigor), uma vez satisfeitos não cabe a restituição, posto que se presume que preferiu, o tomador do empréstimo, atender o anseio moral de cumprir o combinado. Acontece que o pagamento equivale a uma decisão da pessoa quanto ao reconhecimento tácito da dívida e confirmação da obrigação, na lição de Sérgio Carlos Covello: "Por ele, o devedor abre mão de alegar a ausência de responsabilidade, o que evidencia a efetividade da obrigação. Daí o caráter irrevogável do pagamento da obrigação natural que, neste aspecto, não difere do pagamento da obrigação civil: o *solvens* libera-se do vínculo, e o *accipiens* adquire o direito de não devolver o que lhe foi pago".[13]

O pagamento voluntário corresponde à execução voluntária, que tem valor, mas não sendo permitida a forçada. Melhor expõe Beudant: "Os efeitos das obrigações naturais estão todos em germe na fórmula dada: a obrigação natural é passível de execução voluntária, mas não é suscetível de execução forçada. Portanto, os efeitos da obrigação civil que dizem respeito exclusivamente à execução forçada são estranhos à obrigação natural, ao mesmo tempo que produz os efeitos da obrigação civil que dizem respeito à execução voluntária".[14]

Nesta linha pragmática de situações fáticas, pagando alguém alimentos a um parente que não teria direito, como a um sobrinho, presume-se que o fez voluntariamente. Em vista da necessidade do parente, resolveu o tio socorrê-lo, e dar-lhe a devida assistência. Atendeu a um ditame da consciência, não se reconhecendo qualquer direito à restituição. Numa outra hipótese, lembra-se de quem tenta constranger uma pessoa com a ameaça de denúncia policial. Entregando, a pessoa ameaçada, certa importância para evitar a incriminação, não terá, depois, qualquer proteção legal para obter a restituição.

Nas promessas de gratificações ou recompensas por serviços prestados, embora não remuneráveis, e, assim, na assistência espiritual, uma vez cumprida, não cabe a *repititio indebiti*. A pessoa entendeu cabível a gratificação, resolvendo seguir os ditames de sua consciência.

Mais graves são as dúvidas nas hipóteses de ilícita a atividade ou o objeto do qual se fez o pagamento. Tal ocorre, *v.g.*, no pagamento de dívida por jogos ou apostas, ou por aquisição de objetos contrabandeados, ou até de substâncias entorpecentes. Era proibida a atividade, tanto que a infração traz penalizações de ordem corporal, como a prisão. Por restar clara a infração penal, se efetuado o pagamento do preço admite-se o pedido de restituição? A resposta é negativa, eis que ambas as partes tinham conhecimento

---

[13] *A Obrigação Natural*, ob. cit., p. 145.
[14] "Les effets des obligations naturelles sont tous germe dans la formule donnée: l'obligation naturelle est susceptible d'exécution volontaire, mais elle n'est pas susceptible d'exécution forcée. Dès lors ceux des effets de l'obligation civile qui se rapportent exclusivement à l'exécution forcée sont étrangers à l'obligation naturelle, tandis qu'elle produit les effets de l'obligation civile Qui se rapportent à l'exécution volontaire" (*Cours de Droit Civil Français*, ob. cit., t. VIII, p. 501).

da ilicitude, ou da falta de tutela jurídica pelo ordenamento legal dominante. Ademais, ninguém pode invocar a própria torpeza para auferir vantagens. Tendo ocorrido o pagamento, subentende-se que este se fez em razão de ditames da consciência. Do contrário, importaria em legalizar ou proteger atividades ilícitas.

Serpa Lopes trata do assunto com precisão: "As obrigações naturais originárias de causa ilícita só uma espécie de efeitos produzem: a recusa da *repititio indebiti*, e a garantida da retenção do pagamento recebido (*soluti retentio*). Nesta segunda categoria, estão compreendidas, dentre outros casos, as dívidas de jogo ou de aposta. Na verdade, o art. 1.477, depois de recusar a ação para as dívidas de jogo, ou a aposta, no parágrafo único, estende os efeitos dessa denegação a qualquer contrato que encubra ou envolva reconhecimento, novação ou fiança de dívidas de jogo, fulminação esta de que somente escapa o terceiro de boa-fé".[15] Insta notar que o art. 1.477, acima invocado, equivale ao art. 814 do Código em vigor.

---

[15] *Curso de Direito Civil*, ob. cit., vol. II, p. 49.

V
Obrigações Reais

5.1. CONCEITUAÇÃO

Como transparece do título acima, trata-se de obrigação oriunda de direitos reais, ou de direitos sobre coisas. O sujeito da obrigação vincula-se à satisfação da prestação a favor de outrem, relativa a coisas. Existem obrigações que consistem na entrega de bens materiais ou de direitos a eles relativos. Tal é o objeto do débito. Ou o dever de prestar para quem tem um direito real envolve a propriedade, ou a posse, ou uma servidão, dentre outras hipóteses.

Sabe-se que os direitos reais são concebidos como um *ius in re*, ou o direito sobre a coisa, segundo acontece na propriedade e na própria posse. Melhor explica Guilherme Alves Moreira: "O titular do direito real tem sobre as coisas do mundo externo um conjunto de poderes, que se revelam pela prática de atos que recaem sobre essas coisas, e as pretensões consistem no seu livre exercício perante todos. O objeto imediato dos direitos reais são os fatos que o sujeito ativo destes direitos pode praticar, e, como esses fatos incidem sobre as coisas, estas constituem o objeto mediato do direito real, sendo este o seu elemento característico".[1] Mas este direito não prescinde de um caminho, ou de outro passo, para ser realmente efetivo e completo, que é o de ter ou conquistar a coisa, com o que a pessoa de quem se exige o cumprimento é obrigada a entregar, tal sendo coagida pela reivindicatória ou pela ação possessória.

A relação obrigacional, neste campo, não se limita às pessoas entre as quais se trava um litígio, ou ao proprietário de um imóvel e seus vizinhos. Por seu caráter *erga omnes*, abrange a universalidade das pessoas, pois todos são obrigados a respeitar a propriedade alheia. Vê-se, aí, que a obrigação em razão da coisa, ou da propriedade, é geral e universal, dela ninguém se subtraindo. Carlos Alberto Bittar bem demonstra esta dimensão: "Corolários dos direitos reais são os deveres impostos à sociedade de respeito e de não turbação, negando-se, pois, a qualquer de seus membros, a possibilidade de deles aproveitar-se sem expressa autorização do titular. Existem independentemente de qualquer obrigação, concretizando-se no poder que o titular tem sobre a coisa".[2] Diferentemente isto dos direitos obrigacionais, que dimensionam vínculos pessoais entre os sujeitos da relação. Restringem-se os deveres decorrentes dos direitos às pessoas vinculadas.

---

[1] *Instituições do Direito Civil Português*, ob. cit., vol. II, p. 9.
[2] *Curso de Direito Civil*, ob. cit., vol. 1, p. 329.

A obrigação real vem da coisa. Tem em conta a vinculação de uma pessoa à propriedade e outros direitos especialmente a ela concernentes. Alguém é obrigado a atender um dever relativo a um bem. Capacita-se o titular do direito a exigir uma ação concernente à propriedade. Nesta ordem, pode reclamar a desocupação do imóvel, ou a respeitar uma passagem, a colocar marcos divisórios e construir tapumes entre as divisas. Inclusive na ação divisória, quando se estabelece a extinção do condomínio, impõe-se a cada um dos condôminos a arcar com as despesas correspondentes; ainda quanto ao condomínio, a suportar as despesas comuns relativas às partes comuns, como de água, limpeza e segurança.

Portanto, há obrigações oriundas das coisas, ou por causa da coisa, obrigações estas denominadas *propter rem*, cuja particularidade está, também, na lição de Antônio Junqueira de Azevedo, "justamente no fato de que, nelas, o devedor somente é determinado pela sua condição de titular da propriedade; mudando a coisa de dono, muda a obrigação de devedor. Por isso, também se chamam obrigações ambulatórias; *ambulant cum domino* ou, como seria possível dizer, *ambulant cum dominio*".[3]

Paulo Carneiro Maia exemplifica alguns tipos, em vista do Código Civil anterior: "Verdadeiras obrigações *propter rem* também são as que emanam dos arts. 556 a 558 do nosso Código Civil, os quais fixam as regras imperantes para as árvores limítrofes. Embora estejam essas plantadas no solo, que é direito real como propriedade 'oer se', quando situada na linha divisória, presume-se pertencerem em comum aos donos dos prédios confinantes. Isto faculta ao proprietário ou inquilino (neste segundo caso tem-se o exercício de direito pessoal resultante da locação e não da propriedade) fazer uso dela na força da meação, a despeito de existir quem sustente que ao locatário só assiste o direito de compelir seu senhorio a agir.

A coleta dos frutos caídos de árvore do terreno vizinho no solo de propriedade particular, o direito de cortar as raízes e ramos de árvores que ultrapassarem a extrema do prédio e invadirem o terreno alheio, constituem outras duas facetas de resguardo aos *jura vicinitatis*.

Também indiscutíveis obrigações *propter rem* as concernentes ao direito de passagem forçada previstas nos arts. 559 a 562 do Código Civil (...)".[4] Os citados arts. 556 a 558, 559 a 562, correspondem aos arts. 1.182 a 1.183, e 1.184 a 1.185, e ao art. 1.181, parágrafo único, do vigente Código.

Ademais, quanto às obrigações ambientais, de acordo com o Tema repetitivo 1.204, do STJ, firmando a seguinte tese: "As obrigações ambientais possuem natureza *propter rem*, sendo possível exigi-las, à escolha do credor, do proprietário ou possuidor atual, de qualquer dos anteriores, ou de ambos, ficando isento de responsabilidade o alienante cujo direito real tenha cessado antes da causação do dano, desde que para ele não tenha concorrido, direta ou indiretamente".[5]

É possível, com os elementos acima, estabelecer uma ideia: trata-se de uma obrigação que envolve um direito real, ou relativo a uma coisa, pela qual alguém deve entregar um bem, ou arcar com encargos relativos a coisas, ou cumprir atos impostos pelas coisas, como no caso de despesas condominiais.

---

[3] Restrições Convencionais de Loteamento – Obrigações *propter rem* e suas Condições de Persistência. *Revista dos Tribunais*, nº 741, p. 116.
[4] *Obrigações* propter rem. Em Doutrinas Essenciais – Obrigações e Contratos. Volume I, 2ª Tiragem. São Paulo: Thomson Reuters Revista dos Tribunais, 2011, p. 883.
[5] REsp 1.953.359/SP, da 1ª Seção, relatora Ministra Assusete Magalhães, publ. 26.09.2023.

5.2. DISTINÇÃO ENTRE OBRIGAÇÕES REAIS E PESSOAIS

Não se entrará a fundo nas controvérsias históricas que cercaram a distinção entre obrigações pessoais e obrigações reais, e martirizaram os doutrinadores, criando um verdadeiro emaranhado de teorias, sem levar a uma posição definida e conclusiva. Ressalta-se, no entanto, o pensamento de Rigaud, para quem a propriedade dos bens redunda em direito aos rendimentos desses bens, e, assim, demanda obrigações da coletividade em respeitar os bens. Numa dimensão sob um ângulo diferente, mas que leva ao mesmo sentido, o exercício de um ofício, ou a sua investidura, importa em um direito sobre os bens necessários para o mesmo ofício.

Desenvolveu-se a teoria através de outros civilistas, que passaram a distinguir entre o direito na coisa e o direito para a coisa. Quem se reveste do direito na coisa – *ius in re* –, passa para o direito à coisa – *ius ad rem* –, com o que se dá o aparecimento da obrigação da coletividade em não interferir na propriedade. Pode-se concluir que aos direitos reais corresponde a obrigação geral e negativa de não os prejudicar.

Há a teoria personalista, sem grande diferença do pensamento acima, e que, na verdade, pouco tem com a denominação. Repete a distinção que comumente se faz entre direitos pessoais e direitos reais; assim, entre obrigações pessoais e obrigações reais.

O direito pessoal ou de crédito decorre da obrigação que preexiste, ou se estabelece concomitantemente. Existe a relação firmada entre o sujeito ativo e o sujeito passivo – aquele pode exigir, o último deve cumprir. Já o direito real existe porque também há a obrigação real, mas esta obrigação tem como sujeito passivo a coletividade em geral. O direito é oponível *erga omnes*. Numa outra dimensão, a obrigação pessoal realiza-se na conduta de um indivíduo, ou dos indivíduos envolvidos no vínculo contratual, ou abrangidos pela lei, ou que incidiram no ato lesivo; a obrigação real, ao contrário, requer uma abstenção da generalidade das pessoas. Há mais uma diferenciação, consistente no objeto de ambas as obrigações: na pessoal, impõe-se um fato, como pagar, efetuar um trabalho, satisfazer uma garantia; na real, o objeto será a entrega de uma coisa, a restituição de um bem, ou o respeito à propriedade alheia.

Na verdade, inexiste uma diferenciação. Inútil o esforço desenvolvido com a exposição de teorias de todos os matizes, e que não trouxeram uma contribuição maior para o direito das obrigações. Não há diferenciação de obrigações decorrentes dos direitos de crédito e dos direitos reais. Sempre se situa o sujeito passivo numa posição de prestar um fato, ou de abster-se de uma conduta. Se o direito refere-se ao meio ambiente, os sujeitos passivos devem evitar a poluição, ou respeitar o silêncio noturno. Reconhecida a propriedade ou a posse, a coletividade coloca-se no polo passivo e sujeita-se a agir de modo a respeitar a propriedade ou a posse alheia. Em última instância, há sempre um "fazer", ou um "não fazer", seja decorrente de um direito de crédito, ou de um direito real.

O que diferencia uma espécie da outra é a relação ao objeto a que se refere a obrigação. Dizendo respeito a coisas as obrigações, podem ser consideradas reais ou *propter rem*. A natureza, no entanto, é sempre a mesma, embora a conduta exigida do sujeito passivo ora se dirija ao próprio indivíduo titular do crédito, ora ao bem ou à coisa que pertence a alguém. Bem claro revelava-se Lacerda de Almeida: "O direito real afeta a coisa direta e imediatamente sob todos ou sob certos respeitos; o direito pessoal, ao contrário, tendo por objeto atos ou prestações, pressupõe pessoa cujo ato ou prestação constitui esse mesmo objeto. Nesta ordem de relações, ao direito pessoal corresponde a obrigação, a qual em sua significação própria exprime umas vezes a relação que prende o sujeito passivo ao sujeito ativo do direito pessoal, outras vezes a situação jurídica de um deles, outras finalmente, e é o mais frequente, a posição jurídica do sujeito passivo".[6]

5.3. SUJEITO PASSIVO NA OBRIGAÇÃO REAL

Pensa-se, depois de tudo quanto foi dito, que nas relações contratuais sobre imóveis, ou sobre direitos reais, há o sujeito ativo, que é o titular do direito, e há o sujeito passivo, que é aquele que deve cumprir a obrigação. E como sujeito ativo está aquele que tem algum direito, como o proprietário, ou o usufrutuário, ou o dono do prédio dominante, dentre outras situações; já o sujeito passivo, de regra, e dentro do que pondera a doutrina, é indeterminado, significando que se constitui da universalidade das pessoas. Normalmente, a ação de caráter real dirige-se contra uma pessoa, ou contra pessoas especificadas, como sucede na ação reivindicatória. Todavia, existindo, *v.g.*, o direito de propriedade, ele prevalece perante todos os indivíduos, importando em uma obrigação passiva universal de respeitar a propriedade, sem possibilidade de invasão.

Segundo explica Darci Bessone, não existe, a rigor, um devedor individual. A generalidade das pessoas está obrigada a acatar a propriedade em nome do respectivo titular. O devedor individual surgirá "no momento em que se verificar a lesão no direito, pois o que há é uma obrigação passiva universal, uma obrigação de abstenção de todas as pessoas. Todas são obrigadas a se abster de qualquer ato sobre a coisa, em face do direito real. O devedor da obrigação será a totalidade das demais pessoas, excetuado, na humanidade, apenas o titular do direito, que seria o credor".[7]

De salientar que esta chamada obrigação universal constitui mais uma regra de conduta, semelhante a tantas outras, como a de portar-se segundo a lei, ou de não explorar o empregado. Não advém de um dever decorrente de uma relação bilateral. Mais especificamente, os sujeitos passivos são aqueles que se relacionam com alguém, em razão de um bem. Procurando-se fazer preponderar uma relação de domínio sobre uma coisa, como obrigados concretamente arrolam-se aqueles que participaram da relação contratual. Deles se requer a conduta dirigida especificamente no sentido de respeitar o negócio que envolveu o bem. Procura-se que prepondere uma relação de domínio sobre uma coisa, mas perante aqueles com os quais se conseguiu tal relação, e que são, portanto, os sujeitos passivos da obrigação.

Para se impor a conduta, mostra-se indispensável o registro do direito real, como se colhe da lição de Antônio Junqueira de Azevedo: "Essas obrigações, porém, para adquirirem o caráter *propter rem*, para não permanecerem na relação exclusiva de credor e devedor e, justamente, poderem vincular também os sucessores a título singular do devedor, devem, de alguma forma, passar através do registro de imóveis, às escrituras subsequentes. Hoje, com o registro inicial do loteamento, basta, depois, simplesmente, estipular, em cada escritura, que o comprador se obriga a respeitar as restrições do loteamento; não há necessidade de repetir, cláusula por cláusula, todas as restrições; do registro, consta o plano do loteamento".[8]

---

[6] *Obrigações*, ob. cit., pp. 6 e 7.
[7] *Direitos Reais*, São Paulo, Saraiva, 1988, p. 5.
[8] *Trabalho citado*, p. 116.

5.4. CARACTERÍSTICAS

Apresentam as obrigações reais peculiaridades próprias e especiais, embora, na origem, não passem de débitos, ou de comportamentos exigidos.

Em primeiro lugar, estas obrigações têm em conta sempre um bem, ou uma coisa. Estão vinculadas à propriedade e outros direitos reais, de onde nascem as determinações legais. Não significa que prescindem do contrato ou da lei. O contrato ou a lei determina as condutas, mas em vista da coisa ou dos direitos reais, que constituem o objeto em torno do qual gravitam as obrigações ordenadas pela lei ou pelo contrato. Em outros termos, em vista de um bem, acerca do qual convencionam as partes ou ordena a lei, devem ser observados certos comportamentos. Quanto às obrigações pessoais, reclamam-se mais comportamentos em vista dos direitos do próprio indivíduo, como o da inviolabilidade de sua honra.

Em segundo lugar, as obrigações reais se concretizam em torno da própria coisa. Nesta linha, quem está sujeito a respeitar a propriedade alheia deve ser coagido a devolver o bem, ou a restituí-lo se vencido o prazo do uso. A prestação é *in natura*. Já nas obrigações pessoais, a prestação efetua-se na indenização por perdas e danos, como nas reparações por acidentes de trânsito, em que o sujeito passivo infringiu a lei.

Outra característica está no tipo de obrigação mais preponderante. Exige-se, nas obrigações *propter rem*, que se abstenha, o indivíduo, de condutas perturbadoras ou esbulhadoras da propriedade ou da posse; igualmente, sobressai a determinação de entrega ou de dar. Em tal ordem, a obrigação de não invadir o imóvel de outrem, ou de restituir o uso do bem após o vencimento da convenção, como no usufruto. Contrapondo-se, as obrigações pessoais envolvem, sobretudo, um *facere*, como de construir, ou de prestar um serviço.

De modo geral, indo adiante, as obrigações reais estendem-se à coletividade: de todos os indivíduos reclama-se a abstenção em ofender a propriedade. Já quanto às obrigações pessoais, unicamente daquele que contratou se requer o cumprimento, como na compra e venda.

Pode-se afirmar, ainda, que as obrigações reais persistem ou perduram para sempre, isto é, mantêm-se enquanto há o direito. A servidão segue o bem, não se extinguindo a não ser pela prescrição em face do não uso. Daí manter-se pelo mesmo lapso de tempo a obrigação do proprietário do prédio serviente em não perturbar o uso. Já a obrigação pessoal se esgota com a realização, na maioria das vezes, de um único ato, como o de pagar a dívida. É possível que existam obrigações sucessivas, o que acontece nos contratos a serem cumpridos e executados ao longo do tempo. Mas, sendo divisíveis, cada uma se extingue com o simples ato de satisfação da respectiva prestação.

A pessoalidade das obrigações reais é outro destaque. Realmente, o próprio sujeito titular de uma quota condominial deve respeitar o direito de vizinhança, ou de não dar uso individual às partes comuns do imóvel. Quanto às obrigações de caráter pessoal, nada impede que terceiro as satisfaça, como nas indenizações por atos ilícitos, ou no pagamento de dívidas.

5.5. AÇÕES JUDICIAIS NA EXIGIBILIDADE DAS OBRIGAÇÕES REAIS

O direito real se circunscreve a dois elementos: de um lado, o sujeito ativo, titular do direito; de outro, a coisa, ou o próprio bem. Não há propriamente o sujeito passivo, eis que a coletividade, que deve respeitar o direito, considera-se um ente abstrato, não podendo ser demandada *in genere*. Unicamente quando vulnerado o direito, ou tornar-se necessário o seu reconhecimento, exterioriza-se concretamente o sujeito passivo, contra o qual se acionará a reclamação. Surgem, então, objetivamente três elementos: o titular do direito, o objeto que se procura reaver ou restaurar, e o sujeito passivo, contra quem é encaminhada a lide.

Em geral, as ações previstas no ordenamento jurídico para o cumprimento das obrigações relativas a um bem são as petitórias, como a reivindicatória, a de imissão de posse, a de sequela; e as declaratórias, e assim a demarcatória, a divisória, a ação para exercer o direito de preferência, e a de reconhecimento de domínio, esta dirigida *generaliter*, ou contra a generalidade das pessoas.

As ações intentadas para o cumprimento das obrigações pessoais se restringem exclusivamente entre o credor e o devedor, visando o ressarcimento, o cumprimento de prestações, a execução de compromissos.

VI

Obrigações de Dar ou Entregar Coisa Certa

6.1. CARACTERIZAÇÃO

Como a própria palavra está a indicar, a obrigação de dar compreende a entrega de coisa. Por ela, há o compromisso de entregar algo para alguém. Existe um vínculo jurídico através do qual se firmou o dever de fornecer ao credor um determinado bem, que tanto pode ser móvel como imóvel. Traz Clóvis a definição dada por Teixeira de Freitas, em seu "Esboço": "Obrigação de dar é aquela cuja prestação consiste na entrega de uma coisa móvel ou imóvel, seja para constituir um direito real, seja somente para facultar o uso, ou, ainda, a simples detenção, seja, finalmente, para restituí-la ao seu dono".[1]

Enquadra-se este tipo na classificação pelo objeto da obrigação, junto com a de "fazer" e "não fazer". Revela-se através de um fato positivo, executável pelo devedor, em favor do credor. Por ser prestação, não se confunde com os direitos patrimoniais, onde o objeto é a coisa. Assim, deve o prestador realizar o ato da "entrega", ou efetuar a tradição da coisa, que pode, no entanto, integrar ou fazer parte de um direito real. Efetivamente, ao se realizar uma venda, a tradição da coisa compreende o dar, ou a entrega, ou a transferência da posse. É o meio de constituir o direito real. Segundo exemplifica Caio Mário da Silva Pereira, tal acontece no penhor, onde se entrega a coisa que servirá de garantia; do mesmo modo no mútuo, havendo, aí, a entrega da coisa fungível, geralmente consistente em dinheiro; assim também na locação, onde se translada ou transfere a posse. Salienta o autor: "Na sua modalidade de restituição, ocorre a obrigação de dar em todos os casos em que o detentor deve recambiar ao dono a coisa móvel ou imóvel, temporariamente em seu poder, como se dá na devolução da coisa locada pelo locatário; de coisa apenhada pelo credor pignoratício etc."[2]

Das mais ocorrentes esta obrigação, verificável em todas as ocasiões da vida. Assim nas compras e vendas que diariamente se fazem em estabelecimentos comerciais, como lojas ou supermercados. O comprador efetua o ato de dar o dinheiro; o vendedor, a seu turno, entrega o produto com as especificações e exigências impostas pelas leis de comércio.

Não é difícil, pois, conceituar a obrigação de dar, originada de *praestare* do direito romano, e que se visualiza na entrega de coisa móvel ou imóvel, ato indispensável nas figuras contratuais da compra e venda, da troca, da locação, do depósito, do empréstimo, do comodato, dentre outras espécies.

---

[1] *Direito das Obrigações*, ob. cit., p. 60.
[2] *Instituições de Direito Civil*, ob. cit., 2ª ed., vol. II, p. 50.

6.2. A DEFINIÇÃO DE COISA CERTA

Por este tipo de obrigação, o devedor fica obrigado a entregar ou fornecer ao credor um bem determinado, especificado ou individuado. Assim, entregar a coisa na compra e venda; o uso na locação; o imóvel no arrendamento; o bem que servirá de garantia no penhor; o dinheiro no mútuo. Aduzia Washington de Barros Monteiro, em lição plenamente atual: "A coisa certa há de constar de um objeto preciso, que se possa distinguir, por característicos próprios, de outros da mesma espécie, a ser entregue pelo devedor ao credor, no tempo e modo devidos".[3] Cabe, pois, ao devedor, fornecer ao credor coisa certa, especificada, seja móvel ou imóvel; é ele obrigado a passar para o credor a coisa indicada no contrato, mesmo que se apresente menos valiosa que outra, posto que a vontade das partes se firmou sobre a constante no acerto de vontades, salientando Caio Mário da Silva Pereira: "O devedor não se desobriga com a entrega de coisa diversa, ainda que seja mais valiosa, porque o credor não é obrigado a recebê-la. Este princípio, que, segundo observa Tito Fulgêncio, se assemelha ao art. 242 do BGB, é uma disposição de valor essencialmente objetivo, a indicar que toda obrigação deve ser estritamente cumprida, qualquer que seja a sua natureza e a sua fonte".[4]

6.3. A TRADIÇÃO

Quem se obriga a dar coisa certa está autorizando o credor a exigir o cumprimento da obrigação. O devedor compromete-se a fornecer ao credor o bem especificado. A tradição é o elemento que compõe tal compromisso, posto que se constitui com a entrega de uma coisa móvel ou imóvel. A transferência efetiva dimensiona-se na compra e venda ou na doação. Já a concessão de uso revela as figuras do comodato ou do empréstimo. Em todas as espécies há a tradição, que se materializa como a transferência ou a passagem de uma coisa de um indivíduo para outro. Vem a calhar esta definição de Antônio Chaves: "Tradição é a trasladação do objeto de uma para outra pessoa, em cumprimento da obrigação de dar. Em relação às coisas móveis é, na definição de Clóvis Beviláqua, 'o ato em virtude do qual o direito pessoal, resultante do ato jurídico entre vivos, se transforma em real, e consiste na entrega da coisa a quem a adquiriu. Corresponde à transcrição na transferência de direitos reais sobre imóveis'".[5]

Só o contrato não basta para a efetiva transferência de um bem. Explica Sílvio Rodrigues que o ajuste faz o contratante "senhor de um direito de crédito, que lhe confere a prerrogativa de exigir a entrega da coisa comprada. Somente após tal entrega é que o comprador adquire a condição de proprietário".[6]

Há a transferência de uma coisa, que sai de uma pessoa e vai para outra. Mostra-se indispensável o elemento interior ou a vontade de transferir para validar ou concretizar o ato, salientando novamente Antônio Chaves: "Na verdade, se detenho um objeto, este tanto pode ser meu como de outrem. Se for de outrem, pode ter-me sido entregue em depósito, por empréstimo, para constituição de um dote, ou pode ser alugado. É necessário que o ato material da outorga da posse, na transferência da propriedade, seja

---

[3] *Curso de Direito Civil – Direito das Obrigações*, ob. cit., 1ª parte, p. 61.
[4] *Instituições de Direito Civil*, ob. cit., 2ª ed., vol. II, p. 50.
[5] *Tratado de Direito Civil*, ob. cit., vol. II, t. I, p. 59.
[6] *Direito Civil – Parte Geral das Obrigações*, ob. cit., vol. II, p. 32.

acompanhado de uma manifestação que deixa clara a intenção do vendedor de alienar e do comprador de adquirir o domínio, justamente a tradição, exigindo a intervenção concorde de ambas as partes".[7]

Nesta visão, compõem a tradição dois momentos: o primeiro consiste no acordo de vontades no sentido de transferir a propriedade; e o segundo realiza-se pela execução desse acordo, que é a entrega da coisa. Somente o título não basta para a transferência, impendendo se efetue a tradição efetiva.

Vê-se daí, pois, que a tradição é o elemento essencial da obrigação de dar. Opera-se o "dar" com a tradição, que se apresenta em três tipos:

a) A real, consistente na efetiva entrega da coisa, feita pelo próprio alienante ao adquirente.
b) A simbólica, consubstanciada não pela tradição real, mas por um ato que a represente, ou por um sinal ou instrumento, significativo do recebimento do bem. Assim, por exemplo, a entrega das chaves de um cofre, ou de uma peça onde se encontra o bem que é transferido ao comprador, ou de um veículo – tudo simbolizando a entrega da própria coisa objeto do contrato.
c) A ficta, se decorrente do constituto possessório, mas quando o vendedor continua na posse do imóvel, não, porém, em seu nome, e sim em nome do adquirente.

A tradição nem sempre importa em receber fisicamente o bem. Admite-se que este permaneça com o vendedor ou transmitente, mas à disposição do adquirente. Apenas se este incorrer em culpa responde pelos danos que advirão, como já se decidiu: "Ação ordinária. Venda de gado. Recebimento das reses pelo comprador. Responsabilidade pelos riscos. Falta de algumas cabeças quando da retirada dos animais da fazenda do vendedor. Ausência de culpa deste. Prejuízo que deve ser suportado pelo comprador (...) O comprador recebe o gado no momento em que o aparta, conta e marca. Deste instante para frente deixa o vendedor de ser responsável pelos riscos, ainda que os animais fiquem por alguns dias em sua propriedade. Entregue a coisa pelo vendedor, opera-se a tradição, e, a não ser que haja culpa deste, o dono da coisa é quem sofre o prejuízo se ela desaparecer".[8]

Há a entrega desde que escolhido o bem, separado dos demais, e afeiçoado ao adquirente, mesmo que se mantenha com o vendedor. Na expressão de Pontes de Miranda, "não há depósito, mas simples ato de relação e gentileza ou amizade, quando alguém guarda ou dá lugar para guardar objeto de outrem, sem, assim, o dever de custódia".[9]

Aduz Darcy Arruda Miranda que, "entregue a coisa pelo vendedor, opera-se a tradição, e, a não ser que haja culpa deste, o dono da coisa passa a ser o comprador, e quem sofre o prejuízo se ela perecer ou se deteriorar é sempre o dono – *res perit domino*. O mesmo acontece quando a coisa é posta à disposição do comprador".[10]

Dispõe o art. 1.267 do Código Civil: "A propriedade das coisas não se transfere pelos negócios jurídicos antes da tradição".

---

[7] *Tratado de Direito Civil*, ob. cit., vol. II, t. I, p. 59.
[8] *Revista dos Tribunais*, 640/179.
[9] *Tratado de Direito Privado*, 3ª ed., São Paulo, Ed. Revista dos Tribunais, 1984, vol. 42, pp. 329 e 330.
[10] *Anotações ao Código Civil Brasileiro*, São Paulo, Ed. Saraiva, 1986, vol. III, p. 225.

Está dito que o domínio se considera transferido com a realização do contrato e da efetivação da entrega. Firmado aquele, estabelecem-se direitos e obrigações. E, dentre as últimas, sobressai a de fazer a tradição. Ou seja, assume, o contratante, o dever de entregar. Não há o direito, de parte do adquirente, à coisa, ou um direito *ad rem*. Seu direito é de exigir do vendedor a entrega, de cumprir uma obrigação.

Contém o parágrafo único algumas exceções: subentende-se a tradição quando o transmitente continua a possuir pelo constituto possessório (há modificação do título pelo qual se exerce a posse, isto é, *v.g.*, a posse em razão de uma relação locatícia passa a ser exercida em virtude da aquisição); quando cede ao adquirente o direito à restituição da coisa, que se encontra em poder de terceiro; ou quando o adquirente já está na posse da coisa, por ocasião do negócio jurídico – situação esta definida como constituto possessório.

Especificava Carvalho Santos mais hipóteses que dispensam a tradição:

"a) Na abertura da sucessão legítima, ou testamentária aos herdeiros e legatários da coisa certa (...);
b) na celebração do casamento com relação a ambos os cônjuges;
c) por força dos pactos antenupciais, a contar da data do casamento, ao cônjuge adquirente...
d) no caso de contrato de sociedade de todos os bens, em que a transferência se opera com a assinatura do referido contrato, entendendo-se haver tradição tácita;
e) idem na sociedade particular, em que a transferência se opera com a simples aquisição dos bens comunicáveis".[11]

Se o contrato visa à entrega de coisa futura, não se opera a tradição quando do contrato, e nem o direito de propriedade passa para o adquirente, na observação de Demogue: "Consequentemente, se o contrato visa a transmissão de coisa futura, o direito de propriedade não é adquirido de imediato".[12]

6.4. ESTRUTURA DA OBRIGAÇÃO DE DAR

Há a exigibilidade de um tipo de ação: dar coisa certa. Não significa *doar*, ou fazer liberalidades. Envolve a entrega, ou a transferência, mas nem sempre com a finalidade de transmitir o domínio, ou de constituir um direito real. Pode-se entregar para outros objetivos, como para locação, para o usufruto, ou o simples uso, e até para o depósito. O significado de "dar", pois, é amplo, envolvendo as múltiplas dimensões que enseja o recebimento de bens.

De outro lado, o conteúdo restringe-se à órbita do direito pessoal, ou direito para a coisa – *ius ad rem* – não alcançando o direito real, ou o *ius in re*. Não se opera o *dar* no sentido de transferir a propriedade, mas no sentido de se "obrigar" a transferir, porquanto se está falando em direito obrigacional e não em direito real. Inserindo-se o conteúdo de "dar" na obrigação de transmitir, não há que falar em domínio, que, aliás, nem o possui o titular do direito. Numa compra e venda, coage-se a pessoa obri-

---

[11] *Código Civil Brasileiro Interpretado*, 10ª ed., Rio de Janeiro, Liv. Freitas Bastos, 1963, vol. VIII, p. 277.
[12] "Par suite si le contrat vise le transfert d'une chose future, le droit de propriété n'est pas acquis immédiatement" (*Traité des Obligations en Général*, ob. cit., vol. II, t. VI, p. 83).

gada a passar a escritura. Não se peticiona a entrega do bem, eis que inexiste, ainda, o domínio. Bem clara a distinção feita por Washington de Barros Monteiro: "Em tais condições, se o alienante não torna efetiva a obrigação assumida, deixando de entregar a *res certa* avençada, não pode o adquirente requerer-lhe a reivindicação. Falta-lhe o domínio e sem esse requisito substancial não pode vingar a ação para entrega da coisa vendida. Assiste-lhe, tão somente, o direito de mover ação de indenização, a fim de ser ressarcido dos prejuízos que sofreu com a inexecução da obrigação, nos termos do art. 1.056 do Código Civil".[13] O art. 1.056 mencionado equivale ao art. 389 do vigente Código Civil, em redação da Lei nº 14.905/2024, impondo que, no descumprimento da obrigação, deverá responder o devedor por perdas e danos, mais juros e atualização monetária segundo índices regularmente estabelecidos, e honorários de advogado. Quanto ao índice de atualização monetária, segundo o parágrafo único vindo com a citada lei, se não convencionado ou não previsto em lei, corresponderá à variação do Índice Nacional de Preços ao Consumidor Amplo (IPCA), apurado e divulgado pela Fundação Instituto Brasileiro de Geografia e Estatística (IBGE), ou do índice que vier a substituí-lo.

Especialmente na promessa de compra e venda transparece o caráter de obrigação. Uma vez adimplidas as prestações constitutivas do preço, e satisfeitos outros requisitos próprios da espécie, ingressará o promitente comprador com a ação para obrigar a transmitir a escritura pública. A ação petitória, para buscar a coisa, é cabível quando já existe a titularidade em favor do respectivo proprietário.

Conclui-se ser ínsito à natureza da obrigação de dar um crédito, e não um direito real. Não se visa com a ação de obrigação o recebimento da coisa, mas um comando que determina o sujeito passivo a entregar a coisa, a dar o bem. Uma vez não vindo ele a cumprir o ordenado, haverá uma disposição sentencial que substitui o ato a que fora condenado. A discussão fica na esfera do contrato, ou da lei, e não da tradição. Complementa Carlos Alberto Bittar: "A existência da obrigação de dar confere ao credor o direito de exigir o seu cumprimento, mesmo se negado pelo devedor (CPC, arts. 625 e segs.); transmuda-se aquela em perdas e danos, no entanto, quando impossível a execução (como no perecimento da coisa) ou isso envolver constrangimento físico do devedor (que não se aceita em nosso sistema)".[14]

A matéria tratada no citado art. 625 está compreendida no § 2º do art. 806 do CPC de 2015: "Do mandado de citação constará ordem para imissão na posse ou busca e apreensão, conforme se tratar de bem imóvel ou móvel, cujo cumprimento se dará de imediato, se o executado não satisfizer a obrigação no prazo que lhe foi designado".

A coisa que constitui objeto da obrigação de dar deve ser certa, determinada e individuada. Há de vir, no mínimo, bastante especificada de modo a ser identificada, porquanto se trata de obrigação de dar coisa certa. Nesta ordem, numa ação de indenização, virão referidos os danos a serem recompostos, dimensionando-se em que consistiram. Não é admissível que simplesmente se peça a indenização, sem uma razoável quantificação e sem identificar os danos que visa satisfazer.

Adverte, ainda, Serpa Lopes: "No tocante ao objeto da obrigação de dar, o devedor é obrigado a entregar a própria coisa indicada no contrato, em razão do que o credor

---

[13] *Curso de Direito Civil – Direito das Obrigações*, ob. cit., 1ª parte, p. 62.
[14] Ob. cit., vol. 1, p. 332.

de coisa certa não pode ser obrigado a receber outra ainda que mais valiosa (CC, art. 863)".[15] O art. 863 citado equivale ao art. 313 do atual Código.

Segue-se com a regra o princípio latino *nemo aliud pro alio invito creditore solvere potest*. Efetivamente, tendo as partes avençado sobre determinado objeto, ou sobre uma obrigação bem definida e contornada, resta atendido o objeto se envolver aquilo que foi acertado. Não cabe substituir o objeto de uma compra e venda, ou efetuar a entrega de um imóvel em condições inferiores ao acertado. Na averiguação da identidade do objeto, tem primordial importância a sua qualidade, de modo que, se um veículo foi adquirido, resta cumprido o contrato desde que não tenha defeitos o bem, e realize a finalidade que lhe é própria.

Numa outra dimensão, se fosse possível substituir a prestação, ao invés de pagar a quantia estipulada na avença, o devedor simplesmente devolveria a própria coisa cujo preço é cobrado. A consequência seria a inviabilização do comércio em si, gerando uma forte intranquilidade nas transações comerciais ou de fundo econômico. Daí, pois, que a dação em pagamento não se coloca como um direito do devedor, tornando-se indispensável o expresso consentimento do credor, como se colhe do art. 356, que reza: "O credor pode consentir em receber prestação diversa da que lhe é devida".

Nos financiamentos para a aquisição de bens, realizados especialmente por instituições bancárias, o pagamento será feito sempre em dinheiro. Incabível que se realize através da entrega da coisa dada em garantia, ou daquele adquirida, ou que foi produzida com o dinheiro emprestado. Seguindo-se os rigores da lei, e considerando que o combinado foi o pagamento em dinheiro, não há como alterar a forma de adimplemento.

Nesta ordem, não se arvora o devedor no direito de alterar a modalidade estabelecida para a satisfação do preço. Se combinado que se faria à vista o pagamento, assim há de ocorrer. Não pode o juiz acatar o pedido de pagamento em prestações, feito nos próprios autos de cobrança, situação comum de acontecer, quando se postula prazo para o adimplemento.

Sobre o assunto, encerra o art. 313: "O credor não é obrigado a receber prestação diversa da que lhe é devida, ainda que mais valiosa".

No âmbito de prestação certa, não se torna imprescindível, no entanto, que venham mencionados os acessórios. É claro que na aquisição de um automóvel está incluído tudo quanto lhe é acessório. Não se vá admitir, pois, que permitida a retirada do pneu estepe, ou do rádio, se o veículo, quando da negociação, possuía tais acessórios. Igualmente na compra e venda de um apartamento, se apresentado com aparelhos de refrigeração e calefação, a entrega envolve estas benfeitorias. A regra do art. 59 do estatuto civil de 1916 era clara: "Salvo disposição especial em contrário, a coisa acessória segue a principal". Ou, como diziam os romanos: *accessorium sequitur principale*. Pelo Código Civil em vigor, é possível o negócio separado ou distinto, mas desde que o acessório se constitua de frutos e produtos, nos termos de seu art. 95: "Apesar de ainda não separados do bem principal, os frutos e produtos podem ser objeto de negócio jurídico".

Realmente, nada impede que as partes excluam os acessórios, desde que a manifestação seja expressa. No caso de um prédio, não é incomum que sejam destacados os adornos suntuosos, ou as obras artísticas que estão incrustadas em aberturas e portas. Quem vende o imóvel, deve assegurar a total garantia quanto à sua liberação de dívidas

---

[15] *Curso de Direito Civil*, ob. cit., vol. II, p. 62.

e encargos, tal se verificando mediante a apresentação de negativas de débitos fiscais e de ações em juízo. Mas, por meio de cláusula específica, não se impede a dispensa da apresentação de negativas.

Está prevista a matéria no art. 233: "A obrigação de dar coisa certa abrange os acessórios dela embora não mencionados, salvo se o contrário resultar do título ou das circunstâncias do caso".

Na valiosa lição de Washington de Barros Monteiro, aplicável ao atual Código, os acessórios "não têm individualidade própria, e por isso desprovidos são de autonomia jurídica. Se alguém, por exemplo, vende determinado terreno com árvores frutíferas, inclui na obrigação de entregá-lo os frutos acaso pendentes. Se o credor cede a outrem o crédito, transfere-lhe também todas as ações, garantias, privilégios e documentos comprobatórios (art. 1.066). Quem aliena um imóvel, transmite simultaneamente, como acessório, o ônus do imposto (art. 677, parágrafo único), ressalvada a hipótese do art. 1.137, parágrafo único, além das servidões existentes e o direito de cobrar do inquilino aluguéis em atraso. Identicamente, estende-se aos acessórios da coisa e seus acrescidos o direito real de usufruto (art. 716)".[16] Os arts. 1.066 e 716, citados no texto, equivalem aos arts. 287 e 1.392 do vigente Código Civil, enquanto os arts. 677, parágrafo único, e 1.137, parágrafo único, não têm regras equivalentes, dado seu conteúdo de obrigação tributária.

Nesta visão, em toda compra e venda sempre fica resguardado o direito de evicção. O art. 447 não enseja dúvidas: "Nos contratos onerosos, o alienante responde pela evicção. Subsiste esta garantia ainda que a aquisição se tenha realizado em hasta pública". E isto se estende até em outros campos do direito civil, como na transmissão da posse, que se opera com o mesmo caráter, ou os vícios, qualidades e contingências que tinha antes, segundo o art. 1.203.

Cumpre, ainda, fazer um paralelo entre a obrigação de dar e a obrigação de entregar. Na prática, o sentido é idêntico, embora alguns tentem visualizar uma diferença de significado. Na obrigação de "dar", haveria a transferência do domínio ou da titularidade de uma coisa. Já na de "entregar", não se transfere a propriedade do bem, mas existe apenas uma transferência do uso, ou da posse, e sempre precariamente, ou por algum tempo.

O Código Civil não traça qualquer distinção. Os dois termos devem ser entendidos indistintamente, sem emprestar significados. Daí a irrelevância de palavras diferentes.

6.5. RELAÇÕES COM OUTROS TIPOS DE OBRIGAÇÕES

Como já se referiu, quase sempre há relações ou implicações na obrigação de dar com a de fazer e não fazer. Aliás, qualquer tipo envolve elementos de outro tipo. É difícil encontrar unicamente uma obrigação pura de determinada espécie. Existe a predominância de uma obrigação, sem prescindir, todavia, de elementos de outra. Nesta ordem, na compra e venda de coisa feita pelo vendedor, em que domina o caráter de dar, concomitantemente há o encargo de garantir pela coisa, respondendo o vendedor pelos vícios redibitórios e pela evicção. A coisa não pode padecer de vícios intrínsecos e ocultos, nem sofrer o perigo de outra alienação. Nota-se, aí, a existência de uma obrigação de fazer, consistente em construir um bem em condições de uso, e de não fazer, revelada na abstenção de alienações para outras pessoas. Demogue já ressaltava a interpenetração das

---

[16] *Curso de Direito Civil – Direito das Obrigações*, ob. cit., 1ª parte, pp. 66 e 67.

espécies: "Frequentemente, o mesmo contrato contém obrigações de dar e de fazer. Assim, o vendedor deve dar (transferir a propriedade), fazer (entregar) e não fazer (abster-se de incomodar o comprador)".[17]

De igual modo quanto à locação, em que a obrigação de dar o imóvel para o uso vem acompanhada das ações que se fizerem necessárias para garantir o dito uso, e revelada no afastamento de possíveis turbações de terceiros.

Na promessa de compra e venda, além da exigibilidade de entrega da coisa depois de satisfeitas as prestações, há o compromisso de outorgar a escritura definitiva. Na alienação fiduciária, o alienante dá o valor do bem, em sucessivas prestações, e assume a obrigação de não se desfazer dele.

Normalmente, nas vendas de bens eletrodomésticos, além da entrega dos utensílios ou aparelhos, acompanha o contrato o compromisso de fornecer assistência técnica.

6.6. PERDA DA COISA NA OBRIGAÇÃO DE DAR OU ENTREGAR

Quem está numa posição de dar ou entregar, ou de cumprir um dever, e assim de, v.g., transferir um bem, deve precaver-se de todas as maneiras possíveis para não perder o objeto da obrigação. Advertia Pothier que o devedor é obrigado "a tener un cuidado conveniente para la conservación de la cosa debida, hasta tanto que el pago se haya hecho; y si por falta de cuidado, la cosa pereciera, o se perdiera, o se deteriorara, vendría obligado al pago de daños y perjuicios que resultaran para el acreedor".[18] Cabe-lhe, pois, portar-se com zelo e conservar a coisa, ou tem o dever geral de prudência e diligência, defendendo a sua conservação inclusive contra ataques de terceiros, e agindo judicialmente caso for necessário. Na verdade, encontra-se numa posição de guarda, não no sentido de depositário com os efeitos decorrentes do depósito, mas de responsável pela sua existência e conservação.

Em primeiro lugar, obedece-se o que estabeleceram as partes, advertindo Jefferson Daibert: "O problema dos riscos envolve, necessariamente, em primeiro plano, o que estabeleceram as partes até que se efetive a tradição, quer a real quer a simbólica. Se nada foi estipulado, segundo o princípio da autonomia da vontade que prepondera no campo das obrigações, aplica-se o texto da lei, surgindo, daí, a solução de várias hipóteses quanto ao perecimento do objeto, antes da tradição, quer por culpa, quer sem culpa do *rebus debendi*".[19]

O Código Civil, para os efeitos da obrigação de dar, regula a perda com ou sem culpa do devedor. Os riscos decorrentes num ou noutro caso são diversos, importando em responsabilidades também diferentes. A boa ou má-fé determinará o tipo de consequências, no que pondera Caio Mário da Silva Pereira, lembrando que a disciplina da matéria coincide no antigo e no atual Código Civil: "O que maior atenção merece neste tipo obrigacional é a teoria dos riscos. A perda ou deterioração da coisa devida suscita um rol de princípios, que varia de um para outro caso, conforme esteja o devedor de boa ou má-fé, ou, mais exatamente, conforme tenha ou não concorrido para o dano ou

---

[17] "Fréquentement le même contrat contient à la fois des obligations de donner et de faire. Ainsi le vendeur doit donner (trnsférer la propreté), faire (livrer) et ne pas faire (s'abstenir de troubler l'acheteur)" (*Traité des Obligations en Général*, ob. cit., vol. II, t. VI, p. 77).
[18] *Tratado de las Obligaciones*, ob. cit., p. 83.
[19] *Das Obrigações*, ob. cit., p. 39.

o perecimento, com a sua malícia ou negligência. O conceito de perda, para o direito, é lato, e tanto abrange o seu desaparecimento total (*interitus rei*), quanto ainda o deixar de ter as suas qualidades essenciais, ou de se tornar indispensável, ou situar-se em lugar que se tornou inatingível, ou ainda de confundir-se com outra".[20]

É indispensável determinar as responsabilidades em cada situação.

Inicialmente, tem-se a primeira parte do art. 234, estabelecendo a disciplina para a perda sem culpa do devedor: "Se, no caso do artigo antecedente, a coisa se perder, sem culpa do devedor, antes da tradição, ou pendente a condição suspensiva, fica resolvida a obrigação para ambas as partes".

No caso do artigo antecedente prevê o dispositivo, isto é, no caso de obrigação de dar coisa certa.

Havendo a perda antes da tradição, ou da passagem da coisa do poder do devedor para o poder do credor, e sem culpa daquele, resolve-se o contrato para ambas as partes, ou seja, não decorrem responsabilidades. Ficando desconstituído o ato, ou o contrato, é como se nada houvesse sido estipulado. O obrigado arcará unicamente com os prejuízos da perda da coisa. Não suportará qualquer indenização pelo não uso do bem de parte do credor.

Mas, se recebeu o valor da obrigação? Caberá a restituição?

Obviamente, a resposta é afirmativa. Embora não chegado ainda o momento de dar, ou para a entrega, ao constar que fica resolvida a obrigação para ambas as partes, entende-se que deve haver o retorno ao estado anterior, ou considerar a situação como se não tivesse existido o negócio. Por aí se conclui que é inquestionável a restituição daquilo que foi percebido, e entregue a título de pagamento da prestação que seria procedida posteriormente. A doutrina de Carvalho Santos já evidenciava que está correta esta posição: "Diante dos termos claros da lei, a situação é esta: o credor da coisa não pode, uma vez que esta tenha perecido em consequência de um caso fortuito, exigir a execução da obrigação contratada em seu proveito, mesmo porque o devedor não deve mais nada: a execução em natureza, isto é, a entrega da coisa, porque impossível, em virtude de sua perda; a execução por equivalente pecuniário, porque a obrigação resolve-se para ambas as partes.

Mas, se o preço já tiver sido pago, será restituído, pois faltaria com a resolução da obrigação a justa causa do pagamento".[21]

Existia o compromisso de dar, mas, por circunstâncias alheias à vontade e à diligência do obrigado, desapareceu o bem, que foi, exemplificativamente, furtado, ou destruído por uma intempérie, ou num acidente de trânsito causado por culpa de motorista que não transportava. Ainda, em exemplo trazido por Sílvio Rodrigues, "alguém vendeu determinado animal que, antes da entrega, foi baleado e morto por desconhecido".[22] Aí nenhuma indenização importará a perda, numa aplicação da regra do art. 492: "Até o momento da tradição, os riscos da coisa correm por conta do vendedor, e os do preço por conta do comprador".

Não cabe a indenização, nas mesmas circunstâncias, se a perda acontece enquanto pender condição suspensiva. A condição suspensiva afasta a responsabilidade até que veri-

---

[20] *Instituições de Direito Civil*, ob. cit., 2ª ed., vol. II, p. 51.
[21] *Código Civil Brasileiro Interpretado*, 9ª ed., Liv. Freitas Bastos, 1964, vol. XI, p. 35.
[22] *Direito Civil – Parte Geral das Obrigações*, ob. cit., vol. II, p. 35.

ficada, nos termos do art. 125: "Subordinando-se a eficácia do negócio jurídico à condição suspensiva, enquanto esta se não verificar, não se terá adquirido o direito, a que ele visa". Nesta dimensão, dependendo a entrega de um prazo fixado, ou da confirmação dos dados cadastrais do comprador, ou da liberação de um empréstimo bancário, e desaparecendo a coisa, sem que tenha concorrido alguma conduta culposa do devedor, simplesmente fica resolvida a avença, sem a menor exigibilidade indenizatória pelos danos ocorrentes.

Todavia, se transferido o bem, ou a mercadoria, os riscos recaem na pessoa do adquirente, a menos que decorrentes os danos ou a perda de vício interno, ou vício redibitório. Na hipótese de se tratar de um veículo, advindo um defeito nas mãos do comprador, e incendiando-se o veículo, nada cabe reclamar contra o alienante. Mas causado o dano em vista de componentes do motor, ou de elementos internos outros, sendo de se esperar a sua durabilidade pelo tempo de uso que não traz o desgaste, há a responsabilidade. Presume-se que deva durar o bem enquanto não verificada a depreciação, ou a perda de consistência em vista da utilização.

E se o adquirente, ou credor, está em mora no recebimento da mercadoria? Parece que, aí, a perda ou desaparecimento sem culpa do vendedor importará em responsabilizar o comprador. Não se isenta ele de efetuar o pagamento, mas desde que constituído em mora, e colocada a coisa à sua disposição. Conclusão esta que se extrai do § 2º do art. 492: "Correrão também por conta do comprador os riscos das referidas coisas, se estiver em mora de as receber, quando postas à sua disposição no tempo, lugar e pelo modo ajustados".

Nota-se uma situação não incomum: um veículo é levado para reparos, numa oficina mecânica; ficando pronto, pagos os serviços, presume-se que poderá ficar no local até a sua retirada. Se houver demora em retirar, para eximir-se dos eventos danosos possíveis de ocorrerem, impõe-se a constituição em mora. Mas, no caso de constar na nota de serviços, ou de entrega, que o bem estará consertado num certo prazo, o entendimento é que já se opera a mora a partir da data constante no documento de entrega. Dispensa-se uma notificação comunicando que o bem se encontra à disposição do interessado, e que deve ser retirado em tantos dias.

Tudo isso, no entanto, se ausente a culpa do devedor, ou do obrigado a entregar, na perda.

Passa-se a analisar, agora, a existência de culpa do devedor, situação prevista na segunda parte do art. 234: "Se a perda resultar de culpa do devedor, responderá este pelo equivalente e mais perdas e danos".

Viu-se que no desaparecimento, ou perda, sem culpa do obrigado a dar, este arcará unicamente com o custo ou o valor do bem. Mas, se comprometido a dar, e vem a desaparecer incorrendo o devedor em culpa, cabe a indenização pela falta que lhe acarretar o bem, pelo menos até que conseguir outro do mesmo tipo. Se já efetuado o pagamento, a obrigação envolverá, naturalmente, a restituição do preço e a indenização pelos prejuízos que advierem. Num outro delineamento, abrangerá a responsabilidade, no caso, a entrega ao credor de quantia igual à que foi paga, somada da correspondente às perdas e danos. Assim, na perda de um instrumentário necessário à indústria, resolver-se-á a compra e venda com a restituição do valor e o ressarcimento pelo tempo em que ficou sem atividade a indústria – interregno que se medirá entre a data prevista para o cumprimento da obrigação e a que se estabelecer como necessária para a compra de outro instrumentário.

Quanto às perdas e danos, assim vêm explicitadas por Carvalho Santos: "a) O que o credor efetivamente perdeu, diminuição atual do patrimônio (*damnum emergens*), dano esse que é reparado com o pagamento do equivalente, de que fala o texto *supra*; b) o que o credor razoavelmente deixou de lucrar, diminuição potencial do patrimônio (*lucrum cessans*), que será arbitrado pelo juiz".[23]

6.7. DETERIORAÇÕES NA OBRIGAÇÃO DE DAR

Está aí outro assunto com várias implicações práticas, intimamente relacionado ao anterior, tanto que os princípios jurídicos aplicáveis são os mesmos.

Há uma obrigação de dar. Mas, enquanto não se opera o *dar*, processa-se a deterioração, ou a degradação, ou o estrago da coisa, perdendo ou diminuindo seu valor. Sem dúvida, dá-se a depreciação econômica.

Duas hipóteses ressaltam: quando não incide culpa, no sentido lato – culpa e dolo – do devedor, e quando incide a dita culpa.

Na primeira, não se atribui responsabilidade ao devedor. Assim estatui o art. 235: "Deteriorada a coisa, não sendo o devedor culpado, poderá o credor resolver a obrigação, ou aceitar a coisa, abatido de seu preço o valor que perdeu".

Ou seja, pela danificação, há alteração da identidade do que foi contratado, ou daquilo que se comprometeu a atender o devedor. No dizer de Carvalho Santos, "a deterioração é a perda parcial da coisa, isto é, verifica-se sempre que esta perde parcialmente suas qualidades essenciais ou sofre diminuição de seu valor econômico, diminuindo de valia como objeto de comércio".[24]

Em exemplos concretos, na compra e venda de cereais, há o aumento de umidade, restando com menor sabor o produto; no transporte de uma mercadoria, aparecem pequenos amassamentos, impondo a restauração pelo adquirente; no ensacamento de cimento, fica perfurado o recipiente, provocando a diminuição de aderência pelo contato com o ar.

Em todos esses acidentes, não se podendo atribuir culpa ao devedor das mercadorias, oferece-se ao credor uma das seguintes alternativas, na previsão do art. 235: ou considerar resolvida a obrigação, ou aceitar a coisa deteriorada, mas com diminuição do preço, na medida da depreciação apurada.

A escolha das opções oferecidas é da iniciativa do credor, não se podendo obrigá-lo a acatar aquela que convém ao devedor. É que, se prevista determinada coisa no contrato, foge ao princípio da comutatividade impor a aceitação de outra, ou da mesma com características qualitativas diferentes.

Na aferição da conduta, por menor que seja a culpa, em princípio incide a responsabilidade de indenizar pelas perdas e danos, além de assistir a opção por uma das alternativas acima. Mas há certas atividades em que não é possível evitar pequenos contratempos, como a perda de parcela mínima do produto, especialmente nos casos de transporte de grãos a granel. É normal a diminuição de um mínimo de qualidade ou sabor de certos produtos de gênero alimentício, quando deslocados de um ponto para outro, especialmente no que diz com os vinhos. Daí, pois, a necessidade de restar bem ressaltada e evidente a culpa, com a constatação de substancial alteração na qualidade do produto, para aceitar a indenização por perdas e danos.

---

[23] Ob. cit., vol. XI, p. 41.
[24] Ob. cit., vol. XI, p. 42.

Indo mais além, nos simples defeitos que surgem em produtos, como nos casos vistos, não se pode assegurar ao credor a opção pela resolução do negócio. Não raras vezes, a colocação de produtos à mostra nas lojas acarreta a perda de detalhes, ou mínimos arranhões. Autorizar a resolução por tais insignificâncias constitui um ônus exagerado, com injustiça para o vendedor.

Passa-se ao exame das deteriorações por culpa do devedor, nas obrigações de dar. Estando ele com o dever de dar, o bem ou a prestação se deteriora, por desídia, ou falta de cuidado, por quem está obrigado a entregar. A figura vem consignada no art. 236: "Sendo culpado o devedor, poderá o credor exigir o equivalente, ou aceitar a coisa no estado em que se acha, com direito a reclamar, em um ou em outro caso, indenização das perdas e danos".

É claro que a degradação se opera antes da tradição. Advêm estragos ou deteriorações por omissão de cuidados, zelo ou atenção especial que exigem as coisas.

Neste tipo de ocorrência, eis as possibilidades oferecidas ao credor: ou exigir o equivalente, no caso de faltar parte do produto; ou aceitar a coisa no estado em que se acha. Mas, em qualquer das situações, cabe a indenização por perdas e danos.

Antes, o que se entende por *equivalente*? Parece inquestionável que constitui o preço, ou o valor pago. Ou seja, corresponde ao pagamento, e, assim, pode o credor pedir a restituição do valor que satisfez. Não teria sentido admitir que seja o produto equivalente, pois a solução se compararia à da hipótese do art. 236, na qual inexiste a culpa. Nada impede, no entanto, que postule o titular do direito que se preste a obrigação contratada.

A entrega do valor equivalente depende de haver já o credor efetuado o pagamento.

Caso for de seu interesse, permite-se que fique com a coisa no estado em que se achar. Mesmo com as deteriorações que apresenta, é possível que interesse ao credor o recebimento, sem prejuízo das perdas e danos que a lei assegura.

De grande realce definir as perdas e danos.

Em primeiro lugar, equivalem à diferença verificada entre o valor da coisa existente quando da contratação e o valor daquela entregue. Para efeito de pleitear esta diferença, é evidente que optou, antes, em ficar com o bem. Assim, não se permite a postulação do direito se pediu o reembolso do equivalente que havia pago.

Em segundo lugar, em qualquer caso, assiste o direito das perdas e danos decorrentes do não recebimento da prestação, ou do recebimento com qualidades inferiores às contratadas, o que depende de prova da existência dos prejuízos. Se tiver sido resolvido o negócio, indeniza-se pelo tempo em que ficou sem o bem objeto da obrigação de dar, até adquirir outro que o tenha substituído, mas observado o lapso temporal que seria necessário para tanto. Caso verificado o recebimento, o montante das perdas e danos será avaliado em consonância com os prejuízos trazidos em face da aceitação do bem em condições e qualidades inferiores ao contratado.

6.8. MELHORAMENTOS E ACRESCIDOS DA COISA NA OBRIGAÇÃO DE DAR

Desde a efetivação do negócio até a tradição do bem ou o cumprimento do dever, não se apresenta incomum a ocorrência de melhoramentos e acréscimos na obrigação. Se tal ocorrer, ao devedor cabe tudo quanto adveio, e inclusive o aumento do preço. Não concordando o credor, ao devedor reserva a lei o direito de resolver o negócio. Possibilidades estas autorizadas pelo art. 237: "Até a tradição pertence ao devedor a coisa, com os seus melhoramentos e acrescidos, pelos quais poderá exigir aumento no preço; se o credor não anuir, poderá o devedor resolver a obrigação".

É que, antes de efetuada a tradição, a posse era exercida pelo devedor, que arcava com os custos ou encargos, e riscos.

Os melhoramentos significam valorizar, embelezar, facilitar, aumentar a utilidade, dar mais comodidade à coisa. Tais adendos ou benfeitorias são do devedor, facultando-lhe a lei a exigência do pagamento correspondente, e de certa forma não corretamente. Considera-se que o adquirente de um bem o comprou segundo as características e qualidades que tinha no momento do negócio. Posteriormente, se até a entrega o vendedor ergue benfeitorias, ou faz adornos por sua livre vontade, não poderá impor a complementação do preço, posto que a aquisição não se fez do imóvel modificado ou mais valorizado. Daí admitir a melhor exegese que os melhoramentos autorizadores da complementação do preço devem corresponder, no máximo, àqueles constituídos de benfeitorias necessárias e úteis, ou àqueles advindos de evento natural ou de fatos da natureza.

Já no tocante aos acrescidos, correspondem aos bens que aumentaram a coisa, que advieram, como as crias de animais, ou a junção de um pedaço de terra, que se desloca e se anexa a outro.

Anota Sílvio Rodrigues: "Da mesma maneira que o proprietário arca com os ônus derivados da deterioração, beneficia-se com os melhoramentos e acrescidos experimentados pela coisa. Assim, e o exemplo é clássico, se ao devedor cumpre entregar determinadas reses e uma delas, antes da tradição, dá cria, o produto a ele pertence, sendo-lhe possível, por essa razão, pleitear aumento no preço de venda".[25]

Quanto às acessões, ou obras produzidas pela atuação do homem, não é admissível autorizar a indenização, posto que não acertadas as obras correspondentes quando da celebração do negócio.

Ao devedor assiste, nos casos previstos, a exigibilidade da valorização ocorrida, sob pena de resolver-se o avençado. Tendo em vista o aumento do valor, mostra-se justa a pretensão de reajuste do preço, o que se justifica com base do princípio que não permite o enriquecimento injusto ou sem causa.

Da norma do mesmo art. 237 se extrai a não obrigatoriedade do credor em aceitar o aumento do preço. Mas, se tanto ocorrer, permite-se ao devedor resolver a obrigação, isto é, em não a cumprir. Por conseguinte, ficará sem efeito a contratação.

Ante esta faculdade atribuída ao devedor, impende que haja extrema prudência em se apreciar a matéria. É que se presta a graves injustiças, ou para impor o pagamento de acessórios acoplados a bens vendidos em uma data, e com previsão para entrega dias depois. Mormente no caso de veículos, embora o pedido feito refira determinadas características, quando da entrega aparecem particularidades que podem elevar o preço em quantia substancial.

Como se percebe, tal manobra não se encaixa no preceito do art. 237, pois os melhoramentos ou acrescidos devem advir de fato da natureza, ou enquadrar-se como benfeitorias necessárias ou, numa *ratio* liberal, úteis.

O parágrafo único disciplina a propriedade dos frutos percebidos e a dos pendentes: "Os frutos percebidos são do devedor, cabendo ao credor os pendentes".

---

[25] *Direito Civil – Parte Geral das Obrigações*, ob. cit., vol. II, p. 37.

Não há a menor dificuldade na aplicabilidade da regra, posto que natural pertencerem ao devedor os frutos enquanto com ele se mantém a posse, ou não se efetivar a tradição. No pertinente à extensão da expressão 'frutos percebidos', nela estão incluídos os produzidos naturalmente pelo bem, já colhidos; compreendem-se igualmente os industriais, feitos por obra do homem; os civis, advindos do uso do imóvel, como aluguéis. Mas nada impede que se determine o contrário, ou que, pela natureza dos frutos, como no caso de plantações ou culturas de cítricos, torna-se inaplicável a regra acima.

Não assiste a percepção antecipada dos frutos, ou quando ainda não maduros, ou ainda não tendo chegado o termo do pagamento, como no caso de aluguéis.

Já os frutos pendentes, ou para serem colhidos, desde o momento da tradição transferem-se para o credor, a quem cabe a propriedade, sem qualquer direito ao ressarcimento pelo devedor. Isto mesmo que se encontrem maduros ou aptos para serem colhidos. Todavia, no tocante aos que se venceram antes da tradição, e apenas não satisfeitos, como aluguéis de imóveis, ou juros no mútuo formalizado através de um título de crédito, a titularidade é do devedor.

6.9. OBRIGAÇÃO DE RESTITUIR

Embora dentro do mesmo assunto, não se identifica esta obrigação com a de dar, pois presume que já houve a entrega. Na verdade, parece acentuar-se mais o caráter de fazer.

Ressalta a diferença entre uma e outra espécie no aspecto de que a coisa se encontra legitimamente em poder do obrigado ou devedor, sendo, porém, de propriedade do credor, o qual tem um direito real sobre a mesma. Em se tratando de dar, a propriedade do bem é do devedor. Ele está obrigado a dar, ou a transferir. É devedor porque tem a obrigação de passá-la para quem é credor, ou seja, para quem está na expectativa de receber. Na obrigação de dar, melhor esclarecia Orosimbo Nonato, o credor "recebe coisa que não era sua para sobre ela constituir direito real ou simples uso", enquanto na de restituir, "o credor já era dono da coisa que se achava, por qualquer título (empréstimo, locação, depósito, etc.) em poder do devedor, que a restitui".[26]

Num primeiro momento, a coisa estava com o credor. Depois, por uma avença qualquer, foi passada ou entregue para o devedor, o qual usou da mesma, ou exerceu posse por um certo prazo, encontrando-se, após tal momento, na contingência de restituí-la ou devolvê-la. Exemplo típico está na locação. Entrega-se o imóvel para o locatário, que o ocupa e passa a ter a posse. Resta com o locador unicamente a posse indireta. Depois de atingido o termo do contrato, surge o dever de tornar o bem ao proprietário. Nesta mesma concatenação de atos, está o depósito, o penhor e até o comodato.

O Código Civil em vigor, como fazia o anterior diploma, em vários de seus dispositivos evidencia a obrigação de restituir, como se vê nos arts. 238 a 242, mas dizendo respeito aos efeitos quanto à sua perda ou perecimento antes da tradição. Não se disciplina, em si, a figura da restituição, eis que as hipóteses em que ocorre aparecem explicitamente indicadas ao longo do Código, e não em um setor determinado.

O art. 238 dispõe sobre a perda sem culpa do devedor: "Se a obrigação for de restituir coisa certa, e esta, sem culpa do devedor, se perder antes da tradição, sofrerá o credor a perda, e a obrigação se resolverá, ressalvados os seus direitos até o dia da perda".

---

[26] *Curso de Obrigações*, ob. cit., vol. I, p. 246.

Sem meias palavras, prevê o Código que o credor sofrerá sozinho a perda. Mas desde que ausente qualquer culpa de parte do devedor. Diferente é o tratamento na perda sem culpa do devedor, em se tratando de obrigação de dar: o credor e o devedor terão desconstituído o negócio e o devedor suportará os prejuízos. Sendo o devedor o proprietário, e não efetivada ainda a tradição, é coerente que ele suporte os danos pela perda. É o que está no art. 234: "Se, no caso do artigo antecedente, a coisa se perder, sem culpa do devedor, antes da tradição, ou pendente a condição suspensiva, fica resolvida a obrigação para ambas as partes". E em havendo culpa do devedor, segue a segunda parte do dispositivo, repetindo a segunda parte do art. 865 do Código anterior: "Se a perda resultar de culpa do devedor, responderá este pelo equivalente e mais as perdas e danos". Além de suportar os danos decorrentes da perda da coisa, arcará também com outras responsabilidades, isto é, com os demais prejuízos que advierem. A culpa equivale a um procedimento de má-fé, o que justifica que se suporte o prejuízo do valor da coisa e os danos emergentes, como as despesas que se fizeram necessárias para o uso de outro bem. Há um contrato onde se estabelece a obrigação de dar, a ser cumprida, *v.g.*, depois que iniciar a temporada de veraneio. Se o devedor desleixar na guarda e conservação do bem, responderá pelos danos que resultarem ao credor da obrigação. Também responderá se advier a época aprazada, e não cumprir o avençado. Mas, havendo a perda do bem em razão de um vendaval, ou acidente, o devedor da obrigação arcará unicamente com os prejuízos do valor da coisa, e não com aquilo que deixou de lucrar o credor, pois tipificada a hipótese da primeira parte do art. 234.

Na restituição, não sofre o devedor as consequências. A razão deste tratamento vinha dada por Antônio Chaves: "Verifica-se, aqui, critério diferente daquele que havia sido estabelecido pelo art. 865, mas a razão é clara: o objeto continua pertencendo ao proprietário. Quando temos obrigação de devolver uma coisa, esta coisa não é de nossa propriedade, mas de outrem: nas nossas mãos ou nas dele, ou de terceiro, pereceria em iguais condições; uma vez que não ocorreu culpa de nossa parte, o prejuízo deverá ser sofrido pelo seu titular".[27] Lembra-se que o citado art. 865 equivale ao art. 234 do vigente Código Civil.

No que se segue a velha máxima do direito romano: *res perit domino*.

E se verificada a culpa do devedor, na perda, em se cuidando de obrigação de restituir?

A solução é a mesma do art. 865, segunda parte: pagará ele o valor da coisa e também as perdas e danos. Assim estatui o art. 239: "Se a coisa se perder por culpa do devedor, responderá este pelo equivalente, mais perdas e danos". Numa situação que tipifica esta responsabilidade, reza o art. 1.995: "Se não se restituírem os bens sonegados, por já não os ter o sonegador em seu poder, pagará ele a importância dos valores que ocultou, mais as perdas e danos". Nota-se que a sonegação, ou ocultação dos bens, equivale a um procedimento errado, executado voluntariamente.

6.10. OBRIGAÇÃO DE RESTITUIR E DETERIORAÇÕES DA COISA

As deteriorações que ocorrerem com ela enquanto se opera o uso da coisa são da responsabilidade daquele que está com a mesma. E isto por um princípio lógico, eis que ocorridas durante o tempo da fruição ou do uso do bem. Ensina Maria Helena Diniz

---

[27] *Tratado de Direito Civil*, ob. cit., vol. II, t. I, p. 65.

que "o devedor deverá não só velar pela conservação da coisa certa que deve entregar ao credor (CC, art. 80, c/c o art. 870), mas também defendê-la contra terceiros, recorrendo, se for necessário, aos meios judiciais".[28] O referido art. 80 não constou na parte geral do Código Civil atual, por dizer respeito à indenização, e envolver matéria própria da responsabilidade civil, enquanto o art. 870 equivale ao vigente art. 239.

Há, porém, que se especificar as situações. Se a deterioração for consequência do uso normal, não se vislumbrará culpa do devedor. Ao credor caberá o recebimento no estado em que se entregar o bem. Com efeito, impossível que se permita o uso e se exija a permanência do estado em que se encontrava quando da entrega. O art. 240 assegura a possibilidade da entrega no estado em que se encontrava: "Se a coisa restituível se deteriorar sem culpa do devedor, recebê-la-á o credor, tal qual se ache, sem direito a indenização; se por culpa do devedor, observar-se-á o disposto no art. 239".

Novamente, excepciona-se, como se observou no item anterior, se houver responsabilidade nos estragos ou desvalorização: chama-se à responsabilidade o devedor, ou aquele que detinha a coisa. O art. 239 refere-se à perda da coisa por culpa do devedor: "Se a coisa se perder por culpa do devedor, responderá este pelo equivalente, mais perdas e danos".

O cânone trata da obrigação de dar. Aplica-se à obrigação de restituir se ocorrerem a perda ou deteriorações no curso do contrato que permite o uso. A responsabilidade exsurge sempre que procedeu com culpa ou dolo o devedor, que é aquele que está com o bem.

Nota-se, aqui, uma semelhança ou equivalência com a situação do art. 236.

Quem aluga um veículo tem a incumbência de bem conservá-lo. Colocando-o em via pública de grande movimento de marginais, que o danificam, mostra-se evidente que incorreu o locatário para as danificações, verificadas em riscamentos, batidas, furto de acessórios etc.

Veja-se, agora, um caso de ausência de culpa do devedor, isto é, do obrigado a restituir, narrado por Sílvio Rodrigues, que bem retrata a espécie: "Num contrato de empréstimo de coisa infungível, o comodatário deve devolver ao comodante, ao fim do prazo, o objeto emprestado. Ocorre, entretanto, que sem culpa daquele a coisa se danificou. Ora, o art. 240 ordena ao credor receber a coisa, sem direito à indenização, no estado em que se encontre. Portanto, sofre ele o prejuízo pela deterioração, visto não se poder indenizar. Mas, quem é o credor? O credor é o dono da coisa, ou seja, no exemplo figurado, o comodante. De conseguinte, também neste caso se verifica que o dono da coisa sofre o prejuízo".[29]

6.11. MELHORAMENTOS E ACRESCIDOS DAS COISAS VERIFICADOS QUANDO DA RESTITUIÇÃO

Outro aspecto de relevância refere-se aos melhoramentos, ou às valorizações dos bens, aferíveis quando da restituição. A rigor, dificilmente acontece tal quadro. Mas, em vários casos, é possível acontecer a valorização do bem, por adendos ou acréscimos feitos, especialmente em razão de benfeitorias que se aderiram.

Duas as situações que prevê o Código.

---

[28] *Curso de Direito Civil Brasileiro – Teoria Geral das Obrigações*, ob. cit., 2º vol., p. 84.
[29] *Direito Civil – Parte Geral das Obrigações*, ob. cit., vol. II, pp. 36 e 37.

A primeira, quando não exigiu despesas o melhoramento. Neste caso, nada pode reclamar de indenização o devedor. Realmente, encerra o art. 241: "Se, no caso do art. 238, sobrevier melhoramento ou aumento à coisa, sem despesa ou trabalho do devedor, lucrará o credor, desobrigado de indenização". Ao referir o art. 238, quer o dispositivo assentar a incidência no caso de restituição.

Hipótese ocorrível de valorização encontra-se nos arrendamentos. Havendo plantações de culturas duráveis, como de árvores frutíferas, ou bananais, ou cafezais, a valorização das terras não poderá importar em indenização, eis que o tipo de exploração impôs o cultivo que acresceu um valor ao bem. Da mesma forma, se o imóvel for empregado para a plantação de arroz, em que se exige o valetamento e aplainamento da terra. É da natureza do uso o beneficiamento introduzido. Tanto que, no caso de depósito, em situação análoga, expressa o art. 629: "O depositário é obrigado a ter na guarda e conservação da coisa depositada o cuidado e diligência que costuma com o que lhe pertence, bem como a restituí-la, com todos os frutos e acrescidos, quando lho exija o depositante".

Ressalta-se que diversa é a situação no caso de serem agregadas benfeitorias, que importaram até em alteração da qualidade do bem. Nesta eventualidade, exige-se a indenização, quando da restituição. Com efeito, prevê o art. 242: "Se para o melhoramento, ou aumento, empregou o devedor trabalho ou dispêndio, o caso se regulará pelas normas deste Código atinentes às benfeitorias realizadas pelo possuidor de boa-fé ou de má-fé".

As normas que cuidam das benfeitorias constam nos arts. 1.219 a 1.222 do Código Civil. Tais dispositivos tratam da indenização pelas benfeitorias necessárias e úteis implantadas no bem, cabendo, quanto às voluptuárias, se não forem pagas, levantá-las ou retirá-las, desde que não advenha prejuízo na integridade do mesmo bem. Caberá, inclusive, o direito de retenção, exercitável por meio de embargos próprios, na execução para a entrega da coisa – art. 1.219.

Isto se a posse for de boa-fé, ou seja, se não caracterizada pela precariedade, ou vício, ou se for injusta. A respeito, encerra o art. 1.220: "Ao possuidor de má-fé serão ressarcidas somente as benfeitorias necessárias; não lhe assiste o direito de retenção pela importância destas, nem o de levantar as voluptuárias". Em vista da má-fé do possuidor, justifica Orosimbo Nonato, "como punição de sua malícia, não poderá reclamar o ressarcimento das benfeitorias simplesmente úteis, falecendo-lhe, ainda, o *ius tollendi* quanto às voluptuárias".[30]

De modo que, na restituição de um imóvel arrendado para o pastoreio de gado, em que se levantaram cercas para evitar a saída, inteiramente cabível a indenização por tal acréscimo. Igualmente quando se abriram canais nas terras, ou se implantou um aqueduto, necessário para a irrigação, se a destinação do uso envolveu o plantio de arroz. Na hipótese, as benfeitorias caracterizam-se como necessárias, impondo-se sempre a indenização, tanto no exercício de boa ou má-fé da posse, com a diferença de que, na última, por ostentar-se denegrida pela má-fé, não assistir o direito de retenção.

Já nas obras que trazem um maior proveito da coisa, verificadas no aumento de compartimentos da casa, ou na cobertura de um local de passagem, a indenização restringe-se se presente a boa-fé.

---

[30] *Curso de Obrigações*, ob. cit., vol. I, p. 259.

As voluptuárias admitem a sua retirada, desde que não danifiquem o bem, unicamente na última situação, isto é, na posse desenvolvida com boa-fé. Exemplifica-se, como tal, a instalação de aparelhos de ar condicionado nas residências.

Há, nos casos de indenização por benfeitoria, a permissão legal da compensação com os danos. O credor pode opor ao pedido de ressarcimento o seu direito de cobrar-se pelos danos, conforme está no art. 1.221: "As benfeitorias compensam-se com os danos, e só obrigam ao ressarcimento, se ao tempo da evicção ainda existirem". Não há que se falar, aqui, em evicção, eis que se está restituindo o bem. Do conteúdo da regra, tem relevância unicamente a compensação, que se aferirá através de competente avaliação do valor das benfeitorias e dos prejuízos.

De outra parte, cabível a compensação tanto com as benfeitorias necessárias e úteis, se exercida de boa-fé a posse; se de má-fé, restringe-se tal direito às necessárias; quanto às voluptuárias, estão excluídas da pretensão – tudo por aplicação dos princípios que admitem a indenização de benfeitorias.

Finalmente, permite o art. 1.222 a opção, no caso de obrigação de indenizar, entre o valor atual e o custo do bem, cabendo a primeira alternativa se o possuidor for de boa-fé: "O reivindicante, obrigado a indenizar as benfeitorias ao possuidor de má-fé, tem o direito de optar entre o seu valor atual e o seu custo; ao possuidor de boa-fé indenizará pelo valor atual".

Como se percebe, quem procura receber a devolução do bem deve indenizar, em razão das benfeitorias. Mas, facultado se encontra para eleger o pagamento entre o valor atual das ditas benfeitorias e o seu custo. É que possível se alterar o valor, com o passar do tempo. Em princípio, a indenização deve corresponder ao montante gasto no pagamento das benfeitorias. Mesmo que aumentaram estas de valor, cabe a satisfação daquilo que se despendeu, e não pela avaliação atual, se o possuidor for de má-fé. Em contrapartida, nada impede que tenha diminuído o valor, não somente diante do uso com o passar do tempo, mas até em razão da inutilidade ou pouca serventia que passaram a ter. Neste caso, assiste ao credor optar, para o pagamento, o valor atual.

Se comprovada a boa-fé, ao possuidor é que se faculta a pretensão pelo valor atual, e se for isto de seu interesse.

Nota-se, pois, a série de controvérsias possíveis de aparecerem na simples pretensão de se indenizar as benfeitorias.

Há mais uma regra no tocante à restituição de coisa que teve melhoramentos, e que é relativa aos frutos percebidos. Prescreve o parágrafo único do art. 242: "Quanto aos frutos percebidos, observar-se-á, do mesmo modo, o disposto neste Código, acerca do possuidor de boa-fé ou de máfé". Cuida-se de matéria que vem abordada pormenorizadamente na parte do Código Civil que cuida dos efeitos da posse.

Denominam-se frutos as utilidades econômicas periodicamente produzidas pelo bem principal.

O art. 1.214 diz respeito aos frutos percebidos pelo possuidor de boa-fé, ou que exerce a posse com justo título: "O possuidor de boa-fé tem direito, enquanto ela durar, aos frutos percebidos". Nada, aliás, mais natural. Se existia a posse de boa-fé, ou presumindo o possuidor que nenhum vício maculava a sua posse, não poderá ser coagido a se desfazer dos resultados positivos advindos da exploração da coisa.

Já o parágrafo único trata dos frutos pendentes, que devem ser restituídos tão logo cessar a boa-fé: "Os frutos pendentes ao tempo em que cessar a boa-fé devem ser restituídos, depois de deduzidas as despesas da produção e custeio; devem ser também restituídos os frutos colhidos com antecipação".

Decorrido, pois, o prazo para a restituição da coisa, e tão prontamente caracterizada a mora, já se opera a posse precária. De igual modo, se resolvido o negócio antes do prazo, por alguma inadimplência, e não devolvida a *res*, surge a posse de má-fé. E assim acontecendo, os resultados esperados e a safra que se aguarda irão para o credor da coisa, deduzido, obviamente, o montante das despesas exigidas.

O art. 1.215 dispõe quanto aos frutos naturais e industriais: "Os frutos naturais e industriais reputam-se colhidos e percebidos, logo que são separados; os civis reputam-se percebidos dia por dia".

Naturais denominam-se os frutos quando originados da própria força orgânica da coisa; industriais são aqueles produzidos pelo bem principal através da participação do engenho humano, como as mercadorias provenientes de fábricas; já os civis correspondem aos constituídos de rendimentos resultantes da utilização do bem principal, como se dá com os aluguéis e os juros.

Em consonância com o art. 1.215, se considerados colhidos e percebidos logo que separados da coisa principal, ou da árvore, ou da terra, ou da indústria, pertencem a quem era titular do bem que os produziu quando foram colhidos ou percebidos.

O ato de separação determina o caráter de percebidos ou colhidos. Isto tanto por ação do próprio possuidor, como por evento meramente casual. Pode o possuidor consumir os frutos. Tornam-se seus desde o momento da separação. Faculta-se que os consuma, ou os venda, ou os guarde em armazém.

Em suma, não cabe ao credor da coisa exigir a restituição.

Tratando-se de frutos civis, altera-se o tratamento. No caso, dia por dia reputam-se percebidos. Não se permite a percepção dos rendimentos não vencidos. Em se tratando de aluguéis, são devidos até o dia em que cessa a boa-fé, ou até quando deveria se efetuar a restituição. Carvalho Santos, socorrendo-se de Pacifici-Mazzoni, doutrina que "a lei reparte os frutos civis em 365 partes, quantos são os dias do ano, e atribui ao possuidor uma por dia, de sorte que os adquire dia por dia, independente do termo do seu pagamento. O vencimento deste não tem outro efeito senão tornar exigível o crédito: e assim, acabado o dia, *dies cessat*, isto é, o crédito de uma 365ª parte é nascido. E vencido o prazo do pagamento, *dies venit* de tantos créditos quantos são os dias decorridos. Deve-se fazer o cômputo dos dias inteiros e não das horas...".[31]

Por último, há o art. 1.216, que cuida do possuidor de má-fé: "O possuidor de má--fé responde por todos os frutos colhidos e percebidos, bem como pelos que, por culpa sua, deixou de perceber, desde o momento em que se constituiu de má-fé; tem direito às despesas da produção e custeio".

Vê-se a posição do possuidor de má-fé, tratada com rigor, eis que se lhe impõe a responsabilidade pelos frutos colhidos e percebidos, e pelos que deixou de perceber. A má-fé lhe retira qualquer direito em ficar com os frutos. Resta-lhe unicamente o reembolso das despesas que teve na produção e no custeio, com o que se evita o enriquecimento sem causa. Na verdade, se mantinha a posse viciada, eis que ou invadiu a propriedade, ou não a restituiu no momento oportuno, nem tais valores lhe são devidos. É que, explorando

---

[31] Ob. cit., 7ª ed., 1961, vol. VII, p. 206.

a terra, ou erguendo benfeitorias, tanto ocorreu propositadamente, ou com a ciência da ilicitude da posse que tinha.

Mas não apenas tais efeitos ocorrem. Desde que se prolongue o possuidor de má-fé na posse do bem, cabe ao proprietário a indenização dos frutos que deixou de perceber. Têm-se, aí, os lucros cessantes, perfeitamente compensáveis.

6.12. EXECUÇÃO DA OBRIGAÇÃO DE DAR COISA CERTA

Importante salientar como se buscará judicialmente o cumprimento da obrigação de dar ou entregar. Recusando-se o devedor a cumprir a prestação, qual o caminho previsto pela lei? Cabe a busca por meio de ordem de apreensão da coisa, ou assiste ao credor tão somente pleitear as perdas e danos?

Numa primeira impressão, o caminho estaria no art. 389 do diploma civil, onde constam previstas unicamente as perdas e danos e decorrências próprias: "Não cumprida a obrigação, responde o devedor por perdas e danos, mais juros e atualização monetária segundo índices oficiais regularmente estabelecidos, e honorários de advogado".

Entretanto, é da boa sonância jurídica o cumprimento das obrigações na forma como vieram firmadas ou convencionadas, admitindo-se a solução através da indenização por perdas e danos quando se evidencia impossível a execução *in natura*, ou pelo modo como vieram acertadas. Obviamente, se a obrigação consistiu em dar uma obra de arte, ou um adorno, ou um objeto de interesse peculiar, ou uma peça imprescindível no conserto de um mecanismo, ou um medicamento, desrespeitar-se-ia a finalidade do contrato, em se permitindo uma substituição de objeto. Solução esta, aliás, que encontra fulcro no art. 313: "O credor não é obrigado a receber prestação diversa da que lhe é devida, ainda que mais valiosa".

Busca-se, com esta execução, no patrimônio do executado a coisa devida. Aponta Sérgio Shimura vários exemplos, devendo-se lembrar, no entanto, que se busca somente o cumprimento da sentença, se o título se baseou em decisão judicial:

- "a) 'A' move uma ação de divisão (art. 946 do CPC), contra 'B' e 'C', igualmente condôminos de um imóvel. 'B' fica com a casa e os maquinários. 'C' fica com os 40% do terreno e com a criação de animais. Mas, 'B' é quem está na posse de todo o imóvel. Homologada a divisão, então, 'A' pode ingressar com execução para entrega de coisa certa (móvel ou imóvel).
- b) Em uma ação reivindicatória, 'A' pede o domínio do imóvel (lote) contra 'B'. Proferida a sentença, se 'B' não entregar a coisa, 'A' fica autorizado a mover execução para entrega de coisa.
- c) Após a quitação de veículo adquirido em consórcio, cabe ação de execução para entrega de coisa. Uma vez quitadas as prestações, subsistem a liquidez e a certeza da obrigação da administradora do consórcio em entregar o bem. O credor pode optar pela execução de entrega de coisa *incerta* (art. 629). Depois do depósito, o bem fica individualizado (o número do chassi, a cor, o modelo etc.).
- d) Contrato de compra e venda de 500 sacas de feijão soja, ou café beneficiado.
- e) Ação do herdeiro contra outro herdeiro/inventariante, para que faça a entrega de coisa que lhe coube na partilha (formal de partilha – arts. 584 e 1.027 do CPC).
- f) Ação de cumprimento de promessa de doação, em que é reconhecido o direito à adjudicação.

g) Ação de dissolução de sociedade para que um sócio entregue o bem partilhado a um outro sócio.
h) Ação para que o autor pignoratício devolva o bem objeto do penhor liquidado.
i) Ação para usufrutuário entregar a coisa ao fim do usufruto".[32]

A Lei nº 11.232, de 22.12.2005, substituiu o art. 584, referido pelo autor acima, pelo art. 475-N do Código de Processo Civil. No CPC/2015, a matéria é tratada no art. 515, *caput*, incisos e parágrafos. Já os citados arts. 946 e 1.027 correspondem aos arts. 569 e 655 do CPC/2015.

O procedimento para conseguir o cumprimento da obrigação de dar enquadrava-se, no regime do CPC/1973, na parte que disciplinava a execução para a entrega de coisa certa. Desde que embasada a execução em título que infundisse certeza e liquidez, e se vencida a obrigação, prestava-se para o acionamento por meio de execução de entrega de coisa certa. Com efeito, rezava o art. 621 do Código instrumental: "O devedor de obrigação de entrega de coisa certa, constante de título executivo extrajudicial, será citado para, dentro de 10 (dez) dias, satisfazer a obrigação, ou, seguro o juízo (art. 737, II), apresentar embargos".

O CPC atual disciplina a matéria no art. 806, com a seguinte redação: "O devedor de obrigação de entrega de coisa certa, constante de título executivo extrajudicial, será citado para, em 15 (quinze) dias, satisfazer a obrigação". O prazo de embargos, de conformidade com o art. 915, é de 15 dias. Eis a regra: "Os embargos serão oferecidos no prazo de quinze dias, contado, conforme o caso, na forma do art. 231".

Apenas se tiver por base título extrajudicial a obrigação de dar ou entregar fica sujeita à execução em exame, porquanto, em havendo execução fundada em título judicial, basta pedir o cumprimento. Todavia, o rito do cumprimento também adota regras da execução, por ordem do art. 513 do CPC, que reza: "O cumprimento da sentença será feito segundo as regras deste Título, observando-se, no que couber e conforme a natureza da obrigação, o disposto no Livro II da Parte Especial deste Código". Nascida a obrigação de título extrajudicial, especifica-se na inicial o que se pretende, e pede-se a citação para satisfazer a obrigação em quinze dias, ou apresentar embargos.

Conforme o § 1º do art. 806 do atual CPC, faculta-se ao juiz fixar multa para o caso de não cumprimento: "Ao despachar a inicial, o juiz poderá fixar multa por dia de atraso no cumprimento da obrigação, ficando o respectivo valor sujeito a alteração, caso se revele insuficiente ou excessivo.".

Não cabe impor, desde logo, o pagamento da multa, já que condicionado ao não cumprimento.

Para embargar, não mais se faz necessário que esteja seguro o juízo, o que vem desde a revogação do art. 737 e da alteração do art. 738 do CPC de 1973 através da Lei nº 11.382/2006. O CPC em vigor, no art. 915, também não exige a segurança do juízo por meio de penhora ou outra garantia. Veja-se o dispositivo: "Os embargos serão oferecidos no prazo de 15 (quinze) dias, contado, conforme o caso, na forma do art. 231". Por sua vez, o art. 231 estabelece o começo do prazo:

---

[32] Execução para Entrega de Coisa. *Revista de Processo*, São Paulo, Revista dos Tribunais, ano 21, nº 81, pp. 104 e 105, jan.-mar. 1992.

"Salvo disposição em sentido diverso, considera-se dia do começo do prazo:

I – a data de juntada aos autos do aviso de recebimento, quando a citação ou a intimação for pelo correio;

II – a data de juntada aos autos do mandado cumprido, quando a citação ou a intimação for por oficial de justiça;

III – a data de ocorrência da citação ou da intimação, quando ela se der por ato do escrivão ou do chefe de secretaria;

IV – o dia útil seguinte ao fim da dilação assinada pelo juiz, quando a citação ou a intimação for por edital;

V – o dia útil seguinte à consulta ao teor da citação ou da intimação ou ao término do prazo para que a consulta se dê, quando a citação ou a intimação for eletrônica;

VI – a data de juntada do comunicado de que trata o art. 232 ou, não havendo esse, a data de juntada da carta aos autos de origem devidamente cumprida, quando a citação ou a intimação se realizar em cumprimento de carta;

VII – a data de publicação, quando a intimação se der pelo Diário da Justiça impresso ou eletrônico;

VIII – o dia da carga, quando a intimação se der por meio da retirada dos autos, em carga, do cartório ou da secretaria;

IX – o quinto dia útil seguinte à confirmação, na forma prevista na mensagem de citação, do recebimento da citação realizada por meio eletrônico" (Incluído pela Lei nº 14.195, de 2021).

O CPC anterior autorizava que, se pretendesse o devedor efetuar o depósito, embora a tanto não se fizesse obrigatório, o juiz nomeasse o devedor como depositário; ou nomeasse para o cargo terceira pessoa, no que se encontrava apoio no art. 622 daquele estatuto processual civil. O prazo para o depósito era de 10 dias, contado da juntada do mandado de citação. Não havia como cogitar de prorrogação do prazo até o cumprimento do mandado de imissão na posse ou busca e apreensão, defendia Sérgio Shimura.[33] Era de 10 dias, justificava o mesmo autor, pela razão de que o prazo constante do art. 621 do CPC anterior ter sido alterado para 15 dias unicamente para os embargos, conforme redação dada pela Lei nº 11.382/2006 ao então art. 738.

Não se manteve o regramento no atual estatuto processual civil. Deve-se, no entanto, levar em conta o § 2º do art. 806 do CPC, prevendo a possibilidade de imissão na posse pelo credor caso não satisfeita a obrigação. Lembra-se que, na forma do *caput* do art. 806, o prazo para a satisfação da obrigação é de quinze dias: "Do mandado de citação constará ordem para imissão na posse ou busca e apreensão, conforme se tratar de bem imóvel ou móvel, cujo cumprimento se dará de imediato, se o executado não satisfizer a obrigação no prazo que lhe foi designado".

Existe a possibilidade de se conceder o efeito suspensivo aos embargos, em vista da regra geral constante do § 1º do art. 919 do CPC: "O juiz poderá, a requerimento do embargante, atribuir efeito suspensivo aos embargos quando verificados os requisitos para a concessão da tutela provisória e desde que a execução já esteja garantida por penhora, depósito ou caução suficientes".

---

[33] Execução para Entrega de Coisa, trabalho citado, p. 109.

Assim, embora não exigível o depósito, faz-se o mesmo impreterível para se conseguir o efeito suspensivo aos embargos.

De observar que, tanto no sistema revogado como no atual Código de Processo Civil, para se conceder o efeito suspensivo uma das condições consiste no depósito da coisa ou na garantia do juízo por penhora ou caução.

Mas, volta-se a salientar, não mais se coloca como condição o depósito, ou a busca e apreensão, ou a imissão, para a finalidade de oferecer a defesa de embargos.

Pela regra geral, os embargos não devem ser recebidos no efeito suspensivo, como decorre do art. 919 do CPC: "Os embargos à execução não terão efeito suspensivo".

Somente em casos especiais, abre-se a possibilidade de dar efeito suspensivo, na letra do § 1º, consoante visto acima.

Na verdade, inadmissível que se discuta a viabilidade da execução e concomitantemente se permita o seguimento da mesma. Há uma incongruência, posto que, ao mesmo tempo em que a lei assegura a defesa, não impediria os derradeiros passos da execução.

Os §§ 2º, 3º, 4º e 5º do art. 919 do CPC trouxeram várias novidades, consistentes nos seguintes assuntos:

- é reconhecido ao juiz o poder de modificar ou revogar a decisão relativa aos efeitos dos embargos (§ 2º do art. 919);
- caso parcial for o efeito suspensivo concedido, seguirá a execução quanto à parte restante (§ 3º do art. 919);
- o efeito suspensivo outorgado a um dos executados não implica suspensão da execução no pertinente aos demais (§ 4º do art. 919);
- abrem-se ensanchas ao embargante para demonstrar o excesso de execução, com a apresentação de memória do cálculo, sob pena de serem rechaçados de pronto seus embargos, ou de não conhecimento desse fundamento (§§ 3º e 4º do art. 917);
- a concessão de efeito suspensivo não evitará a penhora e a avaliação dos bens (§ 5º do art. 919, prevendo, em texto modificado, que a concessão de efeito suspensivo não impedirá a "efetivação dos atos de substituição, de reforço ou redução da penhora e de avaliação dos bens").

Uma vez cumprida pelo devedor a obrigação de dar, extingue-se a execução, exceto quanto aos frutos ou ressarcimentos do prejuízo, nos termos do art. 807 do CPC: "Se o executado entregar a coisa, será lavrado o termo respectivo e considerada satisfeita a obrigação, prosseguindo-se a execução para o pagamento de frutos ou o ressarcimento de prejuízos, se houver".

O pagamento dos frutos e o ressarcimento de perdas e danos são exigíveis se verificada, quanto aos frutos, a produção ao tempo em que se encontrava a coisa com o devedor, e, quanto às perdas e danos, se ele, devedor, provocou a diminuição de valor, ou se agiu culposamente na deterioração.

E não se encontrando o bem com o devedor, ou o tendo ele alienado?

Expede-se mandado de busca junto ao detentor, ou adquirente, segundo o art. 808 do CPC: "Alienada a coisa quando já litigiosa, será expedido mandado contra o terceiro adquirente, que somente será ouvido após depositá-la."

Como terceiro adquirente, já dizia Alcides de Mendonça Lima, entende-se "quem estiver com a coisa, ainda que não tenha sido alienada diretamente pelo devedor. Poderá haver sucessivos adquirentes, desde quem houve a coisa do devedor, até o último da série de transmissões. É evidente que o adquirente, que vier a perder a coisa, terá direito regressivo contra quem lha transmitiu, por força da evicção, e, assim por diante, até chegar ao próprio devedor".[34]

Cumprido o mandado, cabem os embargos, tanto os ajuizados pelo detentor como os apresentados por terceiro, sendo que, quanto ao devedor, inicia o prazo a partir da citação. Mas, para tanto, indispensável a intimação. Não se admite a subtração do direito à defesa, que está assegurado no próprio art. 808 do CPC, ao prever que o adquirente somente será ouvido depois de depositar a coisa.

Problema dos mais sérios consiste na inexistência do bem. Como se fará a execução? A resposta evidente leva à conversão do bem em um numerário. Deve-se estabelecer um sucedâneo estimado monetariamente, o que se consegue através de arbitramento ou perícia. Há uma mudança de rumos da execução. Ao invés de continuar como de entrega, passa para a execução de quantia certa.

Temos o art. 809 do CPC, que estabelece o direito: "O exequente tem direito a receber, além de perdas e danos, o valor da coisa, quando essa se deteriorar, não lhe for entregue, não for encontrada ou não for reclamada do poder de terceiro adquirente".

Quatro os casos que autorizam se converta a execução em quantia certa: quando não há a entrega, quando a coisa se deteriorou, quando não foi ela encontrada, e quando não reclamada junto ao terceiro adquirente pelo credor. As previsões são exemplificativas. Outras aparecem, como a venda de bem inalienável, pois pertencente ao domínio público, sem que o credor soubesse; ou a promessa de venda de um imóvel já alienado; ou a locação de imóvel de outrem.

Salienta-se a permissão de não reclamar a coisa junto a terceiro, caso vendida. O art. 808 do diploma processual civil autoriza a expedição de mandado para a retomada. Mas, em vista do art. 809 do CPC, tal providência não é obrigatória. Leciona Araken de Assis, no que se aplica ao vigente Código de Processo Civil:

"O art. 627, *caput*, possibilita ao credor não reclamar a coisa em 'poder de terceiro adquirente'. Subentende-se que houve alienação de coisa litigiosa... Em sentido inverso, o art. 626 estatui que, constatada a alienação da coisa litigiosa, expedir-se-á mandado de imissão de posse ou de busca e apreensão, nos termos do art. 625, contra o adquirente. Este 'somente será ouvido depois de depositá-la', reza o art. 626, *in fine*, ou seja, seus embargos pressupõem garantia do juízo (art. 737, II).

Evidentemente, constitui inconcussa faculdade do credor não investir contra o adquirente. Tal o princípio consagrado no art. 627, que inclui, entre as causas de frustração do desapossamento, a falta de 'reclamação' da coisa. Mas as vantagens da execução específica podem induzir a opção contrária, regulada no art. 626".[35]

Eis a correspondência dos dispositivos citados quanto ao vigente CPC: o art. 627, ao art. 809; o art. 626, ao art. 808. O art. 625 tem seu conteúdo abrangido pelo § 2º do art. 806: "Do mandado de citação constará ordem para imissão na posse ou busca e

---

[34] *Comentários ao Código de Processo Civil*, Rio de Janeiro, Forense, 1974, vol. VI, t. II, p. 704.
[35] *Manual do Processo de Execução*, 3ª ed., São Paulo, Ed. Revista dos Tribunais, 1996, pp. 352 e 353.

apreensão, conforme se tratar de bem imóvel ou móvel, cujo cumprimento se dará de imediato, se o executado não satisfizer a obrigação no prazo que lhe foi designado". O art. 737, II, foi revogado pela Lei nº 11.382/2006.

A opção em pedir o valor da coisa é realçada pelo STJ, evidenciada no AgRg no Ag 569.716/SP, da Quarta Turma, j. em 24.06.2008, *DJe* de 04.08.2008: "O objetivo específico da execução para entrega da coisa é a obtenção do bem que se encontra no patrimônio do devedor (ou de terceiro). Caso não mais seja encontrado o bem, ou no caso de destruição ou alienação, poderá o credor optar pela entrega de quantia em dinheiro equivalente ao valor da coisa e postular a transformação da execução de coisa certa em execução por quantia certa, na linha do art. 627, CPC (REsp nº 327.650/MS, relator Ministro Sálvio de Figueiredo Teixeira, *DJ* de 06.10.2003)."

O referido art. 627 corresponde ao art. 809 do atual CPC.

Nas situações salientadas, permite, pois, o Código que se transforme a execução para a entrega de bem em execução de quantia, a qual deverá ser calculada. Basta um mero pedido embutido no processo para ensejar a mudança.

No entanto, se não definido o valor, imprescindível se faça a liquidação, por arbitramento ou perícia técnica. Primeiramente, o próprio credor fornece o valor da obrigação. Unicamente na hipótese de impugnação, ou de falta de demonstração, parte-se para o arbitramento ou a perícia.

Eis a redação do § 1º do art. 809 do CPC: "O exequente tem direito a receber, além de perdas e danos, o valor da coisa, quando essa se deteriorar, não lhe for entregue, não for encontrada ou não for reclamada do poder de terceiro adquirente."

De modo que, não se operando o oferecimento do bem em depósito, e sem resultado o mandado de imissão na posse ou de busca e apreensão, fornece-se uma estimativa do valor, ou pede-se o arbitramento e outras formas de se chegar à avaliação, para, então, citar-se novamente o devedor, a fim de que satisfaça a quantia devida, em três dias, sob pena de penhora e avaliação. Se procedida a penhora, segue a execução o procedimento estabelecido para a execução de quantia certa.

Calcula-se, desta sorte, o valor da coisa em liquidação procedida depois de se constatar a inviabilidade de se conseguir o cumprimento da obrigação de dar. Apuram-se, outrossim, as perdas e danos ou os prejuízos que advieram do não cumprimento da obrigação.

Havendo perdas e danos, e no caso de solicitadas pelo credor, o § 2º do art. 809 do CPC, abre o caminho para a liquidação, que se faz, geralmente, através de perícia: "Serão apurados em liquidação o valor da coisa e os prejuízos."

Nota-se, assim, que se imiscui no procedimento de execução um misto de procedimento ordinário, para liquidar a obrigação de entrega e as perdas e danos.

Sintetizando, ou por arbitramento, ou por outra forma de liquidação, apurado o valor do bem objeto da obrigação de dar ou entregar, e das perdas e danos, segue-se para a execução de quantia certa, com a penhora e outros atos, até chegar-se à alienação. Há possibilidade de se tornar complexa ou complicada a execução nesta modalidade, com inúmeros percalços e recursos, próprios da liquidação.

Eis como se manifestou Araken de Assis: "Antes de se proceder à nova citação do executado, agora para os fins do art. 652 do CPC, se afigura imprescindível realizar a liquidação, acentuou a 2ª Câm. Cív. do TA-RS. Em sequência, o procedimento obedece ao modelo expropriativo, assegurado ao devedor o pagamento ou a nomeação de bens em 24 horas, a utilização de embargos, feita a penhora (art. 737, I), e assim por diante".[36]

O citado art. 652 corresponde ao art. 829 do CPC/2015, mantendo idêntico sentido.

Lembra-se, ainda, que o referido art. 737 foi revogado pela Lei nº 11.382/2006.

Não ficam aí, porém, os problemas.

Se a coisa a ser entregue contiver benfeitorias feitas pelo devedor ou por terceiros, devem ser indenizadas, conforme art. art. 810 e seu parágrafo único do CPC, em redação que mantém o conteúdo do correspondente art. 628 do diploma processual do Código de 1973:

"Havendo benfeitorias indenizáveis feitas na coisa pelo executado ou por terceiros de cujo poder ela houver sido tirada, a liquidação prévia é obrigatória.

Parágrafo único. Havendo saldo:

I – em favor do executado ou de terceiros, o exequente o depositará ao requerer a entrega da coisa;

II – em favor do exequente, esse poderá cobrá-lo nos autos do mesmo processo."

O credor não pode obter vantagem pelas benfeitorias feitas na coisa. Não oferecida a indenização pelas benfeitorias, ao devedor ou ao terceiro assiste o direito à oposição por meio de embargos de retenção por benfeitorias. Mas, se nascida de sentença judicial a obrigação, normalmente já deverá estar definida a liquidação. Sobre a matéria, eis o pronunciamento de Araken de Assis: "Claro está que a obrigatoriedade pressupõe oportuna exceção na demanda condenatória, em obediência ao princípio da eventualidade (art. 300 do CPC), sob pena de recobrimento da defesa pela eficácia preclusiva da coisa julgada (art. 474). Deduzida a execução, as questões relativas à existência, à natureza, ao cabimento do direito de retenção, e assim por diante, se encontrarão resolvidas, na respectiva sentença e, conseguintemente, no título executivo. E, reconhecido o direito do futuro executado, a execução para entrega de coisa somente iniciará após a liquidação deste contracrédito, haja ou não outros créditos do credor. Equiparam-se às benfeitorias as acessões industriais.

Fundada a execução em título extrajudicial, o direito de exceção se arguirá por meio de embargos (art. 744)".[37]

Os arts. 300 e 474 referidos correspondem aos arts. 336 e 508 do CPC/2015.

Já o art. 744, acima também indicado, foi revogado pela Lei nº 11.382/2006, e tratava dos embargos de retenção, cuja finalidade, ilustra Sérgio Shimura, era "preservar a posse dos bens em poder do executado, como meio de compelir o exequente a indenizar".[38] A matéria foi incluída no art. 745, IV, e está disciplinada pelo inc. IV do art. 917 do CPC/2015, que reza: "Nos embargos, o executado poderá alegar: (...) IV – retenção por benfeitorias necessárias ou úteis, nos casos de execução para entrega de coisa certa."

O § 5º do mesmo art. 917 do CPC autoriza a compensação do crédito do exequente com os frutos e danos considerados devidos: "Nos embargos de retenção por benfeitorias, o exequente poderá requerer a compensação de seu valor com o dos frutos ou dos danos considerados devidos pelo executado, cumprindo ao juiz, para a apuração dos respectivos valores, nomear perito, observando-se, então, o art. 464."

---

[36] *Manual do Processo de Execução*, ob. cit., p. 352.
[37] *Manual do Processo de Execução*, ob. cit., p. 349.
[38] *Execução para Entrega de Coisa*, trabalho citado, p. 110.

Acrescenta o § 6º do art. 917 do CPC a possibilidade do exequente em imitir-se na posse, a qualquer tempo, se prestar caução ou depositar o valor devido pelas benfeitorias ou resultante da compensação.

Quais as benfeitorias indenizáveis?

A resposta está com Alcides de Mendonça Lima, mantendo-se o ensinamento, pela equivalência da regra do antigo direito ao hoje vigente: "O Código Civil, no art. 516, estabelece que apenas o 'possuidor de boa-fé tem direito à indenização das benfeitorias necessárias e úteis'. Quanto às voluptuárias, se lhe não forem pagas, terá direito 'a levantá-las, quando o puder, sem detrimento da coisa' (*idem*). E o de má-fé tem direito apenas a ser indenizado pelas necessárias, mas sem poder reter a coisa (art. 517). O art. 63 do mesmo diploma conceitua cada classe de benfeitorias".[39] Os arts. 516, 517 e 63, referidos no texto, equivalem aos arts. 1.219, 1.220 e 96 do Código Civil em vigor.

Assim, uma vez oferecida em depósito a coisa, ou efetuada a busca e apreensão, abrem-se ensanchas para a apresentação dos competentes embargos de retenção, com a posterior avaliação nos próprios autos de embargos, por meio de perícia, se exigida pelas partes, para a finalidade de encontrar o valor das benfeitorias, e a devida compensação de seu valor com o dos frutos, em vista do transcrito § 5º do art. 917 do CPC.

Oportuna a seguinte observação de Theotonio Negrão (*Código de Processo Civil e legislação processual em vigor*, obra citada, nota ao art. 745, IV, p. 903): "Somente na execução para entrega de coisa por título extrajudicial serão cabíveis embargos de retenção. Quanto à ação que tenha por objeto a entrega de coisa (art. 461-A), o direito de retenção deverá ser alegado na contestação e reconhecido na sentença; nesta hipótese, caberá ao autor, como condição para a expedição do mandado (art. 461-A § 2º, c/c o art. 572), indenizar o réu pelas benfeitorias, as quais deverão ser objeto de prévia liquidação, como determina o art. 628, na execução por título extrajudicial (texto aplicado por analogia)". As matérias tratadas nos citados arts. 461-A, em seu § 2º, 572 e 628 encontram-se nos arts. 498, 538, 514 e 810 do atual CPC. Já o § 2º do art. 461-A encontra parâmetro no art. 538 do CPC/2015.

Outra questão: pode o credor ingressar diretamente com a execução de quantia certa, ao invés da execução para a entrega?

Entende-se negativamente, embora as discussões doutrinárias e pretorianas que conflitam sobre a matéria. A explicação está em um julgado: "Claro que não cabe ao credor, sem primeiro tentar a execução específica, usar, desde logo, a genérica. Se, movida a execução própria, não for possível obter a coisa, por um dos motivos apontados neste artigo, então é que competirá o uso da execução por quantia certa para receber a respectiva pelo valor e pelas perdas e danos.

A execução, em qualquer de suas modalidades, além de submeter-se às normas gerais que regem o processo de conhecimento, invocáveis subsidiariamente (art. 598), fica subordinada, igualmente, a regras próprias que podem ser gerais, se pertinentes a todas as espécies, se somente se referem em particular a uma delas".[40] O citado art. 598 corresponde ao parágrafo único do art. 771 do CPC/2015.

---

[39] Ob. cit., vol. VI, t. II, p. 710.
[40] *Apelação Cível* nº 193.089.521, da 1ª Câmara Cível do Tribunal de Alçada do Rio Grande do Sul, de 10.08.1993, em Julgados do Tribunal de Alçada do Rio Grande do Sul, 88/303.

Mais um aspecto importante. Observe-se a redação do § 1º do art. 809 do CPC, que se transcreve novamente: "Não constando do título o valor da coisa e sendo impossível sua avaliação, o exequente apresentará estimativa, sujeitando-a ao arbitramento judicial." Ou seja, dará o exequente o valor da coisa, ou da obrigação sujeita à execução. Em princípio, pois, não se apresenta estritamente necessário o arbitramento, ou a avaliação.

De modo que na própria inicial faculta-se ao credor atribuir um valor que entende correto ao bem que se procura receber. Evidente que, em embargos, depois de seguro o juízo, possível rediscutir a estimativa.

Em vista desta faculdade, visando dar aplicação ao princípio de celeridade ao processo, na própria inicial de execução permite-se ao credor atribuir o valor da coisa, para que, caso não seja o bem entregue pelo devedor no prazo de dez dias, ou encontrado pelo oficial de justiça, já se proceda a penhora de bens suficientes a satisfazer a estimativa dada pelo credor. Assim, citado o devedor, e passado o prazo sem o depósito espontâneo, já no mandado de busca e apreensão ou de imissão constará a viabilidade de se levar a efeito a penhora, uma vez não localizada a coisa.

Não é incomum esta forma de se processar a execução, especialmente nas regiões onde se mostram frequentes as avenças de obrigações de entregar coisa certa ou incerta, como contratos de mútuo, nos quais se compromete o devedor a entregar, como pagamento, um número determinado de sacas de produto, ou de reses, tudo se estimando pela cotação de mercado do dia do cumprimento. Não parece que infrinja a lei tal maneira de se agilizar a execução.

6.13. TUTELA ESPECÍFICA NA OBRIGAÇÃO DE DAR OU ENTREGAR

O termo "tutela específica", no conceito de Marcelo José Magalhães Bonicio, significa "um novo complexo de mecanismos legais que devem ser guiados por uma mentalidade igualmente nova, diferente daquela que costumamos observar no sistema clássico".[41]

A tutela específica na obrigação de dar ou entregar veio introduzida pela Lei nº 10.444, de 07.05.2002, sendo que já existia na obrigação de fazer ou não fazer, vinda com a Lei nº 8.952, de 13.12.1994.

Ficaram acrescentados o art. 461-A e seus §§ 1º, 2º e 3º ao Código de Processo Civil de 1973.

No diploma processual de 2015, a matéria se encontra no art. 498 e em seu parágrafo único.

A disciplina envolve a entrega de coisa certa ou incerta.

A tutela específica constitui-se de um conjunto de medidas com a finalidade de tornar efetivas as obrigações de dar ou entregar, inclusive com o deferimento liminar da tutela. Essas medidas constituem-se de multa, de imissão de posse e de busca e apreensão, como escrevem Cristiano Chaves de Farias e Nelson Rosenvald, sendo aplicáveis as últimas se ineficazes as *astreintes*: "Todavia, se mesmo com a imposição das *astreintes* persistir o descumprimento da obrigação de entrega da coisa no prazo fixado, expedir-se-á mandado de imissão na posse ou busca e apreensão, respectivamente com relação a coisa imóvel

---

[41] *Reflexões sobre a nova tutela relativa às obrigações de entregar coisa certa ou incerta*. Em "Doutrinas Essenciais – Obrigações e Contratos", vol. I. São Paulo: Editora Thomson Reuters Revista dos Tribunais, 2ª tir., 2011, p. 837.

ou móvel, conforme letra do art. 461-A, § 2º, do CPC. Aqui, o conteúdo substancial da ordem nada mais é do que uma sub-rogação, pela via da coerção direta. Portanto, pode o magistrado se servir de duas tutelas diferenciadas para alcançar o resultado desejado, eis que, na inobservância da decisão mandamental, há espaço para a imposição da técnica executiva."[42] O art. 461-A tem o conteúdo repetido no art. 538 do CPC/2015.

Procurou-se munir o credor de uma série de instrumentos dirigidos a alcançar resultados práticos quando promove uma ação em que o objeto é obrigação de dar ou entregar. Pode ser deferida tanto em fase de liminar como no final, quando já há sentença. A rigor, a tutela específica nada mais é que a providência constante da sentença para o fim de cumprir-se a obrigação. Todavia, a providência pode ser antecipada, através de tutela provisória. Dentre outras medidas, liminarmente o juiz poderá determinar a remoção dos bens para o poder do credor; ou faculta-se, para constranger a cumprir, fixar uma multa, ou determinar a busca e apreensão do bem móvel objeto da obrigação, e a imissão de bem imóvel.

Mesmo no processo de conhecimento, não se impede que o juiz conceda a tutela provisória, no regramento do art. 294 e seu parágrafo único do CPC em vigor.

Nota-se, pois, que existe uma ação ordinária de cognição, de conhecimento, onde o credor expõe o seu direito, salientando a falta de cumprimento. Não se aplica à execução extrajudicial de contrato em que há a obrigação de dar ou entregar, pois, então, as medidas já têm efeito executório. Cita-se para cumprir a obrigação, sob pena de busca e apreensão, ou de imissão.

Na ação de conhecimento, pede-se que, na sentença, seja determinado o cumprimento, com as possíveis medidas que garantam a satisfação, ou que constranjam o devedor a atender àquilo a que se comprometeu. Dados os graves prejuízos que advêm da falta de cumprimento, liminarmente solicita-se ao juiz que ordene a entrega imediata, ou o depósito, ou o fornecimento de um produto.

Importante que se veja o regramento. Estatui o art. 498 do CPC: "Na ação que tenha por objeto a entrega de coisa, o juiz, ao conceder a tutela específica, fixará o prazo para o cumprimento da obrigação".

Por conseguinte, a medida consistirá, em seu primeiro momento, na fixação de prazo para o cumprimento da obrigação.

Quando se está diante da obrigação de entregar uma coisa perfeitamente determinada, indicada e definida, no caso de uma joia, um cavalo, ou um veículo, mas com as referências individuais, caracteriza-se a mesma como de coisa certa. Já na entrega de algo não perfeitamente considerado em sua individualidade, compreendido no gênero dos bens a que pertence, e definida a quantidade, há então a obrigação de entregar coisa incerta. Não se considera o bem em sua estrutura individuada, mas no conjunto em que está incluído.

O parágrafo único do art. 498 do CPC trata da tutela específica na entrega de coisa incerta: "Tratando-se de entrega de coisa determinada pelo gênero e pela quantidade, o autor individualizá-la-á na petição inicial, se lhe couber a escolha, ou, se a escolha couber ao réu, este a entregará individualizada, no prazo fixado pelo juiz".

A indicação abrangerá o gênero e a quantidade. Assim, tantas sacas de um produto, com a indicação do tipo e demais características. Não atendida a determinação, o CPC cuida da matéria no art. 538, quando disciplina o cumprimento de sentença que reconheça

---

[42] *Curso de Direito Civil – Obrigações*, vol. 2, 9ª ed. rev., ampl. e atual., São Paulo, Atlas, 2015, p. 167.

a exigibilidade de obrigação de dar ou entregar coisa. Eis o dispositivo: "Não cumprida a obrigação de entregar coisa no prazo estabelecido na sentença, será expedido mandado de busca e apreensão ou de imissão na posse em favor do credor, conforme se tratar de coisa móvel ou imóvel".

Há a previsão de como proceder na existência de benfeitorias: a alegação deve ser trazida na fase de conhecimento, com as devidas discriminação e comprovação. É a imposição do § 1º do art. 538: "A existência de benfeitorias deve ser alegada na fase de conhecimento, em contestação, de forma discriminada e com atribuição, sempre que possível e justificadamente, do respectivo valor".

É assegurada a retenção, em existindo benfeitorias, até que se faça a correta indenização, o que está no § 2º do mesmo artigo: "O direito de retenção por benfeitorias deve ser exercido na contestação, na fase de conhecimento".

De acordo com o § 3º, aplicam-se à tutela específica de entrega ou de dar as regras relativas à tutela específica na obrigação de fazer ou não fazer, constantes nos arts. 499, 500, 537 e 536, § 1º, do CPC, e que consistem nas seguintes medidas: a conversão da obrigação de dar em perdas e danos; a incidência concomitante em multa; a imediata busca e apreensão de móveis ou imissão de posse em imóveis, ou qualquer outra providência que dê garantia aos bens; a imposição de multa diária a requerimento do credor ou de ofício; a imposição de providências como a retirada do bem do poder do devedor e a sua remoção ou recolhimento para local seguro; a redução ou elevação e a modificação da periodicidade da multa, caso verificar que se tornou insuficiente ou excessiva.

A cominação de multa, e também de outras medidas, estende-se em demanda contra a Fazenda Pública: "É cabível, inclusive contra a Fazenda Pública, a aplicação de multa diária (*astreintes*) como meio coercitivo para impor o cumprimento de medida antecipatória ou de sentença definitiva de obrigação de fazer ou entregar coisa, nos termos dos arts. 461 e 461-A do CPC. Nesse sentido é a jurisprudência do STJ, como se pode verificar, por exemplo, nos seguintes precedentes: AgRg no Ag nº 646.240/RS, 1ª T., Min. José Delgado, *DJ* de 13.06.2005; REsp nº 592.132/RS, 5ª T., Min. José Arnaldo da Fonseca, *DJ* de 16.05.2005; AgRg no REsp nº 554.776/SP, 6ª T., Min. Paulo Medina, *DJ* de 06.10.2003; AgRg no REsp nº 718.011/TO, 1ª Turma, Min. José Delgado, *DJ* de 30.05.2005".[43] Os citados arts. 461 e 461-A correspondem, no atual CPC, aos arts. 497 e 498.

A multa, no entanto, não tem como base o art. 523 do CPC, que se restringe ao cumprimento de sentença que ordenou o pagamento de quantia certa. É como decidiu o STJ, que teve em conta o art. 475-J do CPC/1973, que corresponde ao art. 523 do CPC/2015: "Inexiste ofensa ao art. 535 do CPC/1973 quando o Juízo *a quo* dirime de forma fundamentada as questões que lhe são submetidas, apreciando integralmente a controvérsia posta nos autos. Assiste razão à recorrente quanto à alegativa de que não se aplica o regramento de impugnação ao cumprimento de sentença previsto no art. 475-J, § 1º, do CPC/1973 nos casos em que o título judicial veicula obrigação de dar coisa diversa de dinheiro, fundado no art. 461-A do CPC/1973. O Código de ritos de 1973 realmente não adotou procedimento específico para o caso de impugnação a cumprimento de sentença que veicula obrigação de dar coisa certa diversa de dinheiro, o que, em tese, deixa o executado em situação bastante desfavorável em relação a qualquer outro devedor submetido à execução de pagar quantia."[44]

---

[43] REsp 770.295/RS, da Primeira Turma do STJ, j. em 27.09.2005, *DJU* de 10.10.2005.
[44] REsp 1240538/RJ, da 2ª Turma, rel. Min. Og Fernandes, j. em 3.08.2017, *DJe* de 9.08.2017.

VII

Obrigações de Dar ou Entregar Coisa Incerta

7.1. COISA INCERTA

Como já é sabido, a obrigação de dar consiste em entregar uma coisa, ou um bem, para alguém que tem o direito de receber. Quando se está diante da obrigação de entregar uma coisa perfeitamente determinada, indicada e definida, no caso de uma joia, um cavalo, ou um veículo, mas com as referências individuais, caracteriza-se a mesma como de coisa certa. Já na entrega de algo não perfeitamente considerado em sua individualidade, compreendido no gênero dos bens a que pertence, há então a obrigação de entregar coisa incerta. Não se considera o bem em sua estrutura individuada, mas no conjunto em que está incluído. Sílvio Rodrigues fornece uma ideia clara, explicando que a coisa incerta "será mencionada através de referência a esse gênero e quantidade, pois se pressupõe ser, de certo modo, indiferente ao credor receber uma ou outra partida, visto que todas, em tese, são iguais, por conseguinte, intercambiáveis. Em vez de considerar a coisa em si, ela é considerada genericamente. Assim, por exemplo, a obrigação do comerciante que vendeu duzentas sacas de açúcar, de determinada marca. Ao credor é indiferente que o pagamento se faça com mercadoria tirada deste, ou daquele armazém, pois se imagina a semelhança de qualidade. A mercadoria é encarada em seu gênero: açúcar de determinada marca. E o devedor se libera da obrigação desde que entregue a quantidade e a qualidade avençada".[1]

Na coisa incerta, não se é obrigado a entregar um objeto especificado, mas um conjunto de coisas que formam um todo, mencionando-se a quantidade genérica, composta por seres de igual espécie, com iguais características ou traços comuns. Interessa, em geral, o todo da mercadoria, ou uma porção de seres iguais e juntos, sendo que somente desta maneira adquire valoração econômica. Apontam-se, para a aquisição, sobretudo o gênero e a quantidade. A determinação se faz pela indicação de tais elementos, e em geral também pela qualidade, que é indicada quando da encomenda. Acontece que, segue Marcos Jorge Catalan, as coisas incertas "se caracterizam por uma prestação descrita de modo genérico, cuja escolha ou concentração far-se-á em momento oportuno, normalmente estipulado pelas partes quando da formação do contrato".

Acrescenta o autor, quanto à incerteza, que "não significa propriamente uma indeterminação, mas uma determinação genericamente feita. São obrigações de dar coisa incerta: entregar uma tonelada de trigo, um milhão de reais, ou cem grosas de lápis".[2]

---

[1] *Direito Civil – Parte Geral das Obrigações*, ob. cit., vol. II, p. 30.
[2] *Obrigações de dar coisa incerta*. Em "Doutrinas Essenciais – Obrigações e Contratos". São Paulo: Thomson Reuters Revista dos Tribunais, vol. I, 2ª tir., 2011, p. 850.

Acerta-se um negócio de venda de cereais – sacas de arroz, de feijão, de soja, de milho, e especifica-se o tipo de produto, como de primeira qualidade, com tal grau de umidade, ou de seleção de grãos. Não se individua um segmento do produto, ou cada grão, o que seria impossível, posto que nem atingível uma estimativa econômica. Importa o tipo de produto, ou a espécie de mercadoria, sendo admissível a circulação comercial unicamente se integra um conjunto.

Poderá haver confusão se o termo "gênero" for entendido no mesmo sentido que nas ciências naturais. O significado é diverso, compreendendo o conjunto de espécies semelhantes. Não há quem melhor explique o conteúdo que Washington de Barros Monteiro: "Tenha-se presente que o vocábulo 'gênero', utilizado nesse dispositivo legal, tem significado diverso do que lhe emprestam as ciências naturais. Entre estas e a ciência jurídica não existe, a respeito, perfeita consonância.

De fato, para as primeiras, gênero é o comum das espécies, que apresentam caracteres semelhantes, mais ou menos consideráveis. Espécie é o grupo de indivíduos semelhantes. Por outras palavras, 'gênero' é um grupo de espécies, que oferecem os mesmos caracteres comuns, 'espécie', uma divisão do gênero, caracterizada por determinado sinal distintivo e específico. O gênero encerra várias espécies, como a espécie encerra vários indivíduos; a espécie é uma coleção de indivíduos, como o gênero é uma coleção de espécies.

Em linguagem jurídica, porém, desde o direito romano, gênero é o conjunto de seres semelhantes. Esses seres semelhantes, isoladamente considerados, denominam-se espécies. Gênero é assim a reunião de espécies semelhantes; espécie, o corpo certo, a coisa individuada, o objeto determinado.

Não há que estranhar essa falta de sincronização entre as espécies naturais e a jurídica. Toda ciência aprecia diferentemente os fenômenos e os define mediante critérios próprios".[3]

As coisas incertas são fungíveis, isto é, incluem-se naquelas que podem ser substituídas por outras da mesma espécie, qualidade e quantidade – art. 85 do Código Civil. Ao cumprir a obrigação, o devedor não entrega o mesmo produto, mas outro da mesma natureza da que existia quando da combinação de vontades. Não apenas da mesma natureza, mas também da mesma qualidade, pois, do contrário, surgiria uma desigualdade na prestação e contraprestação. Aquele conjunto de bens transferido em um dado momento será reembolsável posteriormente por outro de igual quantidade e natureza ou gênero.

Arnoldo Wald ressalta na caracterização da infungibilidade: "Enquanto a obrigação de dar coisa certa consiste em entregar coisa infungível (a casa da rua tal, o cavalo que ganhou o primeiro prêmio na última corrida do ano), na obrigação de dar coisa incerta o devedor se compromete a fornecer coisa fungível (um cavalo de raça tal, tantos metros de fazenda etc.)."[4]

Muitos não admitem que a coisa incerta se confunda com as coisas fungíveis, tanto que, como se verá, para a entrega, se terá em conta a qualidade média. Entrementes, a questão é irrelevante, posto que ninguém faz negócio sem prever o tipo de mercadoria que está adquirindo no que se refere à qualidade. Desde que não especificada uma coisa certa, está subentendido a possibilidade de fungível. Não que necessariamente toda coisa incerta deva ser fungível, mas é possível que algumas coisas incertas sejam fungíveis. Isto especialmente no que se refere a produtos agrícolas e mesmo mercadorias fabricadas em série.

---

[3] *Curso de Direito Civil – Direito das Obrigações*, ob. cit., 1ª parte, p. 86.
[4] *Curso de Direito Civil Brasileiro – Obrigações e Contratos*, ob. cit., p. 18.

Tito Fulgêncio exemplificava: "Obriga-se alguém a dar um animal, trigo ou vinho, sem dizer mais nada, e não se empenhar, equivalem-se, porque poderia se liberar, dano um inseto, um grão de trigo, ou algumas gotas de vinho, um quase nada, sendo que na ordem moral a expressão 'quase nada' é encarada como 'nada'".[5]

No mínimo impõe-se a indicação do gênero, quantidade e qualidade. Muitos falam em gênero e quantidade apenas. Todavia, indispensável que venha referida igualmente a qualidade, eis que, do contrário, passível a entrega de produto de inferior qualidade. Máxime no que diz com certos tipos de produtos, como gado e cereais. Não é aceitável uma combinação de vontades sobre a obrigação de simplesmente entregar gado, vinho, ou pedras para construção. Ninguém aceita o recebimento de um vinho de péssima qualidade, ou de reses em precário estado, ou de pedras disformes e de tamanho inferior ao tipo padrão.

Vê-se, pois, que se impõe certa individuação. Por outros termos, embora incabível, na hipótese, a determinação, requer-se a presença de elementos para a determinabilidade, sem o que ficaria ao inteiro alvedrio da outra parte decidir qual o tipo de produto entregará.

O ensinamento de Antônio Chaves revela-se preciso: "Não se exige a determinação, o que faria da coisa, objeto da obrigação, um corpo certo; basta a determinabilidade: posso me obrigar a vos entregar o carvão necessário para o serviço da vossa usina, o feno para o sustento do vosso cavalo durante o ano próximo, a fornecer o pão necessário ao vosso consumo, a entregar sucessivamente mercadorias vendidas, cujo mínimo somente se fixou; posso vender parte determinada de uma coisa indivisa".[6]

7.2. DISTINÇÕES

Algumas distinções tornam-se imprescindíveis, para melhor identificar o tipo de obrigação de que se está tratando.

Em primeiro lugar, quanto às obrigações alternativas, estas oferecem ao obrigado duas ou mais viabilidades. Nas de coisa incerta, não está especificado determinadamente o objeto daquilo que se deve cumprir, mas sabendo-se que pode ser de certo tipo e envolver bens de uma classe prevista.

Mais ressalta a distinção quando nas de coisas incertas já existe uma indicação de quais serão o gênero, a quantidade e mesmo a qualidade do objeto. O sujeito passivo adstringe-se a cumprir aquela obrigação, não vindo apenas indicado que deva entregar um objeto específico e marcado, mas um objeto com tais qualidades ou características, enquanto nas alternativas há duas ou mais viabilidades, incumbindo a satisfação de uma delas. Há, neste caso, uma multiplicidade delineada de prestações possíveis, incumbindo a escolha ao obrigado, diferentemente das obrigações incertas, quando uma só apresenta-se a prestação, mesmo que o objeto não esteja definido na sua individualidade.

Exemplificativamente, cabe, nas alternativas, a escolha dentre vários tipos de eletrodomésticos que possuem a mesma finalidade, assegurando-se ao credor optar pela marca preferível. Já na obrigação de entrega de coisa incerta, compromete-se o comerciante a entregar, dentro de um prazo fixado, um eletrodoméstico de marca, potência e preço definidos, mas sem se indicar um já escolhido e específico.

---

[5] *Do Direito das Obrigações*, 2ª ed., Rio de Janeiro, Forense, 1958, p. 102.
[6] *Tratado de Direito Civil*, ob. cit., vol. II, t. I, p. 68.

O ponto comum reside na falta de indicação particularizada do bem que deve ser entregue; em ambas as situações aparece a indicação de qual o tipo, ou mesmo do gênero e da quantidade certa, faltando apenas a definição do bem.

No pertinente às obrigações fungíveis, praticamente se confundem com as de coisa incerta. Nestas, é impossível não falar em coisas fungíveis, como na entrega de sementes, posto que a obrigação centra-se mais no gênero e quantidade dos bens. Desde o momento em que me refiro aos objetos que se encontram no escritório, ou ao maquinário de uma indústria, não se caracteriza a incerteza. A obrigação será de dar ou entregar coisa certa. Mas, se trata, no negócio, de um computador de marca especificada, não se está referindo a um computador já existente, e sim de uma espécie, ou de uma coisa de determinado gênero. A obrigação, aqui, é relativa à coisa incerta, que não deixa de ser fungível, eis que perfeitamente admitida a substituição por outra. Se não vier o computador acertado para a data aprazada, nada impede que se aguarde outro, distinto daquele que estaria fabricado na primeira data. Nota-se, daí, o cunho intrínseco da substituição da coisa por outra.

Ora, desde que a coisa incerta compreende aquela que pode ser substituída por outra da mesma espécie (a palavra "espécie" utilizada no sentido explicado por Washington de Barros Monteiro, como acima visto), qualidade e quantidade, não resta dúvida a nenhuma distinção entre coisa incerta e coisa fungível, para os efeitos do objeto da obrigação em exame. Carvalho Santos fala da coisa fungível como se corresponde à incerta: "Quanto às coisas fungíveis, é que se faz necessária a sua determinação mais exata, porque aí já os contraentes não indicam uma coisa individual, mas uma espécie, fazendo-se preciso, por isso mesmo, que na ocasião do contrato a quantidade prometida seja determinada ou ao menos determinável.

Daí a regra: quando a coisa é fungível, a sua determinação deve ser feita não quanto ao indivíduo, mas sim quanto à espécie.

Por isso mesmo, pode qualquer pessoa validamente se obrigar a dar um cavalo, sem dizer qual seja, por isso que aí o objeto da obrigação não está determinado somente quanto ao gênero, como aconteceria se se fizesse somente referência a um animal, mas também quanto à sua espécie, o que já serve para determiná-lo".[7]

A disciplina legal da entrega de coisa incerta possui, portanto, um significado próprio.

7.3. INDICAÇÃO DA COISA INCERTA

A rigor, pelo Código Civil, a coisa incerta é indicada pelo gênero e pela quantidade. Alguns elementos mínimos de aferição devem existir. Não se pode vender uma coisa, ou um simples imóvel, ou um animal, sem mais dados identificadores. Algo de todo incerto não pode ser objeto de obrigação. A indeterminação completa torna inviável o negócio. De modo que não se mostra executável o compromisso de alguém entregar um animal, ou um cereal nomeado, como arroz, visto que se desincumbiria a parte do dever com a entrega de um inseto, ou de um punhado de cereal imprestável. Maria Helena Diniz salienta que "a determinação genérica deve vir necessariamente acompanhada pela determinação numérica, que constitui o mínimo de notas essenciais para que se especifique seu objeto, segundo critérios correntes no comércio jurídico, pois só assim a obrigação

---

[7] Ob. cit., vol. XI, pp. 62 e 63.

genérica poder-se-á dizer válida; logo, se alguém prometer dar livros sem precisar a quantidade, nada prometeu".[8]

A rigor, seguindo-se o sentido de gênero emprestado pelo conceito das ciências naturais, resultariam inexecutáveis as obrigações. Daí a imprescindibilidade de mais elementos caracterizadores. Nesta órbita, adverte Caio Mário da Silva Pereira, "não é possível que seja alguém devedor de coisas genericamente mencionadas, pois que isso tiraria à *obligatio* toda objetividade".[9]

Para a indicação, dá uma linha bastante vaga o Código Civil, como revela o art. 243: "A coisa incerta será indicada, ao menos, pelo gênero e pela quantidade".

Segundo a regra, bastam o gênero e a quantidade. Mas, importa definir o sentido de "gênero". Ao se mencionar "cereal", expressa-se o gênero vegetal. Todavia, no caso, o conteúdo abrange "espécie", "ordem", "classe". Nesta visão, há o "gênero" (vegetal) que contém "espécies" (cereais). Já a palavra "cereal" é gênero de "arroz", de "milho" etc. E o Código, ao utilizar tal palavra ("gênero"), subentende necessariamente uma especificação, porquanto ninguém vai negociar "animais" e muito menos "cereais". As transações envolvem "cavalos", ou "reses", ou "milho", ou "soja".

Mesmo assim, conserva-se incerta a mercadoria porque não se detalha o tipo de café, ou a raça de reses.

De outro lado, promete-se dar ou entregar o produto em uma quantidade delimitada (tantas sacas de arroz); ou em um número definido (tantas cabeças de gado).

Mesmo que se coloque a qualidade, não se transforma em coisa certa a entrega. Nesta ordem, o contrato de venda de um cachorro de linhagem, ou *pedigree*; de animais de raça; de um touro reprodutor; de milho selecionado; de arroz longo. No caso, porém, de se indicar o arroz que se encontra armazenado em um depósito indicado, ou dos animais presos num curral de uma propriedade também apontada, a obrigação passa a ser de entrega de coisa certa.

A aposição da expressão "mais ou menos" e de outras com o mesmo significado junto à quantidade não descaracteriza a obrigação de coisa incerta, porquanto revela sempre uma proximidade a uma quantidade que acompanha a dita expressão. As partes, ao inserirem nas avenças tal tolerância de medida, de peso, ou de número, admitem pequenas diferenças de quantidades, tanto em excesso como na falta, o que amiúde ocorre quando se trata de produtos acondicionados em volumes, ou a granel.

7.4. DIREITO À ESCOLHA PELO DEVEDOR

Na obrigação de dar coisas incertas, ao devedor cabe o direito da escolha. Ele efetuará a seleção do produto ou dos bens para serem entregues ao credor, se nada prever o contrato. Tal a regra constante do art. 244 do Código Civil: "Nas coisas determinadas pelo gênero e pela quantidade, a escolha pertence ao devedor, se o contrário não resultar do título da obrigação; mas não poderá dar a coisa pior, nem será obrigado a prestar a melhor".

Seguramente, esta é uma das mais importantes normas específicas da obrigação de dar coisa incerta. Orosimbo Nonato criticava a redação do preceito do Código de 1916 (art. 875), que foi reproduzida pelo atual Código: "Em vez, pois, de excluir a 'coisa pior'

---

[8] *Curso de Direito Civil Brasileiro – Teoria Geral das Obrigações*, ob. cit., 2º vol., p. 86.
[9] *Instituições de Direito Civil*, ob. cit., vol. II, p. 54.

e a 'coisa melhor', devia a lei falar em 'coisa de qualidade média' para evitar a liberação com a coisa muito má (embora não a pior) ou a exigência de coisa muito boa (embora não a melhor). Parece-nos, de resto, poder atingir-se a esse resultado, através da aguçada interpretação do texto da última parte do art. 875 do nosso Código Civil".[10]

Na compreensão do dispositivo, quem vende ou fornece produtos com certa indeterminação faz a seleção dentre o que possui, de modo parelho ou igual, não selecionando os de inferior qualidade, e nem sendo coagido a entregar os melhores. Nas compras e vendas diárias de mercadorias alimentícias, é comum esta prática, verificada na retirada, dentro do estoque existente, dos vegetais que são oferecidos. Não se escolhem unicamente os melhores, ou as unidades mais graúdas, ou inteiramente maduras.

Todavia, não se permite exigir o mesmo comportamento quando as vendas envolvem produtos manufaturados, como roupas. Neste caso, dentre as do mesmo modelo, permite-se exercer a preferência. Igualmente quanto aos móveis, embora colocados numa exposição e sejam todos do mesmo tipo. Ao adquirente assegura-se optar por aquele que melhor lhe convém. De certo modo, extrai-se que nem é viável, conforme a situação, ver, aí, uma obrigação de coisa incerta. A menos que a compra abranja várias unidades, todas do mesmo modelo, de idêntica qualidade e marca. Mas, havendo um defeito, ou uma qualidade inferior, permite-se a recusa, o que não acontece naquelas transações que envolvem cereais ou lotes de animais, quando fica vedada a retirada de grãos ou das unidades que apresentam defeitos.

Como regra geral, a escolha terá em conta o meio-termo, ou a média do produto, de modo a se atingir um equilíbrio que faça justiça para os dois contratantes, e não causar prejuízo a nenhum deles. Isto a menos que venha estipulado o contrário na avença.

A escolha dar-se-á quando do negócio. Somente assim se torna possível cumprir a regra. Se se permitir que a opção se proceda ao se efetuar a entrega, pela natureza dos bens, normalmente fungíveis, nem sempre se apresenta viável manter-se a qualidade ou o tipo de valor do bem. Com o novo sortimento, às vezes recebido de produtores, pequenas alterações surgem, com influência na qualidade. Mas, não exercida a escolha naquele momento, subentende-se a permissão ao devedor de entregar a mercadoria que possui quando da remessa.

Competindo ao credor a escolha, evidentemente deverá haver um prazo para o exercício da faculdade. Se mostrar-se omisso, cabe a notificação, para a constituição em mora. Esta a lição de Carvalho Santos: "Se a escolha competir ao credor e este não a fizer no tempo e pelo modo ajustado, o devedor requererá a citação dele para este fim, sob a cominação de perder o direito e de ser depositada a coisa que o devedor escolher. Feita a escolha pelo devedor, procederá ele ao depósito judicial nos termos do art. 980 do Código Civil".[11] O mencionado art. 980 equivale ao art. 341 do atual Código, que vem com a seguinte redação: "Se a coisa devida for imóvel ou corpo certo que deva ser entregue no mesmo lugar onde está, poderá o devedor citar o credor para vir ou mandar recebê-la, sob pena de ser depositada".

7.5. APLICAÇÃO DAS NORMAS RELATIVAS À ENTREGA DE COISA CERTA, UMA VEZ FEITA A ESCOLHA

Estabelece o art. 245 do Código Civil: "Cientificado da escolha o credor, vigorará o disposto no Seção antecedente".

---

[10] *Curso de Obrigações*, ob. cit., vol. I, p. 279.
[11] Ob. cit., vol. XI, p. 70.

Já se tendo dado ciência da definição de qual o bem escolhido, deixa, evidentemente, de ser coisa incerta. Não basta a mera escolha, como vigorava no regime anterior. Com a escolha e a cientificação, resta o bem caracterizado e definido. Não se permitem posteriores reclamações no pertinente à sua qualidade, mas será admitida a responsabilidade pela conservação até que se efetue a entrega. Concentra-se no devedor a obrigação de manutenção, devendo indenizar os lucros cessantes e danos se a perda ocorre por culpa sua, de acordo com a previsão do art. 234. Inexistindo culpa, restituirá o preço, em já o tendo recebido, e arcará com os prejuízos da perda. A mesma aplicação, quanto aos danos, acontecerá no tocante às deteriorações.

De outro lado, advindo melhoramentos, até a tradição pertencerão ao devedor, com o que fica autorizado a exigir a complementação do preço junto ao credor.

Quando se concretiza o momento da escolha?

Em primeiro lugar, com a cientificação.

Normalmente, também, pela individuação da coisa comunicada ao credor da coisa. Indicam-se as mercadorias, ou refere-se o local onde se encontram, ou comunica-se que estão à disposição do interessado. Mesmo que atingido o termo previsto para a retirada, e sendo esta do encargo do credor, desde que se encontre no local o bem, opera-se a individuação. Não cabe, posteriormente, impugnar a qualidade, e até a quantidade. Para caracterizar esta forma de se consolidar a escolha, insta que fiquem as partes cientes da data da disponibilidade do produto, o que se perfectibiliza através, *v.g.*, do manifesto de transporte, ou do conhecimento do depósito. Se recebida ou retirada a mercadoria, sem qualquer protesto ou devolução num prazo breve, presumem-se a escolha e, consequentemente, a aceitação.

Entretanto, uma vez avisado o contratante que a coisa se encontra à sua disposição, e não verificada qualquer recusa, por um prazo razoável, dá-se consumada a entrega, e tem-se como individualizada a mercadoria. Não há disposição legal quanto ao prazo. Todavia, não sendo de pronto a recusa, ou a restituição, num período máximo de dez dias, presume-se a aceitação.

Mesmo que ordenada a remessa, esta simples solicitação não expressa a aceitação e individuação. Imprescindível que se opere o recebimento. A entrega ao transportador encarregado ou contratado pelo credor nem sempre significa autorização para o exame ou conferência com o pedido. E dando-se o recebimento, significa aceitação se a qualidade correspondia àquelas coisas realmente adquiridas.

Normalmente, adquirem-se produtos de determinada qualidade, sem examiná-los. No entanto, a indicação do tipo de qualidade importa em produtos sem pequenos defeitos e com dimensões exatas. Não é selecionada a mercadoria, *in loco*, mas referese, no pedido, o tipo. Vindo, *v.g.*, o material de segunda qualidade, ou com falhas, não há a obrigação em aceitar, eis que a individuação não se operara quando da encomenda. Frequentes controvérsias deste teor aparecem nas compras de materiais de construção, como pisos, azulejos, madeiras, tijolos, ferragens etc.

Sendo difícil a escolha quando da compra, eis que as mercadorias se encontram em depósitos não acessíveis e em locais distintos da loja, prevalecem os costumes e os conhecimentos práticos que imperam no local. Por conseguinte, não equivale à escolha o mero pedido de compra ou o pagamento de produtos referidos apenas pela qualidade ou tipo.

Diante do observado, para fazer que prevaleçam as normas relativas à entrega de coisa certa há um primeiro passo, que é o momento em que se transforma na coisa certa.

7.6. PERDA OU DETERIORAÇÃO DA COISA INCERTA

Na obrigação de dar coisa certa, foi observado que unicamente se incorrer em culpa (sentido lato) suportará o devedor a indenização por danos na perda ou deterioração da coisa. Nada caberá ao credor, se a perda ou deterioração aconteceu por evento independente do comportamento do devedor, a não ser a devolução do valor eventualmente adiantado.

No caso presente, até a individuação, que se opera geralmente pela escolha, a perda ou deterioração será sempre da responsabilidade do devedor, segundo preceito do art. 246: "Antes da escolha, não poderá o devedor alegar perda ou deterioração da coisa, ainda que por força maior ou caso fortuito".

Mesmo que competir ao credor a escolha, a responsabilidade centra-se na pessoa do devedor. Arcará ele com a indenização, eis que tinha a guarda da coisa. É como está na pauta do STJ: "Nas hipóteses em que a coisa não for entregue, tiver se deteriorado ou não for encontrada, poderá o credor optar pela entrega de quantia em dinheiro, equivalente ao valor da coisa, transformando-se a execução para entrega de coisa em execução por quantia certa. Contudo, para que essa conversão seja possível, é necessária a prévia apuração do *quantum debeatur*, por estimativa do credor ou por arbitramento judicial."[12]

De certo modo, há diferença de tratamento relativamente à prestação de coisa certa, posto, nesta, não permitida qualquer indenização se ausente culpa na perda. Envolvendo coisa incerta a perda ou deterioração, nem tal perda ou deterioração cabe ao devedor alegar. Não estará ele protegido contra uma indenização. Isto em vista da natureza da coisa incerta, que, para Carvalho Santos, não perece e não se deteriora – *genus nunquam perit*.[13] Basicamente, esta obrigação envolve coisa fungível. Nunca se entrega um produto componente dos elementos existentes no momento do contrato, mas o produto que vier a ser produzido, ou adquirido, ou colhido. De modo que se entrega uma coisa futura, que não é necessariamente aquela mostrada no ato da aquisição.

7.7. EXECUÇÃO DA OBRIGAÇÃO DE DAR COISA INCERTA

Depois que se examinou a obrigação de dar coisa certa, não se torna complexa a compreensão da execução em exame, de título extrajudicial. A matéria está regulada no Código de Processo Civil, entre os arts. 811 a 813.

O primeiro deles indica a quem compete a escolha: "Quando a execução recair sobre coisa determinada pelo gênero e pela quantidade, o executado será citado para entregá-la individualizada, se lhe couber a escolha." Em prosseguimento, o parágrafo único: "Se a escolha couber ao exequente, esse deverá indicá-la na petição inicial."

Percebe-se a finalidade da citação, se a escolha couber ao devedor: a entrega, mas individualizada. Ou seja, para dois atos: individualização e entrega, devendo, porém, restar bem claro a quem cabe a escolha.

No geral, nem se menciona no contrato a quem toca a escolha. Simplesmente combina-se a entrega de produto, prevista para uma data aprazada. No silêncio da avença,

---

[12] REsp 1159744/MG, da 3ª Turma, relatora Ministra Nancy Andrighi, j. em 11.06.2013, *DJe* de 24.06.2013.
[13] Ob. cit., vol. XI, p. 78.

subentende-se que a escolha será por conta do devedor, na aplicação do art. 244, em sua primeira parte, do Código Civil.

Insere-se na inicial a indicação, sob pena de preclusão. Leciona Araken de Assis, em texto aplicável ao Código Processual de 2015, pela semelhança de texto: "Competindo a escolha ao credor (art. 629, 2ª parte), ele a realizará já na petição inicial, sob pena de preclusão. Não é o caso de o juiz abrir prazo para emendar a peça..., pois subentende-se renúncia àquela faculdade. Isto não significa que o obrigado, agora dotado deste poder, escolherá aquela coisa que preferir, subsistindo a norma básica do art. 875, 2ª parte. Seja a quem couber a indicação, obedecerá meio-termo na qualidade. Irrogando-se o credor improcedentemente o poder de escolha, o juiz mandará corrigir a inicial, sob pena de indeferimento".[14] O art. 629, 2ª parte, corresponde ao art. 811, 2ª parte, do CPC/2015. Já O texto da segunda parte do art. 875 referido é igual ao da segunda parte do art. 244 do Código Civil em vigor.

Mais ilações advêm da regra.

Como efetuar a escolha? Evidentemente, em função dos limites do art. 244, 2ª parte, dentre as várias opções oferecidas, observarse-á o termo médio, isto é, nem as melhores e nem as piores. Tanto o devedor como o credor selecionarão tendo em vista o conjunto, a generalidade, mas desde que preservada a qualidade inerente à natureza da coisa.

O comando judicial será para a indicação e entrega, se a escolha couber ao devedor; e para a entrega selecionada, com as especificações dadas na inicial, se o contrato atribuir ao credor escolher. Não ordena outra coisa o art. 811 do CPC. Assim, inadmissível que, ao ser citado, levante o obrigado incidente quanto à qualidade do bem.

Em qual prazo cumprirá o devedor a obrigação? Há omissão, na parte específica do Código de Processo Civil que trata do assunto, a respeito. Entrementes, por força de seu art. 813, aplicando-se as normas que regem a entrega de coisa certa, será de quinze dias o prazo, contado da juntada do mandado aos autos, para o atendimento do conteúdo da citação, prazo que vem previsto no art. 806 do CPC, e em face do art. 915 do mesmo diploma, estabelecendo o lapso de tempo referido para o oferecimento de embargos à execução. Se colocada a alternativa para efetuar a entrega ou apresentar embargos, a uma ou outra hipótese se concede o prazo de quinze dias.

Cumprida ou não a obrigação, no prazo de quinze dias faculta-se a impugnação da escolha procedida. Assim prevê o art. 812 da lei processual civil: "Qualquer das partes poderá, no prazo de quinze dias, impugnar a escolha feita pela outra, e o juiz decidirá de plano ou, se necessário, ouvindo perito de sua nomeação."

Primeiro, conta-se o prazo da juntada do mandado de citação.

Mas, o início do momento da contagem varia conforme quem impugna.

Figurando o credor, será ou porque a entrega não obedeceu à indicação constante na inicial de execução (era seu, então, o direito de escolha); ou porque entregues coisas não segundo a qualidade média, ou o meio-termo entre as melhores e as piores (o direito de escolha era do devedor). Obviamente, o prazo de 15 dias conta-se do primeiro dia útil seguinte à intimação da juntada ao processo do mandado cumprido.

Já impugnando o devedor, se discordar da indicação, impugnará a escolha em 15 dias, dando-se a contagem da juntada do mandado de citação. Somente depois de decidida a controvérsia transcorrerá o lapso de tempo de 15 dias.

---

14   *Manual do Processo de Execução*, ob. cit., pp. 355 e 356.

Havendo impugnação, deverá o juiz decidir sobre qual a coisa. Para tanto, valerse-á de perito, consoante encerra o art. 812 do CPC. Abre-se um contencioso de maior amplidão, com a ouvida das partes, e inclusive formulação de quesitos nas situações difíceis. Mas, dentro do possível, imprimindo-se um rito breve ou sumário, como faz entender o dispositivo, tanto que não permite a indicação de assistentes técnicos da confiança dos litigantes, eis que o final do art. 812 expressamente restringe a instrução à nomeação de perito pelo juiz. Permitindo-se a solução pelos documentos existentes, ou por uma inspeção judicial, não se socorrerá o juiz de perito.

Definida a controvérsia, sujeita ao recurso de agravo, abrem-se estas alternativas: ou se expedirá novo mandado de entrega do bem definido, se indeferido aquele entregue pelo devedor; ou se expedirá mandado de entrega, se o anterior já não se encontrar com o oficial de justiça, no caso de improcedente a impugnação do devedor quanto ao bem constante no mandado de citação; ou se expedirá outro mandado, com a menção do bem que realmente deve ser entregue, na eventualidade de procedente a impugnação oferecida pelo devedor.

Como se percebe, está-se, aí, numa primeira fase do processo de execução. Cumprindo-se o mandado, ou entregue espontaneamente a coisa, sem embargos, encerra-se o feito.

Mas, se não cumprido, ou se cumprido, houver embargos?

Nestas situações, prevê o seguinte o art. 813 do CPC: "Aplica-se à execução para entrega de coisa incerta o estatuído na seção anterior". Por outras palavras, segue-se o procedimento para a entrega de coisa certa, matéria já desenvolvida no capítulo anterior.

A entrega ou o depósito não se coloca como condição para os embargos (art. 915 do CPC). A citação é para fazer a entrega, ou o depósito, e para embargar, não mais se exigindo a imissão ou a apreensão, e muito menos o depósito, da coisa.

De regra, não serão os embargos recebidos no efeito suspensivo, constando do § 1º do art. 919 do diploma processual civil a concessão de tal efeito unicamente quando verificados os requisitos para a concessão da tutela provisória e desde que a execução já esteja garantida por penhora, depósito ou caução suficientes: "O juiz poderá, a requerimento do embargante, atribuir efeito suspensivo aos embargos quando verificados os requisitos para a concessão da tutela provisória e desde que a execução já esteja garantida por penhora, depósito ou caução suficientes".

A tutela provisória veio introduzida nos arts. 294 a 299, destacando-se a redação do art. 294: "A tutela provisória pode fundamentar-se em urgência ou evidência".

Vencida a fase dos embargos, se improcedentes, cumprem-se os derradeiros atos da execução.

E se não entregue ainda a coisa?

A solução está no § 2º do art. 806 do CPC: "Do mandado de citação constará ordem para imissão na posse ou busca e apreensão, conforme se tratar de bem imóvel ou móvel, cujo cumprimento se dará de imediato, se o executado não satisfizer a obrigação no prazo que lhe foi designado." Ou seja, procura-se o bem mediante mandado de imissão de posse ou de busca e apreensão, conforme tratar-se de bem imóvel ou móvel. Uma vez cumprido, intima-se para os efeitos do art. 812, isto é, para impugnar a escolha? A resposta é negativa, eis que competia ao devedor fazer uso desta faculdade quando da citação. Nem mais é momento para os embargos, já que a oportunidade para seu oferecimento se limita ao prazo de quinze dias que inicia com a juntada do mandado de citação.

No caso de não localização, ou alienada a coisa para terceiro, ou mesmo tendo-se perdido (possibilidade esta remota, por envolver geralmente bem fungível), como já salientado no item anterior, nos moldes do art. 809 do CPC, procede-se à liquidação da obrigação, transformando-se, depois, em execução ou cumprimento de sentença por quantia certa contra devedor solvente. Dispensa-se o arbitramento ou a liquidação por perícia se há estimativa idônea, ou se possível a simples avaliação. A estimativa do valor, calcada em elementos idôneos, sempre é necessária. Assim orientava o STJ, quando a matéria vinha regida pelo CPC/1973:

"A execução para entrega de coisa incerta, após a escolha do bem, segue o rito previsto para a execução de coisa certa (art. 621 e segs.).

O objetivo específico da execução para entrega da coisa é a obtenção do bem que se encontra no patrimônio do devedor (ou de terceiro). Caso não mais seja encontrado o bem, ou no caso de destruição ou alienação, poderá o credor optar pela entrega de quantia em dinheiro equivalente ao valor da coisa e postular a transformação da execução de coisa certa em execução por quantia certa, na linha do art. 627, CPC.

Indispensável, nessa hipótese, contudo, a prévia apuração do *quantum*, por estimativa do credor ou por arbitramento. Sem essa liquidação, fica inviável a conversão automática da execução para entrega da coisa em execução por quantia certa, mormente pelo fato que a execução carecerá de pressuposto específico, a saber, a liquidez".[15]

Os mencionados arts. 621 e 627 possuem os textos correspondentes nos arts. 806 e 809, respectivamente, no CPC/2015.

Por envolver, em geral, a obrigação de dar coisa incerta bens fungíveis, segundo já ressaltado, inexiste possibilidade de perda, e mesmo de melhoramentos ou deteriorações. Daí a inaplicabilidade das disposições do art. 810 do CPC.

Quanto à restituição, o art. 238 do Código Civil restringe a disciplina à coisa certa. Dificilmente torna-se viável alegar a perda da coisa se fungível, ou substituível por outra, e, assim, sustentar a impossibilidade da restituição.

Em suma, dada a natureza da coisa incerta, não ainda definida em sua individualidade, não parece que incidam as normas concernentes à perda, à deterioração e aos melhoramentos, aplicáveis à obrigação de dar coisa certa.

Finalmente, na ação de conhecimento que envolve a entrega de coisa incerta – cumprimento de sentença –, é aplicável a tutela específica (art. 498 e parágrafo único do CPC), fixando o juiz prazo para o cumprimento, e ordenando medidas como a aplicação de multa, a busca e apreensão ou imissão na posse, conforme se tratar de coisa móvel ou imóvel, além de outras que se apresentarem apropriadas.

A matéria restou examinada no Capítulo anterior, em seu item 6.13.

---

[15] *REsp* nº 327.650/MS, da Quarta Turma, j. em 26.09.2003, *DJU* de 06.10.2003.

VIII
Obrigações de Fazer

8.1. "FAZER" EM DIREITO DAS OBRIGAÇÕES

O sentido de "fazer" compreende a ideia de prestação, de trabalho, de ação. Há um ato do devedor que deve ser feito. Está ele preso a um compromisso. Cumpre-lhe que preste um serviço. E, assim, combinam-se trabalhos a serem executados, seja de ordem física, artística, científica ou intelectual. No dizer de Orosimbo Nonato, permanecendo a atualidade do texto, há "a aplicação de forças intelectuais ou físicas".[1] Num sentido mais elástico, assume-se um comportamento que se concretiza pela ação física da pessoa, pelo esforço que exige dispêndio de energia, de que resulta uma obra, ou um bem concreto.

Nesta colocação insere-se Sílvio Rodrigues, ao ensinar: "Na obrigação de fazer o devedor se vincula a um determinado comportamento, consistente em praticar um ato, ou realizar uma tarefa, donde decorre uma vantagem para o credor. Pode a mesma constar de um trabalho físico ou intelectual, como também da prática de um ato jurídico. Assim, assume obrigação de fazer o empreiteiro que ajusta a construção de uma casa; ou o escritor que promete a um jornal uma série de artigos; ou a pessoa que, em contrato preliminar, se propõe a outorgar, oportunamente, um contrato definitivo".[2]

As obrigações de fazer traduzem-se em um ato humano, ou, mais corretamente, na realização de atos humanos positivos, contrapondo-se à de não fazer, onde sobreleva a omissão de uma conduta, ou a ausência de uma ação, levando-a a classificá-la como negativa.

Não se expressa o significado de "fazer" em apenas um mero realizar, ou na singela confecção de uma obra. Mais apropriadamente, o devedor está incumbido de "prestar" um fato, o que envolve o "fazer" e o "dar" numa única contratação. Normalmente, neste tipo de obrigação há mais de um ingrediente. Ao se fazer, embutem-se coisas, que são entregues transformadas ou trabalhadas. No contrato de construção, além das atividades físicas, há a inclusão de materiais ou bens.

Assim, a par de obrigações que se resumem em um desempenhar de pura atividade, há aquelas que abrangem a atividade e o bem, finalizando-se na entrega de um resultado elaborado ou confeccionado. Não no sentido de que, para dar, se exige a ação de entrega, o que equivale a fazer. Mas no conteúdo de quando se desincumbe a pessoa de um compromisso, ou se atende a um reclamo, ou se pratica o ato em uma coisa concreta, a qual é elaborada ou transformada.

---

[1] *Curso de Obrigações*, ob. cit., vol. I, p. 288.
[2] *Direito Civil – Parte Geral das Obrigações*, ob. cit., vol. II, p. 43.

A construção de uma unidade predial, em troca da entrega de área a construir, importa na entrega de um bem confeccionado, que se classifica como obrigação de fazer, consoante já entendeu o STJ no REsp nº 598.233/RS, da Terceira Turma, j. em 02.08.2005, p. no *DJU* de 29.08.2005:

> "Processo Civil. Dação de imóveis em pagamento de dívida contraída. Obrigação de fazer, e não de dar coisa certa. Conversão, por opção do autor, em perdas e danos. Possibilidade. Inteligência dos arts. 880 e 881 do CC/16, e 461, § 1º, do CPC.
>
> A obrigação, assumida pela construtora de um empreendimento imobiliário, de remunerar a proprietária do terreno mediante a dação em pagamento de unidades ideais com área correspondente a 25% do total construído qualifica-se como obrigação de fazer, e não como obrigação de dar coisa certa. Como consequência, o inadimplemento dessa obrigação, representado pelo acréscimo de área ao imóvel sem o conhecimento da proprietária e, consequentemente, sem que lhe tenha sido feito o correspondente pagamento, dá lugar à incidência dos arts. 461, § 1º, do CPC, e 880 e 881, do CC/16, possibilitando a escolha pelo credor entre requerer o adimplemento específico da obrigação ou a respectiva conversão em perdas e danos".

Os arts. 880 e 881 da Lei Civil de 1916 equivalem aos arts. 247 e 249 do CC/2002. O citado § 1º do art. 461 do CPC corresponde ao art. 499 do CPC em vigor.

No entanto, há a distinção da obrigação literal de dar, eis que esta se resume na mera entrega ou restituição, sem nenhuma ação que a modifica ou transforma. Não se verifica a atividade na coisa, mas a atividade na translação, ou no deslocamento.

Neste sentido, não se pode afirmar, segundo alguns insistem, que o mero transferir, ou entregar, exige a ação no sentido de "fazer". O *substractum* da diferenciação, aponta Washington de Barros Monteiro, "está em verificar se o 'dar' ou o 'entregar' é ou não consequência do fazer. Assim, se o devedor tem de dar ou entregar alguma coisa, não tendo, porém, de fazê-la previamente, a obrigação é de dar; todavia, se, primeiramente, tem ele de confeccionar a coisa para depois entregá-la, se tem ele de realizar algum ato, do qual será mero corolário o de dar, tecnicamente a obrigação é de fazer".[3]

Daí partir-se para o conceito da obrigação de fazer, que consiste no ato, na ação, numa atividade do devedor, muitas vezes na própria coisa, a qual é entregue, e às vezes sem envolver a entrega, mas se resumindo em uma mera atividade ou trabalho físico ou intelectual. No sentido puro, constitui a prestação de um fato, na acepção de ação ou atividade, que pode se desenvolver em um ou mais atos do devedor.

Exemplificando, no contrato de empreitada, além da atividade de construção, opera-se a entrega da coisa. No compromisso de realizar uma pintura, há o simples fazer. Em ambas as hipóteses, presta-se um fato. Nas duas obrigações, deve-se uma prestação.

Especificamente divergem as características da obrigação de dar e a de fazer.

Na primeira, interessa que a coisa seja entregue. Não há o *intuitu personae*, ou a qualidade do obrigado, sua condição e personalidade. Diferentemente ocorre na obrigação de fazer, quando têm preponderância o caráter e a qualidade da pessoa, porquanto se contrata em vista dos requisitos de idoneidade e capacidade do prestador do serviço. Ao se empreitar a construção de uma casa, procura-se levar em conta a aptidão e honestidade

---

[3] *Curso de Direito Civil – Direito das Obrigações*, ob. cit., 1ª parte, p. 95.

do empreiteiro. Já quando se combina a entrega de uma mercadoria, não são relevantes tais elementos, porquanto a atenção está voltada para o bem adquirido ou contratado.

Nesta mesma linha, raramente admite-se que o terceiro cumpra a obrigação pelo devedor, enquanto mostra-se de somenos importância tal substituição na obrigação de dar. Sem esquecer, no entanto, a observação de Caio Mário da Silva Pereira: "Pode, ao revés, admitir-se que o objetivo do credor tenha sido obter a prestação em si, sem qualquer consideração quanto às qualidades pessoais do devedor, e, nesse caso, a obrigação cumpre-se desde que este, por si ou por outrem, realize o ato a que se obrigara".[4] Entrar-se-ia na seara da discussão da fungibilidade ou infungibilidade da prestação de fazer, possíveis ambas as hipóteses, dependendo do tipo de obrigação – matéria que se desenvolverá adiante.

A forma de executoriedade da obrigação é diferente nas duas espécies. Na de dar, expede-se mandado de citação para a entrega, ou mandado de busca e apreensão. Remotamente converte-se a mesma em execução de quantia certa. No pertinente à de fazer, uma vez negando-se o devedor ao cumprimento, não se pode coagi-lo a atender o estabelecido. Normalmente, opera-se a conversão do compromisso em perdas e danos, pedido postulável a qualquer tempo, inclusive no curso processual, como reconheceu o STJ: "Na linha de pacífica jurisprudência deste Superior Tribunal de Justiça, é possível a conversão da obrigação de fazer em perdas e danos, independentemente do pedido do titular do direito subjetivo, em qualquer fase processual, quando verificada a impossibilidade de cumprimento da tutela específica" (REsp nº 2121365/MG, relatora Min. Regina Helena Costa, j. em 05.09.2024). Na concessão de um empréstimo, mais particularmente de um financiamento, em que sobressai a natureza de fazer, isto é, celebrar o contrato, não existe um comando legal que obrigue o banco a honrar a promessa de conceder o crédito. Mas, havendo lei que preveja o financiamento, como no setor agrário, com a disponibilidade de verbas do Tesouro Nacional para financiar a aquisição de insumos e o plantio, poderá o interessado ingressar com a ação competente para impor a celebração do contrato, desde que preenchidos os requisitos legais? Se repassada a verba ao banco encarregado, é cabível a medida judicial. Mas, mesmo assim não havendo o atendimento, resta a indenização pelas perdas e danos em vista da frustração da safra.

Já num contrato de arrendamento, ou de locação, ou mesmo de parceria, uma vez aperfeiçoado, se não entregue o imóvel, torna-se de dar a obrigação, sendo executável a entrega mediante o mandado de imissão na posse.

Já a promessa de compra e venda, onde se ostenta clara a obrigação de fazer – consistente em outorgar, no adimplemento total das prestações, a escritura pública – permite o cumprimento da avença mesmo com a recusa do promitente vendedor, posto que compulsoriamente assegurada a adjudicação, substituindo a sentença o ato da parte.

8.2. O CONTEÚDO DA OBRIGAÇÃO DE FAZER

Na obrigação de fazer existe uma atividade pessoal do devedor, que se dimensiona na execução de um trabalho físico ou intelectual, na realização de obra, na prestação de um fato. Em tudo há o emprego da energia física ou mental, de acordo com o trabalho físico ou intelectual.

---
[4] *Instituições de Direito Civil*, ob. cit., vol. II, p. 56.

Amplo é o campo destas obrigações, estendendo-se em vários setores, que assim podem se discriminar, exemplificativamente:

a) Obrigação de cunho contratual, ou que nasce de um contrato. Aí temos "fazer" uma empreitada, "desempenhar" mandato, "locar" um imóvel, e assim por diante.
b) Obrigação de prestar serviços, envolvendo mais trabalhos físicos, como construções, limpeza, consertos; e atividade física conjugada com a intelectual, aqui se inserem as profissões liberais de engenharia, de advocacia, de medicina, de professor, dentre dezenas de outras.
c) Obrigação de prestar um fato, isto é, de outorgar uma escritura pública, de assinar um título cambial, de elaborar um instrumento contratual. Neste âmbito, nem sempre sobressai a atividade física ou intelectual, anotando Orosimbo Nonato: "Mas, espécies há de fazer, objeto de obrigação, desconsideráveis como trabalho. Quando, por exemplo, alguém presta uma fiança, o essencial não se encontra no dispêndio de energia requerido pela constituição daquela garantia pessoal, mas nas suas consequências, nos proveitos e perigos do ato".[5]
d) Obrigação de realizar obras, constituídas de atividade física e de fornecimento. Na construção de casa, com o emprego de materiais; ou no reparo de um instrumento, com a substituição de peças. Interessa ao credor o produto final, mas predominando sempre a atividade humana.
e) Obrigação de atividade eminentemente imaterial, exigindo-se o engenho, a arte, a inteligência, a cultura, verificados tais dotes na pintura, na escultura, na produção literária.
f) Obrigação decorrente da lei ou dos fatos da vida, citando-se a prestação de assistência econômica e alimentar aos familiares, o oferecimento de instrução aos filhos, o atendimento médico e hospitalar.

8.3. CARÁTER DE INFUNGIBILIDADE DA OBRIGAÇÃO DE FAZER

O normal é que seja executada a obrigação pelo devedor com quem se contratou. É o que ressaltava Tito Fulgêncio: "Assim como nas obrigações de dar, também nas de fazer e por identidade de razão, a regra é a execução direta, a execução em natureza, a dizer, o credor tem o direito de exigir do devedor a coisa devida, que é o fato, ou serviço prometido, sempre que for possível".[6] Sobressai o caráter da pessoalidade, pois em geral contrata-se com a pessoa de quem se exige o ato ou fato. Ao pretender-se uma obra, ou um trabalho, procura-se quem inspira confiança e mais capacidade revela – situação comum na prestação de serviços.

Daí, pois, predominar a infungibilidade da obrigação de fazer.

Como consta do art. 85 do Código Civil, "são fungíveis os móveis que podem substituir-se por outros da mesma espécie, qualidade e quantidade". Daí que infungíveis consideram-se os móveis que não podem substituir-se por outros da mesma espécie, qualidade e quantidade, o que também vinha expresso no Código de 1916.

---

[5] *Curso de Obrigações*, ob. cit., vol. I, p. 288.
[6] *Do Direito das Obrigações*, ob. cit., p. 121.

Apropria-se mais o conceito ao tipo de obrigação de dar coisas móveis, o que não afasta a possibilidade de também a obrigação de fazer tornar-se suscetível de substituição relativamente à pessoa que a executa. Realmente, há obrigações que devem ser executadas por pessoas selecionadas, específicas, que apresentam dotes ou capacidades apropriadas para certos serviços; e há aquelas que não reclamam uma vocação ou qualidade determinada, em geral as mais comuns e executáveis pela generalidade dos indivíduos.

As primeiras classificam-se como infungíveis, firmando-se o negócio *intuitu personae*, ou em consideração da pessoa que as confecciona. Importa, neste tipo, as qualidades pessoais do devedor. Contrata-se a sua efetivação com fulcro na capacidade, na profissionalização, ou nos dotes artísticos e culturais. Com efeito, uma cirurgia plástica acertada com médico da confiança ou de renome, não permite que venha a ser realizada por outro cirurgião, ou seu assistente, porquanto o fator decisivo da escolha assentou-se nos atributos técnicos ou na fama do profissional. Num outro campo de atividade, se na locação de um imóvel exigiu-se um fiador que prima pela honradez e pela idoneidade econômica, não se vá buscar o cumprimento na confecção do contrato se outro o fiador apresentado, embora com qualidades semelhantes ao anterior.

Já no desempenho de outras atividades, importante apresenta-se o serviço, ou o trabalho. Não interessa quem o executa. Em se acertando uma empreitada no erguimento de edifício, não se revela primordial, e muito menos condição para o cumprimento, o tipo de pessoas chamadas para a obra. De igual modo quando se contrata a pintura de um prédio, ou o concerto de um eletrodoméstico. O contrato é para um serviço especial, sem condicionar o nome do executante.

Conclui-se que as primeiras obrigações enquadram-se entre as infungíveis, posto que insubstituível o trabalho; já as segundas têm por escopo a obra em si, não interessando quem a faz. Daí a fungibilidade.

A infungibilidade se dá quando os contratantes acertam o nome de quem deve executar o trabalho, ou o ofício, ou a obra. Situação comum na maioria das atividades que exigem conhecimento técnico ou profissionalismo. Não interessa tanto a execução, mas quem executa, o que representa confiança e certeza de sucesso. Mas nem sempre se impõe a indicação do executor, ou daquele que faz. Inquestionável que se a encomenda refere-se a uma escultura, exige-se que a erija o artista com quem foi combinada a obra. Procurando-se um cirurgião conhecido em uma especialidade, subentende-se que houve a escolha, não se admitindo a substituição por outro profissional. Assim os clientes que acertam defesas com advogados especialistas, ou que buscam orientação num escritório profissionalizado em um setor do direito.

O art. 878 do Código Civil revogado cuidava da infungibilidade de certas obrigações: "Na obrigação de fazer, o credor não é obrigado a aceitar de terceiro a prestação, quando for convencionado que o devedor a faça pessoalmente". O Código em vigência não repetiu a norma, porquanto decorre o seu conteúdo do art. 247: "Incorre na obrigação de indenizar perdas e danos o devedor que recusar a prestação a ele só imposta, ou só por ele exequível". Realmente, se assegurada a indenização pelas perdas e danos caso manifestada a recusa da prestação, naturalmente não está obrigado o credor a aceitar de terceiro a mesma prestação, de caráter estritamente pessoal.

Entende-se a impossibilidade da substituição do executor desde o momento em que o trabalho ou a obra não possa ser executada com as mesmas virtudes ou qualidades que teria se a execução se fizesse com a pessoa com quem se contratou.

Não se exige obrigatoriamente convenção para que o devedor faça pessoalmente a obrigação. Há situações em que a pessoalidade da contratação é subentendida, não carecendo que venha dita ou expressa literalmente. É evidente que um serviço especializado só pode ser realizado pela pessoa com quem foi acertado. Não há obrigatoriedade de aceitar-se um quadro com uma paisagem delineada se pintado por um artista distinto daquele a quem se solicitou a obra. Especialmente na prestação de serviços técnicos ou profissionais, impõe-se a prestação por aquele que foi contratado. Entrementes, se possível a execução por qualquer pessoa que entenda do ramo de atividades solicitado, não será obrigatória a sua efetivação por determinado indivíduo.

Mesmo nesta eventualidade, no entanto, permite-se reclamar a execução através de pessoa especificada. No caso, impõe-se, então, a convenção. Unicamente se indicado o nome do executor justifica-se exigir o cumprimento pelo mesmo. É que, dentre uma classe de profissionais disponíveis numa mesma empresa, sempre existem os melhores ou mais aptos, e que desempenham em nível superior a atividade.

8.4. IMPOSSIBILIDADE DA PRESTAÇÃO

Há casos em que se torna impossível a execução da obrigação de fazer. Várias as situações, como doença do devedor, viagem inesperada, interrupção do único caminho por onde deveria passar para chegar-se ao local do cumprimento, falta de materiais no comércio necessários para a obra, proibição da atividade pelo Poder Público. Há, nestas inexecuções, involuntariedade, ou impossibilidade por fato alheio à vontade da parte obrigada. Não ficam aí as hipóteses de não cumprimento por impossibilidade. Em algumas ocasiões, torna-se impossível a obrigação por desaparecer seu objeto. Ela se impossibilita em vista da destruição da própria coisa dada em locação. Um incêndio faz desaparecer o atelier de um pintor, retardando a entrega da obra. Uma praga dizima a matéria-prima que seria utilizada na fabricação de produtos contratados.

Mas, surgem inadimplências também por culpa ou decisão do próprio devedor. Não raramente, há a simples omissão, ou o descumprimento. A pessoa trata a realização do trabalho e não atende, o que não é incomum na vida prática. Os profissionais desleixam no compromisso, faltam com a palavra empenhada, e mostram-se desidiosos na obediência ao prazo estabelecido. Mesmo o advento da impossibilidade pode ser consequência do atraso culposo. O incêndio ocorreu após o vencimento da data prevista para a entrega do serviço.

Procurando resolver as situações, em termos de responsabilidade, prescreve o art. 248: "Se a prestação do fato tornar-se impossível sem culpa do devedor, resolver-se-á a obrigação; se por culpa dele, responderá por perdas e danos".

Duas as situações.

Na primeira, inviabilizada a prestação sem culpa do devedor, simplesmente resolve-se o contrato. Dá-se a liberação do devedor. Fica desconstituída a obrigação, não cabendo qualquer indenização, como quando um grupo de cantores não chega ao evento previsto para a apresentação por causa de um acidente no transporte, ou da interrupção da via, ou por doença de seus membros. O máximo que se pode pretender é a restituição do pagamento eventualmente adiantado, porquanto a força maior ou o caso fortuito, embora resolvendo a avença, não tem o condão de desonerar de tal decorrência. Entrementes, neste quadro de consequências, importa que a obrigação não seja fungível. Se possível a substituição das pessoas para a realização do ato, em certas situações não advém a desoneração da responsabilidade. No exemplo acima, em vista do acidente opera-se a liberação. Mas, se a doença atingiu membro do grupo, e permitida a substituição por outro, logicamente persiste o dever de apresentação no evento programado. Dir-se-á, nas obrigações de fazer fungíveis, que remanesce a responsabilidade sempre que a impossibilidade atingir a pessoa que presta o serviço; já se decorrente de fato da natureza, de modo a não permitir o ato, e aí ocorrências como a destruição da coisa, ou a superveniência de fato incontornável, concretiza-se a liberação.

De observar que a impossibilidade deve ser total, não se confundindo com a mera dificuldade, ou o obstáculo ocasional. Se fortes chuvas dificultam o tráfego em uma estrada, poderá haver retardamento na obrigação de transportar, ou remeter mercadorias. Não se exonerará o devedor de, no momento oportuno, satisfazer a obrigação, eis que persiste o contrato, nos termos do art. 106 do Código Civil: "A impossibilidade inicial do objeto não invalida o negócio jurídico se for relativa, ou se cessar antes de realizada a condição a que ele estiver subordinado".

Lembram-se, também, as impossibilidades decorrentes da própria natureza do objeto da prestação e aquelas que resultam de um texto expresso da lei, como explicava Antônio Chaves: "Se esta impossibilidade já existir no momento em que foi constituída a obrigação, temos uma obrigação nula, que não pode ser considerada como válida: ou melhor, que nem chegou a constituir-se.

No exemplo de alguém que assume o compromisso de construir uma ponte ligando o Rio a Lisboa é claro que a nulidade é originária, porque ninguém pretenderia ver executada obrigação desta natureza.

O mesmo ocorre com relação à obrigação que não é impossível de se realizar fisicamente, mas proibida por lei, como obrigar alguém a constituir-se em estado de mancebia ou a mudar de religião".[7]

Na situação de caracterizar-se a culpa do devedor na impossibilidade, emanam efeitos indenizatórios. Necessário ressaltar: no caso de haver impossibilidade no cumprimento. Deve-se, no entanto, alargar a previsão legal para a impossibilidade posterior em virtude de mora no adimplemento, e assim acontece no transporte que se inviabiliza pela queda de uma ponte, fato que acontece depois da previsão para a remessa. Responde sempre o devedor pelos danos oriundos. Não que tenha que pagar o valor da obrigação, mas os prejuízos acarretados com a omissão. Vários os casos verificáveis envolvendo a impossibilidade por culpa do devedor. Na incorporação imobiliária, adquirindo os interessados quotas, e mesmo que reduzido o valor pago, a posterior venda do imóvel, tornando inviável o empreendimento, imporá ao incorporador arcar com as perdas e danos que sofreram os subscritores de quotas, verificáveis no pagamento de aluguéis pelo período de tempo que corresponde ao retardamento na aquisição de outro imóvel. Em contratos preliminares, ou promessas de compra e venda não registradas, a impossibilidade em outorgar a escritura definitiva por causa da venda definitiva a terceiro, além da devolução das quantias porventura recebidas, deverá o promitente vendedor ressarcir todos os transtornos experimentados pelos promitentes compradores. Nas ofertas de mercadorias aos consumidores em geral, há o art. 35 da Lei nº 8.078, de 11.09.1990 (Código de Defesa do Consumidor), estabelecendo, dentre outras alternativas, a indenização em favor do prejudicado pelo não cumprimento:

---

[7] *Tratado de Direito Civil – Direito das Obrigações*, vol. II, t. I, p. 74.

"Se o fornecedor de produtos ou serviços recusar o cumprimento à oferta, apresentação ou publicidade, o consumidor poderá, alternativamente e à sua livre escolha:

I – exigir o cumprimento forçado da obrigação, nos termos da oferta, apresentação ou publicidade;

II – aceitar outro produto ou prestação de serviço equivalente;

III – rescindir o contrato, com direito à restituição de quantia eventualmente antecipada, monetariamente atualizada, e a perdas e danos".

8.5. NEGATIVA EM CUMPRIR A OBRIGAÇÃO

Neste caso, há a simples negativa em cumprir a obrigação de fazer. Recusa-se o devedor a realizar o ato, como na outorga de uma escritura pública após o pagamento do preço em prestações em contrato de promessa de compra e venda. Em especial nas obrigações essencialmente pessoais, e, assim, infungíveis, ocorre a situação de total inadimplência, como na confecção de trabalhos técnicos, de apresentação artística, de elaboração de estudos, de escrever um livro, de comparecer a um evento cultural, de realizar uma palestra etc. Mas é na generalidade dos compromissos ou deveres avençados que ocorre a falta de cumprimento, acentuando-se a incidência nas contratações de serviços pessoais de construção de prédios, de reparos ou consertos de objetos, de transporte de bens, de atendimento nas profissões liberais.

Há sempre, em tal panorama, a obrigação de indenizar, desde que advenham prejuízos, apesar de o art. 247 prever o ressarcimento unicamente para as obrigações infungíveis: "Incorre na obrigação de indenizar perdas e danos o devedor que recusar a prestação a ele só imposta, ou só por ele exequível".

A restrição às prestações infungíveis assenta-se no pressuposto de firmar-se o contrato na especialização do profissional, ou na capacidade do obrigado, ou em suas qualidades técnicas e pessoais. Teve-se em conta a pessoa do artífice ou prestador dos serviços. Voluntariamente dá-se a recusa, embora a insistência e a importância do trabalho.

Todavia, como ressaltado, desde que verificados prejuízos em outros tipos de prestações, e mesmo naqueles comuns, facilmente executáveis por uma grande gama de pessoas, também decorre a obrigação de reparar. No conserto de um veículo, de utensílios domésticos, de aparelhos necessários a profissões, do uso dos quais são extraídos rendimentos, autoriza-se o pedido de indenização ante o mero descumprimento, ou o desleixe em levar a efeito a empreitada. Suponha-se a recusa em sanar defeitos num sistema de informatização, ou em consertar um veículo utilizado comercialmente no transporte. Pelo tempo de paralisação, ou não utilização do bem em vista da recusa, mostra-se insofismável a decorrência indenizatória.

Esgotado o prazo previsto para o desempenho da atividade, ou para a entrega do bem, simplesmente assegura-se ao credor a procura de outro profissional, sequer impondo-se a constituição em mora do devedor. Muito menos se faz necessário o ingresso da competente execução de fazer, nos termos do art. 501 do vigente CPC, forma esta que fica reservada à faculdade de decidir do credor.

O certo é a inviabilidade de forçar o cumprimento, ou impor *manu militari* a execução, o que resultaria numa violação da vontade do obrigado. Mesmo nos atos que importem em infração à lei garante-se o direito de liberdade, estando prevista no direito positivo unicamente a consequente indenização pelas decorrências negativas, ou a sanção penal cominada na lei.

No pertinente ao ressarcimento, ter-se-á em conta o real prejuízo. Não cabe a interpelação para o cumprimento sob pena de pagar uma determinada importância, às vezes elevada para constranger ou forçar a pessoa a fazer aquilo que se comprometeu. É normal a cominação de multa em ações judiciais dirigidas a conseguir a satisfação do ato, e às vezes concedendo-se, com o esquecimento da limitação contida no art. 247. Não é permitida a exigência sob tal coação, eis que a lei preserva a liberdade individual mesmo para a infração dos contratos e da própria lei. Ninguém poderá ter um poder físico ou moral sobre a pessoa em virtude de um valor maior, que é o respeito à vontade humana.

8.6. EXECUÇÃO DO ATO POR TERCEIRO À CUSTA DO DEVEDOR E INDENIZAÇÃO

Como não poderia ser diferente, uma vez consumada a recusa, verificada também pelo decurso do prazo estabelecido para a prestação, abre-se ao credor a solução de procurar a execução do fato por terceiro, à custa do devedor, sem prejuízo da indenização cabível. Assim, a rigor reserva-se a opção acima ao prejudicado pelo inadimplemento, a teor do texto do art. 249: "Se o fato puder ser executado por terceiro, será livre ao credor mandá-lo executar à custa do devedor, havendo recusa ou mora deste, sem prejuízo da indenização cabível".

Deve-se entender o alcance da expressão "sem prejuízo da indenização cabível". Corresponde à perspectiva assegurada ao credor de reclamar a indenização pelos prejuízos causados em face da negativa em cumprir a prestação, e de procurar satisfazer-se com as perdas e danos causados pelo não cumprimento, sendo que, na hipótese, não se apela para a confecção junto a uma terceira pessoa.

Mesmo que opte o credor pela prestação ou confecção do bem por terceira pessoa, não está o credor impedido de buscar as perdas e danos decorrentes da recusa imotivada ou sem uma justa razão. Uma vez inadimplido o dever a que se comprometera a pessoa, e mesmo que terceiro o execute, abre-se a via indenizatória, uma vez que houve atraso em receber o serviço ou o bem, no que concorda Caio Mário da Silva Pereira: "Haverá, porém, direito à indenização se a mora do devedor lhe for danosa, quando tem o credor direito à prestação em tempo certo, e ela não veio. Cabe, em tal caso, além da prestação obtida judicialmente das mãos de terceiro, a reparação por ter chegado a destempo".[8]

A execução por terceiro envolve, em geral, as obrigações fungíveis, ou aquelas atividades que não inserem um caráter pessoal e realizáveis por classes de profissionais, como na construção civil ou na prestação de serviços técnicos sem necessidade de um dote especial. Importa sobretudo o serviço e não a pessoa que o faz.

Precisa o credor de um consentimento do devedor na determinação do valor a ser pago ao que o substitui? Ou impende que se ingresse em juízo, para estabelecer o montante da remuneração? Pensa-se que se prescinde da chancela judicial caso mantido o preço combinado para o pagamento do inadimplente. Não há necessidade de um prévio arbitramento do valor. Desde que não alterados os níveis dos custos, e uma vez consumada a recusa, sem maiores percalços se procede a execução segundo a faculdade prevista no art. 249.

---

[8] *Instituições de Direito Civil*, ob. cit., vol. II, p. 59.

Igualmente no caso de urgência persiste a dispensa, no que permite o parágrafo único do art. 249, norma desconhecida no Código anterior: "Em caso de urgência, pode o credor, independentemente de autorização judicial, executar ou mandar executar o fato, sendo depois ressarcido".

No pertinente à opção pelas perdas e danos, sem que se recorra a terceira pessoa, normal, também, que envolvam estas somente o prejuízo. Não correspondem ao valor do serviço, pois redundaria, aí, em enriquecimento sem causa. É que o credor empreitaria a confecção por outrem, pagando o valor que recebera da indenização. De modo que se pleiteará o prejuízo trazido pelos transtornos acarretados com a contratação de outro profissional, pela demora em receber o bem, pelo valor que deixou de perceber no período de atraso.

A execução da obrigação por terceiro será desenvolvida adiante, dentro do item nº 8.8.5.

8.7. LUGAR, TEMPO E MODO NA OBRIGAÇÃO DE FAZER

Onde, quando e como executar a obrigação de fazer?

Normalmente, tudo vem estipulado no contrato. De qualquer forma, na ausência de estipulação, as circunstâncias é que levarão a determinar o lugar. Inquestionável que o prédio será erguido onde se localiza o terreno. Na escritura de transferir o imóvel, na circunscrição territorial em que ele está situado. Na prestação de serviços, evidentemente que será sempre combinada a localidade. Em se tratando de consertos ou reparos de bens, estes devem ser deslocados até o ponto do exercício da profissão do profissional ou técnico, a menos que se combine o contrário. Mas se o aparelho não é removível do prédio, sempre neste se efetuará o conserto. Em obrigações de realizar obras de artes, não se poderá exigir que o artífice ou artista se desloque para onde se colocará a obra. Entrementes, é inerente à obrigação a responsabilidade da entrega pelo devedor.

Com respeito ao tempo, obedece-se ao prazo acertado. Na ausência de previsão, aquele período costumeiramente necessário para a realização da obra. Não aguardará o credor indefinidamente, como um mês, para a simples colocação de vidraça numa janela. Já envolvendo a obra uma pintura, sabendo-se da série de detalhes, momentos de inspiração e natureza da arte, é admitida a entrega depois de, no mínimo, alguns meses da contratação. Mas, combinando-se a obrigação para a data de um evento, como aniversário, ou casamento, ou uma exposição já programada, não se vá pensar que, ocorrido o evento, há a exigibilidade em receber. Às vezes, não se combina a data do início, e sim o prazo de entrega. Neste contexto, interessa o cumprimento do prazo, e não o início.

O modo de fazer ou desenvolver a obrigação relaciona-se à própria técnica da prestação, de sorte que tenha o bem ou o serviço as qualidades exigidas para a finalidade própria a que se destina. Envolve a obediência aos requisitos, ao padrão, ao conteúdo da prestação, a fim de que atenda a utilidade visada. De outro lado, o modo compreende a maneira de execução. Se estabelecido que se realize o serviço num horário especificado, impõe-se o seguimento à risca de tal momento, mormente no tocante às obras em prédios públicos e naqueles onde se desenvolvem atividades, como lojas, bancos, fábricas. Do contrário, ficaria prejudicada a função desempenhada em seu interior. Outros fatores devem ser observados no pertinente ao modo, como o seguimento às normas de segurança geralmente nos serviços que oferecem periculosidade, o que se atenderá nas construções de prédios, nas ligações de energia elétrica, no manuseio de instrumentos perigosos.

8.8. EXECUÇÃO DA OBRIGAÇÃO DE FAZER

Anota-se que se está tratando da obrigação de fazer não decorrente de uma sentença, eis que, então, há o cumprimento da sentença, a teor do art. art. 513 do CPC, devendo-se seguir o procedimento estabelecido no art. 497 e em seu parágrafo único do mesmo diploma, matéria que será abordada adiante, no item 8.10 do presente Capítulo, quanto à tutela específica aplicável. Já no cumprimento de sentença estabelecendo uma obrigação de dar ou entregar, tem-se o rito do art. 498 e de seu parágrafo único do CPC, assunto estudado no item 6.13 do Capítulo VI.

A execução aqui não é apenas no sentido de prestar declaração de vontade, mas realmente de fazer, ou de cumprir qualquer obrigação assumida num contrato. Trata-se de uma ação de preceito cominatório, eis que sempre está inerente uma cominação, a qual equivale a uma consequência, como de indenizar, ou de ser suprida a declaração de vontade por um veredicto sentencial. Está o devedor vinculado a prestar um fato ou uma atividade.

O credor ingressa com a execução da obrigação de fazer, destacando o contrato e especificando o objeto da obrigação, pedindo a citação para que seja cumprido o avençado, no prazo fixado, ou naquele que o juiz estabelecer. Não se pode executar, de imediato, a multa. Indispensável a propositura da execução de fazer, o que já reconhecia antiga jurisprudência: "A execução de obrigação de fazer deve principiar pela citação do executado, para satisfazer o julgado no prazo que o Juiz determinar, incidindo, em caso de não cumprimento do preceito, a multa fixada e observando-se o disposto no art. 633 do Estatuto Processual. Caracteriza-se a nulidade da execução de fazer, quando ela se inicia como execução por quantia certa, com a cobrança direta da multa, sem a observância do processo acima".[9] O citado art. 633 corresponde ao art. 816 do atual CPC.

O art. 815 do Código de Processo Civil cuida da citação na obrigação de fazer: "Quando o objeto da execução for obrigação de fazer, o executado será citado para satisfazê-la no prazo que o juiz lhe designar, se outro não estiver determinado no título executivo." O obrigado está jungido a prestar um fato ou uma atividade, de natureza fungível ou infungível, sendo que, na última espécie, a prestação reclama a conduta do próprio obrigado, enquanto na primeira admite-se que um terceiro cumpra a execução.

Já no tempo dos romanos o *facere* comportava execução pecuniária, o que se consolidou no direito moderno, com exceção de raríssimas hipóteses, mas que, em última instância, pode se resolver sempre em uma prestação substitutiva. Na obrigação alimentar, que abrange dar a assistência médica, se o progenitor não concretizar o atendimento, impõe-se-lhe a indenização ou a reposição do valor necessário. No depósito, a falta de devolução do bem admite a substituição por um valor que chegue ao seu preço. Mas, ordenando o juiz que se remova um obstáculo impeditivo do direito de outrem, a negativa enseja a tipificação do crime de desobediência, ou a indenização correspondente. Não se admite de imediato a coação pessoal.

Para viabilizar esta execução, cumpre respaldar o pedido sempre em um título extrajudicial. Portanto, já virá estabelecida a obrigação, fincada num vínculo que legitime a execução específica. No caso, sobressaem "a escritura pública ou outro documento público assinado pelo devedor; o documento particular assinado pelo devedor e por duas testemunhas; o instrumento de transação referendado pelo Ministério Público, pela Defensoria

---

[9] *Apel. Cível* nº 246.273-3, da 4ª Câm. Cível do TA de Minas Gerais, de 05.11.1997, em *Revista dos Tribunais*, 750/405.

Pública, pela Advocacia Pública, pelos advogados dos transatores ou por conciliador ou mediador credenciado pelo tribunal" (incs. II, III e IV, do art. 784 do CPC).

A própria ação monitória serve para a perfectibilização do título, caso não bem definida a obrigação de fazer, desde que existente prova razoável da obrigação, como reconheceu o STJ:

"Nos termos do que dispõe o art. 700 do Código de Processo Civil de 2015, a ação monitória poderá ser proposta por aquele que afirmar, com base em prova escrita sem eficácia de título executivo, ter direito de exigir do devedor capaz (i) o pagamento de quantia em dinheiro; (ii) a entrega de coisa fungível ou infungível ou de bem móvel ou imóvel; ou (iii) o adimplemento de obrigação de fazer ou de não fazer.

A prova escrita apta a embasar a ação monitória é aquela suficiente a evidenciar a razoável probabilidade do direito pretendido pelo autor, não necessitando, por isso, da juntada de prova indubitável acerca do crédito pretendido. Assim, caso o autor da ação monitória junte prova escrita da qual possa razoavelmente se inferir a existência do crédito, caberá ao réu, por meio da oposição de embargos monitórios, desconstituir a presunção inicial que milita em favor do embargado/autor, trazendo elementos suficientes para contrapor a plausibilidade das alegações que levaram à expedição do mandado de pagamento, utilizando-se dos meios de prova admitidos no ordenamento jurídico".[10]

Comum estar a obrigação ligada a fazer uma obra, a desmanchar um muro, a outorgar uma escritura, a transferir um bem, a emitir um título, a escrever um texto, dentre uma infinidade de outras hipóteses. Para o Código, não tem maior relevância a fungibilidade ou a infungibilidade. Quanto à primeira, cabível a ação substitutiva do agente obrigado, com o pagamento dos custos, enquanto na última tudo se resolve na indenização. Neste sentido a jurisprudência, referente a unidade habitacional em incorporação imobiliária: "Na incorporação imobiliária, não concluída a obra, é juridicamente impossível o pedido de condenação do compromitente para entregá-la pronta, mediante a aplicação de *astreinte*, porquanto o objeto da promessa é o *contrahere*; assim, impossível a execução do contrato por não ter sido concluída a obra no prazo ajustado por culpa do compromitente, o inadimplemento resolve-se em perdas e danos".[11]

8.8.1. Fixação do prazo para o cumprimento

De acordo com o art. 815 do CPC, há de se conceder, antes de tudo, a oportunidade para o devedor desincumbir-se do *facere*. Para isso, assinará o juiz um prazo, se já não estabelecido na avença. A fixação do prazo é importante, e deve vir determinada de acordo com a realidade do fato ou do serviço esperado. Não se vá fixar um lapso de quinze dias para a demolição de um prédio que ameaça precipitar-se sobre a casa de um vizinho, e nem se ordenar que se reconstitua um veículo destruído em uma semana, ou que se desinfete uma moradia em um par de horas. Nada proíbe que o devedor venha aos autos e, expondo razões plausíveis, gestione a prorrogação ou dilatação do prazo, solicitação que o juiz aferirá com bom senso, ou dentro da normalidade das coisas. Leciona Humberto Theodoro Júnior,

---

[10] REsp 1.994.370/SP, 3ª Turma, rel. Min. Marco Aurélio Bellizze, j. em 12.12.2023, *DJe* de 14.12.2023.
[11] *Apelação Cível* nº 197.258, da 9ª Câm. Cível do Tribunal de Alçada do Rio Grande do Sul, de 22.04.1997, Rela. Juíza Maria Isabel de Azevedo Souza, em *Revista dos Tribunais*, 746/388.

sobre a matéria, em análise de dispositivo processual correspondente no Código anterior: "Esse prazo é variável, podendo constar do contrato das partes, na sentença ou na lei, conforme as particularidades de cada caso concreto. Se ao iniciar a execução ainda não estiver estipulado o prazo por uma das formas acima, cumprirá ao juiz assiná-lo ao devedor no ato de ordenar a citação. Para tanto, o credor requererá ao juiz que arbitre o prazo, podendo fazer sugestões de acordo com a natureza da obra a ser realizada pelo devedor".[12]

O art. 815 do CPC revela um conteúdo amplo, abrangente e atendendo todo tipo de obrigações, exceto aquelas destinadas a emitir ato de vontade, que se encontram reguladas em lugar específico.

A obrigatoriedade de se conceder um prazo para o cumprimento veio referendada pela Súmula nº 410 do STJ, de 16.12.2009, plenamente aplicável no atual sistema, pois a exigência também se impunha no regime processual anterior, a qual possui os seguintes termos: "A prévia intimação pessoal do devedor constitui condição necessária para a cobrança de multa pelo descumprimento de obrigação de fazer ou não fazer".

Entre os vários julgamentos que conduziram ao entendimento acima, e de aplicação sob o sistema do processual vigente, destacou-se o REsp nº 1035766/MS, da Quarta Turma, j. em 27.10.2009, *DJe* de 07.12.2009, com a seguinte ementa:

"Processual e civil. Agravo regimental. Execução. Multa cominatória. *Astreintes*. Intimação pessoal. Necessidade. Improvimento.

I. As *astreintes* somente têm lugar se a parte faltosa, após a sua intimação pessoal, deixa de observar a decisão judicial.

II. Agravo improvido. *Astreintes* excluídas".

Vários os precedentes que são lembrados no voto do Min. Aldir Passarinho Junior:

"(...) É pacífica a jurisprudência desta Corte no sentido de que só é possível a exigência das *astreintes* após o descumprimento da ordem, quando intimada pessoalmente a parte obrigada por sentença judicial. Confiram-se:

'Processo civil. Agravo no recurso especial. Execução de *astreintes*. Inscrição do nome do devedor em cadastro de inadimplentes. Multa diária. Obrigação de fazer. Intimação pessoal. Necessidade. – A parte a quem se destina a ordem de fazer ou não fazer deve ser pessoalmente intimada da decisão cominatória, especialmente quando há fixação de *astreintes*. Precedentes. Agravo no recurso especial improvido' (Terceira Turma, AgR-REsp nº 993.209/SE, rel.ª Min.ª Nancy Andrighi, unânime, *DJU* de 04.04.2008).

'Processo civil. *Astreintes*. Necessidade de intimação pessoal. A intimação da parte obrigada por sentença judicial a fazer ou a não fazer deve ser pessoal, só sendo exigíveis as *astreintes* após o descumprimento da ordem. Recurso especial não conhecido' (Terceira Turma, REsp. nº 629.346/DF, rel. Min. Ari Pargendler, unânime, *DJU* de 19.03.2007).

Processual civil. Agravo regimental. Agravo de instrumento. Prequestionamento. Ausência. Decisão cominatória. Obrigação de fazer. *Astreintes*. Intimação pessoal. Necessidade. Fundamentos da decisão agravada. Falta de ataque. Súmula nº 182.

– Falta prequestionamento quando o dispositivo legal supostamente violado não foi discutido na formação do acórdão recorrido.

---

[12] *Curso de Direito Processual Civil*, 11ª ed., vol. II, p. 160, *Forense*, Rio de Janeiro.

– A parte a quem se destina a ordem de fazer ou não fazer deve ser pessoalmente intimada da decisão cominatória, especialmente quando há fixação de *astreintes*.

– É inviável o agravo do art. 545 do CPC que deixa de atacar especificamente os fundamentos da decisão agravada (Terceira Turma, AgR-AG nº 774.196/RJ, rel. Min. Humberto Gomes de Barros, unânime, *DJU* de 09.10.2006).

Ante o exposto, nos termos do art. 557, § 1º-A, do CPC, conheço do recurso e, dou-lhe provimento, para, afastada a multa cominatória, julgar procedente os embargos à execução. Invertida a sucumbência imposta na r. sentença (fls. 62/63)".

Os citados arts. 545 e 557, § 1º-A, correspondem, respectivamente, aos arts. 1.021 e 932, inc. V, do atual CPC.

8.8.2. Conteúdo da inicial

Questão importante diz com o conteúdo da inicial, que virá especificando o prazo, o lugar e o modo do atendimento.

Não se pede apenas, *v.g.*, que se execute, ou que se levante um muro. Já se menciona o prazo, que estará fixado no contrato, ou que se presume coadunável com a obra ou o serviço. Esclarece-se como se pretende o muro, a sua altura, a espessura, o local exato, o revestimento, o tipo de fundação. Se a inicial aparecer carente de tais dados, resta ao juiz mandar que se emende a mesma, ou a indeferirá de plano, se crassas as falhas.

8.8.3. Cumprimento total ou parcial da obrigação pelo devedor

Poderá o devedor cumprir a obrigação, omitir-se ou ficar inerte, ou opor-se à execução.

Em cumprindo, opera-se a realização do desiderato da execução, ouvindo o juiz a parte credora em dez dias, dando por cumprida a obrigação. Rezam o art. art. 818 e seu parágrafo único do CPC:

> "Realizada a prestação, o juiz ouvirá as partes no prazo de dez dias e, não havendo impugnação, considerará satisfeita a obrigação.
> Parágrafo único. Caso haja impugnação, o juiz a decidirá."

No cumprimento, fixar-se-á a verba honorária, se já não estabelecida ao despachar a inicial. O problema surge se manifestada impugnação pelo credor, por entender que não completo o adimplemento, ou realizado em desconformidade com o modo, lugar e tempo convencionados. A primeira providência do juiz será ouvir o devedor. Após, desenvolve-se a instrução, caso necessária, seguindo-se a decisão, evidentemente sujeita ao recurso de apelação.

Se parcial o cumprimento, ou simplesmente interrompendo-se o andamento, resta ao credor exigir que prossiga o cumprimento, ele mesmo promovendo os atos necessários, tudo à custa do devedor, junto ao qual posteriormente se reembolsará, o que permite seguir o caminho que traça o art. 819 da lei processual civil: "Se o terceiro contratado não realizar a prestação no prazo ou se o fizer de modo incompleto ou defeituoso, poderá o exequente requerer ao juiz, no prazo de quinze dias, que o autorize a concluí-la ou a repará-la à custa do contratante."

Como já ocorreu a citação para o cumprimento, de nova determinação para tanto não se carece. Simplesmente suscita-se a matéria nos autos, comunicando-se ao juiz a providência que será encetada e apresenta-se a forma da estimativa do montante que falta. Só então se chamará o contratante ou o devedor, mais para acompanhar esta fase de instrução, podendo, no entanto, se manifestar. Haverá, sem dúvida, um contraditório, eis que permitida a discussão de valores, com a avaliação por perito, e participando os litigantes dos atos, tudo dentro da maior sumariedade possível. Prescreve o parágrafo único do citado art. 819: "Ouvido o contratante no prazo de quinze dias, o juiz mandará avaliar o custo das despesas necessárias e o condenará a pagá-lo."

Transitada em julgado a decisão que fixa o valor, surge aí o cumprimento de sentença por quantia certa. Seguirá, então, o cumprimento com a citação para pagar em quinze dias. O caminho está no art. 523 da lei processual:

"No caso de condenação em quantia certa, ou já fixada em liquidação, e no caso de decisão sobre parcela incontroversa, o cumprimento definitivo da sentença far-se-á a requerimento do exequente, sendo o executado intimado para pagar o débito, no prazo de quinze dias, acrescido de custas, se houver.

§ 1º Não ocorrendo pagamento voluntário no prazo do *caput*, o débito será acrescido de multa de 10% e, também, de honorários de advogado de 10%.

§ 2º Efetuado o pagamento parcial no prazo previsto no *caput*, a multa e os honorários previstos no § 1º incidirão sobre o restante.

§ 3º Não efetuado tempestivamente o pagamento voluntário, será expedido, desde logo, mandado de penhora e avaliação, seguindo-se os atos de expropriação."

8.8.4. Omissão do devedor em cumprir a obrigação

No caso de inércia do devedor, outra solução não se oferece ao credor senão promover a execução à custa daquele, ou pedir a indenização por perdas e danos. O próprio credor promoverá a realização do ato prometido ou contratado. Desistindo de conseguir do devedor a satisfação do estipulado, já que não se lhe faculta forçar ao cumprimento, ele promoverá a realização da obra, ou o desempenho da atividade. Depois, exigir-se-á o reembolso das despesas havidas. Naturalmente, a obrigação compreenderá coisas fungíveis, ou serviços realizáveis por pessoas distintas daquelas com quem se contratou, porquanto, se domina a infungibilidade, como na pintura de um quadro segundo um estilo próprio do artista, tudo se resolve em indenização.

Não está o credor obrigado a exigir a facção da obra, se tal depreende-se de sua natureza. Permite-lhe a lei optar simplesmente pela indenização nas perdas e danos, como já bem demonstrava Alcides de Mendonça Lima, no tempo do Código Processual anterior, mas mantendo-se o entendimento com o atual estatuto: "Nada impede, porém, que o credor prefira o ressarcimento pelas perdas e danos, em lugar de confiar o encargo a estranho. É como se houvesse, assim, verdadeira obrigação alternativa: *a)* prestação do fato; ou *b)* perdas e danos. A escolha compete ao credor, exclusivamente. É a norma do art. 881 do Código Civil Brasileiro".[13] Lembre-se que o art. 881 citado corresponde ao art. 249 do vigente diploma civil.

As considerações acima vêm consubstanciadas no art. 816 do diploma processual e em seu parágrafo único:

"Se o executado não satisfizer a obrigação no prazo designado, é lícito ao exequente, nos próprios autos do processo, requerer a satisfação da obrigação à custa do executado ou perdas e danos, hipótese em que se converterá em indenização.

Parágrafo único. O valor das perdas e danos será apurado em liquidação, seguindo-se a execução para cobrança de quantia certa."

A possibilidade de escolha pelo credor já era enfatizada pelo STJ, na vigência do diploma processual civil de 1973: "A obrigação, assumida pela construtora de um empreendimento imobiliário, de remunerar a proprietária do terreno mediante a dação em pagamento de unidades ideais com área correspondente a 25% do total construído qualifica-se como obrigação de fazer, e não como obrigação de dar coisa certa. Como consequência, o inadimplemento dessa obrigação, representado pelo acréscimo de área ao imóvel sem o conhecimento da proprietária e, consequentemente, sem que lhe tenha sido feito o correspondente pagamento, dá lugar à incidência dos arts. 461, § 1º, do CPC, e 880 e 881, do CC/16, possibilitando a escolha, pelo credor entre requerer o adimplemento específico da obrigação ou a respectiva conversão em perdas e danos".[14] O citado art. 461, § 1º, do CPC anterior, corresponde ao art. 499 do vigente CPC. Já os arts. 880 e 881 da Lei Civil de 1916 equivalem aos arts. 247 e 249 do Código de 2002.

No descumprimento, assiste ao credor a indenização ou ressarcimento por perdas e danos:

"Definida a obrigação pela prestação de tutela específica – seja ela obrigação de fazer, não fazer ou dar coisa certa –, é plenamente cabível, de forma automática, a conversão em perdas e danos, ainda que sem pedido explícito, quando impossível o seu cumprimento ou a obtenção de resultado prático equivalente (art. 461, § 1º, do CPC)."[15]

No voto, justifica-se o entendimento em precedente da mesma Corte:

"Impende aduzir que, no atual sistema processual, definida a obrigação pela prestação de tutela específica – seja ela obrigação de fazer, não fazer ou dar coisa certa –, é plenamente cabível, de forma automática, a conversão em perdas e danos, ainda que sem pedido explícito, quando impossível o seu cumprimento ou a obtenção de resultado prático equivalente (art. 461, § 1º, do CPC).

Dessarte, a interpretação dada à controvérsia pelo aresto de origem não está a merecer reparos, pois reflete a jurisprudência do STJ, consoante se depreende do julgado abaixo:

'Processual civil e civil. Recurso especial. Ação de reintegração de posse. Conversão em perdas e danos. Impossibilidade de cumprimento da tutela específica. Artigos analisados: 461, 461-A e 931 do CPC. [...]

---

[13] Ob. cit., vol. VI, t. II. p. 723.
[14] REsp nº 598.233/RS, da Terceira Turma, j. em 02.08.2005, *DJU* de 29.08.2005.
[15] AgRg no REsp 1293365/RJ, da 3ª Turma, rel. Min. João Otávio de Noronha, j. em 6.10.2015, *DJe* de 13.10.2015.

4. Nos termos do art. 461, § 1º, do CPC, verificada a impossibilidade de cumprimento da obrigação específica, objeto da ação, é possível a conversão em perdas e danos, independentemente de pedido explícito e mesmo em fase de cumprimento de sentença.

5. Na hipótese dos autos, a alegação de perda do bem, suscitada em contestação, abre o contraditório, de forma que deve o juiz apreciar a real impossibilidade prática de cumprimento da tutela específica, bem como as eventuais excludentes de responsabilidade quanto às perdas e danos.

6. Negado provimento ao recurso especial' (REsp n. 1.358.726/RJ, Terceira Turma, relatora Ministra Nancy Andrighi, *DJe* de 20/5/2014)."

Os citados arts. 461 e seu § 1º, 461-A e 931 correspondem aos arts. 497, 499, 498 e 566 do CPC/2015.

Como se verifica, vem assegurado ao credor a prestação do fato, ou haver perdas e danos, uma vez desatendida espontaneamente a obrigação pelo devedor, ou não apresentados os embargos. Há, então, uma conversão do rito para uma espécie de liquidação. Decorrido o prazo de cumprimento, parte-se para uma daquelas viabilidades.

8.8.5. Execução por terceiro

Primeiramente, quanto ao credor promover através de terceiro a prestação à custa do devedor – art. 249 do Código Civil, salienta-se que não pode este opor-se, e isto mesmo que resultem maiores despesas. Em geral, numa primeira tentativa de facilitar a execução, apresentará o credor o montante exigido, em um orçamento ou estimativa, aconselhando-se que ofereçam três opções de preços, a fim de constatar a consentaneidade dos valores com a realidade, e evitar dúvidas ou impugnações quando da execução da quantia resultante. Tudo se leva a efeito nos próprios autos que tramitam, sendo indispensável a intimação da proposta ao devedor. Admissível que o próprio juiz designe quem fará a obra, ao invés da indicação pela parte. Na hipótese, necessária a prévia apresentação do orçamento, com a ciência do devedor antes das obras ou do serviço. Nada impede a recusa da estimativa, desde que fundamentada, resolvendo o juiz os incidentes, com o direito ao recurso de agravo.

Somente depois de superado tal momento é que se levará a termo a obra ou o serviço. Isto a menos que premente urgência obrigue a execução do fato, conforme prevê o parágrafo único do dispositivo citado: "Em caso de urgência, pode o credor, independentemente de autorização judicial, executar ou mandar executar o fato, sendo depois ressarcido". Resta óbvio que a necessidade deverá impor a obra, a ponto de, se não realizada, redundar em prejuízo maior que o custo do fato. Seria a situação de depender da prestação o funcionamento de uma máquina, sem a qual se dá a deterioração de mercadorias ou produtos; ou de ocorrer uma situação de perigo, impondo a imediata realização do serviço ou fornecimento do produto.

No entanto, a lei processual traça um caminho complexo na execução por terceiro. Realmente, o procedimento não é simples, como reconhece Araken de Assis: "Avulta nele grande complexidade, resíduo histórico, que o aprimoramento dos textos não logrou apagar, haja vista o princípio do resultado. Nada obstante difícil o caminho, a execução da obrigação de fazer por terceiro (art. 881 do CC; art. 632, *caput*, 1ª parte, do CPC) se revela, em alguns casos, a única satisfação desejada pelo credor".[16] O art. 881 citado equivale ao art. 249 do Código Civil em vigor. Já o art. 632 corresponde ao art. 815 do CPC/2015.

Temos, ressalte-se de início, o art. 817 do Código de Processo Civil e de seu parágrafo único: "Se a obrigação puder ser satisfeita por terceiro, é lícito ao juiz autorizar, a requerimento do exequente, que aquele a satisfaça à custa do executado.

Parágrafo único. O exequente adiantará as quantias previstas na proposta que, ouvidas as partes, o juiz houver aprovado."

Transparece na expressão "se a obrigação puder ser satisfeita por terceiro" a fungibilidade da prestação, ou seja, a possibilidade de sub-rogação. Mas a convenção exigindo a satisfação pelo executado representa um entrave à execução por terceiro. Mesmo assim, a questão deve ser vista segundo o interesse do credor. Se a ele apraz a substituição, não se pode impedir que terceiro execute a obrigação, desde que, porém, suporte as deficiências da coisa ou do fato. Acarretando uma exacerbação no preço, imputar-se-á ao credor a responsabilidade.

De modo que se colhe proposta de terceiro, que poderá ser obtida inclusive mediante a abertura de uma concorrência. Se não aceita pelo devedor, aplicam-se as disposições que regem a perícia em geral, desenvolvidas nos arts. 464 e seguintes do Código de Processo Civil.

O juiz nomeia perito e fixará o prazo para a entrega do laudo. Às partes fica reservado o prazo, de cinco dias, contado da intimação do ato de nomeação, para indicar assistente técnico e formular quesitos.

Na avaliação da execução da obra ou obrigação, define-se o seu custo em todas as nuances ou particularidades. Para tanto, o perito serve-se de todos os elementos particulares, de modo a bem esclarecer o laudo. Cumprirá com afinco e escrúpulo a incumbência, dispensando-se o termo de compromisso, em atendimento ao art. 466 do CPC e em seu § 1º:

"O perito cumprirá escrupulosamente o encargo que lhe foi cometido, independentemente de termo de compromisso.

§ 1º Os assistentes técnicos são de confiança da parte e não estão sujeitos a impedimento ou suspeição."

Assim, retira-se do texto que se dê oportunidade para indicar assistente técnico e apresentar quesitos, de modo a participarem as partes do processo.

O assistente técnico é um mero assessor das partes, tendo elas a incumbência de apresentar o parecer técnico, e não se impondo a intimação para tanto. O momento para acostar aos autos tal parecer é quando da intimação para se manifestar sobre o laudo.

O perito não está obrigado a aceitar a nomeação pelo juiz, sendo admitida, também, a substituição se verificada a substituição ou constatar-se o impedimento, teor do art. 467 e de seu parágrafo único:

"O perito pode escusar-se ou ser recusado por impedimento ou suspeição".

Parágrafo único: "O juiz, ao aceitar a escusa ou ao julgar procedente a impugnação, nomeará novo perito".

---

[16] *Manual do Processo de Execução*, ob. cit., p. 368.

O art. 468 indica outros fatores que autorizam a substituição, relativos à qualificação:

"O perito pode ser substituído quando:
I – faltar-lhe conhecimento técnico ou científico;
II – sem motivo legítimo, deixar de cumprir o encargo no prazo que lhe foi assinado."

Quanto ao primeiro motivo, a parte fica ciente da incapacidade ao examinar o laudo, nascendo, então, a oportunidade para a impugnação do laudo e o pedido de substituição.

Também a demora injustificada na confecção do trabalho, sem requerimento para a prorrogação de prazo, enseja a troca por outro perito.

No entanto, reserva o art. 470 do CPC ao juiz conferir a necessidade e a pertinência dos quesitos. Ao mesmo tempo, é reconhecida a formulação dos que entender necessários:

"Incumbe ao juiz:
I – indeferir quesitos impertinentes;
II – formular os que entender necessários ao esclarecimento da causa".

Se a avaliação puder vir demonstrada por documentos suficientes, como estimativa fornecida pelo comércio, ou entidades de classe, ou por órgãos encarregados no setor, e mesmo através de pareceres técnicos idôneos, não houver uma convincente oposição da parte contrária, ao juiz assiste dispensar a perícia, segundo o art. 472 do CPC: "O juiz poderá dispensar prova pericial quando as partes, na inicial e na contestação, apresentarem, sobre as questões de fato, pareceres técnicos ou documentos elucidativos que considerar suficientes."

Extensa a disciplina que segue, valendo salientar os seguintes pontos, que interessam ao caso:

- possibilidade de se efetuar a avaliação por carta precatória, quando a nomeação de perito caberá ao juízo junto ao qual se requisitou a realização do ato (§ 6º do art. 465 do CPC);
- poderes conferidos ao perito e aos assistentes técnicos na elaboração do laudo, como para a ouvida de testemunhas, requisição de informações e documentos, consultas de fontes perante instituições públicas e particulares (§ 3º do art. 473 do CPC);
- comunicação das partes da data, hora e local para o início da produção da prova (art. 474 do CPC);
- possibilidade de designação de mais um perito e novos assistentes técnicos se complexa a matéria e envolver área de conhecimento especializada (art. 475 do CPC);
- prorrogação do prazo para a entrega de laudo se apresentado pedido justificado (art. 476 do CPC);
- apresentação dos pareceres técnicos pelos assistentes no prazo de dez dias depois da intimação das partes da apresentação do laudo (§ 1º do art. 477 do CPC, sendo o prazo de quinze dias para a manifestação e a apresentação de parecer);
- se houver necessidade de esclarecimentos, cabe o requerimento dirigido ao juiz, que mandará intimar o perito, a fim de que compareça em audiência, quando será inquirido (§§ 3º e 4º do art. 477 do CPC, sendo que o prazo de antecedência é de dez dias, fazendo-se a intimação por meio eletrônico);

- na apreciação da prova, não fica o juiz adstrito ao laudo pericial, podendo formar a convicção em outros elementos ou fatos do processo (art. 479 do CPC, impondo que o juiz indique os motivos de sua convicção, e que siga o disposto no art. 371, o qual ordena que deverá apreciar a prova constante dos autos, independentemente do sujeito que a tiver promovido, e indicará na decisão as razões da formação de seu convencimento.);
- reconhece-se ao juiz o poder para ordenar a realização de nova perícia, se a matéria discutida não estiver suficientemente esclarecida (art. 480 do CPC);
- terá por objeto a segunda perícia os mesmos fatos sobre que recaiu a primeira, destinando-se a corrigir eventual omissão ou inexatidão dos resultados a que esta conduziu, regendo-se pelas mesmas regras estabelecidas para a primeira (§§ 1º e 2º do art. 480 do CPC).

Finalmente, pelo parágrafo único do art. 817 do CPC, "o exequente adiantará as quantias previstas na proposta que, ouvidas as partes, o juiz houver aprovado".

Concluída a avaliação, e decididas as controvérsias, com a aceitação pelo juiz, e naturalmente com o trânsito em julgado, tem-se definido o modo de cumprimento da obrigação, bem como fica estabelecido o valor, para fins de ressarcimento, se impossível ou inviável cumprimento.

Somente então parte-se para a realização ou execução da obrigação de fazer, não importando a cargo de qual executor, desde que, obviamente, tenha qualidades e capacidade. Interessa que houve a definição da obra, com o traçado das diretrizes a serem obedecidas, e que restou fixado o seu valor. Daí que ao próprio executado se lhe garante a execução.

Depois de tantos atos, e concluída a obra, ou tendo o encarregado se desincumbido do encargo, intimar-se-ão as partes, a fim de se manifestarem sobre o resultado, aceitando o trabalho ou opondo as reclamações pertinentes, sempre tendo em vista a obediência ao laudo. Estabelece o art. 818 e seu parágrafo único do CPC, a respeito:

"Realizada a prestação, o juiz ouvirá as partes no prazo de dez dias e, não havendo impugnação, considerará satisfeita a obrigação.
Parágrafo único. Caso haja impugnação, o juiz a decidirá."

Parece que a intimação da conclusão se estenderá também ao executado unicamente se aconteceram, por circunstâncias novas e inesperadas, despesas excedentes às da proposta, o que raramente se verifica. Na verdade, desde o momento em que não se prontificou a prestar o fato, nem mais interferir lhe cabe. E mesmo porque, quanto à perfeição na execução da obra, exclusivamente ao credor cabe reclamar, junto do terceiro contratante, nada tendo a ver com isso o executado. De certo modo, a partir da omissão do executado, e não se fazendo presente aos autos, é ele um estranho, ou deixa de ser parte nesta fase da execução.

Havendo imperfeição no cumprimento da obra, ou ficando ela incompleta, como procederá o credor? O bom senso indica que ele a conclua, e promova o ressarcimento perante o terceiro que a fez, no que encontra certa consonância no art. 819 e em seu parágrafo único, do CPC:

"Se o terceiro contratado não realizar a prestação no prazo ou se o fizer de modo incompleto ou defeituoso, poderá o exequente requerer ao juiz, no prazo de quinze dias, que o autorize a concluí-la ou a repará-la à custa do contratante.

Parágrafo único. Ouvido o contratante no prazo de quinze dias, o juiz mandará avaliar o custo das despesas necessárias e o condenará a pagá-lo."

Percebe-se que o executado fica fora desta controvérsia. A complementação será por conta de quem foi contratado e deu início à execução. Não se pense que, para a complementação, se exija novamente o procedimento delineado para a perícia, extremamente longo e prenhe de complexidades. De acordo com o referido art. 819, o credor levará a termo as obras ou os serviços, reembolsando-se, depois, junto ao próprio contratante, e não ao executado.

O parágrafo único do citado artigo estabelece um rito para possibilitar o contraditório. Manda que se ouça o contratante, e que se avalie o custo das obras inacabadas. Há um sumário a que as partes deverão precaver-se na produção das provas, eis que maiores dilações não se toleram, sob pena de tornar inacabável a execução.

O total das despesas, já definido na perícia, e, portanto, despesas certas, líquidas e exigíveis, passa a ser cobrado nos próprios autos da execução de fazer, mas convertendo-se em cumprimento de sentença de quantia certa. Cita-se o devedor ou o obrigado para pagar em quinze dias (arts. 523 e segs. do CPC).

8.8.6. Execução da obra pelo exequente ou credor

Definido o valor da obra ou do serviço, nada proíbe que o próprio exequente proceda à sua execução. Todavia, desde que o custo não ultrapasse ou o valor manifestado por proposta de terceiro, ou a estimativa a que se chegou em perícia. Para tanto, indispensável, antes, que se tenha a proposta e, se com ela discordar o executado, o resultado da perícia.

De observar, porém, que, se já vinha fixado o preço da obrigação de fazer, ou definido em contrato a que convieram as partes, parece que se manterá o combinado, não se impondo, aí, que se busque a alternativa através de proposta ou de laudo de avaliação. Se, contudo, iniciada a prestação da atividade, poderá complicar-se a situação, já que mister dimensionar economicamente o importe ou preço dessa parte já realizada, reclamando o oferecimento de proposta ou a efetivação de uma perícia de avaliação do que já foi efetuado, para se abater do custo total.

O art. art. 820 do CPC disciplina a preferência do exequente ou credor: "Se o exequente quiser executar ou mandar executar, sob sua direção e vigilância, as obras e os trabalhos necessários à realização da prestação, terá preferência, em igualdade de condições de oferta, em relação ao terceiro."

Em tais condições, cabe a adjudicação ao credor da prestação do serviço ou da obrigação de fazer, que se exercerá no prazo de cinco dias, nos termos do parágrafo único do artigo acima mencionado e transcrito: "O direito de preferência deverá ser exercido no prazo de cinco dias, após aprovada a proposta do terceiro."

Desde que levada a efeito a adjudicação, o credor realizará a obra por si ou através de terceiro de sua livre escolha O valor exigível restringir-se-á ao da proposta do terceiro, ou ao da perícia, mesmo que se revelem inferiores as despesas em face da redução dos custos.

Uma vez concluída a obra, o credor cobrará, nos próprios autos, o valor junto ao obrigado, que se desenvolverá em cumprimento de sentença que reconheceu a exigibilidade de pagar quantia certa.

8.8.7. Liquidação das perdas e danos e cumprimento de sentença ou execução

Preferindo o credor a indenização nas perdas e danos, como faculta o art. 816 do CPC, exige-se uma liquidação mais pormenorizada para apurar o valor. Procede-se à apuração do valor que corresponde à compensação pela não realização da obra ou pela falta de prestação do serviço. Eis o preceito: "Se o executado não satisfizer a obrigação no prazo designado, é lícito ao exequente, nos próprios autos do processo, requerer a satisfação da obrigação à custa do executado ou perdas e danos, hipótese em que se converterá em indenização."

O parágrafo único ordena a liquidação: "O valor das perdas e danos será apurado em liquidação, seguindo-se a execução para cobrança de quantia certa."

Em princípio, existe uma impossibilidade de virem fixadas previamente as perdas e danos. Exige-se um procedimento contencioso, com a participação do devedor, que deverá ser intimado expressamente, mesmo que até então tenha se mantido omisso no feito. Apresenta-se um orçamento, sujeito ao exame do devedor. Surgindo divergências, indispensável que se desenrole a apuração através de perícia, com a designação de pessoa gabaritada para a função. Inclusive a instrução oportuniza-se, com a juntada de documentos e até a ouvida de testemunhas. Normalmente, porém, o meio mais apropriado é o arbitramento, que, às vezes, se procede por meio de perícia. Uma vez prevista uma cláusula penal, ou multa, para o caso de inadimplemento, dispensa-se a liquidação, eis que já combinada a cominação exigível. Nesta linha Araken de Assis, mantendo-se o ensinamento no atual diploma processual: "A liquidação das perdas e danos se fará por arbitramento ou por artigos. Exclui-se a mesma se houver previsão de cláusula penal substitutiva (art. 918 do CC), que, de ordinário, independe de acertamento do *quantum debeatur*. Na apuração dos danos emergentes, ou daquilo que o credor efetivamente perdeu em decorrência do inadimplemento, e dos lucros cessantes, ou o que 'razoavelmente deixou de lucrar' (art. 1.059 do CC), vigora o princípio do amplo ressarcimento do devedor sem vantagens imaginárias ou fantásticas".[17] Os citados arts. 918 e 1.059 equivalem aos arts. 410 e 402 do Código Civil em vigor.

Superados os impasses naturais da liquidação, decidirá o juiz, sendo de agravo o recurso previsto, eis que não há sentença terminativa do feito executório.

Uma vez encontrado o valor devido, o feito seguirá o procedimento do cumprimento de sentença por quantia certa. Não haverá uma nova ação, mas a transformação da execução que era de fazer.

De observar, porém, que estabelecidas previamente as perdas e danos, ou a multa, ou a cláusula penal, dispensa-se a apuração, e parte-se, de imediato, para o cumprimento por quantia certa, nos próprios autos, se neles estabelecidos os valores; ou em processo de execução, se definidas pelas partes as perdas e danos.

8.8.8. Execução de obrigação infungível

Obrigação infungível é aquela que não pode ser sub-rogável. Normalmente, na convenção ou contrato estipula-se que o devedor a executará pessoalmente, envolvendo aspectos pessoais, ou qualidades tais que não serão reproduzidas por pessoas outras

---

[17] *Manual do Processo de Execução*, ob. cit., pp. 367 e 368.

que a contratada. De acordo com o art. 247 do Código Civil, "incorre na obrigação de indenizar perdas e danos o devedor que recusar a prestação a ele só imposta, ou só por ele exequível". O conteúdo está repetido no art. 821 do Código de Processo Civil: "Na obrigação de fazer, quando se convencionar que o executado a satisfaça pessoalmente, o exequente poderá requerer ao juiz que lhe assine prazo para cumpri-la."

Caberá, então, a execução consubstanciada em uma petição, dirigida ao juiz, onde se pede que mande o devedor fazer o prometido, num determinado prazo, sob pena de pagar as perdas e danos decorrentes. O prazo será razoável, estipulando-se conforme a natureza da obrigação.

Cita-se o devedor, que poderá comparecer aos autos para simplesmente expor que não lhe interessa desempenhar a obrigação, ou embargar, tendo, para tanto, o lapso de quinze dias.

Como tipos desta obrigação, encontram-se aqueles que envolvem as qualidades especiais do executor, ou determinados dotes artísticos e profissionais superiores aos de outros especialistas. Assim a obra de pintura, ou a escultura, ou a história para um filme ou novela, ou mesmo obras literárias e científicas. Evidentemente, existindo, *v.g.*, um determinado autor que tratou de assuntos sobre licitações, tornando-se conhecida sua obra, é fundamental à editora que o comentário de lei nova seja feito por tal escritor.

A execução, pois, do contrato não pode se dar por meio de terceiro. Converte-se em perdas e danos. Mesmo que terceiro escreva o livro, e não logrando a venda a expectativa esperada, permite-se a indenização pelos prejuízos havidos. Há, no entanto, certos serviços ou fornecimento de bens que não primam pela pessoalidade, mas pelo monopólio de quem os executa. Assim os de água, energia elétrica e telefonia. Como por lei unicamente a União os pode explorar, e o faz por concessões, configura-se a infungibilidade. A negativa de prestá-los, entrementes, nem sempre se resolve em perdas e danos. Através de comando judicial, impõe-se o atendimento aos usuários, inclusive sob pena de processo por crime de desobediência. Se persiste o desatendimento da ordem do juiz, a execução do fornecimento efetua-se mediante a atividade de terceiro, que faz a ligação da rede.

Existem, de outro lado, obrigações que, embora não demandem um conhecimento técnico ou artístico insubstituível, unicamente pelas pessoas contratadas ou indicadas na lei é possível o cumprimento. Nesta ordem a exibição de livros; o desempenho de incumbências judiciais, como de tutor; a prestação de informações necessárias para o esclarecimento de fatos; a entrega de coisas cujo local onde se encontram unicamente o obrigado sabe.

Há obrigações impossíveis de serem realizadas, eis que dependem de terceira pessoa. Alcides de Mendonça Lima arrolava exemplos: "Em certos casos, o obrigado depende da colaboração de terceiro, sem a qual fica impedido de cumprir a obrigação, como, *v.g.*, o tratamento médico; a fotografia de outrem; prestação de contas quando os documentos se acham em poder alheio, que não está obrigado a exibi-los; a conservação e limpeza de uma casa também habitada por outras pessoas etc."[18]

Como fazer, nestas últimas hipóteses, ou quando, por circunstância alheia à vontade do devedor, há impossibilidade material da execução? Sem dúvida, resolve-se a obrigação, dentro do previsto no art. 248 da lei civil, conforme já analisado, arcando o devedor com a indenização por perdas e danos se a impossibilidade decorreu de culpa do mesmo.

---

[18] Ob. cit., vol. VI, t. II, p. 751.

O parágrafo único do art. 821 do CPC traça as normas para o ressarcimento: "Havendo recusa ou mora do executado, sua obrigação pessoal será convertida em perdas e danos, caso em que se observará o procedimento de execução por quantia certa."

Mais correto seria o dispositivo se indicasse a aplicação do contido no parágrafo único do art. 816 do CPC, eis que neste insere-se que as perdas e danos serão apuradas em liquidação, seguindo-se a execução (cumprimento de sentença) para cobrança de quantia certa nos próprios autos. Portanto, a obrigação deverá ser convertida em cifra monetária, o que se faz por meio de liquidação. Avalia-se a obra ou o serviço, através de arbitramento ou perícia, com a possibilidade de participação das partes, intimando-se o devedor se está presente nos autos através de procurador. Tudo se processa nos próprios autos da execução.

8.8.9. Execução da obrigação de emitir ato de vontade

Trata-se, aqui, da obrigação de cumprir uma declaração, ou de completar um ato de vontade a que se comprometera alguém, havendo a previsão legal de substituir-se tal ato por decisão judicial. Desde que recusado o cumprimento, uma vez chegado o tempo contratado, a parte ingressa com a execução de fazer, para que uma decisão do juiz substitua o ato esperado, caso haja negativa do devedor. É o caso de quem prometera outorgar uma escritura, ou prestar uma fiança, ou lavrar um contrato de locação. Exemplo típico e clássico desta espécie é a promessa de compra e venda de lote, regulada pela Lei nº 6.766, de 1977, no art. 25; ou de terreno não loteado, estando a autorização no Decreto-Lei nº 58, de 1937, art. 22. Embora os diplomas citados prevejam a adjudicação compulsória, que se desenvolve atualmente pelo procedimento comum, pensa-se que não se pode negar a utilização do processo executório. Especialmente nos contratos de promessas de compra e venda não registrados no ofício imobiliário assegura-se esta forma, seguramente mais rápida que a lide por meio do procedimento comum. Advirta-se, no entanto, que se já transferido o bem a outra pessoa, com o competente registro imobiliário, torna-se inócua a obrigação de emitir a vontade. Nada mais fica que o direito à indenização por perdas e danos.

Apesar da pouca frequência, existem mais situações que comportam esta solução executória, nomeando-se o resgate de aforamento estatuído no art. 693 do Código Civil de 1916, e que persiste para os aforamentos em vigor, nos termos do art. 2.038 do Código de 2002; a exoneração de fiança, permitida pelo art. 835 do Código Civil; e a remissão de imóvel hipotecado, assegurando o art. 1.481 da lei civil tal direito ao adquirente.

A qualquer promessa de contratar – *pactum de contrahendo* –, aplica-se a execução. Nesta ordem, aquelas avenças envolvendo bens móveis, como veículos, também são comuns. Em todas as promessas, ou contratos preliminares, possibilita-se a substituição da vontade da parte, em razão de sua inadimplência, pela ação do Estado, através do ato do juiz. Mas não se conclua a validade a qualquer promessa, como na de casar. Negando-se um dos contraentes ao cumprimento, não se procurará o suprimento da vontade por um comando judicial. Na mesma ordem, a promessa de doar, ou de fazer testamento, eis que a lei permite sempre o arrependimento.

De salientar, outrossim, que nas sentenças condenatórias e mesmo constitutivas, não se promoverá a sua execução por este rito, porquanto a força executiva integra a sentença. Cumprindo-se a sentença, está-se executando.

Como se procede a execução?

O credor exporá o pedido, indicando o ato pretendido com a completa descrição, e exporá como se fez o pagamento. Salientará o inadimplemento, e concluirá pedindo que se ordene que o devedor faça o ato, sob pena de valer a sentença como título. O despacho judicial mandará citar, para o cumprimento, num prazo que já irá definido, e suficiente para o cumprimento. Realmente, por se tratar de execução, não se admite tolher o direito da parte devedora em declarar a vontade. Consiga-se, no mandado que, uma vez não atendida a realização do ordenado, a sentença valerá como suprimento da vontade, e servirá de título.

O art. 501 do CPC, abrangendo o conteúdo que vinha nos arts. 466-B e 466-C do CPC de 1973, assim dispõe: "Na ação que tenha por objeto a emissão de declaração de vontade, a sentença que julgar procedente o pedido, uma vez transitada em julgado, produzirá todos os efeitos da declaração não emitida".

Como se percebe, em face do texto, é indispensável a sentença, que, no entanto, por se tratar de processo de execução, isto é, de já haver título, consistirá, *v.g.*, no simples ordenar do registro, ou no declarar que o devedor passa a ser fiador. Uma vez transcorrido o prazo concedido, e diante da inércia do devedor, expedir-se-á, *v.g.*, um mandado para o registro da promessa como compra e venda, ou para se elaborar o contrato onde se averbará a constituição da fiança, acompanhando cópia da decisão que considerou regular o contrato, reconheceu o inadimplemento, e manda suprir a declaração de vontade.

Mas, em vista de se oportunizar a realização do ato pelo devedor, virá explanada a forma de sua execução, com a indicação da natureza, local, data ou oportunidade na realização. Ou, para uma maior simplificação, pede-se que o devedor, dentro de um prazo, indique o lugar e quando fará a declaração. Pode-se, sim, utilizar o processo de execução, se apto o título, ou documento, para tanto. Tem-se uma execução de obrigação de declarar o ato de vontade. Não se impede, porém, a opção de escolher o credor o procedimento comum, ingressando com a ação de obrigação de emitir o ato de vontade.

Indispensável, para reclamar a substituição da declaração de vontade, ou da manifestação concreta do ato prometido, que o credor esteja em dia com a sua obrigação. Não lhe cabe pretender o cumprimento da outra parte se ele está inadimplente. Nesta ótica, se o contrato ressente-se de alguns pagamentos, que primeiro ele se livre da dívida, mesmo que seja mediante da consignação em pagamento. Máxime isto quando o contrato envolve a transferência da propriedade, como está ínsito no art. 501.

Havendo a mora do credor, e ingressar com a execução, não seguirá esta última. Há carência. Falta uma das condições da ação, no caso o legítimo interesse. A menos isso se não vencida a prestação do credor. Como a compra e venda pressupõe a satisfação do preço, deverá este encontrar-se adimplido.

Finalmente, ao invés de buscar suprir a vontade pela sentença, pode o autor preferir a competente indenização por perdas e danos, ou seja, pelo valor do bem contratado, e mais pelos prejuízos advindos.

8.9. A MULTA E A TUTELA ESPECÍFICA NAS OBRIGAÇÕES DE FAZER E NÃO FAZER

Para melhor compreensão da matéria, conveniente a separação em assuntos específicos, observando-se que a disciplina engloba a obrigação de fazer e de não fazer.

8.9.1. Multa em execução de título extrajudicial

Primeiramente, lembra-se que existe a obrigação de fazer e não fazer oriunda de convenção ou contrato, sendo o exercício do direito buscado mediante a execução de título extrajudicial, e há a obrigação decorrente de sentença, formalizando-se a satisfação da obrigação mediante o cumprimento de sentença.

Quanto à primeira obrigação, estabelece o art. 814 do CPC: "Na execução de obrigação de fazer ou de não fazer fundada em título extrajudicial, ao despachar a inicial, o juiz fixará multa por período de atraso no cumprimento da obrigação e a data a partir da qual será devida".

Ainda sobre esta execução de título extrajudicial, há a possibilidade de redução da multa pelo juiz – regra inserida no parágrafo único do art. 814: "Se o valor da multa estiver previsto no título e for excessivo, o juiz poderá reduzi-lo".

Por conseguinte, na execução de obrigação de fazer ou não fazer de título extrajudicial, permite-se a aplicação de multa, que será fixada quando do despacho do recebimento da inicial e que ordena o processamento da execução. Não cabe a fixação de multa no cumprimento de sentença de obrigação de fazer ou não fazer. Todavia, como será visto abaixo, na tutela específica própria para o cumprimento de sentença está prevista a fixação de multa.

8.9.2. A tutela específica em processos de ações relativas às prestações de fazer e não fazer

Em ações cujo objeto é a obrigação de fazer ou não fazer, autoriza-se a concessão de tutela específica, que vinha disciplinada no art. 461 e em seus parágrafos do CPC de 1973.

No atual CPC, o regramento da tutela específica consta nos arts. 497 a 500.

Eis as regras do art. 497 e de seu parágrafo único:

"Na ação que tenha por objeto a prestação de fazer ou de não fazer, o juiz, se procedente o pedido, concederá a tutela específica ou determinará providências que assegurem a obtenção de tutela pelo resultado prático equivalente.

Parágrafo único. Para a concessão da tutela específica destinada a inibir a prática, a reiteração ou a continuação de um ilícito, ou a sua remoção, é irrelevante a demonstração da ocorrência de dano ou da existência de culpa ou dolo".

Quanto ao art. 498, cuida-se da entrega da coisa, devendo o juiz fixar prazo para o cumprimento da obrigação:

"Na ação que tenha por objeto a entrega de coisa, o juiz, ao conceder a tutela específica, fixará o prazo para o cumprimento da obrigação".

Cabe ao autor a individuação se tratar-se de coisa determinada pelo gênero e pela quantidade, por força do parágrafo único:

"Tratando-se de entrega de coisa determinada pelo gênero e pela quantidade, o autor individualizá-la-á na petição inicial, se lhe couber a escolha, ou, se a escolha couber ao réu, este a entregará individualizada, no prazo fixado pelo juiz".

Em relação à possibilidade de ressarcimento por perdas e danos, o art. 499 indica as hipóteses:

"A obrigação somente será convertida em perdas e danos se o autor o requerer ou se impossível a tutela específica ou a obtenção de tutela pelo resultado prático equivalente".

O parágrafo único, incluído pela Lei nº 14.833/2024, na conversão da obrigação em perdas e danos, em casos especificados, impõe-se oportunizar, antes, o cumprimento da tutela específica:

"Nas hipóteses de responsabilidade contratual previstas nos arts. 441, 618 e 757 da Lei nº 10.406, de 10 de janeiro de 2002 (Código Civil), e de responsabilidade subsidiária e solidária, se requerida a conversão da obrigação em perdas e danos, o juiz concederá, primeiramente, a faculdade para o cumprimento da tutela específica".

Especificam-se, quando cabe a faculdade de cumprimento da tutela específica, que é na ocorrência de responsabilidade contratual em determinados artigos do Código Civil:

Nos seguintes casos:

Do art. 441: "A coisa recebida em virtude de contrato comutativo pode ser enjeitada por vícios ou defeitos ocultos, que a tornem imprópria ao uso a que é destinada, ou lhe diminuam o valor".

Do art. 618: "Nos contratos de empreitada de edifícios ou outras construções consideráveis, o empreiteiro de materiais e execução responderá, durante o prazo irredutível de cinco anos, pela solidez e segurança do trabalho, assim em razão dos materiais, como do solo".

Do art. 757: "Pelo contrato de seguro, o segurador se obriga, mediante o pagamento do prêmio, a garantir interesse legítimo do segurado, relativo a pessoa ou a coisa, contra riscos predeterminados".

O transcrito art. 757 foi revogado pela Lei nº 15.040, de 09.12.2024, publicada no dia seguinte, que entrará em vigor um ano depois, ou seja, em 10 de dezembro de 2025. Eis a redação do dispositivo equivalente, que é o art. 1º: "Pelo contrato de seguro, a seguradora obriga-se, mediante o pagamento do prêmio equivalente, a garantir interesse legítimo do segurado ou do beneficiário contra riscos predeterminados".

E mais nos casos de responsabilidade subsidiária e solidária, isto é, quando verificada a assunção da responsabilidade por terceiros, como garantidores, e quando há solidariedade no cumprimento, em que existem dois ou mais obrigados.

O art. 500 estabelece a independência da multa e da indenização por perdas e danos no incumprimento específico da obrigação:

"A indenização por perdas e danos dar-se-á sem prejuízo da multa fixada periodicamente para compelir o réu ao cumprimento específico da obrigação".

Nos arts. 536 e 537 do mesmo CPC existem extensas regras, podendo-se invocar a sua aplicabilidade às obrigações no curso de seu cumprimento, como se verá nos itens que seguem.

Mesmo a tutela provisória é suscetível de incidir, se atendidas as exigências para a aplicação.

8.9.3. A tutela específica no cumprimento de sentença de obrigação de fazer e não fazer

A tutela específica revela-se também apropriada quando do cumprimento de sentença, e desde que não concedida na mesma. Todavia, se já deferida, não se impede a alteração e a variação, com o deferimento de medidas novas e propícias a alcançar o desiderato do cumprimento.

O CPC tem uma discriminação e um procedimento próprios nos arts. 536 e 537 para o cumprimento de sentença, que se estendem também à obrigação de entregar coisa, na ordem que segue:

"Art. 536. No cumprimento de sentença que reconheça a exigibilidade de obrigação de fazer ou de não fazer, o juiz poderá, de ofício ou a requerimento, para a efetivação da tutela específica ou a obtenção de tutela pelo resultado prático equivalente, determinar as medidas necessárias à satisfação do exequente.

§ 1º Para atender ao disposto no *caput*, o juiz poderá determinar, entre outras medidas, a imposição de multa, a busca e apreensão, a remoção de pessoas e coisas, o desfazimento de obras e o impedimento de atividade nociva, podendo, caso necessário, requisitar o auxílio de força policial.

§ 2º O mandado de busca e apreensão de pessoas e coisas será cumprido por 2 (dois) oficiais de justiça, observando-se o disposto no art. 846, §§ 1º a 4º, se houver necessidade de arrombamento.

§ 3º O executado incidirá nas penas de litigância de má-fé quando injustificadamente descumprir a ordem judicial, sem prejuízo de sua responsabilização por crime de desobediência.

§ 4º No cumprimento de sentença que reconheça a exigibilidade de obrigação de fazer ou de não fazer, aplica-se o art. 525, no que couber.

§ 5º O disposto neste artigo aplica-se, no que couber, ao cumprimento de sentença que reconheça deveres de fazer e de não fazer de natureza não obrigacional.

Art. 537. A multa independe de requerimento da parte e poderá ser aplicada na fase de conhecimento, em tutela provisória ou na sentença, ou na fase de execução, desde que seja suficiente e compatível com a obrigação e que se determine prazo razoável para cumprimento do preceito.

§ 1º O juiz poderá, de ofício ou a requerimento, modificar o valor ou a periodicidade da multa vincenda ou excluí-la, caso verifique que:

I – se tornou insuficiente ou excessiva;

II – o obrigado demonstrou cumprimento parcial superveniente da obrigação ou justa causa para o descumprimento.

§ 2º O valor da multa será devido ao exequente.

§ 3º A decisão que fixa a multa é passível de cumprimento provisório, devendo ser depositada em juízo, permitido o levantamento do valor após o trânsito em julgado da sentença favorável à parte. (Redação da Lei nº 13.256/2016)

§ 4º A multa será devida desde o dia em que se configurar o descumprimento da decisão e incidirá enquanto não for cumprida a decisão que a tiver cominado.

§ 5º O disposto neste artigo aplica-se, no que couber, ao cumprimento de sentença que reconheça deveres de fazer e de não fazer de natureza não obrigacional".

As regras dos arts. 497 a 500, e 536 e 537 (e já era assim no diploma processual anterior) visam dar maior efetividade e praticabilidade a institutos que apresentam dificuldade em serem cumpridos. Introduziram-se instrumentos adequados para conseguir resultados às decisões. Procurou-se buscar a utilidade e a concretização de valores consagrados pelo direito material. Na feliz colocação de Ada Pellegrini Grinover, a tutela específica é "entendida como o conjunto de remédios e providências tendentes a proporcionar àquele em cujo benefício se estabeleceu a obrigação o preciso resultado prático que seria atingido pelo adimplemento. Assim, o próprio conceito de tutela específica é praticamente coincidente com a ideia da efetividade do processo e da utilidade das decisões, pois nela, por definição, a atividade jurisdicional tende a proporcionar ao credor resultado prático atingível pelo adimplemento".[19]

Tal a finalidade já ressaltada pelo STJ, citando-se o exemplo do REsp nº 901.382/RS, da 2ª T., j. em 27.02.2007, *DJU* de 02.12.2007: "A *astreinte* é imposta pelo juízo à parte recalcitrante como forma de coagi-la ao cumprimento específico da obrigação de fazer ou não fazer a que está compelida. Caso não seja o preceito judicial cumprido no tempo fixado, incidirá multa diária até que se cumpra a decisão. Inexistindo descumprimento da ordem emanada do juízo, não há base imponível para a multa diária prevista no art. 461, §§ 2º e 4º, do CPC". O citado § 2º do art. 461 encontra correspondência no art. 500 do CPC/2015. Já a matéria tratada no § 4º do art. 461 vem disciplinada no art. 537 do mesmo diploma.

Realmente, estão aí instrumentos contendo um conjunto de medidas com a finalidade de tornar efetivas as obrigações de fazer e não fazer, inclusive com o deferimento liminar da tutela. No entanto, não se identificam com a tutela antecipada, instituto que aparecia no art. 273 da lei de procedimentos civis de 1973, nem com as normas do estatuto processual civil em vigor que regulamentam a tutela provisória (art. 294).

Primeiro, porque o ordenamento do art. 497, e seu parágrafo único, e as normas dos arts. 536 e 537 do Código de Processo Civil, restringem-se às obrigações de fazer e não fazer, ou de entregar coisa. Daí já afirmava José Eduardo Carreira Alvim, no tempo do regramento anterior, em excelente obra sobre o assunto, que "o melhor critério para se delimitar a tutela é proceder por exclusão: aquilo que, em tese, não se comportar no âmbito da tutela específica das obrigações de 'fazer' e 'não fazer' (art. 461), comportar-se-á no da tutela antecipada (art. 273). Assim, qualquer pretensão, envolvendo obrigação de dar *lato senso* (entregar, restituir) cabe no âmbito desta. No particular, o direito material (civil, comercial) constitui a pedra de toque da distinção, na medida em que qualifica,

---

[19] Tutela Jurisdicional nas Obrigações de Fazer e Não Fazer. *AJURIS – Revista da Associação dos Juízes do Rio Grande do Sul*, nº 65, Porto Alegre, p. 14, 1995.

pela sua natureza, a obrigação de cuja satisfação se trata".[20] O texto do art. 273 está inserido no texto do art. 294 do CPC em vigor; e o art. 461 equivale aos arts. 497 e 536, todos do CPC/2015.

Em segundo lugar, porque bastante diversos os conteúdos de cada instituto. Basta examinar a série de regras que aparecem nos arts. 497 e 536 do CPC para verificar a diferença com as dos arts. 294 e seguintes, as quais estão centradas mais na concessão da tutela antecipada. Carreira Alvim ressaltava algumas diferenças, relativamente ao estatuto processual de 1973, mas que equivalem ao regramento do atual Código: "No campo da execução das obrigações de fazer (art. 633) e de não fazer (art. 643), havendo descumprimento por parte do devedor, pode o credor requerer seja o objeto da obrigação feito ou desfeito à custa do executado. O devedor é, então, citado, para fazer (art. 632) ou desfazer (art. 643) (pedido principal), dependendo, igualmente, de pedido o fazimento ou desfazimento por terceiro, por conta do devedor (pedido secundário), vindo em último lugar a conversão em perdas e danos (pedido subsidiário). Tratando-se de obrigação de fazer por terceiro, à custa do devedor, incidem os arts. 881 do Código Civil e 633 do Código de Processo Civil, podendo o credor optar desde logo pelas perdas e danos".[21] Os citados arts. 632, 633 e 643 do CPC de 1973 correspondem, respectivamente, aos arts. 815, 816 e 823 do vigente CPC. Por sua vez, o citado art. 881 equivale ao art. 249 do Código Civil/2002.

Acrescenta Cândido Rangel Dinamarco, tendo em conta o Código processual de 1973: "O *caput* do art. 461 foi redigido com vista ao processo de conhecimento, tanto que dita regras para o conteúdo da sentença que julgar 'procedente o pedido'. Entende-se que se tratará de sentença condenatória, constitutiva ou meramente declaratória".[22] O citado art. 461 corresponde aos arts. 497 e 536 do CPC/2015.

Procurou-se munir o credor de uma gama de instrumentos dirigidos a alcançar resultados práticos quando promove uma ação em que o objeto é obrigação de fazer ou não fazer. Tanto em fase de liminar como no final, já há sentença. A tutela específica nada mais é que as providências constantes da sentença para o fim de cumprir-se a obrigação. Providências que podem ser antecipadas, através de concessão de liminar, em tutela provisória. Quais as providências? Se tratar-se da construção de uma obra, liminarmente o juiz poderá determinar a indisponibilidade de bens até a conclusão da obrigação sacramentada em contrato. Caso venha a se manifestar apenas ao final, além de ordenar que seja aprontada a obra, segundo as cláusulas do contrato, para efeitos de garantir o credor, nada impede que então determine a indisponibilidade de patrimônio de valor equivalente ao custo da obra. E mais, para constranger a cumprir, fixará uma multa, ou procederá a apreensão do material necessário para os trabalhos.

A título exemplificativo, algumas medidas estão descritas no art. 536, § 1º, CPC: imposição de multa por tempo de atraso, busca e apreensão, remoção de pessoas e coisas, desfazimento de obras e impedimento de atividade nociva.

Outras existem, no que já reconheceu o STJ no REsp nº 890.441/RS, da 1ª T., j. em 13.03.2007, *DJU* de 02.04.2007: "Com efeito, o art. 461, § 5º, do CPC, ao referir que o juiz poderá, de ofício ou a requerimento da parte, para a efetivação da tutela específica

---

[20] *Tutela Específica das Obrigações de Fazer e não Fazer na Reforma Processual*, Belo Horizonte, Liv. Del Rey, 1997, p. 42.
[21] *Ibidem*, pp. 94 e 95.
[22] *A Reforma do Código de Processo Civil*, 2ª ed., São Paulo, Malheiros, 1995, p. 152.

ou para obtenção do resultado prático equivalente, 'determinar as medidas necessárias, tais como a imposição de multa por tempo de atraso, busca e apreensão, remoção de pessoas ou cousas, desfazimento de obras e impedimento de atividade nociva, se necessário com requisição de força policial', apenas previu algumas medidas cabíveis na espécie, não sendo, contudo, taxativa a sua enumeração. De tal maneira, é permitido ao julgador, à vista das circunstâncias do caso apreciado, buscar o modo mais adequado para tornar efetiva a tutela almejada, tendo em vista o fim da norma e a impossibilidade de previsão legal de todas as hipóteses fáticas. É possível, pois, em casos como o presente, o bloqueio de contas públicas". O § 5º do art. 461 equivale ao § 1º do art. 536 do CPC/2015.

Nota-se, pois, que existe uma ação de cognição, de conhecimento, ou uma execução, em que o credor expõe o seu direito, salientando a falta de adimplemento. Pede-se que seja determinado o cumprimento, com as possíveis medidas que garantam a satisfação, ou que constranjam o devedor a atender àquilo a que se comprometeu. Ou que se obrigue a abster-se de um ato, como de escoar as águas para o prédio de propriedade do autor. Dados os graves prejuízos que advêm, liminarmente solicita-se ao juiz que permita erguer um muro ou tapume, com o que se evitará o escoamento. Procura-se, em outro exemplo, que um comerciante retire a mesma denominação de seu estabelecimento que já vinha usada pelo autor da ação. Em postulação de nítido caráter antecipatório, requer-se a determinação para a retirada de letreiros com tal denominação na fachada do prédio. Se não cumprida em prazo razoável, estabelecido na sentença, busca-se a fixação de uma multa.

Contra qualquer devedor é aplicável a cominação, inclusive contra a Fazenda Pública, segundo reconheceu o STJ no AgRg no Ag. nº 1.040.411/RS, da Quarta Turma, j. em 02.10.2008, *DJe* de 19.12.2008: "É permitido ao juiz, de ofício ou a requerimento da parte, fixar multa diária cominatória (*astreintes*) contra a Fazenda Pública, em caso de descumprimento de obrigação de fazer".

Nas disposições que tratam da matéria apreende-se a existência da "tutela específica" e da "tutela assecuratória" ou "alternativa". A primeira visa à satisfação *in natura*, ou na forma como prevista no contato, enquanto a segunda busca a satisfação no equivalente da obrigação originária ou contratada. Por outras palavras, uma tende a proporcionar ao credor o cumprimento da prestação combinada, ou igual à que usufruiria se houvesse sido cumprido voluntariamente o contrato; a outra se dirige a alcançar o equivalente ao que se conseguiria se tivesse havido o cumprimento.

Resta claro dos arts. 497 e 536 do CPC que uma ou outra é concedida se procedente a ação, mas com a viabilidade de deferimento liminar.

No tocante à compreensão prática das disposições, acredita-se que Ada Pellegrini Grinover bem esquematizou as linhas básicas:

"a) O art. 461 aplica-se a todas as obrigações de fazer ou não fazer, fungíveis ou não fungíveis, com a observação de que a tutela específica das obrigações de prestar declaração de vontade continua subsumida ao regime próprio dos arts. 639/641 do CPC, que não sofrem alteração;

b) a última opção da lei é a conversão da obrigação em perdas e danos, cabível apenas a requerimento do autor – desde que com isso não se torne excessivamente gravoso o cumprimento da obrigação –, ou quando impossível a tutela específica ou a obtenção de resultado prático equivalente. Mesmo em caso de conversão, contudo, as perdas e danos serão cumuláveis com a multa (destinada a pressionar o obrigado ao adimplemento), dada a diversa finalidade de uns e outra;

c) a regra é a tutela específica, atingível pelo sistema de multas (*astreintes*) ou pela determinação de providências capazes de assegurar o resultado prático equivalente ao adimplemento (medidas sub-rogatórias);

d) caberá à sensibilidade do juiz optar entre as *astreintes* (as únicas adequadas às prestações correspondentes às obrigações personalíssimas, infungíveis por natureza), cumulá-las com as medidas sub-rogatórias capazes de levar ao resultado prático equivalente ao adimplemento, ou decidir pela tomada imediata e exclusiva destas;

e) se o juiz optar pela multa, que independe de pedido do autor, deverá fixar prazo razoável ao obrigado para o cumprimento do preceito, sem prejuízo, quando possível, das medidas sub-rogatórias capazes de levar ao resultado prático equivalente ao adimplemento;

f) a determinação do cumprimento da obrigação de fazer ou não fazer pode vir em sentença final ou ser provisoriamente antecipada, sendo relevante o fundamento da demanda e havendo justificado receio de ineficácia do provimento final, liminarmente ou mediante justificação prévia, neste último caso com citação do réu. Trata-se de regra específica para esse tipo de tutela, desdobramento do princípio geral da antecipação dos efeitos de qualquer tutela jurisdicional;

g) descumprindo o preceito da sentença ou de sua antecipação, passa-se às medidas executivas *lato sensu*, no mesmo processo de conhecimento já instaurado: se se tratar de obrigação de prestar declaração de vontade, aplica-se o sistema dos arts. 639/641 do CPC, pois a sentença constitutiva já produz resultado equivalente ao da declaração; se se tratar de prestação fungível, que possa ser prestada por terceiro, a hipótese subsume-se ao disposto no art. 634 do CPC – inalterado –, que não deixa de configurar medida sub-rogatória enquadrável no § 5º do art. 461, independente, portanto, de processo separado de execução; nas demais hipóteses, a multa se torna exigível, e sempre que possível, o juiz procederá de imediato à tomada das providências sub-rogatórias exemplificadas no § 5º do art. 461, para atingir o resultado equivalente ao adimplemento, sem necessidade de processo de execução".[23]

Os arts 461, e seu § 5º, e 634 equivalem aos arts. 497, 536, e seu § 5º, e 817 do CPC/2015. Os arts. 639 a 641 foram revogados pela Lei nº 11.232/2005.

O valor das multas destina-se à parte autora, prejudicada pelo inadimplemento, o que consta expressamente previsto no § 2º do art. 537 do CPC, como bem revela a seguinte ementa de decisão do STJ, que trata também da permissão em se reduzir o valor fixado pelo juiz:

"1. Discussão voltada a definir o sujeito a quem deve reverter o produto pecuniário alcançado diante da incidência da multa diária: se à parte demandante, se ao próprio Estado, desrespeitado ante a inobservância à ordem judicial, ou, ainda, se a ambos, partilhando-se, na última hipótese, o produto financeiro das *astreintes*.

Embora o texto de lei não seja expresso sobre o tema, inexiste lacuna legal no ponto, pertencendo exclusivamente ao autor da ação o crédito decorrente da aplicação do instituto.

A questão deve ser dirimida mediante investigação pertinente à real natureza jurídica da multa pecuniária, prevista no art. 461, §§ 4º e 5º, do CPC, à luz de exegese integrativa e sistemática do ordenamento jurídico.

---

[23] Tutela Jurisdicional nas Obrigações de Fazer e Não Fazer, trabalho citado, pp. 21 a 23.

Assim, desponta *prima facie* a impossibilidade de estabelecer titularidade Estatal, de modo total ou parcial, sobre o valor alcançado pelas *astreintes*, porquanto interpretação em tal sentido choca-se inevitavelmente com os princípios da legalidade em sentido estrito e da reserva legal (art. 5º, *caput*, da CF), segundo os quais toda e qualquer penalidade, de caráter público sancionatório, deve conter um patamar máximo, a delimitar a discricionariedade da autoridade que a imporá em detrimento do particular infrator.

Quando o ordenamento processual quer destinar ao Estado o produto de uma sanção, assim o faz expressamente, estabelecendo parâmetros para sua aplicação, como bem se depreende do disposto no art. 14 do CPC.

Tais exigências não se satisfazem face ao teor do atual texto do art. 461, §§ 4 e 5º, do CPC, justo que as normas hoje vigentes apenas conferem a possibilidade de fixação da multa pecuniária, sem dispor taxativamente sobre tetos máximo e mínimo de sua incidência, o que ocorre exatamente para permitir ao magistrado atuar de acordo com o vulto da obrigação subjacente em discussão na demanda, e sempre a benefício do autor.

Extrai-se do corpo normativo em vigor um caráter eminentemente privado da multa sob enfoque, instituto que, portanto, reclama estudo, definição e delimitação não somente a partir de sua função endoprocessual, na qual desponta um caráter assecuratório ao cumprimento das ordens judiciais, mas também, e sobretudo, sob o ângulo de sua finalidade instrumental atrelada ao próprio direito material vindicado na demanda jurisdicionalizada.

2. Considerações acerca da tutela material específica da mora: o ordenamento jurídico brasileiro, desde o regramento inaugurado no Código Civil de 1916, no que foi substancialmente seguido pelo texto do Diploma Civil de 2002, somente contempla disciplina genérica e eficaz quando se cuida da repreensão da mora verificada no cumprimento de obrigações ao pagamento de quantia certa. Para estas, além da natural faculdade de as partes, no âmbito da autonomia da vontade, estabelecerem penalidades convencionais (multa moratória), o ordenamento material civil fixou sanções legais predeterminadas, com a potencialidade de incidir até mesmo sem pedido do credor para a hipótese de retardamento injustificado (juros moratórios).

Vislumbra-se, portanto, no sistema pertinente às obrigações de pagar, normas jurídicas perfeitas, com preceitos primário e secundário, haja vista restar estabelecido um mandamento claro direcionado ao devedor, no sentido de que deve efetuar o adimplemento no prazo, sob pena da incidência de uma sanção material em caso de persistência no estado de mora.

Idêntica tutela mostrava-se inexistente no tocante às obrigações de fazer e não fazer, pois, para elas, o sistema legal apenas permitia a conversão da obrigação em perdas e danos, deixando de contemplar instrumentos específicos de tutela material voltados a sancionar o devedor em mora.

Justamente para conferir eficácia aos preceitos de direito obrigacional, que determinam ao devedor o cumprimento da obrigação, o legislador contemplou nova redação ao art. 461 do CPC.

No dispositivo mencionado, aglutinaram-se medidas suficientes a servir como tutela material da mora (multa pecuniária), além de outras, nitidamente de cunho processual, que buscam servir e garantir o pronto adimplemento da obrigação (busca e apreensão, remoção de pessoas e coisas, cessação de atividades etc.).

Nesse contexto, a tutela material da mora pertinente às obrigações de fazer e não fazer, tímida e insipidamente tratada no Código Civil, ganha força e autoridade a partir da disciplina fixada no Código de Processo Civil, dada a possibilidade de o magistrado agir, inclusive *ex officio*, cominando uma multa, uma sanção, para a hipótese de o devedor manter-se injustificadamente no estado de letargia.

3. Definição das funções atribuídas à multa pecuniária prevista no art. 461, §§ 4º e 5º, do CPC: entendida a razão histórica e o motivo de ser das *astreintes* perante o ordenamento jurídico brasileiro, pode-se concluir que o instituto possui o objetivo de atuar em vários sentidos, os quais assim se decompõem: a) ressarcir o credor, autor da demanda, pelo tempo em que se encontra privado do bem da vida; b) coagir, indiretamente, o devedor a cumprir a prestação que a ele incumbe, punindo-o em caso de manter-se na inércia; c) servir como incremento às ordens judiciais que reconhecem a mora do réu e determinam o adimplemento da obrigação, seja ao final do processo (sentença), seja durante o seu transcurso (tutela antecipatória).

Assim, vislumbrada uma função também de direito material a ser exercida pela multa pecuniária do art. 461, §§ 4º e 5º, do CPC, queda induvidosa a titularidade do credor prejudicado pela mora sobre o produto resultante da aplicação da penalidade.

Ainda no ponto, cumpre firmar outras importantes premissas, principalmente a de que a multa pecuniária tem campo natural de incidência no estado de mora debitoris, ou seja, enquanto ainda há interesse do credor no cumprimento da obrigação, descartando-se sua aplicabilidade nas hipóteses de inadimplemento absoluto.

Por não gerar efeitos com repercussão no mundo dos fatos, mas apenas ressarcitórios e intimidatórios, a multa deve guardar feição de *ultima ratio*, cabendo ao magistrado, no momento de aferir a medida mais adequada para garantir o adimplemento da obrigação de fazer ou não fazer, ter sempre em mira que o próprio sistema de tutela específica previsto no art. 461 do CPC confere a possibilidade da adoção de providências muito mais eficazes, que significam a pronta satisfação do direito do demandante.

4. Enfrentamento do caso concreto: reforma do aresto estadual, no que extinguiu a demanda de execução, determinando-se a retomada da marcha processual.

Redução, todavia, da multa diária, fixada no curso da fase de conhecimento de ação monitória, para forçar a própria credora, autora da ação, a proceder à retirada do nome dos devedores perante os cadastros de proteção ao crédito.

Manifesto descabimento do arbitramento da multa a benefício dos réus da ação, justo que os instrumentos de tutela específica do art. 461 do CPC servem para satisfação do direito material reclamado na lide, pressupondo que o respectivo beneficiário ocupe posição de demandante, seja por meio de ação, reconvenção ou pedido contraposto. Ponto imutável da decisão, entretanto, frente à inexistência de impugnação oportuna pela parte prejudicada.

Circunstâncias que, examinadas sob os aspectos processual e sobretudo material da multa pecuniária, recomendam substancial diminuição do valor reclamado na execução de sentença.

Providência cabível, mesmo após o trânsito em julgado da sentença, à luz do disposto no art. 461, § 6º, do CPC. Precedentes da Corte.

5. Recurso especial conhecido e provido em parte".[24]

---

[24] REsp 1.006.473/PR, da Quarta Turma, j. em 8.05.2012, *DJe* de 19.06.2012, Rel. Min. Marco Buzzi.

Relativamente ao CPC/2015, o art. 14 corresponde ao art. 77; o art. 461, *caput*, equivale aos arts. 497 e 536. Já as matérias disciplinadas nos citados §§ 4º a 6º do art. 461 são tratadas no art. 536, § 1º, no art. 537, e em seu § 1º, do vigente CPC.

Quanto ao valor, não se admite que seja maior que a obrigação principal, até por uma questão de bom senso, conforme muito bem está demonstrado no seguinte aresto, sendo o tratamento do anterior regime igual ao do atual: "É possível a redução das *astreintes* fixadas fora dos parâmetros de razoabilidade e proporcionalidade, fixada a sua limitação ao valor do bem da obrigação principal, evitando-se o enriquecimento sem causa" (REsp 947.466/PR, *DJ* 13.10.2009).[25]

Eis a fundamentação do voto do relator, no que interessa:

"Com efeito, a decisão agravada está em consonância com o entendimento assente desta Corte no sentido de que 'é possível a redução das *astreintes* fixadas fora dos parâmetros de razoabilidade e proporcionalidade, fixada a sua limitação ao valor do bem da obrigação principal, evitando-se o enriquecimento sem causa' (REsp 947.466/PR, Rel. Min. Aldir Passarinho Junior, Quarta Turma, *DJ* 13.10.2009).

Na mesma linha: 'Processual civil. Recurso especial. FGTS. Embargos à execução (apresentados pela CEF). Redução do valor fixado a título de multa diária cominatória.
1. *Omissis*.

2. Não obstante seja possível a fixação de multa diária cominatória (*astreintes*), em caso de descumprimento de obrigação de fazer, não é razoável que o valor consolidado da multa seja muito maior do que o valor da condenação principal, sob pena de enriquecimento ilícito, o qual é expressamente vedado pelo art. 884 do CC/2002.

3. Em situação análoga, a Segunda Turma/STJ, ao apreciar o AgRg no REsp 1.096.184/ RJ (Rel. Min. Mauro Campbell Marques, *DJe* 11.30.2009), firmou entendimento no sentido de que é possível a redução do 'valor de multa diária em razão de descumprimento de decisão judicial quando aquela se mostrar exorbitante'. Admitindo a redução da multa cominatória, em outras hipóteses (que não tratam especificamente do FGTS), objetivando atender ao princípio da proporcionalidade, destacam-se os seguintes precedentes: REsp 914.389/ RJ, 1ª Turma, José Delgado, *DJ* 10.05.2007; REsp 422.966/ SP, 4ª Turma, Rel. Min. Sálvio de Figueiredo Teixeira, *DJ* 1º.03.2004; REsp 775.233/ RS, 1ª Turma, Rel. Min. Luiz Fux, *DJ* 1º.08.2006.

4. Assim, em situações excepcionais, a jurisprudência desta Corte admite a redução da multa diária cominatória tanto para se atender ao princípio da proporcionalidade quanto para se evitar o enriquecimento ilícito.

5. Na hipótese, impõe-se a reforma do acórdão recorrido, para reduzir o montante da multa diária cominatória, fixando-o no mesmo valor da obrigação principal.

6. Recurso especial provido' (REsp 998.481/RJ, Rel. Min. Denise Arruda, Primeira Turma, *DJ* 11.12.2009)'. Correta, pois, a aplicação da súmula 83 desta Corte à espécie".

No pertinente à redução da multa, o escólio de Humberto Theodoro Júnior revela-se oportuno: "Uma vez verificado que a multa não cumpriu com sua função coercitiva, ou que o recebimento da mesma poderá implicar no enriquecimento indevido da parte contrária, o juiz poderá reduzir o crédito resultante da incidência das *astreintes*. Aplicação

---

[25] AgRg no REsp 541.105/PR, da Quarta Turma, j. em 04.02.2010, *DJe* 08.03.2010, Rel. Min. Fernando Gonçalves.

dos arts. 644 e 461, § 6º, do CPC. A redução da multa não implica em ofensa à coisa julgada, posto que o crédito resultante das *astreintes* não integra a lide propriamente dita e, portanto, não faz parte das 'questões já decididas, relativas à mesma lide (art. 471 do CPC)".[26] A matéria disciplinada no § 6º do art. 461 é tratada no art. 537, § 1º; do CPC/2015; já quanto ao art. 644, não há regra equivalente no CPC atual, embora a matéria do art. 461 a que remete se encontre tratada em seus arts. 497 e 536 e 537.

De observar, ainda, que a tutela específica já vinha contemplada na Lei da Ação Civil Pública (Lei nº 7.347, de 24.07.1985), nos seus arts. 11 e 12; no Estatuto da Criança e do Adolescente (Lei nº 8.069, de 13.07.1990), no art. 213; e no Código de Defesa do Consumidor (Lei nº 8.078, de 11.09.1990), art. 84. Outrossim, embora as controvérsias sobre a constitucionalidade, há a Lei nº 9.494, de 10.09.1997, impedindo a aplicação da liminar em ações dirigidas contra atos do Poder Público, e permitindo pedido de suspensão ao Presidente do Tribunal ao qual competir o conhecimento da matéria caso concedida a liminar, segundo seu art. 1º: "Aplica-se à tutela antecipada prevista nos arts. 273 e 461 do Código de Processo Civil o disposto nos arts. 5º e seu parágrafo único e 7º da Lei nº 4.348, de 26 de junho de 1964, no art. 1º e seu § 4º da Lei nº 5.021, de 9 de junho de 1966, e nos arts. 1º, 3º e 4º da Lei nº 8.437, de 30 de junho de 1992". Os arts. 273 e 461 do CPC acima referidos correspondem aos arts. 294, 497 e 536 do CPC/2015.

---

[26] *Código de Processo Civil e Legislação Complementar.* Saraiva, 2007, 39ª ed., São Paulo, p. 552.

IX

Obrigações de Não Fazer

9.1. O DEVER DE SE ABSTER

É bastante comum o dever de se omitir a pessoa de uma série de atos suscetíveis de trazerem prejuízo a uma pessoa ou à coletividade. Enquanto na obrigação de fazer há a injunção a uma ou mais pessoas de praticar um fato, posto que se deve fazer relativamente a alguém, já na de não fazer está-se diante de determinadas pessoas ou mesmo de toda a sociedade, que exigem posturas de convivência normal de qualquer pessoa, a qual restringe enormemente as ações ou os atos das pessoas. No tocante à coletividade, acontece que todos ficam jungidos às limitações da conduta social, daí nascendo os ordenamentos discriminando as ações permitidas. O respeito aos direitos de outrem conduz à omissão de atos ou ações da coletividade, como é exemplo claro no direito à propriedade. Há uma atitude passiva de todos diante dos direitos reais, que prevalecem perante todos ou valem *erga omnes*.

No entanto, muitas situações aparecem que vinculam as pessoas em uma avença tal que uma delas coloca-se numa posição de omitir condutas contrárias a esta avença. Correta esta ideia de Serpa Lopes: "A obrigação de não fazer se caracteriza por uma abstenção, um *pati*, em relação ao devedor".[1]

Enquanto nos outros tipos ao devedor requer-se, para o adimplemento, uma ação, no caso presente exige-se a total abstenção. Compromete-se o devedor a não praticar certo ato. Torna-se inadimplente a partir do momento em que realiza a ação que não deveria ser realizada. Daí a distinção quanto às obrigações de dar e de fazer, observando Carlos Alberto Bittar: "De fato, enquanto na obrigação de fazer há uma ação, positiva, na de não fazer existe omissão, comportamento ou postura negativa, quedando-se o devedor privado à conduta prevista (como na obrigação de não praticar determinado ato, de não edificar, de não se opor ou de tolerar atos praticado pelo credor). Daí as denominações de obrigações positivas para as de fazer e negativas para as de não fazer".[2]

9.2. A OBRIGAÇÃO DE NÃO FAZER NO DIREITO POSITIVO

Consistindo a obrigação de não fazer na manifestação da vontade, em um negócio jurídico, em que se obriga um dos contratantes a se abster de ações, depreendese que grande é a quantidade de figuras jurídicas com tal vinculação. Realmente, no Código Civil

---

[1] *Curso de Direito Civil*, ob. cit., vol. II, p. 67.
[2] *Curso de Direito Civil*, ob. cit., vol. 1, p. 342.

há vários institutos que levam a obrigar-se alguém a respeitar os direitos, e, portanto, a omitir atos positivos. A título de exemplos, parte-se da servidão, considerada a figura clássica da obrigação de não fazer. Com efeito, estatui o art. 1.378 do Código Civil, quanto ao proprietário do prédio serviente: "A servidão proporciona utilidade para o prédio dominante, e grava o prédio serviente, que pertence a diverso dono, e constitui-se mediante declaração expressa dos proprietários, ou por testamento, e subsequente registro no Cartório de Registro de Imóveis". Porque proporciona utilidade a um outro prédio, decorre a obrigação de permitir a utilização. O cerne da obrigação de não fazer está justamente em abster-se de impedir o proveito da utilidade do prédio serviente. Também o art. 1.383 revela tipicidade neste tipo de obrigação: "O dono do prédio serviente não poderá embaraçar de modo algum o exercício legítimo da servidão".

Já na própria locação, nos diplomas que a regulam, sempre aparece a proibição de ceder ou sublocar, como reza o art. 13 da Lei nº 8.245, de 1991: "A cessão da locação, a sublocação e o empréstimo do imóvel, total ou parcialmente, dependem do consentimento prévio e escrito do locador".

Relativamente às sociedades simples, não pode o sócio ceder a estranhos a sua quota sem o consentimento dos demais sócios, na redação do art. 1.003 do Código Civil: "A cessão total ou parcial de quota, sem a correspondente modificação do contrato social com o consentimento dos demais sócios, não terá eficácia quanto a estes e à sociedade".

No próprio depósito, há a proibição de utilização do bem e de dar a depósito de outrem, art. 640 do mesmo Código: "Sob pena de responder por perdas e danos, não poderá o depositário, sem licença expressa do depositante, servir-se da coisa depositada, nem a dar em depósito a outrem".

No contrato de seguro, de acordo com o art. 768, na sua vigência, "o segurado perderá o direito à garantia se agravar intencionalmente o risco objeto do contrato", o que importa no dever de abster-se das condutas que propiciam o risco, como frequentar locais de perigo, ou estacionar o veículo em via infestada de marginais. O citado artigo restará revogado após um ano da publicação da Lei nº 15.040, de 09.12.2024, sendo substituído pelo art. 13, que reza: "Sob pena de perder a garantia, o segurado não deve agravar intencionalmente e de forma relevante o risco objeto do contrato de seguro".

Nos diplomas disciplinares, que regulam condutas e impõem sanções, há uma sequência de normas impondo a abstenção de atos, sob pena das mais diversas cominações. Assim ocorre com o Código Penal e o Código de Trânsito. No Código de Defesa do Consumidor, ao consignarem-se as inúmeras situações de abuso do fornecedor, está-se exigindo a abstenção da exploração do mais fraco, da propaganda enganosa, da vantagem excessiva, dentre outras situações.

Pode-se afirmar que acompanha cada obrigação de fazer uma de não fazer. Nesta dimensão, em cada dispositivo que determina ações positivas, exsurge, em contrapartida, a imposição de evitar atos deliberadamente restritivos a tais ações. Exemplificativamente, comprometendo-se alguém a transferir a propriedade de um imóvel, fica proibida a transmissão a terceiro. No contrato de se construir uma obra, implicitamente é assumida a abstenção de desenvolver, concomitantemente, outra obra idêntica. No mandato, a representação do mandante importa recusar que também se represente a pessoa junto à qual deve atuar o mandatário em nome do outorgante.

Tais colocações restringem-se às obrigações de não fazer emanadas de lei, que são as de maior quantidade, segundo confirmava Carvalho Santos: "Na maior parte das vezes, as obrigações de não fazer resultam da lei, o que ocorre, por exemplo, nas relações de vizinhança e no exercício das servidões. Algumas vezes, porém, elas têm origem em uma convenção, como, *v.g.*, quando se ajusta a servidão *non altius tollendi*, ou *non aedificandi*. Podem, ainda, resultar da sentença proferida em ação judicial, como quando o réu é condenado a se abster de molestar a posse do autor, ou a prosseguir na obra nova, embargada".[3]

Araken de Assis identifica três tipos de obrigações de não fazer:

"a) A não fazer algo (exemplo: ao locatário toca 'não modificar a forma externa ou interna do imóvel sem o consentimento prévio e por escrito do locador', *ex vi* do art. 23, VI, da Lei nº 8.245/91);

b) a tolerar fato natural ou atividade alheia (exemplo: 'receber as águas que correm naturalmente' do prédio superior, nos termos do art. 563 do CC);

c) a consentir a prática de certo ato dependente de autorização (exemplo: 'permitir a vistoria do imóvel pelo locador', a teor do art. 23, IX, da Lei nº 8.245/91)".[4]

O art. 563 do Código Civil invocado acima equivale ao art. 1.288 do atual diploma civil.

9.3. OBRIGAÇÃO DE NÃO FAZER NOS CONTRATOS

A regulamentação específica do Código Civil que mais interessa prende-se aos contratos, isto é, às obrigações de não fazer nascidas de avenças. Decorrem de um vínculo formado entre as duas partes contratantes. Nas legais, há um caráter mais universal, e comportam ações específicas, em caso de ofendidas. Exemplo típico está na servidão, que oportuniza a ação possessória na sua turbação. Aquelas que promanam de sentença, geralmente se executam no próprio feito, acatando o devedor o comando sentencial. Na desobediência, decorre automaticamente a indenização por perdas e danos, ou a suspensão *ex manu militari*, além de incorrer o infrator no crime de desobediência. Se persistir a ação desafiadora do império da sentença, é possível a prisão em flagrante, e o cumprimento compulsório da ordem judicial. Exemplo típico está em quem inicia construção em terreno alheio. Se expedida ordem judicial proibindo e mesmo assim persiste o infrator, lavra-se o flagrante de desobediência, e requisita-se a força para o cumprimento da decisão.

O Código Civil não traz regras sobre a imposição em cumprir tais obrigações, tal como acontecia com o Código revogado. Muito menos alinha qualquer conceituação a respeito. Limita-se a disciplinar a impossibilidade do cumprimento, e a prever os efeitos no caso da desobediência, isto é, de praticar o devedor o ato vedado.

9.4. IMPOSSIBILIDADE DO CUMPRIMENTO DA OBRIGAÇÃO DE NÃO FAZER

Há obrigações de não fazer que são impossíveis de serem cumpridas. Ou não está no devedor o não fazer, a abstenção, a passividade. Sendo alguém obrigado a não permitir a presença de parentes no imóvel locado, não vingará tal cláusula contratual se é ele coagido a dar moradia a um familiar. Num contrato de depósito, comprometendo-se o depositário a não receber outros produtos de igual natureza, deixará de vingar a imposição se aparecer um caso fortuito que o obrigue a colocar outra mercadoria no local,

---
[3] Ob. cit., vol. XI, p. 98.
[4] *Manual do Processo de Execução*, ob. cit., p. 382.

como incêndio no depósito onde se encontrava. A concessão na representação comercial de um produto com exclusividade a uma única empresa será rompida caso verificado o desaparecimento de produtos similares no comércio, impondo a distribuição de grande quantidade daquele da representação exclusiva. Conforme exemplo geralmente citado na doutrina, o dever de não dificultar a passagem de pedestres em certo atravessadouro cessa com a imposição emanada da autoridade pública para fechar o caminho.

Em hipóteses como as acima, cessa a obrigação de não fazer, ou de abster-se, segundo norma do art. 250 da lei civil: "Extingue-se a obrigação de não fazer, desde que, sem culpa do devedor, se lhe torne impossível abster-se do ato, que se obrigou a não praticar".

Provém a impossibilidade de um caso fortuito ou de força maior. Não há culpa de parte do devedor.

Se, porventura, o credor adiantara algum pagamento pela abstenção pretendida, resta-lhe unicamente postular a restituição, no dizer de Caio Mário da Silva Pereira: "Se eventualmente o credor tiver feito algum adiantamento ao devedor, cabe a este restituí-lo, não como indenização, mas porque a resolução da *obligatio* repõe as partes no *statu quo ante*, sem o que haveria locupletamento indevido do devedor".

Necessário observar, no entanto, que há certas obrigações de abstenção impossíveis de serem atendidas, ou que exigem uma exagerada limitação da liberdade humana. Nesta ordem, aquela pela qual o vendedor de um ponto comercial se obriga a não abrir qualquer estabelecimento da mesma natureza na localidade; ou a que veda o comerciante que representa uma fábrica a não aceitar, para a venda, produtos similares de outros fabricantes; ou o contrato de exclusividade do artista para uma determinada rede de televisão, sequer admitindo-se a sua participação em propagandas comerciais.

9.5. DESFAZIMENTO DO ATO E PERDAS E DANOS

Se o devedor praticar o ato, decorre ao credor o direito de exigir o desfazimento, à custa daquele, e de procurar o ressarcimento pelas perdas e danos. O art. 251 não enseja dúvidas: "Praticado pelo devedor o ato, a cuja abstenção se obrigara, o credor pode exigir dele que o desfaça, sob pena de se desfazer à sua custa, ressarcindo o culpado perdas e danos".

Basicamente, pois, duas as decorrências asseguradas ao prejudicado: desfazer o ato e exigir a indenização por perdas e danos. Havendo a proibição em construir um muro em terreno do vizinho, à custa do devedor se fará a demolição. Tendo um autor de projeto arquitetônico vendido a planta para outra pessoa, mais coerente aí reservar-se apenas a indenização, se o proprietário ignorava o trato com a pessoa que contratara tal projeto, e se já desenvolvida a obra, na esteira da lição de Caio Mário da Silva Pereira: "Se não for mais possível desfazer o ato, ou se não for mais oportuno, dá-se a sub-rogação da dívida no *id quod interest*, isto é, o devedor sujeita-se à reparação do prejuízo".[5]

Há casos em que é totalmente impossível reverter à situação anterior. Assim, na hipótese de um funcionário de fábrica revelar a uma concorrente os segredos da composição de um produto, já tendo esta colocado no comércio a mercadoria. Nada mais resta senão buscar o ressarcimento. Ainda, quando é vendida a mesma invenção para duas pessoas, ou um cantor faz duas apresentações em locais distintos, quando se comprometera a comparecer em uma única sociedade recreativa.

---

[5] *Instituições de Direito Civil*, ob. cit., vol. II, p. 61.

Desde o momento da prática do ato nasce a mora. Fica o devedor já responsável pelas perdas e danos, com a incidência de juros, a partir da quebra da abstenção, consoante o art. 390: "Nas obrigações negativas, o devedor é havido por inadimplente desde o dia em que executou o ato de que se devia abster".

De ressaltar que a indenização não se restringe unicamente às hipóteses de impossibilidade de desconstituir o ato. Mesmo que se desfaça, a indenização cobrirá os respectivos custos e as perdas e danos, se verificadas.

Naturalmente, procede-se o desfazimento pela via judicial, ou seja, de acordo com o devido processo legal, assegurada a defesa ao que praticou o ato indevido. Prescinde-se da autorização judicial nas situações de urgência, a teor do parágrafo único do art. 251, sem dispositivo equivalente no Código anterior: "Em caso de urgência, poderá o credor desfazer ou mandar desfazer, independentemente de autorização judicial, sem prejuízo do ressarcimento devido".

A previsão, sem dúvida um tanto arrojada, deixa ao arbítrio do credor decidir pela dispensa do caminho judicial, e optar por ele próprio quanto a desfazer a obra. Submete-se a seu critério aquilatar se é ou não caso de urgência, o que abre ensanchas para abusos. De qualquer forma, desde que não enquadrada a situação de urgência, ressalva-se o direito à indenização, ao mesmo tempo em que pode o devedor socorrer-se dos meios judiciais possíveis para estancar as medidas, como a ação possessória, ou alguma providência cautelar. Assim se o credor do ato de abstenção retira uma cerca que divide a sua propriedade daquela do vizinho, sob o argumento de que a área cercada lhe pertence, ou se derruba uma parede, surgindo daí graves consequências, como a fuga de animais e o desabamento do prédio.

Justificam-se, em contrapartida, casos de urgência o aterro de escavações procedidas pelo devedor, abalando as estruturas do prédio do credor; a retirada de encanamento que provoca inundação em prédio contíguo; o afastamento de parte do telhado que faz cair as águas da chuva sobre área de estar das pessoas da casa vizinha; o afastamento de resíduos que causam mau cheiro aos moradores próximos; o desvio da canalização de esgoto que vaza detritos em prédios próximos. Impossível aguardar o longo procedimento judicial, dados os prejuízos e transtornos que diariamente acontecem, afigurando-se como salutar a previsão legal, reconhecendo autoridade ao vizinho para agir por conta própria.

9.6. EXECUÇÃO DA OBRIGAÇÃO DE NÃO FAZER

Como executar as obrigações negativas, ou de não fazer, ou de omissão, ou de se abster, afora a hipótese contemplada no parágrafo único do art. 251 do Código Civil?

A disciplina está nos arts. 822 e 823 do CPC, e não regulamenta a imposição de uma omissão, mas as decorrências no caso de ter o devedor infringido tal omissão a que se comprometera em respeitar. Dispõe o art. 822 do CPC: "Se o executado praticou ato a cuja abstenção estava obrigado por lei ou por contrato, o exequente requererá ao juiz que assine prazo ao executado para desfazê-lo."

Como se percebe, objetiva a execução o retorno à situação anterior da ação do executado. Procura-se desfazer os efeitos materiais da obrigação. Por isso, ingressa-se com um pedido para que o juiz ordene e determine um prazo para o desfazimento da obra. Descrevem-se a obrigação negativa a que estava atrelado o devedor e, malgrado isto, a sua realização. Como houve a prática, e devendo ser desfeita, a execução se transformará em fazer, isto é, a "fazer" os atos que a destruam. Daí, já resumia Alcides de Mendonça Lima, passa a obrigação de "não fazer" para a de "fazer".[6]

Portanto, encaminhando a execução, e descrevendo o que ocorreu e aquilo que se pretende, requer-se a execução, consistente em desfazer, num prazo razoável e suficiente para desmanchar, ou demolir, ou destruir, ou desconstituir a ação ou obra indevidamente levada a efeito. Mas ao juiz cabe aferir o prazo, delongando-o, se necessário.

Até aí não surgem maiores dificuldades. Lançado o pedido, e recebendo a ordem o devedor poderá atender a determinação. Mostrando-se satisfeito o credor, dá-se o cumprimento, com a extinção do processo, como estabelece o inc. II do art. 924 do CPC:

"Extingue-se a execução quando: (...)
II – a obrigação for satisfeita."

Uma vez não atendido por inteiro o ordenado, ou cumprido insatisfatoriamente, irá o credor completar o que falta. Seguem-se os trâmites do art. 823 do CPC: "Havendo recusa ou mora do executado, o exequente requererá ao juiz que mande desfazer o ato à custa daquele, que responderá por perdas e danos."

Naturalmente, imprescindível que venha o título executável, consistente de uma sentença, formado em ação de conhecimento, ou de um contrato. Assim, há o título judicial ou extrajudicial. Quanto ao segundo, revela-se na estipulação expressa inserida numa disposição de vontade, como de não erguer uma parede, ou de não impedir a passagem de pedestres em um caminho, ou de não prestar serviços a um concorrente do credor. Dada a infração ao pactuado, executa-se para o devedor colocar por terra a parede, ou para retirar os entulhos da passagem, ou para interromper incontinente a atividade que desenvolve em favor do concorrente.

Mesmo em uma norma legal permite-se o embasamento da execução. Se o dever à abstenção decorre de uma servidão, a infração enseja que se execute com base no dispositivo do Código Civil que manda o prédio serviente servir ao dominante – art. 1.383.

No despacho do juiz, ficará constando, além do prazo, a cominação ou a consequência no caso de desobediência ao ordenado: o desfazimento se procederá pelo credor, às expensas dele, devedor, com exigibilidade das perdas e danos; ou responderá o devedor pelo ressarcimento, se impossível o desfazimento. O teor do ordenado se trasladará no mandado, a fim de que fique cientificado o destinatário do que lhe cabe.

Outrossim, imprescindível se advirta do prazo para os competentes embargos, matéria que se desenvolverá no próximo capítulo.

Torna-se complexa a execução caso recusar-se o devedor a obedecer ou a atender o mandado. Aí cabe ao credor desfazer, ou simplesmente buscar as perdas e danos.

Como se desenvolverá, então, a execução?

Observa-se, por primeiro, o art. 823 do CPC, acima transcrito.

O credor simplesmente pedirá que o juiz mande desfazer o que realizou ou praticou o devedor?

É necessário que se faça uma vistoria, ou verificação *in loco*, para constatar e estimar os custos. Mais acertado será a avaliação através de perícia, com a participação do devedor,

---

[6] Ob. cit., vol. VI, t. II, p. 765.

se não se fez revel, isto é, se está representado nos autos. De maneira alguma, no entanto, se pense que incide a tramitação desenvolvida no art. 817 e seu parágrafo único do CPC, porquanto disciplinado aí o procedimento para a obrigação de fazer prestada por terceiro, por conta do credor. Nem comportaria tal complexidade, quando se cuida de um mero desfazer, ou destruir, ou busca a interrupção de um serviço ou obra.

De qualquer forma, o montante apurável e necessário não fica ao critério único do credor. Será estabelecido por meios sérios e idôneos, como a perícia ou o arbitramento.

Uma vez chegando-se ao *quantum* necessário, não se impõe que siga de imediato e se desfaça a obra. Não se impede a cobrança prévia da soma apurada, mediante execução por quantia certa, para depois levar-se a termo o ato material.

Se trouxe a inobservância da abstenção prejuízos ao credor, faculta-se-lhe buscar, também, a indenização por perdas e danos. Nesta previsão enquadra-se o caso de deterioração de mercadorias porque interrompida uma servidão de passagem. Cabe ao titular da servidão o competente ressarcimento, o que se fará por artigos, ou mesmo arbitramento. Uma vez encontrado o valor, também será buscado mediante execução por quantia certa.

Mas, se impossível desfazer o ato, a única solução assenta-se sempre na indenização por perdas e danos, como preconiza o parágrafo único do art. 823: "Não sendo possível desfazer-se o ato, a obrigação resolve-se em perdas e danos, caso em que, após a liquidação, se observará o procedimento de execução por quantia certa."

Não se confundem as perdas e danos aqui tratadas com aquelas previstas no *caput* art. 823 do CPC. Dizem respeito, conforme a redação da regra, as decorrentes da impossibilidade de desfazer o ato. Exemplificando, nem sempre é conveniente a demolição de um prédio porque penetrou em uma parcela do terreno vizinho. Mais conveniente a correspondente indenização. Há, porém, casos de total inviabilidade de desfazer. Assim quando o artista que, rompendo um contrato, se apresenta em mais de um local; ou quando um fotógrafo exclusivo de uma empresa jornalística entrega material para outra, que fez a publicação.

Entretanto, as perdas e danos não se restringem à impossibilidade da execução do desfazimento. Se preferir o credor, ao invés de procurar que se desfaça o ato ou a obra, assiste-lhe o direito de pleitear unicamente a indenização. Se lhe for conveniente tal forma de justiça, ao contrário de, *v.g.*, tentar a demolição de beiral do telhado da casa vizinha que despeja águas em seu terreno – art. 1.300 do Código Civil –, nada pode lhe impedir a opção.

Indispensável, no entanto, a liquidação do valor por meio de perícia.

X

A Defesa na Execução de Entregar ou Dar Coisa Certa ou Incerta e de Fazer e Não Fazer

10.1. VISÃO GERAL DA DEFESA POR MEIO DE EMBARGOS

Em todos os processos de execução, o meio comum de defesa se instrumentaliza mediante os embargos. Não que inexistam outros caminhos. Muito se tem falado sobre a exceção de pré-executividade e também sobre a ação anulatória se verificadas nulidades dos títulos que instruem o processo de execução. Houve um avanço no direito processual, que leva a extinguir o processo mesmo antes do meio comum de defesa. Assim quando falta o título, ou não oferece ele os requisitos de executividade.

Apresenta-se uma fase no processo em que o juiz deve examinar de ofício se é válido o procedimento, se o mesmo tem condições de ser iniciado e de seguir. Trata-se da aferição da presença dos pressupostos processuais, tão importantes e que dizem com a prestabilidade do título, ou com a sua própria existência.

É que existem causas ou situações que impedem sequer o seguimento do feito, algumas elencadas no art. 485 do CPC, que acarretam a resolução do processo sem atacar o mérito. Mostra-se, sobretudo, relevante o assunto quando se trata de execuções específicas, como as de dar e de fazer.

Há casos tão flagrantes de invalidade que a jurisprudência admite a extinção do feito desde logo. Não é justo submeter o patrimônio do devedor à constrição ou a medidas restritivas, com todos os transtornos decorrentes, para só depois dar o golpe fatal de morte ao processo.

Permite-se que o devedor compareça aos autos, e demonstre ao juiz a inviabilidade, propugnando pela extinção desde logo. Faz algum tempo que a doutrina talhou a argumentação para a extinção imediata, apontando-se como arauta o processualista Galeno Lacerda.[1] Dispensa-se a constrição prévia para suscitar a defesa, e aponta-se a inviabilidade do procedimento escolhido, com o que, vindo a apreciação do juiz, determina-se a extinção do feito, se configurada a hipótese apontada.

De outra parte, admite-se que se ataque, mediante ação autônoma, o próprio título, para conseguir a declaração da invalidade, ou para desconstituí-lo. Ingressa-se com uma ação de conhecimento, em procedimento comum, visando à desconstituição da pretensão executória.

---

[1] Execução do Título Judicial e Segurança do Juízo. *Estudos em Homenagem ao Prof. José Frederico Marques*, São Paulo, Saraiva, 1982, p. 175.

Normalmente, porém, o meio de defesa será os embargos, os quais se admitem em qualquer processo de execução de título de crédito extrajudicial.

Constituem os embargos meio de defesa unicamente para a execução fundada em título extrajudicial.

Se o título decorre de sentença ou decisão judicial, busca-se o seu cumprimento em sequência aos atos que conduziram à constituição do título, em obediência aos arts. 513 e 523 do CPC.

Necessário esclarecer que, no cumprimento de sentença que contenha obrigação de dar ou entregar coisa certa ou coisa incerta, são obedecidas as disposições dos arts. 498 e 538, com os respectivos parágrafos, do CPC. Já no cumprimento de sentença decorrente de obrigação de fazer ou não fazer, os trâmites estão ditados nos arts. 497, 536 e 537 e parágrafos do CPC. Está assegurada a tutela específica nos dois tipos de cumprimento. Os títulos judiciais estão enumerados no art. 515 do CPC, devendo ser considerados também os que formam comando de dar ou entregar coisa certa ou incerta, de fazer e não fazer.

Para o cumprimento da tutela específica, é necessária a intimação do devedor, segundo entendeu o STJ: "A necessidade de intimação pessoal do devedor para cumprimento de obrigação de fazer/não fazer ou entregar coisa deriva da gravidade das consequências do descumprimento da ordem judicial, que pode levar até mesmo à responsabilidade pelo crime de desobediência (art. 330 do Código Penal), em comparação àquelas decorrentes do descumprimento de determinação de pagar quantia certa.

Portanto, o devedor de obrigação de fazer/não fazer ou de entregar coisa, quando tem contra si ordem para cumprimento da decisão judicial, deve ser intimado pessoalmente, em razão das múltiplas e graves conseqüências de seu eventual desatendimento ao mandamento jurisdicional".[2]

A defesa se formalizará através da impugnação, cujos regramentos estão no art. 525, parágrafos e incisos, do CPC.

Desenvolve-se aqui a matéria no tocante aos embargos, incidentes em ação de execução de título extrajudicial.

Os regramentos, para a execução, encontram-se nos arts. 806 a 823 do CPC.

De modo que unicamente os títulos extrajudiciais de obrigações de entregar ou dar coisa certa ou incerta, e de fazer ou não fazer, são exigíveis por meio do processo de execução, formalizando-se a defesa através de embargos que, de regra, não terão efeito suspensivo.

É possível, porém, dar tal efeito, operando-se a interrupção ou suspensão do processo, que dependerá da verificação dos requisitos para a concessão da tutela provisória, além da garantia da obrigação por penhora, depósito ou caução suficientes, em virtude do § 1º do art. 919 do CPC:

"O juiz poderá, a requerimento do embargante, atribuir efeito suspensivo aos embargos quando verificados os requisitos para a concessão da tutela provisória e desde que a execução já esteja garantida por penhora, depósito ou caução suficientes."

---

[2] EREsp 1371209/SP, Corte Especial, rel. Min. Herman Benjamin, j. em 19.12.2018, *DJe* de 16.04.2019.

Percebe-se, ainda, do dispositivo que, além dos fundamentos nos requisitos para a concessão da tutela provisória, faz-se indispensável a garantia do juízo. Consistindo a garantia em penhora, o § 5º do art. 919 do CPC permite que esta seja substituída e reforçada, bem como que se faça a avaliação.

O efeito suspensivo, que acarreta o sobrestamento temporário do processo de execução, perdurando enquanto se desenvolvem os embargos, também consta no inc. II do art. 921 do CPC, na seguinte redação:

"Suspende-se a execução: (...)

II – no todo ou em parte, quando recebidos com efeito suspensivo os embargos à execução."

O art. 914 do CPC aponta o meio de defesa através de embargos para qualquer execução, sem que, para a sua apresentação, se exija a prévia garantia do juízo: "O executado, independentemente de penhora, depósito ou caução, poderá se opor à execução por meio de embargos."

O § 1º do art. 914 do CPC instrui como se inicia o processamento: "Os embargos à execução serão distribuídos por dependência, autuados em apartado e instruídos com cópias das peças processuais relevantes, que poderão ser declaradas autênticas pelo próprio advogado, sob sua responsabilidade pessoal."

Já o § 2º do mesmo artigo, quanto à execução por carta precatória: "Na execução por carta, os embargos serão oferecidos no juízo deprecante ou no juízo deprecado, mas a competência para julgá-los é do juízo deprecante, salvo se versarem unicamente sobre vícios ou defeitos da penhora, da avaliação ou da alienação dos bens efetuadas no juízo deprecado."

Explicitam-se mais disposições comuns.

Na forma do art. 915 do CPC, são oferecidos os embargos no prazo de 15 dias, prazo que se conta na forma do art. 231:

"Os embargos serão oferecidos no prazo de quinze dias, contado, conforme o caso, na forma do art. 231."

Para a compreensão, transcreve-se o art. 231, que aponta para as diversas previsões de início:

"Salvo disposição em sentido diverso, considera-se dia do começo do prazo:

I – a data de juntada aos autos do aviso de recebimento, quando a citação ou a intimação for pelo correio;

II – a data de juntada aos autos do mandado cumprido, quando a citação ou a intimação for por oficial de justiça;

III – a data de ocorrência da citação ou da intimação, quando ela se der por ato do escrivão ou do chefe de secretaria;

IV – o dia útil seguinte ao fim da dilação assinada pelo juiz, quando a citação ou a intimação for por edital;

V – o dia útil seguinte à consulta ao teor da citação ou da intimação ou ao término do prazo para que a consulta se dê, quando a citação ou a intimação for eletrônica;

VI – a data de juntada do comunicado de que trata o art. 232 ou, não havendo esse, a data de juntada da carta aos autos de origem devidamente cumprida, quando a citação ou a intimação se realizar em cumprimento de carta;

VII – a data de publicação, quando a intimação se der pelo *Diário da Justiça* impresso ou eletrônico;

VIII – o dia da carga, quando a intimação se der por meio da retirada dos autos, em carga, do cartório ou da secretaria;

IX – o quinto dia útil seguinte à confirmação, na forma prevista na mensagem de citação, do recebimento da citação realizada por meio eletrônico" (Inciso incluído pela Lei nº 14.195/2021).

Para cada executado, em havendo mais de um, conta-se o prazo a partir da juntada do respectivo mandado citatório, salvo tratando-se de cônjuges, de conformidade com o § 1º do art. 915 do CPC:

"Quando houver mais de um executado, o prazo para cada um deles embargar conta-se a partir da juntada do respectivo comprovante da citação, salvo no caso de cônjuges ou de companheiros, quando será contado a partir da juntada do último."

Na citação por precatória, começa o prazo da data da cientificação da citação, se os embargos versarem apenas sobre vícios ou defeitos da penhora, da avaliação ou da alienação dos bens; ou, em situações diferente, da juntada da comunicação, ao juízo deprecante, da comunicação de que se procedeu a citação, a teor do § 2º do art. 915:

"Nas execuções por carta, o prazo para embargos será contado:
I – da juntada, na carta, da certificação da citação, quando versarem unicamente sobre vícios ou defeitos da penhora, da avaliação ou da alienação dos bens;
II – da juntada, nos autos de origem, do comunicado de que trata o § 4º deste artigo ou, não havendo este, da juntada da carta devidamente cumprida, quando versarem sobre questões diversas da prevista no inciso I deste parágrafo."

Deve-se ter em conta que, segundo o § 3º, não se aplica o disposto no art. 229, que trata do prazo em dobro quando os litisconsortes tiverem diferentes procuradores de escritórios de advocacia distintos:

"Os litisconsortes que tiverem diferentes procuradores, de escritórios de advocacia distintos, terão prazos contados em dobro para todas as suas manifestações, em qualquer juízo ou tribunal, independentemente de requerimento."

Indica o art. 918 os casos de rejeição liminar dos embargos, e, no seu parágrafo único, enquadra como atentado à dignidade da justiça a oposição com finalidade manifestamente protelatória:

"O juiz rejeitará liminarmente os embargos:
I – quando intempestivos;

II – nos casos de indeferimento da petição inicial e de improcedência liminar do pedido;
III – manifestamente protelatórios.
Parágrafo único. Considera-se conduta atentatória à dignidade da justiça o oferecimento de embargos manifestamente protelatórios."

Consideram-se manifestamente protelatórios os embargos se evidente a carência de lógica, de seriedade, de fundamento, de bom-senso e outras qualidades que incutam alguma convicção de realidade no seu conteúdo.

O inc. II do art. 918 dá grande amplitude às situações, admitindo a rejeição nos casos de indeferimento da petição inicial e de improcedência liminar do pedido, discriminados nos arts. 330 e 332, e que são os seguintes:

Eis os casos do art. 330:

"A petição inicial será indeferida quando:
I – for inepta;
II – a parte for manifestamente ilegítima;
III – o autor carecer de interesse processual;
IV – não atendidas as prescrições dos arts. 106 e 321."

Já as hipóteses do art. 332 vêm discriminadas na seguinte ordem:

"Nas causas que dispensem a fase instrutória, o juiz, independentemente da citação do réu, julgará liminarmente improcedente o pedido que contrariar:
I – enunciado de súmula do Supremo Tribunal Federal ou do Superior Tribunal de Justiça;
II – acórdão proferido pelo Supremo Tribunal Federal ou pelo Superior Tribunal de Justiça em julgamento de recursos repetitivos;
III – entendimento firmado em incidente de resolução de demandas repetitivas ou de assunção de competência;
IV – enunciado de súmula de tribunal de justiça sobre direito local."

Acrescenta-se a possibilidade do julgamento liminar na situação do § 1º do mesmo art. 332:

"O juiz também poderá julgar liminarmente improcedente o pedido se verificar, desde logo, a ocorrência de decadência ou de prescrição."

Merece destaque a inépcia da inicial, que se declarará no caso de configurada qualquer uma das situações do § 1º do art. 330 do CPC, e que são as seguintes:

"I – lhe faltar pedido ou causa de pedir;
II – o pedido for indeterminado, ressalvadas as hipóteses legais em que se permite o pedido genérico;
III – da narração dos fatos não decorrer logicamente a conclusão;
IV – contiver pedidos incompatíveis entre si."

Não cabe, no entanto, uma interpretação literal das hipóteses acima. Desde que razoável a defesa, e ponderáveis as razões, não se admite a simples rejeição liminar.

Em relação aos embargos, algumas matérias aparecem previstas no art. 917 do CPC, possíveis de alegação:

"I – inexequibilidade do título ou inexigibilidade da obrigação;

II – penhora incorreta ou avaliação errônea;

III – excesso de execução ou cumulação indevida de execuções;

IV – retenção por benfeitorias necessárias ou úteis, nos casos de execução para entrega de coisa certa;

V – incompetência absoluta ou relativa do juízo da execução;

VI – qualquer matéria que lhe seria lícito deduzir como defesa em processo de conhecimento."

Sintetizando, são fundamentos hábeis para a extinção do processo quaisquer fatos que revelem infração à lei.

De observar que, se houve o pedido de cumprimento de julgado ou decisão, caberá aí a impugnação; e, ainda no dizer de Celso Neves, "a defesa do executado" (devedor) "não pode referirse a fato que podia ser alegado no processo de cognição".[3] Nesta ordem, não se admite a suscitação de questões que dizem com a coação, o dolo, a fraude, a invalidade do negócio, se tais matérias simplesmente restaram omitidas quando da discussão da matéria que redundou no título judicial. De salientar que a falta de impugnação ou embargos, conforme se tratar de título judicial ou extrajudicial, não impede uma ação posterior para invalidar o título, máxime se extrajudicial, desde que a causa alegável não se inclua numa daquelas previstas para os embargos ou a impugnação, como discorre em memorável trabalho José Rogério Cruz e Tucci:

"A falta de oferecimento de embargos do devedor, por outro lado, produzirá preclusão para ulterior questionamento, em sede de execução, das matérias enumeradas nos arts. 741 e 745 do CPC, ressalvados os temas de ordem pública.

Escapa, pois, da eficácia preclusiva decorrente do transcurso *in albis* do prazo para a oposição de embargos, a teor dos arts. 598 e 267, § 3º, do CPC, a matéria relativa aos pressupostos processuais e às condições de admissibilidade da ação por extravasarem do poder de disposição das partes, subordinando-se à investigação de ofício pelo Estado, como uma das consequências de ser a ação um direito contra ele exercitável que, por isso, lhe dá o poder, correspectivo, de examinar de ofício os pressupostos do processo e as condições da ação, ainda que se configure o mais profundo silêncio do demandado".[4]

Cabe lembrar que os citados arts. 741 e 745 tiveram a redação alterada respectivamente pela Lei nº 11.232/2005 e pela Lei nº 11.382/2006. De igual modo, é de se referir que o art. 741 encontra correspondência no art. 535 do CPC/2015, enquanto o art. 745 equivale ao art. 917, também do atual CPC. Já os referidos artigos 598 e 267, § 3º, encerram matérias previstas no parágrafo único do art. 771 e no § 3º do art. 485 do mesmo CPC vigente.

---

[3] Ob. cit., vol. VII, p. 209.
[4] Tutela Processual do Direito do Executado. *AJURIS – Revista da Associação dos Juízes do Rio Grande do Sul*, nº 61, Porto Alegre, p. 105, 1994.

Passa-se a delinear regras próprias para a execução de obrigação de entregar coisa certa ou coisa incerta, e de obrigação de fazer ou não fazer.

10.2. EMBARGOS ESPECIFICAMENTE NA EXECUÇÃO DE ENTREGAR OU DAR COISA CERTA E COISA INCERTA

Tais obrigações, já estudadas, constam regulamentadas, quanto à execução, nos arts. 806 a 813 do CPC.

As mesmas regras, somadas às que se encontram nos arts. 914 a 920 do CPC, aplicam-se aos embargos opostos contra a execução fundada em título extrajudicial de dar ou entregar coisa certa ou coisa incerta, de fazer ou não fazer. Se judicial o título, como já explicitado, tem-se o pedido de cumprimento da sentença.

Reserva-se, pois, a defesa por meio de embargos à execução, que somente tem cabimento se o título em que se embasa for extrajudicial.

Encerra o art. art. 914 sobre os embargos, cujo oferecimento não depende da entrega prévia ou do depósito da coisa: "O executado, independentemente de penhora, depósito ou caução, poderá se opor à execução por meio de embargos."

Uma vez citado o executado, quatro opções se oferecem: ou embargar, ou entregar a coisa, ou fazer o depósito, ou manter-se inerte.

A apresentação dos embargos independe da segurança do juízo. Não mais se exige o depósito ou a segurança do juízo, ou a juntada aos autos do mandado de imissão na posse, ou de busca e apreensão, conforme previsto no art. 915, dispondo que os embargos serão oferecidos no prazo de 15 dias contados na forma do art. 231, transcrito no item anterior.

De modo que, efetuada a citação, e oferecidos os embargos, se não realizada a entrega espontânea, ou não disponibilizado o depósito, e se não deferir o juiz a suspensão, deve o credor diligenciar para a imissão na posse ou a busca e apreensão.

Se nenhuma providência encetar o executado, simplesmente segue a execução, com a expedição do competente mandado de imissão (para o caso de imóvel) ou de busca e apreensão (em se tratando de bens móveis).

Na execução para a entrega de coisa incerta, lembra-se que o primeiro passo consiste na escolha da coisa (art. 811 do CPC). Competindo ao executado a sua definição, cita-se para que cumpra a obrigação; já se couber a mesma ao credor, ele apontará a coisa. Em qualquer caso, admite-se a impugnação tanto pelo credor como pelo devedor, no prazo de quinze dias (art. 812): "Qualquer das partes poderá, no prazo de quinze dias, impugnar a escolha feita pela outra, e o juiz decidirá de plano ou, se necessário, ouvindo perito de sua nomeação."

Ou seja, admite-se a impugnação quanto ao bem da execução. Gera-se uma controvérsia em relação ao objeto da obrigação.

Depois da decisão do juiz sobre a definição da obrigação, citar-se-á novamente para cumprir a obrigação. Aí cabem os embargos quanto à execução em si, não mais adstrita à definição do objeto. O prazo de embargos, conforme já referido, começa a fluir a partir da citação, no prazo dentro das previsões do art. 231 do CPC, o que não impede que se procure a imissão na posse ou a busca e apreensão, caso não houver a entrega ou o depósito de modo espontâneo, tudo de acordo com o procedimento já estudado para a entrega de coisa certa.

10.3. EMBARGOS ESPECIFICAMENTE NA EXECUÇÃO DE OBRIGAÇÃO DE FAZER E NÃO FAZER

Nesta modalidade, a execução adquire contornos mais especificados. Contratou-se o exercício de uma atividade ou prestação de serviços junto ao devedor, mas que restou insatisfeita.

Como executar?

Já foi observado que o juiz concederá um prazo para o cumprimento da obrigação. O juiz estabelecerá o prazo, em consonância com o art. 815 do CPC: "Quando o objeto da execução for obrigação de fazer, o executado será citado para satisfazê-la no prazo que o juiz lhe designar, se outro não estiver determinado no título executivo."

Não há, para o oferecimento de embargos, a exigência da segurança do juízo.

Inicia o prazo com a juntada do mandado de citação, entre outros momentos, previstos no art. 231, consoante já expunha Celso Neves, com clareza: "A juntada do mandado de citação aos autos é que marca o termo inicial dos dez dias para embargos. Ainda que o prazo para fazer ou não fazer seja maior, os embargos só são oportunos dentro do decêndio".[5] Esclareça-se que, atualmente, o prazo de embargos foi estendido para 15 dias.

Como se observa, cita-se para o cumprimento, concedendo-se um prazo de acordo com o tipo de obrigação. Nos 15 dias que seguem à citação, e não depois do lapso temporal concedido para a satisfação, deve o devedor ingressar com os embargos. Adverte Araken de Assis: "O único cuidado consiste em evitar a confusão entre o prazo de embargos, que é de dez dias, e o prazo de cumprimento, assinado na forma do art. 632, que variará em conformidade à magnitude da obrigação".[6] Novamente lembra-se que o prazo de embargos passou para 15 dias. O art. 632 mencionado acima corresponde ao art. 815 do CPC/2015.

Cabe esclarecer que a defesa envolverá mais o conteúdo do contrato, a execução, a sua exigibilidade, a validade, a interpretação, as circunstâncias que levaram ao não cumprimento. Se baseado em título judicial, já ficou esclarecido que há o pedido de cumprimento, e não de execução, cabendo, então, como defesa, a impugnação, tendo como relevante a fidelidade do pedido de cumprimento ao que foi decidido.

Não cumprida a obrigação e não aforados os embargos no prazo legal, o credor peticionará ao juiz, externando a vontade de se executar o ato à custa do devedor. Na obrigação de não fazer, o mesmo procedimento incide, lembrando que a citação será para desfazer o que indevidamente fez. Verificada a omissão, e nem vindo os embargos no prazo de 15 dias da citação, de imediato autorizará o juiz a desconstituição do ato ou o desfazimento da obra por conta do devedor, conforme já analisado.

---

[5] *Comentários ao Código de Processo Civil*, 1ª ed., Rio de Janeiro, Forense, vol. VIII, p. 201.
[6] *Manual do Processo de Execução*, ob. cit., p. 969.

XI
Obrigações Alternativas

11.1. CONCEITO

Oferece-se a opção de o devedor escolher, dentre várias obrigações, aquela que mais lhe interessa cumprir. Há uma pluralidade de obrigações, dando-se o direito de eleger aquela que mais convém para o cumprimento. Da própria palavra desponta o significado, porquanto deriva de *alter* – outro –, levando a concluir que há outras ou várias possibilidades, colocadas para a eleição livre de quem está obrigado a dar, ou a fazer, ou a não fazer.

Uma das mais claras explicações vem de Serpa Lopes, quando assim especifica: "Tem-se a obrigação alternativa quando várias coisas estão submetidas ao vínculo obrigacional de tal modo, porém, que só uma dentre elas pode ser objeto de pagamento. É o que proverbialmente é expresso, dizendo-se – *plures res sunt in obligatione, una res tantum in solutione*".[1] Como se vê, várias as obrigações, mas uma delas apenas será realizada.

Oferecem-se prestações diferentes, e libera-se o devedor pela escolha e o cumprimento de apenas uma delas, ou seja, a que mais lhe convém, na conclusão de Colmo: "Hay más de una prestación, pero el pago de la deuda se hará con una sola de esas prestaciones".[2]

Daí partir-se para um conceito bastante singelo, porquanto não comporta grandes complexidades: obrigação facultativa é aquela que permite a escolha pelo devedor, ou a que possibilita a escolha dentre duas ou mais prestações oferecidas. Mais concretamente, constitui a obrigação que compreende dois ou mais objetos, cabendo ao devedor escolher um deles, o qual, uma vez cumprido, acarreta a extinção da obrigação. Oferece-se ao obrigado eleger uma dentre as seguintes possibilidades: ou cercar suas terras, ou vender os animais que invadem a propriedade vizinha. Qualquer das possibilidades serve ao credor e, pelo atendimento de uma delas, fica da outra desobrigado. Igualmente, diante de um serviço mal realizado num aparelho, que veio a inutilizá-lo, pode-se colocar ao prestador a alternativa de entregar outro bem idêntico ao anterior, ou a pagar o preço correspondente.

A alternativa pode colocar a escolha entre duas obrigações de dar – ou dá o veículo ou a quantia equivalente; duas obrigações de fazer – ou elabora o parecer ou a pesquisa a respeito do assunto tratado; entre uma obrigação de dar com uma de fazer – ou paga o valor correspondente à construção, ou constrói o muro; de fazer ou não fazer – ou conserva o caminho por onde passa, ou fica proibido de usar a passagem; entre dar e não fazer – ou paga o valor da mensalidade, ou não se faculta a entrada num parque de diversões. De

---

[1] *Curso de Direito Civil – Obrigações em Geral*, ob. cit., vol. II, p. 84.
[2] *De las Obligaciones en General*, ob. cit., p. 257.

tudo conclui-se que há uma imensa gama de obrigações alternativas, envolvendo coisas, fatos, serviços e abstenções. C. Demolombe considera composta a obrigação: "Obligation composée, par oposition à l'obligation simple, qui ne comprend qu'une seule chose, elle comprend deux choses sous une particule disjonctive; de manière que le o payment de l'une doit, en effet, libérer l'autre".[3]

Tais obrigações dizem-se também *disjuntivas* – *illud vel illud*, justamente porque permitem o cumprimento de uma das prestações distintas.

Salienta-se que as possibilidades oferecidas equivalem em valor ou mesmo qualidade. Nem sempre, porém, contém uma mensuração econômica, como naquelas que envolvem obrigações de fazer ou não fazer (cercar um terreno ou não soltar os animais) embora as últimas possam ter uma estimativa de seu valor calculada na proporção do valor das de fazer (abrir um caminho ou não utilizar a passagem por uma área).

11.2. DISTINÇÕES

Para bem compreender as obrigações alternativas, conveniente apresentar a distinção com certas espécies. As alternativas, como examinado, oferecem possibilidades de satisfazer uma obrigação. Há uma dívida, que será adimplida ou pela prestação de um serviço, ou mediante a entrega de uma coisa, ou simplesmente através do pagamento.

Já é diferente se o contrato prevê a construção do prédio, o fornecimento dos materiais necessários e a posterior venda. Configuram-se, aí, obrigações múltiplas, que se distinguem das simples, quando se apresenta uma única prestação, ou há a unidade de prestação, como na de entregar uma carga de mercadorias.

As múltiplas aparecem classificadas por alguns como subjetivas e objetivas. As primeiras envolvem vários credores e vários devedores. Duas ou mais pessoas contratam a construção de um prédio, ou de um edifício para diversos interessados. Já se considera objetiva se a obrigação abrange mais de uma prestação: a construção e a pintura do prédio. Sem muita utilidade esta divisão, sendo de relevo ressaltar a existência de mais de uma prestação. A denominação mais usual é obrigação conjuntiva ou cumulativa, pois refere-se a várias prestações, todas devidas conjuntamente, sem escolha, não importando se a um ou mais credores. Há o dever de cumpri-las em sua integralidade, no que se distinguem das alternativas. É que, nestas, igualmente são colocadas para o obrigado duas ou mais prestações, mas com o direito de escolher qual delas interessa que seja cumprida. Entre as prestações, ao invés da conjunção "e" coloca-se a disjuntiva "ou", e, assim: ou o devedor paga a quantia que deve, ou afasta-se do imóvel, ou dará os bens que se encontram no imóvel em garantia; já nas conjuntivas, porque venceu o contrato, assiste ao credor exigir a saída do imóvel e a realização dos reparos nos estragos verificados.

A grande semelhança entre ambas as espécies está na existência da pluralidade ou de múltiplas prestações. Mas a distinção verifica-se na exigibilidade do cumprimento de todas nas cumulativas ou conjuntivas, como se fossem uma obrigação una ou simples, e na satisfação de apenas uma nas alternativas.

Algumas observações devem ser feitas quanto à diferença com as obrigações facultativas, havendo certa proximidade com as alternativas. Não podem ser concebidas no sentido literal do termo, ou com o significado de que há uma liberdade ou faculdade em

---

[3] *Cours de Code Civil*, Bruxelas, J. Stienon, Éditeur, 1873, t. 13º, vol. II, p. 2.

cumpri-las. Como se examinará, adianta-se que neste tipo indica-se a prestação, a qual impõe o cumprimento. Vem ela prevista ou especificada, mas é oportunizado ao devedor a substituição por outra prestação. Não que se estabelece esse direito ao credor. Ele requererá o adimplemento da prestação. Como há a previsibilidade de optar o obrigado por outra prestação, ao mesmo assiste tal opção, sem a imposição do credor. Formulando-se um exemplo, contrata-se a confecção de um móvel, já vindo indicado o tipo de madeira a ser utilizado. Na eventualidade de inexistir aquela matéria-prima, ou mesmo se o preferir, fica garantido ao devedor a possibilidade de substituição por outra indicada. Percebe-se que não se colocam as alternâncias, ou a escolha dentre várias prestações.

Na prática, no entanto, é difícil levar para o terreno jurídico a distinção. Uma vez inadimplida a obrigação, e tendo em vista a viabilidade inserida no contrato, o credor postulará o cumprimento da obrigação que se pode denominar de principal, ou aquela subsidiária.

Algumas notas merecem as obrigações genéricas, distintas das anteriores, mormente das conjuntivas ou cumulativas. As genéricas vêm indicadas pelo gênero a que pertencem, como a de entregar uma tonelada de um cereal. Apontam-se as qualidades ou as características comuns do gênero, liberando-se o devedor de efetuar a entrega tendo em vista a qualidade média das coisas, e não apenas de um determinado gênero, pouco se importando com a qualidade. A venda de um animal corresponderá ao tipo médio da espécie, sem impor-se uma especificação forte. Já nas facultativas, embora não indicada ou individuada a prestação, há a referência de várias, das quais uma terá de atender o devedor. Nas genéricas, a indeterminação não é quanto ao gênero, mas quanto a qual das duas ou mais prestações já previstas merecerá o cumprimento. Entre a coisa *a*, ou a prestação *b* é que se fixará credor, diferentemente das genéricas, que são abstratas, ou sem indicação individual, mas pela sua quantidade, ou pela natureza comum de todos seus componentes.

11.3. A ESCOLHA NA OBRIGAÇÃO ALTERNATIVA

Como já observado, a obrigação alternativa compõe-se de prestações diferentes, assegurando-se ao devedor a escolha e o cumprimento de uma delas apenas. Há sempre multiplicidade de prestações. Com a escolha, define-se o objeto da própria obrigação.

A escolha, neste tipo de obrigações, mostra-se fundamental. Uma vez efetuada, define-se o cumprimento, após o qual se exonera o obrigado. Opera-se a determinação, e inicia o direito de exigir a sua satisfação. E de acordo com o art. 252 do Código Civil, que repete o art. 884 do Código de 1916, em princípio, tal ato centra-se na competência do devedor: "Nas obrigações alternativas, a escolha cabe ao devedor, se outra coisa não se estipulou".

Não teria sentido se não concentrado no devedor o direito à escolha. Perderia a sua própria razão de ser, que é, de certo modo, facilitar o cumprimento. A sua pessoa, nas relações contratuais, é tratada com maior abrandamento ou benevolência. Interpretam-se a seu favor as cláusulas dúbias. Atenuam-se as exigências que deve suportar na ambiguidade. Nas estipulações, ou na fixação de deveres, mormente em contratos de adesão, por sujeitar-se à vontade de quem os formula, é considerado hipossuficiente, o que prepondera em todos os sistemas jurídicos.

De acordo com a redação do dispositivo, nada vem consignado na avença. Prevalecerá sempre o seu direito relativamente ao credor.

Se consignado o nome do devedor, nenhuma controvérsia haverá.

Todavia, vigora o direito se o contrário não vier estipulado, como consta do próprio art. 252. Dá-se liberdade às convenções das partes, desde que venham expressas. Ou ao credor é permitido reservar a faculdade, ou a terceiro. Nada há que proíba tal ato de vontade, desde que não lesado o direito da outra parte, e não revele caráter abusivo. Colocam-se, *v.g.*, várias possibilidades, como o pagamento com juros diários, ou a devolução do bem, ou o pagamento com a inclusão de multa, nas hipóteses de mora. Se não se equipararem em termos econômicos as viabilidades, e restando configurada a excessiva onerosidade, não convalescerá a faculdade prevista. No tocante aos contratos em geral, e mesmo em vista de inadimplemento, desde que possível o recebimento de prestações vencidas, não se admite a opção resolutória pelo credor, segundo norma do art. 54, § 2º, da Lei nº 8.078, de 1990 (Código de Defesa do Consumidor): "Nos contratos de adesão, admite-se cláusula resolutória, desde que alternativa, cabendo a escolha ao consumidor, ressalvando-se o disposto no § 2º do artigo anterior".

A terceiros igualmente assegura-se às partes incumbirem a escolha, o que não importa dar um caráter condicional ao contrato, como alguns querem impor, sob o fundamento da previsibilidade da não aceitação, o que se pode dar por morte, doença, ausência, recusa ou outro fato que impede a sua manifestação. Acontece que, embora a pessoalidade do encargo, e não havendo a previsão de quem o substitua, resolve-se a questão da mesma forma como se não houvesse indicação. Por conseguinte, em não havendo a indicação, retorna-se ao art. 252, isto é, volve o direito à opção ao devedor. Por uma questão de coerência esta a melhor solução. Entre ele e o credor, a proteção legal recai mais no primeiro, de modo que não ficará sem possibilidade de cumprimento da obrigação.

A escolha se exercerá no vencimento da obrigação, caso não assinalada em outro momento. Vindo especificada a data, opera-se a mora de imediato. No expirar do prazo, impõe-se a iniciativa do obrigado, sob pena de exigibilidade ou execução pelo credor em qualquer das alternativas que eram oferecidas ao credor. Realmente, procede-se a execução na alternativa que mais for conveniente ao titular do direito. Não se reclama a notificação do devedor para se manifestar sobre a prestação que pretende atender, dentre as previstas. Não ocorrida a satisfação, fica o credor habilitado para reclamar o crédito. Mas incumbindo a escolha ao credor, é necessária uma comunicação, por simples que seja, desde que provada, em geral mediante uma notificação ou interpelação. Não importa que o devedor manifeste a aceitação de alguma das prestações, pois equivaleria a inverter as posições, ou a transferir a ele o direito para a opção.

Há obrigações não suscetíveis de escolha. Para seu o cumprimento há diversas opções, ficando mais ao critério do juiz, ou da parte credora, ou devendo-se seguir o disposto na lei, a decisão sobre a que interessa. A lei, em muitos casos, discrimina a escolha, não permitindo outras opções. Na situação de se prestarem alimentos, há viabilidade para escolher uma forma ou outra na satisfação, como a de dar residência, ou fornecer uma certa quantia em dinheiro, ou de entregar ranchos de produtos alimentícios. Quem vai decidir sobre a escolha não serão as partes, e sim o juiz. Dá para perceber, pois, que os direitos indisponíveis ainda se submetem à decisão do juiz. Não cabe à parte a eleição.

Outras hipóteses se apresentam. Dentre as coisas que vinham previstas para serem entregues, se uma das viabilidades apresentava defeitos, não subsiste a opção. Efetivamente, estabelece o art. 441 do Código Civil que "a coisa recebida em virtude de contrato comutativo pode ser enjeitada por vícios ou defeitos ocultos, que a tornem imprópria ao uso a que é destinada, ou lhe diminuam o valor". Sucumbe, aí, a alternatividade, ou a pendência para uma ou outra maneira de satisfação do crédito, porquanto delineado o que resulta a ser postulado.

Ainda quanto à evicção parcial, consta do art. 455: "Se parcial, mas considerável, for a evicção, poderá o evicto optar entre a rescisão do contrato e a restituição da parte do preço correspondente ao desfalque sofrido. Se não for considerável, caberá somente direito a indenização". Nota-se que as opções se encontram no dispositivo: a rescisão do contrato, ou a restituição de parte do preço, ou o direito à indenização. Vedam-se outras. A lei delimita o que é permitido.

A alternatividade vem, às vezes, circunscrita na lei. Unicamente as previsões legais assinalam para a alternatividade. O art. 71 do Código Civil revela-se neste sentido: "Se, porém, a pessoa natural tiver diversas residências, onde alternadamente viva, considerar-se-á domicílio seu qualquer delas". Já o parágrafo único do art. 72, do mesmo diploma, em relação ao exercício da profissão, estabelece um domicílio diferente em consonância com as relações que se firmarem no respectivo lugar: "Se a pessoa exercitar profissão em lugares diversos, cada um deles constituirá domicílio para as relações que lhe corresponderem". A alternatividade restringe o domicílio a um dos locais onde alternadamente a pessoa vive ou desempenha a profissão.

Em matéria de alimentos há mais concentração de hipóteses: o devedor deve oferecer entre uma quantia em dinheiro ou uma casa. Ou entre os rendimentos de imóveis locados e uma pensão mensal fixa. Não se apresentam soluções fora das previstas.

Evidencia-se, pois, que, em inúmeros casos, a alternatividade aparece delimitada na lei. Devem ser oferecidas à parte as opções que constam na lei.

Na escolha pelo devedor, não se lhe assegura impor ao credor que receba parte de uma obrigação e parte de outra, na previsão do § 1º do art. 252: "Não pode o devedor obrigar o credor a receber parte em uma prestação e parte em outra". Mesmo porque há uma impossibilidade física. Assim, verifica-se na hipótese de as alternativas oferecidas ao devedor consistirem em desocupar o imóvel ou em prorrogar o contrato por mais três anos. De que forma ocupar parte do imóvel e estender o contrato por dois anos e meio? Em outro exemplo, consistindo a obrigação, por um arrendamento de terras, em entregar determinado valor em dinheiro ou uma certa quantidade de cereal, não há como obrigar a receber metade da quantia devida em dinheiro, e metade da quantidade do cereal constante como alternativa. Não se constata a possibilidade de cumprimento parcial. É que domina a indivisibilidade das obrigações alternativas. Ademais, a coisa ou prestação oferecida há de ser exatamente igual ao conteúdo da obrigação.

Sendo a obrigação de prestações periódicas, permite-se, a cada período, a opção para uma das prestações oferecidas, segundo ordem do § 2º do citado artigo: "Quando a obrigação for de prestações periódicas, a faculdade de opção poderá ser exercida em cada período".

Há várias prestações, assegurando-se a eleição de uma delas. No entanto, perduram ao longo do tempo. Em cada lapso de tempo assinalado garante-se a eleição de uma delas. Na prática, não se mostra fácil a aplicação, ou dificilmente ocorrem hipóteses. É que as obrigações que se estendem no tempo são assumidas para o cumprimento na mesma forma, qualidade e quantidade. Mas, forçando um caso exemplificativo, pode-se ilustrar com o arrendamento de uma área de terras, cujo pagamento se faz através da entrega de um determinado número de sacas de cereal, ou de uma importância em dinheiro, reservada a escolha ao arrendatário. A cada safra, faculta-se a ele modificar a forma da contraprestação, isto é, se no primeiro ano pagou a cifra em dinheiro, no segundo permite-se que pague mediante a entrega da parte do produto consignada no contrato. Antônio Chaves apresentava um exemplo semelhante: "Digamos que 'a' tenha arrendado seu sítio a 'b', pelo preço anual de mil sacas de café ou do valor correspondente em dinheiro. Temos uma obrigação alternativa que se renova todos os anos, porque todos os anos 'b' deverá pagar ou mil sacas de café ou o valor correspondente em dinheiro. Pode o devedor efetuar duas, três prestações da mesma modalidade, pagando anuidades sucessivas em sacas de café. Mas isso não o inibe da prestação em dinheiro e de escolher a que bem entender nos anos seguintes".[4]

Como doutrina Karl Larenz, "la elección tiene lugar mediante declaración dirigida a la otra parte... Se trata de una declaración de voluntad receptícia, que, si ha sido hecha 'entre ausentes', es eficaz cuando se verifica su recepción. De ahí que sea posible la revocación cuando tenga lugar lo más tarde al tiempo que la declaración".[5]

O § 3º do art. 252, em inovação relativamente ao Código de 1916, contempla a hipótese de pluralidade de optantes, isto é, de várias pessoas com o direito de optar. A dois ou mais devedores se assegura o direito de escolher o modo de cumprir, quando mais de uma opção é oferecida. Exercida a opção por um deles, aos demais cabe cumprir a obrigação pendente. Não havendo acordo entre eles, ao juiz se transfere a escolha, mediante o procedimento judicial, o qual decidirá depois de concedido prazo para os obrigados deliberarem: "No caso de pluralidade de optantes, não havendo acordo unânime entre eles, decidirá o juiz, findo o prazo por este assinado para a deliberação".

Percebe-se que a situação pressupõe um processo que está na justiça. Se não decorrente as obrigações de um feito judicial, o interessado ajuizará a ação, para que o juiz declare a quem cabe a escolha. Parece evidente que justificará a quem cabe a opção. Terá que expressar uma pretensão, a qual procura alcançar, por meio do comando sentencial.

Está prevista a situação de se deferir a uma terceira pessoa a escolha da obrigação que cabe ao devedor. Apresentadas obrigações alternativas, fica alguém indicado para escolher qual a obrigação a ser cumprida. Se recusar-se a cumprir a incumbência, ou se não puder cumpri-la, delega-se a função ao juiz, sempre mediante um procedimento judicial, na previsão do § 4º: "Se o título deferir a opção a terceiro, e este não quiser, ou não puder exercê-la, caberá ao juiz a escolha se não houver acordo entre as partes".

As previsões dos últimos dois parágrafos dificilmente ocorrem, revelando um cunho mais teórico.

Deve-se, em outro campo, situar a opção por obrigações diante do descumprimento pelo devedor. Em um contrato, o devedor não atende o compromisso firmado. Aí, então, reserva-se ao credor a escolha. Exemplificando, não existe o cumprimento de uma obrigação de fazer, de entregar, de pagar, de prestar um serviço, como na locação, em que o locatário deixa de pagar os aluguéis; ou na recusa em realizar uma construção; ou na omissão em entregar um produto. O devedor ou obrigado incorre em mora ou no descumprimento. Aí ao credor fica assegurada a escolha em exigir a prestação ou a indenização em perdas e danos, isto é, *v.g.*, o despejo ou a mera cobrança de valores devidos mantendo-se o contrato, a cobrança pelo valor do bem não entregue ou não produzido, como orienta o STJ, que faz a distinção em incumprimento relativo e absoluto, embora desnecessária para assegurar a opção:

---

[4] *Tratado de Direito Civil – Direito das Obrigações*, ob. cit., vol. II, t. I, p. 98.
[5] *Derecho de Obligaciones*, ob. cit., t. I, pp. 168 e 169.

"Na hipótese de inadimplemento relativo (mora), o credor pode exigir o cumprimento específico (*in natura*) da obrigação ajustada, o qual não tem conteúdo indenizatório, mas diz respeito à purgabilidade da mora. Se o contrato tiver por objeto obrigação de fazer fungível, como é o caso da realização de cirurgia plástica estética, a tutela específica poderá ser obtida mediante a execução da obrigação por terceiro à custa do devedor (art. 249, *caput*, do CC). Mantendo-se o contrato, mantém-se a obrigação do credor nos moldes em que ajustada, sob pena de rompimento do sinalagma contratual e enriquecimento ilícito do credor.

Na hipótese de inadimplemento absoluto, surgem duas opções alternativas ao credor: a exigência do equivalente pecuniário ou a resolução da relação contratual (art. 475 do CC/2002). A diferença entre elas é que, no cumprimento pelo equivalente, o vínculo negocial é mantido, de modo que, para que o credor possa receber o equivalente da prestação, deverá manter a sua contraprestação. Já na resolução, o vínculo contratual é extinto, ficando ambas as partes liberadas do cumprimento das suas obrigações".[6]

11.4. IMPOSSIBILIDADE OU INEXEQUIBILIDADE DE UMA OU MAIS PRESTAÇÕES

Há a eventualidade de não ser viável o cumprimento de uma das prestações, dentre as várias oferecidas ao devedor. E isto ocorre ou porque uma delas não pode conceber-se como objeto da obrigação, ou porque qualquer delas é inexequível. Seja qual for a hipótese, insta que seja cumprida a outra. Já assim ensinava Guilherme Alves Moreira: "Quando ambas as prestações sejam lícitas e uma delas se haja tornado impossível por caso fortuito, a obrigação subsiste, ficando o devedor adstrito à outra prestação, visto que esta estava disjuntivamente compreendida na obrigação".[7]

Para bem entender a matéria, necessário transcrever a norma a respeito, ou seja, o art. 253 do Código Civil: "Se uma das duas prestações não puder ser objeto de obrigação ou se tornada inexequível, subsistirá o débito quanto à outra".

Como se percebe, duas as hipóteses: ou a impossibilidade da prestação figurar como objeto da obrigação, ou a sua inexequibilidade.

No primeiro caso, coloca-se como exemplo o compromisso de entregar uma obra de arte, um quadro, uma estátua, ou pagar uma soma em dinheiro como indenização. Uma vez verificando-se que inexistia a obra de arte, ou o quadro, ou a estátua, resta unicamente o pagamento da importância em dinheiro. Exemplifica Colmo: "Es una cosa que ha sido puesta fuera de comercio, es un servicio que por razones de salud no podrá prestar el designado al efecto (pintar un cuadro, componer una partitura, etc.), y que nadie puede efectuar en su reemplazo, etc.)".[8]

Converte-se a obrigação em simples ou única, eis que nada mais resta ao devedor senão a satisfação da importância estabelecida. Aliás, não é incomum a situação. Quantas vezes deparam-se as pessoas com promessas de entregar bens, que, depois, constata-se a sua inexistência. Assim quanto à promessa de entregar safras agrícolas, que nem vieram a ser cultivadas. Ou o compromisso de construir prédios, em incorporações imobiliárias, que não saíram do projeto; de urbanizar lotes, sem que se implemente a menor infraes-

---

6   REsp 1.989.585/MG, 3ª Turma, j. em 06.09.2022, *DJe* de 13.09.2022, Rel. Min. Nancy Andrighi.
7   *Instituições do Direito Civil Português*, ob. cit., vol. II, p. 72.
8   *De las Obligaciones en General*, ob. cit., p. 262.

trutura prevista no loteamento. Em decorrência, a única maneira de não sofrer o prejuízo total centra-se na indenização, ou na devolução das quantias pagas.

Já na inexequibilidade, surge um impedimento ou uma proibição posterior. Tal ocorre quando se planeja a entrega de um veículo movido a gás, mas cuja adaptação vem a ser proibida, ou outro com motor adaptado ao uso de óleo diesel. A única solução que resta é exigir o segundo tipo de veículo. Não há alternativa diferente. Nem cabe invocar a culpa do que aceitou a prestação inexequível, para se exonerar. Assim também na cessão de direitos hereditários, vindo-se, mais tarde, a saber que a pessoa titular dos bens ainda vive. Responde o devedor pela prestação que sobreviveu. É que não se consagra no direito o enriquecimento sem causa. Seja como for, uma das prestações era lícita.

Na prática, impossibilidade e inexequibilidade da prestação importam na mesma solução: sempre assegura-se a exigibilidade da outra prestação, quando previsível. No caso de não prevista, subentende-se que a segunda corresponde à indenização, ou às perdas e danos.

11.5. ILICITUDE DE UMA DAS PRESTAÇÕES

Não é fora de cogitação que uma das prestações previstas se revele ilícita, ou ofensiva aos princípios de direito, ou tenha caráter abusivo. Tal verifica-se quando se estabelece o corte de uma mata protegida pela lei ambiental, ou a entrega do equivalente em madeira; quando se impõe a venda de produtos contrabandeados, com preço inferior aos similares nacionais, sob pena de ressarcimento em equivalente à diferença de preço; a vender produtos sem notas fiscais, ou a perder a comissão remuneratória; a fazer propaganda enganosa, a entregar produtos defeituosos, a prometer vantagens inexistentes, sob a cominação de não pagar a remuneração pela atividade exercida. Em todos os casos, há ilicitude de cláusula, não prevalecendo o estipulado, e tornando-se nula a obrigação. Na hipótese, uma das prestações não pode ser objeto da obrigação, mas não se inserindo na regra do art. 253, que assinala: "Se uma das duas prestações não puder ser objeto da obrigação". Acontece que a previsão aí estampada não diz com a ilicitude.

Apurado que ofensiva uma das prestações, embora não o seja a segunda, falece o caráter de alternativa. Não cabe concluir que, então, o caminho será cumprir a outra prestação. É que vinga o propósito de estabelecer a alternatividade. Se este propósito é frustrado pela inclusão da segunda prestação nula, não se reconhece o caráter de alternativas as prestações. Daí inferir-se que não era permitido delinear o contrato na forma de prestações alternativas. Mas presentes três ou mais, a nulidade resume-se somente naquela ilícita, valendo a alternância para as demais. É como se não existisse a que encerra uma prestação ilegal.

11.6. PRESTAÇÃO ALTERNATIVA PREVISTA NA LEI

Sabe-se que é inadmissível o caráter de alternatividade se uma das duas prestações ostentar-se nula. Já o mesmo não acontece se a segunda prestação vem ordenada pela lei. Há, realmente, hipóteses em que a lei já assinala o que cabe ao devedor cumprir se não for possível o atendimento da prestação anterior. Como consta assinalado o que se deve fazer se não atendida a prestação anterior, surge a decorrência lógica no satisfazer a segunda previsão. Mas resta, sem dúvida, uma ampla liberdade de escolha assegurada ao devedor dentro das previsões discriminadas na lei. Prevê, exemplificativamente, o art.

1.701 do Código Civil a obrigação de prestar alimentos, através de uma pensão mensal, ou dar casa e hospedagem ao necessitado, sem prejuízo do dever de prestar o necessário à sua educação, quando menor. Nota-se, daí que, não atendido um dever, é obrigatório o cumprimento de outro já especificado. No art. 1.273 do mesmo Código, que trata da confusão, comissão ou adjunção de coisas de má-fé, delineia-se a opção à parte lesada entre adquirir a propriedade do todo, pagando o que não for seu, abatida a indenização que lhe for devida, ou renunciar ao que lhe pertencer, assegurada, então, a indenização. Reza o dispositivo: "Se a confusão, comissão ou adjunção se operou de má-fé, à outra parte caberá escolher entre adquirir a propriedade do todo, pagando o que não for seu, abatida a indenização que lhe for devida, ou renunciar ao que lhe pertencer, caso em que será indenizado". Isto é, se as coisas pertencentes a diversos donos se misturarem, ou se confundirem, e se isto aconteceu por manobra enganosa ou fraudulenta de um dos negociantes, ao prejudicado cabe guardar todas as coisas que se juntaram ou misturaram, e adonar-se delas, pagando a porção que não era sua ao respectivo titular, ou renunciar a parcela que lhe pertencia e buscar a correspondente indenização.

Quanto à evicção, se parcial e considerável, o art. 455 dá ensejo ao evicto escolher entre a rescisão do contrato e a restituição da parte do preço correspondente ao desfalque sofrido; se não se revelar considerável, caberá somente o direito à indenização. Nos contratos bilaterais, autorizam os arts. 476 e 477 que a parte suspenda o cumprimento de sua obrigação até que a cumpra aquele que deveria cumpri-la em primeiro lugar, ou até que ofereça garantia de cumpri-la, de modo que ao devedor é dado escolher uma dentre as alternativas propostas.

Já no art. 500 dá-se a opção, na venda de imóvel, se constatar-se a falta de área, entre ou exigir o complemento da porção faltante, ou, não sendo isso possível, a resolução do contrato, ou o abatimento proporcional do preço. Na avulsão, de acordo com o art. 1.251 e seu parágrafo único, aquele que teve deslocada uma porção de terra, tem o direito à indenização, ou a reclamá-la junto ao proprietário da área à qual se juntou, se negar a indenização.

Nas execuções de dívidas, ao devedor é assegurada a opção em oferecer à penhora vários tipos de bens (art. 835 do Cód. de Proc. Civil). E assim ao longo dos vários ramos do direito aparece a liberdade do obrigado em escolher dentre as alternativas previstas.

11.7. PERECIMENTO DE UMA DAS PRESTAÇÕES

Nada constando em contrário no contrato, sabe-se que ao devedor reconhece-se o direito de escolher uma das prestações dentre as várias que lhe são apresentadas para cumprir. E para reconhecer-se o direito à escolha, pressupõe-se que existam duas ou mais, sem o que se inviabiliza a faculdade de escolha. De sorte que, no mínimo, há de se apresentarem duas prestações.

No entanto, perecendo uma delas, perdura a prestação alternativa? A rigor, resta ao devedor aceitar e cumprir a que sobrou. Não há outra solução. Descaracteriza-se a alternatividade. Depara-se ele com uma prestação única e simples.

Ou libera-se o devedor, em função de que, inicialmente, tinha à sua frente várias prestações para a escolha de uma? Para esta linha penderam muitos doutrinadores, fixados na contratação da obrigação alternativa. Entrementes, embora com o desaparecimento reste uma obrigação simples ou única, é relevante o passo inicial do contrato, quando havia a alternatividade. Mas, inquestionavelmente, passa a obrigação a ser simples, e de tal maneira é tratada. Excepciona-se, a toda evidência, a regra da alternatividade, que ficou sem o pressuposto da variedade das prestações. Encontra-se o fundamento no próprio art. 253, que assinala a subsistência do débito quanto à outra que não pereceu.

11.8. IMPRATICABILIDADE DE TODAS AS PRESTAÇÕES

No caso, todas as prestações tornam-se impossíveis ou impraticáveis. E tanto é viável de ocorrer no caso fortuito, como no perecimento das coisas que deveriam ser entregues. Assim quanto a espécies de animais que perecem em virtude de uma peste, ou na perda das coisas devidas, ou na importação de bens quando o governo de onde são provenientes proíbe a exportação, e também na incapacidade superveniente de realizar obras de arte ou serviços por doença do artista ou do prestador das atividades contratadas.

Não há, no caso, culpa ou mora do obrigado. Apresenta-se o que alguns autores, inspirados em Clóvis Beviláqua, denominam de impossibilidade inocente.

Com inspiração no princípio *impossibilium nulla obligatio*, opera-se o desaparecimento da obrigação, no que assenta o art. 256: "Se todas as prestações se tornarem impossíveis, sem culpa do devedor, extinguir-se-á a obrigação". Mas ressalvando que permanece o direito ao ressarcimento do valor porventura pago antecipadamente, como do valor referente às arras, se um acidente destruir o imóvel contratado para a venda. Não é reconhecido unicamente o direito de se indenizar por perdas e danos, eis que não houve, na situação, culpa ou concorrência do devedor.

Verificada, porém, a culpa do devedor, e concentrado neste o direito de escolha, asseguram-se a reposição em dinheiro e mais as perdas e danos, em sintonia com o estatuído no art. 254: "Se, por culpa do devedor, não se puder cumprir nenhuma das prestações, não competindo ao credor a escolha, ficará aquele obrigado a pagar o valor da que por último se impossibilitou, mais as perdas e danos que o caso determinar".

Nota-se que não se encontra como elemento determinante o direito de escolha em favor do credor. Se ao devedor está assegurado tal direito, tornando-se impossível reclamar qualquer uma das prestações se ambas não tivessem desaparecido, não se reconhece ao credor o direito de exigir a indenização do valor da prestação que primeiro desapareceu, mas tão somente a indenização daquela que se perdeu ou desapareceu por último, e mais as perdas e danos. Trata-se de uma decorrência da regra que dá preferência ao devedor no caso de não assinalado o direito de escolha, visto que a ele era garantida a satisfação de qualquer uma das prestações. Não cessa o *ius variandi* do devedor, e em favor dele instituído, o que não ofende o contrato, eis que estabelecida a variedade de hipóteses de cumprimento. Ao credor permite-se o recebimento do valor da coisa que primeiro pereceu unicamente se houver a anuência do devedor.

O dispositivo fala da obrigação de pagar da prestação que por último se impossibilitou porque seria esta que iria ser cumprida se unicamente a anterior tivesse desaparecido.

Se uma das coisas perece, em primeiro lugar, por caso fortuito, e a segunda por culpa do devedor, sujeita-se a indenizar o valor da segunda, conforme já ilustrava Carvalho Santos: "Se uma das coisas perece, em primeiro lugar, por caso fortuito e a segunda por culpa do devedor, não é de se aplicar a regra consignada no artigo *supra*, porque o caso fortuito tornou simples a obrigação. O devedor devia pagar a outra coisa da alternativa, mas como, por culpa sua, ficou em situação de não poder prestá-la, é responsável pela reparação do dano causado como consequência de sua falta. E não pode optar pelo valor da primeira perecida, porque se reputa nunca ter sido compreendida na obrigação".[9]

E ocorrendo a situação inversa, isto é, desaparecendo a primeira por culpa do devedor e a segunda prestação por caso fortuito? Mesmo assim, de acordo com vários autores, a solução continua na previsão do art. 254, isto é, cabe a indenização do valor da última, porquanto, do contrário, pioraria a situação do credor, diminuindo-lhe as probabilidades e aumentando os riscos, e porque assim está na lei.

Entrementes, tanto no primeiro como no segundo caso, havendo o elemento da culpa, ou concorrendo o devedor na impossibilidade de escolha, e observando que o art. 254 prevê hipóteses onde está presente a culpa, não se mostra justo obrigar o devedor a escolher a indenização da prestação que desapareceu por caso fortuito, não raras vezes de valor bem inferior à primeira. A culpa acarreta a consequência de sempre chamar a responsabilidade. Justamente por causa desse ingrediente, e havendo diferença de valor entre uma e outra prestação pelo devedor, inquestionável que é assegurado o direito de indenização pelos danos acarretados.

Por sua vez, o art. 255 trata da impossibilidade do cumprimento de uma ou de ambas as prestações por culpa do devedor, mas quando competia ao credor a escolha:

"Quando a escolha couber ao credor e uma das prestações tornar-se impossível por culpa do devedor, o credor terá direito de exigir a prestação subsistente ou o valor da outra, com perdas e danos; se, por culpa do devedor, ambas as prestações se tornarem inexequíveis, poderá o credor reclamar o valor de qualquer das duas, além da indenização por perdas e danos".

Verifica-se a situação nas avenças onde se firma o dever de entregar uma ou outra espécie de mercadorias dentro de um prazo determinado. Não cumprindo o prazo, e decorrendo a deterioração do produto, faculta-se automaticamente ao credor exigir o segundo produto previsto, ou demandar a indenização diante da perda do primeiro. Em qualquer das alternativas, acompanha o direito às perdas e danos. Se a perda não resultar em razão de culpa do obrigado, como na superveniência de uma tempestade que danifica o produto, fica o direito apenas na pretensão em receber a coisa que restou.

Como já assentado, a escolha sempre cabe ao devedor, desde que o contrário não se tenha estipulado. E nesta eventualidade, tornando-se impossível uma das prestações por culpa do devedor, ao que tem o crédito a receber assegura-se o direito de eleição. Mas, saliente-se, caso superveniente a impossibilidade, e se decorrente de culpa do devedor, nos termos do Código. Todavia, em vista do art. 252, que aponta para a liberdade de se estabelecer em favor do credor a escolha, nem precisaria que viesse a regra do art. 255. Por evidente que, se admitida tal prerrogativa genericamente, com mais justificação incide no ensejo do incumprimento por incúria do devedor. O que de novo contém o art. 255 é a faculdade de eleger a indenização do valor da prestação deteriorada ou derruída pelo devedor, e mais as perdas e danos.

Outrossim, nos termos do deste mesmo dispositivo, inviabilizando-se todas as prestações, e presente a culpa do devedor, outra alternativa não se oferece senão a indenização do valor de qualquer uma delas, com o acréscimo das perdas e danos. Não interessa a

---

[9] Ob. cit., vol. XI, p. 125.

precedência da inexequibilidade, mantendo-se o direito mesmo que já decorrido o prazo para a exigência, porquanto competia ao devedor provocar a mora do credor.

Necessário observar, também, a hipótese de extravio de uma ou de todas as prestações por culpa do credor, tenha ou não a ele se garantido o direito de escolha.

Nada prevê, sobre o assunto, o Código, e nem previa o anterior. No entanto, em vista dos princípios que regem a matéria, cumpre se delineiem as soluções cabíveis.

Dando-se o perecimento de uma das prestações, não concentrado no credor o direito de escolha, a solução é retirar-lhe o direito ao recebimento quer da indenização pela que desapareceu, quer da prestação que ficou. Não se obrigará o devedor a entregar a que restou, ou a indenizar a que desapareceu. A única atitude que resta ao credor resume-se em aceitar a perda da prestação, já que, podendo optar entre duas ou mais, por sua culpa ficou apenas uma. Por sua conduta culposa desapareceu um dos bens que deveria o devedor entregar, o qual é tido como o que seria entregue ao credor. Mas se ao credor competia a escolha da prestação, ao devedor não cabe pretender a entrega do bem que restou e exigir a indenização da prestação que desapareceu. Já no sentido inverso, ou se ao devedor recaía o direito de escolha, mostra-se possível impor que cabe a ele exigir a indenização da prestação desaparecida, e entregar ao credor a que ficou. Como se percebe, as soluções envolvem meandros que devem ser observados com atenção.

Já o desaparecimento de ambas ou de todas as prestações possibilitadas, entende-se que nada se faculta ao credor exigir. Pelo contrário, cabe-lhe indenizar ao devedor uma das prestações ou as restantes. É que, recaindo em apenas uma das várias coisas o direito de escolha, e dela apenas se garantindo o dever do devedor pagar ou entregar, ficou desfalcado de todas. A tanto deu causa o credor. Não perderia o devedor as demais coisas se não fosse a conduta do credor. Portanto, das restantes prestações, ou daquelas que excederam a que lhe era imposto satisfazer, cabe que seja indenizado. Vê-se, pois, que, no caso, converte-se em obrigação o direito do credor.

XII

Obrigações Divisíveis e Indivisíveis

12.1. CUMPRIMENTO PARCIAL OU TOTAL DA OBRIGAÇÃO

Uma obrigação pode ser cumprida em parte ou em sua totalidade. Como normalmente acontece, há coisas que devem ser entregues na sua totalidade, ou em parcelas, porções, ou destaques. No primeiro caso, não se mostra viável o seu atendimento parcial ou em porções, como na entrega de um veículo. Firma-se um contrato, com o pagamento do valor, e assume a parte devedora a obrigação de efetuar o pagamento decorrente da entrega de dinheiro. Não se desincumbe ela do dever mediante a entrega de partes do veículo. Com mais clareza tal se dá se o objeto da venda consiste em um animal. Simples a explicação de Antônio Chaves: "Obrigações existem que só podem ser cumpridas de uma vez, por inteiro. São as obrigações denominadas indivisíveis. Outras têm prestações que podem ser realizadas por partes: são as obrigações divisíveis.

Um exemplo tornará claro este conceito: (...) Deve entregar uma saca de arroz, de milho ou de feijão. Aí está uma obrigação essencialmente divisível.

Devo entregar um objeto de arte, uma escultura ou pintura, um animal vivo: aí estão as prestações indivisíveis. A obrigação é indivisível, não porque a obra de arte ou o animal vivo não possam ser, pelo menos materialmente, separados em diversas partes e sim porque o conceito jurídico de indivisibilidade é diferente daquilo que dá a entender a linguagem comum".[1]

Pothier também esclareceu a distinção: "Una obligación puede dividirse y es divisible cuando la cosa debida, lo que constituye su materia y objeto, es susceptible de división y de partes por las cuales pueda ser pagada; y al contrario la obligación es indivisible, y no puede dividirse, cuando la cosa debida no es susceptible de división y de partes, y no puede ser pagada sino en total".[2]

Vê-se, pois, que se está encarando a situação em vista da natureza do objeto, ou de sua divisibilidade sem perder consideravelmente o valor ou descaracterizar a sua natureza. Necessita-se, para bem apreender a matéria, ver os conceitos de bens divisíveis e indivisíveis. No tocante aos primeiros, define o art. 87 do Código Civil: "Bens divisíveis são os que se podem fracionar sem alteração na sua substância, diminuição considerável de valor, ou prejuízo do uso a que se destinam". Já o art. 88 prevê a transformação

---

[1] *Tratado de Direito Civil* – Direito das Obrigações, ob. cit., vol. II, t. I, p. 83.
[2] *Tratado de las Obligaciones*, ob. cit., p. 172.

de bens divisíveis em indivisíveis por força da lei ou disposição das partes: "Os bens naturalmente divisíveis podem tornar-se indivisíveis por determinação da lei ou por vontade das partes".

Inversamente, indivisíveis apresentam-se aqueles bens que não permitem o fracionamento sem alteração na substância, ou sem a perda substancial do valor que possuem, ou sem o prejuízo de seu valor.

O Código de 1916 discriminava, no art. 53, quais eram, no que foi omisso o diploma atual na previsão direta: "São indivisíveis: I – os bens que se não podem partir sem alteração na sua substância; II – os que, naturalmente divisíveis, se consideram indivisíveis por lei, ou vontade das partes".

Nos conceitos acima de bens divisíveis, enquadra-se o conceito de obrigação indivisível, apresentado pelo art. 258, e que constitui um acréscimo quanto ao Código de 1916, eis que omisso na definição: "A obrigação é indivisível quando a prestação tem por objeto uma coisa ou um fato não suscetíveis de divisão, por sua natureza, por motivo de ordem econômica, ou dada a razão determinante do negócio jurídico".

Não será suscetível de divisão a obrigação em função de sua natureza, isto é, de sua substância, como consta no acima transcrito art. 87, como na hipótese de um veículo, não permitindo a sua partição em porções, porquanto perde a natureza de carro; ou em função de motivo econômico, como na divisão de uma coleção de quadros que compõe uma paisagem única; ou por força do contrato celebrado, quando se acerta a impossibilidade da divisão de um serviço que tem sentido unicamente se completo.

Tem-se em conta, portanto, o objeto da obrigação. Conforme se permite a sua cisão ou não, dá-se uma ou outra espécie. Numa obrigação atinente a uma obra de arte, ao pintor é que cabe o cumprimento. Já na construção de um prédio, admissível a divisão dos encargos. Naquela, não é aceita uma etapa da pintura. Na segunda, é comum contratar-se por fases. Como se percebe, encontra-se um delineamento que leva a considerar a obrigação divisível como a que possibilita a exigibilidade parcial, ou em uma porção, enquanto a indivisibilidade reclama o cumprimento total.

Apesar das várias teorias sobre a matéria, a única que se mostra real é aquela que conceitua a obrigação divisível como a que permite exigir a prestação por partes; indivisível, a obrigação que impede receber em partes. Normalmente, de acordo com o tipo, encontram-se um ou mais sujeitos na relação obrigacional. Mas a existência ou não de vários sujeitos da relação obrigacional, ou das várias pessoas obrigadas, torna a obrigação múltipla ou única. Na primeira, surgem tantas obrigações próprias ou distintas quantas são as pessoas dos devedores ou credores. Havendo um só credor ou um só devedor, caracteriza-se a segunda, mesmo que exigível em parcelas. Não se confunde propriamente com a obrigação divisível ou indivisível, quando cada credor pode ou não reclamar a porção ou a quota que lhe cabe. Nota-se que na múltipla pode incluir-se a divisível, porquanto basta a presença de vários credores ou devedores. O sentido "múltiplo", porém, abarca mais um significado, que é "mais de uma obrigação". Um fato traz uma relação com obrigação múltipla de, *v.g.*, transmitir e afastar-se do local, verificável na compra e venda, onde se transmite o domínio e retira-se a pessoa da posse do bem.

Já na obrigação divisível, visa-se a divisão ou a partilha de uma obrigação.

12.2. DEFINIÇÕES

Estabelecer um conceito, uma ideia definida de divisibilidade ou indivisibilidade, não implica grandes dificuldades, apesar da abstratividade do assunto, a ponto de Demolombe considerá-lo "comme l'un des plus abstraits de tout le droit civil".[3] Observa-se que os primeiros doutrinadores que se preocuparam sobre o assunto, especialmente Pothier, não trouxeram ideias claras, às vezes estendendo-se em subdivisões, e em outras procurando especificá-las pelo respectivo objeto mediato ou imediato. Dissertava, a respeito, João Franzen de Lima que os autores acima fundaram-se, para estabelecer os critérios da distinção, "na confusão de objeto mediato da obrigação, ou seja, a coisa, com o objeto imediato da própria obrigação, que é a própria prestação. Pouco importa, com efeito, a natureza divisível ou indivisível da coisa, e que essa indivisibilidade seja material, intelectual ou jurídica. A coisa, o ato, ou o que quer que seja objeto da prestação, não é a própria prestação. Esta é que é o objeto da obrigação, e o poder ou não poder ser paga e satisfeita por partes depende só da espécie jurídica da prestação, não da matéria da prestação".[4]

Deve-se ter em conta, para aferir a divisibilidade ou não da obrigação, a divisibilidade ou não da prestação. A indivisibilidade da obrigação importa em impossibilidade de fracionar a prestação sem destruí-la ou inviabilizá-la, enquanto a divisibilidade corresponde ao contrário, isto é, ao cumprimento da obrigação através da satisfação de partes ou parcelas, as quais, somadas, chegam à prestação total, não se comprometendo a qualidade. De um lado, na indivisibilidade, se fracionada a obrigação em várias prestações, há a perda ou a destruição da qualidade, enquanto é mantida a qualidade na obrigação divisível. No pagamento, há a possibilidade de se dividir, sem ofensa à qualidade, isto é, sem invalidar o adimplemento. Numa obra de arte, ou obra científica, ou num parecer jurídico, de pouco ou nada adianta o cumprimento parcial.

Daí a ideia central: a obrigação considera-se divisível no caso de tornar-se possível o cumprimento parcelado da prestação; já corresponde a indivisível se a prestação, ou seu objeto, não permite a execução parcial. A possibilidade, pois, ou não do cumprimento parcial é que definirá um tipo ou outro de obrigação. Por outras palavras, há obrigações que só podem ser cumpridas de uma única vez, ou por inteiro, ou no seu todo. Assim como aquela que exige a entrega de um animal, de uma joia, de um quadro ou obra de arte. A divisão desnatura o valor do bem, ou retira a sua individualidade própria. Não que haja inviabilidade da divisão. Um brilhante, um anel de ouro, e assim as joias em geral, perdem o valor, a individualidade, a destinação específica, se divididos. Máxime em se tratando de bens apreciados no seu todo, na sua integridade, e assim as pinturas, as estátuas, as esculturas, uma coleção de livros. De igual modo os utensílios, os aparelhos, os veículos, as máquinas e motores; de certa maneira, a grande maioria dos bens móveis infungíveis, possuindo cada qual uma individualidade e uma apreciação ou estimativa pela sua inteireza, já que exigiram uma estrutura própria. Por conseguinte, a entrega desses bens, o fornecimento, é exigível em uma única vez, não se desincumbindo o indivíduo pela entrega de parte cada um deles.

Já as obrigações divisíveis atingem as coisas fungíveis, ou decorrem de relações sobre coisas fungíveis, como no pagamento de uma soma em dinheiro, na entrega de volumes

---

[3] *Cours de Code Civil*, ob. cit., t. 13º, vol. II, p. 157.
[4] *Curso de Direito Civil Brasileiro* – Direito das Obrigações, Teoria Geral, vol. II, 2ª ed., t. 1º, Rio de Janeiro, Forense, 1961, p. 70.

de cereais, na venda de imóvel. O cumprimento parcial é admissível e válido. Quanto aos imóveis, desde que a porção destacada não esteja aquém da permitida por lei (fração mínima de parcelamento, ou módulo rural), admite-se a divisibilidade, e assim o cumprimento parcelado na entrega.

Deduz-se que a divisibilidade ou não da prestação está ligada à divisibilidade ou não do bem objetivado na obrigação. Com o que não é possível afastar-se dos conceitos dos arts. 87 e 88, explicando Serpa Lopes quanto aos correspectivos arts. 52 e 53 do Código revogado: "Poder-se-ia tomar, como ponto de partida, o conceito de coisas divisíveis e indivisíveis ministrado pelos arts. 52 e 53 do Código Civil, consoante os quais, coisas divisíveis são as que se podem partir em porções ideais e distintas, formando cada qual um todo perfeito (art. 52) e indivisíveis as que não se podem partir sem alteração na sua substância, ou as que, embora naturalmente divisíveis, se consideram indivisíveis por lei ou por vontade das partes (art. 53, incisos I e II)".

Em seguida, resumindo com apoio em Scuto, no que se apresenta aproveitável sob o regime do atual Código: "Divisível é aquela fracionável sem prejuízo de sua essência, de modo que as partes resultantes da divisão conservam a mesma qualidade, posto que diversa na quantidade, ao mesmo tempo em que conservam uma proporcionalidade de valor a respeito da coisa inteira... Indivisíveis aquelas cuja prestação não pode ser fracionada em partes, enquanto não se tem, com o fracionamento, prestações quantitativamente iguais por inteiro e só quantitativamente diversas, de modo que, cumprida parcialmente a prestação, o credor não obtém nenhuma utilidade...".[5]

Em suma, os conceitos dos arts. 87 e 88 se enquadram no conceito do art. 258, que define especificamente a obrigação indivisível: "A obrigação é indivisível quando a prestação tem por objeto uma coisa ou um fato não suscetíveis de divisão, por sua natureza, por motivo de ordem econômica, ou dada a razão determinante do negócio jurídico".

Realmente, a alteração da substância constante do art. 87 corresponde à alteração da natureza; já a diminuição do valor equivale à impossibilidade de divisão por ordem econômica, e em razão do prejuízo do uso a que se destina a coisa; por último, na indivisibilidade por determinação da lei ou vontade das partes – art. 88, subsume-se a indivisibilidade em razão do negócio jurídico, como quando a celebração se dá em função da pessoa que presta o serviço.

A divisibilidade ou indivisibilidade está na dependência, pois, da alteração ou não da essência ou substância da coisa, ou da prestação, de sorte a afetar o seu valor e a sua própria importância e finalidade.

O tratamento no direito brasileiro de ambas as espécies já era observado por Orlando Gomes: "a) se a obrigação é divisível, e há mais de um devedor, divide-se em tantas obrigações, iguais e distintas, quantos os credores; b) se a obrigação é divisível, e há mais de um credor, procede-se do mesmo modo, isto é, o devedor comum paga a cada credor uma parte da dívida, igual para todos; c) se a obrigação é indivisível e há pluralidade de devedores, cada um será obrigado pela dívida toda; d) se a obrigação é indivisível e há pluralidade de credores, o devedor se desobriga, pagando a todos conjuntamente ou a um, dando este caução de ratificação dos outros credores".[6]

---

[5] *Curso de Direito Civil* – Obrigações em Geral, ob. cit., vol. II, pp. 111 e 112.
[6] *Obrigações*, ob. cit., pp. 91 e 92.

12.3. ESPÉCIES DE INDIVISIBILIDADE

Costuma a doutrina, a partir de Dumoulin, destacar as formas mais salientes de indivisibilidade. Embora a relatividade da importância prática, o assunto serve para uma melhor compreensão dos casos em que se opera. Assim, a indivisibilidade sob o ponto de vista "subjetivo" e "objetivo".

Na primeira, embora possível a divisão, as partes estabelecem a indivisão, ou resulta a mesma de uma declaração unilateral de vontade. Estabelece-se a indivisibilidade de uma área de terra por convenção dos condôminos, ou por ato de última vontade, quando o testador estabelece a cláusula da cotitularidade na transmissão de um imóvel. Arnoldo Wald a explica: "Num ato jurídico, as partes podem, mediante o acordo de vontades, transformar um objeto divisível em indivisível. Uma área de terra, naturalmente divisível, pode, por convenção, se tornar indivisível por certo prazo não superior a cinco anos. Do mesmo, dois devedores de uma quantia global podem convencionar com o credor a indivisibilidade do seu débito".[7] A respeito da convencional, há regra expressa no Código Civil, art. 314 do Código Civil: "Ainda que a obrigação tenha por objeto prestação divisível, não pode o credor ser obrigado a receber, nem o devedor a pagar, por partes, se assim não se ajustou".

Já na objetiva, decorre do conteúdo da prestação. O fato ou a coisa é insuscetível de divisão pela própria natureza. Acontece que o objeto da obrigação é uma unidade, como na construção de um prédio, ou na fabricação de um equipamento ou de qualquer coisa móvel. Contrata-se a prestação relativa ao bem objetivado, sendo inviável o cumprimento parcial. Na transmissão de uma propriedade, impossível exigir que o alienante transfira parcialmente o domínio.

Conhecida uma outra classificação de indivisibilidade: a "absoluta", a "decorrente de convenção" e a do "pagamento".

A primeira independe da vontade das partes, como na de entregar uma coisa, ou de fazer uma obra de arte. Assim quanto a uma pintura, ou na entrega de um aparelho técnico. De nada adiantaria dividir a pintura de um quadro em etapas, se encomendado em função da obra pretendida representar. A instituição de servidão abrange toda a parte instituída, e não unicamente um lado do caminho. A encomenda de um parecer jurídico exige o tratamento amplo da questão, ficando imprestável a abordagem parcial.

A segunda espécie confunde-se com a subjetiva. É que os contratantes firmam a indivisão, como na construção de um prédio. Embora admissível a divisão de etapas, ou contratar somente as fundações, ou o erguimento das paredes, estabelece-se a totalidade da obra – das fundações ao telhado, com os serviços de acabamento. Interessa ao recebimento do todo, e não de parte da obrigação.

No tocante à indivisibilidade do pagamento, também sobressai o ajuste, a convenção. Embora divisível a obrigação, não interessa o cumprimento parcial. Dá-se, *v.g.*, a quitação quando implementado de uma única vez o preço. Para exigir a realização de um espetáculo, os artistas condicionam a satisfação total do valor contratado. De modo que não se admite pagar parceladamente, ou obrigar o credor a receber em prestações o crédito, se assim não se ajustou.

---

[7] *Curso de Direito Civil Brasileiro* – Obrigações e Contratos, ob. cit., p. 28.

Permite-se, outrossim, sobretudo no plano do direito brasileiro, por decorrência dos arts. 87 e 88, e do art. 258, acima transcritos, perceber três tipos de indivisibilidade: a "física", a "legal" e a "contratual".

A física, que diz respeito à substância ou natureza do bem, como o próprio nome indica, comporta a impossibilidade de sua divisão porque não se divide, *v.g.*, a prestação relativa à entrega de um cavalo, à pintura de um quadro, à apresentação de um espetáculo teatral, à confecção de uma joia. De sorte que, consistindo a prestação em entregar um anel, não pode restituir parte dele. De idêntica maneira quem se comprometeu a representar uma peça teatral, ou a escrever um roteiro para uma película cinematográfica.

Quanto à legal, mais fácil a compreensão, posto que advém da lei. Assim no tocante a imóvel inferior ao módulo rural, ou a fração mínima de fracionamento, a proibição da divisão está no art. 8º da Lei nº 5.868/1972, com as exceções da Lei nº 13.001/2014.

Já a estabelecida em convenção, dada a razão determinante do negócio jurídico, decorre da disposição das partes, como quando se institui um condomínio ou uma copropriedade, advindo, daí, a responsabilidade solidária; ou se abre uma conta de depósito bancário em conjunto, sem estabelecer os limites de saques; ou quando várias pessoas assumem um contrato de locação, sem dividir as responsabilidades no pagamento.

Como se percebe das várias espécies acima referidas, não advém uma utilidade maior na prática. O interesse é sobretudo ilustrativo. Daí por que a importância jurídica revela-se reduzida, não exigindo digressões aprofundadas, a exemplo do tratado escrito por Dumoulin, que nada de proveitoso trouxe, tanto que serviu unicamente para trazer maior confusão e suscitar críticas da maioria dos autores.

12.4. DIVISIBILIDADE E INDIVISIBILIDADE NAS OBRIGAÇÕES DE DAR, FAZER, NÃO FAZER E RESTITUIR

Cuida-se da obrigação de entregar, de transferir, de passar para alguém um bem ou direito, que se apresenta como divisível ou indivisível conforme seja possível ou não a divisão da prestação.

Domina a divisibilidade em obrigações que tenham por objeto a prestação de dar coisa fungível, isto é, coisa substituível por outra da mesma espécie, qualidade e quantidade, como na de entregar volumes de cereais; naquela que estabelece um número de espécies ou de coisas certas – o compromisso de entregar uma quantidade definida de animais, de produtos, de tijolos, de sacos de cimento, de telhas etc., para cada pessoa especificada; na que objetiva a entrega de complexos de bens, como a mobília para conjunto de uma casa, sendo viável a entrega parcelada da que serve para a cozinha, e depois a destinada para a sala, os quartos e outros compartimentos; nas transferências de propriedade imóvel, desde que admitida a divisibilidade de acordo com parâmetros legais próprios.

A divisibilidade no cumprimento da obrigação depende, pois, da possibilidade da divisão da prestação, da natureza da coisa, e da própria convenção das partes. Envolvendo coisa incerta, determinada pela espécie e quantidade, é comum a divisibilidade, porquanto a entrega se efetua pela substituição das coisas por outras com as mesmas qualidades.

Já na obrigação de fazer, mais raramente a divisibilidade, eis que o contrato geralmente é celebrado em função da pessoa, prevendo a entrega da obra ou do bem concluído na sua totalidade. De modo especial quando é contratado o serviço, a obra ou a atividade em razão de características especiais. Dá-se por concluída a obrigação com a entrega de todo o trabalho ou da obra inteira, exceto se não reclamadas qualidades excepcionais, e envolvidas etapas ou fases, situação comum na construção dos prédios, onde se fixam planos da obra, como, no começo, os fundamentos, depois as paredes, a cobertura, o revestimento, o acabamento interno, a pintura. Parece, pois, admissível a divisão da prestação. Mais frequente a divisibilidade na contratação de obras ou confecção de bens em função da quantidade, ou da duração do tempo em que se desenvolve a prestação. Compreendem tais contratações as dirigidas para a fabricação de bens iguais, como de tijolos, de tábuas, de aparelhos; ou a confecção de mercadorias do mesmo gênero, qualidade e espécie; a execução de serviços comuns – o corte ou a plantação de tantos pés de árvores, a limpeza das unidades que compõem um prédio.

Na obrigação de não fazer, parece evidente a indivisibilidade, em vista da individualidade da pessoa a quem é dirigida. Sendo o objeto da obrigação a abstenção, ou a omissão na prática de um ato, mostra-se impraticável um não fazer em etapas. Admissível que o 'não fazer' se estenda por um determinado período de tempo, ou de um momento estabelecido para a frente, como no caso de não adentrar a propriedade vizinha, ou de não utilizar um caminho especificado. Todavia, não há divisão por períodos, embora em certos casos possa ser parcial, como na obrigação de abster-se de plantar certas culturas em uma área arrendada. Desrespeitando o ajuste, verificável a omissão parcial se uma das culturas proibidas é desenvolvida.

Tratando-se de obrigação de restituir, o devedor tem o compromisso de devolver uma coisa ou um bem que lhe fora entregue pelo credor. De modo geral, domina a indivisibilidade, segundo doutrina de Jefferson Daibert: "Ninguém vai devolver uma casa, que alugara, somente em parte, desocupando, por exemplo, os quartos e não o fazendo quanto às salas e cozinha; o locatário de um prédio misto, isto é, residência e loja comercial, ao vencer-se o contrato deverá restituir ao locador todo o prédio, salvo se este aceitar uma das partes; igualmente no contrato de mútuo, o mutuário deverá pagar o todo, só o fazendo em partes se o mutuante assim o consentir, quando tratar-se de mútuo em dinheiro; quando o mútuo for referente a outras coisas fungíveis, a restituição deverá ser da coisa do mesmo gênero, qualidade e quantidade, no seu todo, salvo permissibilidade do credor".[8]

12.5. A DIVISIBILIDADE E A INDIVISIBILIDADE NO CÓDIGO CIVIL

Alguns dispositivos do Código Civil discriminam hipóteses de divisibilidade e de indivisibilidade, que são as mais verificáveis na prática.

Dada a importância da classificação, cumpre que se especifiquem os vários aspectos.

a) *Quanto à divisibilidade*

– Obrigações com mais de um devedor ou credor, ou com pluralidade de devedores e credores.

Estas, embora divisíveis as prestações, não admitem a exigibilidade de toda a obrigação junto a cada um dos devedores. O art. 257 trata do assunto: "Havendo mais de um devedor ou mais de um credor em obrigação divisível, esta se presume dividida em tantas obrigações, iguais e distintas, quantos os credores ou devedores".

---

[8] *Das Obrigações*, ob. cit., p. 119.

Segundo transparece, a obrigação surge como divisível naquelas partíveis, o que se dá na que envolve, *v.g.*, dívida em dinheiro, ou entrega de bens.

Aparecem vários credores ou vários devedores. A presunção é de divisão da obrigação em tantas quantos são os credores e devedores. "São iguais as partes que têm na obrigação divisível os vários credores ou devedores, se outra proporção não resultar da lei ou do negócio jurídico", nota Mário Júlio de Almeida Costa.[9] É que a solidariedade não se presume, devendo vir estabelecida. Não importa que os titulares de direitos e obrigações apareçam em conjunto.

Daí decorrem alguns efeitos.

Havendo vários credores, evidentemente admite-se que só reclamem o seu crédito, ou a sua parte do crédito. Logicamente, impossível pretender o crédito de outro credor. Numa indenização, postulando a parte a reparação por dano moral, embora em conjunto com outros titulares, não lhe assiste o direito de buscar as reparações dos demais coautores.

E se aparecerem dois ou mais devedores?

De igual maneira, em princípio cada um pagará a quota a que foi condenado, exceto se estabelecida a solidariedade. Não cabe o pagamento da dívida dos demais coobrigados. Aparecendo como devedor um condomínio, responderá o condômino no correspondente à sua quota. Nas sociedades por quotas, em princípio não há responsabilidade da pessoa física dos sócios. Todavia, se não integralizadas as quotas, suporta-se a obrigação no correspondente à quota, e não à totalidade da dívida.

– Pagamento da totalidade da obrigação a um dos credores.

Não se exime, na situação visualizada, o devedor perante os créditos dos demais titulares de direito, porquanto individuais os créditos. Se vários os credores, e não constando a solidariedade dos mesmos, torna-se exigível o cumprimento individual da quota indevidamente paga a outro credor. Leva-se em conta que o devedor não é responsável pela dívida toda.

– Insolvência de um dos devedores.

Não pode, na espécie, o credor demandar o devedor solvente. Não havendo a solidariedade, inadmissível que se aumente a quota da dívida dos demais responsáveis.

– Suspensão da prescrição de uma das obrigações.

Naturalmente, a prescrição corre igual para todos os devedores, com exceção aos credores menores ou incapazes, para os quais sequer inicia o prazo. Mas, promovendo o credor alguma medida de suspensão, unicamente ao devedor atingido a mesma se restringe, na ordem do art. 201: "Suspensa a prescrição em favor de um dos credores solidários, só aproveita aos outros se a obrigação for indivisível".

– Interrupção da prescrição por um dos credores.

Um dos credores procede a interrupção do prazo prescricional, através, *v. g.*, da notificação. A medida não atinge os demais devedores, em favor dos quais continua a andar a prescrição. Assim o art. 204, 1ª parte: "A interrupção da prescrição por um credor não aproveita aos outros".

---

[9] *Direito das Obrigações*, ob. cit., p. 482.

– Obrigatoriedade do credor em receber o crédito.

Não pode ele recusar o recebimento de parte do crédito, sob o argumento do recebimento total. Como as obrigações não se fundem pela solidariedade, cada devedor tem o direito de livrar-se da dívida, notificando o credor, constituindo-o em mora, e consignando o valor.

– Pagamento por partes da dívida, em havendo apenas um credor ou devedor.

A execução do que se deve é executável como se indivisível a prestação. Nesta imposição o art. 314: "Ainda que a obrigação tenha por objeto prestação divisível, não pode o credor ser obrigado a receber, nem o devedor a pagar, por partes, se assim não se ajustou".

Mesmo, portanto, que partível a dívida, não há como impor o parcelamento, em se atendendo pretensão do devedor. Daí não se admitir a divisão em parcelas de obrigações, em atendimento unicamente a vontade do devedor, o que em geral acontece nos mútuos, nas locações, quando as partes passivas procuram a concessão de prazo. Não se reveste o juiz de poder para dividir a prestação, se a tanto não aquiesce o credor, por mais justos, sociais e humanos que se revelem os motivos. É reconhecido ao credor a prestação una e completa, a qual, embora divisível, é tratada como indivisível, pois assim considerada pela lei.

b) *Quanto à indivisibilidade*

Na indivisibilidade, domina um tratamento que equivale à solidariedade. Os devedores o são de toda a obrigação.

Existindo mais de um devedor, e sendo impossível a divisão da obrigação, como princípio geral domina que cada devedor será obrigado por toda a dívida. Aquele que realizar o pagamento, ou a satisfação, fica sub-rogado no direito do credor relativamente aos demais coobrigados, quanto à parcela que lhes cabia.

Duas as situações que se diferenciam: a presença de vários devedores, e a presença de vários credores.

Na pluralidade de devedores, ou concurso passivo, cada um deles responde pela dívida toda. Assim na indenização pela prática de danos, causada em acidente de veículo, dirigida a ação contra o proprietário e o condutor. Não é possível estabelecer a divisão da obrigação, aplicando-se a regra do art. 259 da lei civil pátria: "Se, havendo 2 (dois) ou mais devedores, a prestação não for divisível, cada um será obrigado pela dívida toda". O parágrafo único ressalta o direito à sub-rogação no direito do credor aos demais coobrigados: "O devedor, que paga a dívida, sub-roga-se no direito do credor em relação aos outros coobrigados". O tratamento é, pois, de uma obrigação solidária.

O mais justo seria exigir a obrigação de todos os devedores. Todavia, surgiriam dificuldades práticas fortes, dificilmente conseguindo-se a satisfação integral. Muitas manobras fariam as partes não apenas para dificultar o cumprimento, mas até para impossibilitá-lo. Por isso a evolução do direito, visando dar relevo à garantia dos negócios, e levando a impor que cada um dos sujeitos passivos fica obrigado pelo total da dívida, resguardando-se unicamente o direito de sub-rogação no direito do credor, em relação aos demais coobrigados.

Já no tocante a vários credores ou sujeitos ativos de uma obrigação, há a regra básica de que cada um está autorizado a pretender e a receber a prestação total, isto é, não apenas o seu crédito, mas também dos demais. Afigura-se a hipótese quando mais de um autor, em conjunto, como que numa sociedade, procura receber um crédito, sem especificar a individualidade do pertencente a cada parte. Os devedores ficarão desobrigados tanto se pagarem a um só dos credores, como se o fizerem a todos conjuntamente. No entanto, na primeira hipótese, se aquele que receber fornecer caução de ratificação dos demais credores.

Neste sentido o art. 260: "Se a pluralidade for dos credores, poderá cada um destes exigir a dívida inteira; mas o devedor ou devedores se desobrigarão, pagando: I – a todos conjuntamente; II – a um, dando este caução de ratificação dos outros credores".

Surge uma dificuldade no pertinente ao inciso II. A caução equivale à garantia. Impende que venha concretizada a garantia da ratificação dos demais credores – garantia esta suficiente para cobrir o correspondente à parte dos outros credores. É o que exige a lei. Não se mostrando bastante, ou não cobrindo a parte dos créditos dos demais credores, remanesce a obrigação dos devedores. Não valerá a quitação dada pelo credor.

Nesta linha a antiga lição de Carvalho Santos, que parece a mais coerente, embora pensamento forte em contrário de outros doutrinadores, como de Tito Fulgêncio: "De fato, o que o artigo supra reza é que o devedor ou devedores se desobrigarão pagando (...) a um, dando este caução de ratificação dos outros credores. Logo, se não dá essa caução, e não obstante o devedor ou devedores pagam a um a totalidade, não ficam desobrigados.

Nem podia ser de outra forma, porque a obrigação indivisível, quanto aos devedores, não importa em solidariedade. E, portanto, não pode o pagamento feito a um, a não ser nos casos expressos em lei, desobrigar o devedor para com os outros credores.

Nas obrigações indivisíveis há independência recíproca dos devedores e credores, razão por que a lei exige justamente a caução de ratificação... Logo, se não for prestada a caução, o pagamento feito a um dos credores não desobriga o devedor para com os outros credores. Perante estes continua a ser o devedor e, como quem paga mal deve pagar duas vezes, continua obrigado a pagar se demandado ulteriormente pelos mesmos".[10]

Inclusive, como observado, se insuficiente a caução, eis que a mesma não é prestada *pro forma*, mas no sentido de significar uma efetiva garantia.

A cada um dos credores reconhece-se o direito de acionar o que recebeu para haver a respectiva parte. É a previsão do art. 261, regra, aliás, que nem precisava vir expressa, tão evidente o direito: "Se um só dos credores receber a prestação por inteiro, a cada um dos outros assistirá o direito de exigir dele em dinheiro a parte que lhe caiba no total".

Desde que fornecida caução idônea, ficará quitado o devedor. Não se faculta aos credores o ingresso de uma ação contra o mesmo. Todavia, não tolera a lei o enriquecimento ilícito. Mesmo que se constitua a obrigação de um direito em um imóvel, como uma servidão, ou uma passagem, ou a entrega de um bem de raiz, assegura-se o direito em receber em dinheiro a parte do crédito correspondente. Mas não apenas em dinheiro, e sim na própria coisa. Inadmissível que se reduza a uma mera indenização pecuniária o direito, posto que, às vezes, tal não interessa e não resolve aos demais credores, mormente quando em jogo direitos em imóveis, em coisas alheias ou em obras de engenharia e de arte.

Igualmente se não oferecida caução consagra-se a prerrogativa de se buscar perante o credor a quem se satisfez o direito o equivalente aos direitos dos demais credores. A caução é instituída apenas como garantia, e não como condição para condicionar a procura do crédito junto ao titular que recebeu a totalidade dos direitos e deu quitação.

---

[10] Ob. cit., vol. XI, p. 164.

Dando um credor remissão, ou perdoando a dívida, os efeitos de seu ato restringem-se à sua pessoa, não alcançando os direitos dos demais, que poderão exigir por inteiro a obrigação no que lhes couber. Esta a conclusão que se extrai do art. 262: "Se um dos credores remitir a dívida, a obrigação não ficará extinta para com os outros; mas estes só a poderão exigir, descontada a quota do credor remitente".

Há certa dificuldade no dispositivo. Como reconhecer a remissão, e os efeitos de quitação da quota perdoada, se indivisível a coisa? Assim quanto a um bem móvel não suscetível de partição, ou um animal de raça, ou uma joia, um veículo, sobre os quais se estabeleceu uma copropriedade. Parece que não se anulará o direito do remitente, nem o dos demais credores. Para tanto, e a fim se assenhorarem de tal porção, a única solução assenta-se em indenizar ao devedor pela parte de quem fez a remissão. Esta a posição da doutrina, valendo transcrever novamente o pensamento de Carvalho Santos: "Mas, para demandar a coisa inteira, o outro ou aqueles credores que não perdoaram terão que pagar ao devedor a cota do credor remitente. Esse pagamento deve ser feito antes, ou por ocasião da propositura da ação, em forma de depósito.

É que a coisa devida, embora indivisível em si, tem, contudo, como acentua Pothier, uma estimação, a qual é divisível, e à qual se pode neste caso ter recurso: é uma modificação que recebe neste caso a indivisibilidade da dívida".[11]

Sempre lembrando que o desconto da quota torna-se exigível se efetivamente há vantagem em favor dos outros titulares do direito. Não surgindo algum benefício, ou nada lucrando, ou não advindo algum lucro, não há o que lucrar ou embolsar.

Idêntico tratamento aplica-se em havendo transação, novação, compensação ou confusão, relativamente à parcela de um dos credores, como está no parágrafo único do art. 262: "O mesmo critério se observará no caso de transação, novação, compensação ou confusão".

Na transação, verifica-se um acordo feito através de mútuas concessões, pondo fim a uma obrigação; ou, por concessões recíprocas, se previne ou termina uma lide. Quanto à novação, extingue-se uma obrigação, fazendo nascer uma outra no lugar daquela. Através da compensação, extinguem-se reciprocamente até a quantia em que os contratantes figuram com crédito e débito. Já no que diz com a confusão, aquele que deve torna-se proprietário da quota de que é devedor. Por outros termos, em vista do caso em exame, um dos devedores torna-se herdeiro do credor, de sorte a habilitar-se em sua herança.

Verificada qualquer uma das figuras acima, os demais credores, que ficaram estranhos à negociação, podem exigir o total cumprimento da obrigação, mas imputandose-lhes o ressarcimento da quota objeto daquelas formas, da mesma maneira que se procede com aqueles que ficam com a quota objeto da remissão.

12.6. A INDIVISIBILIDADE E A SOLIDARIEDADE

Não se confundem a indivisibilidade e a solidariedade. Existem alguns pontos de semelhança, como a exigibilidade da obrigação inteira, ou não em partes, e a pluralidade de credores ou devedores. Mas ressaltam as diferenças. Enquanto na primeira, por sua índole objetiva, reclama-se toda a dívida ou a coisa inteira porque impossível a sua divisão, como num direito de passagem, ou nos direitos sobre uma joia, já na segunda a todos

---

[11] Ob. cit., vol. XI, p. 169.

os credores reconhece-se o direito em razão do título da obrigação, isto é, da vontade das partes ou em virtude da lei, havendo nela uma feição subjetiva. Embora em ambas constata-se a pluralidade de credores e devedores, na solidariedade tem-se um direito em todo o crédito, ou firma-se a obrigação sobre a dívida inteira. Já na indivisibilidade, a totalidade dos credores coloca-se no papel de exigir por força da inviabilidade de partir-se a obrigação ou a coisa. Bem ilustrava as diferenças Washington de Barros Monteiro: "Na solidariedade, o credor pode exigir de qualquer devedor solidário o pagamento integral da prestação, porque qualquer deles é devedor do total. Na indivisibilidade, o credor pode reclamar igualmente, de qualquer codevedor, satisfação integral, não porque o demandado seja devedor do total exigido (ele só deve uma parte), mas porque a prestação, sendo indivisível, não comporta execução fracionada. Para usarmos expressões de Pothier, diremos que na obrigação solidária, os devedores respondem *totaliter* e nas obrigações indivisíveis, *in totum*".[12]

Com profundidade, destacava a essência da distinção Lacerda de Almeida, lembrando que coincide o tratamento do anterior e do atual Código: "A solidariedade abrange o vínculo da obrigação, remonta ao fato anterior da formação desta; a indivisibilidade explica-se pela prestação, objeto da obrigação, e desce ao fato ulterior do cumprimento da mesma".[13] Demolombe já apontara distinção semelhante: "A solidariedade deriva do próprio título que a constitui e da natureza particular do vínculo que dela resulta; e a indivisibilidade, ao contrário, decorre da coisa ou fato objeto da obrigação e da sua natureza particular, que não a torna suscetível de cumprimento parcial".[14]

Outro aspecto identificador está na feição subjetiva da solidariedade, como já observado, decorrendo de convenção das próprias pessoas, ou advindo de lei ou do título constitutivo da obrigação. A indivisibilidade, por sua vez, revela uma índole objetiva, firmando-se na coisa objeto da prestação. Daí concluir-se que a indenização instigada por ato ilícito advém do elemento subjetivo, que é a culpa. Está, aí, a solidariedade, ao passo que, nos créditos hipotecários, onde há vários credores, prevalece a indivisibilidade. Todavia, a qualquer titular do crédito faculta-se a reclamação do total.

Alguns efeitos ou decorrências aparecem, lembrados por João Franzen de Lima:

"I – A solidariedade cessa pela morte do credor e, portanto, o crédito fraciona-se entre os seus herdeiros; a indivisibilidade, porém, não perde esse caráter, porque é da natureza da prestação.

II – O devedor solidário deve o todo e é obrigado ao todo – *totum et totaliter*; o da indivisível é obrigado ao todo, mas só deve sua parte.

III – A solidária, convertendo-se em perdas e danos, conserva a sua qualidade de solidária; não assim a indivisível, que se transforma em divisível, porque a indivisibilidade está na natureza da prestação e esta não é mais indivisível".[15]

---

[12] *Curso de Direito Civil* – Direito das Obrigações, ob. cit., 1ª parte, p. 151.
[13] *Obrigações*, ob. cit., pp. 111 e 112.
[14] "La solidarité dérive du titre même qui la constitue, et de la nature particulière du lien qui en résulte; et l'indivisibilité, au contraire, dérive de la chose ou du fait qui est la matière de l'obligation, et de sa nature particulière, qui ne le rend pas susceptible d'une prestation partielle" (*Cours de Droit Civil*, ob. cit., t. 13, vol. II, p. 170).
[15] *Direito das Obrigações*, ob. cit., t. 1º, vol. II, p. 79.

Nem sempre é fácil a distinção entre uma e outra espécie. O melhor caminho assenta-se na unificação dos institutos, o que algumas legislações procuraram fazer, e a jurisprudência do STJ reconhece na prática: "As obrigações solidárias e as indivisíveis, apesar de serem diferentes, ostentam consequências práticas semelhantes, sendo impossível serem adimplidas em partes". Embora a diferença de natureza, conclui a Relatora, no seu voto, que, "na indivisibilidade, não há comunhão de interesses, como ocorre na solidariedade, mas simplesmente a impossibilidade de cumprimento fracionado da prestação".[16]

Mário Júlio de Almeida Costa apresenta alguns princípios, úteis em serem vistos: "Se a obrigação é cumprida apenas por um dos devedores, terá este o direito de reclamar dos restantes a sua parte na responsabilidade comum, sem que, todavia, se verifiquem as especialidades do regime estabelecido para o direito de regresso na solidariedade passiva.

Caso a obrigação se extinga relativamente a algum ou alguns dos devedores, o credor continua a poder exigir a prestação integral dos restantes obrigados – visto que é indivisível –, mas terá de entregar-lhes o valor da parte que cabia ao devedor ou devedores exonerados...

Desde que a prestação indivisível se torne impossível por facto imputável a algum ou alguns dos devedores, apenas sobre este ou estes recai a responsabilidade pela respectiva indenização, ficando os outros exonerados. Quanto aos devedores não responsáveis, verifica-se uma situação de inadimplemento por impossibilidade não culposa".[17]

12.7. PERDA OU CESSAÇÃO DA INDIVISIBILIDADE

Deixa a obrigação de ser indivisível quando se converte em perdas e danos. Assim está no art. 263: "Perde a qualidade de indivisível a obrigação que se resolver em perdas e danos". Ou seja, aquela obrigação que nasceu ou se mantinha como de entregar uma coisa, uma vez não cumprida, e transformada monetariamente em perdas e danos, pode ser dividida. Assim também a de fazer, ou não fazer. Dado o *intuitu personae* de seu caráter, e cumprindo que uma pessoa a realizasse, se houver a obstinada recusa, outra coisa não resta ao credor senão postular a correspondente indenização, ou a reposição em dinheiro, podendo ser reclamada parceladamente, ou de cada obrigado em quotas. Não sempre quando há negativa de atender a obrigação, e sim nas hipóteses de impossibilidade de execução *in natura*, com o que não se permite concluir que as perdas e danos constituam uma opção oferecida ao devedor, a menos que a tanto aquiesça o credor. A impossibilidade da execução na coisa, ou na obrigação firmada, decorre também da impossibilidade de divisão. Tanto dá-se não na partilha de um imóvel indivisível, e sim na sua divisão em partes equivalentes aos proprietários. Então, a única solução será a venda judicial, apurando-se o valor pelo seu preço, quando passa a autorizar-se que os titulares reivindiquem a porção do montante apurado.

Aduz o § 1º: "Se, para efeito do disposto neste artigo, houver culpa de todos os devedores, responderão todos por partes iguais". É que a falta de cumprimento repousa na culpa de todos. Por conseguinte, as penas decorrentes, como multa ou juros, e mesmo prejuízos, ficarão a cargo dos que concorreram para tanto. Mas não solidariamente. Ostenta-se claro o dispositivo em colocar a responsabilidade 'por partes iguais', ou seja, cada um dos devedores suportará o equivalente à sua quota na obrigação. Há uma divisão *pro rata*.

---

[16] REsp 1.863.668/MS, 3ª Turma do STJ, j. em 09.03.2021, *DJe* de 22.04.2021, Rel. Min. Nancy Andrighi.
[17] *Direito das Obrigações*, ob. cit., p. 484.

De outro lado, fica induvidoso que unicamente causadores do não cumprimento da obrigação *in natura* suportarão as perdas e danos, o que enseja a pesquisa da culpa ou da responsabilidade.

Já encerra algo óbvio o § 2º: "Se for de um só a culpa, ficarão exonerados os outros, respondendo só esse pelas perdas e danos". Trata-se de uma decorrência do que se disse antes. Mas, numa exegese clara, estende-se a responsabilidade a todos aqueles devedores que deram causa ao descumprimento da obrigação em si.

Observa-se que unicamente às perdas e danos arcará a mais o causador do não cumprimento. Os demais consortes na obrigação devem suportar pelo principal. Nesta linha, se alguém contratou a construção de um móvel junto a vários artesãos, e inviabilizando-se a confecção sem a presença de cada um deles, tendo sido efetuado já o pagamento, entende-se que no recusante incidirão as perdas e danos, cabendo a restituição do valor entregue junto a cada um dos contratados.

XIII

Obrigações Facultativas, Condicionais, a Termo, Modais, Genéricas e Específicas

13.1. CONCEITO DE OBRIGAÇÕES FACULTATIVAS

Não se encontravam, no Código Civil de 1916, e não se encontram no atual, disposições especiais sobre este tipo de obrigações. Nem revela uma importância fundamental na aplicação do direito. A caracterização não advém do significado do termo "faculdade", o qual enseja em admitir a liberdade frente a uma obrigação, podendo cumpri-la, realizá-la, ou abster-se de qualquer ato positivo. Haveria, pois, uma imprecisão do termo. O sentido, no que leva a certa confusão com as obrigações alternativas, é possibilitar a substituição de uma prestação por outra. Delineia Carlos Alberto Bittar uma caracterização mais que definição: "Trata-se, pois, de obrigação com uma só prestação, em que o devedor goza da faculdade de substituí-la por outra: daí o nome adequado da figura, ou seja, de obrigação com faculdade alternativa, ou com faculdade de substituição, que a doutrina lhe empresta, em razão do caráter vinculativo da obrigação".[1]

Planiol e Ripert salientam a mesma nota marcante: "La obligación es facultativa cuando el deudor debe una prestación única, si bien tiene la facultad de liberarse realizando otra prestación determinada en lugar de la debida".[2] Ressaltando a faculdade de substituição, chega-se, pelo menos, a uma proximidade muito grande da obrigação alternativa. Mas, indo adiante, coloca-se o devedor diante de uma só prestação. Não se oferece outra descrita ou arrolada. Do tipo de prestação advém a possibilidade de outra, correlata, com as mesmas dimensões de valor. Exemplificando: há o dever de prestar um serviço. É o que se contratou. Ao invés de executá-lo, a parte entrega o valor correspondente. Deve-se dar um objeto, segundo combinado. Mas presta o encarregado um trabalho, que equivale em valor. Há o compromisso de pagar uma quantia estipulada na compra de um bem, mas devolve-se o bem. Cumpre que se entregue um produto, estimado em um preço fixado; entrementes, procede-se a transferência de outro produto, no correspondente ao preço do anteriormente acertado.

Pode-se, pois, dizer que este tipo de obrigação tem por objeto apenas uma prestação, mas deixando a liberdade para não cumpri-la pela renúncia de um direito, ou decorrendo do contexto da obrigação a viabilidade de cumprir algo diferente, e que decorre da própria estipulação. Explicação semelhante fornece Lacerda de Almeida: "Aspecto singular oferece

---

[1] *Curso de Direito Civil*, ob. cit., vol. 1, p. 348.
[2] *Tratado Práctico de Derecho Civil Francês*, ob. cit., 2ª parte, t. 7º, p. 365.

a figura jurídica das chamadas obrigações facultativas. Nelas o objeto da prestação é determinado; o devedor não deve outra coisa, o credor outra coisa não pode pedir; mas por uma derrogação ao rigor da obrigação pode o devedor pagar coisa diversa daquela que constitui objeto da dívida".[3]

Dentro da esfera do direito codificado, admissíveis as obrigações facultativas se de um dispositivo legal transparece a possibilidade de se cumprir algo diferente. Na esfera convencional, se assinaladas duas ou mais formas de cumprir-se uma obrigação, pende a caracterização mais para a alternatividade. Nesta visão, costumavam os autores apontar alguns exemplos do Código Civil de 1916, aliás nem sempre perfeitamente evidenciadores da obrigação facultativa. Numa situação bastante clara do caráter facultativo, havia o art. 604 do Código Civil, relativamente às coisas achadas, cujo conteúdo, embora com maior extensão, se encontra no art. 1.234 do vigente Código, com a seguinte redação: "Aquele que restituir a coisa achada, nos termos do artigo antecedente, terá direito a uma recompensa não inferior a 5% do seu valor, e à indenização pelas despesas que houver feito com a conservação e transporte da coisa, se o dono não preferir abandoná-la".

No art. 701 do mesmo Código de 1916, havia outra situação, relativamente às obras de conservação de uma servidão, ficando reproduzida a regra no art. 1.382 do atual Código, nos seguintes termos: "Quando a obrigação incumbir ao dono do prédio serviente, este poderá exonerar-se, abandonando, total ou parcialmente, a propriedade ao dono do dominante". A obrigação diz com a realização das obras de conservação. Mas, entregando o imóvel, total ou parcialmente, ao titular do prédio dominante, fica livre de realizar tais obras.

Existem tipos de contratos onde mais ressalta o caráter de facultatividade. No arrendamento mercantil, se no curso do prazo de pagamento, e considerando a natureza da espécie, admite-se a simples restituição do bem, restam indevidos os pagamentos futuros. Havendo uma alienação fiduciária, quando o bem financiado é transferido para o financiador, também correspondendo os pagamentos à amortização do preço, a restituição da posse igualmente tem o condão de extinguir as prestações vincendas, a menos que tenha havido uma desproporcional desvalorização do veículo. Na própria promessa de compra e venda de imóvel com o pagamento do preço em prestações, na prática ocorre que a devolução do imóvel faz desaparecerem as prestações futuras.

Na locação, vencido o contato, há a faculdade de o locatário restituir o prédio ou de continuar nele, o que leva a tornar por prazo indeterminado o contrato, de acordo com o parágrafo único do art. 56 da Lei nº 8.245, de 1991.

São hipóteses que deixam perceber a possibilidade de uma segunda solução, mesmo que não expressa na convenção, a qual, se cumprida, derroga a anterior.

13.1.1. Distinções relativamente à obrigação alternativa

Pelo que foi observado, já se torna possível ver a diferença quanto às obrigações alternativas, sendo que nestas todas as prestações incluem-se na obrigação, estando previstas e consignadas, como quando se deve a elaboração de um programa de informática, ou a entrega de outro programa equivalente. Nas facultativas, está uma única prestação, mas viabilizando-se o cumprimento de outra forma, se possível, a qual fica na vontade

---

[3] *Obrigações*, ob. cit., p. 93.

do devedor. Assim, numa promessa de compra e venda, dever primordial é que o promitente comprador pague as prestações. Tornando-se inadimplente, insta que o credor leve a efeito a constituição em mora, postulando e exigindo unicamente os pagamentos em atraso. Mas, em vista do contrato, possibilita-se ao devedor a devolução do imóvel, o que revela uma forma de exonerar-se da obrigação. Fica o credor sempre, nesta espécie, restringido a demandar o pagamento ou a entrega da coisa que lhe é devida, sem pender o pedido para outra satisfação, através da qual se libera o devedor. Quem se compromete a entregar uma mercadoria é demandado judicialmente para o oferecimento da mesma. Tolera-se, no entanto, que se oferte o valor correspondente.

Há autores que salientam a existência de clareza na distinção, mas o fazem teoricamente. Na prática, em verdade, prestam-se à confusão os dois tipos, justamente por causa do significado das obrigações facultativas, que muito se aproxima das alternativas. Melhor observar que, em dívidas de entrega de coisas, como na de um veículo, de um trabalho técnico, de um animal, de uma obra de arte, e dirigindo-se o pedido unicamente para a execução do estabelecido ou da obrigação determinada, autoriza-se que se livre o devedor mediante a satisfação do dever em dinheiro, ou da oferta de um bem semelhante e equivalente ao devido.

Não parece muito correto assentar que na obrigação facultativa também há a possibilidade de uma segunda prestação, indicada na ocasião do compromisso, mas colocada num plano suplementar. Neste modo de explicação, incorre-se no perigo de misturar ou confundir os dois tipos, gerando total confusão. Parece que o modo mais claro de salientar a distinção reside na simples observação da possibilidade de satisfação de obrigações por uma forma não prevista na convenção. Embora explícito o que incumbe a ser atendido, entrementes, encontra-se uma saída para desincumbir-se do encargo através da execução de outra prestação, admissível desde que equivalente à primordial.

13.1.2. O exercício da escolha

Também aqui, como nas obrigações alternativas, deve-se definir a quem cabe o direito à escolha.

Não há ostensivamente a previsão de duas ou mais possibilidades para o devedor escolher, porquanto se ingressaria no campo das alternativas. Mas da natureza ou da lei extrai-se uma segunda forma de cumprir o estipulado. Na relação contratual, insere-se o tipo de obrigação a que se impõe o cumprimento. Advém, todavia, uma outra possibilidade de satisfazer a obrigação. Já por esta fisionomia conclui-se que unicamente o devedor está galgado no direito de escolher, dizendo enfaticamente Carlos Alberto Bittar: "Nessa espécie, ínsita no ato constitutivo da obrigação – legal ou convencional –, encontra-se a faculdade de substituição, executável pelo devedor, eis que ao credor compete apenas o direito de exigir a prestação original. Por isso, nasce uma a obrigação, com uma só prestação, mas a faculdade outorgada ao devedor faz outra vir a ser executada, exatamente para facilitar-lhe o cumprimento (dentro da regra *aliud pro alio*)".[4]

Se tanto acontece com o devedor, o mesmo não é reconhecido ao credor. Incumbe-lhe, no caso de inadimplência ou mora, reclamar ou exigir o objeto previsto na obrigação. Unicamente o devedor encontrando-se na faculdade de cumprimento, não se permite que

---
[4] *Curso de Direito Civil*, ob. cit., vol. 1, p. 348.

venha aquele a impor-lhe o atendimento da outra prestação. Na própria obrigação alternativa praticamente ocorre o mesmo, porquanto exclusivamente se expressamente reservada ao credor a opção é que se lhe permite indicar a prestação que deseja ver cumprida.

Os problemas, no entanto, não param aí. Existem situações mais complexas. Como proceder se impossível o cumprimento da obrigação devida, como no tocante ao pagamento de prestações de um bem? É claro que, envolvendo o objeto prestações pela compra de um bem, a resolução do contrato será o caminho, com a sua devida restituição. A matéria envolve a impossibilidade ou a inexequibilidade do cumprimento da prestação, matéria a ser abordada no item seguinte.

13.1.3. A impossibilidade ou inexequibilidade na prestação facultativa

Assim como em princípio acontece na prestação alternativa, a escolha toca ao devedor. Mas, naquela, têm-se casos em que ao credor concentra-se ou transfere-se o direito de escolha, seja pela previsibilidade da convenção ou da lei, seja pela falta de cumprimento por culpa do devedor. Na hipótese das obrigações facultativas, desaparecendo o objeto da obrigação principal, ou se for nula a mesma, fica ela extinta. Este o ponto de vista dos autores. É que só uma coisa está vinculada, que pode ser a entrega de um certo produto, sem previsão de outra, se a tanto está consignado no contrato. Havendo uma obrigação nula, como a de transferir uma herança que será recebida no futuro, nada assiste ao credor postular. Mas, sendo alternativa – transferir a herança de pessoa viva ou entregar parte de um outro imóvel de sua propriedade – subsiste a segunda prestação, desde que válida. De modo que, consistindo a estipulação em realizar uma atividade proibida, nada resta ao credor exigir. Assim também quanto à entrega de produto cujo comércio está vedado. Ou no emprego de mão de obra de menores em atividades insalubres. Nota-se que a obrigação é uma só. Mas, neste último caso, *v.g.*, se alternativa a obrigação, e envolvendo o serviço por maiores, fica permitido o exercício de mão de obra em atividade insalubre caso a remuneração venha majorada pelo percentual correspondente. Assim, se colocadas as opções do trabalho insalubre entre a redução da jornada ou a remuneração majorada por determinado percentual, estabelecido segundo o grau de insalubridade, embora nula a primeira alternativa oferecida, admissível a escolha da segunda.

Não aparecem com frequência as hipóteses, já difíceis em encontrar as identificadoras de obrigações alternativas.

Seguindo-se adiante, verificada a culpa ou mora do devedor na falta de cumprimento, de acordo com o entendimento dos doutrinadores, assiste ao credor reclamar a prestação supletória, isto se a mesma existir. De qualquer forma, a indenização e as perdas e danos não podem ser arredadas. Tanto se verifica quando é acertada a entrega de um bem, com a descrição das características; subentende-se a possibilidade de entregar um outro idêntico, se impossível aquele, embora não venha indicado. Constatada a mora, ou não diligenciando o devedor em adquirir oportunamente a matéria-prima para a fabricação, há culpa se surgir, posteriormente, a impossibilidade de obter os materiais necessários. No caso, permite-se ao credor demandar a entrega do bem com outros componentes estruturais, desde que mantida a mesma finalidade. Ou assiste ao credor procurar a mera indenização, e mais as perdas e danos decorrentes da impossibilidade de ter o objeto.

13.1.4. Cláusula penal, obrigação facultativa e dação em pagamento

Pode, numa primeira impressão, transparecer que a cláusula penal se confunde ou até equivale à obrigação facultativa.

Pela primeira figura, insere-se uma obrigação coadjuvante à obrigação principal, com a finalidade de impor-lhe eficácia segura no cumprimento. Institui-se justamente para imprimir maior garantia ao cumprimento da obrigação, definindo-se como uma estipulação acessória, no pensamento da doutrina, pela qual as partes preveem penas ou multas, que recaem contra aquele que omitir-se ou não cumprir a prestação a que se obrigou. Equivale a um meio coercitivo para dar maior lastro ou reforço à obrigação principal. Depreende-se, daí, a sua acessoriedade, vindo sempre atrelada à convenção principal, e incidente, para forçar o cumprimento das avenças. Para várias hipóteses permite-se a sua estipulação, e assim para o caso de completa inadimplência da obrigação principal; para compensar a mora; e mesmo para a segurança de outra cláusula especial.

Sempre mantém sua natureza de acessória, e não como possibilidade de substituir a obrigação principal, persistindo enquanto perdurar esta última. Tanto que não subsistirá se falecer ou sumir aquela obrigação. Exemplificativamente, mesmo encontrando-se em mora o devedor, parece inquestionável que a anulação do contrato de locação acarreta, inexoravelmente, a falta de valia da cláusula penal. Nota-se, pois, a sua total dependência.

Já na obrigação facultativa, o que também atinge as obrigações alternativas, nem tanto se encontra em jogo a espécie de obrigação, mas a principal, ou aquela prestação que mais interessar à parte, entre as tantas existentes ou oferecidas. Há sempre uma obrigação para ser atendida, e não uma consequência para o caso do não cumprimento. Não se asseguram à parte o atendimento da entrega de um bem, o pagamento das prestações, a realização de um serviço, ou o pagamento de uma pena antecipadamente assinalada. Esta, de modo geral, torna-se exigível com o simples descumprimento daquela, reconhecendo-se o direito da exigibilidade de ambas, e não de uma ou outra. O art. 410 do Código Civil assinala uma hipótese de opção unicamente pela obrigação principal ou da cláusula penal: "Quando se estipular a cláusula penal para o caso de total inadimplemento da obrigação, esta se converterá em alternativa a benefício do credor". Por outros termos, nada impede que se firme o cumprimento da obrigação principal ou da cláusula penal. Mas, para se justificar a eleição, deve corresponder a cláusula penal a uma grandeza equiparável à obrigação principal. Exclusivamente neste caso aceita-se que o credor pleiteie a cláusula penal ao invés da obrigação principal. Do contrário, não assiste ao devedor a oferta ou o depósito da multa, com o que se exoneraria do próprio objeto da obrigação.

Nota-se, portanto, que grande a distância entre uma e outra espécie de obrigação. Não há significativa importância na prática do direito, mas devendo ser bem entendida a matéria, e no sentido de se vislumbrar a melhor saída para o devedor, se está interessado em liberar-se das dívidas.

Sensível a diferença, igualmente com a dação em pagamento, esta prevista no art. 356 do Código Civil: "O credor pode consentir em receber prestação diversa da que lhe é devida". Nota-se que deve a estipulação ligar a vontade de ambas as partes, diferentemente da obrigação facultativa, pela qual unicamente ao devedor assiste a escolha, e sequer permitindo-se, em princípio, liberdade ao credor para impô-la. De outro lado, nesta última aparece pelo menos indicável a segunda possibilidade do devedor desincumbir-se da prestação, diversamente da outra, quando qualquer bem ou objeto pode ingressar na substituição.

13.1.5. Constituição em mora na obrigação facultativa

Considera-se em favor do devedor a obrigação facultativa. Em seu benefício reconhece-se o direito. Nesta ordem, não cabe ao credor constituí-lo em mora, para que exerça o direito, porquanto a ele cabe a iniciativa de adimplir o que deve. Nas alternativas, se presente a previsão de várias prestações, a rigor também não há tal requisito, a menos que reservado ao credor a escolha.

De outro lado, se vier a mora, ou não cumprida no devido tempo a prestação, permite-se que se proceda de imediato a execução. Não se interpelará para criar a mora, ou tornar exigível a satisfação. Ingressa-se de imediato com a ação cabível, e desde que impelido o devedor a pagar, ou a cumprir, deve satisfazer o que lhe é requerido, e não a outra prestação, que se lhe oferecia antes como viável. Desaparece, pois, a faculdade de substituição, embora opiniões doutrinárias em contrário.

É que a faculdade é tida como um favor ou um tratamento beneficiado em prol do devedor. A interpretação é restritiva, como em tudo que vem contemplado a favor de uma das partes, na relação contratual.

13.2. OBRIGAÇÕES CONDICIONAIS

Diferentemente das obrigações puras e simples, existem aquelas que dependem de uma condição, de um prazo, de um encargo, ou até de um pacto acessório.

Como puras e simples consideram-se aquelas que se opõem às condicionais, isto é, que não dependem de qualquer fato ou circunstância, para o seu adimplemento. Tal é a que estipula a desocupação do imóvel num prazo fixado, ou que ordena o pagamento de certa quantia em dinheiro numa data marcada.

Já para a compreensão das condicionais deve-se ir ao art. 121 da Lei Civil, nesta redação: "Considera-se condição a cláusula que, derivando exclusivamente da vontade das partes, subordina o efeito do negócio jurídico a evento futuro e incerto". Pelos arts. 125 e 127, destacam-se as condições suspensivas, ficando a obrigatoriedade da prestação na dependência da realização da condição; e as condições resolutivas, pelas quais resolve-se ou morre a obrigação uma vez advindo tal condição.

Na obrigação condicional, portanto, para a sua exigibilidade há de vir um acontecimento incerto e futuro. Tal constata-se quando se convenciona a entrega de um produto para o momento da exportação, ou da baixa do tributo, ou da chegada de matéria-prima. Unicamente quando da ocorrência do evento previsto nasce o direito de exigir.

Alguns efeitos aponta Serpa Lopes, parecendo mais verificáveis os seguintes:

a) Extingue-se a obrigação de pleno direito, se não ocorrer a condição suspensiva. Num exemplo, não vindo a ser fabricado o produto encomendado, não permanece o compromisso.

b) Enquanto não acontecer a condição suspensiva, não é permitido falar em prescrição, o que se revela lógico, posto que não havia como se dar o cumprimento.

c) Cumprindo o devedor a obrigação antes de dar-se o evento, quando possível, parece que perde o caráter de suspensividade. Nesta visão, prometido um veículo ao filho quando se formar em curso superior, se o pai antecipar o ato de doação resta simples e pura, não podendo, mais tarde, não havendo a formatura, pedir a restituição.[5]

No tocante às obrigações resolutivas, em realidade realizam-se como se fossem puras e simples. Realiza-se o ato, mas advindo determinado evento, desconstitui-se o mesmo. É transferido o uso de um imóvel, mas com duração prevista para o período de execução de uma obra, ou da frequência a um curso de formação.

13.3. OBRIGAÇÕES A TERMO

Tais as obrigações que ficam submetidas a um prazo, não importando que seja certo ou incerto. Promete-se o pagamento da dívida num dia previamente fixado, ou quando da colheita de um produto agrícola. Estabelece-se o cumprimento em um evento, ou em um prazo, sabendo-se que a palavra "termo" corresponde ao dia que é marcado para determinado negócio ou ato.

Unicamente quando da chegada no tempo devido, ou no termo, ou no prazo assinalado, torna-se exigível a prestação. Mesmo que previsível algum perigo em não dar-se o cumprimento, não é fácil o adiantamento da exigibilidade. Ostenta-se realmente difícil exigir o atendimento antes do dia designado. Há, porém, situações especiais. Tanto nota-se na avença de entrega do produto, o qual já foi pago. Dada a probabilidade de que o devedor o aliene a terceira pessoa, ou se descura no cuidado de preservar a plantação de um produto agrícola, embora não se concedendo o adiantamento da prestação, admite-se a exigibilidade de garantia.

Sobre as obrigações a termo, encerra o art. 131 da vigente lei civil: "O termo inicial suspende o exercício, mas não a aquisição do direito". Realmente, não é permitida a exigência do crédito ou da obrigação antes do momento previsto, mas subsiste o direito à propriedade, o qual não fica suspenso ou inerte. Já o art. 135 estabelece normas especiais sobre o tipo de obrigação em exame: "Ao termo inicial e final aplicam-se, no que couber, as disposições relativas à condição suspensiva e resolutiva".

Assim, em face do art. 125, enquanto não se verificar o termo previsto, não se terá adquirido o direito. Unicamente se consolida, *v.g.*, a posse na data assinalada ou contratada. De outra parte, em face do art. 126, dispondo-se alguma coisa sobre a condição da ocorrência do termo, ou de seu advento, e se no seu curso, ou enquanto não chegar o termo, forem contratadas novas disposições, estas não terão valor, se advier o termo, e com ele forem incompatíveis. Não se permite contratar a entrega de um bem para daí a certo período, e, enquanto este não chegar, acertar condições que se opõem ao termo ajustado, ou que o anulam a entrega combinada, como se, no período em que não chega, se estabelece um arrendamento do bem, cujo prazo vai além do termo combinado.

Prevendo-se que a chegada de um termo resulta a resolução do negócio, tal se dá unicamente quando do advento de tal termo. Durante o tempo em que não se verifica, persiste o negócio jurídico, por força do art. 127.

Diante do art. 128, sobrevindo o termo negativo, ou aquele cuja ocorrência leva à resolução do negócio, extingue-se o direito, mas valendo os atos realizados, desde que compatíveis com a natureza do termo. Ou seja, se for o caso, os frutos que resultaram

---

[5] *Curso de Direito Civil*, ob. cit., vol. II, pp. 99 e 100.

do negócio, que se tornaria definitivo enquanto não chegado o termo, terão valor e pertencem a quem os colheu.

Pelo art. 130, nos casos do termo suspensivo ou resolutivo, o titular do direito eventual é autorizado a praticar atos destinados a conservá-lo.

13.4. OBRIGAÇÕES MODAIS

Constituem-se das obrigações oneradas com um encargo. À pessoa impõe-se um encargo ou oneração quando beneficiada por determinada liberalidade. "Se num negócio jurídico a título gratuito há uma declaração acessória da vontade em virtude da qual a pessoa para quem se transfere um direito fica adstrita a uma determinada prestação, esta obrigação será modal", já explicava Guilherme Alves Moreira.[6] Estão essencialmente ligadas a doações.

Nas liberalidades, exige-se que o obrigado empregue todos ou parte de seus bens recebidos para determinada finalidade, especialmente de ordem social ou caritativa. Deve-se observar que a própria obrigação transforma-se em um encargo, advindo não apenas de doações, mas também de disposição de um ato de última vontade. A fim de caracterizá-la corretamente, cumpre salientar que se dirige a cumprir uma determinada finalidade indicada pelo que fez a doação ou emitiu um testamento, instituindo a obrigação. Mais claramente, tem como objeto a prática de uma ação mais a favor do disponente, ou de um terceiro, ou do próprio beneficiado. Recebe-se, geralmente, uma doação, mas com a obrigação de dar atendimento ao doador, e assim atendê-lo na necessidade, na doença, na velhice, no desemprego, na impossibilidade de executar tarefas que tragam renda.

O cumprimento do encargo é exigido pelo art. 553 do Código Civil: "O donatário é obrigado a cumprir os encargos da doação, caso forem a benefício do doador, de terceiro, ou do interesse geral. Parágrafo único. Se desta última espécie for o encargo, o Ministério Público poderá exigir sua execução, depois da morte do doador, se este não tiver feito".

Não se operando o cumprimento, assiste o direito à revogação, em vista do art. 555: "A doação pode ser revogada por ingratidão do donatário, ou por inexecução do encargo".

Já em relação às doações onerosas, enfatiza o art. 562. "A doação onerosa pode ser revogada por inexecução do encargo, se o donatário incorrer em mora. Não havendo prazo para o cumprimento, o doador poderá notificar judicialmente o donatário, assinando-lhe prazo razoável para que cumpra a obrigação assumida".

Como consequência normal da inadimplência, resulta a possibilidade da revogação da liberalidade, o que empresta ao ato benéfico um caráter oneroso, embora não essencial. Obriga-se, pois, o donatário a cumprir a obrigação instituída insitamente na benevolência, seja em relação ao doador, a um terceiro beneficiado, ou a uma entidade de caráter social ou assistencial. Mesmo assim, o modo, ou o encargo, será sempre acessório, acompanhando necessariamente atos emitidos a título gratuito. Não pode integrar como elemento de um contrato oneroso, porquanto o transformaria em comutativo e equivaleria a uma contraprestação.

As obrigações com encargos não suspendem a aquisição do direito, salvo quando expressamente imposto no negócio jurídico e vem o cumprimento do encargo na qualidade de condição suspensiva – art. 136.

---

[6] *Instituições do Direito Civil Português*, ob. cit., vol. II, p. 77.

Finalmente, se ilícito ou impossível o encargo, considera-se não escrito. Mas, se constituir como motivo determinante da obrigação, considera-se inválido o negócio, de acordo com a norma do art. 137.

13.5. OBRIGAÇÕES GENÉRICAS E ESPECÍFICAS

Como obrigações genéricas enquadram-se aquelas que envolvem coisas indicadas pelo gênero a que pertencem, e nesta ordem obriga-se alguém a entregar um determinado produto ou um tipo de mercadoria, como uma porção de certo cereal, uma quantidade de semoventes; ou obriga-se alguém a efetuar obras medidas por extensão, sem individuação. Figuram como objeto coisas, bens ou serviços fungíveis, suscetíveis de substituição por outros da mesma espécie, qualidade e quantidade.

Já nas específicas o objeto é uma coisa ou atividade determinada, com a respectiva indicação e particularização. Revela-se na obrigação de dar a coisa certa, como um veículo; ou de entregar uma área de terras devidamente caracterizada; ou de prestar um serviço único e descrito.

Marcam as genéricas a generalidade, a equivalência de umas coisas a outras, a substitutibilidade, com o que se libera o devedor da obrigação entregando não aquelas mesmas coisas recebidas antes, mas outras de idêntica natureza. Pertinente às específicas, opera-se a solução unicamente se o cumprimento envolve a coisa nomeada, a qual se destaca pela infungibilidade, como no negócio cujo objeto é um veículo particularizado, ou uma obra de arte indicada pelo nome, pelo autor e pela sua autenticidade.

No Capítulo III, restaram classificados e examinados os vários tipos de obrigações, como as principais ou acessórias, as periódicas ou instantâneas, e as positivas ou negativas. As observações então feitas revelam-se suficientes, dada a pouca importância na prática de várias das classificações decorrentes mais de estudos doutrinários.

XIV
Obrigações Solidárias

14.1. A SOLIDARIEDADE OBRIGACIONAL

Matéria das mais importantes diz com a solidariedade nas obrigações, que corresponde a um vínculo que conduz a impor o cumprimento de uma obrigação a várias pessoas. Há uma íntima ligação que une duas ou mais pessoas no atendimento de um dever. De acordo com o sentido gramatical, corresponde à coexistência ou interdependência de direitos, obrigações ou responsabilidade comuns a vários indivíduos em um mesmo ato ou fato. Forma-se uma relação de direito ou de um dever entre mais de um credor ou mais de um devedor, sendo tal relação indivisível quanto à exigibilidade do dever ou da prestabilidade do direito. Um conjunto de pessoas é chamado a atender uma obrigação, a qual pode, no entanto, ser reclamada de qualquer uma delas, na sua totalidade ou numa porção. De igual modo, havendo um crédito ou um direito em favor de vários indivíduos, a um deles, a vários ou à totalidade reconhece-se a faculdade de postular ou reclamar a sua satisfação. "Obrigações", sintetiza Demolombe, "que incluem várias pessoas, ou seja, obrigações múltiplas, nas quais aparecem vários credores ou vários devedores ao mesmo tempo".[1]

Nota-se, do exposto, que a solidariedade envolve comunhão de obrigações ou de direitos, mas reconhecendo-se a faculdade do exercício na plenitude do direito de reclamar por qualquer um dos titulares, bem como da exigibilidade da totalidade junto a apenas um dos obrigados. Dizia, com clarividência, João Franzen de Lima que "qualquer um dos vários credores terá o direito de receber o crédito integralmente; ou qualquer um dos vários devedores será obrigado ao pagamento do débito integralmente".[2]

Também de maneira bem explícita leciona Álvaro Villaça Azevedo: "Nesta classe de obrigações, concorrem vários credores, vários devedores ou vários credores e devedores, tendo cada credor o direito de exigir e cada devedor o dever de prestar, 'integralmente', as coisas, que são objeto da prestação. Existe, assim, solidariedade, quando, na mesma relação jurídica obrigacional, concorre pluralidade de credores e/ou de devedores, cada credor com direito e cada devedor obrigado à dívida toda, *in solidum*. Daí o nome: obrigação solidária".[3]

---

[1] "Les obligations (...) qui comprennent plusiers personnes, c'est-à-dire les obligations multiples, dans lesquelles figurent à la fois plusieurs créanciers ou plusieurs débiteurs" (*Cours de Code Civil*, ob. cit., 13º vol., p. 28).
[2] *Direito das Obrigações*, ob. cit., vol. II, t. 1º, p. 84.
[3] *Curso de Direito Civil – Teoria Geral das Obrigações*, 6ª ed., São Paulo, Revista dos Tribunais, 1997, p. 97.

Não resta dúvida a suma importância da solidariedade, representando elemento de grande segurança nas transações, convenções ou contratos celebrados no mundo jurídico. Há uma garantia bem maior quanto ao cumprimento das avenças e cláusulas, porquanto aos credores abre-se a faculdade de demandar qualquer um dos obrigados. Os patrimônios de todos os envolvidos ficam adstritos à garantia do cumprimento, até a sua satisfação integral. Diluem-se os riscos de inadimplência dos compromissos, o que enseja o incremento das relações econômicas.

14.2. CONCEITO E DISTINÇÕES

Pode-se partir, com as ideias acima, para uma definição de obrigação solidária como aquela modalidade em que há dois ou mais sujeitos ativos ou passivos de uma obrigação, assegurando-se a cada credor reclamar junto a cada devedor a satisfação de sua totalidade, extinguindo-se a mesma quanto aos demais devedores, desde que satisfeita por alguém. Ou é a obrigação que deve ser satisfeita na sua integralidade por qualquer um dos devedores para qualquer um dos credores. Mais preciso o conceito de Mário Júlio de Almeida Costa: "A obrigação solidária caracteriza-se por corresponder à pluralidade de sujeitos um cumprimento unitário da prestação".[4] Proveniente do termo latino *solidum*, quer significar aquela que é realizada ou cumprida na totalidade, na sua inteireza ou integralidade.

O art. 264 do Código Civil exprime a figura conceitual de maneira bem evidente: "Há solidariedade quando na mesma obrigação concorre mais de um credor, ou mais de um devedor, cada um com direito, ou obrigado à dívida toda". Daí seguir-se que, na pluralidade de credores ou de devedores, ou de uns e de outros, pela totalidade da dívida cada um dos credores ou dos devedores tem direito ou é obrigado. Trata-se, pois, da obrigação em que cada um dos credores está autorizado a exigir a prestação total. É tratado como se ele figurasse sendo o único credor. Cada um dos devedores é considerado na posição de único devedor, não se obrigando o credor a andar de um e outro devedor.

Fácil, no entanto, é a confusão com figuras próximas ou afins.

Assim quanto à "indivisibilidade", máxime porque tanto as solidárias como as indivisíveis comportam a exigibilidade da dívida toda.

Não se confundem a indivisibilidade e a solidariedade. Existem alguns pontos de semelhança, como a exigibilidade da obrigação inteira, ou não em partes, e a pluralidade de credores ou devedores. Mas ressaltam as diferenças. Enquanto na primeira, por sua índole objetiva, reclama-se toda a dívida ou a coisa inteira porque impossível a sua divisão, como num direito de passagem, ou nos direitos sobre uma joia, na segunda, a todos os credores reconhece-se o direito em razão do título da obrigação, isto é, da vontade das partes ou em virtude da lei, havendo nela uma feição subjetiva. Nas indivisíveis, impossível a divisão ou partição, porquanto redundaria em alteração da própria natureza. Já quanto às solidárias, nada impede o destaque de uma parte ou porção, mas com a faculdade de reclamar-se a totalidade.

Embora em ambas constate-se a pluralidade de credores e devedores, na solidariedade tem-se um direito em todo o crédito, ou firma-se a obrigação sobre a dívida inteira. Já na indivisibilidade, a totalidade dos credores coloca-se no papel de exigir por força da inviabilidade de partir-se a obrigação ou a coisa. Há uma impossibilidade de fracionar-se

---

[4] *Direito das Obrigações*, ob. cit., p. 433.

o objeto da prestação, consistente em uma coisa ou um fato. Depreende-se a relação imediata com o objeto da prestação que, se dividida, torna-se imprestável ou sem utilidade.

Uma outra distinção a ressaltar diz com a prestação "conjunta", que se descortina ou aparece em hipóteses quando vários indivíduos colocam-se na posição de sujeitos ativos ou sujeitos passivos, quanto a exigir um direito ou a sujeitar-se ao cumprimento. Todavia, cada titular ou obrigado reclama ou atende unicamente uma parte da prestação. Divide-se a sua totalidade proporcionalmente pelo número de reclamantes, não se admitindo que um postule mais da porção que lhe cabe. Desdobra-se a obrigação em tantas partes quantos são os sujeitos ativos. É repartida de acordo com o número de interessados. Não se admite que alguém postule mais que a porção que lhe é atribuída. Veja-se, por exemplo, no caso de dissolução de uma sociedade: o ativo e o passivo, pelo menos perante os sócios, divide-se igualmente, ou na proporção das quotas ou ações, entre os participantes. Com efeito, retira-se do art. 1.108 do Código Civil, o qual se aplica às sociedades simples, que será pago o passivo e partilhado o remanescente. Num outro exemplo, relativamente às servidões, está no art. 1.380: "O dono de uma servidão pode fazer todas as obras necessárias à sua conservação e uso, e, se a servidão pertencer a mais de um prédio, serão as despesas rateadas entre os respectivos donos". Perante os respectivos donos exige-se a porção proporcional ao prédio, sem abranger as despesas relativas a outros prédios. Finalmente, o art. 1.317: "Quando a dívida houver sido contraída por todos os condomínios, sem se discriminar a parte de cada um na obrigação, nem se estipular solidariedade, entende-se que cada qual se obrigou proporcionalmente ao seu quinhão na coisa comum". Está explícita a restrição das despesas na proporcionalidade ao quinhão. Há quem entra em sutilezas para denominar esta espécie, procurando denominá-las diferentemente, e assim chamando-as de fracionárias, como se percebe em Orlando Gomes. O sentido, entrementes, não é diferente das conjuntas: "As obrigações fracionárias ou parciais decompõem-se em tantas obrigações quantos os credores ou devedores. Do lado ativo, não formam um crédito coletivo. Constituem-se vários direitos de crédito independentes entre si sobre cada parte da prestação. Do lado passivo, coligam-se tantas obrigações distintas quantos os devedores, dividindo-se a prestação entre estes".[5]

Em síntese, neste tipo aparecem tantos créditos e débitos distintos quantos são os credores e devedores. Já na solidariedade, mesmo presente a multiplicidade de créditos, assenta-se a unidade na sua exigibilidade.

14.3. FORMALIZAÇÃO DA SOLIDARIEDADE

Não se presume a solidariedade. Deve aparecer expressa, ou constar formalmente estabelecida. Proclamava Eduardo Espínola: "A solidariedade em matéria civil, diversamente do que acontece em matéria comercial, não se presume, resulta da vontade inequívoca das partes ou da lei".[6] Não é possível pressupô-la, posto que redundaria em uma intranquilidade exacerbante nas relações sociais. De regra, a presunção é que cada um responda pelos atos que praticou, e que unicamente se permite a reparação ou a recomposição de um dano perante aquele que deu causa ao prejuízo. Por lei, todavia, ou através de convenção das partes é que se implanta a obrigatoriedade junto a mais de uma pessoa. Haverá pluralidade de credores ou devedores porque assim impõe a lei,

---

[5] *Obrigações*, ob. cit., p. 71.
[6] *Garantia e Extinção das Obrigações*, 1ª ed., Rio de Janeiro, Liv. Freitas Bastos, 1951, p. 402.

ou em razão de um ato de disposição dos envolvidos. Tal a causa, ou a determinante. Incogitável que se aceitasse a faculdade do credor em acionar mais do que aquele que praticou o ato lesivo, ou descumpriu o contrato. Leciona, sobre o assunto, Orlando Gomes: "Levando em conta o fim que se tem em vista ao ser constituída, a lei declara que a solidariedade não se presume. Para uma obrigação ser solidária, é preciso que as partes assim a definam, de modo expresso, ou que a lei como tal a qualifique. Esse princípio vem sendo repelido nas legislações modernas, dentre as quais o Código alemão, e, mais recentemente, o Código italiano.

Fontes da solidariedade são, pois, o contrato e a lei. Daí a distinção entre solidariedade contratual e solidariedade legal. Reveste esta a forma especial da responsabilidade cumulativa quando a obrigação de indenizar por ato ilícito compete a várias pessoas. Admite-se ainda que possa resultar de negócio jurídico unilateral e de declaração unilateral de vontade".[7]

A matéria não é aparentemente singela. Na prática, não se afigura difícil ver onde está a lei. Assim num acidente de trânsito, dirigindo o veículo um preposto. A responsabilidade, para a indenização, é solidária. Tanto o condutor como o proprietário podem ficar no polo passivo, e serem chamados a responder pela indenização, segundo o art. 942, parágrafo único, da lei civil, que preceitua: "São solidariamente responsáveis com os autores, os coautores e as pessoas designadas no art. 932". Este cânone discrimina, mas sem esgotar as hipóteses, situações de responsabilidade solidária, como os pais pelos atos dos filhos menores que estiverem sob sua autoridade e em sua companhia; o tutor e o curador, pelos pupilos e curatelados, que se acharem nas mesmas condições; o empregador ou comitente, por seus empregados, serviçais e prepostos, no exercício do trabalho que lhes competir, ou em razão dele; os donos de hotéis, hospedarias, casas ou estabelecimentos onde se albergue por dinheiro, mesmo para fins de educação, pelos seus hóspedes, moradores e educandos; os que gratuitamente houverem participado nos produtos do crime, até a concorrente quantia.

Situações especiais surgem, como nas obrigações familiares em que se reconhece a solidariedade, a teor da seguinte tese: "As obrigações derivadas do poder familiar, contraídas nessa condição, quando casados os titulares, classificam-se como necessárias à economia doméstica, sendo, portanto, solidárias por força de lei e inafastáveis pela vontade das partes (art. 1.644 do CC/2002)".[8]

Quanto à conta em conjunto, os saldos existentes deverão ser divididos em partes iguais aos titulares, mas permitindo-se a prova da verificação do grau de participação de cada titular nos valores, segundo o item 2 da mesma Tese: "a) É presumido, em regra, o rateio em partes iguais do numerário mantido em conta corrente conjunta solidária quando inexistente previsão legal ou contratual de responsabilidade solidária dos correntistas pelo pagamento de dívida imputada a um deles. b) Não será possível a penhora da integralidade do saldo existente em conta conjunta solidária no âmbito de execução movida por pessoa (física ou jurídica) distinta da instituição financeira mantenedora, sendo franqueada aos cotitulares e ao exequente a oportunidade de demonstrar os valores que integram o patrimônio de cada um, a fim de afastar a presunção relativa de rateio".

---

[7] *Obrigações*, ob. cit., p. 76.
[8] REsp 1.444.511/SP, 4ª Turma do STJ, j. em 11.02.2020, *DJe* de 19.05.2020, Rel. Min. Luis Felipe Salomão.

Não apenas quanto à indenização aparece a solidariedade. Há mais previsões, embora, em grande parte, tudo se resolva na indenização. No art. 680, relativamente ao mandato: "Se o mandato for outorgado por duas ou mais pessoas, e para negócio comum, cada um ficará solidariamente responsável ao mandatário por todos os compromissos e efeitos do mandato, salvo direito regressivo, pelas quantias que pagar, contra os outros mandantes". O art. 585, já em vista do comodato: "Se duas ou mais pessoas forem simultaneamente comodatárias de uma coisa, ficarão solidariamente responsáveis para com o comodante".

Em leis especiais também emana a solidariedade. Na Lei nº 8.078, de 11.09.1990 (Código de Defesa do Consumidor), exsurge a responsabilidade do fabricante, do produtor, do construtor, do importador, conforme o art. 12: "O fabricante, o produtor, o construtor, nacional ou estrangeiro, e o importador respondem, independentemente da existência de culpa, pela reparação dos danos causados aos consumidores por defeitos decorrentes de projeto, fabricação, construção, montagem, fórmulas, manipulação, apresentação ou acondicionamento de seus produtos, bem como por informações insuficientes ou inadequadas sobre sua utilização e riscos".

Dispõe, a respeito da necessidade de lei ou de contrato, o art. 265: "A solidariedade não se presume; resulta da lei ou da vontade das partes".

De sorte que há de existir uma lei, como nos exemplos acima apontados, ou uma convenção das partes, e assim exteriorizada em um contrato, ou em um ato unilateral de alguém (promessa de recompensa feita por mais de uma pessoa).

Com base em doutrina alemã puramente teórica do século XIX, para fins de concluir quando se daria a liberação dos codevedores, estabeleceu-se uma divisão das obrigações solidárias em consensuais e puramente solidárias. Aquelas compreenderiam as formadas pela vontade das partes, consideradas perfeitas, enquanto as últimas decorriam de lei, sendo tidas como imperfeitas. Nas primeiras, a lide dirigida a um só dos devedores liberava os demais; nas da segunda espécie, para tal efeito – liberação –, impunha-se a completa satisfação do crédito. Ou seja, tentou-se encontrar uma forma de definir a liberação. Entrementes, sendo este um dos pontos nodais da matéria, pode-se adiantar que a solidariedade existe enquanto não satisfeita a obrigação. Não se eximem do vínculo os devedores não acionados senão quando plenamente cumprida a obrigação.

14.4. UNIDADE E PLURALIDADE DAS OBRIGAÇÕES

Não se opera, aqui, o enfoque pelo número de sujeitos, tanto no polo ativo como no passivo. Nem propriamente pelo objeto, eis que nada impede a existência de uma obrigação, mas com dois objetos, como elaborar uma pesquisa sobre vários elementos indicados. Colocam-se em questão a unidade e a pluralidade em função do número de obrigações. Havendo somente uma, como moldar a estátua de uma personalidade, é natural que se dê a unidade. Todavia, quando engloba variedade de ações ou de atividades, e assim erguer uma estátua de uma celebridade e organizar sua exposição, tem-se a pluralidade.

Esta forma de classificação não afeta a solidariedade. Subsiste junto a todos os que se comprometeram ao cumprimento. Junto a qualquer um deles permite-se demandar a satisfação das prestações, ou o ressarcimento pela inadimplência, bem como se assegura o direito por qualquer dos credores. De igual modo, admite-se a procura da satisfação de ambas as obrigações ou de uma apenas, sendo evidente o pressuposto de inexistir indivisibilidade entre elas. Embora distintas entre si, mas firmado o concurso de devedores, contra todos assenta-se a exigibilidade.

Comum a pluralidade em contratos, que dá vazão a várias obrigações, como no de locação, em que ao locatário é afeto o pagamento dos aluguéis, reclama-se dele a conservação do prédio e proíbe-se a sublocação sem o prévio consentimento. Qualquer dos locadores legitima-se a demandar a retomada do imóvel por descumprimento de uma das obrigações, bem como se dirige a ação contra todos os locatários por infrações praticadas por um ou outro deles. Não se impõe o ingresso da ação por todos os credores, nem se requer a prática da infração conjuntamente pelos devedores. Embora os atos obrigacionais constantes do contrato devam ser observados e praticados por todos os devedores, basta que um deles cometa a infração para decorrer o direito à ação correspondente.

De sorte que cada credor pode exigir, ou o devedor é obrigado a satisfazer a totalidade do crédito, ou a coisa por inteiro, ou o conjunto das obrigações, diante da unidade do vínculo entre todas elas, sem importar quebra da solidariedade ativa (quando verificada a pluralidade de credores), e passiva (já na pluralidade de devedores).

14.5. NATUREZA JURÍDICA

Ponto que levou a muitos debates diz quanto à natureza das obrigações solidárias. No entanto, a doutrina moderna se afastou das longas discussões que atormentaram os autores alemães, franceses e italianos dos séculos XIX e XX, às vezes estéreis e sem maiores consequências práticas. Apenas de passagem merecem menção.

Sabe-se que na solidariedade forma-se uma ligação numa obrigação, de sorte a considerarem-se os credores como um só credor e os devedores como um só devedor. Tal a relação íntima existente entre os sujeitos ativos ou passivos que se situam nos polos opostos da declaração de vontades. Aliás, mais que relação íntima: uma comunhão.

A partir desta colocação, vê-se que não se trata de um liame de representação que une os credores ou devedores, como outrora se defendia. Aquele que busca o crédito sozinho não está representando os demais credores. Nem o devedor que satisfaz toda a dívida não age porque recebeu um mandato implícito dos outros. Um exige o crédito por direito próprio, isto é, porque há um sistema jurídico ou uma ordem legal que lhe permite satisfazer-se do crédito que lhe é reconhecido. E o devedor paga em vista de que ele é devedor em conjunto e sozinho. Um e outro não agem *in nomine alieno*. Tanto que o coobrigado que paga não o faz para cumprir uma incumbência subjacentemente recebida, nem procura atender um interesse dos demais partícipes. Ele atende unicamente o dever legal. Se houvesse tal interesse, nem poderia voltar-se contra os demais para forrar-se regressivamente do que entregou.

Muito menos embasa-se a justificação na fiança mútua que entrelaça os credores ou devedores. O credor busca sozinho o crédito porque aos demais garante que repassará a parte equivalente e o devedor satisfaz a totalidade da dívida em razão de que tem a garantia de ressarcir-se junto aos outros das porções que a eles caberia atender. Ora, basta observar que a fiança forma-se sempre pela vontade dos contratantes, enquanto a solidariedade advém, na maioria das vezes, da própria lei. É aquela uma obrigação acessória, acompanhando a principal, enquanto a solidariedade constitui mais uma qualidade que reveste um contrato, sendo da essência da própria obrigação principal. De notar, ainda, que na fiança permite-se invocar o benefício de ordem, assegurado pelo art. 827 do Código Civil, enquanto na solidariedade resta claro que ao credor se permite demandar qualquer dos obrigados, sem autorizar que o acionado aponte ou exija a execução, antes, de outro coobrigado.

Outras correntes propalam explicações um pouco mais convincentes, embora sem a necessária objetividade, como as que discutem se na solidariedade há apenas uma obrigação, ou um débito, com pluralidade de responsabilidades. Configuram-se tantas responsabilidades quantos são os devedores ou credores.

Não convém ir além, até porque é conveniente que o direito se apresente como expediente de solução de impasses, e não para divagações ou diletantismo. Acontece que há na solidariedade uma expansão da responsabilidade ou do dever em atender compromissos ou obrigações. Envolve uma gama de pessoas ou sujeitos passivos, assim como permite que vários indivíduos tenham a mesma qualidade em receber ou demandar o atendimento de um encargo ou compromisso. De modo que recai em uma pluralidade de indivíduos um liame que os une no dever de atender ou satisfazer o direito de outrem, e autoriza, de outra parte, que um certo número de pessoas tenha o mesmo direito em exigir o cumprimento. Mas, em ambas as situações, com a especialidade de reclamar o cumprimento junto a apenas um ou mais dos coobrigados, ou de permitir que um dos titulares do direito reclame a satisfação, para ele, por inteiro, do direito. Existe, então, uma comunhão na coobrigação e na cotitularidade. E tal se dá não em função de outras figuras ou institutos de direito, e sim por criação da lei ou estipulação das partes, mas sempre devendo existir uma relação, um ponto comum, que aproxima os indivíduos, mesmo que seja por força de pura disposição de vontade. Assim, aquele que causa um acidente por exclusiva culpa sua, sem a menor participação do proprietário do bem que utilizava no momento, chama o proprietário a responder conjuntamente somente porque a lei manda de tal maneira, como quando dois indivíduos contratam a prestação de um serviço, ambos assumem a sua execução. Subjacentemente, mesmo que nada disponham a respeito, aceitam assumir as decorrências de seus atos eventualmente imperfeitos ou defeituosos. De idêntico modo, sendo de duas pessoas o bem danificado, qualquer deles habilita-se em pleitear o ressarcimento, presumindo-se, no caso, uma autorização do outro.

Em resumo, a solidariedade é uma figura típica, própria, autônoma, criada por lei, mas decorrente do direito positivo ou da vontade das partes.

14.6. IMPORTÂNCIA DA SOLIDARIEDADE

Foi em função da responsabilidade objetiva que aumentou a importância da solidariedade. Repugna a ideia de que a vítima de injustiças ou de danos deva suportar silente e sem o devido ressarcimento os prejuízos. Procurou-se assegurar com a maior amplitude o direito à indenização, buscando, de todas as formas, chamar aqueles que, às vezes da maneira mais leve, não propriamente influíram no resultado, nem tiveram alguma participação, mas possuem alguma relação com o causador direto – relação esta puramente de subordinação.

Nesta linha está o art. 37, § 6º, da Constituição Federal: "As pessoas jurídicas de direito público e as de direito privado prestadoras de serviços públicos responderão pelos danos que seus agentes, nessa qualidade, causarem a terceiros, assegurado o direito de regresso contra o responsável nos casos de dolo ou culpa".

Nota-se uma típica configuração da solidariedade pelos danos causados por agentes da administração pública, mas fundada por atos de seus agentes, e não das coisas, segundo bem explica Hely Lopes Meirelles: "O que a Constituição distingue é o dano causado pelos 'agentes da Administração' (servidores) dos danos causados por atos de terceiros, ou por fenômenos da natureza. Observe-se que o art. 37, § 6º, só atribui responsabilidade objetiva à Administração pelos danos que seus agentes, nessa qualidade, causem a terceiros. Portanto, o legislador constituinte só cobriu o 'risco administrativo' da atuação ou inanição dos servidores públicos; não responsabilizou objetivamente a Administração por atos predatórios de terceiros, nem por fenômenos naturais que causem danos aos particulares. Para a indenização destes atos e fatos estranhos à atividade administrativa observa-se o princípio geral da culpa civil, manifestada pela imprudência, negligência ou imperícia na realização do serviço público que causou ou ensejou o dano. Daí por que a jurisprudência, mui acuradamente, tem exigido a prova da culpa da Administração nos casos de depredação por multidões (TJ-SP *RDA*, 49/198; 63/168; 211/189; 255/328; 259/148; 297/301) e de enchentes e vendavais que, superando os serviços públicos existentes, causam danos aos particulares (TJ-SP, *RT* 54/336; 275/319). Nestas hipóteses a indenização pela Fazenda Pública só é devida se se comprovar a culpa da Administração. E, na exigência do elemento subjetivo 'culpa', não há qualquer afronta ao princípio objetivo da responsabilidade 'sem culpa', estabelecido no art. 37, § 6º, da Constituição da República, porque o dispositivo constitucional só abrange a 'atuação funcional dos servidores públicos' e não os atos de terceiros e os fatos da natureza. Para situações diversas, fundamentos diversos".[9]

No direito público é igualmente dada relevância à solidariedade em relação aos direitos dos entes estatais. Nesta ordem o art. 135 do Código Tributário Nacional (Lei nº 5.172, de 25.10.1966), quando os administradores das pessoas jurídicas descumprirem a lei, e *v.g.*, não recolherem os tributos devidos: "São pessoalmente responsáveis pelos créditos correspondentes a obrigações tributárias resultantes de atos praticados com excesso de poder ou infração de lei, contrato social ou estatuto:

I – as pessoas referidas no artigo anterior;

II – os mandatários, prepostos e empregados;

III – os diretores, gerentes ou representantes de pessoas jurídicas de direito privado".

Aliás, há necessidade que haja garantia às relações contratuais que se estabelecem na vida econômica. Para dar força e seriedade aos negócios, procurou-se garantir, de todas as formas, a solvabilidade dos créditos. Justifica-se a proteção da lei, tendendo a jurisprudência e a doutrina a alastrar as situações que geram a solidariedade. Tanto que em tempos passados já observava Serpa Lopes: "Assim, a solidariedade passou a ser aplicada em casos não previstos em lei, e isto tanto no domínio contratual como no extracontratual. Estendeu-se a solidariedade ao caso do autor do delito e civilmente responsável, em relação ao terceiro responsável pela inexecução do contrato; às relações entre os arquitetos e empreiteiros; às dívidas da sociedade conjugal, sob o regime de

---

[9] *Direito Administrativo Brasileiro*, 15ª ed., São Paulo, Revista dos Tribunais, 1990, pp. 552 e 553.

separação de bens; às despesas domésticas de pessoas que vivem juntas, no caso de concubinato".[10]

Procura-se dar ao credor a garantia de que o crédito será satisfeito, como ressalta Jefferson Daibert: "Nada mais lógico e evidente do que se encontrar na solidariedade passiva uma soma bem maior de garantia para o credor único, posto que ele poderá escolher, dentre os devedores conjuntos, o que melhores condições tiver para um imediato resgate da obrigação assumida. Ora, se qualquer um dos coobrigados se torna insolvente, não corre o credor único o risco de perder seu crédito, nem que seja da quota-parte que poderia caber ao dito insolvente –, se divisível fosse a obrigação –, porque os demais, por seus patrimônios, quer individuais, quer conjuntos, continuarão respondendo integralmente pela dívida contraída. Assim, o credor, despreocupado, irá escolher um, ou alguns dos coobrigados e dele, ou deles, exigir o implemento da obrigação".[11]

14.7. CARACTERÍSTICAS DA SOLIDARIEDADE

Estudam-se as características mais no sentido de elementos que as integram. Há aspectos ou fenômenos que se verificam em todas elas.

O primeiro diz com a "multiplicidade de credores ou de devedores". É da essência da solidariedade a presença de mais de um credor, ou do sujeito ativo do direito. Não se concebe a espécie quando um único o pretendente do direito. Da mesma forma, quanto aos devedores, sendo sempre dois ou mais. No primeiro caso, apresenta-se a solidariedade ativa, enquanto na segunda tem-se a solidariedade passiva, esta bem mais ampla e verificável que aquela. Nada impede a presença concomitante de vários credores e devedores, como, *v.g.*, de depois proprietários de coisa comum, de um prédio, que acionam o engenheiro e o construtor, por vícios de construção.

Uma segunda característica ressalta, que é a "unidade de prestação", mas no sentido da exigibilidade da prestação junto a qualquer devedor, e de permitir-se a postulação por um dos vários credores. Não no sentido de prestação única, porquanto, como já observado, não há inviabilidade de configurarem-se várias obrigações, ou uma obrigação com mais de uma prestação. Ponderava Antônio Chaves: "Poderá, portanto, haver grande diversidade na composição de uma obrigação solidária: ser formada por várias obrigações puras e simples; por uma ou várias obrigações puras e simples relativas a um ou alguns dos codevedores ou um dos cocredores, e por outras condicionais, ou a prazo; por várias condicionais, sujeitas a condições diferentes, ou a diferentes datas de vencimento, ou tendo diferentes lugares de execução etc."[12]

A terceira característica é a "responsabilidade comum", ou a "corresponsabilidade" dos credores e dos devedores. No pertinente aos credores, melhor caberia o direito comum. Por esta nota, que é a marca da solidariedade, o pagamento por um dos devedores extingue a obrigação dos demais, perante o credor. Não perante aquele que pagou, eis que a este se faculta agir regressivamente contra os demais, para compensar-se das quotas que lhes cabiam. De outro lado, recebendo um dos credores o crédito, os demais não poderão reclamá-lo junto ao devedor, sem, todavia, olvidar a obrigação de repassar a quota que a eles cabe, sob pena de impulsão judicial.

---

[10] *Curso de Direito Civil*, ob. cit., vol. II, p. 124.
[11] *Das Obrigações* – Parte Geral, ob. cit., p. 158.
[12] *Tratado de Direito Civil* – Obrigações, t. 1, vol. II, ob. cit., p. 108.

14.8. RELAÇÕES NA SOLIDARIEDADE

Importante, para bem delinear a compreensão da solidariedade, salientar as relações que se desenvolvem entre os sujeitos ativos ou passivos. Há, assim, "as relações externas", que se estabelecem entre os credores e o devedor, ou entre os devedores e o credor. Consistem aquelas entre os credores e o devedor, no direito de cada credor exigir, relativamente ao devedor, a totalidade da obrigação, ou a obrigação por inteiro. Como é inerente a este instituto, não é colocado qualquer óbice para que todo o crédito seja exigido pelo seu titular junto ao devedor, e não parte dele. Já nas relativas entre os devedores e o credor, o devedor pode sofrer ação para adimplir a totalidade da obrigação, e não em uma parcela.

De outro lado, existem "as relações internas", isto é, entre os próprios credores ou devedores. Aquele que demandou o recebimento da totalidade do crédito deve transferir para os demais credores a parcela correspondente à sua quota. Do mesmo modo, ao que pagou por inteiro a dívida, faculta-se que reclame, perante os demais obrigados, a compensação da porção à parte que lhe cabia satisfazer. Não convindo voluntariamente na reposição das quotas, reconhece-se o direito de agir regressivamente ao que pagou.

De outro lado, salienta-se, ainda externamente, que o pagamento procedido por um devedor extingue completamente a obrigação perante o credor, mas persiste internamente o acerto de contas, e, daí, a dívida, entre os vários coobrigados. No caso do credor, o recebimento do crédito importa quitação automática ao devedor, mas não relativamente aos outros credores em relação ao que recebeu.

14.9. MODALIDADES

Há uma certa dificuldade na classificação das modalidades, porquanto não se costuma incluir a especificação quanto à pluralidade de sujeitos, dada a sua importância no direito, por constituir a que mais se aplica na prática. Neste ângulo, que alguns consideram espécie, a solidariedade é ativa ou passiva, conforme se localiza o sujeito no polo ativo ou passivo do direito. Estudar-se-á em capítulos à parte tal divisão.

As modalidades aqui vistas referem-se à maneira ou ao modo de se desenvolver a obrigação solidária, ou ao *modus faciendi*, ao *modus liquidandi*.

Para a discriminação, deve-se observar a redação do art. 266: "A obrigação solidária pode ser pura e simples para um dos cocredores ou codevedores, e condicional, ou a prazo, ou pagável em lugar diferente, para o outro".

Embora se contenha no dispositivo a maneira de ser, ou de se desenvolver a obrigação solidária relativamente a vários titulares no polo ativo ou passivo, deve-se esclarecer o sentido de cada forma. Nota-se que aparecem duas modalidades: a pura ou simples, e a condicional, ou a prazo, ou pagável em lugar diferente. No primeiro tipo, incluem-se aquelas que devem simplesmente ser cumpridas sem aguardar uma condição ou evento. Estabelecida a obrigação, nasce o direito em exigi-la ou a imposição em cumpri-la. Já na condicional, ou a prazo (a termo), ou pagável em lugar diferente, aguarda-se que venha o fato ou a condição determinante para o cumprimento, ou a ocorrência de determinado evento; ou espera-se que ocorra a data prevista; ou é pagável em lugar diferente daquele que normalmente deveria ser, sendo consignado onde se fará.

A nota específica do dispositivo acima está na coexistência de solidariedade pura e simples para uns dos credores ou devedores, e condicional, ou a prazo, ou pagável em lugar diferente para outros. Na mesma obrigação, se se afigurar passiva, admite-se a sua exigibilidade de pronto ou imediatamente junto a um ou alguns dos devedores, enquanto se deve aguardar uma condição, ou um prazo, ou deve proceder-se em determinado lugar, quanto aos demais, que causariam, portanto, uma suspensão da solidariedade por um período de tempo, ou até operar-se a condição, ou mesmo o deslocamento para o local indicado. Na hipótese de solidariedade ativa, possibilita o exercício do direito de um dos credores o advento da maioridade, ou da conclusão do curso universitário. No lado passivo, tornam-se responsáveis solidários alguns dos devedores com o inadimplemento da construção. Estabelece-se que o empreiteiro é o responsável, mas que, se não concluírem a obra, também o serão o mestre de obras e os próprios subempreiteiros.

Normalmente, este tipo de diferente surgimento da solidariedade decorre de convenção. Firma-se quando inicia e até onde vai a responsabilidade dos vários obrigados. Não é incomum, todavia, que advenha de lei. No lado ativo, a prescrição contra o devedor menor somente inicia com o advento da capacidade plena. Assim, unicamente depois de adquirir a maioridade é que se conta o lapso prescricional. Antes tinha a faculdade de exigir, que se prolonga, depois da maioridade, pelo lapso da prescrição.

Admissível que, no lado passivo, a solidariedade advenha de diferentes títulos. Uma pessoa é devedora porque participou do negócio. O segundo integrante já aparece em virtude da garantia do aval, fornecido em uma nota promissória. Contra este, a prescrição será de três anos, em vista da Lei Uniforme que trata da letra de câmbio e da nota promissória, adotada pelo Decreto nº 57.663, de 24.01.1966, em seu art. 70. Já ao devedor pelo contrato estende-se o prazo de vinte anos.

Colocando-se uma condição para decorrer a solidariedade, e uma vez verificada, explicitava Tito Fulgêncio que "nasce o direito do credor retroativamente, e a condição do devedor ou do credor iguala-se à dos outros corréus (arts. 118 e 120); se falha, ele será excluído de todo da obrigação solidária, reputa-se nunca ter havido obrigação relativamente a esse corréu (art. 118)".[13] Os citados arts. 118 e 120 equivalem aos arts. 125 e 129 do vigente Código Civil.

Dentro das modalidades, mas já não relativamente à maneira de ser, e sim quanto às fontes, diz-se que são consensuais ou legais as obrigações solidárias. Ou seja, podem advir unicamente de ato constitutivo das partes ou da lei. Não se admite a presunção, a exemplo do direito italiano e germânico. De modo que, se não inserida expressamente no título constitutivo, ou se não consignada na lei, não há solidariedade. De sorte que não se vá atribuir a solidariedade por dívidas de um parente, como as de um filho, chamando-se o progenitor. Nem as de um cônjuge, se ligadas à sua atividade específica, podem ser exigidas do outro cônjuge. Em vista de atos praticados por um empregado, fora de sua atividade, não é coerente exigir a reparação do empregador, como se tenta, às vezes, pelos abusos de autoridades policiais.

Já pelos atos da sociedade, não é incomum chamar a responsabilidade dos sócios. Não apenas porque a pessoa jurídica constitui uma ficção legal, mas, sobretudo, em vista da teoria do *disregard of legal entity*, longamente desenvolvida e aplicada, em que são chamados os titulares para responder aos atos prejudiciais da sociedade, com bases, no direito brasileiro atual, no art. 50 do Código Civil, direcionado à pessoa jurídica em geral, e que destaca dois campos quanto ao abuso de personalidade jurídica: o desvio da finalidade e a confusão patrimonial, em redação da Lei nº 13.874/2019: "Em caso de

---

[13] *Direito das Obrigações*, ob. cit., p. 253.

abuso da personalidade jurídica, caracterizado pelo desvio de finalidade ou pela confusão patrimonial, pode o juiz, a requerimento da parte, ou do Ministério Público quando lhe couber intervir no processo, desconsiderá-la para que os efeitos de certas e determinadas relações de obrigações sejam estendidos aos bens particulares de administradores ou de sócios da pessoa jurídica beneficiados direta ou indiretamente pelo abuso". O desvio de finalidade consiste no direcionamento da sociedade para atividades ou objeto diferentes daqueles que constas dos estatutos ou do contrato social. A confusão patrimonial se dá na transferência do patrimônio social para o nome dos administradores ou sócios. Em relação aos administradores, consoante o art. 1.016 do Código Civil, se envolvidas sociedades simples, sempre que se desvirtuarem do contrato, ou cometerem excessos, ou por culpa no desempenho de suas funções, respondem perante a sociedade e os terceiros prejudicados.

Quanto à sociedade não personalizada, há a regra do art. 990: "Todos os sócios respondem solidária e ilimitadamente pelas obrigações sociais, excluído do benefício de ordem, previsto no art. 1.024, aquele que contratou pela sociedade". No pertinente à sociedade em conta de participação, em princípio atribui-se a responsabilidade unicamente ao sócio ostensivo. Eis o parágrafo único do art. 991: "Obriga-se perante terceiro somente o sócio ostensivo; e, exclusivamente perante este, o sócio participante, nos termos do contrato social". Já na sociedade simples, a responsabilidade está mais presente. Encerra o art. 1.023: "Se os bens da sociedade não lhe cobrirem as dívidas, respondem os sócios pela sociedade, na proporção em que participem das perdas sociais, salvo cláusula de responsabilidade solidária". Mas ressalva o art. 1.024: "Os bens particulares dos sócios não podem ser executados por dívidas da sociedade, senão depois de executados os bens sociais".

XV
Solidariedade Ativa

15.1. SOLIDARIEDADE ATIVA. CARACTERIZAÇÃO E CONCEITO

De tudo quanto se viu no capítulo anterior, depreende-se que, quando na mesma ou em várias obrigações aparece mais de um credor ou mais de um devedor, e em virtude da lei ou de convenção, cada um com direito ou obrigação à dívida na sua integralidade, configura-se a solidariedade. Está presente o direito em exigir ou o dever em satisfazer o *totum et totaliter*. Comparecendo vários credores ou devedores, não há a divisão na postulação ou na satisfação de um crédito ou de um direito.

Em suma, tanto há solidariedade no lado ativo como no passivo. Na clara elucidação de Franzen de Lima, a solidariedade pode dar-se "entre os credores – caso em que toma o nome de solidariedade ativa; pode dar-se entre os devedores, tomando, aí, o nome de solidariedade passiva, e pode dar-se entre uns e outros, ao mesmo tempo, caso em que não há regras próprias, porque a este se aplicam as regras referentes aos dois primeiros, pois, como diz Giorgi, esta última solidariedade não é mais que a soma das duas outras, de maneira que, conhecidas as duas primeiras, a matéria ficará estudada por completo".[1]

Interessa, no caso, a solidariedade ativa, ou aquela em que existem vários titulares de um direito, unidos intrinsecamente por um liame que lhes assegura receber por inteiro o crédito. "O que caracteriza a solidariedade ativa", aduz Eduardo Espínola, "na relação externa, entre os credores e o devedor comum, é a unidade jurídica da obrigação, apresentando-se cada credor, em relação ao devedor, como se fosse o credor único".[2] Há os que entendem que raras são as hipóteses da presença da cotitularidade de um direito sem a divisão em quotas. Realmente, não se apresentam bastante comuns as situações, mas existem em razoável quantidade. Assim no condomínio puro, quando não há especificação de partes ou de porções no todo; nas contas em conjunto, nas quais não há limites para os saques ou não se estipulam o grau de participação; na titularidade de créditos, sem dividir a porção que cabe a cada titular; nas atividades comuns, como nas culturas agrícolas, quando todos trabalham em uma atividade. Tito Fulgêncio destacava duas hipóteses: "Duas pessoas, marido e mulher, fizeram solidariamente uma doação, e mais tarde demandaram a rescisão por inexecução dos encargos e por ingratidão. Cada um dos doadores, tornado credor (ou autor) no ponto de vista da ação revogatória, foi considerado com direito de, para o todo, pedir a revogação da doação.

---

[1] Ob. cit., vol. II, t. 1º, p. 85.
[2] *Garantia e Extinção das Obrigações*, ob. cit., pp. 404 e 405.

O mesmo dar-se-ia no caso de dois proprietários, tendo vendido solidariamente um bem indiviso, virem demandar a resolução da venda por falta de pagamento do preço".[3]

Pode-se, pois, definir a solidariedade ativa como aquela em que duas ou mais pessoas são credoras de um direito ou de uma dívida, podendo cada uma delas exigir a satisfação ou o pagamento da totalidade do direito ou da dívida. Ou a que tem o concurso de credores na mesma obrigação, com o mesmo direito de todos em receber por inteiro o crédito. Fica estabelecido que cada um dos credores tem o direito de reclamar do devedor o cumprimento da prestação por inteiro, sem destacar a parte que cabe a um ou outro credor. De sorte que o atendimento a um dos credores torna cumprida a obrigação. Tal emana do art. 267 da vigente lei civil: "Cada um dos credores solidários tem direito a exigir do devedor o cumprimento da prestação por inteiro".

Acrescentava Antunes Varela: "Por seu turno, logo que a obrigação se vença, pode o devedor comum pagar a qualquer dos credores, sem que o credor escolhido possa recusar-se a receber a prestação, alegando que ela não lhe pertence por inteiro. Esta faculdade de escolha conferida ao devedor só cessa depois de ele ter sido demandado por algum dos credores".[4]

Se o credor que recebeu entrega ou não a quota que cabe aos demais credores não interessa ao devedor. Estabelecido que ele poderá pagar a qualquer um dos credores, presume-se que se imprimiu uma comunhão íntima nos direitos, de sorte a pouco se importar se um ou outro recebe, e se aquele que recebeu entrega ou não a parte aos demais titulares. É o que se depreende do art. 269 do Código Civil: "O pagamento feito a um dos credores solidários extingue a dívida até o montante do que foi pago". De onde decorre que ao devedor assiste a escolha de qualquer um dos credores, enquanto não solicitado por um deles. Se é procurado a cumprir a obrigação, deve satisfazê-la para aquele que a busca, não podendo alegar escusas ou ausência da atuação conjunta. Nem lhe ampara postular, no caso de cobrança judicial, o litisconsórcio ativo dos credores, para assegurar-se de pretensos direitos dos que não compareceram. Se ensejasse dita medida, estar-se-ia desconfigurando o próprio instituto da solidariedade.

15.2. A NATUREZA DA SOLIDARIEDADE ATIVA

Relativamente aos demais credores, o credor que postula o recebimento do crédito é considerado como o único e absoluto credor. Não se duvida de sua titularidade e nem é questionado o direito dos demais credores, matéria alheia ao interesse do devedor. Mas qual o fundamento que justifica esta concepção, ou que leva a sequer duvidar do pagamento correto feito pelo devedor?

Por mais que tenham divagado os doutrinadores durante séculos, não trouxeram uma solução que satisfizesse a indagação. Uma das correntes mais fortes é a que se afundou na teoria da mútua representação, considerando a solidariedade ativa como um mandato recíproco dos credores entre si, os quais outorgaram uma representação para a disposição do crédito de forma ilimitada por qualquer um deles, visando, em última instância, a obtenção mais fácil do resgate.

Não justifica esta visão, porquanto, na realidade, ocorre algo mais que um simples mandato. Opera-se um verdadeiro direito de o credor receber como titular do direito. Age

---

[3] *Do Direito das Obrigações*, ob. cit., p. 258.
[4] *Direito das Obrigações*, ob. cit., vol. I, p. 314.

por si, e não por ordem dos demais cocredores. Não está atuando em nome dos outros. Não precisa receber poderes para fazer concessões. A quitação que passa não carece de vir acompanhada do instrumento de outorga de poderes. Não interessam as relações do que recebe o crédito frente aos demais credores. Sabe o devedor que, pagando a um dos credores, livra-se perante os demais. Daí, pois, considerar-se ínsito nesta espécie de solidariedade uma espécie de doação intrínseca de direitos que se fazem reciprocamente os diversos credores. Isto pelo menos perante o devedor. Não há apenas a comunhão, eis que esta pressupõe a copropriedade. A relação requer maior profundidade, que é a intrínseca relação de um acerto de mútua doação do crédito, ou de concessão de quotas ao outro cocredor.

Um dos exemplos clássicos de solidariedade ativa, que a maioria dos autores cita, está no contrato de depósito bancário em conjunto, que muitos o denominam de conta corrente conjunta. Trata-se de um contrato de depósito e movimentação, aberto em nome de dois ou mais titulares, com a cláusula que permite o levantamento ou o saque de valores por qualquer deles, no todo ou em parte. O afastamento do caráter de representação que um recebe do outro é afastado pela jurisprudência: "Prestação de contas. Devida por todos aqueles que administram ou têm, sob sua guarda, bens ou adiantamentos alheios para execução de incumbência previamente determinada ou por lei ou convenção a tanto obrigados. Conta-conjunta solidária ou indistinta, ou, ainda, do tipo e/ou, em que cada correntista integrante do exercício dos direitos emanados da relação contratual, com o Banco, não obriga à prestação de contas do sobrevivo aos herdeiros de um dos correntistas premorto. O decesso, aliás, de um dos correntistas não extingue nem interrompe a relação contratual que prossegue com o remanescente, conservando este direitos inerentes e com possibilidade de retirada de todos os fundos da conta. Descabimento da ação, por não ser o correntista supérstite, administrador, ter sob sua guarda bens ou adiantamentos do cocliente, cuja defunção ocorreu. Se inexistia pacto ou estipulação restritiva, sua disponibilidade dos fundos existentes era plena, nada podendo, em termos de pedir contas, os herdeiros ou o espólio".[5]

Ocorre que, com a copropriedade, opera-se uma mútua doação perante os terceiros, ou uma transferência recíproca de direitos entre os titulares junto a terceiros. Todos são proprietários do todo, e concomitantemente se aceita que um seja o proprietário ou o titular do todo, o que, evidentemente, deve passar pela mútua transferência de quotas a que tem direito cada um dos cotitulares. Desde o momento em que se admite esta disponibilidade do crédito, bem como o recebimento integral, é porque se reconhece um fundo de propriedade sobre o mesmo. Atua o credor na qualidade de único titular externo, embora, na relação interna, persista a restrição da titularidade de acordo com a respectiva quota, o que assegura o direito de reclamar, perante o que recebeu ou fez valer o direito, a respectiva parte, como está no art. 272: "O credor que tiver remitido a dívida ou recebido o pagamento responderá aos outros pela parte que lhes caiba".

15.3. EFEITOS

Importantes faculdades exsurgem da solidariedade ativa. Para o exercício de qualquer direito, ou para encetar as medidas que forem convenientes, não é reclamada uma ação em conjunto, e muito menos se reclama o consentimento dos demais titulares, segundo decorre dos princípios que regem a solidariedade ativa, e veio mantido no art. 267 do

---

[5] *Apelação Cível* nº 393.017.793, da 2ª Câm. Cível do Tribunal de Justiça do Rio Grande do Sul, de 08.06.1983, em *Revista de Jurisprudência do Tribunal de Justiça do Rio Grande do Sul*, 100/435.

Código de 2002. É que, lembra com agudez Mário Júlio de Almeida Costa, "os actos ou factos respeitantes a um dos credores só têm, de um modo geral, eficácia em relação a esse credor, não alargando os seus efeitos aos outros, mesmo que lhe sejam favoráveis".[6]

O primeiro efeito, como é natural, e nem careceria de ser exposto, consiste na extinção da obrigação, com o pagamento.

Mais dois outros são havidos como os principais que ressaltam da solidariedade ativa: o direito em receber por inteiro a obrigação por qualquer dos credores, e a faculdade de qualquer dos devedores em pagar ao credor que se apresentar para receber o crédito.

O primeiro está no art. 267: "Cada um dos credores solidários tem direito a exigir do devedor o cumprimento da prestação por inteiro".

O segundo vem do art. 268: "Enquanto alguns dos credores solidários não demandarem o devedor comum, a qualquer daqueles poderá este pagar".

Outras relações e faculdades são ressaltadas em discriminação feita por Orlando Gomes:

"1ª – De qualquer dos credores promover medidas assecuratórias do direito de crédito;

2ª – de constituir em mora o devedor sem o concurso dos outros;

3ª – de interromper a prescrição, prorrogando a existência da ação correspondente ao direito de crédito".[7]

Em suma, admite-se a promoção de medidas assecuratórias de direitos, preservando-os contra a ação do tempo e contra atos de terceiros.

15.4. EXTINÇÃO DA OBRIGAÇÃO

De acordo com o art. 269, "o pagamento feito a um dos credores solidários extingue a dívida até o montante do que foi pago". Cuida-se de importante norma, que revela a nota característica da solidariedade, sem a qual não teria esta qualquer importância prática, e nem subsistiria. Acrescentava Carvalho Santos: "A regra traduz um corolário natural da solidariedade. Se qualquer credor tem o direito de exigir a prestação por inteiro, o pagamento que se lhe faça, necessariamente, há de extinguir a dívida".[8]

Importante regra constava do parágrafo único do art. 900 do Código de 1916, que estende o efeito da extinção da obrigação a outras formas de saldar ou pagar: "O mesmo efeito resulta da novação, da compensação e da remissão". Não poderia ser diferente, porquanto desde que se admite a exoneração de uma dívida não apenas através do pagamento, mas também pela novação, compensação e remissão, tal se estende relativamente a estas formas de saldar as obrigações.

O Código de 2002 revelou-se omisso pela razão de que o princípio decorre naturalmente de seu art. 269.

Com a novação, substitui-se uma obrigação antiga por outra nova, contratada em substituição daquela, que vencerá em nova época.

---

[6] *Direito das Obrigações*, ob. cit., p. 444.
[7] *Obrigações*, ob. cit., 2ª ed., p. 79.
[8] Ob. cit., vol. XI, p. 205.

Pela compensação, há um encontro de contas entre débitos e créditos das mesmas partes. Imprescindível que existam os créditos e débitos, ou sejam concomitantes, já se tornando exigíveis. De sorte que, tendo o devedor um crédito perante qualquer um de seus credores, admite-se a compensação, podendo impô-la, e não importando que se oponham os demais credores.

Por último, quanto à remissão, uma vez verificado o perdão, ou mesmo outra forma de desistência, acarreta a extinção da obrigação, atingindo todos os credores. É que se ao credor assiste o direito ao recebimento da integralidade da dívida, ao mesmo reconhece-se a faculdade de remissão, a menos que concedida esta unicamente na porção atinente ao credor – art. 388, ou se for simulada ou fraudulenta, e cair em insolvência o remitente, isto é, não puder ele, posteriormente, quando acionado pelos demais credores, pagar a respectiva porção que aos mesmos couber.

15.5. FALECIMENTO DO CREDOR SOLIDÁRIO

Vindo a falecer o credor solidário, e ficando pendente o crédito de pagamento, não se operam os efeitos comuns da solidariedade referente ao seu crédito. Ou seja, os herdeiros não se revestem dos mesmos direitos assegurados ao credor originário. Não se estendem a eles as prerrogativas de receber a totalidade do crédito, de remir a dívida inteira, ou de procurar o recebimento dissociadamente dos demais credores. Tal decorrência nasce do art. 270: "Se um dos credores solidários falecer deixando herdeiros, cada um destes só terá direito a exigir e receber a quota do crédito que corresponder ao seu quinhão hereditário, salvo se a obrigação for indivisível".

Vê-se, pois, que, nesta eventualidade, cessam os efeitos próprios da solidariedade. Mais corretamente, o vínculo solidário, diante da transferência do direito aos herdeiros, perde em eficácia e extensão, na expressão de Carvalho Santos, que dá a razão: "Os herdeiros, depois de feita a partilha, têm sobre o crédito propriedade circunscrita à cota-parte que lhes toca em quinhão, não podendo, em absoluto, qualquer deles ser considerado sujeito ativo do crédito inteiro, tal como o era seu pai...

Ora, se o herdeiro não pode ser considerado titular do crédito inteiro de seu pai, com muito maior razão não o poderá ser do crédito total, de modo a poder exigir do devedor a prestação por inteiro, uma vez que este direito a lei só confere ao credor solidário, vale dizer, diante do devedor, é tido como credor do todo, podendo-lhe exigir o cumprimento integral da prestação".[9]

A questão, porém, não para aí. Embora a morte do credor, não cessa a solidariedade. Persiste ela, no seu todo. Transmite-se o direito que tinha o credor, em sua integralidade, para a herança. A herança, pois, tem legitimidade para exigir a totalidade do crédito. Desde, porém, que a postule a herança, ou todos os herdeiros em conjunto, ou o herdeiro único, se apenas um existir. Do art. 270 desponta que, havendo herdeiros, cada um arvora-se no direito de receber apenas a quota do crédito que corresponder ao seu quinhão. Não se estende a restrição se a herança é a postulante, ou se houver um único herdeiro, o que se identifica com a herança única.

Tendo o credor o direito de receber a totalidade, ou de dar quitação, ou de remir, ou de compensar, e outros direitos, a transmissão dá-se na mesma dimensão, na mesma

---

[9] Ob. cit., vol. XI, p. 211.

qualidade e idêntico volume. Analisava Tito Fulgêncio, valendo lembrar que coincidem os arts. 270 do vigente Código e 901 do Código de 1916: "Quer isso dizer que a morte de um credor não rompe a solidariedade ativa, mas apenas o vínculo solidário, passando a herdeiros, perde em eficácia a extensão: toda a obrigação solidária, tal como a possuía o defunto, passa aos herdeiros em conjunto, ou ao herdeiro único: não assim e só *pro parte* quando 'separadamente' tomados".[10]

A morte do credor não rompe o vínculo solidário, que se extingue com a partilha. Aí unicamente a quota que cabia ao credor transmite-se. E a cada herdeiro do credor assiste o direito de receber a quota-parte da quota do credor originário.

Tanto é assim que Tito Fulgêncio dava o seguinte exemplo: "'D' é devedor a 'C', 'C1' e 'C2', credores solidários, da quantia de 15.000, e 'C' premorre, deixando dois herdeiros 'H' e 'H1'.

'H' e 'H1', unidamente, conjuntamente, podem exigir e receber de 'D' o pagamento do inteiro crédito solidário – 15.000; se 'H' ou 'H1' quisesse agir separadamente, não poderia exigir e receber de 'D' senão a quota correspondente a seu quinhão hereditário – 2.500".[11]

Lembra-se que se ao herdeiro do credor circunscreve-se o direito ao recebimento da quota-parte a que tem direito, responderá o devedor, junto aos demais credores, pelo valor excedente à quota-parte que tocava ao herdeiro. Não lhe é permitido ignorar a lei, e muito menos tolera-se a falta de exame dos requisitos de quem se apresentou para receber.

Sendo indivisível a obrigação, mesmo que haja a transmissão do crédito, cada herdeiro legitima-se a reclamar a totalidade do crédito, como excepciona o art. 270. Ocorre que, na hipótese, torna-se impossível a divisão, assim no caso de servidão, de fazer uma obra de arte, de entregar uma joia.

15.6. CONVERSÃO DA PRESTAÇÃO SOLIDÁRIA EM PERDAS E DANOS

Há obrigações que não são cumpridas, e nem é possível exigir o cumprimento na modalidade estabelecida, ou *in natura*. Dir-se-ia que são infungíveis, não substituíveis por outras. Ou simplesmente nega-se o devedor ao atendimento. Tais consistem na obrigação de fazer uma estátua, de construir uma obra, de erguer um muro, de moldar um quadro, de fornecer uma joia, de confeccionar um vestido, e assim inúmeros outros casos.

Naturalmente, em situações tais a única solução reside em converter a obrigação nas perdas e danos, ou no montante econômico a que equivala, o que se procede normalmente em liquidação de sentença. Chegando-se à apuração do montante, nem aí cessa a solidariedade, remanescendo todos os efeitos ou privilégios e qualidades derivados. De modo que a qualquer um dos credores permite-se o exercício em exigir o valor correspondente ao total da obrigação, restando o devedor quitado uma vez que a satisfizer o pagamento.

Conclusões que se extraem do art. 271: "Convertendo-se a prestação em perdas e danos, subsiste, para todos os efeitos, a solidariedade".

Nada mais normal, eis que perdura nas conversões que surgirem o caráter ou a natureza da solidariedade, com a faculdade de qualquer dos credores em cobrar as correspondentes perdas e danos, incidindo, desde a constituição da mora, não apenas os juros correspondentes, como previa restritamente o art. 902 do Código anterior, mas quaisquer

---

[10] *Direito das Obrigações*, ob. cit., p. 283.
[11] *Ibidem*, pp. 282 e 283.

outras cominações, como os lucros cessantes, ou as perdas e danos e a pena pecuniária. Mesmo que formada a mora por um dos credores, os efeitos se estendem a todos eles, incidindo sobre a totalidade do valor da obrigação.

15.7. RESPONSABILIDADE DO CREDOR QUE RECEBEU O PAGAMENTO OU REMIU A DÍVIDA

Muitas restrições têm sido colocadas à responsabilidade ativa, pelos problemas que apresenta quando um dos credores recebe o crédito, com o grave risco de entrar em insolvência, e não entregar a quota correspondente aos outros credores. Observa Álvaro Villaça Azevedo: "Realmente, fica insegura a posição dos credores, pois, um recebendo, os outros ficam sem garantias quanto à percepção de suas cotas; também porque, se um dos credores solidários iniciar demanda contra o devedor, este, que antes poderia pagar qualquer desses credores, com extinção da obrigação, deverá pagar, tão somente, ao credor promovente do processo, segundo se depreende do art. 890, que alterou a regra contida no antecedente".[12]

Há efetivamente uma insegurança aos credores solidários, dada a viabilidade de desonestidade do que recebeu. Uma grande confiança deve dominar os sócios de um empreendimento, ou de um crédito, para ensejar a outorga da recíproca autorização de recebimento do crédito.

Em princípio, no entanto, assiste o direito de cobrar daquele que recebeu, se espontaneamente não faz a divisão do valor.

Contempla o art. 272: "O credor que tiver remitido a dívida ou recebido o pagamento responderá aos outros pela parte que lhes caiba".

É indiferente ao devedor a correta divisão do produto entre os credores. O pagamento que ele fez é considerado válido, independente da conduta daquele que recebeu.

Quanto à remissão, sabe-se que a mesma extingue a dívida, liberando o devedor de qualquer outro pagamento. Todavia, a menos que a todos tenha favorecido o ato liberatório, não se afigura justo que o mesmo prejudique os demais credores. Em princípio, pois, o remitente deve responder junto aos outros credores.

Essa obrigação de responder não se restringe às hipóteses assinaladas no dispositivo – remissão e pagamento. Ocorre em outras situações de negociações ou transações, e assim com a novação, considerada a conversão de uma dívida em outra, com a extinção da primeira; e na compensação – extinção de obrigações entre pessoas que se apresentam devedoras uma da outra, até a concorrência dos respectivos valores.

Se prejuízos advierem aos demais credores, fica garantido o direito à ação reversiva.

Acontece que o resgate de um crédito por um titular de direito revela-se como um resgate por conta e benefício comum. Jamais se tolera que o direito é todo seu porque executou antes, ou se adiantou aos demais credores.

15.8. EXCEÇÕES PESSOAIS DO DEVEDOR

As exceções pessoais que o devedor tiver com um dos credores não se estendem aos demais credores. Mesmo que um dos credores tenha uma obrigação pessoal para com o

---

[12] *Teoria Geral das Obrigações*, ob. cit., pp. 99 e 100.

devedor, ou que este possua um crédito, não cabe a suscitação para abater ou compensar a sua dívida. Extrai-se esse princípio do art. 273. Eis o texto: "A um dos credores solidários não pode o devedor opor as exceções pessoais oponíveis aos outros".

Assim, as questões situadas no restrito campo do relacionamento pessoal não alcançam os outros credores. No entanto, se existe solidariedade ativa, ou se qualquer um dos credores está habilitado a receber o crédito, obviamente que ao devedor se reconhece a garantia de alegar aquelas defesas relativas à obrigação, quanto à sua invalidade, ao seu montante, ou ao pagamento parcial.

Todavia, se um dos credores move a ação própria, para a satisfação de seu crédito, e vindo alegada alguma defesa ou exceção pessoal, como a compensação, ou a ilegitimidade do credor para receber o crédito, a decisão favorável ao devedor não atinge os demais credores, que estão habilitados a promover o cumprimento da obrigação. O julgamento contrário, porém, ao credor, contra o devedor, não aproveita aos demais credores. O julgamento favorável, porém, aproveita aos demais credores, a menos que se funde em exceção pessoal própria que o devedor se revestir do direito de invocar relativamente a qualquer credor. Tais os conteúdos que se retiram do art. 274 do Código Civil, em redação da Lei 13.105/2015 (lei que introduziu o atual Código de Processo Civil): "O julgamento contrário a um dos credores solidários não atinge os demais, mas o julgamento favorável aproveita-lhes, sem prejuízo de exceção pessoal que o devedor tenha direito de invocar em relação a qualquer deles".

XVI
Solidariedade Passiva

16.1. CARACTERIZAÇÃO E FUNDAMENTOS

De máxima importância a solidariedade passiva, e de maior incidência que a ativa, já que grandemente disseminada em inúmeras leis, com frequência contratada pelas partes, e imposta amiúde na aplicação concreta do direito. A fonte por excelência, no entanto, está no Código Civil, que discrimina várias hipóteses de admissibilidade.

Apenas para salientar alguns casos de seu reconhecimento, apontam-se dispositivos em que está presente. No art. 585 do Código Civil, em comodato: "Se duas ou mais pessoas forem simultaneamente comodatárias de uma coisa, ficarão solidariamente responsáveis para com o comodante". No art. 639, no depósito: "Sendo dois ou mais depositantes, e divisível a coisa, a cada um só entregará o depositário a respectiva parte, salvo se houver entre eles solidariedade". No art. 680, no mandato: "Se o mandato for outorgado por duas ou mais pessoas, e para negócio comum, cada uma ficará solidariamente responsável ao mandatário por todos os compromissos e efeitos do mandato, salvo direito regressivo, pelas quantias que pagar, contra os outros mandantes". E assim em grande quantidade de situações, sobressaindo as que cuidam da reparação ou ressarcimento de danos provocados nas ofensas a direito de outrem, arts. 932, 942 e 951.

Elenca mais situações Eduardo M. G. de Lyra Junior, em trabalho intitulado 'Notas sobre a solidariedade passiva no Novo Código Civil', publicado na *Revista de Direito Privado*, nº 13 (São Paulo, Revista dos Tribunais, jan.-mar. 2003, p. 38): "Havendo simultaneamente mais de um testamenteiro, que tenha aceitado o cargo, poderá cada qual exercê-lo, em falta dos outros; mas todos ficam solidariamente obrigados a dar conta dos bens que lhe forem confiados (art. 1.986); a distribuição de lucros ilícitos ou fictícios acarreta responsabilidade solidária dos administradores que a realizarem e dos sócios que os receberem, conhecendo ou devendo conhecer-lhes a ilegitimidade (art. 1.009; se a coação exercida por terceiro for previamente conhecida da parte a quem aproveite, ou devesse esta ter conhecimento daquela, responderá solidariamente com aquele por todas as perdas e danos (art. 154); se o gestor se fizer substituir por outrem, responderá pelas faltas do substituto, ainda que seja pessoa idônea, sem prejuízo da ação que a ele, ou ao dono do negócio, contra ele possa caber. Havendo mais de um gestor, será solidária a sua responsabilidade (art. 1.337, parágrafo único)".

Em diplomas especiais, apontam-se, exemplificativamente, a Lei nº 8.078, de 1990, arts. 18 e 19, quanto à responsabilidade dos fornecedores de produtos de consumo duráveis, pelos vícios de qualidade e quantidade, entendendo-se como fornecedores tanto os fabricantes como os comerciantes; e art. 32, relativamente aos fabricantes e importadores, em assegurar a oferta de componentes e peças de reposição. Já a Lei nº 4.591, de 1964, em vários dispositivos prevê a solidariedade, como no art. 30, relativamente ao incorporador e ao proprietário do terreno, sempre que iniciadas as alienações de quotas antes da conclusão das obras. Por sua vez, a Lei nº 6.766, de 1979, no art. 47, estende a solidariedade aos integrantes de grupos econômicos ou financeiros, se o loteador inadimplente integrar tais grupos. A Lei nº 8.245, de 1991, no art. 2º, encerra tal instituto: "Havendo mais de um locador, ou mais de um locatário, entende-se que são solidários, se o contrário não se estipulou".

Em convenções particulares, nasce a solidariedade quando são colocadas várias pessoas como obrigadas. Assim num mútuo, assinando dois ou mais devedores, sem limitação quanto à exigibilidade da dívida; na construção de um edifício, com um agente financeiro na qualidade de administrador e um construtor; na apresentação de um espetáculo teatral, onde figuram como responsáveis o agente organizador e os artistas. Acrescenta Eduardo M. G. de Lyra Junior, em trabalho acima citado (p. 36): "Para a instituição da solidariedade pelos figurantes do negócio jurídico, não é necessária a utilização de palavras sacramentais. O aparecimento no texto do negócio jurídico, de termos como 'solidariedade' ou 'solidário', não se faz, portanto, obrigatório.

Basta que as partes utilizem expressões que indiquem claramente a intenção de estabelecer a solidariedade, tais como 'todos por um', 'um por todos', 'um pelos outros', ou outras semelhantes, ou, ainda, reste evidenciada a vontade dos contratantes de obter os resultados econômicos que lhe são ínsitos".

Por aplicação do direito, máxime através da construção jurisprudencial, aparecem hipóteses. No arrendamento mercantil, quando se firma a responsabilidade do arrendante e do arrendatário pelos danos causados por um veículo arrendado, frente a um terceiro; nas dívidas por pessoas que vivem em união conjugal de fato, pelas obrigações contraídas junto a fornecedores; nas sociedades econômicas de fato, diante dos compromissos não solvidos em prol da mesma; nos danos causados à saúde, por deficiência de tratamento por médicos e hospitais; nos danos provocados por veículos, chamando-se para indenizar o condutor e o proprietário; na prestação de serviços, relativamente ao que executa a atividade e à empresa encarregada.

A título de exemplos, apontam-se dois antigos julgamentos:

"Responsabilidade solidária. Empresa vendedora de pacote turístico é, *latu sensu*, prestadora de todos os serviços turísticos que integram o pacote, independentemente da responsabilidade final ou intermediária ser de outras empresas. Princípio da responsabilidade solidária entre todos os autores da ofensa, erigido como direito básico do consumidor pelo art. 7º, parágrafo único, do CDC".[1]

"Engenheiro civil. Responsabilidade por má execução da obra. Denunciação da lide. Cabível. Cabe a denunciação da lide ao engenheiro responsável pela execução da obra em demanda indenizatória movida pelo mutuário contra o agente financeiro e a seguradora pela má qualidade dos materiais empregados. Possibilidade da denunciação pela seguradora, sub-rogada nos direitos e ações do proprietário, contra o engenheiro-construtor, solidariamente responsável com a empreiteira pelos materiais de baixa qualidade empregados na obra".[2]

---

[1] *Julgados do Tribunal de Alçada do Rio Grande do Sul*, 97/276, Apel. Cível nº 195.151.303, de 09.11.1995.
[2] *Julgados do Tribunal de Alçada do Rio Grande do Sul*, 91/366, Embargos Infringentes nº 193.092.046, de 20.05.1994.

Com tais exemplificações, pode-se ver na solidariedade passiva a exigência de se impor o cumprimento de uma obrigação, no seu todo ou em parte, junto a um dos vários indivíduos que a assumiram. Há vários obrigados, podendo o credor optar perante qual deles fará valer seu direito. Bem compreensível o sentido na colocação de Orlando Gomes: "Apesar de sua aparente complexidade, o mecanismo das obrigações solidárias passivas é simples. Mais de um devedor concorre na mesma obrigação, cada um adstrito ao pagamento de toda a dívida. Diz-se que são coobrigados".[3] A característica está na possibilidade de reclamar a satisfação de qualquer dos que assumiram o dever, ou "o fato de se considerar cada um dos devedores como devedor da obrigação inteira".[4] Se um paga em parte, o restante busca-se junto aos demais, ou perante qualquer um deles. Fica na vontade do credor a escolha de acionar todos ou um apenas dos obrigados. Não se conclua que a eleição de certo devedor libera os demais. Até o implemento total do crédito, persiste o direito em buscá-lo junto aos que revelam capacidade econômica para satisfazê-lo, segundo a norma do art. 275 do Código Civil: "O credor tem direito a exigir e receber de um ou de alguns dos devedores, parcial ou totalmente, a dívida comum; se o pagamento tiver sido parcial, todos os demais devedores continuam obrigados solidariamente pelo resto".

Diante de tais colocações, é apropriada a seguinte conceituação da solidariedade passiva, trazida por Sílvio de Salvo Venosa, em *Direito Civil – Teoria Geral das Obrigações e Teoria Geral dos Contratos* (3ª ed., São Paulo, Atlas, 2003, vol. 2, p. 138): "Solidariedade passiva é, como vimos, aquela que obriga todos os devedores ao pagamento total da dívida. É muito grande sua importância na vida negocial porque, como já acenado, se trata de meio muito eficiente de garantia, de reforço do vínculo, facilitando o adimplemento. Para que o credor fique insatisfeito é necessário que todos os devedores fiquem insolventes, uma vez que presente a solidariedade, fica facilitada a conduta do credor. Sua aplicação, portanto, é infinitamente maior do que a solidariedade ativa".

Sem dúvida, está no instituto uma segurança para o credor. Há um fator que empresta seriedade às obrigações, o que dá realce e importância ao instituto, dinamizando e desenvolvendo as relações econômicas e comerciais. Nesse ditame reside o fundamento básico que torna indispensável a solidariedade, facilitando o resgate do crédito, e não determinando que a parte demande coletiva ou conjuntamente os devedores – situação que complicaria ou dificultaria o exercício para haver a satisfação do direito.

16.2. RELAÇÕES EXTERNAS E INTERNAS NA SOLIDARIEDADE PASSIVA

Como já referido, ao credor assiste a prerrogativa de reclamar e receber junto a qualquer dos devedores, ou junto a todos eles, ou de alguns apenas, a dívida comum, apoiado na regra do parágrafo único do art. 275: "Não importará renúncia da solidariedade a propositura de ação pelo credor contra um ou alguns dos devedores". Persiste o direito até o implemento total do crédito, com a possibilidade de variar de sujeitos passivos, de modo a não se liberar os que foram deixados de lado senão quando implementada totalmente a dívida. Existe, aí, a relação "externa", pela qual não se permite ao devedor demandado insubordinar-se à ação do credor, e pretender que procure proporcionalmente o crédito perante os demais. Ensina Karl Larenz: "Los deudores solidarios, en tanto no

---

[3] *Obrigações*, 2ª ed., p. 81.
[4] Eduardo Espínola, *Garantia e Extinção das Obrigações*, ob. cit., p. 417.

sea satisfecho el interés del acreedor en la prestación, están obligados cada uno por la totalidad de aquélla; el acreedor puede a su arbitrio exigir la prestación en todo o en parte a cualquiera de los deudores".[5]

Esta relação externa também compreende o direito de cada devedor pagar, como anotava Maria Helena Diniz, sob a égide do Código de 1916, mas ressaltando-se que o conteúdo do atual Código equivale ao do anterior: "O credor poderá escolher qualquer devedor para cumprir a prestação, mas os devedores também terão a liberdade de cumpri-la, tão logo o crédito vença, independentemente da vontade do credor, desde que satisfaçam integralmente a prestação".[6]

Todavia, sobressai a relação "interna", pela qual ao devedor que paga resguarda-se o direito regressivo contra os que ficaram na cômoda situação de nada atender, ou se mantiveram omissos. Garante-se o direito de procurar, junto aos demais, a parte que lhe corresponde na obrigação. Divide-se a obrigação, em seu montante, proporcionalmente ao número de coobrigados, isto é, de modo igualitário, de sorte que um não arque com encargo maior que outro, arrematando Orosimbo Nonato: "Havendo pagado mais do que, em face dos codevedores, realmente devia, cabelhe receber o excesso; pois, com respeito aos codevedores, ocorre pluralidade de vínculos, dividindo-se o débito em partes, presumivelmente, iguais".[7] De outro lado, se eventualmente um dos codevedores revela-se insolvente, cabe descontar nos demais a quota respectiva. Todos suportarão equivalentemente o desfalque. Sub-roga-se aquele que foi acionado e pagou em porções proporcionais ao número de obrigados com capacidade de reembolsar. No entanto, vindo a adquirir capacidade econômica, tal devedor se sujeita a responder pela parte que os demais pagaram por ele.

Nesta linha a rígida disciplina do Código Civil, no art. 283: "O devedor que satisfez a dívida por inteiro tem direito a exigir de cada um dos codevedores a sua quota, dividindo-se igualmente por todos a do insolvente, se o houver, presumindo-se iguais, no débito, as partes de todos os codevedores".

Procede-se ao rateio mesmo entre aqueles devedores que tiveram a quota renunciada ou perdoada pelo credor na forma do art. 282 e seu parágrafo único, segundo garante o art. 284: "No caso de rateio entre os codevedores, contribuirão também os exonerados da solidariedade pelo credor, pela parte que na obrigação incumbia ao insolvente".

16.3. NATUREZA DA SOLIDARIEDADE PASSIVA

É evidente que somente com a pluralidade de sujeitos obrigados apresenta-se a solidariedade passiva, que tem em vista sempre a unidade da prestação, mas diante também de uma pluralidade de devedores. Unidade no sentido da faculdade de ser exigida integralmente de apenas um dos comprometidos. É que, entre os devedores, há um vínculo que obriga cada um deles a cumprir totalmente a dívida. Todavia, como se justifica a possibilidade de se reclamar de apenas um a obrigação que é de várias pessoas? Já foram apontadas as fontes da solidariedade, despontando em importância a lei e a vontade das partes. O problema está em dar o fundamento para obrigar apenas um dos vários compromissados, justamente, às vezes, aquele que nada recebeu, e que somente empres-

---

[5] *Derecho de Obligaciones*, t. I, p. 502.
[6] *Curso de Obrigações* – Teoria Geral das Obrigações, ob. cit., 2º vol., p. 165.
[7] *Curso de Obrigações*, ob. cit., vol. II, p. 249.

tou a sua garantia. Efetivamente, nem sempre importa terem todos os sujeitos passivos usufruído de vantagens. Mesmo assim, aquele que nenhuma vantagem obteve vem a ser chamado para responder pela obrigação. Tal acontece porque a lei ordenou. E se a lei assim dispôs, é porque presume alguma responsabilidade, até indireta, no desencadear do fato determinante da responsabilidade. Não se admite a solidariedade sem algum motivo, ou sem uma razão plausível, exceto, é evidente, que de tal maneira tenham decidido os agentes que se encontram no lado passivo. No entanto, quando a lei e mesmo a construção jurisprudencial consagram a solidariedade passiva, tal não ocorre sem motivo. Alguma participação, mesmo que tênue e indireta, tiveram todos os sujeitos passivos, ou em vista de concordância com o ato, ou porque proprietário do bem, ou por causa de um mínimo de participação ou interferência.

A culpa constitui o elemento que mais enseja o reconhecimento da solidariedade. O dono do bem causador do dano, enquanto se encontrava no poder de outrem, é chamado a responder porque talvez lhe tenha faltado precaução na entrega, ou na confiabilidade daquele que usou o bem. Há, porém, suportes puramente objetivos para admitir-se a solidariedade passiva. Nesta ordem, a queda de um objeto por negligência de quem tinha a guarda. A construção pretoriana vê, aí, a responsabilidade por fato da coisa, chamando para a indenização o guarda da mesma e seu dono, o que se revela plenamente justificável, posto que respondem os proprietários dos bens pelos danos que os mesmos causam.

De modo que, quando estabelecida por lei ou firmada pela casuística da vida, algum entrelaçamento de causa e efeito existe na conduta de todos os responsáveis. Não introduziu a lei a solidariedade sem uma motivação, ou totalmente abstrata da conduta dos sujeitos passivos. Se os progenitores são chamados a responder pelos atos dos filhos, é porque em alguma coisa falharam na educação. A irresponsabilidade dos mesmos encontra fulcro na falta de atenção ou na omissão dos pais ou responsáveis. Vindo o hospital responsabilizado pela morte de um paciente em virtude do deficiente atendimento de um médico de seu quadro, tal acontece porque se comportou negligentemente na aceitação de médico ineficiente. Numa construção de prédio, se competia ao financiador a fiscalização, pelos defeitos responde ele também, como enseja a jurisprudência: "O negócio através do qual alguém adquire a casa própria, no âmbito do Sistema Financeiro da Habitação, é um contrato misto, combinando elementos de vários tipos de contrato e, em virtude dele, o agente financeiro responderá perante o adquirente, solidariamente com a construtora (CC, art. 896), que, dolosamente, cumpre de forma incompleta sua prestação. Segue-se, na fundamentação, que, se os agentes financeiros somente poderão operar em financiamento, construção, venda ou aquisição de habitações, de modo algum arreda sua eventual responsabilidade, decorrente do contrato e do processo tendente àquelas operações. Ao contrário, ela exsurge clara, seja do poder de fiscalizar a obra, ou de vistoriá-la quando pronta, o que abrange a qualidade da edificação. É claro que a pessoa jurídica dispõe, para tal arte, de engenheiros especializados, consoante o estatuto desta profissão (Lei nº 5.194/66)".[8] O art. 896 referido corresponde ao art. 265 do CC/2002.

Em suma, não há solidariedade sem um fundamento, ou uma razão ínsita e subjacente. De modo que a natureza que justifica obrigar qualquer um dos que se encontram no lado passivo pode estar na propriedade do bem que desencadeou o evento indenizável, ou na conduta displicente da administração, ou no compromisso de conseguir algum

---

[8] *Embargos Infringentes* nº 597.043.356, do 3º Grupo de Câmaras Cíveis do Tribunal de Justiça do Rio Grande do Sul, de 05.09.1997, rel. o Des. Araken de Assis, em *COAD – Direito Imobiliário*, Acórdãos Selecionados, pp. 47-48, mar.-abr. 1998.

resultado prometido, e assim uma série de fatos que, mesmo indiretamente, levaram ao evento determinante da responsabilidade. Em suma, sempre existe uma causa, por mais remota que seja, que levou ao fato autorizador da indenização.

16.4. ELEMENTOS DA SOLIDARIEDADE PASSIVA

Três são os elementos exigidos para ensejar a solidariedade: a unidade de prestação, a multiplicidade de devedores e a disposição da vontade ou a imposição da lei.

Quanto ao primeiro, todos os devedores têm à frente uma única prestação, ou a mesma prestação. Não existem várias prestações, uma para cada devedor, estabelecidas no mesmo contrato ou ato, impondo-se o cumprimento isolado pelo devedor a quem se atribui cada uma, ou parte de uma ao devedor "a" e o restante ao devedor "b", taxando a responsabilidade, admissível restritamente na fiança – art. 830. Incogitável, pois, que, num depósito, se firme o vínculo a um devedor unicamente se há culpa de seu lado, e ao segundo caso proceda com dolo. Não significa a impossibilidade de se estabelecerem várias obrigações. Comum que venha um feixe de encargos ou deveres, mas sem individualizá-las, ou ligar cada uma para um devedor respectivo. Desde que a todos se atribui o cumprimento conjunto e indistinto, não desaparece a unidade, posto que possível a exigibilidade de todas perante um apenas dos encarregados.

O segundo elemento – multiplicidade de devedores – revela a impossibilidade de se estabelecer a solidariedade com apenas um devedor. Para permitir a opção de se eleger um dentre os vários obrigados, e assim ter maior garantia no cumprimento da dívida, é primário que venham vários sujeitos passivos, mas todos na mesma posição, isto é, todos devedores principais, e não em escala, ou numa ordem decrescente, dentro de uma hierarquia ou classificação. Não é possível estabelecer, assim, algo semelhante ao benefício de ordem, acolhido na fiança – art. 827.

Finalmente, quanto ao elemento embasador – vontade das partes ou imposição da lei –, a matéria já restou sobejamente analisada no item 1 deste Capítulo, observando que não pode alguém simplesmente colocar no polo passivo várias pessoas que as entende obrigadas a satisfazer-lhe um crédito, ou a pagar uma indenização, se não amparado por lei, ou se não verificada uma disposição legal.

Na imposição da lei, vem expressa a solidariedade, citando-se como exemplo clássico o Tema 1.204, do STJ, que estende a responsabilidade a vários sujeitos passivos: "As obrigações ambientais possuem natureza 'propter rem', sendo possível exigi-las, à escolha do credor, do proprietário ou possuidor atual, de qualquer dos anteriores, ou de ambos, ficando isento de responsabilidade o alienante cujo direito real tenha cessado antes da causação do dano, desde que para ele não tenha concorrido, direta ou indiretamente".[9]

Em trechos da ementa do acórdão que ensejou a tese, que se transcreve, indicam-se as disposições legais prevendo a responsabilidade solidária:

"Atualmente, o art. 2º, § 2º, da Lei nº 12.651/2012 expressamente atribui caráter ambulatorial à obrigação ambiental, ao dispor que 'as obrigações previstas nesta Lei têm natureza real e são transmitidas ao sucessor, de qualquer natureza, no caso de transferência de domínio ou posse do imóvel rural'. Tal norma, somada ao art. 14, § 1º,

---

[9] REsp 1.953.359/SP, da 1ª Seção, j. em 13.09.2023, *DJe* de 26.09.2023, Rel. Min. Assusete Magalhães.

da Lei nº 6.938/1981 – que estabelece a responsabilidade ambiental objetiva –, alicerça o entendimento de que 'a responsabilidade pela recomposição ambiental é objetiva e *propter rem*, atingindo o proprietário do bem, independentemente de ter sido ele o causador do dano'" (STJ, AgInt no REsp 1.856.089/MG, 1ª Turma, *DJe* de 25.06.2020, Rel. Min. Sérgio Kukina).

De outro lado, o anterior titular de direito real, que causou o dano, também se sujeita à obrigação ambiental, porque ela, além de ensejar responsabilidade civil, ostenta a marca da solidariedade, à luz dos arts. 3º, IV, e 14, § 1º, da Lei nº 6.938/1981, permitindo ao demandante, à sua escolha, dirigir sua pretensão contra o antigo proprietário ou possuidor, contra os atuais ou contra ambos.

No pertinente à fixação por ato de vontade, muitos costumam ver uma forma de configuração no testamento, quando o testador determina a várias pessoas o pagamento de um legado, ou dispõe, obriga, em testamento, os legatários a cumprirem ordens suas. No caso, o ato de vontade é unilateral. Inexistiu a manifestação da vontade dos beneficiados. Não concordando com o encargo, ficarão sem o legado, o que permite concluir a inexistência de solidariedade em hipótese tal.

16.5. SOLIDARIEDADE E FIANÇA

Aparentemente, parece confundir-se a solidariedade com a fiança. Distintas, no entanto, as figuras, embora vizinhas e, em ambas, seja possível reclamar a satisfação da dívida do devedor afiançado ou do fiador. Tito Fulgêncio esclareceu a distinção: "Não se confundem, porque a fiança é de sua natureza um contrato acessório, donde a diversidade dos efeitos; ainda sendo solidário com o devedor principal (arts. 1.492 e 1.493), o fiador ficará desobrigado, em se verificando os casos de extinção peculiares da fiança (arts. 1.503 e 1.504, com referência ao art. 1.491)".[10] Os artigos citados – 1.492 e 1.493 – correspondem aos arts. 828 e 829 do vigente Código Civil, enquanto os arts. 1.503 e 1.504 equivalem aos arts. 838 e 839 do atual diploma civil.

De outro lado, na fiança o fiador solve a obrigação do afiançado, ou do devedor, e não a sua. Já na solidariedade, é satisfeita a dívida de quem solve a obrigação da dívida ou de seus coobrigados.

A maior distinção está nas decorrências de um e outro instituto. O fiador pode invocar o benefício de ordem, ou postular que, antes de seus bens, sejam excutidos os do devedor – art. 827 – direito este a que não tem ensanchas o obrigado solidário. Na fiança, ainda, permite-se que se taxe a responsabilidade, ou delimitar a dívida que responde o fiador – art. 830, enquanto na solidariedade é abrangida toda a obrigação.

Mesmo assim, apesar das peculiaridades próprias, não deixa de existir a solidariedade, no que se estende ao aval, como é reconhecido pela jurisprudência:

"Nas hipóteses dos contratos de garantia, tais como a fiança e o aval, nota-se a configuração da responsabilidade patrimonial executiva sem que o garantidor tenha participado da relação obrigacional principal, havendo responsabilidade sem vinculação com a dívida eventualmente posta em execução. Em termos de processo

---

[10] *Do Direito das Obrigações*, ob. cit., p. 298.

executivo, a responsabilidade patrimonial secundária é titularizada por quem não é diretamente devedor.

A solidariedade passiva se verifica na conduta de se fazer responsável por um dever que no todo ou em parte é de outro, assumindo-se as consequências desse dever. Assim, cada devedor assume a responsabilidade de seu próprio dever e, ao mesmo tempo, a responsabilidade do dever dos codevedores."[11]

Em tese, possível dizer que na fiança sempre é necessária a presença do cônjuge, o que não se exigiria na obrigação solidária. Eis a norma do art. 1.647, inc. III, do Código Civil:

"Art. 1.647. Ressalvado o disposto no art. 1.648, nenhum dos cônjuges pode, sem autorização do outro, exceto no regime de separação absoluta: (...)
III – prestar fiança ou aval".

Comum, especialmente nos contratos de concessão de crédito bancário, a inserção de devedor ou codevedor responsável solidário, mas que desempenha a figura de garante. Na verdade, trata-se de um fiador. Como unicamente na fiança é exigida a presença do cônjuge, tenta-se impedir, usando-se diferente nomenclatura, afastar a hipótese de nulidade da obrigação, que existiria no caso de fiança. O que importa é o fim teleológico da lei, que visa a defesa do patrimônio do casal. Do contrário, abrem-se ensanchas para validar obrigações que atingem o patrimônio familiar, mesmo que haja discordância de um dos cônjuges.

Ao final e ao cabo, seja fiança ou interveniência solidária na assunção da dívida, tudo redunda em assumir a obrigação do devedor junto ao credor. Conclui-se a idêntica natureza da assunção de obrigação através da interveniência no contrato e da fiança. Admitir a validade da primeira forma (assunção da dívida pela interveniência solidária) conduz fatalmente a afastar, por estratagema de puro formalismo, as limitações da segunda forma, isto é, da fiança, ou afastar os rigores desta garantia, que, para a validade, impõe a presença obrigatória do cônjuge de quem a presta.

Nem poderia ser diferente. A finalidade da lei busca a proteção do patrimônio do casal, da família. Dando vazão ao pensamento de que é inválida a fiança, mas valendo a interveniência na assunção solidária de obrigação em contrato, incorre-se em inquestionável fraude na realização dos contratos. Ou é dado tratamento diferente a situações que, ao final, conduzem ao mesmo efeito.

O presente aresto bem revela que a assunção de obrigação solidária, em contrato de empréstimo bancário, e mesmo em outro tipo de avença, não passa de uma fiança que, para prevalecer, necessita da presença da vênia do cônjuge:

"Ausência de outorga uxória. Ineficácia da garantia decretada, nos termos do disposto no art. 235, III, do CC/1916, vigente quando da contratação".[12]

O citado art. 235, III, equivale ao art. 1.647, III, do CC em vigor.

---

[11] REsp. 1.333.431/PR, da Quarta Turma, rel. Min. Luis Felipe Salomão, j. em 19.09.2017, *DJe* de 7.11.2017.

[12] *Apelação Cível* nº 70033849878, 12ª Câmara Cível do TJRGS, Rel. Des. Orlando Hemann Júnior, j. em 5.05.2011, *DJ* de 11.05.2011.

No voto do eminente Relator é que se encontra a natureza de fiança na assinatura do contrato como devedor solidário:

"Objeto da ação monitória é o instrumento particular de confissão de dívida de fls. 04/06, e não a nota promissória vinculada à avença.

Embora no referido contrato, O. B., ora substituído por sua sucessão, tenha aposto sua assinatura na condição de devedor solidário, e teria constado como avalista em nota promissória que não instruiu a petição inicial, resta evidente que interveio no contrato na condição de fiador.

Ora, as garantias pessoais são a fiança e o aval, este último instituto adotado apenas em títulos cambiais. Nas demais contratações, a garantia é a fiança.

Porém, não provado nos autos o aval prestado.

Assim, cabe acolher a alegada nulidade da fiança prestada, ante a ausência de outorga uxória.

Considerando que a fiança foi prestada em 1995, quando ainda vigente o CC/1916, aplicável o disposto no art. 235, III, daquele diploma legal, que dispunha expressamente:

'Art. 235. O marido não pode, sem consentimento da mulher, qualquer que seja o regime de bens:

(...)

III – prestar fiança (arts. 178, § 9º, I, b, e 263, X)'.

E o documento de fl. 26 atesta que O. B. era casado à época de seu falecimento, ocorrido em 1996, tendo deixado três filhos maiores, donde se pode concluir que também o era na data da assinatura do contrato.

Decretada a nulidade da fiança, resta reconhecida a ilegitimidade da sucessão para integrar o polo passivo da demanda.

Nesse sentido:

'Apelação cível. Embargos à execução. Contrato de empréstimo. Devedor solidário. Fiança. Nulidade por ausência de outorga uxória. Caso em que a garantia assumida na condição de devedor solidário caracteriza fiança. Ausência de outorga uxória que importa em nulidade, invalidando o ato por inteiro. Nulidade que só pode ser suscitada pelo cônjuge que não anuiu, nos termos dos arts. 239 e 1.650, respectivamente do anterior e do atual Código Civil. Apelo parcialmente provido' (Apelação Cível nº 70031799786, 15ª Câmara Cível, Tribunal de Justiça do RS, Rel. Paulo Roberto Felix, j. em 20.10.2010).

'Agravo de instrumento. Execução de sentença. Negócios jurídicos bancários. I – Fiança. Nulidade. A Câmara mudou seu entendimento sobre a fiança prestada sem outorga uxória, passando a adotar o entendimento pacificado pelo STJ, conforme Súmula nº 332: 'A anulação de fiança prestada sem outorga uxória implica a ineficácia total da garantia'. II – Firma individual é uma ficção jurídica, de modo que a pessoa física se confunde com a própria pessoa do empresário. Possibilidade da penhora, observada a meação do cônjuge. Agravo provido em parte em decisão monocrática.' (Agravo de Instrumento nº 70038309043, 16ª Câmara Cível, Tribunal de Justiça do RS, Rel. Ergio Roque Menine, j. em 23.08.2010).

'Negócios jurídicos bancários. Ação de anulação de fiança. Falta de outorga uxória. Art. 1.647 do CCB atual. Súmula 332 do STJ. Sentença mantida. Apelação desprovida' (Apelação Cível nº 70029269768, 17ª Câmara Cível, Tribunal de Justiça do RS, Rel. Elaine Harzheim Macedo, j. em 30.04.2009)".

A presente ementa amolda-se perfeitamente à questão em debate, já que dada a garantia por pessoa que assinou o contrato de empréstimo bancário como interveniente devedor solidário:

"Apelação cível. Embargos à execução. Contrato de empréstimo. Devedor solidário. Fiança. Nulidade por ausência de outorga uxória. Caso em que a garantia assumida na condição de devedor solidário caracteriza fiança. Ausência de outorga uxória que importa em nulidade, invalidando o ato por inteiro. Nulidade que só pode ser suscitada pelo cônjuge que não anuiu, nos termos dos arts. 239 e 1.650, respectivamente do anterior e do atual Código Civil. Apelo parcialmente provido".[13]

Conforme observa o Relator,

"não é razoável que apenas por omitir a denominação fiança seja criada uma outra forma de obrigação, e assim afastar a exigência de outorga uxória, em autêntica fraude à exigência legal.

De acordo com o atual entendimento da Câmara e do STJ, a fiança prestada sem o consentimento do cônjuge é nula de pleno direito, tornando inválido o ato por inteiro, desde que suscitada pelo cônjuge que não anuiu (art. 239 do Código Civil de 1916 e 1.650 do atual)".

O Superior Tribunal de Justiça, em decisão emblemática, sem meias palavras, de modo direto e objetivo, bem colocou a matéria, entendendo que fiança e devedor solidário se confundem, não tendo validade sem a outorga do cônjuge:

"Direito comercial – Outorga uxória – Devedor solidário (Fiador) – Contrato de mútuo (Empréstimo).

I – Na posição de devedor solidário, pouco importando o *nomen juris* que lhe tenham atribuído no pactuado, sendo casado o mutuário, inexistente a outorga uxória no contrato, segundo iterativa jurisprudência, nula é tal garantia por infringência do art. 235, III, do Código Civil.

II – Decretada a carência da ação para haver do executado o valor da inadimplência do mutuário, pois que parte ilegítima e, ainda que a fiança fosse comercial, irrelevante a distinção para fins da outorga uxória.

III – Agravo regimental improvido".[14] O art. 235, III, corresponde ao art. 1.647, III, do CC/2002.

Pela sua importância e diante da clarividência do tratamento que se deve dar, pertinente que se transcreva parte do voto do eminente Relator:

"Ao contrário do que afirma o agravante, a sua situação 'jurídica é, pois, iniludivelmente a de avalista – devedor solidário, pouco importando o nome ou *nomen juris* que lhe tenham sido atribuídos no contrato, na execução, nos embargos ou na sentença' e, como

---

[13] *Apelação Cível* nº 70031799786, 15ª Câmara Cível do TJRGS, Rel. Des. Paulo Roberto Felix, j. em 20.10.2010, *DJ* de 25.10.2010.
[14] *AgRg no Ag* nº 2798/RS, 3ª Turma do STJ, j. em 08.05.1990, *DJ* de 11.06.1990, Rel. Min. Waldemar Zveiter.

está dito no julgamento da apelação, 'observa-se que o embargante-apelante é casado e não há notícia da outorga uxória na prestação da fiança. Ora, tal garantia – segundo iterativa jurisprudência desta Câmara e desta Corte, é nula por infringência do art. 235, III, do Código Civil'. E nos embargos de declaração (fls. 66) está consignado que 'não precisava a Câmara, outrossim, refutar expressamente o argumento de que a fiança não se presume, quando ela não a presumiu, mas tão somente a flagrou no contrato, rotulada sob outro nome (garante solidário).

Mister essas considerações para demonstrar que a tese foi discutida e apreciada pela instância ordinária, repisada também o foi no despacho que examinou a admissibilidade do especial para concluir afirmando que 'mesmo que a fiança fosse de natureza comercial seria irrelevante a distinção para fins de exigência da outorga uxória em ambos'". O art. 235, III, corresponde ao art. 1.647, III, do Código Civil de 2002.

16.6. SOLIDARIEDADE E LITISCONSÓRCIO

Do que se viu, depreende-se que impossível admitir o litisconsórcio na solidariedade. Ou seja, uma vez demandado o devedor solidário, não cabe chamar à lide, ou reclamar a participação no feito, dos demais coobrigados. Ocorre que cada um é responsável pela totalidade da dívida, tal como prevê o art. 275. Não se divide a obrigação. Nem interessa ao credor receber de um ou de outro o crédito.

Quanto às locações, a situação é diferente. O art. 2º da Lei nº 8.245, de 1991, segundo já referido, reconhece a solidariedade em havendo mais de um locatário, se o contrário não se estipulou. A rigor, pois, contra qualquer dos locatários dirige-se a ação, respondendo os demais. Todavia, em se cuidando do despejo, existe o art. 59, § 2º, determinando, qualquer que seja o fundamento, que se dê ciência aos sublocatários, exceto na hipótese de sublocação espúria, pois essa constitui infração à lei e como tal não está sob seu abrigo, podendo eles intervir como assistentes. Daí conclui o prof. Gilberto Koenig: "Com muito mais razão é em relação aos colocatários de um imóvel indivisível, uma vez que todos participam da locação, e ao pretender o locador rescindir o pacto locativo deve fazê-lo em relação a todos, sejam ou não solidários.

Araken de Assis, (in 'Locação e Despejo', Sérgio Fabris editor, p. 26), com razão exige, na ação de despejo, havendo pluralidade de locatários, que a despejatória seja em face de todos os inquilinos, solidários ou não.

A questão não é só de solidariedade, que se opera no campo do direito material, mas também de litisconsórcio necessário e unitário, no direito processual. A coisa julgada só se operará em face dos participantes do processo.

A 3ª Câmara Cível do Tribunal de Alçada do Estado do Rio Grande do Sul, em antigo acórdão proferido no Mandado de Segurança nº 188.012.850, julgado em 01.06.1988, assim decidiu: 'Os efeitos da sentença que julgou procedente a ação de despejo, com o fito de retomada do prédio locado, não podem ser estendidos contra inquilinos que não integraram a ação em qualquer polo da relação processual (CPC, art. 472). O locatário, até que não for compelido através de processo regular, tem o direito líquido e certo de permanecer no prédio que alugou durante a vigência da locação. Segurança concedida'".[15]

---

[15] A Solidariedade nos Contratos de Locação. *AJURIS – Revista da Associação dos Juízes do Rio Grande do Sul*, nº 63, Porto Alegre, p. 277, mar. 1995.

O citado art. 472 corresponde ao art. 506 do CPC/2015.

A exegese é coerente. Há entendimento, porém, contrário, conforme relata o mesmo autor.

A denunciação é sempre admissível, máxime nas obrigações em dinheiro, posto que, posteriormente, segundo decorre do art. 283, resta assegurado o direito de reembolsar-se da quota que toca ou cabe a cada um dos codevedores. Como esse direito está assegurado em lei, sempre possível a denunciação (art. 125, inc. II, do CPC), a fim de que, desde já, fique o que paga já com o decreto judicial de reembolso do correspondente, sem precisar preocupar-se com nova demanda judicial.

Entretanto, não é de rigor o chamamento do coobrigado. Já que a lei assegura a divisão do montante pago, não é reclamada uma afirmação pela via judicial. Do contrário, nem poderia o devedor adimplir voluntariamente a dívida. Impunha-se que fosse chamado em juízo, a fim de possibilitar-se a denunciação.

Embora a presença do devedor solidário se recomende mais como litisconsorte passivo voluntário, eis que também devedor no mesmo grau daquele que foi chamado na ação, admite-se a assistência processual, na forma do art. 119 da lei processual civil, posto que sempre interessa ao coobrigado não chamado que a sentença seja favorável ao que restou demandado. Verdade que a responsabilidade de cada obrigado é independente, devendo responder totalmente pela dívida. E justamente porque não é impositiva a sua presença no feito, é aceitável o seu comparecimento quando entender, no sentido de impulsionar a solução do litígio para o sentido que lhe interessa.

16.7. A SOLIDARIEDADE E A MORTE DE UM DOS DEVEDORES SOLIDÁRIOS

Questão que interessa é como fica a responsabilidade solidária quando morre um dos coobrigados. Permanece a obrigação tal qual antes estabelecida, de acordo com o conteúdo do art. 276 do Código Civil, mas na quota correspondente ao quinhão hereditário que lhe toca por sucessão. Eis a regra do preceito: "Se um dos devedores solidários falecer deixando herdeiros, nenhum destes será obrigado a pagar senão a quota que corresponder ao seu quinhão hereditário, salvo se a obrigação for indivisível; mas todos reunidos serão considerados como um devedor solidário em relação aos demais devedores".

Antes de tudo, deve-se estabelecer alguns princípios de direito hereditário, conforme regramentos do Código Civil. Está, em primeiro lugar, o art. 1.792, segundo o qual o herdeiro responde unicamente até as forças da herança. Não pode ser obrigado a pagar mais daquilo que recebeu. Não é possível que seus bens particulares ingressem para saldar obrigações do sucedido.

Relevante, ainda, o art. 1.997, ordenando que a herança, enquanto indivisão, responde pelo pagamento das dívidas do falecido. Entrementes, levada a efeito a partilha, cada herdeiro contemplado suportará a obrigação na proporção da parte que lhe tocou. Não se exige dele a responsabilidade pela quota atribuída a outro herdeiro.

Com estas considerações, parte-se para a obrigação solidária, na previsão do art. 276, que se divide, pode-se afirmar, em três disposições.

Obedece-se ao princípio já analisado no art. 270. Se acionada a exigibilidade antes da partilha, toda a obrigação é dirigida contra o espólio. Sendo três os devedores solidários, e elevando-se a dívida a quinze mil unidades de um padrão monetário, o montante integral torna-se postulável perante os herdeiros, ou o espólio. Mas, observa-se, o credor dirigirá o pedido contra os herdeiros, e não contra um ou dois apenas. Nesta visão mantém-se o ensinamento de Carvalho Santos: "O credor não poderá demandar o todo de cada um deles, visto como a divisão se opera entre eles em proporção ao interesse que têm na sucessão".[16] No caso, não se procedeu, ainda, a partilha.

Isto porque a obrigação se transmitiu aos herdeiros em conjunto. E como a transmissão se dá na obrigação, se antes do evento morte era solidária, assim perdura após a mesma. O espólio constitui, até a divisão, uma entidade indivisa, representando o defunto, e não retirando a morte o caráter de solidária.

Mas, procedida a divisão, e em vista da necessidade de coadunação com o art. 1.997, cada herdeiro suportará unicamente a quota que lhe foi distribuída. Se, no exemplo da transmissão de uma obrigação medida em quinze mil unidades monetárias, presentes três devedores e dois herdeiros de um deles já falecido, unicamente até o equivalente a duas mil e quinhentas unidades arcará o herdeiro. Arcará, no entanto, com a entrega da totalidade da prestação, se indivisível a mesma, ou diante da impossibilidade de sua partição e divisão, como na obrigação de entregar uma joia, ou de efetuar uma pintura.

Finalmente, em vista da parte final do art. 276, mesmo que procedida a partilha, e encaminhada a exigibilidade conjuntamente contra todos os herdeiros, mantém-se, aí, a solidariedade pelo total da obrigação: contra os herdeiros acionados em conjunto permite-se a reclamação das quinze mil unidades. Não se afigura relevante a efetivação da partilha. Subsiste a solidariedade pelo todo, com a faculdade de ser imposta aos herdeiros do obrigado falecido. É o que está no dispositivo, dando realce o fato de a dívida dirigir-se contra um dos herdeiros ou ao conjunto.

Todas as anotações acima aplicam-se a qualquer tipo de solidariedade, isto é, tanto àquela prevista em lei, como a firmada por convenção. Não se conclua que, dispondo em vida contrariamente os obrigados, a disposição de vontade tem o condão de derrogar a regra do art. 276.

Ocorre que ninguém pode assumir obrigações em nome de terceiros, na hipótese, por conta dos herdeiros. Não os alcança a convenção que lhes estende a solidariedade.

16.8. O PAGAMENTO PARCIAL OU REMISSÃO DA DÍVIDA

Uma regra relativamente simples aparece no art. 277, que constitui uma decorrência da solidariedade: "O pagamento parcial feito por um dos devedores e a remissão por ele obtida não aproveitam aos outros devedores, senão até à concorrência da quantia paga ou elevada".

É evidente que se abate do total devido unicamente a porção satisfeita da obrigação. Perdura o restante, exigível de qualquer devedor, ou da totalidade deles. Bem clara a lição de Jefferson Daibert: "Desde que feito um pagamento parcial da dívida por um dos devedores, a responsabilidade solidária dos demais continua, porém, até o valor existente, porque se qualquer pagamento foi feito ao credor comum, seja por um ou alguns dos devedores, a dívida já não está representada pelo seu total primitivo, mesmo porque o credor não poderá locupletar-se ilicitamente recebendo novamente o que já recebeu".[17]

---

[16] Ob. cit., vol. XI, p. 231.
[17] *Das Obrigações*, ob. cit., p. 166.

E no caso de conceder remissão de parte da dívida, a um dos coobrigados? Esta parcela perdoada aproveita aos demais devedores. Não se admite que se procure o recebimento respectivo ou se compense naqueles que concorrem na obrigação. Não significa, porém, que não possa o credor buscar o restante perante os demais. É claro que para o devedor perdoado se extingue a obrigação. Mas, se não relevada toda a quota que lhe correspondia, pelo restante arcará. Nota-se, pois, a possibilidade de excluir-se, por ato de vontade do credor, um dos corresponsáveis. Tanto como se admite que o credor procure o recebimento de apenas um dos devedores, nada proíbe que perdoe a um deles a parte que lhe tocaria responder. Ainda, se lhe cabe dividir a prestação e receber apenas parte dela, nada obstaculiza que perdoe a um dos devedores, na parte que lhe correspondia. Aquilo que perdoou, no entanto, não pode ser cobrado dos demais, mas reduz a dívida no correspondente. É como se decide:

"Direito civil. Responsabilidade solidária. Acordo entre as partes. Quitação parcial. Exclusão de um dos devedores. 1. O art. 844, § 3º, do Código Civil estabelece que a transação não aproveita nem prejudica senão aos que nela intervierem. Contudo, se realizada entre um dos devedores solidários e seu credor, extingue-se a dívida em relação aos codevedores. 2. A quitação parcial da dívida dada pelo credor a um dos devedores solidários por meio de transação, tal como ocorre na remissão, não aproveita aos outros devedores, senão até a concorrência da quantia paga. 3. Se, na transação, libera-se o devedor que dela participou com relação à quota-parte pela qual era responsável, ficam os devedores remanescentes responsáveis somente pelo saldo que, *pro rata*, lhes cabe. 4. Agravo provido."[18]

No voto, vem lembrado precedente no REsp n. 1.079.293-PR, da relatoria do Ministro Carlos Fernando Mathias (Juiz Federal convocado do TRF 1ª Região), constando do voto:

"Cumpre salientar, por oportuno, que cada um dos devedores está obrigado ao cumprimento integral da obrigação, que pode ser exigida de todos conjuntamente ou apenas de um deles. Como a solidariedade passiva é constituída em benefício do credor, pode ele abrir mão da faculdade que tem de exigir a prestação por inteiro de um só devedor, podendo exigi-la, parcialmente, de um ou de alguns. Nesta última hipótese, permanece a solidariedade dos devedores quanto ao remanescente da dívida. Isto é, fica explicitado que a transação significou a liberação do devedor que dela participou com relação à quota-parte pela qual era responsável. Em razão disso, a ação contra a recorrida somente pode ser pelo saldo que, *pro rata*, a esta cabe. Portanto, apesar da solidariedade, o total do débito remanescente é reduzido proporcionalmente à totalidade da quota-parte que tocava ao devedor que celebrou o acordo, qual seja, R$ 600,00 (seiscentos reais)."

O acórdão teve a seguinte ementa:

"Responsabilidade civil. Indenização. Explosão de navio. Derramamento de óleo. Contenção. Não ocorrência. Responsabilidade solidária entre a administradora do porto e

---

[18] AgRg no REsp 1002491/RN, da 4ª Turma, rel. Min. João Otávio de Noronha, j. em 28.06.2011, *DJe* de 1º.07.2011.

empresa proprietária do navio. Transação. Quitação parcial. Exclusão de um dos devedores. *Quantum* indenizatório remanescente. Divisão *pro rata*. 1. A quitação dada a um dos responsáveis pelo fato, réu da ação indenizatória, no limite de sua responsabilidade, não inibe a ação contra o outro devedor solidário. 2. Quando o credor dá quitação parcial da dívida – mesmo que seja por meio de transação – tal remissão por ele obtida não aproveita aos outros devedores, senão até a concorrência da quantia paga ou relevada. 3. Fica explicitado que a transação significou a liberação do devedor que dela participou com relação à quota-parte pela qual era responsável. Em razão disso, a ação contra a recorrida somente pode ser pelo saldo que, *pro rata*, a esta cabe. 4. Recurso especial não provido."

Do modo que é incontestável o direito, sem, entrementes, importar a isenção em elevar o encargo para os demais devedores no *quantum* relevado. É peremptório o parágrafo único do art. 282, sobre o assunto: "Se o credor exonerar da solidariedade um ou mais devedores, subsistirá a dos demais".

De sorte que o devedor perdoado suportará o direito de regresso unicamente na porção da quota que lhe cabia não relevada ou remitida.

Nos demais devedores recai o que sobrou da dívida. E se um deles for insolvente? Distribui-se a respectiva quota aos outros, que a suportarão. Inclusive ao que teve a sua parte da obrigação remitida, a menos que dispensado pela remissão. Nesta eventualidade, o credor remitente suporta, na porção equivalente ao devedor relevado, o desfalque causado pelo devedor insolvente. Parece que esta hermenêutica aos dispositivos que tratam da matéria é a mais justa.

16.9. ALTERAÇÃO DAS OBRIGAÇÕES SOLIDÁRIAS

As alterações das obrigações solidárias não atingem os devedores coobrigados, se estes agravam as condições que lhe são exigidas. Constitui princípio geral de direito a estabilidade do contrato no curso de seu cumprimento. Unicamente com o consentimento de todos os envolvidos é possível alterar as cláusulas. Com mais razão quanto às obrigações solidárias, que permanecem imutáveis, a menos que se verifique o assentimento de todos os contratantes. Mesmo assim, se um dos coobrigados celebrar alguma mudança, tornando mais pesada as obrigações dos sujeitos passivos, apenas a ele é exigível a nova cláusula.

O art. 278 dispõe nesse sentido: "Qualquer cláusula, condição, ou obrigação adicional, estipulada entre um dos devedores solidários e o credor, não poderá agravar a posição dos outros sem consentimento destes".

Ocorre que o vínculo primitivo, formador da relação obrigacional, é modificável unicamente se condições mais favoráveis advierem para a parte obrigada. O Código de Defesa do Consumidor está impregnado de princípios que protegem o contratante mais fraco, tanto, além de impedir o agravamento de obrigações, que autoriza a modificação de cláusulas excessivamente onerosas, como assegura o art. 6º, inciso V, ou seja, a modificação de cláusulas que "estabeleçam prestações desproporcionais", garantindo a "revisão em razão de fatos supervenientes que as tornem excessivamente onerosas".

Como se percebe, está introduzido o princípio da revisão dos contratos, meta esta alcançada após, dir-se-ia, até uma centena de anos, como no referente à teoria da imprevisão, ou de algumas décadas, em se tratando da teoria da base objetiva do negócio.

Revisão fundada justamente em vista do estabelecimento de cláusulas injustas, que não se adaptam à realidade, ou que ficaram desajustadas frente ao surgimento de novas realidades.

Especificamente quanto à matéria inserida no preceito acima, sua importância tinha razão de ser na época do surgimento do Código Civil de 1916, quando dominava o liberalismo puro, e ocorriam situações de mudanças do contrato para onerar mais o obrigado.

Presentemente, não alcança qualquer receptividade a alteração agravando as obrigações.

16.10. IMPOSSIBILIDADE DA PRESTAÇÃO POR CULPA DE UM DOS DEVEDORES

Trata-se de ver as consequências por impossibilidade do cumprimento da prestação em vista da culpa de um dos devedores solidários. Nas obrigações solidárias, todos são obrigados a cumprir. Permite-se reclamar a prestação a qualquer dos contratados. O vínculo une os compromissados. Interessa ao atendimento no modo e tempo previstos. Ocorrida a inadimplência, abre-se o caminho para postular a satisfação, ou pedir a competente indenização.

Mesmo que a mora ou a própria inadimplência decorra do ato, da negligência, da omissão de um dos obrigados, junto a qualquer um dos compromissados habilita-se o credor a buscar o cumprimento.

Extrai-se a decorrência acima do art. 279 do Código Civil: "Impossibilitando-se a prestação por culpa de um dos devedores solidários, subsiste para todos o encargo de pagar o equivalente; mas pelas perdas e danos só responde o culpado".

Não se apresentam com frequência as hipóteses. Em geral, a inadimplência diz com a parte obrigada, e não com um dos integrantes do lado passivo. No entanto, viável que se assine um contrato de empreitada com várias pessoas, assumindo elas a elaboração de um plano de atividade (abertura de via), a eletrificação, a implantação de rede de água e esgoto, e assim outros equipamentos. Pelo conteúdo da norma, por qualquer retardamento ou não entrega da obra prometida, todos respondem indenizatoriamente. Assim, se impossível a colocação da rede elétrica por falta da abertura da via, o não cumprimento adveio do que assumiu tal obra. Entretanto, porque todos assinaram o contrato de entrega da infraestrutura completa do loteamento, e isto deve ficar bem explícito, contra qualquer dos coobrigados autoriza-se mover a competente ação de cumprimento ou ressarcimento. De igual modo quanto a uma obra de arte, colocando-se várias pessoas no lado passivo, com a obrigação de entregar uma estátua de mármore. No lado passivo, há o escultor, o fornecedor da matéria-prima, o desenhista ou pintor da obra. Se os três se comprometeram, não se especificando o objeto da prestação, vai-se contra todos eles para buscar a compensação financeira. Numa locação de imóvel a vários locatários, contra qualquer um buscam-se os encargos decorrentes. Mas, vencido o prazo, e mantendo-se um dos inquilinos no imóvel, todos respondem pelos aluguéis.

Se, entrementes, e aí incide a parte final do art. 279, o proprietário aluga um outro prédio para montar seu negócio em vista da demora referida, cabe a cobrança da diferença a mais de aluguel, comparado com o que recebia, junto ao inadimplente.

Na hipótese acima da empreitada, se advierem, numa construção, perdas e danos, como o pagamento de aluguéis de um prédio alugado em face da demora em aprontar a construção, unicamente aquele que se atrasou na abertura da via suportará a indenização. Mas a indenização pelos prejuízos decorrentes do não recebimento da obra é imputável a todos os devedores. Ficam responsáveis uns pela culpa ou mora de outros, assim acontecendo em face da solidariedade das obrigações.

Apenas em relação às perdas e danos ressalta-se que não se encaminha a ação contra todos. Unicamente contra o causador é buscada a competente ação. Nesta parte, não se apresenta a solidariedade.

16.11. JUROS DE MORA

Havendo atraso no pagamento da dívida, ou cumprimento da prestação, como em qualquer contrato há as decorrências dos juros, incidentes mesmo que a parte não alegue prejuízo, na forma prevista no art. 407 da lei civil. Sobre esta decorrência, em se tratando de obrigações, assinala o art. 280: "Todos os devedores respondem pelos juros da mora, ainda que a ação tenha sido proposta somente contra um; mas o culpado responde aos outros pela obrigação acrescida".

De um lado, para o credor é indiferente quem provocou a mora. Não atendida a obrigação, já nasce o direito de exigir a compensação. No entanto, há de se estabelecer um ato formador da mora, como uma interpelação, uma notificação ou um protesto – parágrafo único do art. 397, o que também previa Orosimbo Nonato: "A hipótese da mora, em tais situações, nenhuma dificuldade pode suscitar. E, no caso previsto no preceito citado e em todos de mora *ex personam*, de mora suscitada por interpelação, notificação ou protesto, os motivos já enunciados justificam o preceito *ad satiem*".[19]

Não constituída antes da exigibilidade da prestação, unicamente com a citação contam-se os juros, segundo a regra do art. 240 do Código de Processo Civil. Mas de notar o *caput* do art. 397 do Código Civil: "O inadimplemento da obrigação, positiva e líquida, no seu termo constitui de pleno direito em mora o devedor". Cuidase daquelas prestações definidas, exigíveis, sobre as quais não há dúvida no tocante ao valor ou ao *quantum debeatur*, à espécie ou tipo, ao *quid*, ao *quale*; de prestações com data certa de vencimento, não carecendo de algum ato para avisar ou alertar o devedor, seguindo-se a velha regra *dies interpellat pro homine*, posto que se o devedor já sabe quando deve cumprir, constitui um excesso impor ainda um ato formador da mora. Não quanto às dívidas *quérables*, ou aquelas cujo pagamento procede-se no domicílio do devedor, ou em lugar diferente daquele do domicílio do credor, nas quais é imprescindível que este último as busque.

Nesta visão, os aluguéis constituem em dívida *portable*, eis que incumbe ao locatário depositar o correspondente em uma conta previamente estabelecida, ou junto ao administrador previamente designado.

De sorte que, em face da regra prevista no art. 280, é justificável a cobrança de juros sempre que presente o atraso ou o retardamento em cumprir. Não interessa, para o credor, quem deu causa à tal situação. Assegura-lhe a lei postular contra todos os obrigados esta compensação. Entrementes, se dirigida a exigibilidade da prestação a um dos devedores solidários, e este não a atende, sujeita-se a recompor ou a ressarcir o valor exigido dos demais devedores pela mora. Considerando que a obrigação de satisfazer é de qualquer um dos devedores, aquele que é acionado fica constrangido a pagar. Não atendendo no tempo devido o dever, desrespeitou regra de solidariedade,

---

[19] *Curso de Obrigações*, ob. cit., vol. II, p. 215.

mostrando-se, pois, justificada a possibilidade de ressarcir o montante de juros pagos, em vista da mora, pelos demais devedores.

Não se configura a mora enquanto pendente algum termo, condição suspensiva, ou impedimento. Somente depois de verificado o evento previsto para a satisfação, instaura-se a mora, normalmente dependente de algum ato que a constitua.

16.12. EXTENSÃO DA DEFESA DO DEVEDOR SOLIDÁRIO

Permite-se ao devedor solidário o exercício de qualquer tipo de defesa, desde que se refira às exceções pessoais e às comuns dos outros devedores. É óbvio que não se lhe faculta apontar as defesas pessoais dos coobrigados. Conclusão que emana do art. 281: "O devedor demandado pode opor ao credor as exceções que lhe forem pessoais e as comuns a todos; não lhe aproveitando as exceções pessoais a outro codevedor".

As exceções pessoais dizem respeito unicamente à pessoa do devedor, como a liberação de sua obrigação pelo credor ou a renúncia da solidariedade; a remissão da dívida quanto à porção de um dos coobrigados; a existência de uma condição suspensiva, assim do implemento de um termo, ou do proveito decorrente da obrigação; as nulidades relativas, como a menoridade na época do contrato, a coação, o dolo.

Mas autoriza-se que aponte as matérias comuns ou que dizem respeito a todos os devedores, bem como aquelas que se referem ao próprio objeto da prestação: vícios do contrato; assinaturas falsificadas; cláusulas írritas e abusivas; o pagamento já efetuado (mesmo que por terceiro) e que representa a obrigação; a superveniência de fato impeditivo; a onerosidade excessiva da prestação; a falsa causa do contrato, quando aparece como razão determinante ou sob forma de condição do contrato (art. 140 do Código Civil; e o inadimplemento da obrigação pelo credor nos contratos bilaterais. Carvalho Santos nomeava uma série de hipóteses, ainda verificáveis, salientando-se as seguintes: a) o pagamento, mesmo que feito por terceiro; b) a dação em pagamento; c) o depósito em consignação; d) a novação; e) a perda fortuita de coisa certa ou a impossibilidade fortuita da prestação; f) a remissão, quando total, abrangendo a obrigação inteira; g) a compensação; h) a confusão; i) a prescrição; j) a transação; k) a dilação de prazo.[20]

Já as exceções pessoais de outros coobrigados não lhe dizem respeito. Como justificar que houve coação relativamente a ele, ou que se encontrava com a vontade coagida quando do ato? Têm-se neste campo de alegações enfoques que atingem a nulidade relativa, e assim da vontade da parte a alegação, podendo convalescer o ato se da mesma houver desistência. Acontece que a invalidade diz apenas com o indivíduo que se coobrigou. Não atinge a solidariedade, posto que não se trata de defeito da obrigação.

Aparece, porém, uma aparente antinomia com a regra do art. 177, a qual contém: "A anulabilidade não tem efeito antes de julgada por sentença, nem se pronunciam de ofício; só os interessados a podem alegar, e aproveita exclusivamente aos que a alegarem, salvo o caso de solidariedade ou indivisibilidade". Deve-se observar que, em se tratando de solidariedade ou indivisibilidade, as nulidades relativas podem refletir na obrigação toda, atingindo também aqueles que não as suscitaram. Não vem, porém, estendido o direito de argui-las aos demais coobrigados. Fica restrito o poder de invocá-las. Mas, se apontadas e repercutirem no negócio, invalidando-o ou reduzindo seu alcance, inclusive os demais

---

[20] Ob. cit., vol. XI, pp. 259 e 260.

participantes da convenção são atingidos. Tal acontece quando um dos contratantes foi ludibriado no preço. Reclamando judicialmente, é possível que venha a demonstrar que era inferior ao assinalado no instrumento. A consequência será a redução, beneficiando os demais coparticipantes, que pagarão proporcionalmente menos, e ficaram, destarte, beneficiados em vista da solidariedade.

16.13. RENÚNCIA DA SOLIDARIEDADE EM FAVOR DE UM OU MAIS DOS DEVEDORES

Trata-se aqui da renúncia da solidariedade pelo credor em favor de um ou mais, e até de todos os devedores. Não é o mesmo que a renúncia ou remissão da dívida em benefício de um dos codevedores, assunto visto no art. 277, que reproduz o art. 906 do CC anterior, e salientada a diferença por Antunes Varela: "Na remissão da dívida, o credor absolve o remitido da obrigação, prescindindo de toda a prestação. Na renúncia à solidariedade, o credor compromete-se apenas a não exigir do beneficiário uma prestação superior à sua quota".[21]

O que significa a renúncia da solidariedade? Representa nada mais nada menos que dispensar um, ou alguns, ou mesmo todos os devedores da responsabilidade solidária. Retira-se o vínculo que une uns e outros em atender a totalidade da obrigação. Não se perdoa a dívida, e muito menos a responsabilidade. Como que se estabelece o *quantum* exigível de qualquer dos sujeitos passivos, e circunscreve-se a exigibilidade unicamente neste *quantum*. O restante não é devido por ele, mesmo que não satisfeito pelos demais. Se relativamente a um dos devedores restringe-se a isenção, ele deve a parte que lhe ficou reservada, perdurando os demais sujeitos passivos com a responsabilidade solidária pelo restante, ou devendo eles atender, isoladamente ou em conjunto, tudo quanto resta da obrigação. A obrigação ficou em duas partes, consideradas, então, conjuntas. Por conseguinte, junto ao devedor favorecido o credor somente reclamará tal porção.

É o que se depreende do art. 282 e seu parágrafo único: "O credor pode renunciar à solidariedade em favor de um, de alguns, ou de todos os devedores.

Parágrafo único. Se o credor exonerar da solidariedade um ou mais devedores, subsistirá a dos demais".

O principal efeito da disposição de dividir a responsabilidade em duas partes – mantendo em apenas uma a solidariedade –, é de tornar simplesmente conjunta a obrigação, restringindo numa parte apenas a solidariedade, mas abatida do correspondente montante a parte da renúncia.

Havendo, pois, omissão no pagamento, assim distribui-se a responsabilidade: os devedores não favorecidos com a isenção da renúncia obrigam-se pelo montante que resulta da subtração da porção atribuída ao devedor favorecido. E se um devedor satisfaz o todo sozinho, ou se alguns satisfizerem, pode ou podem reembolsar-se junto ao beneficiado se pagou ou pagaram a parte que fora reservada àquele? Ora, é evidente que ficou dividida em duas partes a obrigação. Nenhum vínculo persiste entre o devedor favorecido e os demais. Não incumbia a estes alguma responsabilidade com a porção destacada e atribuída ao beneficiado. De modo que, aparentemente, o pagamento da porção ao mesmo

---

[21] *Direito das Obrigações*, ob. cit., vol. I, p. 307.

reservada não era imposição. Mas, mesmo assim, não é de se descartar a possibilidade do reembolso pela via regressiva com fundamento no enriquecimento ilícito.

E se houver insolvência de um dos devedores que ficaram solidários? Pensa-se que não permanece a mesma interpretação. A quota do insolvente, abatida a parte que tocou ao devedor eximido da solidariedade, distribui-se também a este último. Do contrário, serviria a renúncia ou exoneração de manobra para privilegiar um dos vários devedores, sem possibilidade de consentirem ou não os demais. Ademais, como é princípio da solidariedade, a renúncia não pode onerar ou agravar a situação dos outros devedores. O art. 284 é expresso a respeito, mas abrangendo outras situações: "No caso de rateio entre os codevedores, contribuirão também os exonerados da solidariedade pelo credor, pela parte que na obrigação incumbia ao insolvente". Pensa-se, todavia, que, tendo o credor limitado a responsabilidade de um dos devedores, e não podendo a mesma ser aumentada, quem responde pela porção do insolvente é o próprio credor, não se lhe facultando postular o recebimento.

Costumam os autores dividir em tácita e expressa a renúncia. A tácita, embora difícil de ocorrer, verifica-se em casos dos quais exsurge a presunção da renúncia. Destacam-se hipóteses, como quando o credor recebe uma quantia de um dos devedores, dando quitação de sua obrigação, com a referência de nada mais dever o mesmo. No entanto, esta possibilidade representa a abertura do caminho para favorecimentos a uns e prejuízos a outros. Admite-se unicamente se reiterada esta prática de receber parcela do valor devido, com a correspondente quitação, e se estiverem cientes os outros devedores, com o pagamento do restante, nunca tendo eles oposto qualquer contrariedade. Constando de um recibo a entrega de uma parcela do total da dívida, por um dos devedores, e, acudindo os outros a adimplirem o restante quando chamados, não é suficiente para admitir a aceitação da renúncia da solidariedade, o que impediria o direito de regresso pelo que pagaram a mais relativamente ao primeiro devedor. Mas, relativamente ao credor, é convincente pensar que a quitação da parcela correspondente a um devedor, leve a supor que junto a ele desistiu do restante da obrigação. Ficando consignada a quitação a certa pessoa, embora a solidariedade com outros, não se afigura despropositada a compreensão de que nada mais pretende o credor receber dela, e que renunciou a solidariedade referente ao restante da dívida. Disto não se concluirá a impossibilidade de os outros devedores voltarem contra aquele em cujo favor se deu a renúncia tácita, se pagaram quantia proporcionalmente maior.

Lacerda de Almeida citava um caso de renúncia que parece tipificar-se como tácita: "Assim por exemplo, em chamar coletivamente a juízo todos os devedores tem o credor implicitamente renunciado à solidariedade em benefício de todos; que outra coisa se não pode inferir da propositura da ação por tal maneira".[22]

É expressa a renúncia quando manifestada por alguma forma, como o acordo na divisão da dívida pelo número de devedores, a referência de desistência de ação contra os demais devedores, a menção de desonerar os devedores restantes, o compromisso em nada mais cobrar.

16.14. RATEIO E DIREITO DE REGRESSO DOS QUE PAGARAM

Passa-se a examinar a posição dos devedores entre si, já que satisfeita a obrigação junto ao credor. Não o cumprimento da dívida em porções iguais, ou equitativamente, mas

---

[22] *Obrigações*, ob. cit., p. 50.

por um ou vários dos devedores. Se todos tinham condições de pagar, não há problemas, porquanto resta o direito de receber a quota correspondente àquele que se manteve omisso, ou faltou ao compromisso, o que se faz por meio da ação de regresso ou reembolso.

O problema posto a exame envolve duas situações: a primeira, quando da insolvência de um ou vários dos devedores; a segunda, em havendo, além de um ou mais devedores insolventes, aquele ou aqueles em favor do qual ou dos quais se operou a renúncia da solidariedade, por ato de liberalidade do credor.

Como se solucionam as porções ou quotas que cabiam ao insolvente? Também ingressa na divisão o favorecido pela renúncia?

Bem colocava o problema Serpa Lopes, de modo sempre atual, ao tratar da "relação dos codevedores entre eles", diferentemente daqueles que se alongaram no exame da matéria, mas que não souberam fazê-lo em termos claros: "A solidariedade só existe no tocante às relações entre devedores e credor. Uma vez extinta a dívida, o que daí por diante surge é um complexo de relações entre os próprios codevedores, desaparecendo, inteiramente, qualquer vestígio da situação originária. Tudo quanto, a partir dessa nova fase, importa, é a apuração ou o rateio da responsabilidade entre os próprios codevedores, sob um aspecto da mais intensa divisibilidade, pois tão somente resta partilhar entre todos a quota atribuída a cada um no débito extinto".[23]

É evidente que, pela insolvência de vários devedores, unicamente um pode ser coagido a satisfazer toda a obrigação. Fica apenas o direito de, eventualmente, se os demais adquirirem algum poder econômico, procurar o futuro reembolso. Mas um ou alguns dos codevedores aparecendo como insolventes, a quota respectiva é dividida, em partes iguais, junto aos demais.

É o que se depreende do art. 283: "O devedor que satisfez a dívida por inteiro tem direito a exigir de cada um dos codevedores a sua quota, dividindo-se igualmente por todos a do insolvente, se o houver, presumindo-se iguais, no débito, as partes de todos os codevedores".

Nota-se que a solidariedade irrestrita ou ilimitada importa em divisão da obrigação em quantidades iguais, ressalvando-se, sempre, ao que paga, o direito de reembolso da quota de cada devedor que se manteve alheio. Havendo insolventes, as porções respectivas também dividem-se entre os capazes economicamente. Nesta ordem, tendo satisfeito o devedor uma quantidade igual a dezoito, e havendo três responsáveis solidários, a cada um toca a quota de seis. Se um for o insolvente, e entre dois repartindo-se a dívida, acresce-se cada responsabilidade por três, chegado a nove.

Um pouco mais complexa a situação quando se dá a renúncia da solidariedade em favor de um ou de vários devedores, figurando também devedor ou devedores insolventes. Ou estabelece o credor a responsabilidade até certo montante, coexistindo, quando do momento do reembolso, alguém insolvente.

Na falta de insolventes, a solução está no art. 282 e em seu parágrafo único, assunto já estudado no item anterior, quando se ressaltou o direito de abater do débito a parte da obrigação remitida.

Concorrendo a insolvência e a renúncia da solidariedade, a indicação de como se fará o rateio vem ditada no art. 284: "No caso de rateio entre os codevedores, contri-

---

[23] *Curso de Direito Civil*, ob. cit., vol. II, pp. 157 e 158.

buirão também os exonerados da solidariedade pelo credor, pela parte que na obrigação incumbia ao insolvente". Ou seja, os exonerados não se liberam dos efeitos da insolvência.

Opera-se entre os restantes e o remido da solidariedade o acréscimo da responsabilidade dos codevedores para cobrir o desfalque dos insolventes. De acordo com o art. 282, abate-se do total devido a parcela referente à renúncia, eis que dela é único responsável o devedor beneficiado. Por conseguinte, o montante que cabe aos demais devedores ficará reduzido. Se o montante era dezoito unidades, e a renúncia atingiu unicamente quatro unidades, a dívida importa em quatorze unidades. Todavia, se três os devedores, e um apresenta-se insolvente, a parte correspondente a este se distribui ao favorecido pela renúncia. Por outras palavras, o não insolvente e o remido arcam, cada um, com nove unidades. Como este último teve a responsabilidade reduzida para quatro unidades, restam, ainda, cinco unidades. Mas, perante o credor, nada mais deve, eis que a limitação da solidariedade importa afastar o que exceder à mesma. Na eventualidade de em número maior os devedores, e atingindo a parte devida pelo favorecido um quantitativo inferior ao da limitação, resta ao favorecido completar com o equivalente da insolvência até o limite estabelecido pelo credor.

Isto para efeito de cálculo perante os devedores que restaram capazes de pagar. Como referido, perante o credor não é permitido o acréscimo além dos limites firmados. Mesmo, pois, que verificada a insolvência, o cálculo restringe-se unicamente para fins de distribuição da quota do insolvente, o que reduzirá a obrigação do devedor solvente. Não é compreensível que possa o credor exigi-la do devedor beneficiado, se a ele ficou limitada a responsabilidade solidária. A menos que haja cláusula expressa mantendo a solidariedade na ocorrência da insolvência.

Se no contrato vem distribuída a solidariedade até certo montante, da mesma forma reparte-se a responsabilidade em suportar a quota do insolvente. Na previsão do valor equivalente a dezoito unidades, pode-se observar a seguinte divisão: ao devedor "A", o equivalente a 25%, o que resulta quatro unidades e cinquenta décimos; ao devedor "B", o equivalente também a 25%, fornecendo outras quatro unidades e cinquenta décimos; e ao devedor "C", fica o equivalente a 50%, representando nove unidades. Se o devedor "C" é insolvente, e estando a sua quota em 50% do total, isto é, de nove unidades, para os devedores "A" e "B" aumenta-se em mais quatro unidades e cinquenta décimos.

A exoneração ou redução da solidariedade não pode prejudicar os demais corresponsáveis, bem explicando Carvalho Santos as razões:

"a) Porque a renúncia feita pelo credor, beneficiando um dos corresponsáveis, não pode, em absoluto, tornar mais grave a situação ou condição dos outros codevedores não liberados, ainda que entre estes haja insolvente, de sorte que a renúncia não poderá prejudicar o direito de recurso ou regresso que o pagador tem o direito de exercer contra os outros;

b) Porque a renúncia feita pelo credor não podendo ser consentida ou aceita senão com a ressalva dos direitos de terceiros, o devedor beneficiado com a exoneração da solidariedade feita pelo credor deveria contar que lhe restava ainda uma obrigação a cumprir para com os seus codevedores, em caso de insolvência de algum dentre eles".[24]

---

[24] Ob. cit., vol. XI, p. 292.

16.15. INTERESSE EXCLUSIVO DA DÍVIDA A UM DOS DEVEDORES

Possível que, embora a solidariedade, a dívida tenha interesse exclusivo a um dos devedores. Unicamente a ele favoreceu, trazendo-lhe vantagens, assinando os demais devedores como meros garantes, ou por simples liberalidade. Desde que logrem os devedores acionados fazer a prova da destinação da dívida, em favor único de um deles, permite o art. 285 a exoneração, nestes termos: "Se a dívida solidária interessar exclusivamente a um dos devedores, responderá este por toda ela para com aquele que pagar".

Costumam os autores apontar como exemplo a fiança, embora seja esta um instituto regulado por dispositivos próprios. Mesmo que apareçam vários fiadores, e um apenas pagando a obrigação do afiançado, fica este responsável regressivamente apenas para com o fiador que pagou. Não junto aos demais. Por conseguinte, nem cabe aos demais ingressarem com a ação de reembolso da quota correspondente. Vale aquilo que ocorreu na prática, e não o estipulado, isto é, a divisão do montante satisfeito. Nem interessa a previsão do credor ingressar contra qualquer dos devedores.

De outra parte, em situações diferentes, também há um único beneficiado quando a obrigação é contraída a favor de uma só pessoa. Solidariamente acodem outros para aumentar a garantia e facilitar, assim, a concessão de um empréstimo. No entanto, destinando-se a beneficiar exclusivamente determinada pessoa, a qual, quando do vencimento, honra a obrigação, não pode a mesma ingressar contra os demais garantes para o recebimento da quota correspondente aos outros devedores. Prevalecem a destinação e o proveito da dívida.

Todavia, não se pense que o dispositivo acima se destina também aos credores. Estes têm a faculdade de acionar qualquer dos obrigados solidários, isolada ou conjuntamente. Posteriormente, àquele que pagou assegura-se o reembolso perante o devedor realmente beneficiado.

É justa a regra, que evita locupletamento indevido, porquanto, do contrário, ou se permitida sempre a divisão da dívida em quotas, existiria a possibilidade de união intencional entre pessoas com a finalidade de fraudar terceiros de boa-fé. Um dos contratantes receberia uma quantia elevada, e, quando do adimplemento, estaria a seu cargo uma única quota.

Entre as várias diferenças que distanciam a regra da fiança, está a do art. 831, garantindo ao fiador que pagou integralmente a dívida a sub-rogação nos direitos do credor, mas podendo acionar restritamente os demais fiadores pela respectiva quota a que se comprometeram. Na hipótese do art. 285, nem possível é acionar os restantes devedores, se possível o recebimento junto ao devedor beneficiado. A menos que seja ele insolvente, quando é permitida a divisão do montante pago. Diferente, também, o alcance das regras dos arts. 829 e 830, que, na fiança prestada solidariamente, autorizam a fiança conjunta, respondendo os fiadores pelas quotas quando houver taxação.

XVII
Cessão de Créditos

17.1. CONCEITUAÇÃO

Os créditos são circuláveis. Nada há que impeça a sua transferência. Envolvendo conteúdos de natureza patrimonial, reconhece-se a total disponibilidade, dizendo respeito ao direito de propriedade. Aliás, presentemente, é comum este instituto, abrangendo os mais variados setores da vida econômica de um país. Inserindo valores patrimoniais, a rigor nem permitida a interferência do Estado sobre a matéria. É amplo seu campo, abrangendo não somente os créditos, mas também os débitos e os próprios contratos. Em grande parte dos contratos, vem cláusula disciplinando a transferência. Comum a cessão na promessa de compra e venda, seja de imóvel loteado ou não loteado; mais frequente, pelo menos na prática, a que envolve a alienação fiduciária, o arrendamento mercantil, o imóvel adquirido sob o regime do Sistema Financeiro da Habitação.

Na prática, opera-se com a substituição do titular do direito ou do crédito, ou da pessoa obrigada. Há uma relação vinculando duas pessoas em torno de uma obrigação, e procedendo-se a transferência de um dos polos, com o aparecimento de novo titular. Ao tempo do direito romano, procurava-se manter a individualidade do vínculo, cerceando enormemente a cessão dos contratos, exceto por falecimento (*causa mortis*), redundando numa clara negativa do próprio direito de propriedade. Para transferir os direitos, usavam o expediente da representação, outorgando poderes de mandante àquele para quem, na prática, cediam os direitos. Situação retratada por Roberto de Ruggiero: "Constituindo-se aquele a quem queria ceder-se o crédito, como 'procurador' ou 'cognitor' do cedente, dava-se ao representante a faculdade de exercer o direito em vantagem própria e de embolsar a respectiva importância".[1]

Situação que em casos raros remanesce no direito contemporâneo, como se verifica na transferência de contratos de financiamento na aquisição da casa própria, impondo a Lei nº 8.004, de 14.03.1990, com sucessivas modificações através de Medidas Provisórias, e, finalmente, pela Lei nº 10.150, de 21.12.2000, em seu art. 1º, parágrafo único, que impõe a intervenção obrigatória da instituição financeira. Acontece que a exigência interfere no direito de propriedade, pois o crédito constitui entidade patrimonial, e, nesta qualidade, suscetível de transferência. Encontra justificativa a cessão, acrescenta Sílvio Rodrigues, no fato de se "apresentar como um bem de caráter patrimonial e capaz, portanto, de ser negociado. Da mesma forma que os bens materiais, móveis ou imóveis, têm valor de mer-

---

[1] *Instituições de Direito Civil*, ob. cit., vol. III, p. 160.

cado onde alcançam um preço, assim também os créditos, que representam promessa de pagamento futuro, podem ser objeto de negócio".[2]

A cessão de crédito conceitua-se como um negócio jurídico, na definição de Caio Mário da Silva Pereira, "em virtude do qual o credor transfere a outrem a sua qualidade creditícia contra o devedor, recebendo o cessionário o direito respectivo, com todos os acessórios e todas as garantias".[3] Mais singelamente, é um negócio pelo qual o credor transfere a outrem o seu direito. Substitui-se o credor originário por outra pessoa, mantendo-se, porém, os demais elementos do contrato. Trata-se, aqui, da transferência de créditos, e não de bens materiais, ou de contratos propriamente ditos. Se compreendesse os contratos, abarcaria os direitos e obrigações, ou toda a relação jurídica estabelecida. Restringe-se a disciplina aos direitos, sem o envolvimento com o contrato em si. É a posição do credor que se ingressa no negócio, atinentemente àquilo que ele tem de receber. Os direitos futuros ingressam na transação. Unicamente neste campo restringe-se a matéria.

Aquele que transfere denomina-se "cedente", enquanto o contemplado com a gama de direitos ou créditos recebe o nome de "cessionário". Já o devedor, ou a pessoa que se encontra obrigada a satisfazer o crédito, constitui o "cedido", sequer lhe cabendo intervir no negócio. Acontece que, para ele, não faz diferença se paga para "A" ou "B". No entanto, deve ser informado a quem deve pagar, porquanto, se omitida a providência, desembaraça-se da obrigação satisfazendo a prestação para o anterior credor.

17.2. REQUISITOS PARA A CESSÃO

Os requisitos são os comuns para todos os contratos. Em princípio, tratando-se de um negócio jurídico de disposição, os requisitos são aqueles reclamados para a alienação de direitos ou bens, aplicando-se os princípios relativos à compra e venda quando onerosa a cessão, ou à doação, se gratuita.

Enquadrando-se a espécie como um contrato, são elementos indispensáveis os constantes do art. 104 do Código Civil: agente capaz, objeto lícito, possível, determinado ou determinável, e forma prescrita ou não defesa em lei. Daí aplicarem-se as disposições dos negócios nulos e anuláveis sobre a matéria, longamente disciplinadas nos arts. 166, 167 e 171, com remissões a dispositivos anteriores, sendo de realce aqueles que tratam dos negócios anuláveis por vícios ou defeitos do consentimento (erro ou ignorância, dolo, coação, estado de perigo, lesão e fraude). Sobre o assunto, ponderava Jefferson Daibert: "Tratando-se de um ato bilateral, o consentimento das partes é exigido para que o ato se efetive, razão por que poderá ser anulado, dependendo de estar ou não contaminado por qualquer dos vícios do consentimento, daqueles defeitos que projetam contra a manifestação da vontade, modificando-a de molde a causar prejuízo ao agente que a externou. Desde que o erro, dolo ou coação tenham exercido influência sobre a manifestação da vontade, desencontrando a vontade real com a vontade declarada, o ato estará inquinado de vício e poderá, por isso mesmo, ser anulado por quem de direito".[4]

Em essência, pode-se afirmar que unicamente as pessoas capazes podem transferir. Quanto aos menores e outros incapazes, mesmo fazendo-se representar ou assistir, necessitam da autorização judicial, devendo provar ser vantajoso o negócio. Observa Arnoldo

---
[2] *Direito Civil* – Parte Geral das Obrigações, ob. cit., vol. II, p. 345.
[3] *Instituições de Direito Civil*, ob. cit., 5ª ed., 1978, vol. II, pp. 309 e 310.
[4] *Das Obrigações* – Parte Geral, ob. cit., p. 358.

Wald: "A capacidade deve ser ampla, abrangendo a de alienar e ultrapassando os poderes de simples administração, não podendo assim realizar cessão de direito, sem autorização judicial expressa para tanto, o curador no tocante a crédito do curatelado".[5] Todavia, não permite a lei que se faça a cessão para o tutor, conforme o art. 1.749, inciso III: "Ainda com a autorização judicial, não pode o tutor, sob pena de nulidade: (...) III – constituir--se cessionário de crédito ou de direito, contra o menor". Vedação estendida ao curador de interdito, como emana do art. 1.774 do mesmo Código. Fortes razões recomendam a proibição. Certamente, restaria comprometido o interesse do menor ou incapaz, se autorizada a cessão. Não combinaria a aquisição com o dever de zelar e cuidar do patrimônio alheio. Pela mesma razão, não é tolerada a transferência de direitos ao testamenteiro, relativamente aos bens do contemplado no testamento.

Além dos incapazes, outras pessoas estão proibidas de transacionar os direitos. Assim o falido, apesar de considerado civilmente capaz, cujo crédito torna-se indisponível, devendo ser arrecadado ao ativo, não podendo ele praticar atos que se refiram direta ou indiretamente aos bens, interesses, direitos e obrigações (arts. 102 e 103 da Lei nº 11.101, de 9.02.2005).

De modo que requisito primeiro é a livre disposição dos bens, com a plena titularidade do crédito para a cessão incondicional e sem autorização judicial.

No tocante ao objeto, é evidente a exigência de que deve ser lícito, possível, determinado ou determinável, tanto no sentido físico como jurídico, posto que pressuposto para a validade de todo e qualquer contrato, conforme virá analisado no item seguinte.

Em princípio, não há necessidade de uma forma especial ou solene para o ato, segundo entende Sílvio Rodrigues: "A lei não impõe qualquer forma específica no que concerne às relações entre cedente e cessionário. Trata-se de negócio não solene e consensual, isto é, que independe de forma determinada. E se aperfeiçoa pelo mero consentimento das partes".[6]

No entanto, normas especiais existem. Assim na cessão de direitos relativos a imóveis, consoante o art. 108, sendo necessária a formalização através de escritura pública: "Não dispondo a lei em contrário, a escritura pública é essencial à validade dos negócios jurídicos que visem a constituição, transferência, modificação ou renúncia de direitos reais sobre imóveis de valor superior a 30 (trinta) vezes o maior salário mínimo vigente no País". Igualmente quando a cessão envolve a sucessão hereditária, isto é, a cessão de direitos hereditários, diante do art. 80, inc. II: "Consideram-se imóveis para efeitos legais: (...) II – o direito à sucessão aberta".

Quando lei especial admite a escritura por documento particular, a cessão segue a mesma forma de instrumento, como nos imóveis adquiridos através de financiamento pelo Sistema Financeiro da Habitação, regrado basicamente pela Lei nº 4.380, de 21.08.1964, cujo art. 61, § 5º, prescreve: "Os contratos de que forem parte o Banco Nacional de Habitação ou entidades que integrem o Sistema Financeiro da Habitação, bem como as operações efetuadas por determinação da presente lei, poderão ser celebrados por instrumento particular, os quais poderão ser impressos, não se aplicando aos mesmos as disposições do art. 134, II, do Código Civil, atribuindo-se o caráter de escritura pública, para todos os fins de direito, aos contratos particulares firmados pelas entidades acima citadas até a data da publicação desta Lei". O referido art. 134, inc. II, equivale ao art. 108 do atual Código Civil.

---

[5] *Curso de Direito Civil Brasileiro* – Obrigações e Contratos, ob. cit., 9ª ed., 1990, vol. II, p. 145.
[6] *Direito Civil* – Parte Geral das Obrigações, ob. cit., 17ª ed., 1987, vol. II, p. 331.

Já nas cessões de direitos relativos a promessas de compra e venda de imóveis loteados, basta o simples termo de trespasse, no verso do instrumento de contrato, ou um documento particular apropriado. É o que permite o art. 31 da Lei nº 6.766, de 1979: "O contrato particular pode ser transferido por simples trespasse, lançado no verso das vias em poder das partes, ou por instrumento particular em separado, declarando-se o número do registro do loteamento, ou o valor da cessão e a qualificação do cessionário, para o devido registro". Relativamente a imóveis não loteados, não existe uma referência expressa. O próprio Decreto-lei nº 58, de 1937, ao tratar do assunto, no art. 13, restringe-se a imóveis loteados, autorizando a cessão por mero trespasse. E seu art. 22, que estende algumas regras de promessas de venda a imóveis não loteados, silencia quanto à forma de cessão. Entrementes, não há razões plausíveis para se impedir a cessão como se procede para imóveis loteados, isto é, por simples termo de cessão, no próprio contrato, ou por mero instrumento particular.

Desde que verse a cessão sobre direitos reais, mostra-se indispensável a outorga uxória.

Os direitos nascidos dos títulos cambiários (nota promissória e letra de câmbio) cedem-se por meio da própria entrega dos títulos, perfectibilizando-se por intermédio do endosso, conforme art. 8º do Decreto nº 2.044, de 31.12.1908, e art. 11 da Lei Uniforme, aprovada pelo Decreto nº 57.663, de 24.01.1966. O Código Civil, nos arts. 893, 894, 904, 910 e 922, dentre outros dispositivos, também traz normas específicas sobre a cessão, que se denomina endosso. O mesmo aplica-se à duplicata, em decorrência do art. 25 da Lei nº 5.474, de 18.07.1968, ordenando a aplicação das regras relativas à letra de câmbio e nota promissória.

O endosso corresponde à transferência do próprio título, e assim impõe-se porque os títulos são negociáveis, impondo-se ao devedor o pagamento mediante a entrega a ele do título originário. O mesmo ocorre com as "ações ao portador" e os "títulos ao portador". Permanece elucidativa a justificação de Caio Mário da Silva Pereira, sobre a matéria: "É a própria natureza do crédito que o determina, pois nesses casos o instrumento não tem função meramente probatória, porém constitutiva, por ver que a forma se integra na substância do crédito ou na sua representação... O instrumento deve ser entregue ao cessionário como elemento integrativo da transferência em todos os casos em que tiver a função representativa do próprio crédito. É mesmo possível que o cedente deixe em branco o nome do cessionário; válida a cessão, mesmo que o claro do instrumento seja preenchido pelo próprio beneficiário".[7]

17.3. OBJETO DA CESSÃO E TITULARIDADE NO EXERCÍCIO DO DIREITO

De modo geral, qualquer direito é suscetível de cessão, desde que disponível e não sofra as contingências ou limitações de ordem pública ou convencional. Mais especificamente, desde que lícito, possível, determinado ou determinável no sentido físico e jurídico, como acontece em qualquer contrato. O art. 286 do Código Civil revela a real extensão: "O credor pode ceder o seu crédito, se a isso não se opuser a natureza da obrigação, a lei, ou a convenção com o devedor; a cláusula proibitiva da cessão não poderá ser oposta ao cessionário de boa-fé, se não constar do instrumento da obrigação".

---

[7] *Instituições de Direito Civil* – Teoria Geral das Obrigações, ob. cit., 5ª ed., 1978, vol. II, pp. 316 e 317.

O crédito é suscetível de transferência desde que não sofra ingerências especiais e não se destaque em razão da qualidade ou do tipo. Não importa que se encontre pendente de satisfação ou já esteja vencido; nem que decorra de um contrato particular, de um título público, de um testamento, de uma sentença; ou que provenha de uma atividade, de uma compra, de um ato gratuito. Para a limitação tem realce a natureza, ou o objeto. Em decorrência do tipo de crédito é que geralmente surge a impossibilidade da cessão. Mais abrangentemente vê Mário Júlio de Almeida Costa: "A incendibilidade de um crédito pode derivar de proibição da lei, de acordo das partes, ou ainda do facto de o crédito ser por sua natureza inerente à pessoa do respectivo titular. Daí que não sejam cedíveis os créditos com caráter estritamente pessoal, de que o direito a alimentos constitui um caso típico".[8]

Os alimentos, em vista do caráter assistencial, consideram-se crédito personalíssimo, não se admitindo a cessão. Igualmente quanto aos salários pelas razões que sustentam a impenhorabilidade, de sorte que a avença permitindo a um terceiro o recebimento está eivada de nulidade. Neste âmbito, não prevalecem os atos de vontade dirigidos a ceder garantias trabalhistas, ou parte da remuneração, ou o direito às férias, como se alguém transferisse o direito ao seu gozo para um colega de trabalho, preenchendo o seu lugar no respectivo período. Na mesma categoria encontram-se os direitos de previdência social, isto é, a aposentadoria e os demais benefícios. Destoa da natureza a que se destina a possibilidade de ceder o direito de se aposentar.

Outros direitos personalíssimos, não predominantemente patrimoniais, destacam-se. Não é cabível ceder os direitos decorrentes do poder familiar, e muito menos da tutela, da curatela, da filiação, do casamento, já que as funções e os deveres revelam interesse público, protegido pelo Estado, e porque a nomeação tem em conta o cumprimento de disposições legais.

Encontram-se alguns dispositivos no Código Civil vedando expressamente a cessão. O art. 1.414, relativamente ao direito de habitação, constitui um exemplo: "Quando o uso consistir no direito de habitar gratuitamente casa alheia, o titular deste direito não a pode alugar, nem emprestar, mas simplesmente ocupá-la com sua família". Também quanto ao usufruto, na forma do art. 1.393, o que não se estende ao seu exercício: "Não se pode transferir o usufruto por alienação; mas o seu exercício pode ceder-se por título gratuito ou oneroso". Ratificava a jurisprudência, em inteligência que se coaduna ao atual Código: "Se o direito de usufruto não pode ser alienado e, consequentemente, penhorado, pode, todavia, o seu exercício ser cedido, onerosa ou gratuitamente, a terceiro para que aufira os seus benefícios. E, como corolário, a penhora pode incidir nos frutos e rendimentos oriundos do exercício do usufruto".[9] O art. 298, que manteve a redação do art. 1.077 do Código revogado, exclui expressamente a cessão de créditos penhorados: "O crédito, uma vez penhorado, não pode mais ser transferido pelo credor que tiver conhecimento da penhora; mas o devedor que o pagar, não tendo notificação dela, fica exonerado, subsistindo somente contra o credor os direitos de terceiro". Acontece que, explicava Carvalho Santos, em doutrina que persiste atual frente ao atual Código, "uma das condições indispensáveis à transmissão do crédito é a sua disponibilidade; sem que o cedente possa dispor dele, não pode ocorrer a cessão, porque ninguém pode transferir o que não tem".[10]

---

[8] *Direito das Obrigações*, ob. cit., p. 558.
[9] *Embargos Infringentes* nº 110319, de 11.11.1969, do 2º Grupo de Câmaras do TA-SP, em *Revista dos Tribunais*, 412/208.
[10] Ob. cit., vol. XIV, p. 389.

Certos contratos, por sequer permitirem a transmissão de direitos a herdeiros, com maior razão impedem a cessão a terceiros. Tal acontece com o direito de revogar a doação, o que se depreende do art. 560, o qual veda a sua transmissão aos herdeiros do doador. Pelo art. 607, prevendo que o contrato de prestação de serviços acaba com a morte de qualquer das partes, pelo escoamento do prazo, pela conclusão da obra, pela rescisão do contrato mediante aviso prévio, por inadimplemento de qualquer das partes ou pela impossibilidade de continuação do contrato motivada por força maior, pressupõe-se a impossibilidade da cessão.

O mandato, cessando pela morte ou interdição de uma das partes, segundo o art. 682, inc. II, contém insitamente regra também proibindo a cessão, mas não impedindo o substabelecimento. Impede o art. 426 a contratação de herança de pessoa viva, decorrendo, daí, a impossibilidade da cessão da herança de pessoa viva.

Esses são alguns dos casos que a lei proíbe ou dela se extrai a proibição. Mas há, também, leis esparsas. Na Lei nº 8.245, de 1991, indispensável o consentimento do locador para a cessão do contrato pelo locatário, estatuindo o art. 13: "A cessão da locação, a sublocação e o empréstimo do imóvel, total ou parcialmente, dependem do consentimento prévio e escrito do locador". Graves as decorrências se ausente a concordância: "Se terceiro, estranho, passa a ocupar o imóvel, sem aquele consentimento expresso, apesar de se intitular cessionário, sublocatário, ou comodatário, não passa de esbulhador, contra quem o possuidor indireto, *v.g.*, o locador, pode mover a ação de reintegração de posse. O locador, se quiser, poderá optar pela ação de despejo contra o inquilino, mas esta última não é a única via adequada".[11] O benefício da justiça gratuita, para litigar judicialmente, é pessoal e, assim, intransferível, segundo norma do art. 99, § 6º, do Código de Processo Civil: "O direito à gratuidade da justiça é pessoal, não se estendendo a litisconsorte ou a sucessor do beneficiário, salvo requerimento e deferimento expressos."

Além da natureza da obrigação e da lei, a convenção das partes é fator de óbice para a transferência dos créditos. Expunha Caio Mário da Silva Pereira, lembrando que, a respeito, coincidem as ordens do antigo e do atual Código Civil: "Finalmente, podem as partes ajustar cláusula impediente da cessão de crédito, seja de modo absoluto, seja relativo, isto é, vedando qualquer transferência, como, em exemplo corrente, a que proíbe ao locador ceder a locação; ou estabelecendo restrições, ou somente permitindo-a sob determinadas condições. Aqui, referimo-nos a direitos por natureza cessíveis, e que se tornam intransferíveis por força do ajuste, pois que este é desnecessário se contrariamente à transferência milita já uma proibição legal ou natural".[12]

Neste ponto, a matéria torna-se controvertida, ensejando dúvidas. Não é fácil justificar a intransmissibilidade com força em convenção, em se tratando de direitos disponíveis. Admite-se como justa e aceitável a recusa pelo credor quanto a um crédito que tem de natureza pessoal, como o de fazer ou de prestar a obrigação. Todavia, impedir que alguém transfira um crédito constituído de obrigação de fazer não encontra suporte na razoabilidade, embora autorize o art. 286 do vigente Código, e autorizava o art. 1.065 do Código anterior. Talvez possam aparecer motivos justificáveis ao devedor, como a perda da segurança na satisfação da contraprestação. Mas, em não havendo uma contraprestação? Parece que inconcebível a oposição pelo devedor. Bater-se pela intransferibilidade

---

[11] Apel. Cível nº 422.898-00/4, da 2ª Câm. Civil do 2º TACiv.-SP, de 06.02.1995, em *Revista dos Tribunais*, 724/369.
[12] *Instituições de Direito Civil*, ob. cit., 5ª ed., 1978, vol. II, p. 314.

unicamente com base no pacto do *non cedendo*, ou por força da soberania das vontades, sem aventar razões plausíveis, constitui fato lesivo aos interesses do credor.

Um aparente motivo daria margem à inconformidade: quando o credor, em contratos de promessa de compra e venda, ao final dos pagamentos, está obrigado a transferir definitivamente o domínio do bem. Cedendo o crédito, desinteressa-se em cumprir a sua parte do contrato, compromisso que não se concentra no poder do cessionário. Mesmo assim, assiste ao devedor que solveu as prestações a ação competente de execução de obrigação de dar ou fazer, dirigida contra o credor já satisfeito das prestações.

Quanto ao exercício dos direitos decorrentes da cessão, reserva-se unicamente ao cessionário. Assim extraía-se do Código anterior e se retira do Código atual. Uma vez levada a efeito a cessão, não remanesce ao cedente qualquer pretensão decorrente de seu objeto – matéria manifestada na seguinte ementa de um acórdão, cuja orientação perdura aplicável: "É inviável em nosso ordenamento jurídico a cisão do direito subjetivo, de sorte a permitir que este, em si mesmo, seja transferido, permanecendo com o transmitente a pretensão correspondente. Ninguém pode, em nome próprio, pleitear direito alheio. Ilegitimidade de parte do exequente". Vêm os fundamentos neste trecho do voto: "É que o CPC, com total clareza, dispõe no seu art. 6º: 'Ninguém poderá pleitear, em nome próprio, direito alheio, salvo quando autorizado por lei'. E a lei realmente traz exceções ao princípio geral, tais a ação popular (Lei nº 4.171/65, art. 1º); o mandado de segurança (art. 3º da Lei nº 1.533/51); e as hipóteses genéricas da substituição processual (ou legitimação anômala), assim a do MP para pleitear anulação de casamento perante autoridade incompetente (CC, art. 208, II); a dos parentes para anular casamento dos que não atingiram a idade núbil (CC, art. 213, III); e a do credor na falência, para a *actio revocatoria* na omissão do síndico (LF, art. 55)".[13] Os arts. 208, inc. II, e 213, inc. III, do Código Civil anterior, no texto referido, correspondem aos arts. 1.549 e 1.552 do vigente Código. Por sua vez, o art. 55 da anterior Lei de Falência corresponde ao art. 132 da atual Lei nº 11.101, de 2005. Ainda, o referido art. 6º da lei processual corresponde ao art. 18 do CPC/2015.

Bem colocou a matéria Clóvis do Couto e Silva: "A verdade é que, para que se possa litigar em nome próprio direito alheio, é necessário que a lei assim o permita ou determine (v. Nikisch, *Zivilprozessrecht*, Tübingen, 1952, § 31, p. 31, p. 120). Nikisch escreveu, aliás (loc. cit.), que não se pode raciocinar no processo em termos de autonomia da vontade, não sendo aplicável, por igual, o § 185 do BGB: 'Mit der Vertragsfreiheit lässt das nicht begründen da es diese im Prozess nicht gibt [Isto não pode ser justificado com a liberdade contratual porque esta não existe no processo]'. Os casos mais conhecidos dessa separação entre a titularidade do direito material e a legitimação processual são, como ninguém ignora, o síndico na falência e o inventariante nos processos de inventário. Mas a pergunta que se poderia fazer é a se seria possível atribuir essa faculdade a um terceiro sem que existisse a intermediar essa transferência de poderes a competente e necessária procuração, pois, segundo o art. 1.288 do CC, a procuração é o instrumento do mandato."[14] O citado art. 1.288 é do CC/1916, correspondendo ao art. 653 do CC/2002.

---

[13] Apel. Cível nº 189028178, da 4ª Câm. Cível do Tribunal de Alçada do Rio Grande do Sul, de 11.05.1989, colacionada em *Cessões de Crédito e de Direitos Interpretada pelos Tribunais*, de Wilson Bussada, São Paulo, Editor – Edições Profissionais Ltda., 1992, p. 30.

[14] Cessão de Crédito, em *Doutrinas Essenciais – Obrigações e Contratos*. Edições Especiais Revista dos Tribunais, Vol. II (Obrigações: Funções e Eficácia), Thomson Reuters, Revista dos Tribunais. São Paulo. 2ª tir., orgs. Gustavo Tepedino e Luiz Edson Fachin, p. 77.

Importante adendo vem no tópico final do art. 286 do Código Civil: não tem efeitos perante cessionários de boa-fé a cláusula proibitiva de cessão, se não vier expressa no instrumento da obrigação. Não é possível opor ao cessionário a cessão, a menos que expressamente conste a proibição no instrumento do contrato ou do crédito cedido. Sabe-se que é comum a cessão de contrato, especialmente nos contratos de promessa de compra e venda de imóveis loteados ou não, de financiamento de imóvel habitacional, de aquisição de bens mediante pagamento a prestações, como na compra e venda com reserva se domínio, e até no arrendamento mercantil. Para inviabilizar a cessão, há de constar no instrumento a impossibilidade. Do contrário valerá a transmissão.

Assim, procurando evitar que perdurem as controvérsias que grassavam ao tempo do Código revogado, prevalece como princípio a possibilidade da cessão, desde que não violadas as proibições do art. 286. Para impedir a transferência, mister que o cessionário tenha ciência da vedação, o que acontecerá se ficar consignada no instrumento do qual se originou o direito ou o crédito.

17.4. ESPÉCIES DE CESSÃO

Costuma-se distinguir algumas espécies de cessão, como a "convencional", a "legal", e a "judicial".

Ocorre a primeira quando estabelecida ou contratada pelas partes. "É aquela que se realiza mediante acordo espontâneo entre as partes, cedente e cessionário, subordinando-se a cláusulas de seus mútuos interesses", elucidava Jefferson Daibert.[15]

A segunda decorre de lei, ou vem determinada pelo direito positivo, nela não interferindo a vontade das partes. O crédito passa para outra pessoa em vista do comando de uma norma. Exemplo bastante forte encontra-se nos loteamentos inacabados, quando os loteadores não completam a implantação com todos os equipamentos urbanos, ou sequer conseguem realizar o registro imobiliário. Ordena o art. 40, § 1º, da Lei nº 6.766, de 1979, a suspensão do pagamento das prestações pelo que prometeu adquirir. O Município, uma vez regularizado pelo mesmo o loteamento, habilita-se a proceder ao levantamento das prestações satisfeitas e depositadas, de acordo com o § 1º do art. 40 da Lei do parcelamento do solo urbano.

O art. 287 da lei civil contempla esta cessão no tocante aos acessórios de uma dívida principal: "Salvo disposição em contrário, na cessão de um crédito abrangem-se todos os seus acessórios". De modo que, transferindo o credor um crédito para outrem, é normal que acompanham os juros, a cláusula penal, as garantias que o protegem. Já no tocante à sub-rogação, nas previsões do art. 346, verifica-se a transferência do crédito que tinha o credor em favor de quem efetua o pagamento em nome do devedor. A fiança é caso típico: recebe o fiador que paga o crédito que tinha o credor. Já no seguro encontra-se outro exemplo. O segurador, indenizando o segurado pelas decorrências de um sinistro, fica sub-rogado nos direitos que tinha aquele contra o causador do dano.

A terceira é imposta pelo juiz, em sentença. Exemplo comum encontra-se nas partilhas e juízos divisórios, falecendo o credor de um dos quinhões. Os herdeiros ocupam seu lugar, devendo a sentença referir a circunstância. Igualmente quando algum credor, em uma ação indenizatória, falece, sendo, então, substituído pelos herdeiros.

---

[15] *Das Obrigações* – Parte Geral, ob. cit., p. 369.

Há, também, a cessão *pro soluto* e *pro solvendo*, admitida no direito anterior e perdurando no atual, expressões que designam, respectivamente, a quitação ou não de uma obrigação, no seguinte quadro: uma pessoa tem um crédito a receber; ao mesmo tempo, é devedora perante um terceiro; ela transfere a este terceiro o crédito que tem a receber; acertando que a mera cessão quita a sua dívida, caracteriza-se a cessão *pro soluto*; se combinado que a quitação de sua dívida fica na dependência do pagamento pelo devedor, tem-se a cessão *pro solvendo*. É a explicação de Serpa Lopes, ao considerar que na *pro soluto* "há plena quitação da dívida do cedente para com o cessionário", enquanto a *pro solvendo* acontece "quando alguém transfere a outrem de quem é devedor o direito de receber o valor de um crédito de terceiro seu devedor, continuando obrigado perante o cessionário se este não for pago".[16] Tal o sentido que lhe emprestava a jurisprudência, e perdura valendo a inteligência: "A cessão de crédito em que se condiciona a quitação aos futuros pagamentos caracteriza a cessão *pro solvendo*, ou seja, aquela em que a obrigação não se extingue de imediato, mas somente à medida que o crédito for resgatado, sendo que, neste caso, o cedente é quem corre o risco da insolvência do devedor cedido". Segue-se, no corpo do acórdão, com amparo na doutrina de Maria Helena Diniz: "É que na cessão *pro soluto* o débito do cedente é imediata e totalmente quitado com a transferência do crédito. Já na cessão *pro solvendo* a inteira extinção da obrigação existente entre cedente e cessionário somente se opera quando o cedido quitar seu débito, entregando o pagamento ao cessionário".[17]

Conhecem-se outras divisões, de reduzida importância, como a cessão "onerosa" ou "gratuita", segundo decorra ou não contraprestação no ato de transferir; e a "total" ou "parcial", conforme envolver a totalidade ou parte do crédito.

17.5. SEMELHANÇA COM INSTITUTOS AFINS

Várias figuras afins aproximam-se da cessão, cumprindo que se delineiem as diferenças.

Relativamente à compra e venda, corresponde a mesma à transferência de um objeto corpóreo, de um direito real, com efeitos *erga omnes*, que se perfectibiliza com a tradição, enquanto a cessão versa sobre créditos ou direitos, ou aquilo que alguém tem a receber.

Não se confunde a cessão com a novação, eis que envolve esta a extinção de uma dívida antiga, em cujo lugar emerge uma nova; já na primeira opera-se unicamente mudança no polo ativo do crédito.

Ressalta a distinção com a sub-rogação, figura que pressupõe a transferência ao novo credor de todos os direitos, ações, privilégios e garantias que assistiam ao primitivo, em razão, dentre outras hipóteses, do pagamento de dívida do devedor. Na cessão, o crédito transfere-se a outra pessoa por causa de um negócio, ou de um contrato, e não basicamente porque houve o pagamento em favor de um devedor. No entanto, uma vez feita a cessão, subjacentemente opera-se a sub-rogação, eis que o cessionário assume a posição do cedente, nos direitos e na qualidade do crédito. Todos os direitos que tinha o cedente transferem-se para o cessionário. Aquilo que era reservado ao primeiro passa para o segundo. E se o devedor podia contestar o crédito antes da cessão, o mesmo poderá fazer após tal ato.

---

[16] *Curso de Direito Civil* – Obrigações em Geral, ob. cit., vol. II, pp. 454 e 455.
[17] Apelação Cível nº 43.113-7/188, da 2ª T. Julgadora da 1ª Câm. Cível do TJ de Goiás, de 09.09.1997, em *Revista dos Tribunais*, 749/365.

Quanto ao endosso de títulos de créditos, pode-se afirmar, malgrado entendimentos divergentes, que não passa de uma cessão de crédito. Há na espécie a transferência de crédito. No tocante aos títulos cambiários, prevê-se uma forma especial, consistente na transferência do título em si, como analisado acima, enquanto a cessão propriamente dita não exige a tradição do título. Todavia, na essência há transferência de crédito. Procura Serpa Lopes indicar a diferença na extensão da defesa: "Enquanto o devedor pode opor tanto ao cessionário como ao cedente as exceções que lhe competirem no momento em que tiver conhecimento da cessão (Cód. Civ., art. 1.072), nenhuma oponibilidade assiste ao devedor em face do endossatário, salvas aquelas exceções literais e não literais consagradas expressa e restritamente pela lei cambial (art. 51 da Lei nº 2.044)".[18] O citado art. 1.072 equivale ao art. 294 do atual Código.

Ocorre, entrementes, que vai perdendo consistência a abstratividade dos títulos cambiários, permitindo-se a ampla defesa, na visão de João Eunápio Borges: "Firmada a declaração, fatos impeditivos como a incapacidade do signatário; a ausência de uma vontade livre e consciente; e a discordância entre a vontade real e o conteúdo da declaração cambial, podem obstar à existência ou à validade da obrigação, que dela devia resultar. Esses fatos impeditivos se baseiam na falta ou nos vícios da vontade.

Constituída validamente a obrigação cambial, podem surgir fatos modificativos ou extintivos de seus efeitos, os quais serão cambiários ou extracambiários. Entre os primeiros inclui-se a quitação exarada no título, de relevância absoluta em relação a todos, porque do próprio título resulta a modificação ou a extinção da força obrigatória do negócio cambiário". Estende a defesa ampla ao próprio avalista, "desde que lhe seja possível fazer prova literal do pagamento".[19]

Observa-se, ainda quanto ao endosso, a regra do art. 8º, § 2º, do Decreto nº 2.044, de 1908: "O endosso posterior ao vencimento da letra tem o efeito de cessão civil". Significa afirmar que equivale plenamente à cessão, incidindo, *v.g.*, os arts. 294 e 295 do diploma civil, pelos quais, respectivamente, tornam-se oponíveis, ao possuidor do título, as exceções permitidas opor ao endossante, e desaparece a garantia da solvência do devedor pelo endossante, a não ser quanto à existência de crédito até o momento do endosso.

17.6. OS ACESSÓRIOS NA CESSÃO DE CRÉDITO

A regra da abrangência dos acessórios na cessão do crédito principal encontra-se no art. 287, como já referido: "Salvo disposição em contrário, na cessão de um crédito abrangem-se todos os seus acessórios". Vários os acessórios que podem acompanhar um crédito, nomeando-se os juros, os frutos ou rendimentos, as garantias (penhor, hipoteca, anticrese, fiança, aval), as cláusulas penais, as estipulações relativas à escolha do foro, os direitos de preferência e privilégios, o direito de optar nas obrigações alternativas, a forma de satisfação, os prazos estabelecidos, o lugar onde se efetuará a entrega do valor, as perdas e danos. Acrescentavam Planiol e Ripert, na espécie de acessórios, os frutos ou interesses, e assim os juros, que, em princípio, "siguen la suerte del capital, salvo pacto en contrario".[20] Uma vez transferido o crédito, tal gama de acessórios passam para o cessionário. Irrelevante que nada tenha sido convencionado. Acompanham os acessórios

---

[18] *Curso de Direito Civil – Obrigações em Geral*, ob. cit., vol. II, p. 457.
[19] *Do Aval*, 4ª ed., Rio de Janeiro, Forense, 1975, p. 173.
[20] *Tratado Práctico de Derecho Civil Francés*, ob. cit., t. 7º, 2ª parte, p. 451.

em virtude de lei, lembrando Antônio Chaves: "Nestas condições, mesmo que as partes nada tenham convencionado, os direitos que se destinam apenas a garantir ou facilitar a realização do crédito, como a hipoteca, o penhor, a anticrese e a fiança, são abrangidos na cessão. O mesmo ocorre com as penas convencionais".[21]

Para a exclusão de acessórios, como dos juros, ou dos rendimentos, exige-se a referência expressa. Procura-se enfatizar que os vencidos pertencem, de direito, ao cedente. Todavia, se se procede a cessão de um crédito, a dedução é que se transfere tudo quanto advém do mesmo. Não tendo o cedente recebido os juros já devidos, e efetuando a cessão pura e simples, sem nada ressalvar, a conclusão mais lógica assenta-se na abrangência de tais acessórios.

17.7. A CESSÃO RELATIVAMENTE A TERCEIROS

No pertinente às partes, não se requer forma especial. Nem o registro público é necessário. Os contratantes ficam obrigados ao cumprimento pelo mero contrato, por não exigir a forma solene, bastando a mera declaração de vontade. A matéria ficou analisada no item nº 2 do presente capítulo.

Para efeitos de se impor perante terceiros há de se observar a norma do art. 288: "É ineficaz, em relação a terceiros, a transmissão de um crédito, se não celebrar-se mediante instrumento público, ou instrumento particular revestido das solenidades do § 1º art. 654".

Ordena-se a devida publicidade para a validade *erga omnes*, e, assim, não evitar possível frustração futura em prejuízo ao cessionário.

Efetuada por documento particular, seguem-se as exigências do § 1º do art. 654, onde se lê: "O instrumento particular deve conter a indicação do lugar onde foi passado, a qualificação do outorgante e do outorgado, a data e o objetivo da outorga com a designação e a extensão dos poderes conferidos".

Obviamente, ao invés de outorga e extensão de poderes conferidos, que constam no preceito, se consignarão o objeto e a delimitação da cessão, em todas as suas particularidades.

Depreende-se do dispositivo a sua aplicação a qualquer tipo de cessão, e não unicamente quanto aos imóveis. No entanto, quanto a estes, não ficam dispensadas as regras próprias.

Uma vez celebrada a avença por documento particular, com a assinatura de duas testemunhas, e restritamente a móveis, não se requer o registro público para valer contra terceiros. Veja-se, a respeito, o art. 129, item 9º, da Lei nº 6.015/1973 (Lei dos Registros Públicos), na redação da Lei nº 14.382/2022, que retirou o registro previsto no texto anterior, dos instrumentos de cessão de direitos e de créditos: "Estão sujeitos a registro, no Registro de Títulos e Documentos, para surtir efeitos em relação a terceiros: (...) nº 9º 'os instrumentos de sub-rogação e de dação em pagamento'". Basta, pois, que se faça a prova da cessão.

Todavia, existe a ressalva no tocante a imóveis. A regra do art. 288 não afasta aquelas normas que disciplinam a transferência e a cessão de direitos concernentes a imóveis. Para a cessão de direitos relativos aos mesmos, sempre se faz necessária a escritura pública (exceto naqueles casos em que leis especiais permitem o contrato particular, como no Sistema Financeiro da Habitação, regrado pela Lei nº 4.380, de 1964), segundo advém do art. 108. E a fim de valer contra terceiros, não é suficiente a dita forma. Imprescindível

---

[21] *Tratado de Direito Civil – Direito das Obrigações*, ob. cit., vol. II, t. I, p. 356.

o registro imobiliário, aliás previsto no art. 167, nº 9, da Lei nº 6.015/1973, onde é contemplado o registro de contratos de compromisso de compra e venda, de cessão deste e de promessa de cessão de "imóveis não loteados e cujo preço tenha sido pago no ato de sua celebração, ou deva sê-lo a prazo, de uma só vez ou em prestações". Ora, para a cessão, imprescindível que haja um compromisso. Unicamente assim viabiliza-se a cessão de direitos ou créditos. Não tem sentido a cessão de uma compra e venda. O ato exigido será o de transferência do bem, que consiste na compra e venda.

A doutrina de Washington de Barros Monteiro trilha em tal entendimento, perdurando a sua aplicabilidade, eis que não alterada a ordem do Código vigente em relação ao anterior: "Dissemos que, em regra, a cessão convencional não exige forma especial. Entretanto, nos contatos em que a escritura pública seja da substância do ato, a cessão efetuar-se-á também por escritura pública. Nessas condições, na cessão de crédito hipotecário ou de direitos hereditários, só por escritura pública se admite o ato".[22]

Como terceiros, enquadram-se aqueles que não participaram da avença, ou as demais pessoas, excluídos o cedente, o cessionário e seus herdeiros. Caio Mário da Silva Pereira fazia a discriminação: "Assim é terceiro o devedor do crédito transferido; qualquer outro cessionário; o credor pignoratício que recebeu em caução o crédito cedido, como qualquer credor quirografário do cedente".[23] O devedor do crédito, porém, parece que não se inclui como terceiro, posto que, na previsão do art. 290, como já impunha o art. 1.069 do Código revogado, é exigida a sua notificação, ponderando Franzen de Lima: "O devedor-cedido, embora não participe da cessão, não é terceiro para os fins da lei, ou será um terceiro restritamente considerado, tanto que, para ele, há dispositivo especial para a validade da cessão, no que lhe toca".[24]

Quanto à cessão de crédito hipotecário, assegura o art. 289 o direito ao cessionário de efetuar o registro: "O cessionário de crédito hipotecário tem o direito de fazer averbar a cessão no registro do imóvel".

Normalmente, a hipoteca se encontra registrada. À margem do respectivo registro averba-se a cessão do crédito garantido.

Se a cessão de crédito se opera por lei ou em virtude de sentença, não é exigido o documento público ou particular assinado por duas testemunhas. Acontece que a lei e a sentença já emprestam o caráter público ao ato. Haveria uma repetição desnecessária se outro documento se impusesse.

Como cessões operadas por lei destacam-se, na relação apresentada por Carvalho Santos, aquelas feitas "em favor do fiador, do corréu *debendi*, do devedor hipotecário, dos que, enfim, obrigados com outrem ou por outrem, tenham, em via de regresso, direito ao reembolso, ou seja, de reaver o que pagaram pelo devedor principal, ou pelo codevedor. Ocorre, ainda, quando o possuidor de herança, ou coisa singular, é obrigado a restituí-la a outrem, devendo ceder as ações que lhe competem contra terceiros". As efetuadas por sentença exemplificam-se, segue o autor, nas ordenadas "no juízo divisório", em "sentença condenatória, que supre a declaração da cessão de quem era obrigado a fazê-la". Finalizando: "Todas as questões entre o mandante e o mandatário, entre o dono do negócio e

---

[22] *Curso de Direito Civil – Direito das Obrigações*, ob. cit., 1ª parte, p. 379.
[23] *Instituições de Direito Civil*, ob. cit., 5ª ed., 1978, vol. II, p. 317.
[24] *Curso de Direito Civil Brasileiro*, ob. cit., vol. II, p. 357.

o gestor, podem dar lugar a que seja declarado o direito do mandante ou do negócio, de maneira a equivaler, em casos dados, a uma verdadeira cessão judicial".[25]

17.8. NECESSIDADE DE NOTIFICAÇÃO DO DEVEDOR

O devedor do crédito cedido deve ser notificado, de modo a ficar sabendo a quem vai pagar. Na falta da providência, valerá, para ele, o pagamento procedido ao cedente. Ignorando a cessão, advertia Roberto de Ruggiero, "pode ainda pagar ao seu credor originário e tem o direito de, pagando a ele, se libertar".[26] É o que se dessume do art. 290: "A cessão do crédito não tem eficácia em relação ao devedor, senão quando a este notificada; mas por notificado se tem o devedor que, em escrito público ou particular, se declarou ciente da cessão feita".

O dispositivo não enseja maiores dúvidas. Todavia, esclarece-se que o ato público (escritura pública) da cessão não dispensa a medida de comunicação documentada, necessária, justificava Mário Júlio de Almeida Costa, para "atribuir eficácia quanto a terceiros".[27]

Ao credor-cedente compete levar a cabo a comunicação, que se procede mediante a via judicial ou extrajudicial. Não encetando a providência, parece viável ver má-fé na omissão, quiçá com finalidade escusa de enriquecimento indevido. No entanto, não é subtraído o direito de o cessionário proceder a notificação, tanto que interessado direto em receber o crédito. Poderá surgir oposição de parte do obrigado, eis que contraída a dívida junto ao cedente, máxime se o título não for cambiário, ou ao portador. Desconhecendo até onde vai a legalidade da operação, ou a seriedade da transferência, encontra razoável coerência a negativa em saldar a prestação, quando do vencimento.

Sobre a comunicação, ementou-se, continuando a atualidade do *decisum*, porquanto perdura o sistema do Código anterior: "Tendo o mutuário transferido seus direitos para terceiro, sub-rogando-se o adquirente nas obrigações e direitos decorrentes do contrato, e permanecendo a mesma garantia, a transação não importou em violação à lei nem divergiu da orientação jurisprudencial. A comunicação que teria de ser feita ao credor hipotecário restou superada pela intervenção do agente financeiro no processo".[28]

O art. 292, em sua primeira parte, robora as assertivas acima, ao estabelecer que "fica desobrigado o devedor que, antes de ter conhecimento da cessão, paga ao credor primitivo". Nota-se quase idêntico conteúdo ao do art. 290. Mas avança um pouco mais, ao considerar como feito o pagamento quando o devedor não tiver "conhecimento" da cessão. Por conseguinte, uma vez lograda a prova da ciência da cessão por meios diferentes que a notificação, não importando qual o caminho utilizado, e mesmo assim pagando o devedor para o credor primitivo, não se exime de saldar novamente, agora ao cessionário. Acrescenta-se que o ônus da prova da ciência é de quem alega, porquanto se trata de fato constitutivo do direito.

Não aparece a previsão de um prazo para se notificar. Tem sido admitida a sua formalização até o momento em que é pago o crédito.

---

[25] Ob. cit., vol. XIV, pp. 352 e 353.
[26] *Instituições de Direito Civil*, ob. cit., vol. III, p. 163.
[27] *Direito das Obrigações*, ob. cit., p. 563.
[28] *Recurso Especial* nº 31.135-AL, da 2ª T. do STJ, de 06.12.1995, em *Revista dos Tribunais*, 729/151.

17.9. MULTIPLICIDADE DE CESSÕES

O art. 291 aventa situações de múltiplas cessões de idêntico crédito: "Ocorrendo várias cessões do mesmo crédito, prevalece a que se completar com a tradição do título do crédito cedido". Ao que se percebe do dispositivo, trata-se da hipótese em que o cedente transfere o mesmo crédito, por diversas vezes. Procede indevidamente, ou com má-fé, prejudicando terceiros que desconheciam a cessão anterior. Não tem preferência em receber aquele que recebeu a notificação em primeiro lugar, solução adotada em algumas legislações. O cessionário que se apresentar com o título do crédito cedido merecerá o recebimento do crédito. Portanto, havendo quem tenha o título, nele recairá a preferência. Resta claro que se existiu a cessão, algum documento deve representá-la.

Mas, não é incomum a inexistência de título, ou a apresentação de títulos do mesmo teor jurídico por todos aqueles que se habilitam. Como proceder, então? A solução está na atitude que encetará o devedor. Como desconhece quem mereça o recebimento do crédito cedido, e já que sua dívida era para com o cedente, o melhor caminho consiste na retenção do valor até que se lhe seja apresentada uma solução adotada pelos cessionários do crédito. Não lhe é permitido o pagamento ao portador do título que ele preferir. Se pagar erradamente, está sujeito a pagar novamente. Daí a necessária cautela de que se deve munir. Outra forma de solução está na consignação em pagamento. Depositará o valor ou a coisa em juízo, com o pedido de citação dos cessionários dos quais recebeu a notificação. Posteriormente, uma vez consignada a prestação, afasta-se do processo, desenvolvendo-se a lide entre os pretendentes do crédito.

O art. 292 igualmente contém regra sobre a matéria, mas na perspectiva do devedor, tornando-se a transcrever: "Fica desobrigado o devedor que, antes de ter conhecimento da cessão, paga ao credor primitivo, ou que, no caso de mais de uma cessão notificada, paga ao cessionário que lhe apresenta, com o título da cessão, o da obrigação cedida; quando o crédito constar de escritura pública, prevalecerá a prioridade da notificação".

Importa, aqui, a segunda parte do dispositivo, visto que, no tocante ao pagamento antes da comunicação, o assunto foi estudado no item anterior. Pela regra do dispositivo, segue-se o núcleo inserido no art. 291, isto é, tem preferência em receber o cessionário que exibir, com o título da cessão, o da obrigação cedida. Todavia, se um dos cessionários averbou a cessão junto ao registro da hipoteca, a preferência será deste, eis que seu crédito está garantido pelo direito real, configurando-se como privilegiado perante os demais.

Consta da parte final do art. 292 um adendo que complica a situação: constituindo-se por escritura pública a cessão, não terá preferência aquele que por primeiro apresentar o título da obrigação cedida, mas o titular que procedeu a notificação com prioridade. Está-se diante de uma exceção relativamente à solução que dá primazia ao que se antecipa portando o título da cessão juntamente com o da obrigação. A forma da escritura pública traz uma garantia ao credor. Mesmo que o crédito representado por documento particular anteceda o feito por instrumento público, a lei favorece este último, para a satisfação, se levado este à notificação com prioridade ante outros créditos.

17.10. ATOS CONSERVATÓRIOS PELO CESSIONÁRIO E A DEFESA RESERVADA AO DEVEDOR

É de se destacar, em primeiro lugar, a norma do art. 293: "Independentemente do conhecimento da cessão pelo devedor, pode o cessionário exercer os atos conservatórios do direito cedido". Ao que recebe um crédito assegura-se o uso dos remédios judiciais admissíveis para a defesa de seu crédito. Nesta ênfase, pode promover a busca e apreensão de um título, ou pleitear o seu sequestro, de modo que não proceda o cedente a transferência a terceiros. A cessão opera o reconhecimento de direitos próprios de quem tem a titularidade de um bem, não importando que o devedor desconheça a transferência do crédito.

Inclusive perante o devedor asseguram-se os meios de defesa. Se ele deve efetuar o pagamento, e está desbaratando seu patrimônio, assiste ao cessionário as medidas de proteção, como a averbação, no registro de imóveis, de protesto contra a alienação, ou a busca e apreensão do bem objeto do crédito cedido, e que está o devedor obrigado a entregar ao seu credor.

Com a introdução do preceito, se confere ao instituto da cessão maior força e segurança, dadas as garantias outorgadas ao cessionário.

De outro lado, não tem a cessão o condão de afastar possíveis vícios ou precariedades do crédito cedido. Ele transfere-se com as mesmas vicissitudes que tinha quando se encontrava em poder do cedente. Ao proceder-se a cessão, o cessionário, na verdade, sub-roga-se na posição do cedente: todos os direitos que tinha o último transferemse para aquele, inclusive quanto à qualidade do crédito. Há uma sucessão de direitos, porquanto dá-se apenas a mutação subjetiva, ou da titularidade do crédito. Não é atingida a qualidade do crédito. Se este, *v.g.*, apresentava vícios; ou se a prazo, a termo; se dependente de condição resolutiva ou suspensiva; se contratado para pagamento no domicílio do cedente, o cessionário sujeita-se a tais percalços ou deficiências.

Nesta ordem, não arreda a cessão os meios de defesa que tem o devedor contra o cessionário, e que tinha em relação ao cedente quando do conhecimento da cessão, e que figurava como seu credor. É a regra do art. 294: "O devedor pode opor ao cessionário as exceções que lhe competirem, bem como as que, no momento em que veio a ter conhecimento da cessão, tinha contra o cedente".

Não há, pois, para o devedor qualquer mudança de seu direito pelo fato da cessão. As defesas que lhe eram asseguradas antes continuam a ser exercitáveis depois. Expressava Carvalho Santos a permanência do direito assegurado ao devedor, observando a atualidade da lição, dada a mesma linha de conteúdo que conserva o vigente Código, em relação ao anterior: "Por outro lado, assim como, por efeito da cessão, o cessionário passa, em regra, a exercer os mesmos direitos do cedente, nada de anormal em ficar o devedor com o direito de opor-lhe as mesmas exceções que lhe competiam contra o cedente. Mesmo porque a cessão não poderia tornar os direitos do cessionário mais amplos contra o devedor".[29]

Inexistindo o crédito, ou encontrando-se prescrito, ou apresentando vício de origem, tais fatores de isenção de pagamento não ficam prejudicados. Karl Larenz aponta mais situações: "Frente al crédito derivado de un contrato bilateral – p. ej., un crédito consistente en el precio de la compraventa – el deudor puede invocar contra el cesionario el hecho de no haber recibido aún la contraprestación: según la idea fundamental de los contratos bilaterales, solamente está obligado a cumplir simultáneamente con la parte contraria. Basta que la excepción se funde en el contenido de la relación obligatoria y en su desarrollo hasta la cesión, aunque sólo más tarde llegue a ser eficaz; así el deudor

---
[29] Ob. cit., vol. XIV, p. 370.

puede invocar la prescripción aunque el plazo de ésta concluya después de que haya tenido lugar la cesión".[30]

Se, no entanto, algum fato novo aparecer após a cessão, relativamente ao cedente, não atinge o cessionário. Suponha-se que o devedor se tornou também credor do cedente, ensejando a compensação. Não refletirá a nova situação no crédito do cessionário. Não é permitida a compensação futura, desde que notificado da cessão o devedor. Como ele é obrigado a pagar ao cessionário apenas depois da comunicação, perduram as relações entre as partes originárias até o momento da efetiva ciência.

Não é demais ressaltar que, se ao devedor se reservam, em relação ao cessionário, unicamente as defesas que tinha contra o cedente à época da cessão, tal restrição não alcança as defesas pessoais por razões já existentes ou que surgirem posteriormente, possíveis de suscitação a qualquer tempo.

17.11. RESPONSABILIDADE DO CEDENTE PELA EXISTÊNCIA DO CRÉDITO

O mínimo que se exige do credor é a garantia da existência do crédito transferido. Não há como admitir que transfira algo sem a devida segurança, ou sem responsabilizar-se pela seriedade do negócio. Não valerá a cessão se eivado de vícios o crédito, ou se já satisfeito, ou se inexistiu a causa que deu origem ao mesmo. O pensamento de Ruggiero ressalta: "É uma obrigação natural, inerente ao negócio e que se considera assumida mesmo quando a cessão tenha sido contratada sem garantia".[31] Mostra-se incisivo o Código no art. 295: "Na cessão por título oneroso, o cedente, ainda que não se responsabilize, fica responsável ao cessionário pela existência do crédito ao tempo em que lhe cedeu; a mesma responsabilidade lhe cabe nas cessões por título gratuito, se tiver procedido de má-fé".

Em todos os contratos que envolvem a cessão há de se garantir a existência do crédito. No desconto bancário, transfere-se à instituição financeira o título, recebendo o credor adiantadamente o valor respectivo. Não tendo causa a emissão, no entanto, em se tratando de duplicatas, há a responsabilidade penal, consoante o art. 26 da Lei nº 5.474/1968, pois trata-se de conduta estelionatária, ensejando o enriquecimento indevido.

A existência do crédito envolve vários aspectos: a veracidade do crédito; a ausência de vícios ou nulidades no mesmo; a titularidade em receber a favor do cedente, de modo que não pertença a terceiro, e não tenha já sido transferido; que não se encontre submetido a condições suspensivas e até resolutivas; a abrangência dos acessórios além da obrigação principal, e assim das garantias (fiança, aval, hipoteca, penhor), dos juros e rendimentos, dos encargos e outros consectários.

A jurisprudência bem representava e ainda representa os princípios acima, que perduram com o atual Código Civil, dada a igualdade de texto do atual art. 295 e do art. 1.073 do revogado Código Civil: "O cedente, ainda que não se responsabilize, responde perante o cessionário pela existência do crédito, ao tempo da cessão e só poderá ser acionado pelo cessionário depois de ter este agido contra o devedor". No voto, transcreve-se a lição de Clóvis Beviláqua: "Clóvis Beviláqua, comentando o art. 1.073 do CC e definindo a responsabilidade do cedente, assim se expressa: 'A sua garantia refere-se à existência do crédito, no momento da cessão. E a sua responsabilidade pode verificar-se em três

---

[30] *Derecho de las Obligaciones*, ob. cit., t. I, p. 461.
[31] *Instituições de Direito Civil*, ob. cit., vol. III, p. 166.

casos: 1º) Cedeu um crédito inexistente. A cessão é nula por falta de objeto, e o ato é, bem caracterizadamente, ilícito; 2º) contra o crédito cedido há exceção, que o inutiliza, como a de dolo ou de compensação; 3º) o crédito existe, mas não em favor do cedente. O cedente alienou coisa alheia'...

'O cessionário somente deve ir contra o cedente depois de ter agido contra o devedor; mas poderá tomar contra ele medidas conservatórias, no curso da discussão. Se, por culpa sua, deixar o cessionário extinguir-se a dívida ou desaparecerem as garantias, cessa a responsabilidade do cedente' (*in Código Civil Comentado*, 1955, IV/188)".[32]

Todavia, o exposto não acarreta a inviabilidade da cessão de créditos contestados ou litigiosos, e até dependentes de condição, desde que haja previsão no contrato. De acordo com a redação do art. 295, não admitida unicamente a cláusula de não responsabilizar-se o cedente pela existência do crédito. Nada há no tocante à transferência de créditos duvidosos e não totalmente certos. Dava Antônio Chaves a extensão dos créditos cedíveis: "O mesmo princípio prevalece com relação aos créditos não vencidos, ou sujeitos a uma condição suspensiva ainda não cumprida. Podem ser cedidos, outrossim, os créditos futuros, apresentando tal cessão a característica de que o crédito, ao nascer, já pertencerá ao cessionário, muito embora não fique o cedente impedido de fazer frustrar o nascimento futuro do crédito, transferindo, por exemplo, a terceiro o contrato, do qual resultaria o nascimento do crédito futuro".[33]

A garantia abrange unicamente a cessão a título oneroso, ou seja, quando o cessionário fornece a contraprestação. Na gratuita, para ensejar a responsabilidade, indispensável a prova da má-fé de parte do cedente. Como nada deu em troca o cessionário, nada perde o mesmo. Mas, demonstrado que maliciosamente o crédito cedido havia sido transferido a terceiro, ou que simplesmente inexistia, não se reconhece a isenção de responsabilidade. Cabe ao cedente a indenização, pois não admitida a conivência com a má-fé.

17.12. INSOLVÊNCIA DO DEVEDOR

Não havendo cláusula expressa, não responde o cedente pela solvência do devedor. A sua obrigação, como visto, é garantir a existência do crédito. O Código Civil, no art. 296, reza: "Salvo estipulação em contrário, o cedente não responde pela solvência do devedor".

Admite-se a fixação da responsabilidade em cláusula expressa.

Constitui o assunto um dos mais complexos, sendo o princípio transportado, amiúde, ao contrato de *factoring*, no qual se insere disposição atribuindo a responsabilidade ao faturizado em qualquer circunstância. No entanto, tendo tal instituto uma tipicidade ou conceituação própria, não se confunde inteiramente com a cessão de crédito, a ponto de admitir a remuneração pelo risco que corre o adquirente do título em não receber o valor junto ao devedor.

Unicamente na cessão pura, regrada pelo Código Civil, mostra-se válida a inclusão de cláusula de responsabilidade se insolvente o devedor. Nos títulos cambiais, como a letra de câmbio e a nota promissória, há o direito de regresso, ou a responsabilidade do sacador, ou do endossante, o que se garante em virtude de lei especial, desde que efetuado o protesto contra o devedor (art. 32 do Decreto nº 2.044, de 31.12.1908; igualmente o art.

---

[32] *Apel. Cível* nº 6.516, de 03.03.1970, 2ª CC do TJ-MT, em *Revista dos Tribunais*, 427/205.
[33] *Tratado de Direito Civil – Direito das Obrigações*, ob. cit., vol. II, t. I, p. 363.

47 da Lei Uniforme sobre tais títulos, adotada pelo Decreto nº 57.663, de 24.01.1966); assim também na duplicata (art. 13, § 4º, da Lei nº 5.474, de 18.07.1968).

O art. 914, § 2º, do Código Civil reafirmou o direito de regresso do endossante contra os coobrigados do título: "Pagando o título, tem o endossante ação de regresso contra os coobrigados anteriores."

Enquanto, porém, nestes casos é suficiente o mero protesto para viabilizar a ação de regresso, o art. 296, para retornar a ação contra o cedente, requer a prova da plena impossibilidade de receber o crédito do devedor. Cumpre que se evidencie a insolvência. Não basta o mero incumprimento de parte do devedor. É preciso que se intentem os meios para receber, e não se obtenha êxito no resultado.

De outra parte, a promessa de garantia de solvabilidade abrange apenas o momento em que é feita a cessão. Impossível estendê-la para o futuro, de modo a fazer frente às contingências econômicas que possam aparecer posteriormente. De observar, ainda, que, iniciando a derrocada econômica em seguida à cessão, e não providenciando o novo titular do crédito nas providências acauteladoras para garantir o recebimento do crédito, com mais razão isenta-se o cedente de qualquer responsabilidade. E se, por meio de simulação ou métodos enganosos, convencer o cessionário que o devedor é solvente, ficando ilaqueada a sua boa-fé, quando na realidade tal não acontece, já se prescinde da existência de cláusula assegurando o direito de regresso. Parece que invocável, então, o fundamento no art. 295 para chamar à responsabilidade o cedente, eis que o cessionário foi induzido maliciosamente em erro. Asseguram-se, no mínimo, as perdas e danos para lograr o ressarcimento.

Para a hipótese de assegurar a solvência, se incluída cláusula expressa a respeito, o art. 297 delimita o montante da responsabilidade: "O cedente, responsável ao cessionário pela solvência do devedor, não responde por mais do que daquele recebeu, com os respectivos juros; mas tem de ressarcir-lhe as despesas da cessão e as que o cessionário houver feito com a cobrança". Está definido o montante da indenização. Incluída a cláusula de responsabilidade, e comprovada a insolvência do devedor, o cedente fica obrigado a restituir unicamente aquela importância que recebeu do cessionário, mais os juros compensatórios, que serão os legais, se não prevista a estipulação em até a taxa até 12% ao ano, e as despesas que teve o cessionário na cessão e na cobrança inexitosa ou frustrada. Não se estabeleceu uma finalidade lucrativa na regra, mas unicamente ressarcitória. As perdas e danos são incabíveis, ou seja, não é assegurada a ação para recuperar o que deixou o cessionário de ganhar ou lucrar. Apenas restitui-se aquilo que foi gasto.

17.13. CESSÃO DE CRÉDITO PENHORADO

Em uma ação de execução, comum é a penhora de um crédito que o devedor tem a receber. Busca-se a garantir o recebimento do valor executado através da penhora do crédito, pendente de pagamento ao devedor. Por conseguinte, quem deve à pessoa executada fica intimado para depositar o montante em juízo. Uma vez verificada a penhora do dito crédito, está impedido o devedor de cedê-lo. Para valer a proibição, insta que tenha o devedor ciência da penhora do crédito. Somente assim torna-se indisponível o seu crédito. Por sua vez, aquele que deve, desde que notificado para não pagar ao seu credor, se desrespeitar a ordem recebida não se livra da obrigação, mas continua responsável pela dívida. Mas, insista-se, desde que tenha recebido a notificação. Máximas estas contidas no art. 298: "O crédito, uma vez penhorado, não pode mais ser transferido pelo credor que tiver conhecimento da penhora; mas o devedor que o pagar, não tendo notificação dela, fica exonerado, subsistindo somente contra o credor os direitos de terceiro".

Já mostrava Caio Mário da Silva Pereira o rigor da norma: "A transferência que tenha efetuado é ineficaz, por ter por objeto bem insuscetível de alienação. Notificado o devedor da penhora, não mais pode pagar, quer ao cedente, quer ao cessionário, e, se o fizer, responde por novo pagamento perante o terceiro exequente. Não sendo notificado, e pagando ao cessionário, presta a quem se lhe apresenta com qualidade para receber, e não se sujeita a pagar de novo. Mas o credor, por alienar o que era indisponível, responde perante o terceiro, cujas esperanças de receber pela via executiva ficaram frustradas".[34]

Transferindo o crédito, o devedor, fatalmente, pratica fraude contra a execução, uma vez que dito crédito fica vinculado ao pagamento da dívida que está sendo executada. Embora não catalogada a hipótese pelo art. 792 do Código de Processo Civil nas situações caracterizadoras de fraude à execução, a norma do art. 298 do Código Civil tira a validade da cessão do crédito se pendente penhora sobre o mesmo, posto que resta evidente a má-fé do cedente, eis que ciente da indisponibilidade de seu crédito. Não importa a boa ou má-fé do cessionário, porquanto o fato em si é suficiente para invalidar a cessão. Nem é mister a prova da insolvência do devedor que cede o crédito, o que está previsto na execução quando o devedor aliena o patrimônio.

A proibição de ceder não abarca todo o crédito do devedor, mas unicamente o montante suficiente para satisfazer a dívida que contra ele está sendo executada. Assim como a penhora abarcará bens no *quantum* necessário para a satisfação da dívida, o mesmo aplica-se no tocante à inacessibilidade.

17.14. CESSÃO DE DIREITOS HEREDITÁRIOS E O REGISTRO IMOBILIÁRIO

Questão que seguidamente enseja dúvidas diz respeito ao registro da cessão de direitos hereditários, sobretudo em vista de três dispositivos do Código Civil.

O art. 1.245: "Transfere-se entre vivos a propriedade mediante o registro do título translativo no Registro de Imóveis".

O § 1º do art. 1.245: "Enquanto não se registrar o título translativo, o alienante continua a ser havido como dono do imóvel".

O art. 80, inc. II: "Consideram-se imóveis para os efeitos legais: (...) II – o direito à sucessão aberta".

Se o direito à sucessão aberta insere-se como imóvel, a cessão se efetua mediante escritura pública, em atendimento ao art. 1.793 do diploma civil, no que confirmou o STJ: "De acordo com o disposto no art. 1.793 do Código Civil, a cessão de direitos hereditários deve ser formalizada por meio de escritura pública".[35] Embora se faça por escritura pública, não se depreende a exigência de registro imobiliário.

Na prática, nunca se exige o registro imobiliário dos instrumentos de cessão envolvendo direitos hereditários, e mesmo de outros direitos relativos a imóveis, exceto nas cessões de contratos de promessa de compra e venda, reguladas pela Lei nº 6.766, de 1979.

---

[34] *Instituições de Direito Civil* – Teoria Geral de Obrigações, ob. cit., vol. II, p. 321.
[35] AgInt no REsp 2111241/DF, 4ª Turma, j. em 22.04.2024, *DJe* de 24.04.2024, Rel. Min. João Otávio de Noronha.

Bem entendidos os dispositivos anteriores, conclui-se que as dúvidas não encontram razão de ser.

Com efeito, a cessão envolve direitos, e não a propriedade. Não se está transferindo a propriedade, ou bens certos, determinados e individuados, o que acontece unicamente após feita a partilha. Antes deste ato, as pessoas chamadas à herança têm o direito indivisível, em um todo unitário, à mesma quanto à propriedade e à posse, dentro do estatuído no art. 1.791.

Tanto que o art. 167 da Lei dos Registros Públicos não inclui a cessão de direitos imobiliários no rol de títulos registráveis no cartório imobiliário.

Ademais, ficaria ofendido o princípio da continuidade exigido no art. 195 da Lei nº 6.015, de 1973, eis que em aberto um intervalo na cadeia de transmissão, que seria entre o proprietário anterior e o adquirente futuro, já que o cessionário apresenta-se como recebendo os direitos que gravitam em torno do imóvel, e não da propriedade. Não apenas isso. Ocorre que o cedente, que figura como herdeiro, não é proprietário. Não está registrado em seu nome o imóvel. Por conseguinte, não se lhe faculta transmitir mediante registro os direitos que possui por transmissão hereditária.

17.15. CESSÃO DE DIREITOS SOCIETÁRIOS

Versa o item sobre a possibilidade de cessão de direitos por aquele que faz parte de uma sociedade. Nas sociedades mercantis de capital, regidas pela Lei nº 6.404, de 15.12.1976, nem se discute a cessão, ou a negociação, eis que constituído o capital de ações, as quais são negociáveis, estabelecendo o art. 4º que "a companhia é aberta ou fechada conforme os valores mobiliários de sua emissão estejam ou não admitidos à negociação em Bolsa ou no mercado de balcão". Aliás, é primário que as ações são endossáveis, ou seja, negociáveis.

A controvérsia está nas sociedades de responsabilidade limitada, disciplinadas pelo Código Civil, arts. 1.052 a 1.087. A responsabilidade dos sócios é limitada frente aos débitos da sociedade perante terceiros, mas enquanto não integralizado o capital. Somente nesse período não ficam liberadas as quotas. Integralizado o capital pelo valor que faltava, cessam a responsabilidade pessoal dos sócios e a solidariedade passiva pelas obrigações da sociedade. A maioria da doutrina defendia que tais sociedades são de pessoas, e não de capital (Iolanda Lopes de Abreu, *Responsabilidade Patrimonial dos Sócios nas Sociedades Comerciais de Pessoas*; Requião, *Curso de Direito Comercial*, 1/320; e Pontes de Miranda, *Tratado de Direito Privado*, 49/361 e 362). Há, porém, aqueles que sustentam que são sociedades de capital (Waldírio Bulgarelli, *Sociedades Comerciais*, p. 202).

No entanto, afeiçoa-se mais o caráter de sociedade por pessoas. Verdade que as quotas são participação dos sócios no patrimônio social, ou correspondem às parcelas que integram o capital social. Ou o sócio-quotista é titular do domínio sobre quota ou quotas. Mas o caráter pessoal desponta sempre que o contrato social faz depender da anuência de uma determinada parcela dos demais sócios, para a alienação ou cessão de quotas a estranhos, como consta do art. 1.057 do Código Civil: "Na omissão do contrato, o sócio pode ceder sua quota, total ou parcialmente, a quem seja sócio, independentemente de audiência dos outros, ou a estranhos, se não houver oposição de titulares de mais de 1/4 do capital social".

É que, para o ingresso de um estranho na sociedade, necessária a alteração do contrato social, o que exige um ato de consenso de todos os integrantes. Daí que, se incidente a penhora na quota de um sócio, com a posterior alienação, não importa no ingresso automático do arrematante na sociedade. O direito que tem é sobre a quota. Não verificado o consenso da maioria apurada pela quantidade de quotas, reserva-se o direito à apuração de haveres ou do capital que representa a quota adquirida, com a apropriação do valor correspondente. Esta a exegese que ressaltava na jurisprudência, e que deve prevalecer frente ao atual sistema, eis que se manteve o tratamento anterior, inclusive quando do falecimento do sócio: "No âmbito do direito comercial, as sociedades estão lastreadas no princípio do consentimento, o que significa que, para sua subsistência, é necessário que todos os sócios se mantenham em harmonia de vontades. Caso o dissenso prevaleça, o substrato da sociedade estará alcançado e ela não terá continuidade. A este requisito intrínseco da sociedade, a doutrina denomina e significa a impossibilidade de impor à pessoa jurídica nova composição de sócios que não aquela originariamente pactuada. Tal somente seria possível caso houvesse, desde logo, uma cláusula autorizadora da sucessão societária, que é diversa da sucessão hereditária".[36]

Em suma, procurando alguém se retirar da sociedade por quotas, não verificado o interesse dos demais em adquirir a parcela que representa a participação, não cabe acessão dos direitos incidentes caso falte a concordância especificada no art. 1.057, e sim a retirada com a apuração de haveres correspondentes ao capital representativo da quota.

17.16. DAÇÃO EM PAGAMENTO ATRAVÉS DA CESSÃO DE UM CRÉDITO

Permite-se que a dação de pagamento se faça pela cessão de um título de crédito. É expresso o art. 358 da lei civil, com a mesma redação do art. 997 do Código revogado: "Se for título de crédito a coisa dada em pagamento, a transferência importará em cessão". Valem, pois, na dação em pagamento por esta forma procedida, as regras previstas para a cessão. E, nos títulos de crédito, neles incluídos os cambiários, têm aplicação os conteúdos da cessão de crédito. Inclusive quanto às convenções ou cláusulas restritivas do endosso, apesar de, entre nós, preponderar o entendimento de que a lei as proíbe. Assim, válida a colocação, no verso do título, de endosso sem garantia, ou com dizeres que induzem à inexistência de responsabilidade pela solvência do devedor do título.

Neste sentido a jurisprudência ao tempo do então Código de 1916, mas cuja aplicabilidade perdura, eis que mantida a regra pelo atual diploma civil: "A dação em pagamento de título se rege pelos princípios da cessão de crédito. É eficaz entre as partes imediatas a cláusula que restringe os efeitos do endosso e lhe dá o caráter de mero mandato".

Justifica-se a máxima sob o enfoque do art. 1.074 do Código anterior, cujo teor foi mantido pelo art. 296 do vigente Código, "segundo o qual o cedente, salvo estipulação em contrário, não responde pela solvência do devedor. A responsabilidade do cedente não vai além, nas cessões por título oneroso, a da garantia a da garantia da existência do crédito. No caso, não houve ressalva, vinculando o cedente, no caso de não ser resgatada a dívida transferida. Foi o cedente que, ao contrário, mais vigilante, evitou dúvidas, esclarecendo que o endosso tinha caráter de simples mandato".[37]

---

[36] *Apel. Cível* nº 003.900-4/4, da 6ª Câm. Cível de Direito Privado do TJ de São Paulo, de 22.02.1996, em *Revista dos Tribunais*, 728/208.
[37] *Apel. Cível* nº 62.863, de 27.03.1969, 4ª CC do TJ-RJ, em *Revista Forense*, 231/145.

17.17. CESSÃO DO CONTRATO

O assunto não vem especificamente regulamentado no Código Civil, e diz respeito à circulação ou "transmissão dos contratos", conforme expressão de Orlando Gomes, considerando a espécie como "a substituição de um dos contratantes por outra pessoa que passa a figurar na relação jurídica, como se fora parte de quem tomou o lugar. É, em suma, a transferência negocial a um terceiro do conjunto de posições contratuais".[38] Mais extensamente caracteriza a espécie Carlos Alberto da Mota Pinto: "Constitui esse tipo de contrato o meio dirigido à circulação da relação contratual, isto é, à transferência *ex negotio* por uma das partes contratuais (cedente), com o consentimento do outro contratante (cedido), para um terceiro (cessionário), do complexo de posições ativas e passivas criadas por um contrato. Opera-se, assim, o subingresso negocial de um terceiro na posição de parte contratual do cedente, isto é, na titularidade, antes encabeçada neste, da relação contratual..., ou da posição contratual. Para esse efeito de desencadear, torna-se imprescindível o consenso do outro contraente originário, isto é, do cedido, consenso cuja manifestação pode ser simultânea, posterior ou anterior ao acordo das partes restantes. Trata-se, destarte, de um tipo negocial, onde concorrem três declarações de vontade".[39]

Chega-se a que a nota primordial da distinção relativamente à cessão de crédito ou de débito está na indiscriminada transferência de todos os direitos e obrigações, acrescentando Washington de Barros Monteiro: "Implica esta a transferência de toda a relação jurídica, no seu complexo orgânico; a cessão de crédito, ao inverso, restringese exclusivamente à transferência de determinados direitos, passando o cessionário a ostentar, perante o devedor, a mesma posição jurídica do titular primitivo".[40]

Depreendem-se os requisitos para a configuração. Três declarações de vontade aparecem: a do cedente, ou o contratante originário, para um terceiro, denominado cessionário; a do cessionário, que substitui o cedente; e o cedido, o qual continua no contrato.

Como cedente posiciona-se o sujeito de direitos ou de obrigações. De modo geral, porém, por se tratar de cessão de contrato, envolvem-se na transferência direitos e obrigações. É difícil ceder apenas direitos ou créditos. Ter-se-ia, aí, uma cessão de crédito. Daí a conclusão da necessidade do consentimento do cedido, porquanto ele também é sujeito de direitos e obrigações. Cessionário é aquele que passa a ocupar a posição que antes exercia o cedente.

E justamente porque requer a concordância do cedido chega-se à natureza sinalagmática da cessão de contratos. A manifestação da vontade deverá ser de todas as partes porque o objeto da cessão revela-se no complexo de elementos ativos e passivos, que são os créditos e os débitos de cada parte. Vemos, pois, que o sinalagma constitui-se em mais um requisito.

Aponta-se, ainda, a execução diferida do contrato no tempo, ou que o contrato se encontre em curso, seja de duração continuada, e não tenham sido solvidas as prestações. Caso já concluído, não tem mais sentido a cessão do contrato, mas adequa-se à compra e venda ou a transferência do seu objeto, ou, no máximo, à cessão do crédito.

Costuma-se classificar em duas as formas de cessão: a própria e a imprópria. A primeira configura-se quando todos os participantes da nova figura intervêm. Exige-se o

---

[38] *Contratos*, 10ª ed., Rio de Janeiro, Forense, 1984, p. 163.
[39] *Cessão de Contrato*, São Paulo, Saraiva, 1985, pp. 59 e 60.
[40] *Curso de Direito Civil* – Direito das Obrigações, ob. cit., 1º vol., p. 375.

consentimento do cedente, do cessionário e do cedido. Exemplo está na cessão do contrato de locação, quando é indispensável a concordância do locador, do locatário e do cedido, sendo que a dos dois últimos se presume, tudo de acordo com o art. 13 da Lei nº 8.245, de 1991. A segunda verifica-se na substituição de uma das partes em decorrência de lei, sendo indiferente a vontade das mesmas. O cedente se afasta da relação contratual independentemente de sua vontade e da concordância do outro estipulante. É o que se verifica na sucessão de uma sociedade empresarial. A alteração do estatuto social, com a inclusão de um novo sócio no lugar do que se retira, não altera as relações obrigacionais assumidas. Mesmo a transferência de propriedade não ilide as dívidas já existentes, ou os contratos firmados anteriormente. Permite-se a cessão, pouco significando a vontade do contratante originário.

Na locação, há outro exemplo da cessão imprópria, conforme se extrai do art. 8º da Lei nº 8.245, de 1991, ficando o adquirente do imóvel obrigado a respeitar o contrato existente, se prevista cláusula asseguradora da vigência na eventualidade de venda e levado a efeito o registro.

A ocorrência mais comum de cessão de contrato em virtude de lei está na promessa de compra e venda, prescrevendo o art. 31 da Lei nº 6.766, de 1979: "O contrato particular pode se transferido por simples trespasse, lançado no verso das vias em poder das partes, ou por instrumento em separado, declarando-se o número do registro do loteamento, o valor da cessão e a qualificação do cessionário, para o devido registro".

A cessão independe da anuência do loteador, mas, em relação a este, seus efeitos só se produzem depois de cientificado, por escrito, pelas partes ou quando registrada a cessão. Uma vez levada a termo esta providência, e se a transferência é feita sem a anuência do loteador, o oficial do Registro de Imóveis dar-lhe-á conhecimento, também por escrito, dentro de dez dias. Estas medidas estão discriminadas nos §§ 1º e 2º do art. 31, de forma geral já anteriormente previstas no art. 13 do Decreto-lei nº 58, de 1937.

Alguns efeitos ressaltam.

a) Em relação ao cessionário e ao cedente.

Em relação ao cessionário, desde o instante da vigência da operação adquire ele o conjunto de direitos e obrigações que pertenciam ao cedente. Se a cessão é um ato oneroso, assume a obrigação de pagar uma contraprestação, consistente no preço da cessão. O mesmo não acontecerá se gratuitamente constituir-se a transferência, resumindo-se a obrigação em adimplir as obrigações que integram a relação contratual cedida.

Quanto ao cedente, o principal dever é garantir a existência, a validade e a legitimidade da relação contratual estabelecida. É ônus seu assegurar que a dita relação não esteja afetada por uma causa de extinção, como prescrição, compensação ou pagamento de crédito; e por vício de nulidade ou anulabilidade, isto é, por incapacidade e defeito da vontade do cedido ou do cedente. Não garante, porém, a solvabilidade do cedido, nem o cumprimento do contrato por este, a não ser que o contrário venha disposto, observando Carlos Alberto da Mota Pinto: "O cedente não é, pois, responsável pelo não cumprimento das obrigações do cedido ou pela falta de solvabilidade deste. O cessionário não tem o direito de lhe exigir qualquer indenização por perdas e danos com este fundamento, tal como não pode resolver o contrato da cessão, ou recusar o preço da cessão por motivo do não cumprimento pelo cedido das suas obrigações. Pode, todavia, o cedente assumir, por cláusula *ad hoc*, em face do cessionário uma obrigação de garantia do cumprimento do contrato pelo cedido. Se não há uma clara tomada de posição sobre o tipo de garantia pessoal prestada pelo cedente ao cessionário, por cláusula especial, entende-se que o cedente responde como fiador".[41]

De outro lado, os herdeiros do cedente são obrigados a concluir o negócio, como a outorga de escritura pública, se tal não ocorreu em vida do mesmo: "A ausência de transferência formal do contrato de mútuo, na hipótese de alienação de imóvel financiado pelo SFH, não desobriga os herdeiros, face à morte do cedente, de outorgar escritura definitiva ao promitente comprador". Invoca o acórdão o embasamento no art. 928 do Código Civil de 1916, que não possui disposição equivalente no Código atual, encerrando que "a obrigação, não sendo personalíssima, opera assim entre as partes, como entre seus herdeiros". Ademais, segue o *decisum*, "antes de lhes ser reconhecido o direito de indenização, a teor do art. 1.056 do CC, sagrado é seu direito de exigir que a obrigação se cumpra nos termos em que fora pactualmente ajustada".[42] Lembra-se que o art. 1.056 retro apontado equivale ao art. 389 do vigente estatuto civil.

b) Em relação ao cedente e ao cedido.

Opera-se uma extinção subjetiva dos direitos e obrigações contratuais referentemente ao cedente, a menos que haja cláusula contratual dispondo o contrário, isto é, ficando ele responsável junto ao cessionário em se recusando satisfazer o cedido. Todavia, tendo o último direitos a receber, e concordando, consuma-se a exoneração do cedente. Mas admite-se que o cedido se negue ao cumprimento, caso o cedente se encontre em mora com ele, ou não cumpriu inteiramente a prestação da qual derivou o crédito cedido. É que o cessionário fica no lugar do cedente.

c) Em relação ao cedido e ao cessionário.

Assume o último a posição contratual do cedente, relativamente ao cedido. Não tendo, porém, o cedido comunicado, ou ausente seu consentimento, no caso se possuir direitos a receber, permanece a responsabilidade do cedente.

A nova relação firmada deslocará o direito de ação do cedente para o cessionário. Terá, pois, este os direitos de denúncia e resolução do contrato. Poderá promover a ação de resolução por descumprimento, ou intentar outra medida aconselhável. Observa Orlando Gomes que "ele pode agir como se fora o contratante originário, exercendo todas as sanções competentes e opondo as exceções cabíveis, como, *v.g.*, a *exceptio non adimpleti contractus*".[43] Isto porque, consoante o italiano Giovani Conti, está na cessão um "negócio jurídico complexo, resultante de uma cessão de crédito e de uma atribuição de débito, que, operando com a transmissão dos créditos e dos débitos decorrentes do contrato, e, portanto, a transmissão integral da relação contratual, coloca um terceiro (cessionário) na mesma posição jurídica em que se encontra um dos contraentes (cedente)".[44]

---

[41] *Cessão do Contrato*, ob. cit., p. 444.
[42] Emb. Inf. na Apel. nº 175.476-7/01, da 5ª Câm. Cível do TA de Minas Gerais, de 01.12.1994, em *Revista dos Tribunais*, 720/230.
[43] *Contratos*, ob. cit., p. 169.
[44] Cessione del Contratto. *Revista del Diritto Commerciale*, Milão, Fallardi, 1934, 32/205, parte I, citação de Antônio Chaves em trabalho publicado na *Revista dos Tribunais*, 476/48.

XVIII
Assunção de Dívida

18.1. CONCEITO

Não considerava especificamente o Código Civil de 1916 a assunção de dívidas ou de obrigações, que alguns chamam de cessão de dívida, embora a viabilização exsurgia da abertura que ensejava o então art. 1.078, estendendo as disposições sobre a cessão de crédito à cessão de outros direitos para os quais não houvesse modo especial de transferência.

O assunto consta previsto em legislações de outros países, como nas da Alemanha e da Suíça.

O atual Código Civil trata da espécie nos arts. 299 a 303.

Por esta figura, faculta-se ao terceiro assumir a obrigação do devedor, desde que expressamente consinta o credor.

Realmente, um terceiro toma o lugar do devedor, comprometendo-se em pagar a sua dívida. Desde que consumada a substituição, convindo o credor, desaparece a obrigação do devedor originário, para surgir a do novo devedor. Daí a afirmação de alguns de que se opera uma espécie de novação, pois uma nova obrigação seria criada, que é a da pessoa que aceitou ocupar o lugar do anterior devedor. No fundo, porém, acontece a mera transferência da obrigação, sem a sua alteração, de uma pessoa para outra.

No direito antigo, dominava o entendimento de que, pela substituição de devedor, ocorria a extinção do vínculo obrigacional, criando-se outro, ou operando-se a novação. Aparecia uma nova obrigação, o que não condiz com a realidade, porquanto é ela mantida, dando-se somente a troca do polo passivo.

Em doutrina, sempre se defendeu a espécie, lembrando Orlando Gomes, em *Obrigações* (4ª ed., 1976, p. 276): "A liberdade de contratar é reconhecida e assegurada com limitações que se restringem praticamente à intangibilidade da ordem pública e dos bons costumes. Consequentemente, não há obstáculo legal à livre pactuação de negócio que tenha por fim a sucessão singular na dívida, sem novação. A matéria, como admite o próprio De Gaspareli, é eminentemente privada. Basta, pois, que as partes, ao estipularem uma delegação ou expromissão, regulem seus efeitos de modo a retirar do negócio qualquer sentido novatório".

O art. 299 do Código Civil coloca a figura nas linhas acima, com o acréscimo de se invalidar a assunção, embora o consentimento do credor, se o assuntor era insolvente, e aquele desconhecia esta circunstância: "É facultado ao terceiro assumir a obrigação do devedor, com o consentimento expresso do credor, ficando exonerado o devedor primitivo, salvo se aquele, ao tempo da assunção, era insolvente e o credor o ignorava".

Como se percebe, impende a condição do consentimento expresso do credor para exonerar o anterior devedor. Todavia, não se impede que permaneça o devedor originário vinculado à obrigação. Não haveria, no caso, propriamente a substituição de devedor, mas o comparecimento solidário de outro devedor.

Revela certa importância o instituto, com ocorrências práticas, citando Sílvio de Salvo Venosa um exemplo (*Direito Civil – Teoria Geral das Obrigações e Teoria Geral dos Contratos*, ob. cit., p. 339): "Alguém, por exemplo, adquire um estabelecimento comercial, mas deseja-o isento de dívidas. O devedor apresenta um terceiro, estranho ao negócio, que assume as dívidas do estabelecimento. Em todo o caso, o que é peculiar a esse negócio é o fato de um terceiro assumir uma dívida que originalmente não foi contraída por ele. O terceiro ('assuntor') obriga-se pela dívida. A obrigação, como na cessão, mantém-se inalterada".

Na promessa de compra e venda, uma terceira pessoa se compromete em pagar as prestações em favor de outrem, para quem vai o imóvel. Igualmente no contrato de arrendamento mercantil, de compra e venda com alienação fiduciária, sempre constando alguém diferente do arrendatário, do alienante fiduciário, como encarregado de pagar.

18.2. ESPÉCIES

Luiz Roldão de Freitas Gomes, em valiosa monografia sobre a matéria, apresenta uma classificação na sucessão de dívidas: "A sucessão pode ser *causa mortis* ou *inter vivos*, universal ou a título particular. A primeira, consoante ainda a precisa conceituação de Niccolò, está ligada ao pressuposto de fato da morte de uma pessoa física e, de um modo mais geral, ao pressuposto da extinção de um sujeito. A segunda (*inter vivos*), prossegue o jurista italiano, prescinde da extinção de um sujeito e deve necessariamente pressupor um ato de disposição da parte do titular ou eventualmente de um outro sujeito e correlativamente um ato de vontade do adquirente.

A sucessão *causa mortis* pode ser a título universal (sucessão hereditária) ou particular (legado), ao passo que a *inter vivos* ocorre, de ordinário, a título singular".[1]

Há outras duas formas como se exterioriza a assunção de dívida. De um lado, está a "expromissão", que vem a ser aquela que se realiza por meio de um contrato entre o credor e um terceiro indivíduo, o qual assume a posição de novo devedor, sem exigir-se a aquiescência do devedor originário. É a assunção espontânea de uma dívida por outra pessoa, independentemente da vontade do devedor. Basta a mera concordância entre o credor e a terceira pessoa, conhecida como expromitente. Constitui mais um favor que um estranho faz em benefício de um devedor, mas às vezes para liberar de uma restrição o bem que adquire. De outro lado, está a "delegação", que é aquela que se ostenta mediante um acordo celebrado entre o devedor originário e o terceiro que comparece a assume a obrigação, prescindido-se, para a validade dessa combinação de vontades, da concordância do credor. Transfere o devedor (delegante) seu débito a um outro indivíduo (delegado), que efetuará o pagamento ao credor (delegatário).

Conhece-se a assunção de dívida "liberatória", verificada quando fica liberado o anterior devedor da dívida. Há, em contrapartida, a assunção "cumulativa" se o terceiro não libera o devedor primitivo, mas permanecendo o mesmo solidariamente na obrigação, e podendo tanto um como outro, ou ambos, ser acionados e responsabilizados pelo credor.

---

[1] *Da Assunção de Dívida e sua Estrutura Negocial*, Rio de Janeiro, Ed. Liber Juris Ltda., 1982, p. 20.

18.3. CONCORDÂNCIA DO CREDOR

É condição básica para operar-se a substituição de devedor a concordância do credor. Não se pode impor a aceitação, porquanto derruiriam as razões que levaram a contratar com determinado devedor. Tal como não se permite obrigar o recebimento de objeto diverso daquele contratado, ainda que mais valioso, não cabe impor que o credor aceite que pessoa diferente daquela contratada assuma a obrigação de pagar, ou cumprir a obrigação, mesmo que ofereça maiores e mais consistentes garantias.

Indispensável o consentimento do credor, porquanto, já afirmavam Colin e Capitant, a obrigação "es una relación entre dos personas que se manifiesta en un poder de disposición, concedido al acreedor respecto del deudor, y que le permite sujetar a éste a una prestación ventajosa para él".[2]

A exigência já foi alvo de decisão do STJ:

"A assunção de dívida consiste no negócio jurídico em que o devedor originário é substituído por uma terceira pessoa, a qual assume a posição de devedora na relação obrigacional, sem extinção do vínculo obrigacional primitivo.

A teor do art. 299 do Código Civil, para que o terceiro assuma a obrigação do devedor, é preciso que haja o consentimento expresso do credor, momento em que haverá a exoneração do devedor inicial, salvo se o novo devedor, ao tempo da assunção da dívida, era insolvente e o credor ignorava esse fato.

Na hipótese, não houve nenhuma manifestação da BRIS/PAR, detentora do crédito decorrente da ação de despejo nº 0002742-09.2002.8.16.0001, quanto à suposta assunção de dívida defendida pela parte agravante, o que inviabiliza a extinção do cumprimento de sentença em razão da alegada confusão entre credor e devedor".[3]

Admitido o consentimento tácito, mas desde que se exteriorize, na explicação de Maria Helena Diniz: "Poderá ser tácito, se o credor receber um pagamento parcial ou de juros ou praticar qualquer ato que induz aceitação da transferência do devedor. Nisto está a diferença entre a cessão de débito e crédito, pois nessa dispensa-se a anuência do devedor, porque lhe é indiferente a pessoa do credor; seja este quem for, o montante devido será sempre o mesmo".[4] Luiz Roldão de Freitas Gomes acrescenta que, havendo interpelação e não se opondo o credor, mesmo assim exige-se a ratificação do credor: "se não advém a aprovação do credor, assunção de dívida não há".[5] Com a diferença de que o recebimento importa em exteriorização da vontade, equivalendo à ratificação.

Na orientação acima está a regra do parágrafo único do art. 299: "Qualquer das partes pode assinar prazo ao credor para que consinta na assunção da dívida, interpretando-se o seu silêncio como recusa".

Como se retira da regra, não basta a mera omissão em dizer se concorda. Para configurar a aceitação, importa que se expresse manifestamente o credor.

---

[2] *Curso Elemental de Derecho Civil*, ob. cit., t. 3º, p. 349.
[3] AgInt nos EDcl no REsp 1.919.163/PR, 3ª Turma, de 24.06.2024, *DJe* de 26.06.2024, Rel. Min. Ricardo Villas Bôas Cueva.
[4] *Curso de Direito Brasileiro – Teoria Geral das Obrigações*, ob. cit., 2º vol., p. 424.
[5] *Da Assunção de Dívida e sua Estrutura Negocial*, ob. cit., p. 282.

Há, no entanto, uma exceção, que se encontra no art. 303: "O adquirente de imóvel hipotecado pode tomar a seu cargo o pagamento do crédito garantido; se o credor, notificado, não impugnar em 30 (trinta) dias a transferência do débito, entender-se-á dado o assentimento". Nessa situação, a mera notificação, sem que haja resposta de oposição, importa em concordar com a assunção da dívida pelo adquirente de imóvel hipotecado. Aliás, não exprime sentido a discordância, porquanto o direito do credor não sofrerá qualquer abalo com a transferência da obrigação para a pessoa que adquire o imóvel. É que o direito de sequela faz acompanhar a garantia nas transmissões de propriedade. Diante dessa realidade, não sofrendo ameaça o crédito, não se vê interesse na oposição, que se verifica apenas caso o valor do bem hipotecado é insignificante, não cobrindo a totalidade da dívida.

É, de outro lado, necessário o consentimento do devedor primitivo na assunção por terceiro?

A questão se resolve pelos mesmos princípios que tratam do pagamento de dívida por terceiro.

Nesta visão, se é admitida a recusa do devedor ao pagamento por terceiro, como vem expresso no final do parágrafo único do art. 304, idêntica aplicação estende-se na assunção de dívida. E isto basicamente em razão da possibilidade de o devedor não reconhecer a dívida, ou pelo fato de também ser credor daquele a quem deve, e pretender exercer o direito de compensação.

De ressaltar a disposição do art. 306, pelo qual, no pagamento por terceiro, levado a efeito sem o conhecimento do devedor, ou em oposição à sua vontade, não está ele obrigado a reembolsar o montante, se dispunha de meios para tanto: "O pagamento feito por terceiro, com desconhecimento ou oposição do devedor, não obriga a reembolsar aquele que pagou, se o devedor tinha meios para ilidir a ação". Igual princípio estende-se na assunção, a qual, se verificada em afronta ao desejo do devedor, não resta garantidos direitos de regresso.

18.4. A PRESENÇA DA ASSUNÇÃO NO DIREITO POSITIVO

Embora não frequentemente, encontram-se no direito positivo alguns casos de substituição do devedor. No contrato de locação, está o locador (credor dos aluguéis) obrigado a aceitar a substituição do locatário (devedor), se prevista cláusula a respeito, consoante se depreende do art. 13 da Lei nº 8.245, de 1991: "A cessão da locação, a sublocação e o empréstimo do imóvel, total ou parcialmente, dependem do consentimento prévio e escrito do locador".

Nos contratos de promessa de compra e venda, a cessão independe de consentimento do loteador, eis que não restará ele com menor garantia, já que persiste o direito à resolução, se verificada a inadimplência. Contém o art. 31 da Lei nº 6.766, de 1979: "O contrato particular pode ser transferido por simples trespasse, lançado das vias em poder das partes, ou por instrumento em separado, declarando-se o número do registro do loteamento, o valor da cessão e a qualificação do cessionário, para o devido registro".

A existência de hipoteca não impede a transferência do imóvel, assistindo ao adquirente a satisfação da dívida, acarretando uma indireta substituição de devedor, como permite o art. 1.481 do próprio Código Civil: "Dentro em trinta dias, contados do registro do título aquisitivo, tem o adquirente do imóvel hipotecado o direito de remi-lo, citando os credores hipotecários e propondo importância não inferior ao preço por que o adquiriu".

As transferências de fundos de comércio, ou dos próprios estabelecimentos, constituem-se em práticas comuns, mas não desvencilhando-se os cedentes ou transmitentes das obrigações então existentes, especialmente perante o Fisco (art. 133 do Código Tributário Nacional), embora também aos adquirentes recaia a responsabilidade.

18.5. GARANTIAS E PRIVILÉGIOS DA DÍVIDA NA ASSUNÇÃO E NA SUA ANULAÇÃO

Mesmo havendo conivência do credor – condição para a validade da cessão –, extinguem-se as garantias que acompanhavam a dívida, a menos que o contrário se convencione. Assim quanto à hipoteca, ao penhor, à fiança, ao aval, eis que firmadas para garantir dívidas de pessoas diferentes daquelas que ocuparam o seu lugar. O entendimento da maioria da doutrina, porém, era contrário, restringindo a liberação relativamente aos terceiros que deram a segurança ou garantia. Luiz Roldão de Freitas Gomes bem analisou a matéria, concluindo: "Ora, em não figurando a transmissão da dívida no elenco das causas que ensejam a extinção do penhor e da hipoteca (arts. 802 e 849 do Código Civil), não sendo, por outro lado, de interpretar-se como caso de renúncia a aprovação do credor, estes direitos reais conservam-se, quando o prestador da garantia seja o devedor liberado (ou o devedor primitivo na assunção cumulativa) que participou da operação, sem ter averbado qualquer protesto ou reserva em contrário à sua permanência".[6] Os referidos arts. 802 e 849 equivalem aos arts. 1.436 e 1.499 do vigente Código.

Pelo visto, manter-se-ia o vínculo do devedor originário, a menos que o contrário venha convencionado. Não revela sequer bom senso a exegese. Equivale a aceitar a transferência e a não aceitar, pois ficaria em aberto a via para retornar contra o antigo devedor. Nem soa juridicamente a permanência de acessórios do principal que deixa de existir relativamente ao devedor.

De outro lado, eventuais privilégios que aproveitavam o devedor igualmente não acompanham a obrigação, junto ao novo devedor, dado o caráter de pessoalidade. De sorte que a dívida favorecida pela falência, e, neste caso, isenta de multa e juros (art. 124 da Lei nº 11.101/2005), não leva os benefícios próprios ao novo devedor.

O art. 300 admite a manutenção das garantias especiais que o anterior devedor dera ao credor, desde que a tanto ele acorde: "Salvo assentimento expresso do devedor primitivo, consideram-se extintas, a partir da assunção da dívida, as garantias especiais por ele originariamente dadas ao credor".

Se terceiro concedera a garantia, a extinção sucede de imediato, não vindo a sua concordância em permanecer. No caso, indiferente a convenção do devedor garantido, para a permanência. Desaparece, pois, a hipoteca dada por um terceiro. Não perdura a fiança, se omitido o consentimento do fiador com a assunção da obrigação pelo novo devedor. Acontece que a garantia foi concedida a uma pessoa conhecida e da confiança daquele que a prestou, não se apresentando razoável que se imponha a obrigação em relação a outras pessoas.

Todavia, se vier a anular-se a substituição de devedor, tornando a dívida ao devedor originário, as garantias retornam a protegê-la, enquanto as prestadas pelo terceiro deixam de existir se ele não conhecia o vício da obrigação, de acordo com a regra do art. 301 do

---

[6] *Da Assunção de Dívida e sua Estrutura Negocial*, ob. cit., p. 325.

Código Civil: "Se a substituição do devedor vier a ser anulada, restaura-se o débito, com todas as suas garantias, salvo as garantias prestadas por terceiros, exceto se este conhecia o vício que inquinava a obrigação".

Anulando-se o contrato de assunção, a consequência será o renascimento da obrigação para o devedor originário, voltando a incidirem as garantias e os privilégios, e ficando sem efeito as eventualmente prestadas pelo terceiro. Isto porque a substituição de devedor não alterou a natureza da obrigação. Ressurge, assim, a obrigação do devedor na sua integralidade. Tem-se exemplo da ocorrência na venda de um estabelecimento de empresa, quando adquire ou assume o novo titular as pendências obrigacionais garantidas e as de natureza trabalhista. Dando-se a anulação do negócio, ao primitivo titular voltam as obrigações, inclusive restaurando-se eventuais hipotecas ou penhoras que gravavam os bens. Se, porém, no período da titularidade em nome de terceiro ocorrera uma hipoteca ou penhora, não continuam tais gravames.

18.6. EXCEÇÕES PESSOAIS DO DEVEDOR PRIMITIVO E IMPUGNAÇÃO DA DÍVIDA

Há a regra do art. 302, que trata dos limites da defesa do novo devedor: "O novo devedor não pode opor ao credor as exceções pessoais que competem ao devedor primitivo". Necessário observar que a restrição é quanto às exceções pessoais, e não relativamente à dívida. Como exceções pessoais têm-se aquelas que se referem unicamente ao devedor primitivo, e, nessa ordem, pode-se citar a compensação, ou a pretensão de compensar um crédito que tinha o devedor junto ao credor. Se o crédito é daquele devedor, não se transfere para o devedor que assumiu a obrigação. Nesta mesma ordem, impossível buscar afastar a dívida porque aquele que a transferiu para ele havia conseguido a remissão, ou o perdão. Ainda, se o transmitente sofreu constrangimento na constituição, ou fora coagido, enganado, iludido, fraudado. Tais vícios ou contingências são restritas à pessoa, e ficaram olvidados ou renunciados com a sua transferência. É que, negociando as dívidas, ou passando-as para outrem, ficaram admitidas e confirmadas.

Entrementes, não se impede a suscitação das exceções pessoais do assuntor, e, assim, a compensação. Existindo um crédito deste último, desde que se enquadre nos requisitos que permitem esta forma de exoneração, não se inibe o encontro de contas, de modo a reduzir a dívida ou exonerar-se da mesma.

Em relação ao próprio objeto da obrigação, ou à dívida, é mais vasto o campo de defesa assegurado ao terceiro que assumiu a obrigação. Todos os vícios da dívida, os excessos, as ilegalidades, as falhas e outras vicissitudes sujeitam-se à alegação na defesa, ou nos embargos, em caso de execução. Nesta ordem, a matéria pertinente a juros excessivos, à capitalização indevida, a índices incorretos de atualização, ao pagamento, à revisão dos contratos, à prescrição, à nulidade decorrente da falta de elementos para a sua constituição, ou de requisitos para ensejar a execução, é alegável pelo novo devedor. De fato, não se retira da assunção a impossibilidade ou restrição quanto aos meios de defesa. Nem se pode pensar que a transferência tem o condão de desbastar a obrigação dos vícios e contingências que traz ínsitas em sua formação ou constituição.

Realmente, se a dívida possui origem criminosa, ou não tem causa geradora, tanto pelo primeiro devedor como por aquele que a assumiu se reconhece a titularidade para a impugnação. A mera transferência, desde que as exceções não sejam pessoais, ou não digam respeito a situações que unicamente o devedor original tinha condições de apresentar, não impede os meios de defesa.

XIX
Efeitos das Obrigações

19.1. EFEITOS OU EXECUÇÃO

Passa-se a examinar as decorrências, as irradiações ou consequências das obrigações. Foram estudadas a estruturação, as fontes, a classificação e a formalização das obrigações, decorrendo naturalmente a sua expansão concreta, a força vinculatória, o resultado, ou, em última análise, o direito de exigir e o dever de cumprir. Uma vez reclamada e satisfeita, resta planificada, extinguindo-se automaticamente. Implantada pela relação decorrente da lei ou do contrato, autoriza o credor a procurar o cumprimento e chama o devedor a dar satisfação de seu dever. Este momento constitui o seu ápice, em decorrência da própria finalidade, bem ressaltada por Antônio Chaves: "Sua finalidade é proporcionar ao credor determinada vantagem patrimonial. Atingida, esgota de conteúdo o vínculo. Diz-se que toda obrigação é constituída para ser cumprida, o que, por outro lado, uma vez conseguido, a torna vazia de conteúdo. É sua índole, que distingue os direitos de crédito dos direitos reais, que caracterizam uma obrigação de cunho ao menos teoricamente, ilimitado, no tempo".[1]

Como tudo na vida, há um ciclo, que inicia pelo nascimento das obrigações, quando se criam; segue a sua existência ou vida, mantendo vinculadas as pessoas, e completam-se com a satisfação ou o cumprimento, momento de sua extinção, segundo professava Giorgio Giorgi: "Nascita, vita, morte sono i tre fenomeni, con cui ogni essere si manifesta e compie il suo corso in questo mondo sublunare".[2] E justamente o cumprimento representa o momento derradeiro e supremo, de maior importância, levando ao sucesso ou insucesso do vínculo obrigacional. Observavam Ambrosio Colin e H. Capitant: "El efecto de una obligación es que el deudor queda sometido a cumplir la prestación que constituye su objeto".[3] Coloca-se tal como o efeito mais relevante, mas não afastando outros. Realmente, pode-se ver mais reflexos ou decorrências, mesmo que correlatos ou para dar ênfase ou força àquele. Assim quanto aos meios, aos remédios para conseguir a execução, à proteção que se lhes dá, à garantia, aos meios ou formas de execução, aos instrumentos como se exteriorizam.

Embora um tanto teoricamente, sintetizava Manoel Ignácio Carvalho de Mendonça em três espécies os efeitos, quanto ao credor: "a) dar-lhe direito de empregar os meios legais para obrigar o devedor a prestar aquilo a que se obrigou; b) obter por meio de outrem a prestação à custa do devedor; c) obter do devedor as indenizações correspondentes à inexecução ou à execução imperfeita". Relativamente ao devedor: "Quanto ao devedor, o

---

[1] *Tratado de Direito Civil – Obrigações*, ob. cit., vol. II, t. I, p. 145.
[2] *Teoria delle Obbligazioni*, 3ª ed., Florença, Casa Editrice Libraria Fratelli Cammelli, 1892, vol. VII, p. 1.
[3] *Curso Elemental de Derecho Civil*, ob. cit., t. 3º, p. 19.

adimplemento exato da prestação lhe confere o direito de obter a liberação correspondente, ou de repelir as ações do credor, se a obrigação tiver sido cumprida, ou estiver extinta ou modificada por qualquer causa legal".[4]

Resumindo, quanto aos efeitos principais, está para o credor o direito de exigir, e para o devedor a obrigação de pagar. Uma vez realizado este fulcro máximo, termina a obrigação, dissolvendo-se o vínculo. Opera-se a *solutio*, verificado pelo cumprimento. Mas não se coloca esta forma como a única de extinguir a obrigação. Revela-se na mais importante e comum, mas outras se apresentam, como a novação, a compensação, o compromisso, a prescrição, a renúncia de direito, o perdão ou a remissão, a confusão, e seguramente mais formas, como a transação, a negociação, a morte do credor sem deixar herdeiros.

Exemplificando-se, quanto à prescrição, depois de certo prazo extingue-se a obrigação, e assim relativamente ao seguro, se dentro de um ano não é reclamado pelo credor junto à companhia seguradora, art. 206, § 1º, inc. II, do Código Civil, havendo, pela Lei nº 15.040/2024, a entrar em vigor em 10.12.2025, a regulamentação de vários prazos, nas seguintes previsões:

"Art. 126. Prescrevem:

I – em 1 (um) ano, contado da ciência do respectivo fato gerador:

a) a pretensão da seguradora para a cobrança do prêmio ou qualquer outra pretensão contra o segurado e o estipulante do seguro;

b) a pretensão dos intervenientes corretores de seguro, agentes ou representantes de seguro e estipulantes para a cobrança de suas remunerações;

c) as pretensões das cosseguradoras entre si;

d) as pretensões entre seguradoras, resseguradoras e retrocessionárias;

II – em 1 (um) ano, contado da ciência da recepção da recusa expressa e motivada da seguradora, a pretensão do segurado para exigir indenização, capital, reserva matemática, prestações vencidas de rendas temporárias ou vitalícias e restituição de prêmio em seu favor;

III – em 3 (três) anos, contados da ciência do respectivo fato gerador, a pretensão dos beneficiários ou terceiros prejudicados para exigir da seguradora indenização, capital, reserva matemática e prestações vencidas de rendas temporárias ou vitalícias.

Art. 127. Além das causas previstas na Lei nº 10.406, de 10 de janeiro de 2002 (Código Civil), a prescrição da pretensão relativa ao recebimento de indenização ou capital segurado será suspensa uma única vez, quando a seguradora receber pedido de reconsideração da recusa de pagamento.

Parágrafo único. Cessa a suspensão no dia em que o interessado for comunicado pela seguradora de sua decisão final".

Em outra situação, com a confusão há a reunião em uma única pessoa, física ou jurídica, do débito e do crédito, como quando incide a obrigação em um bem, que é adquirido pelo credor. Mais ilustrativa a exemplificação na transmissão da herança, citação muito do agrado dos autores, havendo um credor e um devedor. Todavia, o credor é herdeiro do devedor. Vindo este a falecer, transmite-se ao devedor a herança, incluindo o débito. Extingue-se a obrigação, posto que o herdeiro não poderá cobrá-la de si próprio.

---

[4] *Doutrina e Prática das Obrigações*, ob. cit., p. 253.

Lembrando, também, não raramente do caráter mutual, ou seja, dos direitos e deveres de parte a parte, ambas aparecendo como credoras e devedoras entre si, segundo lembra Demogue: "Da obrigação resultam tanto deveres para o devedor como deveres para o credor. A natureza mútua da obrigação mal foi revelada até agora".[5]

Costuma-se distinguir os efeitos em diretos e indiretos. Nos primeiros incluem-se o cumprimento e as decorrências da falta de pagamento, enquanto nos segundos constam os meios assegurados para exigir o adimplemento, na visão de Carlos Alberto Bittar: "(...) A obrigação produz efeitos diretos, impondo ao devedor a sua efetivação, e indiretos, que, decorrentes da ordem jurídica, propiciam ao credor os menos necessários à sua realização, ou à obtenção da reparação de danos experimentais. De um lado, atribui ao credor o poder de exigir do devedor o cumprimento no tempo, no lugar e pelo modo devidos, compelindo o devedor à exata execução da prestação, com direito à respectiva quitação. De outro, confere ao credor o direito de demandar o devedor por ações pessoais, caso opere com culpa, podendo este, em contrapartida, defender-se em ações propostas pelo credor, sempre que esteirado em razões legítimas".[6]

19.2. EFEITOS ENTRE AS PARTES E SEUS HERDEIROS

Assim é, ou seja, das obrigações decorrem efeitos para as partes e para seus herdeiros. Algumas obrigações podem ser executadas unicamente pelas partes envolvidas, sendo personalíssimas, enquanto outras transmitem-se aos herdeiros, possibilitando-se a exigibilidade junto a eles, caso falecerem os devedores que as assumiram.

Esta disciplina era tratada pelo art. 928 da lei civil de 1916, que preceituava: "A obrigação, não sendo personalíssima, opera assim entre as partes, como entre seus herdeiros". O Código em vigor não reproduziu regra equivalente, porquanto seu princípio decorre naturalmente. É evidente que a obrigação, se personalíssima, restringese entre as partes: só aquele que a assume pode cumpri-la. Mas, se não revelar tal caráter, além das partes obriga seus herdeiros, até as forças da herança. Falecendo o devedor, processa-se a execução contra o espólio do obrigado, para satisfazer-se por conta dos bens deixados.

Várias as obrigações personalíssimas, figurando como exemplo clássico o mandato. Persistem os poderes outorgados enquanto existir o mandatário. Com a sua morte, opera-se de imediato a extinção do mandato, como reza o art. 682, inc. II. Igualmente no tocante à fiança, art. 836, passando para os herdeiros unicamente os efeitos até a morte, e enquanto permitirem as forças da herança. A prestação de alimentos persiste na pessoa dos herdeiros até onde podem suportar os bens recebidos, não podendo, assim, dizer que se extingue com a morte. Nota-se a diferença, *v.g.*, com a fiança. No caso desta, não mais se acumulam os encargos depois do óbito. Já nos alimentos, aguentando a herança, se prolonga a obrigação, isto é, continuam os herdeiros a responder não só as prestações vencidas, como as que se seguirem, em obediência art. 1.700 do Código Civil (anteriormente, vinha a disciplina no art. 23 da Lei nº 6.515, de 1977): "A obrigação de prestar alimentos transmite-se aos herdeiros do devedor, na forma do art. 1.694". Este dispositivo afirma que "podem os parentes, os cônjuges ou companheiros pedir uns aos outros os

---

[5] "De l'obligation résulte à la fois des devoires pour le débiteur et des devoirs pour le créancier. Le caractère mutuel de l'obligation a été à peine dégagé jusqu'ici" (*Traité des Obligations en Général*, ob. cit., t. VI, vol. II, p. 17).

[6] *Curso de Direito Civil*, ob. cit., vol. 1, p. 368.

alimentos de que necessitem para viver de modo compatível com a sua condição social, inclusive para atender às necessidades de sua educação".

De outro lado, pode-se afirmar que se dá a transmissão da própria obrigação, até que se esgotar o patrimônio recebido.

Situações comuns de obrigações personalíssimas dizem respeito àquelas que reclamam qualidades genuínas, dotes culturais ou artísticos, em que predomina sempre a capacidade especial. Nesta ordem, aquelas que envolvem a elaboração de estudos, ou que exigem conhecimentos técnicos, o prestígio, a fama, a notoriedade, como a contratação de um advogado especializado, de um médico renomado e aprofundado em uma área da medicina. Resta evidente que não se transferem para os herdeiros a prestação do objeto contratado. Se houve pagamento, somente a restituição assiste pleitear, até quando se capacita a herança a suportar. E se a própria pessoa encarregada se recusa a cumprir, consistindo em prestação de dar a obrigação, executa-se por meio de caminhos judiciais, como a busca e apreensão. Na de fazer, no desatendimento outra solução não sobra que procurar a sua confecção por terceira pessoa e buscar a correspondente indenização. Não podendo ou não se dispondo o devedor ao cumprimento, ou não providenciando que outrem promova a execução, abre-se ao credor a liberdade em promover a prestação por terceira pessoa, à custa do devedor. Dentre esta espécie, há uma extensa gama, mas a maior parte não executável por terceiro. Apontam-se, exemplificando, os direitos e obrigações advindos do direito de família, do poder familiar, do casamento, da tutela.

Não se transmite o cumprimento ou o direito igualmente quando as partes decidem em tal sentido, ou quando a lei peremptoriamente estabelece a extinção com a morte ou outro evento do titular do direito ou do devedor. Na convenção, ilustra-se com a cláusula que expressamente veda a transmissão da quota aos herdeiros do sócio que falecer. São exemplos, na inviabilidade legal, o caso do usufruto, art. 1.410, inciso I; a locação de serviços, art. 607; a perempção, vindo firmado que o direito de preferência não se pode ceder nem passar aos herdeiros, art. 520.

Outrossim, no caso de dívidas, de obrigações indenizatórias e outras de caráter patrimonial, que não envolvem propriamente a prestação de serviços, ou de atividades, é automática a transmissão. Não se pode impedir o recebimento do crédito junto aos herdeiros.

Todavia, a sucessão não se opera apenas para os herdeiros, ou não se dá unicamente com a morte. Há sucessão por ato entre vivos, como na cessão de crédito ou de sub-rogação. Na primeira espécie, o credor transfere seu direito ou o crédito a terceiro, como na transmissão de direitos hereditários, ou na transferência de uma indenização que ingressou contra terceira pessoa. Em se tratando de sub-rogação, igualmente transfere-se um crédito a outro indivíduo, justamente porque deste recebeu o pagamento. Assim ocorre com o titular de um veículo dirigido por preposto, que paga os danos por este provocados em acidente. Opera-se o direito de regresso, porque a pessoa que pagou sucedeu ao titular do crédito em razão do veículo avariado.

19.3. CUMPRIMENTO DAS OBRIGAÇÕES POR TERCEIROS

O normal é que as obrigações sejam cumpridas pelas partes que contrataram. Não se afigura lógico demandar terceiro para que as cumpra em nome do devedor. Firmada a avença por duas pessoas, e sendo resultado de mútuo consenso, incabível que se inclua como obrigado um terceiro indivíduo, ou que se estenda o resultado positivo para pessoa não incluída na relação. O mútuo consenso é condição para a validade dos contratos. Uma pessoa não pode ser demandada se não participou ou consentiu no contrato. Unicamente aos que estiveram presentes na relação obrigacional dirigem-se os efeitos decorrentes. De tal sorte que se o devedor consignou no contrato que outra pessoa cumpriria a obrigação, mas não tendo ela assentido expressamente nesta participação, aquele responderá integralmente pelo que restou assinalado para cumprir. O terceiro considera-se aquele que não atuou no negócio ou contrato, que não esteve presente e nem foi representado por alguém. Mas assim não se consideram os sucessores do obrigado, legítimos ou testamentários, eis que receberam a herança ou o quinhão com as mesmas qualidades e encargos que suportava o transmitente; nem os sucessores por ato entre vivos, não importando que fique incluída alguma cláusula isentando da responsabilidade os cedentes. Nesta ordem, o comprador, o permutante, o cessionário assumem os encargos que recaem sobre a coisa transacionada ou negociada. Havendo uma hipoteca, uma penhora, um arresto, um sequestro a gravar o bem, o adquirente do mesmo deve conformar-se com as limitações ou obrigações que o cerceiam ou reduzem seu valor.

Preconiza o art. 439: "Aquele que tiver prometido fato de terceiro responderá por perdas e danos, quando este o não executar". De sua redação depreende-se que não se proíbe a promessa de fato de terceiro. Admite-se que se registre no contrato que terceira pessoa preste uma obrigação. Já assinalava Manoel Ignácio Carvalho de Mendonça: "Não repugna à moral nem à razão que se obrigue alguém por uma prestação, seja coisa ou fato, dependente de outrem".[7] Mas, não havendo o cumprimento, aquele que inseriu o cumprimento por terceiro deve satisfazer a obrigação. É clara sobre o assunto a regra acima.

As situações que envolvem a espécie significam o compromisso por uma prestação de outrem, não verificáveis comumente. Mas acontecem. Assim na promessa de compra e venda de imóvel financiado pelo Sistema Financeiro da Habitação – SFH. Coloca-se no contrato de cessão ou de promessa de compra e venda a transferência do contrato de financiamento perante o agente financeiro. Este ato, porém, não depende de mera postulação do cedente ou promitente vendedor. Como o comprometente comprador ou cessionário irá tornar-se o devedor junto ao estabelecimento financeiro, normalmente requer-se uma série de requisitos, neles incluídos os da renda, da existência de outros imóveis em seu nome, da idoneidade perante os órgãos públicos. A matéria é regulada pela Lei nº 8.004, de 1990, que reconhece ao agente financeiro a prerrogativa de impor a formalização de novas prestações, nelas incluído o saldo devedor que se formou no passado, não absorvido nas parcelas já saldadas. Havendo qualquer motivo justo do agente financeiro em assumir o novo devedor, e recusando-se, ao final, a dar quitação, no mínimo o anterior devedor deve responder pelas obrigações decorrentes desta recusa, se ele expressamente se comprometeu em conseguir a implementação do ato de terceiro. Mas, mesmo que se responsabilizando, não dependendo dele o cumprimento, pensa-se que impossível lhe exigir a satisfação. Ocorre que, leciona Araken de Assis, "o inadimplemento se divide em imputável ao devedor ou não imputável ao devedor. Presencia-se na inimputabilidade evento alheio à vontade do obrigado, impedindo, de um lado, a prestação e produzindo, de outro, a insatisfação do credor. À resolução, contudo, interessa o primeiro e extenso repartimento, pois o segundo se aplica a obrigações emergentes de negócios diversos do contrato bilateral, embora também nesta hipótese se ressalva o negócio; mas, então, o fundamento legal é diverso daquele extensamente tratado nestas páginas".[8] Atendendo o

---

[7] *Doutrina e Prática das Obrigações*, ob. cit., 261.
[8] *Resolução do Contrato por Inadimplemento*, São Paulo, Revista dos Tribunais, 1991, pp. 84 e 85.

devedor as exigências legais previstas, e impondo outras o agente financeiro, deixa de lhe ser imputável o cumprimento da transferência.

Há uma impossibilidade em geral superveniente. Como exigir o cumprimento de um contrato de instalação de aparelhamentos se de terceiros depende o fornecimento de algumas peças?

Na cessão de promessa de compra e venda comum, da mesma forma aquele que se comprometeu em conseguir a realização do ato de transmissão definitiva há de arcar com as consequências se o titular que consta no registro imobiliário não concretizar a transmissão. A venda de um bem onerado em favor de um credor de um financiamento, como a alienação fiduciária, constitui outro exemplo. O alienante fiduciário e cedente promete ao cessionário que o proprietário fiduciário dará a quitação, após o pagamento das prestações. Na recusa do ato de liberação, junto ao cedente procurará o cessionário a regularização da propriedade.

Há de se ver, porém, se realmente o cumprimento era imputável ao devedor, posto que, às vezes, nem sempre cabe a ele o cumprimento, como atrás observado.

Não se confundem as situações acima abordadas com a venda de coisa alheia, eis que, nesta, não está inserido que o proprietário efetuará a entrega do bem, regulando-se a espécie mais pelo art. 1.268, que assim pontifica: "Feita por quem não seja proprietário, a tradição não aliena a propriedade, exceto se a coisa, oferecida ao público, em leilão ou estabelecimento comercial, for transferida em circunstâncias tais que, ao adquirente de boa-fé, como a qualquer pessoa, o alienante se afigure dono".

Mas, em qualquer hipótese, se o adquirente estiver de boa-fé, e o alienante adquirir depois o domínio, considera-se realizada a transferência e operado o efeito da tradição, desde o momento da tradição, nos termos do § 1º do mesmo artigo: "Se o adquirente estiver de boa-fé e o alienante adquirir depois a propriedade, considera-se realizada a transferência desde o momento em que ocorreu a tradição".

19.4. INCUMPRIMENTO MÍNIMO DA OBRIGAÇÃO

O cumprimento parcial da prestação não aparece como direito do devedor. Normalmente, não interessa ao credor o recebimento em parte. Mas nem sempre é admitida a resolução por incumprimento superveniente mínimo. Mantém-se o contrato, restando ao credor a busca da parcela insignificante devida, solução que a jurisprudência adota: "A gravidade do incumprimento é elemento considerável pelo julgador, porque enseja a espécie de resolução conforme expressão de Ruy de Aguiar: "O devedor pode alegar que o seu incumprimento é de escassa importância no contexto do contrato, situação comum nos de execução parcelada, diferida por muitos meses. Apesar de a convenção ou de lei exigir atraso de algumas prestações, a presunção do prejuízo daí emanada não é absoluta e deve o juiz verificar a cada caso se o pedido de resolução não significa abuso da posição jurídica, só se declarando a eficácia de cláusula resolutiva, e dos atos praticados em razão dela, se demonstrado que estão atendidos também os princípios da equidade e da boa-fé. É exemplo desse abuso o pedido de resolução de contato com preço parcelado em dezenas de prestações, cujas três ou quatro últimas restaram impagas".[9]

---

[9] Apel. Cível nº 194.194.866, da 7ª Câm. Cível do Tribunal de Alçada do Rio Grande do Sul, de 30.11.1994, em COAD – Jurisprudência, 9/86.

Realmente, restando uma parcela mínima do preço a ser completado, ao credor cabe ingressar em juízo com a ação ordinária de cobrança. Ilustram Cristiano Chaves de Farias e Nelson Rosenvald: "Este, aliás, é o direito do Enunciado 371 do Conselho de Justiça Federal: 'A mora do segurado, sendo de escassa importância, não autoriza aa resolução do contrato, por atentar ao princípio da boa fé objetiva'.

Pois bem, em contratos de promessa de compra e venda e alienação fiduciária não são raras as situações em que o contratante praticamente liquida o débito, porém, no final do negócio jurídico, sucumbe diante de pequena parcela do contrato. Em tese, o credor poderá ajuizar ação de reintegração de posse ou busca e apreensão e reaver o bem imóvel ou móvel, como consequência do surgimento da pretensão ao crédito, decorrente da lesão ao direito patrimonial. Nada obstante, a perda do bem vital (apartamento, automóvel) é um sacrifício excessivo ao devedor, em face do pequeno vulto do débito. Daí a abusividade de ajuizar a ação necessária ao recebimento do crédito."[10]

A tese encontra respaldo no STJ:

"Segundo a teoria do adimplemento substancial, que atualmente tem sua aplicação admitida doutrinária e jurisprudencialmente, não se deve acolher a pretensão do credor de extinguir o negócio em razão de inadimplemento que se refira a parcela de menos importância do conjunto de obrigações assumidas e já adimplidas pelo devedor.

A aplicação do referido instituto, porém, não tem o condão de fazer desaparecer a dívida não paga, pelo que permanece possibilitado o credor fiduciário de perseguir seu crédito remanescente (ainda que considerado de menor importância quando comparado à totalidade da obrigação contratual pelo devedor assumida) pelos meios em direito admitidos, dentre os quais se encontra a própria ação de busca e apreensão de que trata o Decreto-Lei nº 911/1969, que não se confunde com a ação de rescisão contratual – esta, sim, potencialmente indevida em virtude do adimplemento substancial da obrigação."[11]

---

[10] *Curso de Direito Civil*, Vol. 2, Obrigações, ob. cit., p. 496.
[11] REsp 1255179/RJ, da Terceira Turma, rel. Min. Ricardo Villas Bôas Cueva, j. em 25.08.2015, *DJe* de 18.11.2015.

XX
Pagamento

20.1. CONCEITO E ACEPÇÕES

Faz parte o pagamento do Título III do Livro I da Parte Especial do Código Civil, sob a denominação "Do adimplemento e extinção das obrigações", enquadrando-se perfeitamente no significado, pois enquanto está sendo adimplida ou se cumpre a obrigação está a mesma sendo extinta.

O pagamento constitui a principal causa de extinção das obrigações. Significa o cumprimento das obrigações, as quais consideram-se satisfeitas. Várias as formas de se manifestar ou concretizar: ou pela entrega do valor correspondente em dinheiro, quando dimensionada e prometida em dinheiro a prestação; ou pela tradição da coisa, nos casos de consistir em dar a obrigação, e assim na de entrega de um veículo ou de um imóvel adquirido; ou pela confecção de um serviço, como no erguimento de um prédio e no desincumbir-se de um mandato, em se cuidando de obrigação de fazer; ou na abstenção de um ato, de um fato, quando se compromete a não fazer o devedor, e assim se consta no contrato de locação a proibição em se sublocar, ou em erguer benfeitorias.

Pagamento, pois, ou cumprimento da obrigação, conceitua-se como a realização voluntária da prestação que alguém deve, satisfazendo o crédito do credor. Utiliza-se o significado mais na satisfação de dívidas pecuniárias, com a entrega de dinheiro. Uma vez efetuado, opera-se a realização plena da obrigação, expondo Antunes Varela: "Constitui, sob esse aspecto, o momento culminante da relação creditícia. E, como a obrigação nasce para ser cumprida, o cumprimento exprime o modo normal de realização do interesse do credor".[1] Na exata conceituação de Luis María Boffi Boggero, "el pago es la perfecta consumación del ciclo obligacional, de la vida jurídica de la obligación".[2]

Provém a palavra de *pacare*, com um sentido figurado que levou ao que expressa no vernáculo, porquanto, em latim, traduz-se por "acalmar", "apaziguar", que realmente se alcança por meio de pagamento. O termo mais usado, no direito romano, era *solutio*, significando a execução voluntária da obrigação, ou *solutio est praestatio ejus quod est in obligatione*. Usual também a oração *praestatio vera rei debitare* – a entrega da prestação devida.

O termo mais usado é "pagamento", adotado pelo nosso direito, embora se preste a confusões, pois na linguagem comum leva a entender a entrega de uma quantia em dinheiro

---

[1] *Direito das Obrigações*, Rio de Janeiro, Forense, 1978, vol. II, pp. 1 e 2.
[2] *Tratado de las Obligaciones*, Buenos Aires, Editorial Astrea, 1977, t. IV, p. 18.

para cumprir uma prestação. Realmente, a generalidade das pessoas expressa o ato de entregar dinheiro pelas compras e pelos serviços prestados por meio da palavra "pagamento".

Para diferenciar tal significado do real, contido no direito em geral, costuma-se empregar a palavra "cumprimento", mais abrangente, envolvendo quaisquer prestações, e não gerando confusão com o significado de entrega de dinheiro. Corresponde a saldar um dever, a satisfazer um compromisso, tudo de modo amplo, e não restritamente às prestações em dinheiro. Por isso, tenta convencer Antunes Varela: "No idioma nacional, é o termo 'cumprimento' que, com maior propriedade, abrange a realização voluntária da prestação devida, seja qual for a modalidade desta".[3]

Comuns, também, as palavras "implemento" e "adimplemento", utilizadas mais na linguagem jurídica, mas de pouco uso popular. Compreendem o mesmo sentido de "cumprimento", não se prestando ao entendimento de mera entrega de uma quantia em dinheiro.

O termo "execução" não é tão apropriado, posto que dirige-se mais à satisfação forçada de uma prestação. De acordo com as leis processuais, o significado compreende a realização coativa da prestação, verificada quando não se consegue pelos meios suasórios ou amigáveis. Mas não deixa de compreender o cumprimento, posto que "executar" é "cumprir" o contrato.

Embora consolidado no meio popular a restrição de pagamento à ideia de satisfazer obrigações pecuniárias, e assim as expressões "o devedor pagou um título", "pagou a dívida bancária", "pagou a prestação", "pagou o aluguel", utiliza-se o termo para abranger qualquer atendimento de obrigações, inclusive as de fazer ou de prestar coisa, e até de abstenção. Na linguagem jurídica, sintetizava Serpa Lopes, "entende-se o termo pagamento como significando a efetivação da prestação devida ao credor, no tempo, forma e lugar eventualmente previstos no ato constitutivo".[4] Já Luiz de Gásperi especifica duas formas: "Significa en la primera la extinción del *vinculum juris*, no sólo por el cumplimiento de la prestación que constituye su objeto, sino por cualquier otro modo que ella tenga lugar, como la novación, la remisión, la compensación etc. Connota en la segunda la idea del cumplimiento específico de la prestación prometida: *dare, facere* o *non facere*".[5]

20.2. PRESSUPOSTOS

Três os pressupostos básicos para se realizar o pagamento: o vínculo obrigacional, o débito, e o *animus* de pagar.

O primeiro corresponde à origem ou causa que determinou o pagamento. Sempre há uma relação contratual que une o devedor e o credor. Não nasce do nada o pagamento, ou não se paga sem uma razão contratual. Pelo segundo, há a existência de um débito, de uma prestação válida e pendente, criada por um ato de vontade bilateral ou unilateral. "No se paga si no hay obligación válida que extinguir", arremata Luis María Boffi Boggero.[6] Cria-se, em geral, em função de uma contraprestação pelo recebimento de um bem ou de um serviço. Já no tocante ao último, deve revestir-se o ato da intenção de solver, de cumprir com aquilo que se assumiu. Visa-se atender a obrigação, e liberar-se dela é que se efetua o pagamento. A não ser com este objetivo, aquilo que se entrega ou

---

[3] *Direito das Obrigações*, ob. cit., vol. 2, p. 6.
[4] *Curso de Direito Civil* – Obrigações em Geral, ob. cit., vol. II, p. 186.
[5] *Tratado de las Obligaciones* – Parte Especial, Buenos Aires, Ed. Depalma, 1946, vol. III, p. 13.
[6] *Tratado de las Obligaciones*, t. IV, ob. cit., p. 29.

se faz, ou se omite, não tem o sentido de *solutio*, de desincumbir-se, e sim um outro, como doação, liberalidade.

Pressupostos que Giorgi nomina de requisitos, desdobrando-os em cinco: "Uma obrigação anterior, quae in dando, vel in faciendo consistat; a intenção de criá-lo; o serviço que você recebe é fornecido; a persona que arrozou; a persona que paga".[7]

20.3. NATUREZA

É evidente que a natureza está na extinção da obrigação. O traço característico assenta-se em tal objetivo, como assinala Francisco de Paula Lacerda de Almeida: "Ato de natureza extintiva, o pagamento supõe e faz presumir obrigação anterior que lhe serve de causa. Feito, portanto, na suposição de dívida que realmente não existe ou de obrigação natural, que por erro se supõe civil, o pagamento dá lugar ao que se chama repetição de indébito, que é a restituição a que tem direito o solvente... Esta intenção, que se presume no devedor, de querer extinguir a dívida, faz com que o credor que recebeu fique ao abrigo da repetição por parte do solvente verdadeiro ou presumido".[8]

De outra parte, apesar das controvérsias doutrinárias, justamente porque supõe obrigação anterior, revela-se preponderantemente como um ato jurídico bilateral, mesmo quando procedido contra a vontade do credor. Acontece que sempre assiste o direito de impugná-lo, de procurar invalidá-lo, tanto que na consignação jamais se prescinde do chamamento do credor. Se existe, é porque se estabeleceu subjacentemente uma relação contratual, da qual derivou. Não surge senão de um compromisso, ou de um nexo formado de duas vontades. Do contrário, se prescinde desta relação, adquire outra denominação, como doação, ou promessa de recompensa. Mesmo nestas eventualidades, a validade depende da vontade da parte favorecida. Não se dispensa o consentimento de quem é contemplado para efetuar o pagamento. A unilateralidade do ato subjacente não se estende ao ato do pagamento. Sempre há necessidade de intervenção do credor, que terá de avaliar ou examinar o pagamento. Não importa que o ato seja praticado apenas pelo devedor, o que acontece sobretudo na prestação consistente em uma omissão, e até de uma ação. O simples fato de consolidar-se o pagamento com a aceitação já importa bilateralidade.

Os defensores da teoria de ato unilateral, ou do ato da prestação do devedor, apontam as hipóteses de pagamento sem conhecimento do credor, como nas prestações relativas à entrega de dinheiro, de prestação de serviço. Haverá o pagamento se o devedor deposita uma quantia devida na conta do credor, em um estabelecimento bancário. Igualmente se alguém apronta a obra que contratou, malgrado a ausência do encomendante quando da conclusão.

Dá-se a realização da prestação, que seria o que importa. Todavia, em todos os casos, não se prescinde da verificação da coincidência entre a prestação devida da efetuada. Embora não se necessite de uma manifestação expressa, ou explícita, sempre é indispensável o assentimento do credor. Assegura-se ao mesmo não aceitar ou não dar quitação da prestação, se não obedecido o parâmetro da avença. Pondera, na doutrina estrangeira, Luis de Gásperi: "Evidente es así que en las hipótesis en que el acreedor, fundado en la

---

[7] "Una obbligazione precedente, *quae in dando, vel faciendo consistat*; la intenzione di estinguirla; la prestazione di ciò che è dovuto; la persona che riceve; la persona che paga" (*Teoria delle Obbligazioni*, ob. cit., vol. VII, p. 10).

[8] *Obrigações*, ob. cit., pp. 196 e 197.

disconformidad de la prestación cumplida con la prometida, puede negarse a recibirla..., mal podría perfeccionarse el cumplimiento sin su conformidad, siquiera la prestación consista en un hecho unilateral del deudor, como es la ejecución de un mandato. En supuestos tales es innegable la necesidad del concurso de voluntades que la doctrina francesa ha creído ver en todo pago".[9]

Mesmo os que não aceitam a teoria do contrato, consistente no oferecimento da prestação e na aceitação precisamente dentro do conceito de cumprimento, colocam a condição de conferir o credor a exatidão da prestação conforme o combinado. Nessa posição Karl Larenz, defensor do pensamento da efetuação ou execução do pagamento para acarretar a quitação, refletindo o sistema alemão sobre a matéria: "Aunque según lo dicho para la cancelación de la obligación carece de importancia si el acreedor ha aceptado precisamente la prestación en el concepto de cumplimiento, dicha aceptación tiene, sin embargo, relevancia en cuanto a la carga de la prueba, ya que la misma crea la presunción legal de que la prestación de tal modo aceptada corresponde completamente a la debida. Al acreedor le incumbe, por lo tanto, la carga de la prueba si afirma que la prestación es incompleta o que no se atiene a la obligación".[10]

20.4. REQUISITOS

Nos pressupostos, estudam-se os elementos que ensejam o reconhecimento, ou a configuração do pagamento. Levam-se em conta seus componentes, ou os fatores essenciais, e, nesta conceituação, a entrega de uma importância monetária, de uma coisa, de um bem; ou a realização de um dever, de um serviço; ou a abstenção de um ato; a intenção de paga; e o vínculo obrigacional.

Já quanto aos requisitos, procura-se ver os elementos para se realizar o pagamento; por outras palavras, como se deve fazer ou externar o pagamento para admitir-se a validade. É certo que, para validar o cumprimento da prestação, ou para considerarse válido o pagamento, alguns requisitos mínimos são exigidos.

E os requisitos são aqueles comuns para os negócios jurídicos em geral. Assim, coloca-se como primeira exigência a capacidade do devedor. Importa que o pagamento seja feito por pessoa capaz, no pleno domínio de seus atos. No caso de ser incapaz, impende a representação ou a assistência, conforme estiver o devedor com menos de dezesseis anos, ou entre este limite e dezoito anos de idade.

Todavia, a matéria é relativa. Efetuado o pagamento por um incapaz, é em princípio válido, posto que feito para solver a obrigação. Não há por que não admitir como incumprida a dívida, se plenamente satisfeita, não importando a qualidade de quem solve. Pelo fato da incapacidade, nem compete ao credor suscitar alguma discussão, e muito menos ao devedor procurar a impugnação, eis que, realmente, era devedor.

Se a prestação envolve um negócio que requeira expressamente a capacidade, diferente é o tratamento. Neste âmbito o negócio de disposição do patrimônio. Consistindo a prestação em transferir o domínio de um imóvel, é suscetível de nulidade o contrato sem a representação ou assistência do responsável. É evidente, todavia, que dificilmente se declara a nulidade, se real a prestação e se não prejudicado o incapaz.

---

[9] *Tratado de las Obligaciones*, Parte Especial, Buenos Aires, Ed. Depalma, 1946, vol. III, p. 19.
[10] *Derecho de Obligaciones*, 1958, t. I, ob. cit., p. 413.

Requer-se, também, a capacidade do credor. Sendo ele menor, mais imprescindível a representação ou a assistência, de conformidade com a capacidade total ou relativa, do que no pagamento feito por menor. Mas advirta-se, de início, que o recebimento pelo credor do valor realmente devido não invalida o ato. Como o recebimento importa em dar quitação, no que se apresenta um ato de vontade, considera-se configurada a nulidade sempre que se revelar algum prejuízo ao credor.

Sobre a matéria, há o art. 308 do Código Civil, inserindo a obrigatoriedade em ser levado a efeito a quem represente o credor, logicamente sendo este menor: "O pagamento deve ser feito ao credor ou a quem de direito o represente, sob pena de só valer depois de por ele ratificado, ou tanto quanto reverter em seu proveito".

Ressalta a nota essencial para a invalidade: a ocorrência de prejuízo ao credor, ou não revertendo em benefício do mesmo. O art. 310 mostra-se claro: "Não vale o pagamento cientemente feito ao credor incapaz de quitar, se o devedor não provar que em benefício dele efetivamente reverteu".

Importa deter-se, também, em outro requisito, que é a titularidade do devedor sobre o bem que se comprometeu a transferir, e com o qual faz o pagamento. Deve ele revestir-se do poder de dispor da coisa, ou revelar capacidade e condições de prestar a obrigação. Não pode comprometer-se a alienar uma coisa que não lhe pertença, nem vincular-se a uma prestação de serviço para a qual não revele a habilidade ou os conhecimentos indispensáveis.

Mais requisitos ressaltam, como a existência da obrigação ou da dívida. Inconcebível que se entregue uma soma em dinheiro, ou se preste um serviço, sem nada dever o obrigado. Decorre da eventual entrega de valor monetário ou da prestação de serviço o direito a reclamar a restituição, ou a repetição do indébito.

De não olvidar-se que o ato venha ostentando a plena validade da vontade, de tal sorte que ausentes o erro, o dolo, a fraude, a simulação, a coação, além de outros vícios, e tenha obedecido a forma prescrita em lei na sua manifestação.

Quanto aos elementos externos, ou que revelam como perfeito o pagamento, arrolam-se os seguintes:

a) A satisfação exata da prestação. Há, sentencia Demogue, "a impossibilidade de o devedor obrigar o credor a receber outra coisa além do que lhe é devido, era isso mais vantajoso".[11] Não se admite o cumprimento de uma determinada prestação se for diferente da que se comprometeu a realizar ou entregar. Encomendando alguém uma pintura de um artista especificado, inaceitável o oferecimento de obra diversa. A compra de um imóvel indicando a caracterização não se perfectibiliza com a entrega de outro em local diferente.

b) A integralidade do pagamento, e não em partes, posto que não se pode exigir do credor o recebimento parcial de seu crédito. Não importa que divisível a dívida, ou reclamável em partes dos vários devedores, a menos que se trate de sucessão, quando os herdeiros serão demandados pela parcela que lhes coube pela transmissão.

---

[11] "l'impossibilité pour le débiteur de forcer le créancier a recevoir autre chose que ce qui est dû, cela lui fut-il plus vantageux" *(Traité des Obligations en Géneral*, II, t. VI, ob. cit., p. 7).

Abrange as despesas decorrentes da cobrança – "não é do seu interesse exclusivo, mas também estou interessado", arrematava Giorgi.[12]

c) Pagamento pelo modo devido. O assunto envolve questões controvertidas, merecendo a análise em momento oportuno. Adianta-se a necessidade de se obedecer o que restou combinado pelas partes, de sorte que se estabelecida a forma em dinheiro, não se impõe o recebimento em prestação diferente.

d) O pagamento pela pessoa com quem se tratou. Quanto às obrigações não personalíssimas, nada proíbe que se faça por terceiro interessado a prestação. Mas, se contratada a obrigação em função da pessoa, especialmente naquela que requer conhecimentos, capacidade técnica, dotes artísticos, especialização profissional, apenas a pessoa contratada deverá cumpri-la. A matéria virá exposta com mais delongas adiante.

e) Presenças do credor e do devedor. Não no sentido literal, mas no aspecto de saber quem paga e a quem se paga. Se um terceiro interessado cumpre a prestação, indispensável saber e consignar a razão, ou a que título efetua o pagamento. No pertinente ao *accipiens*, ou àquele que deve receber a prestação, importa que apresente o título, ou a prova de que é credor. A matéria vem disciplinada no art. 308, segundo se observará em um item específico.

f) O tempo do pagamento. Para a validade da satisfação, deve-se obedecer a época do vencimento, ou o prazo estabelecido para o cumprimento, como se analisará mais à frente. Como princípio básico, salienta-se que não cabe ao credor reclamar o adiantamento da prestação, e nem é permitido ao devedor postergar o cumprimento.

g) Lugar do pagamento. Questão de relevância está em definir onde se cumprirá o pagamento. Desde que não estabelecido o local, normalmente deve ser procurado no domicílio do devedor, na inteligência do art. 327, primeira parte. Como nos casos anteriores, merecerá a matéria abordagem mais longa adiante.

20.5. PAGAMENTO E EXTINÇÃO DA OBRIGAÇÃO

Está evidente que o pagamento determina a extinção da obrigação, servindo a lição de Karl Larenz para esclarecer: "La relación obligatoria está destinada a cumplir su finalidad consistente en el pago o satisfacción del acreedor, con lo cual aquella llega a su fin predeterminado. Por tanto, esta relación obligatoria, es decir, el singular deber de prestación, se extingue cuando la prestación debida es efectuada a favor del acreedor. Mediante el cumplimiento de la prestación debida, la relación obligatoria queda extinguida".[13]

Justamente em vista de corresponder ao cumprimento da obrigação, o pagamento acarreta a extinção de maneira direta. Recebendo o credor a prestação, dá-se a tradição da coisa quando for de dar a obrigação, ou a execução quando de fazer, ou a abstenção se de não fazer.

Extingue-se de maneira completa a obrigação, com os acessórios, como os juros, a multa, a fiança, o penhor e outras garantias. Desaparecem, outrossim, os possíveis vícios ou as imperfeições que continha a relação original.

---

[12] "non solamente gli interessi, ma ben anche le spese" (*Teoria delle Obbligazioni*, ob. cit., vol. VII, p. 43).
[13] *Derecho de Obligaciones*, ob. cit., t. I, p. 408.

20.6. QUEM DEVE PAGAR

Obviamente o devedor é a pessoa obrigada a pagar. Tendo ele contraído a obrigação, com o que lhe decorreram vantagens, unicamente ele será acionado para cumprir a contraprestação, a menos que venha a falecer, quando se transferirem as dívidas aos herdeiros, suportando cada um até as forças do quinhão recebido.

No entanto, não se impede que terceiros exerçam o dever de pagar, tendo ou não eles interesse na dívida. O motivo que leva a aceitar o pagamento vem explicado por Guilherme Alves Moreira, ainda coerente na época atual: "O motivo por que, em princípio, se faculta a qualquer terceiro que, em seu próprio nome ou em nome do devedor, pague por este, é que, consistindo o interesse do credor em que a obrigação seja cumprida, e o interesse do devedor em ser libertado dela, não seria justo que o credor não pudesse receber a prestação de terceiro, pelo fato de o devedor se opor, nem tão pouco o seria que o devedor não pudesse ser favorecido pelo pagamento por terceiro, pelo fato de o credor se recusar a aceitá-lo".[14]

Nesta ordem, parece que sempre há um interesse subjacente de quem paga dívida de outrem. Do contrário, torna-se difícil que tal fato ocorra, eis que raramente as pessoas realizam atos de abnegação e benemerência. Justamente por isso, as situações que mais despontam de pagamento de dívidas de outrem por terceiros são aquelas garantidas por fiança, hipoteca, penhor, aval, penhora. Outras ocorrem, como naquela em que aparecem coobrigados, nas que incidem contra um devedor que pretende alienar um imóvel. Os herdeiros também revelam interesse, no intuito de liberar de construções a herança.

Várias as ocasiões em que é paga uma obrigação pendente pelo adquirente de imóvel, com o que se livra ele de ações paulianas ou da imputação de fraude contra credores.

O art. 304 do Código Civil contempla a faculdade: "Qualquer interessado na extinção da dívida pode pagá-la, usando, se o credor se opuser, dos meios conducentes à exoneração do devedor".

O parágrafo único: "Igual direito cabe ao terceiro não interessado, se o fizer em nome e à conta do devedor, salvo oposição deste".

Em princípio, pois, não há qualquer impossibilidade de o terceiro pagar contas de devedores, a menos que se oponham. Mas há exigências para a validade, delineadas por Domingos Sávio Brandão Lima: "Para que um terceiro possa pagar validamente a dívida de outrem, deve reunir as mesmas condições exigidas ao verdadeiro devedor – capaz e proprietário da coisa entregue, agir com conhecimento de causa, sabendo que paga uma dívida de outro e com intenção de liberá-lo."[15]

Mesmo na total ausência de interesse, não se impede o pagamento, que Demolombe denomina "por intervenção", lembrando antiga doutrina defendendo que "terceiro, sem mandato e sem juros, pode obrigar o credor a receber, porque é sempre permitido melhorar a condição de uma pessoa, mesmo sem o seu conhecimento".[16] Não são raras

---

[14] *Instituições de Direito Civil – Das Obrigações*, Coimbra, Typographia F. França Amado, 1911, vol. II, p. 242.

[15] *Origens do pagamento por consignação nas obrigações em dinheiro*, em Doutrinas Essenciais – Obrigações e Contratos, Vol. II (Obrigações: Funções e Eficácia), São Paulo, Thomson Reuters, Revista dos Tribunais. 2ª tir., orgs. Gustavo Tepedino e Luiz Edson Fachin, p. 794.

[16] "Tiers, sans mandat et sans intérêt, peut forcer le créancier à recevoir, parce qu'il est toujours permis d'améliorer la condition d'une personne, même à son insu" (*Cours de Code Civil*, ob. cit., vol. II, t. 13º, p. 243).

as hipóteses da solução de dívidas por terceiros sem um interesse jurídico na obrigação, a qual, satisfeita, repercute no próprio terceiro que paga, como aquele que adquire um imóvel hipotecado. Comum o pagamento de dívidas dos filhos pelos pais; também quanto às dívidas de amantes, ou de uma pessoa a quem se deve favores, ou de um amigo que se encontra na iminência de perder um bem constritado por penhora ou hipoteca.

Admite-se a recusa do devedor ao ato do terceiro, como vem expresso no final do parágrafo único acima transcrito. Na verdade, não se justificaria essa oposição, eis que se leva em consideração a pessoa do credor, e não do devedor. Interessa o direito de quem tem o crédito a receber, não se revelando coerente impedir que tenha o crédito satisfeito. Entre o direito do credor e a vontade do devedor, predomina aquele. Não se mostra, efetivamente, justo opor obstáculos à satisfação do direito.

Colhe-se do art. 306 que, no pagamento por terceiro, levado a efeito sem o conhecimento do devedor, ou em oposição à sua vontade, não está obrigado a reembolsar o montante, se dispunha de meios para tanto: "O pagamento feito por terceiro, com desconhecimento ou oposição do devedor, não obriga a reembolsar aquele que pagou, se o devedor tinha meios para ilidir a ação".

O texto não está claro, gerando certa incompreensão. Na explicação de Sílvio de Salvo Venosa (*Direito Civil – Teoria Geral das Obrigações e Teoria Geral dos Contratos*, ob. cit., p. 183), "o que se deve entender é que, se o devedor tinha meios para se opor ao pagamento, esse pagamento feito contra sua vontade ou sem o seu conhecimento não o obriga a reembolsar, pois não lhe foi útil. Da mesma forma na hipótese de desconhecimento por parte do devedor: impõe-se que o *solvens* informe o devedor que vai pagar, sob pena de pagar mal. Em qualquer situação, o montante do pagamento que foi útil para o devedor deve ser reembolsado, em que pese a nova redação, sob pena de ocorrer injusto enriquecimento. A óptica se transplanta, no caso concreto, para o âmbito da prova".

Como se verá do art. 305, embora não permitida a sub-rogação nos direitos do credor, autoriza-se ao terceiro interessado a cobrança junto ao devedor. Já aí se verifica que está prevista a possibilidade de não se tornar gratuito o ato de terceiro. Mas, o sentido do motivo previsto no Código é mais profundo: verifica-se quando fundadas razões são apresentadas, como não mais existir a dívida, a sua prescrição, o pagamento efetuado anteriormente, a novação ocorrida, a compensação. Se mostrar-se inerte o devedor, ou admitir que se faça o pagamento, está sujeito a submeter-se à cobrança da quantia aparentemente ainda devida, mas que, na verdade, já fora saldada, ou se encontra prescrita.

No entanto, se o credor e o devedor recusarem o pagamento por terceiro, parece que não assiste a este o direito de pagar. Devem preponderar, aí, os desígnios dos contratantes, posto que possível a solução da dívida por uma forma que seja mais do interesse deles. No que endossa Colmo: "Por cuanto ni uno ni otro están en conflicto, cuando no se consulta el beneficio de ninguno de los sujetos de la obligación, el tercero es un perfecto extraño al invadir jurisdicciones totalmente ajenas y en que no se consulta el favor de ninguno de los interesados sino el propio: la obligación tiene aspectos objetivos, es verdad; pero en esencia es un vínculo personal (que no es lo mismo que individual), que no puede ser equiparado a una cosa".[17] A menos que haja interesse do terceiro, como se encontrando o bem constritado por penhora em razão de uma dívida, ou sujeito à rescisão da compra e venda. Se permitida a recusa em pagar, admissível que ficasse encoberta uma falcatrua, ou uma simulação. Credor e devedor estariam unidos para prejudicar o

---

[17] *De las Obligaciones en General*, ob. cit., p. 390.

terceiro. Não integralizado o pagamento, adviria o direito à rescisão, retornando o bem ao credor, e ficando o devedor com a quantia percebida do terceiro, sem restituí-la por não apresentar condições econômicas.

Normalmente, quem paga sub-roga-se nos direitos do credor, para a finalidade de ressarcimento junto ao devedor.

Embora caiba apenas reembolsar-se perante o devedor, ou seja, buscar, através de ação própria, o valor devido, não assiste ao terceiro usar das prerrogativas que tinha o credor. Se o crédito se encontrava garantido, assim não continuará junto ao terceiro. Se a dívida vinha amparada por título apto à execução, não decorre a sua transferência ao terceiro. Não promoverá ele a execução do título. Sequer possui título executivo. É o que vem condensado no art. 305: "O terceiro não interessado, que paga a dívida em seu próprio nome, tem direito a reembolsar-se do que pagar, mas não de sub-rogar-se nos direitos do credor".

Para receber junto ao devedor, tendo havido o pagamento antes do prazo, deve o terceiro aguardar a data do vencimento, como estipula o parágrafo único do dispositivo acima: "Se pagar antes de vencida a dívida, só terá direito ao reembolso no vencimento".

O pagamento por terceiro, interessado ou não, restringe-se mais às obrigações de dar e de não fazer. Quanto às de fazer, em geral desponta sempre o *intuitu personae*, como vinha previsto no art. 878 do Código anterior: "Nas obrigações de fazer, o credor não é obrigado a aceitar de terceiro a prestação, quando for convencionado que o devedor a faça pessoalmente". O Código em vigência não repetiu a norma, porquanto decorre o seu conteúdo do art. 247: "Incorre na obrigação de indenizar perdas e danos o devedor que recusar a prestação a ele só imposta, ou só por ele exequível". Realmente, se assegurada a indenização pelas perdas e danos caso manifestada a recusa da prestação, naturalmente não está obrigado o credor a aceitar de terceiro a mesma prestação, de caráter estritamente pessoal.

Bem clara revelava-se a explicação de Maria Helena Diniz: "Se se tratar de obrigação personalíssima, contraída em atenção às qualidades pessoais do devedor, apenas este deverá cumpri-la, de forma que não se poderá obrigar o credor a aceitar de outrem a prestação".[18]

Inúmeras as obrigações com tal caráter, como as assumidas pelo advogado, por médico, por artista. Em função dos dotes, das qualificações, da capacidade, dos conhecimentos e outras qualidades, foi contratada a prestação de serviços, ou a obrigação de fazer – razão que impede o cumprimento por terceiro.

Contém o Código regra especial no tocante ao pagamento mediante a transmissão da propriedade. Aplicam-se, para a hipótese, as regras da transmissão imobiliária ou mobiliária, segundo o art. 307: "Só terá eficácia o pagamento que importar em transmissão da propriedade, quando feito por quem possa alienar o objeto, em que ele consistiu". Assim, unicamente o proprietário habilita-se a efetuar o pagamento de tal forma. Necessário que se materialize o pagamento através de escritura pública – art. 108 da lei civil, impondo-se a representação ou assistência quando menores os devedores.

Ainda oportunas as seguintes considerações de Lacerda de Almeida: "É óbvio que quem paga deve ser civilmente capaz, e, tratando-se de obrigação de dar, deve ter não só o direito de alienar, mas ainda o *jus in re* sobre a coisa alienada. Assim os menores,

---

[18] *Curso de Direito Civil Brasileiro* – Teoria Geral das Obrigações, 10ª ed., São Paulo, Saraiva, 1996, 2º vol., p. 215.

os interditos..., as pessoas jurídicas, como as associações, a Fazenda Pública, o Estado, o Município, em uma palavra, os administrados, só podem pagar por seus representantes legítimos e mediante as fórmulas legais ou regulamentares que forem para isso estabelecidas".[19]

Quanto às coisas fungíveis – aquelas que podem ser substituídas por outras da mesma espécie, qualidade e quantidade –, dadas em pagamento, mesmo que o devedor não pudesse aliená-las, mas desde que recebidas de boa-fé pelo credor e consumidas, não mais cabe a restituição. Vem a disposição, neste sentido, no parágrafo único do art. 307: "Se se der em pagamento coisa fungível, não se poderá mais reclamar do credor, que, de boa-fé, a recebeu e consumiu, ainda que o solvente não tivesse o direito de aliená-la". Anotava Maria Helena Diniz, observando que as disposições do Código anterior e do atual praticamente coincidem: "Não há, nesse caso, enriquecimento ilícito, porque o verdadeiro dono teria ação contra o devedor que pagou com o que não era seu; todavia, se a coisa não foi consumida, o seu proprietário terá ação para reinvindicá-la do *accipiens*".[20]

Havendo má-fé do credor, mesmo que consumidas as coisas recebidas em pagamento, cabível o ressarcimento junto a ele, ou o equivalente.[21]

A matéria é um tanto complexa, posto que as condições para a restituição estão na boa ou má-fé do credor, ao receber o pagamento, e no consumo das coisas, inclusive na sua venda. O proprietário dos bens não poderá demandar o credor, mesmo que o devedor os tivesse em guarda, ou fosse mero detentor. A previsão enseja fraudes, de difícil comprovação na prática. Daí, pois, o rigor na prova da inexistência da má-fé, a cargo do credor, com a exigibilidade da apresentação dos comprovantes da aquisição em nome do devedor. Assim, pertinente à cooperativa que aliena ou entrega os produtos dos cooperativados que lá se encontram depositados, é intuitivo que deve apresentar os comprovantes do domínio, sob pena de vislumbrar-se, senão a má-fé do credor, pelo menos a sua culpa, na forma de imprudência.

Finalmente, a exceção restringe-se ao pagamento de dívidas, de obrigações, e não ao negócio de compra e venda.

20.7. A QUEM SE DEVE PAGAR

É fora de dúvida que o pagamento se efetuará ao credor. Nele concentra-se o direito de receber. A clareza do art. 308 é solar: "O pagamento deve ser feito ao credor ou a quem de direito o represente, sob pena de só valer depois de ele ratificado, ou tanto quanto reverter em seu proveito".

Várias decorrências, no entanto, advêm da regra. Em primeiro lugar, a definição de quem é credor. Não se concentra unicamente na pessoa que, na relação contratual, ficou com o direito de receber uma importância monetária, ou um bem, ou um serviço. Uma vez falecido, seus herdeiros habilitam-se a receber o pagamento, na proporção do respectivo quinhão. Igualmente os cessionários, na cessão do crédito, ou na transferência dos direitos. "Pouco importa se ele não for o credor original; basta que ele seja credor atual",

---

[19] *Obrigações*, ob. cit., pp. 302 e 303.
[20] *Curso de Direito Civil Brasileiro* – Teoria Geral das Obrigações, 2º vol., ob. cit., p. 218.
[21] Antunes Varela, *Direito das Obrigações*, ob. cit., vol. 2, p. 20.

asseverava Giorgi.[22] E quanto aos terceiros interessados que efetuaram o pagamento, como o fiador, os adquirentes de imóvel hipotecado ou do bem dado em penhor, igualmente revestem-se do direito. Acrescentava Washington de Barros Monteiro, mantendo a conformidade com o atual Código o ensinamento: "Se solidária ou indivisível a obrigação, qualquer dos credores pode recebê-la, nos termos dos arts. 892 e seguintes do Código Civil. Se ao portador, quem apresentar o título será o credor, assistindo-lhe o direito de receber o pagamento. Caucionado o título de crédito, cabe ao credor por caução receber a respectiva importância (art. 792, inciso, IV)".[23] Os arts. 892 e 792, inciso IV, citados no texto, correspondem aos arts. 260 e 1.459, inciso IV, do atual diploma civil.

Constituindo o pagamento um direito de crédito, nada impede a sua transferência ou cessão, com o que os sucessores e cessionários colocam-se na posição do credor, ficando habilitados ao recebimento.

Admite-se o pagamento ao representante ou procurador, desde que óbvios ou expressos os poderes para tanto. O representante convencional, isto é, instituído por mandato ou contrato; o legal, ou aquele que a lei estabelece como representante ou assistente, e assim relativamente aos incapazes diante da menoridade ou da interdição; o judicial, que é o nomeado pelo juiz, como no caso do inventariante, do síndico, do depositário judicial, todos revestem-se de poderes para receber e dar quitação. Resta válido e surtirá efeitos o pagamento. No pertinente aos incapazes, porém, mesmo para receber não se prescinde da autorização judicial, quando depende de alguma decisão quanto ao objeto do pagamento. O normal, porém, é proceder-se o pagamento sem a prévia chancela judicial. Exige-se a mesma para o uso dos valores pagos, ou para a destinação posterior a ser dada. Sendo o pagamento uma decorrência de um negócio anterior, em geral este ato é que também depende do *decisum* do juiz.

No pertinente aos menores relativamente incapazes, procede-se o pagamento com a assistência do representante legal ou judicial, sempre acompanhando a utilização do bem ou dos valores recebidos. De maneira alguma se prescinde, outrossim, para a destinação, do consentimento judicial. A diferença quanto aos totalmente incapazes está na possibilidade de confirmação ou ratificação pelo assistente, ou pelo próprio incapaz quando atingir a capacidade plena. Parece encontrar amparo a ratificação no art. 172: "O negócio anulável pode ser confirmado pelas partes, salvo direito de terceiro".

Referindo-se ao pagamento para incapazes, temos o art. 310: "Não vale o pagamento cientemente feito ao credor incapaz de quitar, se o devedor não provar que em benefício dele efetivamente reverteu". Regra reforçada pelo art. 181, do mesmo Código Civil: "Ninguém pode reclamar o que, por uma obrigação anulada, pagou a um incapaz, se não provar que reverteu em proveito dele a importância paga".

Em princípio, depende de ordem judicial não o pagamento propriamente dito, mas a destinação do valor ou do bem. A lei revela uma preocupação justamente no tocante à destinação. Não está a invalidar o pagamento sem o representante legal, e sim o pagamento que não reverteu em benefício do incapaz. Acontece que, dada a falta de discernimento, ou de capacidade de decidir, forte a presunção do uso indevido, desregrado e sem utilidade do valor ou do bem pago.

---

[22] "Poco importa, se egli non sia il creditore originario; gli basta di essere creditore attuale" *(Teoria delle Obbligazioni*, ob. cit., vol. VII, p. 86).
[23] *Curso de Direito Civil – Direito das Obrigações*, ob. cit., 1ª parte, p. 275.

Daí a invalidade unicamente na ocorrência dos referidos descalabros. Mas, comprovado o emprego no próprio sustento do incapaz, ou em investimentos úteis, sobressai a validade do pagamento. Igualmente se o devedor julgava que o credor era capaz, ou se foi induzido em erro dolosamente pelo menor, conforme se depreende da versão do art. 180: "O menor, entre 16 (dezesseis) e 18 (dezoito) anos, não pode, para eximir-se de uma obrigação, invocar a sua idade se dolosamente a ocultou quando inquirido pela outra parte, ou se, no ato de obrigar-se, declarou-se maior".

Apresentando-se alguém como credor, portando título hábil, ou qualificando-se nas condições de receber, tem a lei como válido o pagamento, preceituando o art. 309: "O pagamento feito de boa-fé ao credor putativo é válido, ainda provado depois que não era credor".

Explicava Arnoldo Wald, mantendo-se válida a lição, dada a correspondência dos dispositivos sobre a matéria do atual e do antigo diploma civil: "A lei, protegendo as aparências e a boa-fé do credor, considera válido o pagamento feito ao credor putativo, ou seja, àquele que tinha todas as características de credor, embora não o seja. É credor putativo aquele que se apresenta com um título aparentemente válido, embora posteriormente seja o mesmo julgado nulo. Assim, o síndico de um edifício que foi eleito, conforme ata de assembleia-geral, está autorizado a receber as contribuições do condomínio, sendo considerado tal pagamento válido mesmo se depois vier a ser anulada a assembleia por qualquer vício de forma".[24]

Também em outros exemplos, como o herdeiro que se apresenta com o título judicial, vindo a ser desconstituído posteriormente; o possuidor de cheque ao portador, que o subtraiu ou mesmo tenha falsificado a assinatura, de sorte a não se detectar a diferença com a do titular da conta de depósito, a não ser mediante perícia; o cessionário de um crédito, vindo a se anular, posteriormente, o título. Em qualquer situação, imprescindível a boa-fé do que paga e a escusabilidade do erro. Nestas eventualidades, não seria coerente invalidar a *solutio*, por um fato a que não deu causa o devedor.

Quanto ao falido, ficando incapaz de receber em face do art. 103 da Lei nº 11.101, de 2005, a situação é um tanto delicada. Não comunicada a quebra na praça do devedor, e efetuando ele o pagamento ao falido, restando evidente a boa-fé, considera-se válido o ato e quitada a dívida. Quanto ao cheque, porém, de observar se é nominal, porquanto, aí, necessário provar o endosso escrito do credor, conferindo-se a sua assinatura, sob pena de arcar aquele que paga com a indenização, em consonância com decisões pretorianas: "O pagamento de cheque nominal deve ser precedido da confirmação do endosso pelo banco sacado, mormente se o depósito ou o levantamento for pretendido diretamente a terceira pessoa não registrada no título. O estabelecimento bancário que assim não agir responderá pelo pagamento feito a pessoa indevida".[25] Tratando-se de cheque nominal, exigível do banco conduta cautelosa no sentido de verificar, pelo menos por conferência, a assinatura de quem se apresenta como sendo a pessoa nomeada, ou apurar sua identidade, ainda que perfunctoriamente e pelos meios usuais (consulta a RG ou CIC do pretendente credor), pois a atividade do banco no comércio de dinheiro é sabidamente de risco".[26]

---

[24] *Curso de Direito Civil Brasileiro – Obrigações e Contratos*, ob. cit., p. 55.
[25] Apel. Cível nº 47.642, da 3ª Câm. Cível do TJ de Santa Catarina, de 13.02.1996, em *Revista dos Tribunais*, 732/368.
[26] Apel. nº 554.570/8, da 4ª Câm. Cível do 1º Tribunal de Alçada Civil de São Paulo, de 20.07.1995, em *Revista dos Tribunais*, 728/246.

Quem portar a quitação considera-se autorizado ou com poderes para receber o pagamento. É a norma do art. 311: "Considera-se autorizado a receber o pagamento o portador da quitação, salvo se as circunstâncias contrariarem a presunção daí resultante".

Ou seja, quem portar uma autorização expressa, uma procuração, uma carta de representação, bem como os sócios diretores de pessoas jurídicas, desde que comprovada a qualidade, está apto a receber o pagamento, valendo a quitação que for dada. Igualmente considera-se com poderes de quitação a pessoa que apresentar um título ao portador, um cheque, uma cártula cambiária, posto que, mesmo em branco, presume-se o endosso ou a transmissão. Se nominativo, a assinatura no verso do título importa em endosso em preto. Não se pode esquecer, no entanto, circunstâncias especiais, que descaracterizam a quitação, bem lembradas por Maria Helena Diniz: "Explicativamente, se o portador da quitação é um empregado do credor, tal fato confirma a presunção do art. 937, pois seria ele o encarregado da cobrança. Mas se um desconhecido ou um mendigo se apresenta como portador da quitação, é provável que ele tenha encontrado o documento e esteja tentando receber o pagamento, hipótese em que o devedor não deverá, é óbvio, efetuá-lo desde logo, devendo antes verificar a identidade do portador e a autenticidade do mandato, tácito ou presumido, sob pena de pagar mal, uma vez que não se exonerará do débito e poderá ser obrigado a pagá-lo novamente".[27] O art. 937 mencionado equivale ao art. 311 do vigente Código Civil.

A exceção constante do art. 311 merece a máxima seriedade, diante dos constantes furtos e roubos de documentos de toda ordem, os quais são depois utilizados fraudulentamente.

O art. 312 contém ressalvas quanto ao pagamento em situações de comprometimento do crédito por penhoras e impugnações de terceiro, naturalmente com a extensão a outras situações equivalentes, como arrestos e sequestros: "Se o devedor pagar ao credor, apesar de intimado da penhora feita sobre o crédito, ou da impugnação a ele oposta por terceiros, o pagamento não valerá contra estes, que poderão constranger o devedor a pagar de novo, ficando-lhe ressalvado o regresso contra o devedor".

É comum encontrar-se o credor devendo para outras pessoas, mostrando-se em mora no cumprimento, ou não dispondo de condições e meios para saldar as obrigações. Se possui créditos a receber, procede-se a penhora nos mesmos, ou arrestam-se os créditos, e até leva-se a efeito o sequestro dos créditos ou de bens a serem recebidos. Viável, outrossim, a titularidade do crédito em favor do credor, como em caso de controvérsias sobre a herança, quando está pendente a habilitação de um herdeiro, ou tramita uma ação de indenização, em que o único bem ou patrimônio existente é justamente o crédito a ser pago. Em todas as situações, uma vez procedida a intimação ou notificação do devedor, não pode ele solver sua prestação diretamente junto ao seu credor. Se mesmo cientificado da impossibilidade do pagamento ao credor, dada a medida judicial de constrição que afeta os valores ou bens pendentes de solução, ou a impugnação da qualidade do credor em receber, houver o cumprimento, responde novamente o devedor junto ao credor de seu credor, ou ao interessado que discutir a titularidade do crédito, se este a seu favor vier a ser reconhecido, o que é um consenso no direito universal, como demonstra Luis de Gásperi: "En embargo decretado por los jueces y debidamente notificado, al afectar los bienes embargados al pago del crédito reclamado, limita la capacidad de disponer del deudor. Su objeto, dice Alsina, es la individualización y la indisponibilidad del bien

---

[27] *Curso de Direito Civil Brasileiro* – Teoria Geral das Obrigações, ob. cit., 2º vol., p. 220.

afectado, mediante las cuales se asegura que el importe obtenido por la realización judicial del mismo será aplicado a satisfacer el interés del acreedor".[28]

Quem tem rendas, aluguéis, remunerações de investimentos bancários, bonificações, dividendos a receber, e incidir a penhora sobre os mesmos, não poderá dispor dos mesmos e sequer recebê-los, cabendo à entidade ou ao devedor depositá-los judicialmente.

Elucidava Antônio Chaves: "O credor é legítimo, mas perdeu a faculdade de receber porque seu crédito foi penhorado em execução, por ter sido decretada a sua falência, ou por ter feito a cessão ou caução do título respectivo. Se o devedor tiver sido intimado da penhora, arresto ou sequestro do crédito, ou notificado da sua cessão ou da caução, ou de uma oposição de terceiro e, não obstante, pagar ao credor, seu pagamento será ineficaz em relação aos terceiros interessados, que poderão exigir dele novo pagamento".[29]

20.8. PROVA DO PAGAMENTO

Trata longamente o Código da prova do pagamento em minúcias cujas evidências não comportam grandes discussões. É clara a matéria, do conhecimento geral, porquanto da sabedoria primária de todos as precauções necessárias que se impõem quando do pagamento. A ninguém passa despercebida a necessidade de exibir ou oferecer a quitação da dívida, recebida do credor, ou da pessoa que recebe o valor, o bem, o serviço. Mesmo assim, ainda frequentes as situações que levam a aplicar o adágio popular de que quem paga mal, paga duas vezes, revelando o quanto são incautas as pessoas, que deixam de se munir dos competentes meios de prova da solução das obrigações. Mesmo assim, não se extrai do princípio a ideia de cominação pelo descuido, ou exagerada confiabilidade, mas a dificuldade em demonstrar o adimplemento da obrigação se não se precaver o devedor dos meios idôneos e suficientes para a prova do adimplemento. Já orientava Karl Larenz: "El deudor está obligado a cumplir la prestación sólo contra otorgamiento de un reconocimiento escrito de recepción, es decir, de un recibo, y cuando cumple en debida forma tiene una pretensión judicialmente exigible al otorgamiento de aquel documento, a no ser que los usos del tráfico o de la buena fe lo excluyan, por ejemplo, a causa de la insignificancia del importe recibido".[30]

Parece correto que ao devedor recai o ônus de demonstrar que efetivou o pagamento. Ele deve portar ou ter à mão a prova ou o documento de quitação. Nas obrigações de não fazer, no entanto, de que maneira demonstrar que o devedor omitiu-se ou absteve-se de determinado ato, como de não passar em um local determinado, ou de não perturbar a propriedade de uma pessoa? Ao devedor basta afirmar que não praticou o ato. O credor é que tem o ônus de demonstrar o contrário.

Inicia o Código Civil a cuidar da prova com o art. 319, onde estabelece como direito do devedor receber a quitação, permitindo a retenção da prestação, se negada: "O devedor que paga tem direito a quitação regular, e pode reter o pagamento, enquanto lhe não for dada".

A quitação constitui-se em um direito primário de toda pessoa que cumpre as obrigações. Ela revela-se através de um termo de recebimento da prestação. Não equivale à nota fiscal, usada nas vendas de mercadorias a consumidores, e necessária para fins

---

[28] *Tratado de las Obligaciones* – Parte Especial, ob. cit., vol. III, pp. 33 e 34.
[29] *Tratado de Direito Civil* – Direito das Obrigações, ob. cit., t. I, vol. II, p. 170.
[30] *Derecho de Obligaciones*, ob. cit., t. I, p. 416.

de apuração do respectivo tributo, na linha da seguinte ementa de jurisprudência: "O documento, para prestar-se como comprovante e recibo de pagamento, há de conter os elementos exigidos pelo art. 940 do CC, e para tal comprovação a nota fiscal em nada interessa, uma vez que a questão relativa à sua emissão (ou não) diz respeito, apenas, ao recolhimento do imposto".[31] O mencionado art. 940 corresponde ao art. 320 do vigente diploma civil.

Em qualquer transação, nos compromissos, nos contratos de compra e venda, de obrigações de dar, de execução de atividades, a tradição é que reflete basicamente a realização do ato jurídico. Nem sempre o pagamento importa em elemento definidor do contrato, eis que este pode ficar relegado para o momento posterior. Como está no Título III Livro I da Parte Especial, revela-se em um efeito das obrigações. Coloca-se como elemento de extinção da obrigação, dando por encerrada e concluída a relação obrigacional que se iniciou, em geral, com a proposta e a oferta.

O dispositivo acima transcrito restringe-se unicamente ao direito à quitação, e à retenção do pagamento, enquanto não dada a mesma, o que se revela como primário, sequer discutível.

O conteúdo, e, assim, o significado, vem no art. 320: "A quitação, que sempre poderá ser dada por instrumento particular, designará o valor e a espécie da dívida quitada, o nome do devedor, ou quem por este pagou, o tempo e o lugar do pagamento, com a assinatura do credor, ou do seu representante".

O dispositivo encerra os elementos componentes da quitação, o que é do conhecimento geral, dada a disseminação em todos os setores sociais da forma de quitação. Realmente, ninguém ignora que o recibo deve conter o valor pago, a referência a que se destina, a pessoa a quem se faz o pagamento, a data, o local e o devedor.

Na definição de Antunes Varela, a quitação consiste "na declaração unilateral escrita, emitida pelo credor, de que a prestação foi efetuada e o devedor fica liberado. É a declaração escrita a que vulgarmente se dá o nome de recibo".[32]

Não passa, na verdade, de uma mera declaração do recebimento de um valor devido, ou da prova do pagamento, dando firmeza e segurança às relações jurídicas anteriormente celebradas. Constitui a prova da liberação de um dever. Embora tão singelo o seu significado, pode apresentar contornos mais complexos, em algumas ocasiões. Assim como a quitação é um direito, o pagamento na forma devida constitui uma exigência. Não pagando de modo a satisfazer plenamente a obrigação, justifica-se a recusa em dar a quitação.

Várias decorrências emanam daí. Se a obrigação revela-se divisível, unicamente as quotas de cada devedor torna-se exigível. Não pode o credor condicionar a quitação ao pagamento de toda a dívida. No caso de falecido o devedor, e distribuir-se a obrigação a vários herdeiros, cada um suportando uma parcela, o credor sujeita-se a pleitear somente a parte respectiva ao herdeiro para o qual coube a quota.

Igualmente, inadmissível que o credor de uma prestação determinada fique coagido a receber outra distinta, no que encontra suporte no art. 313, que preceitua: "O credor não é obrigado a receber prestação diversa da que lhe é devida, ainda que mais valiosa".

---

[31] Apel. s/ rev. nº 461.403-00/6, da 11ª Câm. Civil do 2º TACiv.-SP, de 26.08.1996, em *Revista dos Tribunais*, 736/283.
[32] *Direito das Obrigações*, ob. cit., vol. 2, p. 45.

Hipótese verificável, sobretudo, em prestações contraídas em função da pessoa, não se aplicando, obviamente, naquelas que tratam de coisas fungíveis. Desde que não atingidas as especificações, os predicados, os requisitos, a qualidade, em consonância com o combinado, não se justifica a recusa de quitação. Ilustra Antônio Chaves, com apoio em Roberto de Ruggiero: "O devedor não satisfaz a obrigação senão entregando o objeto que prometeu dar, praticando o ato ou abstendo-se da ação, segundo se obrigou a uma prestação positiva ou negativa. No caso de não realizar essa entrega, a ação ou omissão, satisfará, subsidiariamente, dando a estimação e as perdas e danos... Se a obrigação é de dar coisa de certo gênero, cabe ao devedor escolher a que há de ser entregue, não podendo dar a pior, nem ser obrigado a escolher a melhor".[33]

A satisfação parcial também não enseja a obrigação de quitar, e assim em extenso rol, lembrando o cumprimento imperfeito; a entrega em local diferente, fora do prazo, sem os encargos, os frutos ou rendimentos; a remessa de mercadorias de qualidade diferente das contratadas; a substituição de uma marca por outra; a ausência de garantia; a omissão de especificações técnicas; a deficiência nos acabamentos dos serviços; o mau funcionamento do produto, mormente em se tratando de equipamentos, máquinas, utensílios; a apresentação de pequenos defeitos; o vencimento do prazo de validade; a falta de acondicionamento.

A recusa em dar quitação, quando não justificável, faz suscitar o direito a uma ação para haver a quitação. Ora, como esta depende do pagamento, unicamente com o oferecimento da prestação pode ser exigida. A ação mais apropriada será a consignatória, de uso frequente, especialmente naquelas prestações que envolvem discussões de encargos, onde ressaltam as divergências relativamente ao valor devido.

A negativa em quitar encontra razão de ser quase única na insuficiência do valor oferecido, decorrente de divergências na interpretação de cláusulas e da lei. Normalmente, cobram-se juros excessivos, cláusulas penais cumuladas ou muito altas, oportunizando a justa reação do devedor. Unicamente com a consignação em pagamento livra-se da mora o devedor, sendo um direito seu, porquanto, dentro dos padrões jurídicos vigentes, terá definido o valor realmente devido. Mas, no caso de conseguir o reconhecimento de seus critérios, a mora desaparece, com o que incabível a cominação da multa ou cláusula penal, posto que evidenciados os entraves descabidos causados pelo credor.

Verificadas divergências no montante em débito, além da consignação em pagamento, admite-se também a ação declaratória, quando se definirão as cláusulas duvidosas e os encargos que desbordam dos parâmetros legais. Esta a lide mais apropriada, no sentir de Carvalho Santos, em razão do rito ordinário. Seja como for, há necessidade de um processo com possibilidade de ampla discussão, o que, segue o autor, "pressupõe a citação do devedor em sentença proferida em causa contenciosa, o que vale dizer defesa do citado e ato do juiz dirimindo a controvérsia".[34]

Já o art. 321 cuida da quitação de dívidas representadas ou documentadas em títulos especiais, os quais são perdidos: "Nos débitos, cuja quitação consista na devolução do título, perdido este, poderá o devedor exigir, retendo o pagamento, declaração do credor que inutilize o título desaparecido".

Vem contemplada aí uma forma de precaução, quando a quitação procede-se por meio da restituição do título representativo da dívida. Ocorre que a quitação nem sempre se

---

[33] *Tratado de Direito Civil*, ob. cit., t. I, vol. II, p. 173.
[34] Ob. cit., vol. XII, p. 144.

faz de uma única maneira, ou seja, mediante uma declaração ou a entrega de um recibo. Várias as formas de comprovar o pagamento. Nas obrigações documentadas em títulos de crédito, como nota promissória, letra de câmbio, duplicata, títulos representativos de ações, certificados representativos de aplicações financeiras, a quitação procede-se através da restituição do título ou documento representativo do crédito, pois, como explica Maria Helena Diniz, "se o devedor o tiver em mãos, o credor não mais poderá cobrar a prestação devida, exceto se provar que o devedor o conseguiu ilicitamente, por meio de furto, estelionato ou apropriação indébita. Deveras, se o devedor tem o título, há presunção de pagamento, pois se supõe que o credor não o entregaria se não recebesse o que lhe era devido ou se não pretendesse perdoar o débito".[35]

Na linha do art. 321, uma vez perdido o título, em princípio não teria como o credor exigir o pagamento. Realmente, não mais portando o documento, é difícil a sua exigibilidade. Mas, existindo provas da dívida, viável a cobrança pelos meios judiciais ordinários. E, caso sumido, sendo ao portador, presume-se que o detentor esteja habilitado a exigir o montante devido. Para qualquer possibilidade de recebimento, requer-se que ostente o credor declaração que inutilize o título, fornecendo-a ao devedor.

No caso, porém, de extravio de títulos ao portador, segundo o regramento do diploma processual de 1973, para a substituição por outro, o credor ou seu titular teria de ingressar com uma ação anulatória daquele título, como o de ações ao portador, para a substituição por outro, intimando-se por edital eventuais detentores, e comunicando-se à bolsa de valores, ou onde pode ser negociado ou resgatado. Tal o caminho para a recuperação, sendo expedido outro título, com a autorização judicial, em obediência às então normas dos arts. 907 e segs. do então estatuto processual. No vigente diploma processual civil, em ocorrendo a situação de extravio, segue-se o procedimento comum, com a observância de seu art. 259, II, isto é, com a publicação de edital, como ocorria na previsão da lei processual anterior.

Todavia, em se apresentando o devedor e buscando o adimplemento, nada impede a *solutio*. A menos que tenha ele recebido uma intimação ou notificação para não pagar ao credor. Em desobedecendo, terá de renovar o pagamento, agora ao real titular, segundo emana do art. 312.

O art. 322 disciplina o pagamento em quotas periódicas, isto é, em parcelamento, comum nas compras e vendas com o pagamento a prestações, ou nas concessões de crédito. Havendo financiamento, a operação resta satisfeita junto ao que presta a obrigação. No entanto, salda-se, aí, o financiamento. Para garanti-lo, escolhem-se formas que dão segurança. Assim, a alienação fiduciária e o próprio arrendamento mercantil. O bem mesmo servirá de garantia ao financiamento. Na compra e venda com reserva de domínio, o vendedor concede o financiamento. Na prática, dá-se o parcelamento da obrigação.

Em todas as formas, o pagamento da prestação posterior supõe o cumprimento das anteriores; o da última, revela a satisfação de todas as antecedentes. Assim reza o referido preceito: "Quando o pagamento for em quotas periódicas, a quitação da última estabelece, até prova em contrário, a presunção de estarem solvidas as anteriores".

O normal é supor que seja seguido o ritmo pela ordem de vencimento, exceto se o contrário ficar provado.

---

[35] *Curso de Direito Civil Brasileiro* – Teoria Geral das Obrigações, ob. cit., 2º vol., p. 227.

Consistindo a quitação do capital, ou da dívida, também presume-se que estão pagos os juros, ou taxas remuneratórias, a menos se referida expressamente a exclusão. Mas, no silêncio da quitação, a obrigação e seus consectários ficam abrangidos – princípio primário em direito, consubstanciado no art. 323: "Sendo a quitação do capital sem reserva dos juros, estes presumem-se pagos".

A respeito, sobre o referido dispositivo, que equivale ao art. 944 do anterior diploma civil, foi ementado: "O credor que, ao assinar os recibos correspondentes aos pagamentos efetuados, dá plena quitação da dívida, sem mencionar a existência de juros de mora, não tem suporte para, posteriormente, cobrar esses juros, uma vez que, no caso, prevalece a regra do art. 944 do CC".[36] Em alguns tipos de financiamentos, como os rurais, admite-se o pagamento dos juros na medida em que vencem (Decreto-lei nº 167, de 1967, art. 5º). Na hipótese anterior, eis o pronunciamento do Superior Tribunal de Justiça: "É que, como é sabido e trivial, as declarações constantes de documentos assinalados presumem-se verdadeiras em relação aos signatários (art. 131 do CC)".[37] Corresponde o art. 131 referido ao art. 219 do atual estatuto civil.

Como já referido antes, um meio de expressar a quitação revela-se pela restituição do título, prática comum nas obrigações documentadas por nota promissória e outros títulos cambiários.

Além de já contida a possibilidade no art. 321, insiste o art. 324 na mesma força de prova de pagamento, ao prever que "a entrega do título ao devedor firma a presunção do pagamento". Decorre a regra da presunção de que o credor não entregaria o título se não ressarcido do valor correspondente, ou não tivesse perdoado a dívida. Entrementes, numa ressalva um tanto irreal ou pouco prática, como já vinha no Código anterior, excepciona o parágrafo único do mesmo art. 324 que "ficará sem efeito a quitação assim operada se o credor provar, em 60 (sessenta) dias, a falta de pagamento". De modo objetivo, se não trouxer a prova da apropriação indevida ou do furto do título. Importa o ingresso de uma ação ou medida judicial visando conseguir a declaração da indevida posse do título pelo devedor, ou do seu extravio, no prazo decadencial de sessenta dias. Não pretendeu que, nesse lapso de tempo, deva proceder-se a prova, mesmo porque não depende do credor a sua obtenção, se pelo caminho judicial encontra a única viabilidade.

20.9. DESPESAS DA COBRANÇA

O art. 325 atribui ao devedor as despesas de cobrança: "Presumem-se a cargo do devedor as despesas com o pagamento e a quitação; se ocorrer aumento por fato do credor, suportará este a despesa acrescida".

Nada de novo encerra o dispositivo, e muito menos de complexo, posto que a incidência na pessoa do devedor é uma decorrência natural, eis que dele é a obrigação de pagar, a menos que se aumentem as despesas por fato do próprio credor, como se mudou de domicílio, ou encontrando-se os herdeiros em lugares diferentes, importando em deslocamentos e outras medidas dispendiosas.

De sorte que legítima a exigência das despesas nas cobranças realizadas através de estabelecimentos bancários. Não cabe a recusa se admitida a cobrança. Para afastar o

---

[36] Apel. Cível nº 80.521/8, da 2ª Câm. Cível do TA de Minas Gerais, de 12.05.1998, em *Revista dos Tribunais*, 754/386.
[37] Recurso Especial nº 60.579-SP, da 1ª Turma do STJ, de 18.10.1995, em *Revista dos Tribunais*, 731/222.

encargo, cumpre ao devedor que satisfaça a obrigação no estabelecimento ou no domicílio do credor. Todavia, não cabe imputar o acréscimo ao devedor, dispondo-se ele a pagar diretamente no endereço onde fez o negócio.

Desde que exigido o pagamento através da rede bancária, ilegal a imposição de qualquer taxa pelo serviço, posto que, vindo a imposição do credor, ele suportará os encargos ou tarifas.

20.10. FORMA DE PAGAMENTO E ATUALIZAÇÃO EM MOEDA CORRENTE

De acordo com o art. 315, "as dívidas em dinheiro deverão ser pagas no vencimento, em moeda corrente e pelo valor nominal, salvo o disposto nos artigos subsequentes".

Quanto ao pagamento no momento em que a dívida vencer, não se afiguram dúvidas. Unicamente se algum fato externo advier justifica-se o adiamento, como acontece na concordata.

No que diz respeito à forma, em vista do dispositivo acima, em se cuidando de obrigação em dinheiro, unicamente por meio da moeda em curso no Brasil é realizável o pagamento. Nessa parte, veio a enfatizar e explicitar mais concretamente o art. 318 do Código Civil: "São nulas as convenções de pagamento em ouro ou em moeda estrangeira, bem como para compensar a diferença entre o valor desta e o da moeda nacional, excetuados os casos previstos na legislação especial".

Nesta parte, cumpre lembrar que a Lei nº 10.192, de 2001, já estabelecia a proibição. Útil a transcrição de seu art. 1º, com os incisos do parágrafo único:

"As estipulações de pagamento de obrigações pecuniárias exequíveis no território nacional deverão ser feitas em 'Real', pelo seu valor nominal.

Parágrafo único. São vedadas, sob pena de nulidade, quaisquer estipulações de:

I – pagamento expressas ou vinculadas a ouro ou moeda estrangeira, ressalvadas as hipóteses previstas em lei ou na regulamentação editada pelo Banco Central do Brasil (redação dada pela Lei nº 14.286, de 2021);

II – reajuste ou correção monetária expressas em, ou vinculadas a unidade monetária de conta de qualquer natureza;

III – correção monetária ou de reajuste por índices de preço gerais, setoriais ou que reflitam a variação dos custos de produção ou dos insumos utilizados, ressalvado o disposto no artigo seguinte".

A Lei nº 14.286/2021, no art. 13, excepciona as hipóteses permitidas da estipulação do pagamento em moeda estrangeira:

"A estipulação de pagamento em moeda estrangeira de obrigações exequíveis no território nacional é admitida nas seguintes situações:

I – nos contratos e nos títulos referentes ao comércio exterior de bens e serviços, ao seu financiamento e às suas garantias;

II – nas obrigações cujo credor ou devedor seja não residente, incluídas as decorrentes de operações de crédito ou de arrendamento mercantil, exceto nos contratos de locação de imóveis situados no território nacional;

III – nos contratos de arrendamento mercantil celebrados entre residentes, com base em captação de recursos provenientes do exterior;

IV – na cessão, na transferência, na delegação, na assunção ou na modificação das obrigações referidas nos incisos I, II e III do *caput* deste artigo, inclusive se as partes envolvidas forem residentes;

V – na compra e venda de moeda estrangeira;

VI – na exportação indireta de que trata a Lei nº 9.529, de 10 de dezembro de 1997;

VII – nos contratos celebrados por exportadores em que a contraparte seja concessionária, permissionária, autorizatária ou arrendatária nos setores de infraestrutura;

VIII – nas situações previstas na regulamentação editada pelo Conselho Monetário Nacional, quando a estipulação em moeda estrangeira puder mitigar o risco cambial ou ampliar a eficiência do negócio;

IX – em outras situações previstas na legislação.

Parágrafo único. A estipulação de pagamento em moeda estrangeira feita em desacordo com o disposto neste artigo é nula de pleno direito".

A jurisprudência do STJ preponderava, já há tempo, que remonta quando da vigência do Decreto nº 857/1969, no sentido de impedir o uso da moeda estrangeira como fator de correção monetária, afora os casos previstos na lei, conforme os seguintes exemplos:

"É taxativamente vedada a estipulação, em contratos exequíveis no Brasil, de pagamento em moeda estrangeira, a tanto equivalendo calcular a dívida com indexação ao dólar norte-americano, e não a índice oficial ou oficioso de correção monetária, lícito segundo as leis nacionais ... Nulidade de pleno direito da cláusula ofensiva à norma imperativa e de ordem pública" (REsp nº 23.707-MG, da 4ª Turma, j. em 26.06.1993).

"Compra e venda de imóvel. Alteração do índice de atualização contratado pela variação do dólar. Nulidade do ajuste. Lei nº 8.880/94. 1. O ajuste prevendo a atualização do preço do imóvel pela variação do dólar, com alteração do anteriormente contratado, sob a regência do art. 6º da Lei nº 8.880/94, é nulo de pleno direito. 2. Recurso especial não conhecido" (REsp nº 466.726-SP, da 3ª Turma, j. em 21.11.2002, *DJU* de 16.12.2002).

No próprio STJ encontram-se pronunciamentos permitindo a celebração em moeda estrangeira, mas convertendo-se a obrigação em dinheiro nacional:

"Legítimo é o pacto celebrado em moeda estrangeira, desde que o pagamento se efetive pela conversão em moeda nacional. Precedentes do STJ. Obrigação do devedor de restituir, em moeda nacional, o equivalente em dólares norte-americanos emprestados. Variação cambial que não constitui, a rigor, correção monetária, mas a expressão do principal devido" (REsp nº 57.581-SC, da 4ª Turma, j. em 5.08.1999, DJU de 18.10.1999).

"Distinguem-se, por sua natureza, o pagamento efetuado em moeda estrangeira e a utilização dessa moeda como fator de atualização monetária.
O art. 1º do Dec.-lei nº 857/69 veda o curso legal de moeda estrangeira no território nacional, o que significa que o pagamento não pode ser efetuado nessa moeda" (REsp. 119.773-RS, da 4ª Turma, j. em 23.11.1998, *DJU* de 13.03.1999).

No curso do voto:

"Distinguem-se, por natureza, a previsão contratual de um índice ou um fator que resguarde as partes da desvalorização da moeda – para que se permita o uso de cotação de uma moeda estrangeira – e o uso dessa moeda para o pagamento.
O que veda a norma inserida no art. 1º é o curso legal de outra moeda para obrigações a serem solvidas no território nacional; não toca o dispositivo na utilização de cotação cambial para atualizar valores contratuais. Aliás, guardam mesmo entre si natureza diversa: um diz respeito à preservação do valor obrigado e o outro à forma de liquidação do vínculo obrigacional".

Percebe-se a possibilidade da utilização da moeda para a celebração do negócio, desde que se converta a moeda do exterior no padrão brasileiro. Há, também, o entendimento de que a ilegalidade não envolve a opção pela dita moeda como fator de correção monetária, porquanto não envolve o uso para o pagamento.

No entanto, com o Código Civil de 2002, a norma de seu art. 318 afasta as divergências: é nula a convenção que adota a moeda estrangeira "para compensar a diferença entre o valor desta e o da moeda nacional, excetuados os casos previstos na legislação especial".

As exceções, conforme visto, estão na Lei nº 14.286/2021.

Não se impede a conversão da moeda estrangeira na moeda nacional a partir da exigibilidade do valor, o que exemplifica a seguinte ementa, também do STJ:

"Pacificou-se no STJ o entendimento de que são legítimos os contratos celebrados em moeda estrangeira, desde que o pagamento se efetive pela conversão em moeda nacional. Tal orientação, porém, não se confunde com a possibilidade de indexação de dívidas pela variação cambial de moeda estrangeira, prática vedada desde a entrada em vigor do Plano Real (Lei nº 8.880/1994), excepcionadas as hipóteses previstas no art. 2º do Decreto-lei nº 857/1969".[38]

Ainda quanto à forma, o art. 326 do diploma civil trata do pagamento por medida ou peso, prevalecendo os parâmetros do lugar da execução. Constitui regra de escassa aplicação, posto que, de modo geral, uniformes as medidas e pesos em todo o território nacional. Um hectare de terras equivale à mesma quantidade ou extensão em qualquer parte do Brasil. Já o alqueire representa medida agrária diferente em alguns lugares. Assim, em São Paulo equivale a 24.200 metros quadrados, enquanto em Minas Gerais compreende a 48.400 metros quadrados.

Quanto à quadra de sesmaria, corresponde a 87,12 hectares, mudando de tamanho se for "quadra quadrada", que abrange 17.424 metros quadrados no Rio Grande do Norte, e 48.400 metros quadrados no Maranhão e no Piauí, denominada também de alqueire. No pertinente ao peso, uma saca de um produto rural é igual em todo o território nacional, até porque assim impõe a cotação de preços no mercado internacional.

---

[38] AgInt no REsp 1.950.452/BA, 3ª Turma, j. em 26.02.2024, *DJe* de 28.02.2024, Rel. Min. Moura Ribeiro.

20.11. AUMENTO OU REDUÇÃO DESPROPORCIONAL DA PRESTAÇÃO NO PAGAMENTO

Uma regra totalmente nova apareceu no art. 317 do Código Civil de 2002, tratando da alteração desproporcional das prestações, por motivos imprevisíveis: "Quando, por motivos imprevisíveis, sobrevier desproporção manifesta entre o valor da prestação devida e o do momento de sua execução, poderá o juiz corrigi-lo, a pedido da parte, de modo que assegure, quanto possível, o valor real da prestação".

Percebe-se a complexidade da norma, que reclama o arrimo em outros princípios para sua incidência. Não se revela suficiente a mera verificação do aumento ou redução desproporcional. De realce que tal se dê por motivos imprevisíveis, e que haja o pedido da parte prejudicada pela desproporção.

Tanto o credor sujeita-se a sofrer o efeito da alteração, como o devedor. Quanto ao primeiro, torna-se insignificante seu crédito, nada valendo, ou perdendo a força econômica; em relação ao segundo, opera-se o agravamento em níveis tais que acarreta o empobrecimento ou inviabiliza a adimplência.

No tocante ao credor de uma obrigação, suponha-se um crédito que, em épocas passadas, tinha real expressão econômica. Ao promover-se a cobrança, em face da constante perda do poder aquisitivo da prestação, e da incidência de atualização por índices que não representavam a real recuperação das perdas pela inflação, o que não poderia a parte imaginar que isso viesse a acontecer, resta óbvio o prejuízo decorrente. Assim, se o crédito, ao ser formado, possibilitava a aquisição de um determinado bem, o mesmo não acontecendo quando de sua exigibilidade, comporta a aplicação do dispositivo acima.

Em relação ao devedor, situações comuns constatam-se nas dívidas oriundas de mútuos celebrados junto a instituições financeiras. Em face de encargos e formas de reajustes, previstos como os que vigorarem na praça quando do pagamento da prestação, e que se elevam substancialmente em relação aos que existiam quando da celebração do contrato, pode ascender a obrigação a níveis completamente injustos e desproporcionais. Tal se dá quando é possível verificar-se na aferição do que representava a quantia mutuada em termos de aquisição de produtos, no momento da contratação. Se, com o valor, se adquiria um veículo específico, e, no adimplemento, as prestações, em espaço de tempo não extenso, chegam a um patamar que importa na aquisição de dois veículos, descortina-se o aumento desproporcional. Sempre que o acréscimo desbordar dos padrões normais de remuneração do capital, estabelecidos no regime jurídico em vigor, conduz à aplicação da norma em exame, a qual veio imposta pela equidade e revela-se de profundo conteúdo social, constituindo um caso de intervenção do Estado nas relações interindividuais.

Exemplo típico de se configurar a incidência também está na concessão de financiamento no custeio da produção rural, cujo montante significa a equivalência a determinado número de sacas do produto. Ao se proceder ao pagamento, o acréscimo deve manter em níveis equivalentes, de modo a não superar as taxas de remuneração estabelecidas na lei. Isto igualmente se o produto teve um aumento de cotação que supere em muito a normalidade, e que não era possível prever no momento da contratação. Especificamente, se duplica ou acresce mais o preço do produto, como no caso de certos cereais, caso estabelecida a equivalência do financiamento ao preço do produto, não pode perdurar esse critério, ensejando a aplicação do disposto no art. 317.

Contém a espécie muito da figura da onerosidade excessiva, possuindo ambas o substrato comum na imprevisão.

A onerosidade excessiva autoriza a resolução e a revisão do contrato, dentro das condições do art. 478 do diploma civil: "Nos contratos de execução continuada ou diferida, se a prestação de uma das partes se tornar excessivamente onerosa, com extrema vantagem para a outra, em virtude de acontecimentos extraordinários e imprevisíveis, poderá o devedor pedir a resolução do contrato. Os efeitos da sentença, que a decretar, retroagirão à data da citação".

Nos arts. 479 e 480, constam medidas asseguradas às partes a fim de evitar a resolução. Eis a redação do primeiro: "A resolução poderá ser evitada, oferecendo-se o réu a modificar equitativamente as condições do contrato". Quanto ao segundo: "Se no contrato as obrigações couberem a apenas uma das partes, poderá ela pleitear que a sua prestação seja reduzida, ou alterado o modo de executá-la, a fim de evitar a onerosidade excessiva".

De referir, ainda, a existência de semelhança com a revisão autorizada pelo inc. V do art. 6º do Código de Defesa do Consumidor, que autoriza "a modificação das cláusulas contratuais que estabeleçam prestações desproporcionais ou sua revisão em razão de fatos supervenientes que as tornem excessivamente onerosas". Como se nota, restringe-se, aqui, o direito ao consumidor.

Há proximidade também com o princípio que admite a revisão ou rescisão do contrato pela teoria da imprevisão, o que se permite em certas circunstâncias, especiais, como na ocorrência de acontecimentos extraordinários e imprevistos, que tornam a prestação de uma das partes sumamente onerosa. É originada da cláusula latina *rebus sic stantibus*, expressando a subordinação do vínculo obrigatório à continuação daquele estado de fato vigente ao tempo da estipulação. Aplica-se nos acontecimentos imprevistos que levam à impossibilidade subjetiva, ou absoluta, ou mesmo à onerosidade excessiva da prestação. Daí, parte-se para a exoneração das obrigações assumidas, ou a atenuação de suas consequências. Os princípios da equidade e da boa-fé, aliados às exigências da regra moral e da noção do direito, imprescindíveis nos relacionamentos negociais, formam o substrato jurídico do instituto. Assume relevância o ambiente objetivo existente ao tempo da celebração, modificando-se por completo no decurso da execução do contrato, agravando os deveres de uma das partes, ou minimizando ao máximo a prestação estipulada.

Para a alteração das cláusulas, mais princípios e teorias existem, e assim a lesão no direito e a quebra da base objetiva do contrato, que restaram estudadas no livro *Contratos*.

Na hipótese do art. 317, diferentemente de outros institutos, como da teoria da imprevisão, embora se verifiquem elementos comuns em todas, não se faz necessária a vantagem que resulta a uma das partes. É que nem sempre o advento da desproporção se faz acompanhar do enriquecimento do outro contratante.

20.12. AUMENTO PROGRESSIVO DAS PRESTAÇÕES

O art. 316 permite o aumento progressivo das prestações: "É lícito convencionar o aumento progressivo de prestações sucessivas".

De acordo com a norma, não se divide o preço da obrigação em prestações iguais, mas em valores que se alteram e se elevam no curso do tempo. É frequente esta modalidade nas aquisições de imóveis, quando são embutidos fatores de elevação das prestações, ou se acrescem reforços de tempo em tempo.

Não se extrai da norma alguma anormalidade, porquanto as prestações representam nada mais que parte do preço.

Diferente é o aumento acarretado pelo reajuste em função da necessidade de manter o poder aquisitivo da moeda. Tal fenômeno acontece naturalmente, não representando qualquer aumento real para fins de amortização.

A previsão não é propriamente de reajuste, mas de atualização. Equivaleria a reajuste se fosse readequado o preço, ou modificado em sua estimativa real. Quando se visa corrigir o valor, ou manter a substância que vigorava no momento da contratação, está-se prevenindo unicamente o recebimento de quantias que representam o preço contratado.

Presentemente, inserem-se nos contratos cláusulas não propriamente de reajustes, mas de atualização, de modo a acompanharem as prestações os índices de reajuste que representam a correção monetária. Foram abandonados os contratos à *forfait*, a preços fixos, de fornecimentos e de vendas de coisas futuras, exceto, e isso nem sempre, nos contratos de curta duração no cumprimento. Em substituição surgiram as cláusulas escalares (*escalator clauses*), que estipulam uma revisão do preço em função das modificações de um número índice, ou a atualização por força da inflação. Assim acontece nas incorporações, onde predomina a construção por regime de empreitada. Os reajustes vêm previstos na Lei nº 4.591, de 1964. Sendo fixo o preço, estabelece seu art. 55 que não haverá qualquer majoração, independentemente das variações que sofrer o custo efetivo das obras, sejam quais forem os casos, dentro da ordem do previamente combinado. Tal não impede, porém, a correção monetária. Também, dentre outros, nos contratos de empreitada, onde se pactua que o preço da obra sofrerá reajustes na proporção do encarecimento do material e dos salários dos trabalhadores, o que não significa que o contrato seja infenso ao princípio da teoria da imprevisão.

Já o reajuste do preço requer que se altere o seu montante se, *v.g.*, aparecer uma brusca oscilação no mercado dos materiais ou da mão de obra, determinando a alta súbita e excessiva daquelas utilidades. O fenômeno poderá determinar a completa impossibilidade de execução da obra contratada, se inviabilizado o reajuste. Entrementes, não é suficiente que o aumento do material ou da mão de obra resulte de acontecimento imprevisto e imprevisível. Impõe-se, além disso, que tal acontecimento seja de natureza anormal e extraordinária, e, além do mais, que dele decorra uma agravação tal das condições do contrato capaz de redundar em prejuízo injustificado e ruinoso de um dos contratantes em proveito do lucro excessivo e injustificado do outro".[39]

20.13. MODOS E OBJETO DO PAGAMENTO

Quanto aos modos de pagamento, pode-se sintetizar que são os seguintes:

a) Através do pagamento direto, isto é, da entrega voluntária, feita pelo devedor, da quantia devida pela execução da obrigação de fazer; e pela abstenção na prática de um ato. Paga-se a quantia devida, ou executa-se o serviço, ou obedece-se a uma proibição.

b) Pelo pagamento indireto, encontrando-se formas de solver a obrigação mediante caminhos paralelos, ou mais longos, abrangendo o cumprimento do que se deve. Tem-se a consignação em pagamento, embora as dúvidas em fundir-se com o modo direto, mas que se justifica na espécie indireta pelo fato de se estar depositando a

---

[39] *Aspectos do Contrato de Empreitada*, 2ª ed., Rio de Janeiro, Forense, 1997, 2ª ed., pp. 40/50.

quantia devida. Outras modalidades revelam-se mais claras, e assim a sub-rogação, ou imputação de pagamento, a dação em pagamento, a transação, a novação, a compensação, o compromisso, a confusão, a remissão de dívida.

c) Pela prescrição, quando se opera a extinção pela falta de oportuna exigibilidade da obrigação.

d) Pelo surgimento da impossibilidade do pagamento, como se desaparece o objeto devido.

e) Em razão do advento de condição extintiva. Convenciona-se o advento de um fato que extingue a obrigação – quando o alimentando consegue exercer uma atividade remuneratória. Por outro lado, em decorrência de um fato que legalmente extingue, como a morte do credor, figurando como devedor o herdeiro, embora se configure melhor a figura da confusão.

f) Também pela execução forçada, depois da sentença ou ordem judicial, realizando-se pela entrega da coisa ou pela realização específica da atividade, ou pela conversão da obrigação em um valor equivalente.

No pertinente ao objeto, cumpre-se aquilo que foi avençado ou estabelecido na criação da obrigação, podendo consistir na entrega de dinheiro, em fazer ou não fazer.

Atende-se exatamente aquilo que restou comprometido, vindo a prestação pecuniária como a mais importante, porquanto todas as outras podem se transformar nela.

A prestação deve ser aquela que ficou estabelecida. Sendo uma coisa certa – art. 313 do Código Civil, cumpre-se entregando-a no estado em que se achar, não importando suas deteriorações, e respondendo o devedor se por elas for considerado culpado. Quanto às obrigações de fazer, já recomendava Guilherme Alves Moreira: "Se se tratar de um fato, o devedor é obrigado a prestá-lo nas condições fixadas no título constitutivo da obrigação. Quando esse fato não seja prestado, o credor pode requerer, em lugar de perdas e danos, que seja autorizado a prestar por outrem o dito fato, à custa daquele que está obrigado a ele, salvo se outra coisa tiver sido estipulada".[40]

Consistindo em obrigação o dever, incide a responsabilidade desde o momento da omissão na prática do ato.

Nas obrigações líquidas e ilíquidas, autorizado está o credor a exigir a solução da parte certa e líquida, ficando a ilíquida para após o devido arbitramento. Não assiste ao credor o dever do recebimento parcial, segundo consta do art. 314, que mantém o conteúdo do art. 889 do Código revogado, exceto em três hipóteses resumidas por Antônio Chaves, mantendo-se atual a lição: "a) Quando o próprio ato constitutivo da obrigação contiver autorização expressa nesse sentido; b) em se tratando de caso prescrito em lei, apontando-se o exemplo de prestação divisível, com vários credores; c) desde que haja anuência, que pode ser mesmo tácita, do credor em receber prestações parciais".[41]

Nas obrigações alternativas, em princípio ao devedor incide o direito à escolha, desde que algo diferente não tenha sido combinado. Mas não se impõe uma declaração expressa assegurando o direito ao credor. Basta que venha inferido de qualquer circunstância.

Naquelas divisíveis e indivisíveis, não fica o credor circunscrito a postular parcialmente o que se contratou. Todavia, definidas as porções, apenas às quotas que cabem a cada

---

[40] *Instituições de Direito Civil Português* – Das Obrigações, ob. cit., vol. II, p. 86.
[41] *Tratado de Direito Civil* – Direito das Obrigações, ob. cit., vol. II, t. I, p. 172.

devedor limita-se o direito em pretender a satisfação. Na indivisibilidade, cada devedor obriga-se pela dívida toda. Abrindo-se a herança, os herdeiros respondem pelas quotas distribuídas. Mas perdura a indivisibilidade na sucessão, podendo reclamar-se junto a qualquer herdeiro o cumprimento.

Aparecendo como objeto obrigações genéricas, ou que envolvem coisas indeterminadas, incumbe, primeiramente, que se defina ou torne certo o objeto. Sem a determinação, inviável o cumprimento ou a entrega. Nas coisas determinadas pelo gênero e pela quantidade, a escolha pertence ao devedor, se o contrário não vier disposto.

As obrigações solidárias tornam-se exigíveis perante qualquer dos devedores, mas não decorrem da mera presunção, e sim da lei ou da vontade das partes.

Como se percebe, inúmeras as regras sobre o objeto, bastando as acima lembradas para se averiguar como se dará o cumprimento. Cada aspecto já constituiu assunto desenvolvido em capítulo ou item específico.

20.14. LUGAR DO PAGAMENTO

Revela importância o lugar do cumprimento da obrigação. Conforme se firme num ponto ou em outro, decorrem consequências econômicas, a cargo do devedor, ou do credor, especialmente quanto às despesas de transporte. De outro lado, importa a definição no próprio cumprimento ou não. Em geral, para evitar possível controvérsia, os contratos já inserem cláusula a respeito. Como primeiro princípio que surge com clareza lapidar, o pagamento realiza-se na praça do credor, se assim vier disposto no documento. Ou seja, o devedor é que deve procurar o credor, para a devida satisfação da dívida ou obrigação.

Guilherme Alves Moreira lembrava: "Para que uma obrigação seja cumprida pontualmente, é necessário que se lhe dê cumprimento no lugar designado no título constitutivo da obrigação ou pela lei, sendo grande o interesse que, em determinadas circunstâncias e designadamente por causa das despesas de transporte, o credor e o devedor podem ter em conta que a obrigação se cumpra num lugar de preferência a outro. Regulou por este motivo o legislador, em normas de caráter supletivo, o lugar onde as obrigações devem ser cumpridas".[42]

A primeira regra prática, pois, sobre o assunto funda-se sobre a prévia combinação pelas partes, quanto ao lugar. Previsto no contrato, não restam dúvidas para o correto deslinde das controvérsias. Nada constando assinalado, o lugar do domicílio do devedor é que prevalecerá, segundo consta do art. 327: "Efetuar-se-á o pagamento no domicílio do devedor, salvo se as partes convencionaram diversamente, ou se o contrário resultar da lei, da natureza da obrigação ou das circunstâncias.

Num primeiro momento, é de observar o conteúdo do art. 78 do Código Civil, que bem assegura a liberdade das partes em estabelecerem o domicílio para o cumprimento de obrigações: "Nos contratos escritos poderão os contratantes especificar domicílio onde se exercitem e cumpram os direitos e obrigações deles resultantes". Esta a primeira regra a observar, no caso de convencionado o lugar. Na omissão, incide a parte que assinala o domicílio do devedor. Domicílio, por outro lado, constitui o lugar em que a pessoa natural estabeleceu sua residência com ânimo definitivo – art. 70 do Código Civil, ou, em

---

[42] *Direito Civil Português* – Das Obrigações, ob. cit., vol. II, pp. 113 e 114.

se tratando de pessoas jurídicas de direito privado, constitui o lugar onde funcionarem as respectivas diretorias e administrações, ou onde elegerem domicílio especial nos seus estatutos ou atos constitutivos – art. 75, inc. IV.

A controvérsia surge com a parte final do art. 327, que permite determinação diversa se o contrário resultar da lei, da natureza da obrigação ou das circunstâncias.

Se existe lei determinando critério diferente sobre o lugar de pagamento, nada há a discutir. Simplesmente se obedece o que está previsto.

A natureza ou as circunstâncias da obrigação não permitem o cumprimento quer no domicílio do devedor, quer naquele convencionado. Há hipóteses como a do recebimento de honorários por serviços prestados; de pagamento da prestação de crediários; de pagamento de taxas ou tarifas, e assim de água, luz, telefone, ou de impostos, onde mais apropriada a satisfação no local onde se encontra a sede de quem presta a atividade, ou oferece o serviço, a utilidade, o bem. Mesmo que tenha o devedor domicílio em lugar diferente daquele onde está o credor, o pagamento procede-se na sede do credor, inclusive se nada for inserido no contrato a respeito. Todavia, não chega a causar divergências ou problemas na prática a situação, já que para tanto serve-se a parte devedora dos serviços bancários. Em suma, por força da natureza das obrigações, dá-se no domicílio do credor a satisfação. Apresenta Arnoldo Wald mais casos: "Pode a natureza da obrigação implicar o pagamento do débito em determinado lugar, que não seja o domicílio do devedor. Se uma das partes se obriga a fazer a construção de um prédio, é evidente que a mesma deve ser feita no terreno que as partes indicaram para tal fim. Se um professor se obriga a dar aulas numa faculdade, no imóvel desta é que as aulas deverão ser ministradas".[43]

Nas avenças individuais, não dirigidas à massa de interessados, por meio de contratos de adesão, ou personalizados, aplica-se mais a regra do domicílio do devedor, mas sempre observando o último domicílio, e não aquele do momento do contrato, desde que comprovadamente comunicado ao credor.

Sabe-se que as dívidas são *quérables* e *portables* – quesíveis e portáveis –, sendo as primeiras aquelas que o credor deve procurar recebê-las no domicílio do devedor, aparecendo como exemplo as relacionadas à compra e venda, e representadas por faturas. O vendedor providenciará o recebimento onde se localiza o devedor, remetendo, em geral, as faturas através do serviço bancário. As segundas são as que o devedor deve pagar no domicílio do credor, vindo como exemplo os aluguéis, as prestações derivadas do pagamento parcelado de um imóvel, as decorrentes de compras no mercado a varejo, através de prestações documentadas em carnês. É claro a respeito Pedro Ferreira de Azevedo, no tempo do antigo direito, e que perdura com o vigente Código Civil: "Quando a dívida é *portable* (portável), dá-se a mora *ex re*, que se verifica independentemente de qualquer interpelação judicial ou extrajudicial, sem mais formalidades. Daí a regra: *dies interpellat pro homine*. O dia interpela pelo homem. É a própria data que faz a interpelação, independentemente de qualquer procedimento do credor."[44]

---

[43] *Curso de Direito Civil Brasileiro* – Obrigações e Contratos, ob. cit., p. 59.
[44] *As prestações do reajustamento. Lugar de pagamento – dívida 'portable' ou 'quérable' – mora*, em Doutrinas Essenciais – Obrigações e Contratos, Vol. II (Obrigações: Funções e Eficácia), São Paulo, Thomson Reuters, Editora Revista dos Tribunais 2ª tir., orgs. Gustavo Tepedino e Luiz Edson Fachin, p. 884.

O parágrafo único do art. 327 diferencia o tratamento, quando designados dois ou mais lugares: "Designados dois ou mais lugares, cabe ao credor escolher entre eles". Não poderia ser diferente. Ainda que mantido o domicílio do devedor, dentre os vários locais previstos o credor escolherá aquele que mais lhe convir.

O art. 328 trata do cumprimento quando o pagamento consistir na tradição de um imóvel, ou em prestações relativas a imóvel: "Se o pagamento consistir na tradição de um imóvel, ou em prestações relativas a imóvel, far-se-á no lugar onde situado o bem".

Quanto à tradição, nem careceria vir a regra, pois fica evidente que transmitese o imóvel no local onde se encontra, o que se efetua pelo registro do contrato de transferência, que em geral é uma escritura pública. Não é possível efetuar o registro em circunscrição diferente. No pertinente às prestações, referem-se às dívidas que decorrem de serviços que se prestam ao imóvel, como aquelas demandadas para a sua conservação, a utilização, e assim aluguéis, ou aos encargos que dele nascem. A diretriz para estabelecer o lugar do pagamento é o local onde se encontra. Nele o credor exigirá o cumprimento.

O art. 329 introduziu a exceção imposta por motivo grave, que permite a realização em outro lugar diferente: "Ocorrendo motivo grave para que se não efetue o pagamento no lugar determinado, poderá o devedor fazê-lo em outro, sem prejuízo para credor". Como grave tem-se o motivo quando resultante de doença, ou de outra impossibilidade, como a prisão, a falta de transporte coletivo, a assistência a familiar doente, impedindo o afastamento.

Nestas situações, insta se leve a termo a comunicação ao credor, e se indenize os custos decorrentes do recebimento no local onde está o devedor.

Como já lembrado, é contornável a situação mediante a simples remessa do valor através de passe bancário.

Finalmente, o reiterado pagamento em lugar diferente daquele combinado leva a firmar a prevalência do lugar onde tem se efetuado, conforme dita o art. 330, que constitui inovação relativamente ao Código de 1916: "O pagamento reiteradamente feito em outro local faz presumir renúncia do credor relativamente ao previsto no contrato".

20.15. TEMPO DO PAGAMENTO

Ressalta com toda a clareza que o pagamento deve ser feito quando do vencimento da obrigação, ou em obediência aos prazos estabelecidos pelas partes, ou previstos em lei. Constitui precaução que ninguém esquece marcar o vencimento, nas prestações não pagas à vista. Quando são concedidos prazos, vêm eles assinalados de modo que raramente surgem contendas decorrentes da falta de previsão do prazo. O ordenamento legal sobre o assunto, a exemplo daquele que versa sobre o lugar do pagamento, não insere maiores dificuldades. O Código Civil, no art. 331, ao tratar do assunto, inicia por fixar o vencimento imediato das prestações sem prazo: "Salvo disposição legal em contrário, não tendo sido ajustada época para o pagamento, o credor pode exigi-lo imediatamente". Ocorre que o credor não pode ficar aguardando indefinidamente, sendo coerente que procure a imediata satisfação. Idêntica norma aparece no art. 134: "Os negócios jurídicos entre vivos, sem prazo, são exequíveis desde logo, salvo se a execução tiver de ser feita em lugar diverso ou depender de tempo". Em alguns casos, há previsão do vencimento. Assim no art. 592:

"Não se tendo convencionado expressamente, o prazo do mútuo será:

I – até a próxima colheita, se o mútuo for de produtos agrícolas, assim para o consumo, como para a semeadura;

II – de 30 (trinta) dias, pelo menos, se for de dinheiro;

III – do espaço de tempo que declarar o mutuante, se for de qualquer outra coisa fungível".

No art. 1.425 encontram-se outros exemplos, inclusive com o vencimento antecipado:

"A dívida considera-se vencida:

I – se, deteriorando-se, ou depreciando-se a coisa dada em segurança, desfalcar a garantia, e o devedor, intimado, a não reforçar ou substituir;

II – se o devedor cair em insolvência ou falir;

III – se as prestações não forem pontualmente pagas, toda vez que deste modo se achar estipulado o pagamento. Neste caso, o recebimento posterior da prestação atrasada importa renúncia do credor ao seu direito de execução imediata;

IV – se perecer o bem dado em garantia, e não for substituído;

V – se se desapropriar o bem dado em garantia, hipótese na qual se depositará a parte do preço, que for necessária para o pagamento integral do credor".

Arnoldo Wald arrola outros exemplos, perfeitamente verificáveis: "No contrato de depósito, o depositário é obrigado a devolver a coisa depositada logo que exigida. No caso de comodato, sem prazo, o comodatário tem obrigação idêntica desde que tenha sido ultrapassado o tempo necessário para atender ao uso do qual o objeto se destinava (art. 1.250 do CC)". O art. 1.250 referido no texto corresponde ao art. 581 do atual Código.

Em cada caso concreto, na falta de estipulação das partes caberá ao juiz fixar o prazo razoável para o cumprimento da obrigação, o mesmo ocorrendo quanto tal prazo ficou ao arbítrio exclusivo do devedor".[45]

Em leis especiais também há previsão de pagamento. Assim nas locações (Lei nº 8.245, de 1991, art. 23, inciso I), sendo omisso o contrato, o prazo oferecido vai até o sexto dia útil do mês seguinte ao vencido.

Alguma dificuldade ocorre com as obrigações que não trazem o prazo de vencimento. É de observar que a da regra contida no art. 397 do estatuto civil não exige a prévia interpelação nas obrigações positivas e líquidas com termo de vencimento previsto. Reza o dispositivo: "O inadimplemento da obrigação, positiva e líquida, no seu termo, constitui de pleno direito em mora o devedor". Em sequência, o parágrafo único impõe a interpelação para as obrigações desacompanhadas da previsão de termo: "Não havendo termo, a mora se constitui mediante interpelação judicial ou extrajudicial".

Primeiramente, convém lembrar a distinção entre mora *ex re* e mora *ex persona*. Constitui a primeira aquela que ocorre de pleno direito, independente de qualquer ato de notificação, interpelação ou protesto. Por constar prevista no contrato, opera-se com o simples vencimento do prazo, segundo a máxima romana *dies interpellat pro homine*, ou

---

[45] *Curso de Direito Civil Brasileiro – Obrigações e Contratos*, ob. cit., p. 59.

seja, o próprio dia constante do contrato interpela o devedor. A segunda depende do ato interpelatório, eis que ausente convenção sobre o termo, ou dia, ou prazo do vencimento.

O art. 331, ao prever a exigência imediata da prestação em não havendo prazo para o vencimento, estaria em contradição com o art. 397, que requer o ato interpelatório. No entanto, convivem pacificamente os dispositivos. Vence automaticamente a obrigação, mas não dispensa aqueles atos constitutivos da mora. Ou seja, de imediato o credor pode interpelar ou notificar. Decorrido o prazo concedido, em geral de trinta dias, torna-se exigível o pagamento. Exemplo típico está nas promessas de compra e venda de imóveis loteados, quando se exige a notificação, com o prazo de trinta dias, para o pagamento, sob pena de rescisão – art. 32 da Lei nº 6.766, de 1979.

Sendo condicionais as obrigações, cumprem-se quando do implemento da condição, como prevê o art. 332: "As obrigações condicionais cumprem-se na data do implemento da condição, cabendo ao credor a prova de que deste teve ciência o devedor".

Cuida-se, aqui, daquelas obrigações que dependem de um evento futuro para se tornarem exigíveis.

Como condição no conceito do art. 121, considera-se a cláusula que, derivando exclusivamente da vontade das partes, subordina o efeito do negócio jurídico o evento futuro e incerto. Na sua exemplificação, subordina-se a confecção de uma obra de arte à chegada, no mercado interno, de certa matéria-prima. Unicamente com a realização da condição aparece a oportunidade para reclamar o cumprimento, desde que o credor prove a ciência do devedor da disponibilidade de tal produto. Se não chegar essa demonstração, imprescindível a notificação.

O art. 333, excepcionalmente, traz algumas hipóteses de vencimento antecipado da dívida:

"Ao credor assistirá o direito de cobrar a dívida antes de vencido o prazo estipulado no contrato ou marcado neste Código:
I – no caso de falência do devedor, ou de concurso de credores;
II – se os bens, hipotecados ou empenhados, forem penhorados em execução por outro credor;
III – se cessarem, ou se se tornarem insuficientes, as garantias do débito, fidejussórias ou reais, e o devedor, intimado, se negar a reforçá-las".

Ressalte-se que o próprio art. 1.425, já transcrito, cuida do vencimento antecipado. O art. 77 da Lei nº 11.101, de 2005, constitui um exemplo também de vencimento antecipado, eis que, falindo o devedor, vencem todas as dívidas, tanto as comerciais como as civis.

O vencimento antecipado sempre constituiu assunto que gerou controvérsias. No Código Civil aparecem algumas situações, não impedindo que as partes estabeleçam outras. Especialmente nos contratos de mútuo, ou financiamento, insere-se cláusula sobre o vencimento das prestações subsequentes em caso de inadimplência de uma delas. Ao devedor assegura-se receber todas as pendentes de solução, como no Sistema Financeiro da Habitação. Há, porém, obrigações em contratos com o pagamento diferido, cujo inadimplemento importa em rescisão, como na promessa de compra e venda, nas locações, nas vendas com alienação fiduciária e naquelas com reserva de domínio. Na primeira hipótese, justifica-se o vencimento antecipado porque inadmissível que a cada prestação promova o credor nova ação.

O critério para distinguir quando se opera o vencimento automático das prestações restantes e a resolução está, respectivamente, na existência de mútuo e financiamento, ou de transmissão da propriedade, de realização de serviços, de abstenção de um ato.

Questão importante a merecer a atenção consiste em examinar quando há a faculdade do devedor em antecipar o pagamento. Costuma a doutrina, para definir a possibilidade, distinguir se a antecipação é feita a favor do credor ou do devedor. Em relação ao primeiro, unicamente se o beneficia, ou se não lhe traz encargos, admite-se. Não importa, no caso, o interesse do devedor. É a hipótese do depósito, ou da entrega da coisa, como de produtos, quando o recebimento antes do tempo previsto acarreta despesas de armazenamento, e assim de sacas de soja, de arroz, de café. Restam evidentes os encargos que se antecipam e aumentam, afastando, assim, a pretensão do devedor. Do contrário, ou não agravando a posição do credor, tem-se como a favor do devedor o adiantamento da prestação. Nos empréstimos e em todos os pagamentos de obrigações diferidas ou proteladas no tempo, como o da entrega de uma pintura, de um prédio, não há como impedir. Para as obrigações pecuniárias, ressalta a regra do art. 52, § 2º, do Código de Defesa do Consumidor (Lei nº 8.078, de 1990), nos seguintes termos: "É assegurada ao consumidor a liquidação antecipada do débito, total ou parcialmente, mediante redução proporcional dos juros e demais acréscimos".

Nos financiamentos imobiliários, está assegurado o direito de antecipar, conforme a Lei nº 4.380, de 1964, art. 6º, letra "f", e a Lei nº 8.004, de 1990, com vantagens asseguradas aos mutuários.

Afora as hipóteses previstas, assim como não pode o devedor atrasar, ou pedir ao juiz dilações e prorrogações, ao credor veda-se procurar o recebimento antes do termo previsto, sujeitando-se a penas se exercer intempestivamente o pedido, na linha do art. 939: "O credor que demandar o devedor antes de vencida a dívida, fora dos casos em que a lei o permita, ficará obrigado a esperar o tempo que faltava para o vencimento, a descontar os juros correspondentes, embora estipulados, e a pagar as custas em dobro".

Finalmente, o parágrafo único do art. 333 dispõe sobre a solidariedade passiva nas hipóteses em que se considera vencidas antecipadamente as dívidas: "Nos casos deste artigo, se houver, no débito, solidariedade passiva, não se reputará vencido quanto aos outros devedores solventes".

Deve-se aguardar o prazo do vencimento relativamente aos devedores solventes. Apenas atinge a antecipação aqueles devedores que ficarem insolventes, ou que tiverem os bens dados em garantia (penhorados) em outro processo, ou cujas garantias cessarem ou se tornarem insuficientes. Seria injusto, por causa do fato exclusivo de um dos devedores, que todos os demais sofressem as consequências. Temendo, pois, que o cumprimento da obrigação reste comprometido por aqueles devedores, que se tornaram insolventes, desde que evidenciados atos tendentes a isso, resta configurado o direito a procurar desde logo o adimplemento.

XXI

Pagamento em Consignação

21.1. O DIREITO DE PAGAR

Está a matéria disciplinada no Capítulo II do Título III, fazendo parte do Livro I da Parte Especial do Código Civil, que engloba o direito das obrigações. Poucas são as alterações relativamente ao Código Civil de 1916.

Cuida-se do estudo dos meios para o devedor cumprir a obrigação. Com rara ótica prática, observa Luis María Boffi Boggero que "hay ocasiones en que (...) el deudor, aun con la mejor disposición de ánimo, se encuentra en dificultades para cumplir lealmente la prestación a que se había obligado".[1] E para muni-lo de instrumentos aptos a liberá-lo da obrigação é que existe a consignatória.

Envolve a matéria um dos pontos de grande importância, pois frequentes as hipóteses que levam o devedor a um caminho judicial com a finalidade de eximir-se do que deve. As maiores controvérsias nem eram imagináveis quando do advento do Código Civil de 1916, dados os estreitos limites que se estabeleciam para o conhecimento da ação. Atinge todos os ângulos quando o assunto é solver prestações, com ampla abertura para o ingresso no montante da dívida, na sua extensão, não mais prevalecendo o superado conceito de que a ação era uma execução às avessas, e que, portanto, impunha-se que viesse certa, líquida e exigível a obrigação. Aspectos estes a serem abordados oportunamente, porquanto merecem destaques em itens próprios.

A abordagem abrange o direito material e o processual. Por evidente que o estudo, aqui, não pode absorver amplamente a parte processual, ou esgotar as intrincadas controvérsias do direito adjetivo.

No âmago, a consignação em pagamento procura a extinção das obrigações. Mais adequadamente, revela-se numa forma de extinção, assim como é o pagamento puro e simples, a novação, a compensação, e tantas outras espécies equivalentes. Procede-se ao depósito como ato de liberação da dívida, e daí a preponderância do direito material, tanto que ressalta Adroaldo Furtado Fabrício, um dos que deu o tratamento mais adequado e clássico a este instituto: "A consignação em pagamento... é, antes de tudo, uma forma de extinção das obrigações, o que põe em destaque tratar-se de instituto de direito material, como sugere mais claramente a denominação, que se lhe dá também de 'pagamento por consignação'. O depósito que se faz com finalidade liberatória, inclusive, não é um ato

---

[1] *Tratado de las Obligaciones*, t. 4, ob. cit., p. 143.

processual por essência, tanto que alguns sistemas jurídicos permitem a liberação por essa via sem nenhuma intervenção judicial, desde que não impugnado o depósito".[2]

Há o direito em se liberar da obrigação, em não perdurar a obrigação, porquanto o estado de devedor constitui sempre uma forte carga de preocupações e um cerceamento para atividades econômicas, especialmente no que se refere à concessão de crédito e ao aumento de encargos, onerando a obrigação. Assevera Antunes Varela: "Não é só o credor que tem interesse no cumprimento da obrigação. Também ao devedor pode interessar o cumprimento, para se liberar do vínculo a que se encontra adstrito. E análogo interesse podem ter inclusivamente terceiros, como o credor pignoratício, em relação ao pagamento da prestação devida por causa da coisa empenhada".[3]

Direito esse também ressaltado por outros doutrinadores, conforme leciona o professor argentino Ernesto C. Wayar: "La extinción y consiguiente disolución del vínculo jurídico obligatorio constituye un momento necesario dentro de su desarrollo temporal, pues el deudor no puede permanecer para siempre expuesto a una potencial agresión patrimonial por parte del acreedor".[4]

21.2. NOÇÃO

Já vigorava no direito romano, de onde provém a palavra "consignação", formada da preposição *cum* e do verbo *signare*, traduzindo-se, originariamente, no sentido de "exibir com", ou "mostrar-se", "apresentar-se com o dinheiro" em um lugar já marcado, estando presentes testemunhas, no intento de evidenciar a entrega do que é devido. Historia Antônio Carlos Marcato este aspecto, quanto à dívida em dinheiro: "Sendo a dívida de dinheiro, podia o *solvens* eximir-se dos riscos fechando e selando a bolsa que continha a quantidade devida, consignando-a após, resultando desta providência a palavra 'consignar': *cum* + *signare*, que significa chancelar, selar, fazer conhecido. Desta forma, se o dinheiro consignado perdia-se, podia o devedor provar que se tratava efetivamente da quantia oferecida ao credor e que a perda não decorrera de dolo de sua parte. Enquanto o credor não retirasse a quantia consignada, o devedor podia fazê-lo, desistindo do depósito e reavivando, em consequência, a obrigação em sua plenitude".[5]

Constitui o instituto jurídico pelo qual o devedor chama ou provoca o credor para receber aquilo que deve, sob a cominação de efetuar o depósito. Através desta ida do devedor ao credor, procura o mesmo liberar-se da obrigação, depositando-a judicialmente se manifestada a recusa em receber. Procura o devedor os meios judiciais para liberar-se por várias razões: ou porque o credor recusa dar a quitação, o recibo do valor a que tem direito; ou porque simplesmente há a recusa, e assim, quem sabe, pretender-se a resolução do contrato subjacente; ou porque desaparece o credor, não busca o crédito, não é encontrado; ou em vista de pretender soma bem maior da combinada, como juros onzenários; ou para provocar a mora e poder cobrar encargos, cláusula penal, multa; ou em razão de entender que o lugar e a forma do pagamento é diferente da que propõe o devedor.

Considerada forma indireta de pagamento, mais propriamente um pagamento compulsório ou forçado, revela-se na oferta e no depósito – *oblatio et depositio*, não se

---

[2] *Comentários ao Código de Processo Civil*, Rio de Janeiro, Forense, 1980, t. III, vol. VIII, p. 45.
[3] *Direito das Obrigações*, ob. cit., vol. 2, p. 181.
[4] *El Pago por Consignación*, Buenos Aires, Depalma, 1983, p. 3.
[5] *Ação de Consignação em Pagamento*, 4ª ed., São Paulo, Revista dos Tribunais, 1991, p. 29.

restringindo a dívidas em dinheiro, embora a frequência nesse tipo, mas abrangendo obrigações de dar coisa móvel ou imóvel, e até de fazer. Quanto a estas, apesar da restrição na doutrina, compreende quando o devedor estava obrigado a prestar serviços, e assim a elaborar uma pesquisa, a erguer uma obra, a esculpir uma estátua, a efetuar uma pintura, e assim toda série de serviços, verificando-se a recusa do credor em receber. Nada impede que se ingresse em juízo, ofertando-se o objeto ou a coisa elaborada, o que abre ensanchas para depois reclamar a contraprestação. Possibilidade que Carvalho Santos já deixava entrever: "Em se tratando de devedor de fato positivo, admite-se possa fazer notificar o devedor para, em determinado dia e hora, vir assistir e verificar a dita prestação, sob pena de não poder reclamá-la mais tarde, nem exigir qualquer indenização. Isto quando o fato consiste num trabalho manual, que o devedor possa executar sem a colaboração ou presença do credor".[6]

O Prof. argentino Ernesto C. Wayar aponta a possibilidade unicamente quando se prescinde da participação do credor: "Si para la realización de la obra es necesaria la cooperación del acreedor y éste no responde a la intimación que se le dirigiere en tal sentido, tornándose la obligación de cumplimiento imposible, sólo cabe la resolución judicial del vínculo por culpa del acreedor, quien deberá hacerse cargo de los daños que hubiere sufrido el deudor".[7]

Decorrência necessária do objeto da consignação é a extinção da obrigação, tal como ocorre com o pagamento e outras maneiras de cumprimento, constando no art. 334 do Código Civil: "Considera-se pagamento, e extingue a obrigação o depósito judicial ou em estabelecimento bancário da coisa devida, nos casos e forma legais."

21.3. NATUREZA DA CONSIGNAÇÃO E EFEITOS

Das observações acima decorre a natureza de pagamento, extinguindo a obrigação. Realiza-se esta maneira de *solutio* através da chamada ação de consignação em pagamento, processo tipicamente contencioso, catalogado no Código de Processo Civil dentre os procedimentos especiais. Ressalta a sua natureza de instituto de direito material, inclusive pelas normas que aparecem na legislação processual, porquanto discriminados os casos de possibilidade de oferta, não se restringindo os dispositivos respectivos a traçar a forma procedimental para a ação. Assim, todas as normas que dizem com os casos de oferta, com as condições para a extinção da obrigação, com os pressupostos para valer a oferta, e até com a discriminação de situações que não importam em saldar as prestações, mesmo que inseridas na lei processual civil, revelam nítido caráter de direito substantivo.

Tem como finalidade básica a extinção de obrigação, de declarar, que o depósito foi a contento, que satisfez os requisitos legais para o pagamento, e que liberou o devedor. Declara, também, a liberação da mora, ou de suas cominações, como dos juros, da multa. Efeitos emergentes aparecem, como o direito de exigir um posterior direito. Considerado perfeito o pagamento, ou admitida a consignação, emerge uma declaração de um estado jurídico, que é estar satisfeita a obrigação, e do possível direito em exigir uma prestação do credor. Nesta ordem, quem consigna prestações em atraso, tem proclamado o direito em reclamar a outorga de escritura pública de transmissão imobiliária, se as prestações consignadas diziam respeito a uma promessa de compra e venda. Igualmente no perti-

---

[6] Ob. cit., 9ª ed., 1964, vol. XIII, p. 7.
[7] *El Pago por Consignación*, ob. cit., p. 122.

nente a um financiamento. Se envolver a aquisição de um imóvel, uma vez cumpridas as prestações, é natural o direito em procurar a liberação da garantia hipotecária. Por conseguinte, a decisão que considera feito o pagamento encerra a declaração do direito em exigir a liberação.

De observar, ainda, que os riscos da coisa, como de seu perecimento, da deterioração, transferem-se ao credor, ensinando Karl Larenz: "Con la consignación se transmite ao acreedor el riesgo de cosa o el riesgo del precio o remuneración; por lo tanto, el deudor no sólo queda liberado (...) de su deber de prestación si la cosa depositada perece por caso fortuito o no puede ser devuelta, sino que también en este caso..., conserva su pretensión a la contraprestación. Tampoco está obligado a indemnizar los provechos extraídos y tratándose de una obligación pecuniaria decae su obligación de pagar intereses".[8]

21.4. HIPÓTESES DE CONSIGNAÇÃO

Discrimina o art. 335 do Código Civil os casos que permitem a consignação, que são as mais comuns:

"A consignação tem lugar:

I – se o credor não puder, ou, sem justa causa, recusar receber o pagamento, ou dar quitação na devida forma;

II – se o credor não for, nem mandar receber a coisa no lugar, tempo e condição devidos;

III – se o credor for incapaz de receber, for desconhecido, declarado ausente, ou residir em lugar incerto ou de acesso perigoso ou difícil;

IV – se ocorrer dúvida sobre quem deva legitimamente receber o objeto do pagamento;

V – se pender litígio sobre o objeto do pagamento."

A enumeração é casuística, não esgotando as hipóteses. Lê-se, na discriminação, que as hipóteses não se resumem na ocorrência da mora do credor, ou na recusa de receber.

Várias outras situações comportam o recurso à consignação. E assim aventam-se casos especiais, como se a coisa corre perigo de se deteriorar, de perder o valor, de desaparecer. É exemplo a promessa de compra e venda de imóvel loteado, assinalando o art. 33 da Lei nº 6.766, de 1979: "Se o credor das prestações se recusar a recebê-las ou furtar-se ao seu recebimento, será constituído em mora mediante notificação do oficial do registro de imóveis para vir receber as importâncias depositadas pelo devedor no próprio registro de imóveis. Decorridos 15 (quinze) dias após o recebimento da intimação, considerar-se-á efetuado o pagamento, a menos que o credor impugne o depósito e, alegando inadimplemento do devedor, requeira a intimação deste para os fins do depósito no art. 32 desta Lei".

Mesmo nos contratos de promessa de compra e venda de imóveis não loteados, na forma do art. 17, parágrafo único, do Decreto-lei nº 58, de 1937, vem autorizada a consignação do lote, se o promitente comprador se recusar a receber: "Não sendo assinada a escritura nesse prazo, depositar-se-á o lote comprometido por conta e risco do compromissário, respondendo este pelas despesas judiciais e custas do depósito". Até se o devedor simplesmente quiser antecipar os pagamentos, o que permite o art. 52, § 2º, da Lei nº 8.078, de 1990, nas relações de consumo: "É assegurado ao consumidor a

---

[8] *Derecho de Obligaciones*, t. I, ob. cit., p. 324.

liquidação antecipada do débito, total ou parcialmente, mediante redução proporcional dos juros e demais acréscimos".

Aliás, sempre é possível pagar antes do vencimento, não cabendo ao credor recusar o recebimento, posto que os prazos concedidos consideram-se em favor do devedor, e não daquele.

Quanto à enumeração do art. 335, salienta-se que a maior razão da consignação está no inciso I, isto é, na impossibilidade do recebimento, na recusa sem justa causa em receber ou em dar quitação.

Conveniente ater-se à "recusa sem justa causa", de maior incidência na prática. Na verdade, quem é credor sempre quer receber. A oposição respalda-se em várias causas, mas não justas. A mais comum consiste na divergência do montante devido. O credor pretende juros exagerados, multa excessivamente alta, ou até a rescisão do contrato, quando para tal não se configuram os motivos. O ingresso da consignação revela-se no caminho mais aconselhável, com a possibilidade de defesa de teses a respeito do montante da dívida, de encargos, e assim de juros de até 1% ao mês ou mais, de sua capitalização, de índices de correção monetária, de incidência de mais de uma cláusula penal.

Não é rara a situação de recusa para a finalidade de o credor não cumprir a sua prestação. Exemplo está no pagamento a prestações, recebendo o devedor, ao final, o bem adquirido, ou o benefício para o qual contribuiu. Assim pode ocorrer na promessa de compra e venda, ou no contrato de previdência privada. A recusa, obviamente, é injusta, autorizando a consignação em pagamento, na esteira do REsp nº 488.815/SP, da Quarta Turma do STJ, j. em 17.06.2003, *DJU* de 1º.09.2003: "Recusa da entidade de previdência privada em receber o pagamento das duas últimas prestações, antes da morte do segurado, justifica a propositura de ação de consignação em pagamento. A mora da entidade se caracterizou com essa recusa e caberá decidir na ação se aquela demora é causa suficiente para a extinção do contrato".

No pertinente à situação de não poder o credor receber, que não constava no Código de 1916, afigura-se quando encontra-se o mesmo doente, ou limitado em sua liberdade, ou impedido por outros fatores, e não é conveniente ao credor manter-se em mora.

Já a recusa em dar quitação também enseja a consignação, não se revelando incomum a ocorrência, evidenciada mormente em dívidas com encargos, pretendendo o credor quantia superior à devida.

Já no pertinente ao inciso II, aparece a previsão que também enseja discussões, relativamente ao lugar, tempo e condição devidos de pagamento. Combina-se que o pagamento se efetuará em determinado momento, elegendo-se o lugar, mas não aparecendo o credor. Como não está obrigado o devedor a ficar com a dívida pendente, ou a suportar seus ônus, autoriza-se que procure desvencilhar-se através da consignação. No entanto, as situações que acontecem não correspondem à literalidade do dispositivo. Nos contratos, sempre constam assinalados o lugar, o tempo e a condição. A dificuldade está na interpretação, mormente quanto às condições, em geral elaboradas em contratos de adesão, favorecendo o credor. Assim, as condições não constam assinaladas em benefício do devedor, mas do credor. Afigurando-se injustas, permite-se a consignação, com a justificação da impossibilidade em pagar por culpa do próprio credor, que destoou do direito quanto aos encargos. Não se restringe a situação à esfera contratual, mas abarca a impossibilidade da exigência absurda também quando ofende a lei, ou é proibida pela lei. É o caso de reclamar o locador várias penalidades por uma única infração ao contrato.

Seguindo, aventa o Código, no inc. III, o fato da incapacidade credor em receber, do desconhecimento de sua identidade, da declaração de sua ausência, ou da incerteza no tocante ao lugar onde mora, ou de sua inacessibilidade, havendo mais hipóteses que podem aparecer. Nessas previsões, não há como o devedor pagar pessoalmente.

No pertinente aos incapazes (art. 3º, em redação da Lei 13.146/2.015), sabe-se que são absolutamente incapazes os menores de 16 anos de idade. Pelo art. 4º, também modificado pela Lei nº 13.146/2015, "são incapazes, relativamente a certos atos ou à maneira de os exercer:

I – os maiores de 16 e menores de 18 anos;

II – os ébrios habituais e os viciados em tóxico;

III – aqueles que, por causa transitória ou permanente, não puderem exprimir sua vontade;

IV – os pródigos".

Quanto aos indígenas, há a regulamentação especial, que os coloca sob proteção e assistência da União.

De observar, ainda, que aos absolutamente incapazes cabe a representação, enquanto aos relativamente incapazes se dá a assistência. Na prática, o representante recebe por aqueles; o assistente apenas está presente, ou acompanha o ato de receber do assistido.

Ao devedor compete valer-se da ação consignatória, única forma de contornar as dificuldades e conseguir a liberação do que deve, cumprindo ao credor sem representante ou assistente nomear-se curador. Igualmente, caso seus interesses colidirem com os do representante ou assistente.

Merece a atenção o devedor insolvente, que não é considerado incapaz nem relativamente incapaz. Sendo ele insolvente, os respectivos credores disputam o ativo, tendo em conta os privilégios e as preferências, indo para os quirografários o possível saldo. Se instaurado o processo de insolvência, obedece-se à ordem estabelecida.

Havendo apenas abertura do concurso de credores, e vários sendo os credores, justifica-se a ação com amparo no inc. IV do art. 335 do Código Civil; ou, discutindo-se o objeto da consignação, tem apoio a oferta no inciso V. Afrânio Lyra distingue as situações: "O Código Civil (arts. 1.554 e 1.555) admitindo o concurso com ou sem preferência, exige, todavia, para a consignação com base no inciso VI do art. 973, que o concurso seja de preferência... Parece claro que, enquanto não houver créditos preferenciais no concurso, o devedor, para exonerar-se da obrigação, terá que ajuizar a ação de consignação em pagamento com fundamento na existência de dúvida sobre quem deva legitimamente receber: se a massa (art. 752 do CPC), se o próprio credor cujo patrimônio está envolvido no concurso. Não seria fora de propósito, também, invocar o inciso V do art. 973 do Código Civil (litígio). Isso porque, em verdade, todo o patrimônio do credor se acha envolvido numa disputa entre os seus credores e, assim, enquanto não se encerrar o concurso, haverá litígio pendente".[9]

Os citados arts. 752 e 768 do CPC não encontram correspondência no Código de Processo Civil de 2015. De outro lado, os artigos 1.554, 1.555 e 973 invocados no texto correspondem aos artigos 955, 956 e 335 do Código Civil em vigor.

---

[9] *Da Ação de Consignação em Pagamento*, 2ª ed., Salvador, V. Lopes – Editor, 1978, p. 83.

Em relação às demais hipóteses do inc. III, se não aparecer o credor, nada mais normal que se faça o depósito do que se deve. No caso de declarado ausente, faz-se o pagamento consignando ao curador. Se residir em local ignorado ou inacessível, observava Antônio Carlos Marcato que "é patente a impossibilidade material em efetuar o pagamento, facultando a lei ao devedor, por isso mesmo, o pagamento por consignação. Ressalve-se, entretanto, o seguinte: quando ignorado ou inacessível o lugar onde resida o credor, somente será justificável a consignação fundada no nº III do art. 973 quando portável a dívida; sendo quesível e configurada a mora *accipiendi*, o fundamento da oblação será a inércia do credor em receber ou mandar que alguém receba o pagamento em seu nome (nº II)".[10] Os referidos incisos conservam a numeração no art. 335 do vigente Código.

Já no tocante ao inciso IV, justificável a consignação quando vários credores se apresentarem. Hipótese comum na pensão que deixa o segurado. Reconhece-se, *a priori*, o direito de receber ao cônjuge supérstite. Mas, tendo o marido uma companheira, ou instituindo-a como beneficiária em disposição testamentária, em apólice de seguro, o órgão previdenciário não poderá efetuar o pagamento enquanto não se resolver, na esfera judicial, a controvérsia. A solução é ingressar o devedor com a ação para depositar, contra os pretensos credores, definindo-se, após, quem deva receber. Forma-se uma relação curiosa. Ingressa o devedor com a ação, mas esgota-se sua participação tão logo venham os pretensos credores ao processo. Entre eles seguirá o feito. Como que se afasta o devedor, porquanto lhe competia nada mais que pagar. Cria-se uma nova relação, restrita entre os que se consideram credores. A menos que o devedor tenha praticado flagrante erro na perspectiva de definir o credor, quando deve responder por seu erro. Do contrário, afasta-se o devedor, observando Adroaldo Furtado Fabrício: "Se dois ou mais sedizentes credores apresentarem-se com disposição de receber, o autor é desligado da relação processual e declarado liberado da dívida. Cabe ao juiz, outrossim, declarar efetuado o depósito – entenda-se confirmado, subsistente, eficaz, porque efetuado ele já fora anteriormente, segundo o art. 895 do Código de Processo Civil.

Na verdade, em tal contingência, encerra-se um processo e outro tem início. A ação consignatória já alcançou seu objetivo específico e em relação a ela nada mais haveria que processar. A solução pode não ser imune à crítica, mas a verdade é que a lei considerou como estranho ao interesse do devedor o litígio a partir daí travado entre os devedores pretendentes ao levantamento".[11] O citado art. 895 corresponde ao art. 547 do atual CPC.

De sorte que segue a ação entre os credores. Nem a sucumbência arcará o devedor, eis que estava ele obrigado a socorrer-se da ação para liberar-se da obrigação. Suportará os encargos judiciais – custas e honorários –, o credor que perder, inclusive a verba honorária ao advogado do credor.

Dois dispositivos do Código de Processo Civil tratam da matéria sobre a indeterminação de quem deve receber:

O art. 547 do CPC: "Se ocorrer dúvida sobre quem deva legitimamente receber o pagamento, o autor requererá o depósito e a citação dos possíveis titulares do crédito para provarem o seu direito."

Depois da audiência de depósito, o procedimento desenvolve-se como numa ação de procedimento comum. Incumbe ao devedor providenciar a participação, no feito, dos interessados em receber.

---

[10] *Ação de Consignação em Pagamento*, ob. cit., p. 21.
[11] *Comentários ao Código de Processo Civil*, ob. cit., vol. VIII, t. III, p. 168.

O art. 548 do CPC:

"No caso do art. 547:

I – não comparecendo pretendente algum, converter-se-á o depósito em arrecadação de coisas vagas;

II – comparecendo apenas um, o juiz decidirá de plano;

III – comparecendo mais de um, o juiz declarará efetuado o depósito e extinta a obrigação, continuando o processo a correr unicamente entre os presuntivos credores, observado o procedimento comum."

Na forma do inciso V do art. 335, que mantém redação do inc. V do art. 973 do Código revogado, ao devedor cumpre pagar, mas, existindo litígio sobre o objeto entre as partes, ou dúvidas, fica comprometido o ato de pagamento. Aduzia Antônio Chaves, mantendo-se atualizado o texto, diante de idêntica regulamentação da matéria pelos Códigos Civis de 1916 e 2002: "O litígio, tem-se observado, deve existir entre o credor e terceiro, e não entre o credor e o devedor, pois, se de tal natureza, pode este providenciar não a consignatória, mas o depósito preparatório da lide. Se o devedor, apesar de ciente do litígio entre o credor e terceiro, efetuar o pagamento ao primeiro, dependerá a validade desse ato do êxito da demanda, ficando sem efeito se ao terceiro couber o reconhecimento do direito pretendido".[12]

Por conseguinte, a única forma de saldar a obrigação está na consignatória, evitando o pagamento a um credor duvidoso.

Em algumas das hipóteses que obrigam a consignação, há a advertência do art. 344: "O devedor de obrigação litigiosa exonerar-se-á mediante consignação, mas, se pagar a qualquer dos pretendidos credores, tendo conhecimento do litígio, assumirá o risco do pagamento". No entanto, não apenas quando litigioso o objeto do pagamento, mas também se desconhecido o credor, ou insolvente, e pagar mal o devedor, haverá o risco, impondo-se nova satisfação da obrigação.

Há situações que podem envolver duas das previsões do art. 335, as dos incisos IV e V: dúvida sobre quem deva receber e pendência de litígio sobre o objeto do pagamento, recomendando mais ainda a consignação. Lembrava Arnaldo Marmitt uma hipótese bem frequente, valendo lembrar que equivalem as previsões do Código anterior e do atual: "Observe-se a situação do inquilino solicitado a pagar aluguel de imóvel locado de casal que se separou judicialmente. Cada um dos cônjuges é coproprietário do imóvel, e cada um deseja que o pagamento seja feito a ele. Se o locatário não souber como se operou a partilha, ou se esta não findou, se não souber a quem tocou o direito de auferir o locativo em questão, a melhor alternativa que se lhe apresenta é o depósito judicial do aluguel. Assim evitará de pagar mal ou de fazer injustiça a qualquer um dos pretendentes. Entrementes, uma vez provado na ação de separação ou de divórcio que coube à mulher o domínio do imóvel locado, ela fará jus ao recebimento dos aluguéis, enquanto tal situação permanecer imutável".[13]

O processo prosseguirá unicamente contra os credores.

---

[12] *Tratado de Direito Civil – Direito das Obrigações*, ob. cit., t. I, vol. II, p. 237.
[13] *Consignação em Pagamento*, Rio de Janeiro, Aide Editora, 1990, p. 63.

21.5. REQUISITOS DA CONSIGNAÇÃO

A consignação constitui um pagamento indireto. Trata-se de uma forma de conseguir a quitação forçada, liberando-se o devedor de sua obrigação. E como constitui um direito à liberação de um encargo, para valer deve satisfazer todos os requisitos previstos para o pagamento, que aparecem no art. 336 da lei civil: "Para que a consignação tenha força de pagamento, será mister concorram, em relação às pessoas, ao objeto, modo e tempo, todos os requisitos sem os quais não é válido o pagamento".

Como se nota, várias as exigências, nem sempre de fácil compreensão. Os termos do dispositivo revelam-se um tanto vagos. Assim, quais os requisitos quanto às pessoas, objeto, modo e tempo? Incumbe sejam pesquisados, levando-se a encontrá-los nas disposições que tratam do pagamento, discriminados nos arts. 304 e seguintes do Código Civil.

Quanto às pessoas, envolve a consignação o devedor e o credor. Eles são partes na consignatória, os legitimados ao processo, tanto pessoas físicas quanto jurídicas, e ainda o espólio, a massa falida, sempre acompanhados de obrigações a cumprir e créditos a receber. Se incapazes, devem vir representados ou assistidos, conforme total ou parcial a incapacidade. Mas há casos de terceiros poderem ser partes, como na locação, prevendo especificamente o art. 10 da Lei nº 8.245, de 1991, que trata das locações: "Morrendo o locador, a locação transmite-se aos herdeiros". Por conseguinte, os herdeiros figurarão como credores, e sujeitos passivos na ação. O art. 11 coloca, quando morrer o locatário, como devedores, e sujeitos ativos da ação, o cônjuge sobrevivente ou o companheiro, os herdeiros e outras pessoas que viviam na sua dependência econômica (locação para fins residenciais), e o espólio, o sucessor do negócio (locação não residencial). Nas separações de fato, nas judiciais, no divórcio, na dissolução da união estável, de acordo com o art. 12, em redação da Lei nº 12.112/2009, prosseguirá a locação com aquele que permanecer no imóvel, a quem caberá, portanto, pagar os aluguéis. Há outros campos das relações contratuais em que terceiros intervêm na qualidade de parte, e assim o fiador, o avalista, o que deu garantia hipotecária ou pignoratícia.

De salientar, ainda, o credor putativo, ou aquela pessoa que, na concepção de todos, é havida como verdadeira credora, apontando-se, como exemplo, o herdeiro aparente. Desde que procedido o pagamento de boa-fé, portando o credor o título representativo da dívida, considera-se válido o pagamento. No direito cambiário, o portador da letra é reputado seu proprietário. O último endossatário tem legitimidade para receber.

O cessionário também constitui-se como apto para o recebimento, pelo menos enquanto perdura válida a cessão.

Na ordem do art. 336, o ponto seguinte a observar diz respeito ao objeto do pagamento. Assiste ao credor receber a integralidade do crédito, ou da coisa, ou da obrigação. Não cabe forçá-lo a receber nem menos e nem mais, não importando qual a prestação, consista ela de dinheiro ou de bens. Neste sentido a jurisprudência, cuja atualidade perdura, porquanto idêntico o tratamento do anterior e do atual regime: "Se a dívida é superior ao consignado, a ação é improcedente, por não ter sido oferecido o valor integral do débito. Não há como relevar-se a insuficiência do preço por consignação como válida, quando o depósito é integral, art. 896, IV, do CPC, máxime quando a consignante não se valeu da faculdade do art. 899 do CPC".[14] Os citados arts. 896, inc. IV, e 899 correspondem aos arts. 544, inc. IV, e 545 do CPC/2015.

---

[14] *Recurso Extraordinário* nº 104.229-0-RS, em Jurisprudência do STF, *Lex*, 88/135.

Ninguém é obrigado a receber mais do que é credor, mesmo porque admissível que, posteriormente, venha o devedor a alegar que pagou por erro, e pleiteie a repetição do indébito.

Afigurando-se como indeterminada a coisa, procede-se, primeiro, a citação para o devedor exercer o direito de escolha, em obediência à regra do art. 243 do Código Civil em vigor, e, assim, quanto à obrigação alternativa. Aí, porém, já não se estaria no campo da consignação. Para esta, o credor encontra-se em mora. O devedor tem a solução no art. 342: "Se a escolha da coisa indeterminada competir ao credor, será ele citado para esse fim, sob cominação de perder o direito e de ser depositada a coisa que o devedor escolher; feita a escolha pelo devedor, proceder-se-á como no artigo antecedente".

Já o art. 543 do Código de Processo Civil delineia o caminho: "Se o objeto da prestação for coisa indeterminada e a escolha couber ao credor, será este citado para exercer o direito dentro de cinco dias, se outro prazo não constar de lei ou do contrato, ou para aceitar que o devedor a faça, devendo o juiz, ao despachar a petição inicial, fixar lugar, dia e hora em que se fará a entrega, sob pena de depósito."

Caso consista em coisa determinada, natural ser desnecessária a providência acima. Competindo ao devedor a escolha, ele ingressará com a competente ação, desde que marcado o tempo da entrega e competir ao credor a busca ou retirada.

O terceiro requisito refere-se ao modo de pagamento, ou à maneira pela qual há de se cumprir a obrigação. Estabelecendo-se que o cumprimento se daria numa agência bancária, ou na residência do credor, ou em um escritório de representação, há de se obedecer à risca o estipulado. É fator de grandes controvérsias o modo de pagamento, eis que bastante comum o desvirtuamento do combinado. Como fica o caso de o devedor depositar quantia devida em estabelecimento diferente daquele combinado? A hipótese merece um enfrentamento cuidadoso. Como o contrato reservou alguns caminhos para determinado litígio, ousa-se afirmar que, em princípio, a falta de sintonia com os termos da convenção permite a recusa do credor no recebimento. Assim, elegendo-se certa instituição financeira para o depósito de prestações, não importa em cumprimento a escolha de instituição diferente, se não previamente comunicado o credor. Não é incomum a hipótese de se partir para o pagamento de aluguéis através do depósito bancário, quebrando-se uma forma diversa praticada anteriormente. Desde que verificada a falta de ciência do credor, mesmo que provados os depósitos, não deixa de caracterizar-se a mora, embora, na hipótese específica, venha permitida a purgação da mora (art. 62, inciso II, da Lei nº 8.245, de 1991, em redação da Lei nº 12.112/2009), quando feita com todos os consectários previstos na lei.

O quarto elemento diz com o tempo do pagamento. Ao devedor cumpre que o efetue no dia, hora e lugar marcados. Outrossim, na quantia combinada.

Surgem, no entanto, alguns problemas, como se já vencida a obrigação. Entende-se que, enquanto não providenciar o credor no recebimento, mediante ação de cobrança ou de execução, sempre há oportunidade para consignar. Presume-se a tolerância do credor, não lhe assistindo o direito de impor a permanência do estado de mora ao devedor. Neste sentido a doutrina de Adroaldo Furtado Fabrício: "Nem mesmo a mora do devedor, já configurada, afasta a possibilidade da consignação, se ainda não produziu consequências irreversíveis. O que realmente importa é que o credor não haja ainda extraído da mora *debitoris* os efeitos jurídicos que ela em tese comporta. Certo, a mora por ser *ex re*, independente de qualquer iniciativa do outro figurante da relação jurídica, segundo princípio *dies interpellat pro homine*. Mas os efeitos que a mora gera não são assim automáticos e necessários. Se, em face da mora *in solvendo* também o credor permanecer inerte, não há por que se fechar àquele, aprioristicamente, a porta da consignação, inclusive porque esta serve, de um lado, a evitar a caracterização da mora em solver, mas, de outra parte, também se presta a fazer sustar os efeitos quando ela já ocorreu, claro que, em tal caso, acrescido o valor a depositar dos juros e mais encargos que já tenham incidido. Por outras palavras, a consignação não serve apenas a evitar, mas também a purgar a mora do devedor".[15]

De sorte que cabe apreciar com certa cautela o disposto no art. 544, inciso III, do CPC, que admite como escusa para o recebimento o depósito feito a destempo. O próprio Pontes de Miranda admitia a oportunidade de sempre tornar-se possível a purgação da mora, via a oblação: "No caso de *mora creditoris*, sempre; se o devedor mesmo já incidiu em *mora solvendi*, não salvo se o credor reincide. O princípio é o de que o devedor não pode ser mantido, malgrado seu atraso, na relação jurídica de obrigação. O credor em mora não viola a obrigação, como violaria o devedor; portanto, não sofre a obrigação de perdas e danos, como ocorre com o devedor. A oblação do devedor é o convite ao credor para que receba a prestação".[16]

Solução adotada pelos tribunais: "A Turma tem precedentes no sentido de que, enquanto o credor não extrair da mora do devedor os efeitos próprios, cabe a ação de consignação em pagamento. Há outros da Egrégia 2ª Seção, de que é exemplo aquele que trata o REsp nº 1.426-MS, Rel. Min. Athos Gusmão Carneiro, assim ementado: 'Tempo para consignar. Enquanto ao devedor é permitido pagar, admite-se requerer o depósito em consignação. A consignação pode abranger inclusive os casos de *mora redibitoris*, pois servirá a purgá-la. Ocorrida a mora do credor, irrelevante a questão do tempo, pela permanência na recusa' (*RSTJ* nº 11)".[17]

Outras exigências no tocante aos requisitos aparecem, embora possam ser compreendidas no modo de pagamento, melhor se apreciando a sua consideração particularizada, e inferindo-se da catalogação do art. 544 do Código de Processo Civil, sendo estabelecidas como motivos para a justa recusa de parte do credor, cabendo, pois, ao devedor provar que não ocorreram:

"Na contestação, o réu poderá alegar que:
I – não houve recusa ou mora em receber a quantia ou a coisa devida;
II – foi justa a recusa;
III – o depósito não se efetuou no prazo ou no lugar do pagamento;
IV – o depósito não é integral."

Quanto à inexistência de recusa, trata-se do aspecto mais sensível e dificultoso. Se não houver recusa, defluirá a carência de ação. Mas desloca-se ao credor o ônus da prova da inexistência de recusa. O fato de, no curso da controvérsia, rebelar-se o credor quanto ao teor da prestação oferecida, atacando aspectos concernentes ao montante, aos encargos, ao valor, já representa subjacentemente uma recusa. Para haver como boa a oblação, insta que venha a ser reconhecida como certa a prestação, segundo os critérios

---

[15] *Comentários ao Código de Processo Civil*, ob. cit., t. III, vol. VIII, p. 79.
[16] *Comentários ao Código de Processo Civil*, Rio de Janeiro, Forense, 1976, vol. XIII, p. 22.
[17] *Recurso Especial* nº 70.883, da 2ª Turma do STJ, de 15.09.1997, em COAD – *Direito Imobiliário*, nº 2, p. 36, jan. 1998.

daquele que oferece. De qualquer forma, para justificar a ação, o mínimo que se espera do devedor é a oferta. Se ele fez a oferta, parece óbvio que, não realizada, importa em admitir a recusa. No entanto, a prova constitui matéria de fato, não parecendo que seja do autor o ônus, exceto quanto à oferta. Ao réu incumbe demonstrar que não houve a recusa. Mas aí já se ingressa no estudo de ser portável ou quesível a dívida. Na primeira eventualidade, ao devedor recai o encargo de evidenciar que foi levar a oferta. Na outra hipótese, porém, quando competia ao credor ir buscar a prestação, já o ônus de mostrar que procurou é pacificamente do credor. A mera inanição ou omissão a qualquer medida para receber justifica a demanda consignatória. É a lição de Martinho Garcez Neto: "O ônus da prova cabe ao credor, na dívida *quérable*, regra geral do art. 950, quando o pagamento se faz no domicílio do devedor; a este, na dívida *portable*, exceção do art. 950, quando o pagamento se faz no domicílio do credor.

No primeiro caso, o credor deverá provar, inicialmente, que foi ou mandou receber a prestação no domicílio do devedor e este não pagou; no segundo caso, o devedor deverá provar, inicialmente, que foi ou mandou pagar, e que o credor se recusou a receber a prestação".[18] Lembra-se que o apontado art. 950 equivale ao art. 327 da vigente lei civil.

Unicamente quando respaldar na recusa em aceitar afigura-se cabível a suscitação do ônus da prova. É comum fundar-se a iniciativa do credor em outros fundamentos, como se revelam os arts. 335 do Código Civil e 544 do diploma processual. Se pretende o credor mais do que lhe é devido, não há que se questionar quanto à recusa ou não.

Seguindo na ordem declinada no art. 544 da lei instrumental, encontra-se a recusa motivada em razão ou motivo justo, como insuficiência, falta de qualidade do bem ofertado, antecipação do prazo, o que se ingressa na situação estampada no art. 335, inc. I, do diploma civil. Sintetiza Luis María Boggero: "Es evidente que la resistencia del acreedor a recibir el pago que el deudor le ofrece ha de ser infundada".[19]

Indo adiante, tem-se a falta de oblação no prazo e lugar previstos para o pagamento, valendo as considerações acima, relativamente ao art. 336 do Código Civil, anotando-se, quanto ao prazo, a pouca força de tal fundamento, pela razão de sempre se admitir a oferta enquanto não iniciado o procedimento de cobrança pelo credor. Com pertinência ao lugar, há a regra do art. 337 do diploma substantivo: "O depósito requerer-se-á no lugar do pagamento, cessando, tanto que se efetue, para o depositante, os juros da dívida e os riscos, salvo se for julgado improcedente".

Onde se fixou que se faria o pagamento é que se ajuizará a consignação em pagamento, em atendimento à norma do art. 540 do diploma processual civil: "Requerer-se-á a consignação no lugar do pagamento, cessando para o devedor, à data do depósito, os juros e os riscos, salvo se a demanda for julgada improcedente."

Aparece, depois, o pagamento incompleto, ou a oferta não compreendendo a totalidade da dívida. O pagamento deve ser *in totum*, abrangendo os juros, a correção monetária, despesas, indenização por perdas e danos. Já dizia Martinho Garcez Neto: "A oferta, para ser real, e produzir os efeitos jurídicos desejados, deve compreender a prestação da dívida com a totalidade dos juros, frutos e acessórios da coisa, não bastando a promessa de satisfazê-los, salvo se os juros dependerem de liquidação".[20] Aí, talvez, esteja um dos pontos de maior incidência da improcedência da ação. É que a recusa fundada na

---

[18] *Obrigações e Contratos* – Doutrina e Prática, Rio de Janeiro, Borsoi, 1969, pp. 176 e 177.
[19] *Tratado de las Obligaciones*, t. 4, p. 150.
[20] *Obrigações e Contratos*, ob. cit., p. 163.

insuficiência importa improcedência da ação, eis que não cabe ao credor receber menos do que tem direito. A grande causa de improcedência da ação está justamente na insuficiência, que decorre geralmente da errada apreciação dos encargos que acompanham a obrigação. Exemplifica a situação a presente ementa: "O depósito insuficiente ou a menor, sem certeza sobre possível equívoco por parte do autor, leva o pleito consignatório ao insucesso, máxime porquanto as partes no processo são representadas por profissional a quem cabe, na perscrutação do procedimento, o dever redobrado de atenção na defesa dos interesses de seu mandante".[21]

Não basta, porém, alegar a mera insuficiência, ou que o depósito não é integral. De acordo com o parágrafo único do art. 544 do CPC, "no caso do inciso IV, a alegação somente será admissível se o réu indicar o montante que entende devido."

Facilita-se, assim, a situação do devedor, que terá condições de analisar a legalidade do resíduo faltante.

A exigência do pagamento completo deve ser considerado com certa temperança. Apurando-se uma insignificância para o total devido, nem por isso se terá a ação como improcedente. Ernesto C. Wayar coloca bem a matéria: "Así como el deudor en mora no podría pretender pagar solamente la prestación originaria (sin los interesses moratorios), tampoco creemos que el acreedor esté facultado a rechazar un depósito cuyo monto es apenas menor que el realmente debido. Si las diferencias son mínimas – que no alteren la esencia de la prestación –, pensamos que la consignación debe prosperar. Por ello no estamos de acuerdo con algunos fallos que resolvieron rechazar los depósitos que eran inferiores (en montos insignificantes) a las sumas realmente debidas. Ello implica, a nuestro juicio, tolerar que el acreedor ejerza abusivamente su derecho de crédito".[22]

21.6. O ÂMBITO DO DEBATE NA AÇÃO CONSIGNATÓRIA

Não é vedada a discussão de qualquer assunto, desde que pertinente à matéria, na ação de consignação. Em épocas já remotas, insistia-se com argumentos que não admitiam a discussão sobre o *quantum* devido. Asseverava-se: "Não é possível, por conseguinte, através da ação consignatória, questionar-se sobre o *quantum* devido; o meio é impróprio sempre que se trate de débito líquido e certo".[23]

Entretanto, não se localiza um ditame de lei que veda o estudo, o debate, a pesquisa sobre o valor que pende de pagamento. Conhecida a lição de Adroaldo Furtado Fabrício: "Nunca esteve em nenhuma disposição legal essa exigência. Na verdade, indispensável é a afirmação do autor no sentido da existência e do momento do débito. Não é exigível que ele, desde logo, comprove aquela existência e esse valor; nem se há de negar a possibilidade de virem a ser demonstradas, no curso do processo, inclusive por testemunhos, segundo as regras de direito probatório.

Aliás, com referência à liquidez, erigida que fosse à categoria de condição de viabilidade da demanda consignatória, colidiria com as próprias disposições legais que tradicionalmente põem a alegação de insuficiência do depósito entre as admissíveis como matéria da contestação. E ainda mais frontalmente colidiria com a regra, consagrada por este Código, permissiva até mesmo da complementação posterior do depósito, ante a

---

[21] Apel. Cível nº 48.472/98, da 1ª Turma Cível do TJ do Distrito Federal, publicada em 1º.07.1998.
[22] *El Pago por Consignación*, ob. cit., pp. 160 e 161.
[23] *Curso de Direito Civil – Direito das Obrigações*, 1ª parte, p. 303.

impugnação do demandado quanto ao seu valor".[24] Pensamento que vigora no Superior Tribunal de Justiça:

"No processo de consignação em pagamento, é possível discutir-se o montante da dívida a ser quitada. O art. 896, IV, do CPC autoriza tal debate. O debate pode envolver apuração de fatos, assim como a interpretação de textos legais ou contratuais".[25]

O citado art. 896, inc. IV, corresponde ao art. 544, inc. IV, do CPC/2015.

A finalidade da ação de consignação é pagar um determinado valor. O autor indicará o montante, e exporá as justificativas que determinaram sua fixação. Não cabe, é verdade, partir para um valor sem estar o mesmo definido. Todavia, não se conclui o afastamento de toda discussão em torno da origem e natureza do débito, ou de seu valor. Impende que a forma de ver e pensar do devedor se coadune com a lei. O que não vigora é a exigência de liquidez e certeza da dívida, ou a concepção de que a consignatória não passa de uma ação executiva pelo avesso. Daí, pois, oportuna a discussão sobre a maneira do reajuste das prestações, o critério para o cálculo de encargos, dentre outros assuntos.

O âmbito de debate tem se alargado com a jurisprudência, levando a consignação a uma afeição de ação ordinária, não apenas com a discussão de valores que devem restar definidos, mas até com possibilidade de se relegar para a liquidação do real montante, especialmente em questões controvertidas sobre cálculos, envolvendo planos econômicos, com mudanças constantes de índices de atualização, especialmente no que pertine a prestações do Sistema Financeiro da Habitação. Nessa linha uma decisão do Superior Tribunal de Justiça: "Quando o processo atravessa vários planos governamentais de intervenção na economia, todos se refletindo no valor das prestações discutidas, não se pode exigir do mutuário que calcule mensalmente o valor exato de cada qual para os efeitos da consignação. Nesse caso, a ação se desfigura, passando a respectiva sentença a ter caráter meramente declaratória da cláusula contratual controvertida, apurando-se, *a posteriori*, de acordo com a orientação traçada no julgado, o valor de diferenças que eventualmente tenham de ser complementadas".[26]

No entanto, embora a largueza assegurada pela moderna visão da lide em exame, não cabe ampliar exageradamente o âmbito, com investigações sobre o fundo do direito, segundo adverte Martinho Garcez Neto: "Por conseguinte, se a oferta deve ser completa e incondicional, é evidente que no juízo da consignação só se deve discutir matéria que diga respeito ao pagamento e não à substância do direito. Se o legislador pretendesse outra coisa, imprimiria à consignação rito ordinário e não sumário, por não ser justo discutir-se a questão da validade do contrato em formas estreitas".[27]

21.7. O OFERECIMENTO

Matéria de relevância diz com o oferecimento, porquanto deverá ser integral. Ou seja, em princípio busca-se o juízo para oferecer uma prestação que a pessoa deve, envolvendo, normalmente, dinheiro ou coisa corpórea, mas não se impedindo, em situações especiais,

---

[24] *Comentários ao Código de Processo Civil*, ob. cit., t. III, vol. VIII, p. 50.
[25] *Recurso Especial* nº 174.081, de 08.06.1998, Rel. Min. Humberto Gomes de Barros.
[26] STJ – Ac. unân. da 2ª Turma, REsp nº 76.651-RS, Rel. Min. Ari Pargendler, de 29.09.1997.
[27] *Obrigações e Contratos*, ob. cit., p. 180.

que a obrigação seja de fazer. Já ficou observada a hipótese no item 2 acima. Envolvendo dinheiro, o numerário deverá vir em importância determinada ou estabelecida, mas sem importar que se trate de dívida líquida e certa. Não há determinação legal sobre tal exigência, de acordo com a análise que se fez no item 6. Consigna-se o valor total do débito, ficando para a chamada segunda fase a comprovação de que aquele é o que pende de pagamento. As exigências da certeza ou precisão do objeto e da determinação ao *quantum* passaram a ter uma validade relativa.

Tratando-se de coisa corpórea o objeto, e mesmo de obrigação de fazer, a certeza e a individuação específica tornam-se mais importantes. Resta evidente a viabilidade de envolver coisa indeterminada, mas sempre com um mínimo de indicações, de modo a se identificar o objeto.

Encontrando-se em mora o devedor, irá à procura do credor, tentando solucionar amigavelmente o impasse. Unicamente se não superada esta fase parte-se para a área judicial.

Na fase extrajudicial, a procura de liberar-se da dívida, em se tratando de obrigação em dinheiro, procede-se por meio de depósito bancário, com a comunicação ao credor, ao qual cabe expressar se aceita ou não o pagamento. Eis o § 1º do art. 539 do CPC: "Tratando-se de obrigação em dinheiro, poderá o valor ser depositado em estabelecimento bancário, oficial onde houver, situado no lugar do pagamento, cientificando-se o credor por carta com aviso de recebimento, assinado o prazo de 10 (dez) dias para a manifestação de recusa".

Desponta a simplicidade do procedimento, cuja adoção, no entanto, está na vontade do devedor. Não importa em obrigatoriedade dessa fase. Deposita-se em nome do credor, no estabelecimento bancário do lugar do pagamento, ou onde se contratou o pagamento, a quantia devida, com todos os acréscimos incidentes, e assim juros, multa, correção monetária, na forma que o devedor entender que está obrigado. Não importa que deposite a quantia que pretende o credor receber, posto que assegurado o direito de recusa.

Uma vez procedido este ato, abrindo-se uma conta se for o caso, através de carta com o aviso de recebimento faz-se a comunicação, anexando-se, resta evidente, o comprovante do depósito. Assegurado o lapso de dez dias para o credor comunicar a aceitação ou não. Na eventualidade de recusa, não resta outro caminho que a consignação.

Por outro lado, prossegue o § 2º do mesmo dispositivo: "Decorrido o prazo do § 1º, contado do retorno do aviso de recebimento, sem a manifestação de recusa, considerar-se-á o devedor liberado da obrigação, ficando à disposição do credor a quantia depositada". Em suma, para evidenciar a recusa, é indispensável a obediência da comunicação, também através de prova, sendo a mais confiável a carta com aviso de recepção, sempre no prazo de dez dias, que se aferirá pelo exame da data do recebimento do aviso de depósito. De lembrar, no entanto, que não se comunica obrigatoriamente à pessoa do devedor a recusa. Junto ao próprio banco onde se levou a efeito o depósito autoriza o § 3º a não aceitação: "Ocorrendo a recusa, manifestada por escrito ao estabelecimento bancário, poderá ser proposta, dentro de 1 (um) mês, a ação de consignação, instruindo-se a inicial com a prova do depósito e da recusa". Há como que uma tríplice relação, como já previa o direito alemão, na lembrança de Karl Larenz: "Mediante la consignación se origina una relación jurídica entre el deudor como depositante, el establecimiento en que aquélla se hace y el acreedor autorizado para recibir lo consignado".[28]

---

[28] *Derecho de Obligaciones*, ob. cit., t. I, p. 422.

Nota-se que o valor continuará na conta da instituição financeira onde se encontra. Garantido o prazo de trinta dias para o ajuizamento da ação, a contar da ciência da recusa. Esta ciência deve computar-se a partir da chegada ao banco da resposta do credor. Não é possível entender-se contrariamente, em vista dos transtornos que poderiam decorrer, como o retardamento em ajuizar o credor a ação para a satisfação de seu direito. Nesse período trintenal não lhe cabe dar início a uma lide judicial, eis que reservado pela lei ao devedor. Passado o citado lapso, não cabe mais o ingresso com a ação, na previsão do § 4º: "Não proposta a ação no prazo do § 3º, ficará sem efeito o depósito, podendo levantá-lo o depositante".

Com o que não é vedado, posteriormente, a repetição de todo o ritual, e desde que não tenha o credor ingressado com a lide própria de seu direito.

Sobre essa modalidade, valiosos ensinamentos traz o STJ, no seguinte aresto:

"1. Trata-se de Ação Declaratória de Rescisão Contratual cumulada com Indenização por Perdas e Danos em razão do depósito do valor inferior ao devido em virtude da não inclusão de correção monetária.

2. A consignação em pagamento é modalidade de extinção das obrigações. A legislação possibilita ao devedor liberar-se da obrigação assumida por intermédio do depósito da coisa devida, vale dizer, embora não constitua pagamento é tomado pela legislação como pagamento para o seu efeito primacial de extinção das obrigações.

3. Para que o depósito realizado tenha por consequência a extinção da obrigação, o Código Civil exige que concorram, em relação às pessoas, ao objeto, modo e tempo, todos os requisitos sem os quais não é válido o pagamento (art. 336). Objetivamente, portanto, a consignação produzirá o mesmo efeito liberatório do pagamento *stricto sensu* desde que o depósito se dê na forma, tempo e modo devidos e de forma integral.

4. Se o devedor não é obrigado a receber a prestação qualitativa ou quantitativamente diversa da contratada, também não poderá ser compelido a receber o depósito de prestação distinta.

5. O STJ, no julgamento do REsp nº 1.108.058/DF, submetido à sistemática dos recursos repetitivos – Tema 967 –, reconheceu que o depósito parcial não tem o efeito liberatório do devedor, conduzindo à improcedência do pedido formulado em ação de consignação em pagamento.

6. A correção monetária não constitui acréscimo ao valor da obrigação, senão uma forma de manutenção do poder de compra da moeda, eventualmente corroído pelo fenômeno inflacionário. Por conseguinte, o depósito efetuado sem contemplar a correção monetária do período revela-se parcial e não tem o efeito liberatório legalmente determinado.

7. Malgrado o precedente se refira às ações de consignação em pagamento, seu espectro alcança as consignações extrajudiciais, porquanto o efeito material de extinção das obrigações não decorre da ação judicialmente proposta, mas do fato do depósito, que pode, ao talante do devedor e se a prestação o comportar, ser realizado também em instituição financeira, a teor do disposto nos arts. 334 do Código Civil e 539, § 1º, do Código de Processo Civil.

8. Realizada a consignação extrajudicial e manifestada a discordância do credor, o devedor deve ajuizar a ação no prazo de 30 (trinta) dias, sob pena de reputar-se sem efeito o depósito efetuado, desvinculando-se da extinção da obrigação. Nesse mesmo sentido e por consequência lógica, incabível a concessão de prazo para a complementação do depósito em ação de rescisão contratual, caso verifique o magistrado a insuficiência

do pagamento, aplicando-se analogicamente o que dispõe o art. 545 do Código de Processo Civil.

9. Comprovado o inadimplemento do comprador e a não ocorrência do efeito liberatório da consignação parcial da prestação, impõe-se a rescisão do contrato".[29]

Já a conduta judicial desenvolve-se, como é natural, com o ingresso da ação, contendo os requisitos específicos, como o histórico dos fatos, o oferecimento do valor ou da coisa, postulando que seja considerado o depósito consignado no banco, se tal ocorreu, ou se proceda o termo de depósito do valor que oferece, no prazo de cinco dias. É, realmente, o que encerra o art. 542 do CPC:

"Na petição inicial, o autor requererá:

I – o depósito da quantia ou da coisa devida, a ser efetivado no prazo de 5 (cinco) dias contados do deferimento, ressalvada a hipótese do art. 539, § 3º;

II – a citação do réu para levantar o depósito ou oferecer contestação.

Parágrafo único. Não realizado o depósito no prazo do inciso I, o processo será extinto sem resolução do mérito".

De lembrar três regras apanhadas no Código Civil, de escassa utilidade, repetindo mais o óbvio. A primeira diz com a possibilidade de levantar o depósito, enquanto não se manifestar o credor sobre a aceitação, constante no art. 338: "Enquanto o credor não declarar que aceita o depósito, ou não o impugnar, poderá o devedor requerer o levantamento, pagando as respectivas despesas, e subsistindo a obrigação para todas as consequências de direito".

Simplesmente morre a ação, persistindo a situação que vinha antes dominando.

A segunda impede, em princípio, o levantamento uma vez julgada a ação, inserida no art. 339: "Julgado procedente o depósito, o devedor já não poderá levantá-lo, embora o credor consinta, senão de acordo com os outros devedores e fiadores". Como se nota, mesmo que o credor tenha dado o seu consentimento, para o levantamento da quantia, e assim continuar a dívida, é indispensável o consentimento dos fiadores. Ao que melhor se afigura, não seria necessário o consentimento de outros devedores e fiadores, posto que aparece, então, a novação. Extingue-se aquela dívida que motivou o depósito, e outra surge, não se mantendo a garantia dada para a anterior. Bem colocada a explicação de Carvalho Santos, vingando na atualidade: "Quer dizer: o acordo entre o credor e o devedor, por meio do qual fica este autorizado a fazer o levantamento da quantia depositada, equivale a uma novação, surgindo um novo débito, no qual não mais figuram aqueles que não deram seu assentimento".[30]

A terceira assinala a perda de privilégios e preferências porventura existentes se o credor aquiesce no levantamento, após a contestação, conforme está no art. 340: "O credor que, depois de contestar a lide ou aceitar o depósito, aquiescer no levantamento, perderá a preferência e a garantia que lhe competiam com respeito à coisa consignada, ficando para logo desobrigados os codevedores e fiadores que não tenham anuído". É que se renova a dívida, tornando-se diferente da primeira firmada. Há novação, como

---

[29] REsp 1.831.057/MT, 4ª Turma, em 20.06.2023, *DJe* de 26.06.2023, Rel. Min. Antonio Carlos Ferreira.
[30] Ob. cit., vol. XIII, p. 37.

no caso do artigo anterior, com a diferença de que o processo não está no fim, mas em andamento. A perda da preferência e garantias é uma decorrência da novação. O mesmo ocorre quanto à exoneração dos fiadores, pois equivale o ato do credor à concessão de uma moratória – art. 838, inc. I.

21.8. DÚVIDA SOBRE QUEM DEVE RECEBER

Considerações especiais merece a dúvida sobre quem deve receber. O art. 335, inc. IV, da lei civil assegura a consignação neste caso. O art. 547 do CPC ordena o depósito e a citação dos que disputam o valor para provarem o seu direito: "Se ocorrer dúvida sobre quem deva legitimamente receber o pagamento, o autor requererá o depósito e a citação dos possíveis titulares do crédito para provarem o seu direito."

Já o art. 548 do último diploma traz regras quanto à destinação da prestação e aos passos do processo:

"No caso do art. 547:

I – não comparecendo pretendente algum, converter-se-á o depósito em arrecadação de coisas vagas;

II – comparecendo apenas um, o juiz decidirá de plano;

III – comparecendo mais de um, o juiz declarará efetuado o depósito e extinta a obrigação, continuando o processo a correr unicamente entre os presuntivos credores, observado o procedimento comum".

Em princípio, pois, correta a consignação, como já observado. Não há o direito do devedor em reter a importância, ou não cumprir a obrigação. Comum a hipótese quando, numa locação, falece o locador, não havendo a abertura do inventário; ou quando incapaz o credor, não tendo curador nomeado; ou várias pessoas se apresentarem para receber, como no pagamento de pensão, tendo o segurado da previdência deixado esposa, companheira e herdeiros. Não se impõe o pagamento com dúvidas sobre quem é o verdadeiro credor, para não incorrer no perigo de pagar novamente.

No entanto, a dúvida há de apresentar-se séria, fundada em razoáveis controvérsias, porquanto a ação é promovida contra todos os pretensos credores, impondo uma elevada carga de atos judiciais ou trâmites, com pesados ônus para as partes. Se não amparada em elementos fáticos justificáveis, como aquele que retarda o pagamento em razão do falecimento do credor, e ingressando, depois, com uma ação contra todos os herdeiros ao invés do espólio representado pelo inventariante, é notável a ausência de seriedade. Proclamada a seguinte ementa, em abono à necessidade de consistência:

"A consignação fundada na dúvida sobre quem deva receber o objeto do pagamento precisa ser consubstanciada em motivação séria, que inculca na mente do devedor o desconhecimento de quem validamente possa receber a prestação, ou que resulte da dubiedade gerada pelo comparecimento de várias pessoas que simultaneamente se apresentam como titulares do mesmo crédito".[31]

---

[31] *Apel. c/ rev.* 459.965-001, da 1ª Câm. Civil do 2ª TACiv.-SP, de 19.08.1996, em *Revista dos Tribunais*, 736/280.

Primeiramente, o devedor ingressará com a ação oferecendo o depósito. Marcará o juiz a data, citando os credores nomeados, os quais alegarão o direito que entenderem, disputando o crédito. Ou, efetuado o depósito, o que facilitará a situação do devedor que fica desde logo livre das decorrências da mora, procedem-se as citações. Aliás, nesta linha a disposição do Código, antecipando a cessação dos juros, despesas e riscos pertinentes à prestação. É que, havendo vários credores, incertos alguns, desconhecidos ou estabelecidos em locais distantes, demorado o ato do depósito, com repercussão negativa para o devedor.

Tarefa do devedor é promover a ação, com a citação dos credores. Instaura-se, após, outra lide entre os que se consideram credores. O Superior Tribunal de Justiça, sobre o assunto, entende que fica liberado o devedor, mas devendo seguir a discussão para definir o real credor, como, aliás, está no art. 547 da lei processual civil:

"Processo civil. Ação de repetição de indébito proposta pelo devedor que, anteriormente, havia pago sua dívida mediante consignação em pagamento. Hipótese em que, após proposta a consignação, um terceiro executou o devedor, alegando-se o verdadeiro titular do crédito que havia sido consignado. Dívida decorrente de nota promissória. Pagamento promovido, pelo devedor, ao terceiro, que era portador das cártulas. Repetição de indébito rejeitada sob o fundamento de que ofenderia a coisa julgada. Reforma do acórdão.

– Na ação de consignação proposta com fundamento na dúvida do devedor acerca de quem seja o credor, a decisão do processo se dá em duas fases: inicialmente, libera-se o devedor e, após, o processo continua pelo procedimento ordinário para determinar quem, entre os que disputam o crédito, tem titularidade para recebê-lo. Inteligência do art. 898, do CPC.

– Na hipótese dos autos, a decisão proferida na ação de consignação em pagamento apenas liberou o devedor, nada definindo acerca do verdadeiro titular do crédito. Essa questão, portanto, não transitou em julgado.

– O terceiro que se apresentou como legítimo credor, por não ter participado da ação de consignação, não pode ser prejudicado pela decisão ali proferida. Assim, o pagamento do devedor, promovido a ele, é alheio ao depósito anteriormente efetuado na ação de consignação.

– Com o pagamento feito ao terceiro titular do crédito, o devedor se sub-roga de seus direitos de credor, e com base nesse título procura disputar, com os réus da consignatória, o levantamento da quantia depositada em juízo, mediante propositura da ação de repetição de indébito".[32]

O citado art. 898 corresponde ao art. 548 do atual CPC.

Se alguém for contemplado na destinação, os demais, que contestarem, arcarão com os encargos da sucumbência. Havendo pessoas citadas indevidamente, porquanto nenhuma relação as prendia ao devedor, a este são tributados os encargos.

Uma vez feito o depósito, e não vindo nenhum dos citados aos autos, é enfático o art. 548 do CPC em ordenar que o bem ou o valor se converterá em arrecadação de bens de ausente, seguindo-se os trâmites dos arts. 744 e seguintes do CPC, com a nomeação de curador, publicação de editais renováveis de dois em dois meses durante um ano, e

---

[32] *Resp* nº 825.795/MS, 3ª Turma, j. em 07.02.2008, *DJe* de 26.09.2008, Rel. Min. Nancy Andrighi.

recolhendo-se aos cofres públicos o valor, na forma do art. 1.822 do Código Civil, isto é, aos cofres dos Municípios ou do Distrito Federal, conforme o local da localização, ou da União, se situados em território federal. Veja-se o regramento do art. 744:

> "Declarada a ausência nos casos previstos em lei, o juiz mandará arrecadar os bens do ausente e nomear-lhes-á curador na forma estabelecida na Seção VI, observando-se o disposto em lei."

Já o art. 745, quanto à publicação de editais: "Feita a arrecadação, o juiz mandará publicar editais na rede mundial de computadores, no sítio do tribunal a que estiver vinculado e na plataforma de editais do Conselho Nacional de Justiça, onde permanecerá por um ano, ou, não havendo sítio, no órgão oficial e na imprensa da comarca, durante um ano, reproduzida de dois em dois meses, anunciando a arrecadação e chamando o ausente a entrar na posse de seus bens."

Os passos seguintes, constantes dos parágrafos, desenvolvem-se sobre a abertura da sucessão provisória, a sua conversão em definitiva e o retorno ou comparecimento do ausente, ou de seus descendentes ou ascendentes:

> "§ 1º Findo o prazo previsto no edital, poderão os interessados requerer a abertura da sucessão provisória, observando-se o disposto em lei.
> § 2º O interessado, ao requerer a abertura da sucessão provisória, pedirá a citação pessoal dos herdeiros presentes e do curador e, por editais, a dos ausentes para requererem habilitação, na forma dos arts. 689 a 692.
> § 3º Presentes os requisitos legais, poderá ser requerida a conversão da sucessão provisória em definitiva.
> § 4º Regressando o ausente ou algum de seus descendentes ou ascendentes para requerer ao juiz a entrega de bens, serão citados para contestar o pedido os sucessores provisórios ou definitivos, o Ministério Público e o representante da Fazenda Pública, seguindo-se o procedimento comum."

Mesmo se comparecer um único interessado, aferirá o juiz a veracidade de suas alegações, não importando a ausência de outros em autorizar o levantamento do valor por aquele que se apresentar.

Se vários os comparecentes, mas a nenhum deles se reconhecer o direito em receber, igualmente leva-se a efeito a arrecadação, com a transferência aos cofres do Município, do Distrito Federal, de acordo com a localização, ou da União, se encontrarem-se em território federal.

21.9. CONSIGNAÇÃO DE PRESTAÇÃO INDETERMINADA E DE COISA CERTA

Várias as implicações se indeterminada a prestação. Sobre o assunto, assinala o art. 342 do Código Civil: "Se a escolha da coisa indeterminada competir ao credor, será ele citado para este fim, sob cominação de perder o direito e de ser depositada a coisa que o devedor escolher; feita a escolha pelo devedor, proceder-se-á como no artigo antecedente". No art. 543 da lei processual aparece o caminho de como proceder-se, nesta hipótese de indeterminação da coisa: "Se o objeto da prestação for coisa indeterminada e a escolha couber ao credor, será este citado para exercer o direito dentro de cinco dias, se outro prazo não constar de lei ou do contrato, ou para aceitar que o devedor a faça, devendo o juiz, ao despachar a petição inicial, fixar lugar, dia e hora em que se fará a entrega, sob pena de depósito."

Embora as observações feitas atrás sobre o assunto, necessária uma sistematização mais abrangente.

Em primeiro lugar, a indeterminação da prestação opõe-se à determinação. Naquela, não se indica a coisa, mas é determinável em vista de dois elementos básicos, consistentes no gênero e na quantidade, na previsão do art. 243 do Código Civil, que encerra: "A coisa incerta será indicada, ao menos, pelo gênero e pela quantidade."

Pelo gênero, há os mesmos caracteres, abrangendo coisas de espécies diferentes. O gado constitui o gênero de animais, enquanto o "charolês" ou "devon" forma espécie. No sentido jurídico, por gênero entendem-se coisas semelhantes, com determinada gama de qualidades iguais. Assim o café, o arroz, o milho, o veículo automotor, o equipamento de computação, sem indicação das espécies de tais produtos. No caso, ao credor cabe a escolha, o que se estende também para as prestações alternativas, distinguindo-se estas porque se oferecem dois ou mais objetos individuados, recaindo a escolha em um deles – um veículo automóvel ou uma camioneta.

De sorte que, nas obrigações indeterminadas e alternativas há um primeiro momento, consistente na manifestação da vontade do credor. Luis de Gásperi enfatiza: "Tratándose de una cosa sólo determinada por su especie, como por ejemplo cien arrobas de maíz, mil vacas, etc., pero sin ninguna determinación individual, cuya determinación dependa de la elección que haga el acreedor, debe el deudor intimar a éste para que proceda a la elección y reciba la cosa elegida".[33] Efetivamente, o devedor, se o contrário não vier estipulado, deve assegurar, antes, a manifestação da vontade do credor, para a opção. Na hipótese, nem cabe falar em consignação, posto que o credor irá, depois de oferecido o momento de eleição, desenvolver os meios para o recebimento.

Os dispositivos acima transcritos – art. 342 do Código Civil e art. 543 do CPC – restringem-se para a hipótese de competir ao credor a escolha. Há, então, uma fase preliminar. Não se demanda a citação para receber, mas sim para exercer o direito de escolha, reservando-se um prazo de cinco dias para tanto.

Mas, de observar o caminho traçado pelo art. 543 da lei processual: encerra uma dupla finalidade, um duplo aviso ou interpelação. Cita-se para exercer a opção de compra e já para o dia e hora do oferecimento, da entrega, que se realizará sob pena de depósito. Por conseguinte, trata-se de uma tramitação complexa, a que se impõem cuidados quando do despacho inicial do juiz. Envolvidos dois atos: o da manifestação da escolha e o do dia, hora e lugar da oblação. Não atendendo o credor a primeira finalidade, ou deixando de apontar o tipo de bens, a qualidade de produtos, ao devedor reverte o direito de selecionar ou destacar a prestação. Atenderá, então, a segunda parte do despacho, prestando-se a trazer a coisa para o lugar designado, na data fixada. No próprio despacho que já designa esta data insere-se o prazo para contestar, de quinze dias, que iniciará de tal data.

Já relativamente à consignação de coisa certa, estatui o art. 341 do Código Civil: "Se a coisa devida for imóvel ou corpo certo que deva ser entregue no mesmo lugar onde está, poderá o devedor citar o credor para vir ou mandar recebê-la, sob pena de ser

---

[33] *Tratado de las Obligaciones* – Parte Especial, ob. cit., vol. III, p. 68.

depositada". Tem-se, aqui, a entrega de bens de impossível remoção ou de difícil movimentação, ou de dispendioso custo na transferência de local. Expõe Carvalho Santos, em texto que se coaduna ao atual Código: "Há coisas que, por natureza, devem ser entregues no lugar onde estão. Assim, por exemplo, os imóveis, que, pela impossibilidade de serem transportados, não podem ser entregues senão no lugar de sua situação, salvo a tradição pela cláusula *constituti*. Assim, também as coisas de outra natureza, que, embora podendo ser transportadas de um para outro lugar, não poderiam sujeitar-se a essa locomoção sem graves riscos e inconvenientes".[34]

Mormente os bens de custosa remoção, e assim semoventes, materiais de construção, cereais, e quaisquer outros em que se estabeleceu convenção expressa sobre o dever do credor em receber por sua conta, e, assim, em providenciar em retirá-los.

Pela regra do art. 341, cita-se para o recebimento, sob pena de efetuar-se o depósito. Equivale a assentar que o juiz designará a data. Não aceita a coisa pelo credor, procede-se ao depósito, com todas as consequências naturais, incluídas as despesas e livrando-o o depositário do desgaste ou deteriorações que ocorrerem sem culpa dele. É claro que a partir da data designada iniciará o prazo para a contestação.

21.10. PRESTAÇÕES CONTINUADAS OU PERIÓDICAS

Especialmente nas promessas de compra e venda, no pagamento de financiamentos, nas vendas a crediário, nas locações, uma vez paga a primeira, o devedor pode seguir a depositar as demais, ou as que vencerem subsequentemente. A regra que trata do assunto é a do art. 541 do Código de Processo Civil: "Tratando-se de prestações periódicas, uma vez consignada a primeira, pode o devedor continuar a consignar, no mesmo processo e sem mais formalidades, as que se forem vencendo, desde que os depósitos sejam efetuados até cinco 5 (dias), contados da data do vencimento". O assunto, no CPC/2015, vem tratado no art. 541: "Tratando-se de prestações sucessivas, consignada uma delas, pode o devedor continuar a depositar, no mesmo processo e sem mais formalidades, as que se forem vencendo, desde que o faça em até 5 (cinco) dias contados da data do respectivo vencimento".

Definem-se como prestações sucessivas as que se prolongam no tempo. O pagamento não é feito de uma única vez, mas de prestações regulares, previamente estabelecidos os intervalos entre uma e outra. Dando-se a recusa de uma prestação, a ação valerá para esta e todas as demais, nem precisando de autorização judicial para o depósito das seguintes. Simplesmente abre-se uma conta no estabelecimento bancário, e segue depositando o devedor. Constatada a insuficiência de uma delas, permite-se ao credor reclamar o que falta, cabendo ao devedor inteirar, ou impugnar a reclamação, com a posterior decisão do juiz.

O STJ tem consagrado essa prática, sendo exemplo o REsp nº 439.489, da Segunda Seção, j. em 10.12.2003, *DJU* de 19.04.2004:

"Continuidade de consignação em juízo das parcelas após a prolação da sentença. Possibilidade. Conferência a ser realizada após o trânsito em julgado.
Nas ações em que a controvérsia se limita à adoção de índice de reajuste das prestações, deve ser admitida a consignação de prestações após a publicação da sentença, porquanto

---

[34] Ob. cit., vol. XIII, p. 42.

tal solução privilegia, de um lado, a efetividade do princípio da economia processual, e, de outro, a natureza eficacial da sentença que dirime conflito acerca de obrigações que envolvam prestações periódicas.

A conferência das prestações consignadas após a publicação da sentença deverá ser realizada pelo Juízo de primeiro grau, após o trânsito em julgado da decisão".

De grande importância quando a lei ou a convenção comina de resolução o inadimplemento de uma ou mais prestações. Se não levadas a efeito as medidas de purga da mora, antes do exercício da resolução, não cabe mais a consignação. É que já se concedera, obrigatoriamente, tal oportunidade. Segundo restou estudado, ou a mora apresenta-se como *ex re* ou *ex persona*. Na primeira, opera-se automaticamente o vencimento com a passagem do dia previsto para a satisfação, enquanto na segunda não se prescinde do ato interpelatório. Leis existem que preveem o direito a resilir o contrato com a verificação da mora. A respeito, eis o art. 32 da Lei nº 6.766, de 1979: "Vencida e não paga a prestação, o contrato será considerado rescindido 30 dias depois de constituído em mora o devedor". Nas locações, assinala o art. 62 da Lei nº 8.245, de 1991, em texto da Lei nº 12.112/2009, a rescisão por falta de pagamento, se não procurada a purga da mora no prazo da contestação. Igualmente nas incorporações, de acordo com o art. 63 da Lei nº 4.591, de 1994, se a inadimplência verificar-se em três ou mais prestações, após a prévia notificação com o prazo de dez dias para saldar os valores devidos. Estabelecendo a lei o efeito da resolução, ou tal prevendo o contrato.

Naturalmente, o prazo para a contestação iniciará a partir da data do primeiro depósito, posto que para o mesmo restou citado o credor. Nos demais depósitos, procede-se unicamente a intimação do ato.

21.11. O DEPÓSITO E ENCARGOS

Pelo art. 337 do diploma civil, cessam os encargos e obrigações do devedor com o depósito. Assim quanto aos juros, às despesas de conservação, aos riscos a que está sujeita a coisa. Daí a importância da ação consignatória, posto que traz benefícios para o devedor, liberando-o da responsabilidade até pela integridade da coisa. Aliás, não mais será ele devedor. Todavia, se julgado improcedente o depósito, mantém-se nele os ônus. Existindo fiadores ou codevedores, igualmente para estes há a cessação de futuras responsabilidades.

Por outro lado, reza o art. 343: "As despesas com o depósito, quando julgado procedente, correrão à conta do credor, e, no caso contrário, à conta do devedor". Despesas essas consistentes nas custas e honorários de advogado, como nas de conservação, guarda e segurança dos bens.

Relativamente à sucumbência, a definição consta bem clara no art. 546 da lei de processo: "Julgado procedente o pedido, o juiz declarará extinta a obrigação e condenará o réu ao pagamento de custas e honorários advocatícios." Igualmente quando comparece o credor e aceita a oferta, conforme o parágrafo único: "Proceder-se-á do mesmo modo se o credor receber e der quitação." Assim deve ser porque houve resistência do credor, pelo menos em momento anterior, tanto que necessária a ação consignatória.

A maior controvérsia não se localiza, porém, nas colocações acima. Nem na responsabilidade pelas custas e honorários quando comparece o credor e aceita o que é depositado, porquanto parece evidente que a responsabilidade é sua. Diz respeito à obrigação ou não de pagar honorários, em alegando o credor a insuficiência, e complementar o devedor. Estabelece, sobre a possibilidade de complementação, o art. 545 do diploma processual: "Alegada a insuficiência do depósito, é lícito ao autor completá-lo, em dez dias, salvo se corresponder a prestação cujo inadimplemento acarrete a rescisão do contrato."

Ora, resta evidente que houve a insuficiência. Por isso, correto concluir que a recusa em receber voluntariamente deveu-se à falta de substância da oferta. Mesmo que dando-se pela procedência da demanda, não é possível considerar o devedor um vencedor. Em vista de sua intervenção, já no processo, deu-se a complementação, a que se sujeitou ou submeteu o devedor. Tinha, pois, cabimento a recusa, na forma proposta. Unicamente em vista de um benefício especial contemplado pela lei é que se evitou o insucesso da lide. Todavia, se fosse pela oferta feita, era certa a derrota judicial.

21.12. COMPLEMENTAÇÃO DO DEPÓSITO

Sabe-se da possibilidade de ser complementado o depósito, se houver insuficiência, tornando-se explícito o direito reconhecido ao devedor no art. 545 do Código de Processo Civil, acima transcrito. Essa viabilidade está oficializada pelo STJ:

"A jurisprudência desta Corte já se firmou no sentido de que é possível, nas ações de consignação em pagamento em que se discute o valor das prestações da casa própria, a complementação do depósito considerado insuficiente, na medida em que a obrigação é parcialmente adimplida pelo montante consignado, acarretando a liberação parcial do devedor. O restante do débito, reconhecido pelo julgador, pode ser objeto de execução nos próprios autos da ação consignatória, nos termos do que dispõe o § 2º do art. 899 do CPC. Agravo regimental parcialmente provido."[35] O § 2º do citado art. 899 corresponde ao art. 545, § 2º, do CPC/2015.

O depósito, na consignação, tem efeito constitutivo, eis que significa pagamento. Embora realizado em um momento do procedimento previsto para a consignação, não é possível ignorar a finalidade de constituir o pagamento. Mas alcança esta natureza ou finalidade se corresponder à dívida. Não se admite, aqui, o pagamento parcial, ou a solução de uma parte do débito. Subsiste a obrigação, embora reduzida a quantia que faltou para cobrir sua totalidade.

Para não tornar inútil todo o empenho desenvolvido pelo devedor; considerando que, em muitas situações, torna-se difícil apurar escorreitamente a dívida; e em razão da falibilidade involuntária dos cálculos ou concepções do montante devido, oportuniza a lei um novo momento para complementar o que se depositou anteriormente, tal ocorrendo no momento da réplica à contestação, no prazo de dez dias, a contar-se da intimação.

O objetivo da regra é possibilitar o cálculo exato do *quantum debeatur*, ou o reexame do valor realmente em aberto, evitando-se, assim, que por minúcias seja julgada improcedente a ação, continuando a dívida.

Há, no entanto, uma exceção. Ressalva a impossibilidade da providência caso a porção faltante integrar uma prestação cujo inadimplemento importa em rescisão.

---

[35] AgRg no REsp 874.944/DF, da Terceira Turma, rel. Min. Sidnei Beneti, j. em 18.09.2008, *DJe* de 8.10.2008.

Não é fácil isolar a exceção. Requer-se que esteja consignado no contrato que o inadimplemento da prestação importa em rescisão do contrato. De um modo geral, a grande maioria das prestações faz-se acompanhar da cominação de resolver a avença se verificado o incumprimento. Não se refere a regra a este tipo geral de obrigação, e assim àquela que não é mais viável de cumprimento em momento posterior. Ocorre que, entre a data do depósito e aquela da ciência da insuficiência, já decorreu o evento para o qual se procurou a consignação. Explica e exemplifica Arnaldo Marmitt: "Se a obrigação for de natureza tal que seu descumprimento atempado por si desconstitui o contrato, inadmissível será a complementação. Em situações inúmeras a extemporaneidade da prestação pode torná-la totalmente inútil para o contratante. Isso ocorre, *v.g.*, com o não fornecimento de passagens aéreas para determinado local, cujo avião já partiu horas antes, sem haver outro que possa substituí-lo".[36]

Assim também para um evento artístico, para a participação de um acontecimento social, de um certame, como admitir a complementação, se já ocorrido o evento para o qual houve o pagamento insuficiente? Na compra de uma partida de produtos próprios para uma estação, e oferecidos em depósito, vindo o credor a alegar a falta de peças na contestação, não é admissível a complementação se já finda a época de comercialização do produto. Também inadmissível a complementação de encomendas para um evento, se já ocorrido quando da intimação da alegação de insuficiência.

Dois parágrafos seguem o art. 545, sobre o levantamento pelo credor da quantia depositada, e sobre a fixação do montante que falta, pela sentença, no caso de insuficiência de depósito, que merecem a sua visualização.

O § 1º: "No caso do *caput*, poderá o réu levantar, desde logo, a quantia ou a coisa depositada, com a consequente liberação parcial do autor, prosseguindo o processo quanto à parcela controvertida." Visa-se, com a regra, possibilitar o uso imediato da soma ou da coisa oferecida, evitando maiores prejuízos à parte credora.

O § 2º: "A sentença que concluir pela insuficiência do depósito determinará, sempre que possível, o montante devido e valerá como título executivo, facultado ao credor promover-lhe o cumprimento nos mesmos autos, após liquidação, se necessária."

Com esta previsão, facilita-se enormemente a satisfação do crédito do credor. Não mais se permite o levantamento, de parte do devedor, do que havia depositado. Forra-se o credor da importância depositada, e procurará o cumprimento da sentença relativamente ao que faltou, nos próprios autos do processo de consignação. A previsão é de indiscutível utilidade prática.

De notar, quanto à consignação em pagamento de aluguéis, conforme a Lei nº 8.245, de 1991, art. 67, inciso VII, que o prazo para a complementação reduz-se para cinco dias, contado da intimação do oferecimento de resposta ou contestação. Não se carece de intimação específica para a complementação, exegese confortada pela jurisprudência: "A lei de locação predial urbana estipula o momento em que o autor consignante, confrontando com a contestação ofertada pelo credor-réu, poderá, querendo, complementar o depósito já realizado (art. 67, VII, da Lei nº 8.245/91), sem necessidade de intimação, porquanto se trata de faculdade, não de ônus processual". Adiante: "Ultrapassado o quinquídio legal,

---

[36] *Consignação em Pagamento*, ob. cit., p. 171.

resta preclusa tal possibilidade, até porque, convém lembrar, poderá o consignante insistir na correção do depósito, nada havendo, assim, a complementar".[37]

Finalmente, dependendo da complexidade da situação, não é desarrazoado deixar para o final a complementação, máxime naquelas demandas que envolvem o Sistema Financeiro da Habitação, nas quais se discutem índices e percentuais de aumentos em vista de planos econômicos, e se apresentando em grande complexidade os cálculos, havendo até decisões sufragando a possibilidade: "É possível que o mutuário complemente suas prestações após a sentença, pois apenas através dela torna-se certo e efetivo o valor devido. Entendimento que se aplica excepcionalmente às consignatórias de prestações de financiamento da casa própria".[38]

21.13. CONSIGNAÇÃO DE OBRIGAÇÃO LITIGIOSA

De modo geral, todas as obrigações que redundam em consignação são litigiosas, no sentido de divergirem o devedor e credor em algum aspecto. Mas, no caso, o litígio previsto tem outro alcance – refere-se ao existente entre o credor e terceiro. Ou seja, o credor e terceiro discutem o crédito. Situação comum no seguro deixado por alguém a várias pessoas, ou na pensão ficada por pessoa ligada à Previdência Social, ou na locação quando há disputa do imóvel locado entre os cônjuges. Para evitar que o pagamento se dê a pessoa indevida, o conveniente é a consignação, como acontece quando concorrem cônjuge e companheira do contribuinte. Não se afigurando clara a situação do falecido quando em vida, não cabe o pagamento da pensão apressadamente à pessoa que se habilitar, se do conhecimento do devedor a disputa entre dois pretendentes. O art. 344 do estatuto civil é enfático a respeito: "O devedor de obrigação litigiosa exonerar-se-á mediante consignação, mas, se pagar a qualquer dos pretendidos credores, tendo conhecimento do litígio, assumirá o risco do pagamento". Enquanto não definido o verdadeiro credor, se houver o pagamento a um dos pretendentes, responde o devedor se, após, vier a ser reconhecido o direito do outro disputante. Daí o cuidado, tornando-se a consignação uma medida de precaução, ditada pela máxima popular de que quem paga mal paga duas vezes. A lição de Serpa Lopes é clara: "Se o devedor, nada obstante ciente do litígio entre o credor e o terceiro, efetuar o pagamento ao primeiro, a validade de tal ato dependerá do êxito da demanda, ficando de nenhum efeito, se ao terceiro couber o reconhecimento do direito pretendido".[39]

No entanto, indispensável que o devedor se encontre ciente do litígio. Na falência, ou na insolvência civil, quando o pagamento se dará após julgado o concurso de credores, simplesmente se deposita para a massa o valor da dívida, que será administrada por quem foi designado. Todavia, aí, não ingressa o devedor com a ação consignatória. Apenas requer o depósito.

Segue o art. 345, em mais uma hipótese de consignação no mínimo recomendável: "Se a dívida se vencer, pendendo litígio entre credores que se pretendem mutuamente excluir, poderá qualquer deles requerer a consignação". Há um litígio entre os credores,

---

[37] Apel. Cível nº 463.359/8, da 7ª Câm. Civil do 2º TACiv.-SP, de 28.01.1997, em *Revista dos Tribunais*, 742/297.
[38] Embargos Infringentes nº 185.051.885, de 07.01.1987, 2º Grupo Cível do Tribunal de Alçada do Rio Grande do Sul, em Julgados do Tribunal de Alçada do Rio Grande do Sul, 62/321.
[39] *Curso de Direito Civil* – Obrigações em Geral, ob. cit., vol. II, p. 218.

buscando um excluir o outro. No curso da demanda, vence a dívida. O melhor caminho é a consignação. Uma vez resolvida a pendenga, ao vencedor autoriza-se o levantamento.

21.14. PROCEDIMENTO DA AÇÃO

Independente do procedimento judicial, vem delineada uma fase extrajudicial, quando se tratar de obrigação em dinheiro, pela qual o devedor tentará efetuar o pagamento mediante o depósito, em uma agência de instituição financeira, da quantia devida, e mais juros, correção monetária, e multa por atraso se prevista. Segundo o art. 539 e seus parágrafos do Código de Processo Civil, o devedor escolhe uma agência de banco oficial, faz o depósito da dívida em nome do credor, comunicando-o, e enviando-lhe uma carta, com aviso de recepção. Convindo ao credor o recebimento, expressa ao Banco a aceitação, ou a recusa no prazo de dez dias, sendo preferível, para evitar futuras dúvidas, também com aviso de recebimento. Ou simplesmente omite qualquer declaração, o que corresponde à aceitação, dando-se, então, por feito o pagamento.

Para valer essa consignação, é necessária a prova da notificação do credor, no que se manifestou expressamente o STJ, no REsp nº 618.295/DF, da 5ª T., j. em 6.06.2006, *DJU* de 1º.08.2006: "O depósito extrajudicial dos aluguéis tem o efeito de desonerar o locatário da obrigação. É necessário que o locatário comprove o efetivo conhecimento do depósito pelo locador, o que se perfaz com a notificação pessoal deste. Interpretação sistemática do § 1º do art. 890 com o art. 223, parágrafo único, do CPC". Os citados § 1º do art. 890 e art. 223, parágrafo único, correspondem aos arts. 539, § 1º, e 248, respectivamente, do CPC/2015.

Esta maneira de solver a obrigação pecuniária veio a facilitar grandemente a solução de dívidas, sem necessidade de socorrer-se da via judicial, aplicando-se também nos contratos de locação. Eis um pronunciamento pretoriano: "O procedimento extrajudicial de consignação de aluguéis, caracterizado pelo depósito em conta corrente, não encontra óbice na Lei do Inquilinato, conforme o disposto em seus arts. 67 e segs." Fundamenta-se, no voto que ensejou aquela ementa: "Na verdade, a Lei nº 8.245/1991 regulou amplamente o procedimento relativo à ação de consignação em pagamento de aluguéis e encargos da locação. Cuidou, no entanto, exclusivamente, do procedimento judicial, não prevendo a possibilidade da consignação não judicializada. O CPC, com o disposto no § 1º do art. 890, instituiu o procedimento extrajudicial, que tem ampla aplicação, inclusive em matéria de locação, não se podendo invocar, no caso, o art. 2º da Lei de Introdução, para negar essa abrangência. O fato de a Lei do Inquilinato ser lei especial em relação ao CPC, que é geral, ao ignorar aquela o procedimento extrajudicial, faz com que suas regras convivam concomitantemente com as do estatuto processual".[40] O referido art. 890, § 1º, corresponde ao art. 539, § 1º, do CPC/2015.

Ressaltam-se a restrição da via extrajudicial para quantias em dinheiro e a faculdade de seu uso, não importando em pressuposto para posterior ação judicial. A matéria ficou também esclarecida no item nº 7 do presente capítulo.

Vindo a recusa expressa, no mencionado prazo de dez dias, ou não eleita esta fase preliminar, procura-se o caminho judicial.

---

[40] Apel. c/ rev. 458.624-00/7, da 12ª Câm. Civil do 2º TACiv.-SP, de 14.08.1996, em *Revista dos Tribunais*, 735/310.

A omissão do credor, quanto à recusa, importa em desoneração da obrigação, sem a necessidade, obviamente, do ingresso da ação de consignação em pagamento, como se depreende claramente do § 2º do art. 539 do CPC: "Decorrido o prazo do § 1º, contado do retorno do aviso de recebimento, sem a manifestação de recusa, considerar-se-á o devedor liberado da obrigação, ficando à disposição do credor a quantia depositada."

Caso tenha existido a fase extrajudicial, e acusada a negativa em receber, reservase o prazo de trinta dias para o ingresso da lide, sob pena de considerar-se como desistida a pretensão de consignar, facultando-se, então, ao devedor levantar a quantia devida. Evidentemente, não se requererá, então, o depósito, eis que tal já se efetivou. Unicamente noticia-se a circunstância, indicando-se o valor e o estabelecimento bancário, e junta-se o comprovante. Portanto, o juiz simplesmente ordenará a citação, no sentido de permitir o levantamento, ou para contestar a ação.

Se inexistente aquela fase referida, ou envolvendo o pedido prestações outras que dinheiro, o depósito é requerido desde logo na inicial, e assegurando-se ao interessado o prazo de cinco dias para efetivá-lo, a contar da intimação do despacho que o defere. Cita-se o réu para levantar o valor, ou contestar, no prazo de quinze dias, em vista da redação do art. 544 da lei de processo. Na contestação, arguem-se as seguintes matérias, que estão no referido dispositivo, mas não se impedindo outros fundamentos:

"Na contestação, o réu poderá alegar que:
I – não houve recusa ou mora em receber a quantia ou a coisa devida;
II – foi justa a recusa;
III – o depósito não se efetuou no prazo ou no lugar do pagamento;
IV – o depósito não é integral.
Parágrafo único. No caso do inciso IV, a alegação somente será admissível se o réu indicar o montante que entende devido."

Uma vez contestada a ação, segue o procedimento comum. Nada há de especialidade, a não ser em se cuidando de prestações periódicas ou de bens indeterminados. No primeiro caso, a matéria já foi analisada no item 10, cabendo ao devedor depositar as que se vencerem, até cinco dias depois de cada vencimento, como ordena o art. 541 do CPC.

Em se tratando de prestação de coisa indeterminada (item 9, *retro*), cabendo a escolha ao credor, a citação é para o mesmo exercer o direito de opção, no prazo de cinco dias, ou aceitar a que o devedor está oferecendo, devendo o juiz, no mesmo despacho, designar, ainda, a data para o eventual depósito, e ordenar a citação para contestar, caso, na referida data, houver recusa em receber. Iniciará o prazo contestacional na data de recebimento. Nota-se, pois, que há a citação para a escolha dos bens, para a ciência da data designada em que se fará a entrega, e para a contestação, caso manifestar-se a recusa, começando o prazo na data designada.

Resta evidente que, se divergirem as partes já quanto às coisas, ou opondo-se o devedor às indicadas pelo credor, já aí fica controvertida a matéria. É por isso que aparece no dispositivo a ordem de mandar o juiz citar. Segue-se o processo, até o julgamento, quando a sentença definirá quais as coisas ou a prestação, com a ordem de sua efetivação. Naturalmente, suprem-se os atos posteriores da data de entrega, ou do depósito da que indicar o devedor.

A contestação abrange as matérias arroladas no art. 544 do CPC, acima transcrito, as quais, uma vez verificadas, importam na falta de requisitos para a ação, segundo analisado no item 5, e que consistem na inexistência de recusa ou mora, na recusa justa, no depósito fora de prazo ou no lugar do pagamento, além de não ser integral o mesmo, mas incumbindo, então, ao credor mostrar o montante devido.

De acordo com o art. 546 do diploma ritual, "julgado procedente o pedido, o juiz declarará extinta a obrigação e condenará o réu ao pagamento de custas e honorários advocatícios".

Por evidente que ao juiz incumbe o exame dos pressupostos legais. Uma vez não transparente ou visualizado o direito, mesmo que tenha havido a revelia, se ausentes os pressupostos legais não se chega ao desiderato final esperado, isto é, à procedência da ação.

Algumas considerações mais merecem destaque. Pelo art. 545, autoriza-se a complementação do depósito, se, na defesa, vem a alegação da insuficiência do depósito: "Alegada a insuficiência do depósito, é lícito ao autor completá-lo, em dez dias, salvo se corresponder a prestação cujo inadimplemento acarrete a rescisão do contrato." Observa-se que o prazo para tanto é reduzido, ou seja, não pode ultrapassar a dez dias. Seguindo-se, em vista do § 1º do art. 545, faculta-se o levantamento desde logo da quantia ou da coisa que restou depositada, prosseguindo a discussão no tocante à considerada faltante, ou comprometida, ou em debate judicial: "No caso do *caput*, poderá o réu levantar, desde logo, a quantia ou a coisa depositada, com a consequente liberação parcial do autor, prosseguindo o processo quanto à parcela controvertida."

O § 2º trouxe uma norma de grande utilidade, que é a permissão da cobrança na própria ação consignatória da importância que faltou: "A sentença que concluir pela insuficiência do depósito determinará, sempre que possível, o montante devido e valerá como título executivo, facultado ao credor promover-lhe o cumprimento nos mesmos autos, após liquidação, se necessária". De modo que ao credor é permitido reter ou procurar levantar a quantia depositada, e buscar a faltante que, dentro do possível, e se assim o permitirem os elementos dos autos, já ficará definida na sentença.

XXII

Pagamento com Sub-rogação

22.1. O PAGAMENTO FEITO POR TERCEIRO

O assunto vem desenvolvido no Capítulo III do Título III do Livro I da Parte Especial do Código Civil, que trata do direito das obrigações.

Em princípio, o contraente de uma obrigação é que deve pagar. Ou seja, a prestação devida é realizada normalmente pelo devedor. Ele fica adstrito ao cumprimento, não podendo invocar o direito a que outros o façam por si, mesmo que sejam garantes seus, ou corresponsáveis. Comum a garantia fidejussória, ou pessoal, quando terceiros acorrem para dar força à segurança de uma obrigação assumida por outrem. Todavia, é o credor que os convoca, e não o devedor, pois, do contrário, as garantias prestadas por terceiros serviriam de instrumento para a iniquidade.

Unicamente quando o devedor se tornar incapaz de satisfazer a obrigação, normalmente pela insolvência, é que se justifica plenamente o chamamento de terceiro, desde que comprometido como garante mediante contrato. Sempre deve existir uma convenção, se capazes as pessoas. Quanto aos incapazes, reconhece-se a corresponsabilidade dos representantes ou assistentes, e assim discriminados como progenitores, tutores, curadores e guardiães. Aí, porém, estes últimos são chamados em vista de alguma ineficiência no exercício da representação ou da assistência, e não porque eram garantes subsidiários. Na solidariedade passiva, qualquer dos devedores se sujeita a ser chamado para a satisfação da obrigação. Assim na responsabilidade nascida da prática de atos ilícitos, ou do descumprimento dos contratos. Num acidente de veículos em que o condutor procedeu com culpa, há a decorrência da qualidade de preposto entre ele e o proprietário, ou a autorização implícita em dirigir, estendendo a responsabilidade indenizatória a este.

De modo que existem, no direito, institutos que preveem o pagamento de obrigações por terceiras pessoas, embora o responsável ou causador do evento propriamente não as envolva.

Antunes Varela, melhor que ninguém, apresenta situações práticas: "Pode dar-se o caso de a prestação ser indivisível, sendo vários os devedores, e de um só devedor a prestação devida (a entrega de um serviço completo de jantar, de uma obra em vários tomos etc.).

Nos termos do parágrafo único do art. 891, quando assim seja, 'o devedor que paga a dívida, sub-roga-se no direito do credor em relação aos outros coobrigados'.

E é também relativamente frequente o fato de a pessoa que adquire um imóvel hipotecado querer expurgar o prédio do encargo que o onera, pagando o crédito hipotecário".[1]

---

[1] *Direito das Obrigações*, ob. cit., vol. 2, p. 335.

O parágrafo único do art. 891 mencionado corresponde ao parágrafo único do art. 259 do vigente Código Civil.

De sorte que a obrigação é paga por terceiro, ou às vezes pelo próprio devedor, mas em dimensão maior do que lhe cabia satisfazer, como nas obrigações solidárias.

Para essas hipóteses, muitas das quais decorrem do fato da vida, não poderiam os que as satisfazem ficar ao desabrigo da lei, ou simplesmente arcarem com o seu cumprimento. Permite o direito o reembolso, ou a possibilidade de assumir os direitos que tinha o credor, e procurar exercê-los contra o devedor. É o que se chama de "sub-rogação", pela qual o que satisfez o pagamento coloca-se no lugar daquele que recebeu, relativamente aos direitos que este tinha.

22.2. CONCEITO

Dá para ver que a sub-rogação envolve substituição. Outra pessoa faz o pagamento, passando a ocupar o lugar daquele que recebeu, e transferindo-se a ela os direitos que este possuía. Define-se, pois, como o pagamento feito por terceira pessoa, a qual assume os direitos que tinha o credor. Assim normalmente acontece, operando-se a transferência dos direitos do credor ao que solveu ou pagou a obrigação. Não se pode desligar o pagamento da sub-rogação. A transferência decorre sempre do pagamento, sendo esta a nota característica, e que individualiza a figura relativamente a outras espécies, como a cessão de direitos. Por isso, diz-se que não se constitui em pagamento liberatório da obrigação. O devedor não se exime da obrigação, pois trata-se de um pagamento não liberatório relativamente ao devedor, tanto que não é feito por ele. Transfere-se unicamente o credor da mesma, passando para o terceiro.

Já a etimologia da palavra leva a tal conteúdo. Origina-se o termo *sub-rogação* do verbo *subrogare*, com o sentido de substituir, de colocar uma pessoa ou uma coisa no lugar de outra. Todavia, no direito romano vinha o instituto com a denominação *beneficium cedendarum actionum* (benefício de cessão das ações), buscando proteger a pessoa relativamente ao enriquecimento do terceiro à sua custa. Os bens do terceiro ficavam numa espécie de hipoteca legal em favor do que pagava, ou acompanhavam o novo crédito que se formava, e originado do pagamento.

A característica básica da sub-rogação é que não acarreta a extinção do débito. Esta a grande especialidade do instituto, e que lhe dá uma individualidade própria. Realmente, verifica-se apenas uma mudança da pessoa do credor. O crédito passa de uma pessoa para outra. Transferem-se os direitos do credor àquele que satisfez ou solveu a dívida. Coloca-se uma coisa no lugar de outra, como a palavra expressa; ou, mais especificamente, uma pessoa no lugar de outra, porquanto interessa aqui mais a sub-rogação pessoal. Para o devedor, pois, não tem grande importância a figura, posto que perdura seu estado de obrigado. Daí não interessar a ele a sub-rogação, que, através dos tempos, se operou por meio de diferentes formas, como pelo desconto bancário, pelo *factoring*, pela cessão de crédito, embora cada espécie tenha suas características próprias. Interessa apenas o credor, em relação ao qual se extingue a obrigação. Acentua Antônio Chaves: "Há substituição nos direitos do credor em favor de quem pagou a dívida, mas dela difere, porque nem sempre transfere para quem efetuou o pagamento o montante total de crédito do primeiro credor".[2]

---

[2] *Tratado de Direito Civil* – Obrigações, ob. cit., vol. II, t. I, p. 251.

Na prática, verifica-se mais na fiança prestada em contratos de locação; no aval lançado em títulos de crédito; nas indenizações em vista da prática de atos ilícitos, quando o causador praticou o ato utilizando bens de terceiro; na aquisição de bens comprometidos em garantia de dívidas; nos contratos de seguro, quando a seguradora cobre o prejuízo sofrido; na denunciação da lide, ficando o denunciante condenado a pagar com o direito de regresso contra o terceiro, e aí se encontram, sobretudo, as pessoas jurídicas condenadas por atos de seus prepostos ou empregados. Em todas as situações, aquele que satisfaz a obrigação passa a ocupar o papel de credor, e pode voltar-se contra o devedor. No entanto, na prática os resultados são precários, pois dificilmente consegue o sub-rogado um resultado positivo, eis que o motivo que leva a firmar que um terceiro assume uma obrigação em nome do real devedor está na incapacidade econômica deste.

22.3. ESPÉCIES BÁSICAS DE SUB-ROGAÇÃO

Duas as espécies fundamentais de sub-rogação, quanto ao objeto: a pessoal e a real. Coloca-se ou uma pessoa, ou uma coisa, no lugar de outra. Há, pois, sub-rogação de pessoas ou de coisas. Na primeira, ou na substituição de uma pessoa por outra, ressalvam-se a esta os mesmos direitos e ações que se reconheciam àquela, enquanto na segunda, quando uma coisa fica no lugar de outra, retira-se um ônus que gravava um bem, transferindo-o a outro. Luiz da Cunha Gonçalves aborda as duas espécies: "Assim, diz-se 'sub-rogação real' quando uma coisa juridicamente substitui outra, adquirindo idêntica natureza, como sucede com os bens adquiridos com o preço dos bens dotais alienados ou expropriados por utilidade pública... E 'sub-rogação pessoal' dá-se quando uma pessoa passa a ocupar o lugar de outra, a fim de exercer os mesmos direitos desta, como se verifica com o cessionário, o donatário, o comprador etc."[3] A pessoal, que frequentemente ocorre, é no pagamento em dinheiro que mais se dá, especialmente quanto a dívidas afiançadas ou avalizadas, em locações e em contratos de seguro. A regra mais ampla e básica está no art. 349 do Código Civil, onde se estampa toda a sua dimensão: "A sub-rogação transfere ao novo credor todos os direitos, ações, privilégios e garantias do primitivo, em relação à dívida, contra o devedor principal e os fiadores". Vê-se que nada dos direitos do credor fica fora, tudo transmitindo-se àquele que paga. O novo titular dos bens assume os direitos incidentes no bem, e que pertenciam ao anterior, como revela este exemplo jurisprudencial, perfeitamente atual, dada a igualdade de redação dos dispositivos do atual e do antigo Código Civil: "Em se tratando de apossamento ilegal de imóvel cometido pela administração pública, os novos proprietários do referido bem têm o direito a serem indenizados por tal ato danoso, se os antigos não o foram. Sub-rogação dos novos titulares em todos os direitos dos transmitentes".[4] Em outra decisão, envolvendo bem expropriado quanto aos direitos indenizatórios: "Se o pagamento da justa indenização não foi efetuado, não se dá a transferência do domínio ao expropriante e podendo o expropriado usar o direito de alienar o imóvel, enquanto não indenizado, o adquirente sub-roga-se nos direitos transferidos. Os juros compensatórios à taxa de 12% ao ano são sempre devidos, aplicando-se as Súmulas nos 69 e 114 do STJ".[5]

---

[3] *Tratado de Direito Civil*, Coimbra, Coimbra Editora, 1932, vol. V, p. 41.
[4] *Recurso Especial* nº 142.696-MG, Rel. Min. José Delgado, da 1ª T. do STJ, de 15.12.1997.
[5] *Apel. Cível* nº 52.941-9, da 3ª Câm. Cível do TJ do Paraná, de 30.09.1997, em *COAD – Direito Imobiliário*, nº 8, p. 186, mar. 1998.

O Código, no capítulo em exame, restringe-se apenas à espécie pessoal. Entrementes, é de conveniência deixar algumas considerações em relação à real, que se verifica entre dois objetos, um deles vindo a tomar o lugar do outro, havendo algumas disposições do Código Civil que preveem a figura, como o art. 39, relativamente aos bens dos ausentes: "Regressando o ausente nos dez anos seguintes à abertura da sucessão definitiva, ou algum de seus descendentes ou ascendentes, aquele ou estes haverão só os bens existentes no estado em que se acharem, os sub-rogados em seu lugar, ou o preço que os herdeiros e demais interessados houverem recebido pelos bens alienados depois daquele tempo". Comum a sub-rogação real nas coisas inalienáveis, ou que se encontram oneradas pelas cláusulas de inalienabilidade, instituída por testamento ou doação. Seguidamente os favorecidos ingressam em juízo postulando a transferência da inalienabilidade para outro bem. Requer-se a venda do imóvel, e, já indicando outro a ser adquirido, a ele transferindo-se a inalienabilidade. O Código Civil revogado dificultava a sub-rogação, sendo raros os casos permitidos. O atual estatuto civil não segue na mesma linha. Um dos exemplos está no parágrafo único do art. 1.911, que, para ser entendido, é necessário ter-se em mente o *caput* do mesmo art. 1.911, nestes termos: "A cláusula de inalienabilidade, imposta aos bens por ato de liberalidade, implica impenhorabilidade e incomunicabilidade". E o parágrafo único: "No caso de desapropriação de bens clausulados, ou de sua alienação, por conveniência do donatário ou do herdeiro, mediante autorização judicial, o produto da venda converter-se-á em outros bens, sobre os quais incidirão as restrições apostas aos primeiros". Por outras palavras, se quer afirmar que, quando se der a desapropriação ou alienação de bens clausulados, o produto se converterá em outros bens, que ficarão sub-rogados nas obrigações dos primeiros.

O Decreto-Lei nº 6.777, de 8.08.1944, trata diretamente da sub-rogação de coisas: "Na sub-rogação de imóveis gravados ou inalienáveis, estes serão sempre substituídos por outros imóveis ou apólices da Dívida Pública".

Os bens dotais, em casos de venda permitida, como se indivisos com terceiros, de desapropriação, de localização distante, terão o preço alcançado investido em outros bens, neles sub-rogando-se, isto é, substituindo aqueles alienados no dote.

Do ponto de vista da transferência dos direitos, conhecem-se as espécies legal e convencional, que serão analisadas nos itens nos 5 e 6 abaixo.

22.4. NATUREZA

Como dito antes, o Código trata sistematicamente da sub-rogação pessoal, assim considerada quando uma pessoa é substituída por outra, recebendo ou adquirindo esta os direitos e ações que à outra cabiam, por ter pagado a obrigação que era devida. Todavia, subsiste tal obrigação, mudando apenas a titularidade do crédito. O estudo da natureza importa em isolar a figura dentre outras parecidas. Alguns veem nela uma cessão de crédito, mas equivocadamente. Há, é verdade, alguma semelhança, verificada na substituição do credor originário por outro. A diferença básica, no entanto, reside na constituição: enquanto a cessão envolve mais compra de créditos, circulação de títulos, na sub-rogação sobressai uma garantia do recebimento em favor da pessoa que, em geral, é obrigada a pagar em nome de outra, não se cuidando propriamente de um negócio, e sim de uma proteção. Serpa Lopes aponta outra nota distintiva: "Na cessão, a obrigação desaparece em face do credor originário, embora, por uma ficção, remanesça em favor daquele que haja efetuado o pagamento. Finalmente, a cessão é sempre obra do credor, ato de sua vontade, enquanto a sub-rogação pode operar-se sem a sua anuência e, às vezes, contra a sua vontade".[6]

Menos ainda com a novação se confunde, embora em ambas dá-se a troca ou mudança de credor. Ocorre que, enquanto na sub-rogação subsistem o crédito e seus acessórios, na novação extingue-se o crédito e surge uma nova obrigação. Nem há uma sucessão na titularidade de crédito. Embora um credor suceda o outro, e transfere-se, em substância, o mesmo crédito, alterando-se apenas quanto a novos encargos, como juros e despesas, a sub-rogação considera-se mais um negócio, uma operação bilateral, sendo, pois, convencional, ou advindo de lei, decorrendo sempre da satisfação de obrigação por outrem. A sucessão não pressupõe tal substrato ou antecedente, realizando-se, na maior parte das vezes, por força do direito hereditário, ou de simples transferência do crédito.

Em suma, tem-se na sub-rogação uma figura específica, autônoma, com feição própria e tipicidade individuada na lei, significando a satisfação do crédito em relação ao credor, mas sobrevivendo a dívida para com o que a satisfaz. O devedor nada mais deve em relação ao credor com o qual contratou, ou contra o qual incorreu em falta, mas deve para outra pessoa. Não tem a força de extinguir a obrigação em si, mas apenas em relação a uma pessoa, dada a sua transferência em favor daquele que a satisfez. Daí aventarem alguns pensadores um misto de outras figuras, trazendo ela alguns aspectos do pagamento, da cessão e da sucessão, o que não é possível negar.

22.5. SUB-ROGAÇÃO LEGAL

Observado que a sub-rogação, nas espécies quanto ao objeto, divide-se em pessoal e real. Do ponto de vista da transferência de direitos, conhecem-se as modalidades "legal" e "convencional".

Interessa agora a primeira, isto é, a legal, que aparece ou se impõe por força da lei, de nada valendo a vontade do credor ou do devedor. "Dispensa-se a manifestação da vontade das partes e suas hipóteses são exaustivamente tratadas no art. 346 do Código Civil", observam Cristiano Chaves de Farias e Nelson Rosaenvald.[7] Decorre, ressalta Giorgi, "*ministerio legis* no cumprimento das condições desejadas sem necessidade de consentimento explícito ou implícito das partes".[8] Reconhece-se em casos expressamente previstos na lei, o que lhe dá o caráter de obrigatoriedade, mas desde que reclamar o credor a obrigação junto ao terceiro. Ou, pretendendo o devedor, sequer é permitido que o credor recuse o recebimento. "É aquele que opera automaticamente, por força exclusiva da lei, em benefício de quem paga, sem que seja necessário qualquer acordo nem com o credor, nem com o devedor", ilustra Demolombe.[9]

O Código Civil aponta três casos, na enumeração do art. 346:

---

[6] *Curso de Direito Civil – Obrigações em Geral*, ob. cit., vol. II, p. 227.
[7] *Curso de Direito Civil*, vol. 2, Obrigações, ob. cit., p. 430.
[8] "*ministerio legis* nel concorso delle volute condizioni senza bisogno di consenso esplicito, né sottinteso delle parti" (*Teoria delle Obbligazioni*, ob. cit., vol. VII, p. 215).
[9] "Est celle qui s'opère de plein droit, par la seule puissance de la loi, au profit de celui que paye, sans qu'aucune convention soit nécessaire ni avec le créancier, ni avec le débiteur" (*Cours de Code Civil*, ob. cit., vol. II, t. 13º, p. 366).

"A sub-rogação opera-se de pleno direito, em favor:

I – do credor que paga a dívida do devedor comum;

II – do adquirente do imóvel hipotecado, que paga a credor hipotecário, bem como do terceiro que efetiva o pagamento para não ser privado de direito sobre imóvel;

III – do terceiro interessado, que paga a dívida pela qual era ou podia ser obrigado, no todo ou em parte".

No primeiro item, há uma dívida para diversas pessoas. Um dos credores resolve pagar a dívida para aos outros credores. Ou seja, ao lado de um credor encontra-se outro credor. Os títulos de crédito podem ter origem diferente. Se qualquer deles paga a dívida para o outro ou os outros credores, ele se sub-roga nos direitos do credor ou dos credores a quem se satisfez o crédito.

É possível que alguns dos credores estejam favorecidos com garantias ou outros privilégios, situação que constava no inciso I do art. 985 do Código anterior. Expunha, então, Franzen de Lima: "A preferência do crédito é determinada pela garantia que o acompanha, quer seja a hipoteca, o penhor ou a caução. Um crédito nessas condições é chamado 'privilegiado', e tem preferência sobre os demais, chamados quirografários".[10] Não é tão incomum a hipótese. Um devedor pode estar devendo várias obrigações, sendo que umas vêm prestigiadas por garantias reais. Enquanto não vencerem e não forem pagas, há um óbice a que os bens do devedor, porquanto já comprometidos, sejam executados para atender aquelas obrigações vencidas e quirografárias. Também quanto àquele que se encontra com garantia em segunda hipoteca, e ao que penhora os direitos sobre uma promessa de compra e venda, restando um saldo para o completo adimplemento. É conveniente pagar a dívida que aparece em primeiro lugar pela preferência ou privilégio, eis que, assim, não se obstará a execução com mais amplitude do crédito do solvente. Na prática, repetem-se as situações relativamente àquele que compra um veículo alienado fiduciariamente, ou um bem adquirido através de arrendamento mercantil, ou proveniente de venda com reserva de domínio. Parece que não há impossibilidade a que o terceiro, também credor, pague a dívida, recebendo, em contrapartida, os direitos que tinha o credor com mais segurança, pois não mais incidem as garantias que impediam a execução em primeira mão, para receber o seu crédito.

A diferença entre a previsão do anterior e do atual Código é que este não restringe o direito de sub-rogação ao credor que era favorecido com direito de preferência.

A segunda hipótese também é comum, e refere-se em favor daquele que adquire um imóvel hipotecado, e em favor do terceiro que tem algum direito sobre o imóvel, que efetua o pagamento para não restar privado do direito. Para livrar o imóvel da constrição ou do ônus, solve o adquirente a dívida, liberando o bem, e podendo, posteriormente, receber seu crédito, e ao mesmo tempo aquilo que investiu para quitar o credor hipotecário. Inclusive ao terceiro que tenha algum direito sobre o imóvel, como o promitente comprador, ou aquele a quem se concedeu o direito de uso, ou de habitação, ou até de locação, se estende a faculdade de pagar a dívida, com o que se manterá o seu direito, e se lhe concede a sub-rogação naquilo que pagou, podendo, então, voltar-se contra o proprietário. Saldando a obrigação do proprietário, o credor não executará o crédito. No entanto, o terceiro poderá voltar-se contra o devedor, em cujo favor satisfez o crédito de outrem.

---

[10] *Curso de Direito Civil Brasileiro* – Direito das Obrigações, ob. cit., vol. II, p. 232.

Relativamente ao adquirente de imóvel hipotecário, opera-se a figura de remissão, assinalando o art. 1.481 do Código Civil: "Dentro em 30 (trinta) dias, contados do registro do título aquisitivo, tem o adquirente do imóvel hipotecado o direito de remi-lo, citando os credores hipotecários e propondo importância não inferior ao preço por que o adquiriu".

A situação apresenta-se comum na aquisição de imóvel financiado pelo Sistema Financeiro da Habitação, quando é permitida a transferência do contrato de financiamento, segundo a Lei nº 8.004, de 1990, através da concordância do agente financeiro, mas não se podendo impor a concordância para a transferência do imóvel. Todavia, para liberar o imóvel de qualquer constrição, nada impede que o adquirente vá solvendo as prestações.

Autoriza-se, na terceira previsão, o pagamento pelo interessado, junto ao qual podia o credor agir para o recebimento. Contempla-se, em primeiro lugar, como pessoa obrigada o fiador, constituindo, junto com o avalista, a hipótese mais comum de terceiro obrigado e interessado. Ao invés de aguardar que seja cobrado, com uma série de incômodos e acréscimo de encargos, permite a lei que acorra ao credor, e salde a obrigação que é do afiançado ou avalizado, restando-lhe o direito de, posteriormente, buscar o reembolso. A respeito do fiador que paga, reconhece o art. 831 a sub-rogação: "O fiador que pagar integralmente a dívida, fica sub-rogado nos direitos do credor; mas só poderá demandar a cada um dos outros fiadores pela respectiva quota".

Não apenas o que deu alguma garantia tem o direito de pagar a dívida, mas qualquer outro interessado, como na obrigação indivisível e na solidária. Quanto à primeira, estatui o parágrafo único do art. 259: "O devedor, que paga a dívida, sub-roga-se no direito do credor em relação aos outros coobrigados". E, pertinente à segunda, consta do art. 283: "O devedor que satisfez a dívida por inteiro tem direito a exigir de cada um dos codevedores a sua quota, dividindo-se igualmente por todos a do insolvente, se o houver, presumindo-se iguais, no débito, as partes de todos os codevedores".

Há de existir interesse para que alguém pague por outrem. Não é comum ou normal que um terceiro pratique tal ato sem qualquer interesse. Nesta compreensão, o art. 305 assegura o direito de regresso, mas não a sub-rogação, em inexistindo o menor interesse: "O terceiro não interessado, que paga a dívida em seu próprio nome, tem direito a reembolsar-se do que pagar; mas não se sub-roga nos direitos do credor". Ou seja, permite-se a simples cobrança, e não a transferência dos privilégios e direitos que tinha o credor, como penhor, hipoteca, caução, preferência. Mesmo que seja o progenitor que satisfaça a obrigação, não muda a situação, posto que o interesse é patrimonial e não moral ou de parentesco. Calha, ainda, a lição de Arnoldo Wald: "Se o terceiro que paga não for pessoa interessada, na relação não se dá a sub-rogação. O terceiro não interessado pode pagar em nome e por conta do devedor ou em seu próprio nome, tendo direito ao reembolso do que gastou, mas não se sub-roga. Somente o interessado se pode enquadrar pelo pagamento, na situação legal do credor, em virtude do interesse que tem na relação jurídica. O terceiro sem vinculação com a relação jurídica não é beneficiado pela sua intervenção, só tendo direito ao reembolso em virtude dos princípios gerais referentes ao enriquecimento sem causa".[11]

Orlando Gomes relacionava entre os interessados: a) o devedor solidário; b) o fiador; c) o segurador no direito do segurado contra terceiro responsável pelo sinistro.[12]

---

[11] *Curso de Direito Civil Brasileiro* – Obrigações e Contratos, 5ª ed., ob. cit., 1979, p. 69.
[12] *Obrigações*, ob. cit., 1968, p. 139.

Vários os dispositivos legais que admitem a sub-rogação, além dos citados. Conforme art. 1.425, § 1º, havendo o perecimento da coisa dada em garantia, esta se sub-rogará na indenização do seguro, ou no ressarcimento do dano, em benefício do credor, a quem assistirá sobre ela a preferência até seu completo reembolso. Nas vendas permitidas de imóveis clausulados de inalienabilidade, o produto que advier se converterá em outros bens, que ficarão sub-rogados nas obrigações dos primeiros, por ordem do parágrafo único do art. 1.911, embora conste do dispositivo que incidem nos bens adquiridos com o produto da venda ou desapropriação dos outros bens as restrições apostas aos primeiros. Ocorre que a incidência das restrições significa a sub-rogação das mesmas nos adquiridos.

Quem paga um título cambial, como interveniente, fica sub-rogado em todos os direitos daquele cuja firma foi por ele honrada (art. 40, parágrafo único, do Decreto nº 2.044, de 1908). A Lei nº 8.245, de 1991, no texto da Lei nº 12.112/2009, disciplinando a locação, no caso dissolução da sociedade conjugal, autoriza a sub-rogação nos direitos e obrigações do ex-cônjuge, na ordem do art. 12: "Em casos de separação de fato, separação judicial, divórcio ou dissolução da união estável, a locação residencial prosseguirá automaticamente com o cônjuge ou companheiro que permanecer no imóvel". Com base no dispositivo, ficou decidido:

"Separado de fato o casal, e tendo o marido, em cujo nome se celebra o contrato locatício, deixado o imóvel, a permanência da mulher implica automaticamente na sua sub-rogação como inquilino". Argumentou-se, no acórdão: "A lei diz que 'a locação prosseguirá automaticamente com o cônjuge ou o companheiro que permanecer no imóvel', e assim a obrigação da apelante, ciente de que o marido não se dispunha a continuar assumindo a responsabilidade pela locação, era de imediatamente deixar o prédio. Se não queria a sub-rogação, devia devolver as chaves. Permaneceu no imóvel e com isso impediu que o marido rescindisse a locação".[13]

22.6. SUB-ROGAÇÃO CONVENCIONAL

Havendo acordo entre as partes também pode dar-se a sub-rogação. "Supõe um acordo entre duas pessoas, uma das quais deve ser necessariamente o terceiro que paga, enquanto a outra pode ser o credor ou o devedor", explicita Giorgi.[14] Um terceiro paga a dívida, e a ele transferem-se os direitos reconhecidos ao credor. Tornase, pois, o credor, podendo exercer contra o devedor todas as ações reconhecidas ao credor originário. Aproxima-se a espécie mais à cessão de crédito, porquanto há uma transferência do crédito, o que decorre de uma transação entre as partes.

O art. 347 do diploma civil contempla duas hipóteses que permitem a sub-rogação convencional:

"A sub-rogação é convencional:

I – quando o credor recebe o pagamento de terceiro e expressamente lhe transfere todos os seus direitos;

---

[13] *Agravo de Instrumento* nº 439.779-00/5, da 1ª Câm. Civil do 2º TACiv.-SP, de 02.10.1995, em *Revista dos Tribunais*, 726/338.
[14] "Suppone un accordo fra due persone, una delle quali deve essere necessariamente il terzo che paga, mentre l'altra può essere il creditore, o il debitore" (*Teoria delle Obbligazioni*, ob. cit., vol. VII, p. 180).

II – quando terceira pessoa emprestar ao devedor a quantia precisa para solver a dívida, sob a condição expressa de ficar o mutuante sub-rogado nos direitos do credor satisfeito".

Da enumeração depreende-se que a sub-rogação advém da vontade do credor, aceitando ele receber de terceiro o crédito, e lhe transferindo o direito de cobrar, com todas as prerrogativas inerentes. Não há necessidade do consentimento, ou da interveniência, do devedor, que se mantém completamente alheio ao negócio.

A esta espécie incide a regra do art. 348, que a equipara à cessão de crédito: "Na hipótese do inciso I do artigo antecedente, vigorará o disposto quanto à cessão de crédito". Embora ao tempo do Código de 1916 os autores não apreciassem tal equiparação, que se manteve no Código de 2002, por confundir institutos diversos, a prática revela que se resolve a sub-rogação como se fosse uma cessão de direitos. É que tanto o sub-rogado como o que tem direitos cedidos podem voltar-se contra o devedor, cobrando o que era devido ao credor. Não há distinção de procedimento. Mas, sendo a sub-rogação um pagamento que extingue a dívida primitiva, fazendo praticamente que outra surja, e revelando-se a cessão como uma compra e venda de crédito, na primeira acompanham os direitos, as ações, privilégios e garantias assegurados ao primeiro credor, enquanto na segunda há uma mera transferência do crédito dentro das normas que vão do art. 286 ao art. 298, sem os consectários que favoreciam o anterior credor, mas com aqueles que constam dos referidos dispositivos. Assim, observa-se o disposto no art. 287, segundo o qual, salvo disposição em contrário, na cessão de um crédito abrangem-se todos os seus acessórios, isto é, as cominações previstas, os juros, a multa e outros encargos. Já pelo art. 295 extrai-se uma consequência mais grave. Responde o cedente pela existência do crédito somente ao tempo da cessão. Não posteriormente, ou se depois o devedor entrar em insolvência. Na sub-rogação, diferentemente, transmitem-se os direitos e ações; e mais, transmitem-se os privilégios, as garantias, as preferências. Há, pois, certa garantia, ou mais segurança, se enriquecido o crédito com privilégios. Veja-se, a respeito da cessão, o tratamento diferenciado, no art. 296: "Salvo estipulação em contrário, o cedente não responde pela solvência do devedor". Sem, no entanto, esquecer a diferença com o art. 295, que se restringe à existência, nada significando quanto à solvência. Todavia, constituindo a sub-rogação o pagamento ao credor, com a extinção da dívida relativamente a ele somente, aquele que paga recebe o mesmo crédito, podendo exercitá-lo, ou procurar a sua satisfação, a nada se comprometendo o ex-credor. Se vinha com algum privilégio o crédito, assim perdura relativamente ao que fica sub-rogado. Pode valer-se do privilégio o sub-rogado.

Pertinente à garantia, estende-se a disposição prevista para a cessão à sub-rogação, em vista do disposto no art. 289: "O cessionário de crédito hipotecário tem o direito de fazer averbar a cessão no registro do imóvel". Vale significar que perduram as garantias, de qualquer tipo, porquanto não há sentido disciplinar como se inscreverá uma delas, e, assim, admiti-la, e não aceitar as demais, como a pignoratícia. Todavia, quanto à fiança, há norma expressa, afastando-a na sub-rogação, e assim na cessão, se, "por fato do credor, for impossível a sub-rogação nos seus direitos e preferências" – art. 838, II.

De outro lado, por força do art. 348, que remete ao disposto quanto à cessão de crédito, recebendo o credor o pagamento de terceiro, e expressamente lhe transferindo todos os seus direitos, é necessária a notificação do devedor, sob pena de restar inválida a sub-rogação, segundo decidido, o que mantém plenamente aplicável, dado o idêntico tratamento da matéria pelo Código de 1916 e pelo de 2002: "É inválida a sub-rogação convencional frente ao devedor, quando a ele não comunicada, nem prova houver de que dela tenha tomado ciência.

O art. 1.069 do CCB, perfeitamente aplicável à hipótese por força do disposto nos arts. 986, I, e 987 do mesmo estatuto, afirma expressamente a invalidade da sub-rogação convencional frente ao devedor, quando a ele não comunicada, sendo inaplicáveis as ressalvas constantes daquela norma *in casu*, uma vez que prova alguma há de que o embargante tivesse ciência daquela sub-rogação".[15] Anota-se que os apontados arts. 1.069, 986, I, e 987 correspondem aos arts. 290, 347, I, e 348 do atual diploma civil.

Efetivamente, o art. 290 manda que se proceda à notificação do devedor, sob pena de não ter eficácia.

De acordo com o inciso II do art. 347, reconhece-se a sub-rogação por ato convencional entre o devedor e terceiro. Como acontece? Uma terceira pessoa empresta um valor ou quantia suficiente para saldar a obrigação pendente junto ao credor. Pago o credor, opera-se de imediato a sub-rogação do crédito satisfeito à pessoa do terceiro. Ou o terceiro passa a figurar como credor do devedor, que dele recebeu a quantia. Nota-se que existem, como requisitos para a espécie, o estado da dívida, o ato do empréstimo, a destinação para o pagamento da dívida, o emprego do dinheiro para esse fim, a quitação dada pelo credor, e a transferência dos direitos do credor para o terceiro. No entanto, não há necessidade de qualquer referência à finalidade do dinheiro. Desde que destinado para cobrir a dívida, com os demais elementos acima, opera-se a sub-rogação. Mas é fundamental que fique documentada a finalidade da entrega, que deve vir expressa em documento segundo alguns, com a referência da importância, acrescentado Carvalho Santos, valendo lembrar que se mantém atual o ensinamento, em face do idêntico tratamento pelo atual e pelo anterior Código Civil: "Não valerá, em tal caso, a declaração feita pelo devedor, sem a importância emprestada e paga. Daí a necessidade, para ser válida a sub-rogação, constem das declarações a importância que tiver sido emprestada e a quantia recebida.

O documento comprobatório do empréstimo, por sua vez, deve inserir, claramente, qual a dívida o empréstimo se destina a extinguir, sendo ensinamento comum que a declaração que não menciona o crédito no qual quem empresta fica sub-rogado é insuficiente para a validade da sub-rogação... Não se exige fórmula sacramental nessas declarações, suficiente que a intenção das partes fique bem esclarecida, cabendo aos tribunais decidir, em caso de dúvida, se os termos empregados são suficientes".[16]

22.7. EFEITOS DA SUB-ROGAÇÃO

Resta evidente que o efeito básico da sub-rogação reside em transferir ao sub-rogado os direitos, ações, privilégios e garantias que se concentravam na pessoa do credor. Assim está no art. 349: "A sub-rogação transfere ao novo credor todos os direitos, ações, privilégios e garantias do primitivo, em relação à dívida, contra o devedor principal e os fiadores". Isto tanto para a sub-rogação legal como para a convencional, o que é uma decorrência do instituto, se bem que, na segunda, admite-se que as partes estabeleçam restrições. A Súmula nº 188/1997, do STF, consagrou tal princípio: "O segurador tem ação regressiva contra o causador do dano, pelo que efetivamente pagou, até seu limite

---

[15] *Apel. Cível* nº 505.821/3, de 03.03.1998, do 2º Trib. de Alçada Civil de São Paulo, Rel. juiz Amaral Vieira.
[16] Ob. cit., vol. XIII, p. 95.

previsto no contrato de seguro". Em sendo convencional a sub-rogação, não há por que não autorizar a limitação, como o afastamento da fiança. Ou seja, possível a sub-rogação de direitos em menor número, inclusive da dívida parcial, dando-se, então, a sub-rogação parcial. Proibido é o recebimento de direitos em quantidade superior, bem expondo Antunes Varela, quanto a isso: "A transferência baseia-se essencialmente no pagamento, e, por essa razão, o terceiro sub-rogado não pode receber mais do que pagou, com o simples acréscimo de juros ou danos moratórios".[17] O que não equivale a impedir que as decorrências, após o ato da transferência, não se tornem exigíveis.

Sobre a matéria de impossibilidade de exigir mais do que foi transferido é claro o art. 350: "Na sub-rogação legal, o sub-rogado não poderá exercer os direitos e as ações do credor, senão até à soma que tiver desembolsado para desobrigar o devedor".

No que ponderou o STJ:

"Nos contratos de seguro, o segurador, ao pagar o valor da dívida, sub-roga-se nos direitos e ações que competirem ao segurado contra o devedor. Tratando-se de sub-rogação legal, o sub-rogado não poderá exercer os direitos e as ações do credor, senão até a soma que tiver desembolsado para desobrigar o devedor (CC/2002, art. 350)".[18]

Percebe-se a pertinência da regra unicamente à sub-rogação legal. No entanto, uma vez constando a limitação na convencional, não pode o novo credor reclamar do devedor a extensão dos direitos igual à do credor originário.

Pactuada a sub-rogação convencional, existe uma compra e venda de crédito, mesmo que seja por um valor inferior àquele que o devedor está obrigado a pagar. Não importa isso em concluir que o sub-rogado esteja limitado a receber somente o montante que pagou pelo crédito. Permite-lhe buscar o crédito do sub-rogante ou cedente (cedente em razão do art. 348). Essa é a interpretação que prevalece, adstrita aos termos da lei, posto que, do contrário, não teria razão de ser uma sub-rogação ou compra de crédito feita por valor inferior ao devido. É a linha traçada pela jurisprudência:

"A sub-rogação pessoal é a substituição nos direitos creditórios, operada em favor de quem pagou a dívida ou para isso forneceu recursos. Em outras palavras, na sub-rogação se dá a substituição de um credor por outro, permanecendo todos os direitos do credor originário (sub-rogante) em favor do novo credor (sub-rogado). Dá-se, assim, a substituição do credor, sem qualquer alteração na obrigação do devedor".[19]

"Execução por título extrajudicial – Sub-rogação convencional do crédito executado – Terceiro que se sub-roga nos mesmos direitos do credor originário, ainda que tenha desembolsado valor menor – Incidência das regras do artigo 348 do Código Civil...".[20]

"Embargos à execução. Carência de execução. Inexistência de título executivo. Liquidação do débito por terceiro interessado. Sub-rogação. Efeitos de cessão de crédito.

---

[17] *Direito das Obrigações*, ob. cit., vol. II, p. 344.
[18] AgInt no REsp 1.752.351/RJ, 4ª Turma, j. em 05.03.2024, *DJe* de 27.05.2024, Rel. Min. Raul Araújo.
[19] Recurso Especial nº 141.971/PR, da 4ª Turma do STJ, Relator Min. Sálvio de Figueiredo Teixeira, j. em 27.04.1999, *DJ* de 21.06.1999.
[20] Apelação nº 9145634-64.2006.8.26.0000, da 23ª Câmara de Direito Privado do TJSP, Relator Des. Paulo Roberto de Santana, j. em 08.02.2012.

Ciência da devedora quanto á cessão. Em realidade ocorreu o que se denomina sub-rogação convencional, onde o credor recebe o pagamento de terceiro e lhe transfere expressamente os direitos – art. 986, I, do CC. Em assim ocorrendo, tem aplicação as disposições referentes à cessão de crédito, a teor do disposto no artigo 987, do mesmo diploma. Sentença que julgou improcedentes os embargos mantida. Apelo improvido".[21]

Os citados arts. 986 e 987 correspondem aos arts. 347 e 348 do CC/2002.

De outra parte, na hipótese de sub-rogação parcial, permanece o credor com os mesmos direitos, ações e privilégios contra o devedor, e até preferentemente ao sub-rogado, como decorre do art. 351: "O credor originário, só em parte reembolsado, terá preferência ao sub-rogado, na cobrança da dívida restante, se os bens do devedor não chegarem para saldar inteiramente o que a um e outro dever". Condições para a aplicação da regra são: o pagamento de parte da dívida pelo sub-rogado (não do total), e insolvência do devedor. Se perdesse para o sub-rogado a preferência, estaria agindo contra si, o que de maneira alguma se pode cogitar.

Outros efeitos decorrem; aliás, já vistos no desenvolver da matéria. Assim a extinção da obrigação relativamente ao credor, não mais podendo postular qualquer ação contra o devedor. O sub-rogado é que partirá para a exigibilidade. Ainda, a transferência das qualidades do crédito, e assim quanto aos privilégios, às preferências, às garantias. Esta é a característica básica da sub-rogação, inclusive realçando a sua superioridade frente à cessão, eis que, com esta, cessam as preferências e os privilégios. Exemplificativamente, se era trabalhista a obrigação, a cessão do crédito desnatura a obrigação, retirando-lhe as vantagens frente a outros créditos.

Relativamente aos acessórios, constrições e vantagens, acompanham os direitos que passa a ter o sub-rogado: "O adquirente de imóvel, em parte do qual se encontra construído trecho de rodovia, tem direito, não só à indenização da área apossada pelo Poder Público, mas também aos juros compensatórios, se até a data da aquisição não fora movida ação de desapropriação em face do antigo proprietário e nem lhe foi pago o preço, salvo se ressalvada, na escritura, que a venda não abrange a faixa de terras ocupada para a construção da estrada, pois a transferência do domínio compreende todos os direitos e obrigações, inclusive acessórios do imóvel transferido".[22]

22.8. A SUB-ROGAÇÃO DECORRENTE DA DENUNCIAÇÃO

Segundo o art. 125 do Código de Processo Civil,

"é admissível a denunciação da lide, promovida por qualquer das partes:

I – ao alienante imediato, no processo relativo à coisa cujo domínio foi transferido ao denunciante, a fim de que possa exercer os direitos que da evicção lhe resultam;

II – àquele que estiver obrigado, por lei ou pelo contrato, a indenizar, em ação regressiva, o prejuízo de quem for vencido no processo."

---

[21] Apelação Cível nº 70012922266, da 10ª Câmara Cível do TJRGS, Relator Des. Paulo Antônio Kretzmann, j. em 17.11.2005.
[22] Apel. Cível nº 58.298-7, da 3ª Câm. Cível do TJ do Paraná, de 08.10.1997, em *COAD – Direito Imobiliário*, nº 8, p. 186, mar. 1997.

De acordo com o § 1º, faculta-se o exercício do direito regressivo através de ação autônoma quando a denunciação da lide for indeferida, deixar de ser promovida ou não for permitida.

No item II percebe-se o direito de voltar-se o acionado contra aquele que a lei ou o contrato permite. Especialmente nos contratos de seguro, a seguradora que paga a indenização, em obediência a contrato de seguro, por acidente de veículos ou outra causa, sub-roga-se nos direitos, ações, privilégios e garantias que tinha o segurado contra o causador dos danos. Nas indenizações por prejuízos provocados também em acidentes de trânsito, mas decorrentes de ato de outrem ou terceiro, como quando a colisão com o carro lateral se deu em vista da súbita obstrução da frente por outro veículo; nas lides de ressarcimento promovidas contra pessoas jurídicas em razão de atos de seus prepostos, e assim em acidentes, em furtos, em trabalhos de construção com defeitos; nas hipóteses do art. 37, § 6º, da Constituição Federal, preceituando que "as pessoas jurídicas de direito público e as de direito privado prestadoras de serviços públicos responderão pelos danos que seus agentes, nessa qualidade, causarem a terceiros, assegurado o direito de regresso contra o responsável nos casos de dolo ou culpa"; e assim não raramente em demandas de qualquer natureza quando o ato causador da obrigação de pagar advém de estipulação contratual ou até legal, o acionado faz a denunciação da lide. Uma vez satisfeita a obrigação, nos mesmos direitos que tinha o credor quem paga sub-roga-se, podendo agir contra os provocadores diretos ou indiretos da lesão ou do incumprimento. Extrai-se, pois, que a denunciação da lide importa em munir o que satisfaz dos direitos da sub-rogação. Todavia, sempre demonstrada ou já definida a culpa do denunciado, consoante o seguinte caso: "A empresa transportadora tem o dever de cobrir a mercadoria sob sua responsabilidade de medidas de segurança compatíveis, o que, no caso, não ocorreu, ao deixar estacionado, no cenário de insegurança em que vivemos, o veículo transportador das mercadorias em área sem qualquer proteção ou vigilância".[23]

---

[23] *Apel. Cível* nº 179/94 da 1ª Câm. Cível do TJ do Rio de Janeiro, de 03.05.1994, em *Revista Forense*, 322/309.

XXIII
Imputação do Pagamento

23.1. O PAGAMENTO NA PLURALIDADE DE DÉBITOS

Cuida-se de examinar qual das dívidas considera-se paga quando o devedor encontra-se frente a duas ou mais obrigações junto ao mesmo credor. Ele remete uma quantia, não suficiente para saldar a totalidade dos débitos, ou as várias obrigações, mas sem especificar aquela a que se destina. Procura-se definir qual das obrigações será coberta pelo valor remetido ou entregue. Como se percebe, condição primeira para configurar-se a espécie é a existência de várias obrigações, anotando Rodrigo Bercovitz y Rodriguez-Cano: "Para aplicar los mismos es preciso que exista una pluralidade de obligaciones entre el *solvens* y el *accipiens* acreedor. Sólo entonces, se añade, se plantea el problema que dichos preceptos tratan de resolver: decidir a cuál de las deudas se imputa la prestación realizada para producir su pago total o parcial".[1] Por isso, segue o Professor argentino Luis María Boffi Boggero, "... la figura solamente interesa cuando entre un mismo acreedor y deudor (puede tratarse de varios sujetos) mediaren diversas prestaciones principales ... de igual naturaleza, porque sólo entonces habría dificultad para individualizar a cuál de ellas se refiere el pago, cuál se desea extinguir".[2]

Não são incomuns as situações na prática. Apesar de normalmente sempre vir indicada a dívida objeto do pagamento, podem surgir hipóteses que acarretam dúvida, e ensejam o enfrentamento através de princípios de direito. Assim, quanto a obrigações decorrentes de dois ou mais contratos de mútuo celebrados com estabelecimentos bancários, ou relativas a aluguéis e a promessas de compra e venda, quando várias as prestações vencidas. Remete-se uma importância a um estabelecimento bancário, pensando o devedor que a destinação é para a mais antiga. Entrementes, usa-se o valor para unicamente amortizar os juros, ou para cobrir uma que venceu recentemente. Embora cabível conjeturar que a utilidade, para o devedor, será a mesma, admissível que, na prática, advenham efeitos diferentes. Máxime se pendente obrigação mais antiga, cujo inadimplemento importa em considerar resolvido o contrato, como nas prestações de promessa de compra e venda. Pendendo dois contratos com uma instituição financeira, sendo um garantido pela alienação fiduciária, e outro constituído de simples empréstimo, é evidente que o resultado, no pagamento de um ou outro contrato, traz consequências distintas. Enquanto na alienação fiduciária decorre a busca e apreensão, já o empréstimo enseja uma simples execução, sem medidas drásticas no desapossamento de bens.

---

[1] *La Imputación de Pagos*, Madrid, Editorial Montecorvo, 1973, p. 41.
[2] *Tratado de las Obligaciones*, ob. cit., t. 4, p. 125.

Há outros casos, como as dívidas em fase de execução, especialmente as garantidas por hipotecas, com prazo de praça já designado. Pode o devedor satisfazer primeiramente tais dívidas, evitando, assim, o desfalque ou a alienação de seu patrimônio. Em última instância, constitui a figura em exame um caminho para o devedor administrar as dívidas. Nesta preferência, aqueles débitos cuja taxa de juros supera os de outros contratos.

Daí a expressão "imputação de pagamento", ou seja, como determinação, especificação, declaração de pagamento, de sorte a tornar perfeitamente selecionada a obrigação que se visa atender, com repercussão nos efeitos das dívidas, inclusive no afastamento das cominações quando vencidas, máxime aquelas que importam em desconstituição do contrato. Uma vez verificado e satisfeito o pagamento, há o caráter de irrevogabilidade, observando Rodrigo Bercovitz y Rodriguez-Cano: "Una vez realizado el pago, la obligación correspondiente se extingue irrevocablemente. Las partes podrán acordar la constitución de una obligación idéntica a la anterior, pero no podrán resucitar la anterior ya extinguida".[3]

O instituto é antigo, lembrando Giorgi: "Le norme che governano la imputazione in questa ipotesi sono antiche quanto il diritto romano, ed in regola favorevoli al debitore".[4]

23.2. CONCEITO E ESPÉCIES

Não é difícil entender que o instituto em exame visa determinar a qual das obrigações se destina o pagamento. Define-se como a indicação ou escolha da obrigação a ser atendida com a entrega de uma importância. Mais tecnicamente, constitui o ato de pagamento, pelo devedor, de uma dívida dentre as várias que se encontram pendentes, todas da mesma natureza e de coisas fungíveis. Um conceito de maior extensão vem de Dernburg, lembrado por Antônio Chaves: "Chama-se imputação de pagamento a operação pela qual o devedor de muitas dívidas de coisa fungível da mesma espécie e qualidade, a um mesmo credor, ou o próprio credor em seu lugar, destina uma prestação à extinção de uma ou mais de uma das dívidas por ser ela insuficiente para saldar todas".[5]

Em suma, destina-se o pagamento a uma das várias prestações vencidas. No dizer de Luis de Gásperi, "Deudora una persona de varias obligaciones de prestaciones de la misma naturaleza a favor de un solo acreedor, que haga un pago parcial, podrá determinar al hacerlo, qué crédito ha de considerarse cumplido en virtud de él".[6] Caso não especificada a obrigação a que se destina, existem regras indicativas ou que levam a identificá-la. Não prescinde da participação do credor para a especificação do destino da verba. Basta o ato unilateral do devedor, cabendo a ele o direito de pagar, e incumbindo ao *accipiens* acatar a preferência manifestada, sequer lhe assistindo a faculdade de recusa. Não tem validade para o ato a vontade do credor de apenas receber, porquanto é do devedor o direito de indicar a dívida que será extinta.

A matéria não comporta exames prolongados, ou pesquisas sobre a natureza, posto que as situações controvertidas que surgem, além de pouco frequentes, são mais de ordem prática. De qualquer modo, não é possível olvidar que representa a imputação uma maneira de saldar ou pagar prestações. Arvorando-se em um direito do devedor, tem-se a proteção da lei, podendo buscar os caminhos judiciais para impor sua prevalência.

---

[3] *La Imputación de Pagos*, ob. cit., p. 40.
[4] *Teoria delle Obbligazioni*, ob. cit., vol. VII, p. 155.
[5] *Em Tratado de Direito Civil* – Direito das Obrigações, ob. cit., vol. II, t. I, p. 261.
[6] *Tratado de las Obligaciones* – Parte Especial, ob. cit., vol. III, p. 69.

Realmente, se ao devedor comina-se não apenas o dever, mas também o direito de pagar, decorre naturalmente o direito de fazer a imputação.

Há três espécies de imputação: a que decorre da vontade do devedor, indicando ele o débito ou os débitos que deseja ver satisfeitos; a levada a termo pelo credor, desde que não indicada pelo devedor a obrigação a pagar; e aquela que decorre da lei, ou por força de lei, quando nem o devedor e nem o credor indicam a obrigação que é satisfeita.

23.3. ELEMENTOS PARA CONFIGURAR A IMPUTAÇÃO FEITA PELO DEVEDOR

Ao devedor assegura-se o direito de indicar a prestação que será solvida. Justifica o autor espanhol Rodrigo Bercovitz y Rodrigez-Cano: "Puesto que se trata de saber cuál es la obligación que queda total o parcialmente extinguida con la prestación realizada, parece lógico remitirse a la voluntad de quien ha ejecutado la prestación, ya que quien puede lo más puede lo menos. En efecto, si el deudor es libre de pagar o no pagar – prescindiendo de la posibilidad de imponerle indirectamente el cumplimiento de la obligación – lógico es que pueda imputar libremente el pago, salvo si la imputación que pretende perjudica manifiestamente el acreedor en sus derechos".[7]

Costuma a doutrina divisionar vários requisitos para o reconhecimento da imputação de pagamento, quando feita pelo devedor, extraídos do art. 352 do Código Civil, com o seguinte teor: "A pessoa obrigada, por dois ou mais débitos da mesma natureza, a um só credor, tem o direito de indicar a qual deles oferece pagamento, se todos forem líquidos e vencidos". Embora a singeleza da matéria, tanto que suficiente a disposição do devedor em pagar, dentro da linha de procurar a lei sempre facilitar o cumprimento das obrigações, encerra o dispositivo alguns elementos ou componentes, tão importantes que podem ser elevados à categoria de requisitos.

O primeiro fator para poder assegurar ao devedor o pagamento de qualquer das obrigações deve estar na dualidade ou multiplicidade de obrigações, o que exsurge como óbvio. No mínimo, duas as obrigações pendentes de pagamento. Somente assim aparece a liberdade de escolha ou opção, ou de se externar a vontade, desde que não combinada a prioridade no pagamento.

Já o segundo elemento assenta na mesma natureza das dívidas, isto é, todas devem ter o mesmo tipo de objeto, a mesma espécie de obrigação. Para tanto, as coisas devem ser fungíveis, identificando-se na espécie e qualidade. Assim como as de dinheiro, ou de produto idêntico. São devidas ao credor várias importâncias em dinheiro, ou várias mercadorias do mesmo gênero, espécie e qualidade. Ou seja, tantas sacas de arroz, ou de soja, de café. Não interessa a origem da dívida. Possível que várias obrigações, todas em dinheiro, venham de diferentes causas, como de aluguéis, de empréstimo, de venda, de prestação de serviços.

Seguindo, do mesmo dispositivo nascem a certeza e a exigibilidade, o que, de certa forma, corresponde à liquidez e ao vencimento, segundo ressalta do final do dispositivo. Não é possível preferir uma dívida, se ainda não vencida, havendo outra pendente de satisfação. Revela-se um contrassenso obrigar à quitação de uma dívida não vencida, quando outra já é exigível. Para que vingue o direito do devedor, todas

---

[7] *La Imputación de Pagos*, ob. cit., p. 32.

as obrigações apresentam-se reclamáveis e passíveis de cobrança. Não se afiguraria justo ordenar o recebimento de uma prestação, se outras se encontram em atraso. No entanto, escreve Álvaro Villaça Azevedo: "Entendemos, entretanto, que sendo o prazo estabelecido para favorecer o devedor, como é em regra, pode este imputar o pagamento em débito ainda não vencido, quando quiser antecipar um pagamento, tendo, por exemplo, desconto, ou qualquer outra vantagem com isso".[8] Pode-se dizer que a ressalva assenta-se no art. 133 do Código Civil, o qual assevera que o prazo se presume a favor do devedor, a menos que se extraia do instrumento ou das circunstâncias que se estabeleceu benefício do credor.

Inviável, ainda, pretender o pagamento de uma prestação que permanece dependente de condição, como a de um produto que não atingiu o estágio próprio para a comercialização.

Indispensável, também, que o valor oferecido envolva a totalidade do débito pretendido saldar, ou que se revele insuficiente. Não bastando o pagamento, não cabe a determinação em aceitar, eis que representaria impor o pagamento parcial, quando nada convencionado a respeito.

Finalmente, a identidade de credor e de devedor aparece como outro requisito. Apenas um credor há de existir, ao qual cabe o pagamento da totalidade das prestações, sejam quais forem as causas. Ele aparece como sujeito do direito, seja pessoa física ou jurídica. Igualmente um mesmo devedor deve constar, porquanto incogitável pretender que o credor aceite primeiramente, dentre vários devedores, aquele débito que, em decisão conselhar entre eles, foi decidido satisfazer antes dos outros.

23.4. ELEMENTOS PARA CONFIGURAR A IMPUTAÇÃO FEITA PELO CREDOR

Já agora se passa a ver os casos em que o credor escolherá os créditos que tem, a serem adimplidos pelo devedor. O devedor não indica as dívidas que deseja pagar. Simplesmente entrega a quantia em dinheiro, como que deixando à mercê do credor decidir sobre a obrigação que ficará paga. Surge, aí, a imputação do credor, prevista no art. 353: "Não tendo o devedor declarado em qual das dívidas líquidas e vencidas quer imputar o pagamento, se aceitar a quitação de uma delas, não terá direito a reclamar contra a imputação feita pelo credor, salvo provando haver ele cometido violência ou dolo". Em princípio, a omissão do devedor leva a transferir a decisão para o credor.

Alguns requisitos também são exigidos.

O primeiro está na falta de indicação pelo devedor, que deixa de exercer o direito assegurado no art. 352.

O segundo consiste na quitação de uma das dívidas líquidas e vencidas dadas pelo credor, não se opondo o devedor, ou nada reclamando. Importante que se refira na quitação qual das dívidas que restou satisfeita, e isto quando do recebimento. Há, de certa forma, uma convenção tácita, revelada na concordância em destacar ou salientar o débito saldado.

Reclama-se, outrossim, que ocorra a referência no momento em que se paga e se dá quitação, observando Serpa Lopes, perdurando o ensinamento, dada a igualdade de redação do art. 992 do anterior Código e do art. 353 do vigente: "Pelos próprios termos do art. 992 do Cód. Civil, depreende-se que o primeiro requisito da imputação do pagamento pelo

---

[8] *Curso de Direito Civil* – Teoria Geral das Obrigações, ob. cit., p. 168.

credor é o de que tal coisa se dê no próprio momento do pagamento e no da quitação, pois que, com a não indicação do devedor, e com a declaração do credor constante da quitação, é que a dívida, atingida pelo pagamento individual, se torna extinta".[9]

Por último, impõe-se que não consiga, posteriormente, o devedor provar que tenha sofrido violência ou dolo. Para tanto, cabe ao mesmo impugnar a imputação levada a efeito pelo credor, salientando aqueles vícios, mesmo que aceita a quitação. Pela redação do dispositivo, o ônus da prova é do devedor.

Uma vez concretizada a imputação, considera-se imutável, não se admitindo uma retratação tardia, mesmo que mais onerosa uma outra obrigação, a qual ficou em aberto.

23.5. ELEMENTOS PARA CONFIGURAR A IMPUTAÇÃO DECORRENTE DE LEI

Nesta espécie, havendo omissão do devedor e do credor em apontar a obrigação que é saldada, decide-se segundo parâmetros nascidos da lei. Há as linhas do art. 355: "Se o devedor não fizer a indicação do art. 352, e a quitação for omissa quanto à imputação, esta se fará nas dívidas líquidas e vencidas em primeiro lugar. Se as dívidas forem todas líquidas e vencidas ao mesmo tempo, a imputação far-se-á nas mais onerosas".

Como elemento caracterizador está a ausência de indicação tanto pelo devedor como pelo credor. Embora não muito claro o dispositivo, que reproduz o texto do Código anterior, depreende-se que primeiro devem ser saldadas as dívidas mais antigas, ou que primeiro venceram. Melhor teria sido que se previsse o pagamento, em primeiro lugar, das dívidas mais antigas. Ressalta, ainda, por uma questão de coerência com a prática, a aplicação da mesma regra entre dívidas líquidas e vencidas, e as ilíquidas. Encontrando-se frente a frente obrigações líquidas e vencidas, e não líquidas, terão preferência de solução aquelas, pois não seria justo obrigar o credor a aguardar a liquidação ou o cálculo das segundas. Aliás, nesta previsão o art. 509, § 1º, do Código de Processo Civil: "Quando na sentença houver uma parte líquida e outra ilíquida, ao credor é lícito promover simultaneamente a execução daquela e, em autos apartados, a liquidação desta." Ou seja, executa-se a parte líquida, enquanto se procede a liquidação da ilíquida.

De acordo com a segunda parte do art. 355, frente a dívidas líquidas e vencidas ao mesmo tempo, imputa-se o pagamento à mais onerosa. É coerente que o devedor pretenda livrar-se das obrigações que representam encargos ou custos elevados. Nesta ótica, aquelas obrigações que aparecem hipotecadas, ou com penhor; as que se encontram garantidas por penhora, com a iminência da venda judicial dos bens; as que redundam em pesados encargos de conservação, com juros altos; as que proporcionam a cobrança mediante processo de execução; as que decorrem de contrato de depósito, com desvio dos bens; as relativas ao pagamento de financiamento habitacional. No mesmo âmbito devem estar as relativas a alimentos, as trabalhistas, as fiscais, as previdenciárias, eis que revelam acentuado cunho pessoal e social.

No entanto, em se tratando de débitos de idêntica natureza, ou no mesmo pé de igualdade e importância, com a mesma data, a melhor justiça ordena que sejam imputadas proporcionalmente em relação a todas. Paga-se uma parte proporcional ao número de credores.

---

[9] *Curso de Direito Civil – Obrigações em Geral*, ob. cit., vol. II, pp. 243 e 244.

Finalmente, chama a atenção Sílvio de Salvo Venosa[10], para as dívidas iguais, e se as mais antigas são as que foram contraídas antes ou as que venceram primeiro: "Se as dívidas forem iguais, costuma a doutrina dizer que se preferirá a mais antiga. Dúvida surge se é mais antiga a obrigação contraída em primeiro lugar ou se aquela que primeiro se venceu. A melhor solução é de se imputar àquela que primeiro se venceu porque ele se tornou exigível em primeiro lugar".

23.6. IMPUTAÇÃO NAS DÍVIDAS DE CAPITAL E JUROS

Nesta previsão, primeiramente pagam-se os juros. O art. 354 do diploma civil dá tal primazia: "Havendo capital e juros, o pagamento imputar-se-á primeiro nos juros vencidos, e depois no capital, salvo estipulação em contrário, ou se o credor passar a quitação por conta do capital".

Esse o entendimento da jurisprudência: "O pagamento por conta está sujeito à regra de imputação prevista no art. 993 do Código Civil, ou seja, havendo capital e juros, imputar-se-á primeiro nos juros vencidos, e, depois, no capital".[11] O citado art. 993 corresponde ao art. 354 do Código de 2002.

Acontece que os juros correspondem à remuneração do capital, aos frutos, sendo o motivo determinante do mútuo. Constituem a recompensa do credor, afigurando-se razoável que mereçam a preferência no pagamento. É como segue a tradição: nos contratos de mútuo, e mesmo de transações, convenciona-se uma ordem de preferência em saldar os juros antes do capital. Nos financiamentos regulados por leis especiais, fixam-se datas ou épocas para os juros serem pagos. Assim no financiamento rural, art. 5º do Decreto-Lei nº 167; no crédito industrial, também art. 5º do Decreto-Lei nº 413, de 1969; e no comercial, regulado pela Lei nº 6.840, de 1980, que remete ao Decreto-Lei nº 413, dentre outras previsões. De modo que a própria tradição do direito assegura a preferência aos juros. Nada especificando o devedor, recai nos encargos a quantia adiantada ou paga. Procura-se, com isso, a proteção do credor, ao mesmo tempo em que não se avoluma a dívida em proporções que ficam difíceis de solução.

Não se estende essa aplicação ao crédito tributário:

"A imputação do pagamento da forma prevista no artigo 354 do Código Civil, objetivando que a amortização da dívida da Fazenda perante o contribuinte, mediante compensação, seja realizada primeiro sobre os juros e, somente após, sobre o principal do crédito, não tem aplicação no âmbito da compensação tributária, não existindo qualquer previsão para a aplicação subsidiária. Precedente: REsp nº 987.943/SC, Rel. Min. Eliana Calmon, *DJ* 28.02.2008.

Precedentes: REsp nº 1.025.992/SC, Rel. Min. Mauro Campbell Marques, Segunda Turma, julgado em 26.08.2008, *DJe* 24.09.2008; REsp nº 1.058.339/PR, Rel. Min. Francisco Falcão, *DJe* 1º.09.2008.

Agravo regimental improvido".[12]

---

[10] *Direito Civil – Teoria Geral das Obrigações e Teoria Geral dos Contratos*, ob. cit., p. 285.
[11] REsp nº 688.725/SC, da Primeira Turma do STJ, j. em 11.11.2008, *DJe* de 19.11.2008.
[12] AgRg no REsp nº 1.024.318/RS, da Segunda Turma do STJ, j. em 16.12.2008, *DJe* de 04.02.2009.

XXIV

Dação em Pagamento

24.1. CONTEÚDO JURÍDICO DE DAÇÃO EM PAGAMENTO

O sentido consiste na entrega de uma coisa ou prestação diferente daquela firmada inicialmente, isto é, quanto à obrigação existente. Conceitua Luis de Gásperi: "Dase el nombre de *dación en pago* a la operación jurídica que consiste en dar al acreedor, en pago, una cosa distinta a la que se debía en virtud de la obligación. Es la *datio in solutum* de los romanos".[1] Sabe-se que, em princípio, todo o pagamento, para considerar-se perfeito, deve realizar-se pela entrega da prestação que foi combinada. Por outras palavras, impende que o objeto seja aquele realmente acertado ou previsto pelas partes. Não é obrigado o credor a aceitar algo diverso da prestação convencionada. Uma das grandes causas de dissenso que gera a obstinação em pagar assenta-se na entrega de coisa fora das condições previamente firmadas. Mormente quanto às qualidades prometidas, ao padrão técnico, à marca, à procedência, ao fabricante. Em inúmeras vezes o devedor nega-se a satisfazer o pagamento porque vieram as mercadorias com deficiências, defeitos, ou numa linha diferente da contratada, ensejando a medida de sustação do protesto mercantil de título, pretendido levar a efeito em vista da falta de pagamento quando da remessa ao devedor.

No entanto, pode o credor acordar em aceitar um objeto diferente daquele assinalado no contrato, ou mesmo com qualidades e propriedades não idênticas às objetivadas. Mostra-se condescendente em receber uma outra coisa em lugar da que se acertou, ou um tanto diferente. Nas palavras de Giorgi, "se o credor consentir em receber *aliud pro alio*, a obrigação extingue-se como no pagamento".[2] E já em vista desta faculdade chega-se à dação em pagamento, considerada mais em vista da diversidade de prestação, e não essencialmente da ausência das coincidências entre o acertado e o que é entregue. Paga-se mediante a entrega de uma coisa diferente da constante no contrato. E justamente quando o credor aquiesce na aceitação, opera-se a dação em pagamento, figura que sói acontecer nas situações de dificuldade econômica do devedor, que busca, no entanto, solver a obrigação. Acorda-se em receber *aliud pro alio*, o que pressupõe, evidentemente, a aquiescência do titular do crédito, e trazendo esta convenção o propósito de extinguir a prestação.

A caracterização dada por Clóvis Beviláqua bem revela o conteúdo: "por definição, a *datio in solutum* é um contrato liberatório, em que o credor concorda em receber uma coisa

---

[1] *Tratado de las Obligaciones* – Parte Especial, ob. cit., vol. III, p. 73.
[2] "consenziente il creditore di ricevere *aliud pro alio*, l'obbligazione se estingue come col pagamento" (*Teoria delle Obbligazioni*, ob. cit., vol. VII, p. 353).

por outra, *aliud pro alio*, não sendo dinheiro. Pagamento por entrega de bens, chama-lhe Teixeira de Freitas. Se for dinheiro a coisa dada em pagamento, é uma compra e venda".[3]

Aduz Carlos Alberto Bittar: "Produz a extinção definitiva da obrigação, desvinculando o devedor. Representa, pois, o negócio liberatório entre o devedor e o credor, que vem a receber coisa diversa – mesmo que diferente o valor – da combinada. Devem, para tanto, concorrer os requisitos necessários, em especial o *animus solvendi*, pressupondo então dívida vencida, diversidade da *res* e anuência do credor".[4]

Tal é o conteúdo da norma do art. 356 do Código Civil: "O credor pode consentir em receber prestação diversa da que lhe é devida."

Já no direito romano era conhecido o instituto, com o nome de *datio in solutum*, especialmente com a finalidade de impedir que o devedor, impossibilitado de entregar a quantia devida, fosse obrigado a vender seus bens por qualquer preço, de modo a conseguir a cifra necessária. Passou a permitir-se, então, ao tempo de Justiniano, a entrega de coisa diversa, ou de um bem do devedor, até alcançar o montante da dívida. Isto acontecia mesmo que não proveniente de caso fortuito a impossibilidade. Tinha o juiz a faculdade de ordenar ao credor a devolução de quantia que excedesse ao limite da dívida, com o que era evitada possível injustiça.

O instituto constitui uma exceção ao disposto no art. 313, que encerra: "O credor não é obrigado a receber prestação diversa da que lhe é devida, ainda que mais valiosa". Regra que reproduz o velho princípio romano, resultante das Institutas, *aliud pro alio creditore solvi non potest*. Diz-se que constitui um pagamento por entrega de bens, sendo simples seu conceito: o pagamento de uma obrigação pela entrega de coisa diversa da combinada, extinguindo a obrigação, mas numa forma indireta, e de grande relevância na prática. Comum as pessoas acertarem a extinção de uma dívida mediante a entrega de um bem. Em algumas modalidades de contratos, está ínsita a dação. No arrendamento mercantil, pelas dívidas pendentes é autorizada a reintegração do bem à arrendante, entendendo-se que tal medida extingue a obrigação, embora as divergências doutrinárias a respeito. Na alienação fiduciária, no entanto, proíbe-se a incorporação do bem ao patrimônio do proprietário fiduciário, em troca de dívida, como está no art. 1.365 do Código Civil: "É nula a cláusula que autoriza o proprietário fiduciário a ficar com a coisa alienada em garantia, se a dívida não for paga no vencimento". No entanto, o parágrafo único permite ao devedor, em havendo concordância do credor, a cessão do direito em pagamento da dívida, após o respectivo vencimento: "O devedor pode, com a anuência do credor, dar seu direito eventual à coisa em pagamento da dívida, após o vencimento desta". Na promessa de compra e venda, a Lei nº 6.766, de 1979, admite, no art. 32, embora indiretamente, que pelas prestações impagas fique rescindido o contrato, o que corresponde ao retorno dos direitos sobre o imóvel para o promitente vendedor pelas prestações não pagas e pelas vincendas, mas determinando, no art. 35, a restituição das parcelas recebidas se pago mais de um terço do preço acertado. Estabelecendo a resolução com o retorno do bem ao proprietário, percebe-se uma dação do bem pela dívida impaga.

Já a dação em pagamento de bens para o pagamento de dívida, na insolvência do devedor, é proibida, consoante se depreende do REsp nº 418.385/SP, da Quarta Turma, j. em 19.06.2007, p. *DJU* de 03.09.2007: "Detectada a fraude na dação de bens em pagamento, esvaziando o patrimônio empresarial em prejuízo da massa falida, pode o julgador decretar

---

[3] *Código Civil dos Estados Unidos do Brasil comentado*, vol. IV. 3ª ed. Rio de Janeiro, 1930, p. 158.
[4] *Curso de Direito Civil*, ob. cit., vol. 1, p. 386.

a desconsideração da personalidade jurídica no bojo do próprio processo, facultado aos prejudicados oferecerem defesa perante o mesmo juízo".

24.2. NATUREZA JURÍDICA

A figura constitui uma forma de pagamento indireto, com o efeito de extinguir a obrigação. Havendo a necessidade da conjugação de vontades e em vista da finalidade de extinguir, trata-se de um contrato liberatório. Destina-se a solver, a extinguir a obrigação, pressupondo sempre a mútua concordância, no que abarca idêntico conteúdo do pagamento, do qual se distingue apenas no meio de extinguir: enquanto neste se opera a extinção na forma avençada, na dação é através de coisa diferente.

De outra parte, pode sugerir alguma confusão com a novação, mas distinguindose totalmente, posto que não surge uma nova dívida. Realmente, com a novação, extinta a anterior, uma outra aparece, enquanto na dação em pagamento verifica-se uma modalidade de pagamento, não aparecendo uma obrigação nova. Com clareza, anotava Carvalho Santos: "Justamente por ser um acordo liberatório, não pode a dação em pagamento se confundir com a novação. De fato, na novação substitui-se uma obrigação por outra, não havendo propriamente uma liberação, mas substituição de créditos, ao passo que na dação em pagamento se verifica a liberação definitiva, por isso que a obrigação é substituída por uma coisa, o pagamento se efetua, embora com coisa diversa".[5] Nem uma compra e venda indireta resulta, pelo aspecto de adquirir o credor, com a prestação, o bem que é entregue. Ocorre que nada é vendido, nem se estabelecendo preço algum. Pelo contrário, com a compra e venda criam-se obrigações, enquanto na dação o caráter é de extinção. Naquela figura, é estabelecido o preço em função do preço do bem objeto da transmissão, enquanto, na outra, transmite-se a propriedade e posse de uma coisa por outra. Todavia, a afinidade é real, tanto que o art. 357 manda aplicar à dação em pagamento os princípios da compra e venda: "Determinado o preço da coisa dada em pagamento, as relações entre as partes regular-se-ão pelas normas do contrato de compra e venda". Isto no sentido de haver efetivamente a transferência de propriedade. A dívida se equipara ao preço, ou significa nada mais que a entrega do preço. O consentimento equivale ao ânimo de transferir a propriedade. As mesmas garantias que acompanham a compra e venda se aplicam à dação em pagamento. No entanto, não há identidade de natureza de institutos. Cada um mantém a sua individualidade, salientada na origem ou causa diferente que determina um e outro instituto.

Em suma, tem-se um instituto de configuração e individualidade próprias, de grande utilidade. Provém a palavra *dação* de dar, *dare*, que é dispor do que é seu, entregar ou passar para outrem, mas não no alcance de doar, ou dar um presente, contemplar com uma liberalidade, eis que, para tanto, o substantivo é *doação*, originário do substantivo latino *donatio*, e do verbo *donare*.

24.3. REQUISITOS

Considerada a espécie como um acordo pelo qual credor e devedor acertam a entrega e o recebimento de uma coisa diversa da prestação devida, celebrado para colocar fim à dívida, requer alguns requisitos para ter validade no mundo jurídico.

---

[5] Ob. cit., vol. XIII, p. 134.

Em primeiro lugar, há de existir a obrigação, a dívida, seja de dar, fazer ou não fazer. Indispensável a obrigação, posto que, do contrário, outra a espécie que surge, como a compra e venda, ou a doação, ou a novação. Aplica-se para qualquer espécie de obrigação, tanto em dinheiro, como em coisas, em serviços, em abstenção. Assim de dar, fazer ou não fazer. A de dar envolve a entrega – podendo ser dinheiro e outros bens, e, assim, de um tipo de cereais por outro tipo; ou de um imóvel por móveis, de dinheiro por bens diversos, e de bens diversos por dinheiro. A de fazer corresponde à substituição de uma tarefa, uma atividade; e a de não fazer requer abstenção – não sublocar utilizando determinado lugar para a passagem ao invés de um anteriormente previsto.

Em segundo lugar, a coisa dada deve ser diferente da obrigação prevista. Nem alternativa há de apresentar-se, pois, aí, aparece o cumprimento em vista de uma previsão. Unicamente assim se configura o requisito do *aliud pro alio*. Recebe o credor uma coisa por outra, ou uma coisa por dinheiro, ou uma coisa por fato, ou um fato por uma coisa, ou um fato por outro fato, ou um fato por dinheiro.

Um terceiro elemento consiste na finalidade da entrega, ou a intenção, o ânimo, que se dirige para o pagamento, e não para a doação, para uma compra e venda, para dar uma garantia. Realmente, com o ato extingue-se a obrigação. No entanto, há de existir a coisa, com as garantias no tocante à evicção, não valendo se a coisa não era do devedor, ou se imprestável, em vista de vício intrínseco, para a finalidade a que se destinava. Subsiste, ou volta a emergir, então, a obrigação primitiva.

O quarto requisito está na vontade do credor em aceitar a troca de obrigação, porquanto não é possível obrigá-lo a receber uma outra coisa ao invés da estabelecida no contrato. A concordância não carece de vir por escrito. Na verdade, desde que verificada a aceitação e dada a quitação, consolida-se a dação, com a extinção da dívida. Não existe como obrigar o credor a aceitar impositivamente. Não há uma dação necessária, ou imposta pela lei. De outra parte, o consentimento manifestar-se-á posteriormente ao ato que originou a obrigação. Se acertada a mudança ou a liberdade em pagar por meio de outra prestação quando da celebração do contrato, formar-se-ia uma obrigação alternativa.

Finalmente, é indispensável a capacidade plena do devedor e do credor. Do contrário, reclamam-se a representação ou assistência e a autorização judicial, ensinando Manoel Ignácio Carvalho de Mendonça: "Está bem claro que para esse ato, é essencial a capacidade das partes para alienar. De modo que o mandatário geral, com poderes de administração, não está habilitado para o exercer e sim somente quando tiver para isso especiais poderes".[6]

Não é necessário o instrumento público para a dação. Todavia, se envolve transferência de domínio, para este ato se exige tal formalidade: "É firme a jurisprudência do STJ no sentido de que 'o ajuste pelo qual as partes prometem extinguir uma dívida existente mediante a dação em pagamento de bem imóvel não demanda instrumento público, que se mostra imprescindível apenas para a efetiva transmissão da propriedade do bem' (AgInt no AREsp 1.347.683/PR, Relator Ministro Ricardo Villas [7]Bôas Cueva, Terceira Turma, julgado em 30.08.2021, *DJe* de 03.09.2021)".

---

[6] *Doutrina e Prática das Obrigações*, ob. cit., 1938, t. I, p. 547.
[7] AgInt no AREsp 1.221.703/DF, 4ª Turma, j. em 13.11.2023, *DJe* de 21.11.2023, Rel. Min. Raul Araújo.

24.4. EFEITOS

O efeito por excelência está em extinguir a obrigação. Vale a dação como pagamento, não importando se, na avaliação, ficar apurado que a obrigação original era mais valiosa, ou se o devedor ficou prejudicado, a não ser se verificados vícios do consentimento, ou nulidade do ato jurídico.

No entanto, em favor do credor, estabelece o art. 359: "Se o credor for evicto da coisa recebida em pagamento, restabelecer-se-á a obrigação primitiva, ficando sem efeito a quitação dada, ressalvados os direitos de terceiros". Ou seja, o devedor deu em pagamento coisa que não era dele, vindo a ser reivindicada posteriormente. A mera circunstância da falta de domínio, detectável posteriormente, determina a ineficácia da dação. Retorna a obrigação primitiva, com todas as decorrências, as garantias e qualidades reconhecidas em favor do credor, sempre se ressalvando os direitos de terceiros. Fica sem efeito a quitação dada. No pertinente à fiança, entretanto, é expresso o art. 838, inc. III, do Código Civil em considerá-la extinta, ao prescrever que fica desobrigado o fiador "se o credor, em pagamento da dívida, aceitar amigavelmente do devedor objeto diverso do que este era obrigado a lhe dar, ainda que depois venha a perdê-lo por evicção". Percebe-se que não deixa o dispositivo ensanchas para subsistir a fiança, mesmo que se dê a perda por evicção.

O mesmo entendimento há de se entender quanto à hipoteca e ao penhor, se prestada a garantia por terceiro, por um princípio de isonomia de tratamento, mas se operado o cancelamento no registro público. É que houve a extinção da dívida, com o que se cancelou a inscrição ou o registro. Ressurgindo a dívida, novo ato há de se formar, para efeitos da garantia real, posto que, pelo nosso sistema, dita garantia decorre necessariamente do registro imobiliário. Se nada restou averbado no registro imobiliário, mantém-se o encargo, posto que, do contrário, abre-se ensejo para fraudes, ou seja, pode o devedor levar a efeito a dação com o escopo de livrar terceiros, em prejuízo ao credor, que fica a descoberto de qualquer segurança em favor de seu crédito. Unicamente em relação ao devedor sempre reaparece a garantia, porquanto não é admissível que se aproveite ele da má-fé para auferir vantagens.

Um outro efeito está em transferir a propriedade de uma coisa para o credor. Ao invés de efetuar o pagamento na espécie combinada, dá-se a entrega de um bem. Por conseguinte, significa a dação um meio de transmissão do domínio, que convive ao lado da compra e venda, da doação, da sucessão, da permuta e outras formas de transmissão do domínio. Ao invés da celebração, *v.g.*, de um contrato de compra e venda, celebra-se um contrato de dação em pagamento. Na prática, envolvendo bens móveis, suficiente a entrega para operar-se a tradição; envolvendo imóveis, necessária a transcrição ou o registro imobiliário, com a abertura de matrícula.

24.5. APLICAÇÃO DAS REGRAS DA COMPRA E VENDA E DA CESSÃO DE CRÉDITO

Consta do art. 357 a aplicação das regras da compra e venda: "Determinado o preço da coisa dada em pagamento, as relações entre as partes regular-se-ão pelas normas do contrato de compra e venda". Dispositivo que trouxe muitas críticas, por possibilitar a equivalência da dação à compra e venda. Salienta-se que o conteúdo da dação consiste na entrega de uma coisa, mas não por meio da compra e venda, tanto que não se exige a determinação do preço, o qual já aparece equivalente ao montante da obrigação. Manda o dispositivo aplicar as normas da compra e venda à dação, eis que significa a mesma uma transferência de propriedade. Uma vez consumada a dação, a operação equivale à compra e venda justamente porque decorre a transferência da propriedade de um bem. Lúcida revelava-se a lição de Antunes Varela: "Mas como, em certos aspectos, as operações se equivalem, a lei manda aplicar à dação de coisa em pagamento o regime próprio da compra e venda. E entre as regras abrangidas pela remissão do artigo 996 destacam-se as relativas aos vícios redibitórios da coisa, que, embora não estejam incluídas na regulamentação específica da compra e venda, aproveitam incontestavelmente a esse contrato (comutativo e oneroso) e são das mais importantes dentro do seu regime".[8] Lembra-se que o art. 996 corresponde ao art. 357 do vigente diploma civil.

Daí, pois, sofrendo a coisa de vícios redibitórios ou ocultos, tornando-se imprópria ao uso, assegura-se ao credor o uso dos direitos previstos nos arts. 441 e seguintes, como ser enjeitada ou o abatimento do preço.

De outro lado, o título que instrumentalizou a dação vale tanto quanto o título que documenta a compra e venda, inclusive com a possibilidade de registro imobiliário em se tratando de imóvel; ou no Registro Especial de Títulos e Documentos, se um móvel constou da transferência; ou na repartição correspondente no caso de envolver veículos.

Já o art. 358 assinala a situação quando é título de crédito a coisa dada em pagamento: "Se for título de crédito a coisa dada em pagamento, a transferência importará em cessão". Entrega-se para o credor um documento no qual consta a promessa de entregar uma quantia em dinheiro, ou de transferir uma propriedade, ou de passar direitos futuros. Há uma gama de direitos assim prometidos, exemplificados em duplicatas e outros títulos cambiais com vencimentos de créditos no futuro, promessas de compra e venda de imóveis, cédulas com garantias reais representativas de créditos.

A entrega de qualquer título de crédito importa em dar o tratamento da cessão de direitos ao título. Passam a incidir as regras dos arts. 286 e segs.. Ao credor transfere-se o título, com todas as contingências e precariedades próprias dos títulos. Por conta do credor será o risco da cobrança, da insolvência ou falência do subscritor do título. A menos que venha disposto o contrário, corresponde à cessão por título oneroso, impondo a existência do crédito no momento do ato da cessão, tal como prescreve o art. 295: "Na cessão por título oneroso, o cedente, ainda que se não responsabilize, fica responsável ao cessionário pela existência do crédito ao tempo em que lhe cedeu; a mesma responsabilidade lhe cabe nas cessões por título gratuito, se tiver procedido de má-fé".

Indispensável a notificação do devedor do título cedido, a fim de que saiba a quem deva satisfazer a obrigação, segundo manda o art. 290: "A cessão de crédito não tem eficácia em relação ao devedor, senão quando a este notificada; mas por notificado se tem o devedor que, em escrito público ou particular, se declarou ciente da cessão feita". Pagando ele, devedor, ao antigo credor antes da notificação, exonera-se; se depois, perdura a obrigação junto ao cessionário do título, como se extrai, também, do art. 292.

A entrega do título envolve duas modalidades: a *pro soluto* e a *pro solvendo*. Pela primeira, representa a cessão a extinção da dívida, ou equivale a efetivo pagamento. Já quanto à segunda, faz-se a entrega para o credor cobrar e, na eventualidade de receber o valor, abater o seu crédito, não correndo o risco da insolvência do devedor do título. Melhor expõe a matéria Antunes Varela: "Outras vezes, porém, o credor recebe o título não para que seja considerada imediatamente extinta a obrigação do devedor, mas apenas para facilitar a cobrança do seu crédito. O credor não quer correr o risco da cobrança,

---

[8] *Direito das Obrigações*, ob. cit., vol. 2, p. 203.

designadamente o risco da insolvência ou falência do subscritor do título. E por isso só se considerará o seu crédito como extinto se o título for efetivamente pago e na medida em que o for. Enquanto tal não sucede, a antiga obrigação persiste, ao lado da obrigação incorporada no título. Neste caso, o devedor fez não uma dação *in solutum*, mas uma dação *pro solvendo*".[9]

Qualquer título de crédito é permitido ceder, como o de crédito nominativo, aquele à ordem ou ao portador, regulando-se a transferência pelas normas que se aplicam a tais títulos. Nesta ordem, quem transfere uma nota promissória, faz-se por endosso, sendo que valem as regras que tratam do título de crédito cambial, isto é, o Decreto nº 2.044, de 1908, e a Lei Uniforme sobre tais títulos, introduzida pelo Decreto nº 57.663, de 1966, e mais as do Código Civil, arts. 910 e seguintes. Se é dado em pagamento um crédito comum, não regulamentado em lei especial, as regras aplicáveis são as da cessão de crédito previstas na lei civil.

---

[9] *Direito das Obrigações*, ob. cit., vol. 2, p. 198.

XXV
Novação

25.1. A CRIAÇÃO DE NOVA OBRIGAÇÃO

Extingue-se uma obrigação e surge outra nova. A denominação já deixa entrever que é novada a obrigação, isto é, uma outra aparece no lugar da anterior. Extingue-se uma obrigação e surge outra nova. Mais propriamente, cria-se uma obrigação para extinguir a anterior. É como sintetiza Camillo Giardina, demonstrando a universalidade do sentido: "A novação, além da extinção da obrigação anterior, provoca o surgimento de uma nova obrigação, daí o seu nome".[1] Na prática, renova-se a dívida, faz-se outro contrato, relega-se a anterior ao passado, à extinção, o que mais acontece com as entidades do Sistema Financeiro Nacional. Subsume-se a dívida anterior em uma nova conta, inutilizando-se o contrato que vigia, e formalizando-se outro em lugar daquele. É como se nunca existisse a dívida que vem a ser celebrada, com o capital então envolvido, os encargos, os juros daquela que existia antes. Nos financiamentos específicos para a agricultura, a indústria, o comércio, mais aponta a novação, dada a permanente modificação das regras do contrato. Num dado momento, impõe à instituição financeira que seja invalidada a obrigação, apresentando o esquema de outra, com a inclusão de itens antes omitidos.

Forma-se uma nova obrigação para extinguir a anterior. Converte-se uma obrigação em outra. Significa uma forma indireta de pagamento. Aparece um novo débito, que decorre da extinção do anterior. Desaparece o que foi celebrado, e um novo advém. Cria-se um vínculo e extingue-se outro. É a renegociação das instituições financeiras, ou o refinanciamento, mesmo com alteração da natureza do contrato, que de um financiamento passa para um empréstimo, eis que perdeu a finalidade anterior.

Nos últimos tempos, revitalizou-se o instituto, que passou a adquirir importância, tantos os problemas jurídicos que surgiram, especialmente quanto às dívidas de financiamento.

No direito romano, a obrigação era essencialmente imutável, com dificuldades não apenas para a novação, mas igualmente quanto a dação em pagamento. Daí corresponder a novação à mudança, à transladação da antiga na nova obrigação. Colocava-se a anterior no lugar da nova. Na definição de Ulpiano apareciam as palavras *transfusio* e *translatio* – transfundia-se e transladava-se o débito, o qual, no entanto, permanecia. No direito moderno, há a transmissibilidade renovadora, se é que se pode falar em transmissibilidade. Nova obrigação surge. Procura-se dar o enfoque a um novo contrato, a uma nova figura,

---

[1] "La novazione, oltre l'estinzione della precedente obbligazione, provoca il sorgere di una nuova obbligazione, donde il suo nome" (*Studio sulla Novacione nella Dottrina del Diritto Intermedio*, Milão, Dott. A. Giuffrè – Editore, 1948, p. 16).

com direitos e obrigações diferentes da anterior. Tenta-se mudar completamente o que existia antes. Aqueles deveres e direitos não mais subsistem. Aparece um novo quadro, tornando-se diferentes os compromissos. No entanto, há uma farsa de novação, posto que se nova o que já existe, alterando-se os prazos, os valores, as garantias, e outras circunstâncias. A dívida é a mesma, a obrigação é a firmada inicialmente, sendo impossível desvincular-se uma coisa da outra.

Na verdade, a nova concepção moderna passou a servir de instrumento para o mercantilismo, com o que se desvincula o contrato original de todos os vícios que tinha. Mais, embutem-se os encargos elevadíssimos, ilegais, que se geraram, formalizando-se um contrato novo, onde simplesmente se dá o valor da dívida, sem reminiscências do anterior, julgando-o morto, extinto, sepultado, e defendendo que não comporta a remontagem da nova dívida com vistas à realidade anterior. Com isto, impede-se o acesso à origem, ao engenho que levou à atual, com perigo de se convalidarem graves injustiças, e de se permitir acréscimos sem norte ou injustificáveis.

A novação, pois, não pode prescindir do significado semântico da palavra.

25.2. NATUREZA E ESPÉCIES

Apesar das controvérsias em torno da matéria, em princípio constitui um instrumento de liberação de uma dívida anterior. Mas, surgindo outra, que em geral é a mesma anterior, pouco resultado prático traz para o devedor. Continua ele preso ao credor. Não é fácil, pois, perceber na figura um pagamento indireto. Daí que alguns veem na mesma um pagamento fictício. E com razão, porquanto, na prática, se fixarmo-nos ao conteúdo da obrigação, chega-se à anterior, o que leva a concluir que se trata da mesma obrigação, apenas travestida em nova figura.

Constitui também um contrato, salientando Luis de Gásperi: "Es todo un contrato por cuanto extingue una relación obligatoria y crea otra que la substituye, con la particularidad de la concomitancia y solidaridad de estos dos efectos, tanto que ninguno de ellos puede obtenerse sin el otro".[2]

As espécies aparecem da discriminação constante do art. 360 do Código Civil, levando a dividir a novação em duas: a objetiva e a subjetiva. Consta do dispositivo:

"Dá-se a novação:

I – quando o devedor contrai com o credor nova dívida, para extinguir e substituir a anterior;

II – quando novo devedor sucede ao antigo, ficando este quite com o credor;

III – quando, em virtude de obrigação nova, outro credor é substituído ao antigo, ficando o devedor quite com este".

Vê-se que o inciso I encerra uma nova obrigação, diz respeito ao objeto – contrata-se uma nova *dívida*. Já os demais itens referem-se à mudança de pessoa, de um ou outro sujeito da relação contratual. Daí chamar-se a novação subjetiva ou pessoal, envolvendo a mudança de sujeito ativo ou passivo, isto é, de credor ou devedor. Em vista desta bipartição, surgem três tipos: em vista do objeto, do credor e do devedor.

---

[2] *Tratado de las Obligaciones* – Parte Especial, ob. cit., vol. III, p. 124.

A novação objetiva, também nominada real, refere-se à mudança de uma obrigação por outra. Assim quando se trata de mudar a entrega de um produto por outro diferente – a dívida de arroz por soja; ou de um cereal com um grau de impurezas por cereal mais puro; de uma quantia em dinheiro por outra, com a elaboração de novo contrato; de uma obrigação de fazer uma obra de arte pela entrega de outra já pronta. Há casos em que se altera a causa, mas englobados na mesma espécie, ou não perdendo o caráter real. Alguém possui um valor depositado em estabelecimento bancário, e acerta-se que passa a constituir uma aplicação, rendendo juros. A obrigação de entregar os aluguéis pode converter-se em introduzir melhorias no imóvel. No arrendamento, ao invés de pagar o preço acertado, compromete-se o arrendatário a dar animais.

A novação subjetiva ou pessoal relativa à substituição de devedor acontece quando um terceiro assume o cumprimento da obrigação. "Interviene un nuevo deudor y el acreedor lo acepta, quedando éste libre", salientava Pothier.[3] O credor fica sub-rogado em uma pessoa diversa, desaparecendo o vínculo com a anterior. Um terceiro recebe o encargo de pagar a obrigação, mas necessariamente extinguindo-se a relação com o devedor originário, porquanto, se permanece, perdura o vínculo. Muitos dão a este tipo o nome de delegação, verificada pela concordância de pessoa estranha em se tornar devedora junto ao credor, aceitando este a alteração. Bem expunha Serpa Lopes, em lição perfeitamente atual: "Na verdade, a delegação pode implicar uma novação, quando um terceiro (delegado) consente em se tornar o devedor perante o delegatário (credor), que o aceita, de modo a se constituir uma nova obrigação entre delegado e delegatário, ao mesmo tempo em que se dá a extinção da obrigação, quer a existente entre o delegado e o delegatário (devedor e credor), quer a entre o delegante e o delegado (devedor e terceiro)".[4]

Não comporta, no entanto, a matéria muitas tergiversações, posto que as situações mais frequentes são comuns, concentradas na novação objetiva. No entanto, há dois dispositivos que versam sobre a novação subjetiva: os arts. 362 e 363.

Estabelece o primeiro: "A novação por substituição do devedor pode ser efetuada independentemente de consentimento deste".

Expressa que a substituição de devedor não depende de seu consentimento. E assim deve ser, posto que apenas ele é beneficiado. A doutrina distinguia esta espécie da outra, quando o devedor primitivo é que indica o devedor substituto. Naquela, existe a "expromissão", obrigando-se o novo devedor para com o credor espontaneamente; na última, tem-se a "delegação", quando o devedor primitivo, chamado "delegante", indicar ao credor, o "delegatário", um novo devedor em seu lugar, chamado "delegado". Neste caso, imprescindível o consentimento do devedor primitivo, do credor e do devedor substituto. Nota-se, pois, que a espécie contemplada no art. 362 é a expromissão, que dispensa o consentimento do primitivo devedor, e até pode realizar-se contra a sua vontade, enquanto nada disciplina o Código quanto à delegação, onde não se dispensa o consentimento do delegante, do delegado e do delegatário.

Já o art. 363 reza: "Se o novo devedor for insolvente, não tem o credor, que o aceitou, ação regressiva contra o primeiro, salvo se este obteve por má-fé a substituição". Está claro que o credor, ao aceitar a substituição de devedor, optou por todas as contingências que podem acompanhar esta novação. Todavia, é possível que se mantenha o devedor primi-

---

[3] *Tratado de las Obligaciones*, ob. cit., p. 363.
[4] *Curso de Direito Civil* – Obrigações em Geral, ob. cit., vol. II, p. 257.

tivo vinculado ao credor, justamente para o caso de insolvência do substituto. Aí, porém, depende de convenção expressa. O que releva é ver o momento da delegação. Conforme alguns, não se opera a novação liberatória se presente a quebra ou incapacidade de solver quando da mudança de devedor. Longas discussões disseminavam-se na doutrina antiga. Entende-se, no entanto, por uma questão de lógica, que o credor, ciente da situação, e assim mesmo aceitando o novo devedor, assumiu as decorrências da incapacidade de pagar, inclusive quando do ato de substituição. Nem o direito de regresso assiste-lhe. A menos, resta evidente, se o contrário tenham convencionado as partes, e se consumada a substituição com má-fé pelo devedor.

Quanto à substituição do credor, verifica-se quando da transferência do crédito, ou em virtude da sub-rogação. Em termos simples, outro credor fica no lugar do antigo, o qual resta quitado de sua obrigação. Com a transferência do crédito, fica novada a obrigação, desaparecendo apenas quanto ao antigo credor. Para o devedor, subsiste a obrigação. De nada adianta para ele, eis que simplesmente desloca-se a dívida a pessoa diversa da qual contratou. Manifesta-se a substituição pelo endosso dos títulos de crédito, ou pela cessão de créditos comuns, como das prestações em promessas de compra e venda.

25.3. REQUISITOS

Vários os requisitos para reconhecer-se a novação, realçando a discriminação de acordo com o enfoque dado ao contrato. No entanto, considerando na figura uma extinção da dívida, ou um pagamento indireto, para a validade um mínimo de precauções e cuidados se deve ter.

Em primeiro lugar, resta evidente a existência de uma dívida anterior, devidamente contratada, válida e exigível, ressaltada por Camillo Giardina: "La novazione pressuppone una prima obbligazione che deve essere estinta".[5] Esta a condição inicial, sem a qual não se configura a espécie, mas uma dívida original. Importa, também, a validade desta obrigação anterior, como consta do art. 367: "Salvo as obrigações simplesmente anuláveis, não podem ser objeto de novação obrigações nulas ou extintas". Se nula a anterior, ou inexigível, ou extinta já, não há possibilidade de se novar, eis que a mesma sequer existe. Na hipótese de nula, há uma obrigação sem causa e inexistente, faltando o elemento essencial para se constituir. Dest'arte, insuscetíveis de novação, como seguidamente ocorre nos contratos bancários, as dívidas escoimadas de atrocidades como juros ilegais, capitalização não permitida em lei, repetição de cláusulas penais, inserção de comissão de permanência ao lado da correção monetária ou dos juros. Já advertia Cunha Gonçalves: "A obrigação anterior deverá ser existente e válida, pois uma dívida fantasiada, ou legalmente inexistente, por ser radicalmente nula, não pode ser novada".[6]

Destaca Lacerda de Almeida o seguinte rol de nulidades:

"Considera-se inexistente:

a) A obrigação condicional, não verificada a condição, ou cujo objeto, sendo corpo certo, pereceu pendente condição.

b) A obrigação extinta por pagamento, remissão, prescrição etc.

---

[5] *Studi sulla Novazione nella Dottrina del Diritto Intermedio*, ob. cit., p. 10.
[6] *Tratado de Direito Civil*, ob. cit., vol. V, p. 103.

c) A obrigação assente em causa reprovada, e a obrigação anulável ou rescindível, quando a nova obrigação foi criada na ignorância dos motivos de nulidade ou rescisão".[7] Relativamente à obrigação condicional, parece que há possibilidade de novação. Assim como antes era condicional, com possibilidade de não exigibilidade, ou de se tornar exigível somente quando verificada a condição, não há óbice que se da mesma maneira se estabeleça com a que surge ou é recriada.

E no caso de ser anulável? Como em qualquer contrato ou ato negocial admite-se a ratificação, torna-se perfeitamente admissível a novação. As partes assumem a eventualidade de não valer a obrigação, mas cientes de que se torna possível a plena convalidação. Nesta ordem, aquela assinada por pessoa relativamente capaz, com a clara evidência de uma posterior ratificação, como viabiliza a primeira parte do art. 367.

O segundo requisito diz com a criação de nova obrigação, que fica no lugar da anterior. Ou seja, é indispensável que uma outra obrigação advenha. Não basta a extinção da anterior, posto que, aí, não passaria de uma simples remissão, ou um perdão, ou extinção sem causa. E para ter-se a nova obrigação, insta que venha válida, exigível, eficaz. Se revelar algum vício, ou não permitindo a posterior exigibilidade, não se consuma a novação.

A terceira exigência assenta-se na validade da nova obrigação. Depreende-se da própria natureza da novação que a mesma há de revestir-se de validade, não contendo objeto ilícito, ou impossível de cumprimento. Se introduzida prestação vedada em lei, ou atentatória a princípios de direito, incabível a sua exigibilidade. Nesta ótica, se expressamente consta prevista uma multa que ultrapasse o valor da dívida, ou se consignada taxa de juros que contrarie os ditames legais que regulam a matéria.

O ânimo de novar coloca-se como quarto elemento indispensável. *Animus novandi*, ou a vontade dirigida para colocar uma outra obrigação no lugar da anterior, não de se criar mais uma obrigação. Elemento previsto no art. 361: "Não havendo ânimo de novar, expresso ou tácito mas inequívoco, a segunda obrigação confirma simplesmente a primeira". Confirma-se, sem a vontade específica para tanto, a que existia. Ou dirige-se para criar outra, que passa a conviver com a anterior, – "devem subsistir ambas as obrigações, vindo a segunda a roborar a primeira", complementava Clóvis Beviláqua.[8] Necessário o ânimo de ambas as partes, expresso ou tácito, conforme já advertido pelos pretórios, o que também se reclamava no sistema do Código anterior: "A simples remessa via fax, por um dos contratantes, impondo a dilação de prazo contratado pela entrega de mercadorias, não caracteriza a novação, pois inexiste a intenção ou vontade de novar do outro".[9]

Maria Helena Diniz aprofundou o requisito: "É o elemento psicológico da novação. Para que este instituto jurídico se configure, é preciso que as partes interessadas no negócio queiram que a criação da nova obrigação seja causa extintiva da antiga relação obrigacional... O *animus novandi* não se presume, deve ser expressamente declarado pelas partes ou resultar de maneira inequívoca da natureza das obrigações, inconciliáveis entre si."[10]

Daí, para ostentar-se a novação, há de vir expressa, por escrito, devidamente firmada. Também é cogitável a tácita, desde que inequívoca, embora difícil de ser demonstrada.

---

[7] *Obrigações*, ob. cit., p. 341.
[8] *Direito das Obrigações*, ob. cit., p. 126.
[9] *Apel. Cível* nº 34.336.4/1, da 9ª Câm. Cível de Direito Privado do TJ de São Paulo, de 05.08.1997, em *Revista dos Tribunais*, 748/220.
[10] *Novação*, em 'Doutrinas Essenciais – Obrigações e Contratos' – Edições Especiais Revista dos Tribunais, vol. II (Obrigações: Funções e Eficácia), São Paulo, Thomson Reuters, Revista dos Tribunais. 2ª tir., orgs. Gustavo Tepedino e Luiz Edson Fachin, pp. 872 e 873.

Infere-se de sua existência pela análise de fatos, como se alguém, ao invés de construir uma obra contratada, constrói outra, e recebe o pagamento. Ou se o devedor vai entregando produtos diversos dos previstos, sendo os mesmos recebidos pelo credor, e não opondo ele qualquer restrição.

De notar que, no período clássico do direito romano, não era o ânimo um elemento essencial, ressaltando Camillo Giardina: "No período clássico, a intenção específica de *novare* (*animus novandi*), isto é, de substituir a antiga obrigação pela nova, não era um dos requisitos essenciais da *novatio*. Este, porém, era então o efeito jurídico exclusivo do contrato formal com o mesmo objeto (*idem debitum*) da obrigação novada".[11]

Em quinto lugar, temos a exigência da capacidade de quem participa da novação. Surgindo uma obrigação nova, e ficando extinta a anterior, ou seja, havendo criação de direitos e obrigações, com abertura para concessões e acréscimo de encargos, devem as partes possuir capacidade plena, de modo a se fazerem assistir ou representar por quem de direito se relativa ou totalmente incapazes, mas sempre dependendo de autorização do juiz o ato. Passa a obrigação criada a valer totalmente, sendo, no entanto, anulável pelos vícios ou causas previstas para os atos jurídicos em geral. Camillo Giardina revela a extensão da exigência: "Ao extinguir uma obrigação e criar ao mesmo tempo uma nova, a *novatio* exige necessariamente a capacidade de agir por parte dos sujeitos da primeira obrigação. O credor deve poder renunciar aos seus direitos para libertar alguém de uma obrigação e o devedor, em geral, deve poder vincular-se validamente".[12]

A jurisprudência do STJ destaca tais requisitos, bem como a possibilidade de rever encargos das obrigações novadas: "A norma prevista no art. 361 do CC exige inequivocamente a existência da vontade de novar" (AgRg no Ag 1.414.193/RJ, 1ª Turma, j. em 20.10.2011, DJe de 27.10.2011, Rel. Min. Arnaldo Esteves Lima). "Hipótese em que, examinada a plausibilidade da alegação do exequente, com base na regra do art. 1.025 do CPC/2015, não se observou a presença dos os requisitos que importam na novação da obrigação, quais sejam 'a) a intenção de novar; b) a preexistência de obrigação; c) a criação de nova obrigação, que também pode ser reconhecida em razão da sua evidente incompatibilidade com a anterior' (REsp n. 1.257.350/AL, relator Ministro Luis Felipe Salomão, Quarta Turma, julgado em 23.10.2018, DJe de 21.11.2018.) 3. 'A renegociação de contrato bancário ou a confissão da dívida não impede a possibilidade de discussão sobre eventuais ilegalidades dos contratos anteriores' (Súmula nº 286/STJ)".[13]

25.4. NOVAÇÃO E DÍVIDA NATURAL

Embora as profundas divergências que lavram sobre o assunto, o entendimento mais consentâneo com a realidade é o que admite a validade da novação de dívida natural, que o atual Código, buscando dar maior abrangência, denomina "obrigação judicialmente inexigível".

---

[11] "Nel periodo classico l'intenzione specifica di novare (animus novandi), cioè di sostituire la nuova all'antica obbligazione, non era uno dei requisiti essenziali della novatio. Questa invece era allora esclusivo effetto giuridico di un contratto formale avente lo stesso oggetto (idem debitum) dell'obbligazione novata" (*Studi sulla Novazione nella Dottrina del Diritto Intermedio*, ob. cit., p. 33).

[12] "Estinguendo un'obbligazione e creandone ad un tempo una nuova, la *novatio* richiede necessariamente la capacità di agire da parte dei soggetti della prima obbligazione. Il creditore deve essere capace di rinunziare ai propri diritti per liberare uno da un'obbligazione e il debitore, in genere, deve potere obbligarsi validamente" (*Idem*, p. 42).

[13] AgInt no AREsp 2.059.146/SP, 4ª Turma, j. em 27.03.2023, DJe de 03.04.2023, Rel. Min. Raul Araújo.

Lembra-se de que a obrigação natural vem a ser a exigência de ordem social e moral, não regulada por lei, ou o comportamento imposto diante das conveniências de conduta pacífica entre os cidadãos, a fim de tornar mais fácil a convivência. Pode-se definir também como o conjunto de normas praticadas pela sociedade, que a dirige, mas não originadas as normas do Estado, e, assim, não constituindo leis, mas ditadas pela moral, pelo costume, pelo uso e por imposições para possibilitar a convivência. Nesta ordem, restringe-se a um dever de consciência, não podendo ser exigido o seu cumprimento.

Existem dispositivos do Código Civil que tratam da mesma, embora não disciplinada sistematicamente.

Assim o art. 882, que expressa: "Não se pode repetir o que se pagou para solver dívida prescrita, ou cumprir obrigação judicialmente inexigível". Vê-se, aí, uma mera consequência de quem pagou por uma obrigação que não era mais exigível por lei.

Outra referência à obrigação natural estava igualmente no art. 1.263 do Código revogado, onde aparecia um pagamento a que não era obrigada a parte: "O mutuário, que pagar juros não estipulados, não os poderá reaver, nem imputar no capital". Presumia-se que pagou voluntariamente, ou porque assim quis. A matéria, porém, não se apresentava simples, comportando a nulidade da exigibilidade, se infringida uma lei que estabelecesse uma taxa certa, como acontecia com o Decreto nº 22.636, de 1933.

Já no art. 814, relativamente a dívidas de jogo ou apostas, assinala-se: "As dívidas de jogo ou de aposta não obrigam o pagamento; mas não se pode recobrar a quantia, que voluntariamente se pagou, salvo se foi ganha por dolo, ou se o perdente é menor ou interdito". Nota-se claramente que as dívidas de jogo e apostas não determinam o respectivo pagamento. Uma vez, porém, paga a dívida ou a aposta espontaneamente, não se autoriza a ação de repetição. Mas, se celebrada a avença, a ainda não paga, é possível a recusa, desde que provada a origem. Há até doutrina que impede a novação, como defende Luis de Gásperi: "Las obligaciones naturales no son susceptibles de novación cuando son contrarias a la ley o al orden público sino unicamente en el caso de que puedan valer como obligaciones civiles. Obligación prohibida es la proveniente de juego o apuesta, que por expresa disposición del artículo 2.057 no puede ser objeto de compensación, ni de novación".[14]

Por outro lado, o art. 564, inc. III, também do Código Civil, mais explicitamente dando validade à obrigação natural, encerra: "Não se revogam por ingratidão: (...) III – as que se fizerem em cumprimento de obrigação natural". Nesta previsão, havendo uma doação para compensar o atendimento desprendido e generoso concedido ao doador, não cabe, posteriormente, a revogação.

Encontra-se, no art. 191, mais uma regra que envolve a obrigação natural, e concernente à renúncia da prescrição: "A renúncia da prescrição pode ser expressa ou tácita, e só valerá, sendo feita, sem prejuízo de terceiro, depois que a prescrição se consumar; tácita é a renúncia quando se presume de fatos do interessado, incompatíveis com a prescrição". Verificada a prescrição, e ciente o devedor, se houver a novação, mantém-se a obrigação. Ruy Cirne Lima sintetiza a questão: "Entre as mesmas partes, uma obrigação nova, idêntica pelo objeto à anterior, ineficaz ou inane, pode estabelecer-se validamente, suposto não persista, dissimulada, a causa da obrigação anterior, se reprovada [...] Qualquer que seja a natureza jurídica da operação, a nova obrigação se entenderá válida e exigível. Lacerda

---

[14] *Tratado de las Obligaciones*, ob. cit., vol. III, p. 128.

de Almeida diz, excelentemente: 'Subsiste [...] a segunda dívida, em seu caráter próprio, se os contratantes sabiam da não existência da primeira.'"[15]

Veja-se quanto à remissão de dívida – art. 386 da lei civil –, verificada quando há a devolução voluntária do título da obrigação ao devedor, acarretando a desoneração deste último e de seus coobrigados. Se tal aconteceu por mera liberalidade, ou por um impulso moral, é irrelevante ao direito, perfectibilizando-se o ato.

Do exposto depreende-se que a lei protege alguns efeitos da obrigação natural. Por isso, se as partes a respeitam e contratam sobre ela, não se impede que assim também o façam por meio da novação, desde que não oriunda a dívida de uma causa ilícita.

25.5. EFEITOS DA NOVAÇÃO

O pagamento de dívida antiga e o surgimento de uma nova, ou a troca dívida antiga por uma nova – este o principal efeito da novação. Com o desaparecimento da antiga, há uma série de decorrências: cessam os juros porventura incidentes na obrigação antiga, especialmente se já vencida; não mais há o estado de mora, se igualmente vencida a obrigação, com o que se tranca a possível ação oferecida para exigir a satisfação da obrigação.

Um outro efeito da maior relevância vem na primeira parte do art. 364: a extinção dos acessórios e das garantias: "A novação extingue os acessórios e garantias da dívida, sempre que não houver estipulação em contrário". Tanto na novação objetiva como na subjetiva, a eliminação da obrigação antiga traz a eliminação das garantias e dos acessórios. Desaparecem, pois, as multas, a cláusula penal, a fiança, a hipoteca, o penhor. Excepciona-se a hipótese de disposição em contrário, desde que não envolva terceiros, como lembrava Clóvis: "Se for envolvido na relação algum terceiro, cujas obrigações sejam conservadas, apesar da substituição novatória, será necessário que o consentimento dele dê validade ao ato".[16]

Robora a afirmação acima a segunda parte da regra do art. 364: "Não aproveitará, contudo, ao credor ressalvar o penhor, a hipoteca ou a anticrese, se os bens dados em garantia pertencerem a terceiro que não foi parte na novação". É claro que terceiros não podem ficar comprometidos nas relações em que estiveram pessoas alheias, lembrando Francisco de Paula Lacerda de Almeida: "É por isso que, estipulada a reserva das cauções e acessórios da primeira dívida, a hipoteca não pode ter outra data que não a da nova obrigação, e não se podem prorrogar essas garantias sem anuência dos fiadores e garantes hipotecários da antiga dívida: a novação celebrada entre credor e devedor é, com efeito, em relação àqueles garantes, *res inter alios acta*".[17]

No exposto *supra*, abrange-se o art. 366, especificamente quanto ao fiador: "Importa exoneração do fiador a novação feita sem o seu consenso com o devedor principal". É que o fiador se obrigou com determinado devedor, e não com o que veio depois. Ademais, extinta a obrigação principal, e, na novação, a primitiva, segue no mesmo rumo a acessória. Este dispositivo, no entanto, tem suscitado controvérsias nos contratos de locação, quando, mediante simples aditivos, alteram-se os aluguéis, ou os índices de reajuste. Não

---

[15] *Direito das Obrigações – art. 1.001 do Código Civil*, em 'Doutrinas Essenciais – Obrigações e Contratos' – Edições Especiais Revista dos Tribunais, vol. II (Obrigações: Funções e Eficácia), São Paulo, Thomson Reuters, Revista dos Tribunais. 2ª tir., orgs. Gustavo Tepedino e Luiz Edson Fachin, p. 918.
[16] *Direito das Obrigações*, ob. cit., p. 127.
[17] *Obrigações*, ob. cit., p. 343.

haveria novação, conforme bem coloca o advogado gaúcho José Fernando Lutz Coelho, apoiado em então jurisprudência do Tribunal de Alçada do Rio Grande do Sul: "O aditivo ao contrato de locação, no qual ajustem locador e locatário a majoração dos aluguéis e modificação do prazo de reajustamento não consiste em novação do pacto locatício, pois tal alteração não provoca a desaparição da obrigação antiga, característica indispensável e elemento nevrálgico para a configuração da novação, que basicamente extinguiria a obrigação primitiva, visto que o termo aditivo ou adendo ao contrato locatício não apresenta os elementos novatórios; existe, sim, apenas a atualização do valor locacional mediante acordo, que visa a diminuir a defasagem entre o valor do aluguel pago e o valor real do mercado ou mesmo para repor eventuais perdas decorrentes do processo inflacionário".[18] Restaria ao fiador a ação para o pedido de exoneração, no enfoque mais do art. 835.

Possível, é verdade não se caracterizar, nos aditivos ou adendos, a novação nos termos de sua conceituação. Entrementes, dada a interpretação restritiva, consoante o art. 819, não será atingido o fiador com as inovações introduzidas. Como ele aceitou determinado encargo, de conformidade com as condições avençadas, não lhe afeta o novo pacto. Responsabilizando-se pelo pagamento, lhe é indiferente a parte do contrato que não envolve o ponto crucial da garantia. Esta a exegese preferida pela jurisprudência anterior ao atual Código, mas perfeitamente aplicável, porquanto as disposições legais do antigo e do novo regime mantém idêntico sentido: "Houve transação com a locatária, da qual não participaram os fiadores, e com ela novação da dívida. A par de outros débitos criados, novas condições foram estabelecidas para a solução da dívida. Houve nitidamente modificação do débito resultante do contrato, não em razão de lei, mas por vontade das partes (locadora e locatária), sem nenhuma participação dos fiadores, que dessa maneira ficaram desvinculados da nova dívida. A esse entendimento conduz os termos da transação e o requisito da gratuidade do contrato da fiança, que determina ser ele interpretado restritivamente".[19]

O art. 365 trata da novação em obrigação solidária: "Operada a novação entre o credor e um dos devedores solidários, somente sobre os bens do que contrair a nova obrigação subsistem as preferências e garantias do crédito novado. Os outros devedores solidários ficam por esse fato exonerados".

Acontece que, na solidariedade, a obrigação é de um e de todos. Junto a um assegura-se a exigibilidade e perante todos os devedores. Por isso que, se o credor admitiu a novação com apenas um dos devedores, significou seu ato a dispensa ou exoneração dos demais. Se a tanto conduz a segunda parte do dispositivo acima, com mais razão quanto à restrição da garantia unicamente nos bens do que novou, segundo assinala o *caput* do mesmo preceito. Segue Maria Helena Diniz: "A novação ao extinguir o débito alforria os codevedores da relação obrigacional, assim sendo as garantias e preferências que recaiam sobre seus bens desaparecem e só poderão ressurgir se eles concordarem com isso. Se não o fizerem, ficam exonerados da obrigação."[20]

---

[18] Novação – Considerações Gerais. A Caracterização ou Não nos Aditivos a Contratos de Locação. *AJURIS – Revista da Associação dos Juízes do Rio Grande do Sul*, nº 66, Porto Alegre, mar. 1966, p. 333.

[19] Apel. c/ rev. nº 462.588-00/2, da 8ª Câm. Civil do 2º TACiv.-SP, de 04.10.1996, em *Revista dos Tribunais*, 737/308. No mesmo sentido tem se manifestado o Superior Tribunal de Justiça no Recurso Especial nº 160.045-MG, de 19.02.1998; no Recurso Especial nº 64.273-SP, *DJ* 09.10.1995; e no Recurso Especial nº 45.214-SP, *DJ* 30.05.1994.

[20] Novação, trabalho citado, pp. 878 e 879.

Lembra-se, ainda, de que, com o novo devedor, ou com a nova obrigação, aquelas exceções que tinha o anterior, ou que atingiam a antiga obrigação, não podem transmigrar para a nova relação. A presunção é de que o novo responsável reconheceu a validade da dívida, ao assumi-la. A nova dívida vem despida de todas as imperfeições ou comprometimentos da anterior, passando a valer com mais pujança da anterior.

25.6. NOVAÇÃO E RENEGOCIAÇÃO DE DÍVIDA

Está bastante em voga a renegociação de dívidas bancárias, interessando, aqui, aquelas decorrentes de financiamentos, ou da falta de pagamento das prestações avençadas em contratos relativos a crédito rural, industrial, comercial, habitacional, à exportação, e outros previstos em leis especiais, com garantia real. Ou seja, celebra-se um contrato específico, para determinada finalidade, e regulado por diplomas como o Decreto-Lei nº 167, de 1967 (crédito rural), ou o Decreto-Lei nº 413, de 1969 (crédito industrial), além de outros. A dívida contraída constitui-se de financiamento para uma atividade. Para tanto restou concedido, submetido sempre a um tratamento especial, em face da legislação específica.

Como o devedor não cumpre os pagamentos previstos, na maior parte das vezes em vista dos altos encargos embutidos, como juros extorsivos e capitalizados, e mais cláusulas penais repetidas e elevadas, visando o agente financeiro uma solução, e como que escoimar de dúvidas ou controvérsias o histórico da dívida primitiva, enceta uma renegociação da dívida, junto ao devedor, anulando a anteriormente existente, e surgindo uma nova, a qual parte da simples referência a determinado valor. Em vista da natureza que se procura imprimir à novação, apoiada em uma corrente doutrinária forte, firmou-se a impossibilidade da novação quando se dá uma simples renegociação.

Justifica-se o ponto de vista na finalidade que sustenta a existência da novação, que é a liberação ou a extinção de uma obrigação. Em princípio, por desaparecer a antiga e aparecer a nova obrigação, pouco resultado concreto advém ao devedor. Parte-se do axioma de que o elemento essencial para novar está no ânimo para tanto dirigido. Mas a dificuldade não está tanto em novar ou não. Ocorre que a renegociação envolve encargos acumulados através de um histórico duvidoso. Transformou-se em um expediente para impedir o retorno ao exame dos encargos que formaram a dívida, existente quando da novação. Aliás, passou a revelar um modo de perpetrar graves injustiças, de encobrir a espoliação. A força do poder econômico é que conduziu à exegese extremamente formalista, ignorando que as renegociações de dívida são aceitas porque colocadas como condições para novos financiamentos, sem os quais os produtores não podem seguir nos seus empreendimentos.

Uma inteligência que revela o âmago da injustiça e do formalismo mercantilista assenta-se no entendimento de que, tratando-se de execução de escritura pública de confissão de dívida resultante de renegociação de débito anterior livremente pactuado, não cabe a discussão sobre a causa subjacente. Operada a novação, extinguem-se as dívidas antecedentes, sendo inadmissível sua discussão em outro momento, como em processo de revisão e em embargos à execução. Havendo termo de renegociação, emerge a impossibilidade de discussão acerca de encargos anteriores.

Acontece que, com tal interpretação, desvirtuam-se as finalidades específicas dos financiamentos. Se dirigidos ao financiamento rural, há a proteção estabelecida no Decreto-Lei nº 167, de 1967, com os benefícios próprios, inclusive quanto à mora, restrita a penalidade a juros em mais 1%, e à cláusula penal, de até 10%, mas só exigível no caso de encetada a cobrança (arts. 5º, parágrafo único, e 71). Uma vez celebrada a renegociação, e dando-se aquela interpretação, impede-se o retorno à averiguação das ilegalidades perpetradas na montagem da dívida. O que, para fixar-se num exemplo, a própria regulamentação que trata da securitização das dívidas agrárias – Lei nº 9.138, de 1995, dispõe ao contrário, impondo, no art. 5º, § 11, o fornecimento ao mutuário de "extrato consolidado de sua conta gráfica, com a respectiva memória de cálculo, de forma a demonstrar discriminadamente os parâmetros utilizados para a apuração do saldo devedor". Se tanto exige, e não passando a renegociação prevista na Lei nº 9.138 de uma novação, é porque não se pode ignorar os elementos anteriores. De certa forma, leva-se a admitir o perigo de se aceitar a transmissibilidade renovadora, como muitos defendem, e não a transladação de uma obrigação anteriormente contraída, que dominava no direito romano, aspecto examinado no item primeiro do presente capítulo.

O mais grave, porém, está em que, embora a novação, ficam mantidas as garantias reais que protegiam as dívidas antes da renegociação. Se, pelos princípios vistos, a novação importa em criar uma nova obrigação com a extinção da anterior, não podem subsistir as cédulas rurais ou industriais, hipotecárias ou pignoratícias, admitidas unicamente para dívidas dirigidas para os financiamentos específicos. Uma vez efetuada a renegociação, é primário que não mais persiste qualquer financiamento.

O Superior Tribunal de Justiça tem consolidado a possibilidade de revisão, conforme a linha do seguinte exemplo: "Possível a revisão de cláusulas celebradas antes da novação por instrumento de confissão de dívida, se há uma sequência na relação negocial e a discussão não se refere, meramente, ao acordo sobre prazos maiores ou menores, descontos, carências, taxas compatíveis e legítimas, limitado ao campo da discricionariedade das partes, mas à verificação da própria legalidade do repactuado, tornando necessária a retroação da análise do acordado desde a origem, para que seja apreciada a legitimidade do procedimento bancário durante o tempo anterior, em que por atos sucessivos foi constituída a dívida novada" (REsp nº 132.565-RS, da 4ª Turma, j. em 12.09.2000, *DJU* de 12.02.2001).

Em outra manifestação: "A renegociação de contratos bancários não afasta a possibilidade de discussão judicial de eventuais ilegalidades" (REsp nº 237.302-RS, da 4ª Turma, j. em 8.02.2000, *DJU* de 20.03.2000. Ainda, em vários outros julgamentos, como REsp nº 205.532-RS, da 4ª Turma, j. em 22.06.1999, em Revista do Superior Tribunal de Justiça, 127/329; REsp nº 230.559-RS, da 4ª Turma, DJU de 17.11.1999). Mesmo que depois de novado o contrato, admite-se a revisão, conforme o seguinte exemplo de decisão do STJ: "na Súmula n. 286/STJ estende-se a situações de extinção contratual decorrente de quitação, novação e renegociação".[21]

No voto, lembra-se precedente: "Os contratos são passíveis de revisão judicial, ainda que tenham sido objeto de novação, quitação, extinção, pois inviável a validação de obrigações nulas. Incidência analógica da Súmula 286/STJ. [...] Agravo regimental não provido (AgRg no REsp n. 1.296.812-PR, Quarta Turma, relator Ministro Marco Buzzi, *DJe* de 11.12.2012)."

---

[21] REsp 1348081/RS, da 3ª Turma, rel. Min. João Otávio de Noronha, j. em 6.06.2016, *DJe* de 21.06.2016.

XXVI
Compensação

26.1. DEFINIÇÃO E UTILIDADE DA COMPENSAÇÃO

Está-se diante de um instituto de grande importância nos mais diversos setores da vida, utilizável em todos os ramos do direito, e seguidamente invocado, mas provocando graves controvérsias na aplicação prática.

Em princípio, afigura-se profundamente injusto cobrar de alguém se a pessoa possui créditos a receber. Por isso, assinalava Pothier, "la equidad de la compensación es evidente; y queda establecida por el interés común de las partes entre quienes se hace la compensación".[1] Há implicação direta com o disposto no art. 476 do Código Civil: "Nos contratos bilaterais, nenhum dos contratantes, antes de cumprida a sua obrigação, pode exigir o implemento da do outro". Efetivamente, como insistir no cumprimento se a própria pessoa credora está devendo? É claro que o dispositivo acima se restringe às relações decorrentes do contrato que as pessoas celebraram, enquanto a compensação se estende a quaisquer obrigações, não importando de qual contrato derivaram. De qualquer forma, há uma incongruência procurar que alguém pague, se a pessoa está devendo. Lembrava Luiz da Cunha Gonçalves: "Não é justo que uma pessoa tenha de pagar o seu débito a quem não lhe paga o seu crédito, de igual ou superior importância. *Dolo facit qui petit quod redditurus est*, diziam os romanos".[2]

Antes de entrar no aspecto crítico do assunto, no entanto, impõe-se que se apresente o instituto, na sua conceituação jurídica. De início, insta saber que há duas pessoas, as quais têm créditos e débitos uma em relação à outra. O binômio credor e devedor inverte-se em devedor e credor. O credor é ao mesmo tempo devedor de seu devedor, e este é credor de seu credor. Há aparente redundância de palavras, mas que, na prática, tal não ocorre, porquanto se tem um crédito a receber e, ao mesmo tempo, deve-se uma obrigação. E para evitar que cada pessoa ingresse com a ação de cobrança, ora figurando como autora e ora como ré, permite o direito que tudo se resolva na mesma relação, ou na mesma ação.

Chega-se a que existem dois créditos e duas obrigações. A compensação extingue os dois créditos e os dois débitos. Define-se a compensação, pois, como o desconto, ou o encontro de contas, que duas pessoas fazem uma em relação à outra, relativamente ao que devem e têm a receber. Duas dívidas reciprocamente se extinguem até a quantia concorrente, acrescentava Francisco de Paula Lacerda de Almeida.[3] Ou há o encontro de contas entre

---

[1] *Tratado de las Obligaciones*, ob. cit., p. 390.
[2] *Tratado de Direito Civil*, ob. cit., vol. V, p. 9.
[3] *Obrigações*, ob. cit., p. 315.

pessoas que são simultaneamente devedora e credora uma da outra. Daí, pois, constituir a extinção de duas dívidas contrapostas, que ligam duas pessoas e nas quais cada uma destas é simultaneamente devedora e credora da outra.[4]

Trata-se de um instituto de grande utilidade, que abrevia o cumprimento das obrigações. Evita uma dupla cobrança, ou o pagamento recíproco. Abrevia a operação da cobrança da quantia menor. Lembrava Serpa Lopes: "Na verdade, o instituto da compensação se faz necessário, por duas considerações importantes: em primeiro lugar, o efeito da compensação, extinguindo automaticamente ou por declaração do interessado os dois créditos recíprocos, é salutar no sentido da economia processual. Não há necessidade, para os que se encontram em tal situação, de se valerem de duas ações distintas, com maiores encargos, sem outros resultados práticos. Em segundo lugar, age beneficamente em prol da própria segurança do crédito. Separadas as duas ações, um dos credores-devedores pode se tornar insolvente, após satisfeito no crédito, e acarretar uma situação prejudicial ao outro credor, que ainda teria uma ação, ou mesmo estando com ela em andamento".[5] Oportuna, também, a lição de Euclides de Mesquita: "Pode-se, assim, considerar a compensação um instituto criado para evitar que o devedor que paga tenha que acionar o outro devedor para pagar o que este lhe deve. É a aplicação de um princípio de economia pública, que exige que as trocas sejam realizadas com a menor circulação de moeda. É uma *solutio* recíproca. É o desconto de uma dívida a outra, até a concorrente quantia".[6]

A qualquer setor das obrigações estende-se a compensação. Inclusive com as obrigações das pessoas jurídicas de direito público, porquanto há situações de uma contradição que provoca pasmo e revolta. Enquanto o Estado deve obrigação líquida, certa e exigível, também é credor, como em uma dívida fiscal. No entanto, como está amparado no instituto do precatório, nega-se a compensar. Exige, sem qualquer bom senso, a satisfação de seu crédito, sustentando que o cumprimento do que deve há de seguir a lei, com o ingresso do montante em orçamento, para pagar na época prevista. No entanto, se possível de execução pelo precatório, é porque a dívida é já inquestionável, e, assim, exigível.

Quanto ao imposto de relativo à circulação de mercadorias e sobre operações de serviços de transporte e de comunicação – ICMS, entrementes, vem expressa a garantia da compensação, quanto ao valor pago na operação de entrada, estabelecendo o art. 155, § 2º, inciso I, da Constituição Federal: "Será não cumulativo, compensando-se o que for devido em cada operação à circulação de mercadorias ou prestação de serviços com o montante cobrando nas anteriores pelo mesmo ou outro Estado ou pelo Distrito Federal".

26.2. ELEMENTOS HISTÓRICOS

Provém a compensação de época antiquíssima, ou de período da história em que dominavam os metais como fatores de uso comum para representar o valor das coisas. Não havia a moeda, mas utilizavam-se o bronze, o ferro, a prata, tomando por base o peso para aquilatar o custo de bens que se desejava adquirir. Embora muitos vejam a origem do instituto no verbo *pensare*, antecedido do prefixo *cum*, significando "com" e "pesar", não se encontrando no vernáculo uma origem condizente com o significado, o

---

[4] Antunes Varela, *Direito das Obrigações*, ob. cit., vol. 2, p. 227.
[5] *Curso de Direito Civil – Obrigações em Geral*, ob. cit., vol. II, pp. 271 e 272.
[6] *A Compensação no Direito Civil Brasileiro*, São Paulo, LEUD – Livraria e Editora Universitária de Direito, 1975, p. 54.

mais coerente é dar o significado de sopesar, medir, isto é, pender de um lado para outro, conforme o peso do crédito e do débito, até encontrar um equilíbrio. Luis Maria Boffi Boggero, retirando a origem da palavra *compensatio* nos termos *pensare* e *cum*, cita uma frase de Modestino, pela qual os débitos e os créditos são verificados entre si.[7]

José de Moura Rocha historia a razão do instituto: "Fruto do bom-senso, a compensação surgiu para ser utilizada nas relações entre banqueiros e os seus credores e se constituiu forma de extinção de obrigações recíprocas, total ou parcialmente. Joers Kunkel apresenta-nos, entre os diversos casos de compensação do direito clássico, a *agere cum compensatione* do banqueiro como sendo a que mais se identifica com a compensação moderna e, para caracterizá-la, nada como que a ilustração oferecida apor Édouard Cuq: 'O saldo das somas que duas pessoas devem entre si, calcando-se evidentemente em Modestino: 'A compensação é débito e crédito' (Édouard Cuq, *les Institutions Juridiques Romains*, vol. 2, p. 532, onde, igualmente, salienta:' A palavra compensação, de *pendere cum*, desperta a ideia de uma pesagem, de uma balança (nota 2). Cf. Joers-Kunkel, *Derecho Privado Romano*, p. 289)".[8]

De modo que as partes procuram colocar pesos iguais na balança, isto é, um montante em cada lado que se equivalem. Entrega-se o suficiente para cobrir aquilo de que se é devedor, abatendo-se o que se tem a receber. Assim se expressa Luis de Gásperi: "Viene la palabra 'compensación' derivada de las latinas *pendere cum*, de que los romanos se sirvieron para connotar la idea de un balance establecido entre dos deudas recíprocas de la misma naturaleza por virtud del cual cada deudor podía retener lo que por su parte el acreedor le debía, y viceversa, de suerte que, por virtud de esta retención, tuviese lugar una especie de pago ficticio de objeto de dichas deudas hasta donde por su coexistencia ambas se neutralizaran y no se quedase obligado a prestar sino el excedente a favor del que resultase acreedor".[9]

Mais tarde, justamente em vista do significado acima, veio a *deductio*, isto é, o direito de deduzir, reter ou descontar da dívida exigida o montante de que se era credor. Princípio que passou a valer desde tempos antigos, até chegar ao atual estágio, não mais vigorando a propositura de uma ação específica para obter ganho de causa.

26.3. NATUREZA JURÍDICA

Sem dúvida, constitui a compensação um pagamento. Se a pessoa deve e é credora, com o que tem a receber paga aquilo que está pendente. Embora o pagamento envolva toda a obrigação, não há dúvida que, pelo menos em parte, a dívida é extinta. Desaparecendo a mesma, em face do crédito que tem alguém a receber, não resta dúvida quanto ao caráter de pagamento. Aliás, assim está previsto no art. 368 do Código Civil: "Se duas pessoas forem ao mesmo tempo credor e devedor uma da outra, as duas obri-

---

[7] *Tratado de las Obligaciones*, ob. cit., t. 4, p. 355.
[8] "La balance des sommes deux personnes se deivent réciproquement', calcando-se evidentemente em Modestino: 'Compensatio est debit et crediti inter se contributio' (Édouard Cuq, *les Institutions Juridiques Romains*, vol. 2, p. 532, onde, igualmente, salienta: 'Le mot compensation, de pendere cum, éveille l'idée d'une pesée, dúne balance' (nota 2). Cf. Joers-Kunkel, *Derecho Privado Romano*, p. 289)" (*Da Compensação*, em 'Doutrinas Essenciais – Obrigações e Contratos' – Edições Especiais Revista dos Tribunais, vol. II (Obrigações: Funções e Eficácia), São Paulo, Thomson Reuters, Revista dos Tribunais. 2ª tir., orgs. Gustavo Tepedino e Luiz Edson Fachin, p. 830).
[9] *Tratado de las Obligaciones* – Parte Especial, vol. III, p. 171.

gações extinguem-se, até onde se compensarem". Nesta linha, há um duplo pagamento, ou melhor, um pagamento de cada lado das partes envolvidas no contrato. Mutuamente estando a dever e tendo créditos para receber, sua dívida anula-se até o montante de que é credor. De ambos os lados, cessam as obrigações, pelo menos até a importância dos débitos e créditos. Ou extinguem-se até onde concorrem as dívidas com os créditos. É verdade que o pagamento não equivale, aqui, como a transferência de uma importância em dinheiro, em vista da não circulação física de quantias monetárias, ou de bens, mas de anulação ou redução por causa de idêntico ou parecido crédito que tem o devedor. Não entrega o devedor uma importância determinada. Porque tem a receber, ele retém a importância que lhe é devida.

Mantém-se clara a colocação de Carvalho Santos: "O próprio credor se paga deixando de pagar o que deve ao seu devedor. A compensação evita, realmente, o pagamento..., mas apenas no sentido de dispensá-lo seja feito pelo próprio devedor, precisamente porque o credor já foi pago por outra forma, estabelecida na lei".[10]

Há, no entanto, certa corrente sustentando a natureza de garantia de pagamento, lembrando Euclides de Mesquita: "De qualquer maneira, defrontam-se duas ordens de pensamento; de um lado, as legislações que consideram a compensação como um modo de extinção das obrigações, sendo a medida um simples pagamento forçado, e de outro, a ideia de que a compensação é um privilégio outorgado ao credor, antes uma garantia que um pagamento, ou como diz Mazeaud 'os direitos modernos que seguiram o Código Alemão reuniram-se no sistema intermediário de Bartole. A compensação é considerada uma garantia'".[11]

26.4. ESPÉCIES

Três as espécies em que se desdobra a compensação, o que vem desde a sua formação: a legal, a convencional e a judicial.

A primeira, como o nome indica, decorre da lei, sendo irrelevante a vontade das partes. A recusa injustificada não afasta o direito. No entanto, não é possível impô-la se não preenchidos os requisitos de lei, conforme será observado adiante. Nem cabe ao juiz determiná-la de ofício, sendo óbvia a manifestação de iniciativa do interessado. Constitui a espécie regulada pelo Código Civil.

A segunda, também chamada de contratual ou convencional, tem origem na vontade ou no assentimento das partes. Há uma convenção, uma disposição mútua, o que lhe dá o caráter de facultativa, porquanto não obrigatória. Pouco interfere, aqui, a sentença do juiz, a não ser que, uma vez estabelecida por mútuo consenso, nega-se um dos evolvidos ao seu cumprimento. Aduz, quando à validade, Karl Larenz: "Para la validez de este contrato de compensación sólo se requiere que ambos créditos existan y vayan dirigidos a la obtención de prestaciones homogéneas, y que cada parte contratante pueda disponer del crédito que ofrece en compensación (por tanto, no es necesario que sea acreedora".[12]

---

[10] Ob. cit., vol. XIII, p. 216.
[11] "les droits modernes qui ont suivi le Code Allemand se sont ralliés au systéme intemédiare de Bartole. La compensation est considerée comme une garantie" (*A Compensação no Direito Civil Brasileiro*, ob. cit., p. 51).
[12] *Derecho de Obligaciones*, ob. cit., t. I, 438.

Finalmente, há aquela judicial, ou ordenada judicialmente, mas em vista de uma previsão legal. Distingue-se da legal porque ordenada pelo juiz, mas não deixa de enquadrar-se naquela. Normalmente, alega-se na reconvenção o crédito, postulandose o abatimento da dívida que julga procedente uma ação.

De outro lado, em consonância com o direito vigente, unicamente as prestações fungíveis podem compensar-se. Não há direito em estender o direito em contratos que envolvem bens que não se apresentam da mesma espécie, qualidade e quantidade, lembrando, porém, quanto à quantidade, que não se coloca como impedimento ao direito. Nas obrigações de fazer e não fazer, fica excluído o direito.

26.5. REQUISITOS

Considerando que a regulamentação diz respeito à compensação legal, unicamente para esta restringem-se as condições exigidas para o seu reconhecimento. Quanto à voluntária ou convencional (contratual), vale o que as partes convencionam, posto envolver um ato de disposição das mesmas.

Há os que as dividem em subjetivas e objetivas, mas sem maior relevância prática. Importa analisar o que se requer para o reconhecimento, nada trazendo de útil a divisão em classes. Por isso, examinam-se os requisitos de modo geral. O art. 369 oferece uma visão geral de como devem ser as dívidas: "A compensação efetua-se entre dívidas líquidas, vencidas e de coisas fungíveis". Percebem-se aí vários requisitos, que serão estudados individualmente, que já vinham no direito antigo, como resume José de Moura Rocha:

"Com o advento do Código Civil (de 1916), consolidou-se o princípio da compensação legal, e há de se ter presente para produzir os seus efeitos:

a) Reciprocidade das obrigações;

b) Que sejam fungíveis;

c) Que sejam líquidas e certas."[13]

O primeiro requisito, e que antecede os do dispositivo referido, está na reciprocidade das obrigações, ou seja, a compensação se realiza entre créditos e débitos que envolvem as mesmas pessoas. É exigência primária que assim seja. Mostra-se inconcebível que créditos de terceiros sejam devolvidos. Há duas pessoas, cada uma das quais aparecendo como credora e devedora, no que se coaduna com a redação do art. 368: as duas pessoas são ao mesmo tempo credora e devedora uma da outra.

Em segundo lugar, aparece a liquidez das obrigações. Unicamente as dívidas perfeitamente calculadas, com o montante devidamente indicado e certo, é que se sujeitam à compensação. Além de determinada a importância da prestação, não depende de termo ou condição, e muito menos está sujeita a controvérsias. Efetivamente, como pretender que se anulem através da compensação dívidas não calculadas ou dependentes de perícia, de provas, de consistência? Nesta ótica pronunciou-se a jurisprudência: "A compensação de débitos opera-se entre dívidas líquidas e vencidas. Não se revela possível a compensação de débitos contestados que se encontram pendentes de julga-

---

[13] *Da Compensação*, trabalho citado, p. 850.

mento. Inteligência do art. 1.010 do CC".[14] Recorda-se que o art. 1.010 corresponde ao art. 369 do atual diploma civil.

Indispensável definir o *quantum debeatur*. Mesmo que dúvidas não persistem no tocante ao *an debeatur*, não é aceitável a compensação de dívidas provenientes de honorários advocatícios ou médicos, se dependente o valor de arbitramento. Não é justo que se submeta o devedor, que também possui um crédito, ao aguardo da liquidação através de cálculo ou perícia.

A obrigação líquida é a definida, determinada, estabelecida em um montante fixo e calculado. Não cabe mais perquirir sobre a sua existência, ou contestá-la, porquanto ou as partes aquiesceram sobre a sua certeza, ou está ela estabelecida e fixada na lei, ou em decisão judicial veio consolidada.

Não se pense que a mera contestação retira a liquidez. Para alcançar este efeito, impende que a oposição da outra parte tenha procedência, ou venha a merecer reconhecimento pelo juiz. Não admitida como válida, a simples colocação de dúvidas não terá alcance algum.

Aparece, seguindo, a exigibilidade da dívida, no sentido de encontrar-se vencida, livre e incondicionada. Pode ser reclamada a qualquer tempo, posto que já atingiu o termo da exigibilidade, não dependente de uma condição suspensiva, nem estando prescrita, e muito menos encontrando-se sujeita a limitações. Se condicional, ou dependente de um evento para ser reclamada com sucesso, já carece de exigibilidade.

Indo adiante, temos a fungibilidade. Efetua-se a compensação entre dívidas que abrangem coisas fungíveis, ou aquelas mercadorias que são apreciadas e consideradas pela massa quantitativa, de fácil substituição por outras. Apresentam-se fungíveis entre si, isto é, umas substituíveis pelas outras, sem desvirtuar sua natureza e qualidade. O art. 370 vem em socorro a esse entendimento: "Embora sejam do mesmo gênero as coisas fungíveis, objeto das duas prestações, não se compensarão, verificando-se que diferem na qualidade, quando especificada no contrato". Tendo qualidade diferente, as prestações diferem entre si, apresentando-se com corpo certo, ou cada uma revelando a sua individualidade. Diferem no seu valor, eis que alterada a composição. Mesmo que idêntico o gênero, e assim quanto, *v.g.*, a animais da mesma raça, impossível pretender a compensação se variável substancialmente a idade, a ponto de um ser imprestável para a procriação. Com mais razão se diferentes as raças, e assim com outros seres e coisas. Obrigando-se uma pessoa a entregar uma quantidade de cereal, como arroz, ou soja, ou trigo, não pode pretender que seja compensado com idêntico produto de que é credor, se este de qualidade superior, ou com um menor grau de umidade. De sorte que são elementos indicativos da inviabilidade de compensação as diferenças de qualidade, procedência, fabricação, raça, cor, idade, período de duração, que, geralmente, aparecem nos contratos. Mostram-se precavidas as pessoas em bem colocar a especialidade dos bens objeto de contratos, o que se acentua na medida em que avança a técnica e maior se torna a concorrência.

Com mais ênfase impede-se a compensação quando as obrigações que ligam os contratantes são dívidas de dinheiro, mas estabelecidas em moedas diferentes. Assim quanto ao dinheiro brasileiro e ao dos Estados Unidos, porquanto evidente a diferença de cotação ou poder de aquisição entre um e outro.

---

[14] *Apel. Cível* nº 30.297-2, da 2ª Câm. Civil do TJ do Distrito Federal, de 15.10.1996, em *Revista dos Tribunais*, 738/368.

Reclama-se, também, que as dívidas venham definidas quanto à determinação de seu objeto, ou que se especifique qual a coisa devida. Ambos os contratantes indicam a obrigação, não se requerendo a indicação por atos específicos. Neste sentido, parece incogitável a compensação se há pluralidade de obrigações, cabendo a escolha de uma delas, ou nas obrigações alternativas. Enquanto não apontada qual deve ser cumprida, não cabe exigir que se compense com outra que o credor deve. Como a compensação requer coisas do mesmo gênero, as indeterminadas, e assim as fungíveis, ou substituíveis umas por outras, uma vez que se dê a determinação da coisa, com a sua especificação, se lhe empresta uma individualidade própria. Efetuada a escolha, a coisa perde a qualidade de indeterminada, e torna-se corpo certo. O mesmo ocorre se a escolha pertence a um dos credores, posto que, uma vez efetuada, opera-se a determinação, passando a ser corpo certo. Se cabe a um dos credores a escolha, é porque assim ficou previsto pelos contratantes, ou porque convencionaram a respeito, levando a compensação ao plano facultativo, e dirigida segundo a vontade das partes.

Por último, existe a homogeneidade, no sentido de poderem os respectivos objetos se confundir, se misturar. Há as mesmas coisas, e assim compensa-se dívida de dinheiro com outra também de dinheiro, ou a de um cereal específico com outro igual. Nesta parte, aliás, ingressa-se na fungibilidade, que abrange aquela.

26.6. OBRIGAÇÕES INCOMPENSÁVEIS

É claro que as obrigações que não preenchem os requisitos acima abordados não se submetem à compensação. Torna-se complexa uma discriminação, pois imporia uma nomeação extensa, dificilmente alcançável. Sempre ficaria uma de fora ou uma nova apareceria.

Não são compensáveis as prestações de coisas incertas, o que constava expressamente assinalado no art. 1.012 do Código de 1916. Isto desde que a escolha pertencesse aos dois credores, ou a um deles como devedor de uma das obrigações e credor da outra.

Salienta-se que as coisas incertas equivalem a coisas indeterminadas, as quais admitem a compensabilidade unicamente quando do mesmo gênero. É que aí equivalem a coisas fungíveis.

Não cabe a compensação quando a escolha couber ou aos dois credores, ou a um deles, como devedor de uma das obrigações e credor da outra. Nas prestações de coisas indeterminadas, a escolha é atribuível ao devedor, em princípio, e, mais raramente, ao credor. Todavia, em se tratando de obrigações recíprocas, quando fica determinada a obrigação, ou a mesma vem a ser individuada, não mais perdura a indeterminação. Torna-se prestação de uma coisa certa, de um corpo definido, e aí não cabe a compensação. Observava Carvalho Santos: "A razão é óbvia: com a escolha que o credor terá de fazer, antes de iniciar a ação de cobrança, a obrigação perde a sua qualidade de indeterminada, tornando-se de corpo certo e determinado, o que impossibilita... a compensação legal. Exemplificamos: 'Joaquim' aciona 'Pedro' para conseguir o cavalo 'Sargento', que havia escolhido, de acordo com o contrato. 'Pedro', a seu turno, poderia escolher outro cavalo determinado, por exemplo o 'Mossoró', a fim de escapar da compensação. Vale dizer: ficaria ao arbítrio de 'Pedro' escolher o mesmo cavalo 'Sargento' para se operar a compensação, que já não seria, por isso mesmo, necessária, mas apenas facultativa".[15]

---
[15] Ob. cit., vol. XIII, p. 272.

Todavia, se couber aos dois devedores a escolha, e mantendo-se indeterminadas as coisas, é admitida a compensação. Tanto ocorre se a uma pessoa incumbe eleger um cavalo indeterminado, e ao outro devedor também assegurar-se idêntica escolha. Como aos dois devedores reconhece-se a opção por um animal indeterminado, sendo um devedor do outro, aquele que for acionado para cumprir a avença pode colocar como óbice a oferta do animal indeterminado.

Pertencendo aos dois credores a escolha, não há compensação porque fica determinada a obrigação. Ou quando ambas as partes afiguram-se como credores uma da outra, e exercendo a opção passam a ser determinadas as coisas, não cabe a compensação. Todavia, podem opor a compensação se elas se colocam entre si como devedoras.

Mais particularidades importam ser analisadas.

De acordo com primeira parte do art. 371, "o devedor somente pode compensar com o credor o que este lhe dever (...)". Foi decidido, em tempos pretéritos: "Para que se possibilite a compensação, é mister, dentre outros pressupostos, a reciprocidade das obrigações. O devedor poderá compensar com o credor apenas o que este lhe dever". Nem a dívida da sociedade a que pertence com o crédito que possui, segue o *decisum*: "Eis por que não se pode compensar o débito de uma sociedade dotada de personalidade jurídica com o crédito de um dos sócios; não são as mesmas as pessoas; não se pode compensar a dívida do tutor com o crédito do tutelado; nem a do representante com o crédito do representado".[16]

Fica, pois, a compensação entre o débito e o crédito, até onde se equivalem, do credor e do devedor.

A diferença de causa ou da origem da dívida não impede a compensação. Não interessa se a pessoa deve em virtude de uma prestação de serviços, ou da compra de uma mercadoria. Há, no entanto, exceções. Alguns tipos de dívidas não se sujeitam à compensação. O art. 373 fornece a discriminação:

"A diferença de causa nas dívidas não impede a compensação, exceto:
I – se provier de esbulho, furto ou roubo;
II – se uma se originar de comodato, depósito ou alimentos;
III – se uma for de coisa não suscetível de penhora".

A origem especial de certas obrigações não aconselha a compensação. Ensejaria, como nas hipóteses do inciso I, a prática de atos ilícitos. As pessoas praticariam alguns delitos com a finalidade de compensar os créditos que possuem junto às vítimas dos delitos. Se admitida a compensação na dívida originada de furto, abrir-se-ia o caminho para a prática do delito. Furtar-se-ia junto ao devedor, cujo produto abateria o montante da dívida que o autor do delito tem a receber perante ele. Indiretamente chegar-se-ia a tal situação. De outro lado, aduz Karl Larenz: "Porque el que dolosamente causa un daño a otro no puede quedar libre tan fácilmente compensando con un crédito suyo propio, quizá incobrable de otra forma".[17]

Já pelo inciso II, impossível a compensação quando a dívida decorreu de comodato, depósito ou alimentos. Máxime quanto às dívidas provenientes do contrato de depósito e

---

[16] Apel. Cível nº 226.899-1, da 3ª Câm. Cível do TA de Minas Gerais, de 20.11.1996, em *Revista dos Tribunais*, 739/411.
[17] *Derecho de Obligaciones*, ob. cit., t. I, p. 431.

de alimentos. No primeiro, verificada uma quebra da confiança, importaria em desconsiderar tamanha desonestidade. No caso de alimentos, não esquecendo a fixação em vista do próprio direito à subsistência, enfraqueceria a exigibilidade, e prestar-se-ia a inúmeras falcatruas, constrangendo, *v.g.*, a parte necessitada a reconhecer dívidas, ficando sem a garantia do sustento no futuro. Colaciona-se a fundamentação de Colmo: "Lo incompensable de la deuda de alimentos responde a lo indispensable de ésta... *Primum vivere*! Sería extraordinario que quien deba prestarme alimentos me saliera con que compensa esa obligación con la que yo le debo por un servicio prestado o por una adquisición cualquiera, y me dejara así morir de hambre".[18]

Em vista do inciso III, se não autoriza a penhora sobre o bem dado em pagamento, equivale a não corresponder a compensação ao pagamento. Como é a constrição dos bens, com a sua posterior alienação, que realiza o pagamento, está claro que, impedida a penhora, não enseja a realização do numerário para ensejar o pagamento, e, assim, a extinção da obrigação. Nesta ordem, não tem força legal a compensação que envolve bens impenhoráveis, como os indicados no art. 833 do Código de Processo Civil, na Constituição Federal (art. 5º, inciso XXVI), e na Lei nº 8.009, de 1990, destacando-se, dentre outros, os inalienáveis, os salários ou vencimentos, os instrumentos de trabalho, as pensões, a pequena propriedade rural desde que trabalhada pela família, o imóvel residencial e os bens e os móveis que guarnecem a casa.

O art. 375 traz outras causas de impossibilidade de compensação: "Não haverá compensação quando as partes, por mútuo acordo, a excluírem, ou no caso de renúncia prévia de um delas". Ou seja, há mútuo acordo ou renúncia prévia se operada qualquer uma das hipóteses antes da compensação. Verifica-se quando da constituição da dívida, ou depois, mas antes de celebrar-se a compensação. Por interessar exclusivamente aos particulares, admite-se a renúncia. No entanto, se celebrado o acordo depois de já efetuada a compensação, é legítima a procura da obstaculização dos efeitos.

O art. 374 estendia as disposições do Código Civil à compensação das dívidas fiscais e parafiscais: "A matéria da compensação, no que concerne às dívidas fiscais e parafiscais, é regida pelo disposto neste Capítulo". O dispositivo, no entanto, restou revogado pela Lei nº 10.677, de 22.05.2003, pois inadmissível que o Código Civil disciplinasse assunto de cunho tributário, interferindo, pois, em campo alheio, quando o tratamento é específico.

O art. 1.017 do Código revogado, em redação compatível aos regramentos próprios, inviabilizava, em princípio, a compensação sem lei que autorizasse: "As dívidas fiscais da União, dos Estados e dos Municípios não podem ser objeto de compensação, exceto nos casos de encontro entre a administração e o devedor, autorizados nas leis e regulamentos da Fazenda".

A matéria envolve assunto de profunda importância. O mero fato de o particular ser credor da União, do Estado ou dos Municípios, e ao mesmo tempo devedor, não autoriza a procurar a compensação. Para tanto, necessária a existência de lei especial, autorizando o dito direito.

Na prática, porém, especialmente as legislações dos Estados, quanto ao ICMS e até ao IPI, havendo crédito tributário, sempre é permitida a compensação, nas operações de saída, o que, aliás, permitem, respectivamente, o art. 155, § 2º, inciso I, e o art. 153, § 3º, II, da Carta Magna Federal. Do contrário, restaria ofendido o princípio da não cumulatividade. O Código Tributário Nacional (Lei nº 5.172, de 1966), no art. 170, já assegurava a

---

[18] *De las Obligaciones en General*, ob. cit., p. 560.

autorização para a lei estabelecer a compensação de "créditos tributários com os créditos líquidos e certos, vencidos ou vincendos, do sujeito passivo contra a Fazenda Pública". Ficou decidido: "A compensação de tributos pressupõe a existência de crédito reconhecido pela Administração ou por via judicial. Nesta hipótese, pode-se pleiteá-la desde logo ou pedir a repetição de indébito, utilizando a sentença como título comprobatório do crédito". Adiante, com base em lição de Hugo de Brito Machado: "A compensação a que alude o art. 170, do CTN, pressupõe a existência de crédito tributário. Pressupõe, em outras palavras, lançamento já consumado... A compensação, portanto, pressupõe existência de crédito reconhecido pela administração ou por via judicial". Como por via judicial? Quando há sentença que declare indevido o imposto, segue o acórdão: "Se o pagamento indevido decorre da inconstitucionalidade da lei, só pode ser compensado através de sentença judicial. Pode tanto pedir a declaração do indébito, utilizando a sentença como título comprobatório do crédito, como, desde logo, pleitear a compensação, hipótese em que se deverá examinar se há incompatibilidade da exação com a Constituição e se estão preenchidos os requisitos para o exercício de seu direito".[19]

A abordagem acima tem em vista as dívidas fiscais. Se existente lei, não se coíbe a compensação de dívidas fiscais com as do Estado de natureza diferente. Sobre a matéria, eis a manifestação do Superior Tribunal de Justiça: "A compensação tributária pressupõe o confronto de débito e crédito provenientes de tributos da mesma espécie. A jurisprudência do STJ é contrária à compensação entre créditos e débitos provenientes, respectivamente, de Finsocial e Cofins (RMS nº 4.035-6/DF)".[20]

Sacha Calmon Navarro Coêlho, um dos maiores tributaristas nacionais, sintetiza as condições para a compensação em geral:

"a) Quaisquer créditos do sujeito passivo desde que líquidos e certos, cambiariformes ou contratuais, devidamente registrados, podem ser compensados com os créditos fiscais da Fazenda Pública;
b) O dispositivo do CTN permite a compensação de créditos vencidos ou vincendos, descontada a inflação, nunca porém em percentual superior a 1% ao mês, o que inviabiliza atualmente o instituto quanto a créditos vincendos;
c) A compensação não pode ser feita à falta de lei específica federal, estadual ou municipal, em razão da autonomia dos entes políticos que convivem na Federação. O CTN, já vimos, é *lex legum*;
d) O legislador ordinário é que fixará as condições e as garantias sob as quais os créditos serão compensados, por intermédio de leis em sentido formal e material".[21]

Também, no campo tributário, não se admite a compensação de débitos tributários com créditos de terceiros, por força da Lei nº 9.430/1996:

"Processo civil e tributário. Sentença condenatória do direito à compensação do indébito. Cessão de créditos entre pessoas jurídicas distintas. Impossibilidade. Lei nº 9.430/1996. Proibição da compensação de créditos tributários com créditos de terceiros.

---

[19] Apel. Cível nº 9604.67236-3/RS, da 1ª Turma do TRF da 4ª Região, de 25.02.1997, em *Revista dos Tribunais*, 743/448.
[20] Recurso Especial nº 76.230-PE, da 1ª Turma do STJ, de 15.12.1995, em *Revista dos Tribunais*, 729/163.
[21] A obrigação Tributária – Nascimento e Morte. A Transação como Forma de Extinção do Crédito Tributário, *Revista Forense*, nº 331, p. 199.

1. A Lei nº 9.430/1996, no art. 74, utilizando-se da faculdade que lhe foi conferida pelo CTN, proíbe a compensação de débitos tributários com créditos de terceiros, *in verbis*:

'Art. 74. O sujeito passivo que apurar crédito, inclusive os judiciais com trânsito em julgado, relativo a tributo ou contribuição administrado pela Secretaria da Receita Federal, passível de restituição ou de ressarcimento, poderá utilizá-lo na compensação de débitos próprios relativos a quaisquer tributos e contribuições administrados por aquele Órgão' (Redação dada pela Lei nº 10.637, de 2002)

2. *In casu*, trata-se de decisão transitada em julgado reconhecendo o direito de compensação da cedente em face da Fazenda Nacional. Não obstante a admissibilidade da cessão de créditos na seara tributária, verifica-se a existência de óbice legal à efetivação da compensação nos moldes requeridos pelas recorrentes (com créditos de terceiros), qual seja, o mandamento inserto no art. 74 da Lei nº 9.430/1996, o que conduz à ineficácia da cessão de créditos perante o fisco e, consectariamente, à inoperosidade da substituição processual almejada. (Precedentes: REsp 1.121.045/RS, *DJe* 15.10.2009; REsp 939.651/RS, *DJ* 27.02.2008)."[22]

O art. 380 do Código Civil não admite a compensação se resultar em prejuízo a terceiros: "Não se admite a compensação em prejuízo de direito de terceiro. O devedor que se torne credor do seu credor, depois de penhorado o crédito deste, não pode opor ao exequente a compensação, de que contra o próprio credor disporia".

Em termos objetivos, uma vez ingressando alguém com uma execução contra uma pessoa que tem um crédito a receber, e efetuada a penhora sobre este crédito, quem o deve não pode pretender uma compensação de tal crédito com o crédito que tem a receber junto ao seu credor. Se o terceiro fez a penhora sobre o crédito, ao devedor deste não é permitido que se exima de pagar porque ele também possui um crédito perante o mesmo credor, o que permitiria a compensação. Uma vez incidente a penhora sobre o crédito, não cabe a compensação com o valor que o credor deve ao seu devedor. Ocorre que se restringe a compensação unicamente às pessoas reciprocamente credora e devedora uma da outra, e por direito próprio. Se admitida a compensação, o terceiro restaria prejudicado, pois, provavelmente, não teria cobertura de seu crédito, e desde que a constrição para dar amparo ao pagamento envolva o mesmo crédito. Em síntese, penhorado o crédito na relação de dívida para outrem, impossível a compensação entre outras duas pessoas.

Em negócios de promessa de compra e venda também se aplica a regra, desde que penhorados os direitos creditórios do promitente vendedor, proibida a utilização dos valores a serem percebidos nas prestações para compensar eventuais dívidas do mesmo promitente vendedor junto ao promitente comprador.

O art. 376 revela mais um caso de incompensabilidade: "Obrigando-se por terceiro uma pessoa, não pode compensar essa dívida com a que o credor dele lhe dever". Numa outra redação, poder-se-ia escrever: "Obrigando-se por terceiro uma pessoa, não pode compensar essa dívida com aquela que o credor do terceiro deve a essa pessoa". Na vigência do Código de 1916, era criticado o então correspondente art. 1.019, que ficou reproduzido no vigente art. 376, por estabelecer uma hipótese regrada no art. 1.013, cuja redação está repetida no art. 371 do Código de 2002. No entanto, denota-se coerência na sua existência, malgrado a deficiência de redação, porquanto não apenas através de

---

[22] REsp 993.925/RS, 1ª Turma do STJ, j. em 05.08.2010, *DJe* de 19.08.2010, Rel. Min. Luiz Fux.

fiança (que consta no vigente art. 371) alguém se obriga para com terceiro. Parece válido o contrato pelo qual uma pessoa assume o pagamento de dívida junto a terceiro, sem a incidência das regras da fiança. No caso, por vários fatores, admite-se que alguém se comprometa a favor de terceiro, como um negócio subjacente, no qual se acerta que parte do preço, numa compra e venda, destina-se ao pagamento de prestações pendentes junto a outra pessoa, podendo o atraso comprometer o objeto do negócio subjacente. Há, pois, uma pessoa com prestações pendentes de satisfação. Recebe esta o preço parte em valor monetário, e parte através da satisfação das prestações em aberto. Junto ao credor destas prestações, compromete-se a pessoa ao pagamento. Não pode, no entanto, perante o credor das prestações, ou o terceiro, compensar, nas prestações devidas por aquele que lhe vendeu o bem através do negócio subjacente, a dívida que lhe deve o credor das referidas prestações.

No caso da fiança, como se verá, ao fiador é permitido compensar sua dívida com a de seu credor que deve ao afiançado. Por conseguinte, é favorável a situação do fiador, relativamente ao disposto no art. 376. Mediante este dispositivo, quem assume o compromisso de satisfazer obrigação alheia, indo realizar o pagamento ao credor, e se dele também é credor, veda-se que imponha a compensação entre o que paga e aquilo que tem a receber junto ao credor. Este o entendimento sempre atual de Serpa Lopes, que ilustra a situação com o exemplo de um seguro, feito por uma pessoa em favor de outra: "Destarte, se 'A' contrata com 'B' um seguro em favor de 'C', e se, ocorrido o sinistro, 'B' (segurador) é neste momento credor de 'A' (estipulante), não pode compensar o seu débito para com 'C' com o seu crédito em relação a 'A' (estipulante)".[23]

Parece que incidia em equívoco de Carvalho Santos, quando dizia que a compensação é vedada quanto ao crédito que possui a pessoa que paga junto àquela em favor de quem paga, ilustrando com o seguinte exemplo: "José" contrata com "Pedro" pagar a "Antônio" certa quantia em dinheiro. "José" é, por sua vez, credor de "Pedro". Claro que "José" não pode compensar a sua dívida para com "Antônio" com o crédito que tem contra "Pedro".[24] Já se "Antônio" fosse devedor de "José", outra a solução, eis que presente a reciprocidade, isto é, a relação é apenas entre devedor e credor, o que sequer merece discussão. No entanto, mais coerente é a impossibilidade de compensação do crédito que tem o que paga junto ao credor do terceiro. O que não afasta a interpretação de Carvalho Santos, que fazia parte de uma corrente de doutrinadores com idêntica tese, no sentido de também, e concomitantemente, se impedir a compensação entre o crédito em favor da pessoa que paga perante a qual em cujo benefício é satisfeita a dívida.

As dívidas de salário também impedem a compensação. Ou seja, não vale a compensação que envolve salários, ou vencimentos, ou a remuneração pelo desempenho de uma atividade que representa a fonte de sustento da pessoa. Mesmo que se trate de dívida decorrente de prejuízo causado pelo empregado ao empregador, exceto se houver acordo ou se derivar de ato criminoso, como furto, apropriação indébita, não é possível permitir a compensação. Veja-se, exemplificativamente, o art. 462 da Consolidação das Leis Trabalhistas: "Ao empregador é vedado efetuar qualquer desconto nos salários do empregado, salvo quando este resultar de adiantamentos, de dispositivos de lei ou de contrato coletivo". O § 1º: "Em caso de dano causado pelo empregado, o desconto será lícito, desde que esta possibilidade tenha sido acordada ou na ocorrência de dolo do

---

[23] *Curso de Direito Civil – Obrigações em Geral*, ob. cit., vol. II, p. 284.
[24] Ob. cit., vol. XIII, p. 333.

empregado". Se não permitido o desconto, com maior razão impede-se a compensação, tanto que o salário será pago em moeda, conforme art. 463 da mesma Consolidação: "A prestação em espécie do salário será paga em moeda corrente do país". No entanto, não se estende a proibição na prestação de serviços sem vínculo empregatício: "Reconhecendo o acórdão recorrido que serviços foram executados pela recorrente, tal como explicitado pelas próprias recorridas em contrarrazões ao recurso de apelação, impõe-se o provimento, em parte, do especial, para que seja o valor de tais serviços compensado na execução, para restabelecer a dignidade malferida do art. 1.241 do Código Civil".[25] O art. 1.241 citado equivale ao art. 614 do atual Código Civil.

As obrigações de fazer, em princípio, ficam fora da compensação. Observa-se que há as obrigações de fazer fungíveis (suscetíveis de serem realizadas por outrem) e as infungíveis (realizáveis apenas por aquele que se comprometeu, como uma obra de arte). Quanto às primeiras, embora o art. 369 refira que a compensação se dá entre coisas fungíveis, a prática revela que nada impossibilita que duas pessoas tenham de prestar serviços de natureza indeterminada, ou sem o cunho pessoal, sem maiores qualidades, sem dotes técnicos e artísticos, com estimativas econômicas equivalentes. Assim, um dos contratantes compromete-se a erguer um prédio, enquanto outro assume uma prestação de dar assessoramento contábil. Na execução, parece que não se pode inviabilizar a compensação na falta de cumprimento, mesmo que não correspondam as obrigações em estimativa econômica. Constitui uma maneira de simplificar a solução de litígios e de impedir graves injustiças, até o valor que se correspondam economicamente, posto que previsível a impossibilidade de se impor a um o cumprimento, seja pela insolvência na conversão em indenização, seja pela perda de aptidões, enquanto esta mesma pessoa que é inadimplente pode reclamar e impor da outra o cumprimento.

Pertinentemente às infungíveis, e não podendo se equivalerem, a doutrina não admite pacificamente a compensação. No entanto, verificado o inadimplemento, converte-se em indenização. O valor apurado é passível de compensar-se com o valor correspondente à prestação não cumprida pela outra parte, que deve ser estimada economicamente.

Algumas referências cabem ao mandato, relativamente à compensação. Proíbe o art. 669 do Código Civil a compensação dos prejuízos que o mandatário provocou com as vantagens que tenha resultado ao mandante: "O mandatário não pode compensar os prejuízos a que deu causa com os proveitos que, por outro lado, tenha granjeado ao seu constituinte". Ocorre que a relação é de representação. Nada entrega o mandatário ao mandante gratuitamente. Pela natureza de sua posição, ele apenas representa. Provocando prejuízos, incumbe-lhe que responda. E de maneira alguma é tolerável que procure compensar os prejuízos a que deu causa com as vantagens resultantes ao representado, pois equivaleria a um proveito sem causa para ele. Acrescentava Serpa Lopes outras situações de impossibilidade de compensar, dentro da relação de mandato: "Além disso, o débito do mandatário para com o terceiro não pode ser compensado com o débito deste para com o mandante, como, do mesmo modo, incompensável é o crédito pessoal de um administrador do patrimônio alheio contra o terceiro com o crédito deste contra a pessoa, cujos bens são objeto de administração, ou do débito do administrador para com o terceiro, como deste para o administrador".[26]

---

[25] *Recurso Especial* nº 120.754, da 3ª Turma do STJ, de 21.10.1997, em *Revista do Superior Tribunal de Justiça*, 106/249.
[26] *Curso de Direito Civil – Obrigações em Geral*, ob. cit., vol. II, p. 285.

26.7. COMPENSAÇÃO E CESSÃO DE CRÉDITOS

É sabido que permitida a cessão de créditos, e, assim, nada obsta a compensação pelo cessionário relativamente às obrigações que tem junto ao devedor. No entanto, para assegurar contra eventuais alegações de inexistência do débito pelo devedor, como no tocante ao pagamento anterior, e mesmo à prescrição, mister se proceda, antes, a notificação deste último. Realmente, o mais importante e indispensável é a notificação para impedir que, depois, o devedor venha a apresentar exceções quando procurado pelo cessionário, e se exima do pagamento. O art. 377 sintetiza a contento a regra: "O devedor que, notificado, nada opõe à cessão que o credor faz a terceiros dos seus direitos, não pode opor ao cessionário a compensação, que antes da cessão teria podido opor ao cedente. Se, porém, a cessão não lhe tiver sido notificada, poderá opor ao cessionário a compensação do crédito que antes tinha contra o cedente".

Pelo art. 290, a eficácia da cessão depende de comunicação ao devedor. A validade estabelecida quer significar a possibilidade de se tornar sem efeito se o devedor trouxer e provar alguma invalidade do próprio crédito. Eis seu conteúdo: "A cessão do crédito não tem eficácia em relação ao devedor, senão quando a este notificada; mas por notificado se tem o devedor que, em escrito público ou particular, se declarou ciente da cessão feita".

Em suma, não se traz objeções à cessão desprovida da antecedente comunicação. Unicamente corre o cessionário o risco de valerem as exceções que forem aventadas e provadas pelo devedor. Caso cientificado, e nada opondo, tem-se como renunciado o direito à exceção.

Por conseguinte, é importante que a notificação se revele válida, e se conceda, inclusive, um prazo, para a manifestação – prazo não exíguo, mas dilatado o suficiente para a manifestação, podendo ser de quinze dias, ou algum outro assegurado por leis em situações semelhantes. Não basta a simples cientificação e, em seguida, consumar a transferência.

Em suma, suprimido o ato do aviso prévio, o cessionário corre o risco de sofrer impugnação quando da cobrança, por revelar o devedor créditos que tem a receber perante o antigo titular dos direitos transferidos, ou porque já tinha satisfeito os débitos.

26.8. COMPENSAÇÃO EM DÍVIDAS SOLIDÁRIAS

Os devedores devem solidariamente. Junto a qualquer deles habilita-se o credor ao recebimento. Nada impede a compensação com os créditos de qualquer dos devedores, embora omisso o atual Código a respeito da matéria. No entanto, rege-se a matéria pelas regras que disciplina a solidariedade. Se junto a qualquer dos devedores autorizase a busca do crédito, razoável a inteligência que admite a faculdade de qualquer deles buscar a satisfação da dívida, porquanto lhe é assegurado efetuar o pagamento.

Unicamente até o montante do crédito do devedor solidário perante o credor é possível a compensação nas dívidas solidárias. Mas se o devedor tem a receber um montante que compreende o total da dívida comum, resta assegurado o direito em compensar a totalidade da obrigação, embora resultem favorecidos todos os devedores, junto aos quais se faculta, após, o direito de regressar para receber a parte que aos mesmos cabia pagar.

Todavia, se outro codevedor tem crédito a receber, admite-se a compensação deste crédito junto ao credor que aciona aquele que é escolhido para pagar. Portanto, se um dos devedores é procurado para saldar a dívida comum, em parte ou totalmente, àquele que paga, assegura-se o direito de aproveitar o crédito que possui um outro codevedor, embora não seja este o convocado para pagar. Acontece que, parafraseando Mário Júlio de Almeida Costa, "um crédito ou débito solidário não pertence apenas a um dos cocredores ou codevedores".[27]

Há um limite neste aproveitamento: até o montante do valor que tem a receber o mesmo codevedor, e, se ultrapassar a quota que lhe cabe na divisão, até a porção de que é responsável na dívida comum. Apenas até aí se extingue a dívida do credor, perdurando a obrigação no que exceder.

O art. 1.020 do Código revogado tratava do assunto: "O devedor solidário só pode compensar com o credor o que este deve ao seu coobrigado, até o equivalente da parte deste na dívida comum".

A omissão pelo vigente estatuto deve-se à circunstância de que a matéria é própria da solidariedade.

26.9. COMPENSAÇÃO PELO FIADOR COM O CRÉDITO DO AFIANÇADO

Como assinalava Clóvis Beviláqua, "apesar de exigir-se que a compensação se oferece por direito próprio, contudo é admissível que o garante de uma dívida oponha compensação, ao credor que o persegue, com o que esse mesmo credor deve ao seu afiançado".[28] Haveria uma grave injustiça se negado ao fiador o direito de compensar, perante o credor que o aciona, o crédito que tem a receber a pessoa em favor da qual assinou a garantia. O art. 371 é expresso a respeito: "O devedor somente pode compensar com o credor o que este lhe dever; mas o fiador pode compensar sua dívida com a de seu credor ao afiançado".

Não cabe, pois, ao credor se opor à compensação. Como ele era obrigado a ter um encontro de contas com o devedor, transfere-se essa cominação ao fiador. Aliás, pelo instituto da fiança admite-se que o fiador oponha todas as exceções pessoais e defesas asseguradas ao devedor principal, inerentes à dívida. Este direito abrange a compensação, que não poderia ficar de fora pelo fato de restringir a regra geral a compensação entre devedor e credor. Todavia, parece natural que o montante que tem o devedor a receber não será objeto de discussão entre o credor e o fiador. Se o montante da compensação não atingiu a totalidade entendida correta pelo devedor, posteriormente este deve procurar acertar-se com o credor. Inviável que se imponha uma contenda entre o garante e aquele que o aciona, em razão de divergências opostas pela pessoa em favor da qual o terceiro satisfaz a obrigação.

Isto a menos que o fiador promova a discussão. Quanto maior o haver do devedor, maior o benefício do fiador, eis que se reduz a sua obrigação. De sorte que perfeitamente justo se discutam os valores possíveis de compensação, não aceitando tacitamente aqueles oferecidos pelo credor.

Inclusive os próprios créditos que o fiador tiver junto ao credor do devedor principal são suscetíveis de compensação. Seria desconexo permitir a compensação do crédito do devedor principal e impedir a compensação do crédito do próprio fiador. Entrementes, não há previsão legal para o devedor principal compensar seu débito com o que o seu credor deve ao seu fiador. Uma terceira pessoa ingressaria na relação. Ocorre que, se o

---

[27] *Direito das Obrigações*, ob. cit., p. 799.
[28] *Direito das Obrigações*, ob. cit., p. 128.

fiador responde pela obrigação do afiançado, tal acontece por favor. Inadmissível que se estendam os direitos àquele que recebe um favor.

Incabível, porém, a compensação de dívidas que o credor mantém junto a cofiadores, com o crédito que busca junto a um outro fiador do devedor. Expõe Cunha Gonçalves: "Tendo o devedor diversos fiadores, não pode o fiador, que for demandado, alegar a compensação da sua obrigação com o que o credor deve a um dos seus cofiadores; mas, se um dos cofiadores for credor pessoal do credor e conseguir a extinção da obrigação total por meio de compensação com o débito do devedor principal, que lhe era exigido, tal extinção aproveitará aos outros cofiadores, contra o mesmo credor".[29]

26.10. EFEITOS DA COMPENSAÇÃO

Vários são os efeitos que trazem a compensação. O principal deles é extinguir não apenas uma obrigação, mas duas, isto é, a do devedor e a do credor, no total ou em parte, ou seja, "até concorrente quantia, se não desiguais, ou totalmente, se são iguais, e isso desde o momento em que começou a mutualidade dos vínculos obrigacionais, independentemente da vontade dos devedores".[30] De Gásperi, com palavras apropriadas, observa: "Ella extingue con fuerza de pago, las dos deudas, hasta donde alcance la menor, desde en tiempo en que ambas comenzaron a coexistir".[31] Realmente, é da natureza do instituto a coexistência de duas dívidas, extinguindo-se ambas até a concorrência dos respectivos valores, ou extinguem-se em parte, isto é, até a concorrência da mais fraca.

De outro lado, todas as obrigações acessórias também desaparecem, e assim as fianças, os juros, a cláusula penal, as penhoras, hipotecas e outras garantias. Assim discrimina estas decorrências Euclides de Mesquita: "Cessam imediatamente de correr os juros dos créditos extintos, mesmo que estes créditos produzam juros diferentes, ou que somente um deles o produza. Extinguem-se, com a compensação, os acessórios de cada um dos créditos, como privilégios, hipotecas, fianças, etc."[32]

Estão aí os dois efeitos principais, restritos entre credor e devedor, mútua ou reciprocamente considerados.

Em relação aos codevedores solidários, em que qualquer um deles responde pela totalidade da dívida, podendo aquele que efetuar o pagamento forrar-se junto aos demais da quota que lhes cabia, há um tratamento especial, muito justo e oportuno. Consoante já visto, àquele que paga é permitido que compense o crédito porventura existente em favor de um dos coobrigados, até o correspondente da quota-parte deste na dívida comum.

Relativamente a terceiros, a compensação não pode prejudicá-los. Assim, se alguém está obrigado por terceiro, ou assumiu cumprir uma obrigação de terceiro, para um determinado credor, não tem o direito de compensar essa dívida que ele deve pagar com um crédito que possui perante o credor do terceiro – princípio que decorre do art. 376. Segundo uma corrente doutrinária, dando outro alcance ao citado artigo, a pessoa que aceitou pagar uma dívida de terceiro não pode compensar essa dívida com aquela que o credor deve ao terceiro.

---

[29] *Tratado de Direito Civil*, ob. cit., vol. V, p. 13.
[30] Clóvis Beviláqua, *Direito das Obrigações*, ob. cit., p. 128.
[31] *Tratado de las Obligaciones* – Parte Especial, ob. cit., vol. III, p. 206.
[32] *A Compensação no Direito Civil Brasileiro*, ob. cit., p. 134.

Ainda quanto a terceiros, na exegese do art. 377, o devedor não pode opor a compensação à dívida que lhe é cobrada pelo cessionário, se foi notificado da cessão pelo antigo credor, e se nada impugnou, ou não apresentou o crédito que tinha a receber. Decorre daí que, ausente a notificação, junto ao cessionário permanece o direito à compensação.

Finalmente, no que também atinge terceiros, tornando-se o devedor credor de seu credor, ou aquele que passa a ter um crédito perante aquele ao qual deve, não lhe é assegurado reclamar a compensação se o crédito que possui o credor está já penhorado. Deve, então, o devedor pagar ao que penhorou o crédito de seu credor, na forma do art. 380.

26.11. COMPENSAÇÃO NA FALÊNCIA

Resta claro que não se admite a compensação na falência, em prejuízo dos credores. Todavia, não resta inviável, desde que não advenha vantagem a um credor em detrimento dos outros. Entrando em falência um devedor, depois de apurado o ativo e o passivo, com a classificação dos créditos, primeiramente serão satisfeitos os privilegiados, na ordem de preferência estabelecida pela lei, a começar pelos trabalhistas. Mas, se a massa falida igualmente é credora de um credor seu, pode ela exigir o seu crédito, sem o concomitante dever de satisfazer o que lhe deve. Trata-se de um tratamento injusto. Entrementes, se possível a compensação, além de quebrar a ordem sequencial dos privilégios, alvitra-se a possibilidade de fraude, com a criação de dívidas fictícias da massa falida.

Isto quanto às obrigações que se vencerem depois da declaração da falência, e, com mais ênfase, as que se criaram durante o seu curso.

Sobre o assunto, contém o art. 122 da Lei nº 11.101, de 2005: "Compensam-se, com preferência sobre todos os demais credores, as dívidas do devedor vencidas até o dia da decretação da falência, provenha o vencimento da sentença de falência ou não, obedecidos os requisitos da legislação civil."

O parágrafo único excepciona os créditos que não se compensam, sendo que alguns sem importar a data do vencimento:

"Não se compensam:
I – os créditos transferidos após a decretação da falência, salvo em caso de sucessão por fusão, incorporação, cisão ou morte; ou
II – os créditos, ainda que vencidos anteriormente, transferidos quando já conhecido o estado de crise econômico-financeira do devedor ou cuja transferência se operou com fraude ou dolo."

De modo especial, salientam-se os créditos representados por título ao portador, ou sem especificar o beneficiado, e aqueles transferidos ao devedor do falido, em momento já de insolvência, dada a probabilidade de fraude ou conluio entre os envolvidos na transação, com vistas a prejudicar terceiros também credores do falido.

Exige-se mais a equiparação, em qualidade de títulos, das dívidas: "A compensação é admitida pelo art. 46, *caput*, do Decreto-Lei nº 7.661/45. A compreensão deste artigo deve ser norteada sob o aspecto da massa, sendo esta titular de crédito certo, líquido e exigível, e, quando de sua cobrança, o devedor, também titular de crédito certo, líquido e exigível – seja por força da sentença falimentar, seja por força do vencimento estipulado –, em vez de pagar e após se habilitar, pode exigir a compensação até o limite do crédito da massa, devendo habilitar-se no que exceder, pois a lei não permitiria este tipo de desfalque no patrimônio desta para satisfazer interesse de um credor em detrimento dos demais".[33] O citado art. 46 corresponde ao art. 122 da Lei nº 11.101/2005.

26.12. PRAZO DE FAVOR PARA A SOLUÇÃO DA DÍVIDA E COMPENSAÇÃO

Suponha-se que alguém possui uma dívida junto a uma instituição financeira, a qual tem data prevista para o vencimento. Entrementes, por circunstâncias econômicas drásticas, ou em vista de uma crise no setor em que atua o devedor, como intempéries que dizimam a produção a que se destinou o financiamento, venha o Poder Público a prorrogar o vencimento. Há, pois, uma dilatação do prazo, significando um favor, um benefício, ao devedor.

Se, em virtude de uma indenização por outro fato, a instituição financeira tornar-se devedora de seu financiador-devedor, é óbvio que esta pessoa não fica amparada a pleitear o recebimento de seu crédito, sem compensar a dívida pendente. Embora a prorrogação do prazo decorrente de ato do Estado, a pretensão em receber importa em compensação.

De igual forma caso o credor conceder novo prazo para a satisfação. Vindo este a ser devedor de seu devedor, resta assegurada a compensação, se procurada a pronta satisfação do crédito pelo devedor, embora a dilatação do prazo pelo credor.

Neste rumo orienta o art. 372: "Os prazos de favor, embora consagrados pelo uso geral, não obstam a compensação".

Excepcionado, parece, o direito à compensação imediata ou quando reclama o devedor seu crédito, se a prorrogação foi a título oneroso, isto é, com o pagamento de juros, eis que representa para o credor um negócio lucrativo, recebendo remuneração pelo prazo concedido.

26.13. DESPESAS DECORRENTES DA COMPENSAÇÃO

Procura-se definir a quem compete satisfazer as despesas decorrentes da compensação, especialmente quando residentes em locais diferentes devedor e credor.

Igualmente, quem deve pagar antes, e onde se deve pagar. Surge a probabilidade de controvérsias, posto que ambas as partes se encontram obrigadas e com direitos.

Relativamente à primeira indagação, a quem procura a compensação caber arcar com os encargos. Assim, sendo alguém acionado por uma dívida, e atacando ele com a exceção do seu crédito, deve suportar as despesas para ir ao local onde se procura o pagamento.

No tocante à segunda pergunta, é do devedor cujo vencimento da obrigação antecedeu aquela de seu credor a primazia em buscar o cumprimento. Determina, pois, a antecedência da obrigação de pagar a data do vencimento da dívida.

Por último, onde se deve pagar? A resposta está na especificação da dívida como quesível e como portável. No primeiro caso, o credor é que deve procurar o recebimento. Nele recaem as despesas. No segundo tipo, incumbindo ao devedor procurar o credor, ele suportará as despesas.

---

[33] Apel. Cível nº 595.127.341, da 5ª Câm. Cível do TJ-RS, de 07.12.1995, em *Revista de Jurisprudência do TJ-RS*, 175/643.

Princípios esses que efluem do art. 378: "Quando as duas dívidas não são pagáveis no mesmo lugar, não se podem compensar sem dedução das despesas necessárias à operação".

26.14. EXISTÊNCIA DE VÁRIAS DÍVIDAS E COMPENSAÇÃO

Na hipótese, existem várias dívidas, cabendo ao devedor escolher aquela que será compensada. Normalmente, optará pela mais antiga, ou pela que revela maiores encargos. O princípio dessume-se do art. 379: "Sendo a mesma pessoa obrigada por várias dívidas compensáveis, serão observadas, no compensá-las, as regras estabelecidas quanto à imputação de pagamento". Ocorre que na imputação de pagamento aponta-se justamente para a possibilidade do devedor escolher a obrigação que deseja satisfazer, ante a existência de vários créditos pretendidos pelo credor. Na hipótese do dispositivo citado, a prerrogativa do devedor é eleger aquela que vai ser compensada por um crédito que tem a receber. Não assiste ao credor qualquer oposição. De nada vale a referência, no contrato, de uma ordem de preferência, já que a matéria é regulada pela lei, máxime se a estipulação consta em contrato de adesão.

Presume-se, mesmo que omissa a manifestação do devedor, que a compensação envolve, antes de tudo, aquelas dívidas que acarretam perigo de alienação de bens determinados. Assim as obrigações garantidas por hipoteca ou penhor, embora, diante da previsão constante no art. 355, que se aplica à hipótese, cumpre se compensem as dívidas vencidas em primeiro lugar. Todavia, já que o art. 379 veio implantado em favor do devedor, o correto é que se tenha em conta a obrigação mais onerosa, ou que importe em alienação imediata do patrimônio.

26.15. MOMENTO DE SE OPERAR A COMPENSAÇÃO

Resta claro que a compensação é invocável quando o credor reclamar o pagamento. Mas, ajuizada a cobrança, ou a exigibilidade do crédito, especialmente a reconvenção é o caminho mais adequado para a sua prevalência. Contrapõe o devedor ao pedido o seu crédito. Observa que igualmente é credor.

Entrementes, é a compensação também um meio de defesa. Assim, serve como exceção invocável em contestação ou embargos.

Realmente, observa-se o conteúdo da reconvenção: conforme o art. 343 do Código de Processo Civil, há necessidade de conexão do pedido com o da ação principal, ou com o fundamento da sentença: "Na contestação, é lícito ao réu propor reconvenção para manifestar pretensão própria, conexa com a ação principal ou com o fundamento da defesa."

O direito do réu tem relação com o do autor, devendo ao mesmo dizer respeito. No entanto, é uma ação embutida na que veio proposta. Uma vez formalizada, também haverá um juízo de procedência ou improcedência. Tem-se, então, dois comandos sentenciais – um a favor do autor e outro do réu, ora reconvinte, mas sinalizando o pagamento da diferença.

No entanto, a reconvenção é admitida mais quando o crédito do réu, ou devedor, exceda o do autor. Somente assim é possível o recebimento da diferença. Tal não acontecendo, suscita-se o direito por meio de exceção, na contestação. Opõe-se ao pedido de pagamento o crédito que tem o devedor, o qual restará reconhecido na sentença, com o correspondente abatimento. Esta a orientação da doutrina, inclusive no direito comparado, que melhor se afeiçoa à prática. Salientava Mário Júlio de Almeida Costa, analisando três correntes sobre o assunto, e dando ênfase a que segue: "Para outra corrente, a compensação, constituindo uma causa extintiva das obrigações, deve ser deduzida como excepção peremptória, apenas cabendo a reconvenção quando o contracrédito exceda o montante do crédito do autor e o réu pretenda o montante do crédito do autor e o réu pretenda exercer o seu direito relativamente a essa diferença. Trata-se da orientação predominante".[34]

A doutrina nacional também trilha na mesma *ratio*, expondo Mílton Sanseverino que a compensação pode ser alegada como exceção, tornando-se uma defesa de mérito indireto: "Salvo, naturalmente, quando o réu, tendo diferença a seu favor, pretenda receber essa diferença, ou seja, pretenda obter a condenação do autor ao seu pagamento. Para isso – isto e, para deduzir pretensão própria, distinta daquela apresentada pelo sujeito ativo da relação processual –, haverá, então, necessidade de ação reconvencional. Se, entretanto, o réu não quiser formular semelhante pretensão, contentando-se com o bloqueio daquela apresentada pela parte contrária mediante defesa de mérito indireta deduzida na contestação, a reconvenção será totalmente desnecessária". Aponta decisão da 3ª Câmara Civil do 2º Tribunal de Alçada Civil de São Paulo (*Apel. Cível nº* 408.371-0/6), onde é destacada a natureza da reconvenção como exceção material ou substancial, com caráter impeditivo ou modificativo do pedido do credor".[35]

---

[34] *Direito das Obrigações*, ob. cit., p. 804.
[35] A Compensação como Defesa de Mérito Indireta do Réu, *Boletim Informativo da Legislação Brasileira Juruá*, Curitiba, nº 191, p. 431, ago. 1998.

XXVII
Confusão

27.1. O SIGNIFICADO DE "CONFUSÃO" NO DIREITO OBRIGACIONAL

O estudo da confusão não requer maiores aprofundamentos, até porque raras as hipóteses de se verificar na prática a sua aplicação. Aliás, dificilmente se encontra alguma orientação ou interpretação na jurisprudência.

O significado comum de confusão é mistura, desordem, aturdimento, tumulto, dentre outros sinônimos. Mas, em direito obrigacional emprega-se o termo para significar a extinção de uma obrigação pela reunião, na mesma pessoa, das qualidades de credor e devedor. Estende-se o termo ao direito das coisas, consoante o art. 1.272 do Código Civil, quando trata de algumas formas de aquisição da propriedade mobiliária: "As coisas pertencentes a diversos donos, confundidas, misturadas ou adjuntadas sem o consentimento deles, continuam a pertencer-lhes, sendo possível separá-las sem deterioração". Têm-se neste artigo a confusão, a comissão e a adjunção. Na primeira, há a mistura de líquidos, como da água com vinho, ou de substâncias químicas, dando-se uma nova essência. Na segunda, misturam-se coisas sólidas ou secas, e assim nos cereais – diversas qualidades de arroz, de soja e outros tipos de grãos. Pela terceira espécie, a adjunção, justapõem-se uma coisa à outra, formando um todo, e tal verifica-se no engrenamento de várias peças, formando um motor, na colocação de uma capa a um livro, de um verniz ao suporte de um quadro. Nestes casos, na impossibilidade de separação, a propriedade de cada um será por quinhão.

Não abrange o instituto a confusão patrimonial em razão da desconsideração da personalidade jurídica de uma sociedade, em que o patrimônio de uma empresa migra para a titularidade do sócio, com a finalidade de fugir da obrigação.

Aplica-se a confusão a outros campos do direito das coisas, como no penhor. Resolve-se esse gravame se vier a concentrar-se na mesma pessoa as qualidades de credor e de dono da coisa. De outra parte, versando o direito sobre servidões, extinguem-se estas se os prédios dominante e serviente se tornarem propriedade da mesma pessoa. No caso do usufruto, dá-se a extinção pela reunião, na mesma pessoa, das duas qualidades de usufrutuário e de proprietário, o que leva à chamada consolidação da posse na pessoa do titular do domínio. Nota-se, pois, a extinção destas figuras pela confusão.

Interessa, no presente estudo, a confusão no campo obrigacional. Define-se como a reunião, na mesma pessoa, das qualidades de credor e devedor em uma única obrigação. Francisco de Paula Lacerda de Almeida ressaltava: "O concurso no mesmo sujeito das qualidades opostas de credor e devedor", lembrando que para os romanos o conteúdo de confusão correspondia a "toda e qualquer coincidência em o mesmo sujeito de qualidades anteriormente separadas" de credor e devedor.[1] Não é difícil, pois, entender o significado, que constitui mais uma das formas de extinção das obrigações, de acordo com o preceituado no art. 381 do Código Civil, que adotou igual redação do art. 1.049 do Código de 1916: "Extingue-se a obrigação, desde que na mesma pessoa se confundam as qualidades de credor e devedor". Desaparecem os polos ativo e passivo, posto que não mais há quem tenha um direito a receber e quem seja obrigado a uma prestação. E sem essa polaridade de oposições, segue Carvalho Santos, "não se concebe possa existir a relação obrigacional, por isso que não se pode admitir que a pessoa sobre a dívida de si mesma, ou que a si mesmo se pague".[2]

Como o credor não pode agir contra si mesmo, pois tem um crédito a receber de si próprio, resulta anulada a dívida.

Há alguma semelhança com a compensação, porquanto também se extingue a obrigação porque alguém é ao mesmo tempo credor e devedor. No entanto, não credor e devedor de si, mas existe a dualidade de créditos e débitos, ou seja, existem dois sujeitos no polo ativo e passivo, ou duas pessoas ao mesmo tempo credoras e devedoras entre si, colocadas em posições antagônicas. Extinguem-se as obrigações recíprocas até a concorrência dos respectivos valores. Nada tem a ver, igualmente, com a transação, onde as partes renunciam uma parcela dos direitos, e colocam um fim a dúvidas ou controvérsias, mas continuando, no futuro, na posição uma de devedora e a outra de credora.

27.2. ESPÉCIES

No art. 382 aparecem as espécies, podendo a confusão ser total ou parcial: "A confusão pode verificar-se a respeito de toda a dívida, ou só de parte dela".

Na total, como a palavra indica, quando toda a dívida é extinta, ou se confundem as qualidades de credor e devedor relativamente a toda a dívida. Atingida somente parte da dívida, há a confusão parcial. Jefferson Daibert expunha, em texto que se segue contemporâneo, pois o instituto mantém a disciplina que vinha do Código de 1916: "Ora, se a unidade do débito e do crédito não dizem respeito ao total da obrigação, naquilo que excede permanece desvinculada a posição do devedor e do credor. Continuam existindo como pessoas distintas e como tais poderão fazer valer os seus direitos e cumprir com suas obrigações. Seria uma semelhança com o princípio da composição: há liquidação ou extinção das dívidas até os valores concorrentes".[3]

Costumam os autores lembrar o exemplo do herdeiro, que não recebe a totalidade da herança, eis que não é herdeiro único. Apenas uma parte da dívida para o *de cujus* extingue-se. Naquilo que exceder ao seu quinhão, permanece. Os demais herdeiros poderão acioná-lo. De outra parte, se o autor da herança era devedor para com o herdeiro, resta evidente que, transmitindo-se também o passivo, pelo menos até o correspondente ao quinhão do herdeiro credor extingue-se a obrigação. No que exceder, permite-se que execute o espólio. Colin e Capitant descrevem a situação: "Supongamos, por ejemplo, que el acreedor deja tres herederos por partes iguales, uno de los cuales es su deudor. La obligación se extingue en un tercio. Lo mismo ocurre si el acreedor hereda una parte

---

[1] *Obrigações*, ob. cit., p. 331.
[2] Ob. cit., 8ª ed., 1994, vol. XIV, p. 131.
[3] *Das Obrigações*, ob. cit., 1972, p. 344.

de los bienes dejados por el deudor. Su crédito se extingue hasta la concurrencia de esta parte. En el resto subsiste contra sus coherederos".[4]

27.3. CAUSAS OU FONTES DA CONFUSÃO

A confusão pode originar-se da sucessão *causa mortis*; ou por sucessão a título singular, em ato *inter vivos*.

Mais frequente é a primeira causa ou fonte, verificada na sucessão, como quando o filho é devedor de uma quantia ao seu progenitor. Vindo este a falecer, cessa o crédito que tinha a receber do filho, posto que o crédito transmite-se para o próprio filho. Cessa até o montante do quinhão hereditário. A mesma aplicação tem lugar na inversão dos papéis, isto é, sendo o falecido devedor. Como se transmite o passivo, desaparece a dívida no equivalente ao quinhão.

Em ato *inter vivos* também ocorre a confusão, embora mais raramente. Imagina-se o caso de uma pessoa figurar como credora de uma sociedade de fato, em que os sócios são responsáveis solidários. Ingressando na mesma, através da aquisição de quotas, na proporção da respectiva quantidade ou dimensão extingue-se o seu crédito. No casamento pelo regime de comunhão de bens, entre devedor e credor encontra-se mais uma situação exemplificativa. Como, a partir do casamento, opera-se a comunhão dos bens e das obrigações, igualmente extingue-se o crédito do credor, pois não poderá exigir de si o seu crédito. Na cessão de crédito, mas de um crédito sobre direito real, ou mais apropriadamente na cessão de um direito sobre bens, é possível a espécie. Cedem-se os direitos usufrutuários ao próprio devedor, ou ao proprietário do bem. Na servidão, o proprietário do prédio dominante vende-o ao proprietário do prédio serviente. Na doação de um bem ao próprio titular de direitos sobre o mesmo, igualmente opera-se a confusão.

27.4. CONFUSÃO E SOLIDARIEDADE

De notar a importante regra do art. 383: "A confusão operada na pessoa do credor ou devedor solidário só extingue a obrigação até a concorrência da respectiva parte no crédito, ou na dívida, subsistindo quanto ao mais a solidariedade".

Saber-se que, na solidariedade, tanto ativa como passiva, cada devedor obriga-se relativamente a toda a dívida, ou dele podendo ser exigida a totalidade; outrossim, a cada credor assegura-se o direito de exigir o recebimento do crédito na sua integridade. Nesta ordem, aquele que é acionado, embora vários os obrigados, terá de satisfazer a dívida inteira. De igual modo, autoriza-se que um dos vários credores receba o montante total, apesar de outros credores também serem titulares do crédito.

Todavia, esses princípios encontram um limite na confusão. Alguém tem um crédito a receber, juntamente com outras pessoas. Se ele torna-se herdeiro do devedor, unicamente na parte que lhe cabe na herança resolve-se a dívida, ou opera-se a confusão. No montante que ultrapassa, persiste a obrigação do espólio. Se, de outra parte, era o devedor, e vem a falecer o credor, do qual é herdeiro, somente extingue-se a parcela que corresponde ao quinhão hereditário que recebeu. Ele e os demais codevedores continuam a responder pelo que não ficou atingido pelo quinhão recebido.

---

[4] *Curso Elemental de Derecho Civil*, ob. cit., t. 3º, p. 256.

Extingue-se a dívida restritamente na parte que cabia ao devedor pagar rateadamente. O que sobra é cobrável junto aos outros codevedores. Suponha-se que há três credores, e um único devedor. Um terço da dívida entra na confusão. As outras duas partes submetem-se à exigibilidade pelos outros dois credores. Invertendo-se a posição da solidariedade, isto é, se aparecem três devedores, e o credor herdar de um deles uma terça parte do crédito, perante os outros dois faculta-se-lhe exigir o restante.

Eis o resumo de Serpa Lopes, mencionando os arts. 1009 e 1.050 do Código anterior, que correspondem aos arts. 368 e 382 do atual diploma: "Do mesmo modo que sucede na compensação, onde as duas obrigações extinguem-se até onde se compensarem (Cód. Civil, art. 1.009), da mesma maneira, na confusão, esta pode verificar-se a respeito de toda a dívida, ou só de parte dela (Cód. Civil, art. 1.050), isto é, ser total ou parcial, de acordo com o limite ou a proporção dos direitos em que o devedor ou o credor neles haja sucedido".[5]

Princípios que se estendem nas obrigações solidárias, ficando extinta parcialmente a obrigação na parte atinente à quota do credor ou devedor onde se verificou. Mantém-se a solidariedade no restante.

27.5. CONFUSÃO E GARANTIAS ACESSÓRIAS

É natural que, verificada a confusão na pessoa do devedor principal, ou do credor da dívida, porque ao primeiro se entregou o bem do qual resultavam dívidas ou porque ele se tornou herdeiro do titular do crédito, ou porque o segundo passou a ser sucessor daquele, extingue-se a obrigação. E se a dívida vinha garantida por fiança, igualmente esta desaparece, não tendo mais razão de ser, em vista do princípio *accessorium sequitur principale*.

Mas, na hipótese de o fiador receber o crédito, ou adquirir o crédito através de cessão, é evidente que não poderá garantir uma obrigação devida a si mesmo. Desaparece a fiança, mantendo-se a obrigação principal, da qual ele é credor. Expunha, com clareza, João Franzen de Lima, continuando atual seu pensamento: "A extinção da garantia acessória não acarreta a da obrigação principal. Assim, por exemplo, se o fiador herdar o direito creditório, pelo qual se responsabilizara, deixa de ser fiador, mas a dívida subsiste. Da mesma forma, se o fiador se tornar devedor da obrigação que afiançara, extingue-se a garantia, mas não a dívida principal, de que passa a ser devedor".[6]

27.6. RESTABELECIMENTO DA OBRIGAÇÃO

Há um caso de restabelecimento da obrigação, na forma original, ou como existia antes: é quando cessa a confusão. Disciplina, a respeito, o art. 384: "Cessando a confusão, para logo se restabelece, com todos os seus acessórios, a obrigação anterior". Se a ocorrência, na prática, da confusão é difícil, muito mais raro o restabelecimento da obrigação, por cessar a confusão. Realmente, como imaginar um caso de cessação da confusão? Seria a situação de um testamento, no qual é contemplado com um legado o devedor do testador. Posteriormente, depois de aberto o inventário, se é anulado o testamento, volta-se à

---

[5] *Curso de Direito Civil*, ob. cit., vol. II, p. 336.
[6] *Curso de Direito Civil Brasileiro* – Direito das Obrigações, ob. cit., vol. II, t. 1º, p. 311.

situação anterior. Retorna a prevalecer a obrigação. "Se o testamento é anulado", observa Jefferson Daibert, "nenhum efeito pode produzir, retrotraindo a sentença anulatória à data da abertura da sucessão, quando o herdeiro ou legatário era devedor do espólio, situação que agora perdura pela cessação da confusão. Se houver juros, frutos ou rendimentos, tais como acessórios serão restabelecidos e devidos".[7]

Talvez, seguindo nas situações raras de ocorrerem, pode-se falar também na abertura da sucessão provisória por morte presumida de alguém. Podendo ir o patrimônio a alguém que é devedor do presumido morto, e, assim, extinguindo-se a dívida, retorna a mesma se vier, posteriormente, a aparecer o presumido titular do crédito.

---

[7] *Das Obrigações* – Parte Geral, ob. cit., 1972, p. 347.

XXVIII
Remissão das Dívidas

28.1. SENTIDO DE REMISSÃO

Distingue-se, aqui, o termo "remissão" do termo "remição". No art. 1.481 do Código Civil, relativamente à hipoteca, permite-se ao adquirente de imóvel hipotecado o direito de remi-lo, no prazo de trinta dias, contado do registro do título aquisitivo, citando os credores hipotecários. Já o § 2º do mesmo artigo assinala que, não impugnado pelo credor, o preço da aquisição ou o preço proposto pelo adquirente, haver-se-á por definitivamente fixado para a remissão do imóvel, que ficará livre de hipoteca, uma vez pago ou depositado o preço. No art. 814 do Código Civil de 1916, aparecia que "a hipoteca anterior pode ser remida, em se vencendo, pelo credor da segunda, se o devedor não se oferecer para remi-la". E no § 1º do mesmo dispositivo constava que, para a *remissão*, deveria o segundo credor consignar a importância do débito e despesas judiciais, com o que o bem passaria a garantir na integralidade o seu crédito. O art. 1.478 do vigente Código, com modificação da Lei nº 14.711/2023 e com mais objetividade, dá ensanchas para qualquer credor pagar as dívidas garantidas por hipotecas anteriores, sub-rogando-se nos seus direitos, e sem prejuízo dos direitos que lhe são assegurados contra o devedor comum: "O credor hipotecário que efetuar o pagamento, a qualquer tempo, das dívidas garantidas pelas hipotecas anteriores sub-rogar-se-á nos seus direitos, sem prejuízo dos que lhe competirem contra o devedor comum".

Ainda em vista do art. 1.481, depreende-se que o significado é "liberação". No entanto, a grafia que aparece no Código está errada. A palavra correta é "remição". Esta a forma que consta nos dicionários ou vocabulários jurídicos – ato de exoneração, por virtude de lei, feita pelo segundo credor hipotecário, da primeira hipoteca vencida, que grava algum imóvel.

Já o termo "remissão" possui o significado jurídico de perdão, matéria regulada nos arts. 385 a 388 do Código Civil.

Lembra-se, ainda, o sentido de "remissão", que é de "remeter" o leitor a outro lugar de um livro, ou a um outro assunto – fazer remissão ao tema tratado antes, ou discorrido em outra página do livro.

Importa, aqui, o sentido de perdão, e, assim, em última instância, de liberação de um ônus, de uma obrigação, e até de renúncia voluntária e graciosa de uma dívida. Os autores, ao tempo do Código Civil de 1916, consideravam realmente neste sentido a figura: "Remissão é a liberação graciosa de uma dívida, ou a renúncia efetuada pelo credor, que, espontaneamente, abre mão de seus direitos creditórios, colocando-se na impossibilidade de exigir-lhes o respectivo cumprimento".[1] Idêntico significado traziam Planiol e Ripert: "La remisión de deuda consiste en que el acreedor abandona voluntariamente sus derechos".[2]

Tem-se, pois, mais uma causa de extinção da obrigação, que se efetua através de um ato de liberalidade, de perdão, de renúncia expressa ao crédito. Justifica Roberto de Ruggiero: "Bem pode o titular do direito de crédito, tal como dispor dele a favor de outrem, fazendo, por exemplo, a sua cessão, dispor dele a favor do próprio devedor, liberando-o do vínculo ou até, sem qualquer atenção pela pessoa do obrigado, abandonar a sua razão creditória, o que igualmente conduz à libertação do devedor".[3] Todavia, não se trata de renúncia propriamente dita, porquanto esta possui um sentido mais amplo, envolvendo também direitos de natureza não patrimonial, além de significar abandono e demissão de direitos, constituindo-se de um ato unilateral.

Também da doação distingue-se, eis que esta se revela no *animus donandi*, numa relação jurídica de liberalidade, na transmissão de um bem patrimonial a favor de terceiro, podendo trazer relações jurídicas obrigacionais, como na doação com encargo. Ademais, abrange comumente a entrega de um bem, ou ostenta o caráter de transferência de coisas ou valores de cunho patrimonial. Já a remissão encerra o caráter de liberação, de dispensa de obrigação, nada tendo a ver com a entrega de bem.

28.2. NATUREZA JURÍDICA

O estudo da natureza resolve-se em saber se o ato é unilateral ou bilateral. Se preponderasse a primeira hipótese, não passaria de uma renúncia, ou uma abdicação de direitos. O mais correto e predominante é colocar a espécie como ato bilateral, posto haver sempre a possibilidade de o beneficiado repelir a liberalidade, como bem demonstrou Luis de Gáspari: "La remisión de la deuda es siempre un acto jurídico bilateral que supone la aceptación del deudor o de sus herederos, y como tal sujeto a las reglas relativas a la capacidad exigida para otorgar y aceptar renuncias, al objeto sobre que éstas recaen y a su forma".[4]

É indispensável a aceitação do perdão, pois não é a pessoa obrigada a sujeitar-se ao mesmo, eis que, às vezes, pode constituir um motivo de humilhação. Somente assim o ato é válido e produz efeitos. Reforçava Sílvio Rodrigues, relativamente à previsão da matéria pelo Código de 1916: "Consistindo em uma liberalidade, a eficácia do ato depende não só da capacidade ordinária de quem o faz, como também de legitimação para alienar, pois a remissão, diminuindo o patrimônio do credor, equivale a ato de disposição".[5]

Aliás, o art. 385 do Código Civil deixa evidente a bilateralidadede, ao condicionar a validade da remissão à aceitação pelo devedor: "A remissão da dívida, aceita pelo devedor, extingue a obrigação, mas sem prejuízo de terceiro". Do art. 386 também se extrai a natureza contratual: "A devolução voluntária do título da obrigação, quando por escrito particular, prova desoneração do devedor e seus coobrigados, se o credor for capaz de alienar, e o devedor capaz de adquirir". Desde o momento em que se reclama a presença

---

[1] Washington de Barros Monteiro, *Curso de Direito Civil* – Direito das Obrigações, Parte Geral, ob. cit., p. 358.
[2] *Tratado Práctico de Derecho Civil Francés*, ob. cit., t. 7º, 2ª parte, p. 640.
[3] *Instituições de Direito Civil*, São Paulo, Saraiva, trad. por Ary Santos, vol. III, p. 194.
[4] *Tratado de las Obligaciones* – Parte Especial, ob. cit., vol. III, p. 267.
[5] *Direito Civil* – Parte Geral das Obrigações, São Paulo, Max Limonad Editor, vol. II, p. 309.

dos requisitos para contratar, como a liberdade e a capacidade das partes, resta inafastável a natureza contratual. Eduardo Espínola revelava o mesmo pensamento, salientando, porém, a espécie unilateral nos testamentos, e observando a igualdade de disciplina pelo antigo e pelo atual diploma civil: "Certo como é que a remissão da dívida só produz o efeito liberatório, só extingue a obrigação se o devedor a aceita ou não se lhe opõe, torna-se indubitável a sua natureza contratual quando se trate de remissão por ato *inter vivos*; no caso de remissão de dívida, realizada em virtude de testamento, será unilateral por constituir em legado ao devedor, tomando o caráter do ato de que se origina".[6]

28.3. ESPÉCIES DE REMISSÃO

Duas são as espécies por todos lembradas: a "expressa" e a "tácita". Pela primeira, lavra-se um escrito particular ou por instrumento público, onde se declara a concessão do perdão ao obrigado, sendo admitida a forma testamentária pelo art. 1.918, que fala em legado de crédito ou de quitação de dívida, e conhecido como *legatum liberationis*. Já quanto à tácita, a entrega voluntária do título da obrigação, título este que deverá, por evidente, vir através de escrito, firma a certeza da remissão. Encontra-se esta modalidade prevista no art. 386, acima transcrito, que se mostra coerente com o conteúdo do art. 324: "A entrega do título ao devedor firma a presunção do pagamento". Para tipificar-se esta modalidade, alguns requisitos foram ressaltados por Jefferson Daibert, mantendo-se atuais, dada a igualdade de tratamento da matéria pelo anterior e pelo atual Código Civil: "Voluntariedade do credor, restituição feita por ele mesmo e recebimento do título pelo devedor ou seu representante".[7]

Há outras formas de especificação, de escassa importância, como a remissão por ato *causa mortis* (testamento) e a *inter vivos* (mediante a manifestação do titular do crédito). Alguns referem também a remissão *total* (quando envolve a obrigação por inteiro), ou a *parcial* (unicamente parte da obrigação é perdoada).

28.4. REQUISITOS PARA A VALIDADE

Como em todos os atos jurídicos, para a validade da remissão requer-se a presença dos seguintes elementos – art. 166 da lei civil: celebração por agentes da relação capazes; objeto lícito, possível e determinável; motivo determinante, comum a ambas as partes, lícito; forma prescrita em lei ou obediência às solenidades que a lei considera essenciais; não tiver por objetivo fraudar lei imperativa; não declaração de ato nulo pela lei, nem proibição da prática sob pena de sanção. Cominam vários dispositivos da lei civil mais itens que permitem a desconstituição, mas pela anulação, como na constatação da incapacidade relativa do agente e de vícios do consentimento – art. 171.

Como se trata de um ato de disposição do patrimônio, revela-se importante a capacidade daquele que perdoa. No tocante ao que recebe, em princípio não há necessidade de autorização judicial, a menos que importe um ônus, ou venha uma decorrência que poderá trazer prejuízo. Não há razão, do contrário, para se exigir a manifestação judicial, pois está havendo um benefício para o remido. Em princípio, o perdão é um negócio a

---

[6] *Garantia e Extinção das Obrigações*, ob. cit., pp. 158 e 159.
[7] *Das Obrigações* – Parte Geral, ob. cit., 1972, p. 351.

título gratuito, provocado pelo espírito de liberalidade, não se justificando colocar alguma dificuldade em seu exercício.

É no mínimo difícil ver fraude contra credores na concessão do perdão. Não se encontra um motivo que leva a anular tal ato de liberalidade. De igual maneira quanto à simulação, de modo a um terceiro restar prejudicado.

Todavia, não se conclua que seja impossível o prejuízo a terceiro. Imagine-se que um credor dê em caução um título de crédito, ou faça a cessão do mesmo, mediante endosso, fato bastante comum. Não lhe é permitido que conceda a remissão, isto é, o perdão da dívida. Aquele que recebeu o título, ou seja, o terceiro, restará prejudicado. De igual modo, o credor que deu a penhor o seu crédito não pode pretender remiti-lo em prejuízo do credor pignoratício. Em vista deste resultado, preceitua o art. 385: "A remissão da dívida, aceita pelo devedor, extingue a obrigação, mas sem prejuízo de terceiro".

Salienta-se que toda a espécie de dívida se sujeita à remissão, seja de natureza contratual ou extracontratual, líquida ou indefinida. Embora mais aplicável ao dinheiro, qualquer obrigação é abrangida, como evidenciam Planiol e Ripert: "Si se atiende a su objeto, la remisión de deuda se refiere por lo común a obligaciones de sumas de dinero. Pero, nada se opone a que se aplique a otras obligaciones con distinto objeto, salvo, desde luego, las de dar un cuerpo cierto, que, por cumplirse inmediatamente después de nacidas no podría existir en ese caso otra cosa de la transmisión del derecho real en sentido inverso, lo que es muy distinto".[8] Não se permite, resta evidente, aquela obrigação indisponível, ou de natureza alimentar, sem a qual fica o perdoante desprovido de meios de subsistência. Vale recordar esta passagem de Caio Mário da Silva Pereira: "As dívidas que envolvem um interesse de ordem pública são insuscetíveis de remissão. Não é possível, evidentemente, que o pai renuncie ao pátrio poder, ou o filho ao *status* respectivo, ou o credor de alimentos remita a obrigação do devedor".[9] A expressão "pátrio poder", com o vigente Código, passou para "poder familiar".

O Poder Público depende de lei especial para perdoar, o que se revela através da anistia. A respeito, o art. 172 do Código Tributário Nacional (Lei nº 5.172, de 25.10.1966), é expresso, relativamente a tributos:

"A lei pode autorizar a autoridade administrativa a conceder, por despacho fundamentado, remissão total ou parcial de crédito tributário, atendendo:

I – a situação econômica do sujeito passivo;

II – ao erro ou ignorância escusáveis do sujeito passivo, quanto à matéria de fato;

III – a diminuta importância do crédito tributário;

IV – a considerações de equidade, em relação com as características pessoais ou materiais do caso;

V – a condições peculiares a determinada região do território da entidade tributante".

Ocorre que a administração pública deve proceder em consonância com o princípio da legalidade, dentre outros exigidos pelo art. 37 da Constituição Federal. Todos seus atos nada mais são que a realização ou a concretização da lei. Sem a expressa previsão legal, impede qualquer ato das autoridades públicas.

---

[8] *Tratado Práctico de Derecho Civil Francés*, ob. cit., t. 7º, 2ª parte, p. 643.
[9] *Instituições de Direito Civil*, ob. cit., 5ª ed., 1978, vol. II, p. 246.

Exemplo de remissão de dívidas tributárias está na Lei nº 11.941/2009, no art. 14: "Ficam remitidos os débitos com a Fazenda Nacional, inclusive aqueles com exigibilidade suspensa que, em 31 de dezembro de 2007, estejam vencidos há 5 (cinco) anos ou mais e cujo valor total consolidado, nessa mesma data, seja igual ou inferior a R$ 10.000,00 (dez mil reais)".

28.5. REMISSÃO EM OBRIGAÇÕES COM GARANTIAS REAIS

Consta do art. 387 do Código Civil: "A restituição voluntária do objeto empenhado prova a renúncia do credor à garantia real, não a extinção da dívida".

A rigor, nas dívidas garantidas com penhor, entrega-se o bem ao credor o bem empenhado, como elemento para forçar o cumprimento. Eis a exposição de Sílvio Rodrigues, cuja atualidade perdura: "A posse do objeto empenhado representa um elemento de garantia, a reforçar as possibilidades de cumprimento da obrigação, pois o penhor assegura ao credor as prerrogativas de preferência e de sequela. Ora, se o credor devolve o objeto empenhado, presume a lei a renúncia à garantia, pois se quisesse perdoar a dívida ou devolveria o instrumento que a constituiu, ou o declararia expressamente".[10]

Consoante o art. 1.431, "constitui-se o penhor pela transferência efetiva da posse que, em garantia do débito ao credor, ou a quem o represente, faz o devedor, ou alguém por ele, de uma coisa móvel, suscetível de alienação". O penhor tradicional importa a tradição do bem. No entanto, nos demais penhores, como no agrícola, é ficta a tradição, ficando os bens com o devedor. Nas cédulas pignoratícias, também são dados bens em garantia (Decretos-Leis nº 167, de 1967, e nº 419, de 1969), não há igualmente a tradição, ficando os bens com o devedor.

De acordo com o regime do art. 387, da restituição voluntária do bem ao devedor, pelo credor, nas obrigações garantidas por penhor, não se infere a remissão. Dessume-se a mera desistência da garantia, perdurando a obrigação. Acrescenta-se, mais por interesse acadêmico, que do ato é possível ver uma remissão, se resta o devedor sem qualquer possibilidade de saldar a dívida.

28.6. REMISSÃO EM OBRIGAÇÕES SOLIDÁRIAS

Explicava Roberto de Ruggiero que, "dado um débito solidário, a declaração de perdão feita a um libera todos os outros; para que o credor possa conservar o crédito para com os outros, é necessário que faça reserva expressa, sendo que em tal caso estes não respondem senão com dedução da quota do codevedor liberado".[11] Realmente, se perdoada a dívida a um dos devedores, estende-se aos demais, mas na parte da remissão, ou que, proporcionalmente, seria da responsabilidade daquele que foi remido. Não se estende a liberação do total da obrigação aos restantes devedores.

O perdão pode operar-se *in rem* ou *in personam*. No primeiro caso, extingue a obrigação por inteiro, enquanto na segunda restritamente ao devedor especificado. A parte que lhe cabia, porém, não será procurada perante os demais coobrigados. O art. 388 leva à conclusão acima: "A remissão concedida a um dos codevedores extingue a dívida na parte

---

[10] *Direito Civil – Parte Geral das Obrigações*, vol. II, p. 310.
[11] *Instituições de Direito Civil*, ob. cit., vol. III, p. 196.

a ele correspondente; de modo que, ainda reservando o credor a solidariedade contra os outros, já lhes não pode cobrar o débito sem dedução da parte remitida". Analisando o texto, concluía Carvalho Santos: "Se a remissão foi feita a um dos codevedores, mesmo sem qualquer ressalva, é incontestável o direito que tem o credor de cobrar dos outros o resto da dívida, descontada apenas a parte remitida".[12]

Chega-se a que o credor está obrigado a abater junto aos demais devedores, e mesmo perante os respectivos fiadores, a parte recebida de um dos devedores, ou do fiador, ou a parte à qual concedeu a remissão. A autoridade de Clóvis corrobora o entendimento: "O perdão concedido ao devedor principal, por qualquer destas duas formas, aproveita ao fiador. Não é verdadeira, porém, a recíproca. Feito a um dos fiadores solidários, beneficiará os outros, se não houver declaração em contrário".[13]

Finalmente, no pertinente à obrigação indivisível, ainda Caio Mário da Silva Pereira lembra: "Sendo indivisível o objeto e um dos credores remitir a dívida, não se extingue a obrigação em relação aos demais credores, que poderão exigir o pagamento, com desconto da parte relativa ao remitente".[14]

---

[12] Ob. cit., vol. XIV, p. 172.
[13] *Direito das Obrigações*, ob. cit., 1945, p. 136.
[14] *Instituições de Direito Civil*, ob. cit., 1978, vol. II, p. 247.

XXIX
Inadimplemento das Obrigações

29.1. A IMPUTABILIDADE NO INADIMPLEMENTO

No Código de 1916, a matéria vinha tratada no Título II do Livro III da Parte Especial, que abrangia os efeitos das obrigações, e destacada no Capítulo XIII, com o nome "Das consequências da inexecução das obrigações". O Código de 2002 colocou o assunto no Título IV do Livro I da Parte Especial, sob a denominação "Do inadimplemento das obrigações", e nele incluindo os capítulos de I a VI, compreendendo as "Disposições gerais", "Da mora", "Das perdas e danos", "Dos juros", "Da cláusula penal", e "Das arras ou sinal". O sentido de inexecução empregado no antigo regime, cuja expressão se encontra na doutrina, equivale a inadimplemento.

Salienta-se, ainda, que o atual Código considerou os assuntos incluídos nos Capítulos I a VI ligados ao inadimplemento das obrigações, já que os colocou no mesmo Título.

No Capítulo I, fornece os princípios gerais sobre o inadimplemento, sendo que, nos demais, entra sobretudo nos seus efeitos.

A obrigação, ou mais especificamente o contrato, impõe o cumprimento no modo, tempo e termos devidos.

O grande problema das obrigações está na falta de cumprimento, o que constitui um fenômeno que leva ao rompimento da harmonia social, ou provocando uma crise de relações, com graves abalos no equilíbrio econômico. Oferece o ordenamento jurídico à parte lesada alguns mecanismos para encaminhar e exigir a satisfação de seu direito ou crédito.

O tratamento do Código é no sentido de que as partes honrem aquilo que estipularam, considerando como exceção a inadimplência. Com o adimplemento, ou a *solutio*, realiza-se, no modo de ver de Pontes de Miranda, "o fim da obrigação: satisfaz, libera; donde cessar a relação jurídica entre o devedor e o credor".[1] Entrementes, imensa parcela das avenças, embora as obrigações devidamente construídas, com clareza das cláusulas, formadas por pessoas capazes ou aptas a contratar, não chega ao resultado visado, que é o seu atendimento pleno, ensejando uma situação de intranquilidade e insegurança social, máxime aquelas de cunho pecuniário. Constitui um fator de desestabilização das relações econômicas de um país a contumaz e generalizada inadimplência, que se acentua consoante o recrudescimento das crises nos mais variados setores da economia, com implicações na desestruturação de empresas, dos mecanismos de produção, da própria família e do Estado.

---

[1] *Tratado de Direito Privado* – Parte Especial, Rio de Janeiro, Borsoi, t. XXIV, 1959, p. 72.

Quanto aos princípios gerais, que serão desenvolvidos no presente capítulo, o Código os trata em poucos dispositivos. Começa com o art. 389, em redação da Lei nº 14.905/2024, nestes termos: "Não cumprida a obrigação, responde o devedor por perdas e danos, mais juros, atualização monetária e honorários de advogado". Está consagrado o direito de impor o cumprimento. Primeiramente, garante-se o direito de exigir que se realize a sua tipicidade, ou o objeto visado. Nesta ordem, a obrigação de dar, de fazer ou não fazer, a que todas se reduzem, seja qual for o campo a que se dirige. Mesmo que assim se consiga, se caracterizada a mora ou a recusa, incide a indenização pelas perdas e danos, que se efetiva pela incidência dos juros, mas podendo envolver outros consectários.

A correção monetária, já consolidada em extensa legislação no direito positivo, reflete mera forma de manter indene ou atual o valor das perdas e danos, enquanto os honorários advocatícios correspondem aos custos para viabilizar a sua consecução. O parágrafo único do art. 389, vindo com a Lei nº 14.905/2024, indica o índice a ser aplicado, se não convencionado ou previsto em lei específica: "Na hipótese de o índice de atualização monetária não ter sido convencionado ou não estar previsto em lei específica, será aplicada a variação do Índice Nacional de Preços ao Consumidor Amplo (IPCA), apurado e divulgado pela Fundação Instituto Brasileiro de Geografia e Estatística (IBGE), ou do índice que vier a substituí-lo".

Quanto aos honorários do advogado, evidentemente dependem de sua atuação, da sucumbência do devedor e da fixação judicial. Não se conclua a exigibilidade pelo mero descumprimento ou pelas tratativas levadas a efeito sem a intervenção judicial. Aliás, não carecia que viesse a alteração do dispositivo, já que decorre a exigibilidade da legislação existente (CPC e Lei nº 8.906/1994).

Pela regra do dispositivo acima transcrito, ou o devedor simplesmente deixa de cumprir, dando-se o incumprimento absoluto; ou cumpre mal, isto é, não de forma completa, e pelo tempo e modo a que se encontrava obrigado. Nesta segunda situação, tem-se o incumprimento relativo ou parcial. Em ambos os casos, porém, há responsabilidade baseada na culpa. Incide em culpa quando viola explicitamente dispositivos de lei, ou quando se dá o não cumprimento da obrigação, ou deixando-a de cumpri-la pelo modo e no tempo devidos.

Em síntese, a prestação deixa de ser realizada por desobediência ao contrato e à lei. Há um fato imputável ao devedor; a sua culpa levou ao incumprimento. Ou, bem conceituavam Colin e Capitant, "el incumplimiento procede de la culpa del deudor. Cuando esto ocurre, por lo menos, si la obligación procede de un contrato sinalagmático, la ley... permite al acreedor pedir ante los Tribunales la resolución del contrato, lo que producirá la consecuencia de liberarle de su propia obligación, si se supone que aún no la haya cumplido, y de obtener la restitución de lo que ha entregado si se supone que haya cumplido la prestación que le correspondía".[2]

Todavia, existem incumprimentos não imputados ao devedor, mas decorrente da impossibilidade originária, ou subsequente à obrigação. Em ambos os casos, não nasce de um ato do devedor a falta de cumprimento. Contrata-se, na primeira hipótese, uma obrigação com um objeto impossível, que está fora do comércio, ou impraticável, como realizar uma pintura por alguém que jamais foi pintor. De que maneira, então, exigir o cumprimento? Não há viabilidade. Na segunda, embora válida e com uma prestação possível, por circunstâncias independentes da vontade do devedor surge a impossibilidade:

---

[2] *Curso Elemental de Derecho Civil*, t. 3º, ob. cit., p. 773.

a realização de uma construção adaptada para finalidades comerciais em uma zona da cidade que, mais tarde, em face de mudança do plano diretor, fica proibida a prática do comércio; ou combina-se a entrega de mercadoria fabricada pelo devedor, vindo, posteriormente, a ser proibida a importação da matéria-prima necessária à fabricação.

Com isto evidencia-se que o incumprimento tem várias causas: a culpa do devedor, a impossibilidade do objeto, a superveniência de impossibilidade, e até outras, como a mudança da situação vigente quando da contratação. Nesta última situação, há responsabilidade do devedor unicamente se está em mora, como já apontava Clóvis Beviláqua: "Incorrendo em culpa ou mora o devedor, então a sua responsabilidade é manifesta, porém, como não poderá mais cumprir a prestação tornada impossível, esta se transforma, para ele, em obrigação de pagar perdas e danos".[3]

No entanto, o art. 389 restringe o incumprimento a fato imputável unicamente ao devedor. Ele infringe o contrato, não cumprindo por culpa sua. Não se cogita, aqui, de outros fatores de não realização do contrato, ou do incumprimento não imputável ao devedor.

29.2. A CONDUTA DO DEVEDOR NO INADIMPLEMENTO

Já ficou dito que o art. 389 trata do inadimplemento em face da conduta do devedor. Ele é o responsável pelo inadimplemento. Não há a superveniência de um fator externo, como a impossibilidade. Pode-se repetir, aqui, a seguinte conclusão de Jefferson Daibert: "O que caracteriza, pois, o inadimplemento é o fato de descumprir o devedor aquilo a que se obrigou, quer voluntária ou involuntariamente".[4]

Está-se diante da responsabilidade do devedor pelo incumprimento. Incidem as perdas e danos, eis que ele causou a quebra do equilíbrio, que devem consistir nos prejuízos causados pelo sujeito passivo da obrigação. Mas isto se não é possível o cumprimento *in natura*, como, aliás, já observado. Todavia, o campo do incumprimento é vasto. Pode levar à resolução do contrato, assunto de outros itens ou subitens que serão desenvolvidos adiante. Estudam-se, por ora, as decorrências do não cumprimento da obrigação, com as consequências da indenização pelas perdas e danos, ainda que de ordem exclusivamente moral, derivado o não cumprimento da culpa do devedor. Há, portanto, necessidade do delineamento da culpa em si e da culpa contratual.

Na culpa extracontratual ou aquiliana não se tem em conta a obrigação contratual, mas a ofensa a um dever jurídico, a um preceito de lei, e, consumada na ação, corporifica-se no ato ilícito.

O art. 186 trata da culpa, que tanto pode ser a contratual como a extracontratual. Nesta última, constitui o elemento determinante de toda e qualquer indenização, por atos praticados fora do contrato. Impõe a obrigação de indenizar pelas decorrências de toda e qualquer ação ou omissão, de ordem voluntária ou involuntária. Por outras palavras, por dolo – ação ou omissão voluntária, ou por culpa – ação ou omissão involuntária, isto é, com negligência, imprudência ou imperícia, desde que advenham prejuízos.

No estudo ora desenvolvido, interessa a obrigação de reparar o dano por toda e qualquer pessoa que, agindo com dolo ou mera culpa – isto é, de maneira voluntária ou

---

[3] *Direito das Obrigações*, ob. cit., 1945, p. 137.
[4] *Das Obrigações* – Parte Geral, ob. cit., 1972, p. 380.

involuntária –, desrespeita as obrigações nascidas do vínculo contratual. Existe um vínculo obrigacional, surgido do consenso de um sujeito ativo e de um sujeito passivo, em torno de determinado assunto ou objeto. Este vínculo é a relação, que se qualifica como *jurídica* porque escudada no ordenamento legal. E aparece um comportamento voluntário (doloso) ou involuntário (culposo), desrespeitando o vínculo ou a relação. De sorte que o art. 389, tratando do descumprimento das obrigações, não ilide ou afasta o art. 186. Não se pense que este último cânone restringe-se à culpa extracontratual ou aquiliana, como alguns pretendiam já ao tempo do Código de 1916, e que regula o incumprimento da obrigação contratual unicamente o primeiro dispositivo – art. 389. Pensa-se que jamais se pode alijar a teoria da indenização por incumprimento contratual do pressuposto do art. 186. Na tradicional doutrina é desta forma que se ensinava, recorda Carvalho Santos, que transcreve J. X. Carvalho de Mendonça: "A reparação de dano, proveniente de inexecução ou inadimplemento da obrigação, bem apreciada, não é mais do que a reparação pelo ato ilícito, enquadrando-se em sua generalidade no art. 159 do Código Civil, visto como se dá a violação do direito e prejuízo a outrem em virtude de ato ou omissão voluntária do devedor".[5] Lembra-se que o citado art. 159 corresponde ao art. 186 do vigente Código.

Justamente porque não só da culpa aparece a falta de cumprimento, admissível não cumprir por impossibilidade ou mera incapacidade econômica, o que não afasta as perdas e danos. Afasta unicamente se a impossibilidade ou incapacidade econômica derivar de caso fortuito ou força maior, ou de outras situações independentes da vontade humana ou da culpa, assunto que se desenvolverá neste mesmo capítulo. Nestas eventualidades, há a reposição sem perdas e danos – art. 395, em texto da Lei nº 14.905/2024. Acontece que o âmbito do art. 389 abrange o incumprimento por culpa. Quando prevê as perdas e danos, pressupõe a culpa. A reposição, não havendo culpa, encontra como fulcro a proibição do enriquecimento sem causa. Tal reposição, ou retorno à situação anterior, passa a reger-se, então, mais pelo art. 884 do Código Civil. Aí, fica-se diante da resolução.

Finalmente, ressalta-se que o incumprimento revela-se nas obrigações positivas e nas negativas – aquelas que envolvem um *facere*, ou um ato, uma atuação, uma prestação; e as últimas consistentes em um *non facere*, ou uma abstenção, ou uma conduta a ser evitada, constando a sua previsão no art. 390 do Código Civil, sem que houvesse regra igual no diploma civil revogado: "Nas obrigações negativas, o devedor é havido por inadimplente desde o dia em que executou o ato de que se devia abster". Seria a hipótese, nesta espécie, do possuidor que, malgrado obrigação de não utilizar, passa a servir-se de bens sobre os quais detém a mera posse para fins de guarda, ou daquele que, desrespeitando a avença ou a lei, invade área de outrem, ou constrói junto à parede do vizinho.

29.3. O INADIMPLEMENTO CULPOSO

A inadimplência decorre da culpa. É o que se extrai do art. 389. Não se cumpre por motivações voluntárias, ou involuntárias mas assumidas. O fato de não cumprir advém de um ato pretendido, ou de conduta culposa. Rasteiam-se os atos que conduzem ao inadimplemento e percebe-se que o devedor foi o responsável.

Cumpre se veja o conceito de dolo, posto que a culpa tem um sentido lato. Envolve uma violação intencional de uma norma ou conduta, ou de um dever. Há a vontade de

---

[5] *Código Civil Brasileiro Interpretado*, ob. cit., vol. XIV, p. 176.

contrariar o direito.[6] Em termos que já não se apresentam como dialéticos, caracteriza-se o dolo quando o ato revela que o agente conheceu e pretendeu os efeitos danosos produzidos, e também quando o agente tinha a consciência do ato nocivo e contrário à lei, não querendo, no entanto, o resultado. Basta, assim, a voluntariedade do ato para o reconhecimento do dolo. É suficiente "tê-lo querido com má intenção, sendo evidente que, na maioria dos casos, conhecer se um ato é ou não mau, dependerá dos efeitos que ele possa produzir; e nestes casos naturalmente, o simples fato de ter querido o ato, não basta para caracterizar a intenção dolosa", explica Serpa Lopes.[7]

Todavia, o dolo, aqui, deve ser visto no inadimplemento da obrigação. Considera-se presente na vontade de não cumprir a avença. Não importa a presença da má intenção, ou da vontade dirigida para prejudicar. Sabe-se e pretende-se o não cumprimento das cláusulas. Não se vai além, como no dolo civil, que se exterioriza no engenho ou no entabulamento de vontades levado a efeito para prejudicar a outra parte. Dispensa-se a demonstração da direção da vontade para prejudicar, ou o entabulamento de manobra, de artifício, do expediente malicioso empregado pela outra para com vistas induzir alguém em erro.

Importante também se conceitue a culpa, embora em passagem rápida, para a exata compreensão também do art. 392, que se abordará adiante. Uma das mais precisas ideias foi dada por Savatier, lembrado por José de Aguiar Dias: "É a inexecução de um dever que o agente podia conhecer e observar. Se efetivamente o conhecia e deliberadamente o violou, ocorre o delito civil ou, em matéria de contrato, o dolo contratual. Se a violação do dever, podendo ser conhecida e violada, é involuntária, constitui a culpa simples, chamada, fora da matéria contratual, de quase delito".[8]

Existe um vasto mar de conceituações e caracterizações em torno da matéria. Alguns veem na culpa um erro de conduta, que ocorre toda vez que nos afastamos do procedimento tido como padrão. Outros, o que já foi referido, situam-na como a quebra de um dever a que o agente está adstrito, onde se assenta o fundamento primário da reparação. Assim no direito alemão, em que se destaca o elemento moral do dever. No direito italiano, é dada ênfase à inobservância da diligência na apreciação do resultado dos atos, ou na transgressão da norma de conduta. Em linha semelhante o direito português, lembrando João de Matos Antunes Varela, que o "lesante, em face das circunstâncias específicas do caso, devia e podia ter agido de outro modo".[9] Cada pensamento revela aspectos da mesma verdade, ou seja, a conduta produzindo danos porque eivada de negligência, de imprudência ou imperícia. Embora não contenha o elemento interno da intenção dirigido a causar o dano, no entanto dirige-se a vontade ao fato causador do dano, mesmo que este não querido.

É de realce abordar se há ou não distinção ou diferenças entre a culpa contratual e a extracontratual. Deixando-se de lado as várias teorias que se formaram ao longo dos tempos, pensa-se que, em se tratando de obrigações, e vindo estabelecidas em algum vínculo formado entre as partes, a culpa contratual se ostenta muito mais sensível, ou requer menos requisitos, do que na culpa extracontratual. Suficiente a mera inadimplência para detectar a sua presença. Não importa que o sujeito passivo seja negligente, imprudente,

---

[6] Pontes de Miranda, *Tratado de Direito Privado*, Rio de Janeiro, Borsoi, 1971, vol. XXIII, p. 72.
[7] *Curso de Direito Civil* – Obrigações em Geral, vol. II, ob. cit., p. 360.
[8] Traité de la Responsabilité Civile, nº 4, p. 5, *in Da Responsabilidade Civil*, de Aguiar Dias, 4ª ed., Rio de Janeiro, Forense, 1960, t. I, p. 137.
[9] *Das Obrigações em Geral*, Coimbra, Liv. Almedina, 1980, vol. I, p. 456.

imperito, ou revele outras falhas, para exigirem-se as perdas e danos. O mero inadimplemento basta, desde que não advindo de caso fortuito ou força maior, dentre outras situações, como a alteração substancial da base do negócio. Em casos específicos há o afastamento das perdas e danos. Se não se deu o atendimento no prazo da obrigação, mesmo que em razão de perda do emprego do devedor, ou de uma doença que mine os recursos, ou até de um acidente que não diz com o objeto do que se tratou, não se afastam as perdas e danos. Arredam-se caso a impossibilidade disser respeito ao próprio objeto da obrigação, e assim na eventualidade de uma intempérie arruinar toda a cultura de um produto, ou se o prestador é acometido de um mal, ou se o terceiro não entregar a matéria-prima necessária à fabricação do produto.

Para os efeitos do art. 389, não há qualquer correlação entre a gravidade da culpa e a reparação do dano. O art. 403 é expresso: "Ainda que a inexecução resulte de dolo do devedor, as perdas e danos só incluem os prejuízos efetivos e os lucros cessantes por efeito dela direto e imediato, sem prejuízo do disposto na lei processual". Yussef Said Cahali resume o pensamento que dominava e mantém-se vigente: "A maior ou menor gravidade da falta não influi sobre a indenização, a qual só se medirá pela extensão do dano causado. A lei não olha para o causador do prejuízo, a fim de medir-lhe o grau de culpa, e sim para o dano... A classificação da infração pode influir no sentido de atribuir-se ou não responsabilidade ao autor do dano, o que é diferente".[10] No inadimplemento de contratos unilaterais faz-se a distinção, para fins de indenização, entre culpa e dolo, ocorrendo também outras hipóteses onde se leva em consideração a gravidade da culpa, como no art. 940.

Não verificada a culpa, o contraente está apto a buscar somente a resolução, ou o retorno à situação anterior, sem pedir a indenização. Convém lembrar, porém, tal em não se tratando de responsabilidade objetiva.

No pertinente à indenização, respondem todos os bens do devedor, como garante o art. 391 do Código Civil, o que é natural e decorre dos princípios que regem qualquer tipo de reparação. Norma equivalente também se encontra no art. 789 do Código de Processo Civil: "O devedor responde com todos os seus bens presentes e futuros para o cumprimento de suas obrigações, salvo as restrições estabelecidas em lei."

As restrições consistem especialmente na impenhorabilidade de certos bens, como o de família, regida pela Lei nº 8.009, de 1990.

29.4. INADIMPLEMENTO NOS CONTRATOS BENÉFICOS E ONEROSOS

Deixa-se de cumprir a obrigação nos contratos benéficos, que correspondem, de modo geral, aos unilaterais ou não sinalagmáticos, e nos onerosos, isto é, nos bilaterais ou sinalagmáticos. Os primeiros são os que não trazem obrigações a uma das partes, ou os que resultam obrigações para um só dos contraentes, enquanto nos onerosos, que são bilaterais, as obrigações distribuem-se para ambos os participantes da relação. Às duas espécies dirige-se o art. 392, desta maneira redigido: "Nos contratos benéficos, responde por simples culpa o contratante, a quem o contrato aproveite, e por dolo aquele a quem não favoreça. Nos contratos onerosos, responde cada uma das partes por culpa, salvo as exceções previstas em lei".

---

[10] *Dano e Indenização*, São Paulo, Revista dos Tribunais, 1980, p. 124.

O art. 1.057 do Código revogado, com redação semelhante, ao invés de contratos "benéficos" e "onerosos", denominava contratos "unilaterais" e "bilaterais". É necessário observar que todo contrato bilateral ou sinalagmático revela-se oneroso, sendo exemplos fortes a compra e venda e a locação, enquanto o contrato unilateral pode ser gratuito (doação pura) e oneroso (doação com encargo). Portanto, nem sempre o contrato unilateral equivale é benéfico.

Nota-se da regra que não há um princípio que estabelece uma graduação da culpa. Procede-se à classificação da infração para fins de atribuir-se ou não a responsabilidade ao autor do dano, o que é diferente da graduação.[11]

De acordo com seu conteúdo, na primeira previsão regula-se a indenização por descumprimento dos contratos benéficos, como no comodato, na doação pura e simples, na remissão de dívida, no depósito, na promessa de recompensa, dentre outras figuras. Neste tipo, a parte beneficiada responde por simples culpa. Contraída a obrigação a seu favor, a menor culpa importa em responsabilidade. Exemplo típico é o comodatário, que arcará com as despesas decorrentes da deterioração se não conservou a coisa como se sua fosse, em obediência ao art. 582: "O comodatário é obrigado a conservar, como se sua própria fora, a coisa emprestada, não podendo usá-la senão de acordo com o contrato ou a natureza dela, sob pena de responder por perdas e danos. O comodatário constituído em mora, além de por ela responder, pagará, até restituí-la, o aluguel da coisa que for arbitrado pelo comodante". Relativamente ao depósito, o beneficiado é o depositante, porquanto por ele alguém guarda o bem. Desde que, por simples negligência, não entrega os meios de conservação, assume as consequências.

Quanto ao que assume os encargos e não é favorecido, impõe-se que se caracterize o dolo para estabelecer as perdas e danos. Sua conduta de prejudicar o beneficiado revela a intenção, a vontade, como se o comodante danifica o bem que entregou para outra pessoa. A mera culpa, ou a simples falta de cuidados, em princípio, não importa em responder. A menos que diferentemente dispuser a lei. No pertinente ao depósito, *v.g.*, mesmo que gratuito, regras especiais cobram do depositário a extrema diligência nos cuidados, como se fosse do depositante o bem. Estatui o art. 629: "O depositário é obrigado a ter na guarda e conservação da coisa depositada o cuidado e diligência que costuma com o que lhe pertence, bem como a restituí-la, com todos os frutos e acrescidos, quando o exija o depositante".

Sobre a necessidade, como regra geral, do dolo na conduta do que assumiu a obrigação, pontifica a Súmula nº 145, do Superior Tribunal de Justiça, com a seguinte redação: "No transporte desinteressado, de simples cortesia, o transportador só será civilmente responsável por danos causados ao transportado quando incorrer em dolo ou culpa grave". Nesse tipo de transporte, ou no gratuito, que é o feito por amizade ou cortesia, o enquadramento é de contrato benéfico, impondo-se a culpa para responsabilizar o transportador, como exsurge do art. 736 do Código Civil, que afasta a incidência das normas que obrigam a responsabilização independentemente de culpa no contrato de transporte oneroso.

Nos contratos onerosos, nos quais a ambas as partes cominam-se direitos e obrigações, suficiente a caracterização da culpa para qualquer delas sujeitar-se a ser demandada pelos prejuízos. Considerando que os contratantes encontram-se colocados no mesmo grau de igualdade, a simples inadimplência pela mais tênue culpa traz o direito às perdas e danos.

---

[11] Pontes de Miranda, *Tratado de Direito Privado*, 2ª ed., ob. cit., vol. XXIII, p. 74.

Mas se ambas as partes infringiram o contrato, a cada uma reserva-se o direito de pedir a reparação, e inclusive permitindo-se a compensação, conforme ilustrava Carvalho Santos, anotando a aplicabilidade do ensinamento, eis que igual o princípio no atual e no anterior Código: "A melhor doutrina admite a compensação de culpas, pela razão de que admitindo a exceção *inadimpleti contractus* forçosamente fornece ao juiz elementos para, em casos tais, compensar a pretensão de um contraente com a do outro, cabendo ao juiz decidir sobre a compensação, diante das provas que lhe forem apresentadas".[12]

Haverá uma certa dificuldade na aplicação do princípio, eis que indispensável determinar a quem por primeiro compete o cumprimento, em face da regra do art. 476: "Nos contratos bilaterais, nenhum dos contratantes, antes de cumprida a sua obrigação, pode exigir o implemento da do outro". Resta clara a situação complexa, porquanto a inadimplência de um dos figurantes enseja a resolução da avença. Seria de cogitar-se se, não atendida a obrigação da qual era credor, permite-se também não satisfazer o dever a que se encontra adstrito pelo contrato. Se o inadimplemento for motivo de resolução, não há motivo para o não cumprimento posterior. Mas, partindo do credor a falta de cumprimento, e não interessando ao devedor a resolução, admite-se, na orientação doutrinária acima, buscar a compensação. Tanto costuma acontecer nas locações, quando se compromete o locador a efetuar reformas no prédio, sem o devido cumprimento. No caso, dada a indispensabilidade das obras, nada mais justo que as empreenda o locatário, buscando a posterior compensação com os aluguéis.

Dos princípios acima, excepcionam-se os casos previstos em lei, conforme assinala a parte final do art. 392. Deverá haver lei estabelecendo diferentemente a responsabilidade, ou que a responsabilidade incida mesmo na culpa em contratos benéficos. Exemplo claro da responsabilidade desconsiderando a culpa está no contrato de transporte oneroso de pessoas, regulado pelos arts. 734 e seguintes do Código Civil, aventando lembrar que o transportador responde pelo mero contrato, salvo motivo de força maior, e ficando nula qualquer cláusula excludente de responsabilidade.

Enseja-se ao lesado com o inadimplemento a competente indenização, assegurada pelo art. 391 do Código Civil: "Pelo inadimplemento das obrigações respondem todos os bens do devedor".

29.5. INCUMPRIMENTO POR CASO FORTUITO E FORÇA MAIOR

Matéria importante, de grandes repercussões práticas, traz o art. 393: "O devedor não responde pelos prejuízos resultantes de caso fortuito ou força maior, se expressamente não se houver por eles responsabilizado".

Por sua vez, o parágrafo único traz a definição de caso fortuito ou força maior: "O caso fortuito ou de força maior verifica-se no fato necessário, cujos efeitos não era possível evitar ou impedir".

Inicialmente, salienta-se que trata o Código de situações em que é admitido o não cumprimento. Está-se diante do incumprimento não imputável ao devedor. Arrolam-se alguns casos, mas existem várias outras situações, que também serão abordadas.

Há impossibilidades de cumprimento, que afastam a exigibilidade. Já chamava a atenção Francisco de Paula Lacerda de Almeida: "A possibilidade da prestação constitui

---

[12] Ob. cit., vol. XIV, p. 188.

um dos elementos essenciais da obrigação, e assim, como a prestação impossível impede, em princípio, a formação do vínculo obrigatório por falta de objeto, assim também e pelo mesmo motivo a impossibilidade superveniente, suprimindo um elemento essencial da obrigação, acarreta a extinção desta".[13]

Efetivamente, importa, como condição primordial, a possibilidade do cumprimento. Não é sensato que alguém contrate com um trabalhador rural uma atividade incompatível com sua condição. A respeito, o Código Civil, no art. 104, ergue como condições para a validade do ato jurídico o agente capaz, o objeto lícito, possível, determinado ou determinável, e a forma prescrita ou não defesa em lei. No âmbito de objeto lícito, possível, determinado ou determinável, inclui-se o objeto realizável, existente, encontrando-se no comércio. Não há obrigação quando o objeto é impossível, o que pode ocorrer por duas razões: ou porque está fora do comércio, ou porque é inatingível. De outro lado, tem-se a impossibilidade física e jurídica. Na primeira, aquilo que se promete cumprir nunca existiu e nem poderá existir. Quanto à segunda, a lei impede que seja contratado, e, nesta órbita, a compra e venda de direitos indisponíveis, como da tutela, da curadoria, do poder familiar, e até quanto a bens, como a venda de um imóvel público ou de imóvel que já é do pretendido comprador. Em todas essas situações, incogitável procurar perdas e danos em face do não cumprimento.

29.5.1. Conceito

No presente item, restringe-se o estudo à impossibilidade da prestação proveniente de circunstâncias estranhas à vontade do devedor, e não imputáveis a ele, mas relativamente ao caso fortuito ou a uma circunstância de força maior. Verificando-se uma dessas hipóteses, não incidem as perdas e danos.

Os conceitos sobre referidas causas de isenção estão bem difundidas na doutrina, sendo desnecessária a abordagem das teorias que durante longo tempo martirizaram os aplicadores do direito. Importa perscrutar os traços comuns na sua identificação. Nesta ordem, perdura a importância do ensinamento de Arnoldo Medeiros da Fonseca, um dos que melhor trataram do assunto, para quem caracterizam a força maior ou o caso fortuito, expressões que encerram o mesmo sentido, o elemento objetivo, que é a inevitabilidade do evento, e o elemento subjetivo, considerado como a ausência de culpa no comportamento.[14]

Relativamente às expressões, Pontes de Miranda trouxe à tona a distinção que já havia feito Lacerda de Almeida: "Força maior diz-se mais propriamente de acontecimento insólito, de impossível ou difícil previsão, tal uma extraordinária seca, uma inundação, um incêndio, um tufão; caso fortuito é um sucesso previsto, mas fatal como a morte, a doença etc."[15] Em seguida, porém, adverte: "A distinção entre força maior e caso fortuito só teria de ser feita, só seria importante, se as regras jurídicas a respeito daquela e desse fossem diferentes",[16] o que não se verifica, pois o Código empresta o mesmo significado às expressões, como ocorria com o Código de 1916. Considera a força maior ou o caso fortuito o acontecimento, previsível ou não, que causa danos e cujas consequências são

---

[13] *Obrigações*, ob. cit., p. 345.
[14] *Caso Fortuito e Teoria da Imprevisão*, 3ª ed., Rio de Janeiro, Forense, 1958, p. 147.
[15] *Tratado de Direito Privado*, 3ª ed., ob. cit., vol. XXIII, p. 78.
[16] *Idem*, p. 79.

inevitáveis. Ou, o que vem a dar no mesmo, ocorre um fato sem que o homem, especialmente o devedor, tenha dado causa. De ordinário, é de acontecimento natural que se trata. Mais para bem entender essas excludentes de responsabilidade, vale transcrever a distinção feita por Mário Júlio de Almeida Costa: "... O caso fortuito representa o desenvolvimento de forças naturais a que se mantém estranha a ação do homem (inundações, incêndios, a morte etc.), e o caso de força maior consiste num facto de terceiro (a prisão, o roubo, uma ordem da autoridade etc.). De acordo com o critério talvez mais difundido, o conceito de caso de força maior tem subjacente a ideia de inevitabilidade: será todo o acontecimento natural ou ação humana que, embora previsível ou até prevenido, não se pode evitar, nem em si mesmo nem nas suas consequências. Ao passo que o conceito de caso fortuito assenta na ideia da imprevisibilidade: o facto não se pode prever, mas seria evitável se tivesse sido previsto".[17] Exemplo de força maior revela-se nesta ementa: "Inexiste a responsabilidade civil do Município pelo dano causado em veículo por queda de árvore em consequência de fortes chuvas, se comprovado que o dano se deu exclusivamente pelo fato da natureza, sem nenhum nexo causal entre a atuação do Estado e a lesão produzida, pois nos termos do art. 1.058 do CC o caso fortuito ou de força maior, por imprevisível e inevitável, exclui o dever de indenizar".[18] Lembra-se que o art. 1.058 equivale ao art. 393 do atual Código Civil.

Enquanto Arnoldo Medeiros acentuava os dois requisitos acima para isentar de responsabilidade o ato humano, Aguiar Dias reduzia tudo a uma questão de causalidade. A supressão de causalidade exime da obrigação: "Esta noção atende melhor ao que se procura expressar com a noção de caso fortuito ou de força maior e prova do mesmo passo que a ausência de culpa não satisfaz como critério capaz de caracterizar essas causas de isenção".[19]

No entanto, situando-nos mais no primeiro autor, tendo presentes os dois elementos identificados, o conceito envolve todo o acontecimento inevitável, necessário, "a cujos efeitos não seria dado a nenhum homem prudente prevenir ou obstar",[20] no que se coaduna com o Código Civil.

29.5.2. Ausência de culpa

Não comporta o caso fortuito ou de força maior com a culpa. Não se admite a presença de alguma possibilidade de culpa, pois aí já se depreende que houve a participação do sujeito da obrigação.

Apresenta-se como inevitável o evento se aponta uma causa estranha à vontade do obrigado, irresistível e invencível, o que sói acontecer caso não tenha concorrido culposamente o agente. Não agindo precavidamente, desponta a culpa, o que leva a deduzir não ter sido inevitável.

A inevitabilidade está ligada à ausência de culpa. Um requisito não subsiste sem o outro. Presentes os dois, há impossibilidade de impedir o acontecimento.

---

[17] *Direito das Obrigações*, 3ª ed., Coimbra, Livraria Almedina, 1979, p. 773.
[18] Apel. Cível nº 1.412-5/6, da 5ª Câm. Cível do TJ de São Paulo, de 31.07.1997, em *Revista dos Tribunais*, 746/217.
[19] *Da Responsabilidade Civil*, 4ª ed., Rio de Janeiro, Forense, 1960, vol. II, p. 723.
[20] *Caso Fortuito e Teoria da Imprevisão*, ob. cit., p. 147.

O conceito de culpa é amplo. Vindo incrustada no comportamento, desaparece a inevitabilidade. Ou o fato, pela sua imprevisibilidade, se tornou irresistível, aparecendo como inevitável, o que equivale à impossibilidade; ou o autor tinha meios de resistir ao evento, mesmo que imprevisível, conduzindo à configuração da culpa, se não resistir. Na eventualidade de estar munido de meios de resistir ao evento, mesmo que imprevisível, conduz à configuração da culpa se não resistir. O fato súbito e inesperado forma elemento integrante do caso fortuito quando não pode ser evitado, dentro das possibilidades do devedor. O que não acontece no furto de mercadorias do interior de um veículo que as transporta, diante da realidade atual de delinquência generalizada em que vive o País: "Se a transportadora, mesmo sabendo dos riscos que envolvem o transporte de mercadorias relativamente valiosas e cobiçadas por ladrões, aceita fazer o transporte, não pode depois, realizado o sinistro, ser liberada da indenização pelos prejuízos que tal fato, plenamente previsível, causou. A transportadora, tendo celebrado com a denunciada seguro facultativo de responsabilidade civil do transportador por desaparecimento de carga, tem direito a receber da seguradora o reembolso da reparação que terá de pagar às seguradas da proprietária da carga".[21]

29.5.3. Inevitabilidade do fato e impossibilidade da obrigação

A inevitabilidade do fato constitui um elemento imprescindível, mas de relativa concepção. Não há fatos que possam, *a priori*, ser sempre considerados casos fortuitos. É que a inevitabilidade existe hoje e amanhã já poderá desaparecer. Para determinado cidadão, ela se apresenta, e diante de outra pessoa, numa posição diferente, não raro acontece o contrário. A fim de que ela seja completa e plenamente comprovada, a obrigação há de ser impossível. Só então não acontece a culpa e o fato é necessário.

Quanto à impossibilidade, de certa maneira está ligada à pessoa, como na contingência ou falta de condições da pessoa, mas configura-se mais se verificada em relação ao fato. De qualquer sorte, deve ser absoluta, não bastando a mera dificuldade. E revela-se absoluta quando o obrigado não conclui um trabalho contratado porque sobrévem uma doença, que o incapacita para o trabalho. Não é a dificuldade que desonera das perdas e danos, nem um problema posterior e inesperado, como a falta de dinheiro para adquirir a matéria-prima necessária à fabricação. Competia ao agente prever o custo e as exigências do compromisso aceito com a devida antecedência.

Há impossibilidade no cumprimento de uma obrigação porque aparece um acontecimento inevitável. É inevitável quando for superveniente. Nestas condições, se o contrato vem a ser celebrado durante uma guerra, não se admite ao devedor alegar, depois, as dificuldades oriundas desta mesma guerra para furtar-se às obrigações.

A inevitabilidade reclama que seja o evento irresistível, fora do alcance do poder humano. Desde que seja impossível a remoção pela vontade do devedor, não há de se cogitar da culpa deste pelo inadimplemento da obrigação,[22] pois independe de qualquer previsão da pessoa o fato. O mesmo acontece se uma guerra surge depois de feito o contrato, impossibilitando o atendimento das obrigações, o que libera o devedor do adim-

---

[21] Apel. Cível nº 584.372-1, da 11ª Câm. Civil do 1º TACiv.-SP, de 03.01.1995, em *Revista dos Tribunais*, 725/258.
[22] Washington de Barros Monteiro, *Curso de Direito Civil* – Direito das Obrigações, ob. cit., vol. I, p. 364.

plemento. De idêntica forma, se há o bloqueio de um porto, ou se uma autoridade proíbe o trânsito em determinada região, não permitindo, assim, que uma mercadoria chegue ao destino. Cai uma geada em região onde não ocorria tal fenômeno, inutilizando toda uma plantação; ou sendo sancionada uma lei, proibindo a exportação de um produto; ou acontecendo a queda de uma ponte, interrompendo o caminho para certo local; ou uma doença acamando o construtor, entre outros eventos, constituem fatos inevitáveis, que a vontade humana não está apta a superá-los ou removê-los, justificando a impossibilidade no cumprimento do compromisso contratado.

Envolvem a mesma liberação: se uma obrigação deixa de ser atendida em virtude de uma greve deflagrada, atingindo todos os empregados; a falta da matéria-prima no mercado, indispensável para a fabricação de um bem encomendado; o desaparecimento de uma espécie de semente para uma cultura agrícola. A impossibilidade advinda é absoluta. Mas há situações melindrosas. Muitos acontecimentos não determinam, propriamente, a impossibilidade no adimplir da obrigação assumida em um contrato. No entanto, a tornam extremamente difícil e onerosa, exigindo tamanhos sacrifícios que assume o aspecto de impossibilidade.

No caso de um contrato envolvendo a remessa de mercadorias para uma localidade servida de ferrovia, e danificando-se os trilhos, não está constrangido o devedor a adquirir caminhões, ou a fretá-los de terceiro, a qualquer preço, não havendo serviço regular de transporte em estrada de rodagem.

No entanto, os problemas que surgem imprevistamente no mundo dos negócios, como o repentino retraimento dos bancos, o cancelamento de um empréstimo prometido, não escusam o devedor. Comum é este expediente usado para justificar o não pagamento de uma dívida. A falta de recursos financeiros para aquisição de matéria-prima necessária a uma obra encaminhada; a crise econômica vigente; a insolvência ou falência; a inflação causadora da elevação do preço de um produto; a súbita alta de tarifas; o prejuízo provocado pela política cambial do governo relativamente a um bem importado e indispensável à fabricação de uma mercadoria contratada, formam hipóteses não identificadoras da impossibilidade, embora contenham certo grau de inevitabilidade. É que o risco, o aleatório, a viabilidade de prejuízos integram a natureza do ajuste, e constituem ingredientes da maioria dos ajustes negociais.

Nem o retraimento na procura de compra de imóveis se enquadra na causa de exclusão de responsabilidade: "O insucesso das vendas de unidades do edifício incorporado e a consequente falta de recurso para a sua construção, não sendo fatos necessários e inevitáveis, não constituem caso fortuito ou força maior, capaz de excluir a responsabilidade da empresa incorporadora e construtora da obra, por seu inadimplemento".[23]

29.5.4. Hipóteses de não reconhecimento do caso fortuito ou força maior

O Código Civil de 1916, no art. 1.058, não tolerava o caso fortuito ou a força maior nas hipóteses dos arts. 955, 956 e 957 do mesmo diploma, ou seja: na mora do devedor que não efetuasse o pagamento, e do credor que o não quisesse receber no tempo, lugar e forma convencionados; no prejuízo a que respondesse o devedor pela mora que provocou; na impossibilidade da prestação advinda durante a mora, a menos que provasse

---

[23] Apel. Cível nº 1.114/97, da 1ª Câm. Cível do TJ do Rio de Janeiro, de 06.06.1997, em *COAD – Direito Imobiliário*, nº 35, p. 258, dez. 1997.

o devedor a ausência de culpa no atraso da prestação, ou que o dano ocorreria ainda que a obrigação fosse desempenhada oportunamente. Em suma, em havendo mora era arredada a invocação da causa excludente de responsabilidade.

No entanto, não se impunha a referência. Desde que presente a mora, é possível entender-se que o caso fortuito ou de força maior surgiu quando da mora, não existindo ao tempo da previsão do cumprimento. Daí a desnecessidade da previsão daquelas hipóteses excludentes, no que agiu corretamente o Código em vigor.

Mas existem algumas situações especiais. Pelo art. 246, antes da escolha de coisa incerta, "não poderá o devedor alegar perda ou deterioração da coisa, ainda que por força maior ou caso fortuito". No art. 583, referente ao comodato: "Se, correndo risco o objeto do comodato justamente com outros do comodatário, antepuser este a salvação dos seus abandonando o do comodante, responderá pelo dano ocorrido, ainda que se possa atribuir a caso fortuito, ou força maior".

Na locação, conforme o art. 575, "se, notificado o locatário, não restituir a coisa, pagará, enquanto a tiver em seu poder, o aluguel que o locador arbitrar, e responderá pelo dano que ela venha a sofrer, embora proveniente de caso fortuito".

Pelo art. 667, § 1º, "se, não obstante proibição do mandante, o mandatário se fizer substituir na execução do mandato, responderá ao seu constituinte pelos prejuízos ocorridos sob a gerência do substituto, embora proveniente de caso fortuito, salvo provando que o caso teria sobrevindo, ainda que não tivesse havido subestabelecimento".

Na forma do art. 862, "se a gestão foi iniciada contra a vontade manifesta ou presumível do interessado, responderá o gestor até pelos casos fortuitos, não provando que teriam sobrevindo, ainda quando se houvesse abstido". Consoante o art. 868, temos que "o gestor responde pelo caso fortuito quando fizer operações arriscadas, ainda que o dono costumasse fazê-las, ou quando preterir interesse deste em proveito de interesses seus".

29.6. SITUAÇÕES ESPECIAIS QUE IMPEDEM O CUMPRIMENTO DO CONTRATO

Existem inúmeras situações que impedem o cumprimento do contrato, sobressaindo o caso fortuito ou força maior, como restou estudado acima. Uma vez verificadas, não que resultem prejuízo total à parte que restou inadimplida, eis que permitem o retorno à situação anterior, através da resolução, com a reposição do que percebeu o devedor. Todavia, afastam as perdas e danos. Há causas que podem levar à resolução, como as nulidades dos atos jurídicos e os vícios de consentimento. Mas aparecem circunstâncias especiais, eventos novos, modificações na estrutura do contrato, acontecimentos inesperados, que não se enquadram no caso fortuito ou de força maior, e que impedem o cumprimento na forma devida e contratada, criadas e ditadas pela doutrina, e impostas pela realidade das épocas. Melhor se adaptariam para a revisão dos contratos, onde se objetiva a alteração de cláusulas, de molde a trazê-las aos padrões normais do direito e da equidade. No Código de Defesa do Consumidor, consta uma infinidade de hipóteses que permitem a alteração, e embasam o não cumprimento, como as cláusulas abusivas e os contratos de adesão, nas previsões dos arts. 51 e seguintes. Se constituem muitas cláusulas motivos para a revisão ou modificação, também servem para justificar o incumprimento e afastar a indenização por perdas e danos.

Presentemente, vai perdendo força o princípio da irretratabilidade dos contratos. Se, de um lado, o elemento fundamental da segurança do comércio jurídico impõe a observância da regra clássica do *pacta sunt servanda*, pela qual os contraentes se vinculam em face da autonomia da vontade, não é menos verdade que se procura sanar os desvios, porquanto, na prática, se chegou à constatação de que a igualdade entre as partes é apenas teórica e formal, chocando-se com a desigualdade material entre os indivíduos. Na verdade, encontrando-se as partes desigualadas materialmente, a liberdade que se lhes assegura é ilusória. A decorrência consiste na exploração da parte mais necessitada pela parte economicamente mais privilegiada.

Por isso se indaga da viabilidade de admitir a quebra do negócio, ou a sua ruptura, sem as perdas e danos, já que não é matéria deste assunto a revisão dos contratos ou das obrigações.

Dentro deste objetivo, parte-se para o estudo de causas objetivas que se opõem ao cumprimento das prestações.

Dentre as mais salientes, embora não se oferecendo um desenvolvimento amplo, algumas considerações se fazem necessárias sobre as teorias da imprevisão, da base objetiva do negócio, da lesão no direito, da onerosidade excessiva e do lucro permitido nos negócios.

29.6.1. Teoria da imprevisão

Quanto à teoria da imprevisão, fundada na cláusula latina *rebus sic stantibus*, que expressa a subordinação do vínculo obrigatório à continuação daquele estado de fato vigente ao tempo da estipulação, nada tem de novo, eis que foi criação do direito canônico, desenvolvendo-se nos séculos XIV e XVI e sucumbindo com a Revolução Francesa. Foi exumada especialmente nos períodos que se seguiram às duas grandes guerras mundiais, diante da necessidade de ressurgir os valores dos negócios contratados antes das hecatombes, e a serem cumpridos depois, quando se verificava uma violenta desvalorização das moedas. No seu delineamento, corresponde a espécie ao princípio que admite a revisão ou a rescisão do contrato em certas circunstâncias especiais, como na ocorrência de acontecimentos extraordinários e imprevistos, que tornam a prestação de uma das partes sumamente onerosa.

Interessa estabelecer os elementos para a sua aplicação, reportando-se aos destacados por Arnoldo Medeiros da Fonseca:

"a) A alteração radical no ambiente objetivo existente ao tempo da formação do contrato, decorrente de circunstâncias imprevistas e imprevisíveis;

b) onerosidade excessiva para o devedor e não compensada por outras vantagens auferidas anteriormente, ou ainda esperáveis, diante dos termos do ajuste;

c) enriquecimento inesperado e injusto para o credor, como consequência direta da superveniência imprevista".[24]

Mister acrescentarem-se, ainda, outros requisitos, para tornar induvidoso o direito ao uso da cláusula, como "inexistência de mora, ou culpa do devedor na alteração do ambiente objetivo".[25] No que segue a jurisprudência já antiga: "A cláusula *rebus sic stantibus*

---

[24] *Caso Fortuito e Teoria da Imprevisão*, ob. cit., p. 244.
[25] J. M. Othon Sidou, *A Cláusula "Rebus sic Stantibus" no Direito Brasileiro*, Rio de Janeiro, Ed. e Liv. Freitas Bastos, 1962, p. 72.

só aproveita à parte diligente, empenhada no cumprimento das obrigações que assumiu no contrato, mas foi surpreendida, durante a sua execução, por acontecimentos excepcionais e imprevistos, para provocar o seu empobrecimento e o enriquecimento injusto de outrem, no caso de ser mantido o que foi contratado. Assim, não aproveita àquele que, devido a procedimento culposo, já constituído em mora, é atingido pelas consequências de tais fatos ocorridos após a expiração do prazo contratual".[26]

Dois aspectos convém ressaltar, máxime porque distingue a figura da teoria da base objetiva do negócio.

O primeiro reside no enriquecimento que advém a uma das partes, com a alteração imprevista da situação vigente ao tempo da celebração da avença. Se a oneração do contratante não redunda em benefício ou vantagem ao outro figurante, não há como reconhecer-se a espécie. Amiúde se parte para a admissão da imprevisão em virtude tão somente do agravamento da prestação. Não se examina o surgimento ou não da vantagem do credor. Para o reconhecimento de tal fator, é óbvio que o montante da prestação deve importar em uma significação patrimonial maior da que se obteria com idêntico valor ao tempo da celebração do ajuste.

O segundo aspecto está na mudança profunda das circunstâncias em que as partes se vincularam, tornando, na exposição de Mário Júlio de Almeida Costa, "excessivamente oneroso ou difícil para uma delas o cumprimento daquilo a que se obrigou", ou provocando "um desequilíbrio acentuado entre as prestações correspectivas, quando se trate de contratos de execução diferida ou de longa duração. Nestas situações, às vantagens da segurança, aconselhando a irrevogabilidade, opõe-se um imperativo de justiça, que reclama a resolução ou modificação do contrato".[27]

Nos tempos atuais, dados os requisitos nos quais se assenta a teoria, máxime o enriquecimento de uma das partes em detrimento da outra, da total imprevisibilidade, foi caindo em desuso a teoria, dando ênfase ao aparecimento da modificação do contrato, desde que não seja o inadimplemento culposo. Partiu-se para a verificação da base objetiva existente quando da celebração do contrato.

29.6.2. Teoria da base objetiva do negócio

Justamente em vista da constante mutação ou transformação do fato social e da realidade econômica é que melhor se adequa a teoria da base objetiva do contrato ou negócio, desenvolvida inicialmente por Paul Oertmann, o qual partiu da "teoria da pressuposição", de Bernard Windscheid. A obrigação é firmada sob determinada realidade, devendo perdurar com aqueles pressupostos no futuro. Várias as ideias a respeito, mas que se aproximam quando se centram no fato de que, em todo o negócio, ambas as partes têm em mente as condições que vigem quando celebram o contrato. Projetam as condições em vista daquela realidade. Bem revela Mário Júlio de Almeida Costa, lembrando Enneccerus e Lehmann, a base do negócio como "as representações dos interessados, ao tempo da conclusão do contrato, sobre a existência de certas circunstâncias fundamentais, para a sua decisão, no caso de essas representações não terem sido meramente conhecidas, mas constituídas, por ambas as partes, em base do negócio, como, por exemplo, a igualdade de valor, em princípio, da prestação e da contraprestação nos contratos bilaterais (equi-

---

[26] *Revista dos Tribunais*, 414/380.
[27] *Direito das Obrigações*, ob. cit., p. 239.

valência), a manutenção aproximada do preço convencionado, a possibilidade de repor a provisão de mercadorias e outras circunstâncias semelhantes".[28]

Um dos estruturadores da teoria foi Karl Larenz, que a distinguiu da teoria da base subjetiva, havida como "las representaciones de las cuales han partido los contratantes en sus estipulaciones y que han servido de orientación a los mismos. Ambas partes han supuesto, p. ej., que el valor en curso de ciertos títulos negociables es de 340 y convienen la venta de los mismos al precio de 340 1/2, mientras que aquél era realmente de 430. Las dos se hallaban, pues, en el mismo error, y de haber conocido la verdadera situación de hecho no se hubiera celebrado la venta al valor en curso que en ella se estipuló. Ciertamente, se trata únicamente de un error en los motivos que en principio es indiferente; pero cuando ambas partes, como en el ejemplo ocurre, han incurrido en el mismo error, ello no puede menos de tener influencia sobre la validez del negocio...". Em suma, entra-se no campo dos vícios de vontade.

Interessa a base objetiva, que é muito mais do que as partes pressupunham, ocorrendo uma alteração das circunstâncias, segue o mesmo autor: "A la 'base' objetiva de un contrato, que ha de existir aunque pueda (según la voluntad de las partes) cumplirse de otra forma su finalidad y deba subsistir generalmente como una ordenación en cierto modo conveniente, pueden pertenecer también aquellas circunstancias, como la conservación del valor de la moneda o la admisibilidad del uso de una cosa arrendada en la forma prevista en el contrato (p. ej., el poder aprovechar una pared para colocar anuncios), o la subsistencia de una concesión, sobre cuya utilización las partes hayan establecido una estipulación".[29]

No Direito brasileiro, destaca-se, dentre os que abordaram o tema, Ruy Rosado Aguiar Júnior, que também enfatiza a figura: "Vista a obrigação como um processo e um sinalagma funcional como o aspecto social mais relevante dos contratos bilaterais – porquanto é na execução que se efetuam as prestações e ficam satisfeitos os interesses das partes – parece bem evidente que ao tempo do adimplemento, nos contratos duradouros ou de execução diferida, devem existir as circunstâncias que garantam a conservação do princípio da igualdade, expresso na equivalência entre as obrigações reciprocamente prometidas e a obtenção do fim natural do contrato. Não é preciso buscar, fora da própria natureza jurídica do contrato bilateral, fundamento para estabelecer, como requisito da eficácia continuada do contrato, a presença de condições que assegurem a equivalência e a finalidade objetivamente procurada".[30]

Se, no curso do contrato, as circunstâncias não mais existem, ou desaparecem, não se justifica a manutenção do contrato. Mas, ao invés da resolução pura e simples, o mais prático consiste na recomposição das prestações, adequando-as às transformações surgidas, de sorte a retornar ao equilíbrio existente no início da formalização do ato bilateral de vontade.

Tem grande aplicação a teoria nos contratos de financiamento, nos quais se inserem cláusulas de reajuste e de penalizações para a falta de cumprimento. No entanto, por circunstâncias até previsíveis, mas que não dependeram da vontade dos contratantes, a realidade subjacente foi se modificando com o passar do tempo. Aquilo que partiu de

---

[28] *Direito das Obrigações*, ob. cit., p. 243.
[29] *Derecho de Obligaciones*, ob. cit., t. I, pp. 314 a 315.
[30] *Extinção dos Contratos por Incumprimento do Devedor (Resolução)*, Rio de Janeiro, Aide Editora, 1991, p. 150.

um equilíbrio, exemplificativamente aumentando as prestações e o saldo devedor nos patamares da depreciação da moeda, o mesmo não ocorreu com o produto que advém da atividade resultante do financiamento. Os preços oficiais e pagos na comercialização do produto mantiveram-se em percentuais inferiores. Na esteira da teoria da imprevisão, exigia-se, para a alteração das cláusulas, ou para afastar as perdas e danos, o advento da vantagem em prol de uma das partes, em detrimento da outra. Uma ganhava porque a outra perdia. No princípio da base do negócio, não há o ganho de um dos contraentes. Nada lucra alguém com a simples reposição da porção correspondente à depreciação da moeda. Entrementes, por não conseguir a outra sequer manter o equilíbrio nos preços de seus produtos diante da deterioração do dinheiro, não é justo que apenas ela sofra. Repugna, efetivamente, à consciência e ao bom senso que apenas uma das partes sofra os nefastos efeitos das contingências da economia de um país. Na órbita dos juros, a elevação das taxas pode determinar a quebra do equilíbrio econômico, e a impossibilidade de satisfação, se a margem de lucro não se mantiver na mesma proporção acima dos custos. Efetivamente, como permitir a taxa de cinco por cento ao mês, se o preço aplicado à produção financiada não alcançar a mesma média de lucratividade?

Daí que se partiu para a atualização e para a admissibilidade da remuneração nas concessões de crédito na mesma ordem de variação do preço aplicada ao produto objeto do financiamento. É que nos contratos comutativos o equilíbrio entre a prestação e contraprestação aparece como condição para a solvabilidade. Já passaram os tempos em que os negócios constituíam fator de enriquecimento, quando alguém acumulara fortunas da noite para o dia. Ressurge o princípio da comutatividade, com o que são abolidos os vícios da usura, da lesão, do enriquecimento sem causa. A desproporção econômica é contrária à moral e à igualdade das pessoas.

29.6.3. Do estado de perigo, da lesão no direito, da onerosidade excessiva e do lucro permitido nos negócios

Mais de passagem, lembram-se outras figuras que permitem a revisão dos contratos, e, decorrentemente, afastar as perdas e danos na inadimplência.

Não se cuida de princípios novos, tendo surgido frente à necessidade de aparar os excessos do voluntarismo contratual.

Inicia-se com o "estado de perigo", figura não prevista no Código anterior. Envolve o ambiente em que se encontra uma pessoa, quando celebra um negócio, que tolhe a sua vontade, agindo basicamente pela pressão que vive. Corresponde a uma situação de fato, pela qual uma pessoa, para se livrar de um perigo desencadeado e que a pressiona, assente em um negócio, celebrando-o, não medindo os excessivos efeitos nocivos que lhe causa. Defronta-se o contratante com um perigo iminente e grave, levando-a a celebrar o negócio para livrar a si ou a pessoa de sua família de um grave dano que a parte que com ela contrata conhece e dele se beneficia. A previsão encontra-se no art. 156 do Código Civil: "Configura-se o estado de perigo quando alguém, premido da necessidade de salvar-se, ou a pessoa de sua família, de grave dano conhecido pela outra parte, assume obrigação excessivamente onerosa".

Não é incomum a previsão. Muitas as eventualidades de se encontrar em perigo um indivíduo, e assumir obrigações de excessivo rigor ou ônus, desproporcional ao benefício. Enfrenta alguém um grave perigo, ou está na premência de solucionar um problema, mas exigindo quem se oferece para prestar socorro um pagamento muito oneroso e desproporcional ao benefício. É o caso da contratação de honorários médicos diante de uma doença grave; ou de remuneração excessivamente alta para a solução de um litígio que precisa de urgente intervenção; ou da prestação de um serviço de transporte em um momento intransferível e de extrema urgência. A prestação que paga a parte não equivale ao preço do serviço, e destoa da média que outras pessoas cobram. Há o estado de perigo consistente no advento da morte, ou da perda de um bem, ou que decorre se não removido um instrumento ou uma substância de um determinado local.

Aquele que exige essa contraprestação extremamente vantajosa está ciente da vantagem que procura obter, e da situação de extrema necessidade ou de perigo em que se encontra aquele que precisa do serviço. Para que prevaleça o império da justiça, e com a finalidade de evitar o enriquecimento fácil ou indevido, a lei socorre o prejudicado, com a viabilidade da anulação do negócio.

Essa possibilidade estende-se igualmente às pessoas da família daquele que celebrou o negócio. Quanto a estranhos, impende se afira o grau de relacionamento com a vítima, devendo estar presentes convincentes elementos para viabilizar a anulação, por ordem do parágrafo único do art. 156 do Código Civil, que submete a solução ao juiz, segundo as circunstâncias do caso.

No tocante à "lesão no direito", ou à "lesão enorme", introduzida no Código Civil de 2002 – art. 157 e parágrafos –, embora já considerado um velho instituto conhecido no direito, a própria expressão nos dá uma ideia do conteúdo. De um modo bem simples, define-se como lesão ou lesão enorme o negócio defeituoso em que uma das partes, abusando da inexperiência ou da premente necessidade da outra, obtém vantagem manifestamente desproporcional ao proveito resultante da prestação, ou exageradamente exorbitante dentro da normalidade.

Ou, também, conceitua-se como todo o contrato em que não se observa o princípio da igualdade, pelo menos aproximada, na prestação e na contraprestação, e em que não há a intenção de se fazer uma liberalidade. Revelando a falta de equidade, ou a iniquidade enorme, provoca um desequilíbrio nas relações contratuais, ocorrendo de modo geral nos contratos onerosos, como salientam Colin e Capitant: "Este perjuicio, cuya existência no puede evidentemente concebirse cuando se trata de un acto a título gratuito, puede producirse en los contratos a título oneroso sinalagmáticos, y en ciertos actos unilaterales, como la aceptación o la repudiación de una herencia, de un legado universal o a título universal".[31]

Três os elementos necessários para a configuração:

I – A desproporção evidente entre as prestações;
II – a miséria, ou necessidade, a inexperiência e a leviandade;
III – a exploração por parte do lesionante.

Várias são as razões que justificam o instituto, como a proteção aos que se encontram em situação de inferioridade. Em determinados momentos, dadas certas premências materiais, a pessoa perde a noção do justo e do consentâneo com a realidade. É conduzida a praticar verdadeiros disparates econômicos. Evidentemente, sua vontade está contaminada por uma pressão muito forte, não agindo livremente.

---

[31] *Curso Elemental de Derecho Civil*, ob. cit., t. 3º, pp. 654 e 655.

No pertinente à natureza, aproxima-se de um defeito do consentimento, mas não se confunde. Pode-se dizer que, pela inexperiência, pela necessidade, fica ilaqueada a boa-fé, e favorece-se um erro na apreciação da realidade, na formação do consentimento, e na estimativa dos valores.

Caio Mário da Silva Pereira, um dos que, ao lado de outros, introduziu o instituto no direito brasileiro, revela este quadro para identificar a espécie: "Não é a miséria, a insuficiência habitual de meios para prover à subsistência própria ou dos seus. Não é a alternativa entre a forma e o negócio. Deve ser a necessidade contratual. Ainda que o lesado disponha de fortuna, a necessidade se configura na impossibilidade de evitar o contrato. Um indivíduo pode ser milionário. Mas, se num momento dado ele precisa de dinheiro de contado, urgente e insubstituível, e para isto dispõe de um imóvel a baixo preço, a necessidade que o leva a aliená-lo compõe a figura da lesão".[32]

Não se aproxima das teorias da imprevisão ou da base do negócio, eis que, nestas, o desnível das partes aparece no curso das avenças, por circunstâncias supervenientes.

O STJ, na ementa abaixo, bem colocou os elementos tipificadores da conduta:

"...3. Consubstancia lesão a desproporção existente entre as prestações de um contrato no momento da realização do negócio, havendo para uma das partes um aproveitamento indevido decorrente da situação de inferioridade da outra parte.

4. O instituto da lesão é passível de reconhecimento também em contratos aleatórios, na hipótese em que, ao se valorarem os riscos, estes forem inexpressivos para uma das partes, em contraposição àqueles suportados pela outra, havendo exploração da situação de inferioridade de um contratante.

5. Ocorre lesão na hipótese em que um advogado, valendo-se de situação de desespero da parte, firma contrato *quota litis* no qual fixa sua remuneração *ad exitum* em 50% do benefício econômico gerado pela causa".[33]

Todavia, a mera situação de se encontrar a pessoa acamada em virtude de doença ou de ferimentos causados em acidente, mas no pleno uso de suas capacidades mentais, não é suficiente para justificar a aplicação da teoria:

"1. Na hipótese específica dos autos, a partir do panorama fático traçado pelo TJ/RJ, constata-se que, no momento da assinatura de acordo para indenização da recorrente em virtude de atropelamento por ônibus de propriedade da recorrida, formalizado por instrumento público, aquela: (i) estava internada num hospital, mas dispunha de pleno discernimento sobre os atos da sua vida civil; (ii) estava representada por um advogado, tendo negociado previamente os valores envolvidos no negócio, levando em conta o risco de improcedência de eventual ação contra a recorrida, ante à possível caracterização de culpa exclusiva da vítima; (iii) ouviu a leitura dos termos do acordo, realizada por funcionário do cartório.

2. A quitação plena e geral, para nada mais reclamar a qualquer título, constante do acordo extrajudicial, é válida e eficaz, desautorizando investida judicial para ampliar a verba indenizatória aceita e recebida. Precedentes.

---

[32] *Lesão nos Contratos Bilaterais*, Rio de Janeiro, Forense, 1949, p. 191.
[33] *Resp* nº 1155200/DF, 3ª Turma do STJ, j. em 22.02.2011, *DJe* de 02.03.2011, Rel. Min. Nancy Andrighi.

3. A internação em hospital para recuperação de acidente se enquadra na denominada incapacidade transitória, sem previsão expressa no CC/16, mas que encontrava amplo respaldo na doutrina e na jurisprudência e que contempla todas as situações em que houver privação temporária da capacidade de discernimento. O exame dessa incapacidade deve ser averiguado de forma casuística, levando-se sempre em conta que a regra é a capacidade; sendo a incapacidade exceção.

4. Não se pode falar na existência de erro apto a gerar a nulidade relativa do negócio jurídico se a declaração de vontade exarada pela parte não foi motivada por uma percepção equivocada da realidade e se não houve engano quanto a nenhum elemento essencial do negócio – natureza, objeto, substância ou pessoa.

5. Em sua origem, a ilicitude do negócio usurário era medida apenas com base em proporções matemáticas (requisito objetivo), mas a evolução do instituto fez com que se passasse a levar em consideração, além do desequilíbrio financeiro das prestações, também o abuso do estado de necessidade (requisito subjetivo). Ainda que esse abuso, consubstanciado no dolo de aproveitamento – vantagem que uma parte tira do estado psicológico de inferioridade da outra –, seja presumido diante da diferença exagerada entre as prestações, essa presunção é relativa e cai por terra ante a evidência de que se agiu de boa-fé e sem abuso ou exploração da fragilidade alheia.

6. Ainda que, nos termos do art. 1.027 do CC/16, a transação deva ser interpretada restritivamente, não há como negar eficácia a um acordo que contenha outorga expressa de quitação ampla e irrestrita, se o negócio foi celebrado sem qualquer vício capaz de macular a manifestação volitiva das partes. Sustentar o contrário implicaria ofensa ao princípio da segurança jurídica, que possui, entre seus elementos de efetividade, o respeito ao ato jurídico perfeito, indispensável à estabilidade das relações negociais".[34]

Já a "onerosidade excessiva" parece mais uma variante das duas figuras acima, constando regulada no Código Civil. Inclui, entre os seus requisitos, na doutrina de Ruy Rosado Aguiar Júnior, "além da extraordinariedade dos acontecimentos imprevisíveis e do ônus excessivo para uma das partes, ainda o da extrema vantagem para a outra, o que limita ainda mais o âmbito de abrangência da cláusula. Os fatos modificativos extraordinários incidem quase sempre igualmente sobre as duas partes, tornando inviável a prestação, sem que disso decorra vantagem para a outra; assim, a guerra, as revoluções, os planos de intervencionismo econômico etc."[35]

O anterior Código Civil Brasileiro nada referiu a respeito do assunto. Mas o vigente diploma introduziu a figura da onerosidade excessiva, que tem o substrato comum da imprevisão, autorizando a resolução do contrato, dentro das condições do art. 478: "Nos contratos de execução continuada ou diferida, se a prestação de uma das partes se tornar excessivamente onerosa, com extrema vantagem para a outra, em virtude de acontecimentos extraordinários e imprevisíveis, poderá o devedor pedir a resolução do contrato. Os efeitos da sentença, que a decretar, retroagirão à data da citação".

Não é fácil a caracterização da onerosidade excessiva, sobretudo em face do requisito da imprevisibilidade. Especialmente em casos de fenômenos da natureza, possíveis de imaginá-los, não tem admitido o STJ o reconhecimento:

---

[34] *Resp* nº 809.565/RJ, 3ª Turma do STJ, j. em 22.03.2011, *DJe* de 29.06.2011, Rel. Min. Sidnei Beneti, Rel. Min. Nancy Andrighi.
[35] *Extinção dos Contratos por Incumprimento do Devedor (Resolução)*, ob. cit., p. 152.

"1. A prévia fixação de preço da soja em contrato de compra e venda futura, ainda que com emissão de cédula de produto rural, traz também benefícios ao agricultor, ficando a salvo de oscilações excessivas de preço, garantindo o lucro e resguardando- -se, com considerável segurança, quanto ao cumprimento de despesas referentes aos custos de produção, investimentos ou financiamentos.

2. A "ferrugem asiática" na lavoura não é fato extraordinário e imprevisível, visto que, embora reduza a produtividade, é doença que atinge as plantações de soja no Brasil desde 2001, não havendo perspectiva de erradicação a médio prazo, mas sendo possível o seu controle pelo agricultor. Precedentes.

3. A resolução contratual pela onerosidade excessiva reclama superveniência de evento extraordinário, impossível às partes antever, não sendo suficiente alterações que se inserem nos riscos ordinários".[36]

Nos arts. 479 e 480, constam medidas asseguradas às partes a fim de evitar a resolução. Eis a redação do primeiro: "A resolução poderá ser evitada, oferecendo-se o réu a modificar eqüitativamente as condições do contrato". Quanto ao segundo: "Se no contrato as obrigações couberem a apenas uma das partes, poderá ela pleitear que a sua prestação seja reduzida, ou alterado o modo de executá-la, a fim de evitar a onerosidade excessiva".

Resumem-se os requisitos na seguinte ordem:

I – Prestação de uma das partes que se torna excessivamente onerosa;

II – o aparecimento da excessiva onerosidade em decorrência de um acontecimento imprevisível e extraordinário;

III – não encontrar-se em mora a parte prejudicada.

A distinção, quanto à teoria da imprevisão, está mais em não trazer necessariamente benefício ao outro contraente; e no pertinente à da base do negócio, em exigir a imprevisibilidade.

Na inviabilidade de aplicação do art. 192, § 3º, da Constituição Federal, quando de sua vigência, diante do óbice imposto pela ADIn nº 4, do STF, se socorriam os tribunais da presente teoria, para combater taxas de juros extorsivas: "Entretanto, embora inaplicável o art. 192, § 3º, da CF, a alegação de excessiva onerosidade é, em parte, procedente, pois, pelo demonstrativo contábil de f., verifica-se a prática da capitalização de juros, que, todavia, em contratos como o dos autos, de abertura de crédito em conta corrente, é inadmitida. De fato, o STJ fixou entendimento no sentido de que a capitalização dos juros é permitida apenas nas hipóteses de cédulas de crédito rural, comercial e industrial, consoante Súm. 93. Fora desses casos, descabe o anatocismo, a teor do art. 4º do Dec. 22.626/33 e Súm. 121 do STF".[37]

Por último, tem-se o "lucro permitido nos negócios", limitado a um quinto do valor da prestação, por força da Lei nº 1.521, de 26.12.1951 (Lei da Economia Popular). Este diploma colocou um freio à vantagem nos contratos, não podendo ultrapassar em um quinto do valor corrente ou justo da prestação feita ou prometida.

---

[36] *Resp* nº 945.166/GO, 4ª Turma do STJ, j. em 28.02.2012, *DJe* de 12.03.2012, Rel. Min. Luis Felipe Salomão.
[37] *Apel.* nº 651.127-7, da 9ª Câm. Civil Extraordinária do 1º TACiv.-SP, de 10.09.1997, em *Revista dos Tribunais*, 749/291.

Com efeito, reza o art. 4º:

"Constitui crime da mesma natureza a usura pecuniária ou real, assim se considerando:

a) cobrar juros, comissões ou descontos percentuais sobre dívida em dinheiro, superiores à taxa permitida por lei; cobrar ágio superior à taxa oficial de câmbio, sobre quantia permutada por moeda estrangeira; ou, ainda, emprestar sob penhor que seja privativo de instituição oficial de crédito;

b) obter ou estipular, em qualquer contrato, abusando da premente necessidade, inexperiência ou leviandade de outra parte, lucro patrimonial que exceda o quinto do valor corrente ou justo da prestação feita ou prometida".

Vêm cominadas penas de detenção e multa aos infratores.

De sorte que, verificada a infração, não se terá como indicador de perdas e danos o incumprimento do contrato.

XXX
Resolução da Relação Obrigacional

30.1. JUSTIFICAÇÕES

Certo de que o Código Civil disciplina a resolução dos contratos dentro do Capítulo II do Título V, Livro I da Parte Especial (vinha no Capítulo II do Título IV, Livro III, da Parte Especial do Código anterior), e, assim, em seção correspondente aos contratos. A matéria, pois, não condiz com a sua posição ou colocação no assunto que desenvolve as obrigações. Há, todavia, forte pertinência entre o inadimplemento ou não cumprimento e a resolução. Normalmente, a falta de execução ou inadimplemento conduz não apenas a consequências indenizatórias, mas também à resolução, que se alça como um direito reconhecido ao contraente cuja prestação não é satisfeita. Pondera Mário Júlio de Almeida Costa: "As várias causas do não cumprimento produzem diferentes consequências jurídicas: enquanto que umas determinam a pura extinção do vínculo obrigacional, outras constituem o devedor em responsabilidade indenizatória e conduzem à realização coativa da prestação; e outras, ainda, deixam basicamente inalterado o vínculo obrigacional, sem agravarem a responsabilidade do devedor, podendo até verificar-se um direito de indenização deste contra o credor".[1]

Procura-se enfocar a resolução no campo das obrigações bilaterais, porquanto o Código Civil – arts. 472 e 475 – se atém aos contratos bilaterais. Ninguém desconhece que os contratos propriamente ditos vêm depois das obrigações consideradas de modo geral, mas nada mais são que obrigações definidas em categorias materializadas. O que são eles senão um feixe de direitos e obrigações setorizados em determinados campos das atividades e dos bens? De modo geral, todas as pessoas lesadas pelo inadimplemento estão autorizadas a pedir a resolução. Em face do inadimplemento das obrigações, autoriza-se o pedido da indenização por perdas e danos. Envolvendo a omissão no cumprimento uma obrigação bilateral, consubstanciada em um contrato, como de compra e venda, de entrega de mercadorias, de confecção de um produto, e depois de decorrido o prazo para o cumprimento, com a devida constituição em mora se for o caso, admite-se o simples desfazimento da avença, solução esta que não subtrai a faculdade de reclamar o competente ressarcimento pelos danos.

Ao invés, pois, de se estudar a extinção das obrigações, e destacadas as consequências do inadimplemento, procura-se delinear os caminhos para a resolução da relação obrigacional ou contratual.

---

[1] *Direito das Obrigações*, ob. cit., pp. 754 e 755.

O normal é o cumprimento das obrigações. Cria-se uma relação entre dois seres humanos, a qual se formaliza mediante um instrumento, onde se descrevem o objeto e os direitos e obrigações. Esta relação, chegando ao fim, e dando-se a sua plena satisfação, se extingue, eis que não tem mais razão de ser. A mesma relação está sujeita a percalços e frustrações. Submete-se à sua não realização plena. Surge um fato superveniente que a impede de atingir seu escopo último. Tem-se a resolução. Dentre vários outros fatores que derruem seu aperfeiçoamento, alguns constituem as causas que invalidam o ato, como a incapacidade do agente ou a ilicitude, a impossibilidade e a indeterminabilidade do objeto, a par de outras, discriminadas nos arts. 166 e 167 da lei civil. O negócio fica nulo. Declara-se a nulidade. Mas há aqueles que permitem a anulação, dependendo da ação da parte prejudicada. Estão aí os vícios do consentimento, discriminados no art. 171. Mas não se fica só nessas classes. Comum que a obrigação não chegue ao seu desiderato, que é o cumprimento, em razão da falta da comutatividade, da alteração das circunstâncias quando da celebração, da excessividade da prestação. Sempre se encontra um motivo para recompor-se a situação vigente antes. Frequente, outrossim, que haja o simples inadimplemento, levando às perdas e danos ou à resolução.

Centra-se o objeto do presente estudo a separar a viabilidade da resolução. Não se tem o escopo de desenvolver uma teoria de nulidades, das resoluções e das rescisões. Pois, como ensinam os doutos, vários os caminhos em torno do inadimplemento, e dentre eles está a resolução. Salienta José Mélich-Orsini: "Para evitar al acreedor que el deudor pueda privarle de la prestación, la ley le concede la acción de cumplimiento (la llamada 'ejecución forzosa en forma específica'), y si ello no es posible, por haberse consumado ya esa privación, le concede la acción de responsabilidad civil (la denominada 'ejecución por equivalente'). Por lo que respecta, en cambio, al daño que hemos caracterizado en último lugar, susceptible, según dijimos, de presentarse solo cuando hay un contrato bilateral..., nuestro ordenamiento positivo ha proveído con una nueva especie de acción: la acción de resolución del contrato".[2]

30.2. RESOLUÇÃO E FIGURAS AFINS

Possível extinguir o vínculo contratual por motivo que apareceu depois da formação. Normalmente, tal motivo consiste no inadimplemento. Está aí a "resolução", considerada um instituto que leva à desconstituição da obrigação, em face de fato superveniente, ou que surge depois de celebrada a mesma, e acarretando a extinção da relação bilateral. Percebe-se a nota que a distingue de outras figuras: o desfazimento do negócio, em virtude de causa superveniente à formação do vínculo.[3]

Não se confunde com a "rescisão", que também compreende o desfazimento do negócio jurídico, mas por defeito anterior à sua formação. Encontra-se, aqui, um vício do objeto, antecedente ao consenso.

Há também a "resilição", palavra utilizada para significar a desconstituição de um negócio ante permissão prevista expressamente na lei, como quando autoriza a retratação, ou a denúncia, vendo-se exemplos no comodato, ou na locação por prazo indeterminado.

---

[2] *La Resolución del Contrato por Incumplimiento*, 2ª ed., Bogotá, Caracas, Editorial Temis Librería, 1982, p. 2.
[3] Araken de Assis, *Resolução do Contrato por Inadimplemento*, São Paulo, Revista dos Tribunais, 1991, p. 66.

Assim denomina-se na extinção por fato natural, como a morte, ou o perecimento do objeto. A previsão está no art. 473 do Código Civil: "A resilição unilateral, nos casos em que a lei expressa ou implicitamente o permita, opera mediante denúncia notificada à outra parte".

Em certas situações, quando houve razoáveis ou vultosos investimentos, apenas depois de ocorrido considerável lapso de tempo autoriza-se a resilição, conforme contempla o parágrafo único: "Se, porém, dada a natureza do contrato, uma das partes houver feito investimentos consideráveis para a sua execução, a denúncia unilateral só produzirá efeito depois de transcorrido prazo compatível com a natureza e o vulto dos investimentos".

Já a "revogação" abrange o desfazimento do contrato mediante a declaração das partes ou do autor do contrato unilateral, tal acontecendo no testamento, na doação, no mandato.

A "nulidade" advém da falta de requisito ou elemento essencial no contrato, como do preço na compra e venda.

A "anulabilidade" pressupõe igualmente um vício anterior ao ato, ou congênito, vigorando, porém, o mesmo até que o juiz o declare, e dependente sempre da iniciativa da parte.

O "distrato" revela-se como um negócio pelo qual as partes, de comum acordo, extinguem um contrato anteriormente celebrado, consoante o art. 472.

Conhece-se, ainda, a "denúncia", própria "nas obrigações que se desenvolvem continuamente",[4] espécie de ato em que a pessoa manifesta a alguém com o qual mantém uma relação de direitos e obrigações o desiderato de extingui-la, de não continuá-la (naquelas relações duradouras), sem depender, para a validade, do consentimento do mesmo; o "arrependimento", previsto em cláusula autorizando que seja desfeito o negócio, como nas arras penitenciais; a "redibição", a qual extingue o contrato de compra e venda por vício ou defeito oculto quando da celebração; a "prescrição", que é o efeito do tempo sobre a pretensão; a "decadência", quanto aos direitos que deixam de ser exercidos; a "renúncia", manifestada, em geral, por um ato unilateral de vontade dirigido a abdicar do cumprimento.

30.3. RESOLUÇÃO POR INCUMPRIMENTO DA OBRIGAÇÃO

Há as causas "extintivas" do contrato ou da relação obrigacional contemporâneas à sua formação ou nascimento, que nascem com o germe que desencadeará a extinção, e assim, *v.g.*, os vícios de consentimento; e as causas "supervenientes", que aparecem no seu curso, na sua vida, desconstituindo-o, isto é, resolvendo-o. Não chega ao seu final, completando o ciclo normal de vida, que se alcançaria com o adimplemento integral da prestação. A execução corresponde à sua realização plena, com a satisfação dos direitos e deveres contemplados no seu conteúdo ou objeto. Equivale à *solutio*, ou ao pagamento, ficando plenamente atingida a finalidade, já que atendidas as partes nas estipulações em que convieram. Com o recebimento do valor contratado, ou da entrega do bem, da obra, passa-se a quitação, consistente no ato ou termo que atesta ou prova o cumprimento.

No caso em exame, não se opera o adimplemento. Mais propriamente, não se extingue pela execução concretizada com o pagamento. Nem se observará a sua não conclusão em face de circunstâncias ou causas anteriores ou contemporâneas à formação, verificadas na nulidade, na anulabilidade, na ineficácia por ausência de algum elemento constitutivo,

---

[4] Eduardo Espínola, *Garantia e Extinção das Obrigações*, ob. cit., p. 304.

como do bem na doação. Fixa-se o incumprimento em razão de fato superveniente ou posterior. Estuda-se a resolução da relação firmada por força da superveniência mais do não cumprimento da obrigação, o que leva, também, à extinção. Extinção, porém, por não satisfação dos interesses convencionados, não se afastando, porém, a decorrente da estipulação das partes.[5] Embora não afetada, em sua origem, por deficiências ou vícios, a relação obrigacional se frustra, fracassa, morrendo no caminho.

A resolução por inadimplência voluntária ou involuntária da obrigação encontra fulcro no art. 475, assim redigido: "A parte lesada pelo inadimplemento pode pedir a resolução do contrato, se não preferir exigir-lhe o cumprimento, cabendo, em qualquer dos casos, indenização por perdas e danos". O termo 'rescisão', pelas observações já feitas sobre o sentido do termo, é inapropriado, porquanto se adapta ao desfazimento do negócio em razão de vício do objeto ou do consentimento, em momento anterior ou concomitante à formação do vínculo. Como se trata da desconstituição advinda do inadimplemento, que se torna postulável a partir da declaração de vontade dos figurantes, a palavra correta é "resolução".

Outrossim, a regra acima se restringe aos contratos bilaterais, envolvendo duas declarações volitivas. Isto mesmo quando uma vontade apenas declara ou assume obrigações (doação, comodato), mas a outra revela concordância, mantendo-se, pois, a existência de dois lados ou de uma relação. Neste tipo de contrato, cada um dos parceiros se compromete em emprestar para o outro, o qual lhe contrapresta, ou também cumpre uma obrigação. Carvalho Santos conceituava nesta espécie "aquele em que fica assegurada a reciprocidade de prestações", diferenciando-se dos unilaterais, nos quais "não há essa reciprocidade de prestações, porque só uma das partes se obriga à prestação".[6]

Na dicção do dispositivo, tem-se a inadimplência voluntária, ou não causada por uma impossibilidade material. Como decorre do art. 389, o cumprimento deve operar-se na integridade, nos termos da contratação. Daí ressaltarem-se algumas regras para verificar se ocorre na plenitude, como o modo de se cumprir, seguindo as condições, o lugar da prestação, as suas qualidades e as características, a pontualidade, ou no tempo devido, em vista do que emana também do art. 394, que atribui a mora a quem não efetua o pagamento "no tempo, lugar e forma que a lei ou a convenção estabelecer"; a integralidade, envolvendo a obrigação principal e a acessória, ou abrangendo a própria coisa e os frutos e rendimentos.

Uma vez não atendida a prestação na forma convencionada, ocorrem dois inconvenientes ao credor, segundo expõe Ruy Rosado Aguiar Júnior: "Priva-o de receber a prestação esperada, com os prejuízos daí decorrentes; expõe-no ao risco de perder a contraprestação por ele antecipada. Há a diminuição imediata de seu patrimônio e a frustração da vantagem que adviria com o cumprimento pelo devedor, o que significa sofrer dupla perda".[7]

30.4. ESPÉCIES DE INCUMPRIMENTO

Podem-se classificar algumas espécies de incumprimento.

Em primeiro lugar está aquele "voluntário", ou por culpa do devedor. Este o contemplado no art. 475, e que acarreta a indenização por perdas e danos, seja nas obrigações de

---

[5] Eduardo Espínola, *Garantia e Extinção das Obrigações*, ob. cit., p. 305.
[6] Ob. cit., 7ª ed., 1964, vol. XV, p. 235.
[7] *Extinção dos Contratos por Incumprimento do Devedor (Resolução)*, ob. cit., p. 92.

dar, de fazer ou não fazer. No pertinente ao "involuntário", também se resolve a obrigação, podendo ocorrer por vários fatores, todos alheios à vontade do devedor, como a superveniência de caso fortuito ou força maior, da impossibilidade de cumprimento em face do surgimento de uma situação imprevisível, da quebra da base objetiva existente quando da contratação, da onerosidade excessiva, dentre outros estados impeditivos. Unicamente isenta-se o devedor do ressarcimento das perdas e danos. Não se afasta a consequência de se compelir à restituição da prestação recebida. Mesmo que haja a ocorrência de um fator de impedimento de se cumprir o estipulado, não deixa de resolver-se o contrato, isto é, de desconstituir-se, retornando as partes à situação anterior, e restituindo-se aquilo que foi recebido. Mas encontrando-se o devedor em mora no cumprimento, não se isenta das perdas e danos.

Há o inadimplemento "imputável" ou "não imputável" ao devedor, que se resume no voluntário ou involuntário, mas observando-se que o primeiro advém de decisão do devedor e o segundo pode decorrer não somente de circunstâncias fáticas externas, como caso fortuito e força maior, e sim também de conduta do credor que não quer cumprir a sua parte da obrigação – aplicando-se, então, o art. 476, ou de ato de terceiro.

Costuma-se distinguir o inadimplemento "definitivo" do "não definitivo" – aquele se consuma com a falta de atendimento, e daí fica irrecuperável, tornando imprestável a prestação depois de determinada época, como a não entrega de um produto para uma data impostergável, ou o não comparecimento de um artista em uma festa para a qual se comprometera; e o segundo trazendo prejuízos ao credor, como o restrito a algumas qualidades dos produtos encomendados, ou a realização parcial de uma tarefa, possibilitando-se, ainda, a sua complementação, isto é, ressalta a possibilidade de se cumprir a parte faltante.

O inadimplemento pode ser "total" ou "parcial". O total, que alguns denominam absoluto, e que também se confunde com o perfeito, considera-se aquele não mais recuperável, ou que diz com a essência da prestação. Avençando-se a entrega de um bem, o mesmo é destruído por culpa do vendedor. Já o parcial vem indicado pela própria palavra, pois expressa que em parte foi atendido o dever firmado. Ao invés de concluir uma pintura em uma obra, entrega-se somente uma parcela da obra já pronta. Nesta subdivisão pode-se incluir o adimplemento imperfeito, de uso frequente, e grande incidência, como quando alguém entrega até a data aventada uma parcela da mercadoria a que se comprometera. Impossível enjeitar a totalidade da obrigação.

Apontam os doutrinadores a falta de atendimento da obrigação "principal", ou da "acessória", conforme se relacione ao seu próprio objeto, ou a aspectos secundários, isto é, aos frutos, aos rendimentos.

Finalmente, tem-se o que se convencionou denominar "a quebra positiva do contrato", modalidade que vem suscitada no direito ultimamente, e no Brasil desenvolvida, dentre outros (Ruy Rosado de Aguiar Júnior e Clóvis do Couto e Silva) pelo juiz gaúcho Ubirajara Mach de Oliveira, em excelente trabalho publicado na *Revista da Associação dos Juízes do Rio Grande do Sul*. Diz-se 'positiva' a quebra porque não se realiza um ato que cumpria fosse praticado.

Conceitua-se esta espécie como o descumprimento na realização de um ato, de um dever e não propriamente ante uma omissão de algo especificado na avença. Abrange atos positivos, ou que deveriam ser praticados, inerentes ao pacto, e atos de cumprimento defeituoso, causadores de danos. Tem pertinência mais ao não cumprimento de um dever legal, no sentido de que o devedor desatende algo que lhe cabia cumprir, adjetamente à obrigação principal. Suscitada a figura pelo advogado alemão Hermann Staub, traz Ubirajara Mach de Oliveira esta ideia: "Define-se a infração contratual positiva, genericamente visualizada, como uma lesão culposa da obrigação, que não tenha como fundamento a impossibilidade ou a mora. Consoante o *Restatement (Second) of Contracts*, a quebra positiva do contrato é o não cumprimento de um dever legal, quando exigível em face de um contrato...

Numa visão dogmática atualizada, tem-se a violação positiva do contrato como um conceito descritivo a obter pela negativa. Abarca as hipóteses de cumprimento defeituoso da prestação principal, de incumprimento ou impossibilitação de prestações secundárias e de violação de deveres acessórios. A esses casos são aplicáveis as seguintes regras: direito à indenização pelos danos, a possibilidade de recusar legalmente a prestação e a de mover a exceção do contrato não cumprido".[8]

Para bem separar este campo de incumprimento comum, necessário lembrar que o dever principal é aquele objeto máximo da obrigação. Na compra e venda, certamente será o pagamento relativamente ao comprador, e a entrega da coisa de parte do vendedor. O secundário ou acessório acompanha o principal, exemplificando-se como na entrega do bem dentro das regras do bom transporte, na conservação da coisa locada, no pagamento dos juros convencionados em contrato de mútuo. Pois bem, ao lado dos deveres principais e secundários, existem os *laterais*, ou *anexos*, como os denomina Ubirajara Mach de Oliveira, também na classe dos acessórios, pois se apresentam como instrumento para que se atinja a plena satisfação dos interesses contratuais. Eis algumas espécies indicadas pelo mesmo autor: "deveres de cuidado, previdência e segurança, deveres de aviso e informação, deveres de notificação, deveres de cooperação, deveres de proteção e cuidado relativos à pessoa e ao patrimônio". Uma outra hipótese, colhida da obra *Direito das Obrigações* (6ª ed., Coimbra, Almedina, 1994, p. 60) de Mário Júlio de Almeida Costa: "O dever lateral do locatário, de avisar prontamente ao locador, sempre que tenha conhecimento de vícios da coisa, ou saiba de algum perigo que a ameaça ou ainda que terceiros se arroguem direitos sobre ela, quando o fato seja ignorado pelo locador; o operário, além do dever principal da perfeita realização da tarefa definida no contrato de trabalho, tem o dever lateral de velar pela boa conservação do maquinário".[9] Cuida-se sempre de algo que se tem de fazer.

Em uma cirurgia médica, a obrigação não se resume em realizar a intervenção no organismo, mas também em avisar o paciente das consequências e as probabilidades de cura. No contrato de seguro, insta que a companhia seguradora esclareça ao segurado da inutilidade em fixar um valor de seguro superior ao preço do bem garantido, como decorre do art. 778 do CC/2002 e prevê a Lei nº 15.040/2024, em vigor a partir de 10.12.2025, no art. 89. Numa empreitada, embora o objeto do contrato centre-se na construção, há a inerente obrigação de conservação, de modo a não trazer prejuízos. Em um contrato de publicidade, resta subentendido que, além do painel sobre certo produto, exige-se a colocação em local adequado à sua visão e divulgação.

Esta espécie de causa, no entanto, pode incluir-se dentro do adimplemento imperfeito, assunto a ser abordado adiante.

---

[8] Quebra Positiva do Contrato, AJURIS – Revista da Associação dos Juízes do Rio Grande do Sul, nº 72, Porto Alegre, p. 105, mar. 1998.
[9] *Quebra Positiva do Contrato*, trabalho citado, p. 108.

Resta evidente que a omissão em realizar os atos, ou a efetivação de atos contrários ao pactuado, enseja a resolução, ou a indenização pelos danos resultantes.[10]

30.5. RESOLUÇÃO DE OBRIGAÇÕES CONTEMPLADA EM LEI

Normalmente, a resolução do contrato opera-se pelo não cumprimento voluntário. Trata-se da forma mais comum de desconstituição, em que o credor não recebe a prestação a que tinha direito. Verificando-se o incumprimento da obrigação principal, desencadeia-se plenamente o mecanismo para invocar o art. 475 do Código Civil, isto é, para desmanchar o negócio.

Entrementes, o Código Civil em vigor, como fazia o anterior, aponta ou programa uma relação de hipóteses de resolução, indo além do mero inadimplemento. Amplia ou acrescenta novas situações para a resolução. Contempla casos explícitos que levam a não finalizar o contrato. Algumas previsões confundem-se com as nulidades, mas sem perder a especialidade de superveniência. No art. 166, inciso II estão a ilicitude, a impossibilidade e a indeterminabilidade do objeto. No andamento do contrato, verifica-se a ilicitude, ou a impossibilidade, ou que não pode ser determinado o objeto. Igualmente quanto ao inciso III do mesmo artigo, ao se apurar, em momento posterior à celebração, que o motivo determinante da avença, comum a ambas as partes, é ilícito. A constatação não acontece quando do nascimento do negócio.

De outro lado, o art. 127 indica a convenção resolutória, ao tratar da condição resolutiva. Advindo a mesma, fica desmanchado o negócio – "enquanto esta se não realizar, vigorará o negócio jurídico". Perdura, *v.g.*, a doação até que o donatário atenda a condição, ou até que preste a assistência a que se comprometeu.

No regime do Código de 1916, havia o pacto comissório, caracterizado mais uma situação – art. 1.163: "Ajustando que se desfaça a venda, não se pagando até certo dia, poderá o vendedor, não pago, desfazer o contrato, ou pedir o preço".

Na obrigação de dar coisa certa, e vigorando condição suspensiva, enquanto não acontecida, perdendo-se a coisa sem culpa do devedor, resolve-se a obrigação para ambas as partes, segundo o art. 234. Também na obrigação de restituir coisa certa, vindo a mesma a perder-se sem culpa do devedor antes da tradição, fatalmente termina o contrato, sofrendo o credor a perda, como assegura o art. 238. Assim, igualmente versando a avença de obrigação de fazer, se esta se tornar impossível, sem culpa do devedor, na previsão do art. 248, como quando inviabilizar-se a confecção de uma obra, dada a proibição súbita da importação de um material, embora tipificar-se aí mais o caso fortuito ou de força maior.

O art. 395, parágrafo único, autoriza a enjeitar o cumprimento serôdio, se apresentar-se inútil.

Nas obrigações alternativas, malgrado firmadas validamente, e tornando-se todas elas inexequíveis, sem culpa do devedor, extingue-se a obrigação. Nas arras, estipuladas para fins de arrependimento, resta pacífico o direito de não implementar a prestação definitiva.

Na promessa de compra e venda de imóvel loteado, interrompidos os pagamentos, assegura-se o cancelamento do contrato, depois das providências constitutivas da mora (art. 32 e § 1º da Lei nº 6.766, de 1979). Naquelas de imóveis não loteados, o mesmo

---

[10] Ruy Rosado de Aguiar Júnior, *Extinção dos Contratos por Incumprimento do Devedor (Resolução)*, ob. cit., p. 125.

direito aparece assegurado, após a competente notificação formadora da mora (art. 1º do Decreto-Lei nº 745, de 1969, alterado pela Lei nº 13.097/2015). E assim vários regramentos especiais, que regulam contratos em setores, citando-se o Decreto-Lei nº 911, de 1969, na redação que trouxe ao art. 66 da Lei nº 4.728, de 1965; a Lei nº 5.741, de 1971, alterada pela Lei nº 6.071/1974, art. 2º, inciso IV, ao exigir a comunicação prévia da dívida ao devedor antes da execução, o que representa uma forma de comunicar a resolução do contrato.

30.6. CAMINHOS OFERECIDOS AO CREDOR FRENTE AO INADIMPLEMENTO

Verificado o inadimplemento, não apenas a resolução oferece-se ao credor. Esta, sem dúvida, constitui a via comum e normal para recompor a sua posição, que é retornar à situação anterior, ou que existia antes do contrato. Ninguém aceita que perdure um contrato se o mesmo está sendo descumprido. Ingressa-se com o pedido para resolver, ou desfazer o negócio, de modo a conseguir a restituição do bem que foi entregue antes.

No entanto, considera-se a resolução uma faculdade da pessoa que não recebeu a prestação prometida. Não se apresenta como uma consequência cogente ou necessária. A resolução é apenas uma alternativa, como deixa entrever José Mélich-Orsini: "Cuando el deudor por su culpa ha hecho ya imposible el cumplimiento en especie de la obligación a cargo suyo, es en efecto lógico que, dentro de los principios enunciados, se le conceda a su acreedor no solo la acción para pedir el llamado 'cumplimiento por equivalente' (los daños y perjuicios compensatorios), sino también la acción de resolución del contrato que le preserva contra el riesgo de que, no pudiendo él obtener ya la conducta que le había prometido su deudor, en la eventualidad de que este resulte todavía insolvente, vaya a perder también lo que él mismo había dado o se había obligado a dar".[11] Pode postular o credor a execução da prestação, de modo que venha a ser satisfeita, ou permite-se que peça o ressarcimento, isto é, a indenização pelas perdas e danos decorrentes do não cumprimento. Bem-postas esta e outras alternativas por Ruy Rosado de Aguiar Júnior:

"Pode promover a ação de cumprimento, para obter a prestação específica convencionada, mais as perdas e danos decorrentes da violação contratual; propor a ação de adimplemento, para receber o equivalente, se impossibilitada a prestação específica, com perdas e danos (art. 879); ou resolver a obrigação, através do exercício do seu direito formativo, extrajudicialmente, nos casos permitidos em lei, ou pela via judicial, como é a regra prevista no sistema para os contratos bilaterais; manter o contrato, reduzindo o preço, com perdas e danos (art. 867), ou sem elas (art. 866); receber a coisa restituída, com ou sem direito à indenização (art. 871); ou mandar executar ou desfazer, à custa do devedor (arts. 881 e 883). Poderá também aguardar a iniciativa da contraparte, retendo a sua prestação (art. 1.092)".[12] Os referidos artigos 879, 867, 866, 871, 881, 883 e 1.092 equivalem, respectivamente, aos arts. 248, 236, 235, 240, 249, 251 e 476 do atual Código Civil.

A falta de pagamento, na locação, desencadeia, normalmente, a resolução do contrato, por meio da ação de despejo, como decorre do art. 9º, inciso III, da Lei nº 8.245, de 1991. Todavia, não se proíbe que o locador ajuíze simplesmente a ação de cobrança, optando por manter o contrato. Assim também em alguns contratos especiais, como na venda com reserva de domínio, na alienação fiduciária, no arrendamento mercantil, optando a

---

[11] *Resolución del Contrato por Incumplimiento*, ob. cit., p. 144.
[12] *Extinção dos Contratos por Incumprimemto do Devedor (Resolução)*, ob. cit., pp. 191 e 192.

parte inadimplida por manter o contrato, e cobrar simplesmente as quantias devidas. A opção entre a ação de cumprimento e de resolução restringe-se ao credor. Não se permite que o devedor se oponha à hipótese escolhida, e exija o exercício de outra viabilidade, até porque seria abrir ensanchas para protelações estéreis, como quando não apresenta segurança para a execução da dívida.

De outro lado, não se pense que a resolução por falta de cumprimento impede o ressarcimento pelas perdas e danos. Uma vez inadimplido o contrato, e decorrendo prejuízos ao credor, perfeitamente viável a ação de resolução com a de cobrança do valor devido a título de prejuízos. Assegura-se que ingresse com a resolução subsidiariamente ao pedido de cumprimento, ou como alternativa para o caso de não logrado êxito no cumprimento, por representar maior importância a execução da obrigação.

30.7. CUMPRIMENTO IMPERFEITO E A RESOLUÇÃO

Situação das mais intrincadas tem se apresentado quando cumprida em parte, ou razoavelmente, a prestação. A matéria já foi lembrada em Capítulo anterior. Não se cuida tanto do adimplemento parcial, ou em parte, no sentido de abranger a quantidade, e sim a qualidade, ou a perfeição. O art. 394 Código Civil tem como completo o pagamento quando efetuado no tempo, lugar e forma que a lei ou a convenção estabelecer. Já o art. 389, com mudanças da Lei nº 14.905/2024, assinala para as perdas e danos, mais juros e atualização monetária, segundo índices oficiais regularmente estabelecidos, e honorários de advogado, se não cumprida a obrigação.

Karl Larenz orienta como se realizará a prestação: "El deudor no sólo está obligado simplemente a cumplir la prestación, sino que ha de realizarlo diligentemente, es decir, como cabe esperar de un 'ordenado' comerciante, artesano, empresario o comisionista de transportes, etc. Pero si la cumple de modo negligente y su descuido origina daños adicionales o suplementarios al acreedor (prescindiendo de que de esa forma puede o no plenamente satisfecho su interés en la prestación) el deudor responderá igualmente de ellos. Su prestación no se torna así imposible, ya que es realizable, y el daño producido no se debe al retraso en el cumplimiento, pues si así fuera bastarían los preceptos sobre la mora para su regulación".[13]

Depreende-se, da explanação acima, a consequência, que é indenizar os danos pelo cumprimento insatisfatório, ou ruim, ou deficitário.

Araken de Assis concebe a indenização se aceita a prestação embora insuficiente: "Logo exsurge curial que, porventura aceita a prestação, embora deficitária, a controvérsia ulterior limitar-se-á à perquirição do dano e da sua indenizabilidade. Neste sentido, incensurável se mostra o aresto da 6ª Câmara Cível do TJ-RS, repelindo o desfazimento de contrato, porque o fornecedor de certo equipamento faltou à prestação de assistência técnica, já extintas, no demais, as obrigações recíprocas, e remeteu o queixoso ao pleito autônomo de perdas e danos (6ª Câm. Cív. TJ-RS, 21.04.87, *JCCTJRS*, v. 2, t. 7, pp. 274-281)".[14]

No REsp nº 191.802/SP, da Quarta Turma, j. em 02.02.1999, p. no *DJU* de 28.02.2000, o então Min. Ruy Rosado de Aguiar bem sintetizou esse rumo de solução:

---

[13] *Derecho de Obligaciones*, t. I, ob. cit., p. 362.
[14] *Resolução do Contrato por Inadimplemento*, ob. cit., pp. 106 e 107.

"O cumprimento imperfeito do contrato de construção, atrasando a proprietária da obra o pagamento de algumas prestações, pode não caracterizar causa suficiente para a extinção do contrato, considerada a grandiosidade do empreendimento e o valor das prestações, cabendo apenas indenização pelo dano daí decorrente. Atraso na execução do cronograma e paralisação indevida da obra, razões consideradas suficientes para extinção do contrato a pedido da proprietária.

Ação proposta pela contratada julgada parcialmente procedente, para ser indenizada pelos atrasos, e procedência parcial da reconvenção oferecida pela contratante, com resolução do contrato por culpa da construtora.

Compensação judicial. Possibilidade".

Unicamente se inútil a prestação viabiliza-se a solução resolutória. Não se a satisfação não foi plena, na qualidade combinada, mas trouxe alguma utilidade. Consoante antevia Pontes de Miranda, "basta que o adimplemento ruim seja tal que se cancele o interesse do credor em torná-lo bom, ou que retire poder confiar-se no adimplemento posterior".[15] Por outras palavras, não serve para o credor, não atende seus interesses, não preenche a lacuna da necessidade. Vem em abono a esta exegese o parágrafo único do art. 395, apesar de restritamente à mora: "Se a prestação, devido à mora, se tornar inútil ao credor, este poderá enjeitá-la, e exigir a satisfação das perdas e danos".

Também Mário Júlio de Almeida Costa segue esta trilha, já entrando na pouca importância da prestação faltante,[16] a qual é vista no lado quantitativo e no qualitativo. Cumprida uma obrigação de fazer, mede-se a utilidade, ou se trouxe algum resultado, ou se algo pode ser aproveitado.

Assume relevância a matéria se apenas obrigações acessórias ficaram para trás, ou não realizadas, ou algumas parcelas frente ao total que era para atender. Aqui se está diante da incumprimento mínimo, longamente ressaltado por Ruy Rosado Aguiar Júnior,[17] ilustrando com o exame da legislação comparada, como o art. 1.455 do Código Civil italiano: "O contrato não pode ser resolvido se a inexecução de uma das partes tiver escassa importância, levando em consideração o interesse da outra". Totalmente injusto resolver-se uma promessa de compra e venda por ficarem sem pagamento algumas prestações de um grande número, ou admitir-se a execução hipotecária, com a adjudicação do bem, num contrato de financiamento da casa própria, também pelo não pagamento de algumas parcelas. Assim em qualquer negócio especialmente de compra e venda.

Inclusive no arrendamento mercantil o STJ tem aplicado a teoria, se poucas prestações faltarem para o adimplemento total:

"1. É pela lente das cláusulas gerais previstas no Código Civil de 2002, sobretudo a da boa-fé objetiva e da função social, que deve ser lido o art. 475, segundo o qual '[a] parte lesada pelo inadimplemento pode pedir a resolução do contrato, se não preferir exigir-lhe o cumprimento, cabendo, em qualquer dos casos, indenização por perdas e danos'.

2. Nessa linha de entendimento, a teoria do substancial adimplemento visa a impedir o uso desequilibrado do direito de resolução por parte do credor, preterindo desfazimentos

---

[15] *Tratado de Direito Privado* – Parte Especial, 3ª ed., 2ª reimp., São Paulo, Ed. Revista dos Tribunais, 1984, t. XXV, p. 342.
[16] *Direito das Obrigações*, ob. cit., 764.
[17] *Extinção dos Contratos por Incumprimento do Devedor (Resolução)*, ob. cit., pp. 130 e segs.

desnecessários em prol da preservação da avença, com vistas à realização dos princípios da boa-fé e da função social do contrato.

3. No caso em apreço, é de se aplicar a da teoria do adimplemento substancial dos contratos, porquanto o réu pagou: '31 das 36 prestações contratadas, 86% da obrigação total (contraprestação e VRG parcelado) e mais R$ 10.500,44 de valor residual garantido'. O mencionado descumprimento contratual é inapto a ensejar a reintegração de posse pretendida e, consequentemente, a resolução do contrato de arrendamento mercantil, medidas desproporcionais diante do substancial adimplemento da avença.

4. Não se está a afirmar que a dívida não paga desaparece, o que seria um convite a toda sorte de fraudes. Apenas se afirma que o meio de realização do crédito por que optou a instituição financeira não se mostra consentâneo com a extensão do inadimplemento e, de resto, com os ventos do Código Civil de 2002. Pode, certamente, o credor valer-se de meios menos gravosos e proporcionalmente mais adequados à persecução do crédito remanescente, como, por exemplo, a execução do título".[18]

30.8. DEFESAS DO INADIMPLENTE

Pode não interessar à parte obrigada a resolução; é possível que se lhe ofereçam não propriamente evasivas, mas motivações suficientes que levem a manter o negócio, ou a resolvê-lo, mas sem as perdas e danos. Na maioria das vezes, o inadimplemento não se caracteriza propriamente como um inadimplemento, mas advém de fatores não afetos à vontade das partes, segundo colocação de Maria Helena Diniz: "A total inexecução contratual pode advir, algumas vezes, de fatos alheios à vontade dos contratantes, que impossibilitam o cumprimento da obrigação que incumbe a um deles, operando-se de pleno direito, então, a resolução do contrato, sem ressarcimento das perdas e danos, por ser esta uma sanção aplicada a quem agiu culposamente, e sem intervenção judicial, exonerando-se o devedor do liame obrigacional".[19]

Em primeiro lugar, sempre quando não verificada a culpa, afasta-se a indenização por perdas e danos, o que é importante para o devedor. Revela-se decisivo o ensinamento de Carvalho Santos, que se mantém atual: "O inadimplemento do contrato, por parte de um dos contratantes, dá ao outro o direito de promover em juízo a sua rescisão. Bem entendido: se o inadimplemento for culposo, pois, de outra forma, se a prestação se tornou impossível sem culpa do devedor, resolve-se a obrigação, não havendo perdas e danos a reclamar".[20]

Possível estabelecer alguns elementos para ensejar a resolução com perdas e danos, ou a resolução culposa: o inadimplemento do contrato, a verificação de culpa daquele que não cumpre, e a decorrência de prejuízos. Uma vez não verificados, há a simples resolução, ou o retorno à situação anterior, com a restituição do que recebeu cada parte.

Como primeiro passo, e constitui o lugar comum, é alegável a exceção do não cumprimento pela outra parte, isto é, a *exceptio non adimpleti contractus*. Incumbia, antes, ao credor cumprir, como está convencionado. E a falta de cumprimento foi causada pela mora do credor, que se recusou ao recebimento da prestação. São duas as defesas, sob

---

[18] *REsp* nº 1.051.270/RS, da Quarta Turma, j. em 04.08.2011, *DJe* de 05.09.2011, Rel. Min. Luis Felipe Salomão.
[19] *Curso de Direito Civil Brasileiro*, 3ª ed., São Paulo, Saraiva, 1986, 3º vol., p. 127.
[20] Ob. cit., vol. XV, p. 244.

a mesma exceção. Mas não representa este meio um caminho para afastar o direito do credor em receber o seu crédito. Daí parece normal lançar o veredicto de o réu cumprir tão logo tenha o credor satisfeito a sua obrigação. Na verdade, nem se garante o direito de o credor buscar algo se está em mora quanto à sua obrigação. Nesta parte, conveniente seguir a orientação da seguinte ementa: "A *exceptio non adimpleti contractus* só pode ser alegada com propriedade quando as prestações são contemporâneas (*trait pour trait*). Quando as prestações são sucessivas, não é lícito invocá-la, em seu prol, a parte a quem incumbia dar o primeiro passo".[21] Acontece que, justificam Colin e Capitant, "si los contratantes no han determinado la orden de cumplimiento de sus obligaciones, este cumplimiento debe ser recíproco y simultáneo".[22]

Frequente também alegar a impossibilidade, verificável em vários ângulos. Sustenta-se a nulidade, com amparo nos casos do art. 166 Código Civil. A título de demonstração: compra de um bem que já pertence ao adquirente, ou um negócio envolvendo um objeto proibido. Mário Júlio de Almeida Costa fala na impossibilidade legal ou jurídica, que se afigura "quando a prestação debitória consiste em algo que a lei de todo obstaculiza a que se produza designadamente a celebração de um negócio proibido e considerado nulo caso se realize. Exemplifique-se com o contrato através do qual uma pessoa se obriga a vender uma coisa do domínio público..., ou a vender uma coisa imóvel por simples escrito particular".[23]

Em estudo anterior, foram apresentadas as causas que isentam das perdas e danos, ou que justificam o inadimplemento, ou inexecução, nome este que imperava no Código anterior. Assim o caso fortuito ou força maior, a teoria da imprevisão ou da *rebus sic stantibus*, a quebra da base objetiva vigorante quando do contrato, a lesão enorme, o estado de perigo, a onerosidade excessiva. Há também os vícios de consentimento, no elenco do art. 171.

Toda série de justificações admite-se, desde que combine cada uma com a verdade e a lei. Assim, acontece com a existência de condição suspensiva, o cumprimento integral já verificado, o adimplemento substancial, a impossibilidade temporária, a mora antecedente do credor, a prescrição. Acrescenta Antônio Chaves: "Mas a verdade é que numerosas causas ou circunstâncias podem incidir sobre o cumprimento das obrigações avençadas, desviando-as do seu cumprimento normal: acontecimentos alheios à vontade dos contratantes, e imprevisíveis, como a incapacidade superveniente, a falência, a morte de um dos contratantes, ou decorrentes de seu próprio assentimento mútuo em desfazer o combinado, ou ainda em decorrência de uma expressa disposição de lei etc."[24]

Se ambas as partes encontram-se inadimplentes, faltando ao mesmo tempo com a obrigação, levando a verificar-se a mora simultânea, o mais correto é decretar-se a resolução do contrato por culpa de ambas, e não concedendo as perdas e danos. Nestas circunstâncias, eliminam-se ambas as moras. Em princípio, porém, não cabe olvidar o exame do inadimplemento quantitativo, ou da maior carga da inadimplência, com repercussão nas perdas e danos. Apenas aquele a quem se tornou inútil a prestação está autorizado a pedir a dissolução da relação contratual. De outro lado, ainda quanto à mora simultânea, àquele a quem se exige o cumprimento em primeiro lugar, não se garante o

---

[21] Apel. Cível nº 7.356/95, da 4ª Câm. Cível do TJ do Rio de Janeiro, de 30.09.1997, em *Revista dos Tribunais*, 752/331.
[22] *Curso Elemental de Derecho Civil*, ob. cit., t. 3º, p. 702.
[23] *Direito das Obrigações*, ob. cit., p. 473.
[24] *Tratado de Direito Civil – Direito das Obrigações*, ob. cit., t. II, vol. II, p. 1.648.

direito de pedir a resolução por incumprimento do outro. Entendimento que se encontra na jurisprudência: "O contrato bilateral caracteriza-se pela reciprocidade das prestações. Cada uma das partes deve e é credora, simultaneamente. Por isto mesmo, nenhuma delas, sem ter cumprido o que lhe cabe, pode exigir que a outra o faça. A ideia predominante aqui é a da interdependência das prestações. Assim, havendo rescisão tácita do contrato firmado, aquele que adiantou serviços e despesas pode perfeitamente postular indenização por perdas e danos, considerado o disposto no art. 1.092, parágrafo único, do CC".[25] Corresponde o parágrafo único do art. 1.099 ao art. 475 do vigente diploma civil.

30.9. EFEITOS DA RESOLUÇÃO

Verificado o inadimplemento, e operando-se a resolução, alguns efeitos emergem. As partes retornam à situação anterior, como se não tivesse existido o contrato. É desfeita a relação contratual. Na compra e venda, volta o bem para o vendedor. Ficam os contratantes, ainda, liberados ou desonerados das prestações pendentes. Extingue-se a obrigação, devendo ser restituídas as prestações já efetivadas. Estes os efeitos primordiais. Existem outros, quanto ao alcance da resolução.

A extinção do contrato se opera retroativamente, ou desde o momento inicial, se cumprido em um único momento. As consequências jurídicas que se formaram ficam extintas, ou desaparecem. Na falta de pagamento, a resolução remonta ao início. Restituem-se as prestações recebidas. Devolve-se o bem objeto da avença. Há o efeito *ex tunc*, como numa compra e venda, retornando a propriedade ao primitivo dono. Dá-se o retorno como se nunca tivesse existindo o contrato, ou seja, de forma integral, com todos os acessórios, com os frutos e rendimentos, incidindo as perdas e danos no caso de deteriorações ou perecimento. Reconstitui-se ou reimplanta-se o *statu quo ante*.

Todavia, nos contratos com pagamento continuado, o atraso não importa sempre em se restituir as prestações, passando o efeito a revelar-se *ex nunc*, ou a partir da resolução, sem repercutir para o passado. Em vários contratos inicia o efeito a contar deste momento, como na locação, no arrendamento mercantil, no próprio arrendamento rural. Consuma-se a resolução em vista do inadimplemento, levando a posse à condição de precária.

Quanto aos terceiros, ficam resguardados se adquiriram os direitos ou os bens entre o negócio e a resolução. Uma vez envolvida numa compra e venda a propriedade, e esta, depois, é transferida para terceiro, não se desconstitui. Respeita-se o direito de terceiro. Ilustra Ruy Rosado Aguiar Júnior: "A alienação de bem móvel, anterior à restituição, feita por quem recebera a coisa em cumprimento da obrigação, é válida e eficaz, ficando o terceiro subadquirente protegido contra a resolução. Ao consumidor que compra vestuário ou eletrodoméstico nas lojas de departamentos, não interessa saber se a mercadoria está paga ou pende ação de resolução".[26]

Haveria alguma dificuldade frente ao art. 1.359, nestes termos: "Resolvida a propriedade pelo implemento da condição ou pelo advento do termo, entendem-se também resolvidos os direitos reais concedidos na sua pendência, e o proprietário, em cujo favor se opera a resolução, pode reivindicar a coisa do poder de quem a possua ou detenha". Entrementes, para que tal ocorra, isto é, a resolução dos direitos reais concedidos ou

---

[25] Apel. Cível nº 257.132-2/0, da 13ª Câm. Cível do TJ de São Paulo, de 08.08.1995, em *Revista dos Tribunais*, 724/309.
[26] *Extinção dos Contratos por Incumprimento do Devedor (Resolução)*, ob. cit., p. 259.

transferidos durante a pendência do contrato, impende que seu adquirente tenha tido conhecimento da cláusula resolutiva, ou que, pelo menos, constasse cláusula prevendo a condição de resolução. Sem a previsão relativamente ao subadquirente, tem incidência o art. 1.360, onde se consagra a consolidação da propriedade ao terceiro.

Um outro efeito consiste na indenização, ou no ressarcimento em vista das perdas e danos, decorrência normal que flui do art. 475, ensinando Maria Helena Diniz, em lição que acompanha o direito atual: "Sujeita o inadimplemento ao ressarcimento das perdas e danos, abrangendo o dano emergente e o lucro cessante; assim, o lesado pelo inadimplemento culposo da obrigação poderá exigir indenização pelos prejuízos causados, cumulativamente com a resolução. Se os contraentes convencionaram cláusula penal para a hipótese de total descumprimento da obrigação, esta se converterá em alternativa a benefício do credor. Se, no entanto, for estipulada para o caso de mora, o credor terá o direito de exigir a satisfação da pena cominada, justamente com o adimplemento da obrigação principal".[27] Resta claro que circunscreve-se esta consequência à resolução voluntária, sem abranger a involuntária, ou aquela onde há a impossibilidade de cumprimento por fatos alheios à vontade. Restringe-se a resolução a compelir o contratante a restituir aquilo que recebeu.

30.10. RESOLUÇÃO BILATERAL E UNILATERAL

Procura-se distinguir, aqui, a resolução de comum acordo entre ambas as partes, e aquela permitida por um dos contratantes.

Na primeira, existe o mútuo consenso, ou a deliberação de ambos os contraentes. Trata-se do distrato, que se confunde com um contrato, verificada a presença da vontade dos contratantes na resolução daquilo que haviam estabelecido antes. Retorna-se à situação anterior ao que foi estabelecido. Tem-se um contrato jurídico, bilateral, consensual, sinalagmático, comutativo, e assim com outras características comuns a todos os contratos bilaterais, objetivando a extinção de outro contrato, ou desconstituir aquilo que havia sido convencionado. Daí dois requisitos fundamentais: a existência de anterior contrato, ou estipulação de vontades, e uma nova formulação de vontades, dirigida para extinguir o anterior contrato. Resta evidente a função liberatória. E se há esta função, é porque ainda perduram obrigações. Portanto, o distrato é cabível quando ainda perdura o anterior consenso exteriorizado numa relação. A partir de sua formalização é que passa a vigorar. Os anteriores efeitos perduram e consideram-se válidos. Sua eficácia será *ex nunc*, máxime no tocante aos direitos de terceiros.

A previsão está no art. 472: "O distrato faz-se pela mesma forma exigida para o contrato".

Aduz-se, no que difere substancialmente da resolução, que o distrato não tem a largueza da resolução, esta considerada o caminho para a desconstituição de qualquer relação ante o simples incumprimento de suas cláusulas, enquanto aquele não prescinde do consenso de ambas as partes, e nem sempre tendo como pressuposto o inadimplemento.

Por último, pode-se convir que todo o contrato resolvido por mútuo consentimento corresponde ao distrato.

Há, também, a resolução unilateral. Não no sentido de que apenas uma das partes resolve descumprir o contrato, isto é, unilateralmente, ou prescindindo do consenso da

---

[27] *Curso de Direito Civil Brasileiro*, ob. cit., 3º vol., pp. 126 e 127.

outra parte, mas na compreensão de se restringir aos contratos unilaterais. Conforme já observado, há contratos unilaterais, quando, nos efeitos, unicamente a um dos contraentes atinge a obrigação. Assim na doação pura e simples, no comodato, no mandato, no depósito. Nesses contratos, exceto quanto à doação modal ou por ingratidão, basta a simples declaração de vontade de uma das partes para a dissolução. Realmente, como no caso do mandato, não se vislumbram exigências para a resolução. Nem quanto ao depósito, a menos que tenham sido assumidas obrigações mútuas, e inclusive um determinado prazo. Igualmente nos contratos de execução contínua, como os de fornecimento de mercadorias, ou o de comodato sem prazo, o de locação prorrogado por prazo indeterminado. Para a resolução, requer-se unicamente uma comunicação, dando ciência de um prazo findo o qual se encerra a relação. Esta comunicação constitui a denúncia, que se revela num mero aviso de não continuar o contrato, ou de encerrar-se uma relação que antes vigorava. Confunde-se na revogação unilateral, que é a extinção de um ato de vontade que estabelecia obrigações unilaterais, ou sem a correspondente contraprestação. Presente a contraprestação, a revogação confunde-se com o distrato, posto que necessário o mútuo consenso.

30.11. CLÁUSULA RESOLUTIVA EXPRESSA

Por esta cláusula, já vem prevista no contrato a plena resolução no caso de inadimplemento, sem necessidade de prévia interpelação constitutiva da mora. Uma vez verificada a inadimplência, dá-se de pleno direito o vencimento, ou a resolução do contrato. Diga-se, de início, a possibilidade da inserção em contratos de execução diferida, ou a prazo, nos quais se realiza o pagamento através de prestações. Mais apropriadamente, nas avenças de cumprimento não imediato. Às vezes, a própria lei contempla hipóteses de resolução expressa. Aqui, porém, restringe-se o estudo à previsão feita pelas partes da resolução diante do não cumprimento, encontrando apoio no art. 397 Código Civil. Trata-se, no dizer de José Mélich-Orsini, da situação em que "el acreedor de la obligación incumplida pueda fundar su pretensión en un derecho potestativo que se hubiere reservado en el mismo contrato de cuya resolución se trate".[28]

Distinta é a cláusula resolutiva tácita, quando nada prevê o contrato sobre a resolução, e dependente sempre da interpelação constitutiva da mora. Verifica-se quando a parte deixa de cumprir o contrato. Todavia, está inserida no art. 475, pois assinala para a resolução qualquer hipótese de incumprimento, anotando Maria Helena Diniz que a mesma (condição resolutiva tácita) "está subentendida em todos os contratos bilaterais ou sinalagmáticos, para o caso em que um dos contraentes não cumpra a sua obrigação".[29] É que em todos os contratos implícita ou tacitamente os contratantes deixam entender que o incumprimento pode levar à resolução. De modo que não é necessário que venha prevista a cláusula de resolução, conforme se depreende deste julgado: "Ainda que inexistente, no contrato, cláusula resolutiva expressa em favor do compromitente-comprador, isso não obsta o ajuizamento direto da ação rescisória, porque ínsita a todo pacto bilateral a cláusula resolutiva tácita. E a cláusula contratual de irrevogabilidade, como natural, diz respeito a arrependimento ou desistência, não à faculdade de requerimento de rescisão por falta contratual da parte contrária, assegurada

---

[28] *La Resolución del Contrato por Incumplimiento*, ob. cit., p. 245.
[29] *Curso de Direito Civil Brasileiro*, ob. cit., 3º vol., p. 124.

no art. 1.092, parágrafo único, do CC".[30] O art. 1.092, parágrafo único, retro apontado, equivale ao art. 475 do vigente diploma civil.

O art. 474 da lei substantiva contempla as duas cláusulas: "A cláusula resolutiva expressa opera de pleno direito; a tácita depende de interpelação judicial".

A cláusula resolutiva expressa assemelha-se com a cláusula de arrependimento, pela qual é permitido, a qualquer tempo, nos contratos que se completam no futuro, enquanto não concluídos, o desfazimento da relação mediante a mera manifestação de uma das partes contrariamente ao seu prosseguimento. Cuidava o Código Civil de 1916 da espécie no art. 1.088, sendo que não veio contemplada no Código Civil de 2002: "Quando o instrumento público for exigido como prova do contrato, qualquer das partes pode arrepender-se, antes de o assinar, ressarcindo à outra as perdas e danos resultantes do arrependimento, sem prejuízo do estatuído nos arts. 1.095 a 1.097". A diferença estava em que a previsão de arrependimento não dependia da mora. Suficiente que se expressasse a vontade da parte para o arrependimento. Na estipulação resolutória, admitida pelo vigente Código, ao contrário, impera a obrigatoriedade do incumprimento ou da mora. Pela simples inadimplência insere-se a automática resolução. Na maior parte dos contratos insere-se esta previsibilidade.

Presentemente, dado o avanço do direito e o realce do caráter social que vai dominando, ambas as modalidades perderam força.

Quanto à possibilidade de arrependimento, desde há tempo não mais prepondera se iniciado o cumprimento. Pontes de Miranda bem representava a inteligência que passou a dominar: "O direito de arrependimento supõe contrato em que não houve começo de pagamento. Porque, tendo havido começo de pagamento, nenhum dos contratantes tem direito de se arrepender, pela contradição que se estabeleceria entre firmeza e infirmeza de contrato".[31] Mesmo havendo arras, mas já iniciado o pagamento, não é permitido o arrependimento, segundo já acrescentava o mestre: "Se as arras constituem começo de pagamento, não há arras propriamente ditas, não há arras a serem devolvidas. A restituição do que foi recebido, em começo de pagamento, teria outra causa, e. g., condição ou termo resolutivo...".[32] Iniciado o pagamento, o avençado há de ser cumprido, pois o sinal integra a obrigação.

Relativamente à cláusula resolutória, embora não drástica na dimensão daquela que assinala o arrependimento, realiza-se com a previsão, em um dos itens do contrato, que o atraso de parcelas acarretará a plena resolução, com as mais diversas consequências. Em geral, acerta-se que desconstitui o negócio o atraso em três ou mais prestações. Não que seja proibida, ou se coloque algum óbice à sua previsão, desde que dentro dos limites do direito.

Ocorre que, na sua grande maioria, as figuras contratuais especiais preveem a constituição antecedente da mora. Não importa que venha prevista a decorrência do incumprimento. Depende sempre da prévia interpelação, ou de outro ato constitutivo da mora. Nas promessas de compra e venda de imóveis loteados, o art. 32 e seus parágrafos da Lei nº 6.766, de 1979, constando ou não a resolução, não se dispensa a intimação para saldar as prestações em atraso no prazo de trinta dias. Nas promessas

---

[30] Apel. Cível nº 45.987/97, da 3ª Turma do TJ do Distrito Federal, de 01.12.1997, em *Revista dos Tribunais*, 752/287.
[31] *Tratado de Direito Privado*, 4ª ed., 1977, vol. XIII, pp. 250 e 251.
[32] *Idem*, p. 250.

do mesmo tipo, mas de imóveis não loteados, igualmente interpela-se, concedendo-se o prazo de quinze dias para colocar-se em dia, na forma do Decreto-Lei nº 745/1969, com as alterações da Lei nº 13.096/2015. Embora o só fato da mora resolva o contrato, considera-se o ocupante do imóvel esbulhador, assinala Adroaldo Furtado Fabrício, "desde que notificado na forma do Decreto-Lei nº 745, de 1969, segundo julgou a 2ª Turma do Supremo Tribunal Federal em 20 de agosto de 1977, *in Rev. Trim. de Jurispr.*, nº 83, p. 401". No sentido de que a citação substitui a notificação, com a oportunidade de saldar o valor devido no prazo de defesa, segue o autor: "Aliás, ganha cada vez mais corpo a tese segundo a qual a própria interpelação prévia é substituível pela citação e, portanto, dispensável, como julgou a mesma 2ª Turma recentemente (*in Diário da Justiça da União*, de 16.10.1978, p. 8.021)".[33]

Na alienação fiduciária, é indispensável o protesto ou aviso (Decreto-Lei nº 911, de 1969). E assim constava na venda com reserva de domínio (art. 1.071 do CPC/1973, dispositivo que não foi reproduzido no CPC/2015), no arrendamento mercantil (por construção jurisprudencial), dentre outros casos.

A resolução expressa decorre da mora *ex re*, pela qual se dá a mora pelo simples vencimento do termo previsto no contrato. No entanto, mais para efeitos da incidência de juros, e para fins de permitir a interpelação constitutiva.

No caso do arrendamento mercantil, existe a Súmula nº 369, de 2009, do STJ: "No contrato de arrendamento mercantil (*leasing*), ainda que haja cláusula resolutiva expressa, é necessária a notificação prévia do arrendatário para constituí-lo em mora".

O Código de Defesa do Consumidor (Lei nº 8.078, de 1990), contém regra específica a respeito, no § 2º do art. 54: "Nos contratos de adesão admite-se cláusula resolutória, desde que alternativa, cabendo a escolha ao consumidor, ressalvando-se o disposto no § 2º do artigo anterior". Ou seja, desde que prevista a possibilidade de escolher a parte em mora uma alternativa diferente que a resolução, como o pagamento. Assinala a jurisprudência: "No contrato de financiamento com garantia de alienação fiduciária, é nula a cláusula que permite ao credor fiduciário considerar unilateralmente rescindido o contrato em caso de mora do devedor fiduciante, pois este tem sempre o direito de purgar a mora, independentemente de ter pagado 40% ou menos do valor financiado, pois tal cláusula, mesmo que embasada nos termos do Decreto-Lei nº 911/69, esbarra na vedação do art. 54, § 2º, do CDC".[34]

No entanto, há casos em que o inadimplemento não tem outra solução senão resolver o negócio. A omissão em cumprir permite a medida extrema de desfazer a relação. Assim o contrato de transporte, ou de confecção de uma obra. São aqueles contratos em que as leis não impõem a notificação antecedente; os que o adimplemento não se prolonga, como nas promessas; as avenças de prestação de serviços ou de entrega de uma coisa; os de confecção de obras. "Uma vez estipulado, no contrato, o dia certo do vencimento da obrigação, e não cumprida esta, caracterizada está a mora do devedor, conforme o art. 960 do Código Civil".[35] O art. 960 referido corresponde ao art. 397 da lei civil em vigor.

---

[33] *Comentários ao Código de Processo Civil*, ob. cit., t. III, vol. VIII, p. 493.
[34] *Apel. Cível* nº 61.039-6, da 9ª Câm. Civil do 1º TACiv.-SP, de 26.11.1996, em *Revista dos Tribunais*, 741/269.
[35] *Apel. Cível* nº 37.162.2-MS, da 3ª Turma do TJ do Mato Grosso do Sul, de 29.06.1994, em *Revista Forense*, 331/306.

30.12. CLÁUSULA DE DECAIMENTO

Não raramente, acompanha a cláusula resolutória expressa a cláusula de decaimento, prevendo a perda pura e simples das parcelas entregues. Pontes de Miranda já a combatia, coimando-a de nula, vez que a perda completa das prestações pagas pode consistir em infração ao limite que a lei marcou para a cláusula penal convencional, constando, no art. 412 do Código Civil, proibição para que ela ultrapasse a obrigação principal inserida no ajuste.[36] Em imóveis loteados, na previsão do art. 35 da Lei nº 6.766, de 1979, na redação da Lei nº 13.786/2018, é obrigatória a restituição do montante pago, desde que as prestações satisfeitas atingiram um terço ou mais do preço total. Da importância recebida, permite-se unicamente o desconto da multa de 10%, se os atrasos ultrapassaram a três meses. Princípio aplicável, por analogia e em consonância com o art. 413, aos imóveis não loteados.

O Código de Defesa do Consumidor, no art. 53, além de em outros dispositivos, é categórico em estabelecer a nulidade. Dispõe o citado cânone: "Nos contratos de compra e venda de móveis ou imóveis, mediante pagamento em prestações, bem como nas alienações fiduciárias em garantia, consideram-se nulas de pleno direito as cláusulas que estabelecem a perda total das prestações pagas em benefício do credor e que, em razão do inadimplemento, pleiteia a resolução do contrato e a retomada do produto alienado".

Como se observa, a própria norma do Código de Defesa do Consumidor aproxima o regime dos contratos de consórcio e das promessas de compra e venda de imóveis, no que se refere à abusividade de referidas cláusulas.

A norma geral do art. 51, IV, do mesmo Código de Defesa do Consumidor esclarece o motivo de tal nulidade e da reação negativa do direito. Considera abusivas as cláusulas que "estabeleçam obrigações consideradas iníquas, abusivas, que coloquem o consumidor em desvantagem exagerada ou sejam incompatíveis com a boa-fé ou a equidade".

O § 1º do art. 51 do Código de Defesa do Consumidor fornece ajuda para que se verifique, no caso concreto, o exagero da desvantagem.

Efetivamente, a cláusula de decaimento assegura uma vantagem exagerada a uma das partes. Condena o contratante que rescinde o contrato, com causa ou sem causa, não a suportar os prejuízos que eventualmente causou, mas simplesmente condenao à perda total, a renunciar a todas as expectativas legítimas ligadas ao contrato, assegurando ao outro contratante o direito de receber duas vezes pelo mesmo fato. Ponderou o STJ sobre o assunto:

"O direito à devolução das prestações pagas decorre da força integrativa do princípio geral de direito privado '*favor debitoris*' (corolário, no Direito das Obrigações, do '*favor libertatis*').

O promissário-comprador inadimplente que não usufrui do imóvel tem legitimidade ativa '*ad causam*' para postular nulidade da cláusula que estabelece o decaimento de metade das prestações pagas.

A devolução das prestações pagas, mediante retenção de 30% (trinta por cento) do valor pago pela promissária-compradora, objetiva evitar o enriquecimento sem causa do vendedor, bem como o reembolso das despesas do negócio e a indenização pela rescisão contratual.

Recurso especial a que se dá provimento".[37]

---

[36] *Tratado de Direito Privado*, ob. cit., vol. XIII, p. 277.
[37] REsp nº 345.725/SP, da 3ª T., j. em 13.05.2003, *DJU* de 18.08.2003.

30.13. MODOS DE RESOLUÇÃO

Há o modo extrajudicial e o judicial. Mas não se dispensando, na maioria das vezes, de se ingressar em juízo em quaisquer dos modos.

Por extrajudicial entende-se quando prevista alguma conduta para resolver o contrato, sem qualquer ato formador da mora de parte do credor, e tal ocorrendo no pacto comissório, ou com alguma medida anterior, mas, em ambos os casos, sem o ingresso em juízo; ou quando exigida determinada medida antes do ajuizamento para dissolver a relação. De modo geral, no entanto, o direito vai afirmando cada vez mais a necessidade de se providenciar a comunicação da vontade de resolver, assegurando ao descumpridor um prazo para colocar-se em dia a obrigação, em todas as situações. Tal ato infunde certeza do propósito de resolução. Do contrário, até não receber a comunicação, observam Planiol e Ripert, "al deudor... podrá haber creído que éste no necesitada el cumplimiento inmediato, aún cuando se hubiese pactado un plazo para ello. Su silencio equivale, a este respecto, a la prórroga tácita del plazo".[38]

Nas promessas de compra e venda de imóveis loteados, o art. 32 e seus parágrafos da Lei nº 6.766, de 1979, preveem que fica resilido o contrato trinta dias depois de constituído em mora o devedor. Lavra-se o cancelamento no registro imobiliário. Nas incorporações imobiliárias, regidas pela Lei nº 4.591, de 1964, de igual modo, seu art. 63 estabelece a permissão para incluir no contrato cláusula que, por falta de pagamento de três ou mais prestações, implique na resilição do contrato, se não feito o pagamento no prazo de dez dias contado da intimação. Não se submete o cancelamento à decisão do juiz.

Já quando é necessária a intervenção judicial para a resolução, antecedendo primeiramente a interpelação ou notificação constitutiva da mora, a lei também é expressa, consignando as hipóteses. Veja-se, a respeito, quanto aos contratos de promessa de compra e venda de imóveis não loteados, impondo o Decreto-Lei nº 745/1969, alterado pela Lei nº 13.097/2015, a antecedente notificação. Uma vez levada a termo, e passado o prazo para a purgação, não se prescinde da competente ação judicial para fins de resolução. Na alienação fiduciária, na venda com reserva de domínio, há necessidade expressa de aviso ou interpelação, dentre outras hipóteses. Todavia, depois de consumada a medida, é imprescindível o ingresso com a ação resolutória cabível. Em suma, embora o ato posterior de solução judicial, é indispensável uma medida antecedente. E considera-se extrajudicial pela razão de que não se revela estritamente necessário o ingresso com uma ação em juízo. Ocorre que a parte inadimplente pode concordar com o ato notificatório, e devolver espontaneamente o bem. O que constitui razão para desfazer o contrato é o ato do inadimplemento, revelado na mora, e comprovado pela interpelação sem o correspondente pagamento. A intervenção judicial não é para declarar a resolução, posto que tal verifica-se com o decurso do prazo concedido na notificação.

Como judicial classifica-se a resolução sempre que se fundar no art. 475 do Código Civil. Não basta a mera notificação. Prevista a mora, e consignada no contrato quando se verifica, ingressa-se em juízo. De certa forma, abrange a resolução antecedida pela providência da notificação ou interpelação. E mesmo que acompanhada de tal ato, impõe-se a prova de determinada conduta de incumprimento, não consistente

---

[38] *Tratado Práctico de Derecho Civil Francés*, ob. cit., t. 7º, 2ª parte, p. 136.

apenas na mora, mas também no adimplemento ruim, imperfeito ou imprestável. Deve-se obter uma declaração sentencial, afirmando o inadimplemento. Na ação, é atribuída à parte alguma conduta que vulnera o contrato. Precisa-se da manifestação judicial não apenas para declarar a ofensa, mas também para a sua afirmação, com a verificação da ocorrência ou não. Diferencia-se da simples resolução extrajudicial precedida da interpelação porque vai além da mora, envolvendo outras modalidades de ofensa ao contrato.

XXXI
Mora no Cumprimento das Obrigações

31.1. CONCEITO E ESPÉCIES

No Título IV do Livro I da Parte Especial, relativo ao inadimplemento das obrigações, cuida o Código da mora. Os preceitos são aplicáveis às obrigações em geral, ou a qualquer tipo de pagamento, e não restritamente às dívidas em dinheiro.

Primeiramente, define-se a configuração da mora, tanto para o credor como para o devedor. Assim aparece no art. 394: "Considera-se em mora o devedor que não efetuar o pagamento e o credor que o não quiser recebê-lo no tempo, lugar e forma que a lei ou a convenção estabelecer".

Está claro que o incumprimento determina a mora, ou o estado de devedor propriamente dito. Não é exagero afirmar que, não atingido o termo previsto para cumprir, sequer poderia, a rigor, considerar-se devedora a pessoa que assumiu uma obrigação, quer de pagar, quer de receber. Nem apropriado, pois, o termo *devedor* a quem não está, ainda, dentro do tempo da exigibilidade da prestação, embora marcado pelo contrato o compromisso.

A definição de mora colhe-se da ideia de retardamento, de atraso, ensejando um primeiro conceito: a situação do devedor que está em atraso no cumprimento daquilo que se comprometeu. Mais apropriado às relações decorrentes de contrato considerá-la como a situação de quem não satisfez a obrigação no tempo, modo e lugar convencionados, ou seja, o não cumprimento segundo o acordado.

A mora envolve incumprimento ou inadimplemento, mas com um alcance menor, pois não diz com a definitividade da falta de cumprimento. Poderá caracterizar-se com o simples retardamento, ou o cumprimento não conforme com o estipulado. Embora traga consequências negativas e, assim, prejuízos, não importa estabelecer o inadimplemento. Este se consuma diante da total omissão em atender o que ficou estipulado, e assim quando perece o objeto da prestação, ou quando se inviabiliza a sua satisfação, ou quando inútil a prestação porque totalmente sem valor, como no caso da entrega extemporânea de um objeto para um evento previsto em data anterior.

Tanto o devedor como o credor podem incorrer em mora. Têm-se, pois, a mora *debitoris* e a mora *creditoris*, considerada em vista da pessoa que se omite ou não cumpre em pagar ou receber na forma da lei ou do contrato.

31.2. MORA DO DEVEDOR. CARACTERIZAÇÃO E EFEITOS

Constitui aquela que advém do não cumprimento, ou do cumprimento atrasado ou não conforme com o modo, tempo e lugar estabelecidos, de uma obrigação, por parte do devedor. Na excelente e sempre atual explanação de Werter R. Faria, "tem como pressuposto o não cumprimento, imputável ao devedor, somando à possibilidade de vir a ser executada a obrigação. Como decorrência, o devedor se torna responsável pelo prejuízo ocasionado ao credor e este, por sua vez, pode exigir o cumprimento judicial da prestação, acrescida do dano emergente e do lucro cessante".[1]

A mora *debitoris*, ou a mora *solvendi*, é a mais comum e a que mais enseja problemas, definida por Arnoldo Wald como aquela que "pressupõe uma dívida líquida e certa, vencida e não paga, em virtude de culpa do devedor".[2]

Para o seu reconhecimento, além de vencido o termo ou a data para o cumprimento, é imprescindível a ocorrência de culpa, ou seja, que o devedor incorreu a ela por ato de vontade ou por negligência, imprudência ou imperícia. Permanece ainda hígido o ensinamento de Guilherme Alves Moreira, inclusive frente ao Código Civil de 2002: "Consideramos a mora como sendo um retardamento culposo no cumprimento da obrigação, pois que, se esse retardamento for devido a caso fortuito ou de força maior, não derivará dele responsabilidade alguma para o devedor, salvo casos especiais em que, por disposição da lei ou por cláusula do negócio jurídico, se deem alguns dos efeitos da mora independentemente de culpa por parte do devedor ou do credor".[3]

O art. 396 mostra-se categórico a respeito: "Não havendo fato ou omissão imputável ao devedor, não incorre este em mora". No que analisa Werter R. Faria: "Sempre que o descumprimento resulta de caso fortuito ou força maior não cabe atribuí-lo ao devedor. O art. 963 do Código Civil preceitua que na falta de imputação o obrigado não incorre em mora. A imputação designa a capacidade de suportar as consequências da ilicitude do ato, ou omissão. Se o inadimplemento decorre de caso fortuito ou força maior, surgidos após a formação da relação jurídica, a mora não se estabelece, salvo quando o devedor tenha se responsabilizado, expressamente, pelos prejuízos derivados dessas causas não imputáveis a ele (art. 1.058 do Código Civil)".[4] Os arts. 963 e 1.058, citados no texto, equivalem aos arts. 406 e 393 do Código em vigor.

Resta não configurada a mora se um fato surge impedindo o cumprimento, como a doença, um desastre, interrupção de meios de transporte, falta de material para a execução – tudo relacionado ao objeto da obrigação.

A dívida, por outro lado, para determinar a mora, deve já encontrar-se líquida e certa, ou definida. Impossível exigir o cumprimento sem, antes, o cálculo do montante ou do tipo de obrigação. Werter R. Faria aduz: "Enquanto a prestação estiver pendente de determinação do conteúdo, o credor não poderá executar o devedor. Se for o caso, proporá a ação para obter a sua condenação. Proferida sentença líquida, ou julgada a liquidação da sentença ilíquida, com base nela promoverá a execução".[5] No entanto, se o devedor não providencia na sua liquidação, a tanto encontrando-se obrigado, incorre em mora.

De outra parte, caso não prevista a época do vencimento da obrigação, ou não estabelecido o termo, o dia da exigibilidade, impõe-se a interpelação, ou notificação, ou protesto, referindo o período de tempo para o cumprimento.

---

[1] *Mora do Devedor*, Porto Alegre, Sérgio Antônio Fabris Editor, 1981, p. 19.
[2] *Curso de Direito Civil Brasileiro* – Obrigações e Contratos, ob. cit., p. 62.
[3] *Instituições do Direito Civil Português* – Das Obrigações, ob. cit., vol. II, p. 133.
[4] *Mora do Devedor*, ob. cit., p. 97.
[5] *Idem*, ob. cit., p. 36.

Das consequências da mora do devedor, a mais ressaltada é a indenização pelos danos causados. Realmente, encerra o art. 395: "Responde o devedor pelos prejuízos a que a sua mora der causa, mais juros, atualização dos valores monetários segundo índices oficiais regularmente estabelecidos, e honorários de advogado".

A indenização decorre não apenas da não disponibilidade do bem no momento aprazado, mas também dos prejuízos causados, ou da falta de fruição das vantagens do bem. Os juros são devidos pelo simples fato do não cumprimento da obrigação no tempo oportuno. Uma quantia em dinheiro não restituída no prazo acertado pode fazer falta ao credor, obrigando-se ele a realizar um empréstimo bancário, ou ficando impossibilitado de adquirir um bem. Aí temos o prejuízo, cabendo a indenização. Assim também a não restituição de um imóvel alugado quando do vencimento do contrato, se a destinação era para o próprio locador que, em face de tal desídia do locatário, vê-se impelido a alugar outro prédio, ou a hospedar-se em hotel com sua família. Ressarcem-se, no primeiro caso, a diferença de juros entre os que percebiam e aqueles cobrados pela instituição financeira e, na outra hipótese, a diferença entre o aluguel percebido e a quantia que pagou pelo aluguel ou pela hospedagem a que se viu obrigado a contratar.

Se o bem produzia frutos, a indenização abrange os perceptos e os percepiendos, durante o período de atraso.

Karl Larenz vai além na discriminação: "Estos perjuicios pueden consistir, p. ej., en gastos que tuvo que hacer para satisfacer de otra forma sus intereses durante el tiempo en que el deudor estaba en mora; en ganancias frustradas, cuando probadamente hubiera podido vender las cosas debidas, si se le hubiesen entregado a tiempo a un mayor precio que el que habría de aceptar si las vendiera en el momento de cumplirse con retraso la prestación; en los gastos hechos en procedimientos judiciales necesarios según las circunstancias de cada caso".[6]

Não provando prejuízos, unicamente os juros de mora, poderá o credor exigir, que não poderão ser superiores à taxa para a mora do pagamento de impostos devidos à Fazenda Nacional, e que, conforme se examinará, não ultrapassará a um por cento ao mês.

A exigibilidade encontra supedâneo no art. 407: "Ainda que se não alegue prejuízo, é obrigado o devedor aos juros da mora que se contarão assim às dívidas em dinheiro, como às prestações de outra natureza, uma vez que lhes esteja fixado o valor pecuniário por sentença judicial, arbitramento, ou acordo entre as partes".

Lembra-se que a mora importa, nos contratos bilaterais, na resolução, dentro do estatuído no parágrafo único do art. 475: "A parte lesada pelo inadimplemento pode pedir a resolução do contrato, se não preferir exigir-lhe o cumprimento, cabendo, em qualquer dos casos, indenização por perdas e danos".

Outrossim, se em vista da mora não mais servir a prestação, a indenização corresponderá ao valor da própria prestação, segundo autoriza o parágrafo único do art. 395: "Se a prestação, devido à mora, se tornar inútil ao credor, este poderá enjeitá-la, e exigir a satisfação das perdas e danos". Realmente, a prestação pode ser útil até determinada data. De que adianta, *v.g.*, a compra de um vestido de gala para determinada festa, se a entrega se faz depois do evento, ou a publicação de uma notícia para um certame dandose a edição posteriormente? Comum o descumprimento de prazos nas obrigações de dar e fazer, com grandes transtornos para os contratantes. Falha-se não apenas no cumprimento

---

[6] *Derecho de Obligaciones*, ob. cit., t. I, p. 350.

dentro dos prazos, mas também no modo, no lugar de se efetuar. Há mora na qualidade da prestação, espécie melhor tipificada como cumprimento imperfeito.

Encontrando-se em mora, e advindo, depois, a impossibilidade de cumprimento, também responde o devedor. É severo, a respeito, o Código Civil, no art. 399: "O devedor em mora responde pela impossibilidade da prestação, embora essa impossibilidade resulte de caso fortuito ou de força maior, se estes ocorrerem durante o atraso; salvo se provar isenção de culpa, ou que o dano sobreviria ainda quando a obrigação fosse oportunamente desempenhada".

Ocorre que, se o devedor se mostrasse cioso de sua obrigação, já a teria cumprido, e não prejudicaria o credor a superveniência do fato que impediu a realização. Tal acontece na hipótese de contratar alguém a fabricação de um maquinário, com produto importado. Se depois do prazo para a entrega o país do exportador proíbe a venda da matéria-prima que seria usada nas peças, há a superveniência de caso fortuito ou de força maior. Todavia, houvesse o fabricante adimplido a tempo a obrigação, teria conseguido o cumprimento.

Contrata-se a importação de um veículo até uma data assinalada. Surgindo, posteriormente, a proibição de importar o bem contratado, responde o devedor pelos danos em razão da não aquisição quando era permitida a importação. A seguinte ementa ostenta a aplicabilidade do dispositivo: "A ocorrência de caso fortuito, caracterizado pelo desprendimento de blocos de rocha sobre o imóvel em construção que venha a ocasionar o inadimplemento do cronograma físico da obra pactuado entre as partes, não exime o devedor da responsabilidade perante o contratante, se já se encontrava em mora pelo não cumprimento de diversas cláusulas contratuais, conforme interpretação do art. 957 do CC".[7] O art. 957 mencionado equivale ao art. 399 do atual diploma civil.

Todavia, se o incumprimento no devido tempo foi consequência de força maior ou caso fortuito, afasta-se a indenização por perdas e danos, como quando o devedor deixa de atender porque adoeceu, ou em virtude de novas exigências impostas pelo credor, acarretando atraso na conclusão. Na elaboração de um produto, dando-se o atraso na sua conclusão, pela demora em chegarem as peças por causa da interrupção do trânsito em uma via, sendo a mesma a única alternativa para o transporte, também não incidem as perdas e danos caso um incêndio atingir, depois do prazo marcado, as instalações da fábrica do devedor.

Mais uma situação assinala o art. 399, na segunda parte: "... ou que o dano sobreviria ainda quando a obrigação fosse oportunamente desempenhada". Mesmo encontrando-se satisfeita a prestação, não escaparia o credor do dano. Incumbindo-se a uma pessoa de colher a safra de um produto até a data marcada, surge uma intempérie que a destrói completamente, inclusive inundando o depósito do credor onde seria colocada a produção. Embora sem a mora, não se isentaria o credor da destruição de sua produção. Alguém fica de entregar um produto químico. Depois de passado o prazo, é promulgada uma lei, vedando o uso. Se estivesse já o credor com o produto, não fugiria do ditame legal.

Situações essas que bem revelam o conteúdo da regra em exame.

Outros efeitos existem, como o de conservar a coisa durante o atraso, de repará-la e dispensar-lhe os cuidados exigidos. O Código Civil aponta os efeitos especiais em algumas figuras contratuais. No art. 562, é permitido que se revogue a doação se inexe-

---

[7] Apel. Cível nº 3.566/97, da 3ª Câm. Cível do TJ do Rio de Janeiro, de 05.08.1997, em *Revista dos Tribunais*, 749/392.

cutado o encargo: "A doação onerosa pode ser revogada por inexecução do encargo, se o donatário incorrer em mora. Não havendo prazo para o cumprimento, o doador poderá notificar judicialmente o donatário, assinando-lhe prazo razoável para que a obrigação assumida".

O § 2º do art. 492, relativamente à compra e venda, atribui ao comprador os riscos das coisas, se o mesmo "estiver em mora de recebê-las, quando postas à sua disposição no tempo, lugar e pelo modo ajustados".

31.3. MORA DO CREDOR. CARACTERIZAÇÃO E EFEITOS

Trata-se da mora decorrente da recusa do credor em receber o seu crédito. Com efeito, estando vencida uma dívida, certa, bem definida, e prestando-se o devedor a satisfazê-la, verifica-se a recusa do credor no recebimento, não aceitando que o devedor cumpra a obrigação. Conhecida como mora *creditoris*, ou mora *accipiendi*, não é tão comum como a *debitoris*.

Embora as longas discussões que se travam em torno da matéria, parece também necessária a presença da culpa para o seu reconhecimento, ou seja, na explicação de Luiz de Gásperi, há "una transgresión de deberes, e impone a éste, por consiguiente, la obligación de resarcir los daños y perjuicios ocasionados al deudor".[8] É possível que o credor justifique ou tenha motivos para a recusa no recebimento. Apesar de dificilmente acontecer, viável a verificação de motivo de força maior ou caso fortuito para o não recebimento. Assim quando o credor é acometido de uma enfermidade, ficando impossibilitado de dirigir-se ao local da entrega de uma obra, ou mesmo do pagamento de uma importância em dinheiro.

Em se tratando de bens ou coisas cuja posse e guarda comportam despesas, reconhece-se ao devedor o direito de ressarcir-se dos gastos após o ato que evidencia a recusa.

Como foi salientado, não é comum a mora do credor. Em geral, quando surgem controvérsias sobre o valor da prestação ou sobre a sua qualidade, é que se dá a recusa. Unicamente através da competente ação consignatória chega-se à definição do montante.

Sempre que presente a divergência, *a priori* não se caracteriza a mora. Tanto que o art. 335, inc. I, coloca o requisito da recusa injustificada para caracterizar a mora. Sobre o assunto, escreveu Antunes Varela, mantendo-se atual a lição, dada a equivalência do dispositivo ao art. 973, I, do diploma de 1916: "Se o credor recusa receber o aluguel porque o donatário não inclui na prestação a majoração determinada por lei; se o advogado recusa o documento de quitação porque o cliente quer pagar 10% do valor da causa, quando ele tem direito a 20%; se o carregador recusa a entrega da mercadoria ao transportador porque o veículo de carga não oferece condições mínimas indispensáveis ao acondicionamento da mercadoria, entende-se que não há mora do credor, porque a sua recusa de cooperação é objetivamente justificada".[9]

Para o devedor ter o direito de cumprir a obrigação, é necessário que a dívida se apresente como líquida, certa e vencida. Em princípio, como é seu dever cumprir a obrigação no tempo, local e modo devidos, cabe-lhe exigir que o credor aceite o pagamento nas mesmas circunstâncias, isto é, no tempo, local e modo acertados. Quanto a encontrar-se

---

[8] *Tratado de las Obligaciones* – Parte Especial, ob. cit., vol. III, p. 55.
[9] *Direito das Obrigações*, ob. cit., vol. 2, pp. 155 e 156.

vencida a dívida, não se coloca como requisito se prejuízo e ônus não decorrerem para o credor. Mesmo que a dívida se constitua de um investimento para o credor, posto que recebe a remuneração, não lhe cabe recusar o pagamento antecipado do devedor, como permite o art. 52, § 2º, do Código de Defesa do Consumidor. Além do direito em solver a obrigação, assegura-se o desconto da parcela de juros e encargos vincendos, ou a sua redução proporcional.

Questão nem sempre fácil de resolver está na efetiva oferta que faz o devedor. Não basta que afirme ter havido a recusa. Será ônus seu demonstrar que houve o oferecimento, não se possibilitando a liberação por injustificada recusa do credor. Como a prova testemunhal não se presta para a elucidação da oferta e da recusa em receber, a solução que melhor se afigura está na notificação por escrito de que o montante, ou o serviço, se encontra à disposição do credor, ou através de depósito, ou em determinado local, marcando-se a data para a entrega real. Na falta de aceitação, abre-se a via para a consignação em pagamento.

Reforçando-se o já referido, a recusa deverá vir justificada por razões de fato e de direito que convençam, consistindo, em geral, na insuficiência do valor e falta de qualidade da prestação, defeitos técnicos, oferecimento em local diferente do acertado, nulidade da obrigação, desobediência ao prazo etc., consoante o seguinte exemplo: "A mora *accipiendi* ocorre com a simples recusa do credor, traduzida em atos que dificultem o cumprimento da obrigação pelo devedor. Não havendo o devido esclarecimento quanto ao mérito da dívida, fica configurada a mora do credor, porquanto houve obstáculo ao exercício do direito do devedor de cumprir integralmente a sua obrigação".[10]

Se não previsto o tempo de se cumprir, é de primordial importância que se constitua em mora o credor, isto é, que se avise da decisão de solver a obrigação. A construção de um prédio, uma vez concluída, será entregue. Mas, não comparecendo o credor, compete ao devedor que leve a efeito o ato de cientificação da entrega, já se designando a data para o recebimento.

Útil observar que a mora do credor não afasta a mora do devedor. Sob o pretexto da recusa em receber, não se tolera a omissão em procurar os meios legais para desincumbir-se da obrigação. Enquanto não procurada a liberação, com o competente depósito, continuam a fluir os juros e outras cominações. Exceto se completamente provada a insensata obstinação em aceitar o pagamento, ou a pretensão em receber em valor superior ao devido, ou diferente da pactuada. Em hipóteses tais, não se caracterizam os efeitos acessórios, como exigibilidade de juros e outros encargos, e muito menos decorre a resolução do contrato, ou o vencimento antecipado da prestação.

Relativamente aos efeitos, uma vez verificada a mora do credor, desde que demonstrada, justificada, e oferecida na sua plenitude a prestação, a consequência primeira consiste na liberação do devedor da responsabilidade pela conservação da coisa, caso não haja dolo ou culpa de sua parte. Não suportará os efeitos da deterioração, ou do desgaste, ou da ação do tempo.

Cabe ao credor ressarcir as despesas exigidas na conservação da coisa, posto que, enquanto mantém-se a coisa em poder do devedor, persiste, na sua pessoa, a responsabilidade na guarda e manutenção. Não podendo simplesmente abandonar o bem ao relento, ou deixar de conservá-lo, todos os gastos necessários são exigíveis do credor.

---

[10] Apel. Cível nº 29.500.775-3, da 1ª Câm. Cível do TJ do Amazonas, de 24.06.1996, em *Revista dos Tribunais*, 733/289.

O art. 400 é explícito sobre o assunto: "A mora do credor subtrai o devedor isento de dolo à responsabilidade pela conservação da coisa, obriga o credor a ressarcir as despesas empregadas em conservá-la, e sujeita-o a recebê-la pela estimação mais favorável ao devedor, se o seu valor oscilar entre o dia estabelecido para o pagamento e o da sua efetivação".

Efeitos esses a que se submete o credor, já constantes do direito pré-codificado ou anterior ao Código de 1916, segundo expõe Lacerda de Almeida: "A mora do devedor isenta o devedor de responder pela conservação da coisa, salvo caso de manifesto dolo; sujeita-o a receber a coisa pela mais alta estimação ao tempo do contrato ou no lugar onde devia ser paga, e a indenizar as despesas que porventura tenha ocasionado à conservação dela".[11]

Algumas considerações comporta o art. 400. No tocante à conservação, referido que unicamente na existência de dolo remanesce o dever de indenizar pelos danos havidos. Interessa, no caso, a referência à palavra 'dolo', como pressuposto pela reparação, isto é, ao ato voluntário, pretendido, dirigido a causar danos. O devedor pratica um ato que deteriora o bem, causando prejuízos, como quando voluntariamente não alimenta os animais que estão em seu depósito, ou deliberadamente não conserva os bens perecíveis acondicionados em compartimentos apropriados. Ora, no mesmo dispositivo está assegurado o direito ao ressarcimento às despesas necessárias para a conservação, levando a exigir dele os meios usuais ou as medidas recomendáveis para a conservação. Não se estende a ausência de dolo a quem não alimenta o gado, ou não dá o tratamento veterinário reclamado no caso de moléstias. Igualmente, não favorece a norma àquele que não protege das intempéries os bens. O sentido do termo 'dolo' abrange a ausência de medidas conservatórias, ou de providências necessárias a manter o bem no estado em que se encontrava. Não envolve apenas aqueles atos que requerem investimentos vultosos, como pinturas do prédio, constante revisão de um equipamento, substituição de peças e outras conservações que reclamam altos custos, insuportáveis pela sua condição econômica. Não pretendeu o legislador assentar a responsabilidade apenas para os atos dirigidos propositadamente para deteriorar a coisa, como a voluntária aplicação de alimento inapropriado a animais, ou o uso irregular de um veículo, sem a lubrificação do motor.

Outro aspecto que merece a análise prende-se à estimativa do valor da coisa. Consistente a mercadoria em bens comerciáveis, como cereais ou produtos agrícolas, valerá a estimativa do dia da entrega. Assim deve ser, dada a constante variação do preço na bolsa de valores de certos produtos, como a soja. Se o produto tem o preço majorado quando da efetiva entrega, relativamente ao dia marcado, o último preço é que prepondera. Situação comum nas transações entre produtores e cooperativas intermediárias. Se prevista a entrega até certa data, pela cotação que imperava quando da entrega, mas recusando-se o credor ou adquirente a receber, e somente aceitando tempo depois, valerá o preço da data marcada para o recebimento. Não pode submeter-se a parte ao jogo especulativo do comerciante mais forte.

Cessam os encargos do devedor com a mora do credor – mas entendidos os financeiros, como os juros ou as taxas remuneratórias. Não é justo mantê-los se o devedor não mais pretende ficar com a dívida. Por isso, cabe-lhe provar cabalmente a mora em receber. O mais conveniente será o ingresso imediato com a ação de consignação.

---

[11] *Obrigações*, ob. cit., p. 167.

31.4. MODALIDADES DA MORA DO DEVEDOR

Questão de frequentes controvérsias prende-se às espécies de mora relativamente ao devedor. Mais propriamente, como se dará a mora? Ora está prevista expressamente, ora depende de algum ato para a sua constituição.

É o que se costuma denominar mora *ex re* e mora *ex persona*, matéria já observada no item relativo ao "tempo de pagamento".

De acordo com a primeira espécie, vem prevista a data do vencimento, ou o prazo em que deve se operar o pagamento. Fica estipulado no contrato o dia certo do vencimento, ou o período concedido para o pagamento. Não se requer alguma medida para a constituição da mora, que se verifica pelo simples fato da superveniência da data ou do evento. Opera-se de pleno direito, incidindo a máxima latina *dies interpellat pro homine* – a chegada do dia já importa em interpelação. Como decidido, "a mora *ex re* caracteriza-se independentemente de interpelação".[12] Num exemplo prático, relativamente à não entrega de uma construção no prazo: "Prevendo o contrato de compra e venda dia certo para a entrega da obra, a mora do vendedor opera-se pelo próprio tempo (*dies interpellat pro homine*), prescindindo prévia notificação. Há incidência da Súmula nº 76 do STJ e o Decreto-Lei nº 745/69 só em caso de inadimplemento por parte do promissário-comprador que tem, então, a oportunidade de purgar a mora".[13]

Tem aqui plena incidência o art. 474 do Código Civil: "A cláusula resolutiva expressa opera de pleno direito; a tácita depende de interpelação judicial".

Entrementes, mesmo nesse tipo de mora, se dispositivo de lei expresso existir, é necessária a interpelação, a teor do art. 1º do Decreto-lei nº 745/1969 e art. 22 do Decreto-lei nº 58/1938, rezando o primeiro, em redação da Lei nº 13.097/2015: "Nos contratos a que se refere o art. 22 do Decreto-Lei nº 58, de 10 de dezembro de 1937, ainda que não tenham sido registrados junto ao Cartório de Registro de Imóveis competente, o inadimplemento absoluto do promissário comprador só se caracterizará se, interpelado por via judicial ou por intermédio de cartório de Registro de Títulos e Documentos, deixar de purgar a mora, no prazo de quinze dias contados do recebimento da interpelação." De relevância o parágrafo único, em texto da mesma Lei nº 13.097/2015: "Nos contratos nos quais conste cláusula resolutiva expressa, a resolução por inadimplemento do promissário comprador se operará de pleno direito (art. 474 do Código Civil), desde que decorrido o prazo previsto na interpelação referida no *caput*, sem purga da mora."

O simples vencimento da obrigação acarreta a mora, mesmo que seja um contrato de compra e venda, com prestações a vencer, a teor do seguinte exemplo:

"Segundo a dicção legal do artigo 397, do Código Civil: 'O inadimplemento da obrigação, positiva e líquida, no seu termo, constitui de pleno direito em mora o devedor'. Em assim sendo, desnecessário aos autores notificaram previamente os devedores, tendo em vista que a mora destes decorre no inadimplemento da obrigação. 2. Uma vez não tendo os compradores do imóvel cumprido com a obrigação de pagar a segunda e última parcela do contrato, conduta esta culposa, e, havendo a previsão de pacto comissório na avença, tem-se por possível aos vendedores desfazerem o negócio, pois a legislação civil

---

[12] *Apel. Cível* nº 048.471-4/4-00-São Paulo, da 8ª Câmara de Direito Privado do TJ de São Paulo, de 10.09.1997.
[13] *Agravo de Instrumento* nº 97.012769-3, da 1ª Câm. Cível do TJ de Santa Catarina, publ. em 17.04.1998, em *COAD – Direito Imobiliário*, nº 30, ago. 1998, p. 593.

possibilita a estes tal possibilidade (artigo 1.163 do Código Civil de 1916). 3. Em virtude dos princípios da eventualidade e da impugnação específica, bem como em observância ao contraditório, à ampla defesa e ao duplo grau de jurisdição, é inviável o conhecimento de alegação suscitada apenas em sede de recurso de apelação. 4. Os honorários advocatícios arbitrados pelo julgador de primeiro grau ao sentenciar a demanda de rescisão contratual, mostram-se justos, tendo em vista as peculiaridades da causa sub judice, mormente o trabalho desenvolvido pelo advogado dos autores e a importância da causa".[14] O referido art. 1.163 não tem disposição correspondente no CC/2002.

De outro lado, conhece-se a mora que depende de um ato do credor para se formar. Não está previsto o termo do vencimento. Daí a necessidade de iniciativa. Temos, aqui, a mora *ex persona*, ou que vem da pessoa. O ato que a constitui depende de uma interpelação, ou de uma notificação, ou do protesto – formas diferentes de denominar o mesmo conteúdo da providência, que se efetiva não só por meios judiciais, mas também através de meras cartas com a prova do recebimento pelo devedor. Inclusive por meio de instrumentos de informatização, via comunicação *internet*, ou *fax*, desde que apresentada cópia da ciência do devedor. A citação revela-se na forma mais incontroversa de constituir em mora, efetuando-se na ação que discute a relação jurídica.

Operando-se por ato interpelatório, decorrido o prazo concedido, inicia a mora. A previsão decorre do parágrafo único do art. 397: "Não havendo termo, a mora se constitui mediante interpelação judicial ou extrajudicial".

O *caput* do preceito requer que a obrigação seja positiva e líquida.

Em face de tal imposição, há de ser positiva a obrigação, isto é, de dar ou fazer; líquida, ou já definida e estabelecida em valores, ou com objeto certo. O mais importante é que chegue a seu termo, ou ao dia previsto para a satisfação, sem que tenha agido o devedor no sentido de saldá-la. Aí ocorre o vencimento automático.

Desde a verificação da mora, seja a *ex re* ou a *ex persona*, passam a incidir os juros. Não é necessário que se ingresse em juízo, e citar o devedor para a exigência. Neste sentido o art. 407: "Ainda que se não alegue prejuízo, é obrigado o devedor aos juros da mora que se contarão assim às dívidas em dinheiro, como às prestações de outra natureza, uma vez que lhes esteja fixado o valor pecuniário por sentença judicial, arbitramento, ou acordo entre as partes".

Acontece que se arraigou nos pretórios uma exegese de somente se fixar os juros de mora a partir da citação, embora vencidas as obrigações, e constituída a mora, especialmente nas ações de cobrança. Sendo *ex re* a mora, ou já assinalada quando inicia, ingressa-se de imediato com a ação judicial. Não traz a citação efeitos de constituir em mora. Se *ex persona*, imprescindível, antes do ajuizamento, o ato que coloca em mora o devedor. Uma vez efetuado, também fica em mora o devedor, o que permite a contagem dos juros. Apenas naquelas demandas declaratórias, ou constitutivas, e se delas decorrerem efeitos patrimoniais, a citação importa em proclamar a mora. Assim na ação de indenização por dano extracontratual, mas não decorrente de ato ilícito. A ação revisional de uma dívida, firmando o montante certo que é devido, não importa em quaisquer juros, eis que não houve mora. A citação constituiu litigiosa a relação jurídica, mas não induziu em mora o credor. Na cobrança de alimentos, embora se coloque o início dos juros a partir da citação, na verdade a sua exigência se opera a partir do momento do atraso. Da

---

[14] Apelação nº 6647/2011, da 6ª Câmara Cível do TJMT, Rel. Maria Aparecida Ribeiro, j. em 29.08.2012, DJE 27.09.2012.

mesma forma quanto à execução de aluguéis, de encargos ou despesas de condomínio, de duplicatas e quaisquer títulos de crédito. Em suma, em todas as lides patrimoniais de cobrança ou execução de obrigações de quaisquer tipos, desde que exigíveis porque referido o vencimento, ou provocado. De observar que a citação, quando constitutiva da mora, tem o efeito de oportunizar a satisfação. Acorrendo o devedor, e satisfazendo a obrigação no prazo da contestação, fica isento dos encargos e da sucumbência. Se era de rigor a constituição em mora, e se esta se deu com a citação, ainda há oportunidade para o adimplemento, cujo único caminho possível é no próprio feito.

Deve ser arredado da tradição ou da praxe processual a contagem dos juros a partir da citação, quando a mora remonta ao vencimento do título, ou ao ato interpelatório.

O Código, para situações especiais, já explicita quando se dá a mora, o que possibilita a cobrança de juros desde a sua verificação, saindo da regra geral do art. 397. Assim no art. 390, quanto às obrigações negativas, ou de não fazer: "Nas obrigações negativas o devedor é havido por inadimplente desde o dia em que executou o ato de que se devia abster". Nesta hipótese, não se reclama qualquer ato constitutivo da mora. Aliás, nem há possibilidade de se pensar em mora, posto que o dever é abster-se, e enquanto tal, verifica-se o cumprimento. Uma vez vindo praticado o ato proibido, de imediato opera-se a vulneração. O inadimplemento torna-se definitivo. Autorizado fica o credor de pleitear as perdas e danos. Não há mora porque não existe mais a possibilidade de não fazer. Existe, isto sim, o descumprimento de não cometer o ato.

No caso das indenizações por atos ilícitos, vem mais saliente a distinção com o art. 397. Desde a perpetração da ação ilícita, começa a mora. Não se requer qualquer medida interpelatória, como se depreende do art. 398: "Nas obrigações provenientes de ato ilícito, considera-se o devedor em mora desde que o praticou".

O Superior Tribunal de Justiça emitiu a Súmula nº 54, dando cumprimento à regra do art. 962 do anterior Código Civil, que se manteve no art. 398 do atual: "Os juros moratórios fluem a partir do evento danoso, em caso de responsabilidade extracontratual". Não se aplica a cominação apenas às indenizações decorrentes de delitos no sentido de crimes, mas a qualquer ação ou omissão dolosa ou culposa. Basta que a ação contrarie a lei e provoque um dano, para ensejar a incidência imediata dos juros. Equivale a todas as ações que fazem nascer a responsabilidade em virtude de ofensa à lei ou ao direito.

31.5. PURGAÇÃO DA MORA

Contempla o Código Civil a possibilidade de purgar a mora, fazendo cessar os seus efeitos para o futuro. Nada de novo encerra, posto que revela algo natural, que decorre da simples satisfação de uma obrigação. A todos permite-se reconsiderar a decisão que levou ao descumprimento, e atender ao compromisso que se havia aceito.

O devedor e o credor podem voltar atrás, pagando a prestação, ou aceitando-a na forma de seu oferecimento.

O art. 401 disciplina a matéria:

"Purga-se a mora:

I – por parte do devedor, oferecendo este a prestação mais a importância dos prejuízos decorrentes do dia da oferta;

II – por parte do credor, oferecendo-se este a receber o pagamento e sujeitando-se aos efeitos da mora até a mesma data".

Nos itens I e II, abre-se o caminho para a decisão unilateral do devedor ou credor em emendar ou purgar a mora, independentemente do consentimento da parte contrária, mediante o pagamento ou o recebimento da prestação e mais da importância que corresponde aos prejuízos. Enquanto o devedor indeniza as perdas e danos, o credor repõe a quantia gasta na conservação da coisa.

O Código de 1916, no art. 950, acrescentava mais uma hipótese, consistente na transação, ou no acordo, que se verificaria quando o prejudicado pela mora renunciasse à indenização a que faria jus, ou ao ressarcimento dos encargos. Por decorrer naturalmente essa previsão, não constou prevista no vigente diploma.

De sorte que nenhuma dificuldade há na aplicação da previsão acima, eis que previstas formas naturais das pessoas cumprirem as avenças firmadas.

XXXII
Perdas e Danos

32.1. DECORRÊNCIAS DO INADIMPLEMENTO

Foi longamente estudado o inadimplemento das obrigações, com realces nas decorrências que advêm e os caminhos que são assegurados ao credor.

Firma-se a obrigação para durar temporariamente. Tem a mesma um início e está destinada a durar até certo período de tempo. O normal é que transcorra normalmente, atingindo sua finalidade, que é a realização da prestação nela inserida, e operando-se a sua execução, com o que fica extinta. Tem-se, aí, a extinção eficaz da obrigação.

No entanto, várias obrigações não são cumpridas ou não chegam ao seu final nos termos convencionados ou adequados. E isto por múltiplas causas, numa primeira divisão consideradas em imputáveis e em inimputáveis ao devedor. Ou seja, o incumprimento decorre de culpa ou ausência de culpa do obrigado. Naquela modalidade, incorreu o devedor para a inadimplência; na segunda, em geral surge um fator externo, como o caso fortuito ou força maior, a morte do devedor, o perecimento da coisa. Tal a gama, sem olvidar a falta de realização plena por culpa do próprio credor, quando nasce contaminada de vício de consentimento o vínculo, ou minada de nulidade absoluta, como na inexistência do bem contratado.

Do não cumprimento surgem consequências, e assim a indenização, a resolução, ou a extinção pura e simples da obrigação. Vêm discriminadas com perfeição as decorrências por Mário Júlio de Almeida Costa: "Como se salientou, as várias causas do não cumprimento produzem diferentes consequências jurídicas: enquanto que umas determinam a pura extinção do vínculo obrigacional, outras constituem o devedor em responsabilidade indenizatória e conduzem à realização coativa da prestação; e outras, ainda, deixam basicamente inalterado o vínculo obrigacional, sem agravarem a responsabilidade do devedor, podendo até verificar-se um direito de indenização deste contra o credor".[1]

Nos arts. 389 a 393 do Código Civil foram estudadas as consequências, abrangidas dentre elas a própria resolução, porquanto advém esta do incumprimento. Ficou visto que a falta de cumprimento por culpa do devedor importa a indenização por perdas e danos. Recai no devedor a responsabilidade pelo ressarcimento, sendo este o montante da utilidade que deixou de receber o credor. Ou equivale à reposição patrimonial do desfalque resultante, ou à utilidade que não lhe foi oportunizado usufruir.

---

[1] *Direito das Obrigações*, ob. cit., pp. 755 e 756.

Entra-se, pois, no estudo das perdas e danos. A meta do presente capítulo é definir e estabelecer as perdas e danos, com a finalidade de recompor o desfalque havido com o inadimplemento. As perdas e danos, porém, provenientes da culpa na inadimplência das obrigações, e que têm como causa um erro de conduta, ou uma conduta contrária à que consta na relação contratual prevista na vinculação das vontades e na lei; a ofensa a um bem jurídico, ou ao patrimônio; e a relação de causalidade entre o incumprimento, ou a ilicitude, e o dano resultante, ou seja, o dano que é efeito do descumprimento da obrigação. Em síntese, é necessário que o incumprimento culposo tenha causado um prejuízo a alguém. Tais os pressupostos que desencadeiam o direito às perdas e danos. Uma vez verificados, conclui Caio Mário da Silva Pereira, "arma-se uma equação, em que se põe o montante da indenização como correlato do bem lesado".[2]

32.2. CONCEITO

No caso de inadimplência, ou inexecução, consoante vinha no Código de 1916, das obrigações, e sobretudo isso se objetiva com o presente capítulo, pois não se visa um estudo sistematizado do dano, como tantos fizeram, o dano se conceitua como o prejuízo sofrido pelo lesado diante do incumprimento das obrigações. Arnaldo Marmitt, em obra sobre o assunto que pode ser considerada senão a melhor a mais útil e prática, apresenta um conceito bem claro: "A expressão perdas e danos indica a soma de prejuízos a serem satisfeitos por quem os causou a outrem, ou seja, o responsável pelo ato ou fato ensejador dos danos".[3] Em seguida adverte que a expressão *perdas e danos* representa uma só coisa, que é os prejuízos sofridos por alguém. De sorte que procede a denominação única de *dano*.

Maria Helena Diniz, com a didática que lhe é própria, assim define: "O dano vem a ser a efetiva diminuição do patrimônio do credor ao tempo em que ocorreu o inadimplemento da obrigação, consistindo na diferença entre o valor atual desse patrimônio e aquele que teria se a relação obrigacional fosse exatamente cumprida. É, portanto, a diferença entre a situação patrimonial atual, provocada pelo descumprimento da obrigação, e a situação em que o credor se encontraria, se não tivesse havido esse fato lesivo".[4]

Não apenas quanto ao incumprimento existem as perdas e danos. Sobretudo aparecem nas ofensas à lei, na generalidade dos atos ilícitos. De Cupis foi claro: "No significa más que nocimiento o perjuicio, es decir, aminoración o alteración de una situación favorable. Las fuerzas de la naturaleza, actuadas por el hombre, al par que pueden crear o incrementar una situación favorable, pueden también destruirla o limitarla",[5] e, por isso, em princípio, o seu conceito é muito amplo.

Numa visão ampla, o conceito envolve um comportamento contrário ao jurídico. Todavia, possível que nenhum desrespeito à lei decorra, ou que não se verifique alguma infração à lei. Se alguém persegue um animal em propriedade alheia, e causa danos, não é cominada de antijuridicidade a ação, mas os danos provocados devem ser reparados. A lesão determinada por uma conduta impelida pelo estado de necessidade não isenta da indenização, apesar da ausência da ilicitude. No inadimplemento de um contrato, a

---

[2] *Instituições de Direito Civil*, ob. cit., vol. II, p. 290.
[3] *Perdas e Danos*, 2ª ed., Rio de Janeiro, Ed. Aide, 1992, p. 9.
[4] *Curso de Direito Civil Brasileiro – Teoria Geral das Obrigações*, ob. cit., 2º vol., p. 378.
[5] *El Daño*, trad. ao espanhol por Angel Martínez Sarrión, Barcelona, Bosch, 1975, p. 81.

lei não prevê uma condenação por conduta antijurídica, mas a obrigação de ressarcir é uma consequência lógica. E assim em inúmeras hipóteses, máxime nos casos de responsabilidade objetiva.

Para satisfazer as perdas e danos, há o ressarcimento. No direito das obrigações, o ressarcimento consiste em substituir, no patrimônio do credor, uma soma correspondente à utilidade que ele teria obtido, se se cumprisse a obrigação.[6]

Infindáveis as situações que comportam, no universo dos interesses, as perdas e danos. Revelam-se, *in genere*, nos resultados negativos causados ao patrimônio. Decorrem da lesão causada nos bens juridicamente protegidos, através da destruição ou deterioração. Consistem nas lesões ou na morte provocadas na vítima. Abrangem os estragos causados em bens, como veículos, máquinas, instrumentos, prédios, imóveis. Revelam-se nas decorrências da morte da vítima, nas lesões e fraturas que sofreu; nas despesas com medicamentos e o tratamento hospitalar ou médico. Nas obrigações, decorrem mais do não cumprimento do contrato.

Representam as perdas e danos a diferença entre a situação real atual do lesado e a situação em que ele se encontraria, se não fosse a lesão, ou se cumprida a obrigação.[7] Com a técnica de sempre, Araken de Assis bem coloca o sentido: "Além da própria prestação, as perdas e danos visam colocar o parceiro fiel e inocente naquela situação em que se encontraria caso o contrato tivesse sido cumprido no modo e tempo devidos. Abrangem, pois, a vantagem que a prestação pontual traria para o parceiro. Se a prestação inadimplida for pecuniária, as perdas e danos correspondem aos juros de mercado (art. 1.061); se for entrega de coisa, a privação do seu uso (aluguel) e da sua disponibilidade desde a época convencionada para o cumprimento".[8] O citado art. 1.061 corresponde ao art. 404 do vigente Código.

32.3. ESPÉCIES

A expressão "perdas e danos" é extensa e abrangente, envolvendo os prejuízos sofridos, os danos emergentes, os lucros cessantes, o *deficit* no patrimônio, os estados de ânimo, o sofrimento moral, a dor espiritual. Daí, para uma melhor visualização, estabelecer-se uma classificação das formas mais comuns e verificáveis.

32.3.1. Perdas e danos patrimoniais

Em primeiro lugar aparecem as perdas e danos "patrimoniais", conceituadas como a ofensa ao interesse econômico. Consuma-se o dano com o fato que impediu a satisfação da necessidade econômica. O conceito de patrimônio envolve qualquer bem exterior, capaz de classificar-se na ordem das riquezas materiais, valorizável por sua natureza e tradicionalmente em dinheiro. Obrigatoriamente, caracteriza-se o dano pela ofensa ou diminuição de certos valores econômicos. Neste sentido a visão de Alfredo Orgaz: "El

---

[6] Washington de Barros Monteiro, *Curso de Direito Civil* – Direito das Obrigações, ob. cit., 1ª parte, p. 365.
[7] João de Matos Antunes Varela, *Das Obrigações em Geral*, vol. I, p. 493.
[8] Dano Positivo e Negativo na Dissolução do Contrato, *AJURIS – Revista da Associação dos Juízes do Rio Grande do Sul*, nº 60, Porto Alegre, 1994, pp. 123 e 124.

daño material, en suma, es simplemente el que menoscaba el patrimonio como conjunto de valores económicos, y que, por tanto, es susceptible de apreciación pecuniaria".[9]

Quando os efeitos atingem o patrimônio atual, acarretando uma perda, uma diminuição do patrimônio, as perdas e danos chamam-se "emergentes", ou *damnum emergens*; se a pessoa deixa de obter vantagens em consequência de certo fato, vindo a ser privada de um lucro, temos "as perdas e danos cessantes", ou o "lucro cessante" – *lucrum cessans*. É a hipótese do atraso no atendimento de uma obrigação, resultando prejuízos ao credor, que se vê privado de um bem necessário em sua atividade lucrativa. No primeiro tipo, simplesmente acontecendo a perda de determinado bem, o prejudicado não sofre diminuição em seus negócios.

Gustavo Tepedino, Heloisa Helena Barboza e Maria Celina Bodin de Moraes fazem a correta distinção entre uma espécie e outra: "O *dano emergente*, também chamado de dano positivo, consiste na efetiva e imediata diminuição no patrimônio da vítima... No corriqueiro caso de abalroamento de veículos, por exemplo, os gastos com o guincho e com o conserto do automóvel constituem o dano emergente que poderá ser cobrado do causador do dano.

O *lucro cessante* engloba tudo aquilo que a vítima razoavelmente deixou de ganhar por causa do descumprimento da obrigação. Segundo Sérgio Cavalieri Filho, é o reflexo futuro do ato ilícito sobre o patrimônio da vítima, a perda do ganho esperado, a frustração da expectativa de lucro ou a diminuição potencial do patrimônio... No citado exemplo do acidente de trânsito, se a vítima fosse o motorista de táxi e o seu automóvel ficasse parado na oficina para reparos por quinze dias, o lucro cessante se consubstanciaria no rendimento que aquele taxista deixou de auferir nestes quinze dias de inatividade".[10]

Sobre o assunto, estabelece o art. 402 do Código Civil: "Salvo as exceções expressamente previstas em lei, as perdas e danos devidas ao credor abrangem, além do que ele efetivamente perdeu, o que razoavelmente deixou de lucrar". Explicava Carvalho Santos: "O verdadeiro conceito de dano contém em si dois elementos, pois se representam toda a diminuição do patrimônio do credor, é claro que tanto ele se verifica com a perda sofrida, ou seja, a perda ou diminuição que o credor sofreu por efeito de inexecução da obrigação – *damnum emergens*, como também com a privação de um ganho que deixou de auferir, ou de que foi privado em consequência daquela inexecução ou retardamento – *lucrum cessans*".[11]

Ilustram Planiol-Ripert, também com peculiar saber: "La indemnización debe representar tan exactamente como sea posible el daño realmente sufrido por el acreedor debido al incumplimiento o retraso. Ese daño puede componerse de dos elementos distintos, que se hallan indicados en el art. 1.149: por un lado, la pérdida, es decir, el empobrecimiento sufrido por el patrimonio del acreedor – *damnum emergens*; por otro, la garantía frustrada – *lucrum cessans*. Por ejemplo, si un cantante, contratado para un concierto falta a su compromiso y el concierto no puede celebrarse, el artista tendrá que indemnizar el empresario del espectáculo con quien ha contratado, por un lado, por los desembolsos ya realizados en los preparativos del concierto y por otro por el beneficio que hubiera obtenido como resultado del concierto".[12]

---

[9] *La Responsabilidad Civil*, 2ª ed., Madrid, Montecorvo, 1977, p. 140.
[10] *Código Civil Brasileiro Interpretado*. Rio de Janeiro: Renovar, 2004. p. 726. vol. I.
[11] Ob. cit., vol. XIV, p. 255.
[12] *Tratado Práctico de Derecho Civil Francés, Las Obligaciones*, Havana, t. 7º, 2ª parte, trad. ao espanhol por Mario Diaz Cruz, Ed. Cultural, 1945, pp. 165 e 166.

Frequentemente os dois efeitos surgem concomitantemente com o dano. Há uma diminuição do patrimônio real, existente no momento, e uma frustração dos resultados positivos decorrentes pelo uso do bem material. Um acidente de trânsito, ao proprietário de táxi, acarreta os estragos do veículo com a batida e o valor não percebido pela paralisação do trabalho de transporte. Vem a propósito a lição de Chironi, ao considerar o dano no seu duplo resultado, consistindo "en la disminución efectiva sufrida por el patrimonio, y el aumento no efectuado a consecuencia del incumplimiento de la obligación".[13]

32.3.2. Perdas e danos morais

As perdas e danos morais, ou o dano moral, até alguns anos atrás, constituíam assunto de grande controvérsia. Presentemente, não há mais novidade em torno do assunto, aliás um dos mais explorados. A própria Constituição Federal prevê a reparação, quando atingida a honra, no art. 5º, inciso V: "É assegurado o direito de resposta, proporcional ao agravo, além da indenização por dano material, moral ou à imagem". Também no inciso X do mesmo artigo, com relevo para a imagem e a honra das pessoas, é contemplada a proteção. Em verdade, nada de novo veio com a Constituição, porquanto já o art. 159 do Código Civil de 1916, no qual se fundamentava a responsabilidade, tinha em vista o dano em geral, não fazendo qualquer distinção quanto ao tipo ou à natureza. Já anteriormente dominava, de outro lado, o princípio de que o ressarcimento deveria ser o mais amplo possível, abrangendo todo e qualquer prejuízo. O Código Civil de 2002, no art. 186, colocou de forma explícita a reparação por dano moral, juntamente com a por dano patrimonial: "Aquele que, por ação ou omissão voluntária, negligência ou imprudência, violar direito e causar dano a outrem, ainda que exclusivamente moral, comete ato ilícito".

Arnaldo Marmitt, com sua clareza peculiar, já trazia a seguinte explicação de dano moral: "No dano moral, o ressarcimento identifica-se com a compensação. É uma reparação compensatória. O patrimônio moral é formado de bens ideais ou inatos, ou direitos naturais, muito embora sua reparação tenha a característica de reparação comum. Em várias passagens nossa lei reconhece o ressarcimento do dano moral. Tal sucede com os arts. 76, 1.537, 1.538, 1.543, 1.548, 1.549, 1.550, e com o próprio art. 159, que não distingue entre dano moral e dano patrimonial. Figurada que está em lei, a reparação torna-se imperativa. Nem a extinção da punibilidade do ofensor apaga essa viabilidade reparatória na esfera cível".[14] Esclareça-se que os citados arts. 76, 1.548 e 1.549 não encontram regras equivalentes no Código Civil em vigor, enquanto os arts. 1.537, 1.538, 1.543 e 1.550 correspondem respectivamente aos arts. 948, 949, parágrafo único do art. 952, e 954 do diploma civil atual.

Acontece que, além do prejuízo patrimonial ou econômico, há o sofrimento psíquico ou moral, isto é, as dores, os sentimentos, a tristeza, a frustração etc. Agostinho Alvim lembra uma definição de Gabba, que se tornou conhecida pela exata caracterização, através da qual o dano moral ou não patrimonial é aquele dano que não atinge ou diminui o patrimônio de alguém, revelado na lesão da honra, da estima, dos vínculos do legítimo afeto, e de todo estado jurídico que se liga à personalidade do homem.[15]

---

[13] Martinho Garcez Neto, La Culpa, *Prática de Responsabilidade Civil*, 3ª ed., Saraiva, p. 44.
[14] *Perdas e Danos*, ob. cit., p. 131.
[15] *Da Inexecução das Obrigações e suas Consequências*, 5ª ed., São Paulo, Saraiva, 1980, p. 219.

Nesta linha, Yussef Said Cahali, outro clássico no assunto, na primeira edição de obra famosa sobre o dano, seguia: "A caracterização do dano extrapatrimonial tem sido deduzida na doutrina sob a forma negativa, na sua contraposição ao dano patrimonial".[16]

Pontes de Miranda, numa síntese bem lúcida, considera o dano patrimonial aquele que alcança o patrimônio do ofendido, enquanto o moral é o que atinge o ofendido como ser humano.[17]

Em suma, o dano moral é aquele que atinge valores eminentemente espirituais ou morais, como a honra, a paz, a liberdade física, a tranquilidade de espírito, a reputação etc. É o puro dano moral, sem qualquer repercussão no patrimônio, atingindo aqueles valores que têm um valor precípuo na vida, e que são a paz, a tranquilidade de espírito, a liberdade individual, a integridade física, a honra e os demais sagrados afetos.[18] Na verdade, o dano moral importa na constatação de reflexos no patrimônio. Um homem atropelado por veículos, sofrendo incapacidade de locomoção, promoverá a indenização porque houve cessação de lucros, isto é, porque deixou de trabalhar. A profunda dor moral sofrida com a morte de uma criança em acidente traz grandes consequências: o pai fica impossibilitado de trabalhar por certo espaço de tempo; aquela criança não concorrerá para o sustento da família. O traumatismo moral que domina os familiares acarreta a impossibilidade do pai ao trabalho. Por conseguinte, a indenização reveste-se de um cunho altamente patrimonial.

Alguns dispositivos do Código Civil atual, mais que o Código Civil anterior, preveem o dano moral, mas sobretudo como decorrência das repercussões patrimoniais. O art. 939, tratando da demanda de dívida ainda não vencida, ordena que se espere o vencimento e se proceda o desconto dos juros pelo tempo que faltava, com o pagamento das custas em dobro. Pressupõe-se que os transtornos ocasionados refletem nas atividades e nos interesses da pessoa. O art. 953, ao cuidar da indenização por injúria, difamação ou calúnia, estabelece que consistirá a mesma na reparação do dano que delas resulte ao ofendido. De acordo com o parágrafo único, não se provando o prejuízo material, pagar-se-á ao ofendido uma quantia em dinheiro fixada equitativamente pelo juiz, na conformidade das circunstâncias do caso. No art. 954, assinala-se que a indenização por ofensas ligadas à liberdade pessoal consistirá no pagamento das perdas e danos que sobrevierem ao ofendido, e se este não puder provar prejuízo, tem aplicação o disposto no parágrafo único do artigo antecedente. Neste dispositivo, encontra-se a seguinte fórmula para calcular o prejuízo material: "Se o ofendido não puder provar o prejuízo material, caberá ao juiz fixar, equitativamente, o valor da indenização, na conformidade das circunstâncias do caso".

Mas, é necessário destacar tais influências patrimoniais das sensações exclusivamente interiores, espirituais, morais, mesmo que de ordem fisiológica, como a dor, a marca deixada no corpo. É este o dano moral.

Para melhor revelar a sua extensão, pode-se dizer que referidas sensações se revelam em quatro espécies:

a) O dano que representa a privação ou diminuição de um valor precípuo da vida da pessoa, e que se revela na ofensa à paz, à tranquilidade de espírito, à liberdade individual;

---

[16] *Dano e Indenização*, São Paulo, Ed. Revista dos Tribunais, 1980, p. 6.
[17] *Tratado de Direito Privado*, Rio de Janeiro, Borsoi, 1971, vol. XXVI, p. 30.
[18] Yussef Said Cahali, *Dano e Indenização*, ob. cit., p. 7.

b) o dano que alcança a parte social do patrimônio moral, atingindo a personalidade, ou a posição íntima da pessoa consigo mesma como a honra, a estima, o apreço, a consideração, a reputação, a fama;

c) o dano que atinge o lado afetivo, ao estado interior, exemplificado na dor, tristeza, saudade, no sentimento;

d) aquele que tem influência no patrimônio, em especial no exercício de profissões, e que envolve a conceituação íntima relacionada ao aspecto ou postura física externa, com prejuízos para a beleza, a aparência, a postura, a simetria corporal, e aí se encontram a cicatriz, o aleijão, a deformidade.

Em qualquer das hipóteses, embora a última esteja ligada mais diretamente a influências patrimoniais, não há o ressarcimento ou a indenização. O valor que se paga tem o caráter de satisfação, de reparação, justamente porque é desnecessária a prova do prejuízo, de desfalque patrimonial. Talvez admissível o prejuízo moral, a perda de sentimentos ou sensação de bem-estar, de alegria, de autoestima, advindo a dor, a lágrima, a frustração.

Daí o erro que se formou e evoluiu ao longo do tempo na jurisprudência, desde o começo do reconhecimento da reparação, tida como indenização. No início, os doutrinadores que precederam e vieram logo após à vigência do Código Civil de 1916, não reconheciam a reparação por dano moral. Ligava-se a indenização por morte ao então art. 1.537 (que no Código atual corresponde ao seu art. 948), e restrita aos danos materiais e às prestações de alimentos. Mas foi o inciso II do mesmo artigo que levou a partir para a reparação moral, quando ordenava que, no caso de homicídio, a indenização envolveria também a prestação de alimentos. Deste ponto avançou-se para a indenização do dano causado pela morte de filho menor – marco inicial para a evolução do direito nesse campo, e chegando-se à Súmula nº 491 do STF: "É indenizável o acidente que causa a morte de filho menor, ainda que não exerça trabalho remunerado". Havia um misto de embasamento patrimonial e moral. O primeiro porque os pais perdiam a expectativa de colaboração do filho no custeio das despesas da família; o segundo, e aí forçando a imposição de se indenizar, diante do sofrimento com a perda. Mesmo que não exercesse alguma profissão o filho, reconhecia-se o direito à indenização, fazendo-se tamanha confusão, que ainda hoje persiste, ao ponto de se limitar o pagamento até a idade presumível do casamento, quando, normalmente, se ponderava que passaria a se preocupar apenas com a sua pessoa e a da família então formada.

Num último estágio, tornou-se pacífica a reparação pelo dano moral puro, sem vinculação com o patrimonial, considerada distintamente ao ressarcimento. De sorte que, ao lado da pensão por morte dos pais, ou daquela pelo que deixaram de auferir os pais se o filho perde a vida, estabelece-se outra soma, de cunho totalmente reparatório, e devida pelo fato só da morte. Não interessa a existência de lucros cessantes. Com isso, resolvem-se as situações em que os filhos em nada contribuíam e nem passariam a contribuir aos parentes que ficaram. A Súmula nº 37/1992, do STJ, resume a atual tendência: "São cumuláveis as indenizações por dano material e dano moral oriundas do mesmo fato".

Revela duplo caráter a indenização, inclusive ressarcitória, na lição de Caio Mário da Silva Pereira: a) o punitivo, no sentido de que o causador do dano, pelo fato da condenação, se veja castigado pela ofensa que praticou; b) o ressarcitório junto à vítima, que receberá uma soma que lhe proporcione prazeres como contrapartida do mal sofrido.[19]

---

[19] *Responsabilidade Civil*, Rio de Janeiro, Forense, 1989, p. 62.

Não cabe, nessa linha, confundir o dano estético com o moral.

O primeiro está regrado no art. 950, mas forma-se em vista dos prejuízos resultantes do defeito estético.

Já o segundo, e unicamente se em havendo dano estético, como aleijão ou deformidade, tinha amparo no § 1º do art. 1.538 do Código de 1916. Nem sempre, porém, absorvia o preceito os danos estéticos, dada a existência de casos de cicatrizes que não comportavam despesas elevadas, embora ficasse marcada para sempre a fisionomia ou o aspecto físico da pessoa.

Em todos os campos reconhece-se, presentemente, a reparação por perdas e danos morais. Não apenas quanto à perda de entes queridos ou próximos. Na divulgação de notícia equivocada, no protesto indevido de títulos mercantis, na suspensão infundada de direitos creditórios, nas ofensas através da imprensa e na irrogada em juízo, estabelecem-se formas de reparação que não mais ensejam dúvidas. Quanto ao cadastro de nomes de devedores em órgãos de registro para fins de comunicação a terceiros, é reiterado o direito à reparação, máxime se previamente não avisada a pessoa, conforme este exemplo: "Constitui ilícito, imputável à empresa de banco, abrir o cadastro na SERASA sem comunicação ao consumidor (art. 43, § 2º, da Lei nº 8.078/1990). O atentado aos direitos relacionados à personalidade, provocados pela inscrição em banco de dados, é mais grave e mais relevante do que lesão a interesses materiais. A prova do dano moral, que se passa no interior da personalidade, contenta-se a existência do ilícito, segundo precedente do Superior Tribunal de Justiça. Liquidação do dano moral que atenderá ao duplo objetivo de compensar a vítima e afligir, razoavelmente, o autor do dano".[20]

Inclusive às pessoas jurídicas é reconhecido o direito, como se extrai do seguinte aresto: "I – A honra objetiva da pessoa jurídica pode ser ofendida pelo protesto indevido de título cambial. II – Cabível a ação de indenização, por dano moral, sofrido por pessoa jurídica, visto que a proteção dos atributos morais da personalidade não está reservada somente às pessoas físicas". No voto, após transcrição de copiosa doutrina, colhe-se esta passagem, que é a transcrição do voto do Min. Ruy Rosado de Aguiar Júnior, proferido no Recurso Especial nº 60.033-2/MG: "Quando se trata de pessoa jurídica, o tema da ofensa à honra propõe uma distinção inicial: a *honra subjetiva*, inerente à pessoa física, que está no psiquismo de cada um e pode ser ofendida com atos que atinjam a sua dignidade, respeito próprio, autoestima etc., causadores de dor, humilhação, vexame; a *honra objetiva*, que consiste no respeito, admiração, apreço, consideração que os outros dispensam à pessoa. Por isso se diz ser a injúria um ataque à honra subjetiva, à dignidade da pessoa, enquanto que a difamação é ofensa à reputação que o ofendido goza no âmbito social onde vive. A pessoa jurídica, criação da ordem legal, não tem capacidade de sentir emoção e dor, estando por isso desprovida de honra subjetiva e imune à injúria. Pode padecer, porém, de ataque à honra objetiva, pois goza de uma reputação junto a terceiros, passível de ficar abalada por atos que afetam o seu bom nome no mundo civil ou comercial onde atua.

Esta ofensa pode ter seu efeito limitado à diminuição do conceito público de que goza no seio da comunidade, sem repercussão direta e imediata sobre o seu patrimônio. Assim, ... trata-se de verdadeiro dano extrapatrimonial, que existe e pode ser mensurado através de arbitramento. É certo que, além disso, o dano à reputação da pessoa jurídica

---

[20] *Apel. Cível* nº 597.118.926, da 5ª Câm. Cível do TJ do Rio Grande do Sul, de 07.08.1997, Rel. Des. Araken de Assis, em *Revista de Jurisprudência do TJ-RS* 184/367.

pode causar-lhe dano patrimonial, através do abalo de crédito, perda efetiva de chances de negócios e de celebração de contratos...".[21]

Em outra decisão, ponderou-se: "A Constituição Federal, ao garantir indenização por dano moral, não fez qualquer distinção entre pessoas físicas ou jurídicas, não se podendo deslembrar da parêmia no sentido de que onde a lei não distingue não cabe ao intérprete distinguir.

E mais, deixou a Carta Magna palmar no art. 5º, incisos V e X, que a ofensa moral está intimamente ligada às agressões e danos causados à intimidade, à vida privada, à honra, à imagem das pessoas e outras hipóteses.

Não se pode negar que a honra e a imagem estão intimamente ligadas ao bom nome das pessoas (sejam físicas ou jurídicas); ao conceito que projetam exteriormente".[22]

Embora sendo a matéria controvertida, e mesmo não tendo a pessoa jurídica capacidade afetiva e sensorial, a verdade é que o bom nome ou o conceito social constitui um patrimônio. A sua existência é atacada, sem referência aos que a constituem. Indiretamente, porém, são eles atingidos. Advindos prejuízos materiais, procurar-se-á aquilatá-los. Ademais, é como diz Luís Alberto Thompson Flores Lenz: "Há entidades abstratas, previstas no inciso I do art. 16 do CC, que não têm fim econômico – sociedades civis, religiosas, pias, morais, científicas ou literárias, associações de utilidade pública, fundações, nosocômios, centros de pesquisa universidades –, que, apesar de não objetivarem lucro ou donativos, sofrem severos prejuízos em seu conceito e em sua credibilidade em razão dos ataques acima referidos".[23] Corresponde o inc. I do art. 16 citado ao art. 44, incisos I, II e III, do atual Código.

De qualquer forma, se o nome integra o patrimônio e tem relevância no meio social, a ofensa à sua integridade moral é mensurável. Do contrário, é abrir carta branca para todo tipo de ataques infundados e injustos. Nem tanto se leva ao extremo de ver na sociedade uma pura abstração, porquanto, hoje, cada vez mais, vem preponderando a desconsideração da personalidade jurídica.

32.3.3. Dano direto e indireto

De modo simples, o dano direto compreende o resultado imediato da ação, que recai sobre um bem e o ofende, resultando o mesmo com um *deficit* econômico. Trata-se do resultado da ação que atinge um valor, sem um grau de intermediação, ou que não decorre posteriormente. Corresponde aos resultados causados pela ação direta do ofensor. Na lição de Antônio Lindbergh C. Montenegro, "é o que se produz imediatamente no bem, aquele que se contém no prejuízo consumado, permitindo uma pronta aferição do seu conteúdo e extensão".[24] Tem-se o prejuízo que aparece em seguida, e não de outras circunstâncias que se interpõem, embora tenham a origem remota em um fato anterior. Como diz Antunes Varela, existem aquelas circunstâncias sem as quais não se desencadea-

---

[21] *Recurso Especial* nº 58.660-7/MG, Rel. Min. Waldemar Zveiter, publicado no *DJU* de 22.09.1997, p. 46.440.
[22] *Embargos de Declaração* nº 740.114-5/01, da 10ª Câm. de Férias do 1º TACiv.-SP, de 02.09.1997, em *Revista dos Tribunais*, 751/282.
[23] Dano Moral contra a Pessoa Jurídica, *AJURIS – Revista da Associação dos Juízes do Rio Grande do Sul*, nº 69, Porto Alegre, p. 426, mar. 1997.
[24] *Ressarcimento de Danos*, 4ª ed., Rio de Janeiro, Âmbito Cultural Edições Ltda., 1992, p. 30.

ria o dano, e que são suas causas imediatas.[25] E o dano direto é aquele que tem ligação direta ou imediata com tais circunstâncias.

Já o indireto equivale às consequências remotas, mas que entre elas e o fato primeiro se coloca uma outra causa. Aparece apenas posteriormente, em vista de circunstâncias outras, mas ligadas às causas originais que desencadearam uma lesão ao direito. Karl Larenz é um dos mais esclarecedores: "El daño indirecto comprende aquellos menoscabos que sobrevienen más tarde o que, como la pérdida de capacidad para el trabajo, actúan permanentemente, o que, como las adquisiciones no efectuadas a causa de la infracción, no se manifiestan en el mismo objeto que sufrió el daño, sino únicamente en el patrimonio del perjudicado". Distinguindo quanto ao dano direto: "A diferencia del daño directo, no concluye con la terminación del suceso que lo produjo, sino que con frecuencia comienza a desarrollarse después, sin que en la mayoría de los casos se pueda decir anticipadamente qué volumen alcanzará".[26]

O Código Civil brasileiro, em princípio, restringe o ressarcimento aos danos diretos, pela letra do art. 403: "Ainda que a inexecução resulte de dolo do devedor, as perdas e danos só incluem os prejuízos efetivos e os lucros cessantes por efeito dela direto e imediato, sem prejuízo do disposto na lei processual".

Ao se abordar a fundo a matéria, nota-se a possibilidade de ficar complexa a mesma. Por um lado, a indenização deve ser a mais completa possível, segundo emana do art. 402. O art. 403 tempera o rigor da lei e delimita o alcance da indenização aos prejuízos efetivos e aos lucros cessantes, e desde que por efeito direto e imediato da inadimplência ou do dano. Além da obrigação ou lesão, imprescindível a presença de uma relação de causa e efeito na inadimplência do contrato, ou na prática de um ato delituoso.

E quando decorre uma nova consequência, ou quando o dano não é efeito direto e imediato de um ato ilícito ou de incumprimento? Em geral, as partes não preveem mais que as perdas e danos que o credor poderá sofrer referentemente à coisa não obtida ou danificada. Exemplificativamente, aventa-se uma compra e venda de qualquer mercadoria, não vindo ela a ser entregue. O compromitente vendedor está obrigado a indenizar o montante pago a mais pela coisa da mesma qualidade, adquirida de uma terceira pessoa. Se por falta do produto, porém, deixa-se de lucrar ou receber pagamentos, não se conclui que surja o ônus de reparar por lucros cessantes. Esta circunstância qualifica-se como causa estranha ao objeto do contrato, não prevista ou assumida pelos envolvidos. E na hipótese de, num acidente de trânsito, fugindo o motorista, é perseguido por um policial que também provoca um acidente? Igualmente não responde o motorista, porquanto, embora sua conduta determinasse a perseguição, não condicionou o carro do policial a uma velocidade inadequada e perigosa.

Se alguém adquire uma rês, encontrando-se a mesma infeccionada por moléstia contagiosa, vindo a morrer a contaminar outros animais, nasce o imperativo do ressarcimento, no valor estipulado para cada animal. Deixando de lavrar as terras, decorre naturalmente o encargo de indenizar pelos lucros perdidos com a não cultivação? A resposta é negativa, pois o efeito é remoto. Não desponta o requisito do dano imediato. Cumpria ao proprietário providenciar em outros animais para lavrar, ou tomar medidas adequadas à substituição daqueles dizimados. É o que também defendem Planiol e Ripert, que apontam o mesmo exemplo do animal doente: "El contagio ha enfermado los

---

[25] *Das Obrigações em Geral*, 3ª ed., ob. cit., vol. I, p. 753.
[26] *Derecho de Obligaciones*, ob. cit., t. I, p. 194.

bueyes del comprador impidiéndole labrar las tierras. El vendedor tendrá que indemnizarle, indiscutiblemente, por el precio de las reses fallecidas por efecto del contagio, no así de los daños resultantes de la inatención de las tierras, que solamente constituyen la consecuencia distante e indirecta del dolo de aquél".[27]

Para bem situar a responsabilidade, indispensável, no dizer de Agostinho Alvim, ver o nexo causal necessário estabelecido entre o fato e as circunstâncias.[28] Reclama-se o liame entre o inadimplemento da obrigação e o dano, de modo que aquele origine o último. Veja-se a seguinte situação, trazida pelo mesmo Agostinho Alvim: alguém recebe uma coisa comprada; verificando que ela tem um defeito, dirige-se ao vendedor, para reclamar; no caminho, malfadadamente é atropelado. Responderá o vendedor? Absolutamente, pois o comportamento do vendedor posiciona-se como causa remota.[29] Outros agentes interferem no trágico acontecimento. Não sendo assim, suponha-se que um mecanismo utilizado na fabricação de um produto é destruído culposamente por um terceiro. Deverá ele indenizar o custo desse mecanismo, e não indefinidamente a produção que deixa de ser fabricada, porquanto a causa imediata da falta de produção é a ineficiência do proprietário em adquirir outro instrumentário. De igual modo, afastando o locador do imóvel o inquilino, e contratando um transportador para a remoção dos móveis, se, no caminho, a chuva os danifica. Competia ao encarregado do transporte prever a circunstância da intempérie. Outra é a causa imediata.

Em síntese, ao primeiro fato determinante de um comportamento sobrevém novo fator, que faz nascer uma atitude ou consequência nova. Interrompe-se o nexo, libertando o causador do primeiro dano da responsabilidade da lesão subsequente, eis que uma terceira pessoa se interpõe no desencadear dos resultados, que passa a ordenar o rumo das ações.

Aos efeitos imediatos ou diretos está ligada a concausa ou causa superveniente. Pensa-se novamente no caso de um acidente de trânsito, com lesões corporais, com o internamento hospitalar da vítima, a qual vem a falecer, em vista da deficiência do tratamento. O hospital negligenciou no internamento e nos cuidados que estava em condições de oferecer. O médico não empregou a perícia e a técnica próprias. Quando do exame, não diagnosticado o traumatismo craniano, mal que conduz à morte. Martinho Garcez Neto, um dos estudiosos da matéria, apoiado em doutrina clássica, não desliga o evento prejudicial do fato primitivo, que é o acidente, considerando-o o causador do dano. Liberam-se o médico e o hospital da responsabilidade.[30]

No entanto, a solução se afigura injusta. Crê-se que Alfredo Orgaz dá o caminho correto, ao sustentar que falta o nexo causal "en el caso de que la predisposición del sujeto determine un daño manifiestamente desproporcionado en el resultado normal de la acción antijurídica: así, en el ejemplo antes señalado de la lesión leve que produce la muerte a causa de la hemofilia que padecía la víctima, o del ligero golpecillo dado en la cabeza y que determina la muerte en razón de que el sujeto padecía de una debilidad de los huesos craneanos... En estos casos, la acción del agente se reputa meramente casual o fortuita. Pero si la acción era por sí misma adecuada para ese resultado, es indiferente que éste se haya producido con la colaboración de las predisposiciones de la víctima".[31]

---

[27] *Tratado Práctico de Derecho Civil Francés*, ob. cit., t. 7º, 2ª parte, p. 171.
[28] *Da Inexecução das Obrigações e suas Consequências*, ob. cit., 1980, p. 362.
[29] *Idem*, p. 360.
[30] *Prática da Responsabilidade Civil*, 3ª ed., São Paulo, Saraiva, 1975, p. 31.
[31] *El Daño Resarcible*, Buenos Aires, Editorial Bibliográfica Argentina, 1952, p. 149.

A responsabilidade do autor direto mede-se de acordo com a natureza da lesão. Pelos eventos que aparecerem, provocados por causas outras, o responsável é a pessoa que os originou por sua culpa.

Aproveitando-se, em parte, a teoria da equivalência das causas, de Von Buri, exposta por Mazeaud e Mazeaud, segundo a qual todos os acontecimentos que concorreram para a produção do dano são causas do mesmo, dir-se-á que respondem pela indenização não apenas quem deu o primeiro passo para o evento, mas igualmente aqueles que participaram para o desenlace final. No entanto, cumpre notar, desde que os agentes procederam culposamente e as ações tiveram um papel decisivo, verdadeiramente efetivo na lesão. Eis por que interessa, também, neste ponto, a teoria da causalidade adequada, de Von Kries, pela qual a relação entre o acontecimento e o dano resultante deve ser adequada, cabível, apropriada. Não se atribuindo toda a responsabilidade ao que desencadeou o fato, mas a todos os que atuaram com ações adequadas ao resultado, cada partícipe reparará apenas "as consequências naturais e prováveis da falta", ou de sua ação.[32]

Divide-se a responsabilidade em proporção à gravidade das causas, mas, observe-se, desde que constituam causas. Não se trata de gravidade de culpa, e sim de causalidade. Na primeira, há concorrência de atos para o mesmo resultado, para determinada lesão, e não para decorrências subsequentes, em que cada autor responde pelo fato que praticou.

Se admitida sempre a causa indireta, chega-se a verdadeiros absurdos, como no caso da autoridade carcerária que permite a saída de detento do presídio, o qual, posteriormente, sofre um acidente, com danos físicos, indo buscar a reparação perante o poder público. O STJ focalizou a situação no seguinte aresto:

"1. A moldura fática estabelecida na instância ordinária dá conta de que o acidente – dano – ocorreu diretamente por culpa do condutor do veículo, que deveria estar, naquele momento, recluso, porque cumpria prisão-albergue, em progressão de pena privativa de liberdade; e só não estava recolhido ao sistema prisional em razão de agentes estatais possibilitarem, quotidianamente, que o causador do dano dormisse fora.

2. Saber se o ato do agente policial que permitiu, propositadamente, a saída do causador do dano da custódia estatal, por si só, é apto a estabelecer ou não a correlação lógica entre o alegado ato e o sobredito dano é questão que diz respeito à qualificação jurídica dos fatos já assentados na instância ordinária, não revolvimento da matéria fática. Não incidência do enunciado nº 7 da Súmula do STJ.

3. A questão federal está em saber se, para a configuração do nexo causal no âmbito do fato do serviço, basta a atuação estatal correlacionada, ainda que mediata, ao dano, somada à ausência das excludentes do nexo – culpa exclusiva da vítima, caso fortuito ou força maior.

4. Análise da doutrina de Celso Antonio Bandeira de Mello[33] dos danos dependentes de situação produzida pelo Estado diretamente propiciatória, o que faz surgir a responsabilidade objetiva do Estado por ato comissivo.

5. Ainda que se possa afirmar que existe, nestes casos, a possibilidade da configuração de um nexo causal indireto, é importante ter em mente que, mesmo diante da situação fática criada pelo Estado, ou seja, impor-se ao condenado que dormisse fora do local a

---

[32] "Les consequences naturelles et probables de la faute" (Henri et León Mazeaud, *Traité Théorique et Pratique de la Responsabilité Civile*, 4ª ed., Paris, Sirey, 1949, t. II, nº 1.441, p. 358).

[33] *Curso de Direito Administrativo*, São Paulo, Malheiros, 21ª ed., p. 971-974.

ele destinado pelo sistema penitenciário, o acidente automobilístico realmente está fora do risco criado, não guardando a lesão sofrida pela vítima, em local distante do 'prédio onde sedia a fonte do risco', nexo lógico com o fato do serviço.

6. Inexiste, *in casu*, nexo causal, porque a causa não é idônea para o dano produzido. Correta, portanto, a tese do acórdão recorrido, que pode ser assim resumida: 'Análise essencial do nexo de causalidade. A lei brasileira (antiga e atual) adotou a teoria da causalidade adequada. Assim, somente o fato idôneo ou adequado para produzir o dano é de ser levado em consideração para o estabelecimento de responsabilidade. Inteligência do art. 1.060, hoje do art. 403 do Código Civil'".[34]

32.3.4. Danos contratuais e extracontratuais

No primeiro caso, o prejuízo deflui do inadimplemento de um compromisso contratual. O descumprimento de um dever contratual é o fator humano mais decisivo na provocação de danos. É a obrigação o liame jurídico entre dois ou mais sujeitos, que tem por objeto uma prestação determinada. O credor sofre um prejuízo com o proceder da outra parte, que desrespeita o conteúdo da obrigação, sendo pressuposto a presença da culpa. A lesão ao direito decorre da infração culposa a uma obrigação. Somente assim leva ao ressarcimento. G. P. Ghironi destacava esta origem: "A injúria (lesão lesiva) contida no ato negligente pode ser cometida em relação a uma obrigação existente entre o ofendido e o agressor, de modo que por culpa deste último o cumprimento ou não da obrigação foi obtido ou oferecido injustamente atraso: cuja negligência (falta de diligência) na execução da relação constitui negligência contratual".[35]

O dano extracontratual, ao contrário, consuma-se com a infração de um dever legal. Nele, a antijuridicidade se produz como consequência do ataque a um direito absoluto do prejudicado. Envolve o desrespeito à lei, às normas que traçam a conduta humana e está fundado na culpa aquiliana. Corresponde a qualquer desrespeito a um direito de um terceiro, ou a infrações com resultados negativos em relação às partes que se relacionam com o causador. Em tese, há a lesão a uma norma jurídica. Enquanto a norma disciplina um direito, a antijuridicidade se exterioriza como contrariedade à sua aplicação. Este requisito, a contrariedade, obviamente, traz resultados negativos ao patrimônio alheio.

Equivale o dano a qualquer prejuízo que não deriva do inadimplemento de uma obrigação, mas é produzido por um fato que fere a regra jurídica, à qual todos se encontram subordinados. Anota Jaime Santos Briz que ele nasce da violação genérica do princípio *neminem laedere*: qualquer fato do homem provocador de dano a outrem obriga o ressarcimento.[36] O fato humano que o produz é antijurídico e revela contrariedade às normas específicas e aos princípios gerais do direito. Por sua vez, o ato humano consistente no inadimplemento de um dever gera o dano contratual.

---

[34] *Resp* nº 669.258/RJ, 2ª Turma, j. em 27.02.2007, *DJe* de 25.03.2009, Rel. Min. Humberto Martins.

[35] "L'ingiuria (lesione ingiuriosa) contenuta nell'atto colposo, puó venir commessa rispetto ad un'obbligazione esistente fra l'offeso e l'ingiuriante, a modo che per la colpa di quest'ultimo l'adempimento dell'obbligazione o non è stata ottenuta od ha offerto ingiusto ritardo: la qual negligenza (difetto della diligenza dovuta) nell'esecuzione del rapporto costituisce la colpa contrattuale" (*La Colpa nel Diritto Civile Odierno* – Colpa Contrattuale, Turim, Fratelli Bocca – Editori, 1925, p. 9).

[36] *La Responsabilidad Civil*, 2ª ed., Madrid, Montecorvo, 1977, p. 135.

32.4. PERDAS E DANOS DECORRENTES DO PAGAMENTO COM ATRASO

Importante ver as perdas e danos que advêm do pagamento com atraso, ou incompleto. A conclusão é de que o pagamento atrasado ou fora da forma devida redunda em perdas e danos se, durante o período de atraso, se prove que adviriam lucros, situação que constava expressamente contemplada no parágrafo único do art. 1.059 do Código anterior. É o que Maria Helena Diniz chama de "dano negativo" ou "lucro cessante ou frustrado", referentemente à privação de um ganho pelo credor, ou ao lucro que ele, credor, deixou de auferir por causa do descumprimento da obrigação: "Para se computar o lucro cessante, a mera possibilidade é insuficiente, embora não se exija uma certeza absoluta, de forma que o critério mais acertado estaria em condicioná-lo a uma probabilidade objetiva, resultante do desenvolvimento normal dos acontecimentos conjugado às circunstâncias peculiares ao caso concreto".[37]

A dificuldade está em comprovar o dano previsível, ou em demonstrar os lucros que seriam previsíveis. A previsibilidade é que está em questão. Agostinho Alvim, revelando preocupação quanto à demonstração, primeiro esboça o sentido de previsibilidade, e depois traz exemplos, inclusive tirados de Pothier: "A previsibilidade, pois, entende-se com a natureza das coisas, devendo o juiz admitir que o dano era previsível, sempre que ele estivesse na ordem natural dos fatos, considerado ao tempo da celebração do contrato... Assim, se alguém não me entrega o cavalo que comprei e por isso fui obrigado a adquirir outro por maior preço, essa diferença, que representa dano direto, é também dano previsível, porque, sendo certo que todas as mercadorias estão sujeitas a alteração de preço, a elevação, em tal caso, não é senão um fato ordinário (cf. Pothier, *Oeuvres*, vol. II, nº 101).

Do mesmo modo, se arrendei minha casa, e, no decurso do contrato, sofro evicção, vindo o locatário a perdê-la, devo indenizá-lo pelo dano que isto lhe causar.

Ao contratar eu podia, suposta a possibilidade da evicção, antever o dano consequente...

Se o locatário estabeleceu comércio na casa alugada, e vem a perder seus empregados, por causa da rescisão, consequente à evicção, tal dano já não se considera previsível para o locador".[38]

Não basta a alegação dos prejuízos. Não se admitem os lucros imaginários, ou os supostamente alcançáveis. É como se decide: "A existência dos danos *an debeatur* deve ser apurada no curso da instrução e não na liquidação, que se destina à aferição do valor dos danos *quantum debeatur*. Destarte, havendo prejuízos a apurar, com pedido nesse sentido, não é dado ao juiz julgar antecipadamente a lide para acolher o pedido principal, pena de cerceamento e vulneração da lei federal".[39]

Deixando de receber um produto que seria comercializado, os lucros cessantes englobam a diferença entre o preço pago e o alcançado na venda que se realizaria, abatidos os custos nesta intermediação. Oportunas, ainda, as observações de Carvalho Santos:

> "Os lucros cessantes, para serem indenizáveis, devem ser fundados em bases seguras, de modo a não compreender os lucros imaginários ou fantásticos. Nesse sentido é que se deve entender a expressão: 'razoavelmente deixou de lucrar'.

---

[37] *Curso de Direito Civil Brasileiro* – Teoria Geral das Obrigações, ob. cit., 2º vol., p. 380.
[38] *Da Inexecução das Obrigações e suas Consequências*, ob. cit., 5ª ed., 1980, p. 203.
[39] *Recurso Especial* nº 30.582-6-SP, da 4ª T. do STJ, de 13.06.1995, em *Revista dos Tribunais*, 724/253.

A simples alegação de um lucro que poderá ser obtido com os proventos esperados do contrato que não foi executado não pode ser objeto de indenização, por isso que se trata de uma impossibilidade ou expectativa, em que predomina o arbítrio ou o capricho do reclamante".[40]

No que se encontra amparo na jurisprudência, ao não admitir "o hipotético lucro" que alguém teria se vencesse uma licitação, mas não demonstrando-o, "na medida em que o art. 1.059 do CC supõe dano efetivo ou frustração de lucro que razoavelmente se poderia esperar – circunstâncias inexistentes na espécie, em razão da incerteza acerca de quem venceria a licitação, se realizada". Acontece que, "salvo as exceções legais, não se pode falar em indenização se não se está diante de desfalque patrimonial efetivo ou de frustração de um lucro, que razoavelmente se podia esperar".[41] Recorda-se que o art. 1.059, referido acima, equivale ao art. 402 do atual diploma civil.

32.5. PERDAS E DANOS NAS OBRIGAÇÕES EM DINHEIRO

Quando o devedor deve entregar uma quantia em dinheiro, e verificada a inadimplência, as perdas e danos resolvem-se em pagar os juros de mora, as despesas exigidas no recebimento, a multa convencional, tudo corrigidamente, e outros consectários. Esta a previsão do art. 404 da lei civil, na alteração da Lei nº 14.905/2024: "As perdas e danos, nas obrigações de pagamento em dinheiro, serão pagas com atualização monetária, juros, custas e honorários de advogado, sem prejuízo da pena convencional".

Se os juros de mora não bastam para cobrir os prejuízos, assegura-se o direito a uma indenização suplementar, conforme garante o parágrafo único do art. 404: "Provado que os juros da mora não cobrem o prejuízo, e não havendo pena convencional, pode o juiz conceder ao credor indenização suplementar".

Essa previsão não constava no Código Civil anterior, ensejando a omissão severas críticas. Propiciava o então art. 1.061, frente às demais formas de indenização, um tratamento injusto. Ignorava aquele dispositivo as consequências que poderia trazer o valor do crédito, se pago no momento oportuno. Evidente que ao credor se oferecia e se oferece um leque de oportunidades, como a expansão de uma atividade, ou o investimento da quantia na aquisição de fundos e letras financeiras junto a instituições bancárias, e até no proveito para a própria subsistência. Isso sem contar os prejuízos que trazia e traz a mora, com a falta do numerário.

Para melhor compreensão do assunto, conveniente transcrever o texto do art. 1.061 do Código de 1916: "As perdas e danos, nas obrigações de pagamento em dinheiro, consistem nos juros de mora e custas, sem prejuízo da pena convencional."

Agostinho Alvim advertia para a injustiça da lei civil anterior, ao apontar para o seguinte exemplo: "Suponha-se que alguém, confiado em que certo pagamento será feito, planeja uma viagem, faz gastos, recusa serviços, e, no dia do recebimento do dinheiro, o devedor falha. Só paga com atraso. As perdas e danos, ou seja, os juros calculados a seis por cento ao ano não cobrem aqueles prejuízos".[42]

---

[40] Ob. cit., vol. XIV, p. 256.
[41] *Recurso Especial* nº 32.575-SP, da 2ª T. do STJ, de 01.09.1997, em *Revista dos Tribunais*, 747/210.
[42] *Da Inexecução das Obrigações e suas Consequências*, ob. cit., pp. 185 e 186.

Realmente, se obrigações pendessem contra o credor, e, em vista da falta de atendimento no prazo quanto ao crédito que tinha para receber, via-se coagido a contrair empréstimo ou financiamento bancário, levando a se conceder o direito de indenização por tais encargos. Daí pregava Arnaldo Marmitt: "Não convém dogmatizar em assunto de tamanha instabilidade. A reposição de simples juros de mora pode ocasionar flagrantes iniquidades, que não merece a chancela de ninguém. Na sua função criadora do direito, à jurisprudência competirá recorrer aos princípios gerais, para aplicar judiciosamente a lei positiva, sem frustrações e sem tolhimento da justiça".[43]

Com a previsão da regra do parágrafo único, ficou sanada a dificuldade que se deparava o aplicador do direito no regime anterior.

Quanto aos juros, ainda, observa-se a regra do art. 405, ordenando a sua contagem a partir da citação inicial, matéria que virá examinada no capítulo sobre os juros.

A pena convencional é admitida, não se confundindo com os juros de mora, tanto que estabelecida nos 409 e seguintes como instituto autônomo.

32.6. PERDAS E DANOS E CULPA

Como é pacífico, o descumprimento da obrigação importa em indenização pelas perdas e danos. O sujeito passivo sujeita-se ao dever de prestar ou indenizar, enquanto ao sujeito ativo abre-se a faculdade de exigir a indenização. No entanto, indispensável a presença da culpa naquele que não se desincumbe da obrigação. Caio Mário da Silva Pereira colocava a questão claramente, mostrando-se em consonância com o Código em vigor a lição: "O descumprimento que sujeita o devedor às perdas e danos é o originário de uma 'falta' sua, entendida a expressão em senso largo, abrangente de qualquer infração de um dever legal ou contratual. Mas, na sua objetividade, a falta do devedor pode percorrer toda uma gama de intensidade, desde a infração intencional e voluntária, dirigida ao propósito de causar o mal, até a que provém de uma ausência de cuidados especiais a seu cargo".[44]

A infração decorre de dolo ou de culpa. Não importa o grau de culpa, ou a conduta eivada de dolo ou culpa. O art. 403 não coloca uma diretriz para diferenciar a indenização: "Ainda que a inexecução resulte de dolo do devedor, as perdas e danos só incluem os prejuízos efetivos e os lucros cessantes por efeito dela direto e imediato, sem prejuízo do disposto na lei processual". Nem se aumentam as perdas e danos pelo fato de proceder com culpa ou dolo o devedor. Muito menos se tem em conta tanto a culpa contratual ou a extracontratual, eis que qualquer uma delas, na explicação de G. P. Chironi, tem sempre sua razão de ser "na negligência (*negligentia, imprudentia, ingiuria*) imputável ao agente". Ou seja, "o princípio gerador é um só; o fator de culpa é idêntico tanto no caso contratual como no extracontratual".[45]

Há, é verdade, hipóteses baseadas na diferença do grau de culpa. Todavia, desde que expressas na lei. Assim no art. 392: "Nos contratos benéficos, responde por simples culpa o contratante, a quem o contrato aproveite, e só por dolo aquele a quem não favoreça.

---

[43] *Perdas e Danos*, ob. cit., p. 182.
[44] *Instituições de Direito Civil*, ob. cit., 5ª ed., 1978, vol. II, p. 283.
[45] "Nella negligenza (negligentia, imprudentia, ingiuria) imputabile all'agente". Ou seja, "il principio generatore è uno; il fattore della colpa è identico così nella contrattuale come nell'extra-contrattuale" (*La Colpa nel Diritto Civile Odierno* – Colpa Contrattuale, ob. cit., pp. 23 e 24).

Nos contratos onerosos, responde cada uma das partes por culpa". Não havendo proveito para aquele que cumpre, requer-se a presença de dolo. Algo semelhante no art. 295: "Na cessão por título oneroso, o cedente, ainda que não se responsabilize, fica responsável ao cessionário pela existência do crédito ao tempo em que lho cedeu; a mesma responsabilidade lhe cabe nas cessões por título gratuito, se tiver procedido de má-fé". Nota-se que a existência de má-fé revela-se como condição nas cessões feitas a título gratuito. Já o art. 443 aumenta a penalização, na alienação de coisa com vício redibitório, se o alienante conhecia os vícios. Todavia, normalmente não se funda o peso da indenização no grau de culpa. Serpa Lopes demonstrava a nenhuma repercussão do ressarcimento diante do grau de culpa, permanecendo válida a doutrina, em vista de mantido o tratamento da matéria pelo Código vigente: "Se, do ponto de vista moral, sensível é a diferença entre aquele que age dolosamente e o que procede com absoluta negligência, entretanto, em relação aos efeitos, são de gravidade idêntica, em razão do que muito natural a exigência de uma idêntica repressão civil".[46]

Sem culpa, não incidem as perdas e danos, excetuadas as previsões legais que estabelecem a responsabilidade objetiva. O incumprimento decorrente do caso fortuito ou de força maior, da lesão no direito, na onerosidade excessiva, dentre outras excludentes, afasta a indenização por perdas e danos. Há um impedimento em satisfazer alheio à vontade do sujeito passivo, como reconheceu o STJ, neste exemplo: "Reconhecendo, expressamente, o Acórdão, examinando a prova dos autos, que o evento danoso decorreu de caso fortuito, não tem cabimento algum a condenação da empresa ré, se dolo ou culpa não lhe pesa. É insuficiente o suporte de ser o trabalho considerado perigoso ao alvedrio do julgador, eis que o órgão próprio como tal não configura o serviço de medição topográfica exercido pelo menor".[47]

Antônio Chaves falava na impossibilidade absoluta da prestação, verificada "quando, por causa não imputável ao contratante-devedor, a prestação (de entregar, de fazer, de não fazer), de possível que era, torna-se impossível – o contratante devedor, embora inadimplente, fica liberado, por se extinguir a sua obrigação. Quando, por uma causa imprevisível ou inevitável, surge a impossibilidade de cumprir a prestação devida, apaga-se a obrigação, sem responsabilidade para o devedor".[48] Chironi, para ensejar a responsabilidade ou a indenização por perdas e danos, coloca dois elementos ou pressupostos, que são o prejuízo e a culpa: "lesão e culpa, a primeira objetiva, a segunda subjetiva".[49]

No entanto, mesmo que ausente a culpa, e com mais ênfase o dolo, há situações em que persiste a indenização. Quando alguém é impelido a agir em estado de necessidade, não se arreda o dever de ressarcir, de acordo com a inteligência dada ao art. 930. Para o seu entendimento, insta se transcreva o art. 160, inciso II, do mesmo estatuto: "Não constituem atos ilícitos: (...) II – a deterioração ou destruição da coisa alheia, ou a lesão a pessoa, a fim de remover perigo iminente". Já o art. 929 prescreve que assiste ao dono da coisa a indenização pelo prejuízo sofrido, se não foi culpado do perigo. Pelo art. 930, garante-se ao autor do dano o direito de regresso contra o terceiro provocador do mal, para haver a importância que tiver ressarcido ao lesado. Se preservado o direito de re-

---

[46] *Curso de Direito Civil – Obrigações em Geral*, ob. cit., vol. II, p. 375.
[47] *Recurso Especial* nº 109.200, da 3ª T. do STJ, de 22.04.1997, em *Revista de Jurisprudência do Superior Tribunal de Justiça*, 99/238.
[48] *Tratado de Direito Civil*, ob. cit., vol. II, t. II, p. 1.683.
[49] *La Colpa nel Diritto Civile Odierno* – Colpa Contrattuale, ob. cit., p. 489.

gresso, tal ocorre porque admitida a demanda contra o causador. A jurisprudência[50] e a doutrina[51] mais antigas já tornavam pacífica tal exegese.

Quanto à legítima defesa e ao exercício regular de um direito reconhecido, o tratamento é o mesmo, em razão do parágrafo único do art. 930: "A mesma ação competirá contra aquele em defesa de quem se causou o dano (art. 188, inciso I)".

Insta anotar que o art. 188, inc. I não considera atos ilícitos "os praticados em legítima defesa ou no exercício regular de um direito reconhecido". No regime do Código revogado, a situação era diferente quanto à legítima defesa, em face de seu art. 160, inciso I, que tinha por não ilícitos os atos praticados naquele estado de legítima defesa. Completava o art. 1.540, não mantida a regra no Código vigente: "As disposições precedentes aplicam-se ainda ao caso em que a morte, ou lesão, resulte de ato considerado crime justificável, se não for perpetrado pelo ofensor em repulsa de agressão do ofendido". Percebe-se a ressalva que vinha contida, isto é, ficava fora do dever de reparar se perpetrado o ato em repulsa de agressão do ofendido. As disposições precedentes referidas no artigo eram as regras jurídicas estabelecidas nos arts. 1.537 a 1.539 do Código de 1916.

Reconhecida a legítima defesa pela sentença penal que transitou em julgado, em face das disposições acima, não era possível, no sistema do Código de 1916, reabrir a discussão sobre essa excludente de criminalidade, no âmbito civil. O juiz civil aceitava aquilo que ficou reconhecido no juízo penal.

Presentemente, não se impede a ação indenizatória, ficando reconhecido o direito regressivo contra o terceiro.

Quanto ao estrito cumprimento do dever legal, embora reconhecida naquele regime a causa de exclusão pela justiça criminal, com força de coisa julgada, não se impedia ao juízo cível conhecer do fato, para que se medisse a extensão da agressão ou da conduta lesiva, e se avaliasse o grau de culpa com que o ato tenha sido praticado. De Hélio Tornaghi vinha o ensinamento: "É absolutamente irrelevante no juízo cível que no criminal se haja decidido ter sido o ato danoso praticado no estrito cumprimento do dever legal. Tal circunstância exclui a ilicitude penal, mas não a civil. Nem do art. 159, nem do art. 160 do CC se infere a licitude civil do ato praticado no estrito cumprimento do dever legal. Ao contrário, o que é justo e razoável é que o dano seja ressarcido ou reparado".[52] Recorda-se que os artigos 159 e 169 mencionados correspondem aos arts. 186 e 388 do atual Código Civil.

32.7. INTERESSES POSITIVOS E INTERESSES NEGATIVOS

Dois dispositivos do Código Civil redundam em grande importância prática: o art. 389, firmando que, não cumprida a obrigação, responde o devedor por perdas e danos, mais juros e atualização monetária segundo índices oficiais regularmente estabelecidos, e honorários advocatícios; e o art. 402, ordenando que, salvo as exceções expressamente previstas em lei, as perdas e danos devidas ao credor abrangem, além do que ele efetivamente perdeu, o que razoavelmente se deixou de lucrar.

---

[50] *Revista Trimestral de Jurisprudência*, 81/542.
[51] Aguiar Dias, *Da Responsabilidade Civil*, 4ª ed., Rio de Janeiro, Forense, 1960, vol. II, p. 884.
[52] *Comentários ao Código de Processo Civil*, São Paulo, Ed. Revista dos Tribunais, 1976, vol. I, t. 2º, p. 73.

Constituem disposições que se exteriorizam nas perdas e danos emergentes e no lucro cessante, matéria já observada. Os danos emergentes correspondem à efetiva diminuição patrimonial. Os cessantes equivalem ao lucro que deixou de agregar-se ao patrimônio do lesado. No primeiro caso, temos as perdas e danos negativas, ou interesses negativos, enquanto no segundo situam-se as perdas e danos positivas, ou interesses positivos.

Negativos os danos porque há um desfalque do patrimônio existente. No contrato, deriva do não ingresso da prestação prometida, como no financiamento; do desfalque do patrimônio em vista do incumprimento ou da lesão ao patrimônio; das despesas que acarreta para o credor a mora. Já se consideram positivos se deixou de aumentar o capital, anotando Ruy Rosado Aguiar Júnior: "O interesse positivo é o interesse de cumprimento; corresponde ao aumento que o patrimônio do credor teria experimentado se o contrato tivesse sido cumprido. É o acréscimo que o contratante, caso fosse cumprido, auferiria com o valor da prestação, descontado o valor da contraprestação, e mais a vantagem decorrente da disponibilidade desse acréscimo, desde o dia previsto para o cumprimento até o da indenização. O que o contraente ou pré-contraente deixou de ganhar também é indenizado. Toma-se por base, por exemplo, o que valeria no momento da prestação da indenização, o bem a ser prestado".[53]

Esta segunda modalidade de perdas e danos envolve uma dimensão vasta. Sob outra ótica, mas aplicável à espécie, Araken de Assis aponta exemplos: "A egrégia 7ª Câmara Cível do TARGS, na Ap. Cív. nº 192081966, julgada em 10.06.1992, de que foi Relator o eminente juiz Dall'Agnol Júnior, assentou que a indenização abrange interesses positivos, 'entre esses situando-se a eventual valorização do imóvel entre a data do negócio e a em que se deveria cumprir a prestação', ou seja, como a Câmara esclareceu na Ap. Cív. nº 192138121, de 16.12.1992, em que foi Relator o eminente juiz Flávio Pâncaro da Silva, 'a diferença entre o que se pagou, devolvido com correção, e a valorização real do imóvel'. Em outra oportunidade, a mesma Câmara concedeu o 'aumento do patrimônio do lesado, se tivesse ocorrido o cumprimento' (Ap. Cív. nº 192.111.615, 01.07.1992, Rel. juiz Dall'Agnol Júnior)".[54]

Aspectos esses de suma importância. Os bens, no curso do tempo, adquirem uma mais-valia, ou valorizam em vista de várias circunstâncias. Efetuando-se o pagamento de um imóvel representado em uma quota ideal de uma incorporação imobiliária, adquirido, como se diz, na planta, e inviabilizando-se a construção, não resta o adquirente apenas com a restituição do dinheiro que pagou. Procura-se ver a estimativa da fração adquirida no mercado. A restituição terá em conta o valor do imóvel no mercado. Proporcional ou percentualmente ao montante pago, sobre a estimativa do imóvel pronto, é que se indenizará pelo incumprimento. Numa representação comercial, a simples resolução antes do prazo importa em indenizar o que deixara de ganhar o representante. Assim foi decidido: "A paralisação de atividade da empresa representada, resultando em rescisão unilateral do contrato de representação comercial, enseja ao representante direito à indenização, por não configurar motivo de força maior capaz de justificar o descumprimento".[55]

---

[53] *Extinção dos Contratos por Incumprimento do Devedor (Resolução)*, ob. cit., p. 263.
[54] *Dano Positivo e Negativo na Dissolução do Contrato*, trabalho citado, p. 125.
[55] Apel. Cível nº 188.145-2, da 1ª Câm. Cível do Tribunal de Alçada de Minas Gerais, de 21.03.1995, em *Revista dos Tribunais*, 722/271.

XXXIII
Juros Legais

33.1. CONCEITO DE JUROS

Correspondem os juros aos rendimentos ou frutos do capital emprestado. Na conceituação de Antunes Varela, consistem nos "frutos civis, constituídos por coisas fungíveis, que representam o rendimento de uma obrigação de capital".[1] Empresta-se uma importância a alguém. E pelo fato de permanecerem a coisa ou os bens em poder de outra pessoa, cobra-se uma espécie de remuneração. Em se tratando de dinheiro, pelo fato de ficar a importância com terceiro é que incidem os juros, os quais não passam da remuneração pelo uso ou permanência da coisa com o mesmo. Constituem o preço do uso do capital, ou o fruto produzido pelo dinheiro. Em se tratando de locação, ou ficando um bem não fungível com outra pessoa, a compensação denomina-se aluguel; já a entrega de um bem que produz rendimentos cognominase de arrendamento ou parceria. A recompensa consiste no aluguel, ou numa taxa em certo montante, ou a entrega de parte do produto. Aduz Álvaro Villaça Azevedo: "Assim, por exemplo, como se aluga uma casa, pagando o inquilino o competente aluguel, mutua-se (empresta-se) o dinheiro contra o pagamento dos juros".[2]

O proprietário não fica com o bem. Procura-se recompensar por este estado de ausência de posse direta, ou de não utilização. Por isso se diz que o juro é a remuneração do credor por ficar sem a posse ou a utilização do capital. Como salienta Pontes de Miranda, o credor fica privado do valor e da posse da coisa, durante determinado período de tempo. Os elementos conceituais são "o 'valor da prestação', feita ou a ser recebida, e o 'tempo' em que permanece a dívida".[3]

Normalmente, incidem nos créditos civis reconhecidos em favor de alguém. Constituem os juros os frutos civis do crédito, ou a renda do capital.

Constituem-se os juros de obrigação acessória, não tendo existência por si, e sempre dependendo de outra coisa à qual aderem ou dependem. Não se restringem à compensação unicamente pela entrega de dinheiro. Incidem no empréstimo ou entrega de coisas fungíveis. Nesta linha Caio Mário da Silva Pereira: "Chamam-se juros as coisas fungíveis que o devedor paga ao credor, pela utilização de coisas da mesma espécie a este devidas. Pode, portanto, consistir em qualquer coisa fungível, embora frequentemente a palavra 'juro' venha mais ligada ao débito em dinheiro, como acessório de uma obrigação principal acessória".[4]

---

[1] *Das Obrigações em Geral*, ob. cit., vol. I, p. 742.
[2] *Curso de Direito Civil* – Teoria Geral das Obrigações, ob. cit., p. 247.
[3] *Tratado de Direito Privado* – Parte Especial, ob. cit., vol. XXIV, p. 15.
[4] *Instituições de Direito Civil*, ob. cit., vol. II, p. 110.

33.2. ESPÉCIES DE JUROS

Algumas espécies de juros cumpre que venham especificadas. Assim os "moratórios" e os "compensatórios" ou "remuneratórios". Os primeiros são os previstos para o caso de mora, ou constituem-se como pena imposta ao devedor pelo atraso no adimplemento da prestação. Explica Carlos Alberto Bittar: "Aos juros moratórios ficam sujeitos os devedores inadimplentes, ou em mora, independentemente de alegação de prejuízo. Defluem, portanto, conforme a lei, pelo simples fato da inobservância do prazo para o adimplemento, ou, não havendo, da constituição do devedor em mora pela notificação, protesto, interpelação, ou pela citação em ação própria, esta quando ilíquida a obrigação".[5]

Os compensatórios ou remuneratórios têm a função básica de remunerar o capital mutuado, equiparando-se aos frutos. "Representam um valor que se paga para a aquisição temporal da titularidade do dinheiro. Constituem eles um preço devido pela disponibilidade do numerário, durante certo tempo", aprofunda Francisco Cláudio de Almeida Santos.[6] São aqueles pagos como compensação por ficar o credor privado da disposição de seu capital. "Integram o *quantum* da indenização, por isso que sua finalidade é o ressarcimento do proprietário pela perda do bem".[7] Incidem desde o momento da perda da posse ou do uso do bem. Na desapropriação, a contar da imissão na posse: "Os juros compensatórios são devidos desde a imissão provisória na posse, em nada interessando, para este fim, o fato de o imóvel expropriado estar, ou não, produzindo alguma renda". Interessa, para a incidência, segue o julgado, que "o dano resultante da privação, imposta ao proprietário, está *in re ipsa*... O imóvel, em mãos do dono, pode, a qualquer momento, ser usado, receber proposta para arrendamento ou venda, o que não ocorre achando-se ele fora do comércio".[8]

Na prática, constituem-se da remuneração por se entregar o capital para o uso de outrem. Daí denominarem-se também remuneratórios, posto que idêntica a função. Acompanham o mútuo, e uma vez estipulados, o mútuo passa a denominar-se "feneratício", palavra proveniente do termo latino *foenus*, que significa juro. Sobre eles, agregados ao capital, incidem os moratórios, na esteira da jurisprudência: "Nas ações expropriatórias, os juros compensatórios integram a base de cálculo sobre a qual incidem os juros moratórios, sem que tal procedimento configure anatocismo, porquanto os juros compensatórios prestam-se a repor perdas decorrentes da antecipada imissão do expropriante na posse do imóvel, compondo o *quantum* da indenização".[9]

Todos os mútuos bancários são remunerados através dos chamados juros remuneratórios ou compensatórios, que incidem sobre o capital, e capitalizando-se, em se tratando de mútuo bancário, constantemente. No Código Civil constam previstos em alguns dispositivos, não se confundindo com os moratórios. Com efeito, o art. 670 reza, quanto aos valores que o mandatário retém indevidamente: "Pelas somas que devia entregar ao mandante ou recebeu para despesa, mas empregou em proveito seu, pagará o mandatário juros, desde o momento em que abusou". No art. 677, sobre as somas adiantadas ao mandatário: "As

---

[5] *Curso de Direito Civil*, vol. 1, p. 419.
[6] Os Juros Compensatórios no Mútuo Bancário, *Revista de Direito Bancário e do Mercado de Capitais*, São Paulo, Revista dos Tribunais, ano I, nº 2, p. 70, mai.-ago. 1998.
[7] *Reexame Necessário* nº 22.832/2 – BA, do TRF, 1ª Região, de 22.04.1997.
[8] *Apel. Cível* nº 72.321/3, da 5ª Câm. Cível do TJ de Minas Gerais, de 20.03.1997, rel. Des. Bady Curi, em *Revista dos Tribunais*, 748/364.
[9] *Recurso Especial* nº 27.368-0-SP, da 1ª Turma do STJ, de 23.02.1994, rel. Min. Demócrito Reinaldo.

somas adiantadas pelo mandatário, para a execução do mandato, vencem juros desde a data do desembolso". E especialmente na desapropriação são admitidos os juros compensatórios, incidentes a partir da data da imissão, possuindo o fulcro de indenizar a falta de uso do bem, perdurando até o pagamento integral do valor justo.

Estabelece-se, também, outra classificação, restrita aos juros de mora: os juros "legais" e os "convencionais". A própria denominação leva a concluir que ou decorrem de lei ou da convenção das partes. Aqueles, na lição de Pontes de Miranda, "se produzem em virtude de regra jurídica legal, em cujo suporte fático pode estar ato jurídico, porém não houve vontade de estipulá-los (juros moratórios; juros processuais, que são, no direito brasileiro, juros moratórios que não correm da mora, art. 1.064; os juros das indenizações por atos ilícitos, que o art. 962 reputa moratórios...)".[10] Os mencionados arts. 1.064 e 962 equivalem aos arts. 407 e 398 do diploma civil vigente.

Constam tais juros ordenados em lei, não podendo ultrapassar determinada taxa. Não se restringem a moratórios propriamente ditos, mas aparecendo também previstos em certas figuras constantes do Código Civil, como se verá adiante.

Os convencionais requerem a manifestação das vontades das partes. O normal é aparecerem em contrato, acompanhando sempre uma obrigação principal. Os contratantes celebram a obrigação principal e a acessória, ou seja, o empréstimo e as amortizações pelo pagamento, acompanhadas da taxa de juros. São os juros bancários, os juros nos investimentos, nos financiamentos, que extrapolam a taxa máxima constante na lei.

Nestas duas espécies é que surgem as maiores controvérsias jurídicas, como se discorrerá adiante. Combatida na Bíblia a imposição de juros desde o Antigo Testamento, e admoestando o Evangelho de São Lucas a falta de mérito no empréstimo com a finalidade de receber vantagens, pregavam os primeiros arautos da fé cristã o dever de emprestar sem nada esperar (capítulo VI, versículos 34 e 35). Na doutrina da Igreja, Santo Tomás considerava pecado contra a justiça a cobrança de juros. Continua explicando Francisco Cláudio de Almeida Santos: "Na Idade Média, o juro era simplesmente abominado (Santo Agostinho denominava-o de *mammona iniquitatis*), projetando-se nos séculos seguintes esse preconceito, acolhido pelo pensamento escolástico".[11] Presentemente, especialmente no mútuo bancário, constitui a matéria um tormento, dada a quantidade de lides a respeito.

33.3. JUROS DE MORA E JUROS COMPENSATÓRIOS OU REMUNERATÓRIOS

Normalmente, a mora corresponde ao não pagamento no tempo marcado. A obrigação deve executar-se oportunamente, salienta Caio Mário da Silva Pereira.[12] Realmente, interessa ao credor o recebimento no tempo combinado. Deve-se observar que a mora alarga seu campo, envolvendo também a falta de cumprimento no lugar e na forma combinados, como assinala o art. 394.

Pelo não pagamento ou falta de adimplência das obrigações no tempo combinado é que surgem os juros de mora.

Os juros de mora classificam-se em duas espécies: os legais e os convencionados, cujos significados já foram explicados.

---

[10] *Tratado de Direito Privado*, ob. cit., vol. XXIV, p. 23.
[11] *Os Juros Compensatórios no Mútuo Bancário*, trabalho citado, p. 65.
[12] *Instituições de Direito Civil*, ob. cit., 1978, vol. II, p. 266.

Os juros compensatórios ou remuneratórios correspondiam à compensação ou remuneração pelo mútuo.

No regime do Código de 1916, quanto aos primeiros, os não convencionados ficavam em seis por cento ao ano, como se extraía do art. 1.062 do Código Civil: "A taxa dos juros moratórios, quando não convencionada (art. 1.262), será de 6% (seis por cento) ao ano".

Havia a referência, no art. 1.062, ao art. 1.262, que tratava dos juros convencionados compensatórios ou remuneratórios, estabelecendo: "É permitido, mas só por cláusula expressa, fixar juros ao empréstimo de dinheiro ou de outras coisas fungíveis. Esses juros podem fixar-se abaixo ou acima da taxa legal (art. 1.062), com ou sem capitalização".

Pelo que se percebe dos dispositivos daquele Código, o art. 1.062 dirigia-se aos juros de mora, enquanto o art. 1.262 aos juros compensatórios ou remuneratórios. No entanto, porque vinha inserido na segunda parte deste último preceito o limite abaixo ou acima da taxa legal, mencionando expressamente o art. 1.062, concluía-se que seu conteúdo não estava atrelado a seis por cento ao ano.

Existia, assim, um limite máximo, de seis por cento ao ano nos juros de mora, se não contratada outra taxa, enquanto nos compensatórios ou remuneratórios não se falava em limite. Todavia, na convenção, em qualquer espécie, admitia-se a elevação restritamente em até o dobro, como se extraía do art. 1º do Decreto nº 22.626, de 07.04.1933: "É vedado, e será punido nos termos desta lei, estipular em quaisquer contratos taxas de juros superiores ao dobro da taxa legal".

No art. 5º do mesmo Decreto, em se tratando de juros contratados ou convencionais, e em havendo mora no cumprimento do contrato de mútuo, aparecia permitida a elevação em mais um por cento: "Admite-se que pela mora dos juros contratados estes sejam elevados de 1% e não mais". Portanto, exigia-se que viesse expressa contratação. Se nada estipulassem as partes, não incidia a elevação, ficando sempre em 6% ao ano. Na contratação, se a previsão fosse de 7%, passava-se para 8%; se viesse em 12%, subiria para 13%. Nunca, porém, admitia-se a estipulação em taxa acima de 12% ao ano.

Com o vigente Código, profundas as mudanças.

Há dois dispositivos do Código Civil disciplinando os juros. Em primeiro lugar, aparece o art. 591, que, pode-se afirmar, mantém alguma semelhança com o art. 1.262 do Código de 1916. Eis o texto: "Destinando-se o mútuo a fins econômicos, presumem-se devidos juros, os quais, sob pena de redução, não poderão exceder a taxa a que se refere o art. 406, permitida a capitalização anual".

Está-se diante dos juros remuneratórios ou compensatórios. Retira-se da regra que não poderão exceder a taxa a que se refere o art. 406.

Em segundo lugar, vem o art. 406, redigido para disciplinar os juros de mora, ou pelo atraso na solução das obrigações, encerrando alguma correspondência com os arts. 1.062 e 1.063 do estatuto civil revogado. É o seguinte seu teor, em redação da Lei nº 14.905/2024: "Quando não forem convencionados, ou quando o forem sem taxa estipulada, ou quando provierem de determinação da lei, os juros serão fixados de acordo com a taxa legal".

Conforme se disse, a disciplina restringe-se aos juros remuneratórios (compensatórios), isto é, àqueles decorrentes do mútuo destinado a fins econômicos, e aos moratórios, ou devidos em face do atraso no adimplemento da obrigação. Em relação aos primeiros, não podem exceder a taxa a que se refere o art. 406, que passa a valer para os juros não convencionados, ou, embora contratada a incidência, não vier estabelecida a taxa, ou quando a imposição decorrer de lei.

Qual a taxa? Será a dos juros constantes da taxa Selic, deduzida a atualização monetária, nos termos do § 1º do artigo anterior, incluído pela citada Lei: "A taxa legal corresponderá à taxa referencial do Sistema Especial de Liquidação e de Custódia (Selic), deduzido o índice de atualização monetária de que trata o parágrafo único do art. 389 deste Código".

Vê-se, assim, que se terá em conta a taxa Selic, mas descontada dela a atualização monetária calculada segundo o índice indicado no parágrafo único do art. 389, incluído pela Lei nº 14.905/2024, que é o IPCA. De ver o dispositivo: "Na hipótese de o índice de atualização monetária não ter sido convencionado ou não estar previsto em lei específica, será aplicada a variação do Índice Nacional de Preços ao Consumidor Amplo (IPCA), apurado e divulgado pela Fundação Instituto Brasileiro de Geografia e Estatística (IBGE), ou do índice que vier a substituí-lo".

33.4. A TAXA INCIDENTE SE NÃO CONVENCIONADA

Como visto anteriormente, o índice de juros corresponderá à taxa referencial do Sistema Especial de Liquidação e de Custódia (Selic), que é o sistema em que se efetua a custódia e se registram as transações com a maioria dos títulos emitidos pelo Tesouro Nacional, descontada a taxa de correção monetária em inflação havida. Trata-se a Selic de uma infraestrutura do mercado financeiro, fazendo parte do Sistema de Pagamentos Brasileiros (SPB). Destina-se à transferência de fundos próprios e de terceiros realizada entre bancos de um mesmo conglomerado.

Muito se tem discutido sobre a taxa Selic, que se destina, também, a corrigir os tributos e contribuições sociais, por força do art. 84, inc. I, Lei nº 8.981, com a seguinte redação:

"Os tributos e contribuições sociais arrecadados pela Secretaria da Receita Federal, cujos fatos geradores vierem a ocorrer a partir de 1º de janeiro de 1995, não pagos nos prazos previstos na legislação serão acrescidos de:

I – juros de mora, equivalentes à taxa média mensal de captação do Tesouro Nacional relativa à Dívida Mobiliária Federal Interna".

Ora, essa taxa média mensal paga na captação é a taxa Selic, tendo sido aplicada aos tributos e contribuições pelo art. 13 da Lei nº 9.065, de 20.06.1995, e, também, com a aplicação expressa ao Imposto de Renda, nos termos do art. 16 da Lei nº 9.250, de 26.12.1995: "O valor da restituição do Imposto sobre a Renda da pessoa física, apurado em declaração de rendimentos, será acrescido de juros equivalentes à taxa referencial do Sistema Especial de Liquidação e de Custódias – Selic para títulos federais, acumulada mensalmente, calculados a partir da data prevista para a entrega da declaração de rendimentos até o mês anterior ao da liberação da restituição e de 1% (um por cento) ao mês em que o recurso for calculado no banco à disposição do contribuinte".

A taxa Selic é composta de juros remuneratórios e correção monetária. Representa a taxa média de remuneração dos títulos públicos registrados no Sistema Especial de Liquidação e Custódia – Selic.

Vários os títulos públicos existentes para a captação, destacando-se as Notas do Tesouro Nacional (NTN), as Letras do Tesouro Nacional (LTN), os Bônus do Tesouro Nacional (BTN), as Letras do Banco Central (LBC) e as Notas do Banco Central (NBC). Lançam-se tais letras no mercado interno ou externo, visando à captação de recursos necessários para o desempenho das funções do Estado. A remuneração de cada fonte de captação é estabelecida de modo próprio.

No caso dos juros incidentes na mora ou para a remuneração, a taxa legal, por força § 1º do art. 406, c/c. o parágrafo único do art. 389, corresponderá à taxa referencial do Sistema Especial de Liquidação e de Custódia (Selic), mas deduzida a atualização monetária calculada pelo Índice Nacional de Preços ao Consumidor Amplo (IPCA), fator este que serve para medir a variação média dos preços de um conjunto específico de produtos e serviços consumidos pelas famílias com renda entre um e cinco salários mínimos mensais.

A disposição redacional dos dispositivos do Código Civil dada pela Lei nº 14.905/2024 veio a solucionar as controvérsias que giravam sobre a redação original do art. 406, a qual mandava aplicar a incidência da taxa que estivesse em vigor para a mora do pagamento de impostos devidos à Fazenda Pública. Assim, incidem no incumprimento das obrigações, se não convencionados ou fixados especificamente por lei, os juros calculados de acordo com a combinação dos arts. 406, § 1º, e 389, parágrafo único.

Mais previsões trouxe a Lei nº 14.905/2024.

O § 2º cuida da metodologia de cálculo da taxa legal e sua forma de aplicação, as quais "serão definidas pelo Conselho Monetário Nacional e divulgadas pelo Banco Central do Brasil".

Ou seja, a metodologia de cálculo da taxa legal e sua forma de aplicação serão definidas pelo Conselho Monetário Nacional e divulgadas pelo Banco Central do Brasil, que possui eficácia imediata. Pela norma, ter-se-ão em conta a taxa Selic, que abrange o índice de infração e mais uma remuneração, e o índice do IPCA. Corresponderá a taxa de juros à diferença numérica entre a taxa Selic e o índice IPCA.

E sendo negativo o resultado na diminuição feita entre a Selic e o IPCA? Tal ocorre quando não se constatou inflação ou, pelo contrário, constatou-se uma deflação, com diminuição dos preços relativamente ao mês anterior. No caso, não se reduz a dívida diante do índice negativo, incidindo o mesmo índice da Selic, que passa a significar somente juros. É a previsão do § 3º do art. 406, incluído pela Lei citada: "Caso a taxa legal apresente resultado negativo, este será considerado igual a 0 (zero) para efeito de cálculo dos juros no período de referência". De modo oposto, surgindo resultado negativo no cálculo que diminui da Selic o IPCA, não conduz a se reduzir a obrigação pelo índice negativo apurado, mas simplesmente ter-se-á como sendo "zero", isto é, não haverá juros remunerarem o capital.

Tal a decorrência da vinculação dos juros à diferença da Selic para com o IPCA.

33.5. O LIMITE DA TAXA CONVENCIONADA

Situação bastante complexa está no limite permitido se convencionada a taxa. Para bem se conscientizar da questão, torna-se a lembrar o texto do art. 406, na mudança da Lei nº 14.905/2024: "Quando não forem convencionados, ou quando o forem sem taxa estipulada, ou quando provierem de determinação da lei, os juros serão fixados de acordo com a taxa legal".

No caso, a taxa legal ficou examinada no item anterior.

Depreende-se que o limite colocado restringe-se à hipótese de falta de convenção, ou de omissão em se determinar a taxa, ou na sua proveniência de lei. Não alcança os casos de convenção dos juros, ou da taxa, ou se não provenientes de lei.

Nesses casos, há total liberdade em se estabelecer a taxa? Ou não se pode falar em sua limitação?

O assunto merece um exame cuidadoso. Não é admissível que matéria tão importante na economia nacional e na vida negocial das pessoas não tenha um paradigma, ou um parâmetro, ou uma disciplina. A omissão conduziria a abusos incontroláveis, e à exploração contra aqueles que se socorrem do mútuo pelos que detêm o poder econômico.

Tem-se defendido que o Decreto-lei nº 22.626, de 07.04.1933 perdeu a vigência com o atual Código Civil. Todavia, é mister fazer a distinção. Alguns de seus dispositivos realmente não mais perduram, porquanto a matéria passou a ser tratada pelo Código Civil. Aquelas regras não atingidas, porém, pelo referido Código permanecem. Nessa exceção está o art. 1º, que preceitua: "É vedado, e será punido nos termos desta Lei, estipular em quaisquer contratos taxas de juros superiores ao dobro da taxa legal".

Há no art. 406 o regramento restritamente à taxa na falta de convenção, ou de taxa na convenção, ou na proveniência de lei. Se manifestada a convenção, ou colocada a taxa, ou se não se originam de lei, revelou-se omisso o Código. Nenhuma norma aportou disciplinando a taxação. Daí manter-se vigente o Decreto nº 22.626, impondo a aplicação de seu art. 1º, porquanto insustentável defender a permissão em adotarem-se taxas livres, mesmo que resultem em vantagem extremamente desproporcional.

Ademais, vigora a Súmula 379, do STJ (*DJe* 5/5/2009), nos seguintes termos: "Nos contratos bancários não regidos por legislação específica, os juros moratórios poderão ser convencionados até o limite de 1% ao mês."

33.6. CUMULAÇÃO DE JUROS MORATÓRIOS E JUROS COMPENSATÓRIOS OU REMUNERATÓRIOS

E em havendo juros remuneratórios e moratórios? Possível a cumulação? Suponha-se que a convenção por juros remuneratórios seja de 12%, em quanto é tolerada a convenção pelos moratórios? Ao tempo do Código de 1916, havia uma inteligência, em vista do art. 5º do Decreto nº 22.626/1933, permitindo unicamente mais 1%. Não se considerava, para uma corrente de pensamento, válida a cláusula prevendo a taxa de 12% para os remuneratórios e de mais 12% para os moratórios, chegando a 24%. Verificada a mora, em mais 1% acrescentava-se o percentual, de modo a ficar em 13% ao ano.

No entanto, nada impede a cumulação dos juros remuneratórios ou compensatórios e dos juros de mora.

Muito menos o Código vigente proíbe a exigibilidade de ambas as espécies, conforme garantem os arts. 591 e 406, este na alteração da Lei nº 14.905/2024.

Nessa linha já impunha a jurisprudência quando iniciou a se formar: "Impondo o preceito constitucional supra a justa indenização em dinheiro, permite, nos moldes do entendimento judicial, a cumulatividade dos juros (Súm. nº 12 do STJ) sem constituir anatocismo vedado em lei, uma vez que entende bem a natureza diversa deles. Enquanto os compensatórios resultam, na verdade, como uma compensação aos expropriados pela perda da posse do imóvel, substituindo os frutos que deixaram de perceber ou que podem ter recebido correspondendo aos frutos do capital empregado, a título de reposição do patrimônio, e não rendimento, os moratórios são devidos porque representam uma indenização pelo retardamento ou atraso no cumprimento da obrigação pelo expropriante, ou seja, no pagamento da dívida assumida com os expropriados, desde quando certo o seu valor, com o trânsito em julgado da sentença que os fixou. Desse modo, afigura-se admissível o cálculo dos juros moratórios sobre a diferença entre a oferta e a indenização corrigidas, incluindo-se os juros compensatórios, inaplicável à espécie a Súm. 121, do Pretório Excelso".[13]

Regras especiais há que tratam dos juros. Nos débitos tributários devidos à Fazenda Pública, serão de 1% ao mês. Reza o § 1º do art. 161 da Lei nº 5.172, de 25.10.1966 (Código Tributário Nacional): "Se a lei não dispuser de modo diverso, os juros de mora são calculados à taxa de um por cento ao mês". Quando a Fazenda Pública é devedora, no entanto, responde pelos juros no mesmo patamar que os previstos na lei civil, isto é, calculados na forma do art. 406 e seus parágrafos, com alteração e inclusões da Lei nº 14.905/2024, matéria antes examinada, consoante ressalta da Lei nº 4.414, de 24.09.1964, art. 1º: "A União, os Estados, o Distrito Federal, os Municípios e Autarquias, quando condenados a pagar juros de mora, por estes responderão na forma do direito civil".

Na falência, conforme art. 124 da Lei nº 11.101, de 09.02.2005, "contra a massa falida não são exigíveis juros vencidos após a decretação da falência, previstos em lei ou em contrato, se o ativo apurado não bastar para o pagamento dos credores subordinados". O parágrafo único faz exceções: "Excetuam-se desta disposição os juros das debêntures e dos créditos com garantia real, mas por eles responde, exclusivamente, o produto dos bens que constituem a garantia".

No crédito agrário, consoante o parágrafo único do art. 5º do Decreto-lei nº 167, de 14.02.1967, os juros não podem ultrapassar a mais 1% ao ano: "Em caso de mora, a taxa de juros constante da cédula será elevável de 1% (um por cento) ao ano".

No que ponderou o STJ, com acerto: "O parágrafo único do art. 5º do Decreto-lei nº 167, que cuida dos títulos de crédito, estabelece que será elevável de 1% (um por cento) a taxa de juros constante da cédula, em caso de mora. O agravante insiste em que as taxas pactuadas, para o caso de inadimplemento, não representam juros moratórios, mas continuam com a natureza de remuneratórios. Creio que essa discussão é despicienda, em vista dos termos da lei. Não me preocupa o nome que se queira dar. O certo, absolutamente certo, é que as novas taxas seriam devidas quando não houvesse o adimplemento, ou seja, em caso de mora. E a lei estabeleceu que, isso ocorrendo, a elevação não ultrapassaria de um por cento ao ano".[14]

Igualmente a mesma disposição consta no crédito industrial, por força do Decreto-Lei nº 413 de 9.01.1969, parágrafo único do art. 5º; também no crédito comercial, em vista de ordenar o art. 5º da Lei nº 6.840, de 03.11.1980, a aplicação das regras do Decreto-lei nº 413; da mesma forma no crédito à exportação, contendo o art. 3º da Lei nº 6.313, de 16.12.1975, regra de idêntico conteúdo ao art. 5º da Lei nº 6.840. Colhe-se da jurisprudência: "Nas cédulas de crédito rural e/ou industrial, a majoração dos juros moratórios não pode exceder a 1% ao ano, *ex vi* do parágrafo único do art. 5º do Decreto-Lei nº 167/1967".[15]

---

[13] *Apel. Cível* nº 49.946-5/3, da 7ª Câm. de Direito Público do TJ de São Paulo, de 22.12.1997.
[14] *Agravo de Instrumento* nº 80.529-MG, de 20.11.1995, da 3ª T., em *Direito Imobiliário – Jurisprudência – COAD*, nº 5, p. 45, 1996, *Julgado* nº 1.019.
[15] *Apel. Cível* nº 39.267-3/188, da 2ª Câm. Cível do TJ de Goiás, de 18.06.1996, em *Revista dos Tribunais*, 733/315.

33.7. LIMITAÇÃO DA TAXA DE JUROS PELAS REGRAS DO CÓDIGO DE DEFESA DO CONSUMIDOR

Pelo Código de Defesa do Consumidor (Lei nº 8.078, de 11.09.1990), nas relações que envolvem consumo, é possível a revisão dos contratos, com a redução de encargos, e, assim, dos juros, se exorbitantes, abusivos e oportunizando vantagens excessivas ao fornecedor do crédito. Constitui direito do consumidor a modificação das cláusulas contratuais que estabeleçam prestações desproporcionais, ou a sua revisão em razão de fatos supervenientes que as tornem excessivamente onerosas, conforme dispõe o art. 6º, inc. V, do mencionado estatuto.

Importante, na análise que se procede, primeiramente, ter presente o disposto no art. 39, incisos V e XI, do mesmo diploma, estabelecendo:

"É vedado ao fornecedor de produtos ou serviços, dentre outras práticas abusivas: (...)
V – exigir do consumidor vantagem manifestamente excessiva; (...)
XIII – aplicar fórmula ou índice de reajuste diversos do legal ou contratualmente estabelecido" (inclusão da Lei nº 9.870/1999).

Igualmente merece relevo a redação do art. 51, IV:

"São nulas de pleno direito, entre outras, as cláusulas contratuais relativas ao fornecimento de produtos e serviços que: (...)
IV – estabeleçam obrigações consideradas iníquas, abusivas, que coloquem o consumidor em desvantagem exagerada, ou sejam incompatíveis com a boa-fé e a equidade".

Já em seu § 1º, III, consta a definição do que pode ser considerado exagero ou abuso:

"Presume-se exagerada, entre outros casos, a vantagem que: (...)
III – se mostra excessivamente onerosa para o consumidor, considerando-se a natureza e conteúdo do contrato, o interesse das partes e outras circunstâncias peculiares ao caso".

Não raramente, encontram-se cláusulas que revelam teor semelhante ao seguinte, permitindo a livre elevação de juros, à completa revelia do mutuário:

"– Incidirão sobre o valor total do empréstimo/financiamento, a partir da data da concessão do crédito, juros pré-fixados, praticados pela financiadora, inclusive IOF, os quais serão informados ao financiado no ato da solicitação do empréstimo/financiamento, através dos canais de acesso ao crédito (terminais eletrônicos...).
– Sobre os saldos devedores... vencerão juros à taxa praticada pelo Banco nas operações da espécie...
– Na hipótese de prorrogação automática do contrato, as taxas de juros poderão ser reajustadas mensalmente...
– Serão fixados juros em taxa ou percentual idêntico ao praticado por instituição financeira para o financiamento do crédito rotativo...".

Além de arbitrárias e potestativas, acarretam total desvantagem a uma das partes, posto que asseguram à outra proceder unilateralmente, inclusive estabelecendo obrigações, vulnerando o disposto no art. 52, II, do mesmo CDC, onde está ordenado que o fornecedor deverá, entre outros requisitos, informar "prévia e adequadamente sobre: (...) II – montante dos juros de mora e da taxa efetiva anual de juros".

No Superior Tribunal de Justiça, vinga um entendimento uniformizado sobre a aplicação do CDC aos contratos assinados entre o consumidor e as instituições bancárias, impondo a boa-fé na conduta dos bancos e a redução das taxas de juros. A título de exemplo, citam-se os seguintes Recursos Especiais: REsp. 255.266-SP, 200.267-RS, 164.542-RS, 262.272-SE, 213.825-RS, 235.200-RS, 231.208-PE, 238.016-SP e 239.706-RJ.

Mais exemplificativamente, transcreve-se uma ementa:

"Instituições financeiras. CDC. Aplicabilidade. Cédula de crédito industrial. Juros remuneratórios. Limitação...
Os Bancos, como prestadores de serviços especialmente contemplados no art. 3º, § 2º, da Lei nº 8.078/90, estão submetidos às disposições do Código de Defesa do Consumidor" (Agravo de Instrumento nº 391.813-RS, STJ, Relatora Ministra Nancy Andrighi).

O Tribunal de Justiça do Rio Grande do Sul desponta como um dos pioneiros nessa linha, lembrando-se os seguintes arestos, que iniciaram uma exegese que se prolongou no tempo:

"Contrato bancário. Ação Revisional. Juros remuneratórios limitados a 12%...
Repetição do indébito e compensação possíveis com base no CDC e no próprio CCB" (Apelação Cível nº 598172641, 16ª Câmara Cível, TJRGS, j. em 19.08.1998).

No corpo do voto, aborda-se a aplicabilidade do CDC aos contratos bancários, sendo oportuna a transcrição da seguinte passagem:

"... Parte a fundamentação do aspecto relativo à incidência, ou não do Código de Defesa do Consumidor aos contratos bancários. A questão não é nova e as teses, também nesta discussão, estão assentadas, prevalecendo a aplicação do microssistema criado pelo CDC às relações jurídicas bancárias, que pela aplicação extensiva do art. 29 da lei, como desde 1993 já defendia o Des. Antônio Janyr Dall'Agnol Júnior, conforme conhecido acórdão prolatado no julgamento da Apelação Cível nº 193.051.216, quer pela argumentação considerada a vulnerabilidade de uma das partes, a essencialidade do produto oferecido pelos bancos e a utilização das condições gerais dos negócios, ... Conforme ressalta o Prof. Luís Renato Ferreira da Silva, in Causas de Revisão Judicial dos Contratos Bancários, *Revista AJURIS*, Edição Especial, Tomo II, março de 1998, p. 602, ainda que não se entendesse aplicável o CDC aos contratos bancários, haveria como revisar o contrato, modificados apenas os fundamentos legais, observado o próprio Código Civil Brasileiro.
Tenho como perfeitamente aplicável o Código de Defesa do Consumidor, entendendo como correta a corrente, amplamente majoritária, inclusive no âmbito do Superior Tribunal de Justiça, que assim pensa".
Contrato de financiamento bancário. Revisão contratual.
Possibilidade quando há cláusulas lesivas ao ordenamento jurídico e ao consumidor...

Código de Defesa do Consumidor. Incidente às relações de trato bancário..." (Apelação Cível nº 598078636, 16ª Câmara Cível, TJRGS, j. em 23.12.1998).

"Embargos infringentes. Embargos à execução. CDC. Limitação dos juros remuneratórios.

Juros pontualmente limitados em 12% ao ano, face aos termos pactuados, em taxa futura. Ofensa aos arts. 51 e 52 do CDC, e 115 do CCB" (Embargos Infringentes nº 70 003 649 589, 9º Grupo Cível, TJRGS, j. em 19.04.2002).

"Ação de cobrança. Contrato de empréstimo bancário. Limitação dos juros. Declaração de nulidade por abusividade da cláusula que fixou os juros. Aplicabilidade do CDC... Também as instituições financeiras submetem-se ao teto de 12% a. a., face ao CDC e art. 1º, *caput* e seu parágrafo 3º, e arts. 5º e 11, do Decreto-Lei nº 22.626/33..." (Apelação Cível nº 598337087, 19ª Câmara Cível, TJRGS, j. em 25.05.1999).

"Revisional de contrato. Conta corrente. Juros. CDC. Contrato de conta corrente bancário contaminado com cláusulas que estabelecem vantagens desproporcionais ao banco em detrimento do mutuário deve ser revisado dentro da ótica da Lei de proteção ao consumidor. Juros. Existindo onerosidade excessiva na taxa, possível a revisão, art. 51, inc. IV, do CDC. Anulada, suprida pelo máximo legal para mútuos civis de 12% ao ano – Lei de Usura" (Apelação Cível nº 70000090175, 19ª Câmara Cível, TJRGS, j. em 30.05.2000).

"Embargos à execução de nota promissória. Empréstimo bancário de curto prazo. Juros previamente debitados de 5,68%. Abusividade da remuneração do capital, à vista do CDC e LICC. Limitação em 12% ao ano" (Apelação Cível nº 7000075021, 12ª Câmara Cível, TJRGS, j. em 16.03.2000).

"Apelação cível... Contratos bancários. Juros. Aplicação do CDC... As cláusulas contratuais não podem se constituir como prestações desproporcionais, que estabeleçam obrigações iníquas, de modo a se tornarem excessivamente onerosas ao devedor. A violação ao princípio da equidade contratual impõe a nulidade da cláusula. Juros de 2,833% a. m. ou mais são abusivos e quebram a regra do art. 115 do CC" (Apelação Cível nº 70001350750, 11ª Câmara Cível, TJRGS, j. em 13.09.2000).

33.8. INÍCIO DA FLUÊNCIA DOS JUROS DE MORA

Resta claro que os juros de mora iniciam a fluir desde a mora. Nem sempre a exigibilidade decorre da mera inadimplência. Há vezes em que se requer a constituição ou a formação externa da mora. Distinguia Pontes de Miranda: "Se o devedor foi posto em mora, começaram desde esse momento de correr os juros moratórios. Se o não foi e se propôs a ação para se haver o principal, consistente em dinheiro, a mora estabelece-se com a citação, que contém interpelação, salvo se se trata de dívida que ainda não se venceu, porque, então, a mora só se caracteriza com o vencimento (sem se precisar de nova interpelação, porquanto já estava contida na citação). Tem-se chamado a esses juros de 'processuais', mas, no sistema jurídico brasileiro, que teve a vantagem de revelar o elemento interpelacional da citação, tais juros são moratórios".[16]

A citação é o ato constitutivo da mora por excelência. O art. 405 do Código Civil é expresso: "Contam-se os juros de mora desde a citação inicial". O art. 240 do Código de Processo Civil encerra o mesmo conteúdo: "A citação válida, ainda quando ordenada por juízo incompetente, induz litispendência, torna litigiosa a coisa e constitui em mora o devedor, ressalvado o disposto nos arts. 397 e 398 da Lei nº 10.406, de 10 de janeiro de 2002 (Código Civil)".

Vê-se que, mesmo nula por incompetência do juízo, a citação traz o efeito de constituição em mora. De modo que, anulado o processo com base na incompetência, já está, assim mesmo, formada a mora. E se anulado por outro motivo? Depende do momento, para atingir a referida formação da mora. Atingindo a citação, inoperada a mora. Restou-se salva a citação, já corre a mora.

O art. 405 corrigiu a diferenciação do art. 1.536, § 2º, do Código anterior, pelo qual se depreendia que só nas obrigações ilíquidas, ou que dependiam de cálculo ou liquidação em execução de sentença, contavam-se os juros a partir da citação inicial: "Contam-se os juros de mora, nas obrigações ilíquidas, desde a citação inicial". Neste sentido vinha a Súmula nº 163/1963 do STF: "Salvo contra a Fazenda Pública, sendo a obrigação ilíquida, contam-se os juros moratórios desde a citação inicial para a ação". O Superior Tribunal de Justiça seguia a mesma linha: "Os juros moratórios, nas dívidas ilíquidas, contam-se desde a citação inicial. Art. 1.536, § 2º, do CC" (Embargos de Divergência em REsp. nº 240.237-PR, da 2ª Seção, de 22.08.2001, *DJU* de 15.04.2002).

O dispositivo acima contrariava o art. 219 do CPC/1973, que corresponde ao art. 240 do CPC/2015.

Há situações específicas.

Nas obrigações decorrentes de atos ilícitos, conta-se do fato a incidência, de acordo com o art. 398 da lei substantiva, mantendo princípio que vinha do art. 962 do Código anterior: "Nas obrigações provenientes de ato ilícito, considerase o devedor em mora desde que o praticou".

Assim já firmava a Súmula nº 54/1992, do STJ: "Os juros moratórios fluem a partir do evento danoso, em caso de responsabilidade extracontratual". Em contrapartida, se não decorre a obrigação de evento delituoso, embora de fato extracontratual, inicia-se da citação. Igualmente se a mora é contratual.

Nessa linha decidia o Superior Tribunal de Justiça: "Na fixação do termo *a quo* para a contagem dos juros nos casos de indenização por dano à pessoa, a jurisprudência deste Tribunal tem feito a distinção sobre a natureza do ilícito: se a responsabilidade está fundada em contrato, os juros são contados a partir da citação, aplicando-se a regra geral do art. 1.536, § 2º, do C. Civil ('Contam-se os juros da mora, nas obrigações ilíquidas, desde a citação inicial'), combinada com o art. 219, *caput*, do CPC; se a responsabilidade é extracontratual e o ilícito é absoluto (art. 159 do C. Civil), os juros fluem da data do fato, conforme enunciado na Súmula nº 54/STJ..., e do art. 962 do C. Civil ('Nas obrigações provenientes de delito, considera-se o devedor em mora desde que a perpetrou')".[17] Os

---
[16] *Tratado de Direito Privado* – Parte Especial, ob. cit., vol. XXIV, p. 24.
[17] *Recurso Especial* nº 126.210, de 09.09.1997, da 4ª T., Rel. Min. Ruy Rosado de Aguiar.

apontados arts. 1.536, § 2º, 159 e 926 equivalem aos arts. 405, 186 e 398 do vigente Código Civil. Já o art. 219, *caput*, do CPC/1973 corresponde ao art. 240, *caput*, do CPC/2015.

Na desapropriação, começam os juros da data da sentença transitada em julgado, matéria definida na Súmula nº 70/1992 do STJ: "Os juros moratórios, na desapropriação direta ou indireta, contam-se desde o trânsito em julgado da sentença".

A restituição do indébito relativamente a tributos, em ações contra a Fazenda, importa em juros também a iniciar do trânsito em julgado da sentença que tanto ordenar, na ordem do art. 167, parágrafo único, da Lei nº 5.172/1966 (Código Tributário Nacional). Tanto que há a Súmula nº 188 do STJ, formulada após inúmeras decisões sempre no mesmo sentido: "Os juros moratórios, na repetição do indébito, são devidos a partir do trânsito em julgado da sentença".

Nas obrigações a termo, incide a regra do art. 397 do Código Civil: "O inadimplemento da obrigação, positiva e líquida, no seu termo, constitui de pleno direito em mora o devedor". Em sequência, o parágrafo único: "Não havendo termo, a mora se constitui mediante interpelação judicial ou extrajudicial". Observava Sílvio Rodrigues: "Nas obrigações a termo, a mora se caracteriza pelo mero advento do vencimento, pois *dies interpellat pro homine*; e nas obrigações sem termo fixado, a mora se caracteriza pela citação, pois esta, entre seus vários efeitos, tem o de constituir o devedor em mora (Cód. Proc. Civ., art. 219)".[18] O citado art. 219 equivale ao art. 240 do CPC/2015.

Desde a citação, corrige-se, em não havendo a interpelação, ou notificação, ou protesto. A matéria restou examinada longamente no capítulo que tratou da mora.

Normalmente, verificada a mora, assegura-se a exigibilidade dos juros. Para a dispensa, deve existir mandamento legal expresso, o que acontece em raras ocasiões. Assim no art. 552: "O doador não é obrigado a pagar juros moratórios, nem é sujeito às consequências da evicção ou do vício redibitório. Nas doações para casamento com certa e determinada pessoa, o doador ficará sujeito à evicção, salvo convenção em contrário".

33.9. JUROS LEGAIS NÃO MORATÓRIOS

Não apenas moratórios podem ser os juros legais. Em vários dispositivos o Código Civil contempla a incidência de juros, mas com a natureza de punir, de reparar prejuízos ou satisfazer encargos decorrentes da infração a dispositivos de lei. Se não estipulada a taxa, ficam na diferença entre a Selic e o IPCA, conforme se retira da aplicação do art. 591, que remete ao art. 406, e de seu § 1º, advindo da Lei nº 14.905/2014, o que restou analisado *supra*.

Citam-se algumas previsões legais.

Consta do art. 1.753, § 3º, que os tutores respondem pela demora na aplicação de valores recebidos na venda de bens dos tutelados, "pagando os juros legais desde o dia em que lhes deveriam dar esse destino, o que não os exime da obrigação, que o juiz fará efetiva, da referida aplicação".

O art. 404, em texto da Lei nº 14.905/2024, estudado no Capítulo referente às perdas e danos, contempla mais uma hipótese: "As perdas e danos, nas obrigações de pagamento em dinheiro, serão pagas com atualização monetária, juros, custas e honorários de advogado, sem prejuízo da pena convencional". No mandato, pune-se o mandatário que não

---

[18] *Direito Civil – Parte Geral das Obrigações*, 17ª ed., São Paulo, Saraiva, 1987, vol. II, p. 319.

entrega as somas a que estava obrigado – art. 670: "Pelas somas que devia entregar ao mandante ou recebeu para despesa, mas empregou em proveito seu, pagará o mandatário juros, desde o momento em que abusou".

O art. 677, em mais uma ação relacionada ao mandato: "As somas adiantadas pelo mandatário, para a execução do mandato, vencem juros desde a data do desembolso". Na gestão de negócios, comina o art. 869 ao dono o reembolso, para o gestor, das "despesas necessárias ou úteis que houver feito, com os juros legais, desde o desembolso, respondendo ainda pelos prejuízos que este houver sofrido por causa da gestão".

Quanto à fiança, conforme o art. 833, "o fiador tem direito aos juros do desembolso pela taxa estipulada na obrigação principal, e, não havendo taxa convencionada, aos juros legais da mora".

Nota-se, pois, a natureza mista de tais juros, com caráter moratório, reparatório e até remuneratório, sempre predominando a taxa legal, quando não convencionada diferentemente, mas, então, limitada à diferença entre a Selic e o IPCA.

Em função do art. 1.404, "incumbem ao dono as reparações extraordinárias e as que não forem de custo módico; mas o usufrutuário lhe pagará os juros do capital despendido com as que forem necessárias à conservação, ou aumentarem o rendimento da coisa usufruída".

33.10. JUROS CONVENCIONAIS OU REMUNERATÓRIOS EM RELAÇÃO ÀS INSTITUIÇÕES FINANCEIRAS

Constituem os juros contratuais, compensatórios ou remuneratórios, em geral fixados pelas partes, que representam o rendimento de uma obrigação de capital, na definição de José de Matos Antunes Varela,[19] ou os frutos do capital empregado, segundo Jefferson Daibert.[20] Não passam da compensação pela entrega de um capital a um terceiro, sendo natural a contratação de um valor para remunerar a privação momentânea do uso de tal capital. De modo que unicamente quando não previsto outro pagamento pelo uso da coisa ou do dinheiro, permite-se a exigibilidade. Não quando já avençam as partes a remuneração, como no contrato de locação, no qual, não raramente, embute-se cláusula com multa equivalente a alguns salários-mínimos (em geral três), aplicável se infringidas disposições contratuais, com o nítido caráter de compensar o uso indevido do bem. Como dito em uma decisão, a multa compensatória "visa não só a dissuadir as partes do descumprimento do contrato (globalmente considerado, mediante o atendimento de cada uma de suas cláusulas), mas, inclusive, a atuar como mecanismo de prefixação das perdas e danos devidas em caso de quebra (inadimplemento) total ou parcial do ajustado, levando à desconstituição do vínculo contratual, como é de sua índole".[21]

Em princípio, o tratamento jurídico, especialmente quanto à taxa, é o mesmo dispensado aos juros de mora. O art. 406 e seus parágrafos, em texto da Lei nº 14.905/2024, não se restringem aos juros de mora, eis que a ele faz referência o art. 591, que disciplinam os juros contratados no mútuo, e, assim, compensatórios ou remuneratórios. Ou seja, este último dispositivo traça os limites da taxa em consonância com o dispositivo anterior, que

---

[19] *Das Obrigações em Geral*, ob. cit., vol. I, p. 743.
[20] *Das Obrigações – Parte Geral*, ob. cit., p. 416.
[21] Apel. nº 490.859-00/8, da 3ª Câm. Civil do 2º TACiv.-SP, de 09.09.1997, em *Revista dos Tribunais*, 749/312.

trata da limitação da taxa. De sorte que inexiste uma disciplina específica para os juros moratórios e os compensatórios no que se refere a uma taxa superior.

Com efeito, dentro do ordenamento jurídico brasileiro, nenhum cânone é encontrado que permita uma taxa superior. Considerando que a matéria relativa a juros é regulada por lei, não se encontra o menor amparo legal para se contratar um percentual superior, exceto no que se relaciona ao Sistema Financeiro Nacional, que possui um tratamento específico, como se abordará abaixo. Sucumbem perante a legalidade imperante no ordenamento jurídico nacional as taxas superiores, proclamadas e exibidas pelos comerciantes em geral, não se constrangendo em realizar campanhas nas quais vêm ostentadas taxas superiores à taxa que consta na lei.

Mas, como referido, há um tratamento especial reservado às instituições, cujo regramento submete-se à Lei nº 4.595, de 31.12.1964, máxime em vista de seu art. 4º, inciso IX, onde se insere que compete ao Conselho Monetário Nacional "limitar, sempre que necessário, as taxas de juros, descontos, comissões e qualquer outra forma de remuneração de operações e serviços bancários ou financeiros, inclusive os prestados pelo Banco Central da República do Brasil, assegurando taxas favorecidas aos financiamentos que se destinem a promover..."

Em vista deste dispositivo, surgiu a Súmula nº 596/1976, do STF, com os seguintes dizeres: "As disposições do Dec. nº 22.626/1933 não se aplicam às taxas de juros e aos outros encargos cobrados nas operações realizadas por instituições públicas ou privadas que integram o Sistema Financeiro Nacional". Nota-se uma liberação da taxa de juros remuneratórios em relação às instituições financeiras, a que leva, também, a Súmula 382, do STJ (Segunda Seção, em 27.05.2009, *DJe* de 08.06.2009, ed. 379): "A estipulação de juros remuneratórios superiores a 12% ao ano, por si só, não indica abusividade."

Acontece que foi conferida à expressão "limitar", do art. 4º, inciso IX, da Lei nº 4.595, a significação de "estabelecer", "fixar". Numa outra exegese, em vista da oração "limitar, sempre que necessário", teria o sentido de admitir a livre pactuação de juros enquanto não se opuser o Conselho Monetário Nacional, através de ato específico (resolução, portaria, circular), coibindo o exagero, ou a excessiva elevação.

No entanto, o Superior Tribunal de Justiça, sob o enfoque de que ninguém, neste País, pode ficar anistiado da incidência de leis, inclusive as instituições financeiras, em várias oportunidades decidiu que o sentido correto envolve a existência de um ordenamento ou autorização expressa do Conselho Monetário Nacional dirigido a permitir a exigibilidade de taxas superiores, então, a 12% ao ano:

"1. Não causa ofensa ao art. 128 do CPC a decisão que considera, como razão de decidir, a falta de prova de autorização para a estipulação de taxa de juros acima do permitido na legislação civil.

2. A taxa de juros está limitada, pelo Código Civil (art. 1.062) e pela Lei de Usura (Decreto nº 22.626/33, art. 1º), sendo de 6% ao ano para os juros, e de 12% ao ano para os convencionais.

3. As instituições que integram o Sistema Financeiro Nacional podem cobrar juros acima desses limites, fixados pelo Conselho Monetário Nacional (art. 4º, inciso IX, da Lei nº 4.595/64); (Súmula 596/STF).

4. Para praticar juros acima dos limites legais, o credor deve demonstrar nos autos a existência da autorização da autoridade financeira (CMN), bastando para isso a indicação da resolução que a contenha.

5. No caso do crédito rural, os juros de cédula rural pignoratícia são os autorizados pelo CMN (art. 5º, *caput*, do Decreto-Lei nº 167/67), tendo o credor demonstrado que a cláusula de juros constante do contrato esta permitida pela autoridade financeira, indicando os atos publicados sobre a matéria".[22]

Recorda-se que o art. 1.062 equivale, no caso, ao art. 406 do atual diploma civil. Já o citado art. 128 da lei processual corresponde ao art. 141 do CPC/2015.

Havia o art. 192, § 3º, da Constituição Federal, que tratava da limitação dos juros reais em 12% às instituições financeiras. A ADIn nº 4-7, de 07.03.1991 decidira que, para a aplicabilidade, dependia aquele dispositivo de legislação complementar nova, que inexistia. Enquanto não adviesse, prevaleceriam os ditames da Lei nº 4.595, especialmente em seu art. 4º, inciso IX.

Deu-se a revogação do mencionado § 3º, juntamente com os demais parágrafos e incisos do art. 192, pela Emenda Constitucional nº 40, de 29.05.2003. A disciplina restou transferida para leis complementares.

É necessário apreender o significado de juros, que equivale aos rendimentos puros, aos lucros efetivos, aos ganhos líquidos, à remuneração pela atividade exercida, envolvendo a aplicação a forma de calcular os juros. Não incidem os mesmos apenas sobre o capital mutuado ou financiado, posto que, vivendo a instituição financeira do resultado ou diferencial (*spread*) entre captações e aplicações, naturalmente não pode incidir a taxa sobre aquilo que é emprestado, mutuado ou financiado. Incidirá, isto sim, também sobre a remuneração ou os rendimentos que o banco paga. Do contrário, não haveria juros propriamente ditos, isto é, não equivaleriam os mesmos a rendimentos, ao lucro, ao resultado positivo.

Se for entendido diferentemente, ficaria inviabilizada qualquer atividade financeira. Justificava Arnoldo Wald, com total razão neste tópico, em trabalho sobre direito bancário: "No caso dos bancos, há necessidade de equilíbrio das suas contas, recebendo, dos mutuários, a mesma moeda de pagamento e de conta, que pagam aos seus depositantes, o que impõe a identidade da correção monetária nas operações financeiras ativas e passivas, a fim de manter a estabilidade do sistema".[23] Realmente, efetuando o banco captações, tanto em poupança como nas mais diversas modalidades de fundos de investimento, é natural que os seus lucros sejam calculados sobre os rendimentos que paga. Por outras palavras, cobrará os juros legais ou a taxa convencionada sobre os rendimentos que satisfazem aos aplicadores. Por conseguinte, mês a mês, examinam-se os índices de remuneração ou rendimento das aplicações ou dos depósitos bancários da poupança e fundos, e sobre tais resultados é que incidirá a taxa de juros.

Naturalmente, se o empréstimo ou financiamento tem sua fonte de proveniência nas aplicações em poupança, como nos financiamentos para a casa própria através de fun-

---

[22] *Recurso Especial* nº 98.616 – RS, de 03.12.1996, Rel. Min. Ruy Rosado de Aguiar, 4ª Turma, unânime. No mesmo sentido: *Recurso Especial* nº 111.160 – RS, de 24.03.1997, Rel. Min. Sálvio de Figueiredo, 4ª Turma, unânime; dentre outras decisões, *Recurso Especial* nº 27.901-3 – MG, de 04.03.1997, 4ª Turma, Rel. Min. Barros Monteiro, unânime; *Recurso Especial* nº 84.815 – RS, de 03.09.1996, 4ª Turma, unânime, Rel. Min. Barros Monteiro; *Recurso Especial* nº 95.970-RS, de 01.10.1996, 4ª Turma, unânime, Rel. Min. Ruy Rosado de Aguiar; *Recurso Especial* nº 103.319 – RS, de 15.10.1996, 4ª Turma, Rel. Min. Sálvio de Figueiredo.

[23] A Teoria da Imprevisão e as Peculiaridades do Direito Bancário, em *Revista de Direito Bancário e do Mercado de Capitais*, São Paulo, Revista dos Tribunais, ano 1, nº 2, p. 49, mai.-ago. 1998.

dos colhidos das contas de poupanças, o percentual recairá sobre a taxa de rendimentos paga às poupanças. Já nas concessões de crédito à indústria, ou às empresas comerciais, ou à agricultura, ter-se-á em conta a taxa remuneratória paga pelo estabelecimento nas aplicações comuns, como os fundos, as letras, os títulos, e outros produtos.

Mesmo, no entanto, que não examinada a taxa com suporte na argumentação acima, pode-se enfrentar o problema com base na teoria da onerosidade excessiva, como orienta a jurisprudência: "Entretanto, embora inaplicável o art. 192, § 3º, da CF, a alegação de excessiva onerosidade é, em parte, procedente, pois, pelo demonstrativo contábil de f., verifica-se a prática da capitalização de juros, que, todavia, em contratos como o dos autos, de abertura de crédito em conta corrente, é inadmitida.

De fato, o STJ fixou entendimento no sentido de que a capitalização dos juros é permitida apenas nas hipóteses de cédulas de crédito rural, comercial e industrial, consoante Súm. nº 93. Fora desses casos, descabe o anatocismo, a teor do art. 4º do Decreto-Lei nº 22.626/33 e Súm. nº 121 do STF".[24]

Nessa linha, relativamente a uns vetores de remuneração que envolvem a correção monetária, não se reconhece validade à cláusula contratual que sujeita o devedor à taxa de juros estabelecida pela Anbid/Cetip, nos termos da Súmula 176 do STJ (Segunda Seção, em 23.10.1996, *DJU* de 06.11.1996): "É nula a cláusula contratual que sujeita o devedor à taxa de juros divulgada pela Anbid/Cetip." Essa taxa de juros, superior à taxa média aplicada nas aplicações, vem a constituir o *spread*, que representa a diferença entre os juros que o banco cobra de seus clientes e o custo de captação dos recursos bancários.

33.11. CAPITALIZAÇÃO DE JUROS

A capitalização dos juros corresponde à sua soma de seu montante ao capital, de modo que a nova incidência do cálculo se faça sobre o acréscimo dos juros anteriores. Envolve os juros sobre os juros adicionados ao capital. As partes estipulam o pagamento de juros, fixando a sua taxa, que vem expressa numa percentagem sobre o capital, por determinado período de tempo. Na prática, o cálculo abrange o vencimento dos novos juros sobre o capital aumentado com os juros anteriores, ou juros sobre juros, que é o mesmo que juros de juros, levando a chegar-se numa taxa mais elevada, constituindo a capitalização ou anatocismo.

Resta evidente que a figura constitui um mecanismo para aumentar a remuneração no mútuo, que chega a resultados fantásticos quando o cálculo incide sobre a taxa diária.

De modo geral, é proibida a prática.

No regime do Código de 1916, quanto ao mútuo, o então art. 1.262 estaria permitindo a cobrança, quando facultava a fixação do percentual abaixo ou acima da taxa legal, "com ou sem capitalização". No entanto, era expresso o art. 4º da Lei de Usura (Decreto nº 22.626, de 1933) em proibir, exceto em período de ano a ano: "É proibido contar juros de juros; esta proibição não compreende a acumulação de juros vencidos aos saldos líquidos em conta corrente de ano a ano". De modo que proibida a capitalização em prazo inferior a um ano, tornando sem efeito a parte final do art. 1.216.

---

[24] *Apel.* nº 651.127-7, da 9ª Câm. Civil Extraordinária do 1º TACiv.-SP, de 10.09.1997, em *Revista dos Tribunais*, 749/291.

O art. 1.544 do mesmo Código de 1916, no tocante a indenizações por danos decorrentes de ato ilícito, igualmente autorizava a inclusão: "Além dos juros ordinários, contados proporcionalmente ao valor do dano, e desde o tempo do crime, a satisfação compreende os juros compostos". Mas exigíveis esses juros somente contra aquele que praticava o crime, segundo corroborava a Súmula nº 186/1997 do STJ: "Nas indenizações por ato ilícito, os juros compostos somente são devidos por aquele que praticou o crime". Não contra aquele que era chamado a responder solidariamente, como os pais, o tutor e o curador, o patrão, o amo, o comitente, os donos de hotéis e da coisa que provocou o dano, e outras categorias de responsáveis indiretos.

O Código Civil em vigor peremptoriamente veda a capitalização em período inferior a um ano. Assim consta no art. 591, onde, ao autorizar a exigência de juros no mútuo de fins econômicos, permite unicamente a capitalização anual. No entanto, o mesmo dispositivo manda que a taxa de juros não poderá exceder a que se refere o art. 406. Já esse preceito encerra que os juros serão fixados segundo a taxa legal, sendo que o § 1º remete o art. 389 para a definição da taxa legal, considerando-a como a diferença entre a taxa referencial do Sistema Especial de Liquidação e de Custódia e a variação do Índice Nacional de Preços ao Consumidor Amplo.

Retira-se que em cada mês calcula-se, exemplificativamente, a taxa de um por cento (se esta for a taxa legal). Assim, no primeiro mês calcula-se um por cento; no segundo mês, mais um por cento, e assim por diante. No entanto, diante da redação da parte final do art. 591, que não constava na redação do correspondente art. 1.262 do Código de 1916, o resultado de cada mês não é acrescido ao capital, para efeito do cálculo no mês seguinte. Cada parcela de juros é reservada para ser somada ao capital no final de um ano. Ao iniciar um novo período, aí se somam os resultados alcançados mês a mês dos juros ao capital, sobre o qual iniciará a incidência de novos juros, de um por cento ao mês.

Há outras exceções, mas relativamente a períodos menores. Assim o Decreto-lei nº 167, de 1967, no art. 5º, que disciplina o crédito rural: "As importâncias fornecidas pelo financiador vencerão juros às taxas que o Conselho Monetário Nacional fixar e serão exigíveis em 30 de junho e 31 de dezembro, ou no vencimento das prestações, se assim acordado entre as partes; no vencimento do título e na liquidação, ou por outra forma que vier a ser determinada por aquele Conselho, podendo o financiador, nas datas previstas, capitalizar tais encargos na conta vinculada à operação".

Em idêntica redação o art. 5º do Decreto-Lei nº 413, de 1969, versando sobre o crédito industrial.

Igualmente as Leis nºs 6.313, de 1975, e 6.840, de 1980, tratando do crédito comercial e à exportação mandando aplicar o Decreto-Lei nº 413. As aplicações beneficiam as instituições financeiras, nelas incluídas as cooperativas, que atuam em operações regradas por aqueles diplomas, conforme decidido:

> "Ocorre que os títulos de crédito são regulamentados pelo Decreto-Lei nº 167/67, no qual se estabelece que as cooperativas gozam das mesmas prerrogativas dos estabelecimentos bancários. Dispõem o art. 1º e o seu parágrafo único do Decreto-Lei nº 167:
> 'Art. 1º O financiamento rural concedido pelos órgãos integrantes do sistema nacional de crédito rural a pessoa física ou jurídica poderá efetuar-se por meio de cédulas de crédito rural previstas neste decreto-lei.

Parágrafo único. Faculta-se a utilização das cédulas para os financiamentos da mesma natureza concedidos pelas cooperativas rurais a seus associados ou às suas filiadas'".[25]

A capitalização permitida, nestes casos específicos, é semestral, malgrado a Súmula nº 93 do STJ, vazada nestes termos: "A legislação sobre cédulas de crédito rural, comercial e industrial admite o pacto de capitalização de juros". A origem parte de inúmeros julgados que admitiu a capitalização mensal, desde que pactuada, como o seguinte, dentre os mais antigos do STJ: "Capitalização mensal de juros. Possibilidade, no caso de financiamento rural (Decreto-Lei nº 167/67, art. 5º). Precedentes do STJ, entre outros o REsp. nº 11.843. Recurso Especial conhecido e provido".[26]

Por constar no art. 5º do Decreto-Lei nº 167, dentre as alternativas previstas, "ou por outra forma que vier a ser determinada por aquele Conselho", é que decorreu a inteligência que culminou na capitalização mensal. Entrementes, se ponderasse tal inteligência, era de se exigir sempre a expressa autorização do Conselho Monetário Nacional, como consta literalmente no dispositivo. Mas não encontra fulcro na redação do preceito. Primeiramente, ressaltam-se as datas semestrais; em seguida, possibilita-se a escolha de outras datas, como no vencimento das prestações, ou quando da liquidação, e pela forma em que convierem as partes. Pensa-se que a liberdade é admitida dentro do núcleo da regra, isto é, obedecendo a semestralidade. Se houvesse liberdade de escolha, por evidente que a pessoa obrigada elegeria o prazo mais dilatado, eis que não iria preferir períodos breves, em seu próprio prejuízo. A inserção de períodos mensais ou inferiores a seis meses representa um constrangimento ou imposição. Nem colocaria o legislador aquelas datas já marcadas se, depois, desse total liberdade para a imposição de períodos diferentes ou inferiores. Não haveria razão que justificasse uma disposição ambivalente.

Dentre os raros casos de capitalização permitidos por lei, cita-se também a dívida decorrente de financiamento imobiliário regido pela Lei nº 9.514, de 20.11.1997, distinto do antigo Sistema Financeiro da Habitação. O art. 5º, inciso III, da apontada lei, autoriza a capitalização dos juros da dívida contraída para a aquisição de imóvel.

No mais, em não existindo previsão legal, não é permitida a capitalização, tendo, ainda, plena aplicação a antiga Súmula nº 121 do STF: "É vedada a capitalização de juros, ainda que expressamente convencionada". O Superior Tribunal de Justiça tem reiterado a proibição, sempre quando não há lei que a possibilite: "Somente nas hipóteses em que expressamente autorizada por lei específica, a capitalização de juros se mostra admissível. Nos demais casos, é vedada, mesmo quando pactuada, não tendo sido revogado pela Lei nº 4.595/64 o art. 4º do Decreto nº 22.626/33. O anatocismo, repudiado pelo verbete nº 121 da Súmula do Supremo Tribunal Federal, não guarda relação com o enunciado nº 596 da mesma Súmula".[27] Ainda: "Somente se admite a capitalização dos juros havendo norma legal que excepcione a regra proibitória estabelecida no art. 4º do Decreto nº 22.626/33 (Lei de Usura)"[28]

---

[25] *Apel. Cível* nº 581.570-5, da 6ª Câm. Civil do 1º TACiv.-SP, de 18.06.1996, em *Revista dos Tribunais*, 737/256.

[26] *Recurso Especial* nº 23.844-8/RS, de 01.09.1992, da 3ª T., Rel. Min. Nilson Naves.

[27] *Recurso Especial* nº 122.777, de 27.05.1997, 4ª T., Rel. Min. Sálvio de Figueiredo. Dentre outros casos, lembram-se, ainda, o *Recurso Especial* nº 3.894, de 28.08.1990, Rel. Min. Nilson Naves; e *Recurso Especial* nº 46.515, de 13.06.1996, Rel. Min. Eduardo Ribeiro.

[28] *DJU*, 125, p. 24.052, de 01.07.1996 e, mesmo sentido, *DJU*, 74, p. 13.954, de 18.04.1997, em *Revista dos Tribunais*, 749/291.

No entanto, tratando-se de dívida comum contraída perante as instituições bancárias, fora os casos de legislação específica, há a Medida Provisória nº 2.170-36, de 23.08.2001, em vigor por força do art. 2º da Emenda Constitucional nº 32/2001, cujo art. 5º passou a autorizar a capitalização, nos seguintes termos: "Nas operações realizadas pelas instituições integrantes do Sistema Financeiro Nacional, é admissível a capitalização de juros com periodicidade inferior a um ano".

Finalmente, empregada a denominação "juros compostos" quando não se calcular diariamente a cumulação de juros sobre juros, reservando-se o termo "capitalização" se for diária.

33.12. JUROS DE MORA E PREJUÍZO

Para a cobrança de juros de mora não se requer a existência de prejuízo. Suficiente a mora para a imposição, pois assim autoriza o art. 407, praticamente repetindo o art. 1.064 do Código Civil de 1916: "Ainda que se não alegue prejuízo, é obrigado o devedor aos juros da mora que se contarão assim às dívidas em dinheiro, como às prestações de outra natureza, uma vez que lhes esteja fixado o valor pecuniário por sentença judicial, arbitramento, ou acordo entre as partes".

De suma relevância prática a regra. Chamava a atenção Sílvio Rodrigues que "a lei presume que a conservação, pelo inadimplente, do capital pertencente ao credor implica perda para este e lucro para aquele, de modo que impõe ao primeiro o dever de indenizar o segundo, o que é feito pelo pagamento dos juros legais".[29]

Outra importante previsão contém o cânone. Não apenas as dívidas líquidas em dinheiro se encontram abrigadas, mas também aquelas prestações de outra natureza, que se convertem, posteriormente, através de sentença, arbitramento ou acordo, em dinheiro. Exemplifica-se: condenando-se uma pessoa a entregar um veículo, ou a restituir um animal, ou a construir uma obra, e não se logrando alcançar o cumprimento *in natura* ou na espécie ordenada, vindo a transformar-se em dinheiro a prestação, contam-se os juros, que iniciam a partir da mora, a qual se opera, geralmente, mediante a citação. Sintetizava Carvalho Santos, perdurando a atualidade da lição, já que idêntico o tratamento da matéria pelo atual e pelo anterior Código: "A hipótese, aqui, como é fácil de perceber, é a da obrigação que, sem ser de pagamento em dinheiro, se converte em dívida pecuniária para então poder ter execução, por não ser possível ao credor satisfazê-la antes de ser fixada e convertida em dinheiro. Não se trata, propriamente, de dívida, em sua origem, de dinheiro, nem tampouco de dívida ilíquida".[30]

Pontes de Miranda dá todo o alcance do então art. 1.064, cujo conteúdo se mantém no art. 407 do vigente Código, vendo nele três regras jurídicas: "A primeira estabelece o 'princípio da desnecessidade de dano para a eficácia da mora' (= mora surte efeitos ainda que nenhum prejuízo tenha havido); a segunda estabelece que, nas dívidas de dinheiro, a mora tem os efeitos de produção de juros desde que ela ocorre, inclusive na espécie do art. 962; a terceira faz depender da sentença, judicial ou arbitral, ou do acordo dos interessados a 'contagem' dos juros, nas dívidas em que a prestação não seja de dinheiro;

---

[29] *Direito Civil* – Parte Geral das Obrigações, ob. cit., vol. II, p. 319.
[30] Ob. cit., vol. XIV, p. 287.

não, porém, a fluência, que é desde a mora".[31] Recorda-se que o mencionado art. 962 corresponde ao art. 398 do atual diploma civil.

33.13. INCIDÊNCIA DOS JUROS DE MORA QUANDO NÃO POSTULADOS OU OMISSA A SENTENÇA

Seguidamente aparecem controvérsias sobre a incidência de juros em obrigações quando o credor não os postulou e há total omissão na sentença.

Primeiramente, aborda-se o deferimento na ausência de requerimento expresso.

Existe a regra do art. 324 do Código de Processo Civil, segundo a qual o pedido deve ser "determinado", envolvendo o termo o significado de "certo": "O pedido deve ser determinado."

De outro lado, se ausente qualquer pretensão a respeito, haveria também o óbice do art. 492 do mesmo estatuto: "É vedado ao juiz proferir decisão de natureza diversa da pedida, bem como condenar a parte em quantidade superior ou em objeto diverso do que lhe foi demandado". Na concessão de um pedido diverso do solicitado, afigura-se como extra petita a sentença, ficando eivada de nulidade, de acordo com o entendimento predominante; caso, porém, conceder-se mais do pretendido, a caracterização é de *ultra petita*, com possibilidade de redução do montante aos limites do pedido.

No entanto, não se pode olvidar o disposto no art. 322, § 1º, que dá uma abrangência maior à matéria:

"O pedido deve ser certo.
§ 1º Compreendem-se no principal os juros legais, a correção monetária e as verbas de sucumbência, inclusive os honorários advocatícios."

Juros legais, conforme já observado, constituem aqueles expressamente previstos na lei material – art. 406 do Código Civil, com as alterações da Lei nº 14.905/2024, podendo ser os de mora. Os convencionados são os combinados pelos contratantes, aos quais não se permite estabelecer taxa superior a doze por cento, na linha de pensamento que se defendeu em item supra. De modo que o art. 492 acima transcrito limita-se aos juros legais, que abrangem os da mora. Não transcendem seus limites para os convencionais ou contratuais, consoante a profícua lição de Wellington Moreira Pimentel: "O que se considera incluído no principal são apenas os juros legais. Não assim os convencionados, ainda que ajustados expressamente no contrato e dentro dos limites permitidos pela legislação. Para estes, há de ser formulado pedido expresso".[32]

Resumindo, aos juros legais dá amparo o art. 322 do CPC. Independe, para a concessão, a existência de pedido expresso. Permite-se que a sentença os conceda, mesmo que omisso o pedido.

Suponha-se, agora, a omissão da sentença na concessão. Nada se deferiu e nem se decidiu a respeito. Em execução de sentença, autoriza-se a pretensão, com a inclusão na memória discriminada e atualizada do cálculo? A lição de J. J. Calmon de Passos é pela negativa, como já se manifestara Pontes de Miranda: "Uma coisa é pedido implícito.

---

[31] *Tratado de Direito Privado* – Parte Especial, ob. cit., vol. XXIV, pp. 23 e 24.
[32] *Comentários ao Código de Processo Civil*, São Paulo, Revista dos Tribunais, 1979, vol. III, p. 209.

Outra, condenação implícita. Esta última não existe. De sorte que, se não foram pedidos os juros legais, a sentença poderá incluí-los na condenação. Mas, se não previstos na sentença, poderão ser reclamados na execução? Responde Pontes de Miranda que não, e com irrecusável acerto".[33]

Desde há tempos, entrementes, vinga outra exegese, consubstanciada na Súmula nº 254/1963, do STF, nos seguintes termos: "Incluem-se os juros moratórios na liquidação, embora omisso o pedido inicial ou a condenação". O Supremo Tribunal Federal, em decisão posterior, manteve a orientação: "Os julgados que informam a Súmula em causa (Súmula nº 254) demonstram cabalmente o propósito de incluir os juros de mora na condenação, embora a eles não se refira o julgado, posto implícitos no pedido. Veja-se, a propósito, o julgamento do RE nº 31.229, ali referido, que os juros de mora, ainda nos casos de omissão no pedido ou na condenação, são sempre exigíveis, como acessório que são do principal".[34]

O Superior Tribunal de Justiça adotou tal posição, segundo o seguinte aresto: "Os juros de mora, ainda quanto a eles omisso o pedido inicial e a condenação, haverão de ser incluídos na liquidação, como acessórios que são do principal".[35]

Justifica-se a interpretação porque os juros de mora representam efetivamente a reparação de um prejuízo que se presume, além de serem acessórios do principal, do qual não podem se destacar, pois no mesmo implícitos. O próprio conteúdo do art. 407 impõe a inclusão, ao ordenar a obrigatoriedade no pagamento, ainda que se não alegue prejuízo.

---

[33] *Comentários ao Código de Processo Civil*, 1ª ed., Rio de Janeiro, Forense, vol. III, pp. 195-196.
[34] *Recurso Extraordinário* nº 101.076-SP, Rel. Min. Rafael Mayer, de 16.12.1983, em *Revista Trimestral de Jurisprudência*, 109/1.263.
[35] *Recurso Especial* nº 10.929-GO, Rel. Min. Waldemar Zveiter, de 28.06.1991, *DJU* 26.08.1991. Theotônio Negrão, *Código de Processo Civil e Legislação Processual em Vigor*, 29ª ed., Ed. Saraiva, 1998, na observação nº 5 ao art. 610 do CPC, lembra várias outras decisões do STJ, no mesmo sentido.

XXXIV

Cláusula Penal

34.1. IMPORTÂNCIA E CONCEITUAÇÃO

Trata-se de um pacto acessório, de uma estipulação secundária, acompanhando sempre outro contrato, procurando lhe dar força. Fossem as partes que contratam ciosas do cumprimento das obrigações, ou honrassem seriamente os compromissos e avenças que assumem, não haveria necessidade de cláusulas paralelas que procuram dar garantia ou reforçar a certeza do cumprimento. Realmente, sempre acompanha os contratos um grau de insegurança no atendimento do que neles consta estabelecido, gerando um grau de instabilidade nas relações econômicas e sociais. Quanto maiores as instabilidades de uma economia, e mais fortes as crises que assolam os povos, ou menos evoluída a consciência moral das pessoas, geralmente mais cresce a inadimplência das obrigações, ensejando mecanismos de defesa e proteção dos direitos e créditos emanados das convenções e contratos.

Pode-se, pois, afirmar que de inolvidável importância a fixação de cominações para o caso de descumprimento dos contratos, além daquelas que naturalmente decorrem, como a resolução. Visa a cláusula penal emprestar garantia e segurança ao cumprimento da obrigação. Pressupondo a possibilidade da inadimplência do próprio objeto ou de alguma de suas cláusulas, ou o retardamento de sua execução, as partes estipulam, previamente, alguma indenização, a ser paga se acontecer qualquer das referidas hipóteses. Por isso, sintetiza Orosimbo Nonato, "ela traduz uma obrigação de indenizar, em caso de inadimplemento ou mora".[1]

Assim, conceitua-se a figura como a cominação que se estabelece em um contrato, através de disposição específica, pela qual se atribui ao inadimplente da obrigação principal o pagamento de determinada quantia, ou a entrega de um bem, ou a realização de um serviço. Trata-se, pois, de uma obrigação acessória, sempre adjeta a um contrato, obrigando o devedor a uma prestação determinada em caso de faltar ao estrito cumprimento das cláusulas do contrato, ou retardar o seu cumprimento. Na longa definição feita por Limongi França, em obra que melhor até presentemente tratou do assunto, destaca-se este instituto como o pacto acessório, "por meio do qual se estipula uma pena, em dinheiro ou outra utilidade", com a finalidade de garantir o fiel cumprimento da obrigação principal.[2]

Bem clara a conceituação de Antônio Chaves: "Um pacto acessório ao contrato ou a outro ato jurídico, efetuado na mesma declaração ou em declaração à parte, por meio

---

[1] *Curso de Obrigações*, ob. cit., vol. II, p. 303.
[2] *Teoria e Prática da Cláusula Penal*, São Paulo, Ed. Saraiva, 1988, p. 7.

do qual se estipula uma pena, em dinheiro ou em outra utilidade, a ser cumprida pelo devedor ou terceiro, cuja finalidade precípua é garantir, alternativa ou cumulativamente, conforme o caso, em benefício do credor ou de outrem, o fiel e exato cumprimento da obrigação principal, bem assim, ordinariamente, constituir-se na pré-avaliação das perdas e danos e em punição do devedor inadimplente."[3]

Não apenas um valor monetário pode abranger, mas também a entrega de um bem, ou a realização de um serviço. Nesta previsão, para a falta da adimplência voluntária de uma dívida, estabelece-se um acréscimo de dez por cento. Quanto à entrega de um bem, como consequência do descumprimento, embora não comum, assinala-se no contrato que a falta de pagamento no prazo assinalado acarreta a obrigação da restituição da coisa, e assim no empréstimo ou locação de um bem móvel, em que o aluguel constitui a obrigação principal. Já quanto à realização de um serviço, prevê-se que a não conclusão de uma obra num prazo assinalado importa, como penalidade, a confecção de um adendo ou acréscimo à obra. Nada há no Código e em leis especiais que abordam a matéria impondo que seja uma soma em dinheiro a pena. Não se impede que se constitua de uma coisa, de um fato, ou até de uma abstenção.

Desde épocas imemoriais sempre se fez presente a cláusula penal, embora muitos lembram a origem no direito romano, conhecida como *stipulatio poenae*, ou estipulação de pena, mais prevista em promessas de obrigações, e consistente em uma prestação para quem descumprisse o convencionado. Sobressaía a finalidade de garantir a execução de uma obrigação principal, colocando à mercê do credor alternativas de agravar a obrigação se não honrada no modo e tempo devidos. Consistia sempre em um valor certo e determinado (*pecunia certa*), de literal cumprimento, dado o formalismo imprimido aos contratos, vindo a sua instrumentalização acompanhada de acentuado ritualismo. Mas não se restringia a valores econômicos. Impunham-se fatos e atos, tanto que há textos expressando a variedade, lembrando Limongi França uma passagem de Ulpiano, assim traduzida: "*Pecuniam compromissam* – devemos entender, não apenas como se uma e outra parte houvesse prometido pena pecuniária, senão também outra coisa em lugar da pena (*alia res vice poenae*), se alguém não se submeter à sentença do árbitro".[4]

34.2. FINALIDADES

Não resta dúvida de que duas as finalidades básicas: compelir ao cumprimento e composição do prejuízo trazido pela mora ou omissão em atender o convencionado.

A função coercitiva é, realmente, a mais importante, apesar das tendências em salientar o caráter reparatório ou compensatório. Sempre predominou esta finalidade, eis que interessa sobretudo ao credor ver atendido seu crédito, pelo tempo, modo e valor firmados. Possui força intimidativa, induzindo o devedor a satisfazer aquilo a que se comprometeu. Temendo que será obrigado a pagar soma bem superior àquela consignada no contrato, haverá maior empenho e cuidado para o devido cumprimento. Já que praticamente não mais subsistem penas diferentes que as patrimoniais para conseguir o cumprimento, enseja-se constituir este o recurso mais apropriado com o qual arma-se o credor para impelir

---

[3] *Cláusula Penal*, em 'Doutrinas Essenciais – Obrigações e Contratos' – Edições Especiais Revista dos Tribunais, vol. II (Obrigações: Funções e Eficácia), São Paulo, Thomson Reuters, Revista dos Tribunais. 2ª tir., orgs. Gustavo Tepedino e Luiz Edson Fachin, p. 1.095.
[4] *Teoria e Prática da Cláusula Penal*, ob. cit., p. 17.

à satisfação de seu crédito. Maria Helena Diniz, lembrando vários autores, acrescenta que a função compulsória constitui "um meio de forçar o cumprimento do avençado, consistindo numa pena que visa punir uma conduta ilícita e assegurar o adimplemento da obrigação, já que constrange psicologicamente o devedor ao seu pagamento".[5]

Denota-se, portanto, uma dupla finalidade: a coercitiva e a ressarcitória. Fábio Maria de Mattia denomina a primeira "cláusula penal pura", e a segunda, "cláusula penal não pura".

Na "cláusula penal pura", segundo o autor, há "a falta de consideração do dano e do ressarcimento que são regulados pelas normas ordinárias. As partes não dispõem, positivamente, a respeito do ressarcimento do dano eventual, porque comumente o dano eventual não é sequer hipotisável, e além do mais declaram prescindir ou reservar o direito e o seu exercício. O dano, porém, pode se verificar e, em tal caso, aparece a obrigação do ressarcimento por força da lei. O fato de faltar entre as partes contraentes uma referência positiva ao ressarcimento do dano importa que o relacionamento entre as duas obrigações permaneça exclusivamente regulado pelas normas legais. A obrigação penal e a obrigação de ressarcimento são duas obrigações autônomas que derivam de fontes diversas".

Por sua vez, a "cláusula penal não pura", segue o autor, é aquela "em que as partes estipulam também a ressarcibilidade do dano", seja o verificado no curso da relação, seja o ulterior.[6]

Na verdade, o caráter compensatório ou reparatório, decorrente da inadimplência ou da mora, igualmente mostra-se importante. Representa um meio de avaliar o prejuízo, ou expressa o valor prévio das perdas e danos que se imagina e se calcula com a inadimplência. Esta função revela um caráter primitivo, consignando o antigo Código Civil francês, em seu art. 1.229, que corresponde à compensação "des dommages et intérêts que le créancier souffre de l'inexécution de l'obligation principale [danos que o credor sofre pelo incumprimento da obrigação principal]". O Código Civil brasileiro não destoa desta finalidade, tanto que em vários de seus dispositivos permite a sua fixação e variação de acordo com a intensidade do cumprimento da obrigação principal, isto é, tendo em vista o prejuízo. Em seu art. 410, há a ligação bem visível de tal caráter: "Quando se estipular a cláusula penal para o caso de total inadimplemento da obrigação, esta se converterá em alternativa a benefício do credor".

Todavia, se externado o caráter de ressarcimento, ou de compensação pelos prejuízos, unicamente o seu montante é postulável. Não cabe demandar quantia superior, ou em proporção aos danos ocorridos, a menos que se contemple a previsão em cláusula, e se demonstre o efetivo *quantum* verificado, em obediência ao parágrafo único do art. 416, que supriu lacuna existente no Código Civil de 1916: "Ainda que o prejuízo exceda ao previsto na cláusula penal, não pode o credor exigir indenização suplementar se assim não foi convencionado. Se o tiver sido, a pena vale como mínimo da indenização, competindo ao credor provar o prejuízo excedente".

Expõe, sobre o assunto, Sílvio de Salvo Venosa, em *Direito Civil – Teoria Geral das Obrigações e Teoria Geral dos Contratos*, vol. 2, Editora Atlas, São Paulo, 2003, 3ª ed., p. 168: "O valor da multa pode sempre ser exigido na hipótese de inadimplemento. Se o

---

[5] *Curso de Direito Civil Brasileiro – Teoria Geral das Obrigações*, 2º vol., ob. cit., p. 384.
[6] *Cláusula penal pura e cláusula penal não pura*, em 'Doutrinas Essenciais – Obrigações e Contratos' – Edições Especiais Revista dos Tribunais, vol. II (Obrigações: Funções e Eficácia), São Paulo, Thomson Reuters, Revista dos Tribunais. 2ª tir., orgs. Gustavo Tepedino e Luiz Edson Fachin, pp. 1.126 e 1.128.

credor entender que seu prejuízo supera seu valor, somente poderá cobrar o excesso se o contrato assim o permitir expressamente e, neste caso, quanto ao valor que sobejar, deve provar o prejuízo, seguindo, então, neste último aspecto, a regra geral de perdas e danos. Nada impede, também, que as partes tenham estabelecido um limite para esse *plus* indenizatório: impera a autonomia da vontade. Nesses termos, o contrato pode rezar que a multa (cláusula penal) é de cem e que, mediante prova do prejuízo, as perdas e danos poderão chegar a duzentos. Trata-se, na verdade, de modalidade de limitação de responsabilidade que a doutrina e o ordenamento não repelem".

No entanto, mesmo que prevista a cláusula penal compensatória, não fica a parte obrigada a pleiteá-la, se preferir a pretensão de perdas e danos, pelo procedimento comum. Não fica obrigado, então, a limitar o pleito dos prejuízos ao montante da cláusula. Nesse sentido, decidiu o STJ:

"Num primeiro momento, na falta de critérios mais precisos para se definir quando é compensatória ou moratória a cláusula penal, recomenda a doutrina 'que se confronte o seu valor com o da obrigação principal, e, se ressaltar sua patente inferioridade, é moratória' (Caio Mário da Silva Pereira); *in casu*, como registrado no acórdão guerreado, a cláusula penal foi fixada em 10% do valor do contrato, o que, à luz do critério acima traçado, exterioriza e denota sua natureza moratória. Ademais, ainda que compensatória fosse a estipulação, 'ocorrendo o inadimplemento imputável e culposo, o credor tem a possibilidade de optar entre o procedimento ordinário, pleiteando perdas e danos nos termos dos arts. 395 e 402 (o que o sujeitou à demora do procedimento judicial e ao ônus de provar o montante do prejuízo) ou, então, pedir diretamente a importância prefixada na cláusula penal, que corresponde às perdas e danos estipulados a *forfait*. Daí a utilidade da cláusula penal como instrumento que facilita o recebimento da indenização, poupando ao credor o trabalho de provar, judicialmente, ter havido dano ou prejuízo, livrando-se, também, da objeção da falta de interesse patrimonial'".[8]

Não se olvida, entretanto, a mera estipulação como pena acessória, admissível pelo nosso sistema jurídico, e simplesmente acrescendo as demais cominações por omissão no cumprimento, conforme se depreende do art. 416: "Para exigir a pena convencional, não é necessário que o credor alegue prejuízo".

E é justamente quando assim aparece qualificada que mais se impõe o correto arbitramento, ou a sua moderação de acordo com as regras da equidade, como adiante será desenvolvido.

34.3. NATUREZA

Já foi dito que é uma estipulação acessória, isto é, secundária, que não subsiste por si, e dependente sempre do contrato principal. Neste sentido, em geral vem inserida no próprio contrato principal, em cláusula que segue às obrigações. Além de discriminarem

---

[7] MARTINS-COSTA, Judith. *Comentários ao Novo Código Civil*. Do inadimplemento das obrigações. vol. V. Tomo II. Arts. 389 a 420, Coordenador Sálvio de Figueiredo Teixeira, Rio de Janeiro, Forense, 2004, p. 490.

[8] *Resp* nº 734.520/MG, 4ª Turma do STJ, j. em 21.06.207, *DJe* de 15.10.2007, Rel. Min. Hélio Quaglia Barbosa.

as decorrências normais pelo inadimplemento, aparece o acréscimo da cláusula penal. Todavia, nada impede que seja introduzida posteriormente, em avença à parte. Ainda, possível que diga respeito à inexecução completa da obrigação, ou à inexecução de uma cláusula especial, ou simplesmente à mora. Tal amplidão está visível no art. 409: "A cláusula penal estipulada conjuntamente com a obrigação, ou em ato posterior, pode referir-se à inexecução completa da obrigação, à de alguma cláusula especial ou simplesmente à mora".

Se imprimido o caráter indenizatório, não se pode olvidar as restrições do parágrafo único do art. 416, assunto examinado no item superior.

A sua natureza, no entanto, malgrado os que dão preponderância ao caráter indenizatório, numa pré-avaliação dos danos a que conduz a inadimplência, assenta-se na coerção para o cumprimento, no que se confunde praticamente com a finalidade que a impõe. Nesta visão, revela-se num reforço, numa garantia da execução da obrigação. Limongi França vê aí a sua essência, o que não deixa de ser a natureza, descrevendo três fundamentos de sua teoria, que encontra profundo senso de realidade: "Primeiro: ainda que não seja aplicável a pena, como na compensação alternativa, constitui um 'reforço' pela intimidação que persiste, em virtude do simples fato de o credor poder optar pela cobrança do seu montante. Poderia deixar de existir enquanto pena, mas sempre atuará enquanto reforço.

Segundo: mesmo quando não seja a pré-avaliação das perdas e danos, o que é frequente por disposição das partes e da própria lei, apresenta-se como reforço da extensão da respectiva cominação, ainda que parcial.

Terceiro: é o principal argumento – sempre que não for um reforço, deixa de ser pena convencional, passando a configurar-se como multa penitencial ou cláusula penal imprópria".[9]

Como se percebe, embora por contornos diferentes, prepondera o caráter de forçar o cumprimento. É inerente a natureza coercitiva. Por aí se delineia a conclusão: é de sua índole levar ao cumprimento. Secundariamente, pode expressar a previsão da indenização, mas enseja a sua inclusão no contrato a razão básica: forçar o cumprimento das cláusulas. Esta a natureza, ou determinar e justificar a sua existência o conteúdo de intimidação, de forçar o cumprimento, e, para surtir efeitos, de punir os inadimplentes.

Outrossim, embora prevista a cláusula penal, mas se alvitrada pela lei a possibilidade de perdurar o contrato se decorrido o lapso para o seu término, não é a mesma cabível. Nas locações residenciais, por exemplo, estipula o § 1º do art. 46 da Lei nº 8.245, de 1991, a prorrogação do contrato por prazo indeterminado, se o locatário continuar na posse do imóvel alugado por mais de trinta dias sem oposição do locador. Por conseguinte, se a própria lei assegura o direito em continuar o contrato, resta óbvia a invalidade da multa, embora prevista, em permanecendo o locatário no imóvel, conforme já decidido: "Considera-se abusiva, e por isso nula, a cláusula contratual que estabelece multa a ser paga pelo locatário se não devolver o imóvel ao término do prazo do contrato". Acontece que, segue o acórdão, "constitui direito do inquilino permanecer no imóvel, ainda que findo o prazo contratual. Desde que continue a cumprir os termos da avença, em especial dando ao imóvel a sua exata destinação, cuidando de conservá-lo, e pagando pontualmente os aluguéis e encargos, o locatário está no regular exercício de seu direito,

---

[9] *Teoria e Prática da Cláusula Penal*, ob. cit., p. 159.

não comete infração alguma que o penalize, muito embora sujeito aos percalços da desocupação forçada por via judicial".[10]

34.4. CLÁUSULA PENAL E INSTITUTOS AFINS

Há certa proximidade com institutos semelhantes, e também voltados, em última instância, para o cumprimento do contrato, com a diferença de que, na cláusula penal, acentua-se mais o caráter de pena.

A maior intimidade está com os "juros de mora", ou os juros previstos para o caso de retardamento em cumprir a avença, ou objetivando, no dizer de Manoel Ignácio Carvalho de Mendonça, dispensar o credor da prova do dano e exigir a indenização estipulada como pena.[11] Seguramente, a distinção e a compatibilidade das duas cominações constituem um dos problemas que mais fomentam as discussões. Diversos os institutos, cada um com regime próprio, regulados em locais distintos do Código Civil. Frequente a previsão de juros de mora e cláusula penal, esta tanto compensatória ou coercitiva. Desde já, afasta-se qualquer ligação com os juros remuneratórios, próprios em contratos de mútuo, acrescidos ao capital unicamente para compensar a entrega, por determinado período de tempo, de certa soma em dinheiro, prática comum no mútuo bancário. Nada há que impeça a pactuação em conjunto, dada a natureza puramente remuneratória.

Os juros de mora também têm a finalidade de compelir ao cumprimento das obrigações no tempo certo. Não há como afastar a natureza coercitiva, com um fundo compensatório pela demora em pagar. Todavia, a cláusula penal encerra mais profundamente o caráter coercitivo ou indenizatório. A cumulação vem admitida no art. 404, ao prescrever: "As perdas e danos, nas obrigações de pagamento em dinheiro, serão pagas com atualização monetária segundo índices oficiais regularmente estabelecidos, abrangendo juros, custas e honorários de advogado, sem prejuízo da pena convencional".

Não é permitida, porém, a incidência dos juros de mora na multa ou cláusula penal, pois importaria em uma cumulação de cominações. Bem decidiu o STJ: "A jurisprudência desta Corte Superior se manifesta no sentido de que não incidem juros de mora sobre a multa diária aplicada pelo descumprimento da ordem judicial por configurarem evidente *bis in idem*".[12]

No voto do Relator, transcrevem-se precedentes:

"Sob pena de configurar *bis in idem*, não incidem juros de mora sobre a multa cominatória, o que, por si só, constitui sanção por inadimplemento da obrigação" (AgInt no REsp 1.963.280/SP, Rel. Min. Ricardo Villas Bôas Cueva, 3ª Turma, j. em 12.09.2022, DJe de 19.09.2022).

"Segundo a jurisprudência desta Corte, não incidem juros de mora sobre a multa diária aplicada pelo descumprimento da ordem judicial por configurarem evidente *bis in idem*. Precedentes" (AgInt no AREsp 1.568.978/GO, 4ª Turma, DJe de 06.05.2020, Rel. Min. Antonio Carlos Ferreira).

---

[10] Apel. Cível nº 423.793-00/7, da 10ª Câm. Civil do 2º TACiv.-SP, de 22.02.1995, em *Revista dos Tribunais*, 725/275.
[11] *Doutrina e Prática das Obrigações*, ob. cit., p. 232.
[12] AgInt no AREsp 2470688/SP, 3ª Turma, j. em 13.05.2024, DJe de 15.05.2024, Rel. Min. Marco Aurélio Bellizze.

Se não bastarem os juros de mora para cobrir o prejuízo, e inexistindo pena convencional, faculta-se ao juiz fixar uma indenização suplementar, o que dá amparo o parágrafo único do art. 404: "Provado que juros e mora não cobrem o prejuízo, e não havendo pena convencional, pode o juiz conceder ao credor indenização suplementar".

Observava Serpa Lopes, quanto à compatibilidade: "Se o legislador não tivesse pretendido estabelecer, em relação aos juros, uma exceção ao princípio vedativo da acumulação, bastaria ter silenciado, ou, então, fazendo-o, tornar o dispositivo restrito à multa moratória".[13]

No entanto, para efeitos indenizatórios em razão da mora, há casos em que vêm previstos tais juros com a natureza de cláusula penal. Tal acontece no crédito rural, regulamentado pelo Decreto-Lei nº 167, de 14.02.1967, segundo o art. 5º, em seu parágrafo único: "Em caso de mora, a taxa de juros constante da cédula será elevável de 1% (um por cento) ao ano". No que há conivência do Superior Tribunal de Justiça, como no seguinte exemplo: "Crédito rural. Alteração da taxa de juros em caso de mora do devedor. Na hipótese de mora do devedor, incide o disposto no art. 5º, parágrafo único, do Decreto-Lei nº 167, de 1967, operando-se a elevação da taxa de juros constante da cédula em 1% ao ano, tão somente".[14]

Como há certos contratos regulados particularmente por regimes especiais, dado o interesse público de que se revestem, é afastado o tratamento comum. Pode-se contra-argumentar que, neste campo, consta no art. 71 do Decreto-Lei nº 167/1967, na redação da Lei nº 13.986/2020, a previsão de cláusula penal. Realmente, há a possibilidade da sua inserção nos contratos, mas com a finalidade única de custear as despesas de cobrança, e não para efeitos de mera decorrência em vista da mora. Realmente, assinala o dispositivo: "Em caso de cobrança em processo contencioso ou não, judicial ou administrativo, o emitente da cédula de crédito rural ou da nota promissória rural ou o aceitante da duplicata rural responderá ainda pela multa de até 2% (dois por cento) sobre o principal e acessórios em débito, devida a partir do primeiro despacho da autoridade competente na petição de cobrança ou de habilitação de crédito".

Idêntico o tratamento para o crédito industrial, submetido ao Decreto-Lei nº 413, de 09.01.1969, em seus arts. 5º e 58. Da mesma forma no pertinente ao crédito comercial, este já disciplinado pela Lei nº 6.840, de 03.11.1980, em razão de seu art. 5º mandar aplicar aos títulos de crédito comerciais as normas do Decreto-Lei nº 413. Quanto ao montante, entrementes, segue de 10%, não tendo havido a alteração dos diplomas, como o foi o Decreto-lei nº 167/1967.

Não raras vezes, procede-se à distinção entre "cláusula penal" e "multa". Reclamam-se a cláusula penal e a multa concomitantemente, ignorando que idêntica a finalidade, variando apenas na denominação, e mais apropriada a designação de "multa" para os mútuos ou financiamentos. Estabelece-se, *v.g.*, a cláusula penal da restituição do bem emprestado, juntamente com a multa pelas prestações inadimplidas dentro de certo prazo. Há, neste exemplo, uma nítida diferenciação de cominações. A multa prende-se mais a obrigações assumidas num compromisso de compra e venda, a inadimplências de atividades prometidas, à omissão da entrega de encomendas, às dívidas monetárias. No entanto, o significado, de modo geral, é idêntico ao da Lei de Usura (Decreto nº 22.626, de 07.04.1933), cujo art. 8º demonstra a identidade entre uma e outra espécie: "As multas ou cláusulas penais, quando convencionadas, reputam-se estabelecidas para atender a

---

[13] *Curso de Direito Civil*, ob. cit., vol. II, p. 178.
[14] *Recurso Especial* nº 42.089-0-RS, de 1994, rel. Min. Barros Monteiro.

despesas judiciais, e honorários de advogados, e não poderão ser exigidas quando não for intentada ação judicial para cobrança da respectiva obrigação". Se bem que a expressão mais apropriada é "cláusula penal" nos contratos, reservando-se o termo multa para os compromissos decorrentes de lei.

O Código de Defesa do Consumidor (Lei nº 8.078, de 1990), no art. 52, § 1º, emprega o termo "multa", limitando-a a 2% do valor da prestação: "As multas de mora decorrentes do inadimplemento de obrigações no seu termo não poderão ser superiores a 2% (dois por cento) do valor da prestação" (redação vinda da Lei nº 9.298, de 1º.08.1996). O dispositivo provocou uma das maiores celeumas na interpretação de contratos, porquanto a cláusula penal ou multa passou a ter uma limitação extremamente baixa, contrariando dispositivos de várias outras leis, que permitiam o *quantum* de 10%. A dificuldade reside em saber quando incide o Código de Defesa do Consumidor, indagação esta de fácil solução: sempre que o contrato atinge o consumidor final, ou não se interpondo um terceiro entre o fornecedor e o consumidor. Nesta linha a lição de Nelson Nery Júnior, no caso de contratos que envolvem a concessão de crédito, mas aplicável a qualquer relação comercial: "Havendo outorga do dinheiro ou do crédito para que o devedor o utilize como destinatário final, há a relação de consumo que enseja a aplicação dos dispositivos do CDC. Caso o devedor tome dinheiro ou crédito emprestado do banco para repassá-lo, não será destinatário final, e, portanto, não há que se falar em relação de consumo".[15]

O art. 3º da Lei nº 8.078/1990 considera fornecedor "toda a pessoa física ou jurídica, pública ou privada, nacional ou estrangeira, bem como os entes despersonalizados que desenvolvem atividade de produção, montagem, criação, construção, transformação, importação, exportação, distribuição ou comercialização de produtos ou prestação de serviços". É consumidor, pelo art. 2º, "toda pessoa física ou jurídica que adquire e utiliza produto ou serviço como destinatário final".

A matéria não se esgota aí. Observa-se que o Código de Defesa do Consumidor aplica-se a todos os contratos realizados com o consumidor final. Em vista do caráter geral da regra do art. 52, § 1º, afirma-se a implicação no art. 9º do Decreto nº 22.626/1933, assim dispondo: "Não é válida cláusula penal superior à importância de 10% (dez por cento) do valor da dívida". Por conseguinte, sendo o destinatário do crédito ou devedor destinatário final, há de se fixar na redução para 2%, conforme acima visto.

Daí ter se formado a seguinte inteligência quanto à multa: "Aplicação imediata da Lei nº 9.298, de 01.08.1996, que alterou o CDC, reduzindo a multa para 2% aos aluguéis vencidos após sua vigência".[16]

Conveniente delinear a distinção entre cláusula penal e "*astreintes*", as quais, na verdade, não passam de uma cláusula penal. No entanto, restringem-se a oferecer ao credor um meio de pressão, ou um instrumento para forçar o devedor ao cumprimento de obrigação decorrente de decisão judicial. Ou consideram-se um instrumento de constrição, ou de compulsão. Correspondem a uma coação de natureza econômica, que se agrava na medida em que aumenta o tempo da satisfação. Penderá a pressão psicológica no devedor de que responderá, a cada dia, pela sua mora. Mas nada tem a ver com as perdas e danos, que procuram recompor o dano causado pelo descumprimento.

---

[15] *Código Brasileiro de Defesa do Consumidor*, Rio de Janeiro, Forense, 1991, p. 305.
[16] Apel. Cível nº 196234736, da 4ª Câm. Cível do Tribunal de Alçada do Rio Grande do Sul, de 19.12.1996, em *Julgados do Tribunal de Alçada do Rio Grande do Sul*, 103/251.

No REsp nº 169.057/RS, da 4ª T., j. em 1º.06.1999, *DJU* de 16.08.1999, o STJ faz a correta distinção:

"Não se confunde a cláusula penal, instituto de direito material vinculado a um negócio jurídico, em que há acordo de vontades, com as *astreintes*, instrumento de direito processual, somente cabíveis na execução, que visa a compelir o devedor ao cumprimento de uma obrigação de fazer ou não fazer e que não correspondem a qualquer indenização por inadimplemento".

Em outra decisão do STJ, reedita-se a distinção:

"Na linha da jurisprudência desta Corte, não se confunde a cláusula penal, instituto de direito material vinculado a um negócio jurídico, em que há acordo de vontades, com as *astreintes*, instrumento de direito processual, somente cabíveis na execução, que visa compelir o devedor ao cumprimento de uma obrigação de fazer ou não fazer e que não correspondem a qualquer indenização por inadimplemento".[17]

A fixação da multa também cabe no processo de cumprimento de sentença, que estabelece a obrigação de fazer ou não fazer, consoante os arts. 536 e seu § 1º, e 537 do estatuto processual civil.

De observar o art. 536: "No cumprimento de sentença que reconheça a exigibilidade de obrigação de fazer ou de não fazer, o juiz poderá, de ofício ou a requerimento, para a efetivação da tutela específica ou a obtenção de tutela pelo resultado prático equivalente, determinar as medidas necessárias à satisfação do exequente."

O § 1º, no pertinente à aplicação da multa, entre outras medidas: "Para atender ao disposto no *caput*, o juiz poderá determinar, entre outras medidas, a imposição de multa, a busca e apreensão, a remoção de pessoas e coisas, o desfazimento de obras e o impedimento de atividade nociva, podendo, caso necessário, requisitar o auxílio de força policial."

O art. 537 cuida da iniciativa do próprio juiz na aplicação da multa, e indica os momentos de sua cominação: "A multa independe de requerimento da parte e poderá ser aplicada na fase de conhecimento, em tutela provisória ou na sentença, ou na fase de execução, desde que seja suficiente e compatível com a obrigação e que se determine prazo razoável para cumprimento do preceito."

Ainda quanto ao cumprimento da obrigação, faculta-se ao juiz modificar o valor ou a periodicidade da multa, se verificar que se tornou insuficiente ou excessiva, de acordo o art. 537, § 1º:

"O juiz poderá, de ofício ou a requerimento, modificar o valor ou a periodicidade da multa vincenda ou excluí-la, caso verifique que:

I – se tornou insuficiente ou excessiva;

II – o obrigado demonstrou cumprimento parcial superveniente da obrigação ou justa causa para o descumprimento."

---

[17] *Resp* nº 422.966/SP, 4ª Turma, j. em 23.09.2003, *DJe* de 01.03.2004, Rel. Min. Sálvio de Figueiredo Teixeira.

Cumpre observar a inovação quanto ao destinatário da multa, que passa a ser devida para o exequente (§ 2º do mesmo artigo).

Mais inovações são trazidas pelo atual Código de Processo Civil. O § 3º do art. 537, na alteração da Lei nº 13.256/2016, estabelece o cumprimento provisório da multa: "A decisão que fixa a multa é passível de cumprimento provisório, devendo ser depositada em juízo, permitido o levantamento do valor após o trânsito em julgado da sentença favorável à parte."

Ainda quanto à multa, o CPC, no § 4º do art. 537, ordena que "a multa será devida desde o dia em que se configurar o descumprimento da decisão e incidirá enquanto não for cumprida a decisão que a tiver cominado". Finalmente, o § 5º do mesmo artigo manda aplicar as disposições acima "no que couber, ao cumprimento de sentença que reconheça deveres de fazer e de não fazer de natureza não obrigacional".

Na execução de obrigação extrajudicial ou nascida de convenção, de fazer ou não fazer, a possibilidade da multa consta no art. 814 do CPC: "Na execução de obrigação de fazer ou de não fazer fundada em título extrajudicial, ao despachar a inicial, o juiz fixará multa por período de atraso no cumprimento da obrigação e a data a partir da qual será devida."

Especificamente, se houver convenção da multa, o parágrafo único do mesmo art. 814 do CPC faculta a redução: "Se o valor da multa estiver previsto no título e for excessivo, o juiz poderá reduzi-lo."

Estreita a ligação com as "arras", cujo conceito expressa a quantia dada por um dos contratantes ao outro, como sinal de garantia da conclusão do negócio.

Dividem-se em confirmatórias e penitenciais.

As primeiras, previstas no art. 417 do Código Civil, "consistem na entrega de quantia ou coisa, feita por um contratante ao outro, em firmeza do contrato e como garantia de que será cumprido. Firmam a presunção de acordo final e tornam obrigatório o contrato. Usam-se, precisamente, para impedir o arrependimento de qualquer das partes".[18] Possuem três finalidades: a confirmação do negócio, passando a ser obrigatório; a antecipação da prestação prometida pelo contratante; e a prévia determinação das perdas e danos pelo não cumprimento das obrigações.

As segundas asseguram o direito de arrependimento. Possuem o caráter de pena pela decisão de desistência. Aquele que recebeu o valor terá de proceder a devolução em dobro, se de sua iniciativa foi a devolução. Mas simplesmente perdê-las-á aquele que as deu, se a desistência foi sua.

Tanto uma espécie como a outra distinguem-se da cláusula penal. Significam elas a entrega de dinheiro, ou de coisa fungível, no momento da celebração do contrato, que complementará o preço. Já prestação nenhuma é necessário para aperfeiçoar a cláusula penal. Nas arras, dando-se o arrependimento, o contrato desaparece, servindo elas de reparação ao prejuízo. Relativamente à cláusula penal, na recusa ao cumprimento da avença, não fica desconstituído ou resolvido o negócio. Tornando-se exigível o valor previsto, não dissolve o contrato, que perdura.

Serpa Lopes fazia outros destaques: "As arras visam o desaparecimento da obrigação, mediante o exercício do direito de arrependimento, ao passo que a cláusula penal tem por função assegurar o adimplemento da obrigação; as arras são um benefício para

---

[18] Orlando Gomes, *Contratos*, ob. cit., 10ª ed., 1984, p. 108.

o devedor, enquanto que a cláusula penal é uma peça de segurança para o credor. As arras são confirmatórias do contrato, e realizáveis no próprio momento da conclusão do contrato, ao passo que a cláusula penal só se torna exigível se houver inadimplemento culposo da obrigação assim garantida".[19]

Um exame é imprescindível igualmente com a 'comissão de permanência', porquanto estipulada para os casos de retardamento ou mora no pagamento, e utilizada em concessão de créditos ou financiamentos por estabelecimentos bancários. O sentido empregado em direito bancário equivale a remuneração, a percentagem, a prêmio pago sobre o valor do negócio realizado. Encontram aqueles que a defendem a justificativa no art. 4º, inciso IX, da Lei nº 4.595, de 1964, que atribui ao Conselho Monetário Nacional a competência para limitá-la ou estabelecê-la. Consiste, para a finalidade aqui abordada, a remuneração de operações e serviços bancários e financeiros, incidindo em caso de atraso no pagamento de uma dívida. Designa, dentro desta linha, o pagamento por ter a instituição financeira de administrar a dívida do mutuário.

Assim, amiúde, é a mesma estabelecida paralelamente a outros encargos, ou aos juros e à cláusula penal. Não raramente, além da multa, da cláusula penal, dos juros de mora, da correção monetária, insere-se também a comissão de permanência, o que representa uma espoliação em alto grau, eis que inadmissíveis várias punições para o mesmo ato considerado ilegal ou prejudicial, por representarem um enriquecimento sem causa. Em vista da mora do devedor, é cobrada a comissão de permanência. A inadmissibilidade encontra apoio em vários fundamentos. Quanto à desvalorização da moeda, há a correção monetária, que procura cobrir a perda de valor do preço ou da moeda. Pela inadimplência, estipula-se a multa, que serve também para intimidar ou coagir ao pagamento. Para compensar a permanência do dinheiro com o cliente ou mutuário, há os juros, além das cominações acima. Relativamente à sua inacumulabilidade com a correção monetária, vigora a Súmula nº 30/1991 do Superior Tribunal de Justiça, assim redigida: "A comissão de permanência e a correção monetária são inacumuláveis".

De modo que apenas com a finalidade de coagir ao pagamento é que se implanta tal cláusula, obrigando os devedores a satisfazer certo percentual em favor do credor. Mas, para tanto, existe a cláusula penal, ou a multa, desmerecendo qualquer proveito a comissão de permanência.

Alguma parecença ressalta com as "obrigações alternativas", verificadas estas quando se oferecem duas ou mais opções ao devedor, a quem cabe a escolha. Coloca-se para o cumprimento a entrega de um produto até uma data fixada, ou da quantia correspondente; assinala-se para o devedor a prestação de um serviço, ou a indenização já estabelecida em cifra econômica. Nota-se que fica na vontade do devedor a opção. No entanto, se prevista a entrega do produto, sob pena de indenização; se contratada a prestação do serviço, também sob pena de ressarcir um valor já arbitrado, percebe-se a dissemelhança, consistente na obrigação de cumprir a prestação designada. A indenização decorre da consequência do não cumprimento. Mas assiste ao credor impor a obrigação. Já nas alternativas, reserva-se o direito de eleição, sendo que, na perda de uma delas, concentra-se na que ficou o cumprimento. Unicamente ela pode ser exigida.

Na cláusula penal mostra-se diferente. Havendo, em realidade, uma única prestação, apenas assinalando-se a decorrência pelo não atendimento, o desaparecimento da mesma acarreta a extinção da decorrência. Nesta distinção, transparece com clareza que a entrega

---

[19] *Curso de Direito Civil*, ob. cit., vol. II, p. 174.

de determinado produto, até uma data designada, fica na dependência de existir o produto. Se previsto que a falta da entrega acarreta a multa de uma soma já fixada, resta claro que o sumiço da mercadoria, ou o surgimento de proibição legal na sua comercialização, torna inexigível o que se estabeleceu. Nem a multa é reclamável. Mas, na alternativa, prevendo-se a entrega da mercadoria ou o pagamento de uma soma em dinheiro, resta a segunda possibilidade a ser reclamada no caso de desaparecer o produto. Não importa que a cláusula penal seja compensatória.

Nem sempre, já ficou observado, a cláusula penal representa uma pré-estipulação de perdas e danos. Em várias situações restringe-se a uma simples coerção, para forçar o cumprimento, não correspondendo ao valor da indenização pela renitência em atender. No contrato de locação, estabelecendo-se que, ao final do prazo, ou restituirá pintado o prédio ou depositará uma certa soma, parece nítido que o valor colocado como opção corresponde ao preço da pintura. Mas, se combinada a restauração do prédio num prazo marcado, sob a cominação de incidir a multa equivalente a um percentual do custo da pintura, não se conclui a faculdade de deixar ao arbítrio do devedor a escolha da obrigação.

34.5. ESPÉCIES

Apresentam-se duas espécies de cláusulas penais: a compensatória e a moratória. Pelos termos, já é possível entender os respectivos significados. A primeira representa a indenização, em caso de não cumprimento do contrato, enquanto a segunda equivale a uma cominação pelo mesmo fato, isto é, pelo descumprimento. Tal vem assinalado no art. 409: "A cláusula penal estipulada conjuntamente com a obrigação, ou em ato posterior, pode referir-se à inexecução completa da obrigação, à de alguma cláusula especial ou simplesmente à mora".

Ensinava Carvalho de Mendonça: "A cláusula penal pode ser estipulada: a) para a inexecução completa da obrigação; b) para a inexecução de alguma cláusula especial; c) para a simples mora.

Quando estipulada para a inexecução, a pena se diz 'compensatória'; quando para a mora, *moratória*... Quando ela é estipulada para o caso da inexecução completa da obrigação, esta se converte em alternativa para o credor".[20]

Observa-se que as duas primeiras situações indicadas acima equivalem à compensatória, restando a última para a moratória. Destaca-se que, se parcial o incumprimento, unicamente na parte correspondente cabe o ressarcimento.

Limongi França, em longa descrição sobre a matéria, após análise da classificação apresentada por vários autores, aponta oito critérios, em minuciosas subdivisões, tornando o assunto extremamente complexo. Na verdade, não é questão para grandes teses a classificação. Importa observar as finalidades a que se destina a cláusula penal, ou os objetivos perseguidos ou almejados com a sua fixação. E, neste ângulo da questão, desponta nos contratos que as pessoas preveem uma estipulação que visa ou já estabelece uma indenização para o possível descumprimento da obrigação, ou uma simples pena que acresce a obrigação prevista. De modo que, na prática, não há como afastar-se desses dois tipos: a cláusula penal compensatória e a moratória.

---

[20] *Doutrina e Prática das Obrigações*, ob. cit., pp. 236 e 237.

Pela primeira, simplesmente não sendo cumprida a obrigação, já se antevê o valor que deve pagar a pessoa obrigada. Carlos Alberto Bittar dava uma síntese exata: "Cláusula compensatória é aquela referente ao descumprimento total. Nesta modalidade, ocorrendo o inadimplemento, abre-se alternativa ao credor, que poderá optar entre a exigência da cláusula e o adimplemento da obrigação".[21] Pode-se dizer que a finalidade é servir de meio de ressarcimento. Aliás, constitui antecipadamente a liquidação da indenização. As partes desde logo demarcam o valor do ressarcimento pelo incumprimento ulterior. Vários problemas, no entanto, podem surgir. Um deles é quanto à não cobertura do prejuízo pelo valor estabelecido. Nada mais poderá o credor cobrar, como explica Clóvis Beviláqua: "Em compensação, embora o prejuízo sofrido exceda ao montante da pena, nada mais poderá reclamar o credor, pois somente a si mesmo deve imputar ter mal calculado ou mal previsto os fatos contra os quais, aliás, entendeu se premunir estipulando a cláusula penal".[22]

Outra situação difícil refere-se à previsão de um valor que em muito supera o da prestação incumprida. Admite-se, aqui, a possibilidade da redução da pena, por força da regra do art. 412, pela qual o valor da cominação não excederá o da obrigação principal. A matéria merecerá análise mais alongada adiante. Salienta-se, finalmente, que fica o credor com o direito de escolher entre a prestação principal e a da cláusula. Nunca as duas. É a conclusão que emana do art. 410: "Quando se estipular a cláusula penal para o caso de total inadimplemento da obrigação, esta se converterá em alternativa a benefício do credor".

Quanto à segunda, é utilizada para o escopo de pena, de punição, de castigo. Não se tem em vista o dano causado, e muito menos fulcra-se na indenização. É simplesmente uma pena pelo atraso, ou pelo não cumprimento. Clóvis Beviláqua bem exprimia o caráter e quando podia ser reclamada, o que ainda perdura: "Para pedir a prestação penal, não é necessário que o credor alegue prejuízo sofrido, pois que a mora e a inexecução equivalem a condições suspensivas, a que está subordinada a prestação. Ocorrendo qualquer delas, tem lugar... a aplicação da pena".[23]

34.6. O VALOR OU MONTANTE PERMITIDO NA CLÁUSULA PENAL

É importante levar em consideração os dois tipos de cláusula penal já examinados: para cumprir a obrigação – compensatória, e para punir a mora – moratória. Profundas as decorrências da classificação.

Na primeira espécie, ressaltava Clóvis Beviláqua: "Quando a pena for estipulada contra o não cumprimento da obrigação, nela incorrerá o devedor, que, ao tempo aprazado, se achar em falta, ainda que, a seu favor, possa alegar justas causas de inexecução. Se, nessa ocasião, ainda for exequível a obrigação, ao credor fica o direito de escolher entre a prestação principal e a cláusula (Código Civil, art. 918); mas lhe é vedado pedir conjuntamente ambas, porque, nesta emergência, uma das prestações é, por natureza, substituta da outra, não podendo aparecer e funcionar simultaneamente".[24] O art. 918 citado corresponde ao art. 410 do Código em vigor.

Quanto à moratória, busca-se unicamente punir a mora, facultando-se ao credor postular tanto a prestação como a pena.

---

[21] Ob. cit., vol. 1, p. 423.
[22] *Direito das Obrigações*, ob. cit., pp. 73 e 74.
[23] *Direito das Obrigações*, ob. cit., p. 73.
[24] *Id., ibidem.*

Tal distinção tornou-se necessária justamente para ingressar quanto à fixação do valor que cabe arbitrar na cláusula penal.

Já se afirma que na compensatória pode corresponder ao valor da prestação, enquanto na moratória não se admite sua excessiva gravidade. Bem distingue Carlos Alberto Bittar: "Diversificam-se as diversidades em razão do alcance do gravame, pois no inadimplemento é, normalmente, mais onerosa a cláusula, correspondendo, economicamente, ao valor da prestação incumprida, enquanto no simples atraso, mecanismos mais leves são estipulados. Com isso, têm sido estabelecidas as diferenças entre as espécies: na referente ao inadimplemento, a cláusula substitui a obrigação não executada; na relativa à mora, cumula-se à sua exigência a própria execução da prestação visada".[25]

Colocadas tais questões, que são primárias na definição do valor a ser pleiteado, decorrentes da aplicação do art. 410, cumpre tecer considerações a respeito da cláusula penal pela mora, ou estabelecida para penalização em vista da mora, quando a incidência é do art. 411: "Quando se estipular a cláusula penal para o caso de mora, ou em segurança especial de outra cláusula determinada, terá o credor o arbítrio de exigir a satisfação da pena cominada, juntamente com o desempenho da obrigação principal".

Torna-se *vexata* a *quaestio* ao se estudar o montante que pode ser estipulado.

Desde o início, reclama observar que aparece ou em lei a cláusula, no seu montante, ou é convencionável, isto é, estipulável pelas partes.

Quando aparece em lei, as dificuldades restringem-se à aplicabilidade ou não da lei. No caso de contratada, a aferição de sua justeza subordina-se ao art. 413, matéria esta que merecerá um item à parte.

No pertinente à previsão legal, é obedecida a rigor, exceto se inconstitucional o mandamento. Em várias situações está consignada. Assim na promessa de compra e venda de imóveis loteados regidos pela Lei nº 6.766/1979, art. 26, inciso V, não permitindo que exceda a 10% do débito, só exigível nos casos de intervenção judicial ou de mora superior a três meses; no art. 1.336, § 1º, do Código Civil, autorizada em até 2% sobre o débito (antes do atual Código Civil, a previsão constava da Lei nº 4.591, de 1964, em seu art. 12, § 3º, que admitia o patamar de até 20% sobre o débito).

Não há como fugir do limite, nem cabe reduzi-lo com amparo no art. 52, § 1º, da Lei nº 8.078, de 1990, na redação da Lei nº 9.298, de 1996. Ocorre que este dispositivo se aplica às relações de consumo não reguladas por outras regras. Eis a sua redação: "As multas de mora decorrentes do inadimplemento de obrigações no seu termo não poderão ser superiores a 2% (dois por cento) do valor da prestação". No art. 3º da Lei nº 9.298 está que "revogam-se as disposições em contrário", mas sem especificá-las. Não é possível a revogação genérica, sem a menção das relações de consumo, dada a destinação particularizada da Lei nº 8.078/1990.

Inadmissível a simples derrogação de diplomas consagrados, que regulam assuntos determinados. Restringe-se o dispositivo acima àquelas relações de consumo não declaradas em lei própria, mas cuja multa ou cláusula penal conste prevista em mandamentos que se referem a relações de consumo. As demais, mesmo que de consumo, ou que tratem de consumo, mas com previsão de uma cominação diferente, perduram. Para a revogação, dada a nova ordem, era mister que viesse detalhada ou declarada. Quando

---

[25] *Curso de Direito Civil*, ob. cit., vol. 1, p. 423.

um novo mandamento vem à lume, dispondo diferentemente sobre um assunto, revoga unicamente as disposições vigorantes dentro de idêntica matéria, ou que tratem, no caso, declaradamente de relações de consumo. Se uma determinada ordem está em vigor por lei própria, mas não revogada mencionadamente pelo diploma novo, ela perdura e continua a produzir efeitos.

Do contrário, até os arts. 8º e 9º do Decreto nº 22.626, de 07.04.1933, os quais tratam da exigibilidade da multa e de seu *quantum*, perderiam sua consistência e a vigência. Nota-se que este diploma cuida do mútuo, e para a subsunção de seus regramentos ao regime do Código de Defesa do Consumidor, reclamava-se a referência expressa do novo ordenamento. É que o Decreto nº 22.626 refere-se "apenas aos contratos de mútuo, e apenas a eles incidem as restrições que impõe (cf. Washington de Barros Monteiro, *Curso de Direito Civil, Direito das Obrigações*, 1/222; Caio Mário da Silva Pereira, *Instituições*, 2/124; Orlando Gomes, *Obrigações*, p. 174). Nas demais avenças (excluídas as promessas de venda de terrenos loteados e outras previstas em leis especiais), a cláusula penal pode ser livremente estipulada e exigida cumulativamente com os honorários de advogado".[26]

Não que os contratos bancários, ou operações realizadas com as instituições do Sistema Financeiro Nacional, e assim submetidas ao regime do Decreto nº 22.626, porquanto diz o mesmo respeito ao mútuo, de largo uso pelos bancos, se encontrem fora do disciplinamento da Lei nº 8.078. Consta do art. 3º, § 2º, da mesma lei, a extensão de seus regramentos às operações celebradas com as instituições financeiras. No entanto, considerando o Código de Defesa do Consumidor uma lei geral, é de aplicação a todos os campos do direito em que inexiste lei especial. Para sobrepor-se a esta, impunha-se que expressamente viesse dita a revogação, o que não aconteceu na hipótese.

Resta, pois, concluir que a multa prevista em lei deve ser mantida, sem redução para 2%, posto que não excluída pela Lei nº 8.078.

Relativamente à incidência unicamente nas relações de consumo da multa acima de 2%, útil transcrever a seguinte passagem de um julgamento retratando a inteligência que iniciou a se formar: "O § 1º do art. 52 do CDC, que estabelece multa de 10%, e que foi reduzida para 2% pela nova redação dada pela Lei nº 9.298, de 01.08.1996, incide tão só às situações versadas no *caput*, que é restrito ao 'fornecimento de produtos ou serviços que envolva outorga de crédito ou concessão de financiamento ao consumidor'.

Assim já decidiu o 1º TACiv.-SP, por sua 9ª Câmara: 'O Código de Defesa do Consumidor, invocado em prejuízo da convenção de condomínio, no tocante à multa de 20%, não se aplica ao caso. Suas disposições são dirigidas ao fornecimento de produtos ou serviços que envolvam outorga de crédito ou concessão de financiamento ao consumidor, como prevê o *caput* do seu art. 52, disciplinando o respectivo § 1º que as multas de mora decorrentes do inadimplemento de obrigação no seu termo não poderão ser superiores a 10% do valor da prestação. Ora, clara a impertinência dessa legislação para o caso dos autos, que não compreende fornecimento envolvendo crédito ou concessão de financiamento' (*RT*, 701/93)".[27]

---

[26] *Apel. Cível* nº 371.497.00/0, da 4ª Câm. Civil do 2º Tribunal de Alçada Civil de São Paulo, de 08.03.1994, em *Revista dos Tribunais*, 706/113.
[27] *Apel. Cível* nº 197077183, da 6ª Câm. Cível em Regime de Exceção do Tribunal de Alçada do Rio Grande do Sul, de 14.08.1997, em *Julgados do Tribunal de Alçada do Rio Grande do Sul*, 104/306.

34.7. CLÁUSULA PENAL E HONORÁRIOS ADVOCATÍCIOS

Outro assunto que desponta nas controvérsias que traz diz respeito à convivência da multa ou cláusula penal com os honorários advocatícios.

Afirma-se que nenhuma inconveniência se apresenta para impedir a cumulação, eis que distintas as naturezas e as finalidades. Realmente, a cláusula penal ou multa destina-se a forçar o cumprimento da obrigação, através da previsão de cominações, estabelecidas ou como mera punição pelo incumprimento, ou como ressarcimento compensatório.

Tem a função de custear os honorários e, mais raramente, as custas processuais quando a tanto faz menção a lei, ou a convenção, em setores particularizados, e não genericamente. Veja-se, *v.g.*, o disposto no art. 8º do Decreto nº 22.626/1933, de aplicação genérica: "As multas ou cláusulas penais, quando convencionadas, reputam-se estabelecidas para atender a despesas judiciais e honorários de advogados, e não poderão ser exigidas quando não for intentada ação judicial para cobrança da respectiva obrigação". O dispositivo cuida do mútuo em geral. Há, entrementes, outros diplomas que também tratam do mútuo, mas especificadamente, regulando também a multa ou a cláusula penal. Assim, o Decreto-Lei nº 167, de 1967 (crédito rural) e o Decreto nº 413, de 1969 (crédito industrial), respectivamente em seus arts. 71 e 58, onde está escrito que a multa de 2% quanto ao primeiro e de 10% em relação ao segundo incide sobre o principal e acessórios é exigida para os casos de cobrança. A previsão é dirigida para cobrir despesas de cobrança. Não diz com a indenização pela mora, a qual vem particularizada em outro dispositivo, o art. 5º de ambos os diplomas apontados.

Por conseguinte, depreende-se que estes diplomas não restaram derrogados, no pertinente à finalidade da multa dada em seus dispositivos. Para a revogação, cumpria que viesse expressa a menção.

Quanto ao Decreto nº 22.626/1933, no entanto, trazendo uma norma geral, na parte que procura disciplinar os honorários, especificamente o art. 8º, pensa-se que ficou derrogado pelos Códigos de Processo Civil de 1973 e de 2015. Por conseguinte, tendo em vista que não vige tal dispositivo, eis que o assunto é regrado pela lei processual civil, nada impede que venha prevista a cláusula penal ou a multa, para os casos de mora ou incumprimento. Por outras palavras, em razão da destinação da multa ou cláusula penal para cobrir os honorários, é possível que os contratos de mútuo em geral contenham cláusula penal ou multa.

De modo amplo, pois, é admitida exigibilidade de ambas as onerações, como já assentou o Supremo Tribunal Federal, através da Súmula nº 616/1984, nestes termos: "É permitida a cumulação da multa contratual com os honorários de advogado, após o advento do CPC vigente". A referida súmula não se opõe ao sistema introduzido pelo CPC/2015. Na hipótese de prevista em lei a multa ou cláusula penal, como nos Decretos-Lei nº 167/1967 e nº 413/1969, no art. 5º de ambos, não haverá outra cominação da mesma natureza.

34.8. LIMITES DA CLÁUSULA PENAL

Assunto de relevante importância refere-se ao *quantum* da cláusula penal. Há a regra do art. 412, reeditando a regra do art. 920 do Código revogado, expondo até onde a mesma pode ir: "O valor da cominação imposta na cláusula penal não pode exceder o da obrigação principal".

Regra essa aplicada pelo STJ, citando-se como exemplo o REsp nº 422.966/SP, da 4ª T., j. em 23.09.2003, *DJU* de 1º.03.2004: "A regra da vedação do enriquecimento sem causa permite a aplicação do art. 920, CC/1916, nos embargos à execução de sentença transitada em julgado, para limitar a multa decendial ao montante da obrigação principal, sobretudo se o título exequendo não mencionou o período de incidência da multa. Sendo o processo 'instrumento ético de efetivação das garantias constitucionais' e instrumento de que se utiliza o Estado para fazer a entrega da prestação jurisdicional, não se pode utilizá-lo com fins de obter-se pretensão manifestamente abusiva, a enriquecer indevidamente o postulante". Realmente, sendo acessória, não pode exceder em rigor a obrigação principal, da qual depende, e para cujo cumprimento é estipulada. No pertinente à compensatória, admite-se que chegue até o valor principal, eis que se apresenta, na prática, como alternância para o credor entre a obrigação principal e a cláusula penal.

Relativamente à moratória, e constando prevista em lei, não haverá dificuldades, porquanto se segue o seu valor. Quando convencional é que incide mais a norma do art. 412, tornando-se controvertida a matéria. Deve-se salientar que vem prevista das mais variadas formas, e sempre acompanhando as cláusulas do inadimplemento. Ora está sob o nome de "juros", ora sob a denominação de "multa", ou "comissão de permanência", ou de "encargos financeiros", ou de "taxa de administração". Não importa como é chamada. É de realce verificar se há previsão para o caso de mora. Nos contratos que envolvem financiamentos ou mútuos bancários, costuma-se elevar os juros, passando de uma taxa para outra. Ao final do prazo, não raramente duplicam a soma devida.

No entanto, todos os contratos que envolvem relações de consumo, ou cujos produtos e serviços se destinem a consumidor final, a regra é a do art. 52, § 1º, do Código de Defesa do Consumidor, na redação da Lei nº 9.268, de 1996: "As multas de mora decorrentes do inadimplemento de obrigações no seu termo não poderão ser superiores a dois por cento do valor da prestação". Por conseguinte, quanto a estes contratos nem se ajusta art. 412, eis que bem definida a cláusula penal ou multa.

O grande problema está em definir as relações de consumo. Consta do art. 2º do referido Código: "Consumidor é toda pessoa física ou jurídica que adquire ou utiliza produto ou serviço como destinatário final". Por sua vez, no art. 3º, está a definição de fornecedor: "Fornecedor é toda pessoa física ou jurídica, pública ou privada, nacional ou estrangeira, bem como entes despersonalizados, que desenvolvem atividades de produção, montagem, criação, construção, transformação, importação, exportação, distribuição ou comercialização de produtos ou prestação de serviços".

Em primeiro lugar, quanto ao consumidor, há de ser o destinatário final, não importando que seja uma pessoa física ou jurídica, nem alguém que exerça uma atividade rendosa ou econômica. Importante a aquisição ou utilização do bem como destinatário final.

No tocante ao fornecedor é que surgem as dúvidas: deve ou não exercer ou executar atividades de produção, comércio ou serviços "profissionalmente"? Esta a grande controvérsia, que se fez sentir desde o início da Lei nº 8.078, ponderando um dos arautos dos estudos sobre a matéria, a Profª. Cláudia Lima Marques: "A definição é novamente ampla, mas ao caracterizar o fornecedor como alguém que desenvolve 'atividades tipicamente profissionais', vai excluir da aplicação das normas do Código todos os contratos firmados entre dois consumidores não profissionais. A exclusão parece-me correta, pois o Código ao criar direitos para os consumidores, cria deveres, e amplos, para os fornecedores".[28] No entanto, o que entender sobre o exercício de atividades profissionais, no lado do

---

[28] "Novas Regras sobre a Proteção do Consumidor nas Relações Contratuais", em *AJURIS – Revista da Associação dos Juízes do Rio Grande do Sul*, nº 52, Porto Alegre, p. 46, 1991.

fornecedor? Envolve unicamente aquele que se encontra estabelecido com uma indústria, ou um comércio, ou um escritório, ou um centro qualquer de atividades? Absolutamente, eis que a marca para identificar o sentido de profissionalidade está no fim de lucro da atividade, ou o objetivo comercial e econômico. Numa locação, quando não se dedica o locador a dar imóveis em locação, não sendo tal a sua profissão, no entanto, ao alugar um dos seus prédios, exerce uma atividade econômica, com fins lucrativos. Presta um serviço para o locatário. Por outro lado, o locatário é o destinatário final. Não contrata a locação para levar a efeito sublocações, ou para executar outra atividade econômica tendo como objeto o imóvel alugado.

Diferente é a situação num contrato de compra e venda qualquer, quando não reiterado ou não praticado profissional e comercialmente, ou não dirigido a uma classe determinada ou indeterminada de destinatários; ou daquele que pratica o mútuo esporadicamente, e que não faz do mesmo uma profissão. De observar que na locação desponta a atividade econômica, posto que da essência do contrato o pagamento de aluguéis.

Desde o momento em que da atividade se extrai uma fonte de rendimentos, justifica-se a submissão ao Código de Defesa do Consumidor.

Encontram-se fora do referido estatuto os contratos que não têm em vista a finalidade "lucro", ou a "exploração econômica" de um bem ou serviço. O seguinte exemplo evidencia tal exegese: "O art. 52, § 1º, da Lei nº 8.078/1990, com a redação dada pela Lei nº 9.268/1996, não se aplica às relações condominiais, pois o condomínio não pode ser equiparado ao fornecedor, distribuidor ou prestador de serviços; dessa forma, o condômino inadimplente sujeita-se à multa estabelecida na convenção condominial, nos termos da Lei nº 4.591/1964, e não às normas do Código de Defesa do Consumidor".[29] Lembra-se que, presentemente, a multa, por atraso no cumprimento de obrigações condominiais, está regulada pelo art. 1.336, § 1º, do Código Civil, ficando, no ponto, sem efeito a Lei nº 4.591/1964.

Assim, chega-se à conclusão de que o art. 412 restringe-se aos contratos não atingidos pela Lei nº 8.078, e aos contratos com a convenção penal compensatória. Também quanto a estes é viável a incidência do dispositivo acima, posto inadmissível que se revele a cláusula superior à própria prestação. Sendo tal cláusula um sucedâneo das perdas e danos já pré-avaliadas, deve o valor consignado representar ao efetivo prejuízo experimentado pelo credor, impedindo-se uma avaliação arbitrária.

Uma vez verificado o excesso, não que fique nulo o contrato, e nem mesmo a cláusula. Permanece a pena, mas reduzida nos termos do citado artigo do Código Civil, de modo que fique igual ou aproximada ao dano havido.

34.9. CLÁUSULAS DE ARREPENDIMENTO, DE RESOLUÇÃO EXPRESSA E DE DECAIMENTO

Não deixam tais cláusulas de ser penais, porquanto cominadas em vista do não cumprimento do contrato, com exceção da primeira. Estavam muito em voga quando imperava o formalismo do contrato, com preponderância do princípio do *pacta sunt ser-*

---

[29] *Apelação Cível* nº 504.193-00/4, da 7ª Câm. Civil do 2º TACiv.-SP, de 02.12.1997, em *Revista dos Tribunais*, 751/317.

vanda. Desde a segunda metade do Século XX, no entanto, passaram a ser questionadas no direito brasileiro.

Quanto à de arrependimento, tinha fulcro nos contratos que, para se perfectibilizarem, dependiam de um ato solene, previsto em lei. Decorria, em épocas passadas, do art. 1.088 do Código Civil de 1916, com a seguinte versão: "Quando o instrumento público for exigido como prova do contrato, qualquer das partes pode arrepender-se, antes de assinar, ressarcindo à outra as perdas e danos resultantes do arrependimento, sem prejuízo do estatuído nos arts. 1.095 a 1.097". O cânone não veio repetido no Código de 2002, o que permite concluir-se que não mais contempla a lei a possibilidade de resolução por opção da parte que, todavia, aceitou formular um contrato através de um instrumento que não era o apropriado ou contemplado na lei. É possível que se desfaça o negócio por outra razão, como em face da inviabilidade de sua configuração, ou da não obediência à forma estatuída na lei.

Em épocas já distantes era aplicada a possibilidade de resolução sobretudo em contratos relativos a direitos imobiliários, em que é da essência a escritura pública para se materializarem. Mais nos contratos de promessa de compra e venda de imóveis, celebrados por instrumento particular. O adquirente do imóvel, mesmo tendo pagado todas as prestações, não dispunha de meios para compelir o alienante a cumprir o contrato, na forma combinada. Estava sempre à mercê da inescrupulosa manobra do outro contratante, embora inexistisse qualquer cláusula resolutiva expressa. No momento de serem postos à venda os terrenos, em prestações moderadas, pouco valiam. Com o passar do tempo, imensamente elevado o preço, apresentava-se vantajoso para o promitente alienante devolver as prestações, de acordo com as estipulações contratuais. Veio, no entanto, a Súmula nº 166/1963 do STF, afirmando: "É inadmissível o arrependimento do compromisso de compra e venda sujeito ao regime do Decretolei nº 58, de 10.12.1937".

Ademais, os arts. 16 e 22 do mesmo Decreto-Lei nº 58, em texto da Lei nº 6.014/1973, introduziram a adjudicação compulsória, tanto para promessas de imóveis loteados como não loteados, permanecendo o direito com o advento da Lei nº 6.766, de 1979, em seu art. 25.

Em alguns raros os casos se admite o arrependimento. Relativamente aos contratos regidos pelo Código de Defesa do Consumidor, previsto quanto aos contratos celebrados na forma de consórcios, mas com a competente indenização pelo desistente. Assim consta do § 2º do art. 53 da Lei nº 8.078: "Nos contratos do sistema de consórcio de produtos duráveis, a compensação ou a restituição das parcelas quitadas, na forma deste artigo, terá descontada, além da vantagem econômica auferida com a fruição, os prejuízos que o desistente ou inadimplente causar ao grupo".

Pode-se afirmar que apenas quando a lei contempla a hipótese admite-se a possibilidade, mas se da iniciativa do consumidor. Mesmo assim, nas hipóteses da ainda atual a lição de Pontes de Miranda: "O direito de arrependimento supõe contrato em que não houve começo de pagamento. Porque, tendo havido começo de pagamento, nenhum dos contratantes tem direito de se arrepender, pela contradição que estabeleceria entre firmeza e infirmeza de contrato".[30]

Já quanto à cláusula resolutiva expressa, em geral introduzida para os casos de omissão no pagamento de prestações, igualmente a validade é relativa. Restringem-se aqui as observações à cláusula resolutiva, e não às arras.

---

[30] *Tratado de Direito Privado*, 4ª ed., São Paulo, Ed. Revista dos Tribunais, 1977, vol. XIII, p. 250.

Apresenta-se tal cláusula quando vem assinalado num dos itens do contrato que o atraso de parcelas acarretará a plena rescisão, com as mais diversas consequências. Em geral, acertada a desconstituição do negócio em caso de mora em três ou mais prestações. Incidente mais em contratos de promessas de compra e venda de imóveis loteados e não loteados. Nem em uma e nem em outra espécie, no entanto, dispensa-se a intimação prévia. No caso de integrarem loteamento os imóveis, não se prescindindo da intimação, procede-se consoante o art. 32 e parágrafos da Lei nº 6.766. Isto é, intima-se o devedor para satisfazer o débito no prazo de trinta dias. Não integrando loteamentos, às promessas aplica-se o Decreto-Lei nº 745, de 1969, ou seja, interpela-se o inadimplente para colocar-se em dia no prazo de quinze dias, procedendo-se o ato através da via judicial ou do Cartório de Títulos e Documentos. Mesmo que prevista a cláusula, impende a notificação, eis que a tanto ordena a lei. Mas não imposta por lei, opera-se de pleno direito a mora, se as partes estipularem as hipóteses em que a mesma corre.

Nota-se, ainda, que o § 2º do art. 54 da Lei nº 8.078 permite a cláusula resolutória, desde que alternativa: "Nos contratos de adesão admite-se a cláusula resolutória, desde que alternativa, cabendo a escolha ao consumidor, ressalvando-se o disposto no § 2º do artigo anterior".

Por último, não é descartável a previsão de conterem os contratos a cláusula de decaimento, pela qual declara o devedor, em se resolvendo o contrato por inadimplemento das prestações, a perda de tudo quanto pagou. Já dizia Pontes de Miranda que a cláusula de decaimento é nula, vez que a perda completa das prestações pagas pode consistir em infração ao limite que a lei manteve para a cláusula penal convencional. Realmente, constava do art. 920 do diploma civil anterior, e consta do art. 412 do Código em vigor, a proibição para que ela ultrapasse a obrigação principal inserida no ajuste.[31]

O art. 53 da Lei nº 8.078 é peremptório quanto à nulidade das cláusulas de perda total das prestações dadas: "Nos contratos de compra e venda de imóveis mediante pagamento em prestações, bem como nas alienações fiduciárias em garantia, consideram-se nulas de pleno direito as cláusulas que estabeleçam a perda total das prestações pagas em benefício do credor que, em razão do inadimplemento, pleitear a resolução do contrato e a retomada do produto alienado".

A jurisprudência aplica a inviabilidade da cláusula de decaimento: "É nula, por abusiva, a cláusula de decaimento que prevê a perda das prestações pagas, na hipótese de resolução contratual, máxime quando o promitente comprador não se imitiu na posse do imóvel".[32]

Há leis que estabelecem expressamente o limite, nas resoluções por inadimplemento. Assim a Lei nº 6.766/1979, sobre terrenos loteados prometidos vender, no art. 35, com modificação da Lei nº 13.786/2018, ordenando a restituição do montante superior a um terço do que foi pago: "Se ocorrer o cancelamento do registro por inadimplemento do contrato, e tiver sido realizado o pagamento de mais de 1/3 (um terço) do preço ajustado, o oficial do registro de imóveis mencionará esse fato e a quantia paga no ato do cancelamento, e somente será efetuado novo registro relativo ao mesmo lote, mediante apresentação do distrato assinado pelas partes e a comprovação do pagamento da parcela única ou da primeira parcela do montante a ser restituído ao adquirente, na forma do

---

[31] *Tratado de Direito Privado*, ob. cit., vol. XIII, p. 277.
[32] Apelação Cível nº 193021938, da 7ª Câm. Cível do Tribunal de Alçada do Rio Grande do Sul, de 06.10.1993, em *Julgados do Tribunal de Alçada do Rio Grande do Sul*, 89/172.

art. 32-A desta Lei, ao titular do registro cancelado, ou mediante depósito em dinheiro à sua disposição no registro de imóveis".

Quando omissa a lei relativamente ao montante da restituição, ou vindo convencionalmente arbitrada a cláusula penal, a regra a seguir-se está no art. 413, assunto que se abordará adiante.

34.10. A CULPA NO INADIMPLEMENTO DA OBRIGAÇÃO E A CONSTITUIÇÃO EM MORA

Resta claro que a cláusula penal torna-se, em princípio, exigível quando do inadimplemento culposo da obrigação, ou da constituição em mora, conforme estabelece a lei ou a convenção. É a previsão do art. 408: "Incorre de pleno direito o devedor na cláusula penal, desde que, culposamente, deixe de cumprir a obrigação ou se constitua em mora". No que se diferencia da regra do art. 397, que é quanto à mera inadimplência: "O inadimplemento da obrigação, positiva e líquida, no seu termo, constitui de pleno direito em mora o devedor. Não havendo prazo assinado, começa ela desde a interpelação, notificação, ou protesto". Acrescenta o parágrafo único: "Não havendo termo, a mora se constitui mediante interpelação judicial ou extrajudicial".

Opera-se a mora em conformidade com o art. 397; todavia, para a incidência da cláusula penal, insta que haja a culpa no descumprimento, ou se constitua em mora o devedor. No regime do Código anterior, dispensava-se a existência da culpa. Era suficiente a simples verificação da mora.

Para a mera inadimplência, que possibilita a resolução do contrato, quando da previsão da lei ou da própria convenção, temos a *mora ex re*. Se necessária a interpelação ou qualquer outra medida de sua constituição, resulta a *mora ex persona*. Desponta pela clareza a lição de Washington de Barros Monteiro: "Se há prazo estipulado na obrigação, o simples decurso do tempo, sem o cumprimento da prestação, induz mora, com todas as suas consequências. É a cláusula *mora ex re*, que ocorre de pleno direito, pelo simples vencimento do prazo, independentemente de qualquer ato do credor, por aplicação da regra *dies interpellat pro homine*, consagrado pelo art. 960 da lei civil. Caracterizada a mora, sujeita-se o devedor moroso ao pagamento da cláusula penal, que se converte, dest'arte, numa obrigação positiva e líquida.

Se não existe prazo prefixado, preciso será que o devedor seja primeiramente constituído em mora, através da interpelação. É a mora *ex persona*, que depende de prévia provocação do credor".[33] Lembra-se que o citado art. 960 corresponde ao art. 397 do atual Código.

Para a exigência da cláusula penal, dispensa-se a interpelação ou o ato constitutivo da mora, se não lograr o devedor conseguir a prova da ausência da culpa; do contrário, é necessária a referida constituição.

Como se caracteriza a culpa na falta de cumprimento da obrigação? Visualiza-se quando o devedor simplesmente omite o cumprimento, ou não se apresentam circunstâncias que impedem a satisfação. Servem como exemplos a impossibilidade física, o surgimento de doença, a súbita falta de matéria-prima para a confecção, uma viagem imprevista, a resolução do contrato de trabalho, a deflagração de uma greve. Pode ser aventada toda a gama de situações que comportam o caso fortuito ou motivo de força maior.

---

[33] *Curso de Direito Civil – Direito das Obrigações*, ob. cit., 1ª parte, p. 227.

Não se ostenta a culpa, ainda, quando o credor força o devedor a não cumprir. Tantos os casos em que o credor, especialmente na concessão de crédito bancário, cumula encargos excessivos, como juros ilegais e onzenários, capitalização, comissão de permanência, multa e cláusula penal. Em face da ilegalidade de várias parcelas, e impossibilitado o pagamento daquilo que é realmente devido, não exerce o devedor a iniciativa de pagar. Vindo a ser executado, sequer é exigível a cláusula penal, se verificada alguma parcela cobrada que vier a merecer juízo de improcedência. Presume-se que o credor deu margem à falta de exação ou à inadimplência. É que a mora constitui o inadimplemento culposo da obrigação. Comprovando-se que o credor está a exigir mais do que o devido, não há como se impor ao devedor as consequências do inadimplemento.

Para situações tais, pode o devedor permanecer em mora, ou deve consignar a prestação devida? A consignação constitui mais um direito que um dever. É vista em consideração ao devedor. Até que o credor não restrinja o crédito ao parâmetro legal, não se reconhece a mora.

O Código de 2002 colocou, como se percebe, um entrave para a mera exigibilidade da cláusula penal.

A fim de fugir dessa limitação, a solução visualiza-se em promover sempre a constituição em mora pela interpelação ou algum outro ato que efetivamente oportunize colocar em dia a obrigação.

Para a finalidade de ensejar a resolução da relação negocial, há casos, mais em contratos com a cláusula resolutória, em que, apesar de prevista a data do vencimento, mesmo assim impõe a lei a interpelação, procedida por meio de aviso, protesto, notificação, intimação, carta ou quaisquer meios cientificadores da necessidade de pagar sob pena de resolução ou vencimento de todas as prestações. O STJ tem entendido a necessidade da interpelação quando se pretender a resolução do contrato e não o mero pagamento da cláusula penal:

"A lei civil considera o devedor em mora, nos casos de inadimplemento da obrigação, no seu termo, sem dependência de outras formalidades (art. 960 do antigo CCB), sendo necessária interpelação antecedente apenas nos casos em que o autor opte pela rescisão do pacto contratual, o que não se verifica no presente caso, pois a recorrida apenas pretende a indenização pelas perdas e danos, mesmo porque a jurisprudência vem entendendo que a citação vale como interpelação judicial".[34]

O art. 960 citado equivale ao art. 397 do vigente CC.

Por conseguinte, mesmo que a lei assinale o momento da exigibilidade, há disposição expressa determinante do ato de cientificação. Em tais casos, sempre *ex persona* a mora. Quem, *v.g.*, pode alegar o desconhecimento do momento de se pagar, em um contrato de promessa de compra e venda de imóvel loteado, se estabelecidas as datas no contrato? Entrementes, a fim de permitir a resolução, impende se proceda previamente a notificação para o pagamento em trinta dias, conforme o art. 32 da Lei nº 6.766, de 1979. Também quanto às promessas de compra e venda de imóvel não loteado, como edita o Decreto-Lei nº 745, de 1969, em seu art. 1º, sendo de quinze dias o prazo para saldar a prestação. Somente depois leva-se a termo os atos de cancelamento do contrato, em ambas as hipóteses. De igual forma, quanto às vendas a crédito com reserva de

---

[34] *Resp* nº 734.520/MG, 4ª Turma do STJ, j. em 21.06.207, *DJe* de 15.10.2007, Rel. Min. Hélio Quaglia Barbosa.

domínio, exigindo o art. 525 do Código Civil o protesto ou a interpelação judicial para comprovar a mora, apesar de constar a data do vencimento nos títulos: "O vendedor somente poderá executar a cláusula de reserva de domínio após constituir o comprador em mora, mediante protesto do título ou interpelação judicial."

Quanto à dívida garantida pela alienação fiduciária, também indispensável a comprovação da mora mediante aviso de recebimento ou protesto, consoante o art. 2º, § 2º, do Decreto-Lei nº 911, de 1969, em texto da Lei 13.043/2014 de acordo com posição do Superior Tribunal de Justiça, que expediu a Súmula nº 72/1993, assim elaborada: "A mora decorrerá do simples vencimento do prazo para pagamento e poderá ser comprovada por carta registrada com aviso de recebimento, não se exigindo que a assinatura constante do referido aviso seja a do próprio destinatário." Não suficiente, pois, a mera referência das datas de vencimento.

Portanto, há situações em que não se prescinde da constituição em mora apesar de prevista a data do vencimento. E para a exigibilidade da cláusula penal, há a viabilidade de o devedor provar que não agiu com culpa na falta de cumprimento. Para fugir dessa possibilidade, faz-se mister o ato de interpelação.

Ao devedor é que incumbe a prova da inexistência da culpa pela mora. Ao credor simplesmente cabe o pedido da cláusula penal. Não se lhe imputa demonstrar que houve culpa, eis que esta se presume em toda e qualquer inadimplência. Assim, nas obrigações em geral permite-se que peça a cláusula penal, como normalmente acontece nas obrigações pecuniárias, ou mercantis, representadas ou não por títulos de câmbio. Estabelecida a multa, não é imposta a notificação para a sua exigibilidade. Quanto muito, exige-se em hipótese de importar a dívida a resolução do contrato. Exemplo típico da desnecessidade situa-se na locação, quando basta a verificação da mora para incidir a oneração da multa. Todavia, se vier a ser alegada e demonstrada a falta de culpa, simplesmente arreda-se a cominação da cláusula penal.

34.11. NULIDADE E RESOLUÇÃO DA OBRIGAÇÃO PRINCIPAL

Diante da típica natureza acessória da cláusula penal, a decorrência é sua dependência, para ter existência, da obrigação principal. Não subsiste a mesma isoladamente, porquanto vem determinada em função da proteção que dá à outra prestação. O mesmo não se afirma quanto à prestação, que prescinde da cláusula penal, e seguindo a existir mesmo que nula a última. Acrescentava Orosimbo Nonato: "O principal pode subsistir sem o acessório. A invalidade do que é adjetivo não atinge, por si mesma, o substantivo – o principal não segue o acessório".[35] Todavia, no desaparecimento da prestação principal, idêntico o destino da penalidade, embora a liberdade na exigibilidade ou independência quanto à execução.

O art. 922 do Código de 1916 encerrava: "A nulidade da obrigação importa a da cláusula penal". O Código vigente não repetiu regra específica sobre o assunto, porquanto já estabelecido o princípio na segunda parte do art. 184, que envolve tal regra: "... a invalidade da obrigação principal implica a das obrigações acessórias, mas a destas não induz a da obrigação principal".

---

[35] *Curso de Obrigações*, ob. cit., vol. II, p. 344.

De modo que, anulada uma dívida, tornando-se a mesma indevida, não há como pensar em executar a multa prevista pelo atraso no pagamento. Pode-se estabelecer a cláusula penal como consequência da inexigibilidade da obrigação principal. Mesmo assim, o tratamento não é diferente. Alguém é contratado para elaborar um plano de ação, ou um projeto, ou um escrito, sob pena de arcar com o custo da obra. Não se mostrando válida a convenção, por vício de vontade, ou por impossibilidade do acertado, não cabe dirigir-se para a busca da obrigação acessória. A compra e venda de imóvel, feita por um menor sem a assistência e a autorização judicial, embora proprietário, não produz efeitos. A falta de entrega do bem, no prazo convencionado, não importa possibilidade de execução. Incabível, ainda, a reclamação da multa ou cláusula penal por falta de cumprimento.

Em decorrência do acima, mesmo que válida a relação contratual, se iníqua ou inválida a cláusula penal, apenas esta se arreda do cumprimento. As convenções ilícitas e contrárias ao direito perdem qualquer exigibilidade. Do contrário, passaria a cláusula penal a servir de instrumento para a consecução de objetivos imorais, ilegais, ofensivos aos bons costumes e inapropriados. Não cabe, pois, numa aquisição de mercadorias, estabelecer, como consequência da falta de pagamento, a autorização para o empregador entregar o valor devido diretamente para o credor. Nem é tolerável que fique avençado a perda de todas as prestações dadas, em caso de mora de uma prestação, porquanto a lei fixa limites para as cifras exigidas em casos de tal ordem, e por violar o disposto no art. 53 da Lei nº 8.078/1990. Cláusulas com referidos conteúdos serão inexecutáveis. Muito menos são aceitas cláusulas para avenças relativas ao estado ou à personalidade da pessoa, como a previsão de uma multa para o descumprimento de uma promessa de pagamento, ou a perda de todos os bens do casal relativamente ao cônjuge que tiver a iniciativa de pedir a separação ou o divórcio.

Dentro do mesmo campo, segue que resolvida a obrigação principal, ou desconstituído um negócio, idêntica sorte estende-se à cláusula penal, isto é, não cabe postular que se procure a satisfação das perdas e danos nela previstas, a menos que a mora decorra de culpa do devedor. Havia, no Código de 1916, regra sobre o assunto, firmada no art. 923: "Resolvida a obrigação, não tendo culpa o devedor, resolve-se a cláusula penal".

Mantém-se a logicidade na disposição acima, sendo consequência seu conteúdo do art. 184 do Código atual. Se não mais persiste a obrigação, a decorrência desemboca no desaparecimento da cláusula penal. Seguindo o acessório a sorte do principal, a resolução, ou rescisão, ou desconstituição do negócio atua em também tirar a existência do acessório. Não é palpável que dita cláusula continue, ou mereça a proteção. Assim quanto à entrega de um produto, que desaparece, impossibilitando o adimplemento. Numa locação, se um acordo põe fim ao mesmo, desaparece a multa prevista para os atrasos ou as violações praticadas pelo locatário. Identicamente em outras hipóteses, como na promessa de compra e venda, na prestação de serviços, na construção de um prédio. Também em afastamento do imóvel por determinação da Administração Pública, ou por desapropriação. Todavia, se a resolução ou extinção do contrato adveio da mora do obrigado, remanesce a cominação penal. O afastamento de alguém de um prédio depois do prazo, e em vista da desapropriação, não afasta a cláusula penal. Se se tornou inabitável a moradia por descuidos do locatário, também permanece a cláusula. Inviabilizando-se a prestação do serviço depois do prazo estabelecido para a sua realização, ou por causa de negligência, arca o devedor com a multa. Mesmo que a resolução ou desaparecimento da obrigação aconteça por caso fortuito ou força maior, mas durante a mora, incide a pena. Incendiada a moradia, e apurando-se a culpa do morador, há a resolução do contrato, sem afastar a pena. Ou seja, sempre que não mais é possível persistir o contrato por desaparecimento do objeto em razão de ato imputável ao devedor, fica a responsabilidade pela cláusula, que persiste se superveniente caso fortuito ou razão de força maior, se manifestada a mora. Já o antigo direito defendia esta posição, como se colhe de Manoel Ignácio Carvalho de Mendonça: "Incorrendo o devedor em mora, esta induz culpa, e o princípio estabelecido em nosso direito é que o devedor em mora responde pela impossibilidade da prestação, ainda resultante de caso fortuito ou força maior, durante a mora, se não provar isenção de culpa, ou que o dano sobreviria ainda que a obrigação fosse oportunamente cumprida. No caso de mora, pois, a regra geral é que persiste a pena convencional".[36]

34.12. REDUÇÃO DA MULTA OU DA CLÁUSULA PENAL

É pacífica a possibilidade de se reduzir a cláusula penal. Acontece que não é permitida a fixação de modo arbitrário, em montante não condizente com a obrigação. E justamente para evitar abusos traça o Código limites e a possibilidade da redução, o que não é novidade, porquanto o direito romano admitia a redução para as estipulações pretorianas ou aquelas não convencionais.

Indaga-se, como ponto de grande celeuma, se a possibilidade abrange só as cláusulas penais convencionais ou também as legais. Não faz o Código qualquer distinção. Veja-se a redação do art. 413: "A penalidade deve ser reduzida equitativamente pelo juiz se a obrigação principal tiver sido cumprida em parte, ou se o montante da penalidade for manifestamente excessivo, tendo-se em vista a natureza e a finalidade do negócio". Essas duas possibilidades de redução foram examinadas pelo STJ no seguinte aresto:

> "– A redução da multa compensatória, de acordo com o Código Civil, somente pode ser concedida nas hipóteses de cumprimento parcial da prestação ou, ainda, quando o valor da multa exceder o valor da obrigação principal.
>
> – Considerando-se que estipulada a cláusula penal em valor não excedente ao da obrigação e que foi total o inadimplemento contratual, não cabe a redução do seu montante, que deve servir como compensação pela impossibilidade de obtenção da execução específica da prestação contratada, na hipótese, a elaboração de duas telenovelas".[37]

Vê-se que duas as situações que comportam a redução: quando cumprida em parte a obrigação; e quando revelar-se excessivo o montante da cláusula penal – hipótese esta que não contemplava o Código anterior.

Para a segunda situação, necessário que se levem em consideração a natureza e a finalidade do negócio, ou seja, que se tenha em conta o caso concreto, ou se está envolvida uma relação de consumo, e mais, que se observem os efeitos da inadimplência. É natural que não se conceda a redução quando graves decorrências advierem do inadimplemento, como a paralisação de atividades de quem contratou a obrigação, ou a não realização de um evento previamente combinado.

Consoante anota Sílvio de Salvo Venosa (*Direito Civil – Teoria Geral das Obrigações e Teoria Geral dos Contratos*, ob. cit., p. 173, "a redução passa a ser definitivamente um dever do juiz, e não mais uma faculdade. Cabe ao juiz também, no caso concreto, re-

---

[36] *Doutrina e Prática das Obrigações*, ob. cit., p. 242.
[37] Resp nº 687.285/SP, 3ª Turma, j. em 25.09.2006, *DJe* de 09.10.2006, Rel. Min. Nancy Andrighi.

duzir a multa se esta for manifestamente excessiva, levando-se em conta a natureza e a finalidade do negócio. O campo é o da equidade. O princípio se coaduna com o sentido social do contrato".

Para a segunda situação que permite a redução, tem incidência também o regramento do art. 412, mas parcialmente, posto que assinalada a estipulação quando superior à obrigação principal.

Quando disciplinada em lei, normalmente a multa, pelo incumprimento, consta admitida em até 10% da parcela devida. Assim vem consignada na Lei nº 6.766, art. 26, inciso V, para as promessas de compra e venda de imóveis loteados; no Decreto nº 22.626, art. 9º, para os casos de mora no mútuo em dinheiro. Há casos específicos reduzindo a mora na fixação da taxa de juros para 1% ao ano, como no crédito rural e industrial (art. 5º, parágrafo único, respectivamente dos Decretos nº 167, de 1967, e nº 419, de 1969).

Pode-se estabelecer, se convencional a cláusula, por analogia aos ditames legais, que não é permitida em níveis superiores a 10%. Aliás, em vista da redação do art. 52, § 1º, do Código de Defesa do Consumidor, em relações de consumo, ou nas relações econômicas desenvolvidas entre o fornecedor e o consumidor final, reduzido o percentual para 2%.

A matéria restou abordada nos itens 6 e 8 do presente Capítulo.

Daí justificar-se que não cabem longas discussões a respeito do art. 413, posto que, em última instância, fica a multa em 10% ou 2%, conforme envolver a estipulação uma relação comum ou uma relação de consumo. Esta interpretação remonta à antiga jurisprudência, segundo ressoa desta passagem de um julgamento, que admitia a pena, mas dentro da faculdade que autoriza a sua redução se abusiva, para adaptá-la ao nível da constante comumente em leis específicas: "Deste modo, é possível a sua redução de modo que não ultrapasse o percentual de 10% do valor da prestação, tomando-se como inferência o art. 52, § 1º, do Código de Defesa do Consumidor. No mesmo sentido é o Decreto-Lei nº 58, de 10.12.1937, que dispõe sobre o loteamento e venda de terrenos para pagamento em prestações, mencionando, no art. 11, letra 'f', *verbis*: 'Cláusula penal não superior a 10% do débito e só exigível no caso de intervenção judicial'. Também, no mesmo diapasão, é a Lei nº 4.591/1964, que dispõe sobre o condomínio e edificações e as incorporações imobiliárias, dispondo, no art. 63, § 4º, que 'do preço que for apurado em leilão, serão deduzidas as quantias em débito... e mais ... a título ... e 10% de multa compensatória'. Igualmente a Lei nº 6.766/1979, que dispõe sobre o parcelamento do solo urbano e dá outras providências, prescrevendo, no art. 26, inciso V, que '... bem como a cláusula penal, nunca excedente a 10% (dez por cento) do débito e só exigível nos casos de intervenção judicial ou de mora superior a 3 (três) meses'".[38]

Evidentemente, para a cláusula penal moratória incide a exegese acima, já que a compensatória encerra o correspondente às perdas e danos, fixado antecipadamente, e estipulado para substituir a prestação incumprida. Constitui-se, como dizem os tratadistas, de uma liquidação *à forfait*, com a especificação prévia do valor dos prejuízos em vista do inadimplemento.

Ressalte-se, ainda, a aplicação do dispositivo mesmo quando se comina a perda das prestações pagas, de sorte que o montante não ultrapasse ao limite de 10%. Solução adotada pela jurisprudência: "Compromisso de compra e venda de imóvel. Perda de parte das prestações pagas. Código de Defesa do Consumidor. A regra contida no art. 53 do Código

---

[38] Apelação Cível nº 185114756, da 7ª Câm. Cível do Tribunal de Alçada do Rio Grande do Sul, de 22.11.1995, em *Julgados do Tribunal de Alçada do Rio Grande do Sul*, 98/346.

de Defesa do Consumidor impede a aplicação de cláusula contida em contrato de promessa de compra e venda de imóvel que prevê a perda total das prestações já pagas, mas não desautoriza a retenção de um certo percentual que, pelas peculiaridades da espécie, fica estipulado em 10%".[39] Perder-se tudo ou grande parte do que se pagou, e não apenas o vigésimo, o décimo, e até a quinta parte, equivale a negar vigência dos dispositivos que tratam da matéria. Indiretamente chega-se à mesma infração, constituindo a cláusula em tal sentido uma fonte de enriquecimento ilícito. Devem ser alijadas as cláusulas que conduzem a tal resultado, não preponderando o axioma do *pacta sunt servanda*, eis que, na gênese do direito moderno, a equidade e a justiça social têm levado os intérpretes a restringir cada vez mais a liberdade contratual.

34.13. A CLÁUSULA PENAL NA OBRIGAÇÃO INDIVISÍVEL E DIVISÍVEL

Sabe-se que a obrigação indivisível consiste naquela possível de cumprimento unicamente por inteiro, como a que concede o direito de servidão, ou contrata a confecção de uma obra de arte. Inviável a concessão de passagem em apenas parte da via, ou receber um pedaço de uma estátua. Junto a qualquer um daqueles que contrataram o serviço ou a obra permite-se reclamar o cumprimento. Um deles não tem como entregar uma etapa da obra, se o valor reside na sua integridade. Resta sem utilidade, num outro exemplo, a devolução de uma parte do imóvel alugado, após expirado o contrato, como a sala ou apenas os quartos. Importante lembrar o disposto no art. 259 do CC, para tais hipóteses: "Se, havendo 2 (dois) ou mais devedores, a prestação não for divisível, cada um será obrigado pela dívida toda". Por conseguinte, introduz-se uma espécie de solidariedade de qualquer devedor frente aos demais, posto que inviável reclamar o cumprimento de parte da obrigação.

Todavia, vindo estabelecida a cláusula penal em uma obrigação indivisível, não vinga a exigibilidade, pelo inadimplemento, da totalidade da cominação junto a qualquer dos devedores. Todos respondem, não, porém, solidariamente, mas pela quota resultante da divisão do total pelo número de obrigados. A menos que o não cumprimento deveu-se da culpa de um dos obrigados, quando, então, poderá ser responsabilizado pela integralidade da dívida. Neste significado a dicção do art. 414: "Sendo indivisível a obrigação, todos os devedores, caindo em falta um deles, incorrerão na pena; mas esta só se poderá demandar integralmente do culpado, respondendo cada um dos outros somente pela sua quota".

Nota-se que basta a mora ou a culpa de qualquer dos codevedores para reconhecer-se o direito à cláusula penal na sua integralidade, mas junto a cada um deles na proporção da respectiva quota. Despontando um culpado pelo incumprimento, aí assiste ao credor pleitear junto a ele toda a cláusula penal. Veja-se o seguinte exemplo: numa locação a vários locatários por prazo determinado, vencido o prazo, apenas um deles insiste em reter o bem. Os outros o desocupam, ou afastam-se do mesmo. Se prevista a multa pela mora na entrega, é claro que o locador tem direito de ação para o recebimento perante a qualquer dos locatários, ficando, porém, com o direito de cobrar a totalidade junto àquele que se mostrou reticente.

Quanto à obrigação principal, o tratamento é diferente: torna-se a mesma reclamável perante qualquer dos que assumiram a obrigação. Assim, permite-se a cobrança dos

---

[39] *Recurso Especial* nº 85.182 – PE, da 4ª Turma do STJ, de 14.04.1997, em *Revista do Superior Tribunal de Justiça*, 99/273.

aluguéis de um imóvel alugado para dois ou mais indivíduos perante qualquer um dos inquilinos, na esteira do art. 259.

Afigurar-se-ia perigoso assentar a exigibilidade unicamente no devedor culposo, porquanto se insolvente, arcaria o credor com o prejuízo total, já que, diferentemente do que acontece com as obrigações solidárias, a quota do insolvente não é repartida junto aos demais obrigados. Na solidariedade, tal é possível, como advém do art. 283.

Pode-se concluir que a responsabilidade incumbe a todos os devedores, em proporção às quotas resultantes da divisão, com base no fato de que a cláusula penal corresponde às perdas e danos pelo incumprimento, o que faz remeter ao art. 263, *caput*, e ao seu § 2º, onde consta que "perde a qualidade de indivisível a obrigação que se resolver em perdas e danos", sendo que, um apenas aparecendo como culpado, "ficarão exonerados os outros, respondendo só esse pelas perdas e danos".

De outro lado, os que pagaram a quota respectiva têm ação de regresso contra o culpado, como deflui do parágrafo único do art. 414: "Aos não culpados fica reservada a ação regressiva contra aquele que deu causa à aplicação da pena". Isto pela simples razão de que a responsabilidade é do contraventor, que deu causa ao incumprimento. E como os codevedores isentos de culpa restaram obrigados a satisfazer a parte que lhes coube, fica ressalvado o direito de regresso.

Ressalte-se, na situação de vários os credores de uma obrigação indivisível, não se reconhecer a qualquer deles o direito de reclamar a penal convencional, mas unicamente àqueles que tiveram obstado o recebimento do crédito. Se estabelecida a locação para duas pessoas, não permitindo o locador o ingresso de uma delas, unicamente habilita-se a requerer o pagamento da multa. Em servidão reconhecida a dois proprietários que a aproveitam, impedido um de utilizá-la, apenas ele poderá reclamar a multa, caso prevista, e não ao outro credor, que continua aproveitando a utilidade.

Sendo, porém, divisível a obrigação, o tratamento, quanto à exigibilidade, é diferente: dirige-se apenas contra o respectivo devedor, ou seu herdeiro, proporcionalmente à sua parte na obrigação. Ocorre que, neste tipo de obrigações, tantas são as dívidas quantos os devedores. Tal acontece em uma dívida, vindo a falecer o devedor. Repartida a obrigação entre os herdeiros, mostra-se lógico que o atraso no pagamento por apenas um, junto ao qual cabe ao credor procurar o recebimento da parte da dívida que lhe coube pela divisão, unicamente ele arcará com a multa, e sobre a porção que lhe coube. Num outro exemplo, assinando várias pessoas uma obrigação pecuniária, o credor reclamará a parcela que cabe a cada devedor, parcela esta a que se chega pela divisão do montante pelo número de responsáveis. Exclusivamente perante aquele que se mostrou impontual postula-se a multa, sobre a quantia devida.

É o que se dessume do art. 415: "Quando a obrigação for divisível, só incorre na pena o devedor ou o herdeiro do devedor que a infringir, e proporcionalmente à sua parte na obrigação".

Com clarividência explicava Manoel Ignácio Carvalho de Mendonça a matéria: "De sorte que o total da pena correspondente ao total da obrigação, é evidente que ao credor não é permitido reclamar toda aquela de quem não é obrigado a toda esta.

Em uma palavra, nem há solidariedade entre os herdeiros como devedores, nem podem ser responsáveis pelos atos de outrem, uma vez que a natureza da obrigação admita que os tomem separadamente".[40] Oportuna também a lição de Limongi França: "Tomando como pressuposto a existência de dois ou mais codevedores, em havendo inexecução, só responde pela pena o inadimplente, na proporção da quota do respectivo débito. Os demais simplesmente nada têm a ver, quer com a inexecução, quer com o pagamento da cláusula penal, ficando uma e outra coisa nas respectivas esferas do negócio jurídico inicial".[41]

34.14. CLÁUSULA PENAL E PREJUÍZO DO CREDOR

Toda mora em cumprir uma obrigação sempre traz prejuízo, seja pelo não recebimento da prestação no tempo devido, seja pelos transtornos que na vida prática acarreta o atraso. O simples fato de ficar à mercê do devedor, a expectativa de aguardar o cumprimento, as providências levadas a efeito, o tempo gasto para acelerar o recebimento e outros incômodos, constituem, induvidosamente, ingredientes dos danos tanto de ordem material como moral.

Entrementes, para pleitear a pena convencional, nada precisa provar o devedor, e sequer alegar, posto que o dano é sempre presumível. Como dizem os autores, e decorre da experiência da vida, o prejuízo decorre *juris et de jure*. Este o sentido inserido no art. 416: "Para exigir a pena convencional, não é necessário que o credor alegue prejuízo".

A razão da regra está na motivação determinante da cláusula penal, que é já estabelecer a certeza da reparação, ou das perdas e danos, posto que ínsita a ocorrência de prejuízos. De outro lado, a finalidade mais forte está no caráter de coerção contra o devedor, ou no temor de ver agravada a obrigação, se não adimplida no tempo e modo convencionados ou ordenados na lei.

Há, pois, na regra uma exceção à necessidade de prova dos prejuízos, que impõe o art. 403, nestes termos redigido: "Ainda que a inexecução resulte de dolo do devedor, as perdas e danos só incluem os prejuízos efetivos e os lucros cessantes por efeito dela direto e imediato, sem prejuízo do disposto na lei processual". Acontece que o instituto da cláusula penal não se confunde totalmente com as perdas e danos. Além de servir para forçar o atendimento do convencionado ou da ordem trazida pela lei, já antecipadamente mensura os prejuízos, eis que estes, como observado acima, sempre se fazem presentes.

O Código Civil de 1916 continha, na segunda parte do art. 927, uma disposição que suscitava controvérsias: "O devedor não pode eximir-se de cumpri-la, a pretexto de ser excessiva".

Não se encontrava corretamente adaptada à realidade a segunda parte do dispositivo, o qual não dava abertura para eximir-se do cumprimento, a pretexto da excessividade da obrigação. Transparecia alguma contradição com os então arts. 920 e 924 daquele Código. Realmente, sob a ótica do dispositivo, como ficariam as cláusulas penais que excediam o montante da obrigação principal, e aquelas em que restava cumprida parcialmente a obrigação?

Ora, havendo excesso, obviamente padecia de legalidade ou juridicidade a cláusula. Assim acontecendo, não se afigurava admissível coagir o devedor a cumprir uma disposição com o vício de nulidade. Daí a precariedade da norma, levando Carvalho Santos a observar: "Se o que excede da obrigação principal é nulo, não podendo ser objeto de

---

[40] *Doutrina e Prática das Obrigações*, ob. cit., p. 249.
[41] *Teoria e Prática da Cláusula Penal*, ob. cit., p. 212.

condenação, mesmo que o devedor não alegue o excesso, pois a nulidade pode ser decretada de ofício pelo juiz, é claro que quando o Código fala em alegação de excesso..., refere-se ao excesso tolerado, que é justamente aquele que não incorre em nulidade, que pode ser decretado até pelo juiz".[42]

O atual Código não repetiu a regra. Ao contrário, no parágrafo único do art. 416, deixa entrever que, em princípio, a cláusula penal cobrirá os prejuízos, a menos que fique prevista a possibilidade do ressarcimento pelo restante de danos que se provarem, servindo, então, a cláusula penal como integrante da indenização: "Ainda que o prejuízo exceda ao previsto na cláusula penal, não pode o credor exigir indenização suplementar se assim não for convencionado. Se o tiver sido, a pena vale como mínimo da indenização, competindo ao credor provar o prejuízo excedente".

Em suma, a cláusula penal revela também caráter indenizatório, e servirá para amortizar o montante das perdas e danos. Para ensejar a busca do ressarcimento pelo valor que supera o da cláusula penal, insta que haja convenção, competindo ao credor a prova do prejuízo excedente.

---

[42] Ob. cit., vol. XI, p. 431.

XXXV
Arras ou Sinal

35.1. CONCEITO

O instituto das arras está contido no Capítulo VI, fazendo parte do Título IV do Livro I da Parte Especial, que disciplina o inadimplemento das obrigações. No Código de 1916, vinha incluído o estudo no Capítulo III do Título IV, que abrangia os contratos em geral, integrando o Livro III da Parte Especial.

Em verdade, a colocação da matéria nas regras comuns das obrigações em geral dá ao institulo um caráter mais amplo, incidente em todas as figuras que integram as obrigações, e não somente aos contratos em espécie.

Em direito das obrigações, o vocábulo "arras" expressa a quantia dada por um dos contratantes ao outro, como "sinal" de garantia da conclusão do negócio. Não só o dinheiro pode servir como garantia ou sinal (termo este último também frequentemente usado), mas igualmente qualquer coisa fungível. O escopo principal é firmar a presunção de acordo final, tornando obrigatório o ajuste, e, também, embora mais raramente, assegurar, para cada um dos contratantes, o direito de arrependimento.

Originadas do direito romano, a finalidade das arras era demonstrar a intenção firme e inabalável das partes em cumprirem o contrato, exteriorizando-se através da entrega de um anel, e, posteriormente, de uma certa quantia em dinheiro. Lembrava Silvio Rodrigues que a função era "reforçar o liame contratual, pois a parte que desertasse da palavra empenhada perderia o sinal dado. Deste modo", acrescenta, "talvez o contratante se sentisse menos tentado a abandonar o compromisso assumido, do que se o seu arrependimento ficasse impune".[1] Daí o caráter confirmatório de que se revestiam. Só posteriormente passaram a revelar a natureza penitencial, ou seja, de fixar o *quantum* que perderia o contratante se desistisse da avença. Implicitamente, encerravam a possibilidade de desistência no cumprimento da prestação. Completa Arnoldo Wald: "Assim sendo, o contrato com arras tornou-se fonte de uma obrigação alternativa: cumprimento da prestação principal, ou perda do valor das arras".[2]

Atualmente, prevalece o sentido confirmatório ou de acordo final, tornando-o definitivo. O sinal dado no início do contrato não autoriza o arrependimento. Havendo o descumprimento do contrato, ou não sendo executado, servem para indenizar os prejuízos. É o sistema que impera no Código Civil alemão, art. 336, no qual se inspirou o direito

---

[1] *Direito Civil – Dos Contratos e das Declarações Unilaterais da Vontade*, vol. III, ob. cit., p. 101.
[2] *Curso de Direito Civil Brasileiro*, ob. cit., p. 134.

brasileiro, ao passo que o Código de Napoleão deu ênfase à faculdade do arrependimento. Por esta concepção, a mera existência de um sinal torna possível o arrependimento, o que faz ressaltar o sentido penitencial que lhe é atribuído.

Com efeito, reza o art. 417 do Código Civil: "Se, por ocasião da conclusão do contrato, uma parte der à outra, a título de arras, dinheiro ou outro bem móvel, deverão as arras, em caso de execução, ser restituídas ou computadas na prestação devida, se do mesmo gênero da principal".

Ao lado das arras confirmatórias, existem as penitenciais, que devem conter cláusula específica possibilitando o arrependimento. Neste caso, têm a função indenizatória.

35.2. NATUREZA JURÍDICA

Constituem as arras um pacto acessório ao contrato principal, tendo caráter real.

Acessório, explica Silvio Rodrigues, "porque sua existência e eficácia dependem da existência e eficácia do contrato principal. É inconcebível a ideia de arras, sem que se imagine um ajuste principal cuja obrigatoriedade seja revelada pelo sinal; ou então, sem que se refira a uma concordância, da qual as partes podem desertar, pela perda do sinal".[3]

Têm caráter real porquanto exigem, para se aperfeiçoarem, a entrega da coisa, por uma das partes, à outra. Pothier afirma: "Es contrato real porque no puede concebir-se un contrato de arras sin un hecho que es la tradición de las mismas".[4] Realmente, não se concebe as arras sem a transferência imediata, no ato da celebração, da coisa, ou do valor pactuado. Daí a distinção relativamente à cláusula penal, porquanto neste, embora vise igualmente uma garantia do negócio através da perda de certo valor, não há qualquer pagamento inicial, ou entrega de algum valor.

35.3. ESPÉCIES

Duas clássicas modalidades de arras ressaltam: as confirmatórias e as penitenciais.

As primeiras constam previstas no art. 417 e "consistem na entrega de quantia ou coisa, feita por um contratante ao outro, em firmeza do contrato e como garantia de que será cumprido. Firmam a presunção de acordo final e tornam obrigatório o contrato. Usam-se, precisamente, para impedir o arrependimento de qualquer das partes".[5] Embora o conceito dado com base no Código anterior, perdura a sua validade, impondo a necessidade da transcrição do art. 417 para uma melhor inteligência: "Se por ocasião da conclusão do contrato, uma parte der à outra, a título de arras, dinheiro ou outro bem móvel, deverão as arras, em caso de execução, ser restituídas ou computadas na prestação devida, se do mesmo gênero da principal".

Eis os elementos componentes:

a) a entrega na conclusão do contrato, isto é, quando o mesmo se efetua, ou depois de enviada a proposta e emitida a aceitação;
b) a entrega de dinheiro ou de um bem móvel;

---

[3] *Direito Civil* – Dos Contratos e das Declarações Unilaterais da Vontade, vol. III, ob. cit., p. 104.
[4] *Tratado de los Contratos*, tomo I, ob. cit., p. 245.
[5] Orlando Gomes, *Contratos*, ob. cit., p. 108.

c) a devolução do dinheiro ou do bem quando da execução, ou conclusão do contrato;

d) a faculdade de computar a quantia ou o bem móvel entregue no preço do negócio, se do mesmo gênero da coisa principal.

Percebe-se que não se encontra no dispositivo a permissão para se resolver a avença.

Três funções se destacam: a confirmação do negócio, que passa a ser obrigatório; antecipação da prestação prometida pelo contratante; e prévia determinação das perdas e danos pelo não cumprimento das obrigações.

O art. 418, em redação e acréscimos da Lei nº 14.905/2024, mas sem mudar o conteúdo, traça as consequências na falta de cumprimento das obrigações:

"Na hipótese de inexecução do contrato, se esta se der:

I – por parte de quem deu as arras, poderá a outra parte ter o contrato por desfeito, retendo-as;

II – por parte de quem recebeu as arras, poderá quem as deu haver o contrato por desfeito e exigir a sua devolução mais o equivalente, com atualização monetária, juros e honorários de advogado".

A expressão "mais o equivalente" quer significar mais outra quantia igual, ou o dobro, vindo a expressão também no art. 420, que trata das arras penitenciais. Relativamente à redação do Código anterior, que se referia ao dobro na devolução, o atual texto revelou-se mais real, porquanto as arras podem consistir em bens diferentes do dinheiro.

Por conseguinte, há de se distinguir se a inadimplência é daquele que deu as arras ou o daquele que as recebeu.

Sendo daquele que as deu, faculta-se à outra parte desfazer o negócio e reter a importância ou o bem recebidos, que passa para a suja propriedade.

Se não cumpridas as obrigações pela pessoa que recebeu as arras, abre-se ao outro contratante a possibilidade de desconstituir o contrato, e de reclamar a quantia que pagou, mais o equivalente, o que resultar da correção monetária, o juros e os honorários advocatícios.

Percebe-se que não há lugar para o arrependimento, se estipuladas as arras. Servem para prefixar o montante das perdas e danos a que tem direito a parte inocente pelo descumprimento do outro contratante. No ajuste, é preciso que conste expressamente a finalidade, ou seja, para integrar o pagamento ou para posterior devolução, valendo como confirmação do negócio, o qual se torna obrigatório. Endossada se encontra esta maneira de entender na antiga doutrina, como se vê em Wilson de Souza Campos Batalha, ainda persistindo tal finalidade: "As arras dadas como princípio de pagamento, ou arras confirmatórias, evidenciam a conclusão do contrato, e não conferem direito de arrependimento".[6]

Mas, se verificado o inadimplemento das obrigações, assegura-se uma indenização suplementar, ou a ação visando a execução, passando, então, as arras a servirem como o valor mínimo de indenização, sendo esta alternativa uma novidade em relação ao Código de 1916. Essas garantias vieram introduzidas pelo art. 419: "A parte inocente pode pedir indenização suplementar, se provar maior prejuízo, valendo as arras como taxa mínima.

---

[6] *Loteamentos e Condomínios,* tomo I, São Paulo, 1953, p. 337.

Pode, também, a parte inocente exigir a execução do contrato, com perdas e danos, valendo as arras como o mínimo da indenização".

Nota-se o intuito de prestigiar o cumprimento do contrato, tanto que permitida a execução do cumprimento.

Em relação às segundas, classificam-se como penitenciais as arras quando, por expressa convenção das partes, ficam as mesmas com o direito de arrependimento. Possuem o caráter de pena pela decisão de desistência, e aquele que recebeu o valor terá que proceder a devolução, mais o equivalente, ou outra vez a quantia, e, naturalmente, o que resultar da correção monetária, se de sua iniciativa foi a resolução; perdê-las-á aquele que as deu, se a desistência foi sua. Conhecidas no direito antigo como *pactum displicentiae*, dependem, para o seu reconhecimento, de previsão expressa no contrato.

Com efeito, preceitua o art. 420, onde constam previstas: "Se no contrato for estipulado o direito de arrependimento para qualquer das partes, as arras ou sinal terão função unicamente indenizatória. Neste caso, quem as deu perdê-las-á em benefício da outra parte; e quem as recebeu devolvê-las-á, mais o equivalente. Em ambos os casos não haverá direito a indenização suplementar".

Mesmo neste tipo de arras, há questões controvertidas. Se constituem começo de pagamento, ou representam satisfação de parte do preço, não há lugar para o arrependimento. De Pontes de Miranda vem este entendimento, embora se refira ao contrato de promessa de compra e venda: "O direito de arrependimento supõe contrato em que não houve começo de pagamento. Porque, tendo havido começo de pagamento, nenhum dos contratantes tem direito de se arrepender, pela contradição que se estabeleceria entre firmeza e infirmeza do contrato". Para o insigne mestre, preclui o direito de quem iniciou o cumprimento e de quem recebeu; só no caso de não iniciado perderá as arras aquele que as recebeu: "Se as arras constituem começo de pagamento, não há arras propriamente ditas, não há arras a serem devolvidas. A restituição do que foi recebido, em começo de pagamento, teria outra causa: *ex. g.*, condição ou termo resolutivo...".[7] Em suma, iniciado o pagamento, o avençado há de ser cumprido, pois o sinal integra a obrigação. Ou seja, sempre que as arras constituem o preço e iniciar a entrega das prestações, especialmente nos contratos de promessa de compra e venda, tem-se o começo de execução. Não se admite o arrependimento.

José Osório de Azevedo Júnior, com apoio na jurisprudência da época, falando sobre tal espécie de avenças, esclarece até que momento é possível o arrependimento: aceita-se apenas pelo lapso de tempo que medeia entre a dação do sinal e o início do cumprimento do pactuado. Iniciadas as prestações, entende-se o surgimento de fato novo, isto é, a renúncia àquela prerrogativa. O contrato passa a ser definitivo e irrefratável.[8]

35.4. ARRAS E INDENIZAÇÃO POR PERDAS E DANOS

Não se permite obrigar a cumprir o contrato, nem a cumulação das arras e indenização pelo não cumprimento, nas arras penitenciais, no que se revelou expresso o final do art. 420, proibição que não constava no dispositivo equivalente do Código revogado – art. 1.095.

---

[7] *Tratado de Direito Privado*, vol. XIII, ob. cit., pp. 250/251.
[8] Ob. cit., p. 145.

Pothier expôs as razões: "En el caso de las arras que se han dado por razón de un contrato que no pasa de ser un proyecto, claro está que el comprador que se opone a realizar la compra, queda en paz con la pérdida de las arras, y que no se puede obligar al pago del precio por la razón sencilla de no haber contraído todavía tal obligación por falta de convención definitiva. Por la misma razón, no se puede pedir otra cosa que el doble de las arras recibidas, puesto que no estaba obligado a la tradición o entrega de la cosa".[9]

Aduzia Silvio Rodrigues, em abono a esta inteligência, tendo como fulcro o art. 1.097 do Código revogado: "Por conseguinte, de acordo com a interpretação literal, a lei impõe, como pena do inadimplemento, somente a perda das arras dadas, não facultando ao outro contratante a possibilidade de abrir mão do sinal, optando pela reclamação das perdas e danos".[10]

Eis a regra do então art. 1.097: "Se o que deu arras der causa a se impossibilitar a prestação, ou a se rescindir o contrato, perdê-las-á em benefício do outro". Importava afirmar, no caso do vendedor, nada mais poder receber, a não ser a quantia correspondente às arras.

Ao firmarem o recibo arras, cumpre supor-se que os estipulantes se contentaram com a imposição da classe de reparações previstas, renunciando a qualquer outra e às ações que poderiam exercitar por falta de cumprimento do pactuado.

Mas não se as partes tenham expressamente convencionado, em não se tratando de *arrhae poenitenciales*, que responderá o inadimplente por perdas e danos. A convenção, neste caso, é perfeitamente lícita, o que vinha defendido pela maioria dos doutrinadores ao tempo do Código revogado. Necessário, contudo, se observe a recomendação de Serpa Lopes, impedindo-se que se tornem fator de enriquecimento, e não de ressarcimento: "Entendemos, porém, que o princípio da autonomia da vontade não pode estabelecer uma competição das perdas e danos que produza, em lugar de uma justa reparação, um enriquecimento ilícito. Se as arras passam a ter uma função *poenitencialis*, deve ser tratada do mesmo modo que uma cláusula penal, suportando as limitações que a lei estabelece, como as do art. 920 do Cód. Civil, não se permitindo uma satisfação do dano mais ampla que o próprio dano sofrido".[11]

O mencionado art. 920 corresponde ao art. 412 do vigente Código Civil, que prescreve: "O valor da cominação imposta na cláusula penal não pode exceder o da obrigação principal". De sorte que não se tolera uma cominação exagerada pelo inadimplemento, cabendo ao juiz, por força do art. 413, reduzir equitativamente a penalidade estipulada para o caso de mora, ou de falta de cumprimento. Encontra a redução apoio no Superior Tribunal de Justiça, como se pode ver no Recurso Especial nº 105.208, da 1ª Turma, com a data de 14.10.1997, publicado em Direito Imobiliário – Acórdãos Selecionados – COAD, março/abril de 1998, p. 15: "As perdas e danos resultantes da inadimplência do promitente comprador ou se resumem ao valor das arras, ou, sendo a ele superiores, do *quantum* apurado deve ser abatida a quantia àquele título já recebida e, no caso dos autos, a parte de uma prestação paga".

---

[9] *Tratado de los Contratos,* tomo I, ob. cit., pp. 247/248.
[10] *Direito Civil* – Dos Contratos e das Declarações Unilaterais da Vontade, vol. III, ob. cit., p. 108.
[11] Ob. cit., vol. III, p. 213.

35.5. ARRAS E CLÁUSULA PENAL

Grande é a semelhança entre as duas espécies. Realmente, visam ambas um fim comum: o de assegurar o cumprimento da obrigação e a eventual indenização dos danos. Ademais, possuem, uma e outra, o caráter acessório, não subsistindo sem a obrigação a que aderem.

Ressaltam, no entanto, as diferenças.

Na cláusula penal, prestação alguma é necessária para aperfeiçoá-la ou completá-la. Uma das partes nada entrega à outra, em segurança do negócio avençado. Nas arras, todavia, há a entrega de dinheiro, ou de coisa fungível, no momento da celebração do contrato.[12]

Prossegue Serpa Lopes: "Quando os contratantes entregam arras ou convencionam certa soma a título de arrependimento, se o direito de arrependimento é exercido, o contrato desaparece; nenhum laço mais existe entre os contratantes. As arras ou o arrependimento reparam o prejuízo. Ao contrário, num contrato com cláusula penal, quando a parte se recusa a cumprir uma obrigação, ao mesmo tempo em que a pena se torna exigível o contrato não se desfaz, não se dissolve. A cláusula penal não desempenha qualquer função novatória em relação ao contrato no qual figura. O pagamento da pena convencionada representa a própria execução do contrato nele previsto. Destarte a cláusula penal assegura a execução do contrato, ao passo que as arras visam o seu desaparecimento, com o arrependimento".[13]

Sintetizando, pode-se afirmar que as arras se definem como uma espécie de pena convencional, que é paga por antecipação, mas no exercício do direito de arrepender-se, previsto no instrumento contratual. Na convenção com cláusula penal, o pagamento da pena é determinado pela violação do ajuste.

---

[12] Washington de Barros Monteiro, *Curso de Direito Civil, Direito das Obrigações*, 2º vol., ob. cit., p. 41.
[13] Ob. cit., vol. III, p. 214.

XXXVI
Promessa de Recompensa

36.1. CONCEITUAÇÃO

A promessa de recompensa, que é o primeiro ato unilateral regulamentado pelo Código Civil, está nos arts. 854 a 860. Considera-se a promessa, divulgada ao público, em dar uma recompensa ou uma gratificação a alguém que cumpre uma certa condição ou realiza um ato especificado que se pede, consoante se extrai do art. 854: "Aquele que, por anúncios públicos, se comprometer a recompensar, ou gratificar, a quem preencha certa condição, ou desempenhe certo serviço, contrai obrigação de cumprir o prometido".

O conceito de Sílvio Rodrigues revela com clareza este tipo de manifestação da vontade: "Promessa de recompensa é o ato de alguém que, por anúncio público, dirigido a pessoa indeterminada, se compromete a gratificar quem preencha certa condição ou desempenhe certo serviço".[1]

Retiram-se do texto os seguintes elementos:

a) deve haver um ato de alguém expondo por meio de anúncio público uma exteriorização da vontade;
b) essa manifestação da vontade se comunicará através da publicidade, que se efetiva pelos modos comuns existentes, e, assim, pela imprensa, pelo rádio, pela televisão, por anúncios afixados, por cartazes, por folhetins, pela transmissão de alto-falante, ou até pela voz. É importante que se dê a divulgação;
c) a capacidade de quem faz a promessa, de modo a poder exercer seus direitos e assumir obrigações;
d) a licitude da promessa, isto é, que seja permitida pelo ordenamento legal, sendo inviável, pois, que consista em um objeto proibido ou ilegal, como a entrega de substância tóxica, ou de uma mercadoria que, para o uso, há restrições da lei;
e) que a condição ou o serviço também revele licitude e venha permitida pelo direito positivo, não se autorizando a promessa de recompensa para quem consiga um objeto ilícito, ou o fornecimento de mercadoria cuja venda dependa de autorização oficial.

Consoante transparece do dispositivo acima, a promessa é dirigida ao público, e não a somente uma pessoa. A regulamentação pelo Código Civil dirige-se à promessa

---

[1] *Direito Civil – Dos Contratos e das Declarações Unilaterais da Vontade*, vol. 3, 28ª ed., São Paulo, Saraiva, 2002, p. 389.

encaminhada a mais de uma pessoa, ou a um conjunto indeterminado de interessados. Entrementes, nada impede que seja formulada de modo particular a unicamente um ou mais indivíduos. Não se desvincula quem promete do dever de cumprir o prometido, até porque aí está-se diante de uma relação contratual. Há o vínculo, embora se realize com a satisfação da condição. Com toda a certeza, quando a manifestação da vontade se vincula a pessoas determinadas, indicando-se o objeto e discriminando-se os direitos e deveres, não se tem propriamente um ato unilateral. Acontece que as vontades se entrelaçam em torno das condições para a devida prestação e a decorrente contraprestação.

36.2. NATUREZA JURÍDICA

Diante do texto da regra cima, não se demanda grande celeuma a percepção da natureza jurídica que decorre da figura. Afasta-se, desde já, a pretensão de ver na espécie uma figura contratual. É que não se obrigam as partes. Unicamente quem promete a recompensa assume deveres, que surgem com o cumprimento daquilo que se alvitrou com a publicidade da promessa. Não formulam as partes um contrato, com o delineamento de direitos e obrigações. A nada se compromete o terceiro a quem se dirige a pretensão de quem promete. Nem se tem na figura a fase da proposta do contrato, ou da oferta, que não passa do momento inicial do contrato.

Consoante Washington de Barros Monteiro, "a promessa de recompensa constitui negócio jurídico unilateral, que obriga aquele que emite a declaração de vontade, desde o momento em que ela se torna pública, independente de qualquer aceitação".[2] E assim acontece, porquanto o ofertante fica obrigado a cumprir aquilo que prometeu. Com a divulgação ao público, nasce o vínculo unicamente de sua pessoa, não importando que os destinatários se comprometam a fazer aquilo que está na promessa.

Em verdade, não se pode negar o surgimento de obrigações também de parte daquele que se propõe a aceitar a promessa. É natural que procurará obedecer as regras elencadas na proposta. Se está na perspectiva de receber um prêmio, no caso de cumprir aquilo que é solicitado, cumpre-lhe desempenhar a contento o serviço ou o atendimento de certa condição. Não fará jus ao benefício ou prêmio se não revelar cuidados no manejo do bem, ou se não o entregar no destino ordenado. Consistindo a promessa para quem entrega um trabalho técnico, ou uma obra de arte, ou uma pesquisa, é de rigor o cumprimento das diretrizes traçadas por aquele que faz a promessa. Assim na oferta pública para a realização de uma obra, através de licitação. Todos aqueles que resolvem concorrer ao concurso, devem acatar a série de normas administrativas impostas pelo ente que faz a licitação.

Todavia, ninguém é obrigado a participar do certame. O compromisso, a que não pode fugir, é apenas do promitente.

36.3. DIREITO NO RECEBIMENTO DA RECOMPENSA

Mesmo que se faça o serviço ou se satisfaça a condição não por interesse da promessa, impõe-se o cumprimento da recompensa, nos termos que constam do art. 855: "Quem

---

[2]   *Curso de Direito Civil* – Direito das Obrigações, 2ª parte, 28ª ed., São Paulo, Saraiva, 1995.

quer que, nos termos do artigo antecedente, fizer o serviço, ou satisfizer a condição, ainda que não pelo interesse da promessa, poderá exigir a recompensa estipulada".

Quer o dispositivo revelar que, entregue o serviço, ou atendida a condição, não sendo relevante que se tenha visado o atendimento da promessa, ou do convite feito, ou outra finalidade, cabe o direito de reclamar a recompensa. Não importa que se tenha objetivado especificamente a promessa formalizada. Desde o momento em que se entregou ao interessado o serviço, ou se tenha atendido a condição, embora para outra finalidade, nasce o direito à recompensa.

Outrossim, qualquer pessoa está habilitada a atender o que se pede com a promessa. Não influi o lugar onde está seu domicílio, ou a praça que deverá atender. Mesmo que situado em local distante, se atendido o pleito vindo na promessa, decorre a obrigação de entregar a recompensa. Acontece que a todas as pessoas se destina a promessa. É que o instituto da promessa feita com publicidade se dirige indeterminadamente a qualquer pessoa. Satisfazendo esta a condição, ou executando o serviço, não se subtrai o promitente da imposição de pagar o prêmio, mesmo que a realização não se dê no interesse da recompensa, como está no dispositivo, o que equivale a afirmar que é devida a recompensa ainda que desconhecida a sua promessa por aquele que fez o serviço ou satisfez a condição.

No entanto, a recompensa se destina para a classe de pessoas a quem é dirigida a proposta. Se solicitado um serviço por uma classe de profissionais, não cabe admitir que se deva pagar caso realizada por outra classe. Sobre o tema, desenvolve Carvalho Santos, cumprindo notar que os dispositivos do atual Código e do anterior coincidem: "Entenda-se bem: pressupõe o Código a execução de serviço, ou a satisfação da condição por parte de uma das pessoas, dentre as que se encontrem nas condições estipuladas como podendo concorrer ao prêmio. Se a recompensa ou gratificação, por exemplo, foi prometida a um farmacêutico que descobrisse determinado remédio, não poderia nunca um médico que o descobrisse pretender a recompensa. Se o prêmio fosse prometido ao estudante de direito que melhor trabalho apresentasse sobre a investigação da paternidade, não poderia, bem é de ver, um bacharel ou um professor pretender concorrer à recompensa prometida".[3]

Não afasta o dever de cumprir a promessa se o bem que se procura obter já exista. Pensando aquele que promete que não exista no mercado um certo produto, e lançando a proposta ou o convite, quem o apresentar arma-se do direito à pretensão da recompensa, mesmo que se opere um simples fornecimento, ou que a obra não se efetuara especificamente em razão de tal promessa.

36.4. REVOGAÇÃO DA PROMESSA

Enquanto não prestado o serviço ou realizada a condição, é autorizada a revogação da promessa, se obedecidas as exigências do art. 856: "Antes de prestado o serviço ou preenchida a condição, pode o promitente revogar a promessa, contanto que o faça com a mesma publicidade; se houver assinado prazo à execução da tarefa, entenderse-á que renuncia o arbítrio de retirar, durante ele, a oferta".

Em princípio, pois, enquanto não realizado o serviço, ou não atendida a condição exigida, autoriza-se a revogação pura e simples da promessa veiculada ao público. Isto porque surge a eventualidade de haver se desinteressado pelo bem ou serviço, ou por-

---

[3] *Código Civil Brasileiro Interpretado*, vol. XX, 7ª ed., 1961, ob. cit., p. 151.

que encontrou uma solução diferente. Inadmissível obrigar que aguarde para sempre a atividade que ofereceu.

Era enfático João Luiz Alves, no início do Código Civil de 1916: "Até a realização do serviço ou da condição imposta pelo promitente, pode este arrepender-se pela mesma razão por que, nos contratos entre ausentes, pode o policitante retirar a proposta enquanto esta não chega ao conhecimento do oblato...; até esse momento, nenhum direito adquiriu a pessoa determinada ou indeterminada a que se dirigiu a promessa".[4]

A comunicação da desistência ou revogação se divulgará por idêntica forma que obedeceu o anúncio. Caso se tenha utilizado a imprensa escrita, segue-se igual meio de comunicação para avisar que não mais persiste. Se a veiculação se deu através de canal de televisão, por este instrumento se avisará a revogação, com tantos avisos e iguais horários que aqueles da divulgação.

Em suma, a divulgação será expressa e pública.

Mas, marcando-se prazo para a execução da tarefa ou o cumprimento da condição, o correto é aguardar o decurso do prazo, tal como acontece na proposta, em que o policitante deve aguardar o decurso do prazo nos contratos por correspondência. Unicamente depois de transcorrido o prazo o arrependimento fica autorizado, o que decorre ao natural, sem necessidade de comunicação.

A revogação estende-se, no caso de falecimento ou incapacidade daquele que promete, aos seus herdeiros ou representantes, desde que se manifeste de modo expresso e público.

Àquele que procedeu de boa-fé, e teve despesas em face da promessa, garante-se a correspondente indenização, em face do parágrafo único do art. 856: "O candidato de boa-fé, que houver feito despesas, terá direito a reembolso". Não importa que tenha havido abuso de direito de parte do promitente, ou que injustificadamente procedeu o cancelamento. Se estava em plena vigência a promessa, acarretando de parte do interessado despesas com a realização do serviço, ou a satisfação de certa condição, é plenamente justificável o reembolso das despesas acarretadas.

É de se observar a exceção do art. 859, pelo qual não se viabiliza o arrependimento, porquanto constitui condição essencial a fixação de um prazo, como se verá em item próprio. Uma vez anunciado o concurso, desenvolvem os concorrentes esforços e gastos a fim de participar. Daí não se afeiçoar a possibilidade de retirada da promessa, sob pena de se caracterizar abuso de direito. Todavia, se tal decisão advier, sempre cabe o ressarcimento.

36.5. PLURALIDADE DE PESSOAS NA REALIZAÇÃO DE TAREFA OU CONDIÇÃO

Em havendo pluralidade de pessoas na satisfação do serviço ou da condição, receberá a recompensa aquela que antes executou, por força do art. 857: "Se o ato contemplado na promessa for praticado por mais de um indivíduo, terá direito à recompensa o que primeiro o executou". Naturalmente, ficam prejudicados os demais executantes. Atende-se à precedência na execução, atribuindo-se a recompensa a quem em primeiro lugar se desincumbiu de sua realização.

Trata-se, no dispositivo, do cumprimento quando se estabelece um prazo, e desde que se coloque tal condição para determinar o cumprimento da promessa. Não se levam

---

[4] *Código Civil da República dos Estados Unidos do Brasil Anotado*, F. Briguiet & Cia – Editores e Livreiros, Rio de Janeiro, 1917, comentários ao art. 1.514, p. 1.057.

em consideração outras exigências, ou requisitos de qualidade e perfeição na prestação, como na hipótese de alguém encontrar um objeto perdido, ou apresentar um produto que é solicitado. Se preponderarem as qualidades ou perfeições, naturalmente está-se diante de um concurso, devendo-se aguardar o prazo concedido.

Como denota preceito, é contemplado aquele que precedeu na execução, e não quem comunicou antes a sua realização. Nem se leva em conta as preferências pessoais, ou o gabarito, a capacidade técnica do executor.

De conformidade com o art. 858, em havendo simultaneidade na execução, estabelece-se a partição da recompensa, se divisível a recompensa; do contrário, confere-se a mesma por sorteio, mas devendo quem a recebe entregar ao outro o valor do respectivo quinhão: "Sendo simultânea a execução, a cada um tocará quinhão igual na recompensa; se esta não for divisível, conferir-se-á por sorteio, e o que obtiver a coisa dará ao outro o valor de seu quinhão".

Tendo duas pessoas apresentado o mesmo bem, ou realizado idêntica prestação, entregam-se duas porções iguais da recompensa, situação comum se consistiu em dinheiro, ou em coisas fungíveis. Mas, prometendo-se, *v.g.*, um automóvel a quem descobre um certo medicamento, ou um mineral e o entrega, e aparecendo duas pessoas com aquilo que se pediu, a única solução é proceder a um sorteio. Mesmo assim, quem logrou receber o bem terá que compensar a outra pessoa com metade do respectivo valor, solução que procura estabelecer a justiça na situação.

Consoante já advertia Clóvis Beviláqua, "o debate para a prova de prioridade ou da simultaneidade se estabelece entre os interessados. O promitente desobriga-se pondo a recompensa à disposição de quem a ela tiver direito".[5]

36.6. PROMESSA DE RECOMPENSA EM CONCURSOS

Se prometer-se recompensa para a realização de serviço ou preenchimento de condição, deve-se estabelecer um prazo certo de validade ou para a apresentação do que se pede. Assim consta do art. 859: "Nos concursos que se abrirem com promessa pública de recompensa, é condição essencial, para valerem, a fixação de um prazo, observadas também as disposições dos parágrafos seguintes".

Realizam-se concursos não para sorteios ou distribuição de prêmios, mas para selecionar o melhor trabalho ou serviço daqueles que concorrem. É ainda comum a prática para selecionar o melhor estudo científico, literário, poético, artístico, em comemoração a determinado evento, ou para incentivar um ramo específico da cultura. No embate, participam aqueles que se dispõem a revelar qualidades e dotes pessoais, conseguindo a vitória quem mais sobressair. Exemplifica Maria Helena Diniz: "Várias pessoas se propõem a realizar uma tarefa, em buscar um prêmio que somente será conferido ao melhor. P. ex.: oferta de viagem a Paris ao artista que apresentar o melhor quadro a ser exibido em futura exposição; prêmio oferecido ao autor do melhor livro sobre certo assunto; recompensa ao arquiteto que apresentar o melhor projeto etc."[6]

Está ínsita a aleatoriedade no resultado, posto que não há qualquer garantia de vencer.

---

[5] *Código Civil dos Estados Unidos do Brasil Comentado*, 5ª ed., ob. cit., vol. V, p. 287.
[6] *Curso de Direito Civil Brasileiro*, 6ª ed., 1987, ob. cit., 3º vol., p. 505.

Imprescindível a delimitação de um período para a apresentação do trabalho ou serviço, findo o qual não mais terá validade a promessa.

Não se cogita, aqui, de concursos para o ingresso em faculdades ou cursos superiores, ou visando a seleção de pessoas para a carreira pública, e muito menos para integrar uma classe especial de pessoas. A finalidade dirige-se a certames que objetivam enaltecer uma efeméride, ou um evento, ou um ramo da ciência, concedendo ao vencedor uma premiação.

Está subentendido, para os que se submetem ao certame, a obediência às regras impostas, bem como ao veredicto das pessoas que serão selecionadas para funcionarem como juízes, no que já advertia Clóvis Beviláqua: "Outro preceito especial dos concursos é que os concorrentes aceitem a decisão da pessoa nomeada nos anúncios, como julgadora do mérito dos trabalhos apresentados, ou, na falta desta, a do anunciante, desde que essa decisão se ajuste às condições fixadas no anúncio. Tais condições são obrigatórias para ambas as partes, para os concorrentes e para o promitente".[7] Nesse sentido está consignado no § 1º do art. 859: "A decisão da pessoa nomeada, nos anúncios, como juiz, obriga os interessados".

Na falta de pessoa indicada no anúncio, aceita-se que o promitente faça a escolha do vencedor, em razão do § 2º do mesmo art. 859: "Em falta de pessoa designada para julgar o mérito dos trabalhos que se apresentarem, entender-se-á que o promitente se reservou essa função".

Finalmente, há a regra dirimindo uma situação não impossível de acontecer, e verificada quando os trabalhos revelarem mérito igual. Nessa eventualidade, seguem-se as diretrizes dos arts. 857 e 858. Nos preceitos, ordena-se, tendo os resultados mérito igual, que o prêmio será concedido àquele que apresentar em primeiro lugar o trabalho, e que, na execução simultânea, a cada participante caberá quinhão igual ou, na impossibilidade por revelar-se indivisível a recompensa, procede-se ao sorteio, devendo o contemplado pagar ao outro o correspondente valor de seu quinhão.

Quanto a entregar o prêmio a quem antes executou o trabalho, mostra-se inviável, eis que o concurso requer a marcação de prazo, devendo efetuar-se a entrega, ou submeterem-se as pessoas às provas, na data aprazada.

As obras premiadas poderão ficar com o promitente somente se tal particularidade se inserir no anúncio. Do contrário, tornarão para o autor intelectual, ou o criador, que participou do evento. É o que se encontra no art. 860: "As obras premiadas, nos concursos de que trata o artigo antecedente, só ficarão pertencendo ao promitente, se assim for estipulado na publicação da promessa".

Em suma, aquele que promove concursos não se apropria dos trabalhos apresentados, se esta condição não ficar assinalada na publicidade realizada.

---

[7] *Código Civil dos Estados Unidos do Brasil Comentado*, 5ª ed., 1943, ob. cit., vol. V, p. 289.

XXXVII
Gestão de Negócios

37.1. CONCEITO

Integrando o direito das obrigações (Livro I da Parte Especial), no Capítulo II do Título VII, título este que abrange a disciplina dos atos unilaterais, veio colocada a gestão de negócios, figura de pouca frequência prática.

Daí se depreender que o vigente Código não considerou a gestão de negócios como contrato, mas como ato unilateral da vontade. Na verdade, a feição que melhor se adequa é a caracterização contratual, pois o gestor deve agir de maneira a atender a vontade do dono do negócio, com o que se manterá o negócio que realiza. Cumprindo-lhe procurar a satisfação dos interesses daquele em cujo nome atua, a vontade daquele está presente, devendo obrigações ao mesmo, que, por sua vez, em princípio, vincula-se ao que ficou estabelecido, fazendo despontar a bilateralidade da relação desenvolvida. Efetivamente, se é feito o negócio, e se a lei o contempla e o valida, é porque decorrem efeitos ao dono. Se a atuação se dá de acordo com o interesse e a vontade presumível do dono, valerá o negócio. E em valendo, obrigando ao dono, o ato é subjacentemente bilateral, ou contratual.

No entanto, tem predominância a unilateralidade das obrigações do gestor de negócios, que emite a declaração de vontade por sua exclusiva conta, e agindo, assim, em consonância com os interesses que presume existir de parte do dono do negócio.

A gestão de negócios apareceu no direito antigo na forma de quase contrato, figura reavivada no Código Napoleônico, mas que, atualmente, se firmou mais com o caráter de contrato. Apresenta-se a figura quando alguém, por livre iniciativa, cuida de interesse de outrem, agindo de acordo com a sua presumível vontade. Conceitua-se como a administração oficiosa de interesses alheios, sem a representação procuratória. A razão de algumas legislações se aterem à concepção de quase contrato está justamente na espontaneidade, na ausência de mandato com que atua o gestor. Alguém intervém em negócios alheios, tendo em conta o interesse e a vontade presumível de seu dono. Para Clóvis, trata-se de administração oficiosa de negócio alheio, feita sem procuração. "É um mandato espontâneo e presumido, porque o gestor procura fazer aquilo que o dono do negócio o encarregaria, se tivesse conhecimento da necessidade de tomar a providência reclamada pelas circunstâncias".[1]

O traço marcante é o fato da gestão, que se concretiza pela manifestação da vontade de realizar um negócio de terceira pessoa. Em princípio, lembra Cunha Gonçalves, é um ato benéfico, altruístico, revelando um fim social e não puramente individual. "É um

---

[1] *Código Civil dos Estados Unidos do Brasil Comentado*, vol. V, ob. cit., p. 80.

permanente incitamento aos espíritos generosos e altruístas para que não deixem lesar direitos e bens ou a pessoa de outrem, por falta de quem legalmente por eles vele e os defenda, a título de representação, quando esse outrem se encontre impedido, ou ausente, ou ignore a necessidade urgente de tal gestão, ou esteja em situação de não poder evitar ou reparar o seu próprio dano".[2]

Embora não com caráter tão altruísta, e de pouco ou de nenhum uso atualmente, o Código Civil expressa tal finalidade no art. 861: "Aquele que, sem autorização do interessado, intervém na gestão de negócio alheio, dirigi-lo-á segundo interesse e a vontade presumível de seu dono, ficando responsável a este e às pessoas com que tratar".

Assumindo o encargo, fica o gestor responsável junto ao dono e às pessoas com quem tratar.

Para se formar o vínculo obrigacional, é importante se apresentem os seguintes elementos, ainda discriminados por Carvalho Santos, que persistem dada a igual disciplina da matéria pelos Códigos de 1916 e 2002, que se reporta, por sua vez, a Carvalho de Mendonça:

"a) Que o gestor tenha tido o desígnio de gerir o negócio no interesse do dono e nunca no seu próprio;

b) que tenha agido com o intuito de obrigar eventualmente o dono e não queira praticar um ato de beneficência;

c) que a gestão tenha sido útil, conquanto sua utilidade haja desaparecido ulteriormente sem culpa do gestor;

d) que o dono do negócio não tenha por qualquer meio vedado a gestão".[3]

Duas pessoas intervêm forçosamente na *negotiorum gestio*: o gestor, ou *negotiorum gestor*, aquele que administra ou gerencia; e o dono do negócio ou *dominus negotii*, que é a pessoa em favor da qual se desenvolve a atividade.

Não é fácil a constatação prática de exemplos de gestão de negócios. Em geral, o dono de um bem contrata a administração, seja de que forma for, se pessoalmente está impedido de exercê-la. No entanto, é verificável a figura na venda que um terceiro leva a efeito de bens perecíveis que alguém abandona, sem a prévia autorização do proprietário. Ainda, na administração que uma pessoa assume, referente a coisas relegadas ao esquecimento. Ou, no caso de falecimento de um titular de imóveis, e diante do desinteresse dos herdeiros pelo patrimônio, aparece um estranho à ordem sucessória, e espontaneamente toma conta das culturas agrícolas, dos animais e de outros bens que se encontram nas terras; em casos semelhantes, o herdeiro de uma fazenda desempenha a administração sem a oposição dos demais herdeiros; e o condômino de coisa indivisível cuida do bem comum sem que alguém vá contra. Em outra hipótese, tendo uma pessoa em seu poder uma quantia de dinheiro de terceiro, compete-lhe a devolução com os rendimentos normais, isto é, juros. Mas se efetuou investimentos ou aplicações com o valor, os frutos resultantes não lhe pertencem, configurando-se a gestão de negócios.

Pontes de Miranda lembrava mais exemplos: "O empregado que pratica atos de administração, que escapam à sua atividade, mas de que ele conheceu a praticabilidade,

---

[2] *Tratado de Direito Civil*, vol. IX, tomo II, ob. cit., p. 743.
[3] Ob. cit., vol. XVIII, p. 388.

por seu cargo, apenas exerce a gestão de negócios alheios sem outorga. Uma vez que o emprego não abrange o ato que o empregado acha útil praticar, não atua como empregado, mas sim como gestor de negócios alheios sem outorga. É o caso do motorista do automóvel que compra os pneus, por ter tido notícia da alta próxima do preço, sem ter recebido dinheiro para isso. Ou o da empregada da cozinha que chama o eletricista para consertar o lustre do salão".[4]

Pode-se ver a espécie, ainda, nas operações bancárias de aplicações realizadas com os depósitos de clientes. A instituição financeira realiza aplicações de valores dos correntistas nos títulos mais seguros e rentáveis, com remuneração mensal ou em maior espaço de tempo. Pertencem os resultados ao titular da conta bancária.

37.2. CARACTERÍSTICAS

Sobressaem os seguintes aspectos:

a) Não está o gestor oficialmente autorizado a tratar do negócio, nem uma obrigação o vincula neste sentido. A espontaneidade de sua intervenção é o elemento marcante.
b) Não lhe pertence o negócio. Sendo alheio, a vantagem resultante será atribuída ao dono, o que não afasta a existência de certo interesse comum.
c) Cumpre ao gestor proceder e agir segundo o interesse e a vontade presumida do dono do negócio. Procurará fazer o que for conveniente aos seus interesses. É a intenção de ser útil, ou o *animus gerendi* voltado para tal finalidade.
d) É imperioso seja a gestão determinada por uma necessidade premente do momento, ou por uma utilidade realmente forte.
e) O elemento efetivamente identificador da espécie é o *animus gerendi*, que deve predominar na gestão, como reconhece o francês Roger Bout, em obra específica: "Quando a intenção de administrar negócio alheio é exigida pela jurisprudência, que a vê como pré-requisito e condição necessária para o reconhecimento da gestão empresarial, é importante considerar primeiro de que forma ela determina a sua existência, depois até que limites ela impõe sua extensão".[5] Importa, pois, que o *animus* não se dirija a praticar uma liberalidade, o que distingue a espécie da doação.

Por inexistir prévio acordo de vontades entre o gestor e o *dominus*, não se confunde a gestão com o mandato. Neste tipo de contrato, o mandatário é encarregado de administrar certo negócio. Naquele, a intervenção do gestor ocorre espontaneamente.

De modo particular, há semelhança com o mandato tácito. Mas ressaltam as distinções. Com efeito, a responsabilidade do mandatário somente existirá se extrapolar os limites dos poderes conferidos. Mantendo-se no âmbito da procuração, o mandante suportará as decorrências. Na gestão, a mesma recai no dono do negócio unicamente se ele ratificar os atos. Em caso contrário, é o gestor que responde perante terceiros. Eis, sobre o assunto,

---

[4] *Tratado de Direito Privado*, ob. cit., vol. 43, p. 192.
[5] "Lorsque l'intention de gérer l'affaire d'autrui est exigée par la jurisprudence, qui voit en elle la condition préalable et nécessaire de la reconnaissance d'une gestion d'affaires, il importe d'envisager d'abord de quelle manière elle en détermine l'existence, ensuite jusqu'à quelles limites elle en fixe l'étendue" (*La Gestion d'Affaires en Droit Français Contemporain*, Paris, Librairie Générale de Droit et de Jurisprudence, 1972, p. 22).

a opinião de João Luiz Alves: "No mandato, os terceiros nenhuma ação têm contra o mandatário que, dentro dos limites do mandato, com eles contratar em nome do mandante (art. 1.305), ao passo que na gestão, embora o gestor contrate em nome do dono do negócio, é ele que responde para com os terceiros, se o dono do negócio não quiser aceitar ou ratificar a gestão (art. 1.344)".[6] Os arts. 1.305 e 1.344 referidos equivalem aos arts. 118 e 864 do Código de 2002.

De outro lado, a remuneração pode ser comum no mandato, ao passo que a gratuidade é essencial na gestão.

Ainda, se for esta do conhecimento do dono, e ele não assume a gerência, presume-se a existência de mandato tácito. Daí a exigência de ser ignorada por ele, o que é diferente no mandato, que impõe obrigatoriamente o consentimento e a ciência prévia do outorgante.

37.3. OBRIGAÇÕES E RESPONSABILIDADES DO GESTOR

Em primeiro lugar, não pode a gestão exercer-se contra a vontade manifesta ou presumível do dono do negócio. É o que deriva do art. 862: "Se a gestão for iniciada contra a vontade manifesta ou presumível do interessado, responderá o gestor até pelos casos fortuitos, não provando que teriam sobrevindo, ainda quando se houvesse abstido".

Cuida-se de uma gerência contra a vontade do dono, o qual ou se opõe manifestamente à ação do gestor, ou competia a este presumir a oposição. A responsabilidade pela indenização quanto aos prejuízos, mesmo que advenham de caso fortuito, é uma decorrência, a menos provando que sobreviriam ainda na hipótese de abstenção na sua prática. Acontece que, neste caso, perde a gestão a caracterização de intervenção benevolente presumida em favor do dono do negócio. Representa a atuação do gestor um ato de abuso, que, para não ensejar responsabilidade contra ele, deverá trazer sucesso na atividade ou ingerência que passou fazer.

Acrescenta o art. 863: "No caso do artigo antecedente, se os prejuízos da gestão excederem o seu proveito, poderá o dono do negócio exigir que o gestor restitua as coisas no estado anterior, ou o indenize da diferença".

Como no dispositivo anterior, é realizada a gestão contra a vontade expressa ou presumida do dono do negócio. A indenização decorre unicamente na hipótese de não mais ser possível a restituição das coisas ao estado anterior, ou quando o dono do negócio não as reclame. O *quantum* será medido pela diferença entre os prejuízos e o proveito.

Completa o art. 868 que a responsabilidade pelo caso fortuito incide ainda quando o gestor fizer operações arriscadas, mesmo que o dono costumasse fazê-las, ou quando preterir interesses deste em proveito de interesses seus.

De acordo com os arts. 864, 865 e 866, é obrigação do gestor proceder com toda a diligência, envidando os esforços a seu alcance para bem gerenciar o negócio alheio. O desvio de sua conduta do normal importa culpa. Aliás, devem ser redobrados seus esforços e cuidados, porquanto assumiu a gerência espontaneamente. Se não agir diligentemente, responde pelos danos que causar.

Cumpre-lhe, ademais, comunicar ao dono do negócio, assim que lhe for possível, a gestão que assumiu. Feita a comunicação, cabe-lhe aguardar a resposta, a menos que da espera, resulte perigo. Salientava Orlando Gomes: "Mas enquanto o *dominus* não providen-

---

[6] Ob. cit., p. 920.

ciar, o gestor é obrigado a zelar pelo negócio, até o levar a cabo".[7] Se interromper a gestão, e sabendo que, da interrupção, resultarão danos, torna-se responsável pela indenização.

Falecendo o dono do negócio no curso da gestão, o gestor aguardará as instruções dos herdeiros, não podendo descuidar-se das medidas que o caso reclame, quer esteja esperando a resposta do *dominus*, quer se encontre na expectativa de receber as instruções dos herdeiros.

Pelo art. 867, o gestor que se faz substituir por outrem está em posição semelhante ao mandatário que, sem autorização, se faz substituir por outra pessoa, substabelecendo poderes que deveria exercer pessoalmente. Ocorrendo a substituição, responde solidariamente o substituído pelos atos do substituto. O dono terá ação contra os dois, a fim de ressarcir-se dos prejuízos verificados.

Em consonância com o parágrafo único, havendo mais de um gestor, configura-se igualmente a responsabilidade solidária de todos pelos danos ocorríveis.

Conquanto se preocupe a lei em disciplinar, sobretudo, a indenização pelos danos, mister ressaltar os casos em que os benefícios excederem os danos. Considerando que a gestão é sobre negócio alheio, quem lucra as vantagens é o dono do negócio, e, assim, as mesmas lhe pertencem de pleno direito.[8] Incumbe ao gestor a entrega a ele, e não as considerar como remuneração ou compensação pela atividade desenvolvida.

Igualmente a prestação de contas dos atos realizados integra a relação de obrigações. Esta incumbência, aliás, é inerente à administração de negócios alheios. Explica Cunha Gonçalves ser também "uma consequência lógica do direito de exigir indenização das despesas e prejuízos, o que não é possível sem a apresentação de uma conta, quando tal reclamação seja feita em particular... Nas gestões que só tiverem por fim evitar danos iminentes, quer às coisas, quer às pessoas do *dominus* ou da sua família, é evidente que não pode haver receitas, mas somente despesas; e, por isso, é somente a conta destas que ele terá de apresentar. E a prestação de contas tem lugar não só quando está já concluída, mas ainda quando a gestão esteja incompleta ou foi interrompida pelo dono do negócio ou por caso fortuito".[9]

37.4. OBRIGAÇÕES E RESPONSABILIDADES DO DONO DO NEGÓCIO

Despontam os seguintes encargos do dono do negócio:

Em primeiro lugar, incumbe-lhe a obrigação de indenizar o gestor pelos gastos necessários e prejuízos que, em razão do negócio, houver suportado – parágrafo único do art. 868.

Ainda, se o negócio for utilmente administrado, cumprirá ao dono as obrigações contraídas em seu nome, reembolsando ao gestor as despesas necessárias ou úteis que houver feito, com os juros legais, desde o desembolso, respondendo ainda pelos prejuízos que este houver sofrido por causa da gestão, de acordo com o art. 869. Necessárias denominam-se as despesas sem as quais o negócio não poderia ter se realizado; úteis são as que concorreram para o aumento do proveito.[10] O § 1º dá o critério para a aferição da

---

[7] *Contratos*, ob. cit., p. 435.
[8] Clóvis Beviláqua, *Código Civil dos Estados Unidos do Brasil Comentado*, vol. V, ob. cit., p. 82.
[9] *Tratado de Direito Civil*, ob. cit., vol. IX, tomo II, pp. 567/568.
[10] João Luiz Alves, ob. cit., p. 926.

necessidade ou utilidade. A apreciação há de ser objetiva, de acordo com as circunstâncias da ocasião em que se fizerem. Não cabe ao dono decidir se o negócio foi utilmente gerido e bem administrado.

Como se percebe, discriminam-se as obrigações atribuídas ao dono, o que importa reconhecer o caráter eminentemente contratual da figura, conforme se defendeu no começo do presente capítulo.

Subsiste a obrigação do senhor mesmo que incida o gestor em erro quanto ao titular do negócio, entregando as contas a outra pessoa. O fundamento da obrigação do reembolso está na regra de que a ninguém é permitido locupletar-se à custa alheia – § 2º do art. 869.

A indenização pelas despesas necessárias ou úteis, com juros legais, é devida igualmente se a gestão se desenvolveu em virtude de prejuízos iminentes, ou se ela redundou em proveito para o dono do negócio, ou da coisa. Mas não poderá exceder o valor das vantagens obtidas com a gestão – art. 870.

Aparecem situações afins, reguladas pelos arts. 871 e 872 e parágrafo único deste último. De acordo com o primeiro, a pessoa que presta alimentos pelo ausente a quem este os deve, poderá reaver as importâncias correspondentes do devedor, ainda que o mesmo não ratifique o ato. Pelo segundo dispositivo, o terceiro que, sem o intento de bem-fazer, isto é, de benemerência ou de caridade, paga as despesas de enterro de outrem, equivalendo o funeral aos usos locais e à condição do falecido, pode o seu custo ser cobrado de quem estava obrigado a prestar alimentos ao que faleceu, não importando se tenha deixado bens.

37.5. RATIFICAÇÃO DA GESTÃO PELO DONO DO NEGÓCIO

A gestão de negócios é levada a efeito à revelia do conhecimento do dono. Se, tomando ele ciência, ratificar os atos do gestor, a ratificação retroagirá até o dia do começo da gestão, a qual, em tal circunstância, se equipara ao mandato e, então, produzirá efeitos desde o dia de seu início. É o que encerra o art. 873. A ratificação tem o condão de transferir ao dono do negócio os atos que o gestor praticou. Sendo retroativa, vai ao passado, que fica coberto pela vontade do titular do negócio, tudo se passando como se houvesse outorga de poderes de mandatário.

É a ratificação expressa se convencionada por documento ou verbalmente; será tácita quando aferível pelas circunstâncias que a envolvem, levando a concluir a aquiescência do dono. Vindo ele a conhecer a gestão depreender-se-á que aceitou a mesma caso permita a sua continuidade ou receba os rendimentos resultantes.

37.6. DESAPROVAÇÃO DA GESTÃO

Lê-se no art. 874: "Se o dono do negócio, ou da coisa, desaprovar a gestão, considerando-a contrária aos seus interesses, vigorará o disposto nos arts. 862 e 863, salvo o estabelecido nos arts. 869 e 870".

Os arts. 862 e 863 são concernentes à gestão contra a vontade manifesta ou presumível do dono, respondendo o gestor até pelos casos fortuitos, e à hipótese de os prejuízos da gestão excederem o seu proveito, acarretando o retorno do negócio ao estado anterior ou a indenização. Já os arts. 869 e 870 referem-se à administração útil do negócio pelo gestor, e à administração que se impôs para acudir prejuízos iminentes, ou que traga proveito ao dono.

Como explica Fran Martins, poderá a gestão ser aprovada ou não pelo dono do negócio. Se aprovada, fica equiparada ela ao mandato, retroagindo até o dia em que foi iniciada. Mas faculta-se a não ratificação dos atos praticados pelo gestor, caso em que este responde pelas obrigações contraídas, até mesmo pelo caso fortuito, desde que não prove a sua ocorrência, ainda que ele se abstivesse dos atos efetuados.[11] O princípio constitui a aplicação do instituído no art. 862, sem olvidar a ressalva do art. 863, pela qual se exige que os prejuízos da gestão excedam o seu proveito. Aí se autoriza o dono a reclamar a restituição das coisas ao estado anterior, ou a indenização da diferença. De modo que, resultando vantagem, não cabe qualquer uma de tais medidas. Incide a lição de Clóvis: "O Código não deixa ao mero arbítrio do dono do negócio desaprovar a gestão... Se o negócio for utilmente administrado, ele terá de cumprir as obrigações contraídas em seu nome, e reembolsará as despesas necessárias e úteis, que o gestor tiver feito. Se da gestão resultar proveito para o dono do negócio, ou se a gestão tiver sido empreendida para evitar prejuízo iminente, será aprovada *ex vi legis*, medindo-se, porém, a indenização ao gestor pela importância das vantagens".[12]

37.7. NEGÓCIOS COMUNS DO GESTOR E DO DONO

Prevê o art. 875 uma espécie de sociedade de negócios: "Se os negócios alheios forem conexos ao do gestor, de tal arte que se não possam gerir separadamente, haver-se-á o gestor por sócio daquele cujos interesses agenciar de envolta com os seus".

Há conexão de negócios, o que torna a gestão comum, pois não é possível a gerência separada. O gestor considera-se sócio do titular. O beneficiado com a gestão só é obrigado em relação à outra pessoa na razão das vantagens que lograr – parágrafo único do dispositivo acima. Verificando-se prejuízos, não responde o gestor, fato este que afasta a sua consideração como sócio, eis que, na sociedade, os lucros e perdas são repartidos entre os componentes.

---

[11] *Contratos e Obrigações Comerciais*, ob. cit., p. 332.
[12] *Código Civil dos Estados Unidos do Brasil Comentado*, ob. cit., vol. V, pp. 93/94.

XXXVIII
Pagamento Indevido

38.1. CARACTERIZAÇÃO

O cumprimento das obrigações revela-se fundamental para a estabilidade das relações sociais e econômicas. Mas obrigações desde que existam, e na exata dimensão de seu conteúdo. Não é incomum a satisfação de dívidas aparentes, que na verdade não existem, ou em valores superiores aos estabelecidos pelas partes e pelos termos da lei, ou absolutamente nulas. Aduzem Colin e Capitant: "Si, por tanto, la deuda causa del pago no existe, el pago es nulo, porque falta un elemento esencial para sua validez".[1] Para evitar, em casos tais, o enriquecimento sem causa, indevido, ou injusto, prevê o direito a restituição, através da ação de repetição de indébito. A restituição vem assumindo importância dentro de uma visão moderna do direito, pelas nuances que adquire o cumprimento dos contratos, dentro dos princípios de justiça e do respeito à igualdade da posição das partes na relação negocial realizada. Abrange uma concepção mais extensa que a configuração estabelecida pelas legislações e por Códigos contemporâneos, que ficaram numa visão eminentemente estática, afeitas ao velho princípio de obediência e conformismo aos contratos, em homenagem à autonomia das vontades.

No direito romano já vinha combatido o pagamento indevido, colocando-se ao lesado o remédio da *condictio indebiti*, com a finalidade de conseguir as devoluções do excesso ou de bens recebidos indevidamente pelo credor. Recorda Raymundo M. Salvat, no tocante à origem: "La doctrina de enriquecimiento sin causa ha tenido su origen en un texto del jurisconsulto Pomponius: *Jure naturae aequum est neminem cum alterius detrimento et injuria fieri locupletiorem*".[2]

O Código Civil brasileiro, mantendo-se na linha do anterior, seguiu à risca o formalismo imperante nas legislações que tratam da matéria, no sentido de emprestar valor aos atos jurídicos já formados e consolidados. Por isso, revestiu de vários requisitos a repetição do indébito. De acordo com o sentido jurídico, o pagamento indevido constitui um pagamento sem causa que se faz a alguém, trazendo-lhe uma vantagem ou o enriquecimento, empobrecendo ou prejudicando, em contrapartida, aquele que paga. É o pagamento que se efetua na suposição errônea de que se está devendo, ou da existência de uma obrigação pendente de solução. Alguém, por equívoco, faz um pagamento, verificando, depois, que a prestação não existia, ou que já se encontrava paga, ou que não atingia a cifra exigida. Paga o devedor porque pensava que devia, ou supunha que a dívida era a reclamada pelo credor. Posteriormente, verifica que não atingia os patamares impostos, que os juros foram

---

[1] *Curso Elemental de Derecho Civil*, ob. cit., t. 3º, p. 940.
[2] *Tratado de Derecho Civil Argentino*, Buenos Aires, Tipografica Editora Argentina, 1958, vol. IV, p. 343.

extorsivos, que a cláusula penal estava repetida, que os encargos vinham contaminados de nulidade, que os índices de atualização eram superiores à inflação verificada.

Várias as faces que revelam o pagamento indevido, ou excessivo, ou injusto, ou ilegal, ou de obrigação já extinta. Nos empréstimos bancários, nos financiamentos, nas compras e vendas, nos crediários, nas contraprestações por serviços, no arrendamento mercantil, nas emendas de mora por atraso, nos lançamentos de débitos em contas de depósito bancário, nos tributos, nas multas exigidas antes do julgamento do recurso pela aplicação da penalidade, nas cobranças sob pena de protesto, seguidamente paga-se a mais para não se discutir, para evitar atos de protesto e o ajuizamento de ações, para não ser importunado. Paga-se a quantia que é apresentada sem o exame dos acréscimos. Acredita-se na seriedade e infalibilidade dos cálculos apresentados pelo estabelecimento comercial, pelo banco, pela agência ou prestador de serviços. As hipóteses que ensejam a restituição de valores satisfeitos são múltiplas, não mais se restringindo a enganos causados pelo credor, como aqueles exemplos que os velhos doutrinadores criavam artificialmente, e assim a dívida paga para uma pessoa, quando a dívida era para outra.

38.2. ESPÉCIES

O art. 876 contém um princípio amplo, sem restrições, genérico, de aplicação a todos quantos receberam quantias indevidas: "Todo aquele que recebeu o que lhe não era devido fica obrigado a restituir, obrigação que incumbe àquele que recebe dívida condicional antes de cumprida a condição".

Quanto à natureza, duas as espécies.

A primeira constitui aquela em que não é devido o pagamento por falta de causa, de razão, de título. Considera-se pagamento indevido aquele que é efetuado por equívoco de fato ou de direito, porquanto verifica-se, depois, que não era exigível. Resgata-se uma dívida relativa a uma obrigação que fora desconstituída, ou de um título que havia sido anulado, ou de obrigação já satisfeita anteriormente. Exemplifica-se:

"É ilegítima a cobrança de taxa de iluminação pública municipal, dada a ausência dos elementos caracterizadores da taxa, previsto no art. 79, II, do CTN, cabendo a repetição de indébito, nos termos do art. 165, III, do CTN, e art. 964, do CC". Ou seja, "reconhecida a ilegalidade da taxa de iluminação pública, a sua cobrança também é ilegal, sem assentamento jurídico, cabendo a repetição do indébito".[3]

O art. 964 referido equivale ao art. 876 do atual diploma civil.

Situações equivalentes ou paralelas verificam-se. Numa delas, entrega-se uma coisa, constatando-se, depois, que outro era o objeto do contrato, ou de valor superior, ou para finalidade diversa, como no caso de um eletrodoméstico com mais utilidades que o entregue; ainda, quando se paga integralmente uma dívida, mas era a mesma divisível, isto é, estava dividida em quotas, reservando-se as mesmas nominalmente a diversos devedores, e assim as taxas condominiais, caso satisfeitas todas por um único condômino.

A segunda consiste na obrigação condicional, a qual é cumprida antes de se operar a condição, ou prazo, ou termo, ou encargo. Condicional, assim, no sentido extenso, sig-

---

[3] Apel. Cível nº 6.111/96, da 1ª Câm. Cível, do TACiv.-RJ, de 03.12.1996, em *Revista dos Tribunais*, 740/423.

nificando, também, a dependência de um acontecimento ou fato. O pagamento, para se realizar, depende de um evento, como se a pessoa vencer uma disputa, ou for contemplada em um sorteio, ou se consegue vender um produto acima de uma quantidade prevista.

Em relação objeto, igualmente dois os tipos.

De um lado, está o pagamento indevido de obrigação consistente em bens materiais, como de cifras monetárias, de objetos, de mercadorias, de produtos, de imóveis, configurando quase a generalidade de obrigações. De outro, a obrigação de fazer ou não fazer, encontrando-se a previsão no art. 881: "Se o pagamento indevido tiver consistido no desempenho de obrigação de fazer ou para eximir-se da obrigação de não fazer, aquele que recebeu a prestação fica na obrigação de indenizar o que a cumpriu, na medida do lucro obtido".

Extrai-se, do segundo tipo, que o indivíduo realizou uma obra a que não estava obrigado, ou que se absteve de um ato sem que a tanto lhe fosse exigido, ou o impusesse a convenção ou a lei. Naturalmente, aquele que recebeu a prestação ou que ficou beneficiado terá que indenizar o proveito. Na obrigação de não fazer, tal se dá se, *v.g.*, na situação de não utilizar um bem, ou não explorar um imóvel, o que levou a pessoa favorecida à utilização ou exploração.

38.3. PRESSUPOSTOS

Dois os pressupostos. O primeiro revela-se na prestação, que é o elemento material, e desdobra-se na entrega da coisa, do objeto, da soma em dinheiro (se for de dar a obrigação); ou na realização de um serviço, de uma atividade (obrigação de fazer – *facere*), em estabelecer serviços, em dar garantias (obrigação de prestar – *praestare*); ou na abstenção de um ato, de um procedimento (obrigação de não fazer – *non facere*). Já o segundo pressuposto está na intenção, que é a vontade, o propósito de cumprir ou saldar uma obrigação – ou o *animus solvendi*. Não se caracteriza a espécie se objetivou a parte efetuar uma doação, uma liberalidade, como contemplar alguém com um presente.

Assim, a parte efetuou uma prestação, com a vontade de pagar. Trata-se, aqui, unicamente dos pressupostos materiais. Sem eles não se ingressa para a verificação dos requisitos do pagamento indevido. Uma vez constatados parte-se para indagar quanto aos requisitos.

38.4. REQUISITOS

Já os requisitos dizem com a configuração legal do pagamento indevido. De certa forma, neles ingressam também os pressupostos, pelo menos no sentido amplo.

O primeiro requisito está no pagamento em si ou pagamento propriamente dito, que é a entrega da coisa, a realização de uma atividade ou serviço, a abstenção de um ato. Neste significado, coloca-se como pressuposto, incluindo-se a intenção de se pagar. Portanto, no primeiro requisito estariam os pressupostos acima analisados.

O segundo requisito reside na falta de causa, como a considera a doutrina, e levada em grande consideração pela importância nas repercussões que traz. Consiste a mesma na falta de razão ou de motivo para o pagamento. Inexiste a dívida, ou não se forma a obrigação, da qual decorreu o pagamento. Não se encontra qualquer fundamento para justificar a prestação realizada por uma pessoa. Se nada a ampara, não representa uma contraprestação, significando um enriquecimento sem causa, ou um ato de generosidade, de benemerência, de liberalidade. Não encontrando uma razão que o motivou, e se nem o intuito de altruísmo está nele embutido, torna-se indevido, permitindo o empenho para a restituição. Daí, com razão afirmar Luis Mará Boffi Boggero, "quien recibe un pago que no se le debe, obra con negligencia o con mala fe".[4] Ademais, decorre o empobrecimento daquele que pagou, eis que nada de positivo resultou a seu favor. Por outros termos, opera-se o empobrecimento sem causa. O enriquecimento de um leva automaticamente ao prejuízo do outro. Retira-se do que paga e acrescenta-se ao que recebe.

Se fosse o enriquecimento com base em algum motivo, teria uma causa, como na doação, impossibilitando a repetição.

A falta ou ausência de causa não importa em causa injusta ou infundada. Distintas as situações, não podendo merecer idêntico tratamento. Uma pessoa paga exageradamente pelo valor de uma compra, ou indeniza as perdas e danos por um acidente em que não foi culpada, ou adianta uma soma em dinheiro por um serviço que é realizado não a contento – eis algumas hipóteses que não comportam a repetição, porquanto, bem ou mal, há uma causa. Admite-se uma ação judicial futura de revisão do ato, ou desconstitutiva do pagamento, mas nunca a ação de mera restituição. Mostra-se expresso o Código em alguns casos, como no pagamento de dívida prescrita, de obrigação natural, de quantias pagas a título de apostas de jogos.

A falta de causa pode ser em razão da coisa, que consiste na inexistência do objeto que determinaria o pagamento. Há uma compra e venda sem *res*, ou um título falso, como uma duplicata sem origem numa transação comercial efetiva. Considera-se em razão da pessoa quando o pagamento se deu a pessoa errada. Troca-se de credor, ou pagando a alguém que nada tinha a ver com a dívida.

O pagamento excessivo importa em restituição. Tanto em quantias de dinheiro como em coisas, e até em serviços. Constata-se que o devedor pagou juros exorbitantes. Na entrega de um imóvel, a extensão de terras excede aquela descrita no título. Realiza-se um trabalho superior ao contratado. Em todas as situações, apropriada a ação ordinária para obter a devolução do excesso.

O terceiro componente para configurar o pagamento indevido está na decorrência do pagamento mal feito: enquanto enriquece o credor, na mesma proporção aumenta o empobrecimento do devedor. Salienta Salvat: "Existe el enriquecimiento del demandado todas las veces que su patrimonio se encuentra aumentado por consecuencia de un sacrificio o hecho personal del demandante".[5] Nota-se, portanto, que se enriquece alguém porque os bens que o favorecem são retirados do patrimônio do prestador, que se reduz, causando o empobrecimento, anotando Maria Helena Diniz: "No empobrecimento do *solvens*, deve concorrer simultaneamente com o enriquecimento do *accipiens*, para que se caracterize o indébito".[6]

O quarto requisito verifica-se na ausência de culpa de parte da pessoa que paga, ou de ciência do ato. Além de ignorar que a dívida era indevida, não revelou uma conduta negligente, imprudente ou imperita. Mostrou-se cuidadoso com o pagamento, tomando as providências e cautelas exigidas. Se lhe era previsível o pagamento indevido, e mesmo assim o prestou, é porque decidiu voluntariamente, podendo caracterizar que a intenção

---

[4] *Tratado de las Obligaciones*, ob. cit., t. 4, p. 253.
[5] *Tratado de Derecho Civil Argentino*, ob. cit., vol. IV, p. 352.
[6] *Curso de Direito Civil Brasileiro – Teoria Geral das Obrigações*, ob. cit., 2º vol., p. 230.

consistia em dar uma compensação, em fazer uma doação. Em última instância, requer-se a prova de que fez o pagamento por erro. Quanto a este ponto, ou o erro do pagamento, adiante a matéria será enfocada amplamente.

38.5. SITUAÇÕES EXCLUÍDAS DA REPETIÇÃO

Há algumas hipóteses que excluem a restituição, posto que, embora fosse indevido o pagamento, não se apresentava sem causa.

A primeira refere-se à dívida prescrita. Reza o art. 882: "Não se pode repetir o que se pagou para solver dívida prescrita, ou cumprir obrigação judicialmente inexigível". A presunção *juris et de jure* está na renúncia à prescrição.

No tocante à obrigação judicialmente inexigível, que no Código anterior e na doutrina aparece como a obrigação natural, a justificação é que aceitou o devedor a sua existência e validade. Entendeu-a cabível, justa, merecedora de cumprimento. Parece ser o caso do art. 815: "Não se pode exigir reembolso do que se emprestou para jogo ou aposta, no ato de apostar ou jogar". E assim em outros tipos, como na prestação de alimentos a pessoas não parentes, tendo movido aquele que os forneceu razões de ordem moral. Também nas doações, porquanto presumem-se motivos de ordem natural – art. 564, inc. III.

Relativamente aos juros, havia uma regra de extrema complexidade, no art. 1.263 do Código revogado, que não veio reproduzida no Código de 2002: "O mutuário, que pagar juros não estipulados, não os poderá reaver, nem imputar no capital". Mesmo, pois, que um mutuante, como instituição financeira, tivesse assoberbado a taxa de juros, e verificado o pagamento, restaria vedada qualquer tentativa de reembolso, ou de recomposição de uma situação injusta. Havia e há casos de aumentar a obrigação em níveis elevados, duplicando-a ou triplicando-a. Não caberia ao devedor qualquer atitude saneadora, via a ação *in rem verso*. Dada a complexidade das cláusulas, incluindo a capitalização de juros em fórmulas não bem explícitas, defendia-se, às vezes, a falta de previsão com o pagamento espontâneo. No entanto, a regra tinha em conta a satisfação espontânea, consciente, voluntária, pelo devedor. Por ato de sua deliberação teria resolvido entregar uma parcela a mais, a título de juros. Não regulava o art. 1.263 o percentual de juros, e muito menos a legalidade da imputação. Ocorria, ademais, que a legalidade, o *quantum*, a capitalização e outros assuntos relativos a juros eram objeto de normas especiais, como os arts. 1.062, 1.262, do Código revogado, e art. 1º do Decreto nº 22.626, de 1933.

Dispensa-se da repetição o pagamento indevido de quantias recebidas por conta de dívida verdadeira, satisfeitas por terceiro, em situações discriminadas no art. 880: "Fica isento de restituir pagamento indevido aquele que, recebendo-o como parte de dívida verdadeira, inutilizou o título, deixou prescrever a pretensão ou abriu mão das garantias que asseguravam seu direito; mas aquele que pagou dispõe de ação regressiva contra o verdadeiro devedor e seu fiador".

Não é de difícil compreensão o dispositivo, apesar de sua extensão. Como se disse acima, recebe o credor o pagamento de quem não é devedor, ou seja, de terceira pessoa. Uma vez satisfeito o crédito, inutiliza o título, o que também é natural. Quem paga recebe o título, inutilizando-o, pois fica extinta a obrigação, sendo que a única prova da existência era o título. Ademais, considerando que recebeu o crédito, despreocupou-se o credor com a relação que existia. Fica extinta a dívida, relativamente à sua pessoa. Normal, pois, que decorra o tempo que permitia a cobrança, isto é, que se verifique a prescrição.

Nessas circunstâncias, vale o pagamento. Não se pode reclamar o indébito. Apenas resta ao que fez o pagamento o direito de regresso contra o verdadeiro devedor.

Lembra-se que, para impedir a repetição do indébito, deve o credor demonstrar a boa-fé. Se houve má-fé, isto é, se tinha o credor conhecimento do erro cometido por quem pagou, ou se era de sua ciência que nada devia o terceiro, está obrigado a repetir.

Do exposto extrai-se a admissibilidade da repetição somente quando não inutilizado o título, não se encontra prescrita a ação de cobrança, ou não procedeu o credor de má-fé.

Mais uma hipótese o Código assinala, no art. 883, de exclusão da ação *in rem verso*: "Não terá direito à repetição aquele que deu alguma coisa para obter fim ilícito, imoral, ou proibido por lei". Não pode a lei dar proteção a uma ação, a um ato ilícito, imoral ou ilegal. Constitui a regra a aplicação do princípio de que ninguém pode ser atendido invocando a própria torpeza – *nemo auditur propriam turpitudinem allegans*. Resta óbvio: a lei evita contratos ilícitos, de que o pagamento é mera decorrência. Assim, não tem validade a contratação da prática de um crime, de explorar jogos de azar, de cometer estelionatos, de falsificar documentos. Se eventualmente houve o pagamento de tais atividades, decorre a impossibilidade de se reconhecer o direito à restituição. Mas, no sentido inverso, se feito o pagamento para não praticar delitos, cabe a restituição, como destaca Carvalho Santos: "O que a lei não tolera, por ódio à desonestidade e em defesa de superiores interesses de ordem pública, é que possa ser repetido o pagamento feito a uma pessoa para que cometa um delito, ou um ato imoral, ou ainda para que se abstenha de cumprir os seus deveres, mas evidentemente tal preceito não se pode aplicar se o pagamento é feito para que alguém se abstenha de perpetrar um delito, ou de uma ação imoral, ou para que cumpra o seu dever jurídico ou moral".[7]

Na situação de se pagar para não praticar delitos, cabe a repetição porque é dever de todos agirem em consonância com a lei ou a ordem pública injustamente entregue. O montante indevidamente recebido reverterá em benefício de instituições de beneficência, a teor do parágrafo único do art. 883: "No caso deste artigo, o que se deu reverterá em favor de estabelecimento local de beneficência, a critério do juiz".

Retira-se do preceito que nem aquele que recebeu indevidamente a cifra pode ficar beneficiado. Realmente, ao se firmar a impossibilidade da repetição, não é admissível levar para o lado oposto, isto é, que se permita o enriquecimento indevido de quem recebeu a cifra.

Consoante o art. 166 do Código Tributário Nacional (Lei nº 5.172, de 1966), "a restituição de tributos que comportem, por sua natureza, transferência do respectivo encargo financeiro somente será feita a quem prove haver assumido referido encargo, ou, no caso de tê-lo transferido a terceiro, estar por este expressamente autorizado a recebê-la". Em se tratando de imposto indireto, como o ICMS, há o repasse para o adquirente da mercadoria. Na nota fiscal, o preço da mercadoria é formado com o equivalente ao tributo. Por conseguinte, a teor do art. 166 referido, não cabe a repetição, segundo a Súmula nº 546/1969 do STF: "Cabe a restituição do tributo pago indevidamente, quando reconhecido por decisão que o contribuinte *de jure* não recuperou do contribuinte de fato o *quantum* respectivo". Dada, no entanto, a dificuldade em se provar o repasse, porquanto fácil manipular a nota fiscal, constitui a exigência da prova um dos grandes óbices para a repetição. Na verdade, há de se demonstrar que o preço praticado, sem o imposto, é

---

[7] Ob. cit., 8ª ed., vol. XIII, p. 436.

ou era o vigente na praça. Não se pode olvidar, de outro lado, os grandes fatores que determinam os preços: a concorrência e a situação econômica no momento.

Observa-se, ainda, quanto à matéria, que a repetição de indébito encontra uma das grandes causas na inconstitucionalidade das leis estaduais ou dos tributos. Se esta a razão, não se requer, primeiramente, a declaração do vício, que poderá ficar reconhecido na própria ação que demanda o recebimento, na exegese da jurisprudência: "A ação de repetição do indébito, fundada na inconstitucionalidade da lei que instituiu o tributo, independe da prévia declaração desse vício em outra ação e, também, na própria ação, de pedido expresso no sentido de que ele seja reconhecido; basta que a inconstitucionalidade da lei seja o fundamento do pedido, porque a sua declaração incidental constitui etapa do julgamento, imposta ao juiz como condição sempre que não possa aplicar a lei em razão de sua invalidade". Admite-se até a declaração de ofício, "e ainda porque tem efeitos internos ao processo, sendo inoponível *erga omnes*".[8]

38.6. DUPLO PAGAMENTO DE UMA OBRIGAÇÃO

Não está a complexidade da matéria no duplo pagamento por um devedor. Considerado válido o primeiro, é assegurada a restituição do segundo, efetuado por equívoco.

Todavia, se o primeiro pagamento foi procedido a pessoa errada, contra essa cabe a devolução, não se eximindo o devedor da obrigação junto ao credor verdadeiro.

A situação mais difícil verifica-se quando ambos os pagamentos afiguram-se válidos, mas efetuados por pessoas diferentes, como nas obrigações solidárias. A quem assegura-se a repetição? Sabe-se que, nas obrigações solidárias, é inerente o direito de quem paga a reembolsar-se da quota correspondente aos demais devedores, nos termos do art. 283 do CC. Assim, tanto a um como ao outro devedor fica o direito de reclamar o reembolso das quotas devidas pelos outros devedores – o que poderá resultar a recusa se já cobrados estes pelo primeiro que efetuou o pagamento. Considerando que o pagamento se efetua através da entrega do título representativo do crédito, ou da exibição do documento onde está assinalado o crédito, ao que pagou pela segunda vez não cabe qualquer reembolso, posto que era dever seu exigir a exibição do documento de crédito, ou a entrega do título. Resta-lhe tão somente o direito de repetição, sofrendo as consequências caso o credor entrar em insolvência. Nem lhe permitido escusar-se de pagar a quota que lhe cabe em face do pagamento feito pelo devedor que pagou em primeiro lugar.

38.7. O ERRO NO PAGAMENTO

Um dos pontos mais controvertidos diz respeito ao erro no pagamento indevido. Está no art. 877: "Àquele que voluntariamente pagou o indevido incumbe a prova de tê-lo feito por erro". Resta claro o requisito para impedir: se pagou voluntariamente sabendo que era indevido o pagamento, ou sabendo que não se fundou em uma justa causa. Ante tais circunstâncias, entregando o valor ou oferecendo uma prestação, representa o ato uma liberalidade ou doação, o que leva a fazer-se presente uma razão que o determinou.

---

[8] *Recurso Especial* nº 95.262-MG, da 2ª Turma do STJ, de 14.04.1998, em *Revista do Superior Tribunal de Justiça*, 106/187.

A doutrina revela-se unânime em exigir o pressuposto do *error solvens* para a *repititio*, podendo consistir em *error facti* como no *error juris*. Salienta Pontes de Miranda: "Ao prestar, o ato-fato do adimplemento pode ter tido base em *error facti*, ou em *error juris*, e aí se protege a alguém exatamente para que a ignorância da lei não enriqueça a um com prejuízo do outro".[9]

O erro de fato deriva do equívoco do devedor em pensar que devia, ou porque ignorava que não mais existia a obrigação. Já quanto ao erro de direito, decorre da falta de compreensão da lei, ou, parafraseando Orosimbo Nonato, deriva "da ignorância ou da falta de interpretação de uma regra de direito".[10]

De modo que o elemento definidor do direito à restituição está no erro de quem paga, não se contemplando com o direito quem paga consciente e deliberadamente, sem qualquer coação ou imposição, o que sabe que não é devido.

Acontece que, na prática, tais princípios têm sido aplicados com excessiva ortodoxia ou literalidade. Realmente, em especial nos mútuos ou financiamentos bancários, aparecem impostos, nos contratos, juros em índices elevados e capitalizados. Posteriormente, dando-se conta os mutuários dos excessos pagos, têm negado o direito à restituição de quantias indevidas, sob o pretexto do pagamento voluntário, consciente das exorbitâncias, ou seja, dada a não configuração do pagamento por erro.

Já se referiu, em linhas atrás, que os dispositivos sobre a repetição não interferem em outros dispositivos. Assim, em se tratando de mútuo e da capitalização, há as normas dos arts. 406, 590 e 591 do Código Civil.

O art. 11 do Decreto nº 22.626, de 7.04.1933, disciplina especificamente a repetição, em se desrespeitando as regras sobre os excessos cobrados: "O contrato celebrado com infração desta lei é nulo de pleno direito, ficando assegurado ao devedor a repetição do que houver pago a mais".

Percebe-se que o texto legal, ao tratar setorialmente da matéria, não condiciona a devolução de quantias pagas indevidamente à prova do erro. Determina simplesmente a repetição, por considerar nulo o ato do pagamento superior ao devido. Basta a prova do fato em si, ou alguma infringência ao texto de lei.

Arnoldo Wald reforça o entendimento: "Os contratos celebrados com juros extorsivos dão margem à repetição do indébito na parte em que os juros excederam à taxa legal máxima permitida, ao contrário do que acontecia no regime da legislação anterior em que o juro já pago era assemelhado à obrigação natural (v. o art. 1.263 do CC, que foi revogado pelo art. 11 do Decreto nº 22.626, de 1933)".[11] Ressalta-se que o art. 1.263 do diploma civil revogado excluía da repetição e da imputação no capital o pagamento de juros não estipulados, não tendo regra equivalente no Código de 2002.

O Código de Defesa do Consumidor, indo mais longe, no art. 42, parágrafo único, além de dispensar a prova do erro, ordena a restituição em dobro: "O consumidor cobrado em quantia indevida tem direito à repetição do indébito, por valor igual ao dobro do que pagou em excesso, acrescido de correção monetária e juros legais, salvo hipótese de engano justificável".

---

[9] *Tratado de Direito Privado*, São Paulo, Revista dos Tribunais, 1984, vol. XXVI, p. 139.
[10] *Curso das Obrigações*, Rio de Janeiro, Forense, 1960, 2ª parte, p. 14.
[11] *Curso de Direito Civil Brasileiro* – Obrigações e Contratos, ob. cit., p. 98.

No ponto, o STJ, em decisão proferida em embargos de divergência, consolidou a exigibilidade do pagamento em dobro independentemente da natureza do ato volitivo:

"Com essas considerações, conhece-se dos Embargos de Divergência para, no mérito, fixar-se a seguinte tese: A repetição em dobro, prevista no parágrafo único do art. 42 do CDC, é cabível quando a cobrança indevida consubstanciar conduta contrária à boa-fé objetiva, ou seja, deve ocorrer independentemente da natureza do elemento volitivo.

Modulação dos efeitos. Impõe-se modular os efeitos da presente decisão para que o entendimento aqui fixado – quanto a indébitos não decorrentes de prestação de serviço público – se aplique somente a cobranças realizadas após a data da publicação do presente acórdão".[12]

Acontece que normalmente os mútuos vêm formalizados em contratos de adesão, com cláusulas já prevendo as taxas de juros. Ao adimplir as dívidas, não aceita o credor o recebimento de quantia inferior à decorrente do contrato. Ao devedor resta unicamente o pagamento nos excessos contidos nas cláusulas, ou incidir na mora. E justamente para evitar as decorrências da mora não lhe sobra outra alternativa senão pagar. Perde esta forma de pagar o caráter de liberdade ou voluntariedade.

38.8. A RESTITUIÇÃO

Não restam dúvidas de que a restituição compreende a mesma prestação paga indevidamente, com a necessária atualização se pecuniária, e com os frutos e rendimentos se o credor não tenha procedido de boa-fé, consoante regra do art. 878: "Aos frutos, acessões, benfeitorias e deteriorações sobrevindas à coisa dada em pagamento indevido, aplica-se o disposto neste Código sobre o possuidor de boa-fé ou de má-fé, conforme o caso".

Equivale a dizer, diante da incidência das referidas disposições, que ao *accipiens* de boa-fé, por assim acontecer com o possuidor de boa-fé, reservam-se várias prerrogativas: pode ficar com os frutos e rendimentos, não responde pelas deteriorações se não deu causa para que ocorressem, lhe é assegurada a indenização pelas benfeitorias necessárias e úteis, tem a faculdade de levantar as voluptuárias e o direito do *jus retentionis* relativamente às benfeitorias necessárias e úteis. O art. 1.214, citando-se apenas um dos ditames indicados, encerra: "O possuidor de boa-fé tem direito, enquanto ela durar, aos frutos percebidos". Vale afirmar que a restituição não abrangerá os frutos colhidos e percebidos, mas não se manterá o direito aos frutos pendentes, e responderá pelos que colheu antecipadamente.

Tanto se aplica para o credor que tenha recebido o pagamento indevido de boa-fé, ou ignorando que não lhe cabia o rendimento. Procedendo de má-fé, responde pelos frutos, embora já colhidos, e pelos rendimentos, juros, deteriorações e prejuízos causados ao devedor. Não se lhe assegura qualquer indenização pelas benfeitorias, exceto quanto às necessárias, não se lhe permitindo levantar as voluptuárias e nem exercer o direito de retenção – art. 1.220 do Código Civil.

Relativamente ao recebimento indevido de um imóvel, com a sua posterior venda pelo credor, estabelece o art. 879 o alcance da responsabilidade na restituição: "Se aquele que indevidamente recebeu um imóvel o tiver alienado em boa-fé, por título oneroso,

---

[12] EAREsp 60.0663/RS, Corte Especial, Rel. Min. Maria Thereza de Assis Mourra, Rel. p/ o acórdão Herman Benjamin, de 21.10.2020, *DJe* de 30.03.2021.

responde somente pela quantia recebida; mas, se agiu de má-fé, além do valor do imóvel, responde por perdas e danos".

Depreende-se que a boa ou má-fé do alienante determinará se o mesmo responde somente pela "restituição" do imóvel (e não apenas pela cifra recebida, como adiante se defenderá), ou também com as perdas e danos. Protege a lei a pessoa de boa-fé, sem isentá-la de restituir. No caso de consciência e vontade na ilicitude do recebimento, todos os prejuízos suportados pelo *solvens* submetem-se à indenização.

O dispositivo transcrito dimensiona que o credor responderá pela quantia recebida. Não caberia a restituição do imóvel. Para esta viabilidade, há duas hipóteses, no parágrafo único: "Se o imóvel foi alienado por título gratuito, ou se, alienado por título oneroso, o terceiro adquirente agiu de má-fé, cabe ao que pagou por erro o direito de reivindicação".

A reivindicação admite-se na alienação a título gratuito, e a título oneroso se estava de má-fé o adquirente.

A restrição não se coaduna com a repetição, que se dirige a qualquer pagamento indevido. Realmente, se à repetição corresponde a restituição, não se encaixa a norma do art. 879, ao instituto em estudo. Constitui um tratamento dissonante com o restante das disposições.

Finalmente, a matéria revela-se controvertida. Sofreria grave injustiça aquele que paga sem dever caso não pudesse volver à situação anterior. Em todos os dispositivos anteriores não é colocado qualquer cerceamento à repetição, mesmo que de boa-fé o credor. Carvalho Santos retrata os diversos sistemas que historicamente tratam do assunto, lembrando boa doutrina que defende a posição ora adotada: "O quarto sistema é radical no sentido de admitir a reivindicação em qualquer hipótese, porque o pagamento indevido não transfere a propriedade da coisa àquele que a recebe e este não podia transferir ao adquirente mais direito do que tinha (cf. Laurent, ob. cit., vol. 20, nº 378; Larombière, ob. cit., sobre o art. 1.380, nº 7, do CC francês). No número dos adeptos desse sistema podem ser incluídos aqueles que sustentam que, o que interessa, é a boa-fé com que agiu o *accipiens* ao alienar o imóvel, porque se isso acontecer, terá o solvente direito de reivindicá-lo do poder de quem quer que o detenha (cf. Clóvis Beviláqua, ob. cit., observ. ao art. 968)".[13]

---

[13] Ob. cit., vol. XII, p. 422.

XXXIX
Enriquecimento sem Causa

39.1. A INTRODUÇÃO DA MATÉRIA PELO VIGENTE CÓDIGO CIVIL

O Código de 1916 não trazia regramento específico sobre o assunto, embora, ao tratar do pagamento indevido, na Seção VII do Capítulo II, Título II do Livro III da Parte Especial, implicitamente não permitia o enriquecimento sem causa, pois assegurava a repetição, ou o direito a pleitear a restituição das quantias indevidamente pagas, sendo o que se deduz da primeira parte do então art. 964: "Todo aquele que recebeu o que lhe não era devido fica obrigado a restituir". Deduz-se da norma o repúdio ao enriquecimento sem causa ou indevido.

Sempre mereceu, no entanto, a atenção da doutrina e da jurisprudência o assunto,[1] que decorre dos próprios princípios gerais de direito, em especial do princípio *suum cuique tribuere*, e sendo conhecido desde o direito romano, já que introduzido no *Digesto* por Justiniano. Recorda, sobre o assunto José da Silva Pacheco: "No Direito Romano, berço do direito ocidental, Pompônio, em Leituras várias, Livro IX, salientava: 'É justo, por direito natural, que ninguém se torne mais rico em detrimento e prejuízo de outro (*iure naturae aequum est, neminem cum alterius detrimento et injuria fieri locupletionem* – Dig. Liv. 50, Tít. XVII, nº 206)'". Em seguida, destaca as situações que comportavam a ação: "a) a *condictio indebiti*, quando ocorria o pagamento por erro de uma dívida inexistente; b) a *condictio ob causam datorum*, quando ocorria pagamento em razão de um resultado futuro, que, a final, não se realizava; c) a *condictio ob turpem*, quando havia um enriquecimento por causa imoral ou torpe; d) a *condictio ob injustam causam*, aquela que visa à restituição do que foi dado a alguém por causa reprovada por lei. Entretanto, não deixava de haver a *condictio sine causa*, quer em sentido genérico, quer em sentido estrito, quando ocorria enriquecimento sem causa, como, por exemplo, no caso de se dar dinheiro ou coisa para se obter algo que não existe ou que não se pode realizar".[2]

---

[1] Trataram especificamente do assunto, consoante José da Silva Pacheco, Jorge Americano (*Ensaio sobre o enriquecimento sem causa*, São Paulo, 1933); José G. do Valle Ferreira (*Enriquecimento sem causa*, Belo Horizonte); Pontes de Miranda (*Tratado de Direito Privado*, tomo 26, §§ 3.132 a 3.149); Orlando Gomes (*Obrigações*, cap. 26, nºs 176 a 179); Sílvio Rodrigues (*Direito Civil*, vol. II, nºs 79 a 81); Orosimbo Nonato (*Curso das Obrigações*, 2ª parte, vol. II, pp. 83 a 89); Agostinho Alvim (Do enriquecimento sem causa, RT 259/3); Arnoldo Medeiros da Fonseca (Enriquecimento sem causa, *Repertório do Direito Brasileiro*, vol. 20, pp. 237 a 242); Carvalho Santos (*Cód. Civ. Bras. Interpretado*, vol. 12, pp. 277 a 406).

[2] Do enriquecimento sem causa perante o Novo Código Civil, *Boletim ADV – ADCOAS*, informativo semanal, nº 32/2003, p. 468.

Dentre outros, contemplam a espécie os Códigos da Alemanha, da Suíça, da Itália, do Japão e de Portugal.

Embora a falta de previsão no anterior direito brasileiro, se, *v.g.*, vinham e vêm longamente disciplinados os efeitos das obrigações, depreende-se que o direito positivo traça as diretrizes do adimplemento, que deve ocorrer em todas as contratações de obrigações. E isso independentemente da previsão de regras sobre as decorrências do pagamento indevido ou feito sem a previsão obrigacional.

Mesmo assim, no Código anterior, e no atual também acontece a mesma coisa, a par, neste último, das regras específicas que merecerão a análise abaixo, constavam situações específicas de proibições de enriquecimento sem causa, autorizando o ressarcimento. Assim, para citar alguns exemplos, no art. 936, que corresponde ao art. 310 do vigente Código Civil: "Não vale o pagamento cientemente feito ao credor incapaz de quitar, se o devedor não provar que em benefício dele efetivamente reverteu".

No art. 516, equivalente ao art. 1.219 do vigente Código, garantia-se e garante-se ao possuidor de boa-fé o direito à indenização das benfeitorias necessárias e úteis.

Já pelo art. 517, que corresponde ao art. 1.220 do Código de 2002, ao possuidor de má-fé ressarciamse e ressarcem-se apenas as benfeitorias necessárias.

O art. 518 ordenava, e ordena o correspondente art. 1.221 do Código vigente, a compensação das benfeitorias com os danos.

Segundo o art. 546, no que está repetido no art. 1.254 do vigente diploma civil, "quem semeia, planta ou edifica em terreno alheio", adquiria e adquire a propriedade das sementes, plantas e materiais alheios, mas "fica obrigado a pagar-lhes o valor, além de responder por perdas e danos, se obrou de má-fé".

Na dicção do art. 643 do atual Código Civil, o depositante é obrigado a pagar ao depositário as despesas feitas com a coisa, e os prejuízos que do depósito advierem.

Segue Sílvio Rodrigues: "Da mesma forma, concedia ao possuidor, ainda que de má-fé, o direito de receber as despesas de manutenção e custeio (art. 513), pois, caso contrário, o proprietário experimentaria um enriquecimento sem causa; possibilitava ao especificador de boa-fé adquirisse a matéria-prima alheia em que trabalhou, mas impunha-lhe a condição de indenizar o proprietário (art. 613), pois, fosse outra solução, e qualquer das partes teria lucro indevido: o especificador, por adquirir gratuitamente a matéria-prima; o dono desta, por fazer seu o trabalho do especificador".[3] Os citados arts. 513 e 613 equivalem aos arts. 1.216 e 1.271 do Código vigente.

Nunca confirmou o direito a conduta de enriquecimento à custa de outros, ou sem a devida contraprestação. Sedimentou-se em todos os sistemas jurídicos o reconhecimento ao ressarcimento, ou à busca da repetição, malgrado esparsas posições em contrário, como a de Clóvis Beviláqua,[4] e uma ou outra regra negando a possibilidade de buscar a restituição, servindo de ilustração o art. 1.263 do diploma civil de 1916, que não encontra parâmetro no Código atual, encerrando a impossibilidade de reaver juros não estipulados, quando pagos pelo mutuário.

A ação própria assegurada é a *in rem verso*, também admitida para a restituição no pagamento indevido, e que é justamente a específica para as pretensões em que se busca

---

[3] *Direito Civil – Dos Contratos e das Declarações Unilaterais de Vontade*, 28ª ed., ob. cit., vol. 3, p. 419.
[4] *Código Civil dos Estados Unidos do Brasil Comentado*, 5ª ed., 1943, ob. cit., vol. IV, p. 120.

a restituição daquilo que foi entregue ou pago indevidamente. Constitui, na antiga acepção de Jorge Americano, "a ação de locupletamento indébito, socorrendo a todo aquele que tenha sofrido uma lesão patrimonial, e não possa invocar uma relação obrigacional oriunda das fontes ordinárias das obrigações".[5]

A prescrição da pretensão se dá em três anos, por força do art. 206, § 3º, inc. IV, do Código Civil, lembrando que era omisso o Código Civil de 1916 a respeito.

Em oportuna inovação, o que se impunha por reclamo geral, trouxe o Código de 2002 um capítulo especial, de nº IV do Título VII, Livro I da Parte Especial, disciplinando em três artigos a matéria, o que faz reduzir, pois, a quantidade de controvérsias a respeito.

A denominação comum é, realmente, "enriquecimento sem causa", significado enriquecimento sem motivo, sem razão de ser, ou sem uma justificativa justa e plausível, mas utilizando-se também a expressão "enriquecimento indevido", isto é, à custa de outrem, ou por conta de terceiros e em prejuízo deles. No entanto, a abrangência é maior na última expressão, posto que pode ser indevido por falta de causa e também por outros fatores, como nulidade do negócio, em razão do direito de compensação, ou pelo perdão da dívida. A respeito, Carlos Alberto Dabus Maluf entendia, ao tempo da vigência do anterior Código, que o enriquecimento sem causa era uma modalidade do pagamento indevido: "O Código Civil Brasileiro considera a modalidade do enriquecimento sem causa legítima, que reveste o aspecto do pagamento indevido, subordinado ao título do próprio pagamento. Assim sendo, toda a matéria do pagamento deve subordinar-se ao mesmo título do C Código, quer se trate do que se pagou devidamente, quer se trate do indevido, contra quem se insurge o eminente obrigacionista Orosimbo Nonato".[6] Tem-se, finalmente, o "enriquecimento ilícito", cujo sentido equivale às outras formas, mas dando margem a se restringir o alcance, para reconhecer-se unicamente se está como causa subjacente e desencadeante uma conduta ilegal e ilícita de conteúdo contemplada especificamente em lei. Todavia, comporta o direito de restituição também a conduta extracontratual, como na eventualidade de um usuário continuar na posse de um bem após a expiração do contrato de comodato.

39.2. CONCEITO

Constitui o enriquecimento sem causa a vantagem patrimonial obtida por alguém às expensas ou à custa de outrem, isto é, sem a devida contraprestação, e ao desamparo de lei ou de negócio jurídico anterior. Com singeleza, mas claramente, define Mônica Yoshizato Bierwagen: "Enriquecimento sem causa, como o próprio nome indica, consiste na obtenção de uma vantagem sem a respectiva causa ou, em outras palavras, é o acréscimo patrimonial sem motivo juridicamente reconhecido".[7] Recebe a pessoa bens, ou valores monetários, ou serviços, ou benefícios, nada dando em troca, embora não se faça a entrega a título de doação. Naturalmente, opera-se uma situação injusta, porquanto provoca-se um *minus* no patrimônio do terceiro sem uma causa ou razão justa, cuja parte retirada é acrescida ao da pessoa favorecida.

---

[5] *Ensaio sobre o Enriquecimento sem Causa*, Livraria Acadêmica, Saraiva & Cia, São Paulo, 1933, p. 11.
[6] Pagamento Indevido e Enriquecimento sem Causa, *Revista da Faculdade de Direito da Universidade de São Paulo*, vol. 93, 1998, p. 118.
[7] *Princípios e Regras de Interpretação dos Contratos no Novo Código Civil*, São Paulo, Saraiva, 2002, p. 55.

Esse quadro de alteração do patrimônio foi bem retratado por Orlando Gomes, ao alertar: "Há enriquecimento ilícito quando alguém, a expensas de outrem, obtém vantagem patrimonial sem causa, isto é, sem que a tal vantagem se funde em dispositivo de lei, ou em negócio jurídico anterior. São necessários os seguintes elementos: a) o enriquecimento de alguém; b) o empobrecimento de outrem; c) o nexo de causalidade entre o enriquecimento e o empobrecimento; e d) a falta de justa causa".[8]

Necessário lembrar, porém, quanto ao enriquecimento, não decorre apenas da redução de patrimônio de outra pessoa. Comum que advenha da redução do passivo de alguém, cuja porção é acrescida ao patrimônio que se favorece; ou que resulte do não atendimento de uma obrigação, que se exemplifica na hipótese de não se satisfazer uma contraprestação, ou de se valer de uma situação para tirar vantagem. Utiliza-se um bem de outrem, o que evita que se façam despesas para adquirir um da mesma espécie. Ou serve-se um proprietário da cerca levantada pelo vizinho para proteger seus animais. Ainda, aproveitam-se as águas canalizadas por um confrontante para o uso no imóvel. Sílvio Rodrigues retrata a situação da não redução do patrimônio: "Não raro, ele se caracteriza pela omissão de uma despesa, como na hipótese daquele que se aproveita de uma sentença em ação proposta por outra pessoa em posição idêntica à sua, poupando, desse modo, os gastos judiciais e advocatícios que iria ter, ou, ainda, revela-se quando alguém, recebendo prestação de um serviço, evita gastos que teria de fazer para alcançar os resultados obtidos".[9]

A jurisprudência retrata vários requisitos para configurar a espécie: "(...) A pretensão de enriquecimento sem causa (ação *in rem verso*) possui como requisitos: enriquecimento de alguém; empobrecimento correspondente de outrem; relação de causalidade entre ambos; ausência de causa jurídica; e inexistência de ação específica. Trata-se, portanto, de ação subsidiária que depende da inexistência de causa jurídica. A discussão acerca da cobrança indevida de valores constantes de relação contratual e eventual repetição de indébito não se enquadra na hipótese do art. 206, § 3º, IV, do Código Civil, seja porque a causa jurídica, em princípio, existe (relação contratual prévia em que se debate a legitimidade da cobrança), seja porque a ação de repetição de indébito é ação específica".[10]

Quanto ao empobrecimento, não se dá somente quando se retira o patrimônio de terceiro, mas também na omissão em cumprir uma contraprestação. Segue expondo Mônica Yoshizato Bierwagen: "O segundo pressuposto, o empobrecimento da outra parte, significa não só a diminuição, mas também a ausência de entrada no patrimônio do prejudicado. Assim ocorre, por exemplo, na consulta médica ou com advogado sem o pagamento de honorários. Não há uma minoração do patrimônio, mas deixa apenas de nele ser integrada a remuneração".[11]

Já em vista do nexo de causalidade, expõe Fernanda Pessôa Cerveira: "Outro pressuposto fundamental a ser referido diz respeito à inexistência de uma causa que justifique o enriquecimento. Tal causa pode ser o fruto de um negócio jurídico, como exclusivo ato de disposição das partes, ou proveniente da lei, por exemplo, a usucapião. Mas mesmo nos negócios jurídicos, pode-se recorrer ao princípio da boa-fé objetiva para que se

---

[8] *Obrigações*, 3ª ed., Rio de Janeiro, Forense, 1972, p. 289.
[9] *Direito Civil – Dos Contratos e das Declarações Unilaterais de Vontade*, vol. 3, 28ª ed., ob. cit., p. 422.
[10] REsp 1.532.514/SP, 1ª Seção do STJ, Rel. Min. Og Fernadnes, j. em 10.05.2017, *DJe* de 17.05.2017.
[11] *Princípios e Regras de Interpretação dos Contratos no Novo Código Civil*, ob. cit., p. 57.

reconheça a possibilidade de restituição de valores ou coisas indevidamente retiradas do patrimônio de um dos sujeitos contratantes".[12]

Mais uma vez cita-se Mônica Yoshizato Bierwagen, na explicação da falta de justa causa, que consiste "na inexistência de uma razão juridicamente reconhecida para o aumento e a diminuição patrimonial. Portanto, se o enriquecimento deriva de uma causa prevista na lei ou por obrigação assumida pela parte, esse pressuposto não estará preenchido, afastando-se a incidência do art. 884. É o caso, por exemplo, da reparação de danos materiais. Se o que foi pago corresponde ao valor do dano, há uma causa jurídica que ampara o aumento de um e a diminuição do outro patrimônio".[13]

No art. 884 encontra-se a configuração do enriquecimento sem causa, do qual se extraem os elementos acima transcritos: "Aquele que, sem justa causa, se enriquecer à custa de outrem, será obrigado a restituir o indevidamente auferido, feita a atualização dos valores monetários". Acrescenta o art. 885 ser devida a restituição inclusive quando deixa de existir a causa em determinado momento: "A restituição é devida, não só quando não tenha havido causa que justifique o enriquecimento, mas também se esta deixou de existir".

A restituição do que se recebeu indevidamente é uma decorrência natural, constituindo o efeito que sempre se impôs no direito, decorrente do seguinte princípio latino: *Iure naturae aequum est, neminem cum alterius detrimento et injuria fieri locupletationem*, ou seja, é da natureza da equidade que a ninguém cabe se enriquecer ou locupletar à custa do empobrecimento de outrem.

Uma vez verificada essa espécie de enriquecimento, procura-se retirar o bem que foi para a pessoa favorecida, ou, na impossibilidade, o ressarcimento pela entrega de valor correspondente à estimativa do bem na época em que se incorporou no patrimônio de outrem, em obediência ao parágrafo único do art. 884: "Se o enriquecimento tiver por objeto coisa determinada, quem a recebeu é obrigado a restituí-la, e, se a coisa não mais subsistir, a restituição se fará pelo valor do bem na época em que foi exigido".

39.3. CORRESPONDÊNCIA ENTRE O ENRIQUECIMENTO E O EMPOBRECIMENTO

Desde que haja equivalência entre o enriquecimento e o empobrecimento, não se apresentam dificuldades. Nesta visão, retira-se um bem de uma pessoa e incorpora-se no patrimônio de uma terceira, dando-se uma simples transferência de titularidade ou de proveito. Aquilo que se retirou foi implantado nos bens de outrem em medidas que se correspondem. É a hipótese de apropriação de bens, de falta de pagamento por serviço prestado e devidamente contratado, de uso de um imóvel sem a necessária contraprestação. O montante do enriquecimento corresponde ao montante do empobrecimento.

Opera-se a recomposição do equilíbrio através da restituição, ou, se impossível esta, do equivalente ressarcimento. Entrementes, nem sempre se dá o enriquecimento na exata dimensão do montante que empobrece a pessoa prejudicada. Podem ser diversas as cifras. Na ocupação desautorizada de um prédio, a vantagem resta evidente de quem exerce o proveito. Todavia, se encontrava-se desocupado o imóvel durante longo período de tempo, e tudo conduz a concluir que não iria o proprietário alugá-lo, ou dar outra modalidade de proveito, chega-se à conclusão que não se operou o empobrecimento. De igual sorte

---

[12] Enriquecimento sem Causa: da legislação civil atual ao Novo Código Civil, *Revista de Direito do Consumidor*, nº 44, out.-dez. 2002, São Paulo, Revista dos Tribunais, p. 152.
[13] *Princípios e Regras de Interpretação dos Contratos no Novo Código Civil*, ob. cit., p. 58.

com referência a uma área de terras, que passou à exploração de um terceiro, o qual a utilizou para uma lavoura altamente produtiva, obtendo um rendimento compensador. Se ficasse no uso de seu titular, levando em conta a atividade a que se dedicava, como exploração de algumas reses, o proveito econômico mantinha-se em nível bem inferior. Daí que a indenização terá em vista o empobrecimento causado, e não o enriquecimento que trouxe. No sentido inverso, se a elevada exploração lucrativa vinha se operando quando da posse do titular do domínio, e pouco tendo conseguido de vantagem o terceiro que passou a ocupar a área de terras, tem-se aí que o pedido ressarcitório envolve o que deixou de lucrar o proprietário, não bastando a equivalência da cifra à vantagem conseguida pelo terceiro.

Extrai-se das colocações feitas que a indenização será sempre igual ao prejuízo, não importando que a cifra do enriquecimento tenha sido maior.

39.4. CABIMENTO DA RESTITUIÇÃO OU DA INDENIZAÇÃO

A princípio, em obediência ao texto do art. 884, o enriquecimento sem causa importa em restituição do indevidamente auferido. Consistindo em bens materiais, como produtos, o resultado do uso indevido envolverá iguais coisas. Se decorre da utilização de uma área de terras explorada com certa espécie de cereal, faz-se o ressarcimento com a restituição de idêntico cereal, na quantidade que vinha a terra produzindo.

Esse aspecto da matéria ficou analisado nas observações dos itens acima.

Entrementes, admite-se a substituição da restituição, se a lei prever outros meios, de conformidade com o art. 886: "Não caberá a restituição por enriquecimento, se a lei conferir ao lesado outros meios para se ressarcir do prejuízo sofrido".

A rigor, impõe-se a previsão, pela lei, de outros meios para ressarcir o prejuízo. Não se estende o favor se ausente uma autorização da lei, que indica expressamente o meio de substituir. Há, entrementes, situações que não comportam a restituição, se for sumamente dispendiosa, acarretando pesados encargos. Desde que desproporcional a restituição à vantagem que resulta ao prejudicado, revela-se coerente que se determinem as perdas e danos. Serve como exemplo a ocupação, na construção de um prédio, de pequena tira do terreno do vizinho. É totalmente despropositado ordenar a demolição em razão da insignificância do valor da pequena extensão ocupada, face ao valor do prédio. Tanto que, consoante defendido em item anterior, a exegese da lei consiste na indenização diante do prejuízo que resulta, e não do enriquecimento.

Sabe-se que, no enriquecimento sem causa, procura-se a indenização pelo prejuízo que sofreu a parte lesada. Incontáveis as situações de enriquecimento injustificado ou sem causa que se apresentam no cotidiano da vida, como o não pagamento de uma dívida, de aluguéis, de trabalhos realizados ou de prestações de serviços, de mensalidades, a invasão em propriedade alheia, o desvio de mercadorias, a não restituição de coisas emprestadas, o descumprimento na entrega de bens adquiridos. No entanto, para as diferentes situações estabelece o ordenamento jurídico procedimentos próprios. Assim, para dívidas constituídas e impagas, há a ação de cobrança ou de execução; na mora de prestações, cabe a constituição em mora e igualmente a ação de cobrança; nas locações, está prevista a ação de despejo e de cobrança de aluguéis; para as invasões na propriedade alheia, oferece a lei as ações possessórias. Complementa Carlos Roberto Gonçalves: "Embora, por exemplo, o locador alegue o enriquecimento sem causa, à sua custa, do locatário que não vem pagando regularmente os aluguéis, resta-lhe ajuizar a ação de despejo por falta de pagamento, ou a ação de cobrança de aluguéis, não podendo ajuizar a ação de *in rem verso*. Se deixou prescrever a pretensão específica, também não poderá socorrer-se desta última. Caso contrário, as demais ações seriam absorvidas por ela".[14]

Nessa linha, já lembrava Jorge Americano: "Os casos de nulidade ou anulação da obrigação, tornando indevido o enriquecimento oriundo da mesma, obrigam à restituição por força dos pressupostos da própria obrigação e como consequência da rescisão".[15]

Nessa dimensão, havendo resolução do contrato, e o retorno das partes à situação anterior, se o devedor construiu benfeitorias no imóvel, deve ser indenizado, conforme entendimento do STJ:

"1 – O pedido de indenização por benfeitorias, ainda que formulado após a contestação, é consequência lógica da procedência do pedido de resolução do contrato, cujo resultado prático é o retorno das partes ao 'status quo ante'.
2 – Com a retomada do imóvel pela promitente-vendedora, esta não pode locupletar-se, recebendo seu terreno com a construção realizada pelos promitentes-compradores sem a correspondente indenização".[16]

É devida a restituição quando não existia ou quando deixou de existir causa que justifique o enriquecimento, a teor do art. 885: "A restituição é devida, não só quando não tenha havido causa que justifique o enriquecimento, mas também se esta deixou de existir". Torna-se possível que, até certo momento, era tutelado o direito da pessoa, mas deixando de o ser a partir de certa data. Desde então surge a causa que não dá amparo à situação de proveito, ensejando o direito de buscar a restituição ou a indenização. Num comodato, ou empréstimo gratuito de coisa, vencido o prazo e notificado o comodatário para a restituição da coisa, não o fazendo, opera-se o enriquecimento sem causa, oportunizando a ação *in rem verso*.

39.5. O CÓDIGO DE DEFESA DO CONSUMIDOR E O ENRIQUECIMENTO SEM CAUSA

Alguns dispositivos do Código de Defesa do Consumidor (Lei nº 8.078, de 11.09.1990) envolvem o enriquecimento sem causa. Fernanda Pessôa Cerveira trata com profundidade o assunto, valendo transcrever seu pensamento referentemente aos arts. 39, 42 e 51 do mencionado estatuto:

"No art. 39 do Código, que trata das práticas abusivas, destaca-se a vedação da elevação do preço do produto ou serviço sem justa causa, o que causaria um enriquecimento injusto ao fornecedor, bem como a aplicação de índice de reajuste diverso do legal ou do consentimento estabelecido.
O art. 42, ao tratar das cobranças de dívidas do consumidor, prevê expressamente repetição do pagamento indevidamente pago, acrescido de juros e correção monetária,

---

[14] *Direito das Obrigações* – Parte Especial, tomo I – Contratos, 6ª ed., São Paulo, Saraiva, 2002, p. 185.
[15] *Ensaio sobre o Enriquecimento sem Causa*, ob. cit., p. 43.
[16] Resp nº 764.529/RS, 3ª Turma, j. em 26.10.2010, *DJe* de 09.11.2010, Rel. Min. Paulo de Tarso Sanseverino.

que a jurisprudência tem entendido sua utilização como forma de evitar o enriquecimento sem causa.

O art. 51, que trata das cláusulas abusivas, merece destaque para a vedação do inc. II, de subtrair o reembolso das quantias já pagas, que tem gerado diversas ações nos casos de compromisso de compra e venda, bem como o inc. IV, tido como geral para os casos de abusividade, e que visa manter a equidade entre as partes".[17]

Lembra-se, ainda, o art. 53, a respeito de contratos de compra e venda de móveis ou imóveis mediante o pagamento em prestações, de alienações fiduciárias em garantia, tornando nulas as "cláusulas que estabeleçam a perda total das prestações pagas em benefício do credor que, em razão do inadimplemento, pleitear a resolução do contrato e a retomada do produto alienado".

Enfim, as estipulações que tornam exagerada a vantagem ao fornecedor, as que oneram sobremaneira o consumidor, refletem um enriquecimento sem causa, viabilizando a sua correção ou revisão.

39.6. SITUAÇÕES JURISPRUDENCIAIS MAIS COMUNS DE ENRIQUECIMENTO SEM CAUSA

O enriquecimento sem causa constitui lugar comum nas ações judiciais, sendo vasta a gama de casos de envolvimento da matéria. Normalmente, está presente nas ações de indenização e reparação por danos morais, nas promessas de compra e venda, na cobrança de obrigações pagas, nos desligamentos de empregados que participavam de planos de previdência privada, nas obras realizadas cujos contratos são desfeitos, dentre outras ocorrências.

Assim, nos lançamentos do nome de devedor em cadastros de devedores, vem preponderando que a indenização não pode ir além de cinquenta salários mínimos. Eis o seguinte tópico de um aresto: "De efeito, cinquenta salários-mínimos têm sido o parâmetro adotado para o ressarcimento de dano moral em situações assemelhadas, como de inscrição ilídima em cadastros, devolução indevida de cheques, protesto incabível, etc., a saber: REsp nº 110.091/MG, Rel. Min. Aldir Passarinho Júnior, unânime, *DJU* 08.04.02; REsp. nº 294.561/RJ, Rel. Min. Aldir Passarinho Júnior, unânime, *DJU* 04.02.02; REsp. nº 232.437/SP, Rel. Min. Aldir Passarinho Júnior, unânime, *DJU* 02.02.02; REsp. nº 218.241/MA, Rel. Min. Aldir Passarinho Júnior, unânime, *DJU* 24.09.01; e REsp. nº 296.555/PB, Rel. Min. Aldir Passarinho Júnior, unânime, *DJU* 20.05.02".[18]

A condenação em dobro do que se recebeu e não era devido é cabível unicamente se comprovada a má-fé, na esteira do art. 940, e do art. 42, parágrafo único, do Código de Defesa do Consumidor: "Para a repetição em dobro deve haver a prova de que o credor agiu de má-fé. Somente se há comportamento malicioso do autor, agindo de forma consciente, ou seja, sabendo que não tem o direito pretendido, é possível exigir-se a repetição em dobro. E, no caso, não há mesmo como configurar que tenha o Banco credor assim agido. Como sabido, embora diversa a regra daquela do art. 1.531 do Código Civil, tenho que o requisito da má-fé também está presente no art. 42 do Código de Defesa

---

[17] *Enriquecimento sem Causa: da legislação civil atual ao Novo Código Civil*, trabalho citado, p. 161.
[18] *REsp* nº 435.228-RJ, da 4ª Turma do STJ, j. em 26.05.2003, *DJU* de 1º.09.2003.

do Consumidor. Em matéria decorrente de financiamento, que suscita controvérsia nos Tribunais, não se pode identificar, a meu sentir, nem a má-fé nem mesmo dolo ou culpa. Tanto isso é verdade, que persiste, ainda hoje, submetida ao crivo do Colendo Supremo Tribunal Federal a questão da incidência do Código de Defesa do Consumidor nas operações bancárias...".[19] De lembrar que o art. 1.531 equivale ao art. 940 do vigente Código Civil. Também, quanto ao parágrafo único do art. 42 do CDC, conforme transcrito no capítulo anterior, independe da natureza do ato volitivo.

É nula a cláusula de decaimento estabelecida nas rescisões de contratos compra e venda ou promessa de compra e venda, e inclusive envolvendo incorporações imobiliárias: "A abusividade de cláusula de decaimento, com previsão de perda das parcelas pagas em favor do vendedor, pode ser reconhecida tanto na ação proposta pelo vendedor (art. 53 do CDC), como na de iniciativa do comprador, porque a restituição é inerente à resolução do contrato e meio de evitar o enriquecimento injustificado".[20]

Nos planos de previdência privada, restituem-se as importâncias recolhidas junto ao empregado que é desligado da empresa, deixando, pois, de ser favorecido pela entidade: "A restituição das contribuições relativas à entidade de previdência privada, por ocasião do desligamento do associado, abrange apenas aquelas por ele efetuadas, não as da entidade patronal".[21]

A restituição deve ser na totalidade das prestações pagas, e não parcialmente, no entendimento pacificado do STJ, retratado no REsp. nº 866.185/SE, da Quarta Turma, j. em 17.02.2009, *DJe* de 09.03.2009:

"Consoante entendimento pacificado do STJ, é devida a restituição integral das contribuições vertidas pelo ex-associado à entidade de previdência complementar, por ocasião de seu desligamento, a partir de 1996, devidamente atualizadas mediante a utilização de índice de correção monetária que reflita a efetiva desvalorização da moeda (Súmula 289/STJ).

A Segunda Seção entende que a retenção de 50% (cinquenta por cento) dos valores pagos pelo associado, conforme previsto no Regulamento da recorrente, é abusiva, por representar enriquecimento sem causa".

A mera exigibilidade de valores exacerbados na ação de busca e apreensão não pode acarretar a extinção do feito: "Se para a constituição em mora do devedor fiduciário não é exigido que a notificação mencione sequer o valor devido, não pode ser extinto, de ofício, o feito, em virtude de valores considerados exacerbados, sem qualquer manifestação do devedor. Admiti-lo implicaria em impossibilitar ao credor reaver o bem ou cobrar quaisquer valores, e propiciar enriquecimento sem causa ao inadimplente, que deixou de pagar prestações e continua dispondo do bem financiado e alienado fiduciariamente".[22]

O simples repasse do risco cambial ao consumidor, frente à violenta desvalorização da moeda nacional, se revela abusivo: "A abrupta e forte desvalorização do real frente ao dólar americano constitui evento objetivo e inesperado apto a ensejar a revisão de cláusula contratual, de modo a evitar enriquecimento sem causa de um contratante em

---

[19] *REsp* nº 505.734, da 3ª Turma do STJ, j. em 20.05.2003, *DJU* de 23.06.2003.
[20] *REsp* nº 80.036/SP, da 4ª Turma do STJ, rel. Min. Ruy Rosado de Aguiar Júnior, *DJU* de 25.03.1996.
[21] *REsp* nº 434.450/SP, da 4ª Turma do STJ, *DJU* de 09.12.2002, rel. Min. Ruy Rosado de Aguiar Júnior.
[22] *REsp* nº 450.587/RS, da 3ª Turma do STJ, rel. Min. Castro Filho, j. em 15.10.2002, *DJU* de 11.11.2002.

detrimento de outro (art. 6º, V, do CDC), em avença na qual o risco cambial é repassado para o consumidor".[23]

Admite-se a devolução de parcelas ilegais e pagas a maior: "A pretensão de devolução dos valores pagos a maior, em virtude do expurgo de parcelas judicialmente declaradas ilegais, é cabível em virtude do princípio que veda o enriquecimento sem causa, prescindindo da discussão a respeito de erro no pagamento".[24]

A repetição do indébito deve ser por inteiro, e não parcial ou escalonada, mesmo que o contrário estabeleçam diplomas que tratam de tributos: "... Não se coadunam com o sistema jurídico pátrio as restrições impostas no art. 3º, inc. I, da Lei nº 8.200/1991 e nos arts. 39 e 41 do Decreto nº 332/1991, uma vez que, se o recolhimento do indébito foi por inteiro, a devolução e/ou a compensação não pode ser escalonada, como ato de império, em inadmissível facilitário, seja de quatro ou seis anos. Pensar diferente menos não fora que consagrar o enriquecimento ilícito, com inarredável comprometimento do patrimônio da empresa contribuinte".[25]

Sempre é devida a correção monetária, mesmo que não convencionada: "Constitui disposição leonina a cláusula de contrato de adesão, a qual dispõe sobre a restituição, sem correção monetária, do valor financiado para construção de rede de eletrificação rural, posto acarretar o enriquecimento sem causa da concessionária de serviço público".[26]

A pessoa que integra um condomínio, ou que faz parte de associação, e beneficiada por serviços comuns, deve pagar as despesas: "O proprietário de lote integrante de gleba urbanizada, cujos moradores constituíram associação para prestação de serviços comuns, deve contribuir com o valor que corresponde ao rateio das despesas daí decorrentes, pois é adequado continue gozando dos benefícios sociais sem a devida contraprestação".[27]

Não se pode cumular juros e comissão de permanência, por conter a última embutidos juros: "Os juros remuneratórios e a comissão de permanência, após o vencimento da obrigação, são encargos legais, não se podendo cobrá-los, entretanto, no mesmo período de inadimplência, de forma cumulada, tendo em vista que na composição deste último encontram-se inseridos juros. Orientação em contrário abre espaço para uma dupla cobrança de juros de natureza remuneratória, ensejando enriquecimento indevido, e ao anatocismo, repelido em nosso direito, salvo na forma anual, conforme estabelece a Lei de Usura para os mútuos bancários comuns".[28]

Aquele que arremata imóvel, para satisfazer crédito seu, por preço aviltante, suportará o saldo devedor da mencionada construção: "Reconhecido pelo Tribunal estadual, soberano na interpretação da prova e do contrato, que a construção, embora nominada 'por administração', representava espécie de promessa de compra e venda, tendo havido

---

[23] AgA nº 456.863, da 3ª Turma do STJ, rel. Min. Antônio de Pádua Ribeiro, j. em 17.10.2002, DJU de 18.11.2002.
[24] AGRESP nº 234.626/RS, da 4ª Turma do STJ, rel. Min. Sálvio de Figueiredo Teixeira, j. em 19.12.2002, DJU de 10.03.2003.
[25] REsp nº 257.272/RJ, da 2ª Turma do STJ, rel. Min. Franciulli Netto, j. em 16.04.2002, DJU de 09.06.2003.
[26] AgA 466.820/RS, da 1ª Turma do STJ, rel. Min. Luiz Fux, j. em 06.05.2003, DJU de 19.05.2003. Idem, REsp nº 258.010/SP, da 2ª Turma do STJ, rel. Min. Franciulli Netto, j. em 09.04.2003, DJU de 23.06.2003.
[27] REsp nº 439.661, da 4ª Turma do STJ, rel. Min. Ruy Rosado de Aguiar, DJU de 18.11.2002.
[28] REsp nº 298.369/RS, da 3ª Turma do STJ, rel. Min. Carlos Alberto Menezes Direito, j. em 26.06.2003, DJU de 25.08.2003.

inadimplência de condômino, com o subsequente leilão da unidade habitacional, arrematada pela própria empresa construtora, que o adquiriu a preço aviltado, o saldo devedor remanescente é da responsabilidade daquela, sob pena de enriquecimento sem causa".[29]

As obras realizadas para o ente público, mesmo que anulado o contrato de licitação, importam no seu pagamento: "A existência de nulidade contratual, em face da alteração de contrato, que no mesmo campo de atuação, ou seja, obras em vias públicas, modifica o objeto originalmente pactuado, não mitiga a necessidade de pagamento pelas obras efetivamente realizadas. A devolução da diferença havida entre o valor da obra licitada e da obra realizada, daria causa ao enriquecimento ilícito da administração, porquanto restariam serviços sem a devida contraprestação financeira, máxime, ao se frisar que o recorrente não deu causa à nulidade".[30]

No REsp nº 285.618/SP, da 4ª T. do STJ, j. em 18.12.2008, *DJe* de 26.02.2009, entendeu-se que não cabe reiniciar o prazo de carência, se existiu simples atraso de pagamento, para fazer jus ao atendimento:

"Nos contratos de trato sucessivo, em que são contratantes um fornecedor e um consumidor, destinatário final dos serviços prestados, aplica-se o Código de Defesa do Consumidor.

A suspensão do atendimento do plano de saúde em razão do simples atraso da prestação mensal, ainda que restabelecido o pagamento, com os respectivos acréscimos, configura-se, por si só, ato abusivo. Precedentes do STJ.

Indevida a cláusula contratual que impõe o cumprimento de novo prazo de carência, equivalente ao período em que o consumidor restou inadimplente, para o restabelecimento do atendimento.

Tendo a empresa-ré negado ilegalmente a cobertura das despesas médico-hospitalares, causando constrangimento e dor psicológica, consistente no receio em relação ao restabelecimento da saúde do filho, agravado pela demora no atendimento, e no temor quanto à impossibilidade de proporcionar o tratamento necessário a sua recuperação, deve-se reconhecer o direito do autor ao ressarcimento dos danos morais, os quais devem ser fixados de forma a compensar adequadamente o lesado, sem proporcionar enriquecimento sem causa".

---

[29] *REsp* nº 66.699/RJ, da 4ª Turma do STJ, rel. Min. Aldir Passarinho Júnior, j. em 26.06.2003, *DJU* de 8.09.2003.
[30] *Ag no REsp* nº 332.956/SP – *Agravo Regimental no Recurso Especial*, da 1ª Turma do STJ, rel. Min. Francisco Falcão, de 21.11.2002, *DJU* de 16.12.2002.

XL
Preferências e Privilégios Creditórios

40.1. DECLARAÇÃO DE INSOLVÊNCIA

A matéria integra o Direito das Obrigações, vindo disciplinada no Título X do Livro I da Parte Especial, com a denominação "das preferências e privilégios creditórios", enquanto no Código de 1916 constava do Título IX do Livro III da Parte Especial, sob o nome "do concurso de credores". Constituía e constitui o último Título do direito das obrigações em ambos os Códigos.

Trata-se do disciplinamento da forma de pagar as obrigações na situação de insuficiência do patrimônio para a sua satisfação.

Por conseguinte, aparecendo o estado da incapacidade patrimonial de pagar as dívidas, procura-se imprimir um procedimento judicial, especialmente em vista da classificação dos créditos, eis que alguns são mais ou menos qualificados por preferências e privilégios, que lhes são inerentes ou lhe foram impressos, do que relativamente a outros. A incapacidade patrimonial constitui a insolvência, vindo expressa a sua caracterização no art. 955, nos seguintes termos: "Procede-se à declaração de insolvência toda vez que as dívidas excedam à importância dos bens do devedor". No Código de 1916, ao invés de "declaração de insolvência", o art. 1.554 usava a expressão "concurso de credores", pela qual se queria expressar a concorrência dos credores em participar e disputar no recebimento de seus créditos, sempre que não bastante o patrimônio para o pagamento de todas as dívidas.

Mas, convém esclarecer, a insolvência se dá se mais de um credor pedir a satisfação do crédito, e se não bastar o patrimônio existente, como enfatizava Pontes de Miranda: "Se só um ou alguns exercem a ação executiva, sem que precisem pedir a abertura do concurso, a insolvência não determina, de si só, a concursabilidade da execução. Os outros credores têm pretensões executivas e a concorrência das pretensões é que enseja a promovibilidade do concurso, como incidente da execução. Se cada um tivesse que executar sozinho, não só seria embaraçoso e custoso o procedimento, como difícil seria, à multiplicidade de processos, evitar-se que uns fossem satisfeitos em maior quantidade do que outros".[1]

É, igualmente, o ensinamento de Sérgio Sahione Fadel: "O estado de insolvência do devedor civil, no entanto, e ao contrário do que ocorre com a falência do comerciante, nada tem a ver com o processo de insolvência, porque pode ocorrer que o devedor esteja insolvente e não haja concurso a se instaurar (como, por exemplo, se o devedor tem um só credor, cujo crédito excede o valor de seus bens).

---

[1] *Tratado de Direito Privado*, 2ª ed., ob. cit., vol. XXVII, p. 45.

Ora, o processo de insolvência é de execução coletiva, e não singular, razão porque é de se afastar, de plano, a ideia de insolvência promovida por credor singular, a quem a lei assegura, tão somente, a suspensão do processo de execução, até que o devedor adquira bens penhoráveis, bastantes à satisfação do seu crédito".[2]

O assunto, na parte material, é regido pelo Código Civil, enquanto o processamento está delineado no Código de Processo Civil, que, no entanto, também traz aspectos que afinam com a caracterização da insolvência, e, assim, de natureza substantiva. Veja-se, a respeito, o art. 748 do estatuto processual civil de 1973: "Dá-se a insolvência toda vez que as dívidas excederem à importância dos bens do devedor". Já o art. 750 do mesmo diploma apresentava situações que faziam presumir a insolvência:

"Presume-se a insolvência quando:
I – o devedor não possuir outros bens livres e desembaraçados para nomear à penhora;
II – forem arrestados bens do devedor, com fundamento no art. 813, I, II e III".

As matérias tratadas nos arts. 748 e 750 não foram albergadas no CPC/2015, mas permanecem vigorando enquanto não advier lei específica, de acordo com o art. 1.052 do mesmo CPC.

Pelo dispositivo, contemplam-se situações que comportavam o arresto, como a ausência de domicílio certo do devedor, o seu afastamento do domicílio, a alienação dos bens que possuísse, a falta de pagamento no prazo estipulado, ou a contratação de dívidas extraordinárias, a colocação ou a tentativa de colocação dos bens em nome de terceiros, a prática de artifícios fraudulentos, dando o patrimônio em garantia ou anticrese.

Desde que as obrigações pendentes se refiram à pessoa física, tem-se a insolvência civil. Aparecendo como devedor a pessoa jurídica de natureza empresarial ou o empresário, configura-se a falência, regida pela Lei nº 11.101/2005 (art. 1º), que, além da falta de pagamento sem relevante razão de direito, inclusive de dívida cobrada em processo de execução, aponta outras causas e, assim, a liquidação precipitada dos ativos, a utilização de meios ruinosos ou fraudulentos para realizar pagamentos; a realização de negócios simulados; a alienação de parte ou da totalidade do ativo a terceiro, credor ou não; a transferência do estabelecimento a terceiro, credor ou não, sem o consentimento de todos os credores e sem ficar com bens suficientes para solver o seu passivo; a simulação da transferência do principal estabelecimento com o objetivo de burlar a legislação ou a fiscalização, ou para prejudicar credor; dá ou reforça garantia a credor por dívida contraída anteriormente sem ficar com bens livres e desembaraçados suficientes para saldar o passivo; ausenta-se sem deixar representante habilitado e com recursos suficientes para pagar os credores, abandona o estabelecimento ou tenta ocultar-se de seu domicílio, do local de sua sede ou de seu principal estabelecimento; e deixa de cumprir, no prazo estabelecido, obrigação assumida no plano de recuperação judicial (art. 94 e incisos da mesma Lei).

Pela insolvência civil, busca-se apurar o patrimônio líquido, a fim de satisfazer proporcionalmente as dívidas ao montante das dívidas. Encontrando-se um montante, *v.g.*, de setenta por cento das obrigações a serem pagas, nesse percentual é procedido o pagamento. Todavia, concede-se primazia no atendimento os créditos com preferências e com privilégios. Os primeiros constituem-se com garantias reais, e, nessa ordem, com

---

[2] *Código de Processo Civil Comentado*, 7ª ed., atualização de J. E. Carreira Alvim, Rio de Janeiro, Forense, 2003, p. 934.

hipoteca e penhor. Os segundos equivalem aos que se antecipam em receber o pagamento em virtude de tratamento especial, e, dentre outros, estão os trabalhistas e tributários; ou vem a ser o direito que determinado credor possui de receber o seu crédito antes dos outros credores, que também pretendem o recebimento. A prioridade se dá também relativamente aos créditos com privilégio. A matéria virá desenvolvida adiante.

Naturalmente, não havendo créditos com tais prioridades na satisfação, todos os credores são considerados com igual direito, nos termos do art. 957: "Não havendo título legal à preferência, terão os credores igual direito sobre os bens do devedor comum". Firma-se, aí, a igualdade, guardada a proporcionalidade na satisfação, porquanto se consideram, em linguagem falimentar própria, quirografários.

O art. 749 do Código de Processo Civil de 1973, sem correspondente no CPC/2015, mas que segue vigorando diante de seu art. 1.052, estende a insolvência ao cônjuge, se este assumir as dívidas, e não tiver patrimônio para o pagamento total aos credores: "Se o devedor for casado e o outro cônjuge, assumindo a responsabilidade por dívidas, não possuir bens próprios que bastem ao pagamento de todos os credores, poderá ser declarada, nos autos do mesmo processo, a insolvência de ambos".

Declarada a insolvência, vários os efeitos que decorrem: o vencimento antecipado das dívidas; a arrecadação dos bens suscetíveis de penhora, sejam atuais ou os que forem adquiridos; a execução por concurso universal dos bens; e a perda do direito de administrar os bens e de dispor deles.

40.2. ÂMBITO DA DISCUSSÃO ENTRE OS CREDORES

As discussões, entre os credores, versam normalmente sobre a qualidade e, assim, sobre classificação dos créditos. Ocorre que os desprovidos de créditos preferenciais ou privilegiados podem ficar à margem do pagamento, se não bastarem os bens existentes. E justamente no embate travado para a satisfação dos créditos é que tangenciam as discussões na esfera da qualidade dos créditos, na esteira do art. 956 do Código Civil: "A discussão entre os credores pode versar, quer sobre a preferência entre eles disputada, quer sobre a nulidade, simulação, fraude, ou falsidade das dívidas e contratos".

Pelos termos do dispositivo acima, a cada credor faculta-se opor ao crédito do outro as defesas e impugnações que tiver, não só atacando a preferência ou o privilégio que se alega, mas também suscitando nulidades ou vícios, e, assim, a simulação, a fraude e a falsidade das dívidas e contratos. O próprio processo em que se buscam os créditos é campo para as discussões e a busca das preferências de créditos.

40.3. OS TÍTULOS DE PREFERÊNCIA E SUA PRIORIDADE

A prioridade na realização do crédito vem ditada pela preferência, a qual se constitui ou em razão de privilégios que estabelece a lei, ou de direitos reais incidentes nas garantias. Nesse tom é o art. 958: "Os títulos legais de preferência são os privilégios e os direitos reais". Mas, conforme já averbado acima, impondo a antecedência os títulos legais, isto é, os que gozam de preferência por força de lei. E estes não se restringem somente aos créditos trabalhistas e fiscais. Incluem-se os que gozam de privilégio especial e geral, nos elencos dos arts. 964 e 965.

Sobre os créditos trabalhistas, reza o art. 449, § 1º, da Consolidação das Leis do Trabalho – CLT (redação da Lei nº 6.449/1977): "Na falência, constituirão créditos privilegiados a totalidade dos salários devidos ao empregado e a totalidade das indenizações a que tiver direito". Igualmente o art. 768 da mesma CLT, que se aplica, por analogia, à insolvência civil: "Terá preferência em todas as fases processuais o dissídio cuja decisão tiver de ser executada perante o juízo da falência.

Já o art. 186 do Código Tributário Nacional (Lei nº 5.172/1966, em redação da Lei Complementar 118/2005), escala na preferência os créditos tributários, mas colocados após os créditos trabalhistas ou decorrentes de acidente do trabalho: "O crédito tributário prefere a qualquer outro, seja qual for a sua natureza ou o tempo de sua constituição, ressalvados os créditos decorrentes da legislação do trabalho ou do acidente do trabalho". Em seguida, determina o art. 187 do mesmo Código que "a cobrança judicial do crédito tributário não é sujeita a concurso de credores ou habilitação em falência, concordata, inventário ou arrolamento". Pelo parágrafo único deste dispositivo, o que está repetido no parágrafo único do art. 29 da Lei nº 6.830, de 22.09.1980, o concurso de preferência entre pessoas jurídicas de direito público se dá na seguinte ordem, que deve ser obedecida: em primeiro lugar, está a União e suas autarquias; em seguida, estão os Estados-membros e o Distrito Federal, os quais concorrem conjuntamente e *pro rata*; por último, recebem os Municípios, conjuntamente e *pro rata*. Todavia, para prevalecer tal preferência impende que a União ou suas autarquias ajuízem a execução e façam incidir a penhora no bem já constritado pela penhora de execução movida por outra entidade de direito público, segundo precedentes do STJ: "Não é lícito à autarquia federal simplesmente intervir em processo de execução a que é estranha para, sem mais, receber o que pretende ser-lhe devido. Haverá, em tal caso, de ajuizar execução e, recaindo a penhora sobre bem já penhorado, exercer oportunamente seu direito de preferência".[3]

No entanto, consoante a Arguição de Descumprimento de Preceito Fundamental – ADPF nº 357, publicada em 06.10.2021, da Relatoria da Ministra Cármen Lúcia, o STF entendeu, por maioria, que o parágrafo único do art. 187 do CTN, e mesmo quanto à Lei nº 6.830/1980, não está recepcionado pela Constituição Federal de 1988.

Quanto às garantias reais, são aquelas constituídas por um direito real, cuja discriminação está no art. 1.225, com mudanças das Leis nº 11.481/2007 e nº 14.620/2023, e que, para a validade perante terceiros, depende do registro no Cartório de Registro de imóveis, salvo os casos expressos em lei, em consonância com o art. 1.227. No caso do penhor, quando especial (rural, industrial, comercial), o registro é no Livro 3 do mesmo Cartório, de acordo com o art. 178 da Lei nº 6.015/1973; se comum, é procedido no Cartório de Títulos e Documentos, diante do art. 1.432 do Código Civil.

A preferência não depende da iniciativa da execução, em conformidade com a jurisprudência do STJ: "Na linha de precedentes desta Corte, a "preferência do credor hipotecário não depende de sua iniciativa na execução, ou na penhora. A escritura de garantia real e a sua inscrição no Registro Imobiliário são suficientes para preservar a prelação dele".[4]

Em outra decisão: "O direito de preferência não concede à entidade autárquica federal a prerrogativa de intervir em execução movida pela Fazenda do Estado, a que é estranha, para reivindicar a satisfação preferencial de seu crédito, sem obedecer as formalidades

---

[3] REsp nº 11.657/SP, rel. Min. Antônio de Pádua Ribeiro, *DJU* de 8.09.1992, *in Revista do Superior Tribunal de Justiça*, vol. 43/315.

[4] REsp nº 75.091/SP, da 3ª Turma, rel. Min. Carlos Alberto Menezes Direito, *DJU* de 22.06.1997. São citados vários precedentes, com destaque aos REsp nos 53.311/SP, 1.499/PR, 7.632/PR, 9.767/SP.

processuais atinentes à espécie. Para instauração do *concursus fiscalis* impõe-se a pluralidade de penhoras sobre o mesmo bem, devendo, portanto, a autarquia federal provar haver proposto ação de execução, e que nela tenha restado penhorado o bem anteriormente excutido na ação movida pelo fisco estadual".[5]

Mantêm a natureza preferencial os seguros e as indenizações pagas, quando provenientes de coisas que garantiam os créditos. Se um bem fora dado em hipoteca para garantir uma dívida, e veio a ser destruído ou desapropriado, o seguro e a indenização que vieram a ser pagos persistem na função que antes tinha o bem. É o que se extrai do art. 959 da lei civil:

"Conservam seus respectivos direitos os credores, hipotecários ou privilegiados:

I – sobre o preço do seguro da coisa gravada com hipoteca ou privilégio, ou sobre a indenização devida, havendo responsável pela perda ou danificação da coisa;

II – sobre o valor da indenização, se a coisa obrigada a hipoteca ou privilégio for desapropriada".

Como se percebe, duas são as hipóteses de persistência do privilégio na destruição ou perda da coisa gravada, e que se resumem na continuação da preferência no recebimento do seguro ou indenização, e no recebimento da indenização em caso de desapropriação.

Mas, pagando o devedor do seguro ou da indenização a dívida, fica exonerado, desde que não manifestada a oposição dos credores hipotecários ou privilegiados. Assim contempla o art. 960: "Nos casos a que se refere o artigo antecedente, o devedor do seguro, ou da indenização, exonera-se pagando sem oposição dos credores hipotecários ou privilegiados". Parece natural que o pagamento deverá proceder-se ao credor com privilégio ou hipoteca. Se a garantia incidia sobre o bem destruído ou desapropriado, sem dúvida faz-se o pagamento ao titular do crédito privilegiado ou garantido com hipoteca. O pagamento feito ao credor do seguro ou da indenização, sem a concordância do credor privilegiado ou hipotecário deste último, não exonera o devedor.

Retira-se da regra, ainda, a obrigatoriedade da notificação a que se obriga a proceder o devedor do seguro ou da indenização ao credor privilegiado ou hipotecário.

40.4. A ORDEM NA PREFERÊNCIA

Traz a Lei nº 11.101/2005, que regula a recuperação judicial, a extrajudicial e a falência do empresário e da sociedade empresária, uma classificação das preferências, que deve ser obedecida quando se efetua o pagamento das dívidas, em havendo a concorrência de vários credores, no processo de falência. Veja-se o art. 83, com alterações da Lei nº 14.112/2020:

"A classificação dos créditos na falência obedece à seguinte ordem:

I – os créditos derivados da legislação trabalhista, limitados a 150 (cento e cinquenta) salários mínimos por credor, e aqueles decorrentes de acidentes de trabalho;

II – os créditos gravados com direito real de garantia até o limite do valor do bem gravado;

---

[5] *REsp* nº 36.862/SP, rel. Min. Demócrito Reinaldo, *DJU* de 19.12.1994, *in Revista do Superior Tribunal de Justiça*, vol. 73/274.

III – os créditos tributários, independentemente da sua natureza e do tempo de constituição, exceto os créditos extraconcursais e as multas tributárias; (...)

VI – os créditos quirografários, a saber;

a) aqueles não previstos nos demais incisos deste artigo;

b) os saldos dos créditos não cobertos pelo produto da alienação dos bens vinculados ao seu pagamento; e

c) os saldos dos créditos derivados da legislação trabalhista que excederem o limite estabelecido no inciso I do caput deste artigo;

VII – as multas contratuais e as penas pecuniárias por infração das leis penais ou administrativas, incluídas as multas tributárias;

VIII – os créditos subordinados, a saber:

a) os previstos em lei ou em contrato; e

b) os créditos dos sócios e dos administradores sem vínculo empregatício cuja contratação não tenha observado as condições estritamente comutativas e as práticas de mercado;

IX – os juros vencidos após a decretação da falência, conforme previsto no art. 124 desta Lei".

Algumas considerações fazem-se necessárias sobre as preferências *supra*, cujo amparo encontra-se também em legislação própria.

De importância não olvidar as preferências ou privilégios que estão especificadamente na lei, e tais se consideram os créditos trabalhistas (inclusive os de acidente do trabalho) e tributários, consoante já observado, dada a previsão expressa do art. 449, § 1º, da Consolidação das Leis do Trabalho, do art. 186 do Código Tributário Nacional, e do art. 83 da Lei nº 11.101, de 09.02.2005, no que se enquadra com a Lei Complementar nº 118, de 09.02.2005. De observar que o crédito tributário não prefere aos créditos extraconcursais ou às importâncias passivas de restituição, nos termos da lei falimentar, e no limite do valor do bem gravado.

Relevante notar, quanto ao acidente do trabalho, que o pagamento se dá através do Instituto Nacional de Previdência Social. As eventuais indenizações propostas contra o empregador, por conduta dolosa ou culpa (art. 7º, inc. XXVIII, da Constituição Federal) não ingressam na preferência, pois não têm natureza trabalhista, já que fundadas na responsabilidade civil.

As contribuições previdenciárias equiparam-se, no tocante à preferência, aos créditos tributários, pois a estes equiparados pelo art. 39 da Lei nº 8.212, de 24.07.1991, na redação da Lei nº 11.457, de 2007.

Mesmo os demais créditos devidos ao erário público, de natureza não tributária, incluem-se na preferência, por força do art. 4º, § 4º, da Lei nº 6.830/1980.

Inclusive se já garantida a segurança do crédito da Fazenda Pública através de penhora, e declarando-se posteriormente a insolvência, mantém-se a preferência de créditos trabalhistas, no teor do REsp nº 695.167/MS, da Segunda Turma do STJ, j. em 7.10.2008, *DJe* de 05.11.2008:

"Trata-se de recurso especial interposto por Fazenda estadual pelo qual se pretende reformar acórdão da origem que entendeu pela impossibilidade de adjudicação de bem penhorado em execução fiscal contra determinada empresa, mesmo que o feito executivo tenha se iniciado antes da decretação da falência.

De acordo com a Súmula nº 44 do extinto Tribunal Federal de Recursos, 'ajuizada a execução fiscal anteriormente à falência, com penhora realizada antes desta, não ficam os bens penhorados sujeitos à arrecadação no juízo falimentar; proposta a execução fiscal contra massa falida, a penhora far-se-á no rosto dos autos do processo da quebra, citando-se o síndico'.

Contudo, ante a preferência dos créditos trabalhistas em face dos créditos tributários, o produto da arrematação realizada na execução fiscal deve ser colocado à disposição do juízo falimentar para garantir a quitação dos créditos trabalhistas. Trata-se de interpretação sistemática dos arts. 29 da Lei nº 6.830/80, e 186 e 187, estes do Código Tributário Nacional – CTN. Precedentes.

No caso concreto, entretanto, a Fazenda não busca o leilão do bem – com a consequente arrematação – mas sim adjudicá-lo. Nota-se que a satisfação do crédito tributário se dará com a própria incorporação do bem ao patrimônio público, não havendo, portanto, o que oferecer para adimplir os créditos trabalhistas.

Nessa situação, por óbvio, não caberá a adjudicação pela Fazenda no feito executivo, mas tão só a venda do bem na esfera do juízo falimentar, garantindo-se, assim, a ordem de preferência legal dos créditos.

Recurso especial não provido".

Em outra decisão, no AgRg no REsp nº 729.657/SP, da Segunda Tuma do mesmo STJ, j. em 07.10.2008, *DJe* de 05.11.2008:

"Mesmo já aparelhada a execução fiscal com penhora, uma vez decretada a falência da empresa executada, sem embargo do prosseguimento da execução singular, o produto da alienação deve ser remetido ao juízo falimentar, para que ali seja entregue aos credores, observada a ordem de preferência (EREsp nº 444.964/RS, Rel. p/acórdão Ministro João Otávio de Noronha, *DJU* de 09.12.2003).

Agravo regimental não provido".

Insta observar que os créditos de alimentos não participam na concorrência, porquanto dizem respeito à própria vida da pessoa, impondo sempre o pagamento antes de qualquer outra dívida.

De sorte que vêm, depois dos créditos trabalhistas e tributários, e outros especialmente a eles equiparados, os créditos reais, ou com garantia de direitos reais, os quais encontram-se elencados no art. 1.225 do Código Civil. Trata-se dos créditos hipotecários ou pignoratícios.

Na sequência, estão os créditos com privilégio especial e os créditos com privilégio geral. Como regra geral, tem-se o art. 961 do diploma civil: "O crédito real prefere ao pessoal de qualquer espécie; o crédito pessoal privilegiado, ao simples e o privilégio especial, ao geral".

Uma vez verificada a declaração da insolvência, segue-se a ordem de preferência, inclusive devendo a penhora respeitá-la, de modo a não prejudicar os credores preferenciais, como defende o STJ, no AgRg nos EDcl no REsp nº 275.954/RJ, da 1ª T., j. em 11.12.2001, *DJU* de 04.03.2002:

"A penhora em dinheiro pressupõe numerário existente, certo, determinado e disponível no patrimônio do executado. Assim, a penhora sobre percentual do movimento de caixa da empresa executada configura penhora do próprio estabelecimento comercial, industrial ou agrícola".

Na constrição da arrecadação mensal, o numerário a ser penhorado não é certo, já que está condicionado à efetivação de pagamentos. Também não é determinado, pois subordina-se ao montante de tais pagamentos. Tampouco, seria disponível, porque existiriam dívidas preferenciais (salários, tributos federais) a serem honradas. O art. 862 do CPC condiciona a penhora de estabelecimento à investidura de depositário que acumulará tal encargo com aquele de administrador, tornando-se, daí, administrador-depositário.

É necessário destacar quando se considera insolvente o devedor, ou a empresa devedora, o que justifica a penhora do estabelecimento, ou do faturamento. No caso, a insolvência civil se dá nas hipóteses que permitem a decretação da falência.

Considera-se insolvente a empresa que incorre em uma das situações elencadas no art. 94 da Lei nº 11.101/2005, situações que importam em decretação da falência:

"Será decretada a falência do devedor que:

I – sem relevante razão de direito, não paga, no vencimento, obrigação líquida materializada em título ou títulos executivos protestados cuja soma ultrapasse o equivalente a quarenta salários mínimos na data do pedido de falência;

II – executado por qualquer quantia líquida, não paga, não deposita e não nomeia à penhora bens suficientes dentro do prazo legal;

III – pratica qualquer dos seguintes atos, exceto se fizer parte de plano de recuperação judicial:

a) procede à liquidação precipitada de seus ativos ou lança mão de meio ruinoso ou fraudulento para realizar pagamentos;

b) realiza ou, por atos inequívocos, tenta realizar, com o objetivo de retardar pagamentos ou fraudar credores, negócio simulado ou alienação de parte ou da totalidade de seu ativo a terceiro, credor ou não;

c) transfere estabelecimento a terceiro, credor ou não, sem o consentimento de todos os credores e sem ficar com bens suficientes para solver seu passivo;

d) simula a transferência de seu principal estabelecimento com o objetivo de burlar a legislação ou a fiscalização ou para prejudicar credor;

e) dá ou reforça garantia a credor por dívida contraída anteriormente sem ficar com bens livres e desembaraçados suficientes para saldar seu passivo;

f) ausenta-se sem deixar representante habilitado e com recursos suficientes para pagar os credores, abandona estabelecimento ou tenta ocultar-se de seu domicílio, do local de sua sede ou de seu principal estabelecimento;

g) deixa de cumprir, no prazo estabelecido, obrigação assumida no plano de recuperação judicial."

Caracterizada a quebra, os créditos e recebimentos do negociante são arrecadados por um administrador que os destina ao pagamento dos débitos. As dívidas, de seu lado, colocam-se em ordem de preferência inaugurada pelos salários.

Existem várias classes de credores com privilégio especial e com privilégio geral, que são as não estabelecidas por leis próprias. Passam a ser discriminadas:

a) *Créditos reais*

Nesta classe estão os créditos que trazem garantias reais, e que se constituem de hipoteca e penhor. Evidentemente, gozam de preferência diante dos créditos pessoais, ou não protegidos por alguma garantia. Nos termos do art. 961 do diploma civil, primeiramente satisfazem-se os créditos garantidos, recaindo a execução nos bens que constituem a garantia.

Amparados na mesma categoria se encontram, dentre outros títulos com garantias, as cédulas de crédito rural hipotecária e pignoratícia (Decreto-Lei nº 167, de 04.02.1967), as cédulas de crédito industrial hipotecária e pignoratícia (Decreto-Lei nº 413, de 09.01.1969), as cédulas hipotecária e pignoratícia de crédito à exportação (Lei nº 6.313, de 16.12.1975), as cédulas hipotecária e pignoratícia de crédito comercial (Lei nº 6.840, de 03.11.1980), as cédulas de crédito habitacional (Decreto-Lei nº 70, de 21.11.1966).

No crédito rural, existem, ainda, a nota promissória rural, a duplicata rural e a nota de crédito rural, com privilégio especial sobre os bens não objeto de hipoteca ou penhor (art. 45 do Decreto-Lei nº 167/1967). De igual modo quanto à nota de crédito industrial (art. 17 do Decreto-Lei nº 413/1969), à nota de crédito à exportação (art. 3º da Lei nº 6.313/1975) e à nota de crédito comercial (art. 5º da Lei nº 6.840/1980).

O crédito real está em nível acima do crédito pessoal privilegiado, que é aquele que a lei lhe dá certa prioridade em algumas situações, dividindo-se em especial e geral.

O crédito pessoal simples é aquele que não aparece com garantias. É o crédito comum, quirografário, mesmo que acompanhado de uma garantia fidejussória, como a fiança. Está na última escala, sem qualquer preferência, e tido pela Lei nº 11.101/2005, em seu art. 83, inc. VI, como aquele não coberto por garantias.

b) *Créditos pessoais privilegiados*

Está-se diante dos créditos sem garantia real, e cuja preferência se dá em certas situações, e não de leis particulares, que os colocam acima das outras preferências, como é exemplo o crédito trabalhista. Têm-se dois tipos: o crédito pessoal com privilégio especial e o crédito pessoal com privilégio geral. Necessária a devida explicitação.

b.1) *Privilégio especial*

Corresponde ao crédito com privilégio sobre determinada coisa, referida pelo Código Civil, sem direito de sequela, mas que concede a preferência na sua satisfação. Mais precisamente, são os créditos que deverão ser pagos pelo produto da venda de determinados bens vinculados ao crédito. Eis a conceituação que encerra a primeira parte o art. 963: "O privilégio especial só compreende os bens sujeitos, por expressa disposição de lei, ao pagamento do crédito que ele favorece".

Transparece que é restrito o privilégio sobre uma espécie particular de bens.

A discriminação dos tipos do crédito e das coisas sobre o qual incide está no art. 964, sem esgotar outras hipóteses:

"Têm privilégio especial:

I – sobre a coisa arrecadada e liquidada, o credor de custas e despesas judiciais feitas com a arrecadação e liquidação;

II – sobre a coisa salvada, o credor por despesas de salvamento;

III – sobre a coisa beneficiada, o credor por benfeitorias necessárias ou úteis;

IV – sobre os prédios rústicos ou urbanos, fábricas, oficinas, ou quaisquer outras construções, o credor de materiais, dinheiro, ou serviços para a sua edificação, reconstrução, ou melhoramento;

V – sobre os frutos agrícolas, o credor por sementes, instrumentos e serviços à cultura ou à colheita;

VI – sobre as alfaias e utensílios de uso doméstico, nos prédios rústicos o urbanos, o credor de aluguéis, quanto às prestações do ano corrente e do anterior;

VII – sobre os exemplares da obra existente na massa do editor, o autor dela, os seus legítimos representantes, pelo crédito fundado contra aquele no contrato da edição;

VIII – sobre o produto da colheita, para a qual houver concorrido com o seu trabalho, e precipuamente a quaisquer outros créditos, ainda que reais, o trabalhador agrícola, quanto à dívida dos seus salários.

IX – sobre os produtos do abate, o credor por animais (inclusão pela Lei 13.176/2015)".

b.2) *Privilégio geral*

Constitui o crédito, na definição que se extrai da segunda parte do art. 963, que compreende "todos os bens não sujeitos a crédito real nem a privilégio especial".

Trata-se do último privilégio, dele se beneficiando com o que se apurar relativamente a todo o patrimônio da pessoa insolvente, depois de pagos os créditos com prioridade superior.

A relação desses créditos está no art. 965, observando que incide sobre quaisquer bens não sujeitos à garantia real e ao privilégio especial, e não se afastando outros casos que a lei porventura trouxer:

I – o crédito por despesa de seu funeral, feito segundo a condição do morto e o costume do lugar;

II – o crédito por custas judiciais, ou por despesas com a arrecadação e liquidação da massa;

III – o crédito por despesas com o luto do cônjuge sobrevivo e dos filhos do devedor falecido, se foram moderadas;

IV – o crédito por despesas com a doença de que faleceu o devedor, no semestre anterior à sua morte;

V – o crédito pelos gastos necessários à mantença do devedor falecido e sua família, no trimestre anterior ao falecimento;

VI – o crédito pelos impostos devidos à Fazenda Pública, no ano corrente e no anterior;

VII – o crédito pelos salários dos empregados do serviço doméstico do devedor, nos seus derradeiros 6 (seis) meses de vida;

VIII – os demais créditos de privilégio especial.

Não pode passar despercebido o equívoco na inclusão, dentro da sequência acima, do crédito pelos impostos devidos à Fazenda Pública, já que a sua preferência é estabelecida pelo art. 186 do Código Tributário Nacional. Igualmente quanto aos salários dos empregados do serviço doméstico, já que constituem trabalhadores, devendo seus créditos enquadrar-se como de natureza trabalhista.

Uma vez verificado o crédito privilegiado, indiferente a anterioridade da penhora, não podendo a mesma importar em alteração da ordem legal dos créditos, conforme aresto do STJ: "A solvência dos créditos privilegiados detidos pelos concorrentes independe de se perquirir acerca da anterioridade da penhora, devendo o rateio do montante constrito ser procedido de forma proporcional ao valor dos créditos".[6]

40.5. CONCORRÊNCIA DE CRÉDITOS NA MESMA CLASSE OU HIERARQUIA

Não se pode olvidar a situação de concorrerem, na mesma classe e hierarquia de créditos, dois ou mais credores. A solução está no art. 962 do CC, mandando que se faça a divisão proporcionalmente ao montante do crédito: "Quando concorrerem aos mesmos bens, e por título igual, dois ou mais credores da mesma classe especialmente privilegiados, haverá entre eles rateio proporcional ao valor dos respectivos créditos, se o produto não bastar para o pagamento integral de todos".

Sempre procede-se ao rateio junto aos credores que se encontram na mesma classe, não incidindo, pois, a regra na disputa entre créditos com garantia real e créditos com privilégio especial, ou entre créditos com privilégio especial e aqueles com privilégio geral.

Primeiramente, é satisfeito o crédito com garantia real. Depois parte-se para atender as demais obrigações. Se, no entanto, dois ou mais credores têm créditos na mesma classe, com privilégio especial, deve-se observar a cada uma das oito categorias demarcadas pelo art. 964. O credor, *v.g.*, de custas e despesas judiciais, está garantido pela coisa arrecadada e liquidada. Aparecendo um outro credor também de custas e despesas, proceder-se-á a satisfação proporcional ao crédito de cada um, através do pagamento com o que se apurar na garantia da coisa salvada. Se o valor de tais bens alcança setenta por cento das dívidas, paga-se o equivalente a esse percentual do total de cada obrigação. Apresentando-se uma pendência de quarenta e a outra de cinquenta unidades, cada credor receberá setenta por cento do crédito que lhe é devido.

Se uma pessoa é credora de custas e outra de despesas de salvamento, não há a concorrência, posto que diferentes as categorias de bens que conferem o privilégio de garantia no recebimento: a um, garantirá a coisa arrecadada e liquidada; a outro, a garantia assenta-se na coisa salvada. Nessa situação, não acontece o rateio proporcional.

Não se pode olvidar que opera a divisão proporcional se a incidência se dá na mesma classe de crédito, e sobre os bens instituídos para a sua garantia.

Já muda o critério se favorece os credores o privilégio geral. No rol do art. 965, não se encontra uma categoria própria de bens. Depois de realizados os créditos com privilégio especial, a sobra de patrimônio servirá para satisfazer os créditos com privilégio especial, não se exigindo que os credores se situem na mesma categoria de créditos. Dá-se o rateio proporcional entre o portador de crédito por despesas de funeral e o portador de crédito por custas judiciais com a arrecadação e liquidação, visto que não se destacam as espécies de bens destinadas a satisfazer os diferentes créditos.

---

[6] REsp 2.069.920/SP, 3ª Turma, Rel. Min. Nancy Andrighi, j. em 20.06.2023, *DJe* de 22.06.2023.

A conclusão é que o tipo de privilégio delimitará a incidência da garantia. Nos créditos trabalhistas, a exemplo do que acontece com o privilégio geral, todos os bens respondem, mas com a diferença que a lei lhes dá preferência ante quaisquer outros créditos.

40.6. LINHAS PROCEDIMENTAIS DA INSOLVÊNCIA

Conforme já observado, a incapacidade de pagar determina a insolvência. Forma-se um juízo universal para a apuração da totalidade do patrimônio, a fim de satisfazer, embora proporcionalmente, as dívidas, convocando-se os credores existentes. Na lição de Alfredo Buzaid, "todos os bens do devedor são alcançados pela execução, sobre os quais irão disputar o recebimento de seus respectivos créditos todos os credores, a tanto habilitados no processo de insolvência".[7]

Segue elucidando Vicente Greco Filho que, "em comum com a falência, tem a insolvência a característica de ser execução coletiva e universal. Uma vez instaurada, a ela devem concorrer todos os credores do devedor comum. Além disso, são iguais ou muito semelhantes: a situação jurídica em que fica o devedor; as funções do administrador e do síndico, bem como a sua natureza jurídica; a arrecadação dos bens e sua liquidação; a habilitação dos créditos e a extinção das obrigações".[8]

O Código de Processo Civil de 2015 não regulamentou o procedimento da insolvência civil, nem a execução por quantia certa contra devedor insolvente. Nessa parte, no entanto, segue-se o procedimento estabelecido no Código de 1973, enquanto não advier lei específica, por expressa previsão do art. 1.052 do CPC/2015: "Até a edição de lei específica, as execuções contra devedor insolvente, em curso ou que venham a ser propostas, permanecem reguladas pelo Livro II, Título IV, da Lei nº 5.869, de 11 de janeiro de 1973."

O Código de Processo Civil de 1973, no ponto, pois, ainda vigorante, delineia o procedimento para os credores receberem seus créditos, tendo instituído, para tanto, a "execução por quantia certa contra devedor insolvente". Momento prévio para a apuração do ativo, mas que integra a execução, é a declaração da insolvência. Somente depois se desenvolvem a apuração do patrimônio e a sua conversão em dinheiro para a satisfação das dívidas.

Instaura-se esta forma de buscar os créditos quando o patrimônio do devedor, conforme já observado, dentre outras situações, é insuficiente para satisfazer suas dívidas. Com a insolvência, perde o direito de administrar os bens e de dispor deles.

Mais especificamente, eis os pressupostos para a execução contra devedor insolvente, ou a execução coletiva, retratados por Humberto Theodoro Júnior: "Em se tratando de procedimento executivo, subordina-se, em princípio, aos pressupostos ou requisitos necessários a toda e qualquer execução, ou seja, o título executivo (art. 583) e o inadimplemento do devedor (art. 580).

Mas, em se cuidando de forma especial de execução, há um pressuposto, igualmente extraordinário, reclamado para sua admissibilidade, que é o estado de insolvência do executado, verificável sempre que as 'dívidas excederem à importância dos bens do devedor' (art. 748).

---

[7] *Do Concurso de Credores no Processo de Execução*, São Paulo, Saraiva, 1957, pp. 210 e 211.
[8] *Direito Processual Civil Brasileiro*, 16ª ed., São Paulo, Saraiva, 2003, 3º vol., pp. 123 e 124.

Não bastam, portanto, o título e o inadimplemento. Três são, de tal sorte, os pressupostos da execução coletiva: o título, a mora e a declaração judicial de insolvência, reveladora da situação patrimonial do devedor de impotência p0ara satisfazer integralmente todas as obrigações exigíveis".[9]

Quanto aos dispositivos inovados, o art. 583 invocado restou revogado pela Lei 11.382/2006; o art. 580 equivale ao art. 786 do CPC/2015; e o art. 748 não tem correspondência no CPC/2015.

Habilitam-se a pedir a declaração de insolvência o credor quirografário, o devedor e o inventariante do espólio do devedor. Naturalmente, ficam excluídos aqueles que têm créditos privilegiados ou preferenciais, posto que a eles se reserva a execução, incidindo, na realização do valor devido, a penhora nos bens estabelecidos como garantias, ou o patrimônio suficiente se preferencial o crédito por determinação legal, como se trabalhista ou tributário. Vale acolher a doutrina de Sérgio Sahione Fadel: "Excluem-se, portanto, os créditos com privilégio especial sobre determinados bens, que são cobráveis autonomamente, assim como direitos e ações em curso contra o devedor, os quais, desde que tornados líquidos, certos e exigíveis no curso do processo da insolvência, não são alcançados por seus efeitos e, portanto, não se sujeitam ao prazo de extinção de obrigações referido no art. 778".[10] O referido art. 778 não encontra correspondente no CPC/2015.

Há a insolvência requerida pelo credor e a requerida pelo devedor. Rege-se a primeira pelos arts. 754 a 758 do Código de Processo Civil/1973, ordenando que o pedido venha acompanhado do título executivo judicial ou extrajudicial; e que se proceda a citação do devedor, para embargar, querendo, em dez dias, oferecendo-se como matérias de defesa as mesmas asseguradas nos embargos propostos na execução fundada em sentença e em título extrajudicial, como falta ou nulidade de citação, a inexigibilidade do título, a ilegitimidade das partes, a cumulação indevida de execuções, o excesso de execução ou sua nulidade até a penhora, e outras matérias comuns na defesa de qualquer dívida, além da situação do patrimônio ativo em *quantum* superior ao passivo. Aduz Sérgio Sahione Fadel: "Os embargos do devedor podem assim atacar o próprio título com que o credor instruiu seu pedido, hipótese em que se terá a defesa indireta, ou, equiparando-se o embargante ao autor, o ataque indireto, ou contra-ataque à pretensão do exequente: à *actio* do credor contrapõe-se a pretensão do devedor, tendente a invalidar aquela, negando o crédito, ou a sua existência ou legitimidade".[11]

É previsto que se ilidirá a insolvência se depositada, no prazo dos embargos, a importância do crédito, com a finalidade de se discutir a sua legitimidade ou o valor. Expõe, sobre o assunto, Ovídio A. Baptista da Silva: "Tal como ocorre no processo falencial, poderá o devedor ilidir o pedido de declaração de insolvência, depositando em juízo a importância do crédito reclamado pelo credor que haja requerido a instauração do concurso, a fim de lhe discutir legitimidade ou o valor".[12]

Ordena-se que se proferirá a sentença em dez dias, se não carecer o processo de provas a serem produzidas.

---

[9] *Processo de Execução*, 20ª ed., São Paulo, LEUD – Livraria e Editora Universitária de Direito Ltda., 2000, pp. 427 e 428.
[10] *Código de Processo Civil Comentado*, ob. cit., p. 938.
[11] *Código de Processo Civil Comentado*, ob. cit., p. 942.
[12] *Curso de Processo Civil*, Porto Alegre, Sergio Antonio Fabris – Editor, 1990, vol. II, p. 119.

Regem os arts. 759 e 760 do CPC/1973 a insolvência requerida pelo devedor e por seu espólio, devendo o pedido trazer a relação nominal de todos os credores, com as devidas importâncias e a natureza; a individuação dos bens, com a estimativa de cada um; e o relatório do estado patrimonial, vindo a exposição das causas determinantes da insolvência. Naturalmente, o pedido comporta instrução, com diligências e as medidas que o juiz entender cabíveis.

Na sentença, em virtude dos arts. 761 e 762 da lei processual de 1973, se deferida a insolvência, nomeará o juiz um administrador da massa, e mandará expedir edital de convocação dos credores, que deverão apresentar, em vinte dias, a declaração do crédito, com o devido título. Não se exige que a citação pessoal dos credores. Suficiente o edital de convocação, cuja publicação se fará em jornal oficial e em outro de grande circulação, por dedução do ordenado no art. 779 do diploma processual, que se destina à intimação para terceiros tomarem ciência do pedido do insolvente para a extinção das obrigações.

Concorrerão, na execução, todos os credores do devedor comum. Reúnem-se as demais execuções existentes no juízo da insolvência e, havendo datas designadas para a praça ou o leilão, far-se-á a arrematação, entrando para a massa o produto dos bens.

Sobre a necessidade da habilitação, decidiu o Superior Tribunal de Justiça: "A remessa das execuções individuais ao juízo universal da insolvência não supre a necessidade de habilitação. À exceção da Fazenda Pública, todos os credores estão sujeitos à habilitação através de petição escrita que atenda aos requisitos do art. 282 do CPC".[13] O referido art. 282 corresponde ao art. 319 do CPC/2015.

Ficará a massa dos bens do devedor sob a custódia e responsabilidade de um administrador, sendo traçadas várias regras relativas ao cargo e à administração (arts. 763 a 767 do CPC/1973).

Segue-se a fase da verificação dos créditos (arts. 768 a 773 do CPC de 1973), que se efetuará depois de transcorrido o lapso de tempo concedido para a habilitação e o julgamento de sua validade. Após a devida autuação dos pedidos, é procedida a intimação por edital, para, em vinte dias, dizerem os credores sobre as preferências, e impugnarem os demais créditos.

Autuam-se as impugnações, seguindo-se a instrução, e decidindo o juiz, no tempo oportuno, ou seja, após a produção das provas que se fizer necessária.

Transitada em julgado a sentença, elabora-se o quadro dos credores, intimandose os mesmos e outras partes que intervieram para dizerem, em dez dias, quanto à concordância ou oposições, vindo o juiz posteriormente a decidir. Quanto ao quadro dos credores, elucida Ovídio A. Baptista da Silva: "Ao organizar-se o quadro geral dos credores, devem ser observadas a natureza de cada crédito, as eventuais preferências a ele reconhecidas por lei, assim como os privilégios de que o respectivo crédito possa gozar. Assim, por exemplo, serão considerados encargos da massa e, portanto, com preferência sobre quaisquer outros, os créditos tributários e trabalhistas, segundo dispõe o Código Tributário Nacional".[14]

Com o trânsito em julgado, segue-se na alienação dos bens por leilão, se já não efetuada anteriormente.

Ficando todas as controvérsias decididas, segue-se o pagamento, proporcionalmente ao crédito de cada um dos habilitados.

---

[13] *REsp* nº 45.634-MG, rel. Min. Sálvio de Figueiredo, j. em 26.05.1997, *DJU* de 25.08.1997.
[14] *Curso de Processo Civil*, vol. II, ob. cit., p. 123.

É natural que se paguem, em primeiro lugar, os credores com privilégios e preferências, caso tenham se habilitado, embora, reeditando o que já se referiu, possam ingressar com a execução em separado.

Em consonância com os arts. 774 a 786 da lei processual civil de 1973, restando dívidas, permanece o devedor obrigado pelo saldo, com posteriores penhoras de bens que surgirem, e levando-se a efeito os atos de seguimento da execução nos mesmos autos.

A prescrição das obrigações, que se opera em cinco anos, recomeça a correr a partir do dia do trânsito em julgado da sentença que encerrar o processo de insolvência. Faculta-se ao devedor pleitear a declaração da extinção pela prescrição, devendo-se proceder a intimação dos credores pela imprensa (no órgão oficial e em jornal de grande circulação), para exercerem a impugnação no prazo de trinta dias. Ouve-se o devedor, proferindo o juiz, depois de produzidas as provas que forem requeridas, a sentença de extinção ou não das obrigações, com a sua publicação por edital. Declarada a extinção das obrigações, fica o devedor habilitado a praticar todos os atos da vida civil.

No curso do processo, mas somente depois de aprovado o quadro de credores, fica o devedor autorizado a fazer acordos sobre o pagamento, que serão sancionados pelo juiz, desde que não se opuserem os demais credores, ou se revelarem insubsistentes as contrariedades. Os credores retardatários estão autorizados a disputar, antes do rateio final, a prelação e a quota proporcional de seu crédito, mas somente por ação direta, no que acrescenta Pontes de Miranda que retardatários "são os credores que não se apresentaram dentro do prazo do art. 761, II, convocados que foram para a instauração do concurso de credores, mas o fizeram antes do rateio final".[15] O prazo constante do mencionado art. 761, II, é de vinte dias.

É possível postular que o juiz fixe uma pensão ao devedor que não teve culpa na insolvência.

Estendem-se as mesmas regras à insolvência de sociedades civis, qualquer que seja a sua forma.

As publicações de editais, quando for o caso, se farão nos órgãos oficiais dos Estados onde tenha filiais ou representantes.

---

[15] *Comentários ao Código de Processo Civil*, 2ª ed., Rio de Janeiro, Forense, 1979, vol. XI, p. 523.

Bibliografia

AGUIAR JÚNIOR, Ruy Rosado de. *Extinção dos Contratos por Incumprimento do Devedor (Resolução)*, Rio de Janeiro, Aide Editora, 1991.

ALBUQUERQUE, Leônidas Cabral. Considerações sobre os juros legais no novo Código Civil, *Síntese Jornal*, Porto Alegre, nº 77, jul. 2003.

ALMEIDA, Francisco de Paula Lacerda de. *Obrigações*, 2ª ed., Rio de Janeiro, Typographia Revista dos Tribunais, 1916.

ALVES, João Luiz. *Código Civil da República dos Estados Unidos do Brasil Anotado*, Rio de Janeiro, F. Briguiet & Cia – Editores e Livreiros, 1917.

ALVIM, Agostinho. *Da Inexecução das Obrigações e suas Consequências*, 5ª ed., São Paulo, Saraiva, 1980.

ALVIM, José Eduardo Carreira. Tutela Jurisdicional nas Obrigações de Fazer e Não Fazer, *AJURIS – Revista da Associação dos Juízes do Rio Grande do Sul*, Porto Alegre, nº 65, 1995.

AMERICANO, Jorge. *Ensaio sobre o Enriquecimento sem Causa*, São Paulo, Saraiva & Cia, Livraria Acadêmica, 1933.

ASSIS, Araken de. *Manual do Processo de Execução*, 3ª ed., São Paulo, Revista dos Tribunais, 1996.

ASSIS, Araken de. *Resolução do Contrato por Inadimplemento*, São Paulo, Revista dos Tribunais, 1991.

ASSIS, Araken de. Dano Positivo e Negativo na Dissolução do Contrato, *AJURIS – Revista da Associação dos Juízes do Rio Grande do Sul*, nº 60, Porto Alegre, 1994.

AZEVEDO, Álvaro Villaça. *Curso de Direito Civil – Teoria Geral das Obrigações*, 6ª ed., São Paulo, Revista dos Tribunais, 1997.

AZEVEDO, Antônio Junqueira de. Restrições Convencionais de Loteamento – Obrigações *propter rem* e suas Condições de Persistência, *Revista dos Tribunais*, nº 741.

AZEVEDO JÚNIOR, José Osório. *Compromisso de Compra e Venda*, São Paulo, Editora Saraiva, 1979.

AZEVEDO, Pedro Ferreira. *As prestações do reajustamento. Lugar de pagamento – dívida 'portable' ou 'quérable' – mora*, em 'Doutrinas Essenciais – Obrigações e Contratos' – Edições Especiais Revista dos Tribunais, vol. II (Obrigações: Funções e Eficácia). São Paulo, Thomson Reuters, Revista dos Tribunais. 2ª tir., orgs. Gustavo Tepedino e Luiz Edson Fachin.

BEUDANT, Ch. *Cours de Droit Civil Français*, Paris, Librairie Arthur Rousseau, 1936, t. VIII.

BEVILÁQUA, Clóvis. *Código Civil dos Estados Unidos do Brasil Comentado – Direito das Obrigações*, 8ª ed., Rio de Janeiro, Livraria Francisco Alves, 1954; vol. V, 5ª ed., 1943; Vol. IV, 3ª ed., 1930.

BEVILÁQUA, Clóvis. *Direito das Obrigações*, 6ª ed., Rio de Janeiro, Livraria Francisco Alves, 1945.

BIERWAGEN, Mônica Yoshizato. *Princípios e Regras de Interpretação dos Contratos no Novo Código Civil*, São Paulo, Saraiva, 2002.

BITTAR, Carlos Alberto. *Curso de Direito Civil*, Rio de Janeiro, FU – Forense Universitária, 1994, vol. I.

BOGGERO, Luis Maria Boffi. *Tratado de las Obligaciones*, Buenos Aires, Editorial Astrea, 1977, t. 4.

BONICIO, Marcelo José Guimarães. *Reflexões sobre a nova tutela relativa às obrigações de entregar coisa certa ou incerta*. Em "Doutrinas Essenciais – Obrigações e Contratos", vol. I. São Paulo: Editora Thomson Reuters Revista dos Tribunais, 2ª tir., 2011.

BORGES, João Eunápio. *Do Aval*, 4ª ed., Rio de Janeiro, Forense, 1975.

BOUT, Roger. *La Gestion d' Affaires en Droit Français Contemporain*, Paris, Librairie Général de Droit et Jurisprudence, 1972.

BRIZ, Jaime Santos. *La Responsabilidad Civil*, 2ª ed., Madrid, Montecorvo, 1977.

BRANDÃO DE LIMA, Domingos Sávio. *Origens do pagamento por consignação nas obrigações em dinheiro*, em Doutrinas Essenciais – Obrigações e Contratos, vol. II (Obrigações: Funções e Eficácia). São Paulo, Thomson Reuters, Revista dos Tribunais. 2ª tir., orgs. Gustavo Tepedino e Luiz Edson Fachin.

BUSSADA, Wilson. *Cessões de Crédito e de Direitos Interpretada pelos Tribunais*, São Paulo, de Edipro – Edições Profissionais Ltda., 1992.

BUZAID, Alfredo. *Do Concurso de Credores no Processo de Execução*, Saraiva, 1957.

CAHALI, Yussef Said. *Dano e Indenização*, São Paulo, Revista dos Tribunais, 1980.

CÂMARA, Alexandre Freitas. *Arbitragem*, Rio de Janeiro, Lumen Juris, 1997.

CATALAN, Marcos Jorge. *Obrigações de dar coisa incerta*. Em "Doutrinas Essenciais – Obrigações e Contratos". São Paulo: Thomson Reuters Revista dos Tribunais, vol. I, 2ª tir., 2011.

CERVEIRA, Fernanda Pessôa. *Enriquecimento sem Causa: da legislação civil atual ao Novo Código Civil, Revista de Direito do Consumidor*, nº 44, São Paulo, Revista dos Tribunais, out.-dez. 2002.

CHAVES, Antônio. *Cláusula Penal*, em 'Doutrinas Essenciais – Obrigações e Contratos' – Edições Especiais Revista dos Tribunais, vol. II (Obrigações: Funções e Eficácia). São Paulo, Thomson Reuters, Revista dos Tribunais. 2ª tir., orgs. Gustavo Tepedino e Luiz Edson Fachin.

CHAVES, Antônio. *Tratado de Direito Civil – Direito das Obrigações*, São Paulo, Revista dos Tribunais, 1984, vol. II, t. I e II.

CHAVES DE FARIAS, Cristiano; ROSENVALD, Nelson. *Curso de Direito Civil – Obrigações*, vol. 2, 9ª ed. rev., ampl. e atual. São Paulo, Atlas, 2015.

CHIRONI, G. P. *La Colpa nel Diritto Civile Odierno – Colpa Contrattuale*, Turim, Fratelli Bocca – Editori, 1925.

CHIRONI, G. P. *La Colpa, Prática de Responsabilidade Civil*, de Martinho Garcez Neto, 3ª ed., São Paulo, Saraiva.

CIRNE LIMA, Ruy. *Direito das Obrigações – art. 1.001 do Código Civil*, em 'Doutrinas Essenciais – Obrigações e Contratos' – Edições Especiais Revista dos Tribunais, vol. II (Obrigações: Funções e Eficácia). São Paulo, Thomson Reuters, Revista dos Tribunais. 2ª tir., orgs. Gustavo Tepedino e Luiz Edson Fachin.

COELHO, José Fernando Lutz. Novação – Considerações Gerais. A Caracterização ou Não nos Aditivos a Contratos de Locação, *AJURIS – Revista da Associação dos Juízes do Rio Grande do Sul*, Porto Alegre, nº 66, mar. 1996.

COÊLHO, Sacha Calmon Navarro. A Obrigação Tributária – Nascimento e Morte. A Transação como Forma de Extinção do Crédito Tributário, *Revista Forense*, nº 331.

COLIN, Ambrosio; CAPITANT, H. *Curso Elemental de Derecho Civil*, 3ª ed., Madrid, Instituto Editorial Reus, 1951, t. 3º.

COLMO, Alfredo. *De las Obligaciones en General*, 3ª ed., Buenos Aires, Editorial Abeledo--Perrot, 1961.

COLOMBO, Carlos J. *La Transación*, Buenos Aires, Valerio Abeledo – Editor, 1944.

CONTI, Giovani. Cessione del Contratto, *Revista del Diritto Commerciale*, Milão, Fallardi, 1934, parte I, 32/205, citação de Antônio Chaves em trabalho publicado na *Revista dos Tribunais*, nº 476.

CORRÊA, Carlos Vaz Gomes. A questão dos juros após a 3ª edição do novo Código Civil Brasileiro, *Boletim ADCOAS*, nº 5, maio 2003.

COSTA, Mário Júlio de Almeida. *Direito das Obrigações*, 3ª ed., Coimbra, Livraria Almedina, 1979.

COUTO E SILVA, Clóvis do. Cessão de Crédito, em *Doutrinas Essenciais – Obrigações e Contratos*. Edições Especiais Revista dos Tribunais, vol. II (Obrigações: Funções e Eficácia). São Paulo, Thomson Reuters, Revista dos Tribunais. São Paulo. 2ª tir., orgs. Gustavo Tepedino e Luiz Edson Fachin.

COVELLO, Sérgio Carlos. *A Obrigação Natural*, São Paulo, Livraria e Editora Universitária de Direito Ltda. – LEUD, 1996.

CRUZ E TUCCI, José Rogério. Tutela Processual do Direito do Executado, *AJURIS – Revista da Associação dos Juízes do Rio Grande do Sul*, Porto Alegre, nº 61, 1994.

CUPIS, Adriano de. *El Daño*, trad. ao espanhol por Angel Martínez Sarrión, Barcelona, Bosch, 1975.

DAIBERT, Jefferson. *Das Obrigações*, 2ª ed., Rio de Janeiro, Forense, 1979; edição de 1972.

DEMOGUE, René. *Traité des Obligations en Général*, Paris, Librairie Arthur Rousseau, 1931, vol. II, t. VI.

DEMOLOMBE, C. *Cours de Code Civil*, Bruxelas, J. Stienon Editeur, 1873, vol. II, t. 13º.

DIAS, José Aguiar. *Da Responsabilidade Civil*, 4ª ed., Rio de Janeiro, Forense, 1960, t. I e II.

DINAMARCO, Carlos Rangel. *A Reforma do Código de Processo Civil*, 2ª ed., São Paulo, Malheiros Editores, 1995.

DINIZ, Maria Helena. *Curso de Direito Civil Brasileiro – Teoria Geral das Obrigações*, 10ª ed., São Paulo, Saraiva, 1996, 2º vol.; 3ª ed., 1986; 6ª ed., 1987, 3º vol.; 1987, 5º vol.

DINIZ, Maria Helena. *Novação*, em 'Doutrinas Essenciais – Obrigações e Contratos' – Edições Especiais Revista dos Tribunais, vol. II (Obrigações: Funções e Eficácia). São Paulo, Thomson Reuters, Revista dos Tribunais. 2ª tir., orgs. Gustavo Tepedino e Luiz Edson Fachin.

ESPÍNOLA, Eduardo. *Garantia e Extinção das Obrigações*, 1ª ed., Rio de Janeiro, Livraria Freitas Bastos, 1951.

FABRÍCIO, Adroaldo Furtado. *Comentários ao Código de Processo Civil*, Rio de Janeiro, Forense, 1980, vol. VIII, t. III.

FADEL, Sérgio Sahione. *Código de Processo Civil Comentado*, 7ª ed., atualização de J. E. Carreira Alvim, Forense, Rio de Janeiro, 2003.

FARIA, Werter R. *Mora do Devedor*, Porto Alegre, Sérgio Antônio Fabris Editor, 1981.

FERREIRA, Paulo César Moreira; ANDREATTA, Rita Maria de Faria Corrêa. *A Nova Arbitragem*, Porto Alegre, Síntese, 1997.

FIGUEIRA JÚNIOR, Joel Dias. *Manual da Arbitragem*, São Paulo, Revista dos Tribunais, 1997.

FONSECA, Arnoldo Fonseca da. *Caso Fortuito e Teoria da Imprevisão*, 3ª ed., Rio de Janeiro, Forense, 1958.

FORSTER, Nestor José. Cirurgia Plástica Estética: Obrigação de Resultado ou Obrigação de Meios?, *AJURIS – Revista da Associação dos Juízes do Rio Grande do Sul*, Porto Alegre, nº 69, mar. 1997.

FRANÇA, Limongi. *Teoria e Prática da Cláusula Penal*, São Paulo, Saraiva, 1988.

FULGÊNCIO, Tito. *Do Direito das Obrigações*, 2ª ed., Rio de Janeiro, Forense, 1958.

FURTADO, Paulo e LAMMÊGO BULOS, Ualdi. *Lei da Arbitragem Comentada*, São Paulo, Saraiva, 1997.

GARCEZ NETO, Martinho. *Obrigações e Contratos – Doutrina e Prática*, Rio de Janeiro, Borsoi, 1969.

GARCEZ NETO, Martinho. *Prática da Responsabilidade Civil*, 3ª ed., São Paulo, Saraiva, 1975.

GÁSPERI, Luis de. *Tratado de las Obligaciones – Parte Especial*, Buenos Aires, Editorial Depalma, 1946, vol. III.

GIARDINA, Camillo. *Studio Sulla Novacione Nella Dottrina del Diritto Intermedio*, Milão, Dott. A. Giuffrè – Editore, 1948.

GIORGI, Giorgio. *Teoria delle Obbligazioni*, 3ª ed., Florença, Casa Editrice Libraria Fratelli Cammelli, 1892, vol. II.

GOMES, Luiz Felipe Azevedo. A Intervenção do Estado na Arbitragem, *AJURIS – Revista da Associação dos Juízes do Rio Grande do Sul*, Porto Alegre, nº 69, 1997.

GOMES, Luiz Roldão de Freitas. *Da Assunção de Dívida e sua Estrutura Negocial*, Rio de Janeiro, Liber Juris, 1982.

GOMES, Orlando. *Contratos*, 10ª ed., Rio de Janeiro, Forense, 1984; 2ª ed., 1968.

GOMES, Orlando. *Obrigações*, 3ª ed., Rio de Janeiro, Forense, 1972.

GONÇALVES, Carlos Roberto. *Direito das Obrigações – Parte Especial – Contratos*, 6ª ed., São Paulo, Saraiva, 2002, t. I.

GONÇALVES, Luiz da Cunha. *Tratado de Direito Civil*, Coimbra, Coimbra Editora, 1932, vols. V e IX, t. II.

GRECO FILHO, Vicente. *Direito Processual Civil Brasileiro*, 16ª ed., Saraiva, São Paulo, 2003, 3º vol.

GRINOVER, Ada Pellegrini. Tutela Jurisdicional nas Obrigações de Fazer e Não Fazer, *AJURIS – Revista da Associação dos Juízes do Rio Grande do Sul*, Porto Alegre, nº 65, 1995.

GUIMARÃES, Ilves José Miranda. *Direito Natural – Visão Metafísica e Antropológica*, Rio de Janeiro, Forense Universitária, 1991.

KOENIG, Gilberto. A Solidariedade nos Contratos de Locação, *AJURIS – Revista da Associação dos Juízes do Rio Grande do Sul*, Porto Alegre, nº 63, mar. 1995.

LACERDA, Galeno. Execução do Título Judicial e Segurança do Juízo, *Estudos em Homenagem ao Prof. José Frederico Marques*, São Paulo, Saraiva, 1982.

LARENZ, Karl. *Derecho de Obligaciones*, trad. ao espanhol por Jaime Santos Briz, Madrid, Editorial Revista de Derecho Privado, 1958, t. I.

LENZ, Luís Alberto Thompson Flores. Dano Moral Contra a Pessoa Jurídica, *AJURIS – Revista da Associação dos Juízes do Rio Grande do Sul*, nº 69, Porto Alegre, mar. 1997.

LIMA, Alcides de Lutz. *Comentários ao Código de Processo Civil*, Rio de Janeiro, Forense, 1974, vol. VI, t. II.

LIMA, João Franzen de. *Curso de Direito Civil Brasileiro – Direito das Obrigações*, 2ª ed., Rio de Janeiro, Forense, 1961, vol. II, t. 1º, Teoria Geral.

LYRA, Afrânio. *Da Ação de Consignação em Pagamento*, 2ª ed., Salvador, V. Lopes – Editor, 1978.

LYRA JUNIOR, Eduardo M. G. de. Notas sobre a solidariedade passiva no Novo Código Civil, *Revista de Direito Privado*, nº 13, Revista dos Tribunais, jan.-mar. 2003.

LOPES, Miguel Maria Serpa. *Curso de Direito Civil*, 4ª ed., Rio de Janeiro, Livraria Freitas Bastos, 1966, vol. II; 4ª ed., 1964, vol. III.

MACHADO, Luiz Melíbio Uiraçaba. Juízo Arbitral. Comentários sobre a Lei nº 9.307/96, *AJURIS – Rev. da Associação dos Juízes do Rio Grande do Sul*, Porto Alegre, nº 69, 1997.

MAIA, Paulo Carneiro. *Obrigações propter rem*. Em "Doutrinas Essenciais – Obrigações e Contratos", vol. I, 2ª tir., São Paulo: Thomson Reuters Revista dos Tribunais, 2011.

MALUF, Carlos Alberto Dabus. *A Transação no Direito Civil*, São Paulo, Saraiva, 1985.

MALUF, Carlos Alberto Dabus. Pagamento Indevido e Enriquecimento sem Causa, *Revista da Faculdade de Direito da Universidade de São Paulo*, 1998, vol. 93.

MARCATO, Antônio Carlos. *Ação de Consignação em Pagamento*, 4ª ed., São Paulo, Revista dos Tribunais, 1991.

MARMITT, Arnaldo. *Consignação em Pagamento*, Rio de Janeiro, Aide Editora, 1990.

MARMITT, Arnaldo. *Perdas e Danos*, 2ª ed., Rio de Janeiro, Aide Editora, 1992.

MARQUES, Cláudia Lima. Novas Regras sobre a Proteção do Consumidor nas Relações Contratuais, *AJURIS – Revista da Associação dos Juízes do Rio Grande do Sul*, Porto Alegre, nº 52, 1991.

MARTINS, Fran. *Contratos e Obrigações Comerciais*, 7ª ed., Forense, Rio de Janeiro, 1984.

MARTINS-COSTA, Judith. *Comentários ao Novo Código Civil*. Do inadimplemento das obrigações. vol. V. Tomo II. Arts. 389 a 420, Coordenador Sálvio de Figueiredo Teixeira, Rio de Janeiro, Forense, 2004, p. 490.

MATTIA, Fábio Maria de. *Cláusula penal pura e cláusula penal não pura*, em 'Doutrinas Essenciais – Obrigações e Contratos' – Edições Especiais Revista dos Tribunais, vol. II (Obrigações: Funções e Eficácia). São Paulo, Thomson Reuters, Revista dos Tribunais. 2ª tir., orgs. Gustavo Tepedino e Luiz Edson Fachin.

MAZEAUD, Henri; MAZEAUD, Léon. *Traité Théorique et Pratique de la Responsabilité Civile*, 4ª ed., Paris, Sirey, 1949, t. II, p. 358.

MAZEAUD, Henri; MAZEAUD, Lèon e MAZEAUD, Jean. *Lecciones de Derecho Civil*, trad. de Luis Alcalá-Zamora y Castillo, Buenos Aires, Ediciones Jurídicas Europa-América, 1960, parte segunda, vol. I.

MEIRELLES, Hely Lopes. *Direito Administrativo Brasileiro*, 15ª ed., São Paulo, Revista dos Tribunais, 1990.

MÉLICH-ORSINI, José. *La Resolución del Contrato por Incumplimiento*, 2ª ed., Bogotá – Caracas, Editorial Temis Librería, 1982.

MELLO, Celso Antonio Bandeira de. *Curso de Direito Administrativo*, São Paulo, Malheiros, 21ª ed., p. 971-974.

MENDONÇA, Manoel Ignácio Carvalho de. *Doutrina e Prática das Obrigações*, 3ª ed., Rio de Janeiro, Livraria Freitas Bastos, 1938, t. I; e edição de 1908, Curitiba, Typ. Lth. a vapor Imp. Paranaense; e edição da Revista Forense, Rio de Janeiro, 4ª ed., 1956.

MESQUITA, Euclides de. *A Compensação no Direito Civil Brasileiro*, São Paulo, LEUD – Livraria e Editora Universitária de Direito, 1975.

MIRANDA, Darcy Arruda. *Anotações ao Código Civil Brasileiro*, São Paulo, Saraiva, 1986, vol. III.

MIRANDA, Pontes de. *Comentários ao Código de Processo Civil*, Rio de Janeiro, Forense, 1976 e 1979, vols. III, XI e XIII.

MIRANDA, Pontes de. *Dez Anos de Pareceres*, Francisco Alves, 1975, vol. 4º.

MIRANDA, Pontes de. *Tratado de Direito Privado*, 4ª ed., São Paulo, Revista dos Tribunais, 1977, vol. XIII; vol. XXIII, 2ª e 3ª edições, Rio de Janeiro, Borsoi, 1971; vol. XXIV, 1959; vol. XXV, 3ª ed., 2ª reimpressão, São Paulo, Revista dos Tribunais, 1984; vol. XXVI, 1984 e edição de 1971, Borsói; vol. XXVII, 2ª ed.; vol. XLII, 3ª ed., São Paulo, Revista dos Tribunais; vol. XLIII, 2ª ed., Borsoi, 1964.

MONTEIRO, Washington Barros. *Curso de Direito Civil – Direito das Obrigações*, 2ª ed., São Paulo, Saraiva, 1962, 1º e 2º volumes, 1ª parte, e 28ª ed., 1995.

MONTENEGRO, Antônio Lindbergh C. *Ressarcimento de Danos*, 4ª ed., Rio de Janeiro, Âmbito Cultural Edições Ltda., 1992.

MOREIRA, Guilherme Alves. *Instituições do Direito Civil Português – Das Obrigações*, Coimbra, Typographia F. França Amado, 1911, vol. II.

MOREIRA, Guilherme Alves. *Curso de Direito Civil Brasileiro – Teoria Geral das Obrigações*, 10ª ed., São Paulo, Saraiva, 1996, 2º vol.

MOURA ROCHA, José de. *Da Compensação*. Em 'Doutrinas Essenciais – Obrigações e Contratos' – Edições Especiais Revista dos Tribunais, vol. II (Obrigações: Funções e Eficácia). São Paulo, Thomson Reuters, Revista dos Tribunais. 2ª tir., organizadores Gustavo Tepedino e Luiz Edson Fachin.

NASCIMENTO FRANCO, J. *Inexigibilidade das Obrigações Naturais*. Em "Doutrinas Essenciais – Obrigações e Contratos". São Paulo: Thomson Reuters Revista dos Tribunais, vol. I, 2ª tir., 2011.

NEGRÃO, Theotônio. *Código de Processo Civil e Legislação Processual em Vigor*, 29ª ed., São Paulo, Saraiva.

NERY JUNIOR, Nelson; NERY, Rosa Maria de Andrade. *Manual de Direito Civil – Obrigações*. São Paulo: Thomson Reuters/Revista dos Tribunais, 2013.

NEVES, Celso. *Comentários ao Código de Processo Civil*, 1ª ed., Rio de Janeiro, Forense, vol. VII.

NEVES, Iêdo Batista. *Vocabulário Enciclopédico de Tecnologia Jurídica e de Brocardos Jurídicos*, Rio de Janeiro, Forense, 1997, vol. I.

NONATO, Orosimbo. *Curso de Direito das Obrigações*, Rio de Janeiro, Forense, 1959, vol. I; segunda parte, Rio de Janeiro, Forense, 1960.

OLIVEIRA, Ubirajara Mach. Quebra Positiva do Contrato, *AJURIS – Revista da Associação dos Juízes do Rio Grande do Sul*, Porto Alegre, nº 72, mar. 1998.

ORGAZ, Alfredo. *La Responsabilidad Civil*, 2ª ed., Madrid, Montecorvo, 1977.

PACHECO, José da Silva. Do enriquecimento sem causa perante o Novo Código Civil, *Boletim ADV – ADCOAS*, informativo semanal, nº 32/2003.

PARIZATTO, João Roberto. *Arbitragem*, São Paulo, Ed. de Direito, 1997.

PASSOS, J. J. Calmon de. *Comentários ao Código de Processo Civil*, 1ª ed., Rio de Janeiro, Forense, vol. III.

PEREIRA, Caio Mário da Silva. *Instituições de Direito Civil*, 2ª ed., Rio de Janeiro, Forense, 1966, vol. II; e 5ª ed., 1978.

PEREIRA, Caio Mário da Silva. *Lesão nos Contratos Bilaterais*, Rio de Janeiro, Forense, 1949.

PEREIRA, Caio Mário da Silva. *Responsabilidade Civil*, Rio de Janeiro, Forense, 1989.

PEREIRA, Lutero de Paiva. *Comentários à lei da cédula de produto rural* – Respostas a questões polêmicas, Legislação, Jurisprudência, Curitiba, 2005, p. 117.

PIMENTEL, Welington Moreira. *Comentários ao Código de Processo Civil*, São Paulo, Revista dos Tribunais, 1979, vol. III.

PINTO, Carlos Alberto da Mota. *Cessão de Contrato*, São Paulo, Saraiva, 1985.

PLANIOL, Marcelo e RIPERT, Jorge. *Tratado Práctico de Derecho Civil Francés*, trad. de Mario Diaz Cruz, Havana, Cultural S. A., 1945, 2ª parte, t. VII.

POTHIER, Robert Joseph. *Tratado de las Obligaciones*, Buenos Aires, Editorial Heliasta S. R. L., 1978.

POTHIER, Robert Joseph. *Tratado de los Contratos*, Editorial Atalaya, Buenos Aires, 1948, t. I, adaptação da edição francesa de 1824.

PUGGINA, Márcio Oliveira. Arbitragem ou Jurisdição Privada, *AJURIS – Revista da Associação dos Juízes do Rio Grande do Sul*, Porto Alegre, nº 69, 1997.

RECHESTEINER, Beat Walter. *Arbitragem Privada Internacional no Brasil*, São Paulo, Revista dos Tribunais, 1998.

RODRIGUES, Marcelo Abelha. *Manual de direito processual civil*, São Paulo, Revista dos Tribunais, 201, p. 773.

RODRIGUES, Sílvio. *Direito Civil Aplicado*, São Paulo, Saraiva, 1981, vol. I.

RODRIGUES, Sílvio.. *Direito Civil. Dos Contratos e das Declarações Unilaterais da Vontade*, 3ª ed., vol. III, São Paulo, Max Limonad Editor; São Paulo, Saraiva, 2002.

RODRIGUES, Sílvio. *Direito Civil – Parte Geral das Obrigações*, 3ª ed., São Paulo, Max Limonad, vol. II; 17ª ed., São Paulo, Saraiva, 1987.

RODRIGUEZ-CANO, Rodrigo Bercovitz y. *La Imputación de Pago*, Madrid, Editorial Montecorvo, 1973.

RUGGIERO, Roberto de. *Instituições de Direito Civil*, trad. por Ary Santos, São Paulo, Livraria Acadêmica Saraiva & Cia – Editores, vol. III.

SALVAT, Raymundo M. *Tratado de Derecho Civil Argentino*, Buenos Aires, Tipografica Editora Argentina, 1958, vol. IV.

SANSEVERINO, Mílton. A Compensação como Defesa de Mérito Indireta do Réu, *Boletim Informativo da Legislação Brasileira Juruá*, nº 191, ago. 1998.

SANTOS, Francisco Cláudio de Almeida. Os Juros Compensatórios no Mútuo Bancário, *Revista de Direito Bancário e do Mercado de Capitais*, São Paulo, Revista dos Tribunais, 1998, ano I, nº 2, mai.-ago. 1998.

SANTOS, J. M. de Carvalho. *Código Civil Brasileiro Interpretado*, 10ª ed., Rio de Janeiro, Livraria Freitas Bastos, 1963, vol. VIII, 9ª ed., 1964; vols. XI e XVIII; 8ª ed., 1964; vol. XX, 7ª ed., l961.

SHIMURA, Sérgio. Execução para Entrega de Coisa, *Revista de Processo*, São Paulo, Revista dos Tribunais, ano 81, nº 21, jan.-mar. 1996.

SIDOU, J. M. Othon. *A Cláusula Rebus sic Stantibus no Direito Brasileiro*, Rio de Janeiro, Livraria Freitas Bastos, 1962.

SILVA, José Anchieta da. *Arbitragem dos Contratos Comerciais no Brasil*, Belo Horizonte, Livraria Del Rey – Editora, 1997.

SILVA, Ovídio A. Baptista da. *Curso de Processo Civil*, Porto Alegre, Sérgio Antônio Fabris – Editor, 1990, vol. II.

TEPEDINO, Gustavo; BARBOZA, Heloísa Helena; BODIN DE MORAES, Maria Celina. *Código Civil Brasileiro Interpretado*. Rio de Janeiro: Renovar, 2004. vol. I.

THEODORO JÚNIOR, Humberto. *Curso de Direito Processual Civil*, 11ª ed., vol. III; *in Forense*, Rio de Janeiro.

THEODORO JÚNIOR, Humberto. *Processo de Execução*, 20ª ed., São Paulo, LEUD – Livraria e Editora Universitária de Direito Ltda., 2000.

THEODORO JÚNIOR, Humberto. *Processo de execução e cumprimento da sentença*, 25ª ed., São Paulo, Universitária de Direito.

THEODORO JÚNIOR, Humberto. *Código de Processo Civil e Legislação Complementar*. 39ª ed. São Paulo, Saraiva, 2007.

THONNARD, F. J. *Compêndio de História da Filosofia*, por F. J. Thonnard, Porto, Portugal, trad. da 5ª ed. francesa por Valente Pombo, edição da Sociedade de São João Evangelista, 1953.

TORNAGHI, Hélio. *Comentários ao Código de Processo Civil*, São Paulo, Revista dos Tribunais, 1976, vol. I, t. 2º.

VARELA, João de Matos Antunes. *Direito das Obrigações*, Rio de Janeiro, Forense, 1977, vol. I.

VARELA, João de Matos Antunes. *Das Obrigações em Geral*, Coimbra, Livraria Almedina, 1980, vol. I.

VARELA, João de Matos Antunes. *Direito das Obrigações*, Rio de Janeiro, Forense, 1978, vol. II.

VENOSA, Sílvio de Salvo. *Direito Civil – Teoria Geral das Obrigações e Teoria Geral dos Contratos*, 3ª ed., São Paulo, Atlas, 2003, vol. 2.

WALD, Arnoldo. A Teoria da Imprevisão e as Peculiaridades do Direito Bancário, *Revista de Direito Bancário e do Mercado de Capitais*, São Paulo, Revista dos Tribunais, ano 1, nº 2, mai.-ago. 1998.

WALD, Arnoldo. *Curso de Direito Civil Brasileiro – Obrigações e Contratos*, 5ª ed., São Paulo, Revista dos Tribunais, 1979, vol. II; 9ª ed., 1990.

WAYAR, Ernesto C. *El Pago por Consignación*, Buenos Aires, Ediciones Depalma, 1983.

REVISTAS DE JURISPRUDÊNCIA OU DE DIREITO

ADV – Boletim ADCOAS, informativo semanal.

AJURIS – Revista da Associação dos Juízes do Rio Grande do Sul, Porto Alegre.

COAD – Direito Imobiliário – Jurisprudência.

CLÁUDIA, São Paulo, Abril, nº 5, maio 1998.

JULGADOS DO TRIBUNAL DE ALÇADA DO RIO GRANDE DO SUL.

JURISPRUDÊNCIA DO STF, LEX Editora.

LBJ – Boletim Informativo da Legislação Brasileira Juruá, Curitiba, Juruá, nº 176, fev. 1998.

REVISTA DE DIREITO BANCÁRIO E DO MERCADO DE CAPITAIS, São Paulo, Revista dos Tribunais, ano 1, nº 2, mai.-ago. 1998.

REVISTA DE DIREITO PRIVADO, São Paulo, Revista dos Tribunais, nº 13, 2003.

REVISTA DA FACULDADE DE DIREITO DA UNIVERSIDADE DE SÃO PAULO, vol. 93.

REVISTA DE DIREITO DO CONSUMIDOR, São Paulo, Revista dos Tribunais, nº 44, out.--dez. 2002.

REVISTA FORENSE.

REVISTA DE JURISPRUDÊNCIA DO TRIBUNAL DE JUSTIÇA DO RIO GRANDE DO SUL.

REVISTA DE PROCESSO, São Paulo, Revista dos Tribunais.

REVISTA DO SUPERIOR TRIBUNAL DE JUSTIÇA.

REVISTA DOS TRIBUNAIS.

REVISTA TRIMESTRAL DE JURISPRUDÊNCIA.